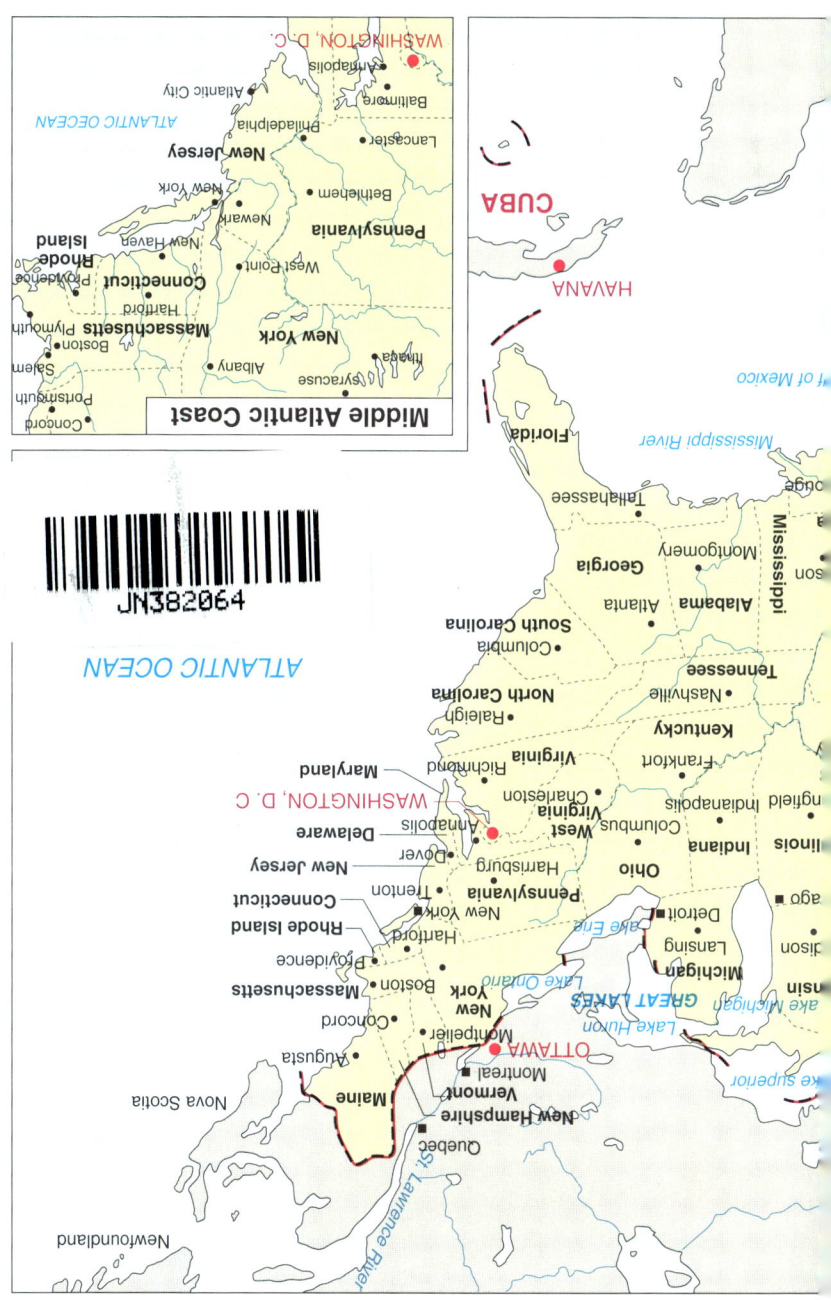

머 리 말

 이 「프라임 중학 영어사전」은 오랫동안 독자 여러분의 사랑을 받아 온 「중학 영어사전」의 전면 개정판으로, 주 대상을 중학교 전 학년으로 하되 초등학교 상급생과 고등학교 1학년생도 활용할 수 있도록 현행 중학교 영어 교과서를 모두 면밀히 분석하여 꾸몄습니다. 또한 단순한 암기보다는 영어 학습에 흥미를 갖게 하고 학교 공부에 직접 도움을 주는 것을 편집 방침으로 세웠습니다.

 특히 이번에는 종래의 틀에 박힌 사전 편집 방침을 과감히 탈피하여 선진 외국의 사전을 일일이 분석하였으며, 우리의 교육 환경에 맞춘 표제어 채록과 쉽고 친절한 뜻풀이는 물론, 필수적인 관용구와 생활 영어 중심의 예문에 중점을 두어 살아 있는 영어를 활용할 수 있도록 하였습니다.

 이 사전의 편집상의 몇 가지 특징을 들자면,

① 영어의 기초를 튼튼히 할 수 있도록 중학교 기본 어휘를 중심으로 **필수 문법·어법·용법** 외에 그와 관련된 모든 학습 정보에 백과사전식 해설을 달아 쉽고 재미있게 학습할 수 있도록 하였습니다.

② 고전적이거나 문법 투의 문장은 **생활 영어 중심의 예문**으로 모두 바꾸어 영·미의 문화와 생활 습관을 이해하며 영어적 사고에서 언어를 익힐 수 있도록 하여 영어권 생활의 실제에 접근할 수 있도록 하였습니다.

③ **미국식 발음 위주**로 하여 발음에 특히 주의할 점 등을 같이 명기하여 기초부터 발음 훈련을 할 수 있도록 배려하였습니다.

④ **명사의 복수형**, 동사의 3인칭 단수 현재·과거·과거분사·현재분사는 물론 형용사와 부사의 비교급·최상급의 변화형에 철자 및 발음을 모두 표시하여 쉽게 활용할 수 있도록 하였습니다.

⑤ 모든 현행 중학교 영어 교과서를 토대로 교과서 이외의 교재 학습에 필요한 약 9,000어를 표제어로 선정하고 이를 **중요도에 따라 3단계로 분류**, 단계적으로 학습할 수 있도록 하였습니다.

⑥ 따로 자세한 명칭이나 설명이 필요한 193 항목은 **별도의 원색 삽화나 사진**을 실어 폭넓은 이해를 돕도록 하였습니다.
⑦ 권말에는 부록으로 「**한영사전편**」, 「**분야별 용어편**」, 「**생활 영어 표현편**」, 「**생활 영어 응용편**」 등 회화나 영작에 도움이 될 만한 유익한 자료를 실어 활용할 수 있도록 하였습니다.

저희 동아출판은 앞으로도 더욱 좋은 사전 만들기에 온 힘을 기울일 것이며, 모쪼록 여러분이 이 사전을 「**보고, 읽고, 즐기며**」 공부하는 가운데 영어에 새로운 자신감을 갖게 되고, 또한 영어 문화를 바르게 이해하여 세계 속의 국제 무대에서 미래의 주인공으로 활약할 수 있기를 기대합니다.

사서편집국

차 례

머리말 ···1
일러두기 ··4
발음 기호 일람표 ·································8

【 본　문 】

A ········1	**B** ········42	**C** ········87	**D** ········147	**E** ········187
F ········211	**G** ········248	**H** ········272	**I** ········301	**J** ········319
K ········325	**L** ········332	**M** ········360	**N** ········394	**O** ········410
P ········430	**Q** ········474	**R** ········477	**S** ········509	**T** ········601
U ········658	**V** ········668	**W** ········677	**XY** ········716	**Z** ········722

♠ 화보

Airport (공항) ·····························15
Audio & Video (오디오와 비디오) ·····39
Baseball (야구) ···························47
Basketball (농구) ························48
Beach (해변) ······························52
Bedroom (침실) ··························55
Bicycle (자전거) ·························63
Body (신체) ································69
Bread (빵) ··································74
Bridge (다리) ······························76
Camera (카메라) ·························90
Car (차) ·····································94
Chair (의자) ·····························103
Classroom (교실) ·····················114
Clock (시계) ·····························117
Computer (컴퓨터) ···················129
Cook (요리) ·····························134
Dining room (식당) ··················166
Dishes (접시) ···························170
Earth (지구) ·····························189
Experiment (실험) ····················209
Face (얼굴) ······························211
Family (가족) ····························215
Fishes (물고기) ·························229
Fishing (낚시) ···························230
Flower (꽃) ·······························233
Foot (발) ··································235
Fruit (과일) ·······························245
Hat (모자) ·································278
Head (머리) ······························281
Helicopter (헬리콥터) ·················284
House (집) ·······························296
Insect (곤충) ·····························311
Job (직업) ·································321
Kitchen (부엌) ···························329
Musical instrument (악기) ······392
School (학교) ····························517
Ship (배) ··································536
Station (역) ······························577
Street (거리) ·····························585
Tennis (테니스) ·························612
Theater (극장) ··························619
Tree (나무) ·······························649
Vegetables (야채) ······················670
Volleyball (배구) ·······················675
Wheel (휠) ·································694
Zoo (동물원) ······························723

【 부　록 】

◇ 한영사전편 ·····················726
◇ 분야별 용어편 ··············806
◇ 생활영어 표현법 ············813
◇ 생활영어 응용편 ············831
◇ 불규칙동사 활용표 ·········837

일러 두기

1 표제어

1. 표제어의 배열은 알파벳(abc) 순으로 했다. 각 페이지의 상단 좌우측에 그 페이지의 첫번째와 마지막의 표제어를 실어 이용에 편의를 주었다.
2. 활자는 굵은 활자(볼드체)를 사용했고, 수록 어휘 약 9,000단어 중 학습기본어 1,596어에 대해서는 그 중요도에 따라 다음 3단계로 분류했다.

   ★an·i·mal 교육부의 중학교 교육과정에 나와 있는 중학 기본 어휘 757어.
   ＊ba·by 중학교 과정에서 배워야 할 필수 중요어 497어.
   ＊cir·cus 그 밖의 중요어 342어
3. 영·미어의 철자가 다른 동일어는 둘다 나란히 제시했다.

   ＊col·or, 영 col·our [kʌ́lər] 명 (복수 **colors** [-z]) ❶ 색깔, 색채
4. 철자가 같아도 어원이 다른 것으로 중요한 단어는 별도로 표제어로 처리하고 그 오른쪽 어깨에 작은 숫자를 붙이는 것을 원칙으로 했다.

   bat¹ [bǽt] 명 (복수 **bats** [-s]) (야구의) 배트; (탁구·배드민턴 등의) 라켓
   bat² [bǽt] 명 (복수 **bats** [-s]) (동물) 박쥐
5. 약어, 동사의 과거·과거분사 등의 활용형, 형용사·부사의 비교급·최상급의 변화형, 명사의 복수형 등도 중요한 것, 불규칙적인 것은 각각 별개의 표제어로 처리했다.

   Dr. Dr [dάktər] 명 **doctor**(박사)의 약어
   bought [bɔ́ːt] 타동 **buy**(사다)의 과거, 과거분사형
   chil·dren [tʃíldrən] 명 **child**(어린이)의 복수형
6. 표제어의 음절의 구분은 중점(·)으로 나타냈고, 행의 끝에서 단어가 끊길 때 중점 대신 하이픈(-)을 붙였다.

   ★beau·ti·ful [bjúːtəfəl] 형 (비교 *more* **beautiful**; 최상 *most* **beautiful**) 형 아름다운, 멋진 《명사는 beauty》

2 발 음

1. 표제어의 바로 뒤의 [ ] 안에 국제 음표 문자(International Phonetic Alphabet)로 발음을 표시했다.

   e·nough [inʌ́f] (◆ 발음·강세에 주의) 형 충분한, ~하기에 충분한
2. 발음은 미국식으로 하는 것을 원칙으로 했다.
   ① 미국식과 영국식의 발음의 차이가 있는 것 중 특히 주의해야 할 것은 먼저 미국식을 나타내고, 뒤에 영의 기호를 붙여 영국식을 나타냈다.

   ei·ther [íːðər, 영 áiðə] 형 ❶ (둘 중) 어느 하나의
   ② [*r*]은 미국식으로 발음하는 것을 나타낸다.

   ★din·ner [dínər] 명 (복수 **diners** [-z]) ❶ 정찬, 만찬
   ③ 동사의 활용형이나 명사·복수형의 발음을 나타내는 경우, 발음의 변화가 없는 부분은 하이픈 (-)으로 대신했다.

reach [ríːtʃ] 동(3단현 **reach**es [-iz] ; 과거·과분 **reach**ed [-t] ; 현분 **reach**ing) 타동 ❶ ~에 도착하다

④ 단음절도 모두 강세를 주었고 2음절 이상인 단어는 모음자 위에 제1강세는 (´)로 나타냈고, 제2강세는 제1강세의 앞에 있는 경우 (`)로 표시했다.

cam·er·a·man [kǽmərəmæn] 명 사진사, 카메라맨

⑤ 생략할 수 있는 음은 이탤릭체로 표시하였다.

mineral [mínərəl] ([mínrəl, mínərəl] 두가지로 발음 할 수 있다.)

③ 품 사

1. 품사의 표시는 명사는 명, 대명사는 대, 동사는 동 등의 약기호를 이용해 표시했다. (⑦약어 기호 일람표 참조)
2. 동일한 표제어에 2개 이상의 품사가 있는 경우 별행을 잡고 ━기호를 주어 표시했다.

brush [brʌʃ] 명 (복수 **brush**es [-iz]) ❶ 솔, 붓
━ 동 솔질하다, 닦다

④ 어형 변화

1. 명사의 복수형
명 뒤의 ( ) 안에 단수형은 생략하고 복수형만을 표시했다. 또 중요한 단어의 경우 셀 수 있는 명사인지, 셀 수 없는 명사인지를 나타내기 위하여 역어 뒤의 《 》 안에 설명했다.

ap·ple [ǽpl] 명 (복수 **apple**s [-z]) 《식물》 **사과**, 사과 나무
bread [bréd] 명 ❶ 빵 《a를 붙이지 않고, 복수 없음》

2. 동사의 활용형
동 뒤의 ( ) 안에 3단현(=3인칭 단수 현재형), 과거(=과거형), 과분(=과거분사형), 현분(=현재 분사형)을 붙여 볼드체로 표시했다.

★**go** [góu] 자동 (3단현 **go**es [-z] ; 과거 **went** [wént] ; 과분 **gone** [gɔ́ːn] ; 현분 **go**ing) ❶ 가다(↔come 오다); 나가다

3. 형용사와 부사의 비교변화
형, 부 뒤의 ( ) 안에 비교(=비교급), 최상(=최상급)을 붙이고 굵은 활자로 표시했다.

★**brave** [bréiv] 형 (비교 **brave**r ; 최상 **brave**st) **용감한**, 대담한(= bold)

4. 표제어와 같은 어원에서 나온 다른 품사형으로 중요한 것은 《 》 안에 표시했다.

★**cloud** [kláud] 명 (복수 **cloud**s [-z]) 《형용사는 cloudy》 ❶ 구름

⑤ 뜻풀이·해설

1. 표제어에 대한 뜻풀이는 가장 흔히 쓰이는 순서대로 나타냈고, 뜻풀이 사이에

vi 일러두기

는 의미의 차이에 따라 콤마(,), 세미콜론(;) 으로 구별했다.
2. 하나의 표제어에 몇개의 의미가 있는 경우는 흔히 쓰이는 것, 중요한 것부터 순서대로 ❶, ❷, ❸, ... 으로 구별했다.
3. ★표, *표, *표를 붙인 표제어의 대표적인 뜻풀이는 기억을 돕기 위해 고딕체로 표시했다.

> ★**cold** [kóuld] 휑 ❶ **추운, 차가운** (↔hot 더운, 뜨거운)
> ❷ **냉정한**, 쌀쌀한

4. 《 》은 문법, 용법의 설명, ( )은 의미를 보충하기 위한 보충설명, 〔 〕은 전문어임을 나타낸다.
5. (=)는 동의어를, (↔)는 반대어를, (→)는 참조할 관련어를 표시한다.
6. 표제어와 예문의 이해를 돕고, 심화학습이 필요한 사항은 특별히 해설을 붙였다.
① 🔲은 문법사항, 전치사의 용법, 유의어의 사용예 등 어법상의 참고 사항.
② 🔲은 표제어, 예문의 해당어구의 문법적인 사항, 보충 해설.
③ 🔲은 예문에 대한 간단한 문법·어법의 보충 설명, 영·미 문화 풍습.
④ ◆은 동음어의 표시, 유의할 발음 등의 주의사항.
⑤ 작문은 영작문을 할 때의 주의, 참고사항.
⑥ 풍습은 배경이 되는 풍물, 문화 등.
⑦ 회화은 일상회화에서 사용예와 주의사항.
⑧ 발음은 발음법, 발음상의 주의사항.

6 예구·예문·숙어·복합어

1. 예구, 예문은 사용 빈도수가 높은 실용 예문을 싣되 생활 영어 표현을 중심으로 하였다.
2. 예구, 예문의 제시는 원칙적으로 구와 문장의 순서를 원칙으로 하였다.
3. 예구, 예문에서 표제어에 해당하는 단어는 이탤릭체로 표시했다. 이 경우 해당 단어와 관계가 밀접한 단어(조동사, 전치사의 동반 등)도 이탤릭체로 함께 표시했다.
4. 속담과 게시문 등은 《속담》, 《게시》 뒤에 해석을 썼고, 《 》안에 보충 해설을 했다.

> **Rome** 항에서　Do in Rome as the Romans do. 《속담》 로마에서는 로마 사람이 하는 대로 행동하라《다른 지방에 가면 그곳 풍습을 따르라》
> **hand** 항에서　Hands off. 《게시》 손대지 마시오

5. 숙어는 그것이 속해 있는 품사의 뜻풀이, 예구, 예문 다음 맨 뒤에 제시했다.

> **rid** 항에서　**get rid of** ~에서 벗어나다, ~를 면하다, 제거하다
> I must *get rid of* a cold. 나는 감기에서 벗어나야겠다

6. 가장 기본적인 숙어에는 †표를 붙였고, 뜻풀이도 고딕체로 했다.

> **lot** 항에서　**†a lot of ~** (=lots of~) **많은**

My father has *a lot of* books. 나의 아버지는 많은 책을 갖고 계시다
7. 복합어는 그 품사의 맨 끝에 고딕체로 나타냈다. 이 경우 관사의 용법을 알 수 있도록 표시했다.

easy 항에서   **an easy chair** 안락 의자
grand 항에서   **a grand piano** 그랜드 피아노

8. 복합어 중에서 빈도수가 높은 것은 표제어로 다루었다.

called game 《야구》 콜드게임《도중까지의 득점으로 승부를 결정함》
living room 거실

9. 예구, 예문 및 숙어에 쓰인 기호는 다음과 같다.
① **one** 은 인칭에 따라 주어일 때는 I, you, he, she, it, we, they로, 목적격일 때는 me, you, him, her, it, us, them으로 변하는 것을 나타낸다.

as 항에서   **as ~ as *one* can** 될 수 있는한 ~ (=as ~ as possible)
He studies *as* hard *as he can*. 그는 될 수있는 한 열심히 공부한다

② **one's** 는 인칭에 따라 my, your, his, its, our, their로 변하는 것을 나타낸다.

best 항에서   **do *one's* best** 최선을 다하다
I will *do my best* to help him. 나는 그를 돕기 위하여 최선을 다할 것이다

③ **oneself**는 인칭에 따라 myself, yourself, himself, herself, itself, ourselves, yourselves, themselves로 변하는 것을 나타낸다.
④ ( ) 는 괄호안에 있는 말을 생략할 수 있음을 나타낸다.

day 항에서   ***all day*** (***long***) 하루종일, 온종일
I stayed (at) home *all day* (*long*) yesterday. 나는 어제 하루종일 집에 있었다

⑤ [ ] 는 괄호 안의 어·구와 그 앞의 어·구가 같은 의미이므로 바꿔 쓸 수 있음을 나타낸다.

a good [***great***] ***deal of***... (양이) 많은 ~

7 약어·기호 일람표

명	명사	타동	타동사	🄶	문법·어법 설명
형	형용사	자동	자동사	🅉	어법·용법 보충 설명
동	동사	접미	접미사		
대	대명사	접두	접두사	▶	비교·관련 사항 설명
감	감탄사	회화	회화설명 및 예문		
부	부사			◆	특히 주의할 사항
전	전치사	발음	발음 설명	영	영국식 영어
접	접속사	작문	작문 설명	미	미국식 영어
조	조동사	풍습	영, 미 문화·풍습		

발음 기호 일람표

모 음		자 음	
기호	보 기	기호	보 기
단 모 음		p	pool [pú:l]
^^	^^	b	back [bǽk]
i:	tree [trí:]	t	team [tí:m]
i	pig [píg]	d	day [déi]
e	pen [pén]	k	key [kí:]
æ	bag [bǽg]	g	go [góu]
ɑ	body [bɑ́di]	m	milk [mílk]
ɔ:	ball [bɔ́:l]	n	nice [náis]
u	foot [fút]	ŋ	pingpong [píŋpɑ̀ŋ]
u:	goose [gú:s]	l	little [lítl]
ʌ	lunch [lʌ́ntʃ]	f	face [féis]
ə	above [əbʌ́v]	v	very [véri]
ɑ:r	card [kɑ́:rd]	θ	three [θrí:]
ə:r	early [ə́:rli]	ð	that [ðǽt]
ɔ:r	or [ɔ́:r]	s	success [səksés]
중 모 음		z	zoo [zú:]
^^	^^	ʃ	short [ʃɔ́:rt]
ei	cake [kéik]	ʒ	treasure [tréʒər]
ou	throw [θróu]	r	radio [réidiou]
ai	high [hái]	h	happy [hǽpi]
au	sound [sáund]	tʃ	chair [tʃɛ́ər]
ɔi	voice [vɔ́is]	dʒ	joy [dʒɔ́i]
iər	near [níər]	j	you [jú:]
ɛər	care [kɛ́ər]	w	wind [wínd]

◇ 영미 발음의 비교 ◇

보기 \ 구분	미 국 식 발 음	영 국 식 발 음
socks 「양말」	[ɑ] [sɑ́ks]	[ɔ] [sɔ́ks]
after 「뒤에」	[æ], [ər] [ǽftər]	[ɑ:], [ə] [ɑ́:ftə]
why 「왜」	[hw] [hwái]	[w] [wái]

A - abandon

A a *A a*

★**A, a** [éi] 명 (복수 A's, As, a's, as [-z])
❶ 에이 《알파벳의 첫 자》
❷ 《대문자 A로》 (학업 성적의) 수(秀)
I got an *A* on my English exam. 나는 영어시험에서 수를 받았다

★**a** [ə, (강조할 때) éi] 형 (부정관사)
❶ 하나의, 한 사람의
This is *a* book. 이것은 책이다
He is *a* doctor. 그는 의사이다
There is *a* book on the desk. 책상 위에 (한 권의) 책이 있다

> **a와 an의 용법**
> (1) a와 an은 부정관사라고 하며 하나 둘 등과 같이 셀 수 있는 명사의 단수형 앞에 쓰이는데, 보통 우리말로는 따로 해석하지 않는다. 자음으로 시작하는 말 앞에서는 a를 쓰고, 모음으로 시작하는 말 앞에서는 an을 쓴다. 이때 hour[áuər]같이 철자가 자음으로 시작하는 말이라도 발음이 모음으로 나면 an을 쓰고 useful [júsfəl]같이 모음으로 시작해도 발음이 자음으로 나면 a를 붙인다.
> *a* book (하나의)책, *an* apple 사과 한개, *an* hour[ən áuər] 한 시간, *a* useful[ə júsfəl] book 유용한 책
> (2) a와 an은 소유형용사(my, your, his, her, our, their 등)와 지시형용사(this, that 등)와 함께 쓰이지 않는다.
> a my book (×) / this a book (×)

❷ 《동물 등의 종족 전체를 나타내어》 ~라는 것, 모든…
A cat can see in the dark. 고양이(라는 것)는 어둠 속에서도 볼 수 있다
📝 명사를 복수형으로 해도 같은 의미를 나타낸다: *Cats* can see in the dark.
❸ 하나의, 1~《하나의 뜻을 강조》
He never said *a* word. 그는 한 마디 말도 하지 않았다
You can't do two things at *a* time. 한 번에 두가지 일은 못한다
❹ 《고유명사에 붙여》 ~라는 사람; ~집안의 사람; ~의 작품
I want to be *an Edison*. 나는 에디슨 같은 발명가가 되고 싶다
A Mr. Brown came this morning. 오늘 아침에 브라운씨란 사람이 왔다
📝 브라운씨 본인 앞에서 a를 쓰면 실례가 된다
I met *a* Kennedy at the party. 나는 그 파티에서 케네디 가문의 사람을 만났다
It is *a* Picasso. 그것은 피카소의 작품이다
❺ ~마다
We have three meals *a* day. 우리는 하루에 세끼를 먹는다
📝 a는 전치사처럼 쓰여 「하나[1일, 1주일 등] 마다」의 뜻.

a. adjective(형용사)의 약어

ab·a·cus [ǽbəkəs] 명 (복수 **abacuses** [-iz] 또는 **abaci** [ǽbəsài]) 주판

a·ban·don [əbǽndən] 타동 (3단현 **abandons** [-z]; 과거·과분 **abandoned** [-d]; 현분 **abandoning**)
❶ 버리다, 포기하다
He *abandoned* all hope. 그는 희망을 완전히 잃었다

abbey - about

❷ (계획 등을) 단념하다, 그만두다
We *abandoned* the idea of a picnic.
우리는 소풍을 갈 계획을 단념했다

ab·bey [ǽbi] 명
(복수 **abbey**s [-z]) 대수도원, 대사원

☑ 런던에는 유명한 Westminster Abbey(웨스트민스터 대사원)가 있다

abbey

ABC [éibiːsí] 명
(복수 **ABC's, ABCs** [-z])
❶ 알파벳
❷ 《the ~》 초보, 입문

Abe [éib] 명 에이브 《남자 이름; Abraham의 애칭》

a·bil·i·ty [əbíləti] 명 (복수 **abilities** [-z])
❶ 능력
She has the *ability* to do this job. 그녀는 이 일을 할 능력이 있다
❷ 재능
He is a man of *ability*. 그는 재능이 있는 사람이다

★**a·ble** [éibl] 형 (비교 **abler**; 최상 **ablest**) 《명사는 ability》
❶ 《† *be able to* ...의 꼴로》 ~할 수 있는(=can) (↔ unable ~할 수 없는)
Superman *is able to* fly. 수퍼맨은 날 수 있다
Will you *be able to* come to my birthday party? 내 생일 파티에 올 수 있니

📙 **be able to와 can**
조동사 can(할 수 있다)에는 과거형(could)은 있지만, 미래형은 will[shall] be able to ..., 완료형은 have[has] been able to ... 로 된다.
She *will be able to* come next year. (그녀는 내년에 올 수 있을 것이다) / I *have* not *been able to* come here for a week.(나는 1주일 동안 여기에 올 수 없었다)

❷ 유능한
He is an *able* engineer. 그는 유능한 기술자이다

-able [-əbl] 형 《접미사》
❶ 《명사 다음에 형용사를 만듦》
comfort*able* (comfort+able) 편안한
❷ 《타동사에 붙여서 「~할 수 있는」의 뜻을 가진 형용사를 만듦》
admir*able* (admire+able) 감탄할 만한

a·board [əbɔ́ːrd] 부 배를 타고, 비행기[버스, 열차]를 타고
It is time to go *aboard*. 승선할 시간이다
All *aboard*! 모두 승선[승차]해 주십시오 《출발 신호의 말》
Welcome *aboard*! 이 배[비행기]에 타신 것을 환영합니다(어서 오십시오)
— 전 (배·비행기·열차·버스)를 타고
Be careful when you climb *aboard* a bus. 버스에 탈 때 조심해라

★**a·bout** [əbáut] 전
❶ 《장소》 ~주위에, ~부근에 《† 미 around를 대신 사용하는 경우가 많음》
There was a high wall *about* the garden. 정원 주위에 높은 담이 있었다
I walked *about* the street. 나는 거리를 여기저기 걸어다녔다
❷ ~즈음에, ~가량 《부사로 생각됨》
He came *about* two. 그는 2시경에 왔다
❸ ~에 대하여, ~에 관하여
What do you think *about* it? 그것에 대해 어떻게 생각합니까
I'm reading a book *about* animals. 나는 동물에 관한 책을 읽고 있다
❹ ~의 신변에, 휴대하고(=with)
Do you have any money *about* you? 돈 가진 것이 있습니까?
There is something strange *about* him. 그에게는 뭔가 이상한 점이 있다
How [*What*] *about* ...? ~에 대하여 어떻게 생각합니까; ~를 하지 않겠습니까
How about going to the movies? 영

화보러 갈래
How about com*ing* with me? 나와 함께 가는 게 어때
― 🖣 ❶ 주위에[를], 여기저기로; 가까이에 ((미)에서는 around를 쓰는 경우가 더 많음))
He looked *about* but he couldn't see anything. 그는 주위를 보았지만 아무 것도 볼 수 없었다
There was no one *about*. 부근에는 아무도 없었다
❷ 약, 대략
I study *about* two hours every day. 나는 매일 약 두시간씩 공부한다
be about to+「동사의 원형」지금 막 ~하려고 하다, ~하려는 참이다
I *am about to* go home. 이제 막 집에 가려는 참이다

📝 be about to와 be going to
be about to는 「(지금 막) ~하려는 참이다」와 같이 아주 가까운 미래에 대해 말할 때 쓰이고, be going to는 주로 구어체에 쓰여 「~하려고 하다, ~할 예정이다」와 같이 가까운 미래의 일을 나타낼 때 쓰인다.

★**a·bove** [əbʌ́v] 전
❶ ~의 위쪽에, ~ 보다 위에(↔ below ~의 아래에)
A kite is flying *above* the tree. 연이 나무 위에서 날고 있다

📘 위치 전치사의 차이
above: 사물에 접해 있지 않고 위에 있는 것: a light *above* the desk (책상 위쪽에 걸려 있는 전등)
on: 사물에 접해 있는 것: a book *on* the desk (책상 위에 있는 책)
over: 사물의 바로 위 또는 표면을 덮고 있는 것: a cloth *over* the dining table(식탁을 덮고 있는 식탁 보)
under: 사물의 바로 아래에 있는 것: a wastebasket *under* the desk (책상 아래에 있는 휴지통)

❷ ~이상으로, ~보다 우선하여
Health is *above* wealth. 건강은 재산에 우선한다
❸ ~의 상류에
There is a small waterfall *above* the bridge. 다리 상류에 작은 폭포가 있다
above all 특히, 무엇보다도
Above all, remember to post this letter when you go out. 외출할 때 특히 이 편지 부치는 것을 잊지마라
― 🖣 위에, 위로, 계단 위에
His bedroom is just *above*. 그의 침실은 바로 이 위에 있다
― 몡 ❶ 위쪽; 하늘, 천상
Stars are shining from *above*. 별이 하늘에서 반짝이고 있다
❷ ((the above)) 앞서 기술한 사실
the above fact 상기의 사실

A·bra·ham [éibrəhæm] 몡
❶ 에이브러햄 《남자 이름; 애칭은 Abe》
❷ (성서) 아브라함 《유대인의 선조》

★**a·broad** [əbrɔ́ːd] 🖣 해외로[에], 외국에[으로]; 널리
He went *abroad*. 그는 외국에 갔다
She is living *abroad*. 그녀는 외국에서 살고 있다
He is famous at home and *abroad*. 그는 국내외에서 유명하다
The news spread *abroad*. 그 뉴스는 널리 알려졌다

ab·sence [ǽbsəns] 몡 (복수 **absences** [-iz]) 부재; 결석, 결근
Tom took your seat in your *absence*. 네가 없을 때 톰이 네 자리를 차지했다

★**ab·sent** [ǽbsənt] 혱 《명사는 absence》 결석한, 없는(↔ present 출석한)
He is *absent* from school. 그는 학교에 결석했다
― (타동) [æbsént] 결근하다
He *absented* himself from office. 그는 결근했다

ab·sent·mind·ed [ǽbsənt-máindid] 혱 멍한, 얼빠진, 방심한

absolute - accident

ab·so·lute [ǽbsəlu:t] 형 절대적인 (↔ relative 상대적인); 순수한, 전적으로 ~한
She told you the *absolute* truth. 그녀는 네게 정말로 진실을 말한거야

ab·so·lute·ly [ǽbsəlu:tli(:)] 부
❶ 절대적으로; 무조건
You are *absolutely* right. 네가 전적으로 옳다
❷ 《대답할 때》 정말 (그렇다), 그렇고 말고
회화 A: Are you sure about this?
B: *Absolutely*.
A: 이것이 확실해?
B: 그렇고 말고

a·buse [əbjú:z] 동 (3단현 *abuses* [-iz]; 과거·과분 *abused* [-d]; 현분 *abusing*) 타동 ❶ (재능·지위 등을) 남용[악용]하다, (신뢰 등을) 저버리다
❷ 학대하다, 혹사하다
There are a lot of *abused* children in some countries. 어떤 나라에는 많은 아이들이 학대받는다
— [əbjú:s] (♦ 발음 주의) 명 (복수 *abuses* [-iz])
❶ 남용, 악용
❷ 학대, 혹사; 욕설
personal *abuse* 인신공격

a·ca·cia [əkéiʃə] 명 《식물》 아카시아(나무)

a·cad·e·my [əkǽdəmi] 명 (복수 *academies* [-z])
❶ 학원; 전문학교 《보통 대학보다 하급의 교육기관으로서 미국에서는 주로 사립 중등학교 명칭에 쓰임》
military *academy* 육군사관학교
❷ 학술원; (학술·문예·미술·영화 따위의) 협회
the Royal *Academy* of Arts 영 왕립미술원

ac·cent [ǽksent] 명 (복수 *accents* [-s])
❶ 악센트, 강세(=stress); 악센트 부호(´)
The *accent* of this word is on the first syllable. 이 낱말의 강세는 첫 음절에 있다
❷ 강조
❸ 말투; 지방 사투리
He speaks English with a French *accent*. 그는 프랑스어 말투로 영어를 말한다

***ac·cept** [əksépt] 동 (3단현 *accepts* [-s]; 과거·과분 *accepted* [-id]; 현분 *accepting*)
❶ 받아들이다, 받다; 수락하다, 응하다
Jim will *accept* your proposal. 짐은 너의 제안을 수락할 것이다
She *accepted* our invitation. 그녀는 우리의 초대에 응했다
I *accepted* a present from his sister. 나는 그의 누이로부터 온 선물을 기꺼이 받아들였다
❷ 인정하다, 용인하다
I cannot *accept* the explanation as true. 나는 그 설명을 사실이라고 인정할 수 없다

> **accept 와 receive**
> **accept**는 제공받은 것을 기쁘게 받아들이는 반면에 **receive**는 「받다」의 뜻을 가진 일반적인 말.
> *receive* an invitation 초대장을 받다

ac·ces·so·ry [æksésəri] 명 (복수 *accessories* [-z]) 《보통 복수형으로》 부속품, 장신구, 액세서리 《손수건, 장갑, 브로치 등》

***ac·ci·dent** [ǽksədənt] 명 (복수 *accidents* [-s]) 사고, 예기치 않은 일; 사건; 우연성
He was hurt in an *accident* at the factory. 그는 공장에서 사고로 다쳤다
by accident 우연히 (↔ on purpose 고의로)
I met an old friend of mine *by accident*. 나는 우연히 내 옛 친구를 만났다

accompany - ache

accident

ac·com·pa·ny [əkʌ́mpəni] 동 (3단현 accompan**ies** [-z]; 과거·과분 accompan**ied** [-d]; 현분 accompany**ing**) 타동 ❶ ~와 함께 가다 (= go with)
John's dog always *accompanies* him on his walk. 존의 개는 그가 산책할 때 항상 따라 간다
❷ 《음악》 반주하다
Susan *accompanied* the famous singer on the piano last night. 수잔은 어제 밤에 피아노로 그 유명한 가수의 반주를 했다

ac·cord·ing [əkɔ́ːrdiŋ] 부 《*according to* ...로》 ~에 의하면, ~에 따라서
According to today's paper, there was a big fire in Pusan. 오늘 신문에 의하면 부산에서 큰 화재가 있었다
📘 뒤에 절(節)이 올 경우에는 according to 대신에 접속사 역할을 하는 according as 를 쓴다.

ac·cor·di·on [əkɔ́ːrdiən] 명 《음악》 아코디언

ac·count [əkáunt] 명 (복수 account**s** [-s])
❶ 계산, 계산서; 계정, (예금)계좌
I want to open an *account*. 구좌를 개설하고 싶습니다
❷ 설명, 답변; 보고
Give me your *account* of what happened. 어떻게 된 일인지 네 답변을 들어보자

on account of ... ~때문에 (= because of)
On account of bad weather, the picnic was cancelled. 날씨가 좋지 않아서 소풍은 취소되었다
— 자동 ~를 설명하다
How do you *account* for the fact? 너는 그 사실을 어떻게 설명할래

ac·cu·ra·cy [ǽkjurəsi] (◆ 강세에 주의) 명 정확, 정밀

ac·cu·ra·te [ǽkjurət] 형 (비교 *more* accurate; 최상 *most* accurate) 정확한, 정밀한; 빈틈없는
My guess on the result of the baseball game was *accurate*. 그 야구 경기의 결과에 대한 내 추측은 정확했다

ac·cuse [əkjúːz] 타동 (3단현 accuse**s** [-iz]; 과거·과분 accuse**d** [-d]; 현분 accus**ing**) 고발하다; 비난하다, 나무라다
The teacher *accused* me of copying John's homework. 선생님은 존의 숙제를 베꼈다고 나를 나무랐다

ac·cus·tom [əkʌ́stəm] 타동 (3단현 accustom**s** [-z]; 과거·과분 accustom**ed** [-d]; 현분 accustom**ing**) 익히다, 익숙케 하다
accustom ~ to ... ~을 …에 익숙하게 하다
I will *accustom* myself *to* getting up early. 나는 일찍 일어나는 습관을 붙이려고 한다
— 형 …에 익숙한, 길든 《*to* 와 함께》
I *am accustomed to* the cold in winter. 나는 겨울의 추위에 익숙하다

ace [éis] 명 (복수 ace**s** [-iz])
❶ 최고의 것; 최우수 선수
❷ (카드·주사위의) 에이스

ache [éik] (◆ 발음 주의) 자동 아프다
My leg *aches*. 다리가 아프다
— 명 아픔, 통증
I have an *ache* in my leg from walking too much. 너무 많이 걸어서 다리가 아프다
📘 흔히 복합어로서 head*ache* (두통), stomach*ache* (복통), tooth*ache* (치통)

achieve - act

등으로 말한다.

a·chieve [ətʃíːv] 자동 (3단현 achieves [-z] ; 과거·과분 achieved [-d] ; 현분 achieving) (일을) 이루다 ; (목적을) 달성하다
Jane has *achieved* her goals in life by working hard. 제인은 열심히 일해서 일생의 목표를 달성했다

a·chieve·ment [ətʃíːvmənt] 명 달성, 성공 ; 업적 ; 학력
He had many *achievements* in his career. 그는 생애에 많은 업적을 이루었다

achievement test [-tèst] 명 학력 검사

A·chil·les [əkíliːz] 명 아킬레스 《그리스 신화에 나오는 영웅》
Achilles' tendon 아킬레스건

Achilles heel [-híl] 명 유일한 약점 《아킬레스는 발꿈치 외에는 불사신이었다고 함》

a·choo [ɑːtʃúː] 감 에치 《재채기 소리》

ac·id [ǽsid] 형
① 《화학》 산성의, 산의
② 신, 신맛의
— 명 《화학》 산(酸)

acid rain [ǽsid rein] 명 산성비

a·corn [éikɔːrn] 명 도토리

ac·quire [əkwáiər] 타동 (3단현 acquires [-z] ; 과거·과분 acquired [-d] ; 현분 acquiring)
(노력하여) 획득하다 ; (습관 등을) 몸에 익히다
I managed to *acquire* two tickets for the concert. 나는 가까스로 음악회 표 두장을 얻었다

a·cre [éikər] 명 에이커 《면적의 단위, 약 4,047평방 미터》

★a·cross [əkrɔ́ːs] 전
① ~를 가로질러, ~를 넘어
We can swim *across* the river. 우리

헤엄쳐서 강을 건널 수 있다
② ~의 저쪽에, 건너편에
The bus stop is *across* the street. 버스 정류장은 길 건너편에 있다
— 부 ① 가로 질러
He went *across* to the other side of the street. 그는 길 건너편으로 건너갔다

🔲 동사 cross(건너다)와 구별할 것 :
He *crossed* the other side of the street.
② 직경으로
The hole is two meters *across*. 그 구멍은 직경이 2미터이다

be across from ~의 맞은 편이다
My home is just *across from* the drugstore. 우리 집은 바로 약국의 맞은 편이다

come across (사람을) 우연히 만나다 ; (물건을) 발견하다
I *came across* my old diary. 나는 내 옛 일기장을 우연히 발견했다

③ 교차하여
The sticks were laid *across*. 막대들은 교차되어 놓여 있었다

🔲 across, along, through
across는 한쪽에서 다른 쪽으로 가로지르는 것을 나타내고 **along**은 한쪽을 따라 평행하게 있는 것을 나타내며 **through**는 한쪽에서 다른 쪽을 지나 통과하는 것을 나타낸다.

★act [ǽkt] 명 (복수 acts [-s])
① 행위, 짓(→ action)
an *act* of war 전쟁 행위
② (연극·오페라 등의) 막
Act Ⅱ, Scene iii 제2막 제3장 (◆ act two, scene three로 읽음)
③ 법령, 조례 ; 결의서
— 동 (3단현 acts [-s] ; 과거·과분 acted [-id] ; 현분 acting) 자동
① 행동하다 ; 처신하다
You must *act* more wisely. 너는 더 현명하게 처신해야 한다
② (기계 등이) 작동하다 ; (약이) 듣다
This medicine *acts* fast. 이 약은 효

action - add

과가 빠르다

❸ (연극을) **공연하다**, (역을) 맡아하다

He *acted* (the part of) Hamlet. 그는 햄릿 역을 맡아 했다

act as ... ~를 맡아 하다 (=serve as ...)

I will *act as* (a) guide. 나는 안내역을 맡아 하겠다

act on [*upon*] *...* ~에 따라 행동하다 ; ~에 작용하다

I will *act on* your advice. 나는 너의 충고에 따라 행동하겠다

This drug *acted on* his headache. 이 약은 그의 두통에 들었다

ac·tion [ǽkʃən] 몡 《동사는 act》 행동, 움직임, 동작

We watched his *action* of the football game on TV. 우리는 텔레비전 축구 경기에서 그의 동작을 지켜 보았다

Action! 《영화》 연기 시작!

ac·tive [ǽktiv] 휑 활동적인 ; 활동 중인 ; 적극적인

She is very *active* at school. 그녀는 학교에서 매우 활발하다

an *active* volcano 활화산

ac·tiv·i·ty [æktívəti] 몡 《복수 activities [-z]》 《형용사는 active》 활동, (학생의) 과외 활동

club *activities* 클럽 활동

social *activities* 사회 활동

ac·tor [ǽktər] 몡 《복수 actors [-z]》 배우, 남자 배우(→ actress 여자 배우)

a film *actor* 영화 배우

ac·tress [ǽktris] 몡 《복수 actresses [-iz]》 여자 배우(→ actor 남자 배우)

ac·tu·al [ǽktʃuəl] 휑 현실의, 실제의

actual condition 실제 상황

ac·tu·al·ly [ǽktʃuəli] 閉 실제로, 현실적으로 (=in fact)

He looks strong, but *actually* he is very weak. 그는 튼튼해 보이지만 실제로는 매우 약하다

ad [ǽd] 몡 《복수 **ads** [-z]》 광고 《advertisement의 약어》 (◆ 발음이 add(더하다)와 같다)

ad. adverb(부사)의 약어

A.D. [éidíː] 서력기원, 서기 ~년 《라틴어 Anno Domini의 약어》

30 A.D. 서기 30년(→ B.C.)

Ad·am [ǽdəm] 몡
❶ 애덤 《남자 이름》
❷ 《성서》 아담 《신이 처음 만든 남자 ; 최초의 여자는 Eve [íːv](→ Eden)》

Adam's apple [ǽdəmz ǽpl] 몡 결후(結喉) 《성년 남자의 턱 아래, 목 중간쯤에 후두의 연골이 조금 튀어나온 부분》

adapt [ədǽpt] 통 (3단현 **adapt**s [-s] ; 과거·과분 **adapt**ed [-id] ; 현분 **adapt**ing)(타동) ❶ 적합시키다, 적응시키다 《to와 함께》

I am trying very hard to *adapt* myself *to* my new school. 나는 새 학교에 적응하기 위해 매우 열심히 노력하고 있다

❷ 개작하다, 각색하다

The play had been *adapted* for children. 그 연극은 어린이를 위해 각색 되었다

*add [ǽd] 타동 자동 (3단현 **add**s [-z] ; 과거·과분 **add**ed [-id] ; 현분 **add**ing)

❶ **더하다**, 보태다 ; 추가하다

Add two to three, and you get five. 3에 2를 더하면 5이다 《Three *added* to two make(s) five.로도 쓴다》

Would you like to *add* more sugar to your coffee? 커피에 설탕을 더 넣으실래요

❷ (말을) **덧붙이다**

"Don't hurry." he *added*. 그는 서두르지 말라고 덧붙였다

add to ... ~를 증가시키다

Nice weather *added to* our pleasure.

addition - adopt

좋은 날씨 덕분에 우리는 더욱 즐거웠다

ad·di·tion [ədíʃən] 명 더하기; (산수) 덧셈
in addition 더구나, 게다가

ad·dress [ədrés] 명 (복수 addresses [-iz])
❶ 주소, 수신인명, 주소 성명 (◆미에서는 이 의미로 흔히 [ǽdres] 라고 발음)
Please tell me your *address*. 당신의 주소를 가르쳐 주시오
Write your name and *address*. 너의 주소 성명을 써라
📝 주소는 우리말과 정반대의 순서로 쓴다. 「나의 주소는 서울특별시 영등포구 여의도동 14-34번지이다」 (My *address* is 14-34, Yeouido-dong, Yeongdeungpo-gu, Seoul.)
❷ 연설
He gave an *address* to the nation on TV. 그는 텔레비전으로 국민에게 연설했다
— 동 (3단현 addresses [-iz]; 과거·과분 addressed [-t]; 현분 addressing)
— 타동 ❶ ~의 수신인 이름을 쓰다, (편지 등을) 보내다
This letter is *addressed* to you. 이 편지는 네 앞으로 온 것이다
❷ 말을 걸다, 연설하다
A stranger *addressed* me on the street. 낯선 사람이 길에서 나에게 말을 걸었다

adj. adjective(형용사)의 약어

ad·jec·tive [ǽdʒiktiv] 명 (문법) 형용사 (a. 또는 adj.로 줄여 씀)
📝 사물의 성질을 나타내는 품사: a *good* book(좋은 책)의 good 등

ad·just [ədʒʌ́st] 타동 (3단현 adjusts [-s]; 과거·과분 adjusted [-id]; 현분 adjusting) 조정하다; 조절하다
You should *adjust* the TV antenna to get a clear picture. 깨끗한 화면을 보기 위해서는 텔레비전 안테나를 조정해야 한다

ad·min·is·tra·tion [ədmínəstréiʃən] 명 (복수 administrations [-z])
❶ 관리, 경영
❷ 행정; 정부

ad·mi·ra·ble [ǽdmərəbl] 형 감탄할 만한; 훌륭한

ad·mi·ral [ǽdmərəl] 명 (복수 admirals [-z]) 해군 제독, 해군 대장

ad·mi·ra·tion [ædməréiʃən] 명 감탄; 칭찬
He looked at the magician with *admiration*. 그는 감탄하여 마술사를 바라보았다

ad·mire [ədmáiər] 타동 (3단현 admires [-z]; 과거·과분 admired [-d]; 현분 admiring) 칭찬하다; 감탄하다
We *admired* (for him) his courage. 우리는 그의 용기에 감탄했다

ad·mis·sion [ədmíʃən] 명 (복수 admissions [-z]) 입장(허가), 입학, 입회; 입장료
She received *admission* to Harvard. 그녀는 하버드 대학에 입학허가를 받았다
Admission free 《게시》 입장무료

ad·mit [ədmít] 동 (3단현 admits [-s]; 과거·과분 admitted [-id]; 현분 admitting) 타동 ❶ 넣다, ~에게 입장을 허가하다
He was *admitted* to the baseball team. 그는 야구팀에 들어가도록 허락받았다
❷ 인정하다, 자백하다
He *admitted* his fault. 그는 잘못을 시인했다

a·dopt [ədʌ́pt] 동 (3단현 adopts [-s]; 과거·과분 adopted [-id]; 현분 adopting) 타동 ❶ 양자[양녀]로 삼다

adult - advise

They *adopted* two children whose parents were killed in an accident. 그들은 사고로 부모를 잃은 두 어린이를 양자로 삼았다
❷ 채택하다
The company *adopted* my proposal. 그 회사는 내 제안을 채택했다

ad·ult [ədʌ́lt, ǽdʌlt] 몡 (복수 *adults* [-s]) 성인, 어른(↔ child 아이)
Adults Only (게시) 성인용, 미성년자 금지
— 혱 성장한, 성숙한; 어른의; 성인용의

ad·vance [ədvǽns] 동 (3단현 *advances* [-iz]; 과거・과분 *advanced* [-t]; 현분 *advancing*) 타동 ❶ 나아가게 하다, 앞으로 내보내다
We should *advance* the chairs a little. 의자를 조금씩 더 앞으로 내야겠다
❷ 승진시키다
— 자동 ❶ 앞으로 나아가다, 전진하다
The soldiers *advanced* on an enemy. 병사들은 적을 향하여 전진했다
❷ 진보하다, 발전하다; 승진하다
She *advanced* in English greatly. 그녀는 영어가 많이 발전했다
— 몡 (복수 *advances* [-iz])
❶ 전진; 진행
Troops made an *advance* into the city. 군대는 시내를 향해 전진했다
❷ 진보, 향상; 승진
in advance 미리, 앞당겨
He sent his baggage *in advance*. 그는 수하물을 미리 보냈다

ad·vanced [ədvǽnst] 혱 진보한; 고등의
an *advanced* country 선진국
an *advanced* course in French 프랑스어 고급반

ad·van·tage [ədvǽntidʒ] 몡 (복수 *advantages* [-iz]) 유리한 점, 이익; 장점
Men have lots of *advantages* over women. 남자는 여자보다 유리한 점이 많이 있다
take advantage of ... ~을 이용하다
Please *take advantage of* every chance to speak English. 기회있을 때마다 영어를 말하시오

ad·ven·ture [ədvéntʃər] 몡 (복수 *adventures* [-z]) 모험; 뜻하지 않은 일
He had many *adventures* in Africa. 그는 아프리카에서 많은 모험을 하였다

ad·verb [ǽdvəːrb] 몡 (복수 *adverbs* [-z]) 《문법》 부사 (**ad.** 또는 **adv.**로 줄여 씀)
📝 부사는 형용사・동사・다른 부사를 수식하는 품사를 말한다
a *very* good book (매우 좋은 책)의 very
Go *quickly*. (빨리 가라)의 quickly 등

ad·ver·tise·ment [ædvərtáizmənt] 몡 (복수 *advertisements* [-s]) 광고, 선전 《줄여서 ad 라고도 함》

***ad·vice** [ədváis] 몡 《동사는 advise》 충고, 도움말 《an을 붙이지 않고, 복수형 없음》
They followed(=took) his *advice*. 그들은 그의 충고에 따랐다
He came to see me for *advice*. 그는 나의 충고를 구하러 왔다

> 💡 **a piece of advice**
> advice는 an advice나 advices와 같이 쓸 수 없고 「하나의 충고」라고 할 때는 a piece(=a bit) of advice로 쓰고, 복수형으로 「몇가지 충고」로 표현할 때는 a lot of advice, 혹은 some advice로 쓴다.(→ piece)
> I will give you *a piece of advice*.
> (나는 너에게 충고 한 마디 하겠다)
> 유사한 표현
> *a glass of* water (물 한 컵)
> *a piece of* bread (빵 한 조각)

ad·vise [ədváiz] 타동 (3단 현

adviser - African

advise**s** [-iz]; 과거·과분 advise**d** [-d]; 현분 advis**ing** 충고하다 (♦명사 advice와 발음·철자 주의)
The doctor *advised* the patient to get some rest. 의사는 환자에게 휴식을 좀 취하라고 충고했다

ad·vis·er, ad·vi·sor [ədváizər]
명 (복수 adviser**s**, advisor**s** [-z]) 충고자, 조언자, 고문; 지도교사

aer·o·bics [ɛəróubiks] 명 에어로빅

aer·o·gram, aer·o·gramme
[ɛ́ərəgræm] 명 (복수 aerogram**s** [-z]) 영 항공 우편; 항공 봉함 엽서

aer·o·plane [ɛ́ərəplèin] 명 영 비행기 (《미》에서는 airplane이라고 함)

Ae·sop [í:sap] 명 이솝 《기원전 6세기경(620?—560?)의 그리스인; 「이솝우화(Aesop's Fables)」의 작가》

af·fair [əfɛ́ər] 명 (복수 affair**s** [-z])
❶ 일, 사건
He lost a good chance in that *affair*. 그는 그 사건으로 좋은 기회를 잃었다
I attends many school *affairs*. 나는 많은 학교 행사에 참가한다
❷ 《복수형으로》 업무, 사무
public *affairs* 공무

af·fect [əfékt] 동 (3단현 affect**s** [-s]; 과거·과분 affect**ed** [-id]; 현분 affect**ing**) 타동 ❶ ~에게 영향을 주다
be *affected* by heat 더위를 먹다
Smoking *affects* health. 흡연은 건강에 영향을 준다
❷ 감동시키다
The audience was deeply *affected* by his speech. 청중은 그의 연설에 깊이 감동했다

af·fec·tion [əfékʃən] 명 애정 《an을 붙이지 않고 복수 없음》
He had a deep *affection* for his little daughter. 그는 어린 딸에게 깊은 애정을 갖고 있었다

af·ford [əfɔ́:rd] 타동 (3단현 af·ford**s** [-z]; 과거·과분 afford**ed** [-id]; 현분 afford**ing**)
《can과 함께》 주다, 여유가 있다
📝 보통 부정문·의문문에 쓰임
I can't *afford* a new computer. 나는 새 컴퓨터를 살 여유가 없다

★a·fraid [əfréid] 형 (비교 more afraid; 최상 most afraid)
❶ 두려워하여, 무서워하여
I *am* very *afraid* to go. 나는 아무래도 가기가 두렵다
There's no need to be *afraid*. 두려워할 필요가 없다
be afraid of ... ~을 무서워하다
He *is afraid of* dogs. 그는 개를 무서워한다
❷ 걱정하여
He is *afraid* of being late. 그는 늦을까봐 걱정하고 있다

> 📘 of뒤에는 명사, 또는 동사의 -ing 꼴을 써서 「무서워하다」의 뜻을 나타낸다. to뒤에 동사의 원형을 쓰면 마음이 내키지 않는 것을 나타낸다.

I am afraid (*that*) ... (유감스럽게도) 어쩐지 ~할 것 같다
I am afraid (*that*) he will fail. 그는 어쩐지 실패할 것 같다
I'm afraid I don't know. (미안하지만) 모르겠는데요
📝 I am afraid는 불안·걱정의 기분을 나타낸다. 반대로 희망적인 기분은 hope를 쓴다
I *hope* he will come. 나는 그가 올 것으로 생각한다

★Af·ri·ca [ǽfrikə] 명 아프리카
There are a lot of countries in *Africa*. 아프리카에는 많은 나라가 있다

Af·ri·can [ǽfrikən] 형 아프리카의, 아프리카 사람의
— 명 (복수 african**s** [-z]) 아프리카

10

after - afternoon

사람, 흑인

★af·ter [ǽftər, 영 ɑ́:ftə] 전
❶ (장소·시간·순서가) ~의 뒤에, ~다음에(↔ **before** ~전에); 때 (몇 분) 지나서
Come *after* me. 내 뒤에 따라 오시오
Shut the door *after* you. 문 닫고 들어와라[나가라]
He promised to go to work the day *after* tomorrow. 그는 모레 일하러 가겠다고 약속했다
We played tennis *after* school. 우리는 방과 후에 테니스를 쳤다
He came at seven minutes *after* ten. 그는 10시 7분에 왔다

📒 (1) after는 언제나 명사나 대명사 앞에 쓰인다 (2) after는 주로 시간에 사용하고 behind는 주로 장소에 사용한다.
I hid the comic book *behind* my desk. 나는 내 책상 뒤에 만화책을 숨겼다

❷ ~의 뒤를 쫓아, ~를 구하여
We ran *after* the cat. 우리는 고양이 뒤를 쫓아갔다

❸ ~를 본따서
He was named Jim *after* his uncle. 삼촌의 이름을 본따서 그는 짐으로 명명되었다

after all 결국
He failed *after all*. 그는 결국 실패했다
after a time 얼마 후에
He returned *after a time*. 얼마 후에 그는 돌아왔다
After you, please. (순서에서) 어서 먼저
look after ... ~를 돌보다
I'll look *after* that child. 내가 저 아이를 돌보겠다
one after another 차례로
They fell *one after another*. 그들은 차례차례로 쓰러졌다
one after the other (둘이) 번갈아서
The two tried on the clothes *one after the other*. 두 사람이 번갈아가며 옷을 입어 보았다

📘 동일한 명사를 after 앞뒤에 쓰면 반복을 나타낸다.
day *after* day (매일)
year *after* year (매년)

— 접 ~한 뒤에(↔ **before**)
We played *after* we did our homework. 우리는 숙제를 한 뒤에 놀았다
— 부 뒤에, 나중에
You speak first, I will speak *after*. 너 먼저 말해라, 나는 나중에 말하겠다
He came back three days *after*. 그는 3일 후에 돌아왔다 《전치사를 써서 *after* three days 라 해도 좋다》
ever after 그 후 내내
They lived happily *ever after*. 그들은 그 후 내내 행복하게 살았다

📒 동화는 흔히 Once upon a time (옛날 옛적에)으로 시작하여, 위 예문으로 끝난다

soon after 곧, 이내, 잠시 후
His brother came home *soon after*. 그의 동생은 잠시 후 집으로 돌아왔다

★af·ter·noon [æftərnú:n, 영 ɑ̀:ftənú:n] 명 오후(→ **morning** 오전, **evening** 저녁)
We have four classes in the morning and two (classes) in the *afternoon*. 우리는 오전에 4시간, 오후에 2시간 수업이 있다
This *afternoon* I am going to visit him. 오늘 오후에 나는 그를 방문하겠다
Please come and see me tomorrow *afternoon*. 내일 오후 나를 찾아오시오

📒 morning이나 afternoon, evening 등에 this, that, one, tomorrow, yesterday 등이 붙으면 in이나 on따위의 전치사 없이 부사구로 쓰인다
I went fishing on Sunday *afternoon*. 일요일 오후에 나는 낚시하러 갔다

📒 (미) 구어체에서는 흔히 on을 생략한다

a afterward - agency

He came back on the *afternoon* of May first. 그는 5월 1일 오후에 돌아왔다

📝 특정한 날에는 전치사 on 을 쓴다
Good afternoon! 《오후의 인사말》 안녕, 잘가

*af·ter·ward [ǽftərwərd] 튀
나중에, 그 후 《afterwards라고 하기도 함》
She finished her homework and went to bed soon *afterward*. 그녀는 숙제를 끝내고 그후 곧 잠자리에 들었다

*a·gain [əgén, əgéin] 튀
❶ 다시, 한 번 더 (=once more)
Try it *again*. 한 번 더 해 봐라
Come and see us *again*. 또 놀러 오너라
See you *again*. 또 만나자, 잘가
❷ 원상으로, 본래대로 《again을 약하게 읽음》
He will soon be well *again*. 그는 곧 다시 건강해질 것이다
again and again 몇 번이고, 되풀이하여
Tom tried it *again and again*. 톰은 그것을 몇 번이고 해 보았다
now and again 가끔, 때때로 (= sometimes)
My aunt visits our home *now and again*. 숙모는 우리 집을 가끔 방문하신다
once again 한 번 더
I want to see him *once again*. 나는 그를 한 번 더 보고 싶다

*a·gainst [əgénst] 전
❶ ~에 대하여; ~에 반대하여 (↔ for ~에 찬성하여); ~에 대항하여
The wind was *against* us. 바람이 우리를 향해 불었다
Those people are *against* our plan. 저 사람들은 우리 계획에 반대한다
We played bowling *against* the Johnsons. 우리는 존슨 가족을 상대로 볼링 시합을 했다
❷ ~에 기대어, ~에 의지하여

Put your bicycle *against* that tree. 네 자전거를 저 나무에 기대어 놓아라
❸ ~와 대조하여, ~를 배경으로
It looks beautiful *against* the blue sky. 그것은 파란 하늘을 배경으로 아름답게 보인다

*age [éidʒ] 명 (복수 **ages** [-iz])
❶ 연령, 나이
My father went to America at (the *age* of) fifty. 나의 아버지는 50살에 미국으로 가셨다
What is your *age*? 너는 몇 살이냐? (=How old are you?)
I am ten years of *age*. 나는 10살이다 《I am ten (years old). 가 더 구어적》
I want to see the girls (of) your *age*. 나는 네 또래의 여자 아이들을 보고 싶다
We are (of) an[the same] *age*. 우리는 동갑이다 《구어에서는 보통 of를 생략한다》
She looks young for her *age*. 그녀는 나이에 비해 젊어 보인다
❷ 시대, 시기
the Golden *Age* 《그리스 신화》 황금 시대, 가장 전성기
the Ice *Age* 빙하 시대
the Middle *Ages* 중세 《◆ 복수형에 주의; 단수형으로 쓴 middle age는 중년이라는 뜻》
This is the atomic *age*. 지금은 원자력 시대이다
📝 인류의 진화는 사용된 도구에 따라, the Stone *Age* (석기 시대), the Bronze *Age* (청동기 시대), the Iron *Age* (철기 시대)의 순으로 됨.
❸ 《an age 또는 ages로》 《구어》 오랫동안
It's *ages* since I saw you last. 당신을 본 지 정말 오래되었군요
come of age 성년이 되다

a·gen·cy [éidʒənsi] 명 (복수 agen*cies* [-iz])
❶ 대리점
a detective *agency* 탐정 사무소

a news *agency* 통신사
❷ (정부 등의) 기관, 국
the Central Intelligence *Agency* (미)
중앙 정보국
▶ 약자 CIA로 쓰는 경우가 많음.

a·gent [éidʒənt] 몡 (복수 **agent**s [-s]) ❶ 대행자, 대리인
a travel *agent* 여행사 직원
❷ 조사관, 수사관
a secret *agent* 비밀 요원(스파이)

★**a·go** [əɡóu] 튀 (지금부터) **전에**
A baby was born a week *ago*. 1주일 전에 아기가 태어났다
The bus left a few minutes *ago*. 그 버스는 2, 3분 전에 출발했다

> **ago와 before**
> ago 는 「지금부터 몇 날[월, 년 등] 전에」의 뜻의 과거를 나타내므로 동사는 과거형을 쓴다.
> before 는 「과거의 어느 때부터 몇 날[달, 년] 전에」라고 할때와 「(막연히) 이전에」라고 할때 쓰고, 동사는 과거형뿐만 아니라 완료형도 쓴다.
> I *have* never *seen* you *before*.(나는 전에 너를 본 적이 없다)

†**long ago** 오래전에
They moved away long *ago* (=a long time *ago*). 그들은 오래 전에 이사갔다
Long, long ago 옛날 옛적에
Long, long ago there lived a man named Tom. 옛날에 톰이란 이름의 남자가 살고 있었다

★**a·gree** [əɡríː] 동 (3단현 **agree**s [-z]; 과거·과분 **agree**d [-d]; 현분 **agree**ing) (↔disagree 일치하지 않다) (자동) ❶ **동의하다**, 의견이 같다
I *agree* with you. 나는 너와 같은 의견이다
Jim will *agree* to my proposal. 짐은 나의 제안에 동의할 것이다
They *agreed* on that question. 그들은 그 문제에 대하여 의견이 같았다

> **agree with, agree to, agree on**; 사람과 의견이 일치할 때는 with, 제안에 응할때는 to, 무엇에 대해 의견이 같을 때는 on 을 쓴다

❷ (일·음식·기후 등이) **체질에 맞다**; **일치하다**, **부합하다** (◆ 보통 부정문에 쓰임)
This food does not *agree* with me. 이 음식은 나의 식성에 맞지 않는다
His explanation does not *agree* with the facts. 그의 설명은 사실과 일치하지 않는다

a·gree·ment [əɡríːmənt] 몡 (복수 **agreement**s [-s]) 동의, 승낙; 일치; 협정

ag·ri·cul·tur·al [æ̀ɡrikʌ́ltʃərəl] 혱 농업의

ag·ri·cul·ture [ǽɡrikʌ̀ltʃər] 몡 농업 (◆ an을 붙이지 않고 복수 없음)

ah [ɑː] 캄 아아! 《슬픔·기쁨·놀람 등을 표시》

a·ha [ɑːháː] 캄 아하! 《놀람을 나타내는 소리》

★**a·head** [əhéd] 튀
❶ 앞쪽에, 앞에; 《시간적으로》 앞에
Walk *ahead* of me. 나의 앞에 걸어라
Go straight *ahead* along this street. 이 길을 따라 앞으로 똑바로 가라
The bus arrived *ahead* of time. 버스는 제시간보다 일찍 도착했다
❷ (능력 등이) **앞서서**, 능가하여
He is *ahead* of us in math. 그는 수학에서 우리를 앞서 있다
Go ahead. (말 등을) 계속하라; (음식 등을) 어서 들어라

aid [éid] 동 (3단현 **aid**s [-z]; 과거·과분 **aid**ed [-id]; 현분 **aid**ing) (타동) 원조하다, 돕다
Paul *aided* me in doing the dishes. 폴은 내가 설거지하는 것을 도왔다
— 몡 (복수 **aid**s [-z]) 원조; 보조물
first *aid* 응급 치료

AIDS - Aladdin

a hearing *aid* 보청기

AIDS [éidz] 명 에이즈, 후천성 면역 결핍증 《*A*cquired *I*mmune *D*eficiency *S*yndrome의 약어》

aim [éim] 동 (3단현 **aim***s* [-z]; 과거·과분 **aim***ed* [-d]; 현분 **aim-***ing*) (타동) 겨냥하다
She *aimed* the arrow at the target. 그녀는 화살을 표적에 겨냥했다
— (자동) ❶ 《aim at 으로》 **겨누다**
The hunter *aimed at* the lion with his gun. 사냥꾼은 총으로 사자를 겨누었다
❷ 《aim to 로》 **목표 삼다**; ~할 작정이다
I am *aiming to* be a good son. 나는 좋은 아들이 될 작정이다
— 명 (복수 **aim***s* [-z]) ❶ 겨냥; 과녁
❷ 목적, 계획

ain't [éint] (구어) am not 의 줄임꼴

★**air** [ɛ́ər] 명 (복수 **air***s* [-z])
❶ 공기 (◆ a를 붙이지 않고, 복수 없음)
We need fresh *air*. 우리는 신선한 공기가 필요하다
❷ 《보통 the air로》 하늘(=sky), 공중
Birds are flying in *the air*. 새들이 하늘에서 날고 있다
❸ 태도, 모양
She answered with a sad *air*. 그녀는 슬픈듯이 대답했다
by air 비행기로 (관사 없이)
John travels *by air* a lot on business. 존은 사업상 비행기로 여행을 많이 한다
📝 bus, taxi, airplane 등의 교통수단에는 by bus(버스로), by taxi(택시로) 등과 같이 a나 the를 붙이지 않는다.
in the open air 옥외에서, 야외에서
We had a good time *in the open air*. 우리는 옥외에서 즐겁게 보냈다
on the air 방송중인
My favorite song will be *on the air* in a few minutes. 몇 분 후에 내가 가장 좋아하는 노래가 방송될 것이다

air·con·di·tioned [ɛ́ərkəndìʃənd] 형 공기 조절되는, 냉방 장치를 설치한

air con·di·tion·er [ɛ́ər kəndí-ʃənər] 명 냉방 장치: 에어컨, 공기 조절 장치

air·craft [ɛ́ərkræft] 명 (복수 **air-craft**) 항공기 《비행기, 비행선, 기구, 헬리콥터 등》

air force [ɛ́ər fɔ́ːrs] 명 (복수 **air forces** [-iz]) 공군 《육군은 army, 해군은 navy》

air letter [ɛ́ər lètər] 명 (복수 **air letters** [-z]) 항공 우편; 항공 서한

air·line [ɛ́ərlàin] 명 (복수 **airline***s* [-z]) 항공로;《보통 복수형으로 단수 취급》항공 회사

air·mail [ɛ́ərmèil] 《a, an을 붙이지 않고 복수 없음》 항공 우편(→ mail)
by airmail (= *via air mail*) 항공 우편으로

air·plane** [ɛ́ərplèin] 명 (복수 **airplanes* [-z]) 비행기(=영 aeroplane → plane)
by airplane 비행기로(=by air)
We went to New York *by airplane*. 우리는 비행기로 뉴욕에 갔다

***air·port** [ɛ́ərpɔ́ːrt] 명 (복수 **air-ports** [-s]) 공항
the Gimpo International *Airport* 김포국제공항

aisle [áil] (◆ 발음 주의) 명 통로
Do you want a window seat or an *aisle* (seat)? 창쪽 자리를 원하십니까, 아니면 통로쪽 자리를 원하십니까

-al [-əl] 명사에 붙여 형용사를 만들음
music → music*al* (음악의)

Ala. Alabama(앨라배마)의 약어

Al·a·bam·a [æ̀ləbǽmə] 명 앨라배마 주 《미국 남동부의 주; 약어는 AL 이나 Ala.; 수도는 Montgomery [mɑntgʌ́məri]》

A·lad·din [əlǽdn] 명 알라딘 《The

Alan - Alice

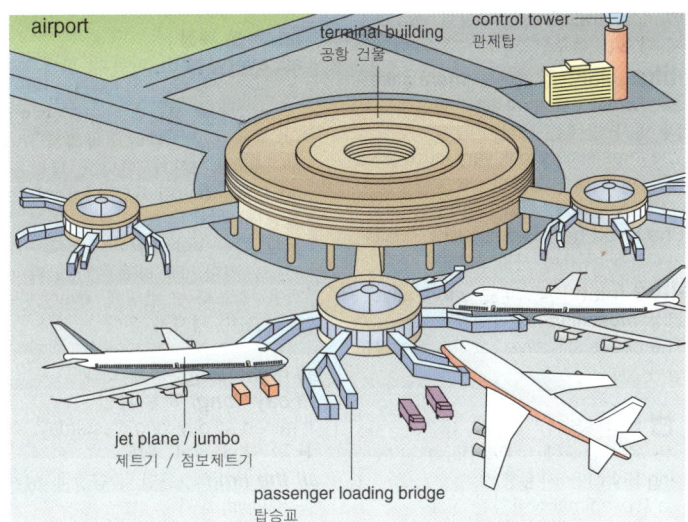

airport
terminal building 공항 건물
control tower 관제탑
jet plane / jumbo 제트기 / 점보제트기
passenger loading bridge 탑승교

Arabian Nights(천일야화)에 나오는 청년으로 요술램프를 얻음》

Al·an [ǽlən] 몡 앨런 《남자 이름; Allan이나 Allen이라고도 표기》

a·larm [əlάːrm] 몡 (복수 **alarm**s [-z]) 경보, 경보기; 놀람
an *alarm* clock 자명종
a fire *alarm* 화재 경보기
He cried out in *alarm*. 그는 놀라서 외쳤다

a·las [əlǽs, əlάːs] 감 《문어》 아아 《슬픔, 근심 등을 나타냄》

Alas. Alaska(알래스카)의 약어

A·las·ka [əlǽskə] 몡 알래스카 주 《캐나다의 북서 방향에 위치한 미국 최대의 주; 약어는 Ak나 Alas.; 수도는 Juneau [dʒúːnou]》

Al·bert [ǽlbərt] 몡 앨버트 《남자 이름; 애칭은 Al이나 Bert》

***al·bum** [ǽlbəm] 몡 (복수 **album**s [-z]) **사진첩, 앨범**
▷ 사진첩, 우표첩, 사인첩 따위. 또한 레코드 케이스 따위도 있다

a photo *album* 사진 앨범
a stamp *album* 우표 수집책
❷ (CD·테이프·레코드판으로 된) 곡집

al·co·hol [ǽlkəhɔ(ː)l] 몡 알코올, 술 《a, an을 붙이지 않고 복수 없음》

Al·ex·an·der [æligzǽndər] 몡 알렉산더 《남자 이름》

Alexánder the Gréat [æligzǽndər ðə greit] 알렉산더 대왕
▷ 고대 마케도니아의 왕 《기원전 356-323; 그리스·페르시아 등을 정복》

Al·fred [ǽlfrid] 몡 알프레드 《남자 이름; 애칭은 Al이나 Fred》; 고대의 영국왕(849-899)》

A·li Ba·ba [ӕlibάːbə, ɑːlibάːbə] 몡 알리바바
▷ Arabian Nights(천일야화)에 나오는 나무꾼으로 40인의 도둑이 보물을 숨겨 놓은 동굴에 "Open, Sesame. (열려라, 참깨)"라는 암호로 들어가 도둑들의 보물을 발견함.

Al·ice [ǽlis] 몡 앨리스 《여성이름》; 앨리스 《영국의 동화 "Alice in

alike - all

Wonderland(이상한 나라의 앨리스)"에 나오는 여주인공》

a·like [əláik] 형 (비교 **more** alike; 최상 **most** alike) 비슷한, 같은 《◆ 명사 앞에는 쓰이지 않음》
The three sisters look very much *alike*. 세 자매는 매우 닮았다
— 부 동일하게, 평등하게
She loved her children *alike*. 그녀는 자식들을 똑같이 사랑했다

a·live [əláiv] 형 (비교 **more** alive; 최상 **most** alive) 살아있는
The bird is still *alive*. 그 새는 아직도 살아 있다

> 명사 앞에는 쓰이지 않음. 명사를 수식할때에는 live [láiv]나 living [líviŋ]을 사용함.
> a *live* animal 살아있는 동물
> a *living* creature 생물

★**all** [ɔ́ːl] 형 ❶ 모든, 전부의 《복수 명사에도 단수 명사에도 쓰인다》
all day [night] 종일[밤새]
All the students like holidays. 모든 학생들은 휴일을 좋아한다
All these books are mine. 이 책들은 전부 내 것이다
Give me *all* this money. 이 돈을 전부 나에게 주시오
She was there *all* (the) morning. 그녀는 오전 내내 거기에 있었다
All dogs are faithful. 개는 모두 충실하다 《Dogs are *all* faithful. 이라고도 말한다》

> **all**의 위치
> *all*은 the, this, my, his, her 등의 앞에 온다

❷ 《not과 함께 써서》 **모두 다 ~한 것은 (아니다)** 《◆ 이 용법을 「부분부정」이라고 함》
Not all men are wise. 모든 사람이 다 현명한 것은 아니다
We do *not all* go. 우리가 모두 가는 것은 아니다

> **부분 부정**
> **all, every, both** 따위와 함께 not 을 쓰면 「모두… 는 아니다, 누구나 다… 는 아니다」 등의 뜻으로 「부분부정」이 된다. 따라서 not all=some(모두가 아니고 몇몇은), not both=one(두사람 다가 아니고 한 사람은)의 뜻으로 된다. 전부 부정할 때는 not any(어느 것도 …아닌)로 된다. 또 all은 개개인의 총합을 강조하는 반면에 every 다음에는 단수 명사가 온다

all night (***long***) 밤새 내내
all day (***long***) 하루 종일
It rained *all day long* yesterday. 어제는 온 종일 비가 왔다
all the time 그동안 줄곧; 関 언제나 (=always)
All the time I was there. 그동안 줄곧 나는 거기에 있었다
Bill is honest *all the time*. 빌은 언제나 정직하다
all the way ... ~ 도중 내내, 죽
He came *all the way* from Chicago. 그는 시카고에서 먼 길을 내내 왔다
all the year round 1년 내내
Mt. Everest is covered with snow *all the year round*. 에베레스트 산은 1년 내내 눈으로 덮여 있다
— 대 《단수 취급하여 인간 이외의 것을 나타내어》 **전부, 모두**; 《복수 취급하여》 **모든 사람들, 전원**
All is well. 모두 무사하다
All are present. 전원 출석해 있다 (=Everybody is present.가 보다 구어적)
They *all* (=*All* of them) have come. 그들은 모두 왔다

> All they 라고는 하지 않음.

after all 결국
Peter didn't come *after all*. 피터는 결국 오지 않았다
all but ~을 제외한 전부
All but Julie came to Tom's birthday

Allan - allow

party. 줄리를 제외하고 모두 톰의 생일파티에 왔다
at all 《부정어와 함께》 조금도 …않다, 전혀; 《의문문에서》 도대체
I'm *not* tired *at all*. 나는 조금도 피곤하지 않다
Did you read it *at all*? 너는 그것을 읽긴 읽었니
first of all 우선, 먼저
First of all I must call on him. 우선, 나는 그를 방문해야 한다
in all 통틀어, 전부
We are eleven *in all*. 우리는 전부 11명이다
Not at all. 천만에요
회화 A: Thank you very much.
B: *Not at all*.
A: 감사합니다
B: 천만에요
📝 Thank you. 라는 말에는 Not at all. 이라고 답한다. 미국에서는 You're welcome. 을 쓰는 것이 보통. 같은 의미로 Don't mention it. 도 쓴다
That's all. 그만 하겠습니다, 그것뿐이오
— 부 **전부, 완전히**
It was *all* covered with dust. 그것은 온통 먼지로 덮여 있었다
He lives here *all* alone. 그는 완전히 혼자서 여기 살고 있다
all at once 갑자기 (=suddenly)
All at once they began to laugh. 갑자기 그들은 웃기 시작했다
📝 「모두 한꺼번에」의 뜻도 있다
She ate the cake *all at once*. (그녀는 케이크를 전부 한꺼번에 먹었다)
all over 온통, …의 여기저기; 다 끝나서
Tom traveled *all over* the world. 톰은 세계를 두루 여행했다
The meeting is *all over*. 그 모임은 완전히 끝났다
all right 무사히; 《응답에서》 괜찮아
You can do it *all right*. 너는 그것을 훌륭히 할 수 있다
I hope she has arrived *all right*. 그녀

가 무사히 도착했기를 바란다
I'll be there *all right*. 나는 틀림없이 거기에 있을 것이다
📝 Excuse me. 또는 I'm sorry. 등의 말에 That's all right.이라고 대답할 수 있다.
All right! 좋다 그래라
That's *all right*. 괜찮습니다
"Let's play basketball."—"*All right*."
「농구하자」—「그래, 좋아」
all together 모두 함께
Read the first sentence *all together*. 첫번째 문장을 모두 함께 읽어라
📝 이 표현은 각 부분을 하나로 합칠 때 사용하기도 한다. If we put these words *all together*, we get a complete sentence. 이 단어들을 모두 합치면 완전한 문장을 얻는다

Al·lan [ǽlən] 명 앨런 《남자 이름; Alan 또는 Allen이라고 하기도 함》
Al·len [ǽlin] 명 앨런 《남자 이름; Alan 또는 Allan이라 하기도 함》
al·ler·gy [ǽlərdʒi] 명 알레르기
All Fools' Day [ɔ́:l fú:lz dei] 명 =April Fools' Day
al·li·ga·tor [ǽləgèitər] 명 악어 《미국산·중국산》
***al·low** [əláu] 통 (3단현 allow**s** [-z]; 과거·과분 allow**ed** [-d]; 현분 allow**ing**) 타동 ❶ 허용하다, ~하게 하다
Smoking is not *allowed* here. 여기서는 금연입니다
Allow me to introduce Mr. Brown. 브라운 씨를 소개하겠습니다
📝 Allow me to ... 는 정중한 표현으로 「실례합니다만 ~하도록 허락해 주시오.」의 뜻. 이보다 덜 정중한 표현으로 Let me introduce you ...가 있다.
❷ **지급하다**, 할애하다
I *allow* him five dollars a day. 나는 그에게 일당 5달러를 준다
— 자동 《for와 함께》 (사정 등을)

allowance - already

참작하다, **고려하다**
You must *allow for* some errors. 너는 다소의 오류를 고려하지 않으면 안 된다

al·low·ance [əláuəns] 몡 (복수 **allowances** [-iz]) 수당; 용돈

All Saints· Day [ɔ́:l séints dei] 몡 (카톨릭) 제성 첨례《모든 성인을 기리는 축제일로서 11월 1일; 만성절로도 부름》

al·mond [ɑ́:mənd] (◆ l은 발음하지 않음) 몡 (복수 **almonds** [-z]) 아몬드 《열매·나무》

★**al·most** [ɔ́:lmoust, ɔ:lmóust] 뛰 거의 (◆ most 와 혼동하지 않도록 주의)
It is *almost* five o'clock. 거의 5시이다
He comes here *almost* every day. 그는 거의 매일 여기 온다
Almost all the boys went there. 거의 모든 소년들이 거기에 갔다

a·lo·ha [əlóuə, ɑ:lóuhɑ:] 《하와이어》
깝 안녕!
— 몡 인사

★★**a·lone** [əlóun] 혱 혼자, 단지 ~만 (◆ 명사 앞에 쓰이지 않음)
I was *alone*. 나는 혼자였다
The boy *alone* can do this work. 그 소년만이 이 일을 할 수 있다
Please leave me *alone*. 제발 나를 내버려 두시오
— 뛰 홀로, 혼자서
She went to Africa *alone*. 그녀는 혼자서 아프리카에 갔다
all alone 완전히 홀로, 혼자 힘으로
She is living here *all alone*. 그녀는 혼자서 여기 살고 있다

★**along** [əlɔ́:ŋ] 전 ~를 따라
The train is going *along* a river. 기차가 강을 따라 달리고 있다
They ran *along* the street. 그들은 길을 따라 달렸다
— 뛰 ❶ (멎지않고) 앞으로, 점점
Let's walk *along*. 앞으로 계속 걷자

"Come *along*," he said. 「자, 와라」고 그는 말했다
A tall man came *along*. 키 큰 남자가 다가왔다
📝 along 은 come, go, walk 등의 동사에 붙어 그 뜻을 강조한다
❷ 이쪽으로, ~를 따라서; 동반하여
Come *along* here. 이리 오시오
He took his brother *along*. 그는 동생을 데리고 왔다
get along 지내다, 사이좋게 지내다
How are you *getting along*? 어떻게 지내고 있습니까

a·loud [əláud] 뛰 큰 소리로, 소리내어
Mother read father's letter to us *aloud*. 어머니는 아버지의 편지를 우리에게 소리내어 읽어 주셨다

★**al·pha·bet** [ǽlfəbèt] 몡 (복수 **alphabets** [-s]) 알파벳 《영어에서는 A부터 Z까지 26자》
📝 그리스어 알파벳의 처음 2자 alpha(알파)와 beta(베타)를 합쳐서 만든 말.

★**Alps** [ǽlps] 몡 《the 를 붙여》 알프스 산맥
▶ 프랑스, 이탈리아, 스위스, 오스트리아에 걸쳐 있는 산맥. 최고봉은 몽블랑(=Mont Blanc)으로 4,807미터.

★**al·read·y** [ɔ:lrédi] 뛰 이미, 벌써
I have *already* done my homework. 나는 벌써 숙제를 마쳤다
He has *already* gone. 그는 이미 가고 없다
Is he back *already*? 그는 벌써 돌아왔느냐 《의외·놀람을 나타냄》

📘 **already와 yet**
already 는 「벌써, 이미」의 뜻으로 보통 긍정문에 쓰고, 부정문과 의문문에서는 yet 을 씀.
Has he gone *yet*?(그는 벌써 갔느냐)

also - a.m.

★**al·so** [ɔ́ːlsou] 튀 ~도 또한(=too), 역시
Tom likes baseball. I also like it. (=I like it, too.) 톰은 야구를 좋아한다 나도 좋아한다

> **also 와 not ~ either**
> 「~도 또한 …이다」와 같은 긍정문에서는 also 를 쓴다. 「~도 또한 …아니다」란 부정문에서는 not … either 를 쓴다.
> He doesn't come today. She doesn't come, either.(그는 오늘 오지 않는다. 그녀도 오지 않는다)

not only ~ but (*also*) … ~뿐만 아니라 …도 (또한)(→ only)
Not only the pupils *but* (*also*) the teacher laughed. 학생들뿐만 아니라 선생님도 웃었다

al·ter [ɔ́ːltər] 동 (3단현 **alter**s [-z]; 과거·과분 **alter**ed [-d]; 현분 **alter**-ing) 타동 바꾸다, 변경하다
— 자동 변하다

al·though [ɔːlðóu] 접 비록 ~일지라도, ~이긴 하지만(=though)
Although he is very old, he is active. 그는 나이를 많이 먹었으나 활동적이다

al·to·geth·er [ɔ̀ːltəgéðər] 튀
❶ 완전히, 아주
He forgot it *altogether*. 그는 그것을 아주 잊었다
❷ 전부해서(=in all)
They were five *altogether*. 그들은 모두 5명이었다

★**al·ways** [ɔ́ːlwiz, ɔ́ːlwəz] 튀 언제나, 항상, 늘
He *always* comes late. 그는 언제나 늦게 온다
He is *always* busy. 그는 늘 바쁘다
You should *always* work hard. 너는 언제나 열심히 일해야 한다
📕 **always의 위치**
always는 보통 일반 동사의 앞, be동사와 조동사의 뒤에 온다.
not always 언제나 ~한 것은 아니다 《부분 부정》
He is *not always* at home on Sundays. 그는 일요일에 언제나 집에 있는 것은 아니다

★**am** [əm, (강조할 때) ǽm] 동 (과거 *was* [wəz]; 과분 *been* [bí(ː)n]; 현분 **be**ing) 자동 ~이다, 있다

> 주어가 I일 때의 be동사의 현재형 am은 언제나 I am … ing형으로 쓰인다. 회화에서 I am … 은 흔히 I'm … 으로 줄여 쓴다. I am은 "Yes, I'm."처럼 문장의 끝에 나올 때에는 축약형 I'm으로 쓸 수 없고 이때 am은 강하게 발음한다.

I *am* a pupil of this school. 나는 이 학교의 학생이다
I *am* in the dining room. 나는 식당에 있다
회화 A: Are you American?
B: Yes, I *am*.
A: 너는 미국인이냐
B: 예, 그렇습니다
— 조 ❶ 《I am + -ing 꼴로 진행형》 ~하고 있다, ~하고 있는 중이다
I *am* writ*ing* a letter. 나는 편지를 쓰고 있다
I *am* look*ing* forward to seeing you. 당신을 보기를 고대하고 있습니다
❷ 《I am + 타동사의 과거분사로 수동태》 ~되다, ~받다
I *am* told to start at once. 곧 출발하라는 명령을 받았다

★**a.m., A.M.** [éiém] 오전(↔ p.m. 오후)
10: 30 *a.m.* 오전 10시 30분
(◆ ten thirty a.m. 이라고 읽는다)
📝 라틴어 *ante M eridiem*(=before noon)의 줄임꼴. 시간표 등에서는 A. M., 특별한 경우에는 a.m. 이 쓰이고, 숫자 뒤에 오며 o'clock과 같이 쓰이

amateur - American Indian

지 않는다.

am·a·teur [ǽmətʃùər, ǽmətər] 명 (복수 **amateurs** [-z]) 아마추어, 비전문가(↔ professional 프로, 전문가)

a·maze [əméiz] 동 (3단현 **amazes** [-iz]; 과거·과분 **amazed** [-d]; 현분 **amazing**)
— (타동) 놀라게 하다
He was *amazed* at the sight. 그는 그 광경을 보고 깜짝 놀랐다

a·maz·ing [əméiziŋ] 형 (비교 *more* amazing; 최상 *most* amazing) 매우 놀라운, 굉장한

Am·a·zon [ǽməzɑ̀n] 명 《the를 붙여》 아마존강
▶ 남미에 있는 세계 최대의 강; 약 6,200km.

am·bas·sa·dor [æmbǽsədər] 명 (복수 **ambassadors** [-z]) 대사, 사절

am·bi·tion [æmbíʃən] 명 야망, 야심

am·bi·tious [æmbíʃəs] 형 (비교 *more* ambitious; 최상 *most* ambitious) 대망을 품은, 야심 있는
Boys, be ambitious! 소년들이여, 대망을 품어라

am·bu·lance [ǽmbjələns] 명 (복수 **ambulances** [-iz]) 구급차
Call an *ambulance!* 구급차를 불러주세요

a·men [ɑ:mén, eimén] 감 아멘 《크리스트교에서 기도 등의 끝에 부르는 말; 히브리어로 '그러하게 되어지이다'의 뜻》

★**A·mer·i·ca** [əmérəkə] 명
❶ 미합 중국, 미국
He lives in *America.* 그는 미국에 살고 있다
▶ 보통 the United States (of America) 또는 the U.S.라고 한다. 미국인들 간의 구어에서는 the States 라고도 한다.

❷ 아메리카 대륙 《전체》
North *America* 북아메리카
Central *America* 중앙아메리카
South *America* 남아메리카
Who discovered *America*? 누가 아메리카 대륙을 발견했는가
▶ 아메리카라는 명칭은 아메리카 대륙으로 항해한 이탈리아의 항해가 아메리고 베스푸치(Amerigo Vespucci; 1451-1512)의 이름을 딴 것.

★**A·mer·i·can** [əmérəkən] 형
미국의, 미국인의
The *American* flag has fifty stars. 미국 국기에는 별이 50개 있다
American English is a little different from British English. 미국식 영어는 영국식 영어와 조금 다르다
His wife is (an) *American.* 그의 아내는 미국인이다 《an은 보통 생략함》
— 명 (복수 **Americans** [-z]) 미국 사람
I met an *American* in the park. 나는 공원에서 미국인을 만났다
▶ the Americans는 미국인 전체.
The *Americans* are kind people. 미국인은 친절한 국민이다

A·mer·i·can foot·ball [əmérəkən fútbɔ:l] 명 미식축구 《미국에서는 football이라고만 하고 축구는 soccer[sɑ́kər]라고 함》

American football

A·mer·i·can In·di·an [əmérə-

among - analyze

kən indiən] 명 아메리카 인디언 《아메리카 원주민으로서 최근에는 native American이라고 부르는 경향이 있음》

★**a·mong** [əmʌ́ŋ] 전

❶ (다수의) 속에, ~의 사이에
There is a big pond *among* the trees. 나무들 사이에 큰 연못이 있다
Divide these *among* the three boys. 이것들을 3명의 소년들에게 나누어 주어라

> 보통 among은 셋 이상 사이에 쓰이고, between은 둘 사이에 쓰인다

❷ ~의 하나 (=one of) 《보통 최상급 앞에서》
Seoul is *among* the biggest cities in the world. 서울은 세계 최대 도시 중의 하나이다
among others(=**among other things**) 유별나게, 무엇보다도
Among others she likes the French doll. 인형 중에서 유별나게 그녀는 그 프랑스 인형을 좋아한다

a·mount [əmáunt] 동 (3단현 **amounts** [-s]; 과거·과분 **amounted** [-id]; 현분 **amounting**) 자동 총계 ~이 되다, ~에 달하다
The money *amounts* to almost one million dollars. 그 돈은 거의 100만 달러나 된다
— 명 (복수 **amounts** [-s]) 《the를 붙여》 총계; 액수, 양
I have only a small *amount of* money. 나는 소액의 돈 밖에 없다

Am·ster·dam [ǽmstərdæm] 명 암스테르담
> 네덜란드의 수도. 오랜 역사를 가진 상업 도시; 실제 행정 중심은 The Hague)

Am·trak [ǽmtræk] 명 앰트랙 《미국 철도여객공사의 통칭》

a·muse [əmjúːz] 동 (3단현 **amuses** [-iz]; 과거·과분 **amused** [-d]; 현분 **amusing**)
— (타동) 즐겁게 하다, 재미나게 하다
The children are *amused* by the new robots. 아이들은 새 로봇을 즐기고 있다

a·muse·ment [əmjúːzmənt] 명 (복수 **amusements** [-s]) 즐거움, 오락

a·muse·ment park [-pàːrk] 명 (복수 **amusement parks** [-s]) 유원지

a·mus·ing [əmjúːziŋ] 형 즐거운, 재미있는(→ funny)
He told us a very *amusing* story. 그는 우리에게 매우 재미있는 이야기를 해 주었다

Amy [éimi] 명 에이미 《여자 이름》

★**an** [(보통은) ən, (강조할 때) ǽn] 형 《모음으로 시작하는 단어의 앞에 오는 부정관사》 하나의, 한 사람의(→ a)
A dog is *an* animal. 개는 동물이다
I gave *an* apple to *an* old man. 나는 노인에게 사과를 주었다
Tom is *an* honest boy. 톰은 정직한 소년이다
She will be back in *an* hour. 그녀는 1시간 후에 돌아올 것이다

> **an의 발음**
> an은 발음이 모음으로 시작하는 단어 앞에 쓰인다. 또 읽을 때는 다음의 모음과 연결된다.
> *an* apple [ənǽpl] (사과 1개)
> 철자가 자음자라도 발음이 모음으로 시작하면 an을 쓴다.
> *an* hour[ənáuər] (1시간)

a·nal·y·sis [ənǽləsis] 명 (복수 **analysises** [-z]) 분석, 분해

an·a·lyze, an·a·lyse [ǽnəlàiz]

ancestor - and

동 (3단현 **analyzes** [-iz]; 과거·과분 **analyzed** [-d]; 현분 **analyzing**)
영 분석하다(=미 analyze)

an·ces·tor [ǽnsestər] 명 (복수 **ancestors** [-z]) 조상, 선조 (◆ 강세의 위치에 주의)

an·chor [ǽŋkər] (◆ ch는 예외적으로 [k]라고 발음함) 명 (복수 **anchors** [-z]) ❶ 닻
❷ (뉴스 프로그램의) 종합 사회자
at anchor 정박중인
The ship is *at anchor* in the harbor.
그 배는 항구에 정박중이다

an·cient [éinʃənt] 형 (비교 *more ancient*; 최상 *most ancient*) 옛날의, 고대의(↔ modern 현대의)
ancient history 고대사
— 명 (복수 **ancients** [-s]) 고대인

★**and** [(보통) ənd, (약하게) ən, n, (강조할 때) ǽnd] 접
❶ ~와 …, ~도 …도
You *and* I must go there. 너와 나는 거기에 가지 않으면 안된다 (◆ 어순에 주의. I and you라고는 하지 않음)
Frank *and* Ted are good friends. 프랭크와 테드는 친한 친구이다
Two *and* four make(s) six. 2 더하기 4는 6이다 (2+4=6)
I invited Jane, Ann, *and* Mary. 나는 제인, 앤, 그리고 메리를 초대했다
📝 Jane 과 Ann 을 올림조로 읽고, Mary 는 내림조로 읽는다
This is a black *and* white dog. 이것은 흑백 얼룩개이다
There are a black *and* a white dog in the garden. 정원에 검정 개와 하얀 개가 있다
📝 a black *and* white dog 은 「한 마리의 흑백 얼룩개」로 단수, a black *and* a white dog 은 「검정 개와 하얀 개」의 2마리로 복수 취급
❷ 그리고; 그러자, 그래서
I am ten *and* my brother is sixteen. 나는 10 살이고 형은 16 살이다

I went to the store *and* bought some fruits. 나는 가게에 가서 과일을 약간 샀다
❸ 《명령문 뒤에 써서》 그러면
Come here, *and* I'll give you some oranges.
이리 오너라, 그러면 오렌지를 몇 개 주겠다

> 📘 **and의 용법**
> 「명령문+and+명령문」의 경우는 「~하고 그리고」의 뜻.
> Tom, go upstairs *and* wake up John. (톰, 이층으로 가서 존을 깨워라)
> 「명령문+and」는 「만약 ~하면」의 뜻.
> Another step, *and* you are a dead man. (한 발짝만 움직이면 죽을 각오해)
> 「명령문+or」은 「그렇지 않으면」의 뜻.
> Get up, *or* you'll be late for school. (일어나, 그렇지 않으면 학교에 지각할 것이다)

❹ 《동일어를 and 의 전후에 두어 반복을 강조》
He tried again *and* again. 그는 몇 번이고 해 보았다
It is getting darker *and* darker. 날이 점점 어두워지고 있다
❺ 《「to+동사의 원형」의 to대신 쓰여》 ~하기 위하여
Come *and* see me tomorrow. 내일 나를 만나러 오라
📝 *Come to see* me … 보다도 구어적 표현이다.
Try *and* practice it. 그것을 실천해 봐라
📝 이 용법은 구어적인 표현으로 and가 부정사의 구실을 함. 앞에 오는 동사는 come, go, run, try, write 등이다
❻ 《and 로 연결된 2개의 명사가 하나의 사물을 나타내는 용법》
I usually have bread *and* butter for

Andersen - announce

breakfast 나는 대체로 아침 식사로는 버터바른 빵을 먹는다

📘 bread and butter 는 단수 취급임에 주의. 또 이 and 는 약하게 발음함. bread *and* butter [brédnbʌ́tər]

and so on (=*and so forth*) ~등, ~따위
I like baseball, soccer, tennis, *and so on*. 나는 야구, 축구, 테니스 등을 좋아한다.
✏️ etc.(라틴어인 et cetera의 약자)를 쓰기도 한다.

and yet 그러나, 그래도
It is cold, *and yet* I must go out. 춥지만, 그래도 나는 외출해야 한다

An·der·sen [ǽndərsn] 명 안데르센 《Hans Christian ~ (1805 −1875); 덴마크의 동화 작가로 유명》

An·drew [ǽndru:] 명 앤드루 《남자 이름》

An·dy [ǽndi] 명 앤디 《남자 이름; Andrew의 애칭》

an·gel [éindʒəl] 명 (복수 **angel**s [-z]) 천사 (♦ 원래는 그리스어로 「전령(=messenger)」의 뜻)

*****an·ger** [ǽŋgər] 명 《형용사는 angry》 분노, 성남 (♦ a를 붙이지 않고, 복수형 없음)
He shouted *in anger*. 그는 화가 나서 소리쳤다

*****an·gle** [ǽŋgl] 명 (복수 **angle**s [-z]) **각도**, 각
These two lines cross at right *angles*. 이 두 선은 직각으로 교차한다
Take a look at it from this *angle*. 이 각도에서 그것을 한번 보아라

an·gri·ly [ǽŋgrəli] 부 (비교 ***more* angrily**; 최상 ***most* angrily**) 노하여, 화가 나서

******an·gry** [ǽŋgri] 형 (비교 **angri**er; 최상 **angri**est) 《명사는 anger》
화난, 성난, 노한
an *angry* look 성난 표정
He is *angry* with me. 그는 나에게 화가 나 있다
She is *angry* at[about] his lies. 그녀는 그의 거짓말에 화가 나 있다

📘 **angry with와 angry at**
사람에 대해서는 「be angry with...」로 쓰고, 사물에 대해서는 「be angry at[about]...」로 쓴다

He got[became] *angry*. 그는 화가 나 있다 (♦ *get* angry 는 「화내다」, *be* angry는 「화 나 있다」의 뜻이지만 구별 없이 쓰인다)

*****an·i·mal** [ǽnəməl] 명 (복수 **animal**s [-z]) **동물**(↔ plant 식물) 《곤충은 insect, 광물은 mineral이라고 함》
wild *animals* 야생 동물, 맹수
A cow is a useful *animal*. 암소는 유익한 동물이다
A chicken is a domestic *animal*. 닭은 가축이다
— 형 동물의
the *animal* kingdom 동물의 왕국

an·i·ma·tion [æ̀nəméiʃən] 명 만화 영화

an·kle [ǽŋkl] 명 (복수 **ankle**s [-z]) 발목

Ann, Anne [ǽn] 명 앤 《여자 이름》

An·na [ǽnə] 명 애나 《여자 이름》

Anne [ǽn] 명 =Ann 《Anna의 별칭》

An·nie [ǽni] 명 애니 《여자 이름; Ann 또는 Anne, Anna의 애칭》

an·ni·ver·sa·ry [æ̀nəvə́:rsəri] 명 (복수 **anniversar**ies [-z]) (매년의) 기념일, 기념 행사

an·nounce [ənáuns] 동 (3단현 **announce**s [-iz]; 과거·과분 **an-**

nounced [-t]; 현분 **announc**ing)
타동 발표하다, 알리다
They *announced* the winner. 그들은 우승자를 발표했다

an·nounce·ment [ənáunsmənt]
명 (복수 **announcements** [-s]) 발표, 공표, 통지

an·nounc·er [ənáunsər] 명 (복수 **announcers** [-z]) 아나운서; 발표자

an·noy [ənɔ́i] 동 (3단현 **annoys** [-z]; 과거·과분 **annoyed** [-d]; 현분 **annoying**) 타동 (사람을) 귀찮게 하다, 성가시게 하다

an·nu·al [ǽnjuəl] 형 연중의, 매년의(=yearly)
an *annual* event 연중행사

★**an·oth·er** [ənʌ́ðər] 형
❶ 또 하나의, 또 한사람의
May I have *another* cup of tea? 차를 한 잔 더 줄 수 있니

📖 **another의 용법**
관사 an과 other가 합쳐져서 생긴 말이므로 단수 명사에 붙는다. 단, 하나의 단위로 생각하여 「수를 나타내는 말+복수형」 앞에 쓰이는 일도 있다.
You just pay *another* three dollars. (또 3달러만 더 내면 된다)

❷ 별개의, 다른
Please sing *another* song. 다른 노래를 불러 주시오
It is one thing to know, and *another* thing to teach. 안다는 것과 가르친다는 것은 별개의 문제이다
— 대 **별개의 것; 또 하나, 또 한 사람**
I don't like this hat. Show me *another*. 이 모자는 마음에 들지 않으니 다른 것을 보여 주시오
He ate an apple and then asked for *another*. 그는 사과를 먹고 나서 또 하나를 달라고 말했다
One boy was reading; *another* was listening to the radio. 한 소년은 독서하고 있었고, 또 한 소년은 라디오를 듣고 있었다

one after another 차례 차례로, 한 사람씩 차례로
They went out *one after another*. 그들은 차례로 나갔다

†***one another*** 서로(=each other)
The three boys helped *one another*. 그 세 소년은 서로 도왔다
They looked at *one another*. 그들은 서로의 얼굴을 보았다 (♦ one another는 복수형으로 쓰일 때는 one... others로 쓴다)

★**an·swer** [ǽnsər] 동 (3단현 **answers** [-z]; 과거·과분 **answered** [-d]; 현분 **answering**) 타동
❶ (질문·사람에) 답하다(↔ask 묻다)
Can you *answer* this question? 질문에 답할 수 있느냐
I asked him a question, but he didn't *answer*. 나는 그에게 질문했지만, 그는 답하지 않았다
Please *answer* my letter. 내 편지에 답장해 주시오
❷ 응하다, 받으러 나가다
She *answered* the bell. 그녀는 벨 소리를 듣고 나갔다
Please *answer* the phone. 전화 좀 받아 볼래
I knocked on the door, but no one *answered*. 내가 문을 노크했지만 아무런 응답이 없었다
— 명 답, 응답(↔question 질문)
He got no *answer* from her. 그는 그녀로부터 어떤 답장도 받지 못했다
Nobody knows the correct *answer*. 아무도 정답을 모른다
give an answer (to ...) (~에) 답하다, 응답하다
She *gave* no *answer to* my letter. 그녀는 내 편지에 답장을 하지 않았다

an·swer·ing [ǽnsəriŋ] 동 **answer** (답하다)의 현재분사형
— 형 대답의, 응답의

answering machine (전화의) 자동응답기

ant [ǽnt] 명 (복수 **ant**s [-s]) 《곤충》 개미 (◆ aunt(숙모)와 발음이 같다)

ant·arc·tic [æntɑ́ːrktik] 형 남극의(↔ arctic 북극의) 명 《(the Antarctic 으로)》 남극

Ant·arc·ti·ca [æntɑ́ːrktikə] 명 남극 대륙(=the Antarctic Continent)

an·ten·na [ænténə] 명
❶ (복수 **antennae** [ænténiː]) (곤충 등의) 촉각
❷ (복수 **antennas** [-z]) 안테나

an·them [ǽnθəm] 명 찬송가, 축가, 성가
the national *anthem* 국가(國歌)

ant·ler [ǽntlər] 명 (사슴의) 가지진 뿔

anx·i·e·ty [æŋzáiəti] 명 (복수 **anxiet**ies [-z]) 《형용사는 anxious》
❶ 걱정, 불안
He is in great *anxiety*. 그는 대단히 걱정하고 있다
❷ 열망, 갈망
his *anxiety* for knowledge 그의 지식욕
His *anxiety* to win was strong. 그의 이기고자 하는 열망은 대단했다
(◆ 'x' 뒤에 강세가 있는 철자가 오면, 'x'는 탁음으로 발음된다. anxious [ǽŋkʃəs]와 비교)

anx·ious [ǽŋ(k)ʃəs] 형 (비교 *more* anxious; 최상 *most* anxious)
❶ 걱정하는, 불안한
I am *anxious* about his health. 나는 그의 건강을 걱정하고 있다
❷ 무척 ~하고 싶어하는, ~를 열망하는
He *is anxious* to see his daughter. 그는 그의 딸을 몹시 만나고 싶어한다
She is *anxious* for wealth. 그녀는 재산을 갈망하고 있다

★**an·y** [éni] 형 ❶ 《의문문이나 조건절에서》 하나라도, 한 명이라도
Do you have *any* uncles? 너는 삼촌이 계시니
Are there *any* French books in this library? 이 도서관에는 프랑스어 책이 있습니까
If you need *any* help, tell me. 도움이 필요하면, 나에게 말하라

> 📖 이런 경우의 any는 수나 양에 대하여 「있는가 없는가」를 문제로 삼고 있으므로, 특별히 우리말로 해석하지 않는 것이 좋다.

❷ 《부정문에서》 조금이라도, 아무것도, 아무도
I don't want *any* money. 나는 돈은 조금도 원하지 않는다
I don't have *any* brothers. 나는 형제가 하나도 없다
There were *not any* chairs in the room. 그 방에는 의자가 하나도 없었다
《There were no chair. 보다도 약간 강

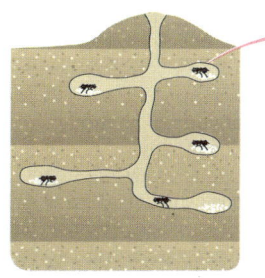 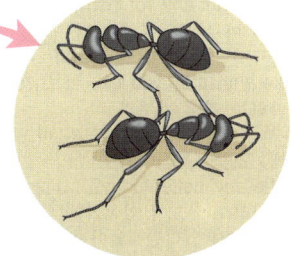

ant

anybody - anything

조적))

❸ 《긍정문에서》 **어떤 ~도** (◆ 단수 명사 앞에 쓰인다)
Any child can do it. 어떤 아이도 그것을 할 수 있다
You may take *any* book you like. 어떤 책이라도 좋아하는 책을 가져가도 좋다
Jim is taller than *any* other boy in his class. 짐은 반에서 어느 소년보다도 키가 크다(=Jim is the tallest boy in his class.)

any one 어느 것이나 하나의(=anyone)
Lend me *any one* of the pens. 어느 펜이나 한 개만 빌려 다오

at any moment 언제라도, 어느 때라도
There may be a big earth quake *at any moment*. 언제라도 대지진이 일어날 수 있다 《흔히 조동사 may와 함께 쓰임》

at any rate 아무튼, 하여튼
We'll have to go there at *any rate*. 아무튼 우리는 거기에 가지 않으면 안 될 것이다

at any time 어느 때라도, 언제라도
You may come to my room *at any time*. 너는 나의 방에 언제라도 와도 된다

— 때 ❶ 《의문문이나 if …문에서》 **무엇이나, 누구나**
Do you know *any* (of these boys)? 너는 (이 소년들 중) 누구라도 알고 있니

❷ 《부정문에서》 **아무것도, 아무도**
I don't want *any* (of them). 나는(그것들 중) 아무것도 원하지 않는다

❸ 《긍정문에서》 **어느 것이나**
Take *any* (that) you like. 어느 것이나 좋아하는 것을 가져라

— 凨 《의문문이나 부정문의 비교급과 함께》 **조금, 조금이라도**
Is she *any* better today? 그녀는 오늘 조금이라도 차도가 있는가

if any 혹시 있다면; 있다해도
Hand it over, *if any*. 있으면 넘겨 다오
There are few, *if any*. 있다해도 얼마

되지 않는다

not … any longer 더 이상 ~아니다 (=no longer)
He can*not* walk *any longer*. 그는 더 이상 걸을 수 없다

not … any more 더 이상 ~않다 (=no more)
I don't want it *any more*. 나는 그것을 더 이상 원하지 않는다

★an·y·bod·y [énibɑ̀di] 때

❶ 《의문문이나 if… 문에서》 **누군가**
Did *anybody* come this morning? 오늘 아침에 누가 왔니
If *anybody* comes, show him in. 누가 오면 안으로 안내하시오

❷ 《부정문에서》 **아무도**
I don't want to see *anybody* today. 나는 오늘 아무도 만나고 싶지 않다

❸ 《긍정문에서》 **누구라도**
Anybody can do that. 누구라도 그것을 할 수 있다

★an·y·how [énihàu] 凨 《구어》

❶ 《긍정문에서》 **어떻게 해서든지** (◆ 이 뜻으로는 somehow가 일반적)
I must finish this work *anyhow*. 나는 이 일을 어떻게 해서든지 끝내야 한다

❷ 《부정문에서》 **아무리 해도**
I couldn't get up *anyhow*. 아무리 해도 일어날 수가 없었다

❸ 《접속사적으로》 **여하튼, 어쨌든**
Anyhow, I don't like him. 어쨌든 그가 싫다

★an·y·one [éniwʌ̀n] 때 《의문문·부정문에서》 **누군가, 누구**

Can *anyone* answer my question? 누가 내 질문에 답할 수 있니

> **anyone과 anybody**
> anyone 과 anybody 는 용법은 똑같지만, anybody 가 더 구어적. 또 No one came.(아무도 오지 않았다) 라고 하고 *Anyone* did not come. 이라고는 말하지 않는다

★an·y·thing [éniθìŋ] 때

anytime - apostrophe

❶ 《의문문이나 if...문에서》 **무엇인가, 무엇**
Is there *anything* on the table? 탁자 위에 뭔가 있느냐
If there is *anything* interesting in the paper, please let me know. 신문에 재미 있는 것이 있으면 내게 알려 주시오
❷ 《부정문에서》 **아무것도**
I can't see *anything*. 나는 아무것도 안 보인다
❸ 《긍정문에서》 **어느 것이라도**
You may take *anything* you want. 원하는 것은 어느 것이나 가져가도 좋다

> 📖 **anything의 용법**
> anything(something 이나 nothing 도 마찬가지)에 형용사가 붙을 때, 그 형용사는 뒤에 온다: anything *new* (무엇인가 새로운 것)
> something *new* (새로운 어떤 것)
> 부정의 의미로 쓰일 때는 anything 을 주어로 쓸 수가 없다. *Nothing is wrong.* (잘못된 게 아무것도 없다)이라고 말하지 Anything is not wrong.이라고 하지 않는다.

anything but ~ 이외에 뭐든지 ; 결코 ~ 아니다
I can do *anything but* singing. 나는 노래 말고는 뭐든지 할 수 있다
He is *anything but* a gentleman. 그가 신사라니 당치도 않은 말이다

an·y·time [énitàim] 투 언제든지 ; 언제나 (변함없이)

*****an·y·way** [éniwèi] 투 아무튼, 하여튼 (=anyhow)
Anyway, let's start. 아무튼 출발하자

*****an·y·where** [éni(h)wɛ̀ər] 투
❶ 《의문문이나 if... 문에서》 **어딘가에**
Did you go *anywere* last summer? 너는 지난 여름에 어딘가 갔었니
❷ 《부정문에서》 **아무 데도**
I didn't go *anywhere*. 나는 아무 데도 가지 않았다
❸ 《긍정문에서》 **어디든지**
You can go *anywhere*. 너는 어디든지 가도 좋다

a·part [əpáːrt] 투 떨어져서, 따로
He set some money *apart* for the vacation. 그는 휴가를 위하여 얼마간의 돈을 별도로 두었다
She has lived *apart* from her husband and children for months. 그녀는 여러달 동안 남편과 아이들과 떨어져 살고 있다

*****a·part·ment** [əpáːrtmənt] 명
(복수 **apartments** [-s]) 아파트 《아파트내의 한 세대》
He lives in a three-room *apartment*. 그는 방 3개짜리 아파트에 살고 있다
📝 an apartment house(아파트 건물 전체) 안에 개인이 빌린 방 하나 또는 여러 개를 말한다. 미국에서는 복수의 방을 빌려도 단수형으로 쓰인다: a five-room apartment(방 5개의 아파트) → flat²

ape [éip] 명 (꼬리 없는) 원숭이

A·pol·lo [əpálou, əpɔ́l-] 명 《그리스·로마 신화》 아폴로 《태양신 ; 음악, 시가, 미술을 주관하는 신으로, 남성미와 청춘을 상징함》

a·pol·o·gize [əpálədʒàiz] 자동
(3단현 **apologiz*es*** [-iz] ; 과거·과분 **apologiz*ed*** [-d] ; 현분 **apologiz*ing***)
사과하다, 해명하다, 변명하다
She says she wants to *apologize*. 그녀는 사과하고 싶다고 말한다
I must *apologize* to you for being late. 늦게 온 것을 사과합니다

a·pol·o·gy [əpálədʒi] 명 (복수 **apolog*ies*** [-z]) 사과, 변명
I cannot accept your *apology*. 나는 당신의 사과를 받아들일 수 없다
I must make an *apology* to him. 나는 그에게 사과해야만 한다

a·pos·tro·phe [əpástrəfi] 명
(복수 **apostrophe*s*** [-z]) 《문법》 생

apparent - apply

략 기호, 소유격 기호(')

📝 생략 기호는 I'm, you're, don't(= do not), can't(=can not), o'clock(=of the clock) 등에, 소유격 기호는 boy's, girl's 등에 쓰이는 것.

ap·par·ent [əpǽrənt] 혱 명백한, 분명한, 뚜렷한
It was *apparent* to everybody that she was angry. 그녀가 화가 났음은 누가 보아도 분명했다

ap·par·ent·ly [əpǽrəntli] 튀 명백하게, 분명히(=clearly)
It is *apparently* true. 그것은 분명히 사실이다

ap·peal [əpíːl] 동 (3단현 *appeals* [-z]; 과거·과분 *appealed* [-d]; 현분 *appealing*) 자동 애원하다, 간청하다; 호소하다
She *appealed* to them for help. 그녀는 그들에게 도와달라고 애원했다
Don't *appeal* to force. 폭력에 호소하지 말라
— 명 ❶ 호소, 애원
His *appeal* for forgiveness was not answered. 용서해 달라는 그의 애원은 받아들여지지 않았다
❷ 매력
sex *appeal* 성적 매력

ap·pear [əpíər] 자동 (3단현 *appears* [-z]; 과거·과분 *appeared* [-d]; 현분 *appearing*)
❶ 나타나다(↔ disappear 사라지다), 출연하다
An old man *appeared* on the stage. 노인이 무대에 나타났다
❷ ~같다, ~처럼 보이다(=seem)
He *appears* (to be) wise. 그는 현명하게 보인다
He *appears* to be mistaken. 그는 실수한 것 같다
📝 appear는 「외관상」 ~처럼 보이다」이고, seem은 「마음이 그렇게 보이다」의 뜻: He *seems* honest.(그는 정직한 것 같다)
❸ ((it을 주어로 하여)) ~같다
It *appears* (to me) that he is going abroad. 그는 외국에 갈 것 같다 (◆ it은 가주어라고 함)

ap·pear·ance [əpíərəns] 명 (복수 *appearances* [-iz]) 출현; 외관 ((동사는 appear))
Don't judge anyone by his *appearance*. 사람을 외모를 보고 판단하지 말아라

ap·pen·dix [əpéndiks] 명 (복수 *appendixes* [-iz] 또는 *appendices* [əpéndəsìːz])
❶ 부가물; 부록
❷ (의학) 충수, 맹장

ap·pe·tite [ǽpətàit] 명 (복수 *appetites* [-s]) 식욕
I have a good[poor] *appetite*. 나는 식욕이 좋다[나쁘다]

★**ap·ple** [ǽpl] 명 (복수 *apples* [-z]) (식물) **사과**, 사과 나무
apple pie 애플 파이
Bob gave me an *apple*. 밥은 나에게 사과 하나를 주었다
📝 apple은 철자가 모음으로 시작되므로 an을 붙이는 것에 주의

ap·pli·ca·tion [ǽpləkéiʃən] 명 (복수 *applications* [-z]) 적용; 신청, 지원 ((동사는 apply))
Have you filled out an *application* form? 지원서는 다 작성했니

ap·ply [əplái] 동 (3단현 *applies* [-z]; 과거·과분 *applied* [-d]; 현분 *applying*) 자동 신청하다, 지원하다
He *applied* to the company for the job. 그는 직업을 구하기 위해 그 회사에 지원했다
— 타동 ~을 응용하다, 적용시키다; ~을 대다, 붙이다
She *applied* what she had learned to the experiment. 그녀는 자신이 배운 것을 그 실험에 적용했다
He *applied* a bandage to his wound. 그는 상처에 붕대를 대었다

appoint - apt

ap·point [əpɔ́int] 동 (3단현 **appoints** [-s] ; 과거·과분 **appointed** [-id] ; 현분 **appointing**) (타동) 지정하다, 약속하다; 임명하다
We *appointed* the time and place for the meeting. 그들은 그 모임의 시간과 장소를 정했다
I *appointed* him a new manager. 나는 그를 새 지배인으로 임명했다

ap·point·ment [əpɔ́intmənt] 명 (복수 **appointments** [-s]) 《동사는 appoint》

❶ (모임 등의) **약속**(=promise)
keep[break] an *appointment* 약속을 지키다[어기다]
I have an *appointment* with her at noon. 나는 그녀와 정오에 만날 약속이 있다

❷ 임명, 지명

make an appointment with ... ~와 만날 시일[장소]을 정하다
I *made an appointment* to meet her on Saturday. 나는 토요일에 그녀를 만나기로 약속했다

ap·pre·ci·ate [əprí:ʃièit] 동 (3단현 **appreciates** [-s] ; 과거·과분 **appreciated** [-id] ; 현분 **appreciating**) (타동) ~을 정당하게 평가하다; ~의 진가를 인정하다, ~을 감상하다; 고맙게 생각하다
I *appreciate* your kindness. 당신의 친절에 감사합니다

ap·proach [əpróutʃ] 동 (3단현 **approaches** [-iz] ; 과거·과분 **approached** [-t] ; 현분 **approaching**) (타동) ~에 다가가다, 접근하다
She *approached* the house. 그녀는 그 집으로 다가갔다
— (자동) 다가오다
A storm is *approaching*. 폭풍우가 다가오고 있다
The time is *approaching* when you must leave. 네가 떠날 시간이 다가오고 있다
— 명 (복수 **approaches** [-iz]) 다가옴, 접근; (문제 등의) 접근법
the *approach* of winter 겨울의 다가옴

ap·prov·al [əprú:vəl] 명 찬성; 인가, 승인(↔ disapproval 불찬성)

ap·prove [əprú:v] 동 (3단현 **approves** [-z] ; 과거·과분 **approved** [-d] ; 현분 **approving**) (자동) 승인하다, 찬성하다
My parents did not *approve* of our marriage. 우리 부모님은 우리들의 결혼을 찬성하지 않으셨다
— (타동) ~에 찬성하다, ~을 승인하다
I *approve* your plan. 나는 당신의 계획에 찬성한다

ap·prox·i·mate·ly [əpráksəmətli] 부 대체로, 약(=nearly)

Apr. April의 약어

★A·pril [éiprəl] 명 **4월** (◆ Apr.로 줄여 씀: → month)
on April 5 4월 5일에 (◆ April 5는 April fifth, April the fifth, the fifth of April 등으로 읽는다.)
In England they have showers in *April*. 영국에서는 4월에 소나기가 내린다

Ápril Fóols'[Fóol's] Dày 만우절(=All Fool's Day; 4월 1일)
▶ 4월 1일 영국에서는 악의 없는 거짓말을 하여 친구 등을 골려 주는 습관이 있다. **Áll Fóols' Dày**(만우절)라고도 한다. 이 날 속아 넘어간 사람은 an Ápril fóol (4월의 바보)이라 한다.

a·pron [éiprən] 명 (복수 **aprons** [-z])

❶ 에이프런, 앞치마

❷ (공항의) 에이프런 《격납고, 터미널 건물 앞의 포장된 부분》

apt [æpt] 형 (비교 **apter, more apt**; 최상 **aptest, most apt**) ~하기 쉬운
《*be apt to* ~의 형태로》
She *is apt to* catch cold. 그녀는 감기에 잘 걸린다

aquarium - argue

We *are apt to* think so. 우리는 그렇게 생각하기 쉽다

a·quar·i·um [əkwέ(ə)riəm] 명 (복수 **aquariums** [-z], **aquaria** [-riə]) 양어장; 수족관; (유리로 된) 양어 수조

Ar·ab [ǽrəb] 명 (복수 **Arabs** [-z]) 아랍인

A·ra·bi·a [əréibiə] 명 아라비아(반도) 《아시아 남서부의 반도》

A·ra·bi·an [əréibiən] 형 아라비아(사람)의
— 명 (복수 **Arabians** [-z]) 아라비아 사람

Ar·a·bic [ǽrəbik] 형 아라비아(사람)의; 아라비아(어)의
— 명 아라비아말

Ar·bor Day [ɑ́ːrbər dèi] 명 식목일
▶ 미국·캐나다 등의 각지에서 4~5 월경에 하루를 나무 심는 날로 정한 것

ar·cade [ɑːrkéid] 명 (복수 **arcades** [-z]) 아케이드 《상점가》

arch [ɑ́ːrtʃ] 명 (복수 **arches** [-iz]) (건축) 아치

arch·er·y [ɑ́ːrtʃəri] 명 (경기) 궁술, 활쏘기

ar·chi·tect [ɑ́ːrkətèkt] 명 (복수 **architects** [-s]) 건축가, 건축기사

ar·chi·tec·ture [ɑ́ːrkətèktʃər] 명 건축;건축학(술); 건축물

arc·tic [ɑ́ːrktik] 형 북극의 (↔ **antarctic** 남극의)
— 명 ((the Arctic으로)) 북극

★**are** [ər, (강조할 때) ɑ́ːr] 자동 (과거 **were** [wə́ːr]; 과분 **been** [bí(ː)n]; 현분 **being**)

> 주어가 we, you, they 및 복수 명사일 때의 be동사의 현재형.
> 회화에서는 흔히 We're..., You're..., They're...와 같이 줄임꼴로 씀.

❶ ~이다, 하다
We *are* students. 우리는 학생이다
They *are* kind. 그들은 친절하다
❷ 있다
There *are* three books on the desk. 책상 위에 책이 3권 있다
[발음] There are는 [ðέərə]로 읽는다
They *are* in the ground. 그들은 운동장에 있다
— 조 ❶ 《동사의 -ing 꼴을 취하여 진행형을 만든다》 ~하고 있다
The dogs *are* run*ning* about in the snow. 개들이 눈 속을 이리저리 달리고 있다
✏ This book is interesting.(이 책은 재미있다)의 interesting은 형용사인 것에 주의.
❷ 《타동사의 과거분사를 취하여 수동태를 만든다》 ~되다, ~당하다, ~받다
These desks *are made* of wood. 이 책상들은 나무로 만들어져 있다

ar·e·a [έ(ː)riə] 명 (복수 **areas** [-z]) 면적(=space); 지역

★★**aren't** [ɑ́ːrnt] (구어) are not의 줄임꼴
[회화] A: *Aren't* you tired?
B: No, I'm not.
A: 피곤하지 않니
B: 그래, 피곤하지 않아

a·rise [əráiz] 동 (3단현 **arises** [-iz]; 과거 **arose** [əróuz]; 과분 **arisen** [ərízn]; 현분 **arising**) (자동) (사건 등이) 일어나다, 생기다, 발생하다
Accidents *arise* from carelessness. 사고는 부주의에서 발생한다
A strong wind *arose*. 강한 바람이 불었다

ar·gue [ɑ́ːrgjuː] 동 (3단현 **argues** [-z]; 과거·과분 **argued** [-d]; 현분 **arguing**) (타동) ~을 논의하다; ~이라고 주장하다
They *argued* this problem for a long time. 그들은 오랫동안 이 문제를 논의했다

argument - arrange

She *argued* that I deceived her. 그녀는 내가 그녀를 속였다고 주장했다
— (자동) 논하다, 논의하다; 논쟁하다
They are *arguing* about money. 그들은 돈 문제로 언쟁하고 있다

ar·gu·ment [á:rgjəmənt] 명 (복수 **arguments** [-s]) 논의, 논쟁
There are many *arguments* against smoking. 흡연에 반대하는 많은 논쟁이 있다

a·rith·me·tic [əríθmətik] 명 산수
(◆ 액센트의 위치에 주의)

★**arm** [á:rm] 명 (복수 **arms** [-z])
❶ 팔(→ hand)
the right *arm* 오른팔
She has[holds] a cat in her *arms*. 그녀는 고양이를 (팔에) 안고 있다
He held a book under his *arm*. 그는 책을 겨드랑이에 끼고 있었다
They took a walk *arm* in *arm*. 그들은 팔짱을 끼고 산책했다
☑ arm은 어깨에서 손목까지를 포함한다
❷ 《복수형으로》 무기

arm·chair [á:rmtʃɛ̀ər] 명 (복수 **armchairs** [-z]) 안락 의자

★**ar·my** [á:rmi] 명 (복수 **armies** [-z]) 육군(→ navy 해군; air force 공군)

★**a·round** [əráund] 전
❶ ~의 주위에, ~의 둘레에
They sat *around* the fire. 그들은 불 주위에 앉아 있었다
I looked *around* me. 나는 내 주위를 둘러보았다
The earth goes *around* the sun. 지구는 태양의 주위를 돈다

🔁 이동을 나타내는 전치사의 차이
around는 전에서는 「주위를 둘러싸고」「주위를 돌고」의 뜻. 부에서는 「주위를 돌고」의 뜻으로는 round를 씀: *around* the hill(언덕 주위를 돌아)
across는 「~을 건너서」: *across* the railroad(철로를 건너서)
along은 「~을 따라」: *along* the railroad(철로를 따라)
through는 「꿰뚫어」: *through* the tunnel(터널을 통과하여)

❷ 전 ~근처에, ~가까이에
He lives *around* this park. 그는 이 공원 근처에 살고 있다
There are few houses *around* here. 이 근처에는 인가가 거의 없다
❸ 전 ~여기 저기에, ~두루
He traveled *around* the world. 그는 세계를 두루 여행했다
❹ 전 (시간이) ~즈음, ~쯤
It was *around* nine o'clock in the morning. 그것은 아침 9시 쯤 이었다
around the corner 모퉁이를 돌아서
There is a bank *around the corner*. 모퉁이를 돌면 그 곳에 은행이 있다
— 부 ❶ 사방에, 여기저기에; 전 두루
Look *around*. 주위를 둘러 보아라
❷ 전 《구어》 어딘가 그 부근에, 그 주변에
I was waiting *around* for a friend. 나는 근처에서 친구를 기다리고 있었다
all around(= 명 ***all round***) 사방에
It was very quiet *all around*. 주변이 아주 조용했다

a·rouse [əráuz] (타동) (3단현 **arouses** [-iz]; 과거·과분 **aroused** [-d]; 현분 **arousing**) (감정 등을) 자극하다

ar·range [əréindʒ] (타동) (3단현 **arranges** [-iz]; 과거·과분 **arranged** [-d]; 현분 **arranging**)
❶ ~을 정리하다
Arrange your books. 너의 책을 정리해라
❷ ~을 준비하다
I have to *arrange* a meeting. 나는 회의를 준비해야 한다

arrangement - as

ar·range·ment [əréindʒmənt] 명
(복수 **arrangements** [-s])
❶ 배열, 배치, 정돈
❷ 《복수형으로》 준비
❸ 《음악》 편곡; 각색

ar·rest [ərést] 타동 (3단현 **arrests**
[-s]; 과거·과분 **arrested** [-id];
현분 **arresting**) 체포하다, 억류하다
— 명 구속, 체포
You're under *arrest*. 너를 체포한다

ar·ri·val [əráivəl] 명 (복수 **arrivals**
[-z]) 《동사는 arrive》 도착(↔ depar-
ture 출발)

ar·rive [əráiv] 동 (3단현 **arrives**
[-z]; 과거·과분 **arrived** [-d]; 현분
arriving) 《명사는 arrival》 자동 ❶
도착하다, 닿다
She *arrived* safely. 그녀는 무사히 도
착했다
They will *arrive* at the station at ten.
그들은 10시에 역에 도착할 것이다
We *arrived* in London a few days ago.
우리는 수일 전에 런던에 도착했다

> 📘 **arrive at과 arrive in**
> arrive at은 좁은 장소·마을·읍 등
> 에, arrive in는 나라 대도시 등
> 비교적 넓은 곳에 쓰인다

❷ (연령·결론에) **도달하다**
He will *arrive* at the age of twenty
next month. 그는 내달에 20세가 된다

ar·row [ǽrou] 명 (복수 **arrows**
[-z]) 화살
bow and *arrow* 활과 화살

art [ɑːrt] 명 (복수 **arts** [-s])
❶ 예술, 미술

> 📘 이 의미로는 an을 붙이지 않고,
> 복수형을 취하지 않을 수도 있다.
> a work of *art* 미술품
> the fine *arts* 미술 (회화·조각 등)
> 《이 경우는 항상 복수형을 씀》
> the industrial *arts* 공예 《항상 복수》

> 📘 *art*는 자연(nature)에 대하여 「인
> 간이 손으로 조작한 것」을 뜻한다.
> an *árt* gàllery 미술관, 화랑
> an *árt* musèum 미술관

❷ 기술
the *art* of building 건축술

Ar·thur [ɑ́ːrθər] 명 ❶ 아더 《남자
이름》; King *Arthur* 아더왕 《5세기말부
터 6세기 경 영국의 전설적인 왕으로,
원탁의 기사단을 이끌고 카멜롯
(Camelot) 성을 중심으로 활약하였다
고 전해짐》

ar·ti·cle [ɑ́ːrtikl] 명 (복수 **articles**
[-z]) ❶ 《문법》 관사
a definite *article* 정관사
an indefinite *article* 부정관사
> 📘 the를 정관사, a, an을 부정관사
> 라고 함

❷ (신문·잡지의) 기사; (물품) 1개
There is an interesting *article* in the
paper. 신문에 재미있는 기사가 나 있다
an *article* of furniture 가구 1점

ar·ti·fi·cial [ɑ̀ːrtəfíʃəl] 형 인공의,
인조의(↔ natural 자연의)
artificial flowers 조화
artificial intelligence 인공지능

art·ist [ɑ́ːrtist] 명 (복수 **artists**
[-s]) 예술가, 화가

as [əz, (강조할 때) ǽz] 부 《《비교를
나타내어》(†as ~ as ...의 꼴에서, 앞의
as) …과 같은 정도로 ~
She is *as* old as I (am). 그녀는 나와
같은 나이이다

> 📘 as ~ as …의 꼴에서 앞의 as
> 는 부사, 뒤의 as는 접속사; 또한
> 문맥으로 보아 뒤의 as 이하가 알려
> 져 있으면 생략된다: He is *as*
> young (as I).(그는 (나만큼) 젊다)
> I have *as* many books (as you
> have).(나도 (너와 같은 만큼) 많은
> 책을 가지고 있다)

— 접 ❶ 《《비교를 나타내어》 (†as ~

as ...의 꼴에서, 뒤의 as) ···**과 같은 정도로~**
He is as tall *as* you. 그는 너와 같은 정도로 키가 크다

> **as의 용법**
> (1) 부정하는 경우는 not as ~ as ... 또는 not so ~ as ...으로 됨.
> He is *not as*[so] old *as* you. (그는 너만큼 나이 들지 않았다) 단, 부정이 단축형 n't인 경우에는 as ~ as ...를 더 많이 쓴다.
> He doesn't work *as* hard *as* we. (그는 우리만큼 열심히 일하지 않는다)
> (2) 앞의 as가 생략되는 일이 있다:
> He is (*as*) busy *as* a bee. (그는 벌처럼 바쁘다 — 대단히 바쁘다)
> (3) 구어에서는 as 뒤의 주격을 목적격으로 쓰는 일이 많다.
> He is as tall *as* me. (그는 나만큼 키가 크다)

❷ 《양태 구문》 **~대로, ~와 같이**
Do *as* you like. 너 좋을 대로 하라
He did *as* he was told. 그는 시키는 대로 했다
Do in Rome *as* the Romans do. 로마에서는 로마사람들 하는 것처럼 해라
❸ 《때를 나타냄》 **~할 때**(=when), ~하면서(=while)
Tom came in *as* I was reading. 내가 독서하고 있을 때 톰이 들어왔다
He sang *as* he walked in the park. 그는 공원을 거닐면서 노래를 했다
❹ 《원인·이유를 나타냄》 **~하므로, ~이기 때문에**(=because)
As I was tired, I went to bed early. 나는 피곤해서 일찍 잤다

📝 이 as는 because보다 의미가 약하다. 따라서 I felt tired *as* I was studying hard. (나는 열심히 공부하고 있었으므로 피곤했다)의 as는 「때」를 나타내는 의미도 되므로, while(때) 또는 because(이유)로 바꾸어 해석해 보는 것이 좋다.

— 때 《such ~ as ..., the same ~ as ... 의 꼴로》 ···**과 같은**
Such men *as* heard his speech praised him.[1] 그의 연설을 들은 사람은 그를 칭찬했다
I want *such* a dictionary *as* you have.[2] 나는 네가 가진 것과 같은 사전을 원한다
This is *the same* pen *as* I lost.[3] 이것은 내가 잃어버린 것과 같은 종류의 펜이다

📝 (1)의 as는 heard의 주어, (2)의 as는 have의 목적어, (3)의 as는 lost의 목적어

— 전 **~로서**
As a scientist, he was great. 과학자로서 그는 위대했다

as a rule 일반적으로(=usually, generally)
As a rule, students are taller than before. 일반적으로 학생들은 옛날보다 키가 크다
†**as ~ as ...** ···**과 같은 정도로 ~**
He can run *as* fast *as* you. 그는 너와 같은 정도로 빨리 달릴 수 있다

📝 앞의 as는 부사, 뒤의 as는 접속사

†**as ... as** one **can 가능한 한**, 될 수 있는 대로(=as ... as possible)
He studies *as* hard *as* he can. 그는 되도록 열심히 공부한다(=He studies *as* hard *as* possible.)

> 과거형의 동사 뒤에서는 can은 could로 된다.
> He *studied* as hard as he *could*. (그는 할 수 있는 한 열심히 공부했다)

as ... as possible 가능한 한, 될 수 있는 대로(=as ... as one can)
Get up *as* early *as possible*. 가능한 한 일찍 일어나라(=Get up *as* early *as* you *can*.)
as far as .... ~까지(는) 《거리》; ~하는 한 《한도》
I walked *as far as* the station. 나는 역까지 걸었다

ash - Asia

As far as I know, he is very bright. 내가 아는 한 그는 매우 머리가 좋다

as for ... ~는 어떤지 말하면, ~에 대해서는 《보통 문두에 온다》
As for me(=As far as I am concerned), I like mathematics. (사람들은 싫어하지만) 나는 수학을 좋아한다

as if ... 마치 ~처럼(=as though)
He talks *as if* he were a teacher. (실제로는 아니지만) 그는 마치 선생님처럼 말한다

> as if 뒤의 be동사는 수에 관계없이 were를 쓰는 것이 문법적이지만, 구어에서는 as if he was나 as if he is를 흔히 쓴다.

as it is 하지만, 실제로는, 있는 그대로
I thought I could pass the test, but, *as it is*, I failed. 나는 시험에 합격할 줄 알았으나, 실제로는 떨어졌다
Leave the window *as it is*. 창문을 그대로 놔둬라

as it were 말하자면(=so to speak, in other words)
John is, *as it were*, a walking dictionary. 존은 말하자면 걸어다니는 사전이다 《아는 것이 많다》

As being as Ken is here, John will never be number one. 켄이 여기 있는 동안, 존은 결코 1등이 될 수 없다

as[so] long as ... ~하는 동안은, ~한다면
Stay here *as long as* you want to. 머물고 싶은 만큼 여기에 계십시오

as many (...) as ~ ~만큼 (…) 《하나, 둘이라고 셀 수 있는 「수」에 대하여 쓴다》
Take *as many* oranges *as* you like. 원하는 만큼 오렌지를 가져라

as much (...) as ~ ~만큼 (…) 《하나, 둘 하고 셀 수 없는 「양」에 대하여 쓴다》
Drink as *much* milk *as* you like. 우유를 양껏 마셔

†**as soon as ...** ~하자마자 《접속사처럼 쓰인다》
As soon as he reached the hotel, he took a shower. 그는 호텔에 도착하자마자 샤워를 했다

as though ... 마치 ~인 듯이(=as if ...)

as to ... ~에 대해서는(=as for ...)
He said nothing *as to* when he will be back.
그는 언제 돌아 올지에 대해서는 한마디도 안했다

as usual 여느 때 처럼 《부사처럼 쓰인다》
He got up early *as usual*.
그는 여느 때 처럼 일찍 일어났다

as well (as) ... ~뿐만 아니라 …도
He speaks French *as well as* English. 그는 영어뿐만 아니라 프랑스어도 한다

> well을 강하게 읽으면 「~와 똑같이 잘 …」의 뜻이 된다: She knows French as *wéll* as he. (그녀는 그와 똑같이 프랑스어를 잘 알고 있다)

ash [ǽʃ] 명 (복수 **ash**es [-iz])
❶ 《보통 복수형으로》 재
an *ash* tray 재떨이
❷ 《복수형으로》 유골, 유해

a·shamed [əʃéimd] 형 (비교 *more* ashamed; 최상 *most* ashamed) 《서술적으로 쓰여》 부끄러워, 창피하여

be ashamed of ~을 부끄럽게 여기다
You should *be ashamed of* yourself. 넌 네 자신을 부끄러워 할 줄 알아야 한다

be ashamed to ~하기가 부끄럽다
She *was ashamed to* say she was sorry. 그녀는 미안하다는 말을 하기가 부끄러웠다

a·shore [əʃɔ́:r] 부 뭍으로, 육지로
The marines are going *ashore*. 해병대가 상륙하고 있다

★**A·sia** [éiʒə, 영 éiʃə] 명 아시아

Asian - assemble

India is in *Asia*. 인도는 아시아에 있다

A·sian [éiʒən, 영 éiʃən] 형 아시아의, 아시아 사람의(=Asiatic)
— 명 아시아 사람

a·side [əsáid] 부 곁에, 옆에; 별도로
The boy stepped *aside*. 그 소년은 비켜 섰다

*★**ask** [ǽsk] 동 (3단현 **ask**s [-s]; 과거·과분 **ask**ed [-t]; 현분 **ask**ing) (타동) ❶ **묻다, 질문하다**(↔ answer 답하다)
I'd like to *ask* a question. 질문이 하나 있습니다 《목적어가 하나인 경우》
He *asked* me a question. 그는 나에게 질문했다

> 📘 2개의 목적어를 넣어 바꾸어 쓰면, He *asked* a question *of* me.로 되며, of me는 간접목적어가 아니라 수식어구이다.

I *asked* a policeman the way to the station. 나는 역으로 가는 길을 경찰관에게 물었다 《목적어가 둘 있는 경우》
I *asked* (her) what time it was. 나는 (그녀에게) 몇 시냐고 물었다 《직접목적어가 that, what 등의 절(節)인 경우》

❷ **구하다, 요구하다**; 청하다
I *asked* the teacher *for* his advice. 나는 선생님께 충고를 구했다
He *asked* me *to* come. 그는 내게 와줄 것을 청했다

> 📘 ask를 tell(말하다)로 바꾸어도 문의 구조는 똑같다: He *told* me *to* come. 단, ask가 더 정중한 표현.

❸ **초대하다**(=invite)
He *asked* her to dinner. 그는 그녀를 만찬에 초대했다
— (자동) (~에 대해) **묻다**
She *asked about* my health. 그녀는 나의 안부를 물었다

ask for ~를 찾다, ~을 구하다
Has anybody *asked for* me? 누가 나를 찾았습니까
He *asked for* help. 그는 도움을 구했다
ask a favor of ... ~에게 부탁하다
May I *ask a favor of* you? 부탁 하나 드릴까요

> 📘 부탁하는 관용 표현. 이에 대해서는 보통 Certainly, what is it? (물론, 뭐죠)라고 대꾸한다

ask after ... ~의 안부[건강]를 묻다
I *asked after* my sick friend. 나는 아픈 친구의 안부를 물었다
I *asked after* him. 나는 그의 건강을 물었다

*★**a·sleep** [əslíːp] 형 자고 있는(↔ awake 눈을 뜬, 깬)

> 📘 이러한 형용사를 서술 형용사라고 하며 이러한 서술 형용사는 명사 앞에는 쓰지 못한다. 「자고 있는 아기」라고 쓸 경우에는 an asleep baby로 쓰지 않고 a sleeping baby라고 한다.

He fell *asleep*. 그는 잠들었다
The baby is fast *asleep*. 아기는 곤히 잠들어 있다
> ✏️ fast asleep의 반대는 wide awake (잠이 완전히 깬)이다

as·par·a·gus [əspǽrəgəs] 명 (식물) 아스파라거스

as·pect [ǽspekt] 명 (복수 **aspect**s [-s]) (물건의) 외관; (물건 또는 일의) 양면, 단면

ass [ǽs] 명 (복수 **ass**es [-iz]) (동물) 노새; 바보, 천치; (속어) 엉덩이

as·sem·ble [əsémbl] 동 (3단현 **assemble**s [-z]; 과거·과분 **assemble**d [-d]; 현분 **assembl**ing) (타동)
❶ 집합시키다, 모으다
❷ (기계 부품 등을) 조립하다
My dad *assembled* the bicycle. 우리 아빠가 그 자전거를 조립했다

assembly - at

as·sem·bly [əsémbli] 명 (복수 assembl*ies* [-z])
❶ (특별한 목적의) 집합, 모임, 회합
❷ 의회
The National *Assembly* 국회

as·sign·ment [əsáinmənt] 명 (복수 assignment*s* [-s]) 임무, 과제(물), 숙제

as·sist [əsíst] 타통 (3단현 assist*s* [-s]; 과거·과분 assist*ed* [-id]; 현분 assist*ing*) (사람)을 도와주다

as·sis·tance [əsístəns] 명 도움 《help보다 좀 더 격식을 차린 말》

as·sis·tant [əsístənt] 명 (복수 assistant*s* [-z]) 조수
— 형 보조의; 부···
assistant manager (과장)대리

as·so·ci·ate [əsóuʃièit] 통 (3단현 associate*s* [-s]; 과거·과분 associat*ed* [-id]; 현분 associat*ing*) 타통 《with와 함께》 ~과 연관시키다, ~을 연상하다
We *associate* Paris *with* fashion. 우리는 파리를 말하면 유행이 연상된다
— 자통 어울리다, 사교하다
I don't want to *associate* myself with him. 나는 그와 어울리고 싶지 않다
— [əsóuʃiət] 명 협력자, 동료

as·so·ci·a·tion [əsousiéiʃən, -ʃiéi-] 명 협회, 단체
National Basketball *Association* [NBA] 미 전국농구협회

as·sure [əʃúər] 통 (3단현 assure*s* [-z]; 과거·과분 assure*d* [-d]; 현분 assur*ing*) 타통 (사람)을 확신시키다; ~을 보증하다
I *assure* you that he will pay you back. 나는 그가 당신에게 돈을 갚을 것을 보증한다

as·ton·ish [əstániʃ] 타통 (3단현 astonish*es* [-iz]; 과거·과분 astonish*ed* [-t]; 현분 astonish*ing*) 놀라게 하다

I was *astonished* to hear that.
그것을 듣고 나는 놀랐다 《보통 수동형으로 쓰이며 surprise, amaze보다 의미가 강하다》

as·ton·ish·ment [əstániʃmənt] 명 놀람, 경악

as·tro·naut [ǽstrənɔ̀:t] 명 (복수 astronaut*s* [-s]) 우주 비행사

as·tron·o·mer [əstránəmər] 명 천문학자

as·tron·o·my [əstránəmi] 명 천문학

★at [ət, (강조할 때) ǽt] 전
❶ 《장소·위치를 나타냄》 ~에서, ~에
I bought this pen *at* the store. 나는 이 펜을 그 가게에서 샀다
There is someone *at* the door. 문간에 누군가가 있다
He stood *at* the top of the mountain. 그는 산정에 서 있었다
Come in *at* the front door.(=Come in through the front door.)
정면 현관으로 들어오라 《출입 지점을 나타냄》

> 📘 **at과 in**
> at은 나라 이름에는 쓰지 않고 비교적 작은 도시에 쓴다. 대도시 등 넓은 장소에는 in을 쓴다: *in* London(런던에서), *at* Oxford(옥스퍼드에서)

❷ 《시간·나이를 나타냄》 (몇 시)에, (몇 살)에
He gets up *at* six every morning. 그는 매일 아침 6시에 일어난다
My father died *at* (the age of) sixty. 나의 아버지는 60세에 돌아가셨다
We started *at* noon. 우리는 정오에 출발했다
He came home late *at* night. 그는 밤늦게 귀가했다
Bill called me *at* midnight. 빌은 자정에 나에게 전화했다

banjo - barrel

ban·jo [bǽndʒou] 몡 (복수 **banjos** 또는 **banjoes** [-z]) 밴조 (현악기의 일종)

bank¹ [bǽŋk] 몡 (복수 **banks** [-s]) 둑, 제방
I walked along the *bank*. 나는 둑을 따라 걸었다

*__bank__² [bǽŋk] 몡 (복수 **banks** [-s]) ❶ 은행
Have you got any money in the *bank*? 은행에 저금이 있습니까
❷ 저장소
a blood *bank* 혈액 은행

bank·er [bǽŋkər] 몡 (복수 **bankers** [-z]) 은행가
📝 banker는 은행의 경영자·중역 등을 가리키며, 창구 등에서 일하는 은행원은 bank clerk이라고 함.

bar [báːr] 몡 (복수 **bars** [-z])
❶ (문의) 빗장, 창살; 봉
parallel *bars* (체조의) 평행봉
❷ 막대기, 막대기 모양의 덩어리
a *bar* of chocolate 초코바 한 개
a *bar* of soap 비누 한 장
❸ 술집, 바

Bar·ba·ra [báːrbərə] 몡 여자 이름

bar·be·cue [báːrbikjùː] 몡 (복수 **barbecues** [-z])
❶ (소·돼지 등의) 통구이, 바비큐
❷ 미 (통구이가 나오는, 즉 바비큐를 해서 먹는) 야외 파티
I invited my friends to a *barbecue*. 나는 내 친구들을 야외 파티에 초대했다

*__bar·ber__ [báːrbər] 몡 (복수 **barbers** [-z]) 이발사
I had my hair cut at a *barber's* (shop). 나는 이발소에서 이발했다
📝 이발소를 영에서는 barber's shop 이라고 하는 반면 미에서는 barber-shop이라고 함. barber's는 영, 미에 서 모두 이발소를 가리킴.

bar code [báːr kòud] 몡 바코드 《상품의 관리를 컴퓨터로 처리할 수 있도록 상품에 표시해 놓은 막대모양의 기호》

bare [bɛ́ər] (♦ are는 [ɛər]로 발음함) 형 (비교 **barer**; 최상 **barest**) 발가벗은, 드러낸; 텅빈, ~이 없는 《♦ 동음어 bear¹(참다), bear²(곰)》
bare feet 맨발
The room is *bare*. 그 방은 텅 비어 있다
a room *bare* of furniture 가구가 없는 방

bare·ly [bɛ́ərli] 閂 간신히, 겨우, 가까스로
My brother is *barely* five years old. 내 남동생은 겨우 다섯살이다

bar·gain [báːrgin] 몡 (복수 **bargains** [-z]) (장사의) 흥정, 계약; 싸게 산 물건, 싸게 내놓은 물건; 《형용사적으로》 특별 판매의
a *bargain* sale 특별 할인 판매, 바겐세일
She made a good[bad] *bargain*. 그녀는 물건을 싸게[비싸게] 샀다

*__bark__ [báːrk] (♦ ar는 [ɑːr]로 발음함) 자동 (3단현 **barks** [-s]; 과거·과분 **barked** [-t]; 현분 **barking**) (개 등이) 짖다
Dogs *bark* at strangers. 개는 낯선 사람들에게 짖는다

bar·ley [báːrli] 몡 보리 《복수형으로 쓰이지 않음》
📝 '밀'은 wheat

*__barn__ [báːrn] 몡 (복수 **barns** [-z]) (농가의) 헛간, 곳간; 미 외양간
📝 보통은 곡식을 넣어 두는 곳인데, 넓은 의미로는 건초나 짚 등을 넣어 두는 헛간. 헛간처럼 텅 빈 건물.

ba·rom·e·ter [bərɑ́mətər] 몡 (복수 **barometers** [-z]) 기압계, 청우계, 바로미터

bar·rel [bǽrəl] 몡 (복수 **barrels** [-z]) ❶ (가운데가 불룩한) 통

At twenty he was alreaedy going *bald*. 그는 스무살 때 벌써 머리가 벗어지고 있었다

★**ball¹** [bɔ́ːl] 명 (복수 **balls** [-z])
❶ 공, 공 모양의 것, 볼, 구슬
a tennis *ball* 테니스 공
▶ 볼링 공은 a bowl [bóul] 이라고 한다
a *ball* of cotton (둥글게 뭉친) 한 뭉치의 솜
❷ 구기(球技) ; (특히) 야구 《a를 붙이지 않고 복수형도 없음》
He likes to play *ball*. 그는 공 놀이[야구]를 좋아한다
They are watching a *ball* game. 그들은 야구 시합을 보고 있다
📝 a ball match 라고 하지 않음
❸ 《야구》 투구 ; (스트라이크에 대한) 볼
a fast *ball* 속구
Play ball! 플레이볼《구기에서 심판이 경기 개시를 명령하는 말》

ball² [bɔ́ːl] 명 무도회

bal·let [bǽlei] (♦ t는 발음하지 않음)
명 (복수 **ballets**[-z]) 발레, 무용극
발음 e는 [ei]로 발음하는 것에 유의. 원래 프랑스어임

ballet

bal·loon [bəlúːn] (♦ oo는 [uː]로 발음함) 명 (복수 **balloons** [-z])
기구, 풍선

ball park [bɔ́ːlpɑ̀ːrk] 명 (복수 **ball parks** [-s]) 야구장

ball-point pen [bɔ́ːlpɔ̀int pén]
명 볼펜 (ball pen 이라고도 함)

bam·boo [bæmbúː] 명 (복수 **bamboos** [-z]) (식물) 대나무

bamboo shoots 죽순

ba·nan·a [bənǽnə] 명 (복수 **bananas** [-z]) (식물) 바나나 (과일 또는 나무)
I like *bananas* best. 나는 바나나를 제일 좋아한다

★**band** [bǽnd] 명 (복수 **bands** [-z]) ❶ 밴드, 끈, 띠
📝 바지의 밴드는 belt 라고 함
a rubber *band* 고무 밴드
❷ 악대, 악단
a military *band* 군악대
📝 단수인 점에 주의. 악대의 대원 한 사람은 a bandsman
❸ (사람의) 무리, 일단(一團)
a *band* of robbers 도적떼

band·age [bǽndidʒ] 명 (복수 **bandabes** [-iz]) 반창고, 붕대
— 타동 붕대를 감다
The doctor *bandaged* (up) his broken arm. 의사는 그의 부러진 팔에 붕대를 감았다

Band-Aid [bǽndéid] 명 《상표명》 반창고

b and[&] b, B and[&] B [bí ənd bí] 명 형 아침식사 딸린 간이 숙박 《bed and breakfast의 약어》

bang [bǽŋ] 동 (3단현 **bangs** [-z] ; 과거·과분 **banged** [-d] ; 현분 **banging**) 타동 ❶ 세게 (소리 내어) 치다, 놓다
I *banged* my fist on the table. 나는 주먹으로 탁자를 쾅 쳤다
❷ 쾅 닫다
Don't *bang* the door! 문을 쾅 닫지 마시오
— 자동 ❶ 세게 (소리내어) 치다
He was *banging* on the door with his fist. 그는 주먹으로 문을 쾅쾅 치고 있었다
❷ 쾅 닫히다
A door *banged* in the wind. 문이 바람에 쾅 닫혔다
— 명 쾅, 쿵, 탕 (하는 소리)

badge - bald

"This one looks great to me. What do you think?"—"(It's) *not bad.* " 「이거 참 좋아 보이는데, 너는 어떻게 생각하니」—「꽤 괜찮군」

📝 (2)와 같은 표현법을 완서법(緩敍法)이라고 한다. 완서법이란 조심스럽고 소극적인 표현을 사용함으로써 오히려 강한 뜻을 나타내는 수사법(修辭法)으로, 가령 'great' 대신에 'no small'이란 표현을 쓰는 것이 그 예이다. 완서법은 영국영어에 많이 나타나지만 미국영어에서도 종종 쓰인다

〔회화〕 A: I missed my music examination. I had a bad cough all last week.
B: That's too *bad.*

A: 나는 음악 시험을 치지 못했어. 지난 주 내내 심하게 기침을 했거든
B: 그것 참 안됐구나

badge [bǽdʒ] 명 (복수 **badges** [-iz]) 배지, 휘장

badg·er [bǽdʒər] 명 《동물》 오소리 《족제비과의 짐승》

*__**bad·ly**__ [bǽdli(:)] 부 (비교 **worse** [wə́ːrs]; 최상 **worst** [wə́ːrst])
❶ 나쁘게, 서투르게
He drives *badly.* 그는 서투르게 운전한다
❷ (구어) 몹시, 대단히
I want a new bicycle *badly.* 나는 새 자전거를 몹시 갖고 싶다
be *badly* off 어렵게 지내고 있다 (↔ be well off 부유하게 지내고 있다)
He *is badly off* nowadays. 그는 요즘 생활이 어렵다

bad·min·ton [bǽdmintn] 명 《운동》 배드민턴
📘 이 경기가 처음 개최된 영국의 Badminton이라는 지방의 이름에서 유래되었다.

*__**bag**__ [bǽg] 명 (복수 **bags** [-z])
가방, 자루
a sleeping *bag* 침낭
She has a shopping *bag* in her hand. 그녀는 손에 쇼핑백을 들고 있다

I want two *bags* of potato chips. 나는 포테이토 칩 두 봉지를 원한다
📝 *bag* 은 종이 봉투, 손에 드는 주머니, 핸드백 따위로 「가방」보다 「주머니」의 느낌이 있는 것.

bag·gage [bǽgidʒ] 명 《집합적으로》 미 (여행용) **수하물**(=영 luggage)
📝 a를 붙이지 않고, 복수형도 없음 「수하물 1개」는 a piece of baggage 라고 한다.
a *baggage* car 미 (객차에 연결한) 수하물차(=영 luggage van)
a *baggage* room 미 (역의) 수하물 임시 보관소(=영 left-luggage office)

bag·pipe [bǽgpàip] 명 (복수 **bagpipes** [-s]) 《종종 the bagpipes로》 백파이프 《스코틀랜드의 민속 악기》

bake [béik] (♦a는 [ei]로 발음함) 동 (3단현 **bakes** [-s]; 과거·과분 **baked** [-t]; 현분 **baking**) 타동
(빵·과자·케이크 등을) 굽다
I *baked* a cake. 나는 케이크를 구웠다
—자동 구워지다
The bread is *baking.* 빵이 구워지고 있다

bak·er [béikər] 명 (복수 **bakers** [-z]) 《직업적으로》 빵 굽는 사람

bak·er·y [béikəri] 명 (복수 **bakeries** [-z]) 빵집, 제과점

bal·ance [bǽləns] 명 (복수 **balances** [-iz]) 천칭, 저울; 균형
I lost my *balance* and fell off the ladder. 나는 몸의 균형을 잃고 사다리에서 떨어졌다
—동 (3단현 **balances** [-iz]; 과거·과분 **balanced** [-t]; 현분 **balancing**) 타동 균형을 맞추다
—자동 균형이 잡히다

bal·co·ny [bǽlkəni] 명 (복수 **balconies** [-z]) 발코니; (극장의) 2층 특별석

bald [bɔːld] 형 (머리가) 벗어진, 대머리의

backbone - bad

Stand *back*, please. 뒤로 물러 서시오
He looked *back*. 그는 뒤돌아 보았다
❷ 되돌아서, 원상태로
He came *back* from Europe last week. 그는 지난 주에 유럽에서 돌아왔다
I'll be *back* at six. 나는 6시에 돌아올 것이다
Go *back* to your seat. 네 자리로 돌아가라
She came to see me on her way *back*. 그녀는 돌아오는 길에 나를 만나러 왔다
— 동 (3단현 **backs** [-s]; 과거·과분 **backed** [-t]; 현분 **backing**) 타동
❶ ~을 후진시키다, ~을 후퇴시키다
Mommy *backed* her car slowly. 엄마는 차를 천천히 후진시켰다
❷ ~을 후원하다, 지지하다
We all *backed* the plan. 우리 모두는 그 계획을 지지했다
— 자동 후진하다, 후퇴하다

back·bone [bǽkbòun] 명 등뼈; 주력(主力), 중추(中樞)

back·ground [bǽkgràund] 명 (복수 **backgrounds** [-z]) 배경

backs [bǽks] 명 **back**(등)의 복수
— 동 **back**(~을 후진시키다)의 3인칭 단수 현재형

backward [bǽkwərd] 부 뒤로, 거꾸로
He stepped *backward*. 그는 뒷걸음질 쳤다
— 형 뒤쪽의(↔ forward 앞쪽의); 발달[진보]이 느린[늦은]
a *backward* child 지진아

back·wards [bǽkwərdz] 부 (=backward)
☑ 명 에서는 backwards를 사용하나, 미에서는 backward와 backwards를 모두 사용.

back·yard [bǽkjáːrd] 명 (복수 **backyards**[-z]) 뒤뜰, 뒷마당

ba·con [béikən] 명 베이컨 《돼지고기를 소금에 절여 훈제한 것》 (→ ham 햄)
bacon and eggs 바싹 구운 베이컨에 계란 반숙을 곁들인 요리 《영국에서 아침식사로 많이 먹음》

bac·te·ri·a [bæktíəriə] 명 《복수명사》 박테리아, 세균 《단수형은 bacterium [-riəm]인데, 단수형을 쓰는 경우는 드물다》

★ **bad** [bǽd] 형 (비교 **worse** [wə́ːrs]; 최상 **worst** [wə́ːrst])
❶ 나쁜, 불량한(↔ good 좋은)
He is a *bad* boy. 그는 불량 소년이다
We have some *bad* news for you. 너에게 나쁜 소식이 있다
The weather is *bad* today. 오늘은 날씨가 나쁘다
It's *bad* to steal. 도둑질은 나쁘다
Smoking is *bad* for the health. 흡연은 건강에 좋지 않다
That's too *bad*. 안됐군요[유감입니다]
❷ 심한, 불쾌한, 상한
He had a *bad* cold. 그는 독감에 걸렸다
I feel *bad* today. 오늘은 기분이 좋지 않다
There is a *bad* smell here. 여기는 고약한 냄새가 난다
At that store they sold me *bad* apples. 저 가게에서는 썩은 사과를 나에게 팔았다
This fish has gone *bad*. 이 생선은 상했다
❸ 서투른(↔ good 잘하는)
I am *bad* at drawing. 나는 그림을 잘 못그린다
not (*so*) *bad* 형 별로 그다지 나쁘지 않은
not (*half, so, too*) *bad* (1) (생각했던, 예상했던 만큼은) 나쁘지 않은, 그다지 나쁘지 않은
"How do you like it?"—"(It's) *not half bad*." 「그거 어때」—「그렇게 나쁘지 않아」
(2) 꽤 좋은, 상당히 좋은, 아주 좋은

B b 𝔅 𝓫

B, b [bíː] 명 (복수 **B's, b's, Bs, bs** [-z]) ❶ 비 《알파벳의 제 2자》
❷ 《대문자 B로》 (학과 성적의) B (A의 아래, C의 위)
〈◆동음어 bee(꿀벌)〉

baa [bɑː] 명 매 (양의 울음소리)
— 자동 (양이) 울다

Babe Ruth [béib rúːθ] 명 베이브 루스 《1895-1948; 미국의 프로야구 선수; 주로 양키즈에서 활약했고, 아메리칸 리그에서 홈런왕 12회, 통산 홈런 714개 등의 기록을 남김. 본명은 George Herman Ruth》

ba·by [béibi] 명 (복수 **babies** [-z]) ❶ (갓난) 아기
The *baby* is crying. 아기가 울고 있다
Don't be a *baby*. 아기처럼 굴지 마라
▶ baby는 babe [béib](아기)의 애칭; dog(개)이 doggy(멍멍이)로 되는 것과 같다. baby는 보통 태어나서 만 2세까지, child는 2세부터 6세까지를 말함.

> **baby 의 성별**
> 성별을 모르거나 성별을 문제시 하지 않을 때는 baby 를 받는 대명사는 it 이다: The baby smiled on its mother. (아기가 엄마를 보고 미소지었다) 특별히 구별해야 할 때는 a baby boy (남자 아기), a baby girl (여자 아기)라고 한다.

❷ 아주 어린 짐승
a *baby* monkey 새끼 원숭이
— 형 아기 같은, 갓난; 아기용의, 소형의
a *baby* face 동안(童顔)

a *baby* carriage 유모차
a *baby* car 소형 자동차

ba·by-sit [-sìt] 자동 (3단현 **baby-sits** [-s]; 과거·과분 **baby-sat** [-sæt]; 현분 **baby-sitting**) 아기를 돌보다

ba·by-sit·ter [-sìtər] 명 (복수 **baby-sitters** [-z]) 미 아기 보는 사람

Bach [bɑːk] 명 바하 《Johann Sebastian ~, 1685-1750; 독일의 작곡가》

★**back** [bǽk] 명 (복수 **backs** [-s])
❶ 등, 잔등
He had a heavy bag on his *back*. 그는 무거운 가방을 등에 메고 있었다
She turned her *back* to the man. 그녀는 그를 외면했다
❷ 뒤(↔front 앞), **후면**, 뒤편
There is a big tree at the *back* of the house. 그 집 뒤에 큰 나무가 있다
His name is written on the *back* of the envelope. 그의 이름은 봉투 뒤에 쓰여져 있다
Get into the *back* of my car.
내 차 뒷자리에 타라
— 형 ❶ 뒤의(↔front 앞의), 이면의
She sat on the *back* seat of the car. 그녀는 자동차 뒷좌석에 앉아 있었다
▶ 친구의 차에 탈 때는 조수석에 타는 것이 예의이다
The flower bed is in the *back* yard. 꽃밭은 뒤뜰에 있다
❷ 지난
a *back* number of a magazine 잡지의 지난 호
— 부 ❶ 뒤로, 뒤에

[-d]; 현분 awakening) 〖타동〗 (~을 잠에서) 깨우다, 자각시키다
— 〖자동〗 (잠에서) 깨다, 자각하다

a·ward [əwɔ́ːrd] 〖동〗 (3단현 **awards** [-z]; 과거·과분 **awarded** [-id]; 현분 **awarding**) 〖타동〗 수여하다, (상을) 주다
He was *awarded* the gold medal. 그는 금메달을 수상했다
— 〖명〗 (복수 **awards** [-z]) 상, 상품

a·ware [əwɛ́ər] 〖형〗 《흔히 be aware of로, 서술적으로 쓰여》 알고 있는, 인지하고 있는
The police *were aware of* his criminal. 경찰은 그의 죄상을 알고 있었다

★**a·way** [əwéi] 〖부〗
❶ 《위치를 나타내어》 떨어져서(=off), 멀리(=far)
The station is two miles *away* from here. 역은 여기서 2마일 떨어져 있다
How far *away* is your school? 학교는 얼마나 머닙니까
❷ 《앞의 동사와 함께 이동·방향을 나타내어》 떠나서, 사라져
He'll go *away* from this country. 그는 이 나라에서 떠나버릴 것이다
The dog ran *away*. 그 개는 사라졌다
Tom threw *away* the bat. 톰은 배트를 던져 버렸다
❸ 부재하여
He is *away* from home. 그는 지금 집에 없다
He is *away* on a trip. 그는 여행 중이어서 없다
keep away from ... ~를 가까이 하지 않다
Let's *keep away from* the table. 그 테이블 가까이에 있지 말자
far and away 훨씬, 단연
right away 〖미〗 《구어》 즉각(=at once)
Do it *right away*. 그것을 즉각하라

aw·ful [ɔ́ːfəl] 〖형〗 (비교 *more* awful; 최상 *most* awful)
❶ 무서운, 무시무시한
Sara was an *awful* typhoon. 태풍 사라는 무시무시한 태풍이었다
❷ 《구어》 대단한, 심한, 극심한
What an *awful* weather!
지독한 날씨이다

aw·ful·ly [ɔ́ːfəli] 〖부〗 무섭게; 《구어》 몹시, 대단히 《여성이 즐겨 씀》
It is *awfully* hot. 몹시 덥다
It's *awfully* kind of you. 정말 친절하시군요

awk·ward [ɔ́ːkwərd] 〖형〗 (비교 **awkwarder**; 최상 **awkwardest**) 기이한, 이상한, 비정상적인, 흉칙한
He looked *awkward*. 그는 이상해 보였다
She was walking in an *awkward* way. 그녀는 이상하게 걷고 있었다

ax, axe [ǽks] 〖명〗 (복수 **axes** [-iz]) 도끼
We use an *ax* to cut down the tree. 우리는 나무를 잘라 넘어뜨리는 데 도끼를 사용한다

a·za·lea [əzéiljə] 〖명〗 (식물) 진달래

au·thor [ɔ́:θər] 명 (복수 **authors** [-z]) 저자, (작품의) 작자; 창시자

au·thor·i·ty [əθɔ́:rəti] 명 (복수 **authorit**ies [-z])
❶ 권위
❷ 《보통 복수형으로》 (정부) 당국, 공공 사업 기관
the transportation *authorities* 교통 당국

au·to [ɔ́:tou] 명 (복수 **autos** [-z]) 《미 구어》 자동차 《automobile의 축약형》

au·to·graph [ɔ́:təgræf] 명 자필 서명, 사인

au·to·mat·ic [ɔ̀:təmǽtik] 형 (비교 *more* automatic; 최상 *most* automatic) 자동(장치)의

au·to·ma·tion [ɔ̀:təméiʃən] 명 자동화

au·to·mo·bile [ɔ̀:təməbí:l] 명 (복수 **automobiles** [-z]) 미 자동차 (=형 motorcar) 《구어에서는 car》

★**au·tumn** [ɔ́:təm] 명 가을 (→ season)
School begins in *autumn*. 학교는 가을에 시작한다.
▶ 유럽·미국에서는 신학기가 9월부터 시작한다
I visited Kyongju in (the) early *autumn*. 나는 초가을에 경주를 방문했다
📝 미국에서 autumn은 형식적인 말이고, 보통은 fall(가을)을 쓴다. 미국도 남부와 북부의 기온차가 심하지만 일반적으로 9월, 10월, 11월을 가을이라고 한다. 영국에서는 8월 하순부터 10월 초순까지를 말한다.

a·vail·a·ble [əvéiləbl] 형
❶ 이용가능한; 소용이 되는
This book is *available* for you to read. 이 책은 당신이 읽고 싶으면 이용 가능합니다
❷ 시간이 있는, 한가한
Are you *available* this afternoon? 오늘 오후 시간 나십니까

★**av·e·nue** [ǽvən(j)ù:, 영 ǽvinjù:] 명 (복수 **avenues** [-z]) 가로수길, 미 큰 가로(Ave.로 줄임; → road)
▶ 미국에서는 Street는 동서로 뻗은 길을, Avenue는 남북으로 뻗은 큰 길을 뜻한다.

avenue

av·er·age [ǽvəridʒ] 명 (복수 **averages** [-iz]) 평균
batting *average* 평균 타율
above[below] the *average* 평균 이상[이하]의

av·o·ca·do [ævəkɑ́:dou] 명 (복수 **avocados, avocadoes** [-z]) 《식물》 아보카도 (과일)

a·void [əvɔ́id] 타동 (3단현 **avoids** [-z]; 과거·과분 **avoid**ed [-id]; 현분 **avoid**ing) 회피하다, 피하다, 삼가다
Please *avoid* drinking and driving. 제발 음주운전을 삼가시오

a·wake [əwéik] 동 (3단현 **awake**s [-s]; 과거·과분 **awoke** [əwóuk] 또는 **awake**d [-t]; 현분 **awak**ing) 자동 (잠에서) 깨다 《이 뜻으로는 보통 wake (up)을 쓴다》; 자각하다
I *awoke* one morning and found myself famous. 어느 날 아침 깨어나 보니 내가 유명해져 있었다
— 타동 깨우다, 자각하다
The telephone *awoke* me. 전화 소리에 잠을 깼다
— 형 《서술적으로》 자지 않고

a·wak·en [əwéikən] 동 (3단현 **awakens** [-z]; 과거·과분 **awakened**

친절
I paid no *attention* to him. 나는 그의 말에 조금도 유의하지 않았다
Attention! 차렷
Attention, please! 여러분께 알립니다, 주목 《주의를 끌 때》

at·tic [ǽtik] 명 다락방

at·ti·tude [ǽtit(j)ùːd] 명 (복수 **attitudes** [-z]) 태도
I don't like your *attitude.* 난 네 태도가 마음에 안 들어

at·tract [ətrǽkt] 타동 (3단현 **attracts** [-s]; 과거·과분 **attract**ed [-id]; 현분 **attract**ing) 《명사는 attraction》
❶ (주의·흥미 등을) 끌다(↔ distract 빗가게 하다)
The 1988 Olympic Games *attracted* many people to Seoul. 1988년 올림픽은 많은 사람들을 서울로 오게 했다
❷ (사람을) 매혹하다
He was *attracted* by her beauty. 그는 그녀의 아름다움에 마음이 끌렸다

at·trac·tion [ətrǽkʃən] 명 (복수 **attractions** [-z]) 《동사는 attract》
❶ 끌어당기기; 볼 만한 장소
❷ 매력, 끄는 힘

at·trac·tive [ətrǽktiv] 형 (비교 **more** attractive; 최상 **most** attractive) 매력적인, 사람을 끄는

au·di·ence [ɔ́ːdiəns] 명 (복수 **audiences** [-iz]) 청중, 관객
The rock singer sang in front of a huge *audience*. 그 록 가수는 많은 청중 앞에서 노래를 했다

au·di·o [ɔ́ːdiou] 형 음성의, 오디오의(↔ video 영상의)
audio technology 음성 기술
— 명 (복수 **audios** [-z]) (텔레비전의) 음성 부문; 소리(의 재생)

au·di·o-vis·u·al [ɔ́ːdiou vízuəl] 형 시청각의
audio-visual aids 시청각 도구

audio and video
compact disc player 콤팩트 디스크 플레이어
amplifier 앰프

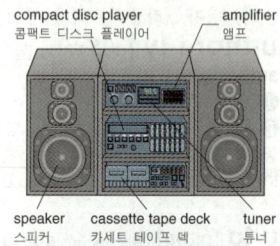

speaker 스피커
cassette tape deck 카세트 테이프 데
tuner 튜너

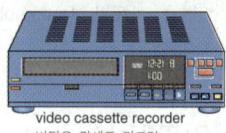

video cassette recorder 비디오 카세트 리코더

radio cassette tape recorder 라디오 카세트 리코더

au·di·to·ri·um [ɔ̀ːdətɔ́ːriəm] 명 (복수 **aiditoriums** [-z], **auditoria** [-riə]) 강당, 공회당; (극장의) 관객석

★★Au·gust [ɔ́ːgəst] 명 8월(Aug.로 줄임; → month)
It is hot in *August*. 8월은 덥다
▶ 로마의 초대 황제 아우구스투스 (Augustus Caesar)의 이름에서 딴 것.

★aunt [ænt, 영 ɑːnt] 명 (복수 **aunts** [-s]) 아주머니, 숙모, 이모, 고모
Aunt Jane is my father's sister. 제인 고모는 아버지의 누이동생이시다

au·ro·ra [ərɔ́ːrə] 명 오로라, 극광

★Aus·tral·ia [ɔːstréiljə] 명 오스트레일리아, 호주
《남반구에 있는 대륙으로 영국의 자치령; 수도는 캔버라(Canberra)》

Aus·tri·a [ɔ́ːstriə] 명 오스트리아
《유럽 중부에 있는 국가; 수도는 비엔나(Vienna)》

Athens - attention

— 명 아테네 사람

Ath·ens [ǽθinz] 명 아테네 《그리스의 수도; 고대 그리스 문명의 중심지》

ath·lete [ǽθliːt] 명 (복수 **athletes** [-s]) 《형용사는 athletic》 운동가, 경기자, 운동선수

ath·let·ic [æθlétik] 형
❶ (운동) 경기의
an *athletic* meeting[meet] 육상 경기
❷ 운동가의, 강건한

ath·let·ics [æθlétiks] 명 《복수 취급》 (각종) 운동경기, 체육; 영 육상 경기

At·lan·ta [ətlǽntə] 명 애틀랜타 《미국 조지아주의 주도; 1996년 하계 올림픽 대회 개최지》

✷✷At·lan·tic [ətlǽntik] 명 《the Atlantic으로》 대서양
— 형 대서양의
the Atlántic (Ócean) 대서양
the Pacific (Ocean) 태평양
▶ 원래는 「거인 아틀라스(Atlas)의 바다」란 뜻

at·las [ǽtləs] 명 (복수 **atlases** [-iz]) 지도장, 지도부, 부도
✎ map은 정장으로 되어 있는 한장짜리 지도 atlas는 책 또는 부도로 된 지도

at·mos·phere [ǽtməsfìər] 명
❶ 《the atmosphere로》 대기, 대기권
❷ (어느 장소의) 공기
❸ 분위기

at·om [ǽtəm] 명 (복수 **atoms** [-z]) 원자

a·tom·ic [ətámik] 형 원자의, 원자력의
atomic bomb 원자 폭탄
atomic energy 원자력

at·tach [ətǽtʃ] 타동 (3단현 **attaches** [-iz]; 과거·과분 **attached** [-t]; 현분 **attaching**) ❶ 붙이다; 바르다; 첨부하다

Attach a piece of paper at the end. 끝에 종이를 한장 붙여라
❷ 《be attached to로》 정이 들다
The baby *is attached to* his mom. 아기는 엄마에게 정이 들어 있다

at·tack [ətǽk] 동 (3단현 **attacks** [-s]; 과거·과분 **attacked** [-t]; 현분 **attacking**) 타동 공격하다, 습격하다
In 1941, Japan *attacked* Pear Harbor. 1941년에 일본은 진주만을 습격했다
— 명 ❶ 공격, 비난
❷ 발병
heart attack 심장마비

at·tain [ətéin] 타동 (3단현 **attains** [-z]; 과거·과분 **attained** [-d]; 현분 **attaining**) 달성하다, (목표에)도달하다
Work hard to *attain* your goal. 네 목표를 달성하기 위해 열심히 공부해라

✷at·tempt [ətémpt] 동 (3단현 **attempts** [-s]; 과거·과분 **attempted** [-id]; 현분 **attempting**) 타동 시도하다, 해보다(=try)
He *attempted* to run away. 그는 도망가려고 시도했다
— 명 시도, 해봄
He made an *attempt* to run away. 그는 도망가려고 했다

✷at·tend [əténd] 타동 (3단현 **attends** [-z]; 과거·과분 **attended** [-id]; 현분 **attending**)
❶ ~에 출석하다
I'll *attend* the meeting. 나는 모임에 출석하겠다
❷ (환자 등을) 보살피다, 돌보다; 시중들다
The tall waiter *attended* our table. 키큰 웨이터가 우리 테이블 시중을 들었다
The nurse *attended* the patient. 간호사가 환자를 돌보았다

at·ten·tion [əténʃən] 명 (복수 **attentions** [-z]) 주의, 유의; 돌봄;

atchoo - Athenian

📘 **at, in, on의 사용법**
(1) at은 「시간의 한 점」(몇 시 몇 분, 자정, 정오)에 씀: *at* nine o'clock(9시에), *at* daybreak(동틀녘에), *at* dawn (새벽녘에)
(2) in은 「긴 기간」(오전 중, 달, 계절, 연 등)에 씀: *in* the morning(오전 중에), *in* April(4월에), *in* winter(겨울에)
(3) on은 「특정한 날, 특정한 날의 아침, 저녁 등」에 씀: *on* Sunday(일요일에), *on* Saturday morning(토요일 아침에)

❸ 《방향·목표를 나타냄》 ~을 향하여 ~을
Look *at* that cloud. 저 구름을 보라
They all laughed *at* me. 그들은 모두 나를 비웃었다
The boy threw a stone *at* the dog. 소년은 개에게 돌을 던졌다
❹ (~에) **종사하고**, ~중에, (어떤 상태)로
He is *at* school. 그는 수업 중이다
My parents are *at* church. 우리 부모님은 (교회에서) 예배 중이시다
Jane is *at* work in the hospital. 제인은 병원에서 일하고 있다
The children are *at* play. 아이들은 놀고 있다
Tom is *at* table now. 톰은 식사중이다
▶ *at* breakfast 「아침 식사중에」, *at* lunch 「점심 식사중에」
(♦ 이런 경우, at 뒤에 관사 없음)
Grapes are *at* their best. 포도가 한창이다[제 철이다]
❺ 《감정의 원인을 나타냄》 ~을 보고[듣고]
He got angry *at* the sight. 그는 그 광경을 보고 화가 났다
I was surprised *at* the news. 나는 그 소식을 듣고 놀랐다
❻ 《수량·비율·값을 나타냄》 ~로
I bought this book *at* 1,000 won. 나는 이 책을 1,000원에 샀다
His car ran *at* full speed. 그의 자동차는 전속력으로 달렸다

all at once 갑자기; 한꺼번에
All at once, he stood up. 갑자기 그는 일어섰다

at all 《not, no와 함께 쓰여》 조금도, 전혀; 《if...의 문에서》 적어도; 《의문문에서》 도대체, 조금이라도
I am *not* tired *at all*. 나는 전혀 피곤하지 않다
Do your best if you do it *at all*. 적어도 그것을 한다면 최선을 다하라
Did you read it *at all*? 대체 너는 그것을 읽었느냐

at first 처음에는
I found English difficult *at first*. 나는 처음에는 영어를 어렵다고 생각했다

at home 집에 있는, 편안하게
My father is *at home* today. 우리 아버지는 오늘 집에 계신다
Make yourself *at home*. 편안히 하십시오 《손님에게 주인이 하는 말》

at last 드디어, 마침내
At last we found it. 마침내 우리는 그것을 찾았다

at least 적어도, 최소한
I will stay here for a week *at least*. 나는 적어도 1주일 동안 여기에 머물 것이다

†**at once** **즉시**, 동시에
Start *at once*. 즉시 출발하라
We cannot do two things *at once*. 우리는 동시에 두 가지 일을 할 수 없다

atch·oo [ətʃúː] 〈감〉 《의성어》 엣취 《재채기 소리》
▶ 상대방이 atchoo 하고 재채기를 하면, 흔히 Bless you. 또는 God bless you. 라고 인사말을 해 주는 것이 예의이다.

***ate** [éit, 〈약〉 ét] 〈타동〉〈자동〉 **eat**(먹다) 의 과거형 (♦ eight와 발음이 같다)
They *ate* lunch at noon. 그들은 정오에 점심을 먹었다

Ath·en·i·an [əθíːniən] 〈형〉 아테네의

barricade - baseman

a beer *barrel* 맥주통

❷ 한 통의 액체 분량, 배럴 《용량의 단위》

We drank a *barrel* of beer at the party. 우리는 파티에서 맥주 한 통을 마셨다

bar·ri·cade [bǽrəkèid] 명 (복수 **barricade*s*** [-z]) 바리케이드, 장애물

bar·rier [bǽriər] 명 (복수 **barrier*s*** [-z]) 장벽, 장애(물), 방해

*__base__ [béis] 명 (복수 **base*s*** [-iz]) ❶ 기초, 토대(→ basis)

📝 base는 글자 그대로 '물건을 받치는 토대'의 뜻으로 쓰이나, basis는 보통 비유적으로 쓰임.

❷ 근거지, 기지
an air *base* 공군 기지
a military *base* 군사 기지

❸ 《야구》 루, 베이스

📝 야구 용어: a *base* hit(안타), a three *base* hit(3루타), the home *base* (본루)

— 타동 (3단현 **base*s*** [-iz]; 과거·과분 **base*d*** [-t]; 현분 **bas*ing***) 기초를 두다

This plan is *based* on his idea. 이 계획은 그의 생각에 기초하고 있다

base·ball [béisbɔ̀ːl] 명 (복수 **baseball*s*** [-z])

❶ 야구; (형용사처럼 쓰여) 야구의 《a 를 붙이지 않고 복수형 없음》
a *baseball* ground(= 미 a ball park) 야구장
a *baseball* team 야구 팀
Do you like *baseball*? 너는 야구를 좋아하느냐
We played *baseball* in the park.⁽¹⁾ 우리는 공원에서 야구를 했다
I want to be a *baseball* player.⁽²⁾ 나는 야구 선수가 되고 싶다
He went to see a *baseball* game.⁽³⁾ 그는 야구 경기를 보러 갔다

📝 (1), (2), (3)의 경우 baseball을 단지 ball 이라고도 한다

❷ (야구용의) 볼, 야구공
I have three *baseballs*. 나는 3개의 야구공을 가지고 있다

base·man [béismən] 명 (복수 **basemen** [-men]) 《야구》 내야수

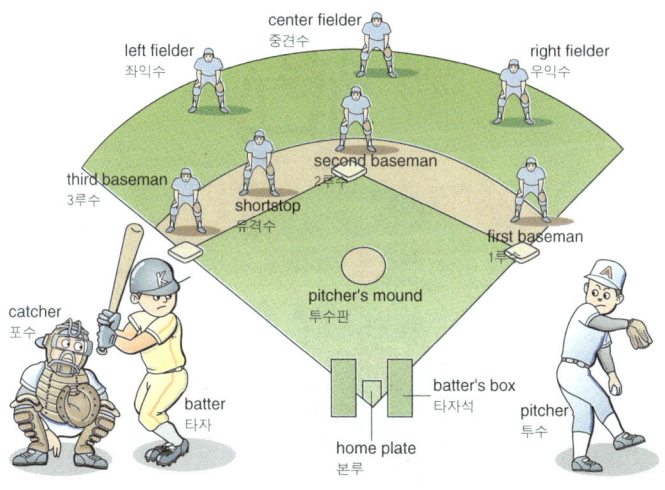

baseball

basement - bat¹

a first *baseman* 1루수

base·ment [béismənt] 명 (복수 **basements** [-s]) 지하실
📝 basement 는 부엌·거실·식당 등으로 쓰이고, cellar(지하실)는 식량이나 연료의 저장소로 쓰인다.

bas·es¹ [béisiz] 명 base의 복수형

ba·ses² [béisi:z] 명 basis의 복수형

bas·ic [béisik] 형 **기초의**, 기본의
basic principles 기본 원리
the *basic* vocabulary of a language 언어의 기본 어휘

ba·sin [béisn] 명 (복수 **basins** [-z]) 대야, 세면기

ba·sis [béisis] 명 (복수 **bases** [-i:z]) 기초, 근거
There is no scientific *basis* for these claims. 이 주장에는 어떠한 과학적 근거도 없다

bas·ket [bǽskit] 명 (복수 **baskets [-s]) 바구니 ; (농구의) 바스켓
a *basket* of fruit 과일 한 바구니
There are some oranges in the *basket*. 바구니 안에 오렌지가 몇 개 있다

**bas·ket·ball [bǽskitbɔ̀:l] 명 농구 《a를 붙이지 않고 복수형도 없음》
We played *basketball* after school. 우리는 방과 후에 농구를 했다

bass [béis] 명 《음악》 베이스, 저음 ; 저음 가수[악기]
📝 남자 목소리는 bass, baritone, tenor, 여자 목소리는 contralto(=alto), mezzo-soprano, soprano 의 순으로 고음이 된다.

bat¹ [bǽt] 명 (복수 **bats [-s]) (야구의) **배트**, **방망이**; (탁구·배드민턴의) 라켓
He bought a *bat* and a glove. 그는 배트와 글러브를 샀다
— 동 (3단현 **bats** [-s] ; 과거·과분 **batted** [-id] ; 현분 **batting**)
타동 자동 배트로 치다
He *batted* the ball high into the air. 그는 공을 공중으로 높이 쳤다
Which team is *batting* at the moment? 어느 팀이 현재 타석에 있니[어느 팀이

basketball

현재 공격 중이니]

bat² [bǽt] 명 (복수 **bat**s [-s]) 《동물》 박쥐

as blind as a bat 장님 같은, 잘 보지 못하는

bat

bath [bǽθ] 명 (복수 **baths [-s, bǽðz]) 목욕; 목욕탕, 욕실 (=bathroom)

I have[take] a *bath* everyday. 나는 매일 목욕한다

She is giving a *bath* to her baby. 그녀는 아기를 목욕시키고 있다

📝 영 미에서는 욕조(bathtub) 안에서 씻는 것을 뜻하지 샤워하는 것은 아니다.

a sún bàth 일광욕

— 동 타동 영 목욕시키다

She is *bathing* her baby. 그녀는 아기를 목욕시키고 있다

— 자동 영 목욕하다

I *bath* every night. 나는 매일 밤 목욕한다

bathe [béið] (◆ bath와의 차이에 주의) 동 (3단현 **bathe**s [-z]; 과거·과분 **bathe**d [-d]; 현분 **bath**ing)
타동 목욕시키다

bathe a baby 아기를 목욕시키다

— 자동 ❶ 목욕하다

bathe everyday 매일 목욕하다

❷ 《특히 영에서》 (바다·강에서) 수영하다, 목욕하다

It is dangerous to *bathe* in the sea here. 여기 이 바다에서 헤엄치는 것은 위험하다

a báthing sùit 수영복

— 명 《특히 영에서》 수영, 해수욕

Let's go for a *bathe*. 수영하러 가자

bath·ing [béiðiŋ] 명 목욕, 수영
— 동 bath의 현재분사형

★bath·room [bǽθrùːm] 명 (복수 **bathroom**s [-z]) 화장실, 욕실; 《완곡하게》 변소

📬 가정에서는 보통 욕실에 변소가 붙어 있다. 또, 가정에선 처음 온 손님에게는 This is the bathroom.이라고 세수하는 곳을 가르쳐 주는 것이 예의.

Where is the *bathroom*? 화장실이 어디죠

Can I go to the *bathroom*, please? 화장실에 가도 됩니까

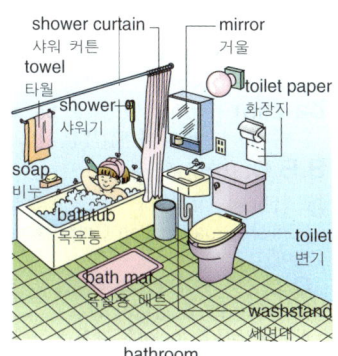

bathroom

bath·tub [bǽθtʌ̀b] 명 (복수 **bath-tub**s [-z]) 욕조, 목욕탕

Bat·man [bǽtmən] 명 배트맨 《만화영화에서 망토를 이용하여 하늘을 나는 주인공》

ba·ton [bətán, 영 bǽtən] 명 (복수 **baton**s [-z]) 경찰봉; 《음악》 지휘봉; (릴레이 경기의) 배턴

ba·ton twirl·er [bətán twə́ːrlər, 영 bǽtən -] 명 (복수 **baton twirler**s [-z]) 지휘봉을 들고 악대를 지휘하는 사람

bat·ter [bǽtər] 명 (복수 **batter**s [-z]) 《야구》 타자, 배터

bat·ter·y [bǽtəri] 명 (복수 **batter-**

batting - be

ies [-z]) ❶ 전지
❷ 《야구》 배터리 《투수와 포수》

bat·ting [bǽtiŋ] 명 타격, 배팅

*__bat·tle__ [bǽtl] 명 (복수 **battle**s
[-z]) 전투, 싸움; 투쟁(→ war)
He was killed in *battle*. 그는 전사했다
the *Battle* of Waterloo 워털루 전투
☑ battle은 특정 지역에서의 조직적
이며 장기간에 걸친 전투를 가리키며,
war는 전쟁을 가리킨다. fight는 소규
모이거나 개인적인 싸움·격투에 쓰인다

bat·tle·field [bǽtlfi:ld] 명 싸움터,
전장

bay [béi] 명 (복수 **bay**s [-z]) 만(灣),
후미
the *Bay* of Wonsan(=Wonsan *Bay*)
원산만

ba·zaar [bəzá:r] 명 (복수 **bazaar**s
[-z]) 바자, 자선 판매; 시장, 잡화점

B.B.C. [bí:bi:sí:] 명

❶ 《the를 붙여서》 영국 방송협회
《British Broadcasting Corporation의
약어》
❷ 영국의 텔레비전과 라디오의 채널
《이 때는 the를 붙이지 않음》
It's on *BBC* tonight. 그것은 오늘밤
BBC에서 방영된다

*__B.C.__ [bí:sí:] **기원전의** 《Before
Christ의 약어》
☑ 숫자 뒤에 쓰고, 보통은 작은 글
자체의 대문자로 쓴다: in 49 *B.C.*
(기원전 49년에) → A.D. 기원 후의

*__be__ [bi, (강조할 때) bí:] 자동 (현재
am [əm], **are** [ə:r], **is** [iz]; 과 분
was [wəz], **were** [wər]; 과 분
been [bin]; 현분 **be**ing) (~)이다,
있다, 존재하다, ~로 되다
He may *be* in the garden. 그는 정원
에 있는지도 모른다
He will *be* back by six. 그는 6시까지
는 돌아 올 것이다
Will you *be* free tomorrow? 내일은
한가합니까

Be quiet, please. 조용히 하시오
Don't *be* noisy. 시끄럽게 하지 마라
☑ 명령문의 부정은 Don't를 씀.
It will *be* nice tomorrow. 내일은 맑을
것이다
I want to *be* a doctor. 나는 의사가
되고 싶다

> 💡 want의 뒤에서는 to become과
> 같은 뜻이다

☑ be는 동사의 원형으로 주어의 인
칭에 따라 다음과 같이 변한다

시제	인칭	단 수	복 수
현재	1인칭	I **am**	We **are**
	2인칭	You **are**	You **are**
	3인칭	He She ⎱ **is** It	They **are**
과거	1인칭	I **was**	We **were**
	2인칭	You **were**	You **were**
	3인칭	He She ⎱ **was** It	They **were**

— 조 ❶ 《동사의 ~ing형과 함께
진행형을 만든다》 ~하고 있다
I *am* writ*ing* a letter.⁽¹⁾ 나는 편지를
쓰고 있다
What *are* you do*ing*?⁽²⁾ 무엇을 하고
있습니까
He *is* sleep*ing*.⁽³⁾ 그는 자고 있다
He *was* skat*ing*.⁽⁴⁾ 그는 스케이트를
타고 있었다
We *were* study*ing*.⁽⁵⁾ 우리는 공부
하고 있었다
I will *be* work*ing* late every evening
next month.⁽⁶⁾ 다음 달에는 매일 밤
늦게까지 일할 것이다
I'll *be* see*ing* you.⁽⁷⁾ 또 뵙겠습니다
《헤어질 때의 인사말》
I must *be* go*ing* now.⁽⁸⁾ 이제 그만
가 봐야겠습니다 《I must say good-
bye. 라고도 한다》
I *am* leav*ing* for Pusan tomorrow.⁽⁹⁾

나는 내일 부산으로 떠날 것이다

📘 (1)~(5)는 be의 변화형을 쓴 예: (1)~(3)은 현재진행형, (4), (5)는 과거진행형, (6), (7)은 미래진행형, (8)은 의미를 강조한 현재진행형, (9)는 가까운 미래를 나타내는 현재 진행형

❷ 《타동사의 과거분사와 함께 수동태를 만든다》 ~받다, 받고 있다
The child *is loved* by all.⁽¹⁾ 그 아이는 모든 이로부터 사랑받고 있다
We *are taught* English by Mr. Brown.⁽²⁾ 우리는 브라운 선생님한테 영어를 배우고 있다
The book *is written* in English.⁽³⁾ 그 책은 영어로 쓰여져 있다
The World Cup soccer games will *be televised* all over the world.⁽⁴⁾ 월드컵 축구 경기는 전 세계에 텔레비전으로 방영될 것이다

📘 수동태에는 (1), (2), (3)처럼 「받고 있다」《상태》와 (4)처럼 「~받다」《동작》의 두가지 의미가 있는데, 문장의 전후 관계로 결정된다.

❸ 《「to+동사의 원형」을 취하여》 ~할 예정이다, ~해야 한다, ~할 수 있다
We *are to start* at ten. 우리는 10시에 출발할 예정이다
He *was to go* with us yesterday. 그는 어제 우리와 함께 가기로 되어 있었다
You *are* not *to smoke* here. 당신은 여기서 담배를 피워서는 안 됩니다
Nothing *is to be* heard.⁽¹⁾ 아무것도 들을 수 없다
Not a star *was to be* seen.⁽²⁾ 별 하나 볼 수 없었다

📘 (1), (2) 처럼 「~할 수 있다」는 「be+to be+동사의 과거분사형」이 보통이다

beach - bear¹   **b**

***beach** [bíːtʃ] 명 (복수 **beach-es** [-iz]) 물가, 바닷가, 해변
a *beach* umbrella 해변 양산
📝 beach parasol은 틀린 영어
We went to the *beach* yesterday. 우리는 어제 해변에 갔다

bead [bíːd] 명 (복수 **bead***s* [-z]) 구슬, 염주알

beak [biːk] 명 (복수 **beak***s* [-s]) (독수리, 딱따구리 등의) 부리(→ bill)

beam [bíːm] 명 (복수 **beam***s* [-z])
❶ 들보, 도리 《건물을 받치는 데 사용하는 주요 재료의 한 가지》
❷ 광선

bean** [bíːn] 명 (복수 **beans* [-z]) 《식물》 콩, 콩류

bear¹** [bέər] 동 (3단현 **bears* [-z]; 과거 **bore** [bɔ́ːr]; 과분 **borne** 또는 **born**[bɔ́ːrn]; 현분 **bearing**)
타동 ❶ (고통 등을) 참다, 견디다
I cannot *bear* the heat. 나는 이 더위를 참을 수 없다
I cannot *bear* her. 나는 그녀를 참을 수 없다
That chair cannot *bear* your weight. 저 의자는 너의 몸무게를 견딜 수 없다
📝 흔히 cannot 뒤에 쓰인다
❷ 《문어》 운반하다(=《구어》 carry), 가지고 가다
I always visit friends who are ill, *bearing* a large bunch of flowers. 나는 아픈 친구를 방문할 때 항상 커다란 꽃다발을 가지고 간다
❸ (아이를) 낳다; (과일을) 맺다
She *bore* a child. 그녀는 아이를 낳았다
📝 보통 She had a child. 라고 함
This tree *bears* no fruit. 이 나무는 과일이 열리지 않는다
His efforts *bore* fruit. 그의 노력은 결실을 맺었다
❹ 가지다, 지니다, 보이다
What you say *bears* no relation to the truth. 네가 말하는 것은 사실과 아무런 관계가 없다[사실과 매우 다르다]

bear² - beat

beach
beach umbrella 비치 파라솔
wave 파도
swim 수영
beach ball 비치 볼

📘 수동태로 「태어나다」의 뜻이면 과거분사 born을 씀: She was born in 1910. (그녀는 1910년에 태어났다) 단, by가 이어지면 borne을 씀: He was borne by an Italian woman. (그는 이탈리아 부인을 어머니로 태어났다)

— (자동) ❶ **지탱하다**, 견디다
The bridge will not *bear*. 그 다리는 지탱하지 못할 것이다
❷ 관계가 있다
How does this *bear* on the matter? 이것이 그 문제와 어떤 관계가 있습니까
bear ... in mind ~를 명심하다
Bear this fact *in mind*. 이 사실을 명심하라

bear²** [béər] 명 (복수 **bear*s [-z]) (동물) 곰
a polar *bear* 흰곰, 북극곰
the Gréat Béar (천문) 큰곰자리
the Líttle Béar (천문) 작은곰자리

beard [bíərd] 명 (복수 **beard*s*** [-z]) 턱수염 ((mustache 콧수염, whiskers 구레나룻))
He wears a *beard*. 그는 턱수염을 기르고 있다

beast [bí:st] 명 (복수 **beast*s*** [-s]) (네 발의) 짐승;가축, 마소;짐승같은 사람
a wild *beast* 야수
a *beast* of prey 맹수
📝 **animal**과 **beast**와 **brute**의 차이
animal은 살아 움직이는 모든 종류의 동물을 가리키며, **beast**는 인간을 제외한 모든 동물, 특히 몸집이 크고 네 발을 가진 동물을 가리킨다. **brute**는 야생 상태의 거친 동물임을 강조하고 싶을 때 흔히 사용된다
Donkeys are *beasts* of burden. 당나귀는 짐을 부리는 짐승이다
Don't be a *beast*. 심술 부리지 마라

***beat** [bí:t] (♦ ea는 [iː]로 발음함)
통 (3단현 **beat*s*** [-s] ; 과거 **beat** ; 과분 **beaten** [bí:tn] 또는 **beat** ; 현분 **beat*ing***) (타동) ❶ 두드리다
He *beat* a drum. 그는 북을 두드렸다
❷ **때려눕히다**, 이기다, 지우다
Our team was *beaten*. 우리 팀은 졌다
I *beat* him in a race. 나는 달리기에서 그를 이겼다
You cannot *beat* him at chess. 너는 체스에서 그를 이길 수 없다
— (자동) (심장·맥박이) 뛰다

His heart was *beating*. 그의 심장이 고동치고 있었다
— 명 ❶ 맥박, 박동
the *beat* of a heart 심장의 박동, 맥박
❷ 강타, 두드림
the steady *beat* of the rain 계속되는 폭우의 강타

Bea·tles [bí:tlz] 명 《the를 붙여서》 비틀즈《영국의 4인조 록 그룹; 1962년에 결성되어 세계적으로 인기를 끌었으며 1970년 해체되었다.

beau·ti·cian [bju:tíʃən] 명 《복수 beauticians [-z]》 미용사

*****beau·ti·ful** [bjú:təfəl] 형 (비교 *more* beautiful; 최상 *most* beautiful) 형 아름다운, 훌륭한, 멋진 《명사는 beauty》
a *beautiful* morning 상쾌한 아침
a *beautiful* flower 아름다운 꽃
She has a *beautiful* voice. 그녀는 목소리가 아름답다
Mom, you look *beautiful*. 엄마, 아름다워 보여요
Sydney is one of the most *beautiful* cities in the world. 시드니는 세계에서 가장 아름다운 도시중의 하나이다
📝 beautiful은 남자에게는 보통 쓰이지 않는다. handsome은 「(남성이) 멋진, 잘 생긴」의 뜻(여성에게는 중년 이상의 경우에 쓰임)이고 lovely는 「대단히 아름다운」, pretty는 「예쁜, 귀여운」의 뜻.

*****beau·ti·ful·ly** [bjú:təfəli] 부 (비교 *more* beautifully; 최상 *most* beautifully) 아름답게, 훌륭하게; 멋지게

*****beau·ty** [bjú:ti] 명 《복수 beau·ties [-z]》 《형용사 beautiful》
❶ 미, 아름다움 《a를 붙이지 않고, 복수형 없음》
I love the *beauty* of the dawn. 나는 동틀 때의 아름다움을 좋아한다
the *beauty* of nature 자연의 미
a *beauty* shop 미용실

❷ 미인, 아름다운 것
She seems to have been a *beauty* in her days. 그녀는 한창때에 미인이었을 것 같다
That's the *beauty* of it. 그것이 좋은 점이다
❸ 《the beauty로》 미인들

beauty parlor [bjú:ti pɑ̀:rlər] 미장원
📝 beauty shop으로도 쓴다.

bea·ver [bí:vər] 명 《복수 beavers [-z]》 《동물》 비버, 해리(海狸)

*****be·came** [bikéim] 동 become (~가 되다, ~하여지다)의 과거형
He *became* a teacher. 그는 선생님이 되었다

*****be·cause** [bikɔ́:z] (◆ au는 [ɔ:]로 발음한다) 접
❶ 왜냐하면, ~때문에, ~하므로
The road is bad *because* it snowed. 눈이 내렸으므로 도로 사정이 나쁘다
He got angry, *because* we laughed. 우리가 웃었으므로 그는 화를 냈다
"Why didn't you come?"—"*Because* I was sick." 「왜 오지 않았니」—「아팠기 때문이야」

📖 (1) Why ...? 란 질문에는 Because ...의 꼴로 답한다 (2) as, since도 같은 의미를 나타내지만, because가 가장 구어적이다.

❷ 《부정문에서》 ~하다고 해서
I didn't call her *because* I wanted to see her. 그녀를 만나고 싶다고 해서 그녀에게 전화하지는 않았다
You must not tell him a lie *because* he is a child. 그가 아이라고 해서 그에게 거짓말하면 안 된다

📖 부정어 뒤에서 반드시 이런 의미로 되는 것은 아니다: I didn't go out *because* I hated the rain.(나는 비를 싫어하므로 외출하지 않았다)

become - bed

because of ... ~때문에
Our school was closed *because of* the heavy rain. 우리 학교는 폭우로 휴교되었다
《because of 는 전치사로 쓰여 뒤에 명사[대명사], 동명사 또는 명사구가 온다》

📘 **because와 since와 for**
모두 이유를 나타내는 접속사로 쓰이지만 because는 가장 직접적인 이유를 나타내고, since는 간접적인 이유를 나타낸다. for는 문어적 표현으로 이유를 뒤에 덧붙일 때 쓴다.

★**be·come** [bikʌ́m] 동 (3단현 **becomes** [-z]; 과거 **became** [bikéim]; 과분 **become**; 현분 **becoming**) 자동 ~가 되다, ~하여지다
He *became* very happy. 그는 매우 행복해졌다 《보어는 형용사》
She *became* a great singer. 그녀는 위대한 가수가 되었다 《보어는 명사》
His store has *become* bigger. 그의 가게는 더 커졌다
It has *become* colder and colder. 점점 추워졌다
It will *become* nice in the afternoon. 오후에는 개일 것이다
The lessons are *becoming* interesting. 수업이 재미있게 되어 가고 있다

📘 (1) become 뒤에 「to+동사의 원형」은 쓰지 않음. 반면에 「come +to+동사원형」은 '~하게 되다'의 의미로 쓰인다
He *became* sick. (○)
He *became* to like tomatoes. (×)
He *came* to like tomatoes. (○)
The cat *came* to live in my house. (고양이는 우리 집에 살게 되었다)
(2) 「become+보어」로 「~로 되다」; 「be+보어」로 「~이다」의 차이점에 주의: Her dress *became* dirty. (그녀의 드레스는 더러워졌다) / Her dress *was* dirty. (그녀의 드레스는 더러웠다)

What becomes of ...? ~는 어떻게 되었는가
What has *become of* her? 그녀는 어떻게 되었는가 《언제나 what을 주어로 하는 의문문》
— 타동 (~에) 어울리다
This tie *becomes* you well. 이 넥타이는 너에게 잘 어울린다

★**bed** [béd] 명 (복수 **beds** [-z])
❶ (침구를 포함하여) 베드; (침구를 포함하지 않고) 침대 (◆관용적으로는 무관사로 많이 쓰인다)
There are three *beds* in the room. 그 방에 침대가 3개 있다
be in bed 자고 있다; 병환 중이다
Tom *is* still *in bed*. 톰은 아직 자고 있다
She *is* ill *in bed*. 그녀는 병환 중이다
put to bed (어린아이를) 잠재우다
Put the children *to bed*. 애들을 재워라
get out of bed 잠자리에서 일어나다
go to bed 잠자리에 들다 (=go to sleep)
회화 It's time to go to bed. 「이제 잠자리에 들 시간이다」 부모님이 아이들에게 그만 잘 시간임을 알릴 때 쓰는 표현으로 It's bedtime. 이라고도 한다
"What time do you go to *bed* ?"—"I usually go to *bed* at ten." 「너는 몇 시에 자느냐」 —「보통 10시에 잔다」
📘 bed에 관사가 없으면 「자는 것」의 뜻
make a bed (기상 후에) 잠자리를 개다, (자기 전에) 잠자리를 펴다
a dóuble béd 2인용 침대, 더블 베드
a síngle béd 1인용 침대, 싱글 베드
twin béds 트윈 베드 《1인용을 2개 나란히 놓은 것》
❷ 묘목판, 화단(=flower bed); 강바닥
Let's plant some flowers in the flower *bed*. 화단에 꽃을 좀 심자
The river's *bed* was quite dry. 강바닥이 완전히 말라 있었다

bed and breakfast - been

bed and break·fast [bédənd-brékfəst] 명 《호텔 등의》 아침식사가 딸린 숙박 《약어인 B & B로 흔히 사용한다》

▶ 주로 영국이나 아일랜드에서 저렴한 가격으로 숙박과 아침 식사를 할 수 있는 민박의 한 형태.

***bed·room** [bédrùːm] 명 (복수 **bedrooms** [-z]) 침실

The house has two *bedrooms*. 그 집은 침실이 둘이다

bedroom

bed·side [bédsàid] 명 (복수 **bedsides** [-z]) 침대곁, 베갯머리

bed·time [bédtàim] 명 취침 시간, 잘 시간

***bee** [bíː] 명 (복수 **bees** [-z]) 벌
a queen *bee* 여왕벌
a working *bee* 일벌
[발음] 영어 알파벳 'B'와 발음이 같다

beef [bíːf] 명 쇠고기(→ pork 돼지고기, mutton 양고기, chicken 닭고기)
cold *beef* 냉동육
corned *beef* 콘드 비프 《소금에 절인 쇠고기》
▶ 동물의 이름과 그것이 식용육으로 될 경우의 이름이 다른 점에 주의.

beef·steak [bíːfstèik] 명 (복수 **beefsteaks** [-s]) 비프스테이크

***been** [bin, 《강조할 때》 bíːn] 자동

be의 과거분사형

❶ 《have been 또는 has been의 꼴로 현재완료형이 된다》
It *has been* cold all this week. 금주 내내 추웠다
How long *have* you *been* in the United States? 너는 얼마 동안 미국에 살고 있느냐
"Where *have* you *been*?" — "I *have been* to the airport."
「어디에 갔다 왔느냐」 — 「공항에 다녀 왔다」

회화 물음에서는 been을, 응답에서는 airport를 제일 강하게 말한다
A: *Have* you ever *been to* England?
B: No, I've never *been* there.
A: 너는 영국에 간 적이 있느냐
B: 아니, 아직 간 적 없어

📦 (1) have[has] been to + 「장소」 에는 「~에 갔다 왔다」 「~에 간 적이 있다」(이 경우에는 ever, never, often 따위 부사가 붙음)의 두가지 뜻이 있다 (2) 단, 미에서는 흔히 have[has] been to ... 의 뜻으로 gone을 쓴다: Have you ever gone to Hawaii? (하와이에 간 적이 있습니까)

✏ 「~에 가고 없다」는 「have[has] gone to + 장소」를 쓰며 1인칭과 2인칭 주어는 쓸 수 없다: He *has gone to* London.(그는 런던에 가고 없다)

❷ 《had been의 꼴로 과거완료형이 됨》
He *had been* in Korea until last year. 작년까지 그는 한국에 있었다

— 조 《진행형이나 수동태에 쓰인다》 《(have + been + ~ing형: 현재완료 진행형으로)》 (이제까지 줄곧) ~해오고 있다
I *have been* writing a letter.
나는 계속 편지를 쓰고 있었다
《(have + been + 과거분사형: 현재완료 수동태로)》 (지금까지) ~해왔다
The book *has been read* for two hundred years. 그 책은 200년 동안

beer - before

읽혀져 왔다

beer [bíər] 명 맥주
draft[draught] *beer* 생맥주

Bee·tho·ven [béitòuvən] 명 베토벤 《Ludwig van ~ (1770-1827); 독일의 작곡가로 「영웅」, 「전원」, 「합창」 등의 교향곡을 비롯한 수 많은 명곡을 남겼다》

bee·tle [bí:tl] 명 (복수 **beetle**s [-z]) (곤충) 갑충, 딱정벌레 《겉날개가 딱딱한 여러 종류의 곤충을 말한다》

★**be·fore** [bifɔ́:r] 전

❶ 《장소》 ~의 앞에(↔ behind ~의 뒤에)

He sat *before* me.
그는 내 앞에 앉아 있었다

📝 장소를 나타내는 before는 보통 사람과 함께 쓰이고 건물의 앞은 in front of를 쓴다: The house stands in front of the school. (그 집은 학교 앞에 있다)

It was done *before* my eyes. 그것은 나의 목전에서 행해졌다

A happy future lies *before* you. 여러분의 앞 길에는 밝은 미래가 있다

📝 주어는 때를 나타내지만, before는 위치를 나타낸다

❷ 《때》 ~**전에**, ~**보다 전에**(↔ after ~후에)

What do you do *before* supper?
저녁 식사 전에 무엇을 하느냐

Please come *before* 10 o'clock. 10시 전에 오시오

He arrived there *before* me. 그는 나보다 먼저 그곳에 도착했다

before Christ 예수 탄생 전의, 기원전의 《B.C.로 줄여 씀→A.D.기원 후의》

before dark 어둡기 전에
You must be back *before dark*. 어두워지기 전에 돌아오지 않으면 안 된다

before long 머지않아(=soon)
He will be back *before long*. 그는 머지않아 돌아올 것이다

the day before yesterday 그저께

(→ the day after tomorrow 모레)
I got your letter *the day before yesterday*. 나는 너의 편지를 그저께 받았다

📝 ㈜에서는 the를 생략하는 경우가 있다

— 부 (막연히) **이전에**, (과거의 어느 시점부터) **전에**

I read the book *before*. 나는 그 책을 전에 읽었다

Tom came back a moment *before*. 톰은 조금 전에 돌아 왔다

His father had left for London two weeks *before*. 그의 아버지는 2주일 전에 런던으로 떠났었다

📘 **before와 ago의 사용법**
(1) before는 몇 년[월·일 등]을 나타내는 어구와 함께 쓰일 때는 「과거 어느 시점부터 몇 년[월·일 등] 전에」란 뜻: He had started three days *before*. (그는 3일 전에 출발했다) 《동사는 과거완료형》
(2) ago는 「지금부터 몇 년[월·일 등] 전에」의 뜻: I saw the movie a week *ago*. (나는 그 영화를 1주일 전에 보았다) 《동사는 과거형》

---

the day before 그 전날에
It had been snowy *the day before*.
그 전날에는 눈이 내렸었다

📝 오늘을 기준하면 전날은 yesterday, 과거를 기준하면 the day before로 된다

[회화] Have[Haven't] I seen you somewhere before? 「전에 만난 적이 있던가요」 파티 등의 장소에서 말을 걸 때 혹은 안면이 있다고 생각되어 말을 걸 때 사용하는 표현이다.

A: Haven't I seen you somewhere before?
B: No, I don't think so.
A: Oh, my name is Tom Brown.
A: 전에 만나뵌 적이 있지 않나요
B: 아니오, 그런것 같지 않은데요
A: 아, 그렇습니까. 제 이름은 톰 브라운 입니다

beg - behave

— 접 ~하기 전에(↔ after ~한 후에)

He left *before* I arrived. 그는 내가 도착하기 전에 떠났다

His father died *before* he was born. 그의 아버지는 그가 태어나기 전에 돌아가셨다

beg** [bég] 동 (3단현 **beg*s [-z]; 과거·과분 **beg*ged*** [-d]; 현분 **beg·ging**) 타동 ❶ 빌다, 간청하다; 구걸하다 《ask 보다도 더 절실한 느낌이 있는 말로 용법은 ask와 같다》

He *begged* food from me. 그는 내게 먹을 것을 달라고 구걸했다

❷ 《beg ... to+동사원형으로》 …에게 ~해달라고 부탁하다

They *begged* us *to* stay there for another day. 그들은 우리에게 하루 더 머물 것을 간청했다

— 자동 《beg for로》 구걸하다, ~을 간청하다

beg for some money 돈을 구걸하다

I beg your pardon. (→ pardon) (1) 실례했습니다 (2) 한번 더 말씀해 주시겠습니까 《잘못 들었을 때: Once more! 라고는 하지 않는다》

be·gan [bigǽn] 동 **begin**(시작하다)의 과거형

It *began* to rain. 비가 오기 시작했다

beg·gar [bégər] 명 (복수 **beggar*s*** [-z]) 거지, 비렁뱅이
⟨◆ 어미가 -er이 아님(→ beg)⟩

be·gin** [bigín] 동 (3단현 **begin*s [-z]; 과거 **began** [bigǽn]; 과분 **begun** [bigʌ́n]; 현분 **begin*ning***) 자동 타동 시작되다, 시작하다(＝start; ↔ end 끝나다)

School *begins* at eight o'clock. 학교는 8시부터 시작한다

📝 on Monday (월요일부터), in April (4월부터) 등의 전치사에 주의. from은 쓰지 않는다.

The baseball season *begins* in March. 야구 경기 시즌은 3월에 시작한다

The child *began* to feel tired. 아이는 피로를 느끼기 시작했다

He *began* studying English. 그는 영어 공부를 시작했다

📝 「begin to+동사의 원형」은 「begin ~ing」와 같은 뜻: He began *to* work.＝He began work*ing*. (그는 일하기 시작했다)

begin at ... ~부터 시작하다

Today we *begin at* page 20, line 5. 오늘은 20페이지 5행부터 시작한다 《bigin from이라고는 하지 않음》

begin with ... (순으로) ~부터 시작하다

Let's *begin with* this book. 이 책부터 시작하자

The word "Australia" *begins with* an A. 오스트레일리아라는 단어는 알파벳 '에이'부터 시작한다

be·gin·ner [bigínər] 명 (복수 **beginner*s*** [-z]) 초심자, 초보자

be·gin·ning [bigíniŋ] 명 (복수 **beginning*s* [-z]) **시작, 최초** (↔ end 끝)

He left at the *beginning* of May. 그는 5월 초에 출발했다

📝 in the middle of June (6월 중순에); at the end o f July (7월 말에)

from beginning to end 처음부터 끝까지

He kept silent *from beginning to end*. 그는 처음부터 끝까지 침묵을 지켰다

in the beginning 처음에는(＝at first), 태초에, 최초로

In the beginning God created the heaven and earth. 태초에 하느님은 하늘과 땅을 만드셨다

— 동 **begin**의 현재분사형

***be·gun** [bigʌ́n] 동 **begin**의 과거분사형

be·have [bihéiv] 자동 (3단현 **behave*s*** [-z]; 과거·과분 **behaved** [-d]; 현분 **behaving**) 행동하다

behavior - believe

(=act)
He always *behaves* in a friendly manner. 그는 언제나 친절한 태도로 행동한다

회화 Behave yourself. 「얌전히 굴어라, 예의바르게 행동해라」《아이들에게 이르는 말》

A: Peter, behave yourself!
B: Yes, mom.
A: 피터야, 예의바르게 행동해라
B: 네, 엄마

be·hav·ior, 영 **be·hav·iour**
[bihéivjər] 명 행동, 처신, 태도
His *behavior* at the dance was rude. 댄스파티에서 그의 행동은 무례했다

★**be·hind** [biháind] 전 ❶ 《장소》 ~의 뒤에(↔ in front of ... ~의 앞에)
He sat *behind* me. 그는 내 뒤에 앉아 있었다

📝 *behind*는 숨는 듯한 태도를 암시하는 일이 많고 at the back of ...는 단지 장소를 나타낼 뿐이다

Let's hide *behind* the wall. 벽 뒤에 숨자.
Please shut the door *behind* you. 당신 뒤에 있는 문을 닫으시오

📝 after you라고 하면 「나가면서 닫으시오」의 뜻이 된다.

❷ 《시간에》 늦은, ~보다 뒤진
He is always *behind* time. 그는 언제나 시간에 늦는다
The plane arrived twenty minutes *behind* time. 그 비행기는 예정 시간보다 20분 늦게 도착했다
I am *behind* her in English. 나는 그녀보다 영어가 뒤진다

— 부 ❶ 《장소》 뒤에
Don't look *behind*. 돌아 보지 마라
I want to stay *behind*. 나는 뒤에 남아 있고 싶다
I left my hat *behind*. 나는 내 모자를 잊고 두고 왔다

from behind (...) (~의) 뒤에서
Someone called me *from behind*. 뒤에서 누가 나를 불렀다

❷ 《시간》 뒤에, 늦게
We are a week *behind* in our work. 우리는 일이 일주일 뒤쳐져 있다

Bei·jing [bèidʒíŋ] 명 베이징(北京) 《중화 인민 공화국의 수도》

be·ing [bí:iŋ] 통 be(…이다, 있다)의 현재분사형
— 조 《be+being+과거분사로 진행형의 수동태를 만든다》
Room 201 *is being used*. 201호 방은 사용되고 있다
— 명 (복수 *beings* [-z]) 존재, 있는것
a human *being* 인류, 인간

Bel·fast [bélfæst, -´-] 명 벨파스트 《북아일랜드의 수도》

Bel·gium [béldʒəm] 명 벨기에 《유럽의 나라; 수도는 브뤼셀(Brussels)》

be·lief [bilí:f] 명 (복수 *beliefs* [-s]) 신념, 신뢰; 신앙《동사는 believe》

★**be·lieve** [bilí:v] (♦ ie는 [i:]로 발음함) 통 (3단현 *believes* [-z]; 과거·과분 *believed* [-d]; 현분 *believing*) 《명사는 belief》 타동 믿다, (사실이라고) 생각하다

Do you *believe* that story? 너는 저 이야기를 믿느냐
I don't *believe* him. 나는 그의 말을 믿지 않는다
People *believe* (that) he is honest. 사람들은 그가 정직하다고 생각한다

📝 People *believe* him (to be) honest.라고도 하는데, 문어적 표현이 된다. 이것의 수동태는 He is *believed* (to be) honest.

— 자동 《보통 in을 취하여》 신뢰하다, 믿고 있다
I *believe* in him. 나는 그를 신뢰하고 있다[사람됨을 믿는다]

📝 I *believe* him. (나는 그의 말을 믿는다)는 일시적인 지지를 나타내지만, in을 쓰면 오랜 기간에 걸쳐 변함없는 신뢰감을 나타낸다.

I *believe* in God. 나는 신의 존재를

믿는다[신앙하고 있다]
To see is to *believe*. 《속담》 보는 것이 믿는 것이다 《백 번 듣는 것보다 한 번 보는 것이 낫다》

bell [bél] 명 (복수 **bell**s [-z]) 종, 벨, 방울, 초인종
The *bell* is ringing. 종이 울리고 있다
The *bell* makes a big sound. 그 종소리는 요란하다
Please press the *bell*. 초인종을 누르시오
Enter the classroom with the *bell*. 벨이 울리면 교실에 들어가라

bel·ly [béli] 명 (복수 **bell**ies [-z]) 배, 복부
☑ 보통 stomach를 씀.

be·long [bilɔ́:ŋ] 자동 (3단현 **belong**s [-z] ; 과거·과분 **belonged** [-d] ; 현분 **belonging**)
— 《belong to로》 ~의 것이다, ~에 속하다
That *belongs to* me. 저것은 내 것이다
That belt *belongs to* this pants.
저 벨트는 이 바지에 속한다
☑ 구어에서는 This camera is mine. (이 카메라는 내 것이다)를 더 많이 씀.
I *belong to* the swimming club. 나는 수영부원이다 《to는 소속을 나타냄》
This book *belongs* on the shelf.
이 책이 있어야 할 곳은 선반이다
《위치를 나타내는 경우는 on, in등을 씀》

be·long·ings [bilɔ́:ŋiŋz] 명
《복수형으로》 소유물, 소지품

be·low [bilóu] (♦ow는 [ou]로 발음함) 전 ~의 아래에, ~의 하류에
(↔above ~의 위에)
Write your name *below* the line.
선 아래에 이름을 써라
There is a dam *below* the bridge.
그 다리 하류에 댐이 있다
The sun sank *below* the horizon.
태양이 수평선 아래로 가라앉았다
The temperature is 10 degrees *below*

zero. 기온은 영하 10도이다
☑ under는 「바로 아래에」 below는 「아래쪽에」로 구별되지만 엄격하지는 않다.
— 부 아래에, 아래로, 하류에
You can see the blue sea *below*.
파란 바다가 아래에 보인다
See the notes *below*. 아래의 주석을 보아라

belt [bélt] 명 (복수 **belt**s [-s])
❶ 벨트, 허리띠, 혁대
Fasten your seat *belts*. 좌석 벨트를 매시오
❷ (기후·지형·산물 등의) 지대(地帶)
the Cotton *Belt* 목화 산출 지대

Ben [bén] 명 벤 《남자 이름 ; Benjamin의 애칭》

bench [béntʃ] 명 (복수 **bench**es [-iz]) ❶ 긴 의자, 벤치
☑ 공원 등에 있는 나무 또는 석재의 「긴 의자」로 등이 있어도 좋고 없어도 좋다.(→chair)
They sat on the *bench* under the tree. 그들은 나무 아래의 벤치에 앉아 있었다
❷ (야구의) 벤치 《야구장의 선수 대기석》

bend [bénd] 동 (3단현 **bend**s [-z] ; 과거·과분 ***bent*** [bént] ; 현분 **bending**) 자동 타동 휘다 ; 구부리다, 구부러지다
Don't *bend* your knees. 무릎을 굽히지 마라
It *bends* easily. 그것은 쉽게 휘어진다
She *bent* over the sleeping baby.
그녀는 자고 있는 아기를 굽어 보았다
The road *bends* to the right. 도로는 오른쪽으로 구부러진다
— 명 (복수 **bend**s [-z]) 휜 것, 굽음
☑ bend는 대개 곧은 것으로 보이는 것에 어떤 힘을 가하거나 변형을 가해 구부러진 것을 가리키며 curve는 원래 원의 호처럼 굽은 것을 가리킨다 : a *bend* in a wire (철사의 구부러진

Berlin - best

것) A boomerang travel in a *curve*.
(부메랑은 곡선을 그리며 날아다닌다)

Ber·lin [bə:rlín] 명 베를린 《제2차 세계 대전까지 독일의 수도였고, 서독령·동독령으로 분단되었다가 1990년 통일 후 다시 수도가 됨》

ber·ry [béri] 명 (복수 **ber·ries** [-z]) 《식물》 딸기류 《딸기·앵두·포도 등의 과일류》
[발음] bury(묻다)와 발음이 같음

Bert [bə́:rt] 명 버트 《남자 이름; Albert, Gilbert, Herbert 등의 애칭》

★**be·side** [bisáid] 전 ~의 곁에, ~의 옆에(= at the side of ...)
The dog sat *beside* me. 그 개는 내 옆에 앉아 있었다
Jane walked *beside* her mother. 제인은 어머니와 나란히 걸었다
He lives *beside* the sea. 그는 해안에서 살고 있다
beside oneself 제 정신이 아닌
📝 oneself 는 주어에 따라 herself, myself, themselves 등으로 바뀐다
He was *beside himself* with anger. 그는 화가 나서 제 정신이 아니었다

★**be·sides** [bisáidz] 전
❶ ~외에 또
Besides the teacher, many students went there. 선생님 외에 많은 학생들이 거기에 갔다
❷ 《부정문·의문문에서》 ~외에는
Nobody came *besides* the mailman. 우체부 외에는 아무도 오지 않았다
— 부 또한, 그 위에 또
It is cold; *besides*, it is raining. 춥고, 게다가 비까지 오고 있다
I am busy, and *besides*, I don't want to go out. 나는 바쁘고 게다가 나가기도 싫다

Bess [bés] 명 베스 《여자 이름; Elizabeth의 애칭》

★**best** [bést] 형 《**good** 또는 **well** 의 최상급》 **가장 좋은**(↔ worst 가장 나쁜)

📝 명사 앞에서는 the를 붙인다
It is *the best* way.⁽¹⁾ 그것이 가장 좋은 방법이다
He is *the best* pupil in the class.⁽²⁾ 그는 반에서 제일 우수한 학생이다
It is *best* to ask him.⁽³⁾ 그에게 물어 보는 것이 제일 좋다
I feel *best* this morning.⁽⁴⁾ 나는 오늘 아침에 가장 기분 좋다
Jim is one of my *best* friends.⁽⁵⁾ 짐은 나의 절친한 친구들 중 하나이다

📘 (1) (2) (3)은 good 의 최상급, (4)는 well 의 최상급, (5)는 대명사의 소유격이 붙어 the를 쓰지 않은 예. 또 (3) (4)처럼 동사의 바로 뒤에 올 때는 보통 the를 쓰지 않는다.

be best at ... ~를 제일 잘하다
She *is best at* music. 그녀는 음악을 제일 잘한다
📝 good 의 최상급; → *be good at...*
— 부 《**well**의 최상급》 **가장 잘**, 제일
"Which subject do you like *best?*"
—"I like music *best.*" 「너는 어느 과목을 제일 좋아하느냐」—「나는 음악을 제일 좋아한다」
[작문] 「~를 제일 좋아하다」는 like ... best 라고 하지 like ... most 라고는 하지 않는다.
He sings *best* of all my friends. 그는 나의 모든 친구들 중 노래를 제일 잘 부른다

📘 부사 용법의 best 는 보통 the 를 취하지 않는다.

— 명 《the 또는 my, your, her 등을 붙여》 **최선**, **전력**, 제일 좋은 것 《a를 붙이지 않고, 복수 없음》
This is *the best* of our town. 여기가 우리 도시의 제일 좋은 곳이다
Jane is dressed in *her best*. 제인은 제일 좋은 옷을 입고 있다
at one's best 제일 좋은 상태에, 제

best-known - between

철에, 전성기에

📝 one's 는 주어에 따라 my, his 등으로 바뀐다.

The cherry blossoms are *at their best*. 벚꽃이 만발해 있다

I am *at my best* this morning. 나는 오늘 아침에 몸 상태가 제일 좋다

do** one's **best 최선을 다하다

I will *do my best* to help him. 나는 그를 돕기 위하여 최선을 다하겠다

make the best of ... ~를 최대한 이용하다

Make the best of your school library. 학교 도서관을 최대한 이용하라

best-known [béstnóun] 형 《**well-known**의 최상급》 가장 잘 알려진

best sell·er [-sélər] 명 베스트셀러 《어느 기간에 제일 잘 팔린 책·레코드 등》

bet [bét] 동 (3단현 **bets** [-s]; 과거·과분 **bet** 또는 **bet**ted [-id]; 현분 **bet**ting) 자동 타동 내기를 하다

I bet ... 《구어》 맞아, 확실히 ~하다

I bet it will rain tomorrow. 내일 확실히 비가 올거야

be·tray [bitréi] 타동 (3단현 **betrays** [-z]; 과거·과분 **betray**ed [-d]; 현분 **betray**ing) (사람·약속 등에) ~을 배반하다, 배신하다

Don't *betray* your friends. 너의 친구들을 배신하지 말아라

★**bet·ter** [bétər] 형 《**good** 또는 **well**의 비교급》

❶ 《good의 비교급》 보다 좋은, 더 좋은(↔worse 보다 나쁜)

This is a *better* pencil than that. 이것이 저것보다 더 좋은 연필이다

Grace is a *better* player than Chris. 그레이스는 크리스보다 더 훌륭한 선수이다

I have a *better* idea. 나는 더 좋은 생각이 있어

📝 This is very good.을 비교급으로 하려면 very 를 much 로 바꾸어 much

better 가 된다.

❷ 《well 의 비교급》 (병세가) 더 좋아진

She will soon get *better*. 그녀는 머지않아 더 좋아질 것이다

"Are you feeling any *better* today?"—"Much *better*, thank you." 「오늘은 기분이 조금이라도 좋은가」—「고마워, 매우 좋아」

📝 any 는 정도를 나타내는 부사

— 부 《well 의 비교급》

❶ 더 잘, 더 낫게

She plays the violin *better* than Mary. 그녀는 메리보다 바이올린을 더 잘 켠다

❷ 《like 의 목적어 뒤에서》 그 이상으로, 더

"Which do you like *better*, bananas or apples?"—"I like bananas *better* (than apples)." 「바나나와 사과 중 어느 것을 더 좋아하니」—「나는 (사과보다) 바나나를 더 좋아해」

작문 (1) 「~쪽이 좋다」는 like ... better 이지 like ... more 는 아니다.

(2) like 나 love 와 함께 쓰인 better 의 원급은 well 이나 good 이 아니라 very much 이다.

(3) 「나는 바나나 쪽을 좋아한다」는 I *like* bananas *better*. 이지 I like better bananas. 는 아니다.

had better+「동사의 원형」 ~하는 편이 좋다

You *had better* start at once. 너는 곧 출발하는 편이 좋다

📝 회화에서 had 는 거의 들리지 않는다. 또 must보다 의미가 강조되는 일이 많다

had better not+「동사의 원형」 ~하지 않는 편이 좋다

You *had better not* leave home. 너는 집을 떠나지 않는 편이 좋다

Bet·ty [béti] 명 베티 《여자 이름; Elizabeth의 애칭》

★**be·tween** [bitwí:n] 전 《*between ... and* ~로》 ···와 ~사이에, ···와 ~중간에

beyond - Big Ben

How many stations are there *between* Seoul *and* Pusan? 서울과 부산 사이에 역이 몇 개 있는가
Let's start *between* ten *and* eleven. 10시에서 11시 사이에 출발하자
There is a big river *between* the two cities. 그 두 도시 사이에는 큰 강이 있다
What is the difference *between* your opinion *and* hers? 너의 의견과 그녀의 의견 사이에 차이점이 무엇이니
작문 「1970년부터 1980년 사이에」는 between 1970 and 1980 가 아니라, from 1970 to 1980 이다.

🔲 between은 둘(2인), among은 셋(3인) 이상의 사이에 쓰인다: a child between his parents (부모 사이의 아이) / a swan among ducks (오리들 사이의 백조)

회화 A: This is just *between* you and me. Promise that you won't tell anybody.
B: Promise.
A: 이것은 너와 나 사이의 비밀이야 아무에게도 얘기 안하겠다고 약속해
B: 약속할께

∗be·yond [bijánd] 전
❶ 《장소》 ~너머에, ~너머에서
Don't go *beyond* the bridge. 그 다리 너머로 가지 마라
The church is *beyond* the park. 교회는 공원 건너 편에 있다
❷ 《시간》 ~지나서
He worked *beyond* office hours. 그는 업무 시간이 지나도 일했다
✏️ 구어에서는 after를 씀.
❸ (힘·이해가) **미치지 못하는**
The book is *beyond* me. 이 책은 나에게는 이해가 안 간다

Bi·ble [báibl] 명 《the를 붙여》
성경; 《a를 붙여》 한 권의 성경
▶ 기독교의 성경. 유태교의 성전이라고 하는 「구약」과, 그리스도를 통하여 신의 계약을 행한 「신약」으로 이루어진다. 어원은 book과 같다.

∗bi·cy·cle [báisikl] 명 (복수 bi-cycles [-z]) 자전거(=《구어》 bike)
I want to ride on a *bicycle*. 나는 자전거를 타고 싶다
Ben went on a *bicycle*. 벤은 자전거를 타고 갔다
He rode his *bicycle* to the station. 그는 역까지 자전거로 갔다
I come to school by *bicycle*. 나는 자전거로 학교에 갔다
✏️ by bicycle 은 「자전거로 가다」의 뜻으로 관사 a를 쓰지 않는다.
작문 「자전거 타러 가자」는 Let's go bike-riding.
✏️ bi-는 「2개」, -cycle 은 「차바퀴」의 뜻.

∗big [bíg] 형 (비교 bigger; 최상 biggest) 큰(=large; ↔ little, small 작은)
He lives in a *big* house. 그는 큰 집에서 살고 있다
Your car is *big*, but mine is small. 네 차는 크지만 내 것은 작다
This dog is *bigger* than that one. 이 개는 저 개보다 크다

🔲 big, large, great 의 사용법
(1) **big** 은 「(부피·정도 등이) 큰」: a big cat (큰 고양이), a big fire (대화재). **large**는 「(넓이·분량 등이) 큰」: a large room (넓은 방). 그러나 구별 없이 쓰이는 일도 있다. 회화에서는 large보다도 big 이 더 많이 쓰인다.
(2) **great** 는 「(감정적인 의미를 가지고) 큰, 위대한」: a great man (위대한 사람)

Big Ben [-bén] 빅 벤
▶ 영국 국회 의사당의 탑 상부에 있는 큰 시계의 종을 말한다. 실제로는 보통 그 시계탑을 Big Ben이라고 한다.

Big Dipper - bird

bicycle
handle bar 핸들
saddle 안장
carrier 짐판
pedal 페달
spoke 바퀴살
chain 체인
tire 타이어

Big Dip·per [-dípər] 명 《the를 붙여서》 (미) 북두칠성

big·ger [bígər] 형 《big의 비교급》 더 큰

big·gest [bígist] 형 《big의 최상급》 가장 큰

bike [báik] 명 (복수 **bikes** [-s]) 《구어》 자전거(=bicycle)
ride on a *bike* 자전거를 타다

Bill [bíl] 명 빌 《남자 이름; William 의 애칭, Billy라고 한다》

bill¹ [bíl] 명 (복수 **bills** [-z])
❶ 계산서, 청구서
pay the *bill* 계산서의 금액을 지불하다
❷ (미) 지폐(=영 note)
a ten-dollar *bill* 10달러 짜리 지폐
❸ (의회의) 법안

bill² [bíl] 명 (복수 **bills** [-z])
(오리 등의) 부리 《특히 가늘고 납작한 것; → beak》

bil·lion [bíljən] 명 (복수 **bil·lions** [-z]) 형 조(兆); (미) 10억
▶ million(백만)의 천배

bind [báind] (타동) (3단현 **binds** [-z]; 과거·과분 **bound** [báund]; 현분 **binding**) ~을 묶다, 매다 (=tie); (붕대 등으로) 동이다, 감다
Bind the box with a rope. 그 상자를 끈으로 묶으시오
She *bound* a ribbon round her head. 그녀는 머리에 리본을 매었다

bind·er [báindər] 명 (복수 **bind·ers** [-z]) (종이 등을 한데 묶는) 바인더, 철

bin·go [bíŋgou] 명 빙고
▶ 숫자를 적은 카드를 써서 하는 복권식의 재수대로 가는 놀이. 카니발이나 자선 사업의 기금을 위해 교회나 YMCA 주최의 모임 등에서 한다.

bi·noc·u·lar [bainάkjulər] 명 (복수 **binoculars** [-z]) 《보통 복수 형태로》 쌍안경
a pair of *binoculars* 쌍안경 한 개

bi·og·ra·phy [baiάgrəfi] 명 (복수 **biographies** [-z]) (개인의) 전기, 전기문학

bi·ol·o·gy [baiάlədʒi] 명 생물학

★**bird** [bə́ːrd] 명 (복수 **birds** [-z])

Birmingham - bit¹

새
Jane keeps a little *bird*. 제인은 작은 새를 기른다
Birds are singing here and there. 새들이 여기저기서 노래하고 있다
A *bird* in the hand is worth two in the bush. 《속담》 수중의 새 한 마리가 숲속의 새 두 마리보다 낫다
Birds of a feather flock together. 《속담》 깃이 같은 새들끼리 모인다 《유유상종》
The early *bird* catches the worm. 《속담》 일찍 일어나는 새가 벌레를 잡는다
a bírd càge 새장

Bir·ming·ham [bə́ːrmiŋəm] 명 버밍엄 《영국 중부의 공업도시》

birth [bəːrθ] 명 (복수 **births** [-s])
❶ 출생, 탄생, 태어남
The *birth* of the prince made the whole nation happy. 왕자의 탄생은 전 국민을 기쁘게 하였다
❷ 가문, 출신
He is of good *birth*. 그는 가문이 좋다

★**birth·day** [bə́ːrθdei] 명 (복수 **birthdays** [-z]) 생일, 탄생 기념일 《형용사처럼도 쓰인다》
"When is your *birthday*?"—"My *birthday* is August 26." 「너의 생일은 언제니」—「내 생일은 8월 26일이야」
▶ August 26은 August (the) twenty-sixth로 읽는다
Next Saturday is my *birthday*. 다음 토요일이 내 생일이다
What a big *birthday* cake it is! 얼마나 큰 생일 케이크냐
▶ 생일 케이크 위에는 나이의 수만큼 촛불이 켜져 있고, 본인이 한 번에 불어서 끈다
My father gave me a pen for my *birthday*. 아버지는 내 생일을 축하해 만년필을 내게 주셨다
I invited him to my *birthday* party. 나는 그를 나의 생일 파티에 초대했다
[회화] Happy birthday! 「생일을 축하해!」 생일을 축하해줄 때 사용하는 표현. Many happy returns (of the day)!라고도 하지만, 형식적인 표현이므로 젊은이들은 잘 쓰지 않는다
A: Happy birthday, Judy. This is for you.
B: Thank you. Wow, this is just what I wanted.
A: 주디, 생일 축하해. 이건 너에게 주는 거야
B: 고마워. 와, 이것은 바로 내가 원하던 거야

birth·stone [bə́ːrθstòun] 명 (복수 **birthstones** [-z]) 탄생석

bis·cuit [bískit] 명 (복수 **bis·cuits** [-s]) 영 비스킷(=미 cracker, cookie)
▶ bis-는 「2회」 -cuit은 「굽다」의 뜻. 원래 비스킷은 항해용으로 오랜 기간 상하지 않도록 두 번 굽는 데서 비롯된 말

bi·son [báisn] 명 (복수 **bisons** [-z]) 바이슨, (아메리카) 들소(=buffalo 버팔로)

★**bit¹** [bít] 명 (복수 **bits** [-s]) 소량, 한 조각, 조금, 한 입
▶ 동사 bite (물다)에서 생긴 단어
a bit 《구어》 《부사처럼 쓰여》 조금, 약간
He is *a bit* younger than Tom. 그는 톰보다 조금 어리다
Wait a *bit*, please. 조금만 기다리시오
a bit of ... 약간의 ~
Give me *a bit of* sugar. 설탕을 조금 주십시오
bit by bit 조금씩, 점점
They moved forward *bit by bit*. 그들은 조금씩 전진했다
not a bit ... 조금도 ~아니다(=not at all)
I am *not a bit* tired. 나는 조금도 피곤하지 않다
You haven't changed *a bit*. 너는 조금도 변하지 않았다

bit² 통 **bite**의 과거·과거분사형

bit³ 명 비트 《컴퓨터에 내장된 정보전달의 최소 단위》

★bite [báit] 통 (3단현 **bites** [-s]; 과거 **bit** [bít]; 과분 **bitten** [bítn] 또는 **bit**; 현분 **biting**) 타동 ❶ 물다, (곤충이) 쏘다; (물고기가 낚시에) 물리다

My dog does not *bite*. 내 개는 물지 않는다

The dog *bit* me in the leg. 그 개가 내 다리를 물었다

📝 me 와 in the leg라고 하는 표현법에 주의. 인간을 먼저 목적어로 나타내지만, 다리를 강조할 때는 The dog *bit* my leg. 라고도 한다

I was badly *bitten* by mosquitoes. 나는 모기에게 몹시 물렸다

📝 「벌에게 쏘이다」는 sting: I was stung by a bee. (나는 벌에 쏘였다)

❷ (한입) 베어물다

bite an apple 사과를 베어물다

— 자동 물다

Barking dogs seldom *bite*. 《속담》 짖는 개는 무는 일이 거의 없다

— 명 (복수 **bites** [-s]) **무는 행위**; (음식물의) 한입; 물린 상처, (물고기가 낚시에) 입질하는 것

Tom Sawyer took a *bite* out of his apple. 톰 소여는 사과를 한 입 물었다

bit·ter [bítər] 형 (비교 **bitter**er; 최상 **bitter**est) 쓴 (↔ sweet 달콤한); (통증이) 쓰라린, 알알한

a *bitter* wind 살을 에는 듯한 찬바람

★black [blǽk] 형 (비교 **black**er; 최상 **black**est)

❶ 검은(↔ white 하얀)

a *black* and white movie (컬러 영화에 대한) 흑백 영화 《White and black이라고 말하지 않는다》

black literature 흑인 문학

I don't like a *black* cat. 나는 검은 고양이를 싫어한다

His hair is *black*. 그의 머리칼은 검다

❷ 어두운; 불길한

Jim has *black* looks. 짐은 어두운 안색을 하고 있다

— 명 (복수 **blacks** [-s])

❶ 검정, 흑색; 검정옷, 상복 《a를 붙이지 않고 복수 없음》

She was dressed in *black*. 그녀는 검정옷[상복]을 입고 있었다

❷ 흑인(=negro)

He is a *black*. 그는 흑인이다

📝 옛날에는 흑인을 black 이라고 부르면 경멸의 느낌이 있다고 생각되었지만 최근에는 흑인끼리도 black 을 쓰는 경향이 있다

★black·board [blǽkbɔːrd] 명 (복수 **blackboards** [-z]) 칠판

Write your name on the *blackboard*. 너의 이름을 칠판에 써라

Clean (off) the *blackboard*. 칠판을 지워라

Our *blackboards* aren't always black, but we still call them '*blackboards*'. 우리의 칠판은 반드시 검지는 않지만, 그래도 우리는 그것을 「흑판」이라고 부른다

📝 최근에는 chalkboard 라고도 하고, 또 녹색의 것은 greenboard 라고도 한다

Black-For·est [blǽk-fɔ́(ː)rist] 명 《the를 붙여서》 독일 남서부의 삼림지대 《독일명 Schwarzwald》

blade [bléid] 명 (칼 등의) 날, 칼날; (풀의) 잎

📝 나뭇잎은 leaf

blame [bléim] 타동 (3단현 **blames** [-z]; 과거·과분 **blamed** [-d]; 현분 **blaming**) ~를 책망하다, ~을 탓하다

Don't *blame* others for your own mistakes. 너 자신의 실수로 다른 사람들을 탓하지 마라

be to blame ~의 책임이다, ~탓이다 Who *is to blame* for the accident? 그 사고는 누구의 책임이니

blank [blǽŋk] 형 공백의, 백지의

a *blank* page 공백 페이지

blanket - blond

Bring me a *blank* sheet of paper.
백지를 1장 가지고 와라
— 명 (복수 **blanks** [-s]) 공백, 빈 자리; ⓤ 서식 용지
Fill (in) the *blanks*. 빈 자리를 메워라 (시험 문제 등의)
📝 Mr.— 는 Mr. *Blank* 라고 읽는다

blan·ket [blǽŋkit] 명 (복수 **blankets** [-s]) 담요

blaz·er [bléizər] 명 블레이저 (코트) 《고운 빛깔의 플란넬로 만든 운동선수용 상의》

bled [bléd] 통 **bleed**의 과거·과거분사형

bleed [blíːd] 자동 (3단현 **bleeds** [-z]; 과거·과분 **bled** [bléd]; 현분 **bleeding**) 피흘리다, 출혈하다
The wound stopped *bleeding*. 그 상처는 출혈을 그쳤다

blend [blénd] 통 (3단현 **blends** [-z]; 과거·과분 **blended** [-id]; 현분 **blending**) 타동 자동 섞다, 혼합하다; 섞이다, 한데 융합하다
Blend milk and cream together. 우유와 크림을 함께 섞어라
Her blue sweater *blends* well with her gray skirt. 그녀의 파란 스웨터는 회색치마와 잘 조화를 이룬다

bless [blés] 타동 (3단현 **blesses** [-iz]; 과거·과분 **blessed** [-t] 또는 **blest** [-t]; 현분 **blessing**) 축복하다
He *blessed* the child. 그는 그 아이에게 축복을 빌었다
be blessed with ~로 축복받고 있다
I *am blessed with* good health.
나는 좋은 건강의 축복을 받고 있다
Bless me! 이런
(***God***) ***bless you!*** 당신에게 신의 축복이 있기를
📢 영국·미국에서는 상대방이 기침을 할 때 염려하여 말하는 표현으로 흔히 사용되며 이에 보답하는 대답으로 Thank you.라고 말한다

bless·ing [blésiŋ] 명 (복수 **blessings** [-z]) 신의 은총[축복]; 식전[식후]의 기도 《보통 grace 라고 한다》

***blew** [blúː] 자동 타동 **blow** (바람이 불다)의 과거형
🔊 모음에 주의. blue 와 같음

***blind** [bláind] 형 (비교 **blinder**; 최상 **blindest**) 눈먼(→ deaf 귀먹은)
He loved a *blind* girl. 그는 눈먼 소녀를 사랑했다
Ben is *blind* in one eye. 벤은 한 쪽 눈이 보이지 않았다
be blind to ... ~를 모르다
She *is blind to* fine arts. 그녀는 미술을 모른다
blind date 《제3자의 주선에 의해 모르는 두 남녀간의》 초대면 데이트
— 명 (복수 **blinds** [-z]) 장님, 맹인, 블라인드(=a Venétian blínd)

***block** [blák] 명 (복수 **blocks** [-s]) ❶ (돌·나무·쇠붙이의) 토막; (건축용의) 블록; (장난감의) 쌓기놀이 나무토막
The house is built of *blocks* of stone.
그 집은 돌 블록으로 지어져 있다
The baby likes to play with *blocks*.
그 아기는 블록으로 놀기를 좋아한다
❷ ⓤ (주위가 도로로 둘러싸인) **1구획**, 블록 《한 시내 도로에서 다른 시내 도로까지의 길이로 1블록은 약 100미터라고 생각하면 된다》
Walk two *blocks* along this street.
이 길을 2블록 걸어 가라
The school is three *blocks* away.
학교는 3블록 떨어져 있다
— 통 (3단현 **blocks** [-s]; 과거·과분 **blocked** [-t]; 현분 **blocking**) 타동 (도로 등을) **막다**
The fallen tree *blocked* the path.
쓰러진 나무가 그 통로를 가로 막았다

block let·ter [-létər] 명 (복수 **block letters** [-z]) 목판글씨, 블록체 《굵기가 일정하고 세리프가 없는 글씨체》

blond, blonde [blɑnd, blɔnd]

형 (모발의 색이) 금발의
— 명 (복수 **blonds** [-z]) 금발의 사람

blood [blʌ́d] 명 피, 혈액; 혈통
His face was covered with *blood*.
그의 얼굴은 피로 덮여 있었다
"What's your *blood* type?"—"It's A."
「너의 혈액형은 무슨 형이니」—「A형이야」
a **blóod bánk** 혈액 은행
a **blóod gròup[týpe]** 혈액형

blood·shot [blʌ́dʃɑ̀t] 형 (눈이) 충혈된, 핏발이 선

bloody [blʌ́di] 형 (비교 **bloodier**; 최상 **bloodiest**) 피의, 피가 나는, 피비린내 나는, 살벌한

***bloom** [blúːm] 명 (복수 **blooms** [-z]) (시어) 꽃, 개화
☑ 장미·튤립 등 보고 즐기는 꽃. blossom은 과실 나무의 꽃. be in bloom (꽃이 피어 있다)과 같은 숙어 외에는 시어로서 쓰임(→ flower)
The roses are in *bloom* in June. 6월에는 장미가 핀다
— 동 (3단현 **blooms** [-z]; 과거·과분 **bloomed** [-d]; 현분 **blooming**) (자동) 꽃이 피다
These flowers *bloom* in spring. 이 꽃들은 봄에 핀다
Here and there flowers are beginning to *bloom*. 여기저기서 꽃이 피기 시작하고 있다

blos·som [blɑ́səm] 명 (복수 **blossoms** [-z]) (특히 과실 나무의) 꽃 (→ flower)
cherry *blossoms* 벚꽃
in full blossom 활짝 피어
The apple trees are *in full blossom*.
사과꽃이 활짝 피어 있다
— 동 (3단현 **blossoms** [-z]; 과거·과분 **blossomed** [-d]; 현분 **blossoming**) (자동) 꽃이 피다
The cherry trees will *blossom* next month. 벚나무는 내달에 꽃이 필 것이다

blouse [bláus] 명 (복수 **blouses** [-iz]) 블라우스

blow [blóu] 동 (3단현 **blows [-z]; 과거 **blew** [blúː]; 과분 **blown** [blóun]; 현분 **blowing**) (자동) (타동)
❶ (바람이) **불다**; 날리다
The wind was *blowing* hard. 바람이 세게 불고 있었다
☑ 흔히 it을 주어로 함: It *blows*. (바람이 분다)
How hard the wind *blow*! 바람이 정말 세게 부는구나
A cold wind was *blowing* in my face.
찬 바람이 내 얼굴에 불어 대고 있었다
The flag *blew* in the wind. 깃발이 바람에 날렸다
Alice *blew* her breath at the candle.
앨리스는 촛불에 입김을 불었다
❷ (사이렌 등이) **울리다**, (호각 등을) 불다
The whistle *blows* at five. 기적은 5시에 울린다
He began to *blow* a trumpet. 그는 트럼펫을 불기 시작했다
blow off 불어 버리다
Mary *blew* the dust *off* her desk.
메리는 책상 위의 먼지를 불어 버렸다
blow one's nose 코를 풀다
He *blew his nose* with his handkerchief. 그는 손수건으로 코를 풀었다
blow out 불어 끄다
Jane *blew out* the candle. 제인은 촛불을 불어 껐다

blown [blóun] (자동) (타동) blow의 과거분사

***blue** [blúː] 형 (비교 **bluer, more blue**; 최상 **bluest, most blue**)
❶ 파란, 청색의
The sky is *blue*. 하늘은 파랗다
He has *blue* eyes. 그는 파란 눈을 가지고 있다
❷ 우울한
She looks *blue*. 그녀는 우울해 보인다
blue Monday 우울한 월요일

blue jeans - body

📝 안색을 나타내는 blue, pale, white 의 차이점에 주의: You look pale. (너는 안색이 창백한 것 같다) He turned white. (그의 얼굴에서 핏기가 가셨다)
— 명 (복수 **blue**s [-z])
❶ 청색; 파란 옷 《a를 붙이지 않고 복수 없음》
Lucy likes *blue* best. 루시는 청색을 제일 좋아한다
That girl in *blue* is my sister. 저 파란 옷을 입은 소녀는 나의 여동생이다
❷ 《the blues로》 《음악》 블루스

blue jeans [-dʒi:nz] 명 《항상 복수형으로》 청바지

blunt [blʌnt] 형 (비교 **blunt**er; 최상 **blunt**est) 우둔한, (칼날 등이) 무딘(↔ sharp 날카로운)
a *blunt* knife 날이 무딘 칼

***board** [bɔ́:rd] 명 (복수 **board**s [-z]) ❶ 널빤지, 나무판, 칠판 (=blackboard), 게시판
a bulletin *board* 예 게시판(=영 a notice board)
The floor was made of *boards*. 바닥은 널빤지로 깔려 있었다
❷ 식탁, 식사 제공
board and lodging 식사를 제공하는 하숙
We give no *board*. 식사 제공은 없다
❸ 위원회, 국(局)
tourist *board* 관광국
on board (배·비행기·기차)에 타고
He went[got] *on board*. 그는 승선[승차]했다
📝 이 on board는 부사 용법.
She is *on board* the train. 그녀는 기차에 타고 있다
📝 이 on board는 전치사 용법.
— 타 (3단현 **board**s [-z]; 과거·과분 **board**ed [-id]; 현분 **board**ing) (타동) 하숙시키다; ~에 타다
— (자동) 하숙하다
He *boards* at my house. 그는 나의 집에 하숙하고 있다

board·ing school [bɔ́:rdiŋ skù:l] 명 (복수 **boarding school**s [-z]) 기숙제의 학교(→ day school 통학제의 학교)

boast [bóust] 자동 (3단현 **boast**s [-s]; 과거·과분 **boast**ed [-id]; 현분 **boast**ing) 《boast of[about]로》 자랑하다, 뽐내다
We are tired of his *boasting* of his bravery. 우리는 그가 자신의 용기를 뽐내는 것에 질렸다

***boat** [bóut] 명 (복수 **boat**s [-s])
❶ 보트, 작은 배
Can you row a *boat*? 너는 보트를 저을 줄 아느냐
I crossed the river in a *boat* [by *boat*]. 나는 강을 보트로 건넜다
❷ 기선, 배(→ ship)
The *boat* leaves for Hawaii tomorrow. 그 배는 내일 하와이를 향해 출발한다
by boat 배로, 배를 타고
He traveled around the world *by boat*. 그는 배로 세계 일주를 했다
take a boat 승선하다, 배에 타다
He *took a boat* at Inchŏn. 그는 인천에서 배에 탔다 《get into a boat라고 하면 작은 배에 타는 것》

boat-race [bóutreis] 명 (복수 **boat-races** [-iz]) 보트 경기

Bob [báb, 영 bɔb] 명 밥 《남자 이름; Robert의 애칭》(=Bobby)

bob·by [bábi] 명 (복수 **bobb**ies [-z]) 《구어》 순경 《특히 영국 경찰의 애칭》

***bod·y** [bádi] 명 (복수 **bod**ies [-z]) ❶ 몸; 신체(→ mind 정신)
the human *body* 인체
A young man should build a healthy *body*. 젊은이는 건강한 신체를 만들어야 한다
Exercise your *body* and mind. 너의 심신을 단련해라
A sound mind in a sound *body*. 《격언》 건전한 신체에 건전한 정신이 깃든다

boil - bond

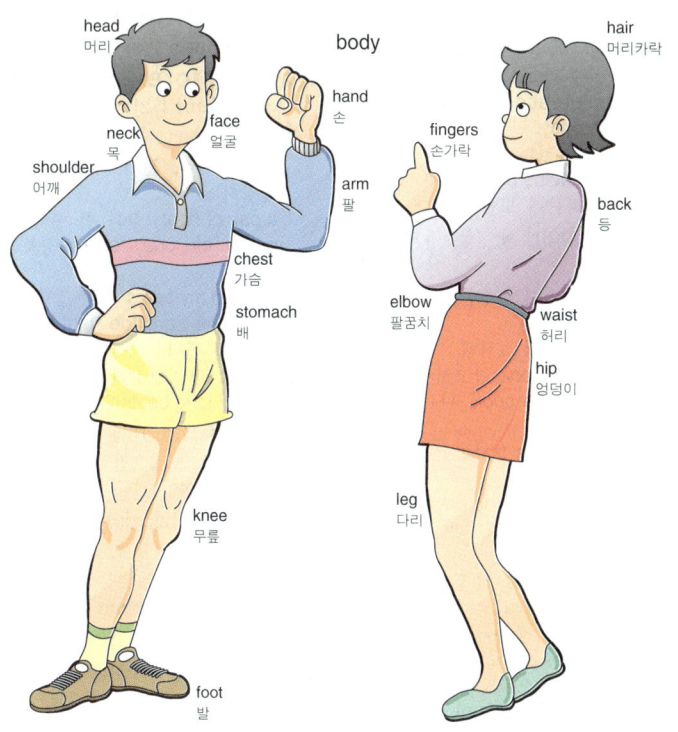

작문 우리말로 「몸에 좋다」 등의 「몸」은 「신체」의 뜻이 아니라 「건강」의 뜻이므로 body를 쓰지 말고 health를 쓸 것: 「신선한 공기는 몸에 좋다」 Fresh air is good for (the) health.

❷ (동물·차·편지 등의) **동체**, 몸통, 보디; 주요한 부분, 본문
the *body* of a letter 편지 본문
the *body* of an airplane 비행기의 기체
❸ (인간, 동물의) 시체
Where did they bury the *body*? 그들은 그 시체를 어디에 묻었니
❹ 단체, 집단
They marched in a *body*. 그들은 단체로 행진했다

***boil** [bɔ́il] 동 (3단현 **boils** [-z]; 과거·과분 **boiled** [-d]; 현분 **boiling**)

(타동) (자동) **끓다**, 끓이다
a *boiled* egg 삶은 달걀
📝 반숙은 a soft-*boiled* egg, 완숙은 a hard-*boiled* egg라고 함.
The water is *boiling*. 물이 끓고 있다

boil·er [bɔ́ilər] 명 (복수 **boilers** [-z]) 보일러

bomb [bάm] (◆ 끝에 있는 b는 발음하지 않음) 명 (복수 **bombs** [-z]) 폭탄
an atomic *bomb* 원자 폭탄(= an A-bomb)

Bom·bay [bɑmbéi] 명 봄베이 《인도의 항구도시》

bond [bɑnd, 영 bɔnd] 명 (복수 **bonds** [-z]) (애정·흥미 등의) 유대,

b bone - borrow

결속 ; 계약, 증서, 공채

bone [bóun] 명 (복수 **bones** [-z])
뼈 ; 《복수형으로》 골격
There are about 200 *bones* in the human body. 인간의 신체에는 약 200개의 뼈가 있다
Calcium helps build *bone*. 칼슘은 뼈를 형성하는데 도움이 된다

bong [baŋ] 명 (종 등의) 둥하는 소리, 댕

book [búk] 명 (복수 **books** [-s])
❶ 책, 서적
a picture *book* 그림책
a reference *book* 참고서
I like to read a *book*. 나는 책 읽기를 좋아한다
Who wrote this *book*? 누가 이 책을 썼느냐
Open your *books* to page twenty. 책의 20 페이지를 펴라 《교실에서 선생님이 하는 말》
Shut your *books*. 책을 덮어라
[작문]「종류가 다른 책 3권」은 three *books* 이고,「종류가 같은 책 3권」은 three copies of this *book* 이다
❷ 《the Book으로》 성경(=the Bible)
❸ 제 ~권(→ volume)
Book Ⅰ 제1권 《Bóok Óne으로 읽음》
— 동 (3단현 **books** [-s] ; 과거·과분 **booked** [-t] ; 현분 **booking**)
타동 **예약하다**, (좌석을) 사다 ; 기입하다
I *booked* a seat for the theater. 나는 극장의 좌석을 예약했다
Seats can be *booked* from next Monday. 좌석권은 다음 월요일부터 발매합니다

book·case [búkkèis] 명 (복수 **bookcases** [-iz]) 책장

book·sell·er [búksèlər] 명 (복수 **booksellers** [-z]) 서점주인

book·shelf [búkʃèlf] 명 (복수 **bookshelves** [-ʃèlvz]) 책장

book·shop [búkʃàp] 명 (복수 **bookshops** [-s]) 명 서점, 서가

book·store [búkstɔ̀ːr] 명 (복수 **bookstores** [-z]) 책방(=bookshop)

boot [búːt] 명 (복수 **boots** [-s])
미 긴 구두, 장화, 영 목이 긴 구두, 반장화
a pair of *boots* 장화 한 켤레
put on[off] one's *boots* 장화를 신다[벗다]
I shined my *boots*. 나는 장화를 닦았다
My *boots* are too tight. 내 장화는 너무 꼭 낀다
📝 미에서 반장화는 shoes, 영에서 장화는 long boots라고 함.

booth [buːθ] 명 (복수 **booths** [buːðz]) 노점 ; 전화 박스(= a telephone booth)

bor·der [bɔ́ːrdər] 명 (복수 **borders** [-z]) 경계 ; 국경 ; 가장자리, 테두리

bore [bɔ́ːr] 동 bear(견디다)의 과거형

bor·ing [bɔ́ːriŋ] 형 지겨운, 권태로운

born [bɔ́ːrn] (타동) bear(낳다)의 과거분사형의 하나
Helen was *born* in Seoul. 헬렌은 서울에서 태어났다
— 형 타고난, 천부의
He is a *born* poet. 그는 타고난 시인이다

borne [bɔ́ːrn] 동 bear의 과거분사형의 하나

bor·row [bárou] 동 (3단현 **borrows** [-z] ; 과거·과분 **borrowed** [-d] ; 현분 **borrowing**) 타동 자동
빌리다(↔ lend 빌려 주다)
I *borrowed* some money from him. 나는 그에게서 돈을 좀 빌렸다
"Can I *borrow* this pen?"—"Sure"
「이 펜좀 빌려도 될까요」—「물론이죠」
📝 borrow와 rent와 use의 차이
댓가를 지불하고 '빌리다'는 rent,

70

boss - bother

borrow는 보통 무료로 자기가 빌려다 쓰는 것을 가리킨다. 한편 운반할 수 없는 것은 빌려쓰는 것에도 use를 사용한다. 따라서 화장실이나 전화를 빌려 쓸 때에는 Can I use the telephone[the bathroom]? 이라 한다.

boss [bɔ́ːs] 명 (복수 **boss**es [-iz])
ⓐ 경영자, 우두머리, 보스

Bos·ton [bɔ́ːstən] 명 보스턴 《미국 메사추세츠주의 주도; 가장 오랜 역사를 지닌 도시 중의 하나》

bo·tan·i·cal [bətǽnikəl] 형 식물(학)의

bo·tan·i·cal gar·den [-gáːrdn] 명 (복수 **botanical gardens** [-z]) 식물원

bot·a·ny [bátəni] 명 식물학

★**both** [bóuθ] 형 양쪽의
Both teachers are American.[1] 선생은 둘 다 미국인이다
Both (the) sisters are living in Seoul.[2] 자매는 둘 다 서울에 살고 있다
I don't know *both* girls.[3] 나는 두 소녀를 다 아는 것은 아니다
Both my brothers are not bright.[4] 나의 형제가 둘 다 영리한 것은 아니다

> 🗂 (1)에서는 Both of teachers가 더 구어적. (2)에서는 the가 없는 것이 더 현대적 The sisters are both living in Seoul.과 같은 뜻. (3)은 「한 사람은 알고 있다」의 뜻으로, (3)과 (4)는 both가 부정문에 쓰여 「양쪽 모두 ~한 것은 아니다」란 뜻 (부분 부정이라고 함)으로 되는 예.

— 대 양쪽 (모두)
Both (of them) are good students. 그들은 둘 다 우수한 학생이다
They *both* went home. 그들은 둘 다 집으로 갔다
They were *both* absent. 그들은 둘 다 결석했다

I don't want *both* (of them). 나는 그것들을 둘 다 원하는 것은 아니다 《하나만 원한다》

> 🗂 both가 부정문에 쓰이면 부분 부정으로 된다.
> 양쪽을 모두 부정할 때는 neither 또는 not either를 쓴다: Neither of them is in Seoul. (그들은 둘다 서울에 없다)

작문 「우리는 둘이 함께 물건을 사러 갔다」의 영작을 We *both* went shopping together.라고 하면, both와 together의 뜻이 비슷하므로 어느 하나를 빼는 것이 좋다
— 부 (†*both* ... *and* ~ …도 ~도(→ not only ... but also ~)
Both Tom *and* Susie went swimming. 톰도 수지도 수영하러 갔다 《여기서 Both는 생략해도 좋다》
She is *both* pretty *and* kind. 그녀는 예쁘기도 하고 친절하기도 하다

> 🗂 both ... and ...의 부정은 neither ... nor...이다: She is neither pretty nor kind. (그녀는 예쁘지도 않고 친절하지도 않다)

both·er [báðər] 동 (3단현 **both·er**s [-z] ; 과거·과분 **bother**ed [-d] ; 현분 **bother**ing) 타동 자동
괴롭히다, 피곤하게 하다; 걱정하다
Don't *bother* yourself about it. 그것을 가지고 걱정하지 마라

bottle - bowling

Does the noise *bother* you? 저 소음이 너를 괴롭히니

회화 Please, don't bother. 부탁입니다만 신경쓰지 마세요

A: Can I get you something to drink?
B: Oh, I'm okay. Please don't bother.
A: 마실것 좀 갖다 드릴까요
B: 괜찮아요. 신경쓰지 마세요

▶ Don't *bother* me는 「나를 방해하지 말아 주세요」라는 의미.

bot‧tle [bátl] 명 (복수 **bottle**s [-z]) 병, 병 하나의 양
There is not any milk in the *bottle*. 병에는 우유가 전혀 없다
Please give me a *bottle* of milk. 우유를 한 병 주시오

bot‧tom [bátəm] 명 (복수 **bottom**s [-z]) ❶ 밑바닥 ; (산의) 기슭 ; (페이지의) 밑부분
An old boat was found on the *bottom* of the lake. 오래 된 작은 배가 호수 바닥에서 발견되었다
I arrived at the *bottom* of the mountain. 나는 그 산 기슭에 도착했다
Write your name at the *bottom* of this paper. 이 종이 아랫 부분에 너의 이름을 써라
❷ 꼴찌, 말석(→ top 수석)
He is at the *bottom* of the class. 그는 반에서 꼴찌이다
— 형 《명사 앞에서》 바닥의, 제일 낮은
The book is on the *bottom* shelf. 그 책은 책장 맨 아래 선반에 있다

bough [bau] 명 (복수 **bough**s [-z]) 큰 나뭇가지
⟨◆동음어 bow(절하다)⟩

bought [bɔ́ːt] 타동 **buy**(사다)의 과거·과거분사형
I *bought* this book last week. 나는 이 책을 지난 주에 샀다

bounce [bauns] 자동 (3단현 **bounce**s [-iz] ; 과거·과거분 **bounce**d [-t] ; 현분 **bouncing**) (공 등이) 튀다, 튀어오르다

bound¹ [báund] 자동 (3단현 **bound**s [-z] ; 과거·과분 **bound**ed [-id] ; 현분 **bounding**) 튀다, 튀어오르다
The dog *bounded* across the lawn. 그 개는 잔디밭을 가로질러 튀어다녔다

bound² [báund] 동 **bind**(~을 감다)의 과거·과거분사형

bound³ [báund] 형 ~을 향하여 가는, ~행(行)인 《be bound for로》
The train *is bound for* Seoul. 그 기차는 서울행 기차이다

bound‧a‧ry [báundəri] 명 (복수 **boundar**ies [-iz]) 경계, 국경(= border)

bow¹ [báu] 동 (3단현 **bow**s [-z] ; 과거·과분 **bow**ed [-d] ; 현분 **bowing**) 자동 절하다, 인사하다
He *bowed* to his teacher. 그는 선생님에게 절했다
— 타동 (고개를) 숙이다 ; (몸을) 구부리다
발음 bow² [bóu] (활)과의 차이에 주의
— 명 (복수 **bow**s [-z]) 절, 인사
She made a *bow* to him. 그녀는 그에게 절을 했다

bow² [bóu] 명 (복수 **bow**s [-z])
❶ 활(→ arrow 화살) ; (악기의) 궁(弓)
I shot arrows with a *bow*. 나는 활로 화살을 쏘았다
❷ 뱃머리, 선두

bowl [bóul] 명 (복수 **bowl**s [-z]) 주발, 사발 ; 원형 경기장
She ate a *bowl* of rice. 그녀는 쌀밥 한 주발을 먹었다
— 동 (3단현 **bowl**s [-z] ; 과거·과분 **bowl**ed [-d] ; 현분 **bowling**) 자동 볼링을 하다

bowl‧ing [bóuliŋ] 명 볼링 《공을 굴려 10개의 핀을 쓰러뜨리는 게임》

bowwow - branch

Let's play *bowling*. 볼링을 하자
bow·wow [báuwáu] 감 멍!멍!
《개의 짖는 소리》
★**box** [báks] 명 (복수 **box***es* [-iz])
상자, 한 상자의 양
There are some chocolates in the *box*. 초콜릿이 상자 안에 있다
I want a *box* of matches. 나는 성냥 한 갑을 원한다
▶ a matchbox는 「성냥갑」
a police bòx 파출소

box·ing [báksiŋ] 명 복싱, 권투
a *boxing* ring 권투 시합장
▶ 스케이트장은 rink 라고 함
a *boxing* match 권투 시합

📝 **권투 체급**

가벼운 체급부터 flyweight (플라이급), bantamweight (밴텀 급), featherweight (페더 급), lightweight (라이트 급), welterweight (웰터 급), middleweight (미들 급), lightheavyweight (라이트 헤비 급), heavyweight (헤비 급)

Box·ing Day [-dei] 명 영 복싱 데이
풍습 영국의 법정공휴일로서 크리스마스 다음날인 양력 12월 26일이다. 이날에는 고용인이나 우편배달원 등에게 Christmas box라고 불리는 상자에 선물을 넣어주는 관습에서 유래하였다

★**boy** [bɔ́i] (◆ [보]의 음을 조금 길게) 명 (복수 **boy***s* [-z])
❶ **소년**《남자 17세, 18세 까지를 말함; → girl 소녀》
He is a bright *boy*. 그는 총명한 소년이다
Boys like baseball. 남자 아이들은 야구를 좋아한다
Boys will be *boys*. 애들은 역시 애들이야《아이들이 장난치는 것은 어쩔 수 없다》
❷ **아들**
He has two *boys*. 그에게는 아들이 둘 있다

— 감《놀람·기쁨 등을 나타내어》 어, 야아
회화 Oh, boy! 어머, 이런! 놀람이나 기쁨을 표현한다. Oh...와 동일한 표현이며 남녀노소 구별없이 사용할 수 있다
A: Oh boy! What a beautiful day!
B: It sure is.
A: 어머, 화창한 날이군요
B: 정말 그래요

boy·friend [bɔ́ifrènd] 명 (복수 **boyfriend***s* [-z]) 《구어》 (친밀한 관계의) 남자 친구 (→ girlfriend 여자 친구)

boy·hood [bɔ́ihùd] 명 소년시절
He delivered papers in his *boyhood*. 그는 소년시절에 신문을 배달했다

boy scout [-skàut] 명 (복수 **boy scout***s* [-s]) 보이 스카우트 단원 (→ girl scout)
▶ 소년단(the Boy Scouts)의 일원; the Boy Scouts는 영국에서는 1908년에, 미국에서는 1910년에 창설되었다

brace·let [bréislit] 명 (복수 **bracelet***s* [-s]) 팔찌

brain [bréin] 명 (복수 **brain***s* [-z]) 뇌;《복수형으로》두뇌
She has good *brains*. 그녀는 머리가 좋다
Use your *brain(s)*. 머리를 사용해라

brake [bréik] 명 (복수 **brake***s* [-s])
브레이크, 제동기, 제동 장치
put on the *brakes* 브레이크를 밟다
발음 break(~을 깨다·부수다)와 동음어

★**branch** [bræntʃ] 명 (복수 **branch***es* [-iz]) ❶ **가지**
Monkeys hid among the *branches*. 원숭이들이 가지들 사이에 숨었다
📝 큰 가지는 bough [báu], 작은 가지는 twig [twíg], branch는 큰 가지에도 작은 가지에도 쓰인다
❷ **지점**; 분교; (학문의) 부문

brand - break

a *branch* office 지점(→ main office 본점)

❸ 지류, 지천
a *branch* of a river 강의 지류

brand [brǽnd] 몡 (복수 **brands** [-z]) 상표, 브랜드

brand-new [brǽndnjuː] 혱 신제품의, 아주 새로운
a *brand-new* camera 신제품 카메라

bran·dy [brǽndi] 몡 브랜디
▶ 원래는 *brandy*-wine (네덜란드어로 「증류주」)의 의미에서 비롯된 말

brass [brǽs] 몡 놋쇠 《동과 아연의 합금》; 《주로 복수형으로》 (트럼펫·트롬본 등의) 금관 악기류
a **bráss bánd** 브라스 밴드, 취주악단

***brave** [bréiv] 혱 (비교 brav*er* ; 최상 brav*est*) 용감한, 대담한(= bold)
a *brave* man 용감한 사람
Don't be afraid. Be *brave*! 두려워하지 말아라. 용기를 내라

brave·ly [bréivli(ː)] 혭 (비교 *more* bravely; 최상 *most* bravely) 용감하게

brav·er·y [bréivəri] 몡 용기, 용맹 (→ 형용사 brave)

Bra·zil [brəzíl] (◆ 강세는 제 2음절에 있음) 몡 브라질 《남아메리카의 연방 공화국, 수도는 브라질리아》

***bread** [bréd] 몡 ❶ 빵 《a를 붙이지 않고, 복수 없음》
a loaf of *bread* 빵 한 덩어리
a slice of *bread* 빵 한[얇은] 조각
spread *bread* with butter(=spread butter on *bread*) 버터 바른 빵
Give me some *bread*. 빵을 좀 주시오
He ate a slice of *bread*. 그는 빵 한 조각을 먹었다
☑ bread는 하나, 둘이라고 셀 수 없는 명사이므로 a bread라고는 하지 못하고 양을 나타낼 때는 위와 같이 앞에 단위를 나타내는 말을 쓴다. 롤빵은 a roll이라고 한다.
❷ 생계, 하루의 양식
earn[gain] one's *bread* 생계를 벌다

bread and but·ter [brédnbʌ́tər] 버터 바른 빵
발음 한 단어처럼 붙여서 읽을 것. 띄어 읽으면 「빵과 버터」의 뜻

breadth [brédθ] 몡 넓이, 폭 《형용사는 broad》

***break** [bréik] 통 (3단현 **breaks** [-s]; 과거 **broke** [bróuk]; 과분 **broken** [bróukən]; 현분 **breaking**)
타동 ❶ 깨다, 부수다, 자르다, (실 등을) 끊다
Who *broke* the chair? 누가 의자를 부숴뜨렸느냐
Break bread; don't cut it with your

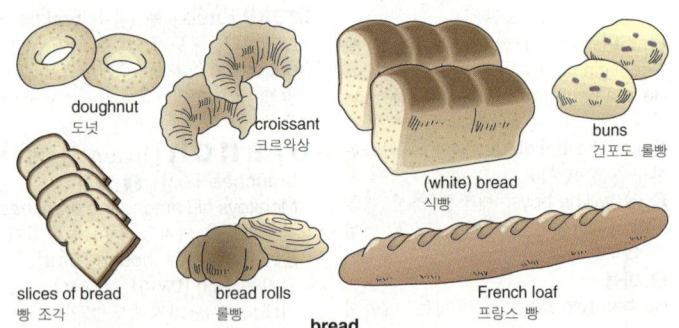

doughnut
도넛

croissant
크르와상

buns
건포도 롤빵

(white) bread
식빵

slices of bread
빵 조각

bread rolls
롤빵

French loaf
프랑스 빵

bread

breakfast - breast

knife. 빵은 손가락으로 잘라라. 나이프로 자르지 마라 《식탁 예법》
Break an egg into the bowl. 달걀 한개를 깨서 그릇에 담아라
Try to *break* this thread with your hands. 네 손으로 이 실을 끊어라
❷ (약속·기록 등을) 깨다
Don't *break* your word. 약속을 어기지 마라 《word는 「약속」》
Dick *broke* the record. 딕은 그 기록을 깼다
— (자동) ❶ 깨지다, 끊어지다
Glass *breaks* easily. 유리는 잘 깨진다
The rope *broke*. 밧줄이 끊어졌다
break the silence 고요함을 깨다
❷ (날씨가) 변하다, (밤이) 밝아지다
Nice weather began to *break*. 좋은 날씨로 변하기 시작했다
Day *broke*. 날이 밝았다
▶ 주어가 night가 아님에 주의
break down 부수다, 고장나다, 실패하다
Break down the wall. 그 벽을 부숴라 《이 break는 타동사》
The machine *broke down*. 기계가 고장이 났다
The plan will *break down*. 그 계획은 실패로 끝날 것이다
break into ... ~에 침입하다, 갑자기 ~하다
A thief *broke into* his house. 도둑이 그의 집에 들었다
They *broke into* laughter. 그들은 갑자기 웃음을 터뜨렸다
break off 잘라내다, 중지하다
He *broke* a branch *off* the apple tree. 그는 사과 나무의 가지를 잘라냈다
He *broke off* his speech. 그는 갑자기 연설을 중단했다
break out (전쟁·사건 등이) 일어나다, 발생하다, 발발하다
World War Ⅱ *broke out* in 1939. 제2차 세계 대전은 1939년에 발발했다
발음 World War Ⅱ 는 [wɔ́:rld wɔ́:r tú:]라고 읽음
A fire *broke out* this morning. 오늘 아침에 화재가 일어났다
break up ~을 박살내다; 헤어지다
John and Mary *broke up*. 존과 메리는 헤어졌다
Break it *up*. 그것을 박살내라
— 명 (복수 *breaks* [-s])
❶ 파손, 홈, 깨진 틈
I found a *break* in the pipe. 관에 파손된 곳이 있음을 알아냈다
❷ 짧은 휴식, 중단
Let's have a coffee *break*. 잠시 쉬면서 커피나 마시자
▶ coffee를 강하게 읽을 것. a coffee break는 미에서는 오전에도 오후에도 좋다. 영에서는 a tea break라고 하고 보통 오후의 차 시간을 말한다.

★**break·fast** [brékfəst] 명 아침 식사 《a를 붙이지 않고 복수 없음》
I have *breakfast* at seven. 나는 7시에 아침을 먹는다
What did you have for *breakfast*? 아침식사로 무엇을 먹었니
I had some bread and ham and eggs for *breakfast* this morning. 나는 오늘 아침에 빵과 햄과 달걀을 먹었다
Is *breakfast* ready? 아침 식사가 준비되어 있습니까
Englishmen have a good *breakfast*. 영국 사람들은 아침 식사를 잘 한다
▶ 이와 같이 형용사가 붙으면 관사 a를 붙인다.
✓ breakfast는 저녁 식사부터 다음 날 아침까지의 「단식」(fast)을 「깨다」(break)의 뜻.
회화 Breakfast is ready. 「아침식사 해라」 아침식사준비가 다 되어 식사하러 오라고 부를때 사용하는 표현
A: Breakfast is ready.
B: I'm coming.
A: 아침식사 해라
B: 지금 가요

breast [brést] 명 (복수 **breasts** [-s]) 가슴, 흉부

breath - briefly

breath [bréθ] 명 (복수 breath**s** [-s]) 《동사는 breathe》 숨, 호흡; (바람의) 줄기
Take a deep *breath*. 심호흡을 해라
Let's go out for a *breath* of fresh air. 신선한 공기를 마시러 밖으로 나가자
There was not a *breath* of air. 바람 한 점 없었다
catch one's breath 숨을 죽이다; 잠시 휴식을 취하다, 쉬다
out of breath 숨이 찬, 숨을 헐떡거리는
They were *out of breath* after a few mile run. 그들은 몇마일 뛰고난 후 숨을 헐떡거렸다

***breathe** [brí:ð] 동 (3단현 breathe**s** [-z]; 과거·과분 breath**ed** [-d]; 현분 breath**ing**) 《명사는 breath》 자동 호흡하다, 숨쉬다
He *breathed* hard. 그는 세게 숨을 쉬었다
— 타동 호흡시키다, 숨 쉬게 하다
발음 명사 breath [bréθ]와는 다름

breeze [brí:z] 명 (복수 breeze**s** [-iz]) 미풍, 산들바람
A pleasant *breeze* began to blow. 상쾌한 산들바람이 불기 시작했다

breez·y [brí:zi] 형 (비교 breez**ier**; 최상 breez**iest**) 미풍이 부는, 미풍의

***brick** [brík] 명 (복수 brick**s** [-s]) 벽돌
He lives in a *brick* house. 그는 벽돌 집에서 살고 있다
We need some more *bricks*. 우리는 벽돌이 좀 더 필요하다
📝 집합적으로 brick으로 쓰지만, 1개, 2개라고 할 때는 a를 붙이고 복수형 bricks [-s]로도 된다

bride [bráid] 명 (복수 bride**s** [-z]) 신부(→ bridegroom)

bride·groom [bráidgrù(:)m] 명 신랑(→ bride)

***bridge** [brídʒ] 명 (복수 bridge**s** [-iz]) 다리, 교량
They built a *bridge* over the river. 그들은 강에 다리를 놓았다
We crossed a wooden *bridge*. 우리는 목제 다리를 건넜다
the Tower *Bridge* 타워브리지 《영국 런던시 템즈강에 놓여있는 다리. 관광 명소 중의 하나》
the Golden Gate *Bridge* 금문교 《미국 샌프란시스코에 있는 다리》

arch bridge
홍예다리

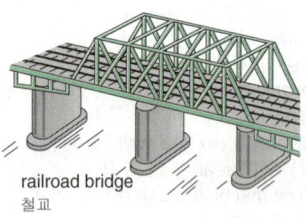

railroad bridge
철교

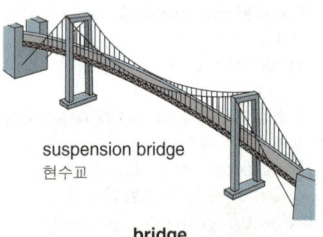

suspension bridge
현수교

bridge

brief [brí:f] 형 (비교 brief**er**; 최상 brief**est**) 짧은, 간결한, 단시간 내의
a *brief* visit 짧은 기간의 방문
a *brief* news report 간결한 뉴스보고

brief·case [brí:fkèis] 명 (복수 briefcase**s** [-iz]) (가죽제의) 서류 가방

brief·ly [brí:fli(:)] 부 짧게, 간결

하게

bright [bráit] 혱 (비교 **bright-er** ; 최상 **brightest**)
❶ **밝은, 환한**, 청명한 ; (색이) 선명한(=light ; ↔dark 어두운)
We see some *bright* stars in the sky. 하늘에는 밝은 별들이 보인다
Bright moonlight streamed into the room. 밝은 달빛이 방안으로 쏟아져 들어왔다
My mother looks *bright* this morning. 엄마의 표정이 오늘 아침에는 밝다
His car was *bright* red. 그의 차는 선명한 적색이었다
❷ (아이가) **영리한**, 총명한(→clever)
He is a *bright* boy. 그는 머리가 좋은 소년이다
That's a *bright* idea. 그것 참 좋은 생각이다
— 튀 **밝게**, 환하게(=brightly) 《보통 동사 shine(빛나다)과 함께 쓰임》
The sun is shining *bright*. 태양이 밝게 비치고 있다

bright·en [bráitn] (♦gh는 묵음) 동 (3단현 **brightens** [-z] ; 과거·과분 **brightened** [-d] ; 현분 **brightening**) 타동 ~을 빛나게 하다 ; ~을 밝게하다
— 자동 밝아지다 ; 빛나다 《형용사는 bright》

bright·ly [bráitli] 튀 《형용사는 bright》 **밝게**, 환하게
The sun shines *brightly*. 태양이 밝게 빛난다

bril·liant [bríljənt] 혱 (비교급 *more* **brilliant** ; 최상 *most* **brilliant**)
반짝이는, 빛나는 ; 훌륭한, 굉장한
the *brilliant* sun on the water 강물에 비친 빛나는 태양
a *brilliant* student 영리한 학생
a *brilliant* discovery 굉장한 발견

bring [bríŋ] 타동 (3단현 **brings** [-z] ; 과거·과분 **brought** [brɔ́ːt] ; 현분 **bringing**)

❶ **가지고 오다, 데리고 오다**
Bring me the book. 그 책을 내게 가지고 오너라
☑ *Bring* the book to me.라고도 한다. 이 문형은 타동사(Bring)+목적어(the book)+수식어(to me)로 되어 있다
I will *bring* my picture to school tomorrow. 나는 내일 내 사진을 학교로 가지고 오겠다
Please *bring* your sister with you. 너의 누님을 데리고 오너라
Who has *brought* him here? 누가 그를 여기에 데리고 왔는가
☑ **bring, take, carry의 용법**
bring은 「(이리) ~를 가지고 오다」: *Bring* the umbrella. (우산을 가지고 와라) take는 「(저리) ~를 가지고 가다」: *Take* the umbrella. (우산을 가지고 가라) carry는 「~를 가지고 다니다」: *Carry* your umbrella. (우산을 가지고 다녀라)

❷ **이끌다**
Winter *brings* snow. 겨울은 눈을 몰고 온다
This road *brings* you to the station. 이 길로 가면 역이 나온다

bring about (어떤 결과를) 초래하다, 가져오다, 야기하다
The storm *brought about* a lot of damage. 그 폭풍은 수많은 피해를 야기했다

bring back 반환하다 ; 생각나다
Bring back the book tomorrow. 내일 그 책을 반환해라

bring in 데리고 오다, 가져 오다
Bring in some cookies for this child. 이 아이에게 줄 쿠키를 좀 가지고 와라

bring up 키우다
She *brought up* three children. 그녀는 3명의 자식을 키웠다

Brit·ain [brítn] 명 영국 《대 브리튼(Great Britain)이라고도 한다. 잉글랜드(England)·웨일스(Wales)·스코틀랜드(Scotland)의 총칭》

British - brother

*Brit·ish [brítiʃ] 형 **영국의**, 영국 사람의
My teacher is *British*. 나의 선생님은 영국인이다
British English 영국 영어 《American English「미국 영어」에 대하여》
— 명 《the를 붙여 복수의 뜻》 **영국 국민**(= the British people)

Brit·ish Mu·se·um [-mjuːzíːəm] 《the를 붙여》 대영박물관 《런던에 있는 국립박물관: 미술품과 장서에서 세계 일류급이다》

broad [brɔːd] 형 (비교 broad*er*; 최상 broad*est*)
❶ (폭이) **넓은**(↔ narrow 좁은)
I crossed a *broad* road. 나는 넓은 도로를 건넜다
✏️ wide(넓은)는 폭의 너비를 주로 뜻하지만 broad는 면적의 크기에 대해서도 쓴다
❷ **마음이 넓은, 관대한**
My mom has a *broad* mind. 나의 엄마는 마음이 넓으시다
발음 oa는 보통 [óu]로 발음되는데, 이 단어와 abroad에서만 [ɔː]로 발음된다

broad·cast [brɔ́ːdkæst] 타동 (3단현 broadcast*s*[-s]; 과거·과분 broadcast 또는 broadcast*ed*[-id]; 현분 broadcast*ing*) (라디오로) **방송하다**
✏️ 텔레비전에도 쓰이지만 텔레비전 방송에는 telecast [télikæst] (방영하다)도 있다. 또한 과거·과거분사는 broadcast를 더 많이 쓴다

broad·cast·ing [brɔ́ːdkæstiŋ] 명 (텔레비전, 라디오 등의) **방송**
a *broadcasting* station 방송국

broad·en [brɔ́ːdn] 동 (3단현 broaden*s* [-z]; 과거·과분 broaden*ed* [-d]; 현분 broaden*ing*) 타동
~을 **넓히다**
— 자동 **넓어지다**

broad-minded [brɔ́ːdmáindid] 형 **마음이 넓은, 편견이 없는**

Broad·way [brɔ́ːdwèi] 명 **브로드웨이** 《뉴욕시의 맨해튼섬을 비스듬히 남북으로 달리는 큰 거리. 극장가·오락가로 유명하다》

broc·co·li [brákəli] 명 (복수 broccoli*s*[-z]) (식물) **브로콜리**

broil [brɔil] 동 (3단현 broil*s* [-z]; 과거·과분 broil*ed* [-d]; 현분 broil*ing*) 타동 ~을 **굽다, 익히다**
— 자동 **구워지다, 익다**

broke [bróuk] 타동 자동 **break (깨다)의 **과거형**
Tom *broke* a glass. 톰이 유리컵을 깼다

bro·ken [bróukən] 타동 자동 **break (깨다)의 **과거분사형**
— 형 **깨진, 부서진**
There is a *broken* chair in this room. 이 방에는 부서진 의자가 하나 있다
They came through the *broken* wall. 그들은 부서진 벽을 통하여 들어왔다

bronze [bránz] 명 (복수 bronze*s* [-iz]) **청동**
— 형 **청동으로 만든**
a *bronze* statue 동상(銅像)

brooch [bróutʃ] 명 (복수 brooch*es* [-iz]) **브로치**

brook [brúk] 명 (복수 brook*s* [-s]) **작은 시냇물, 개천**(= small stream)

broom [brúːm] 명 (복수 broom*s* [-z]) **비, 빗자루**

*broth·er [bráðər] 명 (복수 brother*s*[-z]) **형, 동생**(→ sister 자매)
My (older) *brother* is in New York now. 나의 형은 지금 뉴욕에 있다
My (younger) *brother* walks to school. 내 동생은 걸어서 통학한다
I don't have any *brothers*. 나에게는 형제가 없다
Roy and Tom are *brothers*. 로이와 톰은 형제이다

brought - buffalo

📝 「나의 형」은 my older[영 elder] brother, 「나의 동생」은 my younger brother라고 하지만, 영어에서는 확실히 구별하지 않고 그냥 my brother라고 한다. 우리말로 옮길 때는 전후 관계를 살펴서 형인지 동생인지 파악해야 한다.

brought [brɔ́:t] (타동) **bring** (가지고 오다)의 과거·과거분사형
She *brought* me a cup of coffee. 그녀는 나에게 커피 한잔을 가지고 왔다

brow [bráu] 명 (복수 **brows** [-z]) 《보통 복수형으로》 이마(=forehead); 눈썹(=eyebrow)

Brown [braun] 명 브라운 《남자 이름; 영미에서 매우 흔한 성(姓)중의 하나》

★**brown** [bráun] 형 (비교 **brown**er; 최상 **brown**est) 갈색의
She has *brown* hair. 그녀는 갈색 머리를 가지고 있다
The leaves of the tree are *brown*. 그 나뭇잎들은 갈색이다
—명 갈색 《a를 붙이지 않고, 복수 없음》
The color of my sweater is *brown*. 내 스웨터의 색깔은 갈색이다
brówn bréad 흑빵
brówn súgar 흑설탕

brunch [brʌ́ntʃ] 명 (복수 **brunch**es [-iz]) 《구어》 (점심을 겸한) 늦은 아침 식사 《breakfast와 lunch를 합쳐서 만들어낸 말》

***brush** [brʌ́ʃ] 명 (복수 **brush**es [-iz]) ❶ 솔, 붓
a boot[shoe] *brush* 구두솔
a tooth *brush* 칫솔
❷ 솔질하기
I gave my hat a *brush*. 나는 내 모자를 솔질했다
—동 (3단현 **brush**es [-iz]; 과거·과분 **brush**ed [-t]; 현분 **brush**ing) (타동) 솔질하다, 닦다

Brush your shoes. 구두를 솔질해라
He *brushes* his teeth. 그는 이를 닦는다
brush up 솔로 깨끗이 하다; (잊은 것을 다시 생각해 내기 위하여) 공부하다, 복습하다
You must *brush up* your English. 너는 영어를 다시 공부하지 않으면 안 된다

Brus·sels [brʌ́slz] 명 브뤼셀 《벨기에의 수도》

bub·ble [bʌ́bl] 명 (복수 **bubble**s [-z]) 거품, 비누방울

buck·et [bʌ́kit] 명 (복수 **buck·et**s [-s]) 물통, 양동이

Buck·ing·ham Pal·ace [bʌ́kiŋəm pǽlis] 명 버킹엄 궁전 [풍습] 런던의 세인트 제임스 공원의 서쪽 끝에 있는 영국 국왕의 궁전; 원래 버킹엄 공의 저택이었으나, 1761년 영국 국왕이 사들여 역대 국왕의 궁전이 되었다. 매일 아침 11시경에 행해지는 위병대의 교체식은 멋진 구경거리이다

buck·le [bʌ́kl] 명 혁대의 고리, 버클

bud [bʌ́d] 명 (복수 **buds** [-z]) 싹, 봉오리
Our lilacs are in *bud*. 우리집 라일락 나무에 꽃봉오리가 맺혀 있다
—동 (3단현 **buds** [-z]; 과거·과분 **bud**ded [-d]; 현분 **bud**ding) (자동) 싹이 나다

Bud·dha [bú:də] 명 부처, 석가 모니; 불상

Bud·dhism [bú:dizm] 명 불교

Bud·dhist [bú:dist] 명 불교도

Bue·nos Ai·res [bwéinəs ɛ́əri(:)z] 명 부에노스아이레스 《아르헨티나의 수도》

buf·fa·lo [bʌ́fəlòu] 명 (복수 **buf·falo(e)s** [-z]) 《동물》 물소, 버팔로 《북아메리카산 들소. 정확하게는

buffet - bump

bison이라고 한다》

buf·fet [bʌféi] (◆t는 발음하지 않는다) 명 (복수 **buffets** [-z]) (프랑스어) 뷔페; (셀프서비스 방식의) 간이 식당

💬 손님이 직접 접시를 들고 다니며 먹고 싶은 음식을 담아다가 먹는 셀프서비스 방식의 식사; 음식을 먹으면서 여러 사람과 이야기를 나눌 수 있으므로 최근에는 뷔페식 파티를 많이 연다.

bug [bʌg] 명 (복수 **bugs** [-z]) (미) (작은) 벌레, 곤충; 영 빈대

★**build** [bíld] 타동 (3단현 **builds** [-z]; 과거·과분 **built** [bílt]; 현분 **building**) 세우다, 건설하다, 만들다, 짓다

We *built* a house. 우리는 집을 지었다
Brazil *built* a new city. 브라질은 새로운 도시를 건설했다
The temple was *built* about eight hundred years ago. 그 절은 약 800년 전에 지어졌다
The birds are *building* their nest of dead leaves. 새들은 죽은 잎새들로 둥우리를 짓고 있다
The bridge is *built* of stone. 그 다리는 돌로 만들어져 있다 《of는 재료를 나타냄》

📦 (1) 「나는 집을 지었다」는 I *built* a house.를 쓴다. 건축업자에게 주문하여 「지었다」의 뜻을 강조할 때는 I had a house *built*.라고 함 《built는 과거분사》
(2) 작은 것을 만들 때는 보통 make를 쓴다: I am making a box. (나는 상자를 만들고 있다)

《build+사람+물건 / build+물건+for+사람》 …에게 ~을 만들어주다, …에게 ~을 지어주다
I *built* him a new house(=I *built* a new house *for* him). 나는 그에게 새 집을 지어 주었다

build·er [bíldər] 명 (복수 **builders** [-z]) 건설업자

★**build·ing** [bíldiŋ] 명 (복수 **buildings** [-z]) 건물, 빌딩
There are a lot of beautiful *buildings* in my town. 나의 도시에는 아름다운 건물들이 많다
📝 고유명사의 일부로서도 쓰인다: the Empire State *Building* (엠파이어 스테이트 빌딩)

★**built** [bílt] 타동 **build**의 과거·과거분사형
Jim *built* a new house. 짐은 새 집을 지었다

bulb [bʌ́lb] 명 (복수 **bulbs** [-z]) 둥근 뿌리, 둥근 것, 전구, 진공관
an electric *bulb* 전구

bull [búl] 명 (복수 **bulls** [-z]) (거세하지 않은) 황소
💬 ox는 거세한 식용우, 또는 짐수레용의 황소, cow는 암소

bull·dog [búldɔ̀:g] 명 (복수형 **bull dogs** [-z]) 불도그
[풍습] 옛날에는 황소(bull)와 싸우며 놀도록 키운 데서 이 이름이 지어졌다

bull·doz·er [búldòuzər] 명 (복수 **bulldozers** [-z]) (미) 불도저, 땅차

bul·let [búlit] 명 (복수 **bullets** [-s]) 탄환, 총알

bul·le·tin [búlət(i)n] 명 (복수 **bulletins** [-z]) 게시, 공보; 회보; (TV, 라디오 등의) 뉴스속보

bull·fight [búlfàit] 명 투우

bul·ly [búli] 명 (복수 **bullies** [-z]) 놀리기, 괴롭히기; 놀림당하는 아이
— 동 (3단현 **bullies** [-z]; 과거·과분 **bullied** [-d]; 현분 **bullying**)
타동 (사람)을 놀리다, 괴롭히다
Don't *bully* me. 나좀 괴롭히지 마

bump [bʌ́mp] 명 (복수 **bumps** [-s]) 부딪히기, 덜컹거림
— 동 (3단현 **bumps** [-s]; 과거·과분

bumper - burnt

bump*ed* [-t]; 현분 bump*ing*) 타동
~에 부딪히다, 충돌하다
The bus *bumped* the car ahead of it.
그 버스는 정면을 그 차에 부딪혔다

bump·er [bʌ́mpər] 명 (복수 **bumper*s*** [-z]) 범퍼, 완충대 《자동차 등의 앞·뒤부분에 충격을 완화하기 위한 장치》

bun [bʌ́n] 명 (복수 **bun*s*** [-z]) 미 (동그랗고 납작한) 롤빵, 영 (동그랗고 작은) 케이크

bunch [bʌ́ntʃ] 명 (복수 **bunch*es*** [-iz]) (과일의) 송이, 다발
a *bunch* of bananas 바나나송이
a *bunch* of keys 열쇠꾸러미

bun·dle [bʌ́ndl] 명 (한묶음의) 다발; (많은 것을 하나로 묶은) 꾸러미
a *bundle* of old clothes 낡은 옷 꾸러미

bun·ny [bʌ́ni] 명 (복수 **bunn*ies*** [-z]) 《어린애말》 토끼
▷ rabbit (토끼)의 애칭

bunt [bʌ́nt] 명 (복수 **bunt*s*** [-s]) 《야구》 (공을) 가볍게 배트에 맞히기, 번트
— 통 (3단현 **bunt*s*** [-s]; 과거·과분 **bunt*ed*** [-id]; 현분 **bunt*ing***) 타동 자동 번트를 하다

bur·den [bə́ːrdn] 명 (복수 **burden*s*** [-z]) 짐, 하물
He walked with a heavy *burden* on his back. 그는 무거운 짐을 등에 지고 걸었다

bu·reau [bjúərou] 명 (복수 **bureau*s*** [-z] 또는 **bureau*x*** [-z])
❶ (정부 관청의) 국, 부; 사물
a travel *bureau* 여행사 사무실
❷ 미 (거울이 달린) 침실용 옷장 영 (서랍이 달린) 사무용 책상

bur·glar [bə́ːrɡlər] 명 (복수 **burglar*s*** [-z]) (주거 침입) 강도 《본래 밤도둑을 두고 말했으나 현재는 구별이 없다》 (→ thief)

burn** [bə́ːrn] 통 (3단현 **burn*s [-z]; 과거·과분 **burn*ed*** [-d] 또는 **burn*t*** [-t]; 현분 **burn*ing***) 자동
❶ **타다, 불타다**; (입이) 얼얼하다
Dry wood *burns* easily. 마른 나무는 잘 탄다
The candle *burned* for a long time. 그 초는 오랫동안 탔다
❷ (얼굴이) **뜨거워지다**, 달아오르다, (몸에) 열이 나다
His cheeks *burned* with shame. 그의 뺨은 창피해서 달아올랐다
He was *burning* with anger. 그는 화가 불같이 났다
My ears are *burning*. 나의 귀가 뜨거워지고 있다
▷ 귀가 뜨거워지면 누군가가 자기 말을 하고 있는 증거라고 한다
— 타동 ❶ **불태우다**, 태우다
He *burned* all her letters. 그는 그녀의 편지를 모두 태웠다
The house was *burned* to the ground. 그 집은 완전히 타서 없어졌다
❷ **데다**, 화상을 입다
She *burned* her hand on the hot iron. 그녀는 뜨거운 다리미에 손을 데었다
burn down 전소하다, 타서 없어지다
In 1666, a great fire *burned down* most of London. 1666년에 대화재가 발생하여 런던 대부분이 타서 없어졌다
His house was *burned down* last night. 그의 집은 어젯밤에 전소되었다
burn out 다 타다, 다 태우다
The bulb has *burned out*. 전구가 타서 끊어졌다
A lot of families were *burned out*. 많은 가정이 집이 불타 거리로 나앉았다
📝 이 burn은 타동사이지만, 같은 뜻의 자동사 burn으로도 쓰인다: His house *burned* down. (그의 집은 전소했다) 어느 경우라도 burnt 보다는 burned를 더 많이 쓴다

burnt [bə́ːrnt] 자동 타동 burn(불타다)의 과거·과거분사의 하나
— 형 탄, 불에 덴

burst- business

A *burnt* child dreads the fire. (속담) 불에 덴 아이는 불을 무서워한다 《경험은 지혜를 낳는다》

burst [bə́:rst] 자동 (3단현 **burst**s [-s]; 과거·과분 **burst**; 현분 **burst-ing**) 파열하다, 폭발하다; 터지다; 갑지기 (어떤 상태가) 되다

▶ 어감상 「확 ~하다」의 뜻을 수반한다

A balloon will *burst* if you blow too much air into it. 만일 너무 많은 공기를 불어넣으면 풍선은 터질것이다

burst into (방 등에) 뛰어들다; 갑자기 ~하다

He *burst into* the room and surprised me. 그가 갑자기 방안으로 뛰어들어와 나를 놀라게 했다

burst into tears[flames, laughter, bloom, speech] 갑자기 울음을 터뜨리다[타오르다, 웃어대다, 꽃이 피어나다, 말문을 터뜨리다]

burst out ~***ing*** 갑자기 ~하기 시작하다

He *burst out* laugh*ing*. 그는 갑자기 웃기 시작했다

bur·y [béri] 타동 (3단현 **bur***ies* [-z]; 과거·과분 **bur***ied* [-d]; 현분 **bury***ing*) 묻다, 매장하다, 감추다

They are *buried* under the ground. 그들은 땅 속에 묻혀 있다

Tom *buried* his head in his hands. 톰은 두 손으로 머리를 감쌌다

발음 berry와 발음이 같다

bus** [bʌ́s] 명 (복수 **buses* [-iz], 드물게 미 **bus***ses* [-iz]) 버스

He was waiting for a *bus*. 그는 버스를 기다리고 있었다

We took a *bus* to the station. 우리는 역까지 버스를 탔다

Do you go to school by *bus*? 너는 버스로 통학하느냐

He got on the *bus*. 그는 버스에 탔다

He got off the *bus*. 그는 버스를 내렸다

☑ 택시 등의 차에 타고 내리는 것은 get into a taxi, get out of a car라고 하며, 어떤 장소를 가기 위하여 '타다' 의 뜻에는 take를 사용한다.

by bus 버스를 타고

Let's go there *by bus*. 거기까지 버스를 타고 가자

☑ 교통수단 「~을 타고」를 표현할 때 전치사 by와 교통수단을 가리키는 명사 사이에 'a'+'the'를 사용해서는 안 된다.

a bús stòp 버스 정류장
a schóol bùs 학교 버스
a double-decker 2층버스
a microbus 마이크로버스, 소형버스
a sightseeing bus 관광버스
a shuttle bus 셔틀버스, 구간운행 버스
a long-distance bus(=영 coach) 장거리 버스
a bus driver 버스 운전 기사
a bus guide 버스운행안내서

▶ 영에서는 장거리버스나 관광버스를 coach라고 하는데 미에서는 그냥 bus라 한다. 영·미에서 모든 장거리 버스가 발달되어 있는데 특히 미에서는 버스가 전국적인 수송기관으로 이용되고 있다. bus라는 말은 「모든 사람을 위한」이라는 뜻의 omni*bus*에서 나왔다.

bush [búʃ] 명 (복수 **bush***es* [-iz]) 관목; 수풀, 덤불

She hid behind the *bush*. 그녀는 덤불 뒤에 숨었다

***busi·ness** [bíznis] (♦i는 발음하지 않음) 명

❶ 일, 직업 (a를 붙이지 않고, 복수없음)

▶ busy(바쁜)의 명사형이 변화된 말

What is your *business*? (=What *business* are you in?) 네가 하는 일은 무엇이냐

My *business* is selling cars. 내가 하는 일은 차를 파는 것이다

Everybody's *business* is nobody's *business*. (속담) 모든 사람의 일은 누구의 일도 아니다 《공동책임은 무

businessman- but

책임과 다름없다》
❷ 상업, 실업 《a를 붙이지 않고, 복수 없음》
business English 상업영어
a *business* letter 상용편지, 상업통신문
He went into *business*. 그는 실업계에 투신했다
He is in the bakery *business*. 그는 빵 제조업을 하고 있다
Business is *business*. 《속담》 장사는 장사다 《따질것은 따져야 한다》
❸ 용건, 용무, 볼 일 《a를 붙이지 않고, 복수형 없음》
It is none of your *business*.(=Mind your own *business*.) 그것은 너와 상관없는 일이다 《참견하지 말아라》
📝 부정문·의문문에 많이 쓰임
What is your *business* with him? 너는 그에게 무슨 볼 일이 있는가 《볼 일 없으면 물러가라는 기분이 들어 있는 표현》

on business 상용으로, 사업차
My father went to New York *on business*. 나의 아버지는 사업차 뉴욕에 가셨다

busi·ness·man [bíznismæ̀n]
(◆ i는 발음하지 않음) 명 (복수 busi-ness*men* [-mèn]) 실업가; 상인
📝 영어의 businessman은 기업의 경영자·관리직의 사람을 가리키며, 우리가 흔히 쓰는 일반 회사원이나 사무원(office worker)을 뜻하지는 않는다

bus stop [bʌ́s stɑ̀p] 명 (복수 bus stop*s* [-s]) 명 버스 정류장

bust [bʌst] 명 흉상, 반신상; 흉부; (특히 여성의) 가슴둘레(의 치수)

bus·y [bízi] 형 (비교 bus*ier* ; 최상 bus*iest*)
❶ 바쁜(↔free 한가한)
Will you be *busy* tomorrow? 당신은 내일 바쁩니까
He is a very *busy* man. 그는 매우 바쁜 사람이다
I've been *busy* with some important work all this week. 나는 이번주 내내 몇가지 중요한 일로 바빴다
He is *busy* at work.(=He is *busy* with work.) 그는 일하느라 바쁘다
The work kept me very *busy*. 그 일로 나는 무척 바빴다
❷ 번잡한, 번화한
We walked down a *busy* street. 우리는 번화한 거리를 걸었다
❸ 미 (전화가) 통화중인
Line's *busy*. 통화 중입니다 《교환원의 말》
📝 영에서는 Number's engaged. 라고 한다

be busy ~ing ~하느라 바쁘다
She *is busy* doing her homework. 그녀는 숙제하느라 바쁘다

★**but** [bət, (강조할 때) bʌ́t] 접
❶ 그러나, 하지만(=yet, however)
Summer is hot, *but* I like it. 여름은 덥지만 나는 좋아한다
He is rich, *but* (he is) unhappy. 그는 부유하지만 불행하다
You may go, *but* you must be back by six. 너는 가도 되지만 6시까지 돌아 오지 않으면 안 된다
📝 앞의 절에는 may, indeed(실로) 등의 양보를 나타내는 말을 흔히 씀.
Excuse me, *but* will you tell me the way to the station? 실례합니다만, 역까지 가는 길을 가르쳐 주시겠습니까
📝 이 but에는 거의 의미가 없다
❷ 《not ~ but …으로》 ~가 아니라 …
She is *not* a pianist *but* a violinist. 그녀는 피아니스트가 아니라 바이올린 연주자이다

This is *not* my dictionary *but* my brother's. 이것은 내 사전이 아니라 내 형의 것이다

not only ~ but (also) ... ~뿐만 아니라 …도 (역시)

He is *not only* a good teacher *but also* a scholar. 그는 좋은 선생일 뿐만 아니라 학자이다

Not only you *but also* I am glad. 너 뿐만 아니라 나도 역시 기쁘다

> 🅱 not only ... but (also) ... 을 포함한 구가 주어일 때는 동사는 but (also)의 뒤에 오는 주어와 일치한다. 또 not only A but (also) B 는 B as well as A 와 같은 뜻이다

— 🖣 **다만, 겨우 ~일 뿐**(=only)
He is *but* a child. 그는 단지 아이일 뿐이다
I have seen him *but* once. 나는 그를 겨우 한 번 보았을 뿐이다

— 🖣 **~를 제외하고, ~외에는**(=except)
All the girls *but* her came here. 그녀 이외의 소녀들은 모두 여기에 왔다
I know them all *but* two. 나는 두 명을 제외하고는 그들 모두를 알고 있다

all but ... ~이외에는 전부
anything but ... ~이외에는 무엇이든
but for ... ~이 없다면(=without)
But for his help, I could not finish the work. 그의 도움이 없었다면 나는 그 일을 끝마칠 수 없었을 것이다
cannot but+「동사의 원형」(문어) ~하지 않을 수 없다 (=(구어) cannot help ~ing)
We *cannot but* laugh.(=We cannot help laugh*ing*.) 우리는 웃지 않을 수 없다
nothing but ... ~외에는 아무것도 아닌, 단지 ~일 뿐, 오직~ (=only)
We can see *nothing but* water. 물 외에는 아무것도 볼 수 없다
It is *nothing but* a joke. 그것은 농담일 뿐이다

> 🅱 nothing 대신에 no ..., nobody 등이 쓰이는 경우도 있다: I saw nobody but him. (나는 그 사람 외에는 아무도 만나지 못했다) No one but Tom came. (톰 외에는 아무도 오지 않았다)

butch·er [bútʃər] 몡 (복수 **butchers** [-z]) 정육점주인, 푸주한; 백정

**but·ter [bʌ́tər] 몡 ❶ 버터 ((a를 붙이지 않고, 복수 없음))
Butter is made from milk. 버터는 우유로 만들어진다
I spread *butter* on bread.(=I spread bread with *butter*.) 나는 빵에다 버터를 발랐다
I must buy a pound of *butter*. 나는 버터 1 파운드를 사야 한다

> ✏️ 양을 나타낼 때는 a pound of butter(버터 1파운드), two pounds of butter(버터 2파운드)라고 한다

bréad and bútter 버터 바른 빵
a bútter knìfe 버터 나이프
❷ (빵 등에 바르는) 버터 비슷한 것
apple *butter* 사과잼
peanut *butter* 땅콩버터

butter·cup [bʌ́tərkʌp] 몡 (식물) 미나리아재비((황색꽃이 피는 다년생 식물))

but·ter·fly [bʌ́tərflài] 몡 (복수 **butterflies** [-z]) 나비

butterfly

but·tock [bʌ́tək] 몡 (복수 **buttocks** [-s]) 엉덩이

button - by

but·ton [bʌ́tn] 몡 (복수 **but-tons** [-z]) (양복의) 단추, (초인종 등의) 누름 버튼
I pushed the *button* for the elevator. 나는 엘리베이터 누름 버튼을 눌렀다

buy [bái] 탄동 (3단현 **buys** [-z]; 과거·과분 ***bought*** [bɔ́ːt]; 현분 **buying**) 사다(↔ sell 팔다)
I *buy* milk every day. 나는 매일 우유를 산다
I *bought* this camera from him. 나는 이 사진기를 그에게서 샀다
I *bought* a toy at the department store. 나는 백화점에서 장난감을 샀다
《buy+사람+물건=buy+물건+for+사람》 ~에게 ⋯을 사주다
Please *buy* me a dictionary.(=Please *buy* a dictionary *for* me.) 나에게 사전을 사 주시오
I must *buy* a dress *for* my daughter.(=I must *buy* my daughter a dress.) 나는 딸에게 드레스를 사 주지 않으면 안 된다
Tom *bought* it *for* ten dollars. 톰은 그것을 10달러 주고 샀다

buy·er [báiər] 몡 (복수 **buyers** [-z]) 사는사람, 구매자(↔ seller 파는 사람); 상품구매계, 바이어

by [bái] 전 ❶ 《위치를 나타내어》 ~옆에[곁에]
He stood *by* the door. 그는 문 옆에 서 있었다
Will you come and sit *by* me? 이리로 와서 내 옆에 앉겠니

📙 at the door라고 하면, 문앞에 서 있는 목적이 있어서 그렇게 하는 경우이고, by는 「그냥 ~옆에」의 느낌을 준다

There was a small house *by* the stream. 그 개천 옆에 작은 집이 있었다
❷ 《수단·방법을 나타내어》 ~에 의하여, ~로
I go to school *by* bus. 나는 버스로 통학한다
We crossed the river *by* boat. 우리는 그 강을 배로 건넜다

📙 by boat는 기선으로 바다를 건널 때도 쓴다: He came to Korea by boat. (그는 배로 한국에 왔다)

He wanted to go *by air*. 그는 비행기로 가고 싶어했다

📙 by 뒤의 이동 수단을 나타내는 명사는 단수형이고, 관사나 수식어를 붙이지 않는다: by land(육로로), by sea(해로로), by car(승용차로)

We study English *by* using this dictionary. 우리는 이 사전을 사용하여 영어 공부를 한다
He caught me *by* the arm. 그는 내 팔을 잡았다
✏️ catch me *by* my arm이라고는 하지 않는다
By good luck I succeeded. 운 좋게 나는 성공했다
I got on an up train *by* mistake. 나는 실수로 상경 열차에 탔다
❸ 《수동태에서 행위자를 나타내어》 ~에 의하여
The girl was saved *by* a young man. 그 소녀는 젊은 남자에 의하여 구조되었다
❹ 《동작·상태의 완료를 나타내어》 ~까지는
Can you finish it *by* ten o'clock? 10시까지는 그것을 마칠 수 있느냐
I will be there *by* ten o'clock. 10시까지는 거기에 가 있을거야
✏️ till(=until)은 계속을 나타내어 「~까지 죽」의 뜻. 다음 2개의 문장을 비교하라: He will be here *till* four o'clock. (그는 4시까지 여기에 있을 것이다) He will be here *by* four o'clock. (그는 4시까지는 여기에 올 것이다)

bye - bypass

❺ 《시간의 경과를 나타내어》 **동안은**
He walked *by day* and slept on the roadside *by night*. 그는 낮에는 걸었고 밤에는 길가에서 잤다
📝 이 by는 낮과 밤 등의 대조의 느낌을 나타낼 때 주로 쓰인다
❻ 《경유지를 나타내어》 **~로, ~를 통하여, ~를 따라, ~경유로**
He came home *by* (=by way of) Italy. 그는 이탈리아를 경유하여 귀국했다
❼ 《표준·단위를 나타내어》 **~에 의하여**
What time is it *by* your watch? 네 시계로는 몇 시냐
▶ What time is it? 이 보통 쓰인다
❽ 《차이를 나타내어》 **~만큼**
He is younger than my brother *by* two years. 그는 나의 형보다 두 살 어리다
▶ He is two years younger than my brother. 가 보통 쓰인다
❾ 《연속을 나타내어》 **~씩**
Little *by* little she learned new words. 조금씩 그녀는 신어를 배웠다
by all means 꼭, 반드시
Do your homework *by all means*. 무슨 일이 있어도 숙제를 해라
by chance (=***by accident***) 우연히
I met him *by chance*. 나는 우연히 그를 만났다
by oneself 홀로(=alone)

📘 oneself는 주어의 인칭에 따라 myself, himself, themselves 등으로 바뀐다: She lives by herself. (그녀는 혼자서 살고 있다)

by the way 그건 그렇고
By the way, what time is it? 그건 그렇고 몇 시냐
by way of ... ~를 경유하여
He went to Canada *by way of* Alaska. 그는 알래스카를 경유하여 캐나다로 갔다
— 🄫 **옆에, 곁에**
He is standing *by*. 그는 옆에 서 있다
Time went *by*. 시간이 지나가 버렸다
by and by 이윽고, 잠시 후
By and by spring came around. 이윽고 봄이 다시 찾아왔다
near by 아주 가까이에
There is a beautiful garden *near by*. 가까운 곳에 아름다운 공원이 있다

bye [bái] 🄯 안녕, 잘 있어, 잘가
bye-bye 《구어》 안녕(=good-bye)
▶ 주로 어린이들이 사용한다

bye-bye [báibái] 🄯 《구어》 안녕 (=good bye)

by·pass [báipæs] 🄬 (복수 **by-passes** [-iz]) 우회도로 《혼잡한 도심지를 피해 약간 돌아가도록 만든 자동차 도로》

C - cake

C c *C c*

C, c [síː] 명 (복수 **C's**, **c's**, **Cs**, **cs** [-z])
❶ 시 《알파벳의 제 3자》
❷ 《대문자 C로》 명 (학과 성적의) C(B의 아래, D의 위)

C, C. 영 centigrade(섭씨)의 약어

c., c 영 cent(s)(센트)의 약어

cab [kǽb] 명 (복수 **cabs** [-z]) 택시 (=taxi), (기차의) 운전자실

cab·bage [kǽbidʒ] 명 (복수 **cabbages** [-iz]) 양배추

*__cab·in__ [kǽbin] 명 (복수 **cabins** [-z])
❶ 작은 집
a log *cabin* 통나무 집
❷ 선실; (비행기의) 객실

cab·i·net [kǽbənit] 명
❶ 장; 캐비닛
a kitchen *cabinet* 부엌용 식기장
❷ 《종종 Cabinet으로》 내각

ca·ble [kéibl] 명 (복수 **cables** [-z]) 굵은 밧줄, 쇠줄; 전선(해저 전선·전화선 등); 해외 전보

ca·ble car [-kàːr] 명 케이블 카, 삭도차

cac·tus [kǽktəs] 명 (복수 **cactuses** [-iz] 또는 *cacti* [kǽktai]) 《식물》 선인장

cable car

Cae·sar [síːzər] 명 시저, 케사르 《Julius ~ (기원전 100?-44); 로마의 장군, 정치가로 「갈리아전기(戰記)」등의 명문을 남겼다. 황제에는 오르지 못했으나 독재정치를 펴다가 브루투스(Brutus) 등에게 암살당함》

ca·fé [kæféi, kǽfei] 《프랑스어》 명 (복수 **cafés** [-z])
❶ (유럽대륙·미국의) 간이식당(=restaurant); (영국의) 커피점(=coffee house); 명 술집, 바
❷ 커피

*__caf·e·te·ri·a__ [kæfətíəriə] 명 (복수 **cafeterias** [-z]) 명 (셀프 서비스의) 간이 식당

*__cage__ [kéidʒ] 명 (복수 **cages** [-iz]) 새장
There is a bird in the *cage*. 새장 안에 새가 한 마리 있다

★**cake** [kéik] 명 (복수 **cakes** [-s])
❶ 케이크; 명 핫 케이크(=영 pan-cake)
He likes *cake* very much. 그는 케이크를 대단히 좋아한다
📝 「케이크라는 것」의 뜻으로는 a를 쓰지 않음
Mother is making a Christmas *cake* in the kitchen. 어머니는 부엌에서 크리스마스 케이크를 만들고 있다
📝 특정한 케이크에는 a를 붙임
Please give me a piece of *cake*. 나에게 케이크 한 조각을 주시오

> 📘 케이크의 수를 나타내는 법에 주의. 케이크 2개(two pieces of cake)와 같이 말한다. 또 큰 케이크를 자른 「케이크 얇은 조각」은 a slice of cake 라고 한다.

❷ (딱딱한 덩어리) 1개
a *cake* of ice 얼음 한 덩어리

Cal. - call

● 케이크의 종류 ●
a birthday cake 생일 케이크
a wedding cake 웨딩 케이크 《결혼 피로연에서 신부가 잘라 나누어 줌》
a fancy cake 데커레이션 케이크 《영어로는 decoration cake는 아님》
a cupcake 컵 케이크 《컵 모양의 용기에 넣고 구운 작은 케이크》
a pound cake 파운드 케이크 《원래는 밀가루·설탕·버터를 각각 1 파운드씩 넣고 만든 데서 이 이름이 생겼다》
a hot cake 핫 케이크 《프라이팬(frying pan)에 구우므로 a pancake라고도 한다》
a fruitcake 프루트 케이크 《호도나 기타 과일을 넣은 케이크》

Cal. California(캘리포니아주)의 약어

cal·cu·late [kǽlkjulèit] 툉 (3단현 **calculates** [-s]; 과거·과분 **calculated** [-id]; 현분 **calculating**)
타동 자동 (~을) 계산하다
Calculate the number of days in a century. 1세기가 며칠인지 계산해 보아라

cal·cu·la·tor [kǽlkjulèitər] 몡 (복수 **calculators** [-z]) 계산기; 계산하는 사람

Cal·cut·ta [kælkʌ́tə] 몡 캘커타 《인도의 도시》

***cal·en·dar** [kǽləndər] 몡 (복수 **calendars** [-z]) 달력, 캘린더; (행사 예정 등의) 일람표
the solar *calendar* 양력
the lunar *calendar* 음력

calf [kǽf, kɑ́ːf] (◆l은 발음하지 않음) 몡 (복수 **calves** [kǽvz]) 송아지 《'암소'는 cow, '황소'는 bull, ox라고 함》; 송아지 가죽

Calif. California(캘리포니아주)의 약어

Cal·i·for·ni·a [kæ̀ləfɔ́ːrnjə] 몡 캘리포니아 《미국 서해안의 주(Calif. 또는 Cal.로 줄임); 애칭 Golden State》

★**call** [kɔ́ːl] 툉 (3단현 **calls** [-z]; 과거·과분 **called** [-d]; 현분 **calling**)
자동 ❶ 큰 소리로 부르다, 외치다; 소리쳐 부르다
He *called* to me from upstairs. 그가 이층에서 나를 불렀다
Someone is *calling* downstairs. 누군가가 아래층에서 부르고 있다
❷ 방문하다 《장기간 방문에는 쓰이지 않음》

📘 「(사람을) 방문하다」는 call on..., 「(장소·집을) 방문하다」는 call at..., 숙어 call at, call on 참조.

— 타동 ❶ (소리쳐서) ~를 부르다
I will *call* the police. 나는 경찰을 부를 것이다
Call me a taxi.(=*Call* a taxi for me.) 택시를 불러 다오
❷ (불러) 깨우다
Will you *call* me at five? 5시에 나를 깨워 주시겠습니까
❸ ~를 …이라고 부르다
They *call* her Kate. 그들은 그녀를 케이트라고 부른다
She is *called* Kate. 《수동태》 그녀는 케이트라고 불린다
Call me Nancy. 나를 낸시라고 부르시오
📕 성이 아니라 이름을 부르라고 하는 것은 더 친해지고 싶다는 뜻
❹ 전화로 불러 내다, 전화를 걸다
She *called* him (up). 그녀는 그를 전화로 불러냈다

📘 up은 생략해도 좋다. 또 him 대신 명사를 쓰면 up의 뒤에 두어도 좋다: I will call (up) Jim. (짐에게 전화 걸겠다)

I *called* Mary this morning, but nobody answered. 나는 오늘 아침에 메리에게 전화를 걸었지만 아무도 받

call at ... (집을) 방문하다, (장소에) 들르다
I *called at* my uncle's. 나는 삼촌댁을 방문했다

call back ... (남을) 되부르다; (남에게) 전화를 되걸다
I'll *call* you *back* later. 나중에 내가 전화 할께요

call for ... (남을 데리러, 물건을 가지러) 들르다; (남을) 불러내다; 큰 소리로 ~를 구하다
Tom! Your teacher is *calling for* you. 톰, 선생님이 너를 부르신다
Tom *called for* help. 톰은 큰 소리로 도움을 구했다

call off ... (약속 등을) 취소하다; (경기 등을) 중단하다
The game was *called off*. 경기가 중단되었다

call on ... (사람을) 방문하다
I *called on* Mr. Johnson yesterday. 나는 어제 존슨 씨를 방문했다

call the roll 출석을 부르다, 점호하다
Now I will *call the roll*. 자, 출석을 부르겠다
회화 교실에서 출석을 부를 때 답으로 "Here." 「예」라고 하면 좋다. 결석이라고 말할 때는 "He's[She's] absent." 「결석입니다」라고 한다

call up ... (남에게) 전화를 걸다
Call him *up* at once. 즉시 그에게 전화를 걸어라

—명 (복수 *calls* [-z])
❶ **부르는 소리**; 전화 호출
They heard a *call* for help. 그들은 도와달라는 소리를 들었다
He answered the telephone *call*. 그는 전화를 받았다
❷ (짧은 시간의) **방문**
I'm going to make a *call* on my uncle. 나는 삼촌을 방문할 예정이다
회화 I'm going to see my uncle. 이 더 구어적이다

called [kɔ́ːld] 동 *call*의 과거·과거분사형

called game [-géim] 명 《야구》 콜드 게임 《도중까지의 득점으로 승부를 결정함》

cal·lig·ra·phy [kəlígrəfi] 명 서도(書道), 습자(習字)

call·ing [kɔ́ːliŋ] 동 *call*(~을 부르다)의 현재분사
—명 부르기; 직업

calls [kɔ́ːlz] 동 *call*(~을 부르다)의 3인칭 단수현재형
—명 *call*(부르는 소리)의 복수형

calm [káːm] (♦l은 발음하지 않음)
형 (비교 *calmer*; 최상 *calmest*)
(바다·날씨가) 조용한; (기분·태도가) 온화한
It was a *calm* winter night. 조용한 겨울 밤이었다
—동 (3단현 *calms* [-z]; 과거·과분 *calmed* [-d]; 현분 *calming*) (타동) 달래다, 가라앉히다
I *calmed* myself. 나는 마음을 가라앉혔다
—(자동) 침착해지다
Calm down! 침착해라

calm·ly [káːmli] 부 조용하게; 침착히

cal·o·rie, cal·o·ry [kǽləri] 명 (복수 *calories* [-z]) 《물리·화학》 칼로리
📝 열량의 단위, 1칼로리는 1그램의 물의 온도를 섭씨 1도 만큼 올리는데 필요한 열량(cal.로 줄여 씀)

calves [kǽvz] 명 *calf*(송아지)의 복수형

Cam·bo·di·a [kæmbóudiə] 명 캄보디아 《동남아시아의 국가; 수도는 프놈펜(Pnom Penh)》

Cam·bo·di·an [kæmbóudiən]
형 캄보디아어[인]의
—명 캄보디아어[인]

Cam·bridge [kéimbridʒ] 명 케임브리지 《잉글랜드 동남부의 도시

came - can¹

로, 케임브리지 대학의 소재지》; 케임브리지 대학 《옥스퍼드(Oxford)대학과 함께 영국의 대표적인 대학; 정식으로는 Cambridge University라고 함》

came [kéim] (♦ a는 [ei]로 발음함) 자동 come (오다)의 과거형
I *came*, I saw, I won. 나는 왔다, 보았다, 승리했다 《줄리어스 시저가 원로원에 보낸 승전 보고로서 유명》

cam·el [kǽməl] 명 《동물》 낙타

cam·er·a [kǽmərə] 명 (복수 **cameras** [-z]) 카메라, 사진기
Jim has a good *camera*. 짐은 좋은 카메라를 가지고 있다

film advance lever rewind crank
필름 감는 레버 되감기 크랭크

shutter release lens focusing ring
서터 버튼 렌즈 거리링

camera

cam·er·a·man [kǽmərəmæn] 명 (복수 **cameramen** [-mèn]) 사진사, 카메라맨 《photographer라고도 함》
☑ 영화나 텔레비전을 촬영하는 사람을 가리킨다

camp [kǽmp] 명 (복수 **camps** [-s]) 캠프, 야영지
May I pack for the *camp* now? 이제 캠프에 갈 짐을 꾸려도 됩니까
I had a good time at *camp*. 나는 캠프장에서 즐겁게 보냈다
There's a nice *camp* near the lake. 호수 근처에 좋은 캠프장이 있다
make (*a*) *camp* 캠프하다, 야영하다
We made (a) *camp* by the lake. 우리는 호수 근처에서 캠프했다
— 동 (3단현 **camps** [-s]; 과거·과분 **camped** [-t]; 현분 **camping**) 자동 캠프하다, 야영하다
We *camped* out for three days. 우리는 3일 동안 캠프 생활을 했다
go camping 캠핑하러 가다
I want to *go camping* this summer. 금년 여름에는 캠핑하러 가고 싶다

cam·paign [kæmpéin] (♦ g는 발음하지 않음) 명 (사회적·정치적 목적으로 하는 조직적인) 운동, 캠페인; 선거 운동
a *campaign* against smoking 금연운동

camp·er [kǽmpər] 명 (복수 **campers** [-z]) 캠프하는 사람; 미 캠핑카 《숙박시설을 갖춘 차》

camp·fire [kǽmpfàiər] 명 야영의 모닥불, 캠프파이어

camp·ing [kǽmpiŋ] 동 camp (야영하다)의 현재분사
— 명 캠프 생활, 야영; 《명사 앞에 쓰여》 캠프의
go on a *camping* trip 캠프하러 가다

cam·pus [kǽmpəs] 명 (복수 **campuses** [-iz]) (주로 대학의) 구내, 교정, 캠퍼스; 대학

★**can¹** [kən, (강조할 때) kǽn] 조 (과거 **could** [kúd]; 부정형은 **cannot** [kǽnɑt] 또는 **can't** [kǽnt])

> 🔲 (1) can은 주어가 무엇이든 상관없이 모양이 변하지 않는다.
> I can swim. (1인칭)
> He can swim. (3인칭)
> They can swim. (복수)
> He cans swim. (×)
> (2) can의 뒤에 오는 동사는 그 동사의 원형을 쓴다
> He swims.
> He can swim. (동사의 원형)
> He can swims. (×)

❶ ~할 수 있다(=be able to)
I *can* swim. 나는 수영할 수 있다

"*Can* you speak English?" — "Yes, I *can*." 「영어를 말할 수 있나」—「예, 말할 수 있습니다」

회화 「~할 수 있는가?」라고 물을 때는 "Do you ~?"로 묻는 쪽이 겸손해서 좋다

A: *Can* you dance?
B: No, I *can't*.
A: 춤출 줄 압니까
B: 아니오, 할 줄 모릅니다

📘 can의 과거형은 could이지만, 미래형은 will[shall] be able to...로 나타낸다(can은 will 또는 shall과 함께 쓰이지 못함): He will be able to swim soon. (그는 곧 수영할 수 있을 것이다)

❷ ~해도 좋다 (↔cannot, must not 「~하면 안 된다」 must not이 더 강조적임)
You *can* come along with me. 너는 나와 함께 가도 좋다
Everyone *can* have a second helping. 누구든지 식사를 더 해도 좋다

📘 허가의 뜻인 may와 마찬가지이지만, 미에서는 can을 쓰는 일이 많다: You can keep the change. (잔돈은 가져도 좋다)

❸ 《의문문에서》 ~일까
Can it be true? 그것은 사실입니까
❹ 《부정문에서》 ~일 리가 없다 (↔must 틀림없다)
It *cannot* be true. 그건 사실일 리가 없다

†*as ... as* one *can* 될 수 있는 대로, 가능한 한

📝 one은 주어에 따라 I, we, you, he, she, they 등으로 바뀐다: Start *as* early *as you can*. (될 수 있는 대로 일찍 출발하라)

cannot ~ too... 아무리 ~해도 …이 지나치지 않다 → too

can² [kǽn] 명 (복수 **cans** [-z]) (미) (통조림) 깡통; 통조림(=영 tin)

***Can·a·da** [kǽnədə] 명 캐나다 《북아메리카에 있는 영국 연방의 독립국; 수도는 오타와(Ottawa)》

Ca·na·di·an [kənéidiən] 형 캐나다의; 캐나다인의
— 명 캐나다인

ca·nal [kənǽl] 명 (복수 **canals** [-z]) 운하
the Suez[Panama] *Canal* 수에즈[파나마] 운하
발음 강세는 제2음절에 있음

ca·nar·y [kənɛ́əri] 명 (복수 **canaries** [-z]) 《새》 카나리아
발음 강세의 위치에 주의

canary

Can·ber·ra [kǽnbərə] 명 캔버라 《오스트레일리아의 수도》

can·cel [kǽnsl] 타동 (3단현 **cancels** [-z]; 과거·과분 **canceled**, 영 **cancelled** [-d]; 현분 **canceling**, 영 **cancelling**) (주문 따위를) 취소하다, 무효로 하다
We *canceled* our hotel reservation. 우리는 호텔 예약을 취소했다

can·cer [kǽnsər] 명 《의학》 암
cancer of the stomach 위암

can·di·date [kǽndidèit] 명 (복수 **candidates** [-s]) (직위·지위 등에 대한) 지원자, 후보자

***can·dle** [kǽndl] 명 (복수 **candles** [-z]) 초, 촛불
Please light a *candle*. 초에 불을 붙이시오

candy - cap

He blew out the *candle*. 그는 촛불을 불어 껐다
Suddenly the *candle* went out. 갑자기 촛불이 꺼졌다

can·dy [kǽndi] 몡 (복수 **can-dies** [-z]) ⓤ **사탕 과자**, 캔디 《캐러멜·초콜릿 등; =영 sweets》; ⓒ 얼음 사탕
a piece of *candy* 캔디 한 개
The box was full of *candies*. 상자는 캔디로 가득차 있었다
My sister is fond of *candy*. 내 여동생은 캔디를 좋아한다

cane [kéin] 몡 (복수 **canes** [-z]) (등나무·대나무 등의) 가늘고 긴 줄기; 지팡이, 단장; 회초리

can·non [kǽnən] 몡 (복수 **can-nons** [-z], 《집합적》 **cannon**) 대포 《지금은 보통 gun을 씀》
— 자동 타동 (~을) 포격하다

can·not [kǽnɑt] 조 **can**(~할 수 있다)의 부정형

🔲 미에서는 can not으로 띄어쓰는 일도 있지만 약간 강조적으로 된다. 회화에서는 can't를 많이 씀.

❶ **~할 수 없다, ~할 줄 모르다**
I *cannot* play the piano. 나는 피아노를 칠 줄 모른다
❷ **~하면 안 된다** 《must not 쪽이 더 강한 금지를 나타냄》
You *cannot* stay here. 너는 여기 있으면 안 된다
❸ **~일 리가 없다**
The news *cannot* be true. 그 뉴스는 사실일 리가 없다

🔲 「~했을 리 없다」는 「cannot have+과거분사」로 나타낸다: He cannot have failed. (그가 실패했을 리가 없다)

cannot help+~ing (=《문어체》 **cannot but**+동사의 원형) ~하지 않을 수 없다
I *cannot help* going there. 나는 거기에 가지 않을 수 없다
🔲 과거형은 *could not help+~ing*

ca·noe [kənúː] 몡 카누 《짧고 폭이 넓은 노로 젓는 가벼운 배》, 통나무배

can't [kǽnt] 《구어》 cannot의 줄임꼴
I *can't* walk any farther. 나는 더 이상 걸을 수 없다
Can't you come this evening? 오늘 저녁에 올 수 없습니까
🔲 Cannot you ...?라고는 말하지 않는다. 또 Couldn't you ...?쪽이 더 정중한 느낌을 준다.

Can·ter·bur·y [kǽntərbèri] 몡 캔터베리 《영국 동남부의 도시로, 영국 국교의 총본산인 대성당의 소재지》

can·vas [kǽnvəs] 몡 (복수 **can-vases** [-iz]) 즈크 《베실이나 무명실로 두껍게 짠 직물》; 캔버스, 화포

can·yon [kǽnjən] 몡 (복수 **can-yons** [-z]) ⓒ 깊은 협곡
the **Gránd Cányon** 그랜드 캐니언
🔲 미국 애리조나 주에 있는 콜로라도 강의 대협곡; 국립 공원으로 지정되어 있다.

cap [kǽp] 몡 (복수 **caps** [-s])
❶ (테 없는) **모자** 《테 있는 모자는 hat》
Take off your *cap*.⁽¹⁾ 모자를 벗어라
Put on your *cap*.⁽²⁾ 모자를 써라
He always wears a *cap*.⁽³⁾ 그는 언제나 모자를 쓰고 있다

🔲 (1)은 Take your cap off. (2)는 Put your cap on.이라고 할 수도 있다. (3)은 쓰고 있는 상태를 나타내고, He always has his cap on.이라고 말할 수도 있다.

❷ (병·만년필 따위의) **뚜껑**
I lost the *cap* of my pen. 나는 만년필

뚜껑을 잃었다

ca·pa·ble [kéipəbl] 형 (비교 ***more* capable**; 최상 ***most* capable**) 유능한; 《be capable of + ~ing형으로》 ~할 수 있는, ~할 능력이 있는
He is *capable of* doing better. 그는 더 잘 할 능력이 있다

ca·pac·i·ty [kəpǽsəti] 명 (복수 **capac*ies***[-z]) 수용 능력, 정원; 용량; 능력

cape [kéip] 명 (복수 **capes** [-s]) 곶, 갑(岬); 《the Cape로》 (아프리카 최남단의) 희망봉(=the Cape of Good Hope)

Cape Town [-tàun] 명 케이프 타운 《남아프리카 공화국의 수도; 정부·공관 등은 프리토리아(Pretoria)에 있음》

★**cap·i·tal** [kǽpətl] 명 (복수 **capitals** [-z]) ❶ 수도
Seoul is the *capital* of Korea. 서울은 한국의 수도이다
❷ 대문자(= capital letter)
Write your name in *capitals*. 네 이름을 대문자로 써라
❸ 자본; 원금 《복수형으로는 쓰이지 않음》
The company has a *capital* of $ 300,000. 그 회사의 자본금은 30만 달러이다
— 형 ❶ 중요한; 제1의; 대문자의
a *capital* city 주요 도시, 수도
A *capital* letter is used at the beginning of a sentence. 대문자는 문장의 처음에 쓰인다
☑ 소문자는 a small letter
❷ 《구어》 훌륭한
That's a *capital* idea. 그것은 훌륭한 생각이다

cap·i·tal let·ter [- létər] 명 대문자 (↔ small letter), 머리글자

Cap·i·tol [kǽpətl] 명 《the를 붙여》 (미) 국회 의사당(→ Congress (미) 의회) 〈◆ 동음어 capital(수도)〉

the Capitol

cap·sule [kǽpsəl] 명 (복수 **capsules** [-z]) (약·우주로켓 등의) 캡슐

cap·tain [kǽptən] 명 (복수 **captains** [-z]) ❶ (팀의) 주장, 캡틴
Jim is the *captain* of our team. 짐은 우리 팀의 주장이다
He was elected *captain* of the soccer team. 그는 축구팀 주장으로 뽑혔다
❷ 선장
The *captain* saved the men. 선장은 부하들을 구출했다
❸ 육군 대위, 해군 대령, 공군 대위

cap·ture [kǽptʃər] 동 (3단현 **captures** [-z]; 과거·과분 **captured** [-d]; 현분 **capturing**) (타동) ~을 사로잡다, 생포하다, ~을 붙잡다
The policemen *captured* the robber at last. 경찰은 마침내 강도를 생포했다
— 명 포획; 노획품, 포획물

★**car** [kɑ́ːr] 명 (복수 **cars** [-z])
❶ 자동차
☑ (미) automobile, 영 motorcar라고도 하지만, 이제는 (미)(영)에서 모두 car를 쓴다.
Can you drive a *car*? 차를 운전할 수 있습니까
Most people come in their own *cars*. 대부분의 사람들은 자가용차로 온다
He got into a *car*. 그는 차에 탔다
☑ get on a *car*는 아님.
Get out of the *car* at Kuro. 구로에서 하차 하십시오
☑ get off a *car*는 아님
❷ 전차 《보통 streetcar라고 함》

caravan - carat

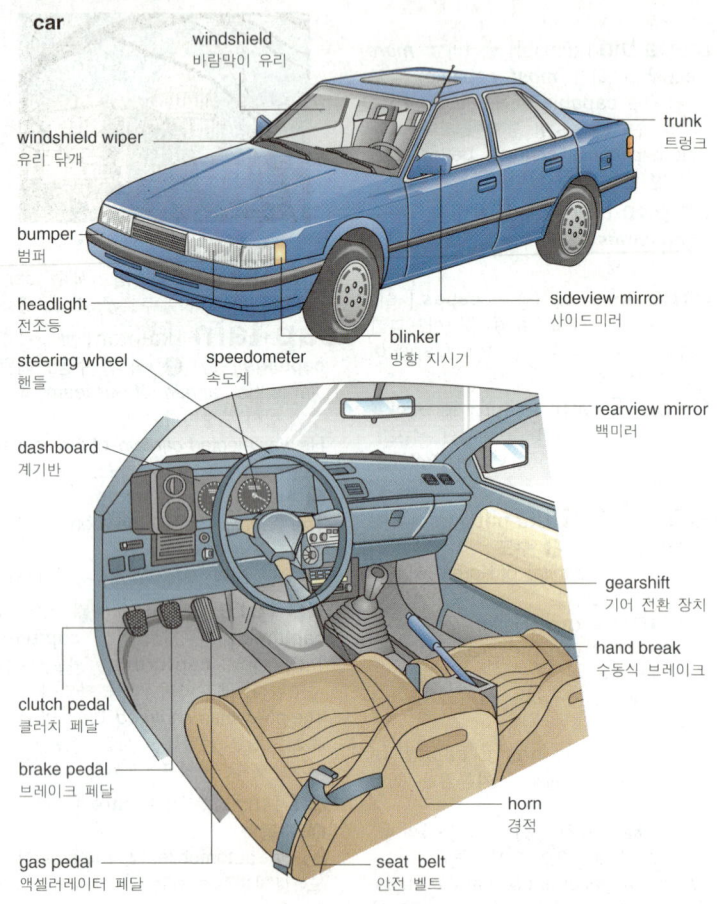

car
- windshield 바람막이 유리
- trunk 트렁크
- windshield wiper 유리 닦개
- bumper 범퍼
- headlight 전조등
- sideview mirror 사이드미러
- blinker 방향 지시기
- steering wheel 핸들
- speedometer 속도계
- rearview mirror 백미러
- dashboard 계기반
- gearshift 기어 전환 장치
- hand break 수동식 브레이크
- clutch pedal 클러치 페달
- brake pedal 브레이크 페달
- horn 경적
- gas pedal 액셀러레이터 페달
- seat belt 안전 벨트

Take a *car* at this street corner. 이 길모퉁이에서 전차를 타라
❸ 미 (철도의) **차량**, 객차(=영 carriage)
a díning càr 식당차
a sléeping càr 침대차
by car 차로
I will go there *by car*. 나는 차로 거기에 갈 것이다
My father goes to his office *by car*. 나의 아버지는 승용차로 출근하신다

It takes about three hours *by car*. 차로 약 3시간 걸린다

📝 by를 써서 교통 수단을 나타낼 때는 a나 the를 붙이지 않음.

car·a·van [kǽrəvən] 명 (복수 **caravans** [-z]) (사막을 여행하는) 대상(隊商); 대형 포장마차

car·at [kǽrət] 명 캐럿
▶ (1) 보석의 무게 단위, 1캐럿은 200밀리그램 (2) 합금 중의 금의 비율

을 나타내는 단위, 순금은 24캐럿

car·bon [káːrbən] 명 《화학》 탄소; (복사용) 카본지

card [káːrd] (◆ ar는 [ɑːr]로 발음함) 명 (복수 **card**s [-z])
❶ 카드; 명함; 엽서
📝 안내장·초대권 등의 「장」, 「권」에 해당함
an invitation *card* 초대장
a calling *card* (미) 명함(=영 a visiting *card*)
a postal *card* (미) 관제 우편 엽서(=영 a post *card*)
[풍습] 영·미에서는 명함을 주로 사용하는데(따라서 business card라고 함), 초면인 사람들이 명함을 교환하는 일은 그리 많지 않다.

● 축하용 카드 ●
a Christmas card 크리스마스 카드
a Valentine card 발렌타인 카드
a wedding card 청첩장
a birthday card 생일 축하 카드
a get-well card 문병 카드
a thank-you card 감사 카드

❷ (트럼프의) 카드 (1장)(=playing card); 《복수형으로》 트럼프 놀이
Do you have a pack of *card*s? 너는 트럼프를 가지고 있느냐
Let's play *card*s. 트럼프를 하자
Please cut the *card*s. 트럼프를 떼어라
He is dealing the *card*s. 그는 트럼프를 도르고 있다
📝 우리말의 「트럼프」는 영어의 trump「잘라 낸 조각」에서 나온 것. *a card*는 「카드 1장」, *a pack of cards*는 「트럼프 1벌」

card·board [káːrdbɔ̀ːrd] 명 판지

car·di·gan [káːrdigən] 명 (복수 **cardigan**s [-z]) 카디건 《앞을 단추로 채우는 스웨터》
[풍습] 영국의 카디건(Cardigan) 백작 (1797~1868)이 디자인하고 애용했던 데서 유래한 것이다

care [kέər] (◆ are는 [ɛər]로 발음함) 명 (복수 **care**s [-z]) 《형용사는 careful》

❶ 조심, 주의 《a를 붙이지 않고, 복수 없음》
Do your work with great *care*. 매우 주의하여 일을 하라
📝 Work very carefully.가 더 구어적.

❷ 돌봄, 보호, 보살핌 《a를 붙이지 않고, 복수 없음》
Mother is always busy with the *care* of the children. 어머니는 아이들을 보살피시느라 언제나 바쁘시다
Give Betty good *care*. 베티를 잘 돌보아라

❸ 《보통 복수형태로》 걱정
He is free from all *care*s. 그는 걱정거리가 하나도 없다
Care killed the cat. 《구어》 걱정은 몸에 독이다
💡 잘 죽지 않는 것으로 알려진 고양이도 걱정 때문에는 죽는다고 한다

care of [kέərəv] ... ~씨 댁[방]
📝 c/o로 줄여 편지 겉봉의 수신인 이름에 씀
Miss Mary Brown, *c/o* Mr. Lee. 이씨 방 메리 브라운 양

take care 주의하다, 조심하다
Take care not to eat too much. (=*Take care* that you don't eat too much.) 과식하지 않도록 주의하라
Take care that you are not late. (=*Take care* not to be late.) 늦지 않도록 주의하라

take care of ... ~를 돌보다, 조심하다
She is *taking care of* the flowers. 그녀가 꽃들을 돌보고 있는 중이다
"Please *take care of* yourself" — "Thanks, I will." 「몸조심하세요」— 「고맙습니다, 그러겠습니다」

— 동 (3단현 **care**s [-z]; 과거·과분 **care**d [-d]; 현분 **caring**)
(자동) ❶ 걱정하다
He *care*s a great deal. 그는 걱정을 많이 하고 있다

❷ 《부정문·의문문에서》 근심[걱정]하다, 신경 쓰다
I don't *care* about what he says. 나는 그의 말 따위에는 개의치 않는다
Mary doesn't *care* about her clothes. 메리는 옷에 신경쓰지 않는다
I don't *care* if it rains. 나는 비가 와도 상관하지 않는다
Who *cares*? 누가 알게 뭐람 (=Nobody cares. 아무도 상관않는다)

📝 의문사가 주어로 쓰일 때는 3인칭 단수로 취급되어 동사에 -s가 붙음.

care for ... ~를 보살피다, ~를 돌보다; 《부정문·의문문에서》 좋아하다, 바라다
I *care for* my little brother every day. 나는 내 어린 동생을 매일 돌본다
I don't *care for* money. 나는 돈 따위는 바라지 않는다
I don't *care* much *for* cheese. 나는 치즈는 별로 좋아하지 않는다
Would you *care for* some more milk? 차를 좀 더 드시겠습니까

care to ... 《부정문·의문문에서》 ~하고 싶다
I don't *care to* go. 나는 가고 싶지 않다
Do you *care to* see him? 그와 만나고 싶은가

ca·reer [kəríər] (◆발음·액센트 주의) 몡 (복수 **careers** [-z]) 경력, 생애; (전문적인) 직업
— 혱 전문직의
a *career* woman 직업 여성 《특히 결혼을 염두에 두지 않고 어떤 전문직에 전념하는 여성》

care·free [kέərfriː] 혱 걱정[근심]이 없는

★**care·ful** [kέərfəl] 혱 (비교 *more* careful; 최상 *most* careful) 주의하는(↔ careless 부주의한), 염두에 두는
Be *careful* not to make any noise when you eat soup. 수프를 먹을 때 소리가 나지 않도록 주의하라
I am always *careful* of my health. 나는 언제나 내 건강에 신경을 쓴다
She is *careful* about her dress. 그녀는 옷에 신경을 쓴다

care·ful·ly [kέərfəli] 閉 (비교 *more* carefully; 최상 *most* carefully) 주의 깊게, 신중히
Listen to me *carefully*. 나의 말을 주의해서 들어라
Read it more *carefully*. 더 주의해서 읽어라

care·less [kέərlis] 혱 부주의한(↔ careful 주의 깊은), 무관심한
She made a *careless* mistake. 그녀는 부주의로 실수를 했다
He is *careless* about his clothes. 그는 옷에 무관심하다

care·less·ly [kέərlisli] 閉 부주의하게, 경솔하게(↔ carefully 조심하여)

car·go [káːrgou] 몡 (복수 **cargos** 또는 **cargoes** [-z]) 뱃짐; (비행기의) 화물

Carl [kaːrl, kaːl] 몡 칼《남자 이름》

car·na·tion [kaːrnéiʃən] 몡 (복수 **carnations** [-z])《식물》카네이션
풍습 미국·캐나다에서는 5월의 둘째 일요일을 어머니날(Mother's Day)이라 하여 어머니가 살아계신 사람은 빨간 카네이션, 어머니를 여읜 사람은 흰 카네이션을 가슴에 달고 어머니의 은혜에 감사한다

car·ni·val [káːrnəvəl] 몡
❶ 사육제, 카니발《사순절(Lent)이 되기 며칠 전에 벌이는 축제로 로마에서 시작되어 가톨릭교국으로 널리 퍼짐》
❷ 난장판의 축제 분위기, 큰 잔치판

car·ol [kǽrəl] 몡 (복수 **carols** [-z]) 기쁨의 노래, (특히 크리스마스의) 축가, 찬가

carp [káːrp] 몡 (복수 **carps** [-s], 《집합적》 **carp**) (어류) 잉어
풍습 우리나라나 중국에서는 힘찬 물

고기라 해서 좋게 보나, 영·미에서는 지저분하고 탐욕스러운 물고기로 여겨 이미지가 좋지 않다

car·pen·ter [káːrpəntər] 명 (복수 **carpenters** [-z]) 목수

car·pet [káːrpit] 명 (복수 **carpets** [-s]) 융단, 바닥깔개

car·riage [kǽridʒ] 명 (복수 **car·riages** [-iz]) 마차, 차; 영 객차(=미 car)

car·ried [kǽrid] 동 carry(~을 나르다)의 과거·과거분사형

car·ries [kǽriz] 동 carry(~을 나르다)의 3인칭 단수 현재형

car·rot [kǽrət] 명 (복수 **carrots** [-s])(〔식물〕) 당근, 홍당무

★**car·ry** [kǽri] 타동 (3단현 **car·ries** [-z]; 과거·과분 **carried** [-d]; 현분 **carry**ing)

❶ 운반하다, 가지고 가다
Please *carry* this suitcase for me. 이 옷가방을 운반해 주시오
She *was carrying* a package under her arm. 그녀는 소포를 겨드랑이에 끼고 가고 있었다
The bus *carried* us to the airport. 버스는 우리를 공항으로 태우고 갔다

❷ **가지고 다니다**, 휴대하다
He *carries* his change in his pocket. 그는 잔돈을 주머니에 넣고 다닌다
He never *carries* much money with him. 그는 결코 많은 돈을 가지고 다니지 않는다
I always *carry* an umbrella with me. 나는 언제나 우산을 가지고 다닌다

carry away ~를 가져가 버리다; (홍수 등이) ~를 휩쓸어가다
The bridge was *carried away*. 다리가 떠내려갔다

carry on 계속하다(=continue); (장사 등을) 경영하다
They decided to *carry on*. 그들은 계속하기로 결정했다
He *carried on* business for many years. 그는 여러 해 동안 영업을 하였다

carry out 성취하다, 실천하다
It is difficult to *carry out* this plan. 이 계획을 수행하는 것은 어렵다
☑ out는 부사

car·ry·ing [kǽriiŋ] 동 carry(~을 나르다)의 현재분사형

cars [káːrz] 명 car(자동차)의 복수형

cart [káːrt] 명 (복수 **carts** [-s])(바퀴 둘 달린) 마차, 짐차

car·ton [káərtn] 명 판지 상자, 판지
two *cartons* of milk 우유 두 상자

car·toon [kɑːrtúːn] 명 (복수 **car·toons** [-z]) 풍자화, 시사만화 《보통은 컷; 연속만화(=comic strip)》

car·toon·ist [kɑːrtúːnist] 명 (복수 **cartoonists** [-s]) 만화가

car·tridge [káərtridʒ] 명 카트리지 《교환조작이 간편한 액체·가스 등의 작은 용기; 잉크 카트리지》

carve [káːrv] 타동 (3단현 **carves** [-z]; 과거·과분 **carved** [-d]; 현분 **carv**ing) ~에 조각하다, 새겨넣다
They *carved* their names on the wall. 그들은 자기들의 이름을 벽에 새겼다

★**case**[1] [kéis] 명 (복수 **cases** [-iz])
❶ 경우, 사정
He is wrong in this *case*. 이 경우에는 그가 잘못이다
In most *cases* she is in. 대개의 경우, 그녀는 집에 있다

❷ 《the를 붙여》 **사실**, 실정; 사건
That is not the *case*. 그것은 사실이 아니다

❸ (문법) 격

in any case 아무튼, 여하튼
In any case I must go there. 아무튼 나는 거기에 가야만 한다

in case (구어) 만일 ~하다면(=if)
In case you cannot go, I will go alone. 네가 갈 수 없다면, 나는 혼자

가겠다
in case of ... ~의 경우에
In case of danger, push this button. 위험한 경우, 이 버튼을 눌러라

★**case²** [kéis] 명 (복수 **case**s [-iz]) **상자**(=box), 케이스
a book *case* 책꽂이
a pencil *case* 필통
a *case* of eggs 달걀 한 상자

cash [kǽʃ] 명 (복수 **cash**es [-iz]) 현금, 돈
— 동 (3단현 **cash**es [-iz]; 과거·과분 **cash**ed [-t]; 현분 **cash**ing) (타동) ~을 현금으로 바꾸다
I'd like to *cash* this check. 나는 이 수표를 현금으로 바꾸고 싶어요

cas·sette [kəsét] 명 (복수 **cassette**s [-s]) (녹음·녹화용의) 카세트 (테이프); 《명사앞에 쓰여》 카세트의
a *cassette* tape recorder 카세트 테이프 리코더

Cas·si·o·pe·ia [kæsiəpíːə] 명 (천문) 카시오페이아 자리

cast [kǽst] 동 (3단현 **cast**s [-s]; 과거·과분 **cast**; 현분 **cast**ing) (타동) ❶ ~을 던지다
cast dice 주사위를 던지다
❷ (연극의) 배역을 정하다
— 명 (연극의) 배역, 캐스트

cast·er [kǽstər] 명 던지는 사람[물건]; 주조기

★**cas·tle** [kǽsl] (◆ t는 발음하지 않음) 명 (복수 **castle**s [-z]) 성(城), **성곽**
An Englishman's house is his *castle*. (속담) 영국인의 집은 그의 성이다
▷ 영국인이 남의 가정 생활을 존중하는 것을 강조한 말

cas·u·al [kǽʒuəl] 형 우연한, 우발적인; 무심코한, 문득 생겨난; 평상복의
have a *casual* meeting 우연히 만나다

casual wear 평상복

cas·u·al·ly [kǽʒuəli] 부 우연히; 문득, 무심코

★**cat** [kǽt] 명 (복수 **cat**s [-s]) **고양이**(→ kitten 고양이 새끼)
Lucy keeps three *cats*. 루시는 고양이를 3마리 기르고 있다
When the *cat's* away, the mice will play. (속담) 고양이가 없으면 생쥐들이 날뛴다
📝 관련어는 a kitten(새끼 고양이), mew(야옹), pussy(고양이 같은), tom-cat(수코양이), she-cat(암코양이) 등. 고양이를 무서워하는 것은 mouse(생쥐). 구미에서 사이가 나쁜 동물의 대표는 개와 고양이이다

cat·a·log, cat·a·logue [kǽtəlɔ̀ːg] 명 (복수 **catalog**s[-z]) 목록, 카탈로그

★**catch** [kǽtʃ] (◆ tch는 [tʃ]로 발음함) 동 (3단현 **catch**es [-iz]; 과거·과분 **caught** [kɔ́ːt]; 현분 **catch**ing) (타동) ❶ **붙잡다**
Cats *catch* mice. 고양이는 쥐를 잡는다
Bill *caught* me by the hand. 빌은 내 손을 잡았다
📝 이 어순에서는 먼저 큰 부분으로 방향을 나타내고(me), 다음에 정확한 특정의 곳(by the hand)을 제시한다. 그러나 He *caught* my hand.라고도 한다
He could not *catch* the ball. 그는 공을 잡을 수 없었다
The early bird *catches* the worm. (속담) 일찍 일어나는 새가 벌레를 잡는다
❷ 따라잡다, (버스 등을) 잡아타다 (↔ miss 놓치다)
I got up early in order to *catch* the train. 나는 기차를 타기 위하여 일찍 일어났다
❸ (병에) **걸리다**
I have *caught* a cold. 나는 감기에 걸렸다

catcher - cautious

❹ (~하고 있는 것을) **목격하다**
I *caught* a girl picking flowers in the park. 나는 공원에서 소녀가 꽃을 꺾고 있는 것을 목격했다
❺ **이해하다**, 알다
I cannot *catch* your meaning. 나는 너의 의도를 알 수 없다
— (자동) 걸리다, 끼다
His pants *caught* on a branch. 그의 바지가 나뭇가지에 걸렸다
be caught in (비·폭풍우 등을) 만나다
catch at ... ~에 매달리다, 기대다
A drowning man will *catch at* a straw. (속담) 물에 빠진 사람은 지푸라기라도 잡는다
catch up with ... ~를 따라가 잡다
I will *catch up with* you soon. 나는 곧 너를 따라가 잡을 것이다
— 명 (복수 **catches** [-iz]) (야구) 포구, 캐치볼
I sometimes play *catch* with Tom. 나는 톰과 가끔 캐치볼을 한다
a cátch phràse 캐치프레이즈, 표어

***catch·er** [kǽtʃər] 명 (복수 **catchers** [-z]) (야구) 포수(→ pitcher 투수)

catch·es [kǽtʃiz] 동 **catch**(~를 붙들다)의 3인칭 단수 현재형
— 명 **catch**(포구)의 복수형

catch·ing [kǽtʃiŋ] 동 **catch**(~를 붙들다)의 현재분사형

cat·er·pil·lar [kǽtəpìlər] 명 (복수 **caterpillars** [-z]) (송충이 쐐기 따위의) 모충, (나비·나방 따위의) 애벌레

ca·the·dral [kəθíːdrəl] 명 (복수 **cathedrals** [-z]) 대사원, 대성당

Cath·er·ine [kǽθərin] 명 캐서린 《여자 이름; 애칭은 Cathy, Kate, Kitty》
▶ 영·미에서 가장 흔한 이름의 하나임

Cath·o·lic [kǽθəlik] 형 가톨릭교의, 천주교의; (신교에 대하여) 구교의
— 명 (복수 **Catholics** [-s]) 가톨릭교도

Cath·y [kǽθi] 명 캐시 《여자 이름; Catherine의 애칭》

cat·s cra·dle [kǽts kréidl] 명 실뜨기 놀이(로 만드는 모양); 복잡하게 뒤얽힌 것

cat·sup [kétʃəp] 명 (미) 케첩(→ ketchup)

cat·tle [kǽtl] 명 《집합적》 소; 가축
All the *cattle* are in. 소는 모두 들어와 있다
📝 한 마리만을 뜻할 때는 쓰지 않고, 언제나 복수 취급

CATV community antenna television(난시청 지역의 공동 안테나 텔레비전)의 약어; cable television(유선 텔레비전)

***caught** [kɔ́ːt] (♦ au는 [ɔː]로 발음하고 gh는 발음하지 않음) 동 **catch** (붙잡다)의 과거·과거분사형

***cause** [kɔ́ːz] (♦ au는 [ɔː]로 발음) 명 (복수 **causes** [-iz])
❶ **원인**(↔ effect 결과)
Carelessness is a *cause* of an accident. 부주의는 사고의 원인이다
❷ **주의**, 목적
He works for the *cause* of world peace. 그는 세계 평화를 위하여 일한다
— 동 (3단현 **causes** [-iz]; 과거·과분 **caused** [-d]; 현분 **causing**)
(타동) ❶ **원인이 되다**, 일으키다
The snow *caused* the accident. 눈 때문에 그 사고가 일어났다
❷ **~에게 ···시키다**
They *caused* him to leave the place. 그들은 그를 그곳에서 떠나게 했다

cau·tion [kɔ́ːʃən] 명 (복수 **cautions** [-z]) 조심
Cross a railroad with *caution*. 철도를 조심해서 건너라

cau·tious [kɔ́ːʃəs] 형 주의 깊은, 조심성 있는, 신중한

cave - center

cave [kéiv] (◆ a는 [ei]로 발음함) 명 (복수 **caves** [-z]) 동굴
a cáve màn (유사 이전의) 혈거인

caw [kɔ́ː] 명 까악까악 《까마귀의 울음소리》
— 자동 (까마귀가) 까악까악 울다

cease [síːs] 동 (3단현 **ceases** [-iz]; 과거·과분 **ceased** [-t]; 현분 **ceasing**) 타동 자동 (~을) 그치다, 그만두다
He *ceased* to breathe. 그는 숨이 멎었다

CD [síːdíː] 명 compact disc 콤팩트디스크의 약어 《레이저 광선으로 기록한 틈을 재생하는 소형 레코드》

cedar [síːdər] 명 (복수 **cedars** [-z]) 《식물》 히말라야 삼목; (향나무 등) 삼나무 비슷한 각종 침엽수

***ceil·ing** [síːliŋ] 명 (복수 **ceilings** [-z]) 천장
This room has a low *ceiling*. 이 방은 천장이 낮다
There is a fly on the *ceiling*. 천장에 파리가 한 마리 있다
📝 아래쪽으로 향해 있어도 접촉해 있으면 on을 쓴다

***cel·e·brate** [séləbrèit] 타동 (3단현 **celebrates** [-s]; 과거·과분 **celebrated** [-id]; 현분 **celebrating**) 《명사는 celebration》 (축하식을) 행하다, 축하하다
We *celebrated* the New Year with a party. 우리는 파티를 열어 신년을 축하했다
Her friends *celebrated* her birthday. 친구들이 그녀의 생일을 축하해 주었다
📝 입학·졸업·취직 등에서「사람에게 축하하다」는 congratulate를 씀

cel·e·bra·tion [seləbréiʃən] 명 축하; 축전

cel·er·y [séləri] 명 《식물》 셀러리
풍습 이 야채만은 소리를 내면서 먹어도 좋다고 한다

cell [sél] 명 (복수 **cells** [-z])
❶ (수도원·교도소의) 독방
❷ 세포; 전지
a dry *cell* 건전지

cel·lar [sélər] 명 (복수 **cellars** [-z]) (술·연료를 저장하는) 지하실(→basement)

cel·lo, ·cel·lo [tʃélou] 명 (복수 **cellos** [-z]) 《음악》 첼로 《violoncello의 줄임꼴》

ce·ment [simént] 명 시멘트

cem·e·ter·y [sémətèri] 명 (복수 **cemeteries** [-z]) (교회에 부속되지 않은) 묘지; 공동 묘지 《보통 밝고 경치가 좋은 곳에 있으며, 분위기도 음산하지 않다. 교회 부속 묘지는 churchyard라고 함》

***cent** [sént] 명 (복수 **cents** [-s]) 센트, 1센트 동화
📝 미국·캐나다 등에서 쓰이며, 1달러의 100분의 1. ¢ 또는 c.로 줄여 씀 (→dollar).
This is five dollars and fifty *cents*. 이것은 5달러 50센트이다
〈◆ 동음어 scent(냄새), sent(send (~을 보내다)의 과거·과거분사)에 주의〉

● 센트 단위의 화폐 ●

a one-cent coin 1센트 동화(=a penny)

a five-cent coin 5센트 백통전(=a nickel [níkl])

a ten-cent coin 10센트 은화(=a dime [dáim])

a twenty-five-cent coin 25센트 은화 (=a quarter [kwɔ́ːrtər])

a fifty-cent coin 50센트 은화(=a half dollar)
📝 10센트 이상은 은화.

***cen·ter, cen·tre** [séntər] 명 (복수 **centers** [-z]) 《형용사는 central》 ❶ 중심, 중앙
📝 middle(중간)은 시간·장소에 다 쓰이지만, center는 주로 장소 및 추

상적인 의미로 쓰인다.
Our school is in the *center* of the city. 우리 학교는 시의 중앙에 있다
He is the *center* of this class. 그는 이 반의 중심 인물이다
❷ **중심지**, 중심지 시설, 센터
a shopping *center* 상점가, 쇼핑 센터
a health *center* 보건소
Seoul is the business *center* of Korea. 서울은 한국의 상업 중심지이다
❸ 《야구·축구 등의》 **중견수**, 센터
His position in the team is a *center*. 그의 위치는 중견수이다
📝 야구의 중견수는 a center fielder.

cen·ti·grade [séntəgreid] 〖형〗 섭씨의 《C로 줄임》 (→ Fahrenheit 화씨의)
10℃ 섭씨 10도 《ten degrees centigrade라고 읽음》
📝 영·미에서는 일상 생활에 화씨 (Fahrenheit)를 쓰는 일이 많아서, 특별히 C라고 밝히기 전에는 화씨 온도를 나타낸다. 섭씨를 화씨로 나타내는 식은 F=9/5C+32이다.

cen·ti·me·ter, 〖영〗**cen·ti·me·tre** [séntəmì:tər] 〖명〗 센티미터 《100분의 1미터; cm으로 줄여 씀》

*__cen·tral__ [séntrəl] 〖형〗 중심의, 중앙의 《명사는 center》
The park is in the *central* part of the city. 그 공원은 시의 중앙부에 있다

Céntral América 중앙 아메리카; 중미(中美)

céntral héating 중앙 난방식
📝 한 곳에서 각 방이나 건물로 스팀 등을 보내는 난방 장치.

Céntral Párk 센트럴 파크
📝 뉴욕의 맨해튼 중앙에 있는 대공원

cen·tre [séntər] 〖명〗 〖영〗=〖미〗 center

*__cen·tu·ry__ [séntʃəri] 〖명〗 《복수 centur*ies* [-z]》 세기, 100년
We will live in the twenty-first *century*. 우리는 21세기에 살 것이다
He lived in the 2nd *century* B.C. 그는 기원전 2세기에 살았다
▶ 서기 1900년까지는 19세기이고 (즉, 19세기는 1801~1900년까지를 뜻하며 1800~1899년이 아닌 점에 주의), 20세기는 1901년부터 시작했으며, 21세기는 2001년부터 시작한다.

ce·re·al [síəriəl] 〖명〗 《복수 **cereal*s*** [-z]》 《보통 복수형으로》 곡물(밀·쌀·옥수수 등); (아침 식사용의) 곡류 가공 식품, 시리얼 《오트밀, 콘플레이크 등을 말하며, 우유에 타서 먹음》

cer·e·mo·ny [sérəmòuni] 〖명〗 《복수 **ceremon*ies*** [-z]》 의식, 의례
a graduation *ceremony* 졸업식
📝 〖미〗에서는 학교 졸업식을 a commencement라고 한다.
an opening *ceremony* 개회식
a closing *ceremony* 폐회식

*__cer·tain__ [sə́:rtn] (♦ er는 [ə:r]로 발음함) 〖형〗 ❶ 《동사의 뒤에서》 **확실한**(=sure), 확신하는
I am *certain* of his success.(=I am *certain* that he will succeed.) 나는 그의 성공을 확신하고 있다
❷ 《명사의 앞에서》 **어떤**, 일정한
I visited a *certain* gentleman. 나는 어떤 신사를 방문했다
He worked hard for a *certain* period of time. 그는 일정 기간은 열심히 일했다
for certain 확실히, 틀림없이 《보통 know, say뒤에 옴》
I don't know *for certain*. 나는 확실히는 모른다

*__cer·tain·ly__ [sə́:rtnli(:)] 〖부〗 《비교 **more certainly**; 최상 **most certainly**》
❶ 확실히, 꼭(=surely)
He will *certainly* come. 그는 꼭 올 것이다
❷ 《물음에 대한 응답에서》 물론이다, 그렇고말고
"Will you come with me?"—"Yes, *certainly*." 「나와 함께 갈래」—「그래,

certainty - chameleon

물론이지」
"Will he succeed?" — "*Certainly.*"
「그는 성공할까」—「성공하고말고」
"May I ask a favor of you?"—
"*Certainly*, what is it?"
「부탁 하나 해도 될까요」—「물론이지, 뭔데」

cer·tain·ty [sə́:*r*tnti] 몡 확실성, 확신 《형용사는 certain》
with c*ertainty* 확신을 가지고

cer·tif·i·cate [sərtífəkət] 몡 (복수 **certificates** [-s]) 증명서; 면허장

cf. [síːéf, kəmpέər] 비교하라 (=compare), 참조하라 《원래는 라틴어 confer의 약어》

*<big>**chain**</big> [tʃéin] 몡 (복수 **chain**s [-z]) 쇠사슬, 쇠줄; 연쇄, 연속
His dog was on the *chain*. 그의 개는 쇠사슬에 묶여 있었다
a *chain* of mountains 산맥
a cháin stòre 回 체인 스토어, 연쇄점 《동일 자본으로 경영되고 있는 많은 소매점 중의 하나》

*<big>**chair**</big> [tʃέər] (♦ ch는 [tʃ], air는 [εər]로 발음함) 몡 (복수 **chair**s [-z]) 의자
May I sit in[on] this *chair*? 제가 이 의자에 앉아도 될까요
☑ 보통 sit on a *chair*는 팔걸이가 없는 의자에 앉는 경우이고, 팔걸이가 있는 의자에 앉는 경우에는 sit in a *chair*라고 한다.
Take a *chair*, please.(=Please have a *chair*.) 의자에 앉으시오
an armchair 팔걸이 의자
a rócking chàir 흔들의자
☑ chair는 일반적으로 등받이가 있는 1인용 의자를 말하며, 흔히 우리가 말하는 '의자'란 말보다 뜻이 훨씬 좁다. 영어에서는 그 이외의 의자에는 다른 이름이 붙어 있다. bench(2인 이상 앉을 수 있는 기다란 의자) / couch(침대의자, 긴의자) / sofa (등받이·팔걸이가 있는 푹신한 긴의자) / stool(등받이·팔걸이가 없는 1인용 의자)

*<big>**chair·man**</big> [tʃέərmən] 몡 (복수 **chair**men [-mən]) 의장, 회장, 사회자 《여성에도 씀》
They made Tom *chairman*. 그들은 톰을 회장으로 뽑았다
☑ 회의에서 남성은 Mr. Chairman, 여성은 Madam Chairman.

chair·per·son [tʃέərpə̀:*r*sn] 몡 의장; 위원장 → chairman

chairs [tʃέərz] 몡 **chair**(의자)의 복수형

*<big>**chalk**</big> [tʃɔ́:k] (♦ ch는 [tʃ], al은 [ɔ:]로 발음함) 몡 분필, 백묵 《보통 a를 붙이지 않고, 복수 없음》

> 💬 chalk는 물질 명사(하나, 둘이라고 셀 수 없는 명사)이므로 초크 1개는 a piece of chalk, 2개는 two pieces of chalk 로 되지만, 특히 종류를 말할 때는 a red chalk (빨간 분필), two colored chalk(s) (색분필 2개) 등으로 말한다:
> Please bring me a piece of chalk. (분필 1개를 가져다 주시오)
> How many pieces of chalk do you want?(분필 몇 개를 원합니까)

He wrote his name on the blackboard with *chalk*. 그는 칠판에 분필로 자기 이름을 썼다

chal·lenge [tʃǽlindʒ] 몡 (복수 **challenge**s [-iz]) 도전, (결투 등의) 신청; 도전장
accept a *challenge* 도전에 응하다
— 통 (3단현 **challenge**s [-iz]; 과거·과분 **challenge**d [-d]; 현분 **challeng**ing) 〔타통〕 ~에 도전하다, (시합등을) 신청하다

cham·ber [tʃéimbər] 몡 침실 (=bedroom); 부옥(部屋)(=room)

cha·me·le·on [kəmíːlijən] 몡 (복수 **chameleon**s [-z]) (동물) 카

chair

sofa 소파

swivel chair 회전 의자

folding chair 접는 의자

rocking chair 흔들의자

dining chair 식탁 의자

stool 걸상

armchair 안락 의자

멜레온

cham·pi·on [tʃǽmpiən] 명 (복수 **champion**s [-z]) 선수권 보유자, 챔피언

cham·pi·on·ship [tʃǽmpiənʃíp] 명 (복수 **championship**s [-s]) 선수권

★**chance** [tʃæns] 명 (복수 **chance**s [-iz]) ❶ 기회, 좋은 기회

☑ opportunity 보다 우연성의 뜻이 강함.

Give me another *chance*. 나에게 다른 기회를 다오

He missed the *chance* of going abroad. 그는 외국에 갈 기회를 놓쳤다

❷ 우연(히 생긴일), 운

by chance 우연히, 공교롭게

I met him there *by chance*. 나는 그곳에서 우연히 그를 만났다

take a chance ㉤ 운에 맡기고 해보다, 위험을 무릅쓰다

—동 (3단현 **chance**s [-iz]; 과거·과분 **chance**d [-t]; 현분 **chanc**ing) 자동 우연히 ~하다(=happen)

I *chanced* to see her yesterday. 나는 어제 그녀를 우연히 만났다

★**change** [tʃéindʒ] 동 (3단현 **change**s [-iz]; 과거·과분 **change**d [-d]; 현분 **chang**ing) 타동 ❶ 바꾸다, 변화시키다

She *changed* her coat. 그녀는 웃옷을 바꿔 입었다

He *changed* his mind very soon. 그는 곧 마음이 변했다

Water is *changed* into steam by heat. 물은 가열하면 증기로 된다

I *changed* the dirty clothes into clean ones. 나는 더러운 옷을 깨끗한 옷으로 바꿔 입었다

He *changed* his name to Mark Twain. 그는 마크 트웨인이라고 개명했다

Oil has *changed* the country from a poor country into a rich one. 석유가 그 나라를 가난한 나라에서 부유한 나라로 바꿔놓았다

❷ 바꾸다, 교환하다

changeable- charge

I *changed* seats with him. 나는 그와 좌석을 바꾸어 앉았다
☑ 복수형 seats에 주의.
We *changed* places. 우리는 자리를 바꾸었다
I will *change* my radio for Susie's. 내 라디오를 수지의 것과 바꿀 것이다
❸ 바꿔 타다
We *changed* trains for Kwangju at Pusan. 우리는 부산에서 광주행 열차로 바꿔 탔다
All *change* here! 모두 바꿔 타시오 《차장의 말》
❹ 잔돈으로 바꾸다(=break)
Will you *change* this ten-thousand-won bill? 이 만원짜리 지폐를 잔돈으로 바꿔주시겠어요
— (자동) 변하다; 갈아 타다
The town has *changed* much. 그 도시는 많이 변했다
You should *change* to a train there. 너는 그곳에서 기차로 갈아타야 한다
— 명 (복수 *changes* [-iz])
❶ 변화, 변경, 갱신
Let's try a new novel for a *change*. 기분 전환으로 새 소설을 읽어 보자
There is no *change* in the schedule. 그 일정에는 변경이 없다
He went to Chejudo for a *change* of air. 그는 전지 요양차 제주도에 갔다
❷ 잔돈, 거스름돈
Do you have any *change*? 잔돈을 가지고 있습니까
I don't have any small *change*. 나는 잔돈을 가지고 있지 않다
Keep the *change*. 잔돈은 가지시오
No *change* given. 《게시》 잔돈 없음

change·a·ble [tʃéindʒəbl] 형
(날씨 등이) 변하기 쉬운; (성격이) 변덕스러운

*chan·nel [tʃǽnl] 명 (복수 chan-nels [-z]) ❶ 해협
the Énglish Chánnel 영국 해협 《간단히 the Channel이라고 해도 영국 해협을 가리킴》

☑ strait(해협) 보다 큼.
❷ (텔레비전) 채널
Turn to *Channel* Nine. 9번 채널로 돌려라

*char·ac·ter [kǽrəktər] 명
(복수 *characters* [-z])
❶ 특성, 성격, 인격 《a를 붙이지 않고, 복수 없음》

☐ 그러나 형용사가 붙으면 a를 붙이는 일도 있음: a weak character (약한 성격)

the national *character* 국민성
He is a man of *character*. 그는 인격자이다
❷ (소설·연극의) 작중 인물
Anna is one of the *characters* in this book. 안나는 이 책의 등장 인물 중 하나이다
❸ 문자
a Chinese *character* 한자

char·ac·ter·is·tic [kærəktərístik] 형 특유의, 독특한
Lilies have their own *characteristic* smell. 백합은 독특한 향기를 가지고 있다
— 명 (사람·물건의) 특성, 특질

cha·rades [ʃəréidz, ʃərɑ́:dz] 명
《단수 취급》 (몸짓에 의하여) 말을 알아맞히는 놀이, 제스처 게임

char·coal [tʃɑ́ərkòul] 명 숯, 옥탄

charge [tʃɑ́:rdʒ] 명
❶ 책임, 돌봄
Miss Nam is in *charge* of this class. 남선생이 이 반 담임이다

☐ 「맡기다」의 경우에는 in the charge of를 쓰는 것이 좋다: The baby is in the charge of the neighbor. (아기는 이웃 사람에게 맡겨져 있다)

Please take *charge* of the key. 열쇠

charity - chatter

를 맡으시오

❷ 요금; 《흔히 복수형으로》 비용
This art museum is free of *charge* on Sunday. 이 미술관은 일요일에는 무료 입장이다
How much is the *charge* for parking? 주차 요금은 얼마냐

📝 보통 charge는 입장료·주차료 등 서비스업에 대한 요금을 말하며, price는 물건의 가격을 말함

❸ 비난, 죄명
❹ (전지의) 충전
— (통) (3단현 **charges** [-iz]; 과거·과분 **charged** [-d]; 현분 **charging**)
(타동) ❶ 비난하다, 고발하다
They *charged* him with carelessness. 그들은 그를 부주의하다고 비난했다
They *charged* him with driving without a license. 그들은 그를 무면허 운전이라고 고발했다
❷ (대금을) 청구하다
They *charged* me fifty dollars. 그들은 나에게 50달러를 청구했다

📝 They가 상점으로 생각되면 해석하지 않는 것이 좋다.

❸ (책임을) 지우다; 충전하다

char·i·ty [tʃǽrəti] (명) (복수 **charities** [-z]) 자선; 자선 사업
a *charity* concert 자선 음악회
Charity begins at home 《속담》 사랑은 가정[자기주변]에서부터 시작된다

Charles [tʃɑːrlz] (명) 찰스 《남자이름; Charley, Charlie의 애칭. 영미에서 가장 흔한 이름의 하나임》

Char·lie [tʃɑːrli] (명) 찰리 《남자이름; Charles의 애칭. Charley라고도 함》

Char·lie Brown [tʃɑːrli bráun] (명) 찰리 브라운 《미국 만화 「피너츠(Peanuts)」의 주인공 소년; 무엇하나 제대로 해내지 못하는 것이 오히려 인기. 찰스 슐츠 작》(→ Snoopy)

charm [tʃɑːrm] (명)

❶ (사람의 마음을 사로잡는) 매력
She has a lot of *charm*. 그녀는 매우 매력적이다
❷ 주문(呪文); 부적, 마력
— (통) (3단현 **charms** [-z]; 과거·과분 **charmed** [-d]; 현분 **charming**)
(타동) ~을 매료하다, 황홀하게 하다
I was *charmed* by her beauty. 나는 그녀의 아름다움에 매료당했다

***charm·ing** [tʃɑːrmiŋ] (형) (비교 *more* **charming**; 최상 *most* **charming**) 매력적인; 감칠 맛이 있는
Nancy is very *charming*. 낸시는 매우 매력적이다
This story is *charming*. 이 이야기는 재미있다

chart [tʃɑːrt] (명) (복수 **charts** [-s]) 해도, 도표
a weather *chart* 기상도

char·ter [tʃɑːrtər] (통) (3단현 **charters** [-z]; 과거·과분 **chartered** [-d]; 현분 **chartering**) (타동) (배·버스·비행기 등을) 전세내다[계약으로 빌리다]
— (명) (복수 **charters** [-z]) 헌장
the *Charter* of the United Nations 유엔 헌장

***chase** [tʃeis] (통) (3단현 **chases** [-iz]; 과거·과분 **chased** [-t]; 현분 **chasing**) (타동) 쫓아가다, 추적하다, 쫓아내다
The dog *chased* a rat into the hole. 개가 쥐를 구멍으로 쫓아냈다
— (명) 추적

chat [tʃæt] (통) (3단현 **chats** [-s]; 과거·과분 **chatted** [-id]; 현분 **chatting**) (자동) (마음을 터놓고) 이야기하다; 잡담하다
— (명) 잡담
have a *chat* 잡담하다

chat·ter [tʃǽtər] (자동) 떠들어대다, 재잘재잘 지껄이다; (새가) 요란하게 울다
— (명) 재잘거림; (새·원숭이의) 소란

cheap - cheer

한 소리

cheap [tʃí:p] (♦ ch는 [tʃ], ea는 [i:]로 발음함) 혱 (비교 **cheap**er ; 최상 **cheap**est) 값이 싼 ; 가치 없는
This cloth is *cheap*. 이 천은 값이 싸다
Show me a *cheaper* one. 더 싼 것을 보여 다오
There is a *cheap* store near my house. 나의 집 근처에 싸게 파는 가게가 있다

📝 (1) 파는 사람은 cheap이라고 하지 않고 reasonable 또는 economical 등으로 말한다. 또 cheap은 질이 떨어진다는 느낌이 든다. 값이 「비싼」은 dear라고는 잘 말하지 않고 expensive를 사용한다 (2) cheap와 low의 쓰임에 주의: The price of this cloth is low. (이 천의 값은 싸다)

— 튀 싸게
I bought it *cheap*. 나는 그것을 싸게 샀다

cheat [tʃí:t] 통 (3단현 **cheat**s [-s] ; 과거·과분 **cheat**ed [-id] ; 현분 **cheat**ing) 타동 ~을 속이다
Don't *cheat* me. 나를 속이지 마라
He is going to *cheat* you. 그가 너를 속이려고 한다
— 자동 속임수를 쓰다
I never *cheat* in examination. 나는 시험칠 때 결코 부정 행위를 하지 않는다

📝 cunning은 「커닝」의 뜻으로는 사용하지 않음.

check [tʃék] (♦ ch는 [tʃ], k는 [k]로 발음함) 몡 (복수 **check**s [-s]) ❶ 확인, 확인표(∨) ; (수하물 예치의) 표
❷ 미 수표 (영에서는 cheque) ; 미 (식당의) 계산서(bill)
May I pay by *check*? 수표로 지불해도 될까요
We want separate *checks*. (=Give us separate *checks*, please.) 《식당 등에서》 계산서를 각자 앞으로 떼어 주

시오
— 타동 (3단현 **check**s [-s] ; 과거·과분 **check**ed [-t] ; 현분 **check**ing)
❶ 검사하다
He *checked* all the figures in the list. 그는 표에 있는 숫자들을 전부 검사했다
❷ 미 (물건을) 물표를 받고 보내다 [맡기다]
I *checked* two trunks through to Chicago. 나는 시카고까지 2개의 트렁크를 소포로 부쳤다
Will you *check* your coat, sir? 외투를 맡기시겠습니까
❸ 미 확인하다
I'm not sure, so I'll *check*. 자신이 없으므로 확인해 보겠다
회화 약속 등을 한 번 더 확인 할 때 *Check*, ten o'clock, OK? (확인해, 10시, 좋지?)라고 한다.

check in (호텔에서) 숙박부에 기입하고 숙박하다 ; (공항에서) 좌석을 확인하다
I *checked in* at the reception desk. 나는 (호텔) 프런트에서 숙박부에 기입했다

check out 비용을 계산하고 호텔을 나가다
The gentleman *checked out* yesterday. 그 손님은 어제 (호텔에서) 나가셨습니다

check·ers [tʃékərz] 몡 《단수 취급》 미 체커 《체스와 비슷한 게임 ; 12개씩의 말을 체스판 위에서 움직여 서로 따냄. 영에서는 draughts [drǽ:fts]라고 함》

cheek [tʃí:k] 몡 (복수 **cheek**s [-s]) 《보통 복수로》 볼, 뺨
His *cheeks* are rosy. 그의 뺨은 장미빛이다

cheep [tʃí:p] 몡 삐악삐악 우는 소리
— 자동 (새끼 새가) 삐악삐악[짹짹] 울다

cheer [tʃíər] 몡 (복수 **cheer**s [-z]) 《형용사는 cheerful》
❶ 환호, 기쁜 소리

We gave three *cheers* for him. 우리는 그를 위하여 만세 3창을 했다 《응원할 때에는 Hip, hip, hurrah [hurɔ́ː]!를 3차례 되풀이한다》
Cheers! 《구어》 건배!; 만세! 잘했다

❷ 기분 《a를 붙이지 않고, 복수 없음》
in good *cheer* 기분 좋게
— 통 (3단현 *cheers* [-z]; 과거·과분 *cheered* [-d]; 현분 *cheering*) 타동 자동 기운을 북돋우다, 기운을 내다
We *cheered* him (up). 우리는 그를 응원했다
Cheer up! 기운을 내라

*__cheer·ful__ [tʃíərfəl] 형 (비교 *more* cheerful; 최상 *most* cheerful) 명랑한, 건강이 좋은, 원기 있는
He looks *cheerful*. 그는 명랑해 보인다
We sang a *cheerful* song. 우리는 명랑한 노래를 불렀다

*__cheese__ [tʃíːz] (♦ ch는 [tʃ], ee는 [iː]로 발음함) 명 (복수 *cheeses* [-iz]) 치즈 (→ butter)
Cheese is made from milk. 치즈는 우유로 만들어진다
Please give me a piece of *cheese*. 치즈 한 조각을 주시오
Say *cheese*! 자, 웃으세요 《사진을 찍을 때 하는 말. cheese라고 발음하면 입모양이 웃는 모양이 되는 데서 유래》
풍습 cheese는 쥐가 좋아하므로 쥐를 잡는 미끼로 쓰이며, 또한 서양에서는 갓 만들어진 치즈에서 달을 연상한다고 한다

🔲 cheese는 물질명사이므로, a piece of cheese(치즈 한 조각), two pieces of cheese(치즈 두 조각)이라고 말한다.

__chee·tah__ [tʃíːtə] 명 (복수 *cheetahs* [-z]) 《동물》 치타

__chef__ [ʃéf] 명 (특히 식당·호텔 등의) 주방장

__chem·i·cal__ [kémikəl] 형 화학의, 화학상의
a *chemical* experiment 화학 실험
— 명 《복수형으로》 화학 약품

__chem·ist__ [kémist] 명 (복수 *chemists* [-s]) 화학자; 영 약제사, 약방

__chem·is·try__ [kémistri] (♦ ch는 예외적으로 [k]로 발음함) 명 화학

__cheque__ [tʃék] 명 (복수 *cheques* [-s]) 영=미 check
🔲 「수표」의 뜻으로만 쓰이는 철자임.

*__cher·ry__ [tʃéri] 명 (복수 *cherries* [-z]) ❶ 버찌, 벚나무
❷ 벚나무 목재 《a를 붙이지 않고, 복수 없음》

__chér·ry blòs·som__ [-blɑ̀səm] 명 (복수 *cherry blossoms* [-z]) 벚꽃
🔲 cherry는 영·미인에게는 「벚꽃」이 아니라 「버찌」가 먼저 머리에 떠오른다. 따라서 우리말의 '벚꽃'은 꽃의 담홍색으로, 영어의 cherry는 그 열매의 진홍색으로 연상시킨다.

__chess__ [tʃés] 명 체스, 서양 장기
Let's play (at) *chess*. 체스를 두자
🔲 체스는 한국의 장기와 비슷한 놀이. 상대방에게 「장군!」이라고 할 때는 Check!라고 함. king (왕) 1개, queen (여왕) 1개, bishop [bíʃəp] (승정) 2개, knight (기사) 2개, rook [rúk] (성장) 2개, pawn [pɔ́ːn] (보병) 8개, 모두 16개가 있고 상대방 것을 합하면 32개로 된다. 체스판 (chessboard) 위에서 두 사람이 각각 16개의 말(chessman)을 움직여 공방을 벌이다가 마지막으로

chess

chest - chimney

'왕말'을 몰아붙이는 쪽이 이긴다.

chest [tʃést] 명 (복수 **chests** [-s])
❶ 서랍장
❷ 가슴, 폐, 흉부

chest·nut [tʃésnʌt] (♦ 앞의 t는 발음하지 않음) 명 (복수 **chestnuts** [-s]) 《식물》 밤, 밤나무

chew [tʃúː] 타동 (3단현 **chews** [-z]; 과거·과거분사 **chewed** [-d]; 현분 **chewing**) (음식을) 씹다, 꼭꼭 씹다
☑ 「물어 뜯다」는 bite임.

chew·ing gum [tʃúːiŋ gʌm]
명 추잉검, 껌

Chi·ca·go [ʃikɑ́ːgou] 명 시카고 《미국 중부 일리노이주의 대도시; 인구는 뉴욕 다음으로 많음》

chick [tʃík] 명 (복수 **chicks** [-s]) 병아리; 겁쟁이

★**chick·en** [tʃíkin] (♦ch는 [tʃ], ck는 [k]로 발음함) 명 (복수 **chickens** [-z]) ❶ 병아리, 닭 《생후 1년 미만의 것을 말함》
☑ hen (암닭), cock 또는 rooster [rúːstər] (수탉)
He keeps a lot of *chickens*. 그는 닭을 많이 사육하고 있다
❷ 닭고기 《a를 붙이지 않고, 복수 없음》
☑ hen도 식육으로 되면 chicken이라고 함.
We had *chicken* for dinner. 우리는 만찬에 닭고기를 먹었다
a **chícken fàrm**(=**a chícken yàrd**) 양계장
a **chícken hòuse** 닭장
chícken sòup 치킨 수프

★**chief** [tʃíːf] 명 (복수 **chiefs** [-s]) (단체의) **장**, (종족의) 추장; 《속어》 우두머리, 아버지
Mr. Brown is the *chief* of police. 브라운 씨는 경찰서장이다
in chief 《명사 뒤에 쓰여》 최고위의
an editor *in chief* 편집장

— 형 **최고의**, 제1위의; 주요한
a *chief* clerk 서기장
the *chief* rivers of Korea 한국의 주요 하천

chief·ly [tʃíːfli(ː)] 부 주로, 대개, 흔히, 대부분은

★**child** [tʃáild] 명 (복수 **children** [tʃíldrən]) ❶ 어린이, 아이
A *child* is crying on the street. 한 아이가 길에서 울고 있다
Tom is a good *child*. 톰은 착한 아이다
I have known John from a *child*. 나는 존을 어릴 때부터 알고 있다
☑ child의 남녀 구분이 분명하지 않을 때는 it로 받는다: The *child* opened its eyes. (그 아이는 눈을 떴다)
❷ 《연령에 관계 없이》 **자식**
an only *child* 외아들[외동딸]
I have no *children*. 나에게는 자식이 없다

child·hood [tʃáildhùd] 명 어린 시절, 유년시대
I spent my *childhood* in Seoul. 나는 서울에서 어린 시절을 보냈다

child·ish [tʃáildiʃ] 형 (비교 **more childish**; 최상 **most childish**) 《명사형은 child》 어린아이 같은, 천진난만한; (어른의 언동이) 유치한, 어른답지 못한

★**chil·dren** [tʃíldrən] (♦ 발음에 주의) 명 child (아이)의 복수형
He has six *children*. 그는 6명의 자식을 두고 있다

chill [tʃíl] 명 (살갗을 에는) 차가움, 냉기; 오한
I have a *chill*. 오한이 난다

chim·ney [tʃímni] (♦ ch는 [tʃ]로 발음함) 명 (복수 **chimneys** [-z]) 굴뚝
Santa Claus comes down from the *chimney*. 산타 클로스는 굴뚝에서 내려온다
풍습 옛날 성 니콜라스 (Saint Nicholas

chimpanzee - choose

가 한 가난한 노인을 돕기 위해 지붕에 올라가서 굴뚝 속으로 돈을 떨어뜨렸더니 그것이 벽난로 옆에 널어 놓았던 양말 속으로 들어갔다는 데서 유래
[작문] 「이 도시에는 굴뚝이 많다」는 There are a lot of tall *chimneys* in this town. 《영국의 집에는 굴뚝이 있으므로, chimney만으로는 무의미하게 된다》
a **chímney còrner** 굴뚝 부근의 자리
a **chímney swèep** 굴뚝 청소부

chim·pan·zee [tʃìmpænzíː] 명 (복수 **chimpanzees** [-z]) 《동물》 침팬지

chin [tʃín] 명 (복수 **chins** [-z]) 아래턱

***Chi·na** [tʃáinə] 명 **중국**
the People's Republic of *China* 중화 인민 공화국, 중국 《수도는 베이징》
the Republic of *China* 중화 민국 《수도는 타이베이》

chi·na [tʃáinə] 명 도자기 (♦ China (중국)와 혼동하지 않도록 주의)

Chi·na·town [tʃáinətàun] 명 (복수 **Chinatowns** [-z]) 중국인 거리, 차이나타운

Chi·nese [tʃàiníːz] (♦ ch는 [tʃ], 앞의 e는 [iː]로 발음함) 형 중국의, 중국어[인]의
[발음] 강세는 흔히 바뀜: a Chínese bóy
—명 (복수도 **Chinese**) 중국인, 중국어
a *Chinese* 1인의 중국인
two *Chinese* 2인의 중국인

chip [tʃíp] 명 (복수 **chips** [-s]) 얇게 썬 조각; 영 포테이토 칩

choc·o·late [tʃάkələt] 명(복수 **chocolates** [-s])
❶ 초콜릿 (색깔)
two bars of *chocolate* 초코바 두 개
a box of *chocolates* 초콜릿 한 상자
❷ (음료의) 코코아(cocoa)

choice [tʃɔ́is] 명 (복수 **choices** [-iz]) 《동사는 choose》
❶ 선택; 선택권
You must be careful in your *choice* of friends. 너는 친구를 선택하는데 있어서 주의해야 한다
❷ 선택한 것; 고른 것
the first *choice* 처음 선택한 것
Which is your *choice*? 어느 것을 고르셨습니까
❸ 《집합적》 종류
This store has a large *choice* of ties. 이 가게는 많은 넥타이를 갖추고 있다
—형 (비교 **choicer**; 최상 **choicest**) 가려뽑은, 정선한
They serve the *choicest* beef at that restaurant. 저 음식점에서는 최상품의 쇠고기를 내놓는다

choir [kwáiər] 명 (복수 **choirs** [-z]) 합창단; (교회의) 성가대

choke [tʃóuk] 타동 ~을 질식시키다, 숨막히게 하다
—자동 숨이 막히다, 숨차다
—명 질식, 숨막힘, 답답함

***choose** [tʃúːz] (♦ 모음의 발음에 주의) 동 (3단현 **chooses** [-iz]; 과거 **chose** [tʃóuz]; 과분 **chosen** [tʃóuzn]; 현분 **choosing**) 《명사는 choice》 타동 ❶ 고르다; 선거하다
Which shall I *choose*? 어느 것을 고르지
Sally *chose* some big apples from the basket. 샐리는 그 바구니에서 몇 개의 큰 사과들을 골랐다
Father *chose* me a nice present. (=Father *chose* a nice present for me.) 아버지는 나에게 좋은 선물을 골라 주셨다
We *chose* Jim chairman. 우리는 짐을 회장으로 뽑았다
Who will be *chosen* (as) clerk? 누가 서기로 뽑힐까
❷ (~하기로) 택하다; ~할 기분이 되다
Dick *chose* to stay one more day. 딕

chop - Christmas

은 하루 더 묵기로 결정했다

> **choose와 select와 elect**
> choose는 어떤 조건을 충족시키는 것을 찾는다는 뜻으로 선택한 것을 실제로 손에 넣는다는 의미가 포함되어 있다. select는 choose보다 더 많은 것 중에서 '신중하게 선택하다'의 뜻이고, 투표로 뽑는 것은 elect이다.

— (자동) 고르다, (~에서) 선택하다
Choose between the two. 이 둘 중에서 골라라

chop [tʃáp] (자동) (3단현 chop**s** [-s]; 과거·과분 chop**ped** [-t]; 현분 chop**ping**) (도끼·식칼 등으로) ~을 쳐서 자르다; ~을 난도질하다

chop·stick [tʃápstik] (명) (복수 chopstick**s** [-s]) 《보통 복수형으로》 젓가락
There is a pair of *chopsticks* on the table. 테이블 위에 젓가락이 한 벌 있다
Can you use *chopsticks* Tom? 톰, 너 젓가락질 할 줄 아니

***cho·rus** [kɔ́ːrəs] (♦ ch는 예외적으로 [k]로 발음함) (명) (복수 chorus**es** [-iz]) 《음악》 **합창**, 합창곡; 합창단
They sang in *chorus*. 그들은 합창을 했다

chose [tʃóuz] (동) choose(고르다)의 과거형

***cho·sen** [tʃóuzn] (동) choose (고르다)의 과거분사형

Chris [krís] (명)
❶ 크리스 《남자 이름; Christopher의 애칭》
❷ 크리스 《여자 이름; Christina 또는 Christine의 애칭》

Christ [kráist] (♦ i는 [ai]로 발음함) (명) (예수) 그리스도

Chris·tian [kríst∫ən] (형) 그리스도의, 그리스도교의
the *Christian* church 그리스도 교회
— (명) (복수 **Christians**[-z]) 크리스찬, 그리스도 교도

Chris·ti·an·i·ty [krìst∫iǽnəti] (명) 그리스도교

Chris·tian name [kríst∫ən néim] (명) 세례명; (성에 대하여) 이름 《그리스도 교도가 아닌 사람도 많으므로 first [given] name을 많이 씀》 (→ name)

****Christ·mas** [krísməs] (명) 크리스마스, 성탄절(12월 25일) 《a를 붙이지 않고, 복수 없음》

단, 형용사가 붙으면 a를 붙임: a green *Christmas* (눈이 오지 않은 크리스마스), a white *Christmas* (눈이 내린 크리스마스)
Christmas comes in December. 크리스마스는 12월에 있다
Children are very happy on *Christmas*. 어린이들은 크리스마스날에는 매우 기뻐한다
He returned to his hometown at *Christmas*. 그는 크리스마스(때)에 귀향했다
I wish you a merry *Christmas*. 크리스마스를 즐겁게 지내십시오
회화 A: Merry *Christmas*!
B: (The) same to you!
A: 크리스마스를 축하합니다
B: (저 역시) 축하합니다
풍습 크리스마스는 그리스도 탄생일(12월 25일)로, 엄밀히 말하면 Christmas Day라고 한다. 이 날은 휴일로, 오전에는 교회에 갔다 온 후 가족이나 친척이 모여 칠면조 통구이 등으로 식사를 하고 하루를 조용히 보낸다.

Christ(그리스도)+mass(미사)로 된 말. Xmas로 줄여 쓰고 X'mas로 쓰면 틀린다.

a Chrístmas càrd 크리스마스 카드
I sent Betty *a Christmas card*. 나는

church - circle

베티에게 크리스마스 카드를 보냈다
☑ I wrote a *Christmas* card.라고는 말하지 않는다.
[풍습] 크리스마스 카드는 친한 사람들에게 보내는 인사장으로 "(A) Merry Christmas!" (즐거운 크리스마스를 보내세요)와 함께 "A Happy New Year!" (새해 복 많이 받으세요)를 곁들여 쓴다. 그리고 크리스마스날까지는 도착하도록 보내야 한다.
a Chrístmas cárol 크리스마스 송가
Chrístmas Éve 크리스마스 이브, 크리스마스 전야[전날] 《어린아이들은 산타크로스(Santa Claus)에게서 선물을 받기 위해 양말을 침대 머리맡에 매달아 놓고 잠》
the Chrístmas hólidays 성탄절 휴가 《미국에서는 the Christmas vacation이라 함》
Christmas présent 크리스마스 선물
a Chrístmas trèe 크리스마스 트리 《북유럽에서 온 풍습으로, 보통 전나무에 솜뭉치·꼬마 전구·종·별·작은집·인형 등으로 장식함》

★**church** [tʃə́ːrtʃ] 명 (복수 **churches** [-iz]) ❶ 교회, 예배당
《영국에서는 영국 국교회(the Church of England)의 교회에만 쓴다. 다른 종파의 교회는 chapel [tʃǽpl]이라고 한다》
There are two *churches* in this town. 이 도시에는 교회가 둘 있다
He came out of the *church*. 그는 그 교회에서 나왔다
☑ 특정한 교회의 건물에는 the를 붙임.
❷ (교회의) **예배** 《a를 붙이지 않고, 복수 없음. 즉 go to a[the] church라고는 하지 않음》
We go to *church* on Sundays. 우리는 일요일마다 교회에 (예배보러)간다
Church begins at ten o'clock. 예배는 10시에 시작한다
❸ 《Church 로서 교파의 뜻》 ~교회
the *Church* of England 영국 국교회
the *Church* of Rome(=the Catholic Church) 가톨릭 교회

church·yard [tʃə́ːrtʃjɑ̀ːrd] 명 (복수 **churchyards** [-z]) 교회의 구내, (교회 부속의) 묘지
☑ cemetery [sémətèri] 는 교회에 부속되지 않은 공동 묘지.

CIA Central Intelligence Agency (미국 중앙 정보국)의 약어

ci·ca·da [sikéidə] 명 (복수 **cicadas** [-z]) (곤충) 매미

ci·der [sáidər] 명 사과술
▶ 우리말의 「사이다」와는 다르다

cig·a·rette [sìgərét] 명 (복수 **cigarettes** [-s]) 궐련 《미국에서는 cigaret이라고도 씀》

Cin·der·el·la [sìndərélə] 명 신데렐라 《계모와 언니들에게서 학대를 받으나 요정의 도움으로 왕자와 결혼한다는 옛 이야기의 주인공 이름; 항상 아궁이 앞에 앉아 있었던 데서 이 이름이 붙여졌음》

cin·e·ma [sínəmə] 명 (복수 **cinemas** [-z]) 《the 를 붙여》 영화; (영) 영화관(→ movie)
Chris is fond of the *cinema*. 크리스는 영화를 좋아한다

★**cir·cle** [sə́ːrkl] 명 (복수 **circles** [-z])
❶ 원; 바퀴
They danced in a *circle*. 그들은 둥글게 춤을 추었다
The teacher drew a *circle* on the blackboard.
선생님은 칠판에 원을 그리셨다
❷ 패거리, ~계, 서클
business *circles* 실업계
a reading *circle* 독서회
❸ 일주, 주기
the *circle* of the seasons 4계절의 순환
— 동 (3단현 **circles** [-z]; 과거·과분 **circled** [-d]; 현분 **circling**) (타동)
~위를 선회하다, 돌다

— 자동 (비행기·새 등이) 선회하다
The airplane *circled* round and round. 비행기가 계속 선회하고 있었다

cir·cu·lar [sə́ːrkjulər] 형 원형의(=round); 빙글빙글 도는 것 같은(→ 명 circle)

cir·cum·stance [sə́ːrkəmstæns] 명 (복수 *circumstances* [-iz]) ((보통 복수형으로)) (주위의) 사정, 환경; 생활형편, 처지
It depends on the *circumstances*. 그것은 상황 여하에 달려 있다

***cir·cus** [sə́ːrkəs] 명 (복수 *circuses* [-iz]) 곡마단, 서커스; 영 (방사상 도로가 모이는) 원형광장
Piccadilly *Circus* 피카딜리 광장

cit·ies [sítiz] 명 city(시)의 복수형

***cit·i·zen** [sítəzn] 명 (복수 *citizens* [-z]) 시민, 국민
She is an American *citizen* but lives in Seoul. 그녀는 미국시민이지만 한국에서 산다

★**cit·y** [síti] 명 (복수 *cities* [-z]) 시, 도시; ((the 를 붙여)) 전시민
Lots of people live in *cities*. 많은 사람들이 도시에서 산다
Seoul is a big *city*. 서울은 큰 도시이다
☑ city 는 인구가 보통 town(소도시)보다 많고, town은 village(마을)보다 많다.
the Cíty 영 시티 ((런던의 중심지; 전 세계의 상업·금융 중심지로, 주요 은행·보험회사·증권 거래소 등이 밀집되어 있다. 정식으로는 the City of London이라고 한다))

civ·il [sívəl] 형 시민의, 공민의; (군인·관리에 대하여) 일반인의
civil life 일반 시민의 생활

civ·i·li·za·tion [sìvəlizéiʃən] 명 (복수 *civilizations* [-z]) 문명
Western *civilization* 서양 문명

civ·il war [-wɔ́ːr] 명 (복수 civil *wars* [-z]) 내전, 내란; ((the Civil War로)) 미 남북 전쟁(1861~65)

claim [kléim] 타동 (3단현 *claims* [-z]; 과거·과분 *claimed* [-d]; 현분 *claiming*) ~이라고 주장하다; (당연한 권리로서) ~을 요구하다
She *claims* that the bag is hers. 그녀는 그 가방이 자신의 것이라고 주장한다
He *claimed* a reward. 그는 보수를 요구했다
— 명 요구; 권리

clam [klǽm] 명 (식용) 조개류 ((대합 등))

clam·bake [klǽmbèik] 명 미 (달군 돌로 조개 등을 구워먹는) 해안 피크닉

clap [klǽp] 동 (3단현 *claps* [-s]; 과거·과분 *clapped* [-t]; 현분 *clapping*) 타동 ❶ (손뼉을) 치다, ~에 박수를 치다
I *clapped* my hands. 나는 손뼉을 쳤다
❷ (손바닥으로) ~을 가볍게 두드리다
He *clapped* his son on the back. 그는 아들의 등을 가볍게 두드렸다
— 자동 박수치다

clar·i·net [klæ̀rənét] (♦ 액센트 주의) 명 (복수 *clarinets* [-s]) 클라리넷 ((목관 악기))

★**class** [klǽs] 명 (복수 *classes* [-iz])
❶ 학급, 반; 클래스, 반원들
Jim and I are in the same *class*. 짐과 나는 동급생이다
He is the tallest in our *class*. 그는 우리 반에서 제일 키가 크다
Our *class* consists of 40 boys. 우리 반은 남자 40명으로 구성되어 있다
Good morning, *class*. 여러분, 안녕하세요
▶ 영에서는 1991년도 동창생을 나타낼 때 the *class* of 1991(=the 1991 *class*)라고 말함.

classes - clean

❷ **수업**, 강습
I like history *class* very much. 나는 역사 시간을 매우 좋아한다
There is no *class* on Saturday. 토요일에는 수업이 없다
💡 구미에서는 토요일에 수업이 없다.
How many *classes* do you have on Monday? 월요일에는 몇 시간의 수업이 있습니까
They are now in *class*. 그들은 지금 수업중이다 《관사 없이》
She attended a cooking *class*. 그녀는 요리 강습에 참석했다
❸ (열차·배·비행기 등의) **등급**
I traveled first *class*. 나는 1등석으로 여행했다
first class 1등석
second class 2등석
the economy class (비행기의) 보통석
❹ 《보통 복수로》 **사회 계급**, 층
the upper *classes* 상류 계급
the middle *classes* 중류 계급
the lower *classes* 하층 계급
the educated *classes* 지식층
He belongs to the working *classes*. 그는 노동자 계급에 속해 있다

class·es [klǽsiz] 명 **class**(학급)의 복수형

clas·sic [klǽsik] 명 (복수 **classics** [-s]) 고전 (작품)
— 형 (특히 문학·예술에 관하여) 일류의, 우수한; (양식 등이) 고전적인

clas·si·cal [klǽsikəl] 형 (비교 **more classical**; 최상 **most classical**) (그리스·로마의) 고전의; 고전적인
classical music 고전 음악 《**classic music** 이라고는 하지 않음》

★★class·mate [klǽsmèit] 명 (복수 **classmates** [-s]) 동급생, 급우, 동창생
Jane and I are *classmates*. 제인과 나는 동급생이다
I ran with my *classmates*. 나는 나의 급우들과 함께 달렸다

★class·room [klǽsrù:m] 명 (복수 **classrooms** [-z]) 교실
Our *classroom* is on the second floor. 우리 교실은 2층에 있다
💡 형에서는 second floor가 3층이 됨.

clause [klɔ́:z] 명 (복수 **clauses** [-iz]) (문법) 절(→ **phrase** 구, **sentence** 문)
an adverb *clause* 부사절

claw [klɔ́:] 명 (고양이·매 등의) 발톱; (게·새우 등의) 집게발

clay [kléi] 명 점토, 찰흙, 흙

★clean [klí:n] (◆ea는 [i:]로 발음함) 형 (비교 **cleaner**; 최상 **cleanest**)
❶ **깨끗한**, 청결한(↔ **dirty** 더러운)
a *clean* handkerchief 깨끗한 손수건
Jane's room is very *clean*. 제인의 방은 매우 깨끗하다
Keep your hands *clean*. 손을 깨끗하게 간수해라
❷ 순수한, 순진한
a *clean* heart 순진한[깨끗한] 마음
❸ 멋진, 보기 좋은
a *clean* hit 《야구》 멋진 히트
— 부 ❶ 깨끗이
Sweep the room *clean*. 방을 깨끗이 쓸어라
❷ 완전히
I *clean* forgot about the letter. 나는 그 편지에 대하여 완전히 잊어버렸다
— 타동 (3단현 **cleans** [-z]; 과거·과분 **cleaned** [-d]; 현분 **cleaning**) ~을 깨끗이 하다, 청결하게 하다, 청소하다
Did you *clean* your room? 네 방을 청소했느냐
Clean your shoes. 구두를 닦아라
Clean(=**Brush**) your teeth before you go to bed.
자기 전에 이를 닦아라
clean up ~을 치우다, 청소하다
You must *clean up* the kitchen later.

cleaned - clear

classroom
blackboard 칠판
notebook 공책
desk 책상
teacher 선생님
chair 의자
pupil 학생

너는 나중에 부엌을 치워야 한다

cleaned [klí:nd] 동 clean(~을 깨끗하게 하다)의 과거·과거분사형

clean·er [klí:nər] 명 청소부, 세탁업자; 전기 청소기
— 형 clean(깨끗한)의 비교급

clean·est [klí:nist] 형 clean (깨끗한)의 최상급

clean·ing [klí:niŋ] 동 clean(~을 깨끗하게 하다)의 현재분사형
— 명 청소; 세탁

clean·ness [klí:nnis] 명 청결; 결백

cleans [klí:nz] 동 clean(~을 깨끗하게 하다)의 3인칭 단수 현재형

clean·up [klí:nʌp] 명 (복수 clean-ups [-s]) (대)청소; 《야구》 4번타자

★**clear** [klíər] 형 (비교 clearer 최상 clearest)
❶ 청명한, 맑은, 티 없는
a *clear* sky 맑은 하늘
We swam in the *clear* stream. 우리는

clearance - climb

맑은 개울에서 수영했다
The Alps are seen against the *clear* sky. 알프스가 맑은 하늘을 배경으로 보인다
Saturday, Jan. 26, *Clear*.《일기에서》 1월 26일, 토요일, 맑음
❷ **확실한**, 명백한
His explanation is not *clear*. 그의 설명은 명백하지 않다
❸ **열린**(=open); 장애물이 없는
a *clear* space 공터
❹ 《be clear of로》 (빚·의무 등이) 없다, ~이 면제되어 있다
He *is clear of* debt. 그는 빚이 없다
— 튀 **분명히**, 명백히(=clearly)
Speak loud and *clear*. 큰 소리로 분명히 말하라
— 통 (3단현 **clears** [-z]; 과거·과분 **clear**ed [-d]; 현분 **clear**ing) 타통
❶ ~을 **깨끗이 하다**, 치우다
❷ (장애물 등을) 제거하다
Will you *clear* the snow from the road? 길가의 눈을 치워 주겠니
— 자통 **개다**, 맑아지다
The sky is *clearing* (up). 하늘이 갠다

clear·ance [klíərəns] 명 정리, 정돈《동사는 clear》

***clear·ly** [klíərli] (♦ ear는 [iər]로 발음함) 튀 (비교 **more clearly**; 최상 **most clearly**) 분명히, 확실히
Speak more *clearly*. 좀더 분명하게 말해라

cler·gy·man [klə́ːrdʒimən] 명 (복수 **clergy**men [-mən]) 성직자, 목사

***clerk** [kláːrk] 명 (복수 **clerks** [-s]) 서기, 사무원; (관청의) 사무관; 미 점원 《영에서는 shop assistant와 같음》
a bank *clerk* (창구 등에서 일하는) 은행원
▶ banker [bǽŋkər]는 은행의 경영자·중역을 가리킴.

***clev·er** [klévər] 형 (비교 **clever**-

er; 최상 **clever**est)
❶ **총명한**, 영리한(↔stupid 우둔한)
Jim is a *clever* boy. 짐은 영리한 소년이다
❷ **솜씨 좋은**, 능숙한
My sister is *clever* at sewing. 누나는 바느질을 잘한다

> clever는 머리의 움직임, 손끝·몸놀림이 능숙하다는 뜻이 강하며, 종종 '빈틈없는'이란 뜻도 포함한다. wise는 사고방식·판단·행동이 정확하다는 뜻으로 쓰인다. bright는 머리가 좋고 공부를 잘한다는 뜻을 가지고 있다

clev·er·ness [klévərnis] 명 영리함, 빈틈 없음

cliff [klif] 명 (복수 **cliffs** [-s]) 낭떠러지, 절벽

cli·mate [kláimit] 명 (복수 **climates** [-s]) 기후; 풍토 《어떤 지역의 평균적인 기후를 말하며, 일시적인 일기·날씨는 weather임》
Pusan has a nice *climate* in this season. 부산은 이 계절에 기후가 좋다

***climb** [kláim] (♦ b는 발음하지 않음) 통 (3단현 **climbs** [-z]; 과거·과분 **climb**ed [-d]; 현분 **climb**ing) 타통 (손발을 써서) ~에 기어오르다, ~에 오르다
They *climbed* Mt. Halla last year. 그들은 작년에 한라산에 올라갔다
The monkey *climbed* the tree. 원숭이가 나무에 기어 올라갔다
Have you ever *climbed* Mt. Everest? 에베레스트산에 올라가 본 적이 있나요
— 자통 (손발을 써서) 기어오르다, 오르다; (물건값이) 오르다, 상승하다
They *climbed* up to the top of this mountain. 그들은 이 산의 꼭대기까지 올라갔다
The smoke *climbed* up slowly. 연기가 서서히 떠올랐다

climber - close

climb down ... ~를 내려오다
I *climbed down* the tree. 나는 나무를 내려왔다

climb up ... ~를 기어 올라가다
He *climbed up* a ladder. 그는 사다리를 기어 올라갔다

climb·er [kláimər] 명 (복수 **climbers** [-z]) 등산자, 기어오르는 사람

climb·ing [kláimiŋ] 동 **climb** (~에 기어오르다)의 현재분사형
— 명 등산, 등반, 기어오르기

cling [klíŋ] 자동 (3단현 **clings** [-z]; 과거·과분 **clung** [kláŋ]; 현분 **cling**ing) 달라붙다; 집착하다
The mud *clung* to her shoes. 진흙이 그녀의 신발에 달라붙었다

clin·ic [klínik] 명 (복수 **clinics** [-s]) 진료소, 클리닉

clip [klíp] 명 (복수 **clips** [-s]) 클립, 종이집게

clip·per [klípər] 명 《주로 복수형으로》 깎는 기구
nail *clippers* 손톱깎이

cloak·room [klóukrù:m] 명 (복수 **cloakrooms** [-z]) (호텔·극장 등의) 휴대품 보관소, 클로크

★**clock** [klák] 명 (복수 **clocks** [-s]) 벽시계, 탁상 시계

🔲 시계의 장침은 a long hand, 단침은 a short hand 라고 한다.
This *clock* is a little fast. 이 시계는 약간 빠르다

🔲 「더디다」는 be slow를 씀.
This *clock* gains two minutes a week. 이 시계는 1주일에 2분씩 빨리 간다

🔲 「늦게 가다」는 lose를 씀.
The *clock* has just struck ten. 시계가 방금 10시를 쳤다
Set the *clock* by the radio. 시계를 라디오 시보에 맞추어라
Did you wind the *clock*? 시계 태엽을 감았느냐
발음 wind는 [wáind]로 발음한다.

● 여러 가지 시계 ●
an alarm clock 괘종 시계, 자명종
an electric clock 전기 시계
a grandfather clock 상자 모양의 큰 시계
a watch 손목 시계, 회중 시계
a wristwatch 손목 시계

🔲 clock는 휴대하지 않는 시계로, 벽시계·탑시계 등을 말하고, watch는 휴대용 시계를 말한다. 또한 clock는 시각을 소리로 알리는 것이고, watch는 가까이서 눈으로 직접 보는 것이라는 뜻이 포함되어 있다.

★**close** [klóuz] (◆형용사·부사와 발음이 다른점에 주의) 동 (3단현 **closes** [-iz]; 과거·과분 **closed** [-d]; 현분 **closing**) 타동

❶ (책·눈·창·문·집 등을) 닫다 (=shut) (↔open 열다)
Close your books. 책을 덮어라
She *closed* her eyes. 그녀는 눈을 감았다
Who *closed* the window? 누가 창문을 닫았습니까
Some flowers *close* in the evening. 어떤 꽃들은 저녁에 오므린다

❷ (가게·학교 등을) 닫다, 폐쇄하다 《이 뜻으로는 보통 shut을 쓰지 않음》; (말·일을) 끝마치다
The gate is now *closed*. 그 문은 지금 닫혀 있다
They *close* the store every Monday. (=The store is *closed* every Monday.) 그 가게는 월요일에는 문을 닫는다
The airport was *closed* because of the typhoon. 공항이 태풍 때문에 폐쇄되었다

— 자동 (문 등이) 닫히다, 잠기다; (가게 등이) 끝나다, 폐업하다
The door doesn't *close* easily. 그 문은 쉽게 닫히지 않는다
The store *closes* at eight in the afternoon. 그 가게는 오후 8시에 폐점한다
Closed today. 《게시》금일 휴업

— [klóus] 형 (◆동사와 발음이 다른

clock

digital clock 디지털 시계

hourglass 모래시계

wristwatch 손목시계

traveling clock 여행용 시계

grandfather's clock 대형 괘종 시계

alarm clock 자명종

wall clock 벽시계

점에 주의) (비교 **closer**; 최상 **closest**)
❶ **가까운**(=very near)
His house is very *close* to the station. 그의 집은 역에서 매우 가깝다
❷ **친한**
Dick is a *close* friend of mine. 딕은 나의 친한 친구이다
❸ **치밀한**, 주의 깊은; (경기 등이) 막상막하인
Pay *close* attention to it. 그것에 대해 세심한 주의를 기울여라
a *close* game 막상 막하의 경기
— [klóus] 🟦 (◆동사와 발음이 다른 점에 주의) (비교 **closer**; 최상 **closest**) **가까이**, 접근하여; 자세히
Come *closer*. 더 가까이 오라
She put her face *close* to the mirror. 그녀는 얼굴을 거울 가까이 가져갔다
The dog followed *close* behind him. 개가 그 사람 뒤를 바싹 따라갔다
close at hand 바로 가까이에(=near at hand)
The examination is *close at hand*. 시험이 가까워졌다

closed [klóuzd] 🟦 close(~을 닫다)의 과거·과거분사형
— 🟦 닫힌, 폐쇄된(↔ **open** 열린); 통행 금지의

close·ly [klóusli(:)] 🟦 정밀하게; 빽빽하게; 친절하게; 바싹

clos·er [klóusər] 🟦 🟦 close(가까운; 가까이)의 비교급

clos·es [klóuziz] 🟦 close(~을 닫다)의 3인칭 단수 현재형

clos·est [klóusist] 🟦 🟦 close (가까운; 가까이)의 최상급

clos·et [klázit] 🟦 (복수 **closets** [-s]) 🟦 작은 방, 밀실(密室), 골방
water *closet* 화장실 《W.C.로 생략》

clos·ing [klóuziŋ] 🟦 close(~을 닫다)의 현재분사형
— 🟦 닫기, 폐쇄; 끝, 마감
— 🟦 끝의, 마지막의, 폐회의
closing time 폐점시간

cloth [klɔ́:θ] (◆ th는 [θ]로 발음함) 🟦 (복수 **cloths** [klɔ́:θs] 또는

clothe - club

[klɔ́:ðz])
❶ 천, 포목; 복지 《a 를 붙이지 않고, 복수 없음》
Mrs. Brown bought some *cloth*. 브라운 여사는 천을 약간 샀다
Susie made a doll out of *cloth*. 수지는 천으로 인형을 만들었다
My sister bought three yards of *cloth*. 누나는 천을 3야드 샀다
❷ 보, 덮개; 걸레
a table *cloth* 식탁보
The bed was covered with a white *cloth*. 침대는 하얀 보로 덮여 있었다
Wipe the floor with a *cloth*. 바닥을 걸레로 훔쳐라

clothe [klouð] (타동) (3단현 *clothes* [-z]; 과거·과분 *clothed* [-d]; 현분 *clothing*) (~에게 옷을) 입히다; ~으로 덮다
She is warmly *clothed*. 그녀는 옷을 따뜻하게 입었다

★**clothes** [klóuz] (◆ 발음에 주의)
명 《복수명사》 옷, 의복(→ dress)
He put on his *clothes*. 그는 옷을 입었다 《on 은 부사》
He took off his *clothes*. 그는 옷을 벗었다 《off 는 부사》
You must change *clothes*. 너는 옷을 갈아입어야 한다
Nancy has a lot of *clothes*. 낸시는 옷이 많다
Fine *clothes* make the man. (속담) 옷이 날개다
She was dressed in beautiful *clothes*. 그녀는 아름다운 옷을 입고 있었다
🔲 전치사 in 은 「~를 입고」의 뜻.
Who is that woman in Korean *clothes*? 한복 입은 저 부인은 누구냐
I must buy a suit of *clothes*. 옷을 한 벌 사야 한다

> 🔲 옷은 각 부분을 포함하는 말이므로 언제나 복수형. 옷 2벌이라고 할 경우 two suits of clothes라고 해야지 two clothes 라고는 하지 않는다.

[발음] [klóuðiz] 는 아니다. 동사 close [klóuz]와 같은 발음. 또 [klɔ́:θ]와의 차이점에 주의.
🔲 clothes는 성별·용도에 관계없이 의복 전체를 가리킨다. dress는 일반적으로 '여자 옷'이나 '여자 아이의 옷'을 가리킨다. suit는 여자의 경우에는 웃옷과 치마, 남자의 경우에는 웃옷·조끼·바지의 한 벌을 가리킨다. 또 남성용이라도 정장은 dress라고 한다.

cloth·ing [klóuðiŋ] 명 《집합적으로》 의복 (◆ 복수 없음)
men's *clothing* 남성복
food, *clothing*, and shelter 의식주(衣食住)

★**cloud** [kláud] 명 (◆ ou는 [au]로 발음함) (복수 *clouds* [-z]) 《형용사는 cloudy》
❶ 구름
Look at a white *cloud* in the sky. 하늘의 흰 구름을 보아라
There are no *clouds* in the sky. 하늘에는 구름 한 점 없다
❷ (가득히) 많은 것, 떼지은 것
a *cloud* of smoke 자욱한 연기

★**cloud·y** [kláudi] 형 《비교 *cloudier*; 최상 *cloudiest*》 《명사는 cloud》 구름 낀 (→ nice 쾌청한)
It is *cloudy* today. 오늘은 구름이 끼어 있다
Sunday, May 18, *Cloudy*. 《일기에서》 5월 18일, 일요일, 흐림

clo·ver [klóuvər] 명 (복수 *clovers* [-z]) (식물) 클로버
a four-leaf(ed) *clover* 4잎 크로버
▶ 4잎 클로버를 발견하면 행운을 얻는다고 한다

clown [kláun] 명 (서커스 등의) 광대

★**club** [klʌ́b] 명 (복수 *clubs* [-z])
❶ (사교·스포츠 등의) 클럽, 부, 반
I am a member of the tennis *club*. (=I am on 《영》 in) the tennis *club*.) 나는 테니스 부의 부원이다

clubs - coat

"Which *club* do you belong to?"—"I belong to the English *club* ." 「너는 어느 부에 속해 있니」—「나는 영어부에 속해 있어」

📝 운동부에는 club 보다 team을 사용하고, 문예부 등에는 club을 많이 쓴다.

❷ 곤봉; (골프·하키 등의) 채, 타구봉
Don't beat the dog with a *club*. 개를 곤봉으로 때리지 마라
a golf *club* 골프채

● 여러가지 클럽 ●
an art club 미술부
an astronomy club 천문부
a biology club 생물부
a cartoon club 만화부
a drama club 연극부
an English club 영어부
a history club 역사부
a literary club 문예부
a music club 음악부
a photography club 사진부
a science club 과학부

clubs [klʌ́bz] 명 club(클럽)의 복수형

clue [klu:] 명 (복수 *clues* [-z])
실마리, 단서
I don't have a *clue* yet. 나는 아직 단서를 잡지 못하고 있다

clung [klʌ́ŋ] 통 cling(달라붙다)의 과거·과거분사형

CM, cm. centimeter(s) (센티미터)의 약어

Co., co. [kóu, kʌ́mpəni] 명 회사, 상회
📝 company의 약어; '스미스 회사' 처럼 사람 이름에 붙일 경우에는 Co. 앞에 &(=and)를 넣어, Smith & Co.가 된다.

c/o., c.o. [kέərəv] (in) care of (방)의 약어 《편지 겉봉의 수신인 이름 앞에 쓰임》
Mr. J. Smith, *c/o* Mrs. Brown. 브라운 부인방, J. 스미스씨

coach [kóutʃ] 명 (복수 *coachs* [-iz])
❶ (철도의) 객차; 영 대형버스
❷ 《경기》 코치; 가정 교사
—통 (3단현 *coaches* [-iz]; 과거·과분 *coached* [-t]; 현분 *coaching*)
(타동) ~을 코치하다, 지도하다
He *coaches* our basketball team. 그가 우리 농구팀을 지도한다

풍습 (1) 객차 모양의 마차가 최초로 사용되었던 헝가리의 지명에서 따온 말이다 (2) 마차가 손님을 실어 나르듯이 지도받는 사람을 목표지점에 도달하도록 이끄는 사람, 즉 지도하는 사람을 코치라 부르게 되었다.

coal [kóul] 명 석탄
a piece of *coal* 석탄 1개

coast [kóust] 명 (복수 *coasts* [-s])
해안, 연안(→ shore)
on the Pacific *coast* 태평양 연안에서
발음 cost[kɔ́:st](돈이 들다)와 발음이 다른 점에 주의

coat [kóut] 명 (복수 *coats* [-s])
❶ 상의, 외투, 코트
📝 어깨선이 넓은 웃옷(jacket)이나 연미복, 여성복 정장의 상의를 말한다. 주로 외투(over-coat), 비옷(rain-coat)도 coat 라고 한다
I put on my *coat*.[1] 나는 상의를 입었다
He had a poor *coat* on[2]. 그는 허름한 웃옷을 입고 있었다
She was wearing a fur *coat*.[3] 그녀는 모피 코트를 입고 있었다
May I take off my *coat*?[4] 웃옷을 벗어도 됩니까

💡 (1)의 put on은 「~를 입다」라고 동작을 나타내는 숙어. (2)의 on 은 「몸에 걸치고」의 뜻; (1), (2) 의 on 은 부사로 강하게 발음한다. (3)의 wear는 「입고 있다」란 상태를 나타낸다. (4)의 take off 는 「~를 벗다」란 뜻이다.

Coca-Cola - coffee

❷ (동물의) 모피
❸ (페인트 등의) 입힘, 도금
Tom gave the fence two *coats* of paint. 톰은 담벽에 페인트 칠을 두 번 했다
― 통 (3단현 *coats* [-s]; 과거·과분 *coated* [-id]; 현분 *coating*)
타동 ~을 덮다; ~을 바르다
The bench was *coated* with mud. 벤치가 흙투성이가 되었다
발음 caught [kɔ́ːt](catch「~을 붙들다」의 과거·과거분사), court [kɔ́ːrt] (테니스 등의 코트)와 발음이 다른 점에 주의.

● 여러 가지 coat ●
a dress coat (=tailcoat) 연미복
a morning coat 모닝 코트
overcoat 오버코트
raincoat 비옷

Co·ca-Co·la [kòukəkóulə] 명
(복수 **Coca-Colas** [-z]) 코카콜라 《청량음료의 상표명; 구어에서는 Coke라고도 함》
풍습 1886년 미국의 한 약제사가 강장제를 만들려다가 잘못해서 물대신 소다수를 탔던 것이 지금의 코카콜라가 되었다고 한다.

cock [kák] 명 수탉(→ hen 암탉)
《(미)에서는 속어로 cock가 남성의 성기를 뜻하기 때문에 '수탉'의 뜻일 경우 이를 피해서 rooster를 쓰는 경향이 있음》

cock-a-doo·dle-doo [kákə-dùːdldúː] 명 꼬끼오 《수탉의 울음소리》

cock·ney, Cock·ney [kákni] 명 (복수 **cockneys** [-z])
❶ 런던내기, 런던토박이 《바우교회(Bow Church)의 종소리가 들리는 동부지역에서 태어나 런던 사투리를 쓰는 사람》
❷ 런던 말씨[사투리]

cock·tail [káktèil] 명 칵테일 《알콜음료의 일종》

co·coa [kóukou] (◆ 발음에 주의)
명 코코아

code [kóud] 명 (복수 **codes** [-z])
법전; 규정; 부호

co·ed·u·ca·tion·al [kòuedʒukéi-ʃənəl] 형 남녀 공학의

★cof·fee [kɔ́ːfi] 명 커피 《a를 붙이지 않고, 복수 없음》
I like tea better than *coffee*. 나는 커피보다 홍차를 좋아한다
Will you have a cup of *coffee*? 커피 한 잔 마시겠습니까
📝 a cup of ...는 따뜻한 것을 마실 때 쓴다. 찬 것을 마실 때는 a glass of ...라고 말한다
"How do you like your *coffee*?"― "With cream and sugar, please."
「커피를 어떻게 해서 드시겠어요」― 「크림과 설탕을 넣어 주세요」
Do you want any *coffee*? 커피를 원하십니까
Will you have some *coffee*? 커피를 마시겠습니까
회화 some은 「조금 드시지요」라고 권유할 때 쓰고, any를 쓰면 「원합니까」 「원하지 않습니까」란 물음이다.
Do American drink much *coffee*? 미국인은 커피를 많이 마십니까

📖 coffee는 셀 수 없는 명사이므로 한 잔, 두 잔하고 셀 때에는 a cup of coffee, two cups of coffee라고 한다. 다만 다방 등에서 주문할 때에는 간단히 A coffee, pleas.라든가 Two coffees, please.와 같이 말한다

풍습 미국인이 평소때 가장 흔히 마시는 음료. 미국의 커피는 우리나라의 커피에 비해 훨씬 연하며, 대개 큰 컵으로 마신다. 그러나 어린이에게는 보통 마시지 못하게 하고 있다.

● 커피와 관계 있는 말 ●
coffee bean 커피 원두
coffee break (미) 커피 브레이크 《15분 정도의 중간 휴식 시간》

coil - collect

a coffee cup 커피 잔
a coffee house(=a coffee room, a coffee shop) 다방, 끽다실; (호텔 등의) 경식당
a coffeepot 커피포트, 커피 주전자
a coffee set 커피 세트
a coffee tree(=a coffee plant) 커피 나무
black coffee 블랙 커피《밀크와 설탕을 넣지 않은 것》
weak coffee 연한 커피
strong coffee 진한 커피
instant coffee 인스턴트 커피

coil [kɔ́il] 동 (3단현 **coils** [-z]; 과거・과거분사 **coiled** [-d]; 현분 **coiling**)
(타동) ~을 똘똘 감다
He *coiled* a wire around a stick. 그는 나무 막대기에 철사를 똘똘 감았다
— (자동) 감기다, 둘둘 감다
— 명 사리; (전기) 코일

coin [kɔ́in] 명 (복수 **coins** [-z])
주화, 경화, 화폐
a gold[silver, copper] *coin* 금[은, 동]화
bad *coin* 악화; 위조 화폐

집합적으로도 쓰인다. 지폐는 paper money, (미) bill, (영) note 등으로 부른다.

★**cold** [kóuld] 형 (비교 **colder**; 최상 **coldest**)
❶ 추운, 차가운(↔ hot 더운, 뜨거운)
It is very *cold* this morning. 오늘 아침은 매우 춥다
February is a *cold* month. 2월은 추운 달이다
I want something *cold* to drink. I am thirsty. 나는 차가운 것을 마시고 싶어, 목마르거든 《관사 없이 쓰인 점에 주의》
I don't feel *cold* today. 오늘은 추운 느낌이 없다
❷ 냉정한, 쌀쌀한(↔ warm 인정 있는)

How *cold* you are! 너는 참 냉정하구나
She has been *cold* to me ever since then. 그녀는 그 이후로 나에게 냉담했다
— 명 (복수 **colds** [-z])
❶ 《종종 the를 붙여서》 **추위**
I don't like the *cold* in winter. 나는 겨울 추위를 좋아하지 않는다
I was waiting in the *cold* for hours. 나는 수시간 동안 추위 속에서 기다리고 있었다
❷ 감기
Mary was absent with a *cold*. 메리는 감기 때문에 결석했다
catch (a) cold 감기에 걸리다
She often *catches* cold. 그녀는 자주 감기에 걸린다
have a cold 감기에 걸려 있다
He *has a cold*. 그는 감기에 걸려 있다 (◆ be having a cold 라고는 하지 않음)
발음 called[kɔ́:ld] (「~을 부르다」의 과거・과거분사)와 발음이 다른 점에 주의.
풍습 영어 수수께끼
Q: Which moves faster, heat or *cold*? 더위와 추위 중 어느 쪽이 더 빠른가
A: Heat. Because everybody can catch *cold*. 더위지. 왜냐하면 누구나 추위는 잡을 수 있으니까
《여기서 catch cold는 직역하여 '추위를 잡다'라는 뜻으로 쓰였지만 본 뜻은 '감기들다'의 뜻임》

cold・er [kóuldər] 형 cold(추운)의 비교급

cold・est [kóuldist] 형 cold(추운)의 최상급

col・lar [kɑ́lər] 명 (복수 **collars** [-z]) 칼라, 옷깃; (개 등의) 목줄
발음 color [kʌ́lər](색)와 구별

★★**col・lect** [kəlékt] 동 (3단현 **collects** [-s]; 과거・과분 **collected** [-id]; 현분 **collecting**)《명사는 col-

collect call - colored

lection》 (타동) 《물건·사람을》 모으다, (취미·연구로) ~을 수집하다
The teacher *collected* our papers. 선생님은 우리의 답안지를 모았다
Do you *collect* stamps? 너는 우표를 수집하느냐
My father *collected* many old coins. 아버지는 옛날 주화를 많이 수집하셨다
They are *collecting* money for poor people. 그들은 가난한 사람들을 위해 성금을 모으고 있다
— (자동) (사람이) 모이다; (물건이) 쌓이다
The students *collected* in the auditorium. 학생들이 강당에 모였다
Leaves *collect* on the pavements in the fall. 가을에는 보도 위에 나뭇잎들이 쌓인다
[발음] correct [kərékt](옳은)와 구별.

col·lect call [-kɔ́ːl] 명 (복수 **collect calls** [-z]) 콜렉트 콜 《요금을 수신인 부담으로 거는 전화》

col·lec·tion [kəlékʃən] 명 (복수 **collections** [-z]) 《동사는 collect》 수집, 채집; 수집한 것
He has a large *collection* of paintings. 그는 그림을 많이 수집하고 있다

col·lec·tor [kəléktər] 명 (복수 **collectors** [-z]) 수집가, 채집자

col·lege [kálidʒ] 명 (복수 **colleges [-iz])
❶ 미 (단과) 대학 《 university(종합대학)와는 일단 구별하지만 그 차이는 그리 엄밀하지 않음》
a medical *college* 의과 대학
a junior *college* 단기 대학
a women's *college* 여자 대학
go to *college* 대학에 가다 《관사 없이》
❷ (종합 대학(university)의) 학부
the *College* of Medicine 의학부

col·leg·es [kálidʒiz] 명 college (대학)의 복수형

Colo. Colorado(콜로라도 주)의 약어

co·lon [kóulən] 명 (복수 **colons** [-z]) (구두점의) 콜론 《 : 》《예를 제시할 때 인용문의 앞에 씀》→ punctuation mark(구두점)

col·o·ny [káləni] 명 (복수 **colonies** [-z]) 식민지; (외국인 또는 특정의 직업인이 모여사는) 거주지
a *colony* of artists 예술가촌

col·or, 영 **col·our [kálər] 명 (복수 **colors** [-z])
❶ 색깔, 색채
There are seven *colors* in the rainbow. 무지개에는 7가지 색깔이 있다 《구어에서는 보라색을 제외하고 6색이라고 함》
What *color* is your car?(= What is the *color* of your car?) 네 차는 무슨 색깔이니
❷ 《복수형으로》 그림 물감
oil *colors* 유화 물감
He painted in water *colors*. 그는 수채화를 그렸다
❸ 《복수형으로》 기, 국기, 군기
The Queen's *colors* are beautiful. 영국 국기는 아름답다
— 동 (3단현 **colors** [-z]; 과거·과분 **colored** [-d]; 현분 **coloring**)
(타동) 채색하다(=paint); ~에 색칠하다
The fence was *colored* white. 벽은 하얗게 색칠되었다
— (자동) 빛을 띠다; (얼굴이) 붉어지다
The leaves have begun to *color*. 나뭇잎들이 물들기 시작했다
a cólor fílm 천연색 필름
a cólor télevision 컬러 TV

Col·o·rad·o [kùlərǽdou] 명 콜로라도 《미국의 가장 전형적인 서부의 주; 약어는 CO 또는 Colo.》

col·ored, 영 **col·oured** [kʌ́lərd] 동 color(~에 색칠하다)의 과거·과거분사형
— 형 (인종적) 유색인; 《완곡하게》

흑인의; 착색의, 색이 있는
a cream-*colored* sweater 크림색의 스웨터

col·or·ful, 영 **col·our·ful** [kʌ́lərfəl] 형 (비교 *more* colorful; 최상 *most* colorful) 색채가 풍부한, 다채로운

col·or·ing, 영 **col·our·ing** [kʌ́ləriŋ] 동 color(~에 색칠하다)의 현재분사형
— 명 착색(법); 착색제

col·ors, 영 **col·our·s** [kʌ́lərz] 명 color(색)의 복수형
— 동 color(~에 색칠하다)의 3인칭 단수현재형

Col·os·se·um [kàləsí:əm] 명 《the를 붙여》 콜로세움 《서기 80년에 완성된 로마 최대의 원형 경기장》

Colosseum

col·our [kʌ́lər] 명 동 형 = 미 color

Co·lum·bus [kəlʌ́mbəs] 명 콜럼버스 《Christopher ~ (1451?—1506); 이탈리아의 항해가. 1492년에 아메리카 대륙을 발견했으나, 죽을 때까지 그곳을 인도의 일부라고 믿음》

Co·lum·bus Day [-dèi] 명 콜럼버스 기념일 《콜럼버스의 아메리카 발견 기념일로, 미국의 법정 공휴일; 10월의 둘째 월요일로 정한 주가 많음》

col·umn [kʌ́ləm] (◆n은 발음하지 않음) 명 (복수 columns [-z]) 《건축》 기둥, 원주; 《신문의》 난, 기고란

comb [kóum] 명 (복수 combs [-z]) 빗

column

— 동 (3단현 combs [-z]; 과거·과분 combed [-d]; 현분 combing) 타동 (머리·털 등을) 빗질하다
발음 -mb로 끝나면 b는 묵음자.

com·bat [kámbæt] 명 (복수 combats [-s]) 전투

com·bi·na·tion [kàmbənéiʃən] 명 (복수 combinations [-z]) 결합, 조합

com·bine [kəmbáin] 동 (3단현 combines [-z]; 과거·과분 combined [-d]; 현분 combining) 타동 ~을 결합시키다, 연합시키다
— 자동 결합하다, 연합하다
— [kámbain] 명 콤바인 《베어내기와 탈곡을 겸할 수 있는 농기계》

★**come** [kʌ́m] 자동 (3단현 comes [-z]; 과거 came [kéim]; 과분 come; 현분 coming)

❶ (말하는 사람 쪽으로) **오다**; (상대방 쪽으로·상대방이 가는 방향으로) **가다**; 도착하다; 다가오다(↔go 가다)
Yesterday he *came* to see me. 어제 그는 나를 보러 왔다
Come here. 이리 오너라
📖 미국인들이 「이리와라」라고 할 때는 보통 손바닥을 위로 향하게 하고 손가락을 자신 쪽으로 움직임.
Come (on) in, please. 들어오시오
📝 on 을 쓰는 것은 미 구어.
May I *come* to your house? 당신의 집으로 가도 됩니까
We *came* to the bridge. 우리는 다리에 도착했다
I'll *come* and (to) see you next Sun-

come - come

day. 다음 일요일에 당신을 보러 가겠습니다

> 상대방이 있는 곳으로 갈 때는 come을 쓰고, 상대방과 관계가 없는 곳으로 갈 때는 go를 쓴다: I'll go and see him. (나는 그를 만나러 갈 것이다)

"Z" *comes* at the end of the alphabet. Z는 알파벳의 맨 끝에 온다
회화 A: Breakfast is ready.
B: I'm *coming*.
A: 아침이 준비 됐다
B: 가요
> 이처럼 come은 우리말로 옮길때 「오다」만이 아닌 「가다」인 경우도 있다
❷ 《come to+동사의 원형》 **~하게 되다**
He *came to* understand it. 그는 그것을 이해하게 되었다
> become to understand는 틀림.
❸ 《형용사를 취하여》 **~로 되다**
My dream has *come* true. 나의 꿈은 실현되었다
> 보통 좋은 상태로 되는 경우에 씀.
❹ (생각 등이) **떠오르다, ~로 들어오다**
A thought *came* into my mind. 어떤 생각이 머리에 떠올랐다
Mother *came* into my room. 어머니가 내 방에 들어오셨다
❺ 《to를 취하여》 (금액 등이) **~로 되다**
My bill *came to* twenty dollars. 청구액은 20달러가 되었다
How much does it *come to?* 그것은 얼마가 됩니까
❻ 《감탄사처럼 쓰여》 **자, 야, 이봐**
Come, let's go. 자, 가자
Come! Come! Don't say that again. 이봐, 이봐, 그런 소리 다시는 하지 마
come about 일어나다(=happen)
How did it *come about?* 그것은 어떻게 일어났는가
come across ... ~를 건너다; 우연히 ~와 만나다, 발견하다
He *came across* the street. 그는 길을 건너왔다
I *came across* him in the bus yesterday. 나는 어제 우연히 그를 버스 안에서 만났다
come along 따라오다, 오다; (일이) 진행되다
A boy *came along* with his little dog. 한 소년이 개를 데리고 따라왔다
Come along with me. 나를 따라오너라
How is your study *coming along?* 너의 공부는 어떻게 되어가니
come around [come round] (정기적으로) 돌아오다
Spring has *come around* again. 봄이 다시 돌아왔다
come back 돌아오다(=return)
He *came back* in the evening. 그는 저녁때에 돌아왔다
> 「집으로 돌아오다」는 *come back* home이 아니라 *come back* 또는 *come* home이라고 하는 점에 주의.
> 미래형일 때는 He will be back.을 많이 쓴다.
come down(...) (~를) 내려오다; (전설·풍속 등이) 전해내려오다
He *came down* from the roof. 그는 지붕에서 내려왔다
This song *come down* to us from the 10th century. 이 노래는 10세기부터 우리에게 전해 내려오고 있다
come from ... ~출신이다(=be from)
"Where do you *come from?*"—"I *come from* Boston." 「너는 어디 출신이냐」—「보스턴 출신이다」《현재형으로 쓰임》

> 출신지를 물을 때에는 Where are you from?이라고도 한다. 또 Where did you *come from?*이라고 하면 출신지와는 관계없이 「너는 어디서 왔느냐」라는 뜻이 된다.

come home 귀가[귀국]하다

comedian - comfortable

He *comes home* at seven every evening. 그는 매일 저녁 7시에 귀가한다

He *came home* from America last month. 그는 지난 달에 미국에서 귀국했다

come in 들어가다

"May I *come in?*"—"Certainly." 「들어가도 됩니까」—「물론이죠」

Please *come in* and have a cup of coffee. 들어와서 커피 한 잔 하시오

come into ... ~로 들어오다; (생각이) 떠오르다

Alice *came into* the room. 앨리스가 방 안으로 들어왔다

An idea *came into* my mind. 어떤 생각이 머리에 떠올랐다

come into sight 보이게 되다

A ship *came into sight.* 배가 보였다

come of ... ~에서 태어나다

She *comes of* a good family. 그녀는 좋은 가문에서 태어났다

come of age 성년이 되다(→ age)

come off 떨어져 나가다

A button has *come off* my jacket. 단추 하나가 내 상의에서 떨어져 나갔다

come on (계절·상대방 등이) 다가오다; 《명령형으로 상대방을 독촉하여》 자 오라, 자 가라, 자 빨리

Winter is *coming on.* 겨울이 다가오고 있다

Come on, boys. The bus is waiting. 자 빨리빨리, 버스가 기다리고 있다

come out 나오다, 나타나다; (꽃이) 피다

The moon is just *coming out.* 달이 막 떠오르고 있다

Cherry blossoms will soon *come out.* 벚꽃이 곧 필 것이다

come out of ... ~에서 나오다

A rat *came out of* the hole. 쥐 한마리가 구멍에서 나왔다

📝 다음 표현법에 주의: He *came in.*(그는 들어왔다)/ He *came into* the room.(그는 방 안으로 들어왔다)/ He *came out of* the room.(그는 방에서 나왔다)

come over 건너오다; (멀리서) 찾아오다

His parents *came over* from England. 그의 부모는 영국에서 건너왔다

come to (합계·결과가) ~되다

Your bill *comes to* $100. 계산은 100달러 입니다

come to an end 끝나다

The summer vacation *came to an end.* 여름 방학이 끝났다

come up 떠오르다; 다가오다, 가까워지다, 도달하다; (문제 등이) 생기다

The sun *came up* on the horizon. 태양이 지평선 위로 떠올랐다

A policeman *came up* to my car. 경찰이 내 차로 다가왔다

The water *came up* to his waist. 물이 그의 허리까지 차 올랐다

A big problem *came up.* 큰 문제가 생겼다

co·me·di·an [kəmíːdiən] 명 (복수 **comedians** [-z]) 코메디언, 희극배우

com·e·dy [kάmədi] 명 (복수 **comed*ies*** [-z]) 희극(↔ tragedy 비극)

comes [kʌmz] 동 **come**(오다)의 3인칭 단수 현재형

com·et [kάmit] 명 《천문》 혜성, 혹성

com·fort [kʌ́mfərt] 명 (복수 **comforts** [-s]) 《형용사는 comfortable》

❶ 위로, 위안

❷ 안락, 평안

She lived in *comfort.* 그 여자는 안락하게 살았다

com·fort·a·ble [kʌ́mfərtəbl] (◆ 강세에 주의) 형 (비교 **more comfortable**; 최상 **most comfortable**) 안락한, 편안한, 기분 좋은

a *comfortable* chair 안락한 의자

Please make yourself *comfortable.*

comfortably - communication

부디 편안히 하십시오

com·fort·a·bly [kʌ́mfərtəbli(ː)]
[부] 편안하게, 기분 좋게, 쾌적하게

com·ic [kámik] [형] 희극의, 웃기는
만화의 《명사는 comedy》
a *comic* actor 희극 배우
— [명] (복수 **comics** [-z]) 《구어》 만화잡지(=comic book); 《복수형으로》 연재 만화(=comic strip)

com·ic strip [-strìp] [명] 연재 만화 《strip은 '가느다랗고 긴 조각'의 뜻. 1회에 4컷짜리 만화가 띠 모양으로 연속되어 실림. 신문·잡지의 연재물이 많음》 → cartoon (그림)

com·ing [kʌ́miŋ] [동] come(오다)의 현재분사형
— [형] 다가오는, 다음의
the *coming* Sunday 오는 일요일
— [명] 다가옴, 도래

com·ma [kámə] [명] (복수 **com·mas** [-z]) 코머(,) → punctuation mark (구두점)

com·mand [kəmǽnd] [동] (3단현 **commands** [-z]; 과거·과분 **commanded** [-id]; 현분 **commanding**)
[타동] ❶ ~을 명하다, 명령하다
He *commanded* them to go. 그는 그들에게 가라고 명했다
❷ ~을 지배하다, 지휘하다
— [명] 명령, 지휘[지배]력, 구사력
give a *command* 명령하다

com·mence·ment [kəménsmənt] [명] 시작, 개시; ⑩ (대학의) 졸업식, 학위 수여식

com·ment [káment] [명] (복수 **comments** [-s]) 논평; (비평으로서의) 의견
No *comment*. 할 말이 없다

com·merce [káməːrs] [명] 상업, 무역

com·mer·cial [kəmə́ːrʃəl] [형] 상업의, 무역의; 영리적인
a *commercial* school 상업학교
— [명] (복수 **commercials** [-z]) 《라디오·TV》 광고 방송

com·mit [kəmít] [동] (3단현 **commits** [-s]; 과거·과분 **committed** [-id]; 현분 **committing**) (죄·과실 등을) 범하다, 저지르다
Don't *commit* a crime. 죄를 범하지 말아라

com·mit·tee [kəmíti] [명] 위원회; 위원
The *committee* meets every month. 위원회는 매달 열린다

***com·mon** [kámən] [형] (비교 **commoner**, **more common**; 최상 **commonest**, **most common**)
❶ 공공의(=public), 공통의
our *common* language 공통어
The telephone is *common* to the two houses. 전화는 그 두집의 공용이다
❷ 보통의, 평범한
common clothes 평범한 옷
a cómmon nóun 보통명사
cómmon sénse 상식, 양식
— [명] 공유지; 공동 사용권
have ... in common (with) ~를 (~와) 공통으로 가지고 있다, ~한 점에서 같다
We *have* many things *in common*. 우리는 많은 공통점을 가지고 있다

com·mon·wealth [kámənwèlθ] [명] 국가, 민주국가, 공화국; 《the Commonwealth로》 영연방

com·mu·ni·cate [kəmjúːnəkèit] [동] (3단현 **communicates** [-s]; 과거·과분 **communicated** [-id]; 현분 **communicating**) [타동] ~을 알리다, 전하다
— [자동] 통신하다, 의사를 소통하다

com·mu·ni·ca·tion [kəmjùːnəkéiʃən] [명] (복수 **communications** [-z]) 전달, 보도; 통신(수단); 교통(수단); 전염
highly developed *communications* 고도로 발달된 교통[통신]기관

126

community - complain

a means of *communication* 통신[통신] 수단

com·mu·ni·ty [kəmjúːnənti] 명 (복수 **communtities** [-z]) 지역 공동체 《같은 지역에 살거나 이해·신념·작업 등을 같이 하는 사람들》; 지역사회; 《the를 붙여서》 일반사회
community activities 지역 활동

com·pact disk [kámpækt dísk] 명 콤팩트 디스크 《약어로 CD임》

com·pan·ion [kəmpǽnjən] 명 (복수 **companions** [-z]) 동료, 친구; 일행

com·pa·ny [kámpəni] 명 (복수 **companies** [-z])
❶ 교제, 일행
Our *company* consists of 10 men. 우리의 일행은 10명이다
❷ 동석한 사람들, 친구
A man is known by the *company* he keeps. 《속담》 사귀는 친구를 보면 사람됨을 알 수 있다
❸ 회사, 상회
a publishing *company* 출판사
📝 회사 이름일 때는 Co.로 줄여쓰는 경우가 많다. 즉 John Brown and Company(존 브라운 회사)를 John Broum & Co.으로 나타낼 수 있다.

com·par·a·tive [kəmpǽrətiv] 형 비교의; 《문법》 (형용사·부사의) 비교급의

com·pare [kəmpɛ́ər] (◆ are는 [ɛər]로 발음) 동 (3단현 **compares** [-z]; 과거·과분 **compared** [-d]; 현분 **comparing**) 타동 ❶ 《compare A with B로》 A와 B를 비교하다; ~을 비교하다

📒 with 대신 to도 쓰인다: I compared my composition with[to] the example. (나는 내가 쓴 작품을 보기와 비교해 보았다)

❷ 《compare A to B로》 A를 B에 비유하다
We *compare* life *to* a voyage. 우리는 인생을 항해에 비유한다
— 자동 《보통 부정문에서》 《compare with로》 ~에 필적하다
Tom cannot *compare with* Jim. 톰은 짐과 비할 바가 못 된다[짐만 못하다]

com·par·i·son [kəmpǽrəsn] 명 (복수 **comparisons** [-z]) 비교; 《문법》 (형용사·부사의) 변화 《동사형은 compare》

com·part·ment [kəmpɑ́ːrtmənt] 명 (복수 **compartments** [-s]) 간막이, 구획; (열차 등의) 간막이한 객실, 작은 방

com·pass [kámpəs] 명 (복수 **compasses** [-iz]) 나침반;《복수형으로》 콤파스
a pair of *compasses* 콤파스 하나

com·pete [kəmpíːt] 자동 (3단현 **competes** [-s]; 과거·과분 **competed** [-id]; 현분 **competing**) 경쟁하다, 겨루다

com·pe·tent [kámpətənt] 형 (비교 **more competent**; 최상 **most competent**)
❶ 유능한
❷ 충분한, 요구에 맞는

com·pe·ti·tion [kàmpətíʃən] 명 (복수 **competitions** [-z]) 《동사는 compete》
❶ 경쟁
❷ 시합, 경기
a swimming *competition* 수영 경기

com·plain [kəmpléin] 자동 (3단현 **complains** [-z]; 과거·과분 **complained** [-d]; 현분 **complaining**) 《명사는 complaint》 불평하다, 투덜거리다; (고통 등을) 호소하다
He often *complains* of headaches. 그는 종종 두통이 난다고 호소한다
I *complained* to the police about his dog. 나는 그의 개의 일로 경찰에 불평을 말했다

complaint - concentrate

com·plaint [kəmpléint] 명 (복수 **complaints** [-s]) 불평, 넋두리, 푸념 《동사는 complain》

com·ple·ment [kάmpləmənt] 명 (복수 **complements** [-s]) 《문법》 보어

📝 동사의 뜻을 보충하고 문장을 완결시키는 말: I'm happy.(나는 행복하다)의 happy 는 주어 I의 상태를 설명하는 주격보어; She made me happy.(그녀는 나를 행복하게 만들었다)의 happy 는 목적어 me의 상태를 설명하는 목적격 보어이다.

com·plete [kəmplíːt] (♦앞의 e는 [iː]로 발음함) 형 (비교 *more* complete; 최상 *most* complete)
❶ 완전한; 전부를 갖춘
He won a *complete* triumph. 그는 완전한 승리를 거두었다
I will lend you a *complete* set of Shakespeare's plays. 셰익스피어 희곡 전집을 한 질 빌려드리겠습니다
❷ 완성된
His work is not *complete*. 그의 일은 완성되지 않았다
— 동 (3단현 **completes** [-s]; 과거·과분 **completed** [-id]; 현분 **completing**) 타동 ~을 완성하다, 끝내다 (=finish); 전부를 갖추다
He *completed* his picture. 그는 그림을 완성하였다
He has *completed* his studies at last. 그는 마침내 연구를 끝냈다

com·plete·ly [kəmplíːtli] 부 (비교 *more* completely; 최상 *most* completely) 완전히, 전부

com·plex [kɑmpléks] 형 (비교 *more* complex; 최상 *most* complex) 복잡한 (↔ simple 간단한)

com·pose [kəmpóuz] 타동 (3단현 **composes** [-iz]; 과거·과분 **composed** [-d]; 현분 **composing**)
❶ ~을 조립하다; 《be composed of 로》 ~으로 구성되어[이루어져] 있다
The United States *is composed of* fifty states. 미합중국은 50개의 주로 이루어져 있다
❷ (소설·시 등을) 쓰다; 작곡하다

com·pos·er [kəmpóuzər] 명 (복수 **composers** [-z]) 작곡가

com·po·si·tion [kɑmpəzíʃən] 명 (복수 **compositions** [-z])
❶ 조립, 구성
❷ 작문(법); 작곡법 《a를 붙이지 않고, 복수 없음》
English *composition* 영작문

📘 한 편의 작문·문장·악곡 등에는 a 를 붙이고, 복수형 compositions [-z] 도 있다: She wrote a composition. (그녀는 작문을 했다)

com·pound [kɑmpaund] 형 복합의, 몇몇 부분으로 된
a *compound* sentence 《문법》 중문 《2개 이상의 절이 and, but, or 등과 같은 등위 접속사로 연결된 문장》

com·pre·hen·sion [kɑmprihénʃən] 명 이해(력)

com·pul·so·ry [kəmpʌ́lsəri] 형 강제적인, 의무적인 (↔ voluntary 자발적인)
compulsory education 의무 교육

com·put·er [kəmpjúːtər] 명 (복수 **computers** [-z]) 전자계산기, 컴퓨터

con·ceal [kənsíːl] 타동 (3단현 **conceals** [-z]; 과거·과분 **concealed** [-d]; 현분 **concealing**) ~을 숨기다, 비밀로 하다
She *concealed* herself behind the door. 그녀는 문 뒤에 몸을 숨겼다

con·ceive [kənsíːv] 타동 (3단현 **conceives** [-z]; 과거·과분 **conceived** [-d]; 현분 **conceiving**) (계획 등을) 생각해내다, 마음에 품다

con·cen·trate [kάnsəntrèit] 타동 자동 (3단현 **concentrates**

concentration - conclude

[-s]; 과거·과분 **concentrate*d***[-id]; 현분 **concentrat*ing***) 집중하다 《on과 함께》
I cannot *concentrate on* my study. 나는 공부에 집중할 수 없다

con·cen·tra·tion [kànsəntréiʃən] 명 (노력·정신 등의) 집중, 전념 《a를 붙이지 않고, 복수 없음》

con·cern [kənsə́:rn] 동 (3단현 **concern*s*** [-z]; 과거·과분 **concern*ed*** [-d]; 현분 **concern*ing***)
(타동) ❶ ~과 관계가 있다, 관련되다
That doesn't *concern* me. 그것은 나와 관계가 없다
❷ 《be concerned with[in]로》 ~에 관계하다, 관심을 갖다
He *is concerned with* international trade. 그는 국제무역에 관심을 갖고 있다
❸ 《be concerned about 으로》 ~을 걱정하다
He *is concerned about* the future of the country. 그는 그 나라의 미래를 걱정하고 있다
as for as ... be concerned ~에 관한 한
As for as I *am concerned*, that dictionary is very good. 나로서는 그 사전이 매우 좋다
— 명 (복수 **concern*s*** [-z]) 관심사; 용건; 관계
My chief *concern* is the weather. 나의 주된 관심사는 날씨이다

con·cert [kánsərt] 명 (복수 **concert*s*** [-s]) 음악회, 콘서트
give a *concert* 연주회를 가지다
📝 concert 는 합주, recital(리사이틀)은 독주회·독창회에 쓰인다.

con·clude [kənklú:d] 동 (3단현 **conclude*s***[-z]; 과거·과분 **conclud*ed***[-id]; 현분 **conclud*ing***) (타동) ~을 결말짓다, 끝내다
He *concluded* his speech with a joke. 그는 그의 연설을 농담으로 끝냈다
— (자동) 끝나다; 어떤 판단에 도달하다
Concluded. (잡지 등에서 연재물이) 이번 호로 완결
To be concluded. (잡지 등에서 연재물이) 다음 호로 완결

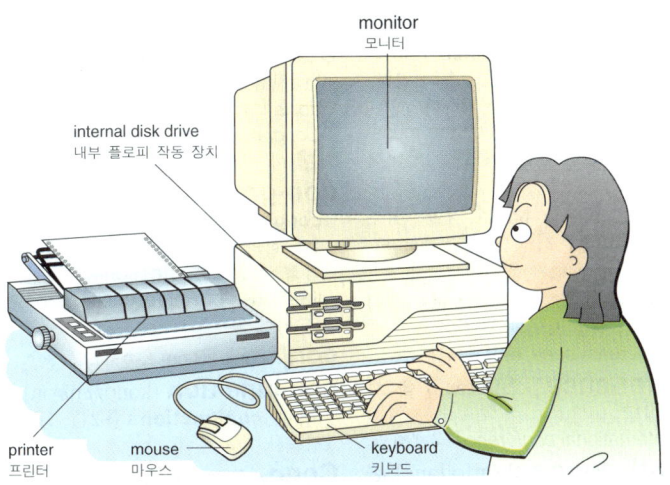

computer

conclusion - Conn.

☑ 「다음 호에 계속」은 To be continued.

con·clu·sion [kənklúːʒən] 명 (복수 conclusions [-z]) 결론, 끝, 결말

con·crete [kánkriːt] 형 구체적인; 콘크리트로 만든
— 명 콘크리트

con·di·tion [kəndíʃən] 명 (복수 conditions [-z])
❶ 상태
My car is always in good *condition*. 내 차는 항상 상태가 좋다
❷ 조건
Let him go on that *condition*. 그런 조건으로 그를 가게 하라
❸ 《복수형으로》 주위 상황, 사정
Under present *conditions*, I can not call on you. 현재 상황에서 나는 너를 방문할 수 없다

con·dor [kándər] 명 (복수 condors [-z]) 《새》 콘도르 《날아다니는 새 중에서 가장 큰 새》

con·duct [kándʌkt] 명 행실, 행위, 처신
— [kəndʌ́kt] 동 (3단현 conducts [-s]; 과거·과분 conducted [-id]; 현분 conducting) 타동 ~을 이끌다, 안내하다; (악단 등을) 지휘하다
He *conducted* us through the museum. 그는 우리에게 박물관을 안내해 주었다

con·duc·tor [kəndʌ́ktər] 명 (복수 conductors [-z]) 《음악》 지휘자; 안내인; (버스·전차·열차의) 차장

cone [kóun] 명 (복수 cones [-z]) 원뿔(꼴); 원뿔 모양의 것
an ice-cream *cone* 아이스크림 콘

con·fer·ence [kánfərəns] 명 회의; 상담
an international *conference* 국제회의

con·fi·dence [kánfədəns] 명 (복수 confidences [-iz]) 자신, 확신; 신뢰, 신용

con·fi·dent [kánfədənt] 형 (비교 *more* confident; 최상 *most* confident) 자신하는, 확신하는
We are *confident* of success. 우리는 성공을 확신한다

con·flict [kánflikt] 명 (의견·이해 등의) 충돌; 투쟁; 대립

con·fuse [kənfjúːz] 타동 (3단현 confuses [-iz]; 과거·과분 confused [-d]; 현분 confusing)
❶ ~을 혼동하다; ~을 뒤바꾸다
I often *confuse* you and your older brother. 나는 종종 너와 네 형을 혼동한다
❷ ~의 마음을 혼란시키다, ~을 당황하게 하다
be[become, get] *confused* 당황하다

con·fu·sion [kənfjúːʒən] 명 혼란; 혼동

con·grat·u·late [kəngrǽtʃuleit] 타동 (3단현 congratulates [-s]; 과거·과분 congratulated [-id]; 현분 congratulating) 축하하다
I *congratulate* you on your success. 너의 성공을 축하한다

***con·grat·u·la·tion** [kəngrætʃuléiʃən] 명 (복수 congratulations [-z]) 축하
Congratulations! 축하합니다
☑ 이 인사말은 항상 복수형으로 씀.

con·gress [káŋgres] 명 (복수 congresses [-iz]) (대표자가 모이는) 회의, 대회; 《Congress로》 미국 의회 《the Senate[sénət] (상원)와 the House of Representatives (하원)로 되어 있다》

conj. conjunction(접속사)의 약어

con·junc·tion [kəndʒʌ́ŋkʃən] 명 (복수 conjunctions [-z]) 《문법》 접속사

Conn. Connecticut(코네티컷 주)의 약어

connect - construct

con·nect [kənékt] 통 (3단현 connects [-s]; 과거·과분 connected [-id]; 현분 connecting) 타동 ~을 잇다; 《connect... with ~로》 …을 ~과 연결하다
This road *connects* Seoul and Pusan. 이 도로는 서울과 부산을 연결하고 있다
She *connected* science *with* industry. 그녀는 과학을 산업과 연결했다
— 자동 이어지다, (버스·전차 등이) 접속되다

Con·nect·i·cut [kənétikət] (◆발음에 주의) 명 코네티컷 주 《미국 동북부의 주; 약어로는 CT 또는 Ct., Conn.》

con·nec·tion, 영 connex·ion [kənékʃən] 명 (복수 connections [-z]) 연결, 관계; (버스·전차 등의) 접속; (전화의) 연결
I have no *connection* with that. 나는 그것과 아무 관계가 없다
in connection with ~과 관련되어, 접속하여

con·quer [káŋkər] (◆qu는 예외적으로 [k]로 발음함) 타동 (3단현 conquers [-z]; 과거·과분 coquered [-d]; 현분 conquering) ~을 정복하다; ~을 극복하다; (습관 등을) 타파하다
They *conquered* many countries. 그들은 많은 나라를 정복했다

con·quer·or [káŋkərər] 명 (복수 conquerors [-z]) 정복자

con·quest [káŋkwest] 명 정복

con·science [kánʃəns] (◆발음에 주의) 명 양심

con·scious [kánʃəs] 형 (비교 *more* conscious; 최상 *most* conscious) 의식하고 있는, 깨닫고 있는
I was *conscious* of his mistakes. 나는 그의 잘못을 깨닫고 있었다

con·sent [kənsént] 자동 (3단현 consents [-s]; 과거·과분 consented [-id]; 현분 consenting) 동의하다, 승낙하다
He refused to *consent* to this plan. 그는 이 계획에 동의하기를 거절했다

con·se·quence [kánsəkwèns] 명 (복수 consequences [-iz]) 결과; 중요함

con·se·quent·ly [kánsəkwèntli(:)] 부 그 결과, 따라서

***con·sid·er** [kənsídər] 타동 (3단현 considers [-z]; 과거·과분 considered [-d]; 현분 considering)
❶ 잘 생각하다
Let's *consider* this problem. 이 문제를 잘 생각해 보자
❷ ~라고 생각하다(=think)
We *consider that* he is alive.(＝We *consider* him (to be) alive.)
우리는 그가 살아 있다고 생각한다

con·sid·er·a·ble [kənsídərəbl] 형 상당한, 적지않은
This is a *considerable* amount of money. 이것은 상당한 양의 돈이다

con·sid·er·a·tion [kənsìdəréiʃən] 명 고려; 배려, 이해

con·so·nant [kánsənənt] 명 (복수 consonants [-s]) 자음; 자음 글자 《'모음'은 vowel》

con·stant [kánstənt] 형 (비교 *more* constant; 최상 *most* constant) 끊임없는; 불변의, 일정한

con·stant·ly [kánstəntli] 부 (비교 *more* constantly; 최상 *most* constantly) 끊임없이, 일정하게

con·sti·tu·tion [kànstətjú:ʃən] 명 (복수 constitutions [-z]) 헌법; 구성, 구조; 체격, 체질
He has a good *constitution*. 그는 좋은 체격을 가지고 있다

con·struct [kənstrʌ́kt] 타동 (3단현 constructs [-s]; 과거·과분 con-

construction - continuous

structed [-id]; 현분 **construct**ing)
I *constructed* a building. 나는 빌딩을 세웠다

con·struc·tion [kənstrʌ́kʃən] 명
건설, 건조; 구조, 구성 《a를 붙이지 않고, 복수 없음》
under construction 건설 중에
The building is *under construction*. 그 빌딩은 건설 중이다

con·sult [kənsʌ́lt] 타동 (3단현 **consults** [-s]; 과거·과분 **consult**ed [-id]; 현재분사 **consult**ing)
❶ (전문가에게) 의견을 묻다
I *consulted* a doctor yesterday. 나는 어제 의사에게 진찰을 받았다
❷ (사전·지도 등을) 참고하다

con·sult·ant [kənsʌ́ltənt] 명
(복수 **consultants** [-s]) (전문적 의견·조언을 해주는) 콘설턴트, 고문

con·tact [kɑ́ntækt] 명 접촉; 교제
contact lens 콘택트 렌즈

con·tain [kəntéin] 타동 (3단현 **contains** [-z]; 과거·과분 **contain**ed [-d]; 현분 **contain**ing) ~이 들어 있다, ~을 포함하다
The box *contains* six eggs. 이 상자에는 여섯 개의 달걀이 들어 있다

con·tem·po·rar·y [kəntémpərèri] 형 현대의, 동시대의
contemporary art 현대 미술
— 명 (복수 **contemporaries** [-z]) 동시대의 사람

con·tent¹ [kɑ́ntent] (◆ 액센트 주의) 명 (복수 **contents** [-s]) (책·연설 등의) 내용; 《복수형으로》 (용기 등의) 내용물; (책의) 차례

con·tent² [kəntént] (◆ 액센트 주의) 형 (비교 **more** content; 최상 **most** content) 만족하고 있는 《명사 앞에는 쓰지 않음》
They are very *content* with their life at present. 그들은 현재의 생활에 매우 만족해한다

con·test [kɑ́ntest] 명 (복수 **contests** [-s]) 경쟁, 경연, 콘테스트
a beauty *contest* 미인 대회
The speech *contest* was held on Saturday. 웅변 대회는 토요일에 열렸다

con·ti·nent [kɑ́ntənənt] 명
(복수 **continents** [-s]) 대륙; 《the Continent》 (영국에서 본) 유럽 대륙

● 세계의 대륙명 ●

Asia 아시아 대륙
Africa 아프리카 대륙
Australia 오스트레일리아 대륙
Antarctica [æntɑ́ːrktikə] 남극 대륙
Europe 유럽 대륙
North America 북아메리카 대륙
South America 남아메리카 대륙

con·ti·nen·tal [kɑ̀ntənéntl] 형
❶ 대륙의, 대륙적인
a *continental* climate 대륙성 기후
❷ 《보통 Continental로》 유럽 대륙의

con·tin·ue [kəntínjuː] 동
(3단현 **continues** [-z]; 과거·과분 **continued** [-d]; 현분 **continuing**)
타동 ~을 **계속하다**
He *continued* his work for five hours. 그는 5시간 동안 계속 일했다
It *continued* to rain. 비가 계속 내렸다
Mike *continued* working till late. 마이크는 늦게까지 계속 일했다
— 자동 계속되다
The storm *continued* all day. 폭풍우는 하루 종일 계속되었다
How far does this road *continue*? 이 도로는 얼마나 멀리까지 계속되는가
To be continued. 이하 다음 호에 계속
🗹 To be concluded. 는 「다음 호에 완결」의 뜻.
Continued on page 32. 32 페이지에 계속

con·tin·u·ous [kəntínjuəs] 형

연속적인, 끊임없는
We had *continuous* rain. 끊임없이 비가 내렸다

con·tract [kάntrækt] 명 (복수 **contracts** [-s]) 계약; 약혼
I made a *contract* with the company. 나는 그 회사와 계약을 했다
— [kəntrǽkt] 동 (3단현 **contracts** [-s]; 과거·과분 **contracted** [-id]; 현분 **contracting**) 타동 자동 (~을) 계약하다

con·tra·ry [kάntrèri] 형 반대의, 거꾸로의
It was *contrary* to my expectation. 그것은 내 기대와 반대였다
— 명 (복수 **contraries** [-z]) 반대, 상반하는 것(일)
on the contrary 그 반대로, 도리어

con·trast [kάntræst] 명 (복수 **contrasts** [-s]) 대조, 대비
— [kəntrǽst] 동 (3단현 **contrasts** [-s]; 과거·과분 **contrasted** [-id]; 현분 **contrasting**) 타동 《contrast ~ with …》 ~을 …과 대조[대비]하다

con·trib·ute [kəntríbjuːt] (◆ 액센트 주의) 동 (3단현 **contributes** [-s]; 과거·과분 **contributed** [-id]; 현분 **contributing**) 타동 ~을 기부하다; (기사 등을) 기고하다
— 자동 공헌하다, 도움이 되다
Fresh air *contributes* to good health. 신선한 공기는 좋은 건강에 도움이 된다

con·tri·bu·tion [kὰntrəbjúːʃən] 명 기부(금); 공헌; 기고

*__con·trol__ [kəntróul] 명 통제, 관리, 컨트롤 《a를 붙이지 않고, 복수 없음》
The ship was out of *control*. 그 배는 통제할 수 없는 상태였다
The fire was no longer under *control*. 화재는 더 이상 걷잡을 수 없게 되었다
— 동 (3단현 **controls** [-z]; 과거· 과분 **controlled** [-d]; 현분 **controlling**) 타동 통제[억제]하다
He could not *control* his anger. 그는 분노를 억제할 수 없었다

con·trol tow·er [-tàuər] 명 (비행장의) 관제탑

con·ve·nience [kənvíːnjəns] (복수 **conveniences** [-iz]) 명 편리 (한 것), 편의, 형편이 좋음
We want your answer at your earliest *convenience*. 형편이 닿는 대로 속히 답장을 주시길 원합니다 《편지 등에 흔히 쓰임》

con·ve·nience store [-stɔ̀ːr] 명 편의점 《연중 무휴로 야간에도 영업을 하면서 일용 잡화·식료품 등을 파는 소규모의 수퍼마켓》

con·ven·ient [kənvíːnjənt] 형 (비교 *more* convenient; 최상 *most* convenient) (장소·시간 등이) 편리한; (사람·용도에 있어서) 형편이 좋은
When will it be *convenient* for you? 언제 괜찮으세요 《◆ When are you convenient? 라고는 하지 않음》

con·ven·tion [kənvénʃən] 명 대회, 집회; (전통적인) 관습

****con·ver·sa·tion** [kὰnvərséiʃən] 명 (복수 **conversations** [-z]) 회화, 대화
I had a long *conversation* with him. 나는 그와 긴 대화를 했다
📝 I talked with him for a long time.이 더 구어임.
Let's learn English *conversation*. 영어 회화를 배웁시다
Enjoy *conversation* during the meal. 식사 중에 즐겁게 이야기 하라

con·vince [kənvíns] 타동 (3단현 **convinces** [-iz]; 과거·과분 **convinced** [-t]; 현분 **convincing**) ~을 확신[납득]시키다; 《be convinced of 로》 ~을 확신하다
I *am convinced of* his success. (=I am *convinced* that he succeeds.)

cook - cooler

나는 그의 성공을 확신하고 있다

★**cook** [kúk] (◆oo는 [u]로 발음함) 동 (3단현 **cooks** [-s]; 과거·과분 **cooked** [-t]; 현분 **cooking**)
타동 요리하다, 끓이다, 굽다
《열을 가하는 요리에 쓰임》
Mother *cooked* fish. 어머니는 생선을 요리하셨다
Grace *cooked* me some eggs. (=Grace *cooked* some eggs for me.) 그레이스는 나에게 달걀을 요리해 주었다
— 자동 요리를 하다; (음식이) 요리되다
— 명 (복수 **cooks** [-s]) 요리사, 쿡
You are a very good *cook*. 당신은 요리를 매우 잘하시는군요

● 여러 가지 요리 방법 ●
bake (감자·빵 등을 오븐에) 굽다
boil 삶거나 데치다
deep-fry[díːpfrái] 기름에 튀기다
grill[gril] (고기 등을) 석쇠에 굽다
panfry[pǽnfrài] 기름에 볶다
roast (고기를 오븐에) 굽다
steam (약한 불로) 찌다
stew (약한 불로) 끓이다

cooked [kúkt] 동 cook (~을 요리하다)의 과거·과거분사형

cook·ie, cook·y [kúki] 명 (복수 **cookies** [-z]) 미 쿠키(=명 biscuit) 《작고 편편하게 구운 과자》

cook·ing [kúkiŋ] 동 cook(~을 요리하다)의 현재분사형
— 명 요리, 요리법 《a를 붙이지 않고, 복수 없음》
a *cooking* school 요리 학교

cooks [kúks] 동 cook(~을 요리하다)의 3인칭 단수형
— 명 cook(요리사)의 복수형

cook·y [kúki] 명 =cookie

★**cool** [kúːl] (◆oo는 [uː]로 발음함)
형 (비교 **cooler**; 최상 **coolest**)
❶ 시원한, 선선한, 차가운(↔warm 따뜻한; →cold 추운)
It is *cool* in summer here. 이곳은 여름에 시원하다
It was a *cool* day. 시원한 날이었다
❷ 냉정한, 침착한(=calm)
He is always *cool*. 그는 항상 냉정하다
Keep (yourself) *cool*. 침착하라
— 동 (3단현 **cools** [-z]; 과거·과분 **cooled** [-d]; 현분 **cooling**) 타동 식히다
I *cooled* soft drinks in the refrigerator. 나는 청량 음료를 냉장고에 넣어 차게 했다

cool·er [kúːlər] 형 cool(시원한)의 비교급

cook

bake (빵·과자 등을) 굽다
fry (기름에) 튀기다
toast (노르스름하게) 굽다
grill / broil (불에 쬐어) 굽다
boil 끓이다
steam (증기로) 찌다
stew (약한 불로 천천히) 익히다
roast (고기를 오븐에) 굽다

—명 (복수 coolers [-z]) 냉각기, 냉방 장치

cool·est [kúːlist] 형 cool(시원한)의 최상급

co-op, coop [kóuɑp, -ɔp] 명 (복수 co-ops [-s]) 《구어》 협동[소비] 조합

co·op·er·ate [kòuɑ́pəreit] 자동 (3단현 cooperates [-s]; 과거·과분 cooperated [-id]; 현분 cooperating) 협동하다, 협력하다

co·op·er·a·tion [kòuɑ̀pəréiʃən] 명 협동, 협력 《a를 붙이지 않고, 복수 없음》
He needs my *cooperation*. 그는 나의 협력을 필요로 한다

cop [kɑp] 명 《구어》 경관, 순경

cop·per [kɑ́pər] 명 (복수 coppers [-z]) 동(銅), 구리, 동화 《「청동」은 bronze》

cop·y [kɑ́pi] 명 (복수 copies [-z])
❶ 사본, 복사, 모방
This picture is a *copy* from Picasso. 이 그림은 피카소의 것을 복사한 것이다
Please take a *copy* of this letter. 이 편지를 복사하시오
❷ (같은 종류의 책·신문 등의) **1부, 1권**
Three thousand *copies* of this book were sold. 이 책은 3천부가 팔렸다
— 동 (3단현 copies [-z]; 과거·과분 copied [-d]; 현분 copying)
타동 ~을 베끼다, ~을 **복사하다**
Please *copy* this letter. 이 편지를 복사하시오
— 자동 복사하다, 베끼다
These red lines don't *copy* well. 이 붉은 선은 복사가 잘 안된다

cop·y·right [kɑ́pirait] 명 판권, 저작권

cor·al [kɔ́ːrəl] 명 산호
coral island 산호섬

cord [kɔ́ːrd] 명 (복수 cords [-z]) (굵은) 전선, 끈, 코드

core [kɔ́ːr] 명 (복수 cores [-z]) (과일·옥수수 등의) 속, 심; (문제 등의) 중요한 부분, 핵심

cork [kɔ́ːrk] 명 코르크 (제품)

***corn** [kɔ́ːrn] 명
❶ 《집합적으로》 곡물 《a를 붙이지 않고, 복수 없음》
They grow *corn*. 그들은 곡물을 재배한다
Birds eat *corn*. 새는 곡물을 먹는다
❷ 미 옥수수(=형 maize); 영 밀(=wheat; → barley 보리) 《a를 붙이지 않고, 복수 없음》
✎ corn은 그 지방의 주요 곡물을 나타내므로, 영국에서는 밀, 스코틀랜드나 아일랜드에서는 메귀리, 미국·캐나다·오스트레일리아에서는 옥수수의 뜻.
They learned how to grow *corn* from the Indians. 그들은 인디언에게서 옥수수 재배법을 배웠다

Corn Belt [-bèlt] 명 《the를 붙여서》 옥수수 지대 《미국 중서부의 옥수수 다량 생산 지대》

***cor·ner** [kɔ́ːrnər] 명 (복수 corners [-z])
❶ 모퉁이
There is a bank on the *corner*. 길 모퉁이에 은행이 있다
We met John on[at] the street *corner*. 우리는 존을 길모퉁이에서 만났다
❷ 구석
The television is in the *corner* of the room. 텔레비전은 방 구석에 있다
Let's draw a line from *corner* to *corner*. 구석에서 구석까지 선을 그어 보자
around [*round*] *the corner* 모퉁이를 돌면 그 곳에, 가까이에, 근간에
He went *around the corner*. 그는 모퉁이를 돌아갔다
His house is just *around the corner*. 그의 집은 모퉁이를 돌면 그 곳에

있다
Christmas is just *around the corner*.
이제 곧 크리스마스다

corn·flakes [kɔ́:*r*nflèiks] 명 콘플레이크스 《옥수수 가루로 얇게 만든 아침 식사용 가공 식품》

cor·po·ra·tion [kɔ̀:*r*pəréiʃən] 명 (복수 **corporation*s*** [-z]) 법인; 유한(주식)회사

cor·rect [kərékt] 형 (비교 **more correct**; 최상 **most correct**) 틀림이 없는, 정확한 (◆ collect와 구별할 것)
It is a *correct* answer. 그것은 정답이다
— 동 (3단현 **correct*s*** [-s]; 과거·과분 **correct*ed*** [-id]; 현분 **correct*ing***) (타동) ~을 정정[교정]하다, 바로잡다
Correct errors. 틀린 곳을 바로잡아라
✏️ correct와 right는 다 같이 틀림이 없는 것을 뜻한다: a *correct* [*right*] answer(정답). 단 right는 「도덕적으로」 옳은」의 뜻도 포함한다.

cor·rect·ly [kəréktli(:)] 부 (비교 **more correctly**; 최상 **most correctly**) 올바르게, 정확하게

cor·re·spond [kɔ̀:rəspánd] 자동 (3단현 **correspond*s*** [-z]; 과거·과분 **correspond*ed*** [-id]; 현분 **correspond*ing***) 편지를 교환하다; 일치하다; 해당하다
He is *corresponding* with an American boy. 그는 미국의 한 소년과 편지를 교환하고 있다

cor·re·spond·ence [kɔ̀:rəspándəns] 명 편지 교환; 통신; 일치; 해당 《a를 붙이지 않고, 복수 없음》

cor·re·spond·ent [kɔ̀:rəspándənt] 명 (복수 **correspondent*s*** [-s]) 편지; 교환하는 사람, 편지 쓰는 사람; (신문·잡지의) 통신원, 특파원

cor·ri·dor [kɔ́:rədə*r*] 명 (복수 **corridor*s*** [-z]) (건물의) 복도; (열차의) 통로

cos·mos [kázməs] 명 우주; (식물) 코스모스 (꽃)

★**cost** [kɔ́:st] 동 (3단현 **cost*s*** [-s]; 과거·과분 **cost**; 현분 **cost*ing***) (◆ 원형과 과거·과거분사의 형이 동일한 점에 주의) (타동) ❶ (돈이) 들다
The book *costs* five dollars. 그 책은 5달러이다
How much does it *cost*? 그것은 얼마입니까
📝 물건을 살 때는 How much? 만으로도 통한다.
It will *cost* (you) a lot of money. 그것은 돈이 많이 들 것이다
❷ (시간·노력을) 요하다, 요구하다
The work *costs* (me) a lot of time. 그 일은 많은 시간을 요한다
✏️ cost 는 수동태가 없다.
— 명 (복수 **cost*s*** [-s])
❶ 값, 원가
What is the *cost* of this book? 이 책은 얼마입니까
The *cost* of living here is very low. 이곳은 생활비가 적게 든다
❷ 희생, 손실
Don't work at the *cost* of your health. 건강을 잃으면서까지 일하지 마라
at all costs [**at any cost**] 어떤 희생을 치르더라도, 어떻게 해서든지
I will get the book *at all costs*. 나는 어떻게 해서든지 그 책을 사고야 말겠다
발음 coast [kóst] (해안)와 발음이 다른 점에 주의

cost·ly [kɔ́:stli] 형 (비교 **costl*ier***; 최상 **costl*iest***) 값이 비싼, 비용이 많이 드는

cos·tume [kástju:m] 명 (복수 **costume*s*** [-z]) (어떤 시대·국민·지방 등에 특유한) 복장, 옷차림; (무

대·무도회용의) 민속의상

cot·tage [kάtidʒ] 명 (복수 **cot-tages** [-iz]) (보통 1층의) 작은 집; 미 (피서지의) 작은 별장

***cot·ton** [kάtn] 명 면, 목화, 목화나무; 면제품 《a를 붙이지 않고, 복수 없음》

This skirt is made of *cotton*. 이 스커트는 면으로 만들어진 것이다

Cot·ton Belt [-bèlt] 명 《the를 붙여서》(미국 남부의) 목화 생산 지대

cot·ton can·dy [-kǽndi] 명 (복수 **cotton candies** [-z]) 미 솜사탕

couch [káutʃ] 명 (복수 **couches** [-iz]) 침대 의자, 카우치(→chair)

cough [kɔ́:f] (◆ 발음에 주의) 명 기침
— 동 (3단현 **coughs** [-s]; 과거·과분 **coughed** [-t]; 현분 **coughing**) 자동 기침을 하다
He *coughed* hard. 그는 심하게 기침을 했다

***could** [kəd, (강조할 때) kúd] 조 can (~할 수 있다)의 과거형

❶ ~할 수 있었다
We *could* see the Orion last night. 어젯밤에는 오리온자리가 보였다
I tried, but I *could* not do it. 나는 해봤지만 그것을 할 수 없었다
He said that he *could* speak English. 그는 영어를 할 줄 안다고 말했다
📝 could 는 was[were] able to 를 대신하는 경우가 많다.

❷ 《현재 사실에 반대되는 가정을 나타내어》 ~할 수 있으면, (만약 ~이라면) ~할 수 있을 텐데
I wish I *could* speak English. 영어를 말할 수 있으면 좋겠는데 《실제로는 말하지 못한다》
He *could* come tomorrow (if you would like him to). (당신이 그러기를 바란다면) 그가 내일 올 수 있을 텐데

❸ 《can 보다 정중한 표현법》~해도 되겠습니까; ~해 주시겠습니까
Could you tell me your address? 당신의 주소를 말씀해 주시겠습니까
Could I use your telephone? 전화 좀 써도 되겠습니까

***could·n't** [kúdnt] could not의 줄임꼴
He fell down and *couldn't* catch the ball. 그는 쓰러져서 공을 잡을 수 없었다

coun·cil [káunsl] 명 회의, 협의; 평의회, 협의회

coun·sel·or, 영 **coun·sel·lor** [káunsələr] 명 (복수 **counselors** [-z]) 고문, 상담역; 미 ·변호사; 카운셀러 《학교 생활에 관해 학생의 상담에 응하는 전문적 지도 교사》

***count**[1] [káunt] 동 (3단현 **counts** [-s]; 과거·과분 **counted** [-id]; 현분 **counting**) 타동 ❶ (~을) 세다, 계산하다
He *counted* the apples in the basket. 그는 바구니 안의 사과를 셌다
Don't *count* your chickens before they are hatched. 《속담》 알에서 깨기도 않은 병아리를 세지 마라
Get up, Jane, before I *count* ten. 제인, 내가 열을 셀 때까지 일어나라

❷ 포함하다, 계산에 넣다
I have six hundred won, *counting* small change. 잔돈을 포함하여, 나는 600원을 가지고 있다

❸ (~를 …이라고) 생각하다[보다]
Bill *counts* himself happy. 빌은 자신이 행복하다고 생각한다
— 자동 수를 세다; 셈에 넣다
Count from one to ten. 1에서 10까지 세라

count on ... ~를 바라다[기대하다]
Don't *count on* others for help. 남의 도움을 바라지 마라
I will *count on* you to come. 나는 네가 올 것으로 기대하겠다
— 명 (복수 **counts** [-s]) 계산;

《권투》 카운트

count² [káunt] 몡 《종종 Count로》 (영국 이외의) 백작 《영에서는 earl》

count·er [káuntər] 몡 (복수 **counters** [-z]) 판매대, 계산대; (식당 등의) 카운터

count·less [káuntlis] 형 셀 수 없는, 무수한, 셀 수 없이 많은

coun·tries [kʌ́triz] 몡 country (나라)의 복수형

★**coun·try** [kʌ́ntri] 몡 (복수 **countries** [-z])

❶ 나라
Is this your first visit to this *country* ? 이 나라에 온 것은 이번이 처음입니까
Many people came from foreign *countries*. 많은 사람들이 외국에서 왔다

❷ 《the 를 붙이고 단수 취급》 국민 (=nation)
The *country* is opposed to war. 국민은 전쟁에 반대하고 있다

❸ 《one's 를 붙여》 조국; 고향 《미에서는 흔히 one's hometown 이라고 함》
My *country* is Cheju-do. 나의 고향은 제주도이다

❹ 《the 를 붙이고 단수형》 시골 (→ town 도시)
My grandfather lives in the *country*. 나의 할아버지는 시골에 사신다
He went (out) into the *country*. 그는 시골에 갔다
☑ He went to the *country*. 는 「그는 그 나라로 갔다」는 뜻도 된다.

coun·try-and-west·ern [kʌ́ntriəndwéstərn] 몡 컨트리 앤드 웨스턴 《주로 기타·밴조 등으로 연주되는 미국 남부 지방의 전통 음악이나 민요로 카우보이송 등에서 발달되어 온 대중 음악. C & W로 생략되는 수도 있으며 country music 이라고도 함》

coun·try·side [kʌ́ntrisàid] 몡 전원, 시골

coun·ty [káunti] 몡 (복수 **counties** [-z])

❶ (미군의) 군(郡)
☑ county 가 모여서 State(주)가 됨. 단, 루이지애나(Louisiana)주에서는 parish [pǽriʃ] 라고 함.

❷ (영국·아일랜드의) 주(州)
☑ 한국의 「도(道)」와 비슷한 행정상의 최대 구역. 고유명사의 끝에 붙으면 -shire 가 된다: Yorkshire (요크셔 주)

★**cou·ple** [kʌ́pl] 몡 (복수 **couples** [-z]) 한 쌍; 남녀 한 쌍 《특히 부부》
Tom and Judy are a nice *couple*. 톰과 주디는 좋은 부부이다

a couple of ... (1) 《구어》 2개의(=two)
There are *a couple of* eggs on the table. 식탁 위에 달걀이 2개 있다
(2) 미 《구어》 **몇 개의 ~**(=a few)
a couple of days 2·3일, 며칠

> 📘 a couple of 는 2개일 수도 있고, 그 이상일 수도 있으므로 어떤 뜻으로 나타내는가는 문맥(context)에 따라 판단해야 한다. pair와는 달리 반드시 짝을 이루는 것은 아니다. pair 는 2개의 부분이 하나를 이룰 때 쓴다 : a pair of trousers (바지 하나)

★**cour·age** [kə́:ridʒ] 몡 용기 《a 를 붙이지 않고, 복수 없음》
a man of *courage* 용기 있는 사람
He didn't have the *courage* to go there. 그는 거기에 갈 용기가 없었다

cou·ra·geous [kəréidʒəs] 형 (비교 **more** courageous; 최상 **most** courageous) 용감한, 용기 있는(=brave)

★**course** [kɔ́:rs] (♦ our는 [ɔːr]로 발음) 몡 (복수 **courses** [-iz])

court - cover

❶ 진로, 방향; (경기의) 코스; 골프 코스
The typhoon took its *course* to the west. 태풍의 진로가 서쪽으로 향했다
We took the wrong *course*. 우리는 진로를 잘못 잡았다
How many *courses* are there in the swimming pool? 수영장에는 코스가 몇 개 있는가
❷ 진행, 경과, 흐름
He got well with the *course* of time. 그는 시간이 흐름에 따라 건강해졌다
❸ (학습의) 과정, 교과, 강좌
She finished her *course* in high school. 그녀는 고교 과정을 마쳤다
I am taking a summer *course* in English. 나는 영어 여름 강좌를 받고 있다
❹ (식사의) 1코스; 한 접시
📝 dinner에서 순서대로 나오는 한 접시; 영국에서는 보통 soup(수프), fish(생선 요리), meat(고기 요리), sweets(과자), cheese(치즈), dessert(후식) 등이다.
We had a dinner of six *courses*. 우리는 6코스의 요리를 먹었다

a matter of course 당연한 일
Such a thing is *a matter of course*. 그런 일은 당연하다

***in the course of* ...** ~중에, ~하는 동안에
The girl smiled two or three times *in the course of* conversation. 그 소녀는 대화 중에 두세번 미소를 지어 보였다

†***of course*** 물론
📝 It is a matter *of course*. (그것은 당연한 일이다)를 생략한 것.
Of course he succeeded in the examination. 물론 그는 시험에 합격했다
"May I come in?"—"*Of course*, please do."「들어가도 되겠습니까」—「물론이죠」
"You didn't break the door, did you?"—"*Of course* not."「그 문을 부순 게 네가 아니지」—「물론, 아닙니다」
🔊 of course의 발음에는 [əvkɔ́ːrs]와 [əfkɔ́ːrs]의 2가지가 있는데 이것은 [k]음의 영향을 받아 [v]가 [f]로 되기 때문이다

court [kɔ́ːrt] 명 (복수 **courts** [-s])
❶ (테니스 등의) 코트
Our school has a tennis *court*. 우리 학교에는 테니스 코트가 있다
❷ 법정, 재판소, 법원
That is a *court* of justice. 저것이 법원이다
❸ 《종종 Court로》 궁정, 왕궁
❹ (건물에 둘러싸인) 안뜰
🔊 coat [kóut]와는 발음이 다름

cour·te·sy [kə́ːrtəsi] 명 예의, 친절

cous·in [kʌ́zn] 명 (복수 **cous·ins** [-z]) 사촌 《남녀에 다 같이 쓰임》
He is my *cousin*. 그는 나의 사촌이다

★**cov·er** [kʌ́vər] 동 (3단현 **covers** [-z]; 과거·과분 **covered** [-d]; 현분 **covering**) 타동 ❶ (~을) 덮다, 싸다; 감추다
Snow *covered* the path.[The path was *covered* with snow.] 눈이 오솔길을 덮었다
She *covered* the table with a white cloth. 그녀는 하얀 천으로 테이블을 덮었다
The floor is *covered* with a thick carpet. 마루에 두꺼운 융단이 깔려 있다
The book is *covered* with silk. 그 책 표지는 실크이다

📖 cover A with B(A를 B로 덮다); be covered with B(B로 덮여 있다)란 어법에 주의.

He tried to *cover* his mistake. 그는 자신의 실수를 감추려고 애썼다
❷ 《야구》 ~을 커버하다, 보호하다; 지키다
The shortstop *covered* the second

base. 유격수가 2루를 커버했다
❸ (범위 등이) ~에 **걸치다**; (도로를 따라) 가다
Her diary *covers* five years. 그녀의 일기는 5년간에 걸쳐 쓰여 있다
The rule *covers* all cases. 그 규칙은 모든 경우에 적용된다
We must *cover* 25 miles before it gets dark. 우리는 어두워지기 전에 25 마일을 가야만 한다
— 명 (복수 **covers** [-z]) **덮개, 커버, 뚜껑; 표지; 몸을 싸는 것**
This box has no *cover*. 이 상자는 뚜껑이 없다
Put a *cover* on the pot. 항아리 뚜껑을 덮어라
He has a book in leather *covers*. 그는 가죽 표지의 책을 가지고 있다
📝 책의 '표지'는 cover. 표지 위에 씌우는 것은 우리말로는 '커버'라고 하지만 영어로는 jacket 또는 wrapper [rǽpər]이라고 한다.
from cover to cover 전권을 통하여, 처음부터 끝까지
I read the book *from cover to cover*. 나는 그 책을 처음부터 끝까지 읽었다
under (the) cover of ... ~의 도움을 받아, (어둠 등을) 틈타서
They ran away *under (the) cover of* darkness. 그들은 어둠을 틈타 도망갔다

cov·ered wag·on [kʌ́vərd wǽgən] 명 (복수 **covered wagons** [-z]) 미 포장마차

cow [káu] (♦ow는 [au]로 발음함) 명 (복수 **cows [-z]) **암소**
A *cow* gives us milk. 암소는 우리에게 우유를 준다
She is milking a *cow*. 그녀는 암소의 젖을 짜고 있다
📝 cow 는 새끼를 낳은 3세 이상의 암소를 뜻한다. 황소(거세하지 않은 숫소)는 bull; 잡무·식용용으로 거세한 숫소는 ox; 1세 이하의 송아지는 calf 라고 한다. 또 식용으로서 쇠고기는 beef. 울음소리 '음매'는 moo [mu:].

cow·ard [káuərd] 명 (복수 **cowards** [-z]) 겁쟁이, 비겁한 사람

cow·boy [káubɔ̀i] 명 (복수 **cowboys** [-z]) 미 카우보이, 목동(↔ cowgirl 카우걸)
📝 목장에 고용되어 소를 관리하는 사람. 그들이 직업상 체득한 기술을 겨루는 경기가 로데오(rodeo)이다.

co·zy, 영 **co·sy** [kóuzi] 형 (비교 **cozier**; 최상 **coziest**) 아늑한

crab [krǽb] 명 (복수 **crabs** [-z]) 게; 게살

crack [krǽk] 명 (복수 **cracks** [-s])
❶ 갑작스런 날카로운 소리, 탕!; 우지직!
❷ 갈라진 금, 틈
— 동 (3단현 **cracks** [-s]; 과거·과분 **cracked** [-t]; 현분 **cracking**)
(타동) ~을 깨다; (총소리를) 탕 울리다; (채찍 등을) 찰싹 소리내다
— (자동) 깨지다

crack·er [krǽkər] 명 (복수 **crackers** [-z])
❶ 미 크래커 (=영 biscuit)
▶ 단맛이 나지 않는 얇고 바삭바삭한 비스킷.
❷ 쪼개는 기구, 부수는 사람
❸ 딱총, 폭죽

cra·dle [kréidl] 명 (복수 **cradles** [-z]) 요람; (예술·민족 등의) 발상지
from the *cradle* to the grave 요람에서 무덤까지

craft [krǽft] 명 ❶ (특수한) 기술, 공예; (특수한 기술을 요하는) 직업
❷ (복수 **craft**) 배; 비행기, 우주선

crane [kréin] 명 (복수 **cranes** [-z]) (새) 두루미; 기중기, 크레인 《모양이 두루미의 머리와 비슷한 데서 비롯된 말》

crash [krǽʃ] 몡 (복수 **crashes** [-iz])

❶ (사물이 크게) 충돌하는 소리
The tree fell with a *crash*. 그 나무는 요란한 소리를 내며 쓰러졌다

❷ (열차·자동차 등의) 충돌; (비행기의) 추락
The driver was hurt in the *crash* of their cars. 자동차 충돌로 운전사가 다쳤다

—통 (3단현 **crashes** [-iz]; 과거·과분 **crashed** [-t]; 현분 **crashing**) 자동 요란한 소리를 내다, 충돌하다, 추락하다
The truck *crashed* into a house. 그 화물차는 집에 충돌했다

crawl [krɔ́ːl] 통 (3단 **crawls** [-z]; 과거·과분 **crawled** [-d]; 현분 **crawling**) 자동 기다; 천천히 나아가다
—명 《a를 붙여서》 기어가기; 서행; 《보통 the를 붙여서》 《수영》 크롤

cray·on [kréiɑn] 몡 (복수 **crayons** [-z]) 크레용

cra·zy [kréizi] 휑 (비교 **crazier**; 최상 **craziest**)

❶ 미친 (=mad)
Are you *crazy*? 너 미쳤니

❷ (구어) ~에 미쳐 있는, 열중한, 열광적
She is *crazy* about jazz music. 그녀는 재즈 음악에 미쳐 있다

**cream [kríːm] (♦ea는 [iː]로 발음함) 몡 《a를 붙이지 않고, 복수 없음》

❶ 연유, 크림
He had coffee with sugar and *cream*. 그는 설탕과 크림을 넣은 커피를 마셨다

❷ 화장용 크림; 크림 색깔
cold *cream* 콜드 크림
shaving *cream* 면도용 크림
The lady wore a *cream*-colored hat. 그 부인은 크림 색깔의 모자를 쓰고 있었다

❸ 크림 과자
ice *cream* 아이스크림

cream puff [-pʌ̀f] (복수 **cream puffs** [-s]) 슈크림 《우리가 쓰는 '슈크림'이란 말은 프랑스어에서 온 것》

cre·ate [kriéit] (♦ea는 e와 a를 따로따로 발음함) 타동 (3단현 **creates** [-s]; 과거·과분 **created** [-id]; 현분 **creating**) 《명사는 creation》 ~을 창조하다, (새로운 것을) 만들어 내다
God *created* the heaven and the earth. 하나님께서 하늘과 땅을 창조하셨다 《구약 성서의 창세기 제1장 제1절》
All men are *created* equal. 인간은 모두 평등하게 창조되었다

cre·a·tion [kriéiʃən] 몡 창조, 창작; (신의) 창조물 《동사는 create》

cre·a·tive [kriéitiv] 휑 (비교 **more** creative; 최상 **most** creative) 창조적인, 독창적인
He has *creative* power. 그는 창조력을 갖고 있다

crea·ture [kríːtʃər] (♦ 발음에 주의) 몡 (복수 **creatures** [-z]) (신의) 피조물; 생물

cred·it [krédit] 몡 신용; 명예; 명예가 되는 사람[것]; 신용대출 《a를 붙이지 않고, 복수 없음》

cred·it card [-kὰːrd] 몡 (복수 **credit cards** [-z]) 크레디트 카드

creek [kríːk] 몡 (복수 **creeks** [-s])

❶ 미 시내, 개울
📝 brook보다 큰 것.

❷ 영 (해안·강기슭 등의) 작은 후미

creep [kríːp] 자동 (3단현 **creeps** [-s]; 과거·과분 **crept** [krépt]; 현분 **creeping**) 기다; 살금살금 걷다
The baby *crept* into the room. 아기가 방으로 기어 들어왔다

crept - cross

crept [krépt] creep(기다)의 과거·과거분사형

***crew** [krúː] 명 《복수 취급》 승무원, 탑승원

☑ 배나 열차나 비행기의 승객 이외의 전승무원을 뜻함. 승무원 한 명은 one of the crew 라고 한다.
All the crew were drowned. 승무원은 모두 익사했다
☑ 주어가 복수의 뜻이므로, 동사는 복수형.

crick·et[1] [kríkit] 명 (복수 crickets [-s]) 《곤충》 귀뚜라미

crick·et[2] [kríkit] 명 《경기》 크리켓
▶ 야구와 비슷한 구기(球技)로 영국의 국기(國技)라고 할 만한 스포츠이다. 잔디 위에서 11명씩 두 팀이 페어플레이(fair play)와 스포츠맨십(sportsmanship)을 발휘하여 득점을 다툰다.

cried [kráid] 동 cry(울다)의 과거·과거분사형

cries [kráiz] 동 cry(울다)의 3인칭 단수 현재형
— 명 cry(고함 소리)의 복수형

crime [kráim] 명 (복수 crimes [-z]) (법률상의) 죄, 범죄
commit a crime 죄를 범하다
☑ 도덕적·종교적인 죄는 sin.

crim·i·nal [krímənl] 형 범죄의, 죄를 범한; 형사상의
— 명 (복수 criminals [-z]) 범인, 범죄자

cri·sis [kráisis] 명 (복수 crises [-siːz]) 위기, 난국; (흥망의) 갈림길
a political crisis 정치적 위기

crit·ic [krítik] 명 (복수 critics [-s]) (문학·미술 등의) 비평가, 평론가

crit·i·cal [krítikəl] 형 비평의, 비판적인; 위기의
critical essay 평론

Croc·kett [krákit] 명 크로켓 (David ~ (1786-1836); 미국의 서부 개척자·정치가; Alamo 전투에서 전사))

croc·o·dile [krákədàil] 명 (복수 crocodiles [-z]) 《동물》 (아프리카산의) 악어(→ alligator 미국산의 악어)

cro·cus [króukəs] 명 (복수 crocuses [-iz]) 《식물》 크로커스

***crop** [kráp] 명 (복수 crops [-s]) 농작물, 수확
the rice crop 벼수확, 벼농사
The potato crop was very small. 감자 수확은 매우 적었다

★**cross** [krɔ́ːs] 명 (복수 crosses [-iz]) 십자가; 십자형, 십자 기호 (+, ×)
☑ 그리스도가 못 박혀 죽은 십자가는 the Cross 라고 한다.
the Red Cross 적십자사
— 형 (비교 crosser; 최상 crossest) 교차된; 반대의; 삐쳐 있는
A cross wind began to blow. 역풍이 불기 시작했다
She looked cross. 《구어》 그녀는 삐쳐 있는 것 같았다
Jimmy is sometimes cross with me. 지미는 가끔 나에게 삐친다
— 동 (3단현 crosses [-iz]; 과거·과분 crossed [-t]; 현분 crossing)
(타동) ❶ (~을) **건너다**, 횡단하다
He crossed the road. 그는 길을 건넜다
Can you cross the river by boat? 너는 보트로 그 강을 건널 수 있느냐
❷ (~을) **교차시키다**, (~와) 마주치다
He crossed his legs. 그는 다리를 꼬고 앉았다
We crossed each other on the road. 우리는 노상에서 마주쳤다
❸ **십자를 긋다**; 십자를 쓰다; 지우다
Jane crossed her heart. 제인은 가슴에 십자를 그었다
I will cross her name off the list. 나는 그녀의 이름을 리스트에서 지울 것이다

crossing - crush

—(자동) 건너다, 교차하다

cross·ing [krɔ́ːsiŋ] 명 (복수 **crossings** [-z]) 횡단(하기); 교차점, 건널목; 횡단 보도

No crossing 《게시》 횡단 금지

—동 cross(~을 건너다)의 현재분사형

cross·road [krɔ́(ː)sròud] 명 《보통 복수형으로》 네거리

cross·walk [krɔ́ːswɔ̀ːk] 명 (복수 **crosswalks** [-s]) 미 횡단 보도

cross·word puzzle [krɔ́ːswə̀ːrd pʌ́zl] 명 (복수 **crossword puzzles** [-z]) 크로스워드 퍼즐, 십자말 풀이 《간단히 crossword라고도 함》

*__crow__ [króu] 명 (복수 **crows** [-z]) 《새》 까마귀

📝 울음소리는 caw [kɔ́ː].

crowd [kráud] (◆ ow는 [au]로 발음함) 명 (복수 **crowds** [-z]) 군중, 인파; 많음

There is a *crowd* in front of the station. 역 앞에 군중이 있다

A child is crying in the *crowd*. 인파 속에서 아이가 울고 있다

He doesn't like to walk through *crowds*. 그는 사람들이 붐비는 곳은 걷기 싫어한다

The *crowd* is[are] shouting. 군중이 절규하고 있다

📘 「한 떼의 군중」의 뜻으로는 단수 취급하고, 「한 사람 한 사람이 모인 군중」의 뜻을 강조할 때는 복수 취급한다.

He was surrounded by *crowds* of pressmen. 그는 다수의 신문 기자들에게 둘러싸였다

A *crowd* of papers covered his desk. 그의 책상 위에는 서류가 산더미처럼 쌓여 있었다

📝 crowds of ..., a crowd of ... 로 many ... (많은 ~)의 뜻

—동 (3단현 **crowds** [-z]; 과거·과분 **crowded** [-id]; 현분 **crowding**) (타동) (사람이) ~에 모여들다, 운집하다; 《be crowded with로》 ~으로 혼잡하다

All the department stores *are crowded with* people. 백화점마다 사람들로 혼잡하다

—(자동) (사람이) 몰리다; 떼지어 모이다

The girls *crowded* around the actor. 소녀들은 그 배우 주위에 떼지어 모여들었다

*__crowd·ed__ [kráudid] 동 crowd (~에 모여들다)의 과거·과거분사형

—형 (비교 **more crowded**; 최상 **most crowded**) 혼잡한, 붐비는

I got on a *crowded* bus. 나는 만원 버스에 탔다

The platform was *crowded* with passengers. 그 플랫폼은 승객들로 붐비고 있었다

*__crown__ [kráun] 명 (복수 **crowns** [-z]) 왕관; 《the를 붙여》 왕위 (◆ clown(광대)과 구별할 것)

cru·el [krúːəl] 형 (비교 **crueler**, 영 **crueller**; 최상 **cruelest**, 영 **cruellest**)

❶ 잔인한, 잔혹한

Don't be *cruel* to animals. 동물들을 학대하지 말라

❷ (상태 등이) 비참한, 무참한

He has never seen such a *cruel* sight. 그는 그렇게 비참한 광경을 결코 본 적이 없다

cru·el·ty [krúːəlti] 명 (복수 **cruelties** [-z]) 잔혹함; 잔혹 행위

crush [krʌ́ʃ] 동 (3단현 **crushes** [-iz]; 과거·과분 **crushed** [-t]; 현분 **crushing**) (타동) ~을 눌러서 뭉개다, 짓밟다

—(자동) 찌그러지다, 부서지다

crutch - cup

crutch [krʌtʃ] 명 (복수 **crutches** [-iz]) 목발

★**cry** [krái] 동 (3단현 **cries** [-z]; 과거·과분 **cried** [-d]; 현분 **crying**)
(타동) 외치다, ~라고 소리지르다
"Wolf! Wolf!" *cried* the boy. 「늑대요! 늑대요!」라고 소년은 외쳤다
The boy *cried* that he was hungry. 그 소년은 배고프다고 소리쳤다
— (자동) (소리 내어) 울다
A boy was *crying* on the street. 한 소년이 길에서 울고 있었다
✏️ *cry*는 「소리내어 울다」, *weep*은 「눈물을 흘리다」, *sob*은 「흐느끼다」
cry for ... ~를 달라고 울다; ~를 요구하며 외치다
The baby is *crying for* milk. 아기는 우유를 달라고 울고 있다
They *cried for* bread. 그들은 빵을 달라고 외쳤다
cry out 큰소리를 내다
The lady *cried out* when she saw a rat. 그 부인은 쥐를 보고는 소리질렀다
cry over ... ~를 보고 울다; (불행·실패 등을) 한탄하다
It is no use *crying over* spilt milk. (속담) 엎질러진 우유를 보고 울어 봤자 소용 없다[엎질러진 물이다]
— 명 (복수 **cries** [-z]) 외치는 소리; 울음 소리
He gave a loud *cry*. 그는 큰소리로 외쳤다
She heard a baby's *cry*. 그녀는 아기의 울음 소리를 들었다

cry·ing [kráiiŋ] 동 *cry*(울다)의 현재분사형

crys·tal [krístl] 명 (복수 **crystals** [-z]) 수정; 크리스탈 유리(제품)

cube [kjúːb] 명 (복수 **cubes** [-z]) 입방체, 정육면체; (수학) 3제곱
the *cube* of 3 3의 3제곱, 3³

★**cuck·oo** [kúkuː] 명 (복수 **cuckoos** [-z]) (새) **뻐꾸기**, 뻐꾹 (하는 울음소리)

▶ 영국에서는 4월에 와서, 집 밖 둥우리에 새끼를 낳고, 여름이 지나면 떠난다. 봄이 오는 것을 알리는 새.

cu·cum·ber [kjúːkʌmbər] 명 (복수 **cucumbers** [-z]) (식물) 오이
as cool as a cucumber 침착하게

cul·ti·vate [kʌ́ltəvèit] (타동) (3단현 **cultivates** [-s]; 과거·과분 **cultivated** [-id]; 현분 **cultivating**)
(땅을) 경작하다; (작물을) 재배하다; (재능·품성 등을) 기르다
He *cultivated* the land. 그는 땅을 경작했다

cul·tur·al [kʌ́ltʃərəl] 형 문화의; 교양의; 문화적인

cul·tur·al·ly [kʌ́ltʃərəli] 부 문화적으로

cul·ture [kʌ́ltʃər] 명 (복수 **cultures** [-z])
❶ 교양
physical[intellectual, moral] *culture* 체[지, 덕]육
❷ (정신적인) 문화(→ *civilization*)
✏️ *cultivation*은 주로 물질 문명을 말하는데 비해 *culture*는 정신면을 중시한 말이며 민족의 생활·습관·사고 방식 등도 포함됨.
Western *culture* 서양 문화
❸ 재배; 양식

cun·ning [kʌ́niŋ] 형 (비교 *more cunning*; 최상 *most cunning*) 교활한, 약삭 빠른
— 명 교활(함), 못된 꾀
✏️ 「시험에서 부정 행위를 하다」는 *cheat in the exam* → *cheat*

★**cup** [kʌ́p] 명 (복수 **cups** [-s])
❶ (커피·홍차 등의) **찻잔**, 컵
a coffee *cup* 커피 잔
a tea *cup* 홍차 잔
a *cup* and saucer[kʌ́pənsɔ́ːsər] 받침 접시가 딸린 잔
❷ ((a cup of 로)) 잔 하나의 분량
Please give me *a cup of* tea. 홍차 한 잔 주시오

cupboard - curve

I had *two cups of* coffee. 나는 커피 두 잔을 마셨다

> (1) a coffee cup (커피 잔)과 a cup of coffee (커피 1잔)는 다름.
> (2) coffee, tea 는 「하나, 둘 하고 셀 수 없는 명사」 (물질명사)이므로 a cup of tea (홍차 한 잔), two cups of coffee (커피 두 잔)로 센다
> (3) 찬 것을 마실 때는 glass(유리잔)를 써서 a glass of...로 나타낸다: a glass of water (물 한 잔), two glasses of milk (우유 두 잔)

❸ 우승컵
We will win the *cup*. 우리는 우승컵을 획득할 것이다

*cup·board [kábərd] (◆ p 는 발음하지 않음) 명 (복수 cupboards [-z]) 찬장

Cu·pid [kjú:pid] 명 《로마신화》 큐피드 《비너스(Venus)의 아들로, 활과 화살을 들고 다니며 그의 화살에 맞은 사람은 사랑에 빠지게 하는 사랑의 신》

cups [káps] 명 cup(컵)의 복수형

cure [kjúər] 타동 (3단현 cures [-z]; 과거·과분 cured [-d]; 현분 curing) (병을) 치료하다; (나쁜 버릇 등을) 고치다
The medicine *cured* him of his cold. 그 약이 그의 감기를 낫게 해 주었다

Cu·rie [kjúəri] 명 퀴리 《Marie ~ (1867-1934); 폴란드 태생의 프랑스 물리학자·화학자; 남편 피에르(Pierre)와 협력하여 1898년에 라듐을 발견함》

cu·ri·os·i·ty [kjùəriásəti] 명 (복수 curiosities [-z]) 호기심; 진기한 것

cu·ri·ous [kjúəriəs] 형 (비교 *more* curious; 최상 *most* curious) 호기심이 강한; 기묘한
a *curious* boy 호기심이 강한 소년

a *curious* sound 기묘한 소리
I am *curious* to know it. 나는 그것을 매우 알고 싶다

cu·ri·ous·ly [kjúəriəsli] 부 호기심에서; 기묘하게도

curl [kə́:rl] 명 (복수 curls [-z]) 곱슬한 머리칼; 소용돌이 모양, 곱슬거림
The little girl has blond *curls*. 그 소녀아이는 금발의 고수머리이다
— 동 (3단현 curls [-z]; 과거·과분 curled [-d]; 현분 curling) 타동 (머리칼을) 곱슬곱슬하게 하다
— 자동 곱슬머리가 되다

*cur·rent [kə́:rənt] 형 (비교 *more* current; 최상 *most* current)
❶ 유통되고 있는, 널리 쓰이는
current coins 통화
❷ 현행의(=present)
current English 시사 영어
current topics 금일의 화제
— 명 흐름; 해류; 전류; 사조, 풍류
an electric *current* 전류

cur·ry [kə́:ri] 명 (복수 curries [-z]) 카레 요리; 카레 가루 《정확히는 curry powder》
curry and rice 카레라이스

curse [kə́:rs] 명 (복수 curses [-iz]) 저주(하는 말); 욕설, 악담
— 동 (3단현 curses [-iz]; 과거·과분 cursed [-t]; 현분 cursing) 타동 ~을 저주하다; ~을 욕하다
The rider *cursed* his horse. 그 기수는 자신의 말을 저주했다

**cur·tain [kə́:rtn] 명 (복수 curtains [-z]) 커튼; (무대의) 막
Please draw the *curtain*. 커튼을 당겨 주시오
The *curtain* rises at 6 p.m. 막은 오후 6시에 오른다
The *curtain* fell slowly. 막이 천천히 내렸다

curve [kə́:rv] 명 (복수 curves [-z]) 《수학》 곡선; 모퉁이, 커브;

cushion - cylinder

(야구) 커브
— 동 (3단현 curves [-z]; 과거·과분 curved [-d]; 현분 curving) 타동
~을 구부리다, 휘다
— 자동 구부러지다, 휘어지다
The road curved to the left. 그 도로는 왼쪽으로 굽어 있었다

cush·ion [kúʃən] 명 (복수 cushions [-z]) 쿠션, 방석

*cus·tom [kʌ́stəm] 명 (복수 customs [-z])
❶ (개인의) **습관**, (사회의) 풍습 《a가 없는 경우가 많다》
manners and customs 예의범절
European customs 유럽 풍습
It is his custom to take a walk before breakfast. 아침 식사 전에 산책하는 것이 그의 습관이다
☑ custom은 개인이나 사회의 습관적인 행위를, habit은 「개인의 버릇·습관」을 말한다.
❷ (장사 등의) 관습, 고객 《a를 붙이지 않고, 복수 없음》
❸ 《복수형으로》 관세 《수입품에 대하여 부과하는 세금》; 《the customs로 단수 취급》 세관
pass the customs 세관을 통과하다
— 형 명 맞춤의, 주문의
a custom suit 주문복, 맞춤복

cus·tom·er [kʌ́stəmər] 명 (복수 customers [-z]) (가게의) 손님, 거래선

*cut [kʌ́t] 동 (3단현 cuts [-s]; 과거·과분 cut; 현분 cutting) 타동
❶ (칼 등으로) **베다**, (풀·먹이 등을) 자르다
She cut a watermelon in two. 그녀는 수박을 둘로 잘랐다
He cut his hand with a knife. 그는 칼에 손을 베었다
He cut me a slice of bread. 그는 나에게 빵을 한 조각 잘라 주었다
❷ (길·굴 등을) **잘라 만들다**
They cut a road through the hill. 그들은 언덕을 잘라 길을 만들었다
❸ (비용을) **절감하다**, (값을) 깎다
We have to cut our living expenses. 우리는 생활비를 줄여야만 한다
†**cut down** (나무 등을) 베어 넘어뜨리다
They cut down the tree. 그들은 나무를 베어 넘어뜨렸다
cut in (줄·대화 등에) 끼어 들다
Don't cut in like that. 그처럼 끼어 들지 말아라
cut off 잘라버리다, (수도·전기 등을) 끊다
He cut off a branch from the tree. 그는 나무에서 가지 하나를 잘라버렸다
cut out (~에서) 오려내다; (구어) ~을 그만두다
Mary cut a picture out of the newspaper. 메리는 신문에서 사진 하나를 오려냈다
Cut it out! 집어치워[그만 둬]
— 명 (복수 cuts [-s]) 절단, 베기; 베인 상처
I got cuts on my feet. 발이 칼에 베였다

cute [kjúːt] 형 (비교 cuter; 최상 cutest) 명 (구어) 귀여운

cuts [kʌ́ts] 동 cut(자르다)의 3인칭 단수 현재형
— 명 cut(절단)의 복수형

cut·ting [kʌ́tiŋ] 동 cut(자르다)의 현재분사형

cy·cle [sáikl] 명 주기; (전기) 주파; 자전거
— 자동 자전거를 타다

cy·cling [sáikliŋ] 명 《a를 붙이지 않고, 복수 없음》 자전거 타기

cyl·in·der [sílindər] 명 (복수 cylinders [-z]) 원통, 원기둥; 《기계》 실린더, 기통(氣筒)
a six-cylinder engine 6기통 엔진

D d

D, d [díː] 명 (복수 D's, Ds, d's, ds)
❶ 디 《알파벳의 제 4자》
❷ 《대문자 D로》 명 《학과 성적의》 D 《보통 최저 합격점 C의 아래》

'd [-d] 《구어》 **had, did, would**의 축약형
You'*d* [You had] better see your doctor. 의사에게 진찰받는 편이 더 낫다
I'*d* [I would] like to go home. 나는 집에 가고 싶다

dad [dǽd] 명 (복수 **dads** [-z]) 《구어》 아빠(=papa)

dad·dy [dǽdi] 명 (복수 **dadd***ies** [-z]) 《어린이말》 아빠(↔ 명 mommy, 영 mummy 엄마)
▶ 보통 어린아이가 아버지를 부를 때 사용하는 말로서 어리광 섞인 느낌이 있다. 경우에 따라서는 어린아이들 뿐만 아니라 중학생이나 고등학생들도 사용한다. 고유명사처럼 대문자로 시작하고 관사를 붙이지 않는다

daf·fo·dil [dǽfədil] 명 《식물》 수선화 《웨일스의 국화》

dag·ger [dǽgər] (복수 **daggers** [-z]) 명 단검, 비수(→ sword)

dahl·ia [dǽljə] 명 《식물》 달리아
▶ 스웨덴의 식물학자 달(Dahl)의 이름에서 유래함

*__dai·ly__ [déili] 형 매일의(=everyday)
daily life 일상생활
a *daily* newspaper 일간지
— 부 **매일, 날마다**(=every day)
There are *daily* flights to Miami. 마이애미행 비행기는 매일 운항한다
— 명 (복수 **dail***ies** [-z]) **일간 신문** 《흔히 신문 이름으로 쓰인다》

dair·y [dɛ́əri] 명 (복수 **dair***ies** [-z]) 낙농장; 우유 가게
발음 daily [déili] (매일의), diary [dáiəri] (일기장)과 구별할 것

dai·sy [déizi] 명 (복수 **dais***ies** [-z]) 《식물》 들국화

Dal·las [dǽləs] 명 댈러스 《미국 텍사스 주 북동부에 위치한 도시》

dam [dǽm] 명 (복수 **dams** [-z]) 제방, 둑, 댐

dam·age [dǽmidʒ] 명 손해, 피해
The storm caused[did] a lot of *damage*. 그 폭풍은 엄청난 피해를 초래했다
The heavy frost did much *damage* to the crops. 된서리는 작물에 큰 피해를 끼쳤다
— 동 (3단현 **damages** [-iz]; 과거·과분 **damaged** [-d]; 현분 **damaging**) 타동 ~에 손해를 주다
Cigarettes *damage* your health. 담배는 건강에 해롭다

damn [dǽm] (♦ n은 발음하지 않음) 타동 (3단현 **damns** [-z]; 과거·과분 **damned** [-d]; 현분 **damning**) 《속어》 ~을 욕하다
Damn it! 제기랄
〈♦ 동음어 dam(제방)〉

damp [dǽmp] 형 (비교 **damper**; 최상 **dampest**) 축축한, 습기가 찬 (↔ dry)
This room is *damp* in rainy weather. 비오는 날에는 이 방은 습기가 찬다

dance - Danube

a *damp* towel 축축한 수건

dance [dǽns] 동 (3단현 **dance**s [-iz] ; 과거·과분 **danced** [-t] ; 현분 **danc**ing) 타동 춤을 추다

Would you like to *dance* the tango with me? 저와 함께 탱고춤을 추시겠습니까

— 자동 ❶ 춤추다

I like to *dance* to the music on the radio. 나는 라디오 음악에 맞추어 춤추고 싶다

❷ (기쁘거나 아파서) **날뛰다**

She *danced* for joy. 그녀는 기뻐서 날뛰었다

— 명 (복수 **dance**s [-iz])

❶ 댄스

May I have the next *dance* with you? 다음 곡에 저와 함께 춤을 추시지 않겠습니까

❷ 댄스 파티

My brother went to a *dance*. 나의 형은 댄스 파티에 갔다

We gave a *dance* yesterday. 우리는 어제 댄스 파티를 열었다

📝 댄스 파티란 영어로 a dance이지 a dance party가 아니다. 예를 들어, school *dance* (학교 댄스파티), Christmas *dance* (크리스마스 댄스파티)라고 말한다. 정식의 큰 무도회는 ball이라고 한다

a fólk dánce 포크 댄스, 민속춤
a sócial dánce 사교춤
a squáre dánce 스퀘어 댄스 《여덟사람이 두 사람씩 짝을 지어 추는 춤》

danc·er [dǽnsər] 명 (복수 **dancer**s [-z]) 춤추는 사람, 무용가

dan·de·li·on [dǽndiláiən] 명 (복수 **dandelion**s [-z]) (식물) 민들레

▶ 프랑스어의 「사자의 이빨」의 뜻에서 유래

Dane [dein] 명 (복수 **Dane**s [-z]) 덴마크인

dan·ger [déindʒər] 명 (복수 **danger**s [-z]) 《형용사는 dan-gerous》 위험(↔ safety 안전) 《보통 a를 붙이지 않고 복수 없음》

Danger! Keep off. (게시) 위험! 접근 금지

Is there any *danger* of fire? 화재의 위험이 있습니까

His life is in *danger*. 그의 생명이 위험하다

The ship is in *danger* of sinking. 그 배는 침몰 위기에 처해 있다

The patient is out of *danger* now. 그 환자는 이제 위기를 모면했다

📝 danger는 보통 a를 붙이지 않고, 복수로도 쓰지 않지만 「위험의 원인이 되는 것, 위험」의 뜻으로는 a를 붙이고, 복수형 **danger**s [-z]도 있다: *a danger* to society (사회에 대한 위험 인물), *a danger* to peace (평화에 대한 위험)

dan·ger·ous [déindʒərəs] 형 (비교 *more* **dangerous**; 최상 *most* **dangerous**) 《명사는 danger》 위험한(↔ safe 안전한)

Don't play in such a *dangerous* place. 이런 위험한 곳에서는 놀지 마라

Icebergs are *dangerous* to ships. 빙산은 배에 위협적이다

It is *dangerous* to swim here. 여기서 수영하는 것은 위험하다

dangerous

dan·ger·ous·ly [déindʒərəsli] 부 위험스럽게

His father is *dangerously* ill. 그의 아버지는 위독하다

Dan·ish [déiniʃ] 형 덴마크의, 덴마크어의, 덴마크인의

— 명 덴마크어

Dan·ube [dǽnju:b] 명 《the를 붙

dare - dart

여서》 다뉴브강 《독일 서남부에서 발원하여 흑해로 흘러들어가는 강》

dare [déər] 통 (3단현 **dares** [-z]; 과거·과분 **dared** [-d]; 현분 **daring**)
타동 《dare to+동사원형》 감히 ~하다, ~할 용기가 있다
He will *dare* to do anything. 그는 무슨 일이든 과감하게 할 것이다
He did not *dare* to speak to her. 그는 그녀에게 감히 말을 걸 용기가 없었다
—조 (부정형 dare not) 《부정문·의문문에서》 감히 ~하다
He *dared* not say 'No'. (=He didn't *dare* to say 'No'.) 그는 감히 「아니오」라고 말하지 못했다
Dare you fight against him? 너는 그를 상대로 싸울 용기가 있니
▶ 구어에서는 보통 「dare to+동사원형」이 쓰이는 경우가 많다
I dare say ... 아마도 ~일 것이다
I dare say it is a lie. 아마도 그것은 거짓말일 것이다

★**dark** [dáːrk] 형 (비교 **darker**; 최상 **darkest**) ❶ 어두운(↔ light 밝은)
It was a *dark* night. 어두운 밤이었다
It was *dark* outside. 밖은 어두웠다
❷ (눈·머리 등이) 검은, 까만
She has *dark* eyes. 그녀는 검은 눈을 가지고 있다
❸ (색깔이) 진한
This curtain is *dark* green. 이 커튼은 암녹색이다
get [*become*] *dark* 어두워지다
It is *getting darker*. 점점 어두워지고 있다
—명 **어둠**, 저녁 때 《a를 붙이지 않고, 복수 없음》
He is afraid of the *dark*. 그는 어둠을 두려워한다
after dark 해가 진 뒤에
Don't go out *after dark*. 해가 진 뒤에 외출하지 말아라
before dark 어둡기 전에
Let's go home *before dark*. 어두워지기 전에 집에 가자
in the dark 어둠 속에서
Cats can see *in the dark*. 고양이는 어둠 속에서도 본다
until dark 어두워질 때까지
Jim worked *until dark*. 짐은 어두워질 때까지 일했다

dark·en [dáːrkən] 통 (3단현 **darkens** [-z]; 과거·과분 **darkened** [-d]; 현분 **darkening**) 타동 어둡게 하다
—자동 어두워지다
The sky *darkened* suddenly. 하늘이 갑자기 어두워졌다

dark horse [dáːrk hɔ́ːrs] 명 (복수 **dark horses** [-iz]) 다크호스 《경마·선거 등에서 뜻밖의 유력한 상대》

dark·ness [dáːrknis] 명 암흑, 어둠(↔ light 밝음)

dar·ling [dáːrliŋ] 명 (복수 **darlings** [-z]) 가장 사랑하는 사람, 애보, 당신, 애야 《부부나 연인 사이 혹은 부모가 자식을 부를때 쓰는 말》
Thank you, *darling*. 여보, 고마와요
—형 《구어》 멋진, 귀여운 《주로 여성이 쓰는 말》, 가장 사랑하는, 마음에 드는
"What a *darling* film!" — "Everyone adored it." 「아주 멋진 영화인데」—「모든 사람이 그 영화를 매우 좋아했어」
회화 부부·연인 혹은 부모자식사이에 이름 대신 사용하는 친근감있는 호칭이다. 이외에 dear[diər], honey [hʌ́ni]도 사용한다
A: This is for you, Mom.
B: Why, thank you, darling.
A: 엄마, 이것은 엄마께 드리는 것이예요
B: 어머, 고맙구나, 애야

dart [dáːrt] 명 (단수 취급) 화살던지기 놀이 《다트보드(dartboard)라 불리는 과녁판에 화살(dart)을 손으로 던져서 득점을 내는 실내 경기; 영국의 선술집 등에서 인기가 있으며 가정에서도 흔히 행해진다》

Darwin - daughter

Dar·win [dá:rwin] 명 다아윈 《Charles ~ (1809-1882); 영국의 생물학자. 남반구를 항해하면서 얻은 자료를 기초로 「종의 기원(The Origin of Species)」를 써서 진화론을 확립했다》

***dash** [dǽʃ] 동 (3단현 dashes [-iz]; 과거·과분 dashed [-t]; 현분 dashing) 돌진하다(=rush)
자동 돌진하다(=rush)
A car dashed by. 자동차가 쏜살같이 지나갔다
He dashed down the stairs. 그는 계단을 급히 내려왔다
— 타동 ~을 내던지다, ~을 쳐부수다
The boat was dashed to pieces on the rock. 그 보트는 바위에 부딪혀 산산조각이 났다
— 명 (복수 dashes [-iz]) 돌진; 단거리 경주; (구두점의) 대시《—》
the 100-meter dash 100미터 경주

dash·ing [dǽʃiŋ] 형 용감한
He was the very model of the dashing pilot. 그는 용감한 파일럿의 모범이었다

DAT [díːeitíː, dæt] digital audiotape의 약어

da·ta [déitə] 명 자료, 데이터
☑ data는 원래 datum[déitəm]의 복수형이므로 복수취급하는 것이 원칙이지만 종종 단수 취급도 한다》
These data are wrong. 이 자료는 틀렸다 《이것을 This data is wrong.이라고도 한다

***date** [déit] 명 (복수 dates [-s])
❶ 날짜, 연월일
the date of birth 생년월일
I forgot to write the date in the letter. 나는 편지에 날짜 써 넣는것을 잊었다
회화 A: What is the date today?
B: It's August 25.
A: 오늘은 몇월 몇일입니까
B: 8월 25일 입니다
《요일을 물을 때는 "What day is it today?"라고 한다》

❷ 미 《구어》 (특히 이성과의) 만날 약속, 데이트, 데이트 상대
He asked her for a date. 그는 그녀에게 데이트를 신청했다
They all want to be her date. 그들 모두는 그녀의 데이트 상대가 되기를 원한다

out of date 시대에 뒤진; 기한이 다된
This dress is out of date. 이 옷은 시대에 뒤떨어진 옷이다
This ticket is out of date. 이 티켓은 날짜가 지났다

up to date 지금까지, 최신식의(=up-to-date)
That car is quite up to date. 저 차는 아주 최신식이다
— 동 (3단현 dates [-s]; 과거·과분 dated [-id]; 현분 dating) 타동 자동
날짜를 쓰다, 날짜가 씌어 있다
I received your letter dated August 27. 8월 27일자 너의 편지를 받았다
Don't forget to date your letter. 편지에 날짜 쓰는 것을 잊지 마라
This letter dates on October 21. 이 편지는 10월 21일에 쓴 것이다
date from ... ~부터 시작되다
His opinions date from his college days. 그의 지론은 대학 시절부터의 것이다

> 📅 **날짜 쓰는 법과 읽는 법**
> '1984년 9월 15일'의 대표적인 쓰기와 읽기는 다음과 같다. (1) 미국식 〈쓰기〉 September 15, 1984. 간략하게 쓰는 법은 9/15/1984 (월·일·년의 순서) 〈읽기〉 September (the) fifteenth (구어에선 fifteen), nineteen eighty-four라고 읽는다. (2) 영국식 〈쓰기〉 15(th) September 1984. 간략하게 쓰는 법은 15/9/1984 (일·월·년의 순서) 〈읽기〉 the fifteenth of September, nineteen eighty-four

***daugh·ter** [dó:tər] 명 (복수

Dave - day

daughters [-z]) 명 딸(↔son 아들)
an only *daughter* 무남독녀
one's eldest *daughter* 장녀
They have two sons and one *daughter*. 그들에게는 아들 둘과 딸 하나가 있다

Dave [déiv] 명 데이브 《남자 이름; David의 애칭》

Da·vid [déivid] 명 ❶ 데이비드 《영·미에서 가장 흔한 남자 이름 중의 하나》
❷ 다비드 왕 《성서》 다윗 《솔로몬왕의 아버지로 이스라엘의 제2대 왕. 구약성서 시편의 저자로 알려져 있다》

Da·vis [déivis] 명 데이비스 《영·미에서 가장 흔한 성의 하나》

dawn [dɔ́ːn] 명 (복수 **dawn**s [-z])
❶ 새벽
❷ 《the를 붙여》 (일의) 시초; 시작
at dawn 새벽녘에
He usually gets up *at dawn*. 그는 보통 새벽녘에 일어난다
from dawn till dark 새벽부터 해질 때까지
They worked *from dawn till dark*. 그들은 새벽부터 어두울 때까지 일했다
— 동 (3단현 **dawn**s [-z]; 과거·과분 **dawn**ed [-d]; 현분 **dawn**ing)
(자동) 날이 새다, 동이 트다
The day[morning] was just *dawning*. 날이 막 밝아오고 있었다

★**day** [déi] 명 (복수 **day**s [-z])
❶ 주간, 낮(↔night 밤), 해가 떠 있는 동안
*Day*s are longer in summer than in winter. 여름은 겨울보다 낮이 더 길다
Day breaks. 동이 튼다
📝 관사를 쓰지 않는 점에 주의
❷ 1일, 1주야
A *day* has twenty-four hours. 1일은 24시간이다
There are seven *day*s in a week.(=A week has seven *day*s.) 1주일은 7일이다
He came on a rainy *day*.⁽¹⁾ 그는 비오는 날에 왔다
What *day* (of the week) is it today?⁽²⁾ 오늘은 무슨 요일이냐
He goes there once a *day*.⁽³⁾ 그는 하루에 한 번 거기에 간다
Have a nice *day*. 좋은 하루 보내세요

> 🗂 (1)은 day에 on이 붙은 예로 이것은 다음과 같은 말에도 쓰인다 on my birthday (나의 생일에). (2)는 요일을 묻는 말이고, 날짜를 물을 때는 What day of the month is it today?라고 한다. (3)의 a day 는 「1일마다」의 뜻이다

❸ (특정한) 날, 기념일
New Year's *Day* 정월 초하루, 설날
Thanksgiving *Day* 추수감사절 《11월 4째 목요일》
Labor *Day* 노동자의 날
April Fools' *Day* 만우절
❹ 《보통 복수형으로》 **시대**(=age)
in my school *day*s 나의 학창 시절에
He spent his young *day*s in America. 그는 젊은 시절을 미국에서 보냈다
all day (*long*) 하루종일, 온종일
I stayed (at) home *all day* yesterday. 나는 어제 하루종일 집에 있었다
by day 낮에는(↔by night 밤에는)
They work *by day*, and rest by night. 그들은 낮에 일하고 밤에 쉰다
📢 「밤에는 잔다」라고 말하는 대조의 기분이 들어있다
day after day (=*day by day*) 매일, 나날이
It is getting cold *day after day*. 매일 추워지고 있다
day and night 주야로, 낮이나 밤이나
He worked *day and night*. 그는 밤이나 낮이나 일했다 《night and day라고도 한다》
every day 매일 《everyday는 형용사》
Tom works hard *every day*. 톰은 매일 열심히 일한다

daybreak - dead

every other day 하루 걸러서
I went there *every other day*. 나는 하루 걸러서 거기에 갔다

in a day or two 1, 2일 지나서
John will get well *in a day or two*. 존은 1, 2일 지나면 낫게 될 것이다

in those days 그 당시에는(=then)
There were no television sets[TV sets] *in those days*. 그 당시에는 TV가 없었다

☑ 이 in은 생략하지 않음 (→ these days)

of the day 당시의, 현대의, 당대의
She was one of the best pianists *of the day*. 그녀는 당대의 일류 피아니스트 중의 하나였다

one day (과거·미래의) 어느 날
One day Alice went to see her grandmother. 어느날 엘리스는 그녀의 할머니를 만나뵈러 갔다

one of these days 근간에, 근일 중에
I will come again *one of these days*. 근간에 다시 오겠다

some day (미래의) 언젠가
He will come to Korea *some day*. 그는 언젠가는 한국에 올 것이다

the day after tomorrow 모레
The play will be given *the day after tomorrow*. 그 연극은 모레 상연된다

the day before yesterday 그저께
I met Tom *the day before yesterday*. 나는 그저께 톰을 만났다

☑ 句 속에서는 the를 생략하는 일도 있다

the other day 요전날에
We visited Puyo *the other day*. 우리는 요전에 부여를 방문했다

these days 요즈음
I have been busy *these days*. 요즈음 나는 바빴다

▶ in these days는 옛날 용법

this day month 지난 달 오늘, 내달 오늘

this day week 지난 주 오늘, 내주 오늘
I will leave Seoul *this day week*. 내주 오늘 나는 서울을 떠날 것이다

day·break [déibrèik] 명 새벽, 동틀녘

day·light [déilàit] 명 햇빛, 일광(=sunlight); 새벽
at *daylight* 새벽녘에

day·time [déitàim] 명 주간, 낮
in[*during*] *the daytime* 주간에, 낮에

daz·zle [dǽzl] 타동 ~의 눈을 어지럽게 하다; ~을 압도하다; ~을 현혹시키다
George *dazzled* her with his knowledge of the world. 조지는 세상에 대한 그의 지식으로 그녀를 압도했다

D.C. [díːsíː] 콜럼비아 특별구 《the District of Columbia의 약어》
풍습 미국의 수도 워싱턴(Washington)이 있는 지역으로 연방 정부가 직접 행정을 담당한다. 워싱턴시를 Washington, D.C.라 부르는 것은 태평양 연안의 워싱턴주와 구별하기 위해서이다

*dead [déd] 형 《동사는 die, 명사는 death》 ❶ 죽은, 죽어 있는(↔alive, living 살아 있는)
I often think of my *dead* mother. 나는 자주 돌아가신 어머니를 생각한다
My parents are *dead*. 나의 양친은 돌아가셨다
He has been *dead* for three years. (=He died three years ago. =It has been (is) three years since he died.) 그가 죽은 지 3년이 된다

☑ 'be dead'는 「죽어있다」는 상태를 나타내며 'die'는 「죽다」라는 동작을 나타낸다
The ground is covered with *dead* leaves. 땅은 낙엽으로 덮여 있다

❷ (죽은 듯이) 조용한
There was a *dead* silence all around. 주위는 죽은 듯이 조용했다

❸ 《명사앞에만 쓰여》 완전한, 절대적인

deadly - dear

a *dead* end 막바지, 막다른 골목
— 부 완전히, 깊이
He is *dead* asleep. 그는 깊이 잠들어 있다
I'm *dead* tired. 나는 완전히 지쳤다
— 명 《the를 붙여》 죽은 사람들 《복수 취급》; 고인 《단수 취급》
the *dead* and the wounded 사상자들

dead·ly [dédli] 형 (비교 **dead**l*ier* 최상 **dead**l*iest*) 치명적인; 《구어》 지독한
deadly disease 치명적인 병
— 부 죽은듯이; 《구어》 지독하게
It's *deadly* hot today. 오늘은 지독하게 더운 날씨다

***deaf** [déf] (◆발음에 주의) 형 귀먹은(→ dumb 말못하는, blind 눈먼)
Helen Keller was blind and *deaf*. 헬렌 켈러는 눈이 멀고 귀가 먹었었다
He was *deaf* to all advice. 그는 어떤 충고도 들으려고 하지 않았다

deal** [dí:l] 명 (복수 **deals* [-z])
❶ 분량 《다음 숙어에만 쓰인다》
a good [*great*] *deal* 많음; 매우 (=very much)
☑ 부사구로도 쓰인다
It snowed *a great deal*. 눈이 매우 많이 왔다
a good [*great*] *deal of*... (양이) 많은 ~
He spent *a great deal of* money on books. 그는 많은 돈을 책을 사는 데 썼다
I take *a good deal of* exercise every morning. 나는 매일 아침 많은 운동을 한다
☑ of 뒤에는 「하나, 둘」이라고 셀 수 없는 명사가 온다
❷ (카드놀이의 패를) 도르기; 거래, 협상
Korea will have to do a *deal* with America on rice imports. 한국은 쌀수입에 있어서 미국과 협상을 해야 할 것이다
— 동 (3단현 **deal***s* [-z]; 과거·과분 **dealt** [délt]; 현분 **deal**i*ng*) (타동) ~을 분배하다; (카드놀이의 패를) 도르다; (일격을) 가하다
deal the cards (카드놀이의) 카드를 도르다

†**deal in** ~을 장사하다, ~을 거래하다
My uncle *deals in* used cars. 나의 아저씨는 중고차 매매업에 종사한다

†**deal with** (사람·물건·일 등을) 처리하다, 다루다
He is a hard man to *deal with*. 그는 다루기 어려운 사람이다
This book *deals with* educational problems. 이 책은 교육의 문제점을 다룬다

deal·er [dí:lər] 명 (복수 **dealer***s* [-z]) 상인
a car *dealer* 자동차 판매업자

dear** [díər] 형 (비교 **dearer*; 최상 **dear***est*) ❶ 친애하는, 사랑스런
He said good-bye to his *dear* friends. 그는 사랑하는 친구들에게 작별 인사를 했다
She is my *dearest* friend. 그녀는 나의 가장 절친한 친구이다
My *dear* Ted 테드 군에게
☑ 「귀여운, 친애하는」의 뜻으로 흔히 편지 첫머리에 쓰인다. 미에서는 보통 my를 붙이면 딱딱한 표현이 되나 영에서는 그 반대이다. 그 사용법은 다음과 같다
Dear Bob (○)
Dear Mr. Jones (○)
Dear Mr. Bob Jones (×)
Dear Bob Jones (×)
Dear my friend (×)
My dear friend (○)
❷ 값이 비싼(=expensive; ↔ cheap 싼)
Fruit is very *dear* this month. 이번달엔 과일이 매우 비싸다
☑ 미에서는 대개 expensive를 쓴다
— 명 (복수 **dear***s* [díərz]) 《보통 one's dear로》 여보, 당신
Please come here, *my dear*. 여보,

dearly - decent

이리 와요
— 부 (비교 dear*er*; 최상 dear*est*)
비싸게
Don't buy such a piano *dear*. 그런 피아노를 비싸게 사지 마라
📝 사고 팔 때는 dearly는 쓰지 않음
— 감 야! 저런!
Dear me![Oh, *dear*!, *Dear*, *dear*!] 오, 저런

회화 Dear me![Oh, dear!] (어머, 이런!) 나쁜 일이 생겼거나 실망스런 기분을 표현할 때 사용한다
A: Oh, dear[Dear me]! You're late again.
B: Sorry. My alarm didn't go off.
A: 세상에, 너는 또 늦는구나
B: 미안해. 자명종 시계가 울지 않았어

dear·ly [díərli] 부 진심으로, 매우
Peter *dearly* loves chocolate ice cream. 피터는 초콜릿 아이스크림을 매우 좋아한다

***death** [déθ] 명 (복수 death*s* [-s])
《동사는 die, 형용사는 dead》 죽음, 사망(↔ life 삶, 생명) 《a를 붙이지 않고, 복수 없음》
Death may come at any hour. 죽음은 언제라도 올 수 있다
Her letters were discovered after her *death*. 그녀의 편지는 그녀의 사후에 발견되었다
He was burnt to *death*. 그는 불에 타서 죽었다
The plane accident caused many *deaths*. 그 비행기 사고는 많은 사상자를 냈다

death

death·bed [déθbèd] 명 《보통 one's를 붙여서》죽음의 자리, 임종
on her *deathbed* 그녀의 임종에

de·bate [dibéit] 동 (3단현 debate*s* [-s]; 과거 debate*d* [-id]; 현분 debat*ing*) 타동 ~을 토론하다
— 자동 (~에 대하여) 토론하다
— 명 (복수 debate*s* [-s]) 토론, 토론회
have a *debate* 토론하다, 토론회를 갖다

Deb·bie [débi] 명 데비 《여자 이름; Deborah의 애칭》

debt [dét] (◆ b는 발음하지 않음)
명 (복수 debt*s* [-s]) 빚
I am in *debt*. 나는 빚이 있다

Dec. December(12월)의 약어

de·cay [dikéi] 자동 (3단현 decay*s* [-z]; 과거 decay*ed* [-d]; 현분 decay*ing*) ❶ 부패하다, 썩다; 쇠퇴하다
The bodies buried in the ground slowly *decayed*. 땅속에 묻힌 시체들은 서서히 썩었다
❷ (이가) 썩다
a *decayed* tooth 충치

de·ceive [disíːv] 타동 (3단현 deceive*s* [-z]; 과거 deceive*d* [-d]; 현분 deceiv*ing*) ~을 속이다

***De·cem·ber** [disémbər] 명
12월 《Dec.로 줄여 씀; → month》
Christmas comes in *December*. 크리스마스는 12월에 온다
The daytime is the shortest on *December* 22. 12월 22일에 낮이 가장 짧다
📝 라틴어로 「제 10(dece = 10)의 달」이란 뜻. 고대 로마의 달력에서는 지금의 3월이 1년의 첫째 달이었으므로 12월이 10번째의 달에 해당되었다

de·cent [díːsnt] 형 점잖은, 예절바른; 제법 훌륭한
You should wear *decent* clothes to

decide - decrease

church. 너는 교회에 갈때 점잖은 옷을 입어야 한다
I want to provide my boys with *decent* education. 나는 내 아이들에게 훌륭한 교육을 시키고 싶다

de·cide [disáid] 통 (3단현 *decides* [-z]; 과거·과분 *decided* [-id]; 현분 *deciding*) (타동) 결정하다; 결심하다
They *decided* it by a vote. 그들은 투표로 그것을 결정했다
We *decided* to go at once. 우리는 즉시 가기로 결정했다
A jury will *decide* the case. 배심원은 그 사건에 대한 판결을 내릴것이다
✏️ *decide*의 목적어로 to부정사구와 that절이 모두 가능하다
Tom *decided* to be a pilot.(= Tom *decided* that he would be a pilot.) 톰은 파일럿이 되기로 결심했다
— (자동) **결정하다**, (~하기로) 정하다
At last they *decided* on the plan. 마침내 그들은 그 계획으로 결정했다

de·ci·sion [disíʒən] 명 (복수 *decisions* [-z]) 《동사는 decide》 결정; 결심
To make *decisions* is not easy. 결심을 한다는 것은 쉽지 않다

deck [dék] 명 (복수 *decks* [-s]) 갑판, 덱; (영) (버스 등의) 층
an upper[a lower] *deck* 상[하] 갑판

dec·la·ra·tion [dèkləréiʃən] 명 (복수 *declarations* [-z]) 《동사는 declare》 선언, 발표; 포고
the Declarátion of Indepéndence 미국의 독립선언문
▶ 미국에 있었던 영국 식민지는 1775년 본국에 대한 독립 전쟁을 일으켜, 1776년 7월 4일에 필라델피아에서 독립을 선언했다

de·clare [dikléər] 통 (3단현 *declares* [-z]; 과거·과분 *declared* [-d]; 현분 *declaring*) (타동) (자동)
❶ 선언하다, 포고하다

Germany *declared* war upon [against] France. 독일은 프랑스에 선전 포고를 했다
❷ 단언하다
"I won't go there," Tom *declared*. 「나는 거기 가지 않을 거야」라고 톰은 분명히 말했다

de·cline [dikláin] 통 (3단현 *declines* [-z]; 과거·과분 *declined* [-d]; 현분 *declining*) (타동) ~을 거절하다
I am sorry I must *decline* your invitation. 죄송하지만 당신의 초대를 거절해야겠습니다
— (자동) 기울다; 쇠퇴하다
A person's strength usually *declines* in old ages. 사람은 대개 나이가 들면 기운이 쇠약해진다
✏️ *decline*은 초대(invitation), 제안 (offer 또는 proposal) 등을 받아들일 수 없어 정중히 거절할 때 사용한다. *refuse*는 명확하고 직접적으로, 때로는 퉁명스런 태도로 거절을 표명할 때 사용한다. *reject*는 주어진 제안에 대하여 부정적이고 적대적인 태도로 거부를 할 때 사용한다 : She *declined* the nomination. (그녀는 선거 지명을 거절하였다) They *refused* to meet our demands. (그들은 우리의 요구에 응하는 것을 거절했다) The workers *rejected* the new contract. (노동자들은 새 계약을 거부했다)

dec·o·rate [dékəreit] 통 (3단현 *decorates* [-s]; 과거·과분 *decorated* [-id]; 현분 *decorating*)

dec·o·ra·tion [dèkəréiʃən] 명 장식, 《복수형으로》 장식물
Christmas *decorations* are beautiful. 크리스마스 장식물은 아름답다

de·crease [dikrí:s] 통 (3단현 *decreases* [-iz]; 과거·과분 *decreased* [-t]; 현분 *decreasing*)
(자동) 감소하다(↔ increase 증가하다)
Population growth is *decreasing*. 인구 성장이 감소하고 있다

deed - definite

―(타동) ~을 감소시키다, 줄이다
She has *decreased* her weight by dieting. 그녀는 식이요법으로 몸무게를 줄였다
―명 감소
a *decrease* in profits 이익에 있어서의 감소

deed [dí:d] 명 (복수 **deed**s [-z]) 행위, 행동
a good *deed* 선행(善行)
Deeds speak louder than words. 《격언》 행하는 것이 말하는 것보다 앞서야 한다

★deep [dí:p] 형 (비교 **deep**er; 최상 **deep**est)
❶ **깊은**(↔ shallow 얕은)
There is a *deep* well in the backyard. 뒤뜰에 깊은 우물이 있다
The river is very *deep*. 그 강은 매우 깊다
The pond is 3 meters *deep*. 그 연못은 깊이가 3미터이다
📝 3 meters는 deep를 수식하는 부사구. 이것은 He is ten years old. (그는 10살이다)의 ten years와 같은 것이다
❷ **마음 속의**, 깊은
She is in *deep* sorrow. 그녀는 깊이 슬퍼하고 있다
❸ (학문·지식 등이) **심오한**
He didn't understand its *deep* meaning. 그는 그것의 심오한 뜻을 이해하지 못했다
❹ (소리·목소리 등이) **낮고 굵은**; (색깔이) 짙은
Dick speaks in a *deep* voice. 딕은 굵은 목소리로 말한다
The sea was *deep* blue. 바다는 짙은 청색이었다
―부 깊이
He took me *deep* into the forest. 그는 나를 숲속 깊숙이 데리고 갔다
Still waters run *deep*. 《속담》 조용한 물은 깊이 흐른다 《빈 수레가 요란하다》

deep·ly [dí:pli] 부 깊이

He loved his brother *deeply*. 그는 그의 형을 몹시 사랑했다
She sighed *deeply* and covered her face with her hands. 그녀는 깊이 한숨을 쉬고는 손으로 그녀의 얼굴을 가렸다

deer [díər] (◆ dear(친애하는)와 발음이 같음) 명 (복수도 **deer**) 《동물》 사슴, 노루

de·feat [difí:t] 동 (3단현 **defeat**s [-s]; 과거·과분 **defeat**ed [-id]; 현분 **defeat**ing) (타동) 지우다, 패배시키다
We *defeated* the enemy. 우리는 적을 패배시켰다
―명 패배시킨 것, 패배
his *defeat* of the enemy 그가 적을 패배시킨 것
German's *defeat* in World War Ⅱ 세계 2차 대전에서 독일의 패배

de·fend [difénd] (타동) (3단현 **defend**s [-z]; 과거·과분 **defend**ed [-id]; 현분 **defend**ing) ~을 지키다, ~을 방어하다
She learned taekwondo to *defend* herself. 그녀는 자신을 보호하기 위하여 태권도를 배웠다

de·fense, 영 **defence** [diféns] 명 방어, 수비(↔ attack, offense 공격) 《a를 붙이지 않고, 복수 없음》
national *defense* 국방
They were brave in *defense*. 그들은 방어에 용감했다

de·fine [difáin] (타동) (3단현 **define**s [-z]; 과거·과분 **define**d [-d]; 현분 **defin**ing) ~을 정의하다; ~을 한정하다
The dictionary *defines* "deficient" as "not having enough." 그 사전은 "deficient"의 뜻을 「충분히 갖고 있지 않은」으로 정의한다

def·i·nite [défənit] (◆ 강세에 주의) 형 (비교 *more* **definite**; 최상 *most* **definite**) 명확한; 한정된

a *definite* article 《문법》 정관사 (the)
We didn't have any *definite* proof. 우리는 어떤 확실한 증거도 갖고 있지 않았다

de·gree [digríː] 명 (복수 **degrees** [-z]) ❶ 정도
Science has attained a high *degree* of development. 과학은 고도로 발달했다
❷ 신분
She is a woman of high *degree*. 그녀는 신분이 높은 부인이다
❸ (대학의) 학위
the *degree* of doctor 박사 학위
❹ 도(度)
I drew an angle of 45 *degrees*. 나는 45도 각도를 그렸다
📝 온도계·위도·각도 등에 쓴다. 10도는 10°로 써도 좋다: Water freezes at 0° centigrade.(물은 섭씨 0도에서 언다)
❺ 《문법》 (형용사·부사의) 급
the positive *degree* 원급
the comparative *degree* 비교급
the superlative *degree* 최상급
by degrees 점차적으로
By degrees the color faded. 점차 색깔이 바랬다
in some degree 어느 정도
The leaves turned yellow *in some degree*. 나뭇잎은 어느 정도 노래졌다

Del. Delaware(델라웨어주)의 약어

Del·a·ware [déləwɛ̀ər] 명 델라웨어주 《미국 동부 대서양 연안에 있는 미국에서 두번째로 작은주; 약어는 DE 또는 Del.》

de·lay [diléi] 동 (3단현 **delays** [-z]; 과거·과분 **delayed** [-d]; 현분 **delaying**) 〔타동〕 ~을 늦추다, 지연시키다
The bride's illness will *delay* the wedding. 신부의 병으로 결혼식은 지연될 것이다
— 명 (복수 **delays** [-z]) 지체, 지연
Engine trouble caused a two-hour *delay* in the plane's take off. 엔진 고장으로 비행기 이륙이 2시간 지연되었다
without delay 지체없이

Del·hi [déli] 명 델리 《인도 북부의 연방 직할 주; 모굴 제국의 옛 수도》

del·i·ca·cy [délikəsi] 명 섬세함, 민감함; 미묘함; 가냘픔
the *delicacy* of a rose petal 장미꽃잎의 섬세함

del·i·cate [délikət] (♦ 액센트 주의) 형 (비교 *more* **delicate**; 최상 *most* **delicate**)
❶ 섬세한, 우아한; 미묘한, 은은한
a *delicate* flavor 미묘한 향미
a *delicate* color 은은한 색깔
❷ 민감한; 상하기[깨지기] 쉬운; 날씬한, 가냘픈
delicate glassware 깨지기 쉬운 유리제품
a *delicate* ear for music 음악에 민감한 귀

del·i·ca·tes·sen [delikətésn] 《독일어에서 유래》 명 델리카테슨 《조리가 다 된 고기나 치즈, 샐러드, 소시지, 샌드위치 등을 파는 식품점》

*****de·li·cious** [dilíʃəs] 형 (비교 *more* **delicious**; 최상 *most* **delicious**) (맛이) **대단히 좋은**, (향기가) 좋은 《주로 음식맛을 칭찬할 때 사용한다》
How *delicious* dishes you have cooked! 요리를 정말 맛있게 만드셨군요

de·light [diláit] 동 (3단현 **delights** [-s]; 과거·과분 **delighted** [-id]; 현분 **delighting**) 〔타동〕 즐겁게 하다
Her singing *delighted* everybody. 그녀의 노래는 모든 사람을 즐겁게 했다
I'm *delighted* to see you. 당신을 만나게 되어 기쁩니다

delightful - Denmark

He was *delighted* at the news. 그는 그 소식을 듣고 즐거웠다
I am *delighted* with this novel. 나는 이 소설이 마음에 든다

📝 흔히 수동태로 쓰인다. 감정을 나타내는 말은 사람이 주어인 수동태로 되는 일이 많다: be surprised at ... (~에 놀라다), be interested in ... (~에 흥미가 있다), be disappointed at ... (~에 실망하다) 등

— 명 (복수 **delights** [-s]) 큰 기쁨, 즐거움
a child's *delight* with a new toy 새 장난감을 받은 아이의 즐거움

de·light·ful [diláitfəl] 형 (비교 *more* delightful; 최상 *most* delightful) 몹시 유쾌한, 매우 즐거운
My uncle is very *delightful* person. 나의 삼촌은 매우 유쾌한 분이시다

de·liv·er [dilívər] 동 (3단현 **delivers** [-z]; 과거·과분 **delivered** [-d]; 현분 **delivering**) (타동) ❶ 배달하다; 발송하다; (말을) 전하다
Deliver the groceries to my house. 그 채소들을 우리집으로 배달해 주시오
❷ (연설·강연 등을) 하다
He *delivered* a long speech. 그는 긴 연설을 했다
❸ 구하다, 자유롭게 하다
He has *delivered* us from evil. 그는 우리를 죄악으로부터 구원했다

de·liv·er·y [dilívəri] 명 (복수 **deliveries** [-z]) 배달; 연설; 구출

de·mand [dimǽnd] 동 (3단현 **demands** [-z]; 과거·과분 **demanded** [-id]; 현분 **demanding**) (타동) ~을 요구하다
The work *demands* great care. 그 일은 세심한 주의를 요한다
We *demanded* the money we had promised. 우리는 약속했던 돈을 요구했다
— 명 (복수 **demands** [-z]) 요구; 수요(↔ supply 공급)

in demand 요구되는; 수요가 있는
Computers are *in* great *demands*. 컴퓨터의 수요가 많다

de·moc·ra·cy [dimɑ́krəsi] 명 (복수 **democracies** [-z]) 민주주의; 민주정치; 민주주의 나라

📝 (1) 링컨의 연설에 있는 government of the people, by the people, and for the people (국민의, 국민에 의한, 국민을 위한 정치)과 같은 정치
(2) Democracy는 민중이 권력을 잡고 있는 정치형태의 한 유형을 가리키는 고대 그리스어에서 유래했다. 즉, 이 단어의 어원은 "the people"(민중)을 뜻하는 고대 그리스어 명사와 "to rule"(통치하다)을 뜻하는 고대 그리스어 동사로 거슬러 올라간다

[발음] demócracy, démocrat [démək ræt] (민주주의자), dèmokrátic [dèməkrǽtik] (민주적인)의 강세가 전부 다른 점에 주의

dem·o·crat·ic [dèməkrǽtik] 형 (비교 *more* democratic; 최상 *most* democratic) 민주주의의; 민주적인; ((Democratic으로)) ⓜ 민주당의

dem·on·strate [démənstrèit] 동 (3단현 **demonstrates** [-s]; 과거·과분 **demonstrated** [-id]; 현분 **demonstrating**) (자동) 시위 운동을 하다
Thousands joined in the march to *demonstrate* for peace. 수천명의 사람들이 평화행진에 동참했다
— (타동) 논증[증명]하다, 실지 교수를 하다

dem·on·stra·tion [dèmənstréiʃən] 명 (복수 **demonstrations** [-z]) 실물 교수, 시범; 데모, 시위 ((구어))에서는 demo[démou]라고도 한다)); 실물, 증명
a *demonstration* of an automobile 자동차 시범운행

Den·mark [dénmɑːrk] 명 덴마크 ((유럽 북서부의 국가; 수도는 코펜하

dense - Derby

겐(Copenhagen); 덴마크인은 a Dane, 덴마크어는 Danish》

dense [déns] 〔형〕 (비교 **denser**; 최상 **densest**) (사람·물건이) 밀집한; (액체·증기가) 짙은, 농후한(→ thick)
a *dense* woods 울창한 숲
a dense fog 짙은 안개

***den·tist** [déntist] 〔명〕 (복수 **dentists** [-s]) 치과 의사
Tom went to the *dentist's*. 톰은 치과에 (치료차) 갔다
▶ dentist's는 dentist's office (치과 의원)의 줄임꼴

de·ny [dinái] 〔타동〕 (3단현 **denies** [-z]; 과거·과분 **denied** [-d]; 현분 **denying**) ~을 부정하다, ~을 부인하다
They *denied* that they had broken the window. 그들은 창문을 깨뜨렸다는 사실을 부인했다
We were *denied* permission to see the movie. 우리는 그 영화를 보도록 허락받지 못했다

de·part [dipá:rt] 〔자동〕 (3단현 **departs** [-s]; 과거·과분 **departed** [-id]; 현분 **departing**) 출발하다 《start보다 격식차린 말》 (↔ arrive 도착하다)
The train will *depart* on time. 그 기차는 정시에 출발할 것이다

***de·part·ment** [dipá:rtmənt] 〔명〕 (복수 **departments** [-s])
❶ 부문; (관청의) 부, 성, 〔영〕 국, 과 《ministry(성(省))의 하위 기관》
the *Department* of State 〔미〕 국무성 《우리 나라의 외무부에 해당》
❷ (학교의) 학부, 과
the *department* of mathematics 수학과

de·part·ment store [dipá:rtmənt stɔ́:r] 〔명〕 (복수 **department stores** [-z]) 백화점 《각 부문들이 분리되어 여러 종류의 물건을 파는 가게로 〔영〕에서는 the stores라고도 한다》

de·par·ture [dipá:rtʃər] 〔명〕 (복수 **departures** [-z]) 출발(↔ arrival 도착)

de·pend [dipénd] 〔자동〕 (3단현 **depends** [-z]; 과거·과분 **depended** [-id]; 현분 **depending**) 《on 또는 upon을 취하여》 ❶ ~달려 있다, ~에 좌우되다
It *depends upon* your efforts. 그것은 너의 노력에 달려 있다
❷ ~에 의존하다; ~를 믿다
They *depend on* their parents for money. 그들은 그들의 부모에게 돈을 의존하고 있다
I cannot *depend on* you. 나는 너를 신뢰할 수 없다
That[It] (all) *depends*. 그것은 때와 장소에 따라 다르다 《회화에서 흔히 쓰인다》
〔회화〕 A: Does he always talk that way?
B: That *depends*.
A: 그는 언제나 그렇게 말하니
B: 경우에 따라서

de·pend·ent [dipéndənt] 〔형〕 (비교 **more dependent**; 최상 **most dependent**) 의존적인(↔ independent) 《흔히 be dependent on의 형태로 쓰인다》
A baby *is* completely *dependent on* its parents. 아기는 그 부모에게 전적으로 의존한다

dept. department(부, 부문)의 약어

depth [dépθ] 〔명〕 《형용사는 deep》 깊이; 중심부; 한창 때
in the *depth* of summer 한 여름에
It is 2 meters in *depth*. 그것의 깊이는 2미터이다

Der·by [dɔ́:rbi] 〔명〕 (복수 **Derbies** [-z]) ❶ 《경마》 《the를 붙여서》 더비
▶ 런던 근교의 에프솜(Epsom)에서 매년 5월 마지막 주 수요일 또는 6월

describe - desk

첫째주 수요일에 열리는 경마. 더비 백작이 시작한 데서 이 이름이 붙여졌다. ⑩에서는 켄터키주에서 행해지는 대경마 the Kentuky Derby가 유명하다

❷ (어떤 형태의) 경기, 대회
a fishing *derby* 낚시 대회

de·scribe [diskráib] (타동) (3단현 **describe**s [-z] ; 과거·과분 **describ-ed** [-d] ; 현분 **describ**ing) 《명사는 description》 서술하다, 묘사하다, 그리다

It is easy to *describe* a circle if you have a pair of compasses. 캠퍼스만 있으면 원을 그리기는 쉽다

de·scrip·tion [diskrípʃən] 명 (복수 **description**s [-z]) 《동사는 describe》 묘사, 기술(記述)

*des·ert¹ [dézərt] (◆강세에 주의) 명 (복수 **desert**s [-s]) 사막 ; 황야

▣ 미국의 desert는 광대한 모래 언덕이 끝없이 이어지는 사하라 사막 등과는 달리 황야인 경우가 많다
the Sahára Désert 사하라 사막

de·sert² [dizə́ːrt] (◆강세에 주의) (타동) (3단현 **desert**s [-s] ; 과거·과분 **desert**ed [-id] ; 현분 **desert**ing) (가족·직무 등을) 버리다, 저버리다 ; ~에서 탈주하다(=abandon)

She *deserted* her husband. 그녀는 그녀의 남편을 버렸다

de·serve [dizə́ːrv] (타동) (3단현 **deserve**s [-z] ; 과거·과분 **deserve**d [-d] ; 현분 **deserv**ing) (상·벌을) 받을 만하다, ~할[될] 가치[값어치]가 있다

Good work *deserves* good pay. 훌륭한 일은 좋은 보수를 받을 가치가 있다

Her conduct *deserves* to be praised. 그녀의 행동은 칭찬받을 만하다

de·sign [dizáin] (동) (3단현 **design**s [-z] ; 과거·과분 **design**ed [-d] ; 현분 **design**ing) (타동) (자동) 계획하다(=plan) ; 설계하다 ; (옷 등을) 디자인하다 ; 예정하다, 정하다

Who *designed* the school uniform? 누가 그 학교 교복을 디자인 했니
He *designed* this building. 그가 이 건물을 설계했다

— 명 (복수 **design**s [-z]) 계획, 설계 ; 디자인 ; 《보통 복수형으로》의도
interior *design* 실내 장식
He has no evil *designs*. 그에게 나쁜 의도는 없다

de·sign·er [dizáinər] (◆g는 묵음) 명 (복수 **designer**s [-z]) 디자이너, 설계 기사

de·sir·a·ble [dizáiərəbl] 형 (비교 *more* desirable ; 최상 *most* desirable) 바람직한, 호감이 가는

de·sire [dizáiər] 동 (3단현 **desire**s [-z] ; 과거·과분 **desire**d [-d] ; 현분 **desir**ing) (타동) 원하다, 희망하다, 욕구하다 ; 요구하다

The principal *desires* to see you in her office. 교장 선생님께서 너를 교장실에서 보기를 바라신다
Everybody *desires* to live long. 모든 사람은 오래 살기를 소망한다

— 명 (복수 **desire**s [-z])
❶ 희망, 요구
❷ 욕구, 욕망

📝 desire와 유사한 뜻을 가진 단어로 wish, want가 있으나 desire는 보다 강렬한 소망, 욕구를 표현하고 wish는 흔히 이루어질 것 같지 않은 일 또는 사람에 대한 소망을 나타내며, want는 부족하고 필요로 하는 것에 대한 희망, 바람을 표현한다

*desk [désk] 명 (복수 **desk**s [-s]) (사무·공부용의) 책상(→ table 식탁, 테이블)

Father bought me the *desk* for my birthday present. 아버지께서 내 생일 선물로 그 책상을 사주셨다
She is at her *desk*. 그녀는 사무를 보

despair - determine

고 있다

📝 desk와 table desk는 공부·사무용 책상을 가리키며, 보통 서랍이 달려 있다. table은 식사, 작업, 회의용 탁자를 가리킨다

de·spair [dispέər] 명 절망(↔ hope 희망)
He is in *despair* of ever getting a vacation. 그는 휴가를 얻는것에 대해 절망하고 있다
— 동 (3단현 **despairs** [-z]; 과거·과분 **despaired** [-d]; 현분 **despairing**) 자동 절망하다
The prisoner *despaired* of ever being free again. 그 죄수는 다시 석방되는 것에 대해 절망하였다

des·per·ate [désparət] 형 (비교 *more* **desperate**; 최상 *most* **desperate**) 필사적인; 비관적인
desperate effort 필사적인 노력
a *desperate* illness 절망적인 병

des·per·ate·ly [désparətli] 부 필사적으로; 절망적으로

de·spite [dispáit] 전 ~에도 불구하고(= in spite of; regardless of)
We started out *despite* the storm. 우리는 폭풍에도 불구하고 출발하였다

des·sert [dizə́ːrt] 명 (복수 **desserts** [-s]) 디저트, 후식
📝 미에서는 보통 케이크류·아이스크림·과일 등을 말하나 영에서는 케이크 다음에 내놓는 과일을 가리킨다. desert(버리다)와 발음이 거의 동일하다

des·ti·na·tion [dèstənéiʃən] 명 (여행 등의) 목적지, 행선지
On our trip the final *destination* is Paris. 우리의 여행에서 최종 목적지는 파리이다

de·stroy [distrɔ́i] 타동 (3단현 **destroys** [-z]; 과거·과분 **destroyed** [-d]; 현분 **destroying**) 《명사는 destruction》 ❶ 부수다, 파괴하다(↔ construct 건설하다)

The typhoon *destroyed* all the houses near the sea. 그 태풍은 바닷가 부근 모든 집들을 파괴했다
❷ 죽이다, ~의 목숨을 빼앗다
It is wrong to *destroy* animals for fun. 심심풀이로 동물을 죽이는 것은 나쁜 일이다
📝 「부수다」, 「깨뜨리다」, 「태우다」 등 어떤 방법으로 물건의 형태를 없애는 것으로 희망·꿈·동식물의 생명 등을 「끊다」의 뜻으로도 쓰인다

de·struc·tion [distrʌ́kʃən] 명 《동사는 destroy》 파괴(↔ construction 건설); 파멸

de·struc·tive [distrʌ́ktiv] 형 (비교 *more* **destructive**; 최상 *most* **destructive**) 파괴적인《동사는 destroy》

de·tail [díːteil] 명 (복수 **details** [-z]) 세밀한 부분, 세목; 《복수형으로》 상세
Tell us all the *details* of your plan. 네 계획의 모든 세부 사항들을 우리에게 말해라
in detail 자세히
There is no time to explain *in detail*. 상세히 설명할 시간이 없다

de·tec·tive [ditéktiv] 명 (복수 **detectives** [-z]) 탐정, 형사
— 형 탐정의
a *detective* story 탐정 소설

de·ter·gent [ditə́ːrdʒənt] 명 세제
— 형 세제용의

de·ter·mi·na·tion [ditə̀ːrminéiʃən] 명 결심; 결정《동사는 determine》
Our team's *determination* helped us win. 우리팀의 결정이 우리가 이기는데 도움이 되었다

de·ter·mine [ditə́ːrmin] 타동 (3단현 **determines** [-z]; 과거·과분 **determined** [-d]; 현분 **determining**) ~을 결정하다; ~하기로 결심하다

Detroit - diary

I haven't *determined* whether to go to college. 나는 대학에 갈지 결정하지 못했다
Determine your size before trying on shoes. 신발을 신어보기 전에 너의 사이즈를 결정해라
She is *determined* to be a lawyer. 그녀는 변호사가 되기로 마음먹었다

De·troit [ditrɔ́it] 명 디트로이트 《미국 미시간주의 도시; 대규모의 자동차 산업으로 유명하다》

de·vel·op [divéləp] (♦강세에 주의) 동 (3단현 **develops** [-s]; 과거·과분 **developed** [-t]; 현분 **developing**) 타동 《명사는 development》
❶ 발달시키다, 발육시키다
Reading *develops* one's knowledge. 독서는 지식을 발달시킨다
❷ 《사진》 현상하다
— 자동 발달하다, 발육하다
Mold *developed* on the cheese. 곰팡이가 치즈위에 발육했다
The seeds *develop* into plants. 씨앗은 발육하여 식물이 된다

de·vel·op·ing coun·try [divéləpiŋ kʌ́ntri] 명 (복수 **developing countries** [-z]) 개발도상국

de·vel·op·ment [divéləpmənt] 명 《동사는 develop》
❶ 발달, 발육
the economic *development* of Korea 한국의 경제 발전
❷ 《사진》 현상 (→ print 인화, enlargement 확대)

de·vice [diváis] 명 (복수 **devices** [-z]) 장치, 설비, 고안된 것; 고안
A windmill is a *device* for putting wind power to work. 풍차는 풍력을 일하는데 사용하도록 고안된 장치이다

dev·il [dévəl] 명 (복수 **devils** [-z]) 악마; 《the Devil로서》 마왕, 사탄 (=Satan)

de·vote [divóut] 타동 (3단현 **devotes** [-s]; 과거·과분 **devoted** [-id]; 현분 **devoting**) ❶ (시간, 정력 등을) ~에 바치다, ~에 할애하다
He *devoted* his whole life to study vaccine. 그는 그의 일생을 백신 연구에 바쳤다
❷ 《be devoted to 형태로》 전념하다
She *is devoted to* gardening. 그녀는 정원 가꾸는 일에 전념하고 있다

dew [djuː] 명 이슬
The grass was wet with *dew*. 잔디밭은 이슬로 젖어 있었다
The *dew* falls. 이슬이 내린다

di·a·gram [dáiəgræm] 명 (복수 **diagrams** [-z]) 그림, 도형, 도표; (열차 등의) 운행표

di·al [dáiəl] 명 (복수 **dials** [-z]) (시계·계기 등의) 문자반; (전화의) 다이얼
— 동 (3단현 **dials** [-z]; 과거·과분 **dialed** [-d]; 현분 **dialing** 미, **dialling** 영) 타동 ~에 전화 걸다
Dial 1300 for today's baseball game. 오늘의 야구 경기 내용을 알려면 1300번을 돌리세요

di·a·lect [dáiəlèkt] 명 (복수 **dialects** [-s]) 방언, 사투리
Scottish *dialect* 스코틀랜드 방언

di·a·log, di·a·logue [dáiəlɔ̀ːg] 명 (복수 **dialogs** [-z]) 대화(=conversation)

di·a·mond [dáiəmənd] 명 (복수 **diamonds** [-z]) 다이아몬드(→ gem 보석); 다이아몬드형; (트럼프의) 다이아몬드; 《야구》 내야

di·a·per [dáiəpər] 명 (복수 **diapers** [-z]) (아기용) 기저귀 (영 nappy)

★**di·a·ry** [dáiəri] 명 (복수 **diaries** [-z]) **일기**, 일기장
He always keeps a *diary*. 그는 언제나 일기를 쓴다
She is now writing a *diary* in English. 그녀는 지금 영어로 일기를 쓰고 있다

Dick - die

발음 daily [déili](매일의), dairy [déəri](낙농장)와 구별할 것

📙 영문 일기 쓰는 법
(1) 날짜 요일, 월, 일의 순으로 쓴다: 「4월 15일, 토요일」 Saturday, April 15. 《요일·월의 이름은 줄임꼴을 써도 좋다》
(2) 날씨는 날짜 다음에 쓴다: 「맑음」 fair(또는 sunny); 「구름」 cloudy; 「바람」 windy; 「비」 rainy; 「눈」 snowy; 「맑은 뒤 구름」 fair, later cloudy; 「맑고, 때때로 구름」 fair, occasionally cloudy; 「오늘도 또 비」 another rainy day
(3) 생략 주어인 「나」와 알 수 있는 말은 생략해도 좋다: 「영화를 보러 갔다」 Went to the movies. (I의 생략); 「9시에 귀가」 Back home at 9. (I came의 생략)
(4) 보기: 10월 12일 화요일 구름 영어 시험이 있었다. 방과 후에 인호와 테니스를 했다. 런던에 계신 아저씨로부터 그림 엽서를 받았다 Tues., Oct. 12. Cloudy.
Had a quiz in English. Played tennis with In-ho after school. Got a picture post card from uncle in London.

Dick [dík] 명 딕 《남자 이름; Richard의 애칭》

Dick·ens [díkinz] 명 디킨스 《**Charles ~** (1812-70); 영국의 소설가; 그의 작품 「올리버 트위스트」, 「크리스마스 캐럴」, 「데이비드 코퍼필드」 등은 어린이들에게 매우 친숙하다》

dic·ta·tion [diktéiʃən] 명 받아쓰기; 명령, 지시
We have *dictation* today. 오늘은 받아쓰기가 있다

★**dic·tion·ar·y** [díkʃəneri] 명 (복수 **dictionar**ies [-z]) **사전**, 사서
a Korean-English *dictionary* 한영 사전
Look up the word in the *dictionary*. 이 단어를 사전에서 찾아 보아라
a walking *dictionary* 걸어다니는[살아 있는] 사전, 만물박사
consult a *dictionary* 사전을 찾다

★**did** [díd] 타동 자동 do(하다)의 과거형
He *did* his best. 그는 최선을 다했다
She *did* her homework after supper. 그녀는 저녁 식사 후에 숙제를 했다
He swam better than I *did*. 그는 나보다 수영을 더 잘했다
"Who won the first prize?" — "I *did*." 「누가 일등상을 받았어」 — 「내가」
📝 이 did는 swam과 won대신 쓴 대동사
— 조 do의 과거형
I *did* not see her. 나는 그녀를 만나지 못했다
Did you have lunch? 점심 먹었니
📝 조동사 did는 과거시제의 부정문·의문문을 만들 때 사용한다

did·n't [dídnt] did not의 줄임꼴
Didn't your father come? 너의 아버지는 오지 않았느냐
"Did you have breakfast?" — "No, I *didn't*." 「너는 아침을 먹었느냐」 — 「아니요, 안 먹었습니다」

★**die** [dái] 자동 (3단현 **dies** [-z]; 과거·과분 **died** [-d]; 현분 **dying**) 《명사는 death, 형용사는 dead》 **죽다** (↔ live 살다); (꽃 등이) **시들다**
He *died* at (the age of) seventy. 그는 70세에 사망했다
She *died* young. 《young은 형용사》 그녀는 젊어서 죽었다
This flower soon *dies*. 이 꽃은 곧 시든다

be dying to+동사의 원형 (=**be dying for**+명사) 《구어》 ~하고 싶어 죽을 지경이다
She'*s dying to* know my secret. 그녀는 나의 비밀을 알고 싶어 안달이 났다
I *am dying for* a drink of water. 나는

diet - difficult

물이 마시고 싶어 죽을 지경이다
die a ... death ~하게 죽다
He *did* a miserable *death*. 그는 비참하게 죽었다
die away (바람·소리 등이) 잠잠해지다
The wind *died away*. 바람이 잤다
The sound *died away*. 소리가 잠잠해졌다
die from... (부상 등의 원인으로) 죽다, (꽃이) ~로 시들다
Tom *died from* wounds. 톰은 부상으로 죽었다
The flowers *died from* want of water. 그 꽃들은 물이 부족해서 시들었다
die of... (병·노령 등으로) 죽다
My father *died of* old age last year. 나의 부친은 작년에 노령으로 돌아가셨다

📝 die from...과 die of...의 구별은 반드시 지켜지는 것은 아니다

die out 죽어 없어지다; (풍습 등이) 사라지다
This custom will *die out* in time. 이 풍습은 머지 않아 사라질 것이다

di·et [dáiət] 몡 (복수 **diets** [-s])
❶ (치료·체중 조절 등을 위한) 식사, 다이어트; 일상 음식
go on a *diet* 식이요법을 하다
Rice is a basic food in the *diet* of many Asian peoples. 쌀은 많은 아시아 민족들의 식생활에서 기본적인 식품이다
❷ 《the Diet로》 의회, 국회
the Swedish *Diet* 스웨덴 의회
▶ 일본, 독일, 덴마크의 의회를 뜻함. 미국에서는 Congress, 영국에서는 Parliament라고 함

dif·fer [dífər] 자동 (3단현 **differs** [-z]; 과거·과분 **differed** [-d]; 현분 **differing**) 《명사는 difference, 형용사는 different》 다르다, 틀리다; 《differ from으로》 ~과 다르다
Our tastes in music *differ*. 음악에 있어서 우리의 취향은 서로 다르다

Nancy's character *differs from* that of her sister. 낸시의 성격과 그녀의 언니 성격과 다르다

dif·fer·ence [dífərəns] 몡 (복수 **differences** [-iz]) 《형용사는 different》 ❶ 다름, 차이
What's the *difference* between human and animal communication? 인간과 동물의 의사 소통의 차이점은 무엇인가
❷ 의견의 차이, 불화
They are friends in spite of their *difference* over politics. 그들은 정치에 대한 의견의 차이에도 불구하고 친구이다

★**dif·fer·ent** [dífərənt] (◆ 강세에 주의) 혱 (비교 **more different**; 최상 **most different**) 《명사는 difference》 ❶ 다른, 별개의
People have *different* faces and names. 사람은 각자 얼굴과 이름이 다르다
There are a number of *different* races in America. 미국에는 수많은 다양한 인종이 있다
You look *different* today. 너 오늘 달라 보인다
❷ 여러 가지의
We can see *different* kinds of animals at the zoo. 동물원에서는 여러 종류의 동물들을 볼 수 있다
be different from ... ~와 다르다
Socks *are different from* stockings. 양말과 스타킹은 다르다
She *is* very *different from* her sister. 그녀는 그녀의 언니와 매우 다르다
📝 옝에서는 be different to...도 쓴다
❸ 특이한, 평범하지 않은
Their house is really *different*. 그들의 집은 정말로 특이하다

★**dif·fi·cult** [dífikəlt] (◆ 강세에 주의) 혱 (비교 **more difficult**; 최상 **most difficult**) 《명사는 difficulty》 어려운, 곤란한(↔ easy 쉬운); 다루기

difficulty - dim

힘든
It was a *difficult* question. 그것은 어려운 질문이었다
It is *difficult* to speak English. 영어를 말하는 것은 어렵다
This book is too *difficult* for me to read. 이 책은 내가 읽기에는 너무 어렵다
In those days they were having a *difficult* time. 그당시 그들은 힘든 시간을 보냈다
a *difficult* employer 대하기 힘든 고용주

*dif·fi·cul·ty [dífikəlti] (♦ 강세에 주의) 명 (복수 **difficult**ies [-z]) 《형용사는 difficult》
❶ 어려움, 곤란(↔ease 용이)
He has some *difficulty* (in) walking. 그는 걷기에 다소 부자유스럽다
The astronauts overcame many *difficulties* to land on the moon. 그 우주 비행사들은 달 착륙의 많은 어려움들을 극복했다
☑ 구어에서는 in은 흔히 생략
❷ 《복수 형태로》 곤경
I am in *difficulties* for money. 나는 돈 때문에 곤란한 입장에 있다
Come to me if you are in any *difficulty*. 곤란한 일이 있으면 나를 찾아와라
with difficulty 어렵게, 간신히
He did the work *with difficulty*. 그는 그 일을 간신히 했다
without (any) difficulty 어렵지 않게, 쉽게
The dog swam *without (any) difficulty*. 그 개는 쉽게 헤엄쳤다

> 📘 **difficulty와 hardship**
> difficulty는 크거나 혹은 작은 어려움이나 문제를 가리키는 반면 hardship은 아주 힘들고 때로는 견디기 어려운 고통, 고역을 가리킨다 : a slight difficulty(약간의 어려움) the hardships of the poor(가난한 사람들의 고통, 어려움)

*dig [díg] 동 (타동) (자동) (3단현 **dig**s [-z]; 과거·과분 **dug** [dʌ́g]; 현분 **dig**ging) (땅을) 파다, (땅에서) 파내다
He *dug* a deep hole in the ground. 그는 지면에 깊은 구멍을 팠다
The miners are *digging* through a wall of clay. 그 광부들은 진흙벽을 파내고 있다
They *dug* out the treasure. 그들은 보물을 파냈다

di·gest [daidʒést] 동 (타동) (3단현 **digest**s [-s]; 과거·과분 **digest**ed [-id]; 현분 **digest**ing) ❶ (음식을) 소화하다
Small babies cannot *digest* solid food. 갓난 아기들은 딱딱한 음식을 소화할 수 없다
❷ (의미를) 음미하다
Read and *digest* that article. 저 논문을 읽고 뜻을 음미해 보시오
— [dáidʒest] 명 요약, 적요, 다이제스트
a *digest* of recent law cases 최근 소송사건 요약

dig·ni·ty [dígnəti] 명 (복수형 **dig·nit**ies [-z]) 존엄성, 위엄
We should respect the *dignity* of all persons. 우리는 모든 인간의 존엄성을 존중해야 한다
We must uphold the *dignity* of our courts. 우리는 법원의 위엄을 지켜야 한다

dil·i·gence [díləd͡ʒəns] 명 근면, 열심 《형용사는 diligent》

*dil·i·gent [díləd͡ʒənt] 형 (비교 *more* diligent; 최상 *most* diligent) 근면한, 부지런한(↔lazy 게으른)
Bill is a *diligent* boy. 빌은 근면한 소년이다

dim [dím] 형 (비교 **dim**mer; 최상 **dim**mest) 희미한, 어둑어둑한
the *dim* light of a candle 희미한 촛불의 빛

dime - dinner

a *dim* sound in the distance 멀리서 들려오는 희미한 소리

dime [dáim] 명 (복수 **dimes** [-z]) 다임 《미국·캐나다의 10센트 은화 (→ cent)》

dine [dáin] 자동 (3단현 **dines** [-z] 과거·과분 **dined** [-d]; 현분 **dining**) (정식의) 식사를 하다
Will you *dine* with me? 저와 함께 저녁식사를 하시겠습니까
Let's *dine* out this evening. 오늘 밤에는 함께 외식하자
📝 dine과 have dinner는 같은 의미이지만 dine 쪽이 격식을 갖춘 말이므로 보통은 dine을 잘 쓰지 않음 (→ dinner)

ding-dong [díŋdɔ̀ŋ] 명 딩동 《종소리》

din·ing [dáiniŋ] 명 식사

din·ing car [-kɑ̀ːr] 명 (복수 **din·ing cars** [-z]) 식당차

★**din·ing room** [-rùːm] 명 (집의) 식당
We have meals in our *dining room*. 우리는 식당에서 식사를 한다

★**din·ner** [dínər] 명 (복수 **dinners** [-z]) ❶ 정찬, 만찬 《a를 붙이지 않고 복수 없음》
📝 하루 중 제일 중요한 식사; 수프·고기 요리·디저트(후식) 등. 보통은 낮에 lunch(점심)를 먹고, 밤에 dinner를 먹지만, 일요일이나 공휴일·축제일 등에는 낮에 dinner, 저녁에 supper를 먹는다
We have *dinner* at eight. 우리는 8시에 만찬을 먹는다
I will ask some friends to *dinner*. 나는 친구 몇 명을 만찬에 초대하겠다
We were at *dinner* then. 우리는 그때 정찬을 먹고 있었다
I watched television after *dinner*. 나는 만찬 후에 텔레비전을 보았다
He gave me a nice *dinner*. 그는 나에게 맛있는 만찬을 대접했다
📝 형용사가 붙으면 a를 쓴다
❷ 《a를 붙여》 만찬회, 오찬회(= a

dining room
spoon 스푼
fork 포크
glass 컵
dessert 디저트
tablecloth 식탁보
dining table 식탁

dinosaur - dirty

dinner party)
We gave him *a dinner.*(=We gave *a dinner* for him.) 우리는 그에게 만찬회를 열어주었다

di·no·saur [dáinəsɔ̀:r] 명 (복수 **dinosaurs** [-z]) 공룡 《중생대의 거대한 파충류》

dip [díp] 동 (3단현 **dips** [-s]; 과거·과분 **dipped** [-t]; 현분 **dipping**)
(◆ 과거·과거분사, 현재분사의 철자(-pp-)에 주의) 타동 (물 등에) 살짝 담그다, 적시다
He *dipped* a brush into paint. 그는 붓을 페인트에 담갔다
— 자동 잠기다

dip·lo·mat [dípləmæt] 명 (복수 **diplomats** [-s]) 외교관

dip·per [dípər] 명 (복수 **dippers** [-z]) 국자
the Bíg Dípper 북두칠성(→ bear)

di·rect [dirékt, dai-] 형 (비교 *more* **direct**; 최상 *most* **direct**)
❶ 일직선의, 곧바른; 솔직한(=frank)
Draw a *direct* line here. 여기에 직선을 그어라
I want a *direct* answer. 나는 솔직한 대답을 원한다
❷ 직접의(↔ indirect 간접의)
a *direct* influence 직접적인 영향
a *direct* object 《문법》 직접목적어
— 부 곧바로, 직접
He went *direct* to London. 그는 곧바로 런던으로 갔다
— 동 (3단현 **directs** [-s]; 과거·과분 **directed** [-id]; 현분 **directing**) 타동 자동 《명사는 direction》
❶ 길을 가르쳐주다; (주의 등을) 유도하다
Can you *direct* me to the zoo? 동물원까지 가는 길을 가르쳐 주시겠습니까
회화 tell을 쓰면 tell the way to the zoo가 되어, the way를 넣어야 한다. 또 tell은 말로 가르쳐 주기만 하면 되지만, direct는 데려다 주면 좋겠다는 뜻이 내포되어 있다
❷ 지시하다; 명령하다
He *directed* me to leave the room. 그는 나에게 방에서 나가라고 했다
You are *directed* to appear in court. 너는 법정에 출두할 것이 요구된다
❸ (오케스트라 등을) 지휘하다
He *directed* at yesterday's concert. 그는 어제 음악회에서 지휘를 했다

*di·rec·tion [dirékʃən, dai-] 명 (복수 **directions** [-z]) 《동사는 direct》 ❶ 방향
We walked in the *direction* of the school. 우리는 학교 방향으로 걸었다
They ran away in all *directions*[in every *direction*]. 그들은 사방팔방으로 도망갔다
📝 전치사는 to가 아니라 in이다
❷ 감독, 지휘 《a를 붙이지 않고 복수 없음》
The choir is under the *direction* of Mrs. Jones. 그 합창단은 존스 부인이 지휘한다
❸ 《보통 복수형으로》 **사용법**, 지시서
directions for use 사용법
directions for building a model boat 모형보트를 만드는 지침서

di·rect·ly [diréktli, dai-] 부 (비교 *more* **directly**; 최상 *most* **directly**) 직접적으로; 똑바로, 직행하여
We flew *directly* to New York. 우리는 뉴욕으로 직행했다

di·rec·tor [diréktər, dai-] 명 (복수 **directors** [-z]) 지휘자; (회사의) 중역; 연출가, 감독

dirt [dá:rt] 명 《형용사는 dirty》 더러움, 때, 먼지

*dirt·y [dá:rti] 형 (비교 **dirtier**; 최상 **dirtiest**) 더러운, 불결한(↔ clean 깨끗한); 비열한
His shoes are very *dirty*. 그의 구두는 매우 더럽다

dis- - disc

Don't eat with *dirty* hands. 더러운 손으로 먹지 마라
What a *dirty* coat! 참 더러운 외투구나!
a *dirty* trick 비열한 속임수

dis- [dis-] (접두)
📝 동사, 명사, 형용사의 앞에 붙여 반대말을 만든다
disagree(불찬성하다) (dis+agree 동의하다)
discover(발견하다) (dis+cover 덮다)
dishonest(부정직한) (dis+honest 정직한)

dis·a·ble [diséibl] (타동) (3단현 **disable**s [-z]; 과거·과분 **disable**d [-d]; 현분 **disabl**ing) 정상적으로 움직이지 못하다
She is *disabled* by the accident. 그녀는 그 사고로 불구가 되었다

dis·a·gree [dìsəgríː] (자동) (3단현 **disagree**s [-z]; 과거·과분 **disagree**d [-d]; 현분 **disagree**ing)
❶ 일치하지 않다, 의견을 달리하다 (↔ agree 의견이 같다)
His story of the accident *disagrees* with hers. 그 사고에 대한 그의 이야기는 그녀의 이야기와 다르다
❷ 해로운; 맞지 않는; 불쾌한
Onions *disagree* with me. 양파는 나에게 맞지 않는다

dis·ap·pear [dìsəpíər] (자동) (3단현 **disappear**s [-z]; 과거·과분 **disappear**ed [-d]; 현분 **disappear**ing) 사라지다, 없어지다(↔ appear 나타나다)
She *disappeared* in the crowd. 그녀는 군중 속으로 사라졌다
Dinosaurs *disappeared* millions of years ago. 공룡은 수백만년전에 사라졌다

📘 **disappear, vanish, fade**의 용법

*disappear*는 서서히 혹은 점진적으로 어떤 형체나 존재가 사라지는 것을 가리킨다. *vanish*는 갑자기 그리고 완전히, 또 때때로 신비스럽게 사라지는 것을 가리킨다
*fade*는 서서히 사라지고 흔히 어느 정도 그 여운이 남아있는 것을 가리킨다
Old customs sometimes *disappear*. 오래된 관습은 때때로 없어진다
The snake *vanished* into the grass. 그 뱀은 풀속으로 사라졌다
The color in this rug has *faded*. 이 깔개의 색이 바랬다

dis·ap·point [dìsəpɔ́int] (타동) (3단현 **disappoint**s [-s]; 과거·과분 **disappoint**ed [-id]; 현분 **disappoint**ing) 실망시키다
His failure *disappointed* me. 그의 실패는 나를 실망시켰다
📝 흔히 수동태로 쓰인다
I was *disappointed* to hear the news. 나는 그 뉴스를 듣고 실망했다
I was *disappointed* in him. 나는 그에게 실망했다
be disappointed at... ~를 보고 [듣고] 실망하다
I *was disappointed at* her answer. 나는 그녀의 답변을 듣고 실망했다
▶ at her answer는 to hear her answer와 같다

dis·ap·point·ment [dìsəpɔ́intmənt] (명) 실망, 기대에 어긋남
The team is a *disappointment* to us. 그 팀은 우리에게 실망이었다

dis·as·ter [dizǽstər] (명) (복수 **disaster**s [-z]) 재해, 재난, 참사

disc [dísk] (명) 디스크 《작은 원반》 (=disk)
📝 disc와 disk의 철자 사용에 어떤 규칙이 있지는 않으나 분야에 따라 특정 철자를 사용하는 것이 관례화되

어 있다. 예를 들어 disc는 축음기 레코드판을 가리키는 반면 disk는 의학적·과학적 용어에 주로 사용된다
computer *disk* 컴퓨터 디스크

dis·ci·pline [dísəplin] 명 (복수 **disciplines** [-z]) 훈련; 통제, 규율
the strict *discipline* of army life 군대 생활의 엄격한 규율
— 동 (3단현 **disciplines** [-z]; 과거·과분 **disciplined** [-d]; 현분 **disciplining**) 타동 훈련시키다
Regular chores help to *discipline* children. 규칙적으로 집안일을 시키는 것은 아이들을 훈련시키는 데 도움이 된다

disc jock·ey [dísk dʒàki] 명 (복수 **disc jockeys** [-z]) 디스크 자키 《약어는 D.J.(디제이) 또는 DJ.》

dis·co [dískou] 명 (복수 **discos** [-z]) (구어) 디스코(=discotheque)

dis·con·tin·ue [dìskəntínju:] 타동 그만두다; 중지[중단]하다
— 자동 끝나다; 중지되다

dis·co·theque [dískətek] (♦ th는 [t]로 발음) 명 디스코텍

dis·count [dískaunt] 명 (복수 **discounts** [-s]) 할인
at 10% *discount* 10% 할인으로
give a *discount* 할인하다
— [diskáunt] 동 (3단현 **discounts** [-s]; 과거·과분 **discounted** [-id]; 현분 **discounting**) 타동 ~을 할인하다
The store *discounted* its prices on summer clothing. 그 가게는 여름 의류에 대한 가격을 할인하였다

dis·cour·age [diská:ridʒ] 타동 (3단현 **discourages** [-iz]; 과거·과분 **discouraged** [-d]; 현분 **discouraging**) ❶ 용기를 잃게 하다, 낙담시키다(→ encourage)
Don't be *discouraged*; try again. 낙담하지 말고 다시 해봐
❷ 방해하다

The storm *discouraged* our hike. 그 폭풍우는 우리의 산행을 방해했다

***dis·cov·er** [diskʌ́vər] 타동 (3단현 **discovers** [-z]; 과거·과분 **discovered** [-d]; 현분 **discovering**) 발견하다(→ invent 발명하다)
Columbus *discovered* America in 1492.(=America was *discovered* by Columbus in 1492.) 콜럼버스는 1492년에 아메리카를 발견했다
Marie and Pierre Curie *discovered* radium. 퀴리부부는 라듐을 발견했다
I *discovered* my name on the list. 나는 명단에서 내 이름을 발견했다
***discover that* ...** ~라는 것을 발견하다, 알아내다
I *discovered that* her story was not true. 나는 그녀의 이야기가 사실이 아니라는 것을 알아냈다

dis·cov·er·y [diskʌ́vəri] 명 (복수 **discoveries** [-z]) 발견; 발견물(→ invention 발명)
The moss was a new *discovery*. 그 이끼는 새로 발견된 것[신종]이다

dis·crim·i·nate [diskrímənèit] 타동 (3단현 **discriminates** [-s]; 과거·과분 **discriminated** [-id]; 현분 **discriminating**)
❶ ~을 구별하다
Some color-blind persons cannot *discriminates* red and green. 어떤 색맹들은 빨강색과 녹색을 구별하지 못한다
❷ ~을 차별하다
Some businesses *discriminate* against older people in hiring. 어떤 사업은 고용할 때 나이든 사람들을 차별한다

***dis·cuss** [diskʌ́s] 타동 (3단현 **discusses** [-iz]; 과거·과분 **discussed** [-t]; 현분 **discussing**) 《명사는 discussion》 의논하다, 토론하다, 함께 이야기하다
I *discussed* the matter with them. 나는 그 문제에 대하여 그들과 의논했

다

▣ 즐겁게 잡담할 때도 쓰인다

dis·cus·sion [diskʌ́ʃən] 명 (복수 **discussion**s [-z]) 의논, 토론; 이야기 나누기 《동사는 discuss》
We had a nice *discussion* today. 우리는 오늘 즐겁게 이야기를 나누었다

dis·ease [dizíːz] 명 (복수 **disease**s [-iz]) 질병
Chicken pox is a common children *disease*. 수두는 흔한 어린이 질병이다
☑ illness, sickness는 일반적인 질병을 가리키고, disease는 특정의 (특히 무거운) 질병을 가리킨다: a lung *disease*(폐병), a mental *disease*(정신병), a serious *disease*(중병). 감기나 두통은 disease가 아님

dis·gust [disgʌ́st] 명 혐오
— 동 (3단현 **disgust**s [-s]; 과거·과분 **disgust**ed [-id]; 현분 **disgust·ing**) (타동) ~에게 넌더리나게 하다, 구역질나게 하다
The smell *disgusts* me. 그 냄새는 구역질 난다

***dish** [díʃ] 명 (복수 **dish**es [-iz])
❶ (요리 담는) 큰 접시
My mother washes the *dishes*. 어머니는 설거지를 하신다
☑ dish는 보통 원형의 얕고 바닥이 납작한 큰 접시. plate는 1인 전용의 납작한 접시로 dish에서 여기에 옮겨 먹는다. saucer는 커피 잔 등을 올려놓는 받침 접시
❷ 한 접시(의 요리)
She served three *dishes* of meat. 그녀는 고기 요리 3 접시를 냈다
❸ 요리
a vegetable *dish* 야채 요리
I like French *dishes*. 나는 프랑스 요리를 좋아한다
What is your favorite *dish*? 네가 제일 좋아하는 요리는 무엇이냐

dis·hon·est [disánist] 형 (비교 **more dishonest**; 최상 **most dis-**

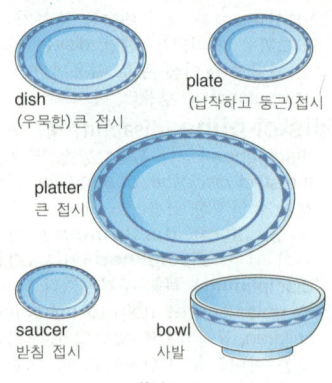

dish (우묵한) 큰 접시
plate (납작하고 둥근)접시
platter 큰 접시
saucer 받침 접시
bowl 사발

dishes

honest) 정직하지 않은(↔ honest 정직한)

dish·wash·er [díʃwɑ̀ʃər] 명 (복수 **dishwashers** [-z]) 식기 세척기

disk [dísk] 명 원반, 레코드(= disc)

dis·like [dìsláik] (타동) (3단현 **dis·like**s [-s]; 과거·과분 **dislike**d [-t]; 현분 **disliking**) ~을 싫어하다, 혐오하다
☑ hate보다는 약하고 don't like보다는 강하다
I *dislike* people I can't trust. 나는 내가 신뢰할 수 없는 사람들은 싫어한다

dis·miss [dismís] (타동) (3단현 **dismiss**es [-iz]; 과거·과분 **dismiss**ed [-t]; 현분 **dismissing**) ~을 해고하다; ~을 해산시키다
The manager *dismissed* the troublesome clerk. 경영자는 그 말썽부리는 점원을 해고했다

Dis·ney [dízni] 명 디즈니 《**Walt** ~ (1901-66); 미국의 영화 제작자. 만화 영화·동물 영화를 제작했음》

Dis·ney·land [díznilæ̀nd] 명 디즈니랜드 《월트 디즈니가 로스앤젤레스 교외에 만들어 놓은 어린이 놀이터》

display - district

dis·play [displéi] 동 (3단현 **displays** [-z]; 과거·과분 **displayed** [-d]; 현분 **displaying**) (타동) 진열하다; 보여주다
He *displayed* his collection of stamps. 그는 그의 우표 수집품을 보여주었다
Various goods are *displayed* in the window. 창가에 많은 상품들이 진열되어 있다
— 명 (복수 **displays** [-z]) 진열, 전시
a *display* of jewelry 보석 전시

dis·solve [dizálv] 동 (3단현 **dissolves** [-z]; 과거·과분 **dissolved** [-d]; 현분 **dissolving**) (타동) ~을 녹이다, 용해하다
It is easy to *dissolve* sugar in hot water. 뜨거운 물에 설탕을 녹이기는 쉽다
— (자동) 녹다, 용해되다
The ice *dissolves* in the sun. 얼음은 태양 아래서 녹는다

***dis·tance** [dístəns] 명 거리 《a를 붙일 때도, 그렇지 않을 때도 있지만 복수형으로는 쓰지 않음》
Ten miles is quite a *distance*. 10마일은 상당한 거리이다
The *distance* between the two cities is 7 miles. 그 두 도시의 거리는 7 마일이다
In America *distance* is measured in miles. 미국에서 거리는 마일로 측정된다
There was quite a *distance* between their views. 그들의 견해에는 상당한 차이가 있었다

at a distance 거리를 두고
This painting looks more beautiful *at a distance*. 이 그림은 떨어져서 보면 더 아름답다

from a distance 멀리서
The house cannot be seen *from a distance*. 그 집은 멀리서는 보이지 않는다

in the distance 멀리에, 먼 곳에서
We can see a tower *in the distance*. 우리는 멀리서 탑을 볼 수 있다

dis·tant [dístənt] 형 (비교 **more distant**; 최상 **most distant**) (거리, 시간, 관계가) 먼; 떨어져 있는
The next bus stop is a half mile *distant*. 다음 버스 정류장은 반마일 떨어져 있다
distant relatives 먼 친척

dis·till, 영 **dis·til** [distíl] (타동) (3단현 **distills** [-z]; 과거·과분 **distilled** [-d]; 현분 **distilling**) ~을 증류하다

dis·tinct [distíŋkt] 형 (비교 **more distinct**; 최상 **most distinct**) 명료한, 분명한; 두드러진, 다른
My twin sisters have *distinct* personalities. 내 쌍동이 여형제들은 각기 다른 성품을 가졌다
a *distinct* pronunciation 분명한 발음

dis·tinc·tion [distíŋkʃən] 명 (복수 **distinctions** [-z]) 구별; 차이
This school is open to all, without *distinction* of race or religion. 이 학교는 인종이나 종교에 구별없이 모든 사람에게 개방되어 있다

dis·tin·guish [distíŋgwiʃ] (타동) (3단현 **distinguishes** [-iz]; 과거·과분 **distinguished** [-t]; 현분 **distinguishing**) ~을 분간하다, 식별하다; ~을 구별하다, 뛰어나다, 두드러지다, 유명해지다
What *distinguishes* human beings from the ape? 무엇으로 인류와 원숭이를 구분하는가
The Brontë sisters *distinguished* themselves as writers. 브론테 자매는 작가로서 유명해졌다

dis·trib·ute [distríbju(:)t] (타동) (3단현 **distributes** [-s]; 과거·과분 **distributed** [-id]; 현분 **distributing**) ~을 분배하다, 나누어주다

dis·trict [dístrikt] 명 (복수 **dis-**

disturb - do

tricts [-s]) 지방, 지역 ; 지구, 구역 (區域)
a *district* office 구청
a school *district* 학구
an agricultural *district* 농업 지대
the *Dístrict* of Colúmbia [kəlʌ́mbiə] 콜럼비아 특별지구 《D.C.로 줄여 씀》
▶ 미국 동부의 1지구로 연방 정부에 직속되어 있고, 그 전역이 수도 워싱턴(Washington)으로 되어 있다

dis·turb [distə́ːrb] 동 (3단현 **dis·turbs** [-z] ; 과거·과분 **disturbed** [-d] ; 현분 **disturbing**) 타동 ~을 방해하다 ; ~을 어지럽히다 ; ~을 불안하게 하다
The roar of motorcycles *disturbed* the peace. 오토바이의 시끄러운 소음이 평온을 깼다
They are *disturbed* by their parents' divorce. 그들은 부모의 이혼으로 불안해 한다
Don't *disturb* me while I am working. 내가 일하는 동안에는 방해하지 마라
— 자동 (휴식·수면 등을) 방해하다
Do not disturb! 수면중 깨우지 마시오 《호텔 방문 손잡이에 수면 중이니 방해하지 말라고 알리는 표찰》

ditch [dítʃ] 명 (복수 **ditches** [-iz]) 도랑, 실개천

dive [dáiv] 동 (3단현 **dives** [-z] ; 과거·과분 **dived** [-d] ; 현분 **diving**) 자동 (머리부터) 잠수하다, 다이빙하다
Tom *dived* into the river. 톰이 강물 속으로 다이빙했다
The soldiers *dived* into their foxholes. 그 군인들은 참호 속으로 들어갔다
— 명 (복수 **dives** [-z]) 잠수, 뛰어들기

div·er [dáivər] 명 (복수 **divers** [-z]) 잠수부, 다이빙 선수 ; 해녀

★**di·vide** [diváid] 동 자동 타동 (3단현 **divides** [-z] ; 과거·과분 **divided** [-id] ; 현분 **dividing**) 나누다, 분할하다
The stream *divides* my land from his. 그 작은 개울이 나의 땅과 그의 땅을 나누고 있다
The children *divided* the candies. 아이들은 사탕을 나누었다
The Thames *divides* London into two parts. 템즈 강이 런던을 둘로 나누어 놓고 있다
The road *divides* two miles from here. 길은 2 마일 앞에서 갈라진다
Divide 9 by 3, and you get 3.(=Nine *divided* by three is three.) 9 나누기 3은 3이다

div·ing [dáiviŋ] 명 잠수 ; 《운동》 다이빙

di·vi·sion [divíʒən] 명 (복수 **divisions** [-z]) 분할, 구분 ; 부문, 과

di·vorce [divɔ́ːrs] 명 (복수 **divorces** [-iz]) 이혼
— 동 (3단현 **divorces** [-iz] ; 과거·과분 **divorced** [-t] ; 현분 **divorcing**) 자동 타동 이혼하다

diz·zy [dízi] 형 (비교 **dizzier** ; 최상 **dizziest**) 어지러운, 아찔한

DJ, D.J. [díːdʒei] 명 디제이 《disc jockey의 약어》

★**do** [dúː] 동 (3단현 **does** [dʌz] ; 과거 **did** [díd] ; 과분 **done** [dʌ́n] ; 현분 **doing**) 타동 ❶ (일 등을) 하다, 처리하다
I must *do* my homework. 나는 숙제를 하지 않으면 안 된다
I have nothing to *do*. 나는 할 일이 전혀 없다
What will you *do* when you retire? 너는 은퇴하면 무엇을 할 작정이니
Have you *done* your homework yet? 너는 이미 숙제를 마쳤느냐
I have to *do* my math tonight. 나는 오늘 밤에 수학을 공부하지 않으면 안 된다 《math=mathematics》
She is *doing* the dishes. 그녀는 설거

do - do

지를 하고 있다
What can I *do* for you? 무엇을 도와 드릴까요 《점원의 말》
❷ 《be done 또는 have done으로》 ~를 끝내다, ~를 마치다
The work *is done*. 그 일은 끝났다
I *have done* shopping. 나는 쇼핑을 다했다
❸ ~를 다하다, 이바지하다
He *did* his duty. 그는 의무를 다했다
She *did* me a kindness. 그녀는 나에게 친절을 베풀었다
— 자동 ❶ (할 일을) **하다**, 행하다, 처신하다; 따르다
He *did* like a gentleman. 그는 신사답게 처신했다
Do in Rome as the Romans *do*. 《속담》 로마에서는 로마인처럼 행하라
❷ 좋다, 도움이 되다
That will *do*. 그것으로 좋다
Will this dress *do* for the party? 이 드레스는 파티에 괜찮을까
❸ (일 등이) 풀리다, 잘 되어 가다
He is *doing* well in his high school work. 그는 고교 공부를 잘 하고 있다
do one's best 최선을 다하다
You must *do your best*. 너는 최선을 다해야 한다
✏️ one's는 주어에 따라 my, his, your 등으로 바뀐다
do with ... ~를 처치하다
What shall I *do with* this money? 이 돈을 어떻게 하지
do without ... ~없이 지내다 (=dispense with)
I cannot *do without* your help. 나는 너의 도움 없이는 지낼 수 없다
have something to do with ... ~와 (다소) 관계가 있다
I *have something to do with* him. 나는 그와 관계가 있다
have nothing to do with ... ~와 관계가 없다
That *has nothing to do with* my question. 그것은 나의 질문과 관계가 없다
How do you do? 《초대면의 인사말 로서》 처음 뵙겠습니다
💡 응답도 보통 How do you do? 라고 한다

> 🔷 **대동사 용법**
> 동사 또는 동사구의 반복을 피하기 위하여 쓰인다: Bill runs faster than I do(=run). 빌은 나보다 더 빨리 달린다; "Who broke it?"—"I did (=broke it)." 「누가 그것을 깼는가」 —「내가 깼다」

— 조 ❶ 《의문문을 만든다》
Do you speak English? 너는 영어를 말하느냐
Does your sister speak French? 너의 누나는 프랑스어를 말하느냐
Did you play basketball yesterday? 너는 어제 농구를 했느냐
✏️ 주어가 의문사일 때에는 do를 쓰지 않는다
Who broke the window? 누가 그 창문을 깼니
✏️ 「~를 가지고 있습니까」는 영국에서는 Have you ...? 로도 말하지만, 미국에서는 대개 do를 쓴다: *Do* you have a knife? (나이프가 있습니까)
❷ 《부정문을 만든다》
She *doesn't* speak French. 그녀는 프랑스어를 말하지 못한다
I *didn't* go anywhere yesterday. 나는 어제 아무 데도 가지 않았다
You like apples, *don't* you? 너는 사과를 좋아하지, 그렇지
You had a good time, *didn't* you? 너는 즐거웠지, 그렇지

> 🔷 조동사 do는 일반동사를 부정할 때 사용하며 be동사나 조동사가 있을 경우에는 조동사 do를 사용하지 않고 be동사 혹은 조동사에 not을 붙인다: do[does, did]+not+일반동사 원형 / be동사[조동사]+not.
> 다만 Don't be noisy.(떠들지 말아라) 와 같이 be동사의 부정명령문에서는 be동사와 do동사를 함께 사용한다

dock - dog

❸ 《동사의 의미를 강조하여》 정말로, 꼭 (♦ 뒤에 오는 동사를 강조하며, 이 do는 강하게 발음한다)
Do come again. 부디 또 오시오
I *do* think so. 나도 그렇게 생각하고 말고
I *do* want to go, but I'm too busy. 정말 가고 싶지만 너무 바쁘다

dock [dák] 명 (복수 **dock**s [-s]) (선박의 건조·수선용의) 도크, 뱃도랑; 부두
— 통 (3단현 **dock**s [-s]; 과거·과분 **dock**ed [-t]; 현분 **dock**ing) (타동) (배를) 도크에 넣다; (우주선을) 도킹시키다

★**doc·tor** [dáktər] 명 (복수 **doctor**s [-z]) ❶ 의사; 《의사를 부를 때는》 선생님
I must send for a *doctor*. 나는 의사를 부르러 사람을 보내지 않으면 안 된다
Yesterday I went to see the *doctor*. 어제 나는 의사를 보러 갔다[진찰받으러 갔다]
I have a headache, *doctor*. 선생님, 머리가 아픈데요
❷ 박사, 박사 학위
a *Doctor* of Philosophy 철학 박사
☑ D. 또는 Dr.로 줄여서 성(姓) 앞에 온다. *Dr. Jones*(존스 박사). Doctor는 최고의 학위로, 그 밑에 Master(석사), Bachelor(학사)의 칭호가 있다. 명함이나 저서에는 Thomas Jones, Ph. D.(철학 박사 토머스 존스)라고 쓴다 《Ph.D. [píːeitʃdíː]는 Doctor of Philosophy의 약어》

doc·u·ment [dákjumənt] 명 (복수 **document**s [-s]) 서류, 문서; 기록
an official *document* 공문서

★**does** [dʌz] (타동) (자동) do (하다)의 3인칭 단수 현재형 《부정형은 doesn't로 쓴다》
This dog *does* many tricks. 이 개는 여러 가지 곡예를 한다
Jim always *does* his best. 짐은 언제나 최선을 다한다

📘 **대동사 용법**
"Who goes to the park with you?" —"Mary does(=goes)." 「누가 너와 함께 공원에 가느냐」—「메리가 가요」 "What season comes after winter?" — "Spring does(=comes)." 「겨울 뒤에는 어떤 계절이 오느냐」—「봄이 옵니다」《이 물음에 대한 답으로 It is spring. 은 피한다》

— 조 do의 3인칭 단수 현재형
❶ 《의문문을 만든다》
What time *does* she go to bed? 그녀는 몇 시에 잡니까
❷ 《부정문을 만든다》
My father *doesn't* like jazz very much. 나의 아버지는 재즈를 별로 좋아하지 않으신다

★**does·n't** [dʌ́znt] (타동) (자동) **does not** 의 줄임꼴
Dick *doesn't* like cats. 딕은 고양이를 좋아하지 않는다

★**dog** [dɔ́ːg] 명 (복수 **dog**s [-z]) (동물) 개
▶ 동양에서는 원숭이와 사이가 나쁜 동물로(犬猿之間), 영국에서는 고양이와 사이가 나쁜 동물로 여겨짐. 또한 개는 예로부터 인간생활과 밀접한 관계가 있고 그 역할이나 종류도 다양한데, 목축이 예로부터 성했던 나라에서는 개의 역할이 중요시 되어 왔다. 특히 영국에서는 개를 소중히 여기는 탓에 man's best friend(사람의 가장 친근한 벗)로 취급되고 있다. 개는 충직의 상징으로 되어 있으나 나쁜 뜻의 관용적 표현이나 속담도 많다: die like a dog (개죽음[비참한 죽음]을 당하다) lead a dog's life(비참한 생활을 하다) a dog in the manger [méindʒər] (여물통 속의 개; 심술쟁이) 《자기는 먹지도 않으면서 여물통 안에 들어가 소도 여물을 먹지 못

doghouse - dolphin

하게 했다는 「이솝이야기」에서 유래》
Let sleeping *dogs* lie. 《속담》 잠자는 개는 깨우지 말아라
A barking *dog* seldom bites. 《속담》 짖는 개는 좀처럼 물지 않는다
He keeps a black and white *dog*. 그는 바둑이 개를 기른다
A *dog* is a faithful animal. 개는 충성스런 동물이다
The *dog* barked at him. 그 개는 그를 보고 짖었다
▶ dog 를 받는 대명사는 it 이 좋지만, 성별을 알고 있는 경우는 he, she 로 하여 친근감을 나타낼 수 있다

● dog에 관해서 ●
(1) dog는 보통 개 이외에 특별히 숫캐를 가리키기도 한다. 암캐는 bitch [bitʃ], 강아지는 puppy라고 한다. 어린아이들은 doggy 라고도 한다
(2) 개 짖는 소리 '멍멍'은 bowwow 로 나타낸다
(3) 개이름으로는 Bob, Fido, Rover, Spotty 등이 많이 쓰인다
(4) 개에게 명령할 때 쓰는 말은 다음과 같다: Sit! (앉아), Down! (엎드려), Bey! (일어서), Stay! (가만있어), Hand! (손)

dog·house [dɔ́:ghàus] 명 개집 (=kennel)

dog·wood [dɔ́:gwùd] 명 《식물》 층층나무류의 총칭 《흰색 또는 담홍색의 꽃이 핀다. 미국에서 많이 사랑받는 꽃으로서 노스캐롤라이나·버지니아주의 주화(州花)로 지정되어 있다》

do·ing [dú:iŋ] 동 do (하다)의 현재분사형

do-it-yourself [dù:itjəːrsélf] 형 제 손으로 손수하는 《비전문가도 손수 조립하거나 수리할 수 있도록 되어 있는 부속품·도구 등에 대하여》
— 명 (집수리 등을) 손수하기

doll [dál] 명 (복수 **dolls** [-z]) 인형
I want a French *doll*. 나는 프랑스 인형을 원한다
Girls like to play with *dolls*. 여자아이들은 인형을 가지고 놀기를 좋아한다
a rag *doll* 봉제 인형
▶ 여자 이름 Dorothy 의 애칭인 Doll에서 비롯된 말. 처음에는 여성 인형을 뜻하다가 모든 인형에 쓰였다

dol·lar [dálər] 명 (복수 **dollars** [-z]) 달러(→ cent 센트)
"How much is it?—"It is five *dollars*." 「얼마입니까」—「5달러입니다」
He bought the book for three *dollars*. 그는 그 책을 3달러 주고 샀다
▶ 달러는 미국·캐나다의 화폐단위; $로 나타낸다. 지폐에는 1달러, 2달러, 5달러, 10달러, 20달러, 50달러, 100달러, 500달러, 1,000달러, 5,000달러, 10,000달러, 100,000달러의 12종류가 있다

dollar

doll·house [dálhàus] 명 (복수 **dollhouses** [-ziz]) 미 인형의 집 《유럽의 전통적인 장난감 중의 하나. 조그마한 가구와 인형이 들어있고, 방이 많이 딸린 정교하게 꾸민 집의 모형. 영에서는 doll's house라고 한다》

dol·phin [dálfin] 명 (복수 **dolphins** [-z]) 돌고래
a *dolphin* show 돌고래 쇼

dolphin

dome - double

dome [dóum] 명 (복수 **dome**s [-z])
(건축) (반구형의) 둥근 천장, 돔

do·mes·tic [dəméstik] 형 (비교 **more domestic**; 최상 **most domestic**) ❶ 가정의, 가사의
domestic chores 가사일
❷ 국내의 (↔ foreign 외국의)
domestic news 국내 소식
❸ 사람에게 길들여진
domestic animals 가축

Do·nald [dánəld] 명 도널드 《남자 이름; 애칭은 Don》

Do·nald Duck [-dʌ́k] 명 도널드 덕 《월트 디즈니(Walt Disney)의 만화 영화에 등장하는 오리의 이름; 수병 복장과 모자가 상징》

***done** [dʌ́n] 타동 자동 do (하다)의 과거분사형

don·key [dáŋki] 명 (복수 **donkey**s [-z]) (동물) 당나귀, 나귀, 노새 (=ass); 얼간이, 바보

***don't** [dóunt] (♦ 2중모음 [ou] 에 주의) 타동 자동 조 **do not** 의 줄임꼴
I *don't* know. 나는 모른다
Don't cry. 울지 마라
You like apples, *don't* you? 너는 사과를 좋아하지, 그렇잖니

***door** [dɔ́ːr] 명 (복수 **door**s [-z])
❶ 문; 현관, 입구 (→ gate)
Shut the *door* after you. 나가면서 문을 닫아라
There is a knock at the *door*. 문을 노크하는 소리가 들린다
▶ 사람에 대하여 문을 가리키면 「나가라」의 뜻이 된다
❷ 한 집, 한 채
Tom's house is two *doors* off[away]. 톰의 집은 두 집 건너 있다
He lives a few *doors* from your house. 그는 너의 집에서 몇 채 떨어져서 살고 있다
from door to door 집집으로, 이집저집으로

The mailman goes *from door to door*. 우편 집배원은 집집마다 찾아간다
next door (to ...) (~의) 이웃에
They live *next door to* us. 그들은 우리 옆집에 살고 있다
out of doors 옥외에서, 밖에서 (= outdoors)
Children like to play *out of doors*. 아이들은 집밖에서 놀기를 좋아한다
show someone the door ~에게 나가라고 요청하다

door·bell [dɔ́ːrbèl] 명 (복수 **doorbell**s [-z]) (대문의) 초인종

door·mat [dɔ́ːrmæ̀t] 명 (복수 **doormat**s [-s]) (문 앞의) 구두 흙털개

door·step [dɔ́ːrstèp] 명 (복수 **doorstep**s [-s]) 문 앞의 층층대

door·way [dɔ́ːrwèi] 명 (복수 **doorway**s [-z]) 문간, 출입구, 현관

dor·mi·to·ry [dɔ́ːrmətɔ̀ːri] 명 (복수 **dormitor**ies [-z]) 기숙사 《**dorm** [dɔ́ːrm] 으로 줄여 씀》

Dor·o·thy [dɔ́ːrəθi] 명 도로시 《여자 이름; Dolly의 애칭》

dot [dát] 명 (복수 **dot**s [-s]) 작은 점, 점처럼 작은 것
— 동 (3단현 **dot**s [-s]; 과거·과분 **dot**ted [-id]; 현분 **dot**ting) 타동
~에 점을 찍다
You forgot to *dot* the "i". 너는 'i'에 점을 찍는 것을 잊었구나

dou·ble [dʌ́bl] 형 2배의, 2중의
double windows 2중창
a *double* bed 더블베드 《2인용 침대》
He did *double* work today. 그는 오늘 2배의 일을 했다
— 부 2배로, 2중으로
He paid *double*. 그는 2배의 금액을 냈다
— 명 (복수형 **double**s [-z])
❶ 배(倍), 2배
Six is the *double* of three. 6은 3의 2

double bass - down

배이다

❷ 《야구》 2루타

❸ 《정구 등》 《복수형으로》 복식 (경기) (→ singles 단식 (경기))

—통 (3단현 **doubles** [-z] ; 과거·과분 **doubled** [-d] ; 현분 **doubling**) 〈타동〉 〈자동〉 (크기·양을) 2배로 하다 [되다]

dou·ble bass [-béis] 명 《복수 double basses [-iz]》《음악》더블베이스, 콘트라베이스

dou·ble-deck·er [dʌ́bldékər] 명 《복수 double-deckers [-z]》 2층버스 (전차); 2중 갑판의 배; 두겹으로 싼 샌드위치

*doubt [dáut] (◆ b는 묵음) 통 (3단현 **doubts** [-s] ; 과거·과분 **doubted** [-id] ; 현분 **doubting**) 〈타동〉 의심하다, ~하지 않다고 생각하다 (↔ believe 믿다)

I *doubted* my own eyes. 나는 내 눈을 의심했다

He *doubts* whether he will win. 그는 이길지 어떨지 의아하게 생각하고 있다

Never *doubt* my love. 내 사랑을 의심하지 마오

I *doubt* it will snow today. 오늘 눈이 올것이라고 생각하지 않는다

📝 doubt 는 부정적인 의심으로 「~하지 않을 것이라고 의심하다」의 뜻. suspect 는 긍정적인 의심으로 「~할 것을 의심하다」의 뜻. I doubt her honesty. 는 suspect 를 쓰면 I suspect her dishonesty. (나는 그녀가 부정직하다고 생각한다)로 된다

—명 의심 《보통 a를 붙이지 않지만 복수 **doubts** [-s] 는 있다》

I have no *doubts* about his success. 나는 그의 성공을 조금도 의심하지 않는다

in doubt 의아해하여, 모르고

The time of the dance is still *in doubt*. 댄스파티 시간이 아직 확실하지 않다 [결정되지 않았다]

no doubt 의심할 바 없이

No doubt he will come back here. 틀림없이 그는 여기로 되돌아 올 것이다

without [*beyond*] *doubt* 틀림없이 (=surely)

doubt·ful [dáutfəl] 형 (비교 *more* doubtful; 최상 *most* doubtful)

❶ (사람이) 확신하지 않는

I am *doubtful* about our chances of winning. 나는 우리가 이길 승산이 있는지 확신하지 못한다

❷ (일 등이) 불확실한, 의심스러운

dough·nut [dóunʌt] (◆ gh는 묵음) 명 《복수 doughnuts [-s]》 도넛 《미국에서는 보통 고리 모양이고, 영국에서는 둥근 빵속에 잼 또는 크림을 넣는다. 미국에서는 간식용 외에 아침식사로도 먹는다》

Doug·las [dʌ́gləs] 명 더글러스 《남자 이름; 애칭은 Doug [dʌ́g]》

dove [dʌ́v] 명 (복수 doves [-z]) 《새》비둘기 (=pigeon)

*down [dáun] 부 ❶ 아래로, 아래에 《동사에 붙여쓰면 동작을 나타낸다》

Sit *down*, please. 앉으십시오

Dress quickly and come *down*, Mary. 빨리 옷을 입고 내려오너라. 메리

📝 침실은 보통 2층에 있으므로 come down 은 잠자리에서 일어나다의 뜻도 된다: He is not *down* yet. (그는 아직 일어나지 않고 있다)

She looked *down* at the floor. 그녀는 고개를 떨구었다

📝 down at the floor 의 어순에 주의. 영어에서는 먼저 좁은 위치(down)를 말하고, 다음에 넓은 장소(at the floor)를 말한다

He fell *down* on the ice. 그는 빙판 위에 쓰러졌다

I lay *down* under the tree. 나는 나무 아래에 누웠다

He went *down* into the country. 그는 시골로 내려갔다

downstairs - dozen

▶ 이 down은 우리말로 해석하지 않는 것이 좋다. 미국에서는 북쪽으로 가다를 go up North라 하고, 남쪽으로 가다를 go down South라 한다. 영국에서는 큰 도시로 가다에 up을 쓰고, 그렇지 않은 곳으로 가다에 down을 쓴다

❷ (흐름이) **아래로**; (태양이) 지는
Rivers flow *down* to the sea. 강은 바다로 흘러간다
The sun goes *down* in the evening. 해는 저녁에 진다
up and down 여기 저기로; 위 아래로
We walked *up and down* in the garden. 우리는 정원을 여기저기 걸었다

— 〈전〉 ❶ **~를 내려가서, ~아래에** (↔ up ~을 올라가서)
The boat went *down* the stream. 보트는 개울을 내려갔다
He ran *down* the stairs. 그는 계단을 달려 내려갔다

❷ **~을 따라서**(=along) 《내리막길이 아니더라도 사용한다》
A dog come *down* the street. 한 마리의 개가 길을 따라왔다
There is a bridge about a mile *down* the river. 1마일 쯤 하류에 다리가 있다

— 〈형〉《명사 앞에만 쓰여》 아래의, 내려가는 (↔ up 위로의)

— 〈명〉 (복수 *downs* [-z]) 하강; 《미식축구》 다운
the first *down* 퍼스트 다운

down·stairs [dáunstɛ́ərz]
〈부〉 **아랫층에**, 아랫층으로(↔ upstairs 윗층으로)
Lucy came *downstairs*. 루시는 아래층으로 내려왔다[일어났다]
He went *downstairs* to get the paper. 그는 신문을 가지러 아래층으로 내려갔다
I was reading *downstairs*. 나는 아랫층에서 독서하고 있었다

📝 2층 건물의 집에서는 2층을 upstairs, 1층을 downstairs라고 한다. 층이 많은 건물에서는 말하는 사람이 있는 곳의 윗층을 upstairs, 아랫층을 downstairs라고 하므로 1층, 2층과는 일치하지 않는다

— [dáunstɛ́ərz] 〈형〉 아래층의 《downstair라고도 한다》
a *downstairs* bedroom 아래층 침실

— 〈명〉 아래층
The *downstairs* is being painted. 아래층은 페인트칠을 하고 있는 중이다

down·town [dáuntáun]
〈부〉
〈형〉 번화가로[의], (도시의) **중심 지구로[의]**
She went *downtown* with her mother. 그녀는 어머니와 함께 번화가로 (쇼핑·연극 구경 등을 하러) 갔다
— 〈명〉 (복수 *downtowns* [-z]) (도시의) 번화가 《downtown은 백화점, 상점, 은행 등이 모여 있는 지구를 가리킴》

down·ward [dáunwərd]
〈부〉 아래쪽으로, 아래로 (↔ upward 위쪽으로)
— 〈형〉 아래쪽의

Doyle [dɔ́il]
〈명〉 도일 《**Arthur Conan ~** (1859-1930); 영국의 추리소설 작가; 명탐정 셜록 홈즈(Sherlock Holmes)가 활약하는 탐정소설로 유명하다》

doz·en [dʌ́zn]
〈명〉 (복수 *dozens* [-z]) 12개, 다스
a *dozen* (of) eggs 계란 1다스

📝 (1) dozen 앞에 수를 나타내는 말이 올때에도 dozens 복수형을 쓰지 않는다 (2) dozen 뒤에 명사가 올 때 전치사 of를 쓰지 않는다 (3) 약어는 단수, 복수형 모두 doz. 또는 dz.이다
two *dozen* bottles of beer 맥주 2다스

by the dozen 다스 단위로
Pencils are sold *by the dozen*. 연필은 다스 단위로 판다
dozens of ... 수십명의 ~
There were *dozens of* boys in the room. 그 방에는 수십명의 소년들이

있었다

***Dr., Dr** [dάktər] Doctor(박사)의 줄임꼴

▶ Dr. Alexander Fleming (알렉산더 플레밍 박사), Dr. Fleming (플레밍 박사) 처럼, 성명 또는 성씨 앞에 붙여 쓰인다. 미국에서는 마침표를 찍지만 영국에서는 찍지 않는 경우도 있다

Drac·u·la [drǽkjulə] 명 드라큐라 《괴기소설의 주인공; 흡혈귀》

draft, draught [drǽft, drάːft] 명 도안, 설계도; 초고, 초안; 통풍, 외풍

an architect's *draft* for a new building 새 건물의 건축 설계도

the first *draft* of a speech 연설문의 초안

— 동 (3단현 **drafts** [-s]; 과거·과거분사 **drafted** [-id]; 현재분사 **drafting**) 타동 징집하다

He was *drafted* into the army. 그는 군대로 징집되었다

drag [drǽg] 동 (3단현 **drags** [-z]; 과거·과분 **dragged** [-d]; 현분 **dragging**) 타동 자동 (무거운 것을) 질질 끌다, 힘을 주어서 끌다; 끌리다

He *dragged* the sled up the hill. 그는 언덕 위로 썰매를 끌고 갔다

Her coat was so long that it *dragged* in the mud. 그녀의 외투는 너무 길어서 진흙에 질질 끌렸다

drag·on [drǽgən] 명 (복수 **dragons** [-z]) 용 《날개와 꼬리가 달렸고 입에서는 불을 뿜는다는 전설상의 괴수; 서양에서는 악의 화신으로 간주되는 데 비해, 동양에서는 수신(水神)으로서 신성시되고 경사(慶事)의 상징으로 간주된다》

drag·on·fly [drǽgənflài] 명 (복수 **dragonflies** [-z]) (곤충) 잠자리

drain [dréin] 동 (3단현 **drains** [-z]; 과거·과분 **drained** [-d]; 현분 **draining**) 타동 ~의 물을 빼다, 배수하다

Drain the water from the potatoes. 감자에서 수분을 빼라

— 자동 (물이) 빠지다

Water won't *drain* from a flat roof. 평평한 지붕에선 물이 잘 빠지지 않는다

***dra·ma** [drάːmə] 명 (복수 **dramas** [-z]) ❶ 연극, 극 《play 쪽이 더 구어적임》

My father is interested in (the) *drama*. 나의 아버지는 연극에 흥미가 있다

❷ 희곡

He wrote a very good *drama*. 그는 매우 좋은 희곡을 썼다

📝 이 의미로는 play 와 같다

dra·mat·ic [drəmǽtik] 형 (비교 *more* dramatic; 최상 *most* dramatic) 연극의; 극적인

***drank** [drǽŋk] 타동 자동 drink (마시다)의 과거

I *drank* a glass of water. 나는 물 한 잔을 마셨다

draught [drǽft, drάːft] 명 =draft

*** draw** [drɔ́ː] (◆ aw 는 [ɔː]로 발음) 동 (3단현 **draws** [-z]; 과거 **drew** [drúː]; 과분 **drawn** [drɔ́ːn]; 현분 **drawing**) 타동 ❶ 당기다, 끌다, 당겨지다

She *drew* the curtain. 그녀는 커튼을 쳤다

The mules *drew* the wagon. 그 노새는 마차를 끌었다

❷ (그림을) 그리다; (선을) 긋다

Draw a line under your name. 당신의 이름 밑에 줄을 그으시오

Let me *draw* you a brief map. 너에게 약도를 그려주마

He often *draws* pictures of animals. 그는 곧잘 동물 그림을 그린다

📝 글자를 쓸 때는 write, 그림을 펜이나 연필로 그릴 때는 draw를 씀

❸ (주의 등을) 끌다, 끌어들이다

The reporter's question *drew* no reply. 그 기자의 질문은 어떤 대답도 이끌어내지 못했다
Flowers *draw* bees. 꽃은 벌을 끌어들인다
❹ (물을) 끌어들이다, (돈을) 인출하다
A man was *drawing* water from a well. 한 남자가 우물에서 물을 끌어내고 있었다
I *drew* some money from the bank. 나는 은행에서 얼마의 돈을 인출했다
— 자동 ❶ **가까워지다**, 가까이 가다
The boat *drew* toward the shore. 그 보트는 해안에 가까이 갔다
Christmas is *drawing* near. 크리스마스가 가까워지고 있다
❷ **그림을 그리다**
He *drew* a great deal. 그는 굉장히 많은 그림을 그렸다
— 명 (복수형 **draws** [-z])
❶ 끌어당기기
❷ 동점, 무승부
The duel ended in a *draw*. 그 시합은 무승부로 끝났다

draw·er [drɔ́ːr] 명 (복수 **drawers** [-z]) 서랍
This desk has two *drawers*. 이 책상에는 서랍이 두 개 있다

***draw·ing** [drɔ́ːiŋ] 타동 자동
draw(그리다)의 현재분사형
— 명 (복수 **drawings** [-z]) ❶ **그림**
✎ drawing은 펜·연필·크레용 등으로 그린 그림; painting은 그림 물감을 써서 브러시로 그린 그림. picture는 넓은 의미로 그림이나 사진을 뜻함
❷ 제도 《a를 붙이지 않고, 복수 없음》

***drawn** [drɔ́ːn] 타동 자동 draw (끌다, 그리다)의 과거분사형
— 형 비긴
a *drawn* game 비긴 게임

dread·ful [drédfəl] 형 (비교 *more* dreadful; 최상 *most* dreadful)
❶ **무시무시한**, (대단히) 무서운
A *dreadful* accident happened. 무시무시한 사고가 일어났다
❷ 몹시 불쾌한
a *dreadful* argument 불쾌한 논쟁

dream [dríːm] (♦ **ea**는 [iː]로 발음함) 명 (복수 **dreams** [-z])
❶ 꿈
I have a bad *dream* sometimes. 나는 때때로 악몽을 꾼다
I saw my mother in a *dream*. 나는 어머니를 꿈속에서 보았다
I awoke from a *dream*. 나는 꿈에서 깨어났다
❷ 몽상; (마음에 그리는) 꿈, 희망
Her *dream* has always been to become a lawyer. 그녀의 꿈은 언제나 변호사가 되는 것이었다
She has a *dream* of traveling in Europe. 그녀는 유럽 여행을 꿈꾸고 있다
회화 Pleasant dreams!는 잠자리에 들기 전에 좋은 꿈을 꾸라는 뜻의 인사말로 Sweet dreams!라고도 한다
A: Sleep tight. Pleasant *dreams*!
B: Ok. You, too.
A: 푹자고 좋은 꿈꿔라
B: 알았어. 너도
— 동 (3단현 **dreams** [-z]; 과거·과분 **dreamed** [-d] 또는 *dreamt* [drémt]; 현분 **dreaming**) 타동
❶ **꿈을 꾸다**, 꿈에서 보다
I sometimes *dream* of my father. 나는 가끔 아버지의 꿈을 꾼다
He *dreamed* about his new life in the United States. 그는 미국에서의 새 생활을 꿈속에서 보았다
A person normally *dreams* every night. 사람은 일반적으로 매일밤 꿈을 꾼다
❷ 《부정어와 함께》 **꿈에도 생각하지 않다**
I never *dreamed* of meeting you here. 여기서 너를 만나리라고는 꿈에도 생각하지 못했다
— 자동 《dream of로》 ~꿈을 꾸다, 꿈에서 보다
I wouldn't *dream of* going shopping

dreamland - drink

downtown without you. 나는 너없이 시내로 쇼핑가는 것을 꿈도 꾸지 않을 것이다

dream·land [drí:mlǽnd] 명 (복수 **dreamlands** [-z]) 꿈의 나라, 유토피아

★**dress** [drés] 명 (복수 **dress**es [-iz]) ❶ (여성·소녀용의) 드레스
His daughter put on her white *dress*. 그의 딸은 하얀 드레스를 입었다
No *dress*. 정장은 필요 없음 《초대장 문구》

📝 dress는 원피스를 말하고, 상의와 스커트로 된 여성옷은 suit 라고 한다. 또 일반적으로 「옷」이라고 할 때는 clothes를 쓴다

❷ 복장 《a를 붙이지 않고, 복수없음》
She is careless about *dress*. 그녀는 옷에 신경을 쓰지 않는다
native *dress* 전통의상
formal *dress* 정장
— 동 (3단현 **dress**es [-iz]; 과거·과분 **dress**ed [-t]; 현분 **dress**ing) 자동 타동 옷을 입(히)다; (머리를) 손질하다
She *dressed* herself in black. 그녀는 검은색 드레스를 입었다
She *dressed* her daughter. 그녀는 딸에게 옷을 입혔다
She needs to *dress* well for her new job. 그녀는 새 직장에서 옷을 말끔히 입을 필요가 있다
She had her hair *dressed* at the beauty salon. 그녀는 미용실에서 머리를 치장했다

dress up 정장하다
She *dressed up* for the party. 그녀는 파티에 가려고 정장했다

dress·ing [drésiŋ] 명 옷치장, 몸단장; (샐러드 등에 끼얹는) 소스, 드레싱; (상처 등의) 소독, 드레싱
French *dressing* 프렌치드레싱

dress·mak·er [drésmèikər] 명 (복수 **dressmaker**s [-z]) (숙녀복의) 양재사 (→ tailor (신사복의) 재단사); 양장점

★★**drew** [drú:] 타동 자동 draw(끌다, 그리다)의 과거형
She *drew* the curtains. 그녀는 커튼을 쳤다

dri·er [dráiər] 형 dry(건조한)의 비교급
— 명 (복수 **drier**s [-z]) 건조기, 드라이어 《dryer라고도 쓴다》

drift [dríft] 명 (복수 **drift**s [-s]) 표류; 동향, 대세
— 동 (3단현 **drift**s [-s]; 과거·과분 **drift**ed [-id]; 현분 **drift**ing) 자동 표류하다, 떠돌다
The raft *drifted* downstream. 그 뗏목은 하류로 표류해 갔다
The guitarist *drifted* from job to job. 그 기타연주자는 이 직장에서 저 직장으로 떠돌았다

drill [dríl] 명 (복수 **drill**s [-z])
❶ 훈련, 반복 연습, 드릴
We had a *drill* in English composition. 우리는 영작문을 연습했다
❷ 송곳, 천공기 《구멍 뚫는 기계》
an electric *drill* 전기 천공기
— 동 (3단현 **drill**s [-z]; 과거·과분 **drill**ed [-d]; 현분 **drill**ing) 타동 (사람을) 훈련시키다; (송곳으로) 구멍을 뚫다
Will you help *drill* the class in the multiplication table? 저 학급에게 구구단표를 연습시키는 것을 도와주시겠어요

★**drink** [dríŋk] 동 (3단현 **drink**s [-s]; 과거 **drank** [dræŋk]; 과분 **drunk** [drʌ́ŋk] 또는 **drunken** [drʌ́ŋkən]; 현분 **drink**ing) 타동
❶ 마시다, (술을) 마시다
I *drink* a glass of milk every morning. 나는 매일 아침에 우유를 한 잔 마신다
I want something to *drink*. 나는 뭔가 마실 것을 원한다
Does your father *drink*? 당신의 아버

drinking - drive-in

지는 술을 드십니까
❷ 《to와 함께》 **건배하다**
Drink to your health! 너의 건강을 축하하여, 건배
— 명 (복수 **drinks** [-s]) 마실 것, 음료수, 술
food and *drink* 먹을 것과 마실것, 음식물
a soft *drink* 청량 음료《주스 등 알코올 성분이 들어있지 않은 것》
Please give me a *drink* of water. 물 한 잔 주시오
Let's have a *drink*. 한 잔 마십시다

> **drink와 eat과 take**
> drink는 물이나 그밖의 음료를 용기에다 직접 마시는 것을 가리킨다. 수프 등을 스푼으로 떠서 먹을 때는 eat을 사용하며, 약을 먹을때는 가루약이든 물약이든 take를 사용한다

drink·ing [dríŋkiŋ] 동 drink(~을 마시다)의 현재분사형
— 명 음주, 마시기

drink·a·ble [dríŋkəbl] 형 (비교 *more* drinkable; 최상 *most* drinkable) 마실 수 있는, 마시기에 적합한

★**drive** [dráiv] 동 (3단현 **drives** [-z]; 과거 **drove** [dróuv]; 과분 **driven** [drívn]; 현분 **driving**) (타동)
❶ (차 등을) **운전하다**; (사람을 차로) 운반하다
Our neighbor *drives* us to school. 우리 이웃이 우리를 학교까지 차로 데려다 준다
I'll *drive* you to the station. 역까지 차로 모셔다 드리겠습니다

> **drive와 ride**
> drive는 엔진을 조작하거나 소·말 등을 부려 움직이는 것을 가리키며 ride는 오토바이, 자전거, 말 등에 걸터앉아 타고가는 것을 가리킨다. 때로는 열차·버스 등 사람이 운전하는 것에 타고가는 것도 ride를 써서 ride (on) a train[bus]라고 쓰기도 한다

❷ (증기·전기 등의 기계를) **움직이다**, 가동하다, 운전시키다
Water *drives* this mill. 물[수력]이 이 제분기를 움직인다
❸ (소·말 등을) **몰다**, 쫓다
The dog *drives* cattle well. 그 개는 소 떼를 잘 몬다
They're *driving* me crazy! 그들이 나를 미치게 해
— (자동) **차를 운전하다**; 차로 가다, 드라이브하다
Mary *drives* well. 메리는 차 운전을 잘한다
Shall we *drive* to Miami? 우리 마이애미까지 드라이브갈까
Let's *drive* to the seaside. 해안까지 드라이브하자
I want to learn how to *drive*. 나는 차 운전법을 배우고 싶다
drive away ~을 몰아내다
— 명 (복수 **drives** [-z])
❶ (차 등의) **드라이브**; 먼거리 차타기
We went out for a *drive* last Sunday. 지난 일요일에 우리는 드라이브하러 나갔다
Some times my father takes us for a long *drive*. 아버지는 때때로 우리를 먼 드라이브에 데리고 가신다
We had a pleasant *drive*.(=We enjoyed a *drive*.) 우리는 즐겁게 드라이브했다
❷ (산 등의) **드라이브 도로**, 차도
I put the car into *drive*. 나는 그 차를 차도 안으로 밀어넣었다
❸ (차로 가는) **거리**
Pusan is two hours' *drive* from there. 부산은 거기서 차로 2시간 거리에 있다
It's ten minutes' *drive* to the park. 공원까지는 차로 10분 걸린다

drive-in [dráivin] 명 ⓘ 드라이브인 《차를 탄 채로 그대로 들어가는 식당·상점·은행·영화관》

driven - drown

a *drive-in* restaurant 드라이브인 레스토랑

a drive-in théater 드라이브인 영화관

*__**driv·en**__ [drívən] 타동 자동 drive (운전하다)의 과거분사형

This engine is *driven* by steam. 이 기관은 증기로 움직인다

*__**driv·er**__ [dráivər] 명 (복수 **drivers** [-z]) 운전 기사

__**driv·er's li·cense**__ [dráivərz láisns] 명 미 운전 면허증(영 driving licence)

*__**drop**__ [dráp] 동 (3단현 **drops** [-s]; 과거·과분 **dropped** [-t]; 현분 **drop**ping) 타동 ❶ (물건을) 떨어뜨리다; 낮추다

She *dropped* an egg on the floor. 그녀는 계란을 바닥에 떨어뜨렸다

She *dropped* her voice. 그녀는 목소리를 낮추었다

drop

❷ (차가 사람을) 내리다

Drop me at the next corner, please. 다음 길모퉁이에서 내려 주시오

▶ 내릴 장소를 나타내는 어구가 붙는다

❸ (편지를 우체통에) 넣다

I *dropped* the letter into the mailbox. 나는 편지를 우체통에 넣었다

Drop me a line or two when you are free. 한가하시면 편지 주세요 《작별할 때나 편지 끝에 쓰인다》

— 자동 ❶ (물건이) **떨어지다**(=fall); (사람이 의자 등에) 주저앉다; (물이) 듣다

The glass *dropped* out of her hand. 유리잔이 그녀의 손에서 떨어졌다

Ripe fruit *dropped* from the trees. 잘 익은 과일이 그 나무에서 떨어졌다

Tears *dropped* from her eyes. 그녀의 두 눈에서 눈물이 떨어졌다

❷ (해가) **지다**; (바람이) 자다; (온도·물가 등이) 내리다

The temperature *dropped* overnight. 기온이 밤새 떨어졌다

Prices will never *drop* sharply. 물가는 폭락하는 일이 없다

drop in 들르다 (=stop in)

I will *drop in* at your house today. 오늘 잠깐 당신 댁에 들르겠습니다

He sometimes *drops in* on us. 그는 가끔 우리를 방문한다

회화 Drop by sometime. 는 일반 가정집 등에서 불시에라도 한번 들르라고 말하면서 배웅할 때에 쓰는 표현이다

A: Good to see you, Mary. Drop by [in, over] again sometime.

B: See you.

A: 만나서 반가왔어, 메리. 언제 또 한번 들르렴

B: 안녕

— 명 (복수 **drops** [-s]) **물방울**; (물가의) 하락; (온도의) 강하

There is not a *drop* of water in the well. 우물에는 물 한 방울도 없다

A *drop* of rain fell on my hand. 비 한 방울이 내 손에 떨어졌다

There was a sudden *drop* in the temperature. 기온이 갑자기 떨어졌다

*__**drove**__ [dróuv] 타동 자동 drive (운전하다)의 과거형

We *drove* to the seaside. 우리는 바닷가까지 드라이브했다

* __**drown**__ [dráun] 동 (3단현 **drowns** [-z]; 과거·과분 **drowned** [-d]; 현분 **drown**ing) 자동 타동 **익사시키다**; 익사하다; 빠지다 《be drowned로》

The boy *was drowned*. 그 소년은 익사했다
Flood waters *drowned* many farm animals. 홍수로 많은 가축들이 익사했다

📝 보통 수동태 be drowned로 「익사하다」의 뜻: 자동사로 「빠지다」는 다음 속담에만 쓰인다: A *drowning* man will catch at a straw. (물에 빠진 사람은 지푸라기라도 잡으려고 한다)

〖발음〗 drown과 drawn [drɔ́ːn]의 차이에 주의

drug [drʌ́g] 〖명〗 (복수 **drug***s* [-z] 〖미〗 약제사, 약사 (〖영〗에서는 **chemist** [kémist]라고 한다) 약, 약제; 마약
a dangerous *drug* 해로운 약
a sleeping *drug* 수면제

drug·store [drʌ́gstɔ̀ːr] 〖명〗 (복수 **drugstore***s* [-z]) 〖미〗 **약방**; 드러그스토어

▶ 미국의 약방에서는 약·일용품·담배·문방구류·잡지 등을 팔고, 커피·아이스크림·샌드위치 등의 경양식도 판다

drum [drʌ́m] 〖명〗 (복수 **drum***s* [-z]) 북, 장고, 드럼
He beat a *drum*. 그는 드럼을 쳤다
— 〖동〗 (3단현 **drum***s* [-z]; 과거·과분 **drum***med* [-d]; 현분 **drum***ming*) 〖타동〗〖자동〗 북을 치다; (책상 등을) 땅땅 때리다

drum·mer [drʌ́mər] 〖명〗 북치는 사람

drunk [drʌ́ŋk] 〖타동〗〖자동〗 drink (마시다)의 과거분사형의 하나
— 〖형〗 술취한
The man is *drunk*. 그 남자는 취해 있다

📝 drunk는 동사의 뒤, drunken은 명사의 앞에 쓰인다. 단, 〖미〗에서는 동사의 뒤에도 drunken을 쓴다

drunk·en [drʌ́ŋkən] 〖형〗 술에 잔뜩 취한; 취중의, 술김에 한
a *drunken* sleep 만취해서 든 잠

★**dry** [drái] 〖형〗 (비교 **dri***er*; 최상 **dri***est*) ❶ 마른(↔ wet 젖은); 건조한
Use a *dry* towel. 마른 수건을 써라
The clothes are *dry* now. 옷은 이제 말랐다
In winter the air is *dry*. 겨울에는 공기가 건조하다
❷ 재미 없는; 무미건조한
What a *dry* book this is! 이 책은 참 재미없구나
dry lecture 지루한 강의
dry facts 평범한 사실
— 〖동〗 (3단현 **dri***es* [-z]; 과거·과분 **dri***ed* [-d]; 현분 **dry***ing*) 〖타동〗〖자동〗 말리다, 마르다; (손 등을) 닦다
Dry the dishes with this towel. 그 접시들을 이 타월로 닦아라
Dry yourself with this towel. 이 수건으로 몸을 닦아라

▶ 영미인들은 한국인의 건포(乾布) 마찰을 이상하게 여긴다

Don't *dry* your hands on your apron. 행주치마로 손을 닦지 마라
Your clothes will soon *dry*. 네 옷은 곧 마를 것이다
All the wells have *dried* up. 모든 샘들이 완전히 말라버렸다

dry·er [dráiər] 〖명〗 (복수 **dryer***s* [-z]) 건조기, (헤어)드라이어 《drier 라고도 쓴다》

Dub·lin [dʌ́blin] 〖명〗 더블린 《아일랜드 공화국의 수도》

duck [dʌ́k] 〖명〗 (복수 **duck***s* [-s]) (새) 오리

duck

duckling - during

▶ goose(거위)보다 작고 목이 짧다. duck은 보통 암오리를 가리키며 수오리는 drake [dreik], 새끼오리는 duckling [dʌ́kliŋ]이라고 한다. 울음소리는 quack [kwæk]이다

duck·ling [dʌ́klŋ] 명 (복수 duck-ling**s** [-z]) 새끼오리

▶ -ing은 「작은것, 새끼」를 의미

due [d(j)uː] 형 ❶ 도착할 예정인
The plain is *due* at noon. 그 비행기는 정오에 도착할 예정이다
❷ 당연한, 충분한
with *due* care 적절히 조심하여
You will receive a *due* reward. 너는 합당한 보상을 받을 것이다
❸ 마땅히 지불해야 할
Our gas bill of $ 9 is *due* today. 9달러짜리 가스 청구서는 오늘까지 지불되어야 한다
❹ 《be due to ...로》 ~탓이다; ~할 예정이다
This accident *was due to* his carelessness. 이 사고는 그의 부주의 탓이었다
He *is due to* speak here tonight. 그는 오늘밤 여기서 연설할 예정이다
❺ 《due to ...로》 《구어》 ~때문에
The bus is late *due to* the storm. 버스는 폭풍 때문에 늦는다

du·et [djuːét] 명 (복수 duet**s** [-s]) 2중창, 2중주

dug [dʌ́g] 타동 자동 dig(파다)의 과거·과거분사형

duke [djuːk] 명 (복수 duke**s** [-s]) 공작 《왕자(prince) 바로 아래 단계의 고위 귀족계급을 일컫는다》

*****dull** [dʌ́l] 형 (비교 dull**er** ; 최상 dull**est**) ❶ 머리가 둔한
a *dull* student 머리가 둔한 학생
❷ 지루한, 재미 없는
a *dull* party 지루한 파티
a *dull* play 재미 없는 연극
❸ 흐리멍텅한, 희미한, 흐린
a *dull* color 희미한 색깔
a *dull* mirror 흐린 거울
dull sound 둔탁한 소리
❹ (칼이) 들지 않는, 무딘
a *dull* knife 무딘 칼

*****dumb** [dʌ́m] (◆ b는 발음하지 않음) 형 (비교 **dumb**er; 최상 **dumb**est) 벙어리의(→ blind 눈먼, deaf 귀먹은)
The poor girl was *dumb*. 그 가엾은 소녀는 벙어리였다

dump truck [dʌ́mp trʌ̀k] 명 미 덤프트럭 《영에서는 dump라고도 한다》

du·ra·ble [djúərəbl] 형 (비교 *more* durable; 최상 *most* durable) 견딜수 있는; 계속 사용할 수 있는
durable shoes 계속 사용할 수 있는 신발

*****dur·ing** [djúəriŋ] 전 ~동안에, ~사이에
We skate on the lake *during* winter. 겨울 동안, 우리는 호수에서 스케이트를 탄다
I'm going to read this book *during* summer vacation. 나는 이 책을 여름 방학 중에 읽을 예정이다
📝 summer vacation앞에는 관사 없음
작문 during his stay (그의 체재중)은 구어로는 while he is staying 으로 쓰는 것이 좋다

📘 **during과 for와 while**
during과 for 모두 「기간」을 나타내는데, during뒤에는 the summer(여름)나 the vacation(휴가)처럼 어느 특정기간을 나타내는 말이 오고, for뒤에는 a week(1주일간), two months(2달간)처럼 기간의 길이를 나타내는 말이 온다.
during과 while 둘다 「~동안에」의 의미를 갖지만 during은 전치사로서 뒤에 구(phrase)가 따른다. during my stay in N.Y과 while I was staying in N.Y을 비교하시오

dusk - dz.

dusk [dʌ́sk] 명 땅거미, 어스름(↔ dawn 새벽녘)

dust [dʌ́st] 명 먼지, 가루
The table was covered with *dust*. 테이블은 먼지로 덮여 있었다
— 타동 먼지를 털다
Dust the table with a soft cloth. 부드러운 천으로 그 테이블 먼지를 털어라

dust·y [dʌ́sti] 형 《비교 dust*ier*; 최상 dust*iest*》《명사는 dust》먼지가 많은

Dutch [dʌ́tʃ] 형 네덜란드의, 네덜란드 사람[말]의
☑ 네덜란드는 Holland, 정식으로는 the Netherlands 라고 한다
go Dutch 자기의 비용은 각자 부담하다
— 명 ❶ 네덜란드 말《a 도 the 도 붙이지 않고, 복수 없음》
❷ 네덜란드 사람(전체)《the 를 붙이고, 복수 취급》
☑ 네덜란드 사람 개인은 a Dutch 라고 하지 않고, 남자는 a Dutchman, 여자는 a Dutchwoman 이라고 한다

***du·ty** [djúːti] 명 《복수 dut*ies* [-z]》 ❶ 의무, 본분《a 를 붙이지 않고, 복수 없음》
It is your *duty* to study. 공부하는 것은 너의 의무이다
It is the *duty* of every citizen to vote. 투표하는 것은 모든 시민의 의무이다
❷ 《보통 복수형으로》일, 임무
the *duties* of a teacher 교사의 직무
He took over new *duties*. 그는 새로운 임무를 맡았다
❸ (수입세·소비세 등의) **세금**(→ tax)
customs *duties* 관세

be off duty 비번이다, 근무 중이 아니다
The nurse attended classes when she *is off duty*. 그 간호사는 비번일 때 수업에 참관했다
be on duty 근무 중이다
The guard *is*[*remains*] *on duty* until midnight. 그 경비는 자정까지 근무 중이다
do one's duty 의무를 다하다
We must *do our duty*. 우리는 우리의 의무를 다해야 한다

dwarf [dwɔ́ːrf] 명 《복수 dwarf*s* [-s] 또는 dwar*ves* [dwɔ́ːrvz]》 난쟁이, 소인

dye [dái] 명 《복수 dye*s* [-z]》 염료, 물감
— 동 (3단현 dye*s* [-z]; 과거·과분 dye*d* [-d]; 현분 dye*ing*)《타동》물들이다, 염색하다

dy·ing [dáiiŋ] 자동 die (죽다)의 현재분사형
The little bird is *dying*. 그 작은 새가 죽어가고 있다
☑ 어미 변화에 주의. lie 의 현재분사형 lying 과 같은 형태로 변화한다
— 형 죽어가는, 죽고 있는
a *dying* tree 죽어가는 나무

dy·nam·ic [dainǽmik] 형 《비교 *more* dynamic; 최상 *most* dynamic》 동적인, 활동적인

dy·na·mite [dáinəmàit] 명 다이너마이트 《발명자는 스웨덴의 화학자 알프레드 노벨(Alfred Nobel) → Nobel》

dy·nas·ty [dáinəsti] 명 《복수 dynast*ies* [-z]》 왕조(=kingdom), 왕국

dz. dozen 혹은 dozens의 약어

E e *E e*

E, e [íː] 명 (복수 **E's, Es, e's, es** [-z]) ❶ 이 《알파벳의 제 5자》 ❷ 《대문자 E》 回 학업성적의 조건부 급제점 E

E, E. 동쪽 《east의 약어》

★**each** [íːtʃ] 형 각각의, 각자의
She gave *each* boy a cup of tea.
그녀는 각 소년에게 홍차 한잔씩을 주었다
Each girl has her own dictionary. 소녀는 각자 자기 사전을 가지고 있다
☑ 형용사 each 뒤에는 단수 명사가 붙음.

each time 《부사 구실》 그럴 때마다, 매번; 《접속사로서》 ~할 때마다
He often comes to see me, and *each time* he asks me for some money. 그는 자주 나를 보러 오는데, 올 때마다 나에게 돈을 요구한다
Each time she comes, she brings some flowers. 그녀는 올 때마다 꽃을 가지고 온다

—대 각기, 각자, 각각
Each has his own room. 각자 자기 방을 가지고 있다
☑ 대명사 each를 받는 동사나 대명사는 단수형이다.
Each of us has ten dollars. 우리는 각자 10달러씩 있다
☑ We *each* have ten dollars.라고도 말하는데, 이 each는 We 와 동격이므로 동사는 복수(have)로 됨.
Each of the boys made a map. 소년들 각자는 지도를 만들었다

each other 서로, 서로에게, 서로를
☑ 명사처럼 쓰이지만 주어는 될 수 없다. 동사나 전치사의 목적어로서 쓰인다.
They helped *each other*. 그들은 서로 도왔다
We looked at *each other*. 우리는 서로를 보았다

📘 (1) each other는 「서로」로 해석되지만, 명사 구실이므로 at를 빠뜨리지 말 것.
(2) each other도 one another도 모두 2개[2인] 또는 3개[3인] 이상에 대해서도 쓰일 수 있다. each other 가 one another를 대신하는 경향이 있다.

—부 1개씩, 한 사람씩
I gave them ten dollars *each*. 나는 그들에게 한 사람 당 10달러씩 주었다
☑ **each와 every**
each는 2개 이상에서 쓰이며 각각을 개별체로 취급한다. every는 각각 개별체의 공통점을 찾아, 그것을 하나로 취급한다: *Every* student has his or her desk. (학생 각자는 각자는 책상을 가지고 있다).

ea·ger [íːgər] 형 열망하여, 열심인
Jack is *eager* to ride his new bike. 잭은 그의 새 자전거 타기를 열망한다

ea·ger·ly [íːgərli] 부 열심히, 간절히
Ann opened her gift *eagerly*. 앤은 그녀의 선물을 열심히 열었다

ea·gle [íːgl] 명 (복수 **eagles** [-z]) 《새》 독수리
An *eagle* has sharp claws and a strong beak. 독수리는 날카로운 발톱과 강한 부리가 있다
풍습 spread eagle은 날개를 편 독수

리로 미국의 문장(紋章)이고, bald eagle은 흰머리 독수리로 미국의 국장(國章)이다.

eagle

★**ear** [íər] 명 (복수 **ears** [-z])

❶ 귀

A hare has long *ears*. 산토끼의 귀는 길다

We have an *ear* on each side of our head. 우리는 머리 양 옆에 귀가 있다

I'm all ears. 열심히 귀 기울이다

회화 A: I have something. I've got to talk to you about.
B: Ok. *I'm all ears.*
A: 나는 너에게 할 말이 있어
B: 알았어. 나는 잘 듣고 있어

❷ 알아듣는 힘, 청각, 음감

She has an *ear* for music. 그녀는 음악을 잘 안다

발음 year [jíər] 와는 다르다

give ear to ... ~에 귀를 기울이다

He never *gives ear to* my advice.
그는 나의 충고에 귀를 기울이지 않는다 ((listen to ...가 더 구어적))

★**ear·ly** [ə́ːrli] 형 (비교 **earlier** ; 최상 **earliest**) 이른 ; 초기의(↔ late 늦은)

We had an *early* lunch. 우리는 이른 점심을 먹었다

He is an *early* riser. 그는 일찍 일어난다

작문 이 의미는 부사 early를 써서 쓸 수도 있다: He gets up *early*.

This flower blooms in *early* spring.
이 꽃은 이른 봄에 핀다

He left in the *early* morning. 그는 이른 아침에 출발했다

📝 부사 early를 쓰면 early in the morning 이 된다.

You are very *early* this morning.
너는 오늘 아침에는 매우 일찍 일어났구나

The *early* bird catches the worm.
(속담) 일찍 일어나는 새가 벌레를 잡는다

The *early* house in the United States were made of logs. 미국 초기의 집들은 통나무로 지어졌다

The *early* part of our trip was exciting.
우리 여행의 초반기는 흥미로 왔다

in early times[days] 초기에 있어서는

In *early times* people traveled on horseback. 초창기에 사람들은 말을 타고 여행했다

keep early hours 일찍 자고 일찍 일어나다

My grandfather *keeps early hours*.
나의 할아버지는 일찍 주무시고 일찍 일어나신다

— 부 일찍, 초기에(↔ late 늦게)

The teachers arrived at school *early*.
선생님들은 학교에 일찍 도착하셨다

John went to America *early* in life.
존은 어릴 때 미국에 갔다

I went to bed *early* last night. 나는 어젯밤에 일찍 잤다

She always comes to school *earlier* than Tom. 그녀는 언제나 톰보다 일찍 학교에 온다

📝 fast 는 속도가 빠른 것: She runs *fast*. (그녀는 달리기가 빠르다)

earn [ə́ːrn] 타동 (3단현 **earns** [-z] ; 과거·과분 **earned** [-d] ; 현분 **earn·ing**) (돈을) 벌다

He *earns* seven dollars a day. 그는 하루에 7달러를 번다

He works hard to *earn* his living. 그는 생활비를 벌기 위하여 열심히 일한다

📝 이 earn은 make 로 바꿔 쓰는 것이 더 구어적이다: *make* one's living

ear·nest [ə́ːrnist] 형 (비교 **more**

earphone - easier

earnest; 최상 *most* earnest) 정직한, 열성의, 성실한
Tom is an *earnest* pupil. 톰은 정직한 학생이다
in earnest 진지하게, 본격적으로
He began to work *in earnest*. 그는 본격적으로 일하기 시작했다

ear·phone [íərfòun] 명 이어폰

ear·ring [íəriŋ] 명 귀걸이

ears [íərz] 명 **ear**(귀)의 복수형

★**earth** [ə́:rθ] 명 ❶ 《the를 붙여》 지구 《항상 단수. 대문자로 the Earth 라고도 씀》
The man dug his shovel into the *earth*. 그 남자는 그의 삽으로 땅을 팠다

📘 the earth(지구), the moon(달), the sun(태양)과 같이 하나 밖에 없는 것에는 정관사 the가 붙는다. 단, a full moon(보름달)처럼 형용사가 붙으면 관사는 a를 쓴다

❷ 대지, 지면 (= ground) 《항상 단수. 대문자로 the Earth 라고도 씀》
The kite fell to (the) *earth*. 연이 땅에 떨어졌다

❸ 흙(= soil) 《an을 붙이지 않고, 복수 없음》
Cover the seeds with *earth*. 그 씨앗들을 흙으로 덮어라

on earth 《최상급을 강조하여》 이 세상에서;《구어》《의문을 강조하여》 도대체
Brussels is one of the most beautiful cities *on earth*. 브뤼셀은 이 세상에서 가장 아름다운 도시 중의 하나이다
Where *on earth* have you been? 너는 도대체 어디에 다녀왔냐

Earth Day [ə́:rθ dèi] 명 지구의 날, 지구 환경보존의 날《4월 22일》

earth·quake [ə́:rθkwèik] 명 지진
An *earthquake* made the building fall down. 지진은 그 건물을 쓰러뜨렸다

ease [í:z] 명 《형용사는 easy》 편안, 안락; 용이(↔ difficulty 곤란)
Any child can do it with *ease*. 어떤 아이라도 그것을 쉽게 할 수 있다
at ease 편하게
At ease! 쉬어 《구령》
They lived *at ease*. 그들은 안락하게 살았다

eas·i·er [í:ziər] 형 **easy**(쉬운)의 비

earth

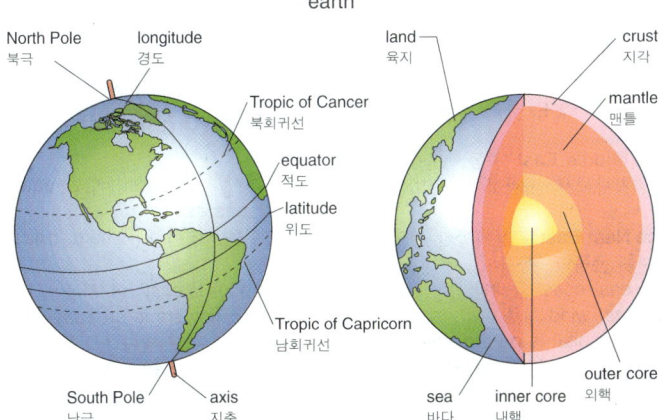

고급
eas·i·est [í:ziist] 형 **easy**(쉬운)의 최상급

***eas·i·ly** [í:zəli(:)] 부 (비교 *more easily*; 최상 *most easily*) 《형용사는 easy》 쉽게, 무난히
I can do it *easily*. 나는 그것을 쉽게 할 수 있다
He passed the exam very *easily*. 그는 그 시험에 아주 무난히 합격했다

***east** [í:st] 명 《형용사는 eastern》
❶ 동, 동부, 동방(↔ west 서; → south 남, north 북) 《보통 the를 붙이고, 항상 단수》
The sun rises in the *east*. 태양은 동쪽에서 뜬다
▶ from the east 라고는 하지 않음.
The station is in the *east* of the town. 역은 시의 동부에 있다
Seoul is to the *east* of Inch'on. 서울은 인천의 동쪽 방향에 있다
Puch'on is on the *east* of Inch'on. 부천은 인천의 동쪽에 접해 있다
🔲 어느 구역 내의 동부에 있으면 in, 동쪽 방향으로 떨어져 있으면 to, 붙어 있으면 on을 쓴다.
❷ 《the East 로서》 명 동양(=미 the Orient); (미국의) 동부
Seoul is one of the largest cities in *the East*. 서울은 동양에서 제일 큰 도시 중 하나이다
the **Fár Éast** 극동 《영국에서 보아 중국·한국·일본 등은 동쪽 맨끝에 있으므로》
the **Míddle Éast** 중동 《지중해 동해안 지방에서 이란까지; 인도를 포함할 때도 있다》
the **Néar Éast** 근동 《발칸 제국》
—형 동쪽의, 동향의
the *east* coast 동해안
an *east* wind 동풍
The hospital is on the *east* side of my house. 그 병원은 나의 집의 동쪽에 있다
the **Éast Énd** 이스트 엔드 《런던 남동부; 가난한 사람들이 많이 사는 지구》
the **Éast Síde** 이스트사이드 《뉴욕시 맨해튼 섬의 동부》
—부 동쪽에, 동쪽으로
The room faces *east*. 그 방은 동향이다
The ship is sailing *east*. 그 배는 동쪽을 향해 항해하고 있다
The park lies *east* of the station.(=The park lies to the east of the station.) 그 공원은 역의 동쪽에 있다
🔲 거리를 나타내는 어구는 부사 east 의 앞에 온다 : The park lies two miles *east* of the station. (공원은 역에서 2마일 동쪽에 있다)

***East·er** [í:stər] 명 부활절
풍습 그리스도의 부활을 기념하는 축제로 3월 21일 이후의 보름달 다음에 오는 첫 일요일에 행한다. 그날은 Easter Day 또는 Easter Sunday 라고 한다. 새로운 생명의 의미로 삶은 달걀에 색칠한 것을 장식하는 습관이 있는데 이런 달걀을 an Easter egg 라고 한다. 그리고 부활절 휴가를 Easter holidays라고 한다.

***east·ern** [í:stərn] 형
❶ 동쪽의, 동방의(↔ western 서쪽의)
the *eastern* sky 동쪽 하늘
❷ 《Eastern 으로》 동양의, (미국) 동부의
the *Eastern* countries 동양 제국

east·ward [í:stwərd] 부 동쪽으로
—형 동쪽의

***eas·y** [í:zi] 형 (비교 **easier** ; 최상 **easiest**)
❶ 쉬운, 용이한 (↔ hard, difficult 어려운)
This book is *easy*. 이 책은 쉽다
Picking flowers is an *easy* job. 꽃을 따는 일은 쉬운 일이다
This book is *easy* to read. 이 책은 읽기 쉽다
It is *easy* to do today's homework.

오늘 숙제는 하기 쉽다
❷ **편안한**, 안락한, 마음 편한
I feel *easy* about the matter. 나는 그 일에 대해서 안심한다
He lived an *easy* life. 그는 편안한 삶을 살았다
an éasy chàir 안락 의자
take it easy 천천히 하다, 편히 하다
Take it easy! 回 서둘지 마라
▶ 친한 사람과 작별할 때의 말로 「안녕」「잘가」「건강에 조심하라」의 의미도 된다.
회화 A: Bye, Jeff.
B: See you. Beth. *Take it easy*.
A: 제프야 잘가
B: 또 봐. 베스야 잘가

★**eat** [íːt] 통 (3단현 **eat*s*** [-s]; 과거 **ate** [éit, 영 ét]; 과분 **eaten** [íːtn]; 현분 **eat*ing***) 타동 (~을) 먹다, 식사를 하다 (→drink 마시다)
I will *eat* a hamburger for lunch.
나는 점심으로 햄버거를 먹을 것이다
작문 「먹다」의 뜻으로는 eat 대신에 have 또는 take 도 쓴다: Did you *have* lunch? (점심 먹었니)
Jim was *eating* soup. 짐은 수프를 먹고 있었다
▶ 숟가락(spoon)을 사용하여 수프를 먹을 때는 eat를 쓰고, 숟가락을 사용하지 않고 직접 그릇을 들고 마실 때는 drink를 쓴다. 단, 그릇째 들고 마시는 것은 서양에서는 에티켓에 어긋난다
— 자동 먹다
What did you *eat* for lunch? 너는 점심으로 무엇을 먹었느냐
Where shall we *eat*? 우리는 어디서 식사할까
eat out 回 (자택이 아니라) 밖에서 식사를 하다
He often *eats out*. 그는 자주 밖에서 식사를 한다
eat up 완전히 먹다, 다 먹다
He *ate up* the crackers. 그가 크래커를 다 먹었다

eat - economical

eat·a·ble [íːtəbl] 형 먹을 수 있는, 식용에 적합한
☑ 종종 부정문에 쓰인다.

***eat·en** [íːtn] 통 eat(먹다)의 과거 분사형
I have *eaten* a great deal. 나는 많이 먹었다

eat·ing [íːtiŋ] 통 eat(먹다)의 현재 분사형

eats[íːts] 통 eat(먹다)의 3인칭 단수 현재형

EC., E.C. [íːsíː] 명 유럽 공동체 《European Communities의 약어》

Ech·o[ékou] (그리스신화) 숲의 요정 《Narcissus에 대한 사랑이 이루어지지 않아 비탄에 젖은 나머지 소리만이 남아 메아리가 되었다고 한다》

ech·o[ékou] 명 (복수 **echoes**[-z]) 메아리, 반향
The *echo* of Tom's voice came from the tunnel. 톰의 목소리의 메아리가 터널로부터 나왔다
— 통 (3단현 **echoes** [-z]; 과거 과분 **echoed** [-d]; 현분**echoing**) 타동 메아리치게 하다
— 자동 메아리치다

e·col·o·gy[ikáləʤi, ikɔ́ləʤi] 명 생태학

e·co·nom·ic [ìkənámik, -nɔ́m-] 형 경제학의

e·co·nom·i·cal [ìkənámikəl, -nɔ́m-] 형 경제적인, 절약하는
Small cars are more *economical* than big ones. 소형차는 대형차보다 더 경제적이다

economics - effect

e·co·nom·ics [ìkənámiks, -nɔ́m-]
명 경제학

e·con·o·my [ikánəmi, -kɔ́n-] 명
경제, 절약
The country's *economy* improved greatly. 그 나라의 경제는 크게 향상되었다

Ed [éd] 명 에드 《남자 이름; Edgar, Edward, Edwin의 애칭》

-ed [-t, -d, -id] 접 규칙동사 뒤에 붙여 과거형, 과거분사형을 만든다

> 과거·과거분사형을 만드는 법
> (1) 대부분의 동사: -ed를 붙임 (play*ed*) (2) -e로 끝난 동사: -d를 붙임 (love*d*) (3) 단모음+단자음으로 끝난 동사: 자음을 중복하고 ed를 붙임 (stop*ped*) (4) 자음+y로 끝난 동사: y를 i로 고치고 ed를 붙임 (tr*ied*)

발음 -ed, -d의 발음
[t]나 [d]의 뒤에서: [id]로 소리남 (wanted [-id])
[d]이외의 유성음 뒤에서: [d]로 소리남 (stayed[-d])
[t]이외의 무성음 뒤에서: [t]로 소리남 (worked[-t])

E·den [íːdn] (◆발음에 주의) 명
❶ 에덴 동산 《인간의 조상인 아담 (Adam)과 이브(Eve)가 살았다는 낙원》
❷ 낙원(=paradise)
풍습 성서에 의하면 신은 인류 최초의 남자와 여자(Adam과 Eve)를 만들고, 에덴동산에서 살게 하였다. 그 동산 중앙에는 생명의 나무와 지혜의 나무가 있었다. 신은 지혜의 나무의 열매(선악과)를 따 먹지 못하도록 하였다. 그러나 뱀의 꼬임으로 그들은 그 열매를 따 먹어서 신은 벌로 그들을 에덴동산에서 추방하였다.

edge [édʒ] 명 (복수 **edges** [-iz])
(칼의) 날; 가장자리

Mother put lace along the *edges* of her scarf. 어머니는 그녀의 스카프의 가장자리를 따라 레이스를 다셨다

Ed·in·burgh [édnbə̀ːrə] 명 에든버러 《스코틀랜드의 수도》

Ed·i·son [édəsən] 명 에디슨 《Thomas ~(1847-1931); 미국의 발명가; 백열 전등·축음기·영화 촬영기 등을 발명했다》

ed·i·tor [édətər] 명 편집자

ed·u·cate [édʒukèit, édju-] 타동 (3단현 **educates** [-s]; 과거·과분 **educated** [-id]; 현분 **educating**) 교육하다
He was *educated* in America. 그는 미국에서 교육을 받았다

***ed·u·ca·tion** [èdʒukéiʃən] 명
교육 《항상 단수》
higher *education* 고등 교육
He is a man of *education*. 그는 교육을 받은 사람이다
It takes years of *education* to become a doctor. 의사가 되기 위해서는 수년간의 교육이 필요하다
⚠ 형용사가 붙으면 a를 쓸 수 있다.

ed·u·ca·tion·al [èdʒukéiʃənl] 형 《명사는 education》 교육(상)의

Ed·ward [édwərd] 명 에드워드 《남자 이름; Ed, Eddie, Ned, Ted, Teddy를 애칭으로 함》

eek [íːk] 감 이크, 아이쿠

eel [íːl] 명 뱀장어

ef·fect [ifékt] 명 (복수 **effects** [-s])
❶ 결과(↔cause 원인)
A flood was one *effect* of the heavy rain. 홍수는 폭우의 결과였다
❷ 영향, 효과
His words had a great *effect* on me. 그의 말은 나에게 많은 영향을 주었다
The medicine will take *effect* on her. 그 약은 그녀에게 효과가 있을 것이다

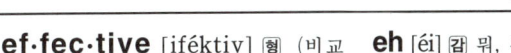

ef·fec·tive [iféktiv] 형 (비교 *more* effective; 최상 *most* effective) 효과적인
These new methods are *effective*. 이 새로운 방법들은 효과적이다

ef·fi·cient [ifíʃənt] 형 (비교 *more* efficient; 최상 *most* efficient) 효과적인, 능률적인

ef·fort [éfərt] 명 (복수 **efforts** [-s]) 노력
Tom made an *effort* to climb the tree. 톰은 나무에 오르려고 노력했다
John mastered Korean with *effort*. 존은 노력하여 한국어를 정복했다

e. g. [í:dʒí, fərigzǽmpl] 부 예를 들면(=for example) 《라틴어 exempli grati의 약어》

★**egg** [ég] 명 (복수 **eggs** [-z]) 계란, 달걀(→ hen 암닭)
I don't like a raw *egg*. 나는 날계란을 좋아하지 않는다
She boiled three *eggs*. 그녀는 계란을 3개 삶았다

● 여러 가지 계란 요리 ●
a boiled egg 삶은 계란
a soft-boiled egg 반숙 계란
a hard-boiled egg 완숙 계란
a scrambled egg 휘저어 볶은 계란
a fried egg 기름에 튀긴 계란
a poached egg 수란 《끓는 물로 익힌 계란》
ham and egg 햄 에그
bacon and egg 베이컨 에그
sunny-side up 미 한쪽만 볶은[익힌] 계란

egg·plant [égplæ̀nt] 명 《식물》 가지

e·go [í:gou] 명 (복수 **egoes** [-z]) 자아

★**E·gypt** [í:dʒipt] 명 이집트 《아프리카 북동부의 역사 깊은 왕국; 공식명은 이집트 아랍 공화국(Arab Republic of Egypt)으로서, 1971년 9월 1일 발족; 수도는 카이로(Cairo)》

eh [éi] 감 뭐, 뭐라고

Eif·fel Tow·er [áifəl táuər] 《the를 붙여》 에펠 탑
▶ 파리에 있는 높이 320미터의 탑; 건축 기사 에펠이 1889년 만국 박람회를 위하여 건립한 것.

★**eight** [éit] 명 (복수 **eights** [-s]) 《보통 관사없이》 8; 8세; 8시; 8개, 8명《복수 취급》
School begins at *eight*. 학교는 8시에 시작한다
— 형 8의, 8개의, 8인의, 8세의
My sister is *eight* years old. 내 여동생은 8살이다
〈◆동음어 ate(eat의 과거형)〉

★**eight·een** [eití:n] 명 (복수 **eighteens** [-z]) 18, 18세; 18개, 18명《복수 취급》
Eighteen plus five is twenty-three. 18 더하기 5는 23이다
— 형 18의, 18개의, 18인의, 18세의
There are *eighteen* classrooms in our school. 우리 학교에는 18개의 교실이 있습니다
회화 A: How old is your sister?
B: She is *eighteen*.
A: 너의 누나는 몇 살이냐
B: 18살입니다
발음 강세는 전후 관계에 따라 변한다
She is èightéen. There are éightèen classrooms.

eight·eenth [eití:nθ] 《18th로 줄여 씀》 명 (복수 **eighteenths** [-s]) 《the를 붙여》 제18, 18번, (달의) 18일
on the *eighteenth* of May 5월 18일에
— 형 제18의, 18번의

★★**eighth** [éitθ] 《◆ 철자·발음 주의》 《8th로 줄여 씀》 명 (복수 **eighths** [-s]) 《the를 붙여》 제8, 8번, (달의) 8일; 8분의 1
three *eighths* 8분의 3 《◆ 복수형에 주의》
February (the) *eighth* is my birthday. 2월 8일은 나의 생일이다

eighties - elder

—형 제8의, 8번의; 8분의 1의
He is the *eighth* batter. 그는 8번 타자이다

eight·i·es [éitiz] 명 **eighty**의 복수형

eight·i·eth [éitiiθ] ((80th로 줄여 씀)) 명 ((the를 붙여)) 제80, 80번
—형 제80의, 80번의

★**eight·y** [éiti] 명 (복수 **eight***ies* [-z]) 80, 80세; 80개, 80명 ((복수 취급)); ((the eighties 로)) 80년대, ((one's eighties 로)) 80대
Thirty and fifty is *eighty*. 30 더하기 50은 80이다
That old man is in his *eighties*. 저 노인은 80대이다
—형 80의, 80개의, 80명의
Eighty boys took part in the game. 80명의 소년이 경기에 참가했다

Ein·stein [áinstɑin] 명 아인슈타인 ((Albert ~ (1879-1955); 독일 태생의 미국 물리학자. 상대성 원리를 주창하였다))

★**ei·ther** [í:ðər, 영 áiðə] 형
❶ (둘 중) 어느 하나의
Please sit down at *either* end of the table. 테이블 어느 한쪽 끝에 앉으시오
❷ ((not과 함께)) 어느 하나도 (~아니다) ((둘 다 부정))
I don't like *either* book. 나는 (둘 중) 어느 책도 좋아하지 않는다
📝 either 다음에는 명사의 단수형이 온다 (→ neither)
—대 (둘 중) 어느 하나, 어느 것이라도; ((부정문에 쓰여)) 어느 것도 (아니다)
You may take *either* of them. 너는 어느 하나를 가져도 좋다
I don't like *either* of the boys. 나는 어느 소년도 좋아하지 않는다
—부 ((부정문에 쓰여)) ~도 또한(~아니다)
If you do not go, I'll not go, *either*.

네가 가지 않으면, 나도 가지 않겠다
I can't swim, and my sister can't swim, *either*. 나는 수영을 못하고, 나의 누나도 또한 수영할 줄 모른다
—접 ❶ ((either ~ or ... 로)) (~나 …이나) 어느 하나
Either you *or* I am wrong. 너나 나 어느 한 명이 틀린 것이다
📝 부정문의 「~도 또한」에는 either를 쓴다. 긍정문의 「~도 또한」에는 too나 also를 쓴다: I can swim, and my sister can swim, *too*. (나도 수영할 줄 알고, 누나도 또한 수영할 줄 안다)
📝 주어로 쓰일 때는 동사는 or 다음의 주어에 일치시키지만, 구어에서는 Either you are wrong or I am. 이라고 많이 말한다.
You can go *either* to the museum *or* to the movie. 너는 박물관이나 극장 중 어느 한곳을 가도 좋다

> 📘 both ~ and ... 는 「~도 …도 둘 다」의 뜻: You can go both to the museum and to the movie. (너는 박물관과 극장 둘 다 가도 좋다)

❷ ((not either ~ or... 의 꼴로)) ~도 …도 (아니다)
This child can*not either* read *or* write. 이 아이는 읽을 줄도 쓸 줄도 모른다
📝 not either ~ or... 은 neither ~ nor... 과 같다: He can *neither* read *nor* write. (그는 읽을 줄도 쓸 줄도 모른다)

el·bow [élbou] 명 (복수 **elbows** [-z]) 팔꿈치
Your *elbow* joins the upper part of your arm to the lower part. 너의 팔꿈치는 팔의 윗부분을 아랫부분과 연결시킨다

eld·er [éldər] 형 ((old 의 비교급의 하나; 최상급은 eldest)) 연상의, 손위의 (↔ younger 연하의, 손아래의)
an *elder* brother 형

elderly - eleven

📝 elder 는 명사 앞에만 온다. 또 old 의 비교급에는 older 도 있지만 이 것은 일반적으로 「연상의, 더 늙은」의 뜻이고, elder 는 주로 형제자매 관계의 연상만을 뜻한다. 囲에서는 an older brother[sister](형님[누님])가 보통이다. 또 영어에서는 형제 자매에 elder, younger 를 쓰는 일이 거의 없다.

eld·er·ly [éldərli] 형 연배의, 중년을 지난

eld·est [éldist] 형 ((old 의 최상급의 하나; 비교급은 elder)) 최연상의 (↔ youngest 가장 나이 어린, 최연하의)
the *eldest* brother 맏형, 장형
the *eldest* son 장남

e·lect [ilékt] 타동 선거하다, 선출하다
They *elected* him a chairperson. 그들은 그를 의장으로 선출했다

e·lec·tion [ilékʃən] 명 (복수 **elections** [-z]) ((동사는 elect (뽑다))) 선거
The senator won the *election* by thousands of votes. 그 의원은 수천표의 투표차로 선거에서 이겼다

*__e·lec·tric__ [iléktrik] 형 ((명사는 electricity)) 전기의
an *electric* fan 선풍기
an *electric* light 전등
an *electric* torch 회중 전등 (= 囲 flashlight)

*__e·lec·tric·i·ty__ [ilèktrísəti] 명 전기, 전류 ((a를 붙이지 않고, 복수 없음))
an *electricity* company 전력 회사
Electricity makes a light bulb glow. 전기는 전구를 밝힌다

e·lec·tron·ics [ilektrániks] 명 ((단수 취급)) 전자 공학

el·e·gance [éligəns] 명 우아함, 우미, 고상

el·e·gant [éligənt] 형 기품있는, 우아한
She always wears *elegant* clothes. 그녀는 항상 우아한 옷을 입는다

el·e·ment [éləmənt] 명 (복수 **elements** [-s]) 요소, 성분; (화학) 원소

el·e·men·ta·ry [èləméntəri] 형 기본의, 초보의
elementary education 초등 교육
an *eleméntary* schòol 囲 초등 학교 ▶ 6·3·3제의 6년, 또는 8·4제의 8년의 과정을 받음(→ primary school)

*__el·e·phant__ [éləfənt] 명 (복수 **elephants** [-s]) 《동물》 코끼리
An *elephant* has a long trunk. 코끼리는 긴 코를 가지고 있다

elephant

*__el·e·va·tor__ [éləvèitər] 명 (복수 **elevators** [-z]) 囲 엘리베이터, 승강기 (= 영 lift)
an *elevator* operator 승강기 운전원
We went up to the eighth floor by *elevator*. 우리는 엘리베이터로 8층까지 올라갔다

작문 「엘리베이터로 올라가다」의 뜻은 다음과 같이 말하기도 한다 : I took an *elevator* to the sixth floor. (나는 6층까지 엘리베이터로 올라갔다)

풍습 서양에서는 엘리베이터 승·하차 시 여성을 먼저 타고 내리도록 하는 것이 일반적이다. 동승을 할때는 남성은 여성이 먼저 타고 내리도록 양보한다.

★ **e·lev·en** [ilévən] 명 (복수 **elevens** [-z]) 11, 11세, 11시; 11개, 11명 ((복수 취급))

He came home at *eleven*. 그는 11시에 집에 왔다
— 형 **11의**, 11개의, 11명의, 11세의
He is *eleven* years old. 그는 11세이다

e·lev·enth [ilévənθ] 《11th로 줄여 씀》 명 (복수 **eleventh**s [-s]) 《the를 붙여》 제11, 11번, (달의) 11일; 11분의 1
four *eleventh*s 11분의 4
My birthday is July (the) *eleventh*. 나의 생일은 7월 11일이다
— 형 제11의, 11번의; 11분의 1의
November is the *eleventh* month of the year. 11월은 1년의 제11번째 달이다

elf [élf] 명 (복수 **elves** [élvz]) 꼬마요정
An *elf* stole the magic ring from the princess. 꼬마요정은 공주님으로부터 요술 반지를 훔쳤다

E·liz·a·beth [ilízəbəθ] 명 엘리자베스 《여자 이름; 애칭은 Bess, Bessie, Beth, Betty, Lisa, Liz가 쓰임》

E·liz·a·beth Ⅱ [ilízəbəθ ðə sékənd] 명 엘리자베스 2세 《1926- , 현 영국여왕》

El·len [élən] 명 엘렌 《여자 이름; Helen이라고도 함》

★**else** [éls] 부 다른, 그밖의, 그외에
I want something *else*. 나는 뭔가 다른 것을 원한다
Do you have anything *else*? 그밖에도 뭔가 가지고 있습니까
I have nothing *else*. 그밖에는 아무것도 가지고 있지 않다
I don't know anyone *else*. 나는 그 외에 아무도 모른다
What *else* do you want? 그밖에 또 무엇을 원합니까
Who *else* is coming? 그밖에 또 누가 올까요
✅ else는 something, somebody, anything, anyone, nothing, nobody 등 과 같이 some-, any-, no-가 있는 말이나 who, what 등의 의문사 뒤에 쓰인다.

or else 그렇지 않으면
Hurry, *or else* you will be late. 서둘러라, 그렇지 않으면 늦을 것이다 《else는 부사》

else·where [élshwɛər] 부 다른곳에서
Look *elsewhere* for your book. 다른곳에서 너의 책을 찾아 보아라

'em [əm] 대 (구어) (=them)

em·bar·rass [imbǽrəs] 타동 (3단현 **embarrass**es [-iz]; 과거·과분 **embarrass**ed [-d]; 현분 **embarrassing**) 당황하다
She was *embarrassed* by hisd praise. 그녀는 그의 칭찬에 당황했다

em·bas·sy [émbəsi] 명 (복수 **embass**ies [-z]) 대사관

em·broi·der·y [imbrɔ́idəri] 명 자수

e·mer·gen·cy [imə́:rdʒənsi] 명 (복수 **emergenc**ies [-z]) 비상사태
The fire caused an *emergency* at the school. 화재는 학교에서 비상사태를 야기시켰다

Em·i·ly [éməli] 명 에밀리 《여자 이름》

e·mo·tion [imóuʃən] 명 (복수 **emotion**s [-z]) 감정, 감동

e·mo·tion·al [imóuʃənl] 형 감정의, 감동적인

★**em·per·or** [émpərər] 명 (복수 **emperor**s [-z]) 황제, 제왕, 천왕
(→ empress 황후, empire 제국)

em·pha·sis [émfəsis] 명 (복수 **emphas**es [-siz]) 강조, 강세
The dictionary puts an *emphasis* on examples. 그 사전은 예문에 강조를 두고 있다

em·pha·size [émfəsàiz] 타동 강

empire - end

조하다, (어구를) 힘주어 말하다
I must *emphasize* the fact that they are only children. 나는 그들이 단지 어린아이들이란 것을 강조해야 한다

em·pire [émpaiər] 명 (복수 **empires** [-z]) 제국
the Holy Roman *Empire* 신성 로마 제국

📝 empire의 통치자는 emperor임.

Em·pire State Build·ing [-stéit bìldiŋ] 《the를 붙여》 엠파이어 스테이트 빌딩 《뉴욕에 있는 고층 빌딩으로 지상 102층》

em·ploy [émplɔ́i] 타동 (3단현 **employs** [-z]; 과거·과분 **employed** [-d]; 현분 **employing**) 고용하다
We *employed* her as an adviser. 우리는 그녀를 상담원으로 고용했다

em·ploy·ee [implɔ́iíː] 명 고용인
em·ploy·er [implɔ́iər] 명 고용주
em·ploy·ment [emplɔ́imənt] 명 고용

em·press [émpris] 명 (복수 **empress**es [-iz]) 황후(→ emperor 황제)

emp·ty [ém*p*ti] 형 (비교 **empti·er**; 최상 **emptiest**) 빈, 텅빈(↔ full 가득찬)
This is an *empty* house. 이것은 빈 집이다
This box is *empty*. 이 상자는 비어 있다
I found the room *empty*. 나는 그 방이 비어 있는 것을 알았다
— 동 (3단현 **empties** [-z]; 과거·과분 **emptied** [-d]; 현분 **emptying**)
타동 비우다
Did you *empty* the waste basket? 네가 휴지통을 비웠느냐
— 자동 비다

en·a·ble [enéibl] 타동 ~에게 힘[능력]을 주다

Airplanes *enable* us to travel far. 비행기는 우리가 멀리 여행할 수 있도록 해 준다

en·close [inklóuz] 타동 ❶ 둘러싸다
He *enclosed* the garden with high wall. 그는 정원을 높은 벽으로 둘러쌌다
❷ (편지 따위에) 동봉하다
I *enclose* a cheque for $1,000. 나는 천달러짜리 수표를 동봉합니다

en·coun·ter [inkáuntər] 타동 마주치다, (위험·곤란에) 부닥치다
He *encountered* many difficulties. 그는 많은 어려움에 부닥쳤다
— 명 (우연히) 만남

en·cour·age [inkə́:ridʒ] 타동 격려하다
You must *encourage* him to try again. 너는 그가 다시 시도하도록 격려해야 한다

en·cour·age·ment [inkə́:ridʒ-mənt] 명 격려, 장려

en·cy·clo·pe·di·a, en·cy·clo·pae·di·a [ensàikləpíːdiə] 명 백과사전
I read about dinosaurs in my *encyclopedia*. 나는 백과사전에서 공룡에 대해 읽었다

end [énd] 명 (복수 **ends** [-z])
❶ 끝(↔ beginning 시작)
He left at the *end* of last month. 그는 지난 달 말에 떠났다
What is the *end* of the story? 그 이야기의 끝은 어떻게 되어 있는가
❷ 끄트머리, 막바지
She stood at the *end* of the platform. 그녀는 플랫폼 끝에 서 있었다
Go straight on to the *end* of this street. 이 길 끝까지 똑바로 계속 가라
❸ 목적(= purpose)
At last he gained his *end*. 마침내 그는 목적을 달성했다
come to an end 끝나다

endeavor - engage

Summer vacation has *come to an end*. 여름 방학은 끝났다

from beginning to end 처음부터 끝까지

Smith did the work by himself *from beginning to end*. 스미스는 그 일을 처음부터 끝까지 혼자서 했다

in the end 결국, 최후에는, 마지막에는

An honest man will succeed *in the end*. 정직한 사람이 결국에는 성공한다

put an end to ...(= *make an end of ...*) ~를 끝마치다, ~를 끝나게 하다

Our father's death *put an end to* our happiness. 아버지의 사망으로 우리의 행복도 끝이 났다

to the end 끝까지, 최후까지

Listen to me *to the end*. 내 말을 끝까지 들어라

— 통 (3단현 **end**s [-z] ; 과거·과분 **end**ed [-id] ; 현분 **end**ing) (타동) 끝내다, 끝마치다(↔ begin 시작하다, 시작되다)

Let's *end* our discussion. 토론을 그만 두자

He *ended* his life in peace. 그는 조용히 생애를 끝마쳤다

— (자동) 끝내다, 끝마치다

The school will *end* in December. 학교는 12월에 끝날 것이다

World War Ⅱ *ended* in 1945. 제2차 세계 대전은 1945년에 끝났다

▶ World War Ⅱ 는 [wɔ́ːrld wɔ́ːr túː]로 읽음.

end in ... ~로 끝나다

The battle *ended in* a victory. 그 전쟁은 승리로 끝났다

end with ... ~로 끝나다

The day *ended with* a storm. 그 날은 폭풍우로 끝났다

en·deav·or, 영 en·deav·our
[indévər] (타동) 노력하다

end·ing [éndiŋ] 통 end (끝나다)의 현재분사형

end·less [éndlis] 형 끝이 없는, 무한의(= infinite)

The journey seemed *endless*. 여행은 끝이 없는 것처럼 보였다

en·dur·ance [indjúərəns] 명 인내

en·dure [indjúər] (타동) 견디다, 인내하다

I can't *endure* that noise a moment longer. 나는 저 소음을 더 이상 견딜 수 없다

⁕en·e·my [énəmi] 명 (복수 ene·mies [-z])

❶ (한 사람의) 적(↔ friend 친구)

They are not our *enemies*, but our friends. 그들은 우리의 적이 아니라 우리의 친구이다

Frost is an *enemy* of flowers. 서리는 꽃의 적이다

❷ 《the enemy로 집합적》 적군

📝 이런 뜻으로는 단수로도 쓰이고 복수로도 쓰인다.

The *enemy* is coming on. 적군이 가까이 오고 있다 《단수 취급》

The *enemy* are in great force. 적군은 강세에 있다 《복수 취급》

en·er·gy [énərdʒi] 명 (복수 ener·gies [-z]) 정력, 원기 ; 《물리》 에너지

John is always full of *energy*. 존은 언제나 활기로 차 있다

en·gage [ingéidʒ] 통 (3단현 **engage**s [-iz] ; 과거·과분 **engage**d [-d] ; 현분 **engag**ing) (타동) ❶ 약속하다, 약혼시키다

I will *engage* to be there on time. 나는 정각에 거기에 갈 것을 약속합니다

Helen is *engaged* to John. 헬렌은 존과 약혼한 사이다

❷ 고용하다

They have *engaged* a new cook. 그들은 새 요리사를 고용하였다

❸ ~에 종사시키다

He is *engaged* in business. 그는 사업에 종사하고 있다
— (자동) ❶ 약속하다
❷ 종사하다

en·gage·ment [engéidʒmənt] 명 약속, 약혼

en·gine [éndʒin] 명 (복수 **engines** [-z]) 엔진, 발동기, 기관차

***en·gi·neer** [èndʒəníər] 명 (복수 **engineers** [-z]) ❶ 기술자, 기사
an electrical *engineer* 전기 기사
❷ (미) (기차의) **기관사** (=영 engine driver)

en·gi·neer·ing [èndʒəníəriŋ] 명 공학

***Eng·land** [íŋglənd] 명 《형용사는 English》 ❶ 영국(= Great Britain)
London is the capital of *England*. 런던은 영국의 수도이다
❷ 잉글랜드 《브리튼 섬에서 스코틀랜드와 웨일스를 제외한 부분》
There are no high mountains in *England*. 잉글랜드에는 높은 산이 없다

● 영국에 대하여 ●

영국은 Scotland(스코틀랜드), Wales(웨일스), England(잉글랜드)를 전부 포함하는 Great Britain(대 브리튼 섬)을 가리키는 경우와, Great Britain에서 Scotland와 Wales를 제외한 부분을 가리키는 경우가 있다. 또, 영국은 5세기 경에 유럽 북부에서 건너온 게르만 민족의 색슨인·주트인·앵글인이 세운 나라로, 당시 앵글인이 가장 세력이 있었으므로 「앵글인의 나라」로 불렀고, 그것이 음성 변화하여 England가 되었다.

***Eng·lish** [íŋgliʃ] 형 《명사는 England》 ❶ 영국의, 영국인의
He is an *English* boy. 그는 영국 소년이다
Mary is *English*. 메리는 영국인이다
❷ 영어의
English grammar 영문법

He gave me an *English* dictionary. 그는 나에게 영어 사전을 주었다
I am doing my *English* homework. 나는 영어 숙제를 하고 있다
— 명 ❶ 영어 《a를 붙이지 않고, 복수 없음》
They speak *English* very well. 그들은 영어를 매우 잘 말한다
He is a teacher of *English*. 그는 영어 선생님이다
I received a letter in *English*. 나는 영어 편지를 받았다
❷ 《the를 붙여》 **영국 국민** 《전체》 (= English people)
The *English* speak English. 영국 국민은 영어를 말한다

📝 the English는 영국 국민 전체를 가리키므로 동사는 복수형을 쓴다. 한 사람의 영국인은 an Englishman 또는 an Englishwoman이다.

***Eng·lish·man** [íŋgliʃmən] 명 (복수 **Englishmen** [-mən]) **영국인** 《개인》
He is not an American, but an *Englishman*. 그는 미국인이 아니라 영국인이다

***en·joy** [indʒɔ́i] (타동) (3단현 **enjoys** [-z]; 과거·과분 **enjoyed** [-d]; 현분 **enjoying**) 《명사는 enjoyment》
❶ 즐기다
We *enjoyed* the concert very much. 우리는 음악회를 매우 즐겼다
We *enjoyed* our lunch in the park. 우리는 공원에서 즐겁게 점심을 먹었다
How did you *enjoy* your trip? 여행은 즐거웠습니까[얼마나 즐거웠습니까]
On Sunday I *enjoy* fishing. 일요일에 나는 낚시를 즐긴다

📝 enjoy의 목적어는 명사 또는 동사의 ~ing 꼴이다. to+동사의 원형은 안된다

❷ (좋은 것을) **가지고 있다**; 향유하다

enjoyable - enter

His grandfather still *enjoys* good health. 그의 할아버지는 아직도 정정하시다

enjoy oneself 즐기다, 재미있게 보내다

Did you *enjoy yourself* in Paris? 파리에서는 즐거웠느냐

How did you *enjoy yourself* at the party? 파티는 재미있었습니까

I've *enjoyed myself* today. 오늘은 즐거웠다[재미있었다]

en·joy·a·ble [indʒɔ́iəbl] 형 재미있는, 즐거운, 유쾌한

en·joyed [indʒɔ́id] 동 enjoy(즐기다)의 과거·과거분사형

en·joy·ing [indʒɔ́iiŋ] 동 enjoy(즐기다)의 현재분사형

en·joy·ment [indʒɔ́imənt] 명 (복수 **enjoyments** [-s]) 《동사는 enjoy》 즐김, 기쁨(＝pleasure)

en·joys [indʒɔ́iz] 동 enjoy(즐기다)의 3인칭 단수 현재형

en·large·ment [inláːrdʒmənt] 명 (복수 **enlargements** [-s]) 《동사는 enlarge》 확대; 《사진》 확대(→ development 현상, print 인화)
▶ 사진관에 써 놓은 D.P.& E.란 약어는 영어에서는 쓰지 않는다.

e·nor·mous [inɔ́ːrməs] 형 거대한
A whale is an *enormous* animal. 고래는 거대한 동물이다

★e·nough [inʌ́f] 《◆발음·강세에 주의》 형 **충분한, ~하기에 충분한**
I have *enough* gasoline. 휘발유는 충분히 있다
I have ten dollars, and that's *enough*. 나에게 10달러가 있는데, 그것이면 충분하다
Harry earned money *enough* to go to Paris. 해리는 파리에 가기에 충분한 돈을 벌었다
He bought *enough* food for the picnic. 그는 피크닉에 가지고 갈 충분한 식품을 샀다
📝 형용사로서의 enough는 명사의 앞이나 뒤에 쓰인다. 명사의 앞에 올 때가 의미가 더 강하다.

— 부 **충분히, ~하기에 족하게**
📝 부사 enough는 수식하는 형용사·부사·동사의 뒤에 온다.
This story is interesting *enough*. 이 이야기는 꽤 재미있다
He was kind *enough* to show me the way to the station. 그는 친절하게도 나에게 역으로 가는 길을 알려주었다
It isn't far *enough* to go by car. 차로 갈만큼 멀지는 않다

> **enough와 too의 사용법**
> enough는 필요에 충분한 정도를 나타내고, 그 정도를 초과할 경우에는 too를 쓴다; This coat is big *enough* for me.(이 코트는 내가 입기에 좋을 만큼 크다) This coat is *too* big for me. (이 코트는 나에게는 너무 크다)

— 명 **충분함**, 넉넉함 《수에도 양에도 쓴다》
I've had *enough*, thank you. 충분히 먹었습니다. 감사합니다
▶ 식사를 더 하라고 권유할 때 사양하는 표현으로 No, thank you.라고 해도 좋다.

★en·ter [éntər] 동 (3단현 **enters** [-z]; 과거·과분 **entered** [-d]; 현분 **entering**) 《명사는 entrance》
(타동) (건물에) **들어가다**; 입학하다, 입단하다
May I *enter*? 들어가도 됩니까
She *entered* the room with her sister. 그녀는 여동생과 함께 그 방에 들어갔다
📝 enter into a room은 틀림.
John *entered* a school this year. 존은 금년에 입학했다
He *entered* the tennis club. 그는 테

enterprise - equally

니스 클럽에 입회했다
— (자동) ❶ 들다, 들어가다
Let him *enter*. 그를 들여 보내라
❷ (연극) **등장하다**(↔ exit 퇴장하다)
Sam and Mary *enter*. 샘과 메리가 등장한다
Enter Hamlet. 햄릿 등장
▶ 명령법으로 「햄릿 등장시켜라」의 뜻.

enter into ... ~를 시작하다, ~에 들어가다
We *entered into* discussion. 우리는 토론을 시작했다
He *entered into* business. 그는 실업계에 투신했다

> enter into는 어떤 행위를 시작하여 어떤 상태로 들어가는 것. 구체적으로 어떤 장소에 들어갈 때는 into를 쓰지 않음

en·ter·prise [éntərpràiz] 명 사업, 기업

en·ter·tain [èntərtéin] (타동) 즐겁게 하다
The magician *entertained* the children. 마술사는 아이들을 즐겁게 해 주었다

en·ter·tain·ment [èntərtéinmənt] 명 연예, 열중

en·thu·si·asm [inθjú:ziæzm] 명 열광, 열중
The new teacher is full of *enthusiasm*. 새로 오신 선생님은 열정으로 가득차 있다

en·tire [intáiər] 형 전체의, 온; 완전한
the *entire* world 전 세계

en·tire·ly [intáiərli] 부 완전히

en·trance [éntrəns] 명 (복수 **entrances** [-iz]) 《동사는 enter》 입학, 입장; 입구(↔ exit 출구)
an *entrance* exam 입학 시험
the *entrance* to the hall 그 홀로 들어가는 입구
No entrance (게시) 입장 금지

en·try [éntri] 명 (복수 **entries** [-z]) 들어감, 입장

***en·ve·lope** [énvəlòup] 명 (복수 **envelopes** [-s]) 봉투
I wrote his address on the *envelope*.
나는 그의 주소를 봉투에 썼다
발음 강세는 제1음절에 있다.

en·vi·ron·ment [inváiərəmənt] 명 (자연)환경, 주위
The polar bear lives in a cold *environment*. 북극 곰은 추운 환경에서 산다

en·vy [énvi] 명 (복수 **envies** [-z]) 부러움, 질투
Jane felt *envy* at the sight of Ellen's new dress. 제인은 엘렌의 새 드레스를 보자 부러움을 느꼈다
— (타동) 부러워하다
I *envy* you. 나는 네가 부럽다

ep·i·sode [épəsòud] 명 (복수 **episodes** [-z]) 에피소드, 짧고 재미있는 이야기, 일화

e·qual [í:kwəl] 형 (비교 *more* equal; 최상 *most* equal) 대등한, 평등한
All people are *equal*. 만인은 평등하다
Twice two is *equal* to four. 2의 2배는 4이다
▶ 보통 Twice two is four.라고 함.
— 동 (3단현 **equals** [-z]; 과거·과분 **equaled** [-d]; 현분 **equaling**) (타동) ~와 같다
Ten times five *equals* fifty. 5의 10배는 50이다
No one *equals* him in strength. 힘에서는 아무도 그의 상대가 못 된다
— 명 (복수 **equals** [-z]) 대등한 사람

e·qual·i·ty [i:kwάləti] 명 평등, 동등

e·qual·ly [í:kwəli] 부 같게, 동등하게

equator - even¹

e·qua·tor [ikwéitər] 명 《the를 붙여》 적도

e·quip·ment [ikwípmənt] 명 장비, 설비

e·ras·e [iréis] 동 지우다
Please *erase* the words on the blackboard. 칠판위에 쓴 글씨를 지워 주세요

e·ras·er [iréisər] 명 (복수 **erasers** [-z]) 지우개, 칠판 지우개

e·rect [irékt] 형 똑바로 선
Sit *erect*. 곧게 앉아라

E·ric [érik] 명 에릭 《남자이름》

er·rand [érənd] 명 (복수 **errands** [-z]) 심부름
Will you go on an *errand* for me? 나 대신 심부름해 주겠니

★**er·ror** [érər] 명 (복수 **errors** [-z]) 틀림, 오류; 《야구》 에러

es·ca·la·tor [éskəlèitər] 명 (복수 **escalators** [-z]) 에스컬레이터

★**es·cape** [iskéip] 동 (3단현 **escapes**[-s]; 과거·과분 **escaped**[-t]; 현분 **escaping**) 자동 달아나다
The prisonsers tried to *escape* from the jail. 죄수는 감옥으로부터 탈출하려고 노력하였다
— 타동 ~에서 달아나다
— 명 (복수 **escapes** [-s]) 탈출

Es·ki·mo [éskəmòu] 명 (복수 **Eskimos** 또는 **Eskimoes** [-z]) 에스키모인

★★**es·pe·cial·ly** [ispéʃəli] 부 특히, 특별히
I like Soraksan, *especially* in fall. 나는 특히 가을철의 설악산을 좋아한다
She is *especially* interested in English. 그녀는 특히 영어에 흥미를 가지고 있다
📝 especially는 형식적인 말로서, 회화에서는 specially를 쓴다

es·say [ései] 명 (복수 **essays** [-z]) 수필, 소론

es·sen·tial [isénʃəl] 형 (비교 *more* essential; 최상 *most* essential) 본질적인; 중요한; 없어서는 안 되는, 꼭 필요한
Vegetables are *essential* to health. 야채는 건강에 없어서는 안 되는 것이다

es·tab·lish·ment [istǽbliʃmənt] 명 설립, 확립

es·ti·mate [éstəmèit] 타동 견적하다, 평가하다
— [éstəmit] 명 견적, 평가

etc. [etsétərə] 등, 따위 《라틴어 etcetera의 줄임꼴. 특히 and so forth 또는 and so on으로 읽는다. A,B,C, etc. 등으로 쓰이며 A,B,C, and etc.는 틀림》

e·ter·nal [itə́ːrnl] 형 영원한

eth·nic [éθnik] 형 인종의, 민족의

et·i·quette [étikət] 명 예의, 예절, 에티켓

★★**Eu·rope** [júərəp] 명 《형용사는 European》 유럽
He traveled all over *Europe* by car. 그는 자동차로 유럽을 두루 여행했다
London is the largest city in *Europe*. 런던은 유럽에서 제일 큰 도시이다

Eu·ro·pe·an [jùərəpíːən] 형 《명사는 Europe》 유럽의, 유럽인의
— 명 유럽인
발음 강세는 제3음절에 있다.

Eu·ro·pean Com·mu·ni·ty [-kəmjúːnəti] 명 《the를 붙여》 유럽공동체 《약자로 EC 또는 E.C.》

Eve [íːv] 명 이브 《성경에서 아담의 아내로 인류 최초의 여성 → Adam, Eden》

eve [íːv] 명 전야, 전날
Chrístmas Éve 크리스마스 전야
Néw Yèar's Éve 섣달 그믐날

★**e·ven**¹ [íːvən] 부 ❶ ~라도,

even² - ever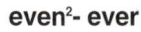

~에도, ~도 《수식하는 어구의 앞에 온다》
Even a child knows such a thing. 어린이도 그런 것은 안다
It is very cold there *even* in summer. 거기는 여름에도 매우 춥다
We work *even* on Sunday. 우리는 일요일에도 일한다
She never *even* listens to me. 그녀는 내 말을 듣지도 않는다

📝 보통 부사는 형용사·동사·부사를 수식하지만, even은 명사·대명사도 수식한다.

❷ 《비교급을 강조》 **더욱 더**, 훨씬
My fish is *even* bigger than yours. 내 물고기가 네 것보다 더욱 더 크다
She found an *even* more beautiful flower. 그녀는 더욱 더 아름다운 꽃을 발견했다

even if ...(=*even though* ...) 비록 ~하더라도[일지라도]
I'll go *even if* it rains. 비록 비가 올지라도 나는 가겠다

not even ... ~조차 않다
She does *not even* look at me. 그녀는 나를 쳐다보지도 않는다

*e·ven² [í:vən] 혱 (비교 even*er* ; 최상 even*est*) ❶ **평평한, 고른**; **동등한, 동일한**
The snow is *even* with the roof. 눈이 지붕 높이까지 쌓여 있다
She has *even* teeth. 그녀는 이가 고르게 나 있다

❷ **우수의, 짝수의**(↔ odd 기수의, 홀수의)
an *even* number 우수(偶數), 짝수

*eve·ning [í:vniŋ] 몡 (복수 evening*s* [-z]) **저녁, 밤**(→ morning 아침, afternoon 오후)
Please come this *evening*. 오늘 저녁에 오십시오

📝 이밖에도 tomorrow evening (내일 저녁 때), last evening (어제 저녁 때) 등일 때도 in 이나 on을 쓰지 않음.
My father usually comes home about six in the *evening*. 나의 아버지는 대개 저녁 6시 경에 귀가하신다
I will come early in the *evening*. 나는 저녁에 일찍 오겠다
Come and see me on Saturday *evening*. 토요일 저녁에 놀러 오너라
He is leaving on the *evening* of September 3. 그는 9월 3일 저녁 때에 떠날 예정이다

📝 전치사 없이 쓰일 때와 in, on과 같이 쓰일 때의 용법에 주의. 보통은 in을 쓰는데, 특정일의 저녁 때에는 on을 씀

● **evening과 night의 구별** ●
evening은 sunset(일몰)에서 bedtime(취침시)까지, night(밤)는 sunset(일몰)에서 sunrise(일출)까지를 말한다

Good évening. 안녕 《저녁에 만날 때》
Góod evening. 잘 가 《저녁에 헤어질 때》
an évening pàper 석간 신문
the évening stàr 초저녁 별, 금성

eve·ning dress [-drès] 몡 야회복

*e·vent [ivént] 몡 (복수 event*s* [-s]) ❶ **일어난 일, 사건**(→ accident 사고)
It was quite an *event*. 그것은 대단히 큰 사건[멋진 행사]이었다
❷ (운동·경기의) **종목**
a main *event* 주경기 종목
track and field *events* 육상 경기

*ev·er [évər] 閅 ❶ 《의문문·부정문·조건문 if...에 쓰여》 **전에, 지금까지, 일찍기, 언제라도**

📝 우리말로는 해석하지 않을 때가 많다.
Have you *ever* read the book? 너는 그 책을 읽어본 적이 있니
Have you *ever* been to Hawaii? 당신은 하와이에 간 적이 있는가
They don't *ever* wear hats.[They never wear hats.] 그들은 지금까지

Everest - every

모자를 쓴 일이 없다
Did you *ever* read the Bible? 성경을 읽은 적이 있는가

▶ 「읽은 적이 없죠」란 기분이 포함되어 있다

If you *ever* visit London, you must see St. Paul's Cathedral. 언제라도 런던을 방문할 일이 있으면 성 바울 사원을 꼭 봐야 한다

❷ 《의미를 강조하여》 **도대체**, 지금까지

Why *ever* didn't you come? 너는 도대체 왜 오지 않았느냐
He is one of the greatest statesmen that *ever* lived. 그는 가장 위대한 정치가 중의 한 사람이다

as ... as ever 변함없이 ~한
She is *as* kind *as ever*. 그녀는 변함없이 친절하다

ever since (...)(=*ever after* (...)) ~이래 줄곧
I have known him *ever since* he was a child. 나는 그가 어렸을 때부터 줄곧 그를 알고 있다

for ever 영원히(=forever)
I will not forget your kindness *for ever*. 나는 너의 친절을 영원히 잊지 않을 것이다

Yours ever 그럼 안녕 《친한 사람에게 보내는 편지의 맺음말》

Ev·er·est [évərist] 명 《Mount 또는 Mt.가 붙어》 에베레스트 산 《히말라야 산맥에 있는 세계 최고봉; 해발 8,848 미터》

Everest

ev·er·green [évərgrìːn] 명 《식물》 상록수

— 형 상록의

★**eve·ry** [évri] 형 ❶ 모든, 전 ~ (→ each, all)
He wanted to read *every* book in the library. 그는 도서관의 책을 전부 읽고 싶어했다

📘 *every boy*와 *all (the) boys*는 의미는 같지만, *every* 뒤의 명사는 단수형이고, 동사도 단수형이며, 뒤에 단수 명사가 2개 있어도 동사는 단수형이다: Every boy and girl likes ice cream. (모든 소년 소녀는 아이스크림을 좋아한다) 단, all 뒤의 명사는 복수형: All (the) boys have their own room. (소년들은 전부 자기 방을 가지고 있다)

❷ 매 ~, ~마다
Do you study English *every* day ? 당신은 매일 영어 공부를 합니까
He goes to the library *every* Sunday. 그는 일요일마다 도서관에 간다
I take a bath *every* other day. 나는 하루 걸러 목욕을 한다
The Olympic games are held *every* four years. 올림픽 경기는 4년마다 열린다

📘 (1) 이 용법의 경우만 every 뒤에 복수 명사가 온다. (2) every day(매일), every week (매주), every month(매월), every year(매년), every morning(매일 아침), every night(매일 밤) 등은 부사구로서 쓰이며, 전치사는 붙이지 않음

❸ 《부정어와 함께 부분 부정을 만든다》 모든 ~가 …한 것은 아니다(→ all ❷)
The mailman does not come *every* day. 우편 집배원은 매일 오는 것은 아니다 《오지 않는 날도 있다》
Every man cannot be an artist. 누구나 예술가가 될 수는 없다 《예술가가

everybody - examination

되는 사람은 소수이다》

*eve·ry·bod·y [évribàdi] 대
모든 사람, 누구나 다, 사람마다
(=everyone) 《단수 취급》
Everybody had a very good time there. 누구나 다 그 곳에서 즐겁게 보냈다
Everybody likes him. 모든 사람이 그를 좋아한다
Good-bye, *everybody*! 모두, 안녕

*eve·ry·day [évridèi] 형 매일의(=daily), 평상시의(=usual)
everyday life 일상 생활
📝 두 단어로 나누어 every day라고 하면 「매일」의 뜻을 가진 부사구→every.

*eve·ry·one [évriwʌ̀n] 대
누구나 다, 모든 사람 (=everybody)
Everyone knows him very well. 누구나 다 그를 아주 잘 알고 있다
Everyone is very busy. 누구나 다 매우 바쁘다
That picture is known to *everyone*. 저 그림은 모든 사람에게 알려져 있다
📝 everybody가 더 구어적이다. everyone은 every one이라고도 하지만, everybody는 두 단어로 나눌 수 없다.

*eve·ry·thing [évriθìŋ] 대
무엇이든지 다, 전부, 모든 것
He knows *everything* about the camera. 그는 카메라에 관한 것은 다 알고 있다
We'll do *everything* for you. 우리는 당신을 위하여 무엇이든지 하겠다
Everything is ready. 모든 준비가 되어 있다
Money is not *everything*. 돈이 전부는 아니다 《돈 이외에도 중요한 것이 있다》
📝 every가 들어있는 단어는 단수 취급. 또 부정어와 함께 쓰이면 부분부정의 뜻이 된다.

*eve·ry·where [évrihwèər]
부 어디라도, 어디에 가든지, 아무데서나
You can find it *everywhere*. 그것은 어디서나 발견될 수 있다
This book is read *everywhere* in the world. 이 책은 세계 어디서나 읽히고 있다

ev·i·dence [évədəns] 명 증거

ev·i·dent [évədənt] 형 분명한, 명백한
It's *evident* that you've been drinking. 네가 술을 마셨음이 틀림없다

*e·vil [í:vəl] 형 (비교 *more* evil; 최상 *most* evil)
❶ 나쁜(=bad; ↔good 좋은)
He lives an *evil* life. 그는 좋지 않은 생활을 하고 있다
❷ 불운한, 불길한(=unlucky)
evil news 불길한 소식
─ 명 악(↔good 선)
good and *evil* 선과 악
📝 보통 an을 붙이지 않고, 복수형은 없지만, 형용사가 붙으면 a를 붙이는 일이 있다: a necessary evil (필요악)

ex. 명 예 《example의 약어》

ex·act [igzǽkt] 형 정확한
the *exact* time 정확한 시각

*ex·act·ly [igzǽktli] 부 (비교 *more* exactly; 최상 *most* exactly)
정확히; 틀림없이
John came home *exactly* at six. 존은 정확히 6시에 귀가했다

ex·am [igzǽm] 명 (복수 **exams** [-z]) 《구어》 시험(=examination)

*ex·am·i·na·tion [igzæ̀mənéiʃən] 명 (복수 **examinations** [-z]) 《동사는 examine》
❶ 시험
an entrance *examination* 입학 시험
Mary did not take the *examination*. 메리는 시험을 치지 않았다
I failed the *examination*. 나는 그 시험에 떨어졌다

examine - exciting

Did she succeed in the *examination*?
그녀는 시험에 합격했느냐
❷ 조사, 검사, 검진
a medical *examination* 건강 진단
an exàminátion pàper 답안지

ex·am·ine [igzǽmin] (타동) ((3단현 **examines** [-z]; 과거·과분 **examined** [-d]; 현분 **examining**) 《명사는 examination》) 시험하다; 검사하다, 진찰하다

★**ex·am·ple** [igzǽmpl] (명) (복수 **examples** [-z])
❶ 보기, 예, 실례; 견본; 《수학》 예제
Give me an *example*. 실례를 들어 주시오
Paris is a good *example* of a beautiful city. 파리는 아름다운 도시의 좋은 보기이다
❷ 본보기, 모범
You must follow Tom's *example*. 너는 톰을 본받아야 한다
They followed the *example* of the teacher. 그들은 선생님의 본을 받았다
He gave a good *example* to his brothers. 그는 동생들에게 좋은 모범이 되었다
for example 예를 들면 (=for instance)
Ben keeps strange animals. A hawk *for example*. 벤은 이상한 동물을 기른다. 예를 들면 매같은 것을 기른다

★**ex·cel·lent** [éksələnt] (형) 훌륭한, 우수한 (=very good)
She is *excellent* in English. 그녀는 영어를 매우 잘한다
▶ good, fair, excellent 순으로 점수를 주는 일도 있다.

★**ex·cept** [iksépt] (전) ~를 제외하고, ~를 빼고, ~이외는
I get up at six *except* Sunday. 나는 일요일 이외는 6시에 일어난다
Everybody was late *except* me. 나를 제외하고 모두 지각했다
except for ... ~인 점을 제외하고는
It is a useful book *except for* a few mistakes. 몇 가지 틀린 곳을 제외하면 쓸 수 있는 책이다

ex·cep·tion [iksépʃən] (명) 예외, 예외적인

ex·cess [iksés] (명) 초과

ex·change [ikstʃéindʒ] (동) ((3단현 **exchanges** [-iz]; 과거·과분 **exchanged** [-d]; 현분 **exchanging**) (타동) (자동) 교환하다, (서로) 바꾸다
I want to *exchange* this book for another. 나는 이 책을 다른 책과 바꾸고 싶다
They *exchanged* their views with one another. 그들은 서로 의견을 나누었다
— (명) (복수 **exchanges** [-iz])
❶ 교환
❷ 교체, 대체 《an을 붙이지 않고, 복수 없음》
in exchange for ... ~와 교환으로
I give him Korean lessons *in exchange for* English lessons. 내가 그에게 영어를 배우는 대신, 나는 한국어를 그에게 가르친다

ex·cite [iksáit] (타동) ((3단현 **excites** [-s]; 과거·과분 **excited** [-id]; 현분 **exciting**) 흥분시키다, 자극하다, (흥미를) 일으키다
The game *excited* us. 그 경기는 우리를 흥분시켰다
excite oneself 흥분하다
Don't *excite yourself*! 흥분하지 마라

ex·cit·ed [iksáitid] (형) (비교 *more* **excited**; 최상 *most* **excited**) 흥분된
He was *excited* by the news. 그는 그 소식을 듣고 흥분했다
Don't get *excited* about such a thing. 그런 일로 흥분하지 마라

ex·cite·ment [iksáitmənt] (명) 흥분, 자극

★**ex·cit·ing** [iksáitiŋ] (형) (비교 *more* **exciting**; 최상 *most* **exciting**) 흥분시키는, 자극하는, 매우 재미있는
How *exciting*! 야, 신난다

It was a very *exciting* game. 그것은 매우 재미있는 경기였다

ex·claim [ikskléim] 통 (3단현 exclaim**s** [-z]; 과거·과분 exclaim**ed** [-d]; 현분 exclaim**ing**) (타동) ~이라 소리치다
He *exclaimed* that he would rather die. 그는 차라리 죽겠다고 소리쳤다
— (자동) 외치다, 고함치다

ex·cla·ma·tion [èksklǝméiʃǝn] 명 외침, 감탄의 말

ex·cla·ma·tion mark [-mɑ̀ːrk] 명 감탄부호

ex·cur·sion [ikskə́ːrʒǝn] 명 소풍

★**ex·cuse** [ikskjúːz] 통 (3단현 excuse**s** [-iz]; 과거·과분 excuse**d** [-d]; 현분 excus**ing**) (타동) 허용하다, 용서하다
We cannot *excuse* his conduct. 우린 그의 행동을 용서할 수 없다
Excuse me. 미안합니다; 실례합니다
Excuse me for coming late. 늦어서 미안합니다
Excuse me, but will you tell me the way to the station? 실례합니다만, 역까지 가는 길을 가르쳐 주시겠습니까
— [ikskjúːs] (♦동사와의 발음 차이에 주의) 명 (복수 excuse**s** [-iz]) 사과, 변명; (실수 등의) 이유, 구실
That's no *excuse* for your conduct. 그것은 너의 행동에 대한 변명이 될 수 없다
She made an *excuse* for her being late. 그녀는 지각한 것에 대하여 변명했다

ex·cused [ikskjúːzd] 통 excuse (허용하다)의 과거·과거분사형

ex·cus·es [ikskjúːziz] 통 excuse (허용하다)의 3인칭 단수 현재형

ex·cus·ing [ikskjúːziŋ] 통 excuse (허용하다)의 현재분사형

ex·ec·u·tive [igzékjutiv] 명 (회사의) 중역

—형 실행상의, 실행가능한

﹡**ex·er·cise** [éksǝrsàiz] 명 (복수 exercise**s** [-iz])
❶ 연습, 연습 문제
Do the *exercise* on page 30. 30 페이지의 연습 문제를 풀어라
Kate doesn't like *exercises* for the piano. 케이트는 피아노 연습을 싫어한다
❷ 운동, 체조 《an을 붙이지 않고, 복수 없음》
Swimming is good *exercise*. 수영은 좋은 운동이다
I take light *exercise* every morning. 나는 매일 아침 가벼운 운동을 한다
Take more *exercise*. 운동을 더 해라
— 통 (3단현 exercise**s** [-iz]; 과거·과분 exercise**d** [-d]; 현분 exercis**ing**) (타동) (자동) 연습시키다, 운동시키다; 연습하다, 운동하다
The teacher *exercised* the boys in swimming. 선생님은 소년들에게 수영을 연습시켰다

ex·haust [igzɔ́ːst] 통 (3단현 exhaust**s** [-s]; 과거·과분 exhaust**ed** [-id]; 현분 exhaust**ing**) (타동) 다 써버리다; 기진맥진하다
I'm tired, but not *exhausted*. 나는 지치긴 했어도 기진맥진하지는 않았다

ex·hi·bi·tion [eksǝbíʃǝn] 명 (복수 exhibition**s** [-z]) 전시회

ex·ist [igzíst] (자동) (3단현 exist**s** [-s]; 과거·과분 exist**ed** [-id]; 현분 exist**ing**) 《명사는 existence》 존재하다, 생존하다
God *exists*. 신은 존재한다
No life *exists* on the moon. 달에는 생물이 존재하지 않는다

ex·ist·ence [igzístǝns] 명 (복수 existence**s** [-iz]) 존재, 생존
a struggle for *existence* 생존 경쟁

ex·it [égzit, 영 éksit] 명 (복수 exit**s** [-s]) 출구(↔entrance 입구)
— (자동) 《연극》 퇴장하다 (↔enter 등장

expect - explode

하다)

＊ex‧pect [ikspékt] (타동) (3단현 **expects** [-s]; 과거·과분 **expected** [-id]; 현분 **expecting**) 기대하다; 《구어》 ~라고 생각하다
I *expect* visitors tonight. 오늘 밤은 손님이 올 것이다
I'm *expecting* you at seven. 7시에 오실 것으로 기대하고 있습니다
▶ I'm waiting ... 라고 쓰지 않는다.
I *expect* her to come soon. 나는 그녀가 곧 올 것으로 생각한다
I *expect* to succeed.(=I *expect* that I will succeed.) 나는 성공하리라고 생각한다
✗ I think to succeed. 라고 쓰지 않는다.
It is not so bad as I *expected*. 그것은 내가 생각했던 것만큼 나쁘지 않다
The pupils are *expected* to leave the school by 5. 학생들은 5시까지 하교하기로 되어 있다

ex‧pec‧ta‧tion [èkspektéiʃən] (명) 기대, 예상

ex‧pe‧di‧tion [èkspədíʃən] (명) 탐험

ex‧pense [ikspéns] (명) (복수 **expenses** [-iz])
❶ 《단수형으로》 지출, 비용
He published the book at his (own) *expense*. 그는 그 책을 자비로 출판했다
❷ 《복수형으로》 ~비
living *expenses* 생활비

＊ex‧pen‧sive [ikspénsiv] (형) (비교 **more expensive**; 최상 **most expensive**) 값비싼, 고가의(↔ cheap 값싼)
expensive clothes 값비싼 옷

＊ex‧pe‧ri‧ence [ikspíəriəns] (명) (복수 **experiences** [-iz])
❶ 경험, 체험 《an을 붙이지 않고, 복수 없음》
She learned it from *experience*. 그녀

는 그것을 경험으로 배웠다
He has long *experience* of teaching. 그는 오랫 동안 가르친 교사 경험이 있다
❷ 《보통 복수형으로》 경험담
— (동) (3단현 **experiences** [-iz]; 과거·과분 **experienced** [-t]; 현분 **experiencing**) (타동) 경험하다, 체험하다
He *experienced* great pain. 그는 큰 고통을 경험했다

ex‧per‧i‧ment [ikspérəmənt] (명) (복수 **experiments** [-s]) 실험
He made an *experiment* in sounds. 그는 음을 실험했다
I learned it by *experiment*. 나는 실험으로 그것을 배웠다
— (동) (3단현 **experiments** [-s]; 과거·과분 **experimented** [-id]; 현분 **experimenting**) (자동) 실험하다
They *experimented* on electricity. 그들은 전기를 실험했다

ex‧pert [ékspəːrt] (명) 숙련가, 전문가
— (형) 숙달된, 전문가의

＊ex‧plain [ikspléin] (동) (3단현 **explains** [-z]; 과거·과분 **explained** [-d]; 현분 **explaining**) (타동) (자동) 설명하다; 변명하다
The teacher *explained* the meaning. 선생님은 그 의미를 설명했다
Please *explain* to me how to do it. 그것을 하는 방법을 내게 설명해 주시오
Explain your absence. 네가 결석한 이유를 말하라

ex‧pla‧na‧tion [èksplənéiʃən] (명) (복수 **explanations** [-z]) 《동사는 explain》 설명

ex‧plode [iksplóud] (동) (3단현 **explodes** [-z]; 과거·과분 **exploded** [-id]; 현분 **exploding**) 《명사는 explosion》 (자동) 폭발하다, 파열하다
His anger *exploded*. 그의 분노가 폭

explore - express

experiment

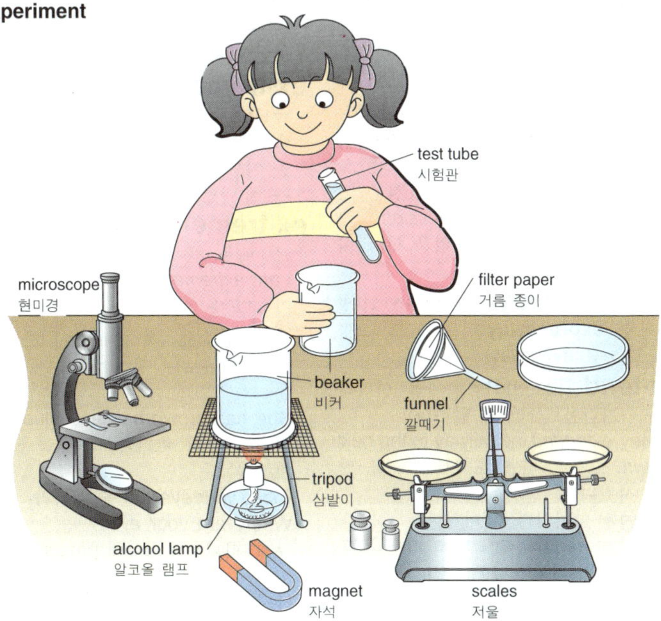

- test tube 시험관
- microscope 현미경
- filter paper 거름 종이
- beaker 비커
- funnel 깔때기
- tripod 삼발이
- alcohol lamp 알코올 램프
- magnet 자석
- scales 저울

발했다
— (타동) 폭발시키다

ex·plore [iksplɔ́:r] 동 (3단현 **explores** [-z]; 과거·과분 **explored** [-d]; 현분 **exploring**) (자동) (타동) 탐험하다, 조사하다

ex·plor·er [iksplɔ́:rər] 명 탐험가

ex·plo·sion [iksplóuʒən] 명 (복수 **explosions** [-z]) 《동사는 explode》 폭발; 폭발음

ex·port [ékspɔ:rt] 명 (복수 **exports** [-s]) 수출(↔ import 수입); 《보통 복수형으로》 수출품, 수출액
— 동 [ekspɔ́:rt] (3단현 **exports** [-s]; 과거·과분 **exported** [-id]; 현분 **exporting**) (타동) 수출하다
발음 강세는 명사와 다르다.

ex·pose [ikspóuz] (타동) (비·바람·위험 등에) ~을 쐬다, 노출시키다: (비밀 등을) 폭로하다
Don't *expose* your skin to the sun.
피부를 햇볕에 노출시키지 말아라

***ex·press** [iksprés] 동 (3단현 **expresses** [-iz]; 과거·과분 **expressed** [-t]; 현분 **expressing**) (타동) (감정 등을) **나타내다**, 표현하다
How do you *express* that in English?
그것은 영어로 어떻게 표현합니까
She *expressed* herself in English.
그녀는 영어로 자기 생각을 말했다
— 형 **급행의** 《명사 앞에만 씀》
an *express* train 급행 열차
by *express* delivery 《명 속달로(= 명 by special delivery)
— 명 (복수 **expresses** [-iz])
❶ **급행 열차**
We are going to travel by *express*.
우리는 급행 열차로 여행할 것이다
▶ 이 경우는 관사 없이 쓴다.

expression - eyes

❷ 속달편 《an을 붙이지 않고, 복수 없음》
Please send this by *express*. 이것을 속달편으로 보내 주시오

ex·pres·sion [ikspréʃən] 명 (복수 **expressions** [-z]) (생각·감정 등의) 표현; 표정, 안색
a polite *expression* 정중한 표현
It is beautiful beyond *expression*.
그것은 말로 형언할 수 없을 만큼 아름답다

ex·press·way [ikspréswèi] 명 (복수 **expressways** [-z]) 미 고속도로(=영 motorway)

ex·tend [iksténd] 타동 ~을 연장하다; (기간을) 늘리다; 넓히다
They *extended* the railway to the next town. 그들은 다음 도시로 철도를 연장 시켰다
— 자동 늘어지다, 넓어지다
The hot weather *extended* into October. 더운 날씨가 10월까지 계속되었다

ex·ten·sion [iksténʃən] 명 연장, 확대

ex·tent [ikstént] 명 범위, 정도, 넓이

ex·tinct [ikstíŋkt] 형 (불이) 꺼진; (화산이) 활동을 그친

ex·tra [ékstrə] 형 여분의, 임시의
an *extra* edition 임시 중간호, 호외
an *extra* train 임시 열차

ex·traor·di·nary [ikstrɔ́ːrdənèri] 형 비상한
What an *extraordinary* idea! 아주 기발한 생각이구나

ex·treme [ikstríːm] 형 극단적인, 극도의
We had *extreme* heat this summer. 올 여름은 매우 더웠다
— 명 극단, 극도

ex·treme·ly [ikstríːmli] 부 극도로; 매우, 몹시
I am *extremely* hungry. 나는 매우 배가 고프다

★**eye** [ái] 명 (복수 **eyes** [-z]) 눈; 시력; 알아보는 힘; (바늘·태풍 등의) 눈
She has brown hair and blue *eyes*. 그녀는 갈색 머리와 파란 눈을 가지고 있다
Close your *eyes*. 눈을 감아라
Where are your *eyes*? 눈은 어디다 두고 다니느냐 《상대방이 보지 못하고 실수할 때 씀》
He has a good *eye* for painting. 그는 그림을 보는 안목이 있다
keep an eye on ~을 주의해 보다
Keep an eye on the baby. 아이를 잘 보아라

eye·brow [áibràu] 명 (복수 **eyebrows** [-z]) 눈썹

eye·lash [áilæ̀ʃ] 명 (복수 **eyelashes** [-iz]) 속눈썹

eye·lid [áilìd] 명 눈꺼풀

eyes [áiz] 명 eye(눈)의 복수형

F f *F f*

F, f [éf] 몡 (복수 **F's, Fs, f's, fs** [-z]) ❶ 에프 《알파벳의 제 6자》 ❷ 《대문자 F》 몡 《학업 성적에서》 F 《불합격점, 낙제(=failure)》

F, F. Fahrenheit(화씨)의 줄임꼴

fa·ble [féibl] 몡 (복수 **fables** [-z]) 우화
Aesop's *Fables* 이솝 우화

Fa·bre [fá:br(ə)] 몡 파브르 《Jean Henri ~ (1823-1915); 프랑스의 곤충학자로 「곤충기」의 저자》

★**face** [féis] 몡 (복수 **faces** [-iz])
❶ 얼굴; 표정, 안색
Wash your *face*. 얼굴을 씻어라
📝 위 문장은 「때 묻은 얼굴을 씻어라」의 뜻으로 아침에 일어났을 때의 「세수하라」는 Brush your teeth.(이를 닦아라)라고 한다.
Lucy has a lovely *face*. 루시는 얼굴이 예쁘다
Her *face* is very sad.(=She looks very sad.) 그녀의 표정은 매우 슬퍼 보인다

He turned his *face* to me. 그는 나에게로 시선을 돌렸다
📝 head(머리)는 목에서부터 위의 전체를 뜻한다. 「창 밖으로 얼굴을 내밀지 마라」는 Don't put your head out (of) the window.라고 하고, face는 안 쓴다.
❷ 표면; (시계의) 문자판
This watch has a black *face*. 이 시계의 문자판은 검다
face to face (***with***) (~와) 얼굴을 맞대고, 마주보고
He sat down *face to face with* her. 그는 그녀와 마주보고 앉았다
— 통 (3단현 **faces** [-iz]; 과거·과분 **faced** [-t]; 현분 **facing**) 자동 타동
~에 접하다, ~를 향해 있다
My house *faces* the sea. 나의 집은 바다에 접해 있다
This window *faces* (to the) south. 이 창문은 남쪽을 향해 있다
📝 to the south의 south는 명사, to the가 없으면 south는 부사.
We must *face* the problem. 우리는 그 문제에 부딪쳐서 해결하지 않으면 안된다

faced [féist] 통 face (~에 접하다)의 과거·과거분사형

fac·es [féisiz] 몡 face (얼굴)의 복수형
— 통 face (~에 접하다)의 3인칭 단수 현재형

fac·ing [féisiŋ] 통 face (~에 접하다)의 현재분사형

fac·sim·i·le [fæksíməli] 몡 (책·필적·그림 따위의) 복사; 복사전송 장

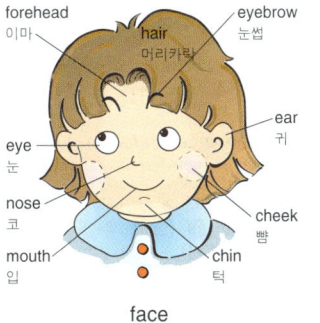
face

fact - faint

치, 사진 전송 《구어에서는 fax라고도 함》
in facsimile 복사로; 원본대로, 실물 그대로

*fact [fǽkt] 명 (복수 **fact**s [-s])
사실, 진상
Tell me the *facts* of the case. 그 사건의 진상을 내게 말하라
The *fact* is that she can't speak English. 실은 그녀는 영어를 할 줄 모른다
in fact 실은, 사실은, 실제는
In fact I tried to see her. 사실 나는 그녀를 만나려고 했다
as a matter of fact 사실은; (앞의 말을 정정하여) 실제는, 실은
As a matter of fact, I finished it yesterday. 사실은 나는 어제 그것을 끝마쳤다

fac·tor [fǽktər] 명 요인, 요소
Health is a *factor* of happiness. 건강은 행복의 한 요소이다

*fac·to·ry [fǽktəri] 명 (복수 **fac·tories** [-z]) 공장, 제작소
My brother works in this *factory*. 나의 형은 이 공장에서 일한다

📝 factory는 큰 공장, workshop은 작은 공장, plant는 건물·기계 등을 포함하고 있는 공장, works는 가스·철·기와·벽돌 등의 제조소.

fac·ul·ty [fǽkəlti] 명 (복수 **fac·ulties** [-z])
❶ 재능, 능력
the *faculty* for making friends 친구를 사귀는 재능
mental *faculties* 정신 능력
❷ (대학의) 학부; 미 《집합적》 교직원
He is one of the *faculty* of our university. 그는 우리 대학 교직원의 한 사람이다

fade [féid] 자동 (3단현 **fade**s [-z]; 과거·과분 **faded** [-id]; 현분 **fading**) 시들다; (색이) 바래다; 희미해지다
All the roses have *faded*. 장미가 모두 시들어 버렸다
The light has *faded*. 빛이 흐려졌다

Fahr·en·heit [fǽrənhàit] 형 화씨의 《F 또는 F.로 줄여 씀》
68°F 화씨 68도 《68°는 sixty-eight degrees로 읽음》

📝 영미에서는 보통 화씨를 쓴다. 독일의 물리학자 Fahrenheit(1686-1736)의 이름을 그대로 쓴 것. 섭씨는 $C = \frac{5}{9}(F-32)$로 구하면 된다 → centigrade.

*fail [féil] 동 (3단현 **fail**s [-z]; 과거·과분 **failed** [-d]; 현분 **failing**) 《명사는 failure》 자동 ❶ 실패하다(↔ succeed 성공하다)
All our plans *failed*. 우리의 계획은 모두 실패했다
❷ 결핍하다, 없어지다, 부족하다
Our water will soon *fail*. 물은 머지않아 떨어질 것이다
— 타동 ❶ 《to+동사원형을 취하여》 ~할 수 없다, ~하지 못하다
He *failed to* pass the exam. 그는 시험에 합격할 수 없었다
❷ 《구어》 낙제시키다, (시험에) 낙방시키다
never fail to ... 반드시 ~하다
I'll *never fail to* come. 나는 반드시 올 것이다
— 명 실패 《다음 구에만 쓰인다》
without fail 꼭(= certainly)
Come by two o'clock *without fail*. 꼭 2시까지 오너라

fail·ure [féiljər] 명 (복수 **failure**s [-z]) 《동사는 fail》 실패(↔ success 성공); 실패자
My plan ended in *failure*. 나의 계획은 실패로 끝났다

faint [féint] 형 (비교 **fainter**; 최상 **faintest**) ❶ (소리·색·빛 등이) 희미한, 어렴풋한
a *faint* sound 희미한, 어렴풋한
faint moonlight 희미한 달빛

❷ (기력·체력이) 약한 (=weak)
❸ 어질어질한, 기절할 듯한
He felt *faint*. 그는 어질어질했다
— (자동) (3단현 **faints** [-s]; 과거·과분 **faint**ed [-id]; 현분 **faint**ing) 기절하다, 실신하다
She *fainted* from the pain. 그녀는 아파서 기절했다

fair¹[fɛər] (형) (비교 **fair**er; 최상 **fair**est)
❶ (날씨가) **좋은**, 맑은
📝 약간 구름이 끼어 있어도 쓴다.
fair weather 맑은 날씨
❷ **올바른**; 공평한; 편견 없는
Our teacher is *fair* to us. 우리 선생님은 우리에게 공평하다
❸ (피부 색깔이) **하얀**; 금발의
➡ 백인은 fair와 dark로 나누어진다. fair는 북유럽계에 많은데, 피부색은 희고, 머리는 금발, 눈은 파랗다. dark는 남유럽계에 많은데, 피부색은 밀색이고, 머리는 브루넷(엷은 갈색)이고, 눈은 까맣다.
fáir pláy 정정당당한 승부, 페어플레이

fair²[fɛər] (명) 박람회; (미) (농산물·축산물의) 품평회; (영) (정기적으로 열리는) 장
an international trade *fair* 국제무역박람회
⟨◆동음어 fare (요금)⟩

fair·ly [fɛərli(:)] (부) (비교 **more** **fair**ly; 최상 **most fair**ly) 상당히, 꽤 (=pretty); 공평하게
She can swim *fairly* well. 그녀는 수영을 꽤 잘한다
fáir pláy 정정당당한 승부, 페어플레이

fair·y [fɛəri] (명) (복수 **fair**ies [-z]) 요정, 선녀

fair·y tale [-tèil] (명) (복수 **fairy tales** [-z]) 동화, 옛날 이야기

faith [féiθ] (명) 신용, 신뢰; 신앙 《a를 붙이지 않고, 복수없음》
I have *faith* in your honesty. 나는 너의 정직함을 믿는다

***faith·ful** [féiθfəl] (형) (비교 **more** **faith**ful; 최상 **most faith**ful) 충실한, 충직한
A dog is a *faithful* animal. 개는 충직한 동물이다

faith·ful·ly [féiθfəli(:)] (부) 성실하게, 충실하게
Yours *faithfully* (=*Faithfully* yours) 경구 《편지의 맺음말》
📝 Yours faithfully는 그다지 친하지 않은 사람에게 내는 편지의 맺음말이다. 친한 사이에는 Yours sincerely, 또는 Sincerely yours; 윗 사람에게는 Yours respectfully 따위를 쓴다.

★**fall** [fɔ́:l] (자동) (3단현 **fall**s [-z]; 과거 **fell** [fél]; 과분 **fallen** [fɔ́:lən]; 현분 **fall**ing) ❶ **떨어지다**; (비 따위가) 내리다
The bus *fell* into the river. 그 버스는 강물로 추락했다
Leaves *fall*. 나뭇잎이 떨어진다
His voice rose, then *fell*. 그의 목소리는 높아졌다가 낮아졌다
Snow is *falling* fast. 눈이 줄기차게 내리고 있다
The curtain *falls*. (극장의) 막이 내린다
❷ **쓰러지다**, 무너지다, 넘어지다
Many buildings *fell* during the big earthquake. 대지진 동안 많은 건물이 쓰러졌다
The child *fell* and cried. 그 아이는 넘어져서 울었다

📝 벽 등이 무너져 내리는 것은 fall down, 지붕 등이 부셔져 내리는 것은 fall in, 담이 넘어지는 것은 fall over라고 한다

❸ (어떤 상태로) **되다**; (~와) 맞아떨어지다
He has *fallen* ill. 그는 병에 걸렸다
Christmas *falls* on Sunday this year. 금년 크리스마스는 일요일이다

fallen - family

❹ (값 따위가) 내리다 (↔ rise 상승하다)
Prices have *fallen*. 물가가 내렸다
fall asleep 잠들다
He *fell asleep*. 그는 잠들었다
fall down 넘어지다; 엎드리다; 병들어 눕다
He *fell down* and hurt his leg. 그는 넘어져서 다리를 다쳤다
fall in (지붕 따위가) 내려앉다
fall in love with ... ~와 사랑에 빠지다
Tom *fell in love with* Mary. 톰은 메리와 사랑에 빠졌다
fall into ... ~에 빠지다
Don't *fall into* the hole. 그 구멍에 빠지지 마라
fall off ... ~에서 떨어져 내리다
Leaves *fell off* the tree. 나뭇잎이 떨어져 내렸다
— 명 (복수 **falls** [-z])
❶ 떨어진 것, 낙하; 내리는 것
We have a heavy *fall* of snow every year. 매년 많은 눈이 내린다
❷ 가을 (=autumn)
📘 보통 a는 붙이지 않고 단수로 쓰며, 나뭇잎이 떨어지는 계절이란 뜻에서 생긴 말.
We play football in (the) *fall*. 우리는 가을에 축구를 한다
❸ 《복수형으로 보통 단수 취급》 폭포
Niagara *Falls* is to the west of Rochester. 나이아가라 폭포는 로체스터 서쪽에 있다

***fall·en** [fɔ́ːlən] 자동 fall(떨어지다)의 과거분사형
— 형 떨어진; 쓰러진
The road is covered with *fallen* leaves. 도로는 낙엽으로 덮여 있다

fall·ing [fɔ́ːliŋ] 자동 fall(떨어지다)의 현재분사형
a *falling* star 유성

falls [fɔ́ːlz] 자동 fall(떨어지다)의 3인칭 단수 현재형
— 명 fall(낙하)의 복수형

false [fɔ́ːls] 형 틀린; 잘못된(= wrong; ↔ true 맞는, 사실의)
a *false* idea 틀린 생각
false teeth 의치(義齒)

fame [féim] 명 명성(=good name), 세평 《형용사는 famous》
a man of *fame* 이름있는 사람

fam·i·lies [fǽməliz] 명 family (가족)의 복수형

📙 영·미에서는 가족을 부부와 아이가 포함된 단위로 생각한다. 그래서 "Do you have a *family*?"는 「결혼해서 가족이 있습니까」의 의미로 주로 사용된다.

[작문] 우리말로 '식구가 많다'는 영어로 have a large family라고 한다 many families라고 하면 '많은 세대'라는 뜻으로 의미가 달라진다.

***fa·mil·iar** [fəmíljər] 형 (비교 *more* familiar; 최상 *most* familiar)
잘 알려진, 친한
a *familiar* face 낯익은 얼굴
The book is *familiar* to us. 그 책은 우리에게 잘 알려져 있다
Tom is *familiar* with the business. 톰은 그 사업을 잘 알고 있다
I am *familiar* with him. 나는 그와 친하다

📦 사물이 사람에게 잘 알려져 있는 경우는 be familiar to+「사람」으로, 사람이 사물을 잘 알고 있는 경우는 be familiar with+「사물」로 쓴다

***fam·i·ly** [fǽməli] 명 (복수 **fam·i·lies** [-z]) 가족; (한 가구의) 자녀들
His *family* is large. 그의 가족은 많다
📘 동사는 단수.
My *family* are all very well. 내 가족 모두 매우 건강하다

📦 가족을 하나의 단위로 생각하면 단수 취급하고, 한 사람 한 사람을 생각하면 복수 취급한다

family - family

family

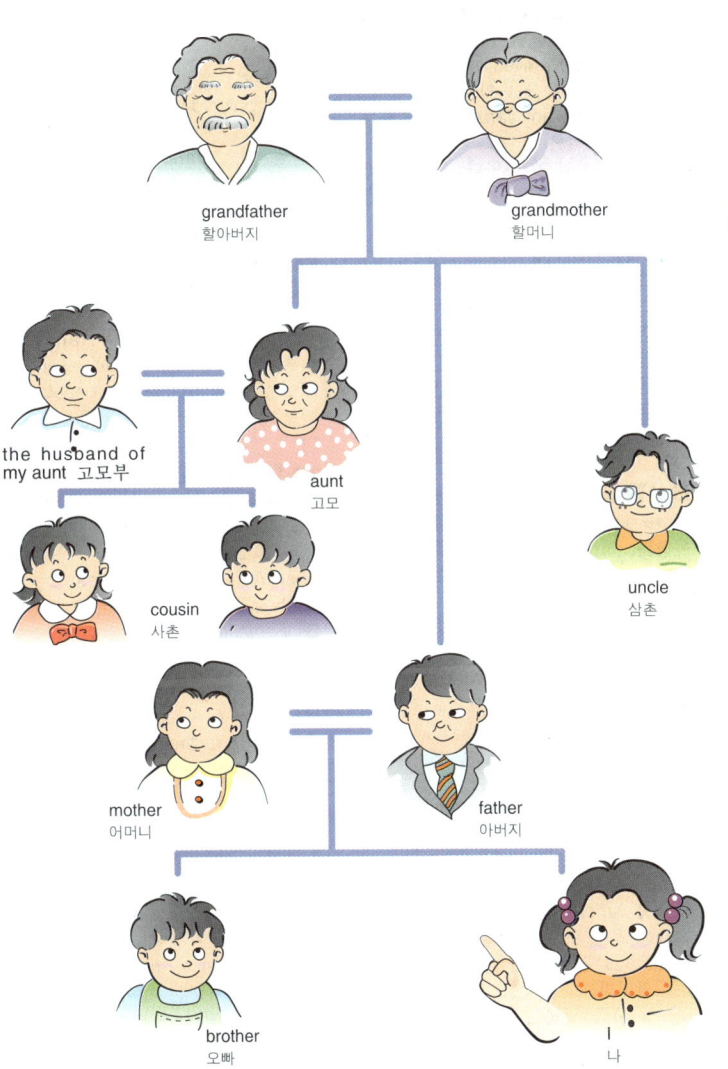

family name - far

회화 A: How is your *family*?
B: They are fine, thank you.
A: 가족은 모두 건강합니까
B: 모두 건강합니다, 감사합니다
She is a member of our *family*. 그녀는 우리 가족의 일원이다
The Jones *family* live here. 존스 가의 사람들은 여기에 살고 있다
Does he have any *family*? 그에게는 자녀가 있습니까
📝 형용사처럼도 쓰인다: the *family* doctor(가족 전담 의사), a *family* car(자가용 차)

fam·i·ly name [-néim] 명 성(姓)
(↔ Christian name, given name, first name 이름)
📝 John Kennedy라고 할 때 우리와는 반대로 뒤에 오는 Kennedy를 family name (성)이라고 한다. 또한 Mr. John Kennedy (Mr.+이름+성)라고 하지, Mr. John (Mr.+이름) 이라고는 하지 않는다.

*fa·mous [féiməs] 형 (비교 *more* famous; 최상 *most* famous)
유명한, 명성이 높은
This is a *famous* painting. 이것은 유명한 그림[회화]이다
She is *famous* in Los Angeles. 그녀는 로스앤젤레스에서 유명하다
Mr. Hemingway is a world-*famous* writer. 헤밍웨이는 세계적으로 유명한 작가이다
📝 a famous writer in the world라고는 말하지 않음.

be famous as ... ~로서 유명하다
He *is famous as* a doctor. 그는 의사로서 유명하다

be famous for ... ~로 유명하다
Pisa *is famous for* its leaning tower. 피사는 사탑(斜塔)으로 유명하다
📝 famous는 「유명한」을 뜻하는 일반적인 말이다. 나쁜 뜻으로의 「유명한, 악명 높은」을 뜻하는 말로는 notorious 가 있다.

fan¹ [fǽn] 명 (복수 fans [-z]) 부채; 선풍기

fan² [fǽn] 명 (복수 fans [-z]) (경기·영화 등의) 팬
a baseball *fan* 야구팬
a *fan* letter 팬 레터

fan·cy [fǽnsi] 명 (복수 fan·cies [-z]) 공상; 일시적 기분, 변덕
That's only your *fancy*. 그건 네 생각일 뿐이다
— 형 (비교 fancier; 최상 fanciest)
장식적인, 공들여 꾸민
a *fancy* button 장식 단추
a *fancy* cake 데코레이션 케이크
📝 decoration cake는 영어에는 없는 한국식 영어이다.
— 동 (3단현 fancies [-z]; 과거·과분 fancied [-d]; 현분 fancying)
타동 공상하다(=imagine), 생각하다
She *fancies* that she is beautiful. 그녀는 자기가 미인이라고 생각하고 있다

fan·tas·tic [fæntǽstik] 형 (비교 *more* fantastic; 최상 *most* fantastic) 공상적인, 변덕스러운; 《구어》 멋진, 훌륭한
회화 A: Korea beat Japan by two goals to one.
B: *Fantastic!*
A: 한국이 일본을 2:1로 이겼다
B: 신난다

★far [fá:r] 부 (비교 farther 또는 further; 최상 farthest 또는 furthest)
❶ 《장소·거리·시간》 멀리에(↔near 가까이에)
How *far* is it from Seoul to Chonju? 서울에서 전주까지는 얼마나 머냐
My house is not *far* from here. 나의 집은 여기서 멀지 않다

📖 비교급·최상급의 farther, farthest는 거리를, further, furthest는 정도를 나타내는 것이 원칙이지만, 실제는 엄격한 구별은 없고, further, furthest가 더 많이 쓰이는 경향이 있다

fare - farthest

❷ 《정도·비교급·최상급을 강조하여》 **훨씬**, 더욱
He sat down *far* back. 그는 훨씬 뒤에 앉았다
This dictionary is *far* better. 이 사전이 훨씬 더 좋다

as far as ... (= *so far as* ...) ~까지; ~하는 한
I walked *as far as* the station. 나는 역까지 걸었다
We went by bicycle *as far as* Taegu. 우리는 대구까지 자전거로 갔다
As far as I know, he is diligent. 내가 알고 있는 한, 그는 근면하다

far away 멀리에, 멀리 떨어져
He doesn't live *far away* from here. 그는 여기서 가까운 곳에 살고 있다

far from (~*ing*) ~하기는커녕, 조금도 ~않다(=not at all)
The story was *far from* interest*ing*. 그 이야기는 전혀 재미있지 않았다
He is *far from* happy. 그는 조금도 행복하지 않다
Far from read*ing* the letter, she did not open it. 그 여자는 편지를 읽기는커녕, 뜯어 보지도 않았다

so far 지금까지는, 여기까지는
You have answered nine questions *so far,* and this is the last question. 너는 지금까지 9문항을 답했는데, 이것이 마지막 문제이다
So far so good. 지금까지는 그런대로 잘됐다

☑ far의 사용법
as far as 나 so far 등과 같은 숙어는 별도로 하고, 「멀리에」의 뜻의 far 는 ⑨ 구어에서는 보통 의문문과 부정문에 쓰인다: How *far* did you go?(너는 어디까지 갔느냐) I did not go very *far*.(나는 별로 멀리까지 가지 못했다) 긍정문에서는 far 대신에 a long way 를 쓴다: I went a long away.(나는 멀리까지 갔다)

— 〔형〕 ❶ **먼**(↔near 가까운)
a *far* country 먼 나라
❷ (둘 중) **멀리 있는 쪽의**; 반대의
a house on the *far* side of the hill 언덕 반대 쪽에 있는 집

fare [fɛər] 〔명〕 (복수 **fares** [-z])
(탈것의) 요금, 운임
a railroad *fare* 철도 운임
a taxi *fare* 택시 요금

Far East [fáːr íːst] 〔명〕《the와 함께 사용하여》 극동 《한국·일본·중국 등 동부 아시아 지역을 가리킨다》

fare·well [fɛərwél] 〔명〕〔형〕 작별(의)
a *farewell* party 송별회

★**farm** [fáːrm] 〔명〕 (복수 **farms** [-z]) 농장, 농원; (가축 등의) 사육장
He works on a *farm*. 그는 농장에서 일하고 있다
My uncle has a chicken *farm*. 나의 삼촌은 양계장을 갖고 있다

★**farm·er** [fáːrmər] 〔명〕 (복수 **farmers** [-z]) 농부, 농장주
These days *farmers* use machine. 요즘 농부들은 기계를 사용한다

farm·house [fáːrmhàus] 〔명〕 (복수 **farm***houses* [-hàuziz]) 농가

farm·ing [fáːrmiŋ] 〔명〕 농업, 농장 경영
— 〔형〕 농업의
a *farming* village 농촌

farms [fáːrmz] 〔명〕 farm (농장)의 복수형

farm·wife [fáːrmwàif] 〔명〕 (복수 **farm***wives* [-wàivz]) 농부의 아내

farm·yard [fáːrmjàːrd] 〔명〕 농장 구내, 농가의 마당

far·ther [fáːrðər] 《far의 비교급 중 하나》 〔부〕 **더 멀리**, 더 앞에, 더 나아가서
I can't walk any *farther*. 나는 더 이상 걸을 수 없다
— 〔형〕 더 먼, 더 앞의

far·thest [fáːrðist] 《far의 최상급 중 하나》 〔부〕 가장 멀리
Who can swim *farthest*? 누가 가장

fascinate - fat

멀리 헤엄칠 수 있느냐
— 형 가장 먼

fas·ci·nate [fǽsənèit] (타동) (3단현 **fascinates** [-s]; 과거·과분 **fascinated** [-id]; 현분 **fascinating**) 마음을 홀리다, 매혹하다(=charm)
I was *fascinated* with [by] her beauty. 나는 그녀의 아름다움에 넋을 잃고 있었다
Her beauty *fascinated* everyone. 그녀의 아름다움은 모두를 매혹했다

fash·ion [fǽʃən] 명 (복수 **fashions** [-z]) ❶ 유행
Fashions change quickly. 유행은 빨리 변한다
Cycling is in *fashion*. 사이클링이 유행하고 있다
This style will come into *fashion* this year. 이 스타일이 금년에는 유행할 것이다
❷ 방식, 스타일, ~식
Tom did it after his own *fashion*. 톰은 그것을 자기 방식으로 했다

fash·ion·able [fǽʃənəbl] 형 (비교 **more fashionable**; 최상 **most fashionable**) 유행하는, 유행에 맞는
a *fashionable* dress 유행하는 옷
the *fashionable* world 유행의 세계, 사교계

fast [fǽst] 형 (비교 **faster**; 최상 **fastest**)
❶ 빠른(↔ slow 느린, 더딘)
He is a *fast* runner. 그는 빠른 주자이다
'Saemaul' is a very *fast* train. 「새마을 호」는 매우 빠른 열차이다
❷ (시계가) 빨리 가는(↔ slow 늦게 가는)
This clock is two minutes *fast*. 이 시계는 2분 빨리 간다
[작문] 「이 시계는 매일 2분씩 빨리 간다」는 This watch *gains* two minutes every day.라고 한다.
❸ 단단한(↔ loose 느슨한)

The door is *fast*. 그 문은 꼭 잠겨 있다
— 부 ❶ 빨리
Jack runs very *fast*.(= Jack is a very *fast* runner.) 잭은 매우 빨리 달린다
I can skate a little *faster* than Jim. 나는 짐보다 스케이트를 약간 더 빨리 지칠 수 있다
Who can swim *fastest* in your class? 너의 반에서 누가 가장 빨리 수영할 수 있느냐
❷ 단단히, 꼭; 곤히
Bind it *fast* to the tree. 그것을 나무에다 단단히 묶어라
He is *fast* asleep. 그는 곤히 잠들어 있다

📝 **fast와 quick**
fast에는 '속도의 지속'이라는 어감이 있는 반면, quick (민첩한, 즉석의)은 fast에 비하여 지속을 암시하지는 않는다: a *quick* answer (즉답)

fas·ten [fǽsn] (♦ t는 발음하지 않음) (타동) (3단현 **fastens** [-z]; 과거·과분 **fastened** [-d]; 현분 **fastening**) 매다, 묶다, 죄다
Fasten your seat belt. 《비행기 내의 게시》 좌석 벨트를 매시오
Who will go and *fasten* the bell on the cat? 누가 고양이 목에 방울을 달러 갈 것인가

fas·ten·er [fǽsnər] 명 잠그는[채우는] 것

fast·er [fǽstər] 부 형 fast (빨리; 빠른)의 비교급

fast·est [fǽstist] 부 형 fast (빨리; 빠른)의 최상급

fast food [fǽst fúːd] 명 간이[즉석] 식품 《즉석에서 먹거나 갖고 갈 수 있는 햄버거·치킨 등》

fat [fǽt] 형 (비교 **fatter**; 최상 **fattest**) ❶ 뚱뚱한(↔ lean, thin 여윈)
How *fat* you are! 너는 참 뚱뚱하구나
❷ 기름기가 많은, 지방이 많은
This meat is too *fat*. 이 고기는 지방

fatal - favour

이 너무 많다

fa·tal [féitəl] 형 치명적인, 운명의
a *fatal* disease 불치의 병
a *fatal* wound 치명적인 상처

fate [feit] 명 숙명, 운명
It is his *fate* to be a failure. 실패자가 되는 것이 그의 운명이다
She accepted her *fate*. 그녀는 자신의 운명을 받아들였다

★**fa·ther** [fá:ðər] 명 (복수 **fathers** [-z]) ❶ 아버지(↔mother 어머니)
My *father* works for this company. 아버지는 이 회사에서 일하신다
Where is *Father*? 아버지는 어디 계시니

📔 가족이나 친척을 나타내는 말은 my 를 쓰지 않고 첫 글자를 대문자로 쓰면 고유명사가 된다. 어머니(mother)도 마찬가지이다. 또 미에서는 아이들이 papa보다는 dad, daddy를 더 많이 쓴다

❷ 창시자
Marconi is called the *father* of the radio. 마르코니는 무선 전신의 아버지로 불린다
❸ (특히 가톨릭교의) 신부
Father Daniel 다니엘 신부

Fa·ther Christ·mas [fá:ðər krísməs] 명 영 산타클로스(=Santa Claus)

fa·thers [fá:ðərz] 명 **father**(아버지)의 복수형

Fa·ther's Day [fá:ðərz dei] 명 미 아버지 날
풍습 6월 셋째 일요일; '어머니 날'(Mother's Day)에 대비되어 아버지를 공경하는 날로서, 1910년 미국에서 시작되었다.

fau·cet [fɔ́:sit] 명 (복수 **faucets** [-s]) 미 (수도의) 꼭지 (영 tap)

★**fault** [fɔ́:lt] 명 (복수 **faults** [-s]) 결점, 흠; 실수, 잘못
She loves him in spite of his *faults*. 그녀는 그에게 결점이 있음에도 불구하고 그를 사랑한다
It's my *fault*. 내 잘못이다
▶ 선수가 경기 도중 실수[잘못]한 것을 손을 들고 시인하는 표현이다.
find fault with ... ~를 비난하다, ~를 흠잡다, ~를 욕하다
Don't *find fault with* others. 남을 비난하지 마라

★**fa·vor** [féivər] 명 (복수 **favors** [-z]) 친절한 행위; 호의; 찬성
Will you do me a *favor*? 부탁 하나 들어 주시겠습니까
May I ask a *favor* of you? 부탁 하나 드려도 될까요
회화 위의 2개의 예문은 의뢰할 때 쓰는 관용적 표현들이다.
in favor of ... ~에 찬성하여
I am *in favor of* your plan. 나는 당신의 계획에 찬성한다
— 타동 호의를 가지다
Fortune *favor* the brave. 행운의 여신은 용감한 사람 편이다

fa·vor·a·ble, fa·vour·a·ble [féivərəbl] 형 호의적인; 형편이 좋은 《명사형은 favor》
He gave a *favorable* answer. 그는 호의적인 대답을 했다
The weather was *favorable* for our voyage. 날씨가 우리의 항해에 안성맞춤이었다

★**fa·vor·ite** [féivərit] 형 (비교 *more* **favorite**; 최상 *most* **favorite**) 제일 좋아하는
What's your *favorite* book? 네가 가장 애독하는 책은 무엇이냐
— 명 (복수 **favorites** [-s]) 가장 좋아하는 것, 가장 인기 있는 사람
She is a *favorite* with her aunt. 그녀는 그녀의 숙모가 가장 좋아하는 사람이다

fa·vour [féivər] 명동 영 =미 favor

fax [fǽks] 명 복사 전송 장치 《facsimile의 약어》

FBI [éfbì:ái] 명 《the를 붙여서》 (미국의) 연방 수사국 《Federal Bureau of Investigation의 약어》

***fear** [fíər] 동 (3단현 **fear**s [-z] ; 과거·과분 **fear**ed [-d] ; 현분 **fear**ing) 타동 ❶ **두려워하다**, 무서워하다

He didn't *fear* to die. 그는 죽는 것을 두려워하지 않았다

❷ **걱정하다**, ~하지 않을까 생각하다 (→ hope ~할 것으로 생각하다)

I *fear* he will be late. 나는 그가 늦지 않을까 생각한다

회화 회화에서는 I am afraid he will be late.를 더 많이 쓴다.

— 자동 걱정하다, 염려하다

— 명 ❶ 두려움, 무서움 《a를 붙이지 않고 복수 없음》

She trembled with *fear*. 그녀는 무서워서 떨었다

❷ 걱정(→ hope 희망) 《보통 a를 붙이지 않고 복수 없음》

There is no *fear* of rain. 비 걱정은 없다

for fear of ... ~를 걱정하여, ~하지 않으려고

For fear of being late, you must start at once. 늦지 않으려면 즉시 출발해야 한다

fear·ful [fíərfəl] 형 무서운, 염려하는 《명사형은 fear》

He was *fearful* of making an error. 그는 실수를 할까봐 걱정하고 있었다

feast [fí:st] 명 (복수 **feast**s [-s]) 축연, 연회 ; (종교적인) 축제, 축일

***feath·er** [féðər] 명 (복수 **feath·er**s [-z]) (하나의) 깃, 깃털(→ wing 날개)

It is as light as a *feather*. 그것은 깃털처럼 가볍다

Birds of a *feather* flock together. 《속담》 깃이 같은 새는 같이 모인다 《유유상종》

Fine *feathers* make fine birds. 《속담》 좋은 깃털이 좋은 새를 만든다 《옷이 날개다》

fea·ture [fí:tʃər] 명 (복수 **feature**s [-z]) ❶ 특징, 특색

Wet weather is a *feature* of this country. 비가 많은 날씨가 이 나라의 특색이다

❷ 얼굴의 이목구비 ; 《복수형으로》 용모, 얼굴생김새

Dick has handsome *features*. 딕은 잘 생긴 얼굴을 가지고 있다

His nose is his worst *feature*. 그는 코가 가장 못 생겼다

☑ 눈·코·입 등은 각각 a feature 이다.

Feb. February(2월)의 약어

***Feb·ru·ar·y** [fébruèri] 명 **2월** 《Feb.로 줄여 씀》

February is the second month of the year. 2월은 1년의 두번째 달이다

We have a lot of snow in *February*. 2월에는 눈이 많다

My brother was born on *February* 28. 내 동생은 2월 28일에 태어났다

☑ 특정한 날을 지칭할 때는 in대신 on을 쓴다 : in February (○) in February 28 (×) on February 28 (○). 또한, 각 달(月)의 명칭은 항상 대문자로 시작한다.

fee·ble [fí:bl] 형 약한(=weak)

fed [féd] 동 **feed** (~에게 먹을 것을 주다)의 과거·과거분사형

fed·er·al [fédərəl] 형 연방의 ; 《보통 Federal로》 미연방의

the *Federal* Government (미국) 연방 정부

☑ 「주정부」는 State Government라고 함.

the *Federal* Bureau of Investigation 연방 수사국 《FBI로 줄여 씀》

fee [fí:] 명 (복수 **fee**s [-z])
❶ (의사·변호사 등에게 주는) 보수,

사례
a doctor's *fee* for a visit 왕진료
❷ 수업료; 입장료, 요금
an entrance *fee* 입학금
How much is the admission *fee?* 입장료가 얼마입니까

✱feed [fíːd] 동 (3단현 **feeds** [-z]; 과거·과분 **fed** [féd]; 현분 **feeding**)
(타동) 먹이를 주다; 키우다, 기르다
Don't *feed* these animals, please.
이 동물들에게 먹이를 주지 마시오
Have you *fed* the dog yet? 개에게 먹을 것을 주었느냐
He doesn't have a family to *feed*. 그에게는 양육해야 할 가족은 없다
— (자동) (동물이) 먹다
Cows are *feeding* in the meadow.
소가 초원에서 풀을 먹고 있다
Large fish *feed* on small fish. 큰 물고기는 작은 물고기를 먹고 산다
— 명 사료, 꼴 ((a를 붙이지 않고 복수 없음))

✱feel [fíːl] 동 (3단현 **feels** [-z]; 과거·과분 **felt** [félt]; 현분 **feeling**)
(타동) ❶ 느끼다
I don't *feel* pain. 나는 통증을 느끼지 않는다
I *felt* the house moving. 나는 집이 움직이는 것을 느꼈다
❷ 짚어 보다, 만져 보다
The doctor *felt* my pulse. 의사는 나의 맥박을 짚어 보았다
❸ ~한 느낌이 들다, ~라고 생각하다
I *feel* that she will come. 나는 그녀가 올 거라고 생각한다
— (자동) 느낌이 있다, 느껴지다; ~한 촉감이 들다
Don't you *feel* cold? 춥지 않니
회화 A: How do you *feel* today?
B: I *feel* much better, thank you.
A: 오늘 기분이 어떤가
B: 훨씬 기분이 좋습니다. 감사합니다
You will *feel* better soon. 곧 기분이 좋아지게 될 것이다

This cloth *feels* smooth. 이 천은 촉감이 매끄럽다
📝 보통 형용사 보어를 취하는 경우가 많다.
feel for ... ~를 더듬어 찾다; ~을 동정하다
I *felt for* the candle in the dark room.
나는 캄캄한 방 안에서 초를 더듬어 찾았다
I *feel for* you deeply. 나는 당신을 깊이 동정한다
feel like ... ~처럼 느껴지다
It *feels like* silk. 그것은 실크처럼 느껴진다
It *feels like* rain. 비가 내릴 것 같다
feel like ~ing ~하고 싶은 기분이 들다
I *felt like* ly*ing* on the grass. 나는 잔디밭에 눕고 싶은 기분이 들었다
feel one's way 더듬어 나아가다
I *felt my way* to the door. 나는 더듬어 문까지 갔다
feel sure 확신하다
I *feel sure* that Bill will come. 나는 빌이 올 것을 확신한다

feel·ing [fíːliŋ] 동 **feel**(느끼다)의 현재분사형
— 명 (복수 **feelings** [-z]) 감각, 느낌; ((복수형으로)) 감정
I lost all *feeling* in my right leg. 나는 오른쪽 다리의 감각을 잃어 버렸다
She controlled her *feelings*. 그녀는 자기 감정을 억제했다

feels [fíːlz] 동 **feel** (~을 느끼다)의 3인칭 단수현재형

✱feet [fíːt] 명 ❶ 피트
The snow was three *feet* deep. 눈의 깊이는 3피트였다
📝 길이의 단위 foot 의 복수형으로 ft. 로 줄여 쓴다. 원래는 발의 길이를 나타냈다. 1 피트는 12 인치, 약 30 센티미터
He is six *feet* two inches tall. 그의 키는 6 피트 2 인치이다
📝 구어에서는 He is six *foot* two.

fell - few

라고도 한다.
❷ foot(발)의 복수형
His *feet* are very dirty. 그의 발은 매우 더럽다

***fell** [fél] 자동 fall(떨어지다)의 과거형
A heavy rain *fell* all night. 많은 비가 밤새도록 내렸다

***fel·low** [félou] 명 (복수 **fellows** [-z]) ❶ 친구, 동료
They are my school *fellows*. 그들은 나의 학교 친구들이다
❷ 《구어》 사람, 남자, 녀석
Never mind, old *fellow*. 여보게, 염려하지 말게
Poor *fellow*! 가엾은 녀석 같으니
— 형 동행의, 친구의
a *fellow* traveler 여행의 동행자

***felt** [félt] 동 feel(느끼다)의 과거·과거분사형

fe·male [fí:meil] 명 (복수 **females** [-z]) 여성(↔ male 남성)
— 형 여성의
a *female* sex 여성

***fence** [féns] 명 (복수 **fences** [-iz]) 울타리, 담
Tom had to paint the *fence*. 톰은 울타리에 페인트 칠을 해야 했다
📝 정원·밭·농장 등의 주위에 나무·쇠막대 등으로 쳐 놓은 울타리. 돌로 쳐 놓은 것은 wall, 낮은 관목으로 쳐 놓은 것은 hedge 라고 한다.

fenc·ing [fénsiŋ] 명 펜싱 《a를 붙이지 않으며, 복수 없음》

fencing

fer·ry [féri] 명 (복수 **ferries** [-z]) 나룻배 ; 도선장, 나루터

fer·ry·boat [féribòut] 명 연락선, 페리보트

fes·ti·val [féstəvəl] 명 (복수 **festivals** [-z])
a music *festival* 음악제, 축제

fetch [fétʃ] 타동 (3단현 **fetches** [-iz] ; 과거·과분 **fetched** [-t] ; 현분 **fetching**) 가서 데리고 오다 (=go and get) ; 데리고 오다, 가지고 오다 (=bring)
Please *fetch* me my glasses. 내 안경을 가서 가지고 오시오
Will you *fetch* the doctor? 의사를 데리고 오지 않겠습니까
📝 영에서는 fetch보다 bring을 더 많이 씀.

fe·ver [fí:vər] 명 ❶ 열, 열병
📝 보통 a를 붙이지 않고 복수 없지만, 때때로 a를 붙이는 경우가 있다
I have a high *fever*. 나는 열이 높다
❷ 열중, 열광
a racing *fever* 경마열

***few** [fjú:] 형 (비교 **fewer** ; 최상 **fewest**) ❶ 《a few로서 긍정적 의미》 약간의, 약간은
I have *a few* friends in England. 영국에 친구가 몇 있다
The old man thought for *a few* minutes. 그 노인은 잠시동안 생각했다
My father will be back in *a few* days. 아버지는 2, 3일 있으면 돌아오실 것이다

📘 a few는 「조금 있는」의 「있는」에 중점이 있고 few, a few 는 셀 수 있는 명사의 복수형에만 붙어 「수」를 나타낸다. 「양」을 나타낼 때는 little, a little 을 쓴다 : There is a little water in the bottle.(병에는 물이 약간 있다) → little

❷ 《부정관사 a를 붙이지 않고》 몇 없는, 거의 없는(↔ many 많은)

Mike has *few* friends in New York.
마이크는 뉴욕에 친구가 거의 없다
Few students failed in the examinations. 그 시험에 떨어진 학생은 거의 없었다
Few people know of the fact. 그 사실을 아는 사람은 거의 없다
He is a man of *few* words. 그는 말이 거의 없는 사람이다

📔 a가 붙지 않은 few는 「몇 없는」 「거의 없는」의 「없는」에 중점이 있다. few는 수에 쓴다. → little

not a few ... 상당수의 ~
Not a few people came to the meeting. 상당수의 사람들이 모임에 왔다
only a few ... 극소수의 ~, 몇 안되는 ~ 《few와 거의 같음》
At first *only a few* people were living here. 처음에는 몇 안 되는 사람들이 여기에 살고 있었다
quite a few ... ⓓ 《구어》 상당히 많은 ~
He has *quite a few* books. 그는 상당히 많은 책을 가지고 있다
《*only a few ...* 와 비교》

📔 위의 3개의 숙어는 모두 형용사처럼 쓰인 것이지만, 대명사적 용법도 있다: I know only a few of them.(그들 중 몇 사람만 나는 알고 있다)

— 몡 소수의 사람[물건], 약간, 몇 사람
A *few* of the doves came down and sat upon my shoulders. 비둘기 2, 3마리가 내려와서 내 어깨에 앉았다
Few of them know it. 그들 중 그것을 아는 사람은 거의 없다
📔 a가 붙고 안 붙고에 따른 의미상의 차이는 형용사 용법과 같다.

few·er [fjúːər] 혱 **few**(소수의)의 비교급

few·est [fjúːist] 혱 **few**(소수의)의 최상급

fi·ber, fi·bre [fáibər] 몡 섬유; (천의) 옷감

fic·tion [fíkʃən] 몡 (문학의 한 장르로서의) 소설; 허구, 꾸며낸 이야기
science *fiction* 공상 과학 소설 《SF는 약어》
📔 fiction은 장편 소설(novel), 단편 소설(short story), 로맨스(romance) 등의 총칭이다. 역사·전기·기행문 등 사실에 입각한 작품은 nonfiction이라고 한다: That story is pure *fiction*. (그 이야기는 완전히 꾸며낸 이야기이다)

★**field** [fíːld] 몡 (복수 **fields** [-z])
❶ 들판; 논밭
Children are playing baseball in the *fields*. 어린이들이 들판에서 야구를 하고 있다
📔 「교외의 들판」은 복수형.
I like flowers of the *field*. 나는 들에 핀 꽃을 좋아한다
Ben is working in the *field*. 벤은 밭에서 일하고 있다
❷ 경기장, 필드
There is a baseball *field* near my school. 우리 학교 근처에 야구장이 있다
❸ (학문·활동 등의) 분야
He opened a new *field* in science. 그는 과학의 새 분야를 열었다

field day [-dèi] 몡 ⓜ 운동회 (날); 야외집회: 소풍

field·er [fíːldər] 몡 (복수 **fielders** [-z]) (야구) 외야수

field trip [fíːld trìp] 몡 (학생등의) 견학 여행; (학자 등의) 현지 조사 여행
They went on a *field trip*. 그들은 견학 여행을 떠났다

fierce [fíərs] 혱 (비교 **fiercer**; 최상 **fiercest**) 사나운; (비바람·추위

f fifteen - figure

등이) 맹렬한

★fif·teen [fiftí:n] 명 (복수 fifteens [-z]) 15, 15세; 15개, 15명 《복수 취급》
Five times three is *fifteen*. 3의 5배는 15이다
— 형 15의, 15개의, 15명의, 15세의
I am *fifteen* (years old). 나는 15세이다

fif·teenth [fiftí:nθ] 《15th로 줄여 씀》 명 《보통 the를 붙여》 제15, 15번, (달의) 15일
— 형 제15의, 15번째의

★fifth [fífθ] 《5th로 줄여 씀》 명 (복수 fifths [-s]) 《보통 the를 붙여》 제5, 5번, (달의) 5일; 5분의 1
two *fifths* 5분의 2 (◆복수형에 주의)
May *5th* is Children's Day in Korea. 5월 5일은 한국에서는 어린이 날이다
📔 May 5th는 [méi ðə fífθ]로 읽는다
— 형 제5의, 5번째의; 5분의 1의
May is the *fifth* month of the year. 5월은 1년 중에 5번째 달이다
Fifth Ávenue (뉴욕의) 5번가

fif·ties [fíftiz] 명 fifty(50)의 복수형

fif·ti·eth [fíftiiθ] 명 《보통 the를 붙여》 제50, 50번 《50th로 줄여 씀》
— 형 제50의, 50번째의

★fif·ty [fífti] 명 (복수 fifties [-z]) 50, 50세; 50개, 50명 《복수 취급》
the *fifties* (세기의) 50년대
He is in his *fifties*. 그는 50대이다
회화 A: How many students are there in your class?
B: There are just *fifty*.
A: 너의 반에는 학생이 몇 명 있느냐
B: 정확히 50명이 있습니다
— 형 50의, 50개의, 50명의, 50세의
His house is *fifty* miles away from here. 그의 집은 여기서 50마일 떨어진 곳에 있다

fig [fíg] 명 무화과 (나무열매)

★fight [fáit] 동 (3단현 fights [-s]; 과거·과분 fought [fɔ́:t]; 현분 fighting) 자동 싸우다, 다투다; 전쟁하다
He *fought* bravely. 그는 용감히 싸웠다
England *fought* against[with] Germany. 영국은 독일과 싸웠다

🔄 England fought with France against Germany. (영국은 프랑스와 함께 독일에 대항하여 싸웠다) 의 with에 주의

We must *fight* for liberty. 우리는 자유를 위하여 싸우지 않으면 안 된다
— 타동 (적·병 등과) 싸우다; (싸움을) 하다
The doctors *fought* the disease. 의사들은 그 병과 싸웠다
He *fought* a good fight. 그는 훌륭하게 싸웠다
— 명 ❶ 싸움, 전투 (복수 fights [-s])
We lost a *fight*. 우리는 전투에서 졌다
We had a hard *fight*. 우리는 고전했다
❷ 전의(戰意), 파이팅 정신 《a를 붙이지 않고 복수 없음》
They had plenty of *fight*. 그들은 투지가 만만했다
📔 *fight*는「한 사람 한 사람의 싸움」, *battle*은「전투」, *war*는「전쟁」

fig·ure [fígjər] 명 ❶ 숫자;《복수형으로》 계산
the *figure* 5 숫자 5
Are you good at *figures*? 당신은 계산을 잘합니까
❷ 도안, 도해, 삽화
See *figure* 2. 제2도안을 보라
❸ 꼴, 모양, 생김새
The statue has a fine *figure*. 그 동상은 아름다운 형태로 되어 있다
❹ (특히 훌륭한) 인물, 명사

He is one of the great *figures* in history. 그는 역사상 위대한 인물들 중의 한 사람이다
— 동 (3단현 *figures* [-z]; 과거·과분 *figured* [-d]; 현분 *figuring*)
타동 ❶ 생각하다, 상상하다
❷ 계산하다
figure out ... ~을 이해하다, 풀다

fig·ure skat·ing [-skèitiŋ] 피겨 스케이팅

file [fáil] 명 (복수 *files* [-z]) (서류·신문 등의) 철
a *file* of letters 편지철
— 동 (3단현 *files* [-z]; 과거·과분 *filed* [-d]; 현분 *filing*) 타동 (~을) 정리하여 보관하다, 파일에 철하다
Each book is *filed* alphabetically under the name of its author. 책마다 저자명별로 알파벳순으로 정리가 되었다

★**fill** [fíl] 동 (3단현 *fills* [-z]; 과거·과분 *filled* [-d]; 현분 *filling*) (형용사는 full) 타동 ❶ (그릇에) **채우다**
Fill the bottle with milk. 병에 우유를 채워라
📝 *Fill* milk into the bottle.도 좋다.
Her eyes are *filled* with tears. 그녀의 눈은 눈물로 가득했다
He was carrying a bag *filled* with letters. 그는 편지로 가득한 가방을 가지고 다녔다
❷ (장소 등을) 메우다
The students *filled* the hall. 학생들이 홀을 메웠다
The theater was *filled* with people. 그 극장은 만원이었다
— 자동 가득 차다, 가득해지다
The river *filled*. 강물이 불었다
fill in (빈 곳을) 메우다, 써 넣다
Fill in a date. 날짜를 써 넣어라 《in 은 부사》
Fill in your name on the card. 카드에 네 이름을 써 넣어라
Fill in the blanks. 빈자리에 써 넣어라
fill up 가득 채우다, 빈 곳을 메우다

Fill up the tank. 탱크를 가득 채워라

fill·ing sta·tion 명 [fíliŋ stèiʃən] (복수 *filling stations* [-z]) 미 주유소(=gas station)

film [fílm] 명 (복수 *films* [-z]) 얇은 껍질(막); 《사진》 필름; 영화(= movie)
a news *film* 뉴스 영화

fi·nal [fáinl] 형 최후의, 최종의
the *final* round (권투 등의) 최종회
— 명 (복수 *finals* [-z]) 《보통 복수형으로》 (경기의) 결승전

📝 **final과 last**
final은 최종적으로 완결되는 것을 강조하는 데 비해 last는 그저 순서의 맨 끝을 뜻한다.

fi·nal·ly [fáinli] 부 ❶ 최후로, 끝으로, 마지막으로
Finally, I would like to say "Thank you" again. 끝으로 다시 한번 감사를 드립니다
❷ 마침내, 드디어(=at last)
We *finally* came to a conclusion. 우리는 마침내 결론에 도달했다

fi·nance [fináens, fáinæns] 명 (복수 *finances* [-iz]) 재정, 재무; 《보통 복수형으로》 재원, 수입

fi·nan·cial [fináenʃəl, fai-] 형 재정상의; 재계의

★**find** [fáind] 타동 (3단현 *finds* [-z]; 과거·과분 *found* [fáund]; 현분 *finding*)
❶ **찾다**, 발견하다
Did you *find* your pen? 당신의 펜을 찾았습니까
I can't *find* the key anywhere. 열쇠를 어디서도 찾을 수 없다
These animals are *found* in Australia. 이 동물은 오스트레일리아에서 볼 수 있다
He *found* a job for me.(=He *found* me a job.) 그는 나에게 일자리를 구해 주었다
❷ 알다; 알아내다, 눈치채다

finding - finish

> 📘 이 뜻의 문형은 「+목적어+보어 (형용사·분사·to+동사 원형)」 또는 「find+that+주어+동사」로 된다

I *found* the book interesting. 그 책은 (읽어 보니) 재미있었다
☑ 이것을 수동태로 바꾸면 The book was found interesting.으로 된다.
I *found* Nancy very bright. 나는 낸시가 매우 총명하다는 것을 알았다
I *found* the door broken. 나는 문이 부서진 것을 알았다
You will *find* it to be true. 너는 그것이 사실임을 알게 될 것이다
They *found* that life was difficult. 그들은 생활이 곤란한 것을 알았다

> 📘 위의 예문들에서 볼 때 find 뒤에 올 수 있는 목적격 보어로 형용사·과거분사·to+동사원형·that+주어+동사 등이 있다

find oneself ... 자신이 ~한 것을 안다
When I awoke, I *found myself* lying on the bed in a hospital. 깨어나 보니 나는 어느 병원 침대에 누워 있었다
find out 발견하다, 찾아내다, 알아내다
At last the scientist *found out* the secret. 드디어 그 과학자는 비밀을 알아냈다
She *found out* her mistakes. 그녀는 자신의 잘못을 알았다

find·ing [fáindiŋ] 통 find(~을 발견하다)의 현재분사형

finds [fáindz] 통 find(~을 발견하다)의 3인칭 단수 현재형

★**fine¹** [fáin] 형 (비교 **finer**; 최상 **finest**) ❶ 좋은, 훌륭한, 아름다운, 재미있는, 멋진
There are *fine* subways in Seoul. 서울에는 훌륭한 지하철이 있다
What a *fine* play! 얼마나 멋있는 플레이인가
Everything is *fine*. 모든 것이 훌륭하다
Alice has a *fine* brown hair. 앨리스는 멋있는 갈색 머리를 가지고 있다
❷ 건강한
[회화] A: How are you?
B: I'm *fine*, thank you.
A: 건강은 어떠니
B: 좋아, 고마워
❸ (날씨가) 좋은, 맑은
It is *fine* today. 오늘은 날씨가 좋다
What a *fine* day it is! 얼마나 좋은 날씨인가
☑ ❸에서 날씨가 좋다고 할 때 fine을 쓰는 것은 오래된 표현이다. 그 대신에 It's *nice* today. What a *nice* day! 라고 한다.

● 날씨에 관한 말 ●
a cloudy sky 구름 낀 하늘
a rainy morning 비 오는 아침
a windy evening 바람 부는 저녁
snowy weather 눈 오는 날씨
a sunny day 해가 비치는 날

fine² [fáin] 명 벌금, 과료
— 타동 (~에게) 벌금을 과하다

fin·er [fáinər] 형 fine (훌륭한)의 비교급

fin·est [fáinist] 형 fine (훌륭한)의 최상급

★**fin·ger** [fíŋgər] 명 (복수 **fingers** [-z]) 손가락 《보통은 엄지 이외의 손가락; →thumb 엄지》
Each hand has one thumb and four *fingers*. 손에는 하나의 엄지와 4개의 손가락이 있다
☑ the first finger (검지), the middle finger (중지), the third finger (약지), 단, 여성의 왼손 약지는 반지를 끼므로 the ring finger 라고도 함), the little finger (새끼손가락)

★**fin·ish** [fíniʃ] 통 (3단현 **finishes** [-iz]; 과거·과분 **finished** [-t]; 현분 **finishing**) 타동 자동 끝내다, 끝나다; 마치다; 끝손질하다, 완성하다

finished - firmly

Have you *finished* your homework yet? 너는 이미 숙제를 끝냈느냐
I *finished* reading the book last night. 나는 어젯밤에 그 책을 다 읽었다

📝 finish의 뒤에는 명사 또는 동사의 현재분사형이 온다.

It takes seven days to *finish* this work. 이 일을 마치는 데는 1주일이 걸린다
The picture will soon be *finished*. 그 그림은 머지않아 완성될 것이다
The concert hasn't *finished* yet. 음악회는 아직 끝나지 않았다
The meeting started at nine and *finished* at eleven. 그 모임은 9시에 시작해서 11시에 끝났다
— 명 끝, 마지막; (가구 등의) 마지막 손질, 마무리; 마지막 지점
This chair has a beautiful *finish*. 이 의자는 마무리 손질이 잘 되어 있다
The work has come to the *finish*. 일이 끝났다

fin·ished [fíniʃt] 동 finish (∼을 끝내다)의 과거·과분

fin·ish·es [fíniʃiz] 동 finish (∼을 끝내다)의 3인칭 단수 현재형

fin·ish·ing [fíniʃiŋ] 동 finish (∼을 끝내다)의 현재분사형

Fin·land [fínlənd] 명 핀란드 《북부 유럽의 공화국; 수도는 헬싱키 (Helsinki)이다》

fir [fə́ːr] 명 (복수 firs [-z]) 전나무 《크리스마스트리로 쓰인다》

★**fire** [fáiər] 명 (복수 fires [-z])
❶ 불 《a를 붙이지 않고 복수 없음》
Fire burns. 불이 타고 있다
The barn caught *fire*. 헛간에 불이 붙었다
Paper takes[catches] *fire* easily. 종이는 쉽게 불이 붙는다
Don't play with *fire*. 불장난하지 마라
The house is on *fire*. 집이 타고 있다

There is no smoke without *fire*. 《속담》 아니 땐 굴뚝에 연기 나랴
❷ 난로의 불, 모닥불; (요리용의) 불
They made a *fire* in the yard. 그들은 마당에 모닥불을 피웠다
Put the kettle on the *fire*. 주전자를 불 위에 올려 놓아라
❸ 화재
A *fire* broke out yesterday. 어제 화재가 났다
a *fíre* escápe 비상 계단
a *fíre* státion 소방서
— 동 (3단현 *fires* [-z]; 과거·과분 *fired* [-d]; 현분 *firing*) 타동 자동
❶ 발사하다, 발포하다, 쏘다
Tom *fired* his gun at them. 톰은 그들을 겨냥하여 총을 발사했다
❷ 태우다, 타다
They *fired* fallen leaves. 그들은 낙엽을 태웠다

fire alarm [-əláːrm] 명 (복수 fire alarms [-z]) 화재 경보; 화재 경보기

fire·boat [fáiərbòut] 명 소방선

fire en·gine [-èndʒin] 명 (복수 fire engines [-z]) 소방차

fire fight·er [-fáitər] 명 미 소방수 (=fireman)

fire·fly [fáiərflài] 명 (복수 fire flies [-z]) 《곤충》 반딧불, 개똥벌레

fire·man [fáiərmən] 명 (복수 firemen [-mən]) 소방대원, 소방수

fire·place [fáiərplèis] 명 벽난로

fire·work [fáiərwə̀ːrk] 명 (복수 fireworks [-z]) 《보통 복수형으로》 불꽃, 불꽃놀이

★**firm**¹ [fə́ːrm] 형 (비교 firmer; 최상 firmest) 견고한(=solid, hard); 확고한
as *firm* as a rock 바위처럼 견고한

firm² [fə́ːrm] 명 상회, 회사
a law *firm* 법률사무소

firm·ly [fə́ːrmli(ː)] 부 (비교 **more**

first - fish

firmly ; 최상 *most* firmly) 단단히, 견고히 ; 확고하게

★**first** [fə́ːrst] 형 《보통 the를 붙여》 제1의, 1번째의, **최초의**(↔ last 최후의)

The *first* day of the week is Sunday. 1주의 첫날은 일요일이다

My brother is in his *first* year of college. 나의 형은 대학 1년생이다

He won *first* prize in the photo contest. 그는 사진 콘테스트에서 1등상을 탔다

✏ 구어에서 win이나 get 뒤에는 first prize에 the를 쓰지 않는다.

The *first* train starts at four a.m. 첫 기차는 오전 4시에 출발한다

Is this your *first* visit to Korea? 한국 방문은 이번이 처음이니

Tell me your *first* impression of Korea. 한국의 첫 인상을 말해 주시오

for the first time 처음으로

They painted their house *for the first time* in ten years. 그들은 10년만에 처음으로 집에 페인트 칠을 했다

in the first place 우선, 먼저

In the first place you must go there. 우선 너는 거기에 가지 않으면 안된다

— 부 제1로, 최초로, 우선, 처음으로

He went to America *first*. 그는 먼저 미국으로 갔다

First I want to buy some apples. 나는 우선 사과를 몇 개 사고 싶다

He *first* asked my name. 그는 먼저 나의 이름을 물었다

✏ 위의 3개의 예문은 first가 문장 뒤, 문장 앞, 동사의 앞에 위치할 수 있음을 보여 준다.

first of all 먼저, 무엇보다도

First of all, you must take care of your health. 무엇보다도 너는 네 건강을 조심하지 않으면 안 된다

— 명 《1st로 줄여 씀 ; 보통 the를 붙여》 제1, (날짜의) 1일, 최초

Elizabeth *the First* 엘리자베스 1세
The first of April is All Fools' Day. 4월 1일은 만우절이다

January *the first* is a national holiday. 1월 1일은 국경일이다

Try it again from *the first*. 처음부터 한 번 더 해 보아라

at first 처음에는, 최초에는

At first people did not believe him. 처음에는 사람들이 그의 말을 믿지 않았다

At first I didn't understand him. 처음에 나는 그의 말을 이해하지 못했다

be the first to ... 제일 먼저 ~하다, 최초로 ~하다

I *was the first to* arrive there. 내가 제일 먼저 거기에 도착했다

He *was the first to* cross the Atlantic by plane. 그가 최초로 대서양을 횡단 비행했다

✏ 예문의 arrive나 cross는 과거의 동작을 나타내므로 「~할 최초의 사람」은 아니다.

first aid [-éid] 명 응급치료

first-class [fə́ːrstklǽs] 형 제1급의, 1류의

a *first-class* hotel 일류 호텔

first la·dy [-léidi] 명 《종종 the First Lady로》 미국 대통령 부인 ; 주지사 부인

first name [-nèim] 명 미 《(성(姓)에 대하여)》 이름 ; 세례명(=Christian name) (→ 성 family name)

★**fish** [fíʃ] 명 (복수 **fish**, **fish**es [-iz]) ❶ 물고기

✏ 특히 물고기의 종류를 말할 때는 *fishes* 라고 한다.

I caught two *fish* in the stream. 나는 개울에서 물고기 2마리를 잡았다

There were a lot of *fish* in the river. 그 강에는 물고기가 많이 있었다

✏ 이 fish는 복수의 뜻.

You can see a lot of *fishes* in the pond. 그 연못에서는 여러 (종류의) 물고기를 볼 수 있다

❷ 어육(魚肉), 생선 《관사를 붙이지

fish and chips - fix

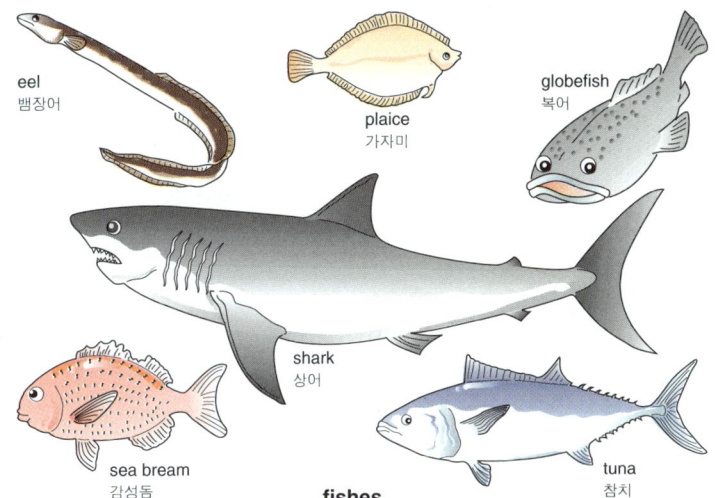

eel 뱀장어
plaice 가자미
globefish 복어
shark 상어
sea bream 감성돔
tuna 참치

fishes

않고 복수 없음》
I like *fish* better than meat. 난 육류보다 생선을 더 좋아한다
— 동 (3단현 **fishes** [-iz] ; 과거·과분 **fished** [-t] ; 현분 **fishing**) 자동 타동 물고기를 잡다, 낚시하다
I like to *fish* in the sea. 나는 바다 낚시를 좋아한다
He went *fishing* yesterday. 그는 어제 낚시하러 갔다
▶ 미국에서는 낚시를 사치스런 오락으로 생각한다.

fish and chips [fiʃ ən tʃíps] 명 생선튀김에 감자튀김을 곁들인 요리

fished [fíʃt] 동 fish(낚시질하다)의 과거·과거분사형

fish·er·man [fíʃərmən] 명 (복수 **fishermen** [-mən]) 어부

fish·ing [fíʃiŋ] 명 낚시
Tom likes *fishing*. 톰은 낚시를 좋아한다
a *fishing* boat 낚싯배, 어선
— 동 fish(낚시질하다)의 현재분사형

fist [físt] 명 (복수 **fists** [-s]) 주먹
I struck the table with my *fist*. 나는 주먹으로 테이블을 쳤다

fit [fít] 형 (비교 **fitter** ; 최상 **fittest**) 적당한, 알맞은
He is *fit* for the job. 그는 그 일에 적임자이다
— 동 (3단현 **fits** [-s] ; 과거·과분 **fitted** [-id] ; 현분 **fitting**) 타동 (~에게) 잘 어울리다 ; ~에 적합하다
This dress *fits* her very well. 이 옷은 그녀에게 아주 잘 어울린다
— 자동 맞다, 적합하다, 어울리다
Your new coat *fits* well. 당신의 새 코트는 잘 맞습니다

★**five** [fáiv] 명 (복수 **fives** [-z]) 5, 5세 ; 5시 ; 5개, 5명 《복수 취급》
I get up at *five* every morning. 나는 매일 아침 5시에 일어난다
— 형 5의, 5개의 ; 5명의 ; 5세의
He has *five* younger brothers. 그에게는 5명의 남동생이 있다
I came to Seoul *five* years ago. 나는 5년전에 서울에 왔다

★**fix** [fíks] 동 (3단현 **fixes** [-iz] ;

fixed - flap

fishing
line 낚싯줄
float 찌
hook 낚싯바늘
fishing rod 낚싯대
reel 릴
grip 손잡이
creel 고기 바구니

과거·과분 **fix*ed*** [-t]; 현분 **fix*ing***)
타동 ❶ **고정시키다**, 만들어 달다
I *fixed* the picture on the wall. 나는 벽에 그림을 고정시켰다
He *fixed* a shelf to the wall. 그는 벽에 선반을 달았다
❷ (일시·장소·값 등을) **정하다**
We *fixed* the meeting for two o'clock. 우리는 그 모임을 2시로 정했다
❸ (시선·주의 등을) **집중시키다**
She *fixed* her eyes on[upon] me. 그녀는 나를 응시했다
❹ (미) (구어) **수리하다**, 고치다(= repair)
I'll *fix* the radio. 내가 그 라디오를 고치겠다
— **자동** **정하다**; 정착하다; 《on을 취하여》 ~를 결정하다
Let's *fix* on[upon] the date for the next meeting. 다음 모임 날짜를 결정하자

fixed [fíkst] **형** 고정된, 불변의
a *fíxed stár* (천문) 항성(→ planet 행성)

Fla. Florida(플로리다 주)의 약어

flag [flǽg] **명** (복수 **flag*s*** [-z]) 기, 국기
The British *flag* has three crosses on it. 영국 국기에는 3개의 십자가가 들어 있다
📝 the Stars and Stripes 성조기(미국 국기). the Union Jack 영국 국기. the Tricolor 3색기(특히 프랑스 국기). the Korean National Flag 한국 국기. the Red Cross Flag 적십자기. a white flag 백기(항복·휴전의 표시).

flame [fléim] **명** (복수 **flame*s*** [-z]) 불꽃, 화염
The house was in *flames*. 그 집은 불타고 있었다

fla·min·go [fləmíŋgou] **명** (복수 **flamingo*s***, **flamingo*es***[-z]) (새) 플라밍고, 홍학
📝 이 새가 날때 새의 붉은 날개가 불꽃(flame)처럼 보여서 붙여진 이름이 flamingo이다.

flap [flǽp] **동** (3단현 **flap*s***; 과거·과분 **flap*ped*** [-t]; 현분 **flap*ping***)
타동 ~을 펄럭거리다; 찰싹 때리다

다; (날개 등을) 퍼드덕거리다
The bird was *flapping* its wings. 새가 날개를 퍼덕거리고 있었다
She *flapped* him on the face. 그녀는 그의 얼굴을 찰싹 때렸다
— 자동 펄덕이다; 날개치다
The flag was *flapping* in the wind. 깃발이 바람에 나부끼고 있었다
— 명 펄럭임, 펄럭이는 소리; (새의) 파닥거림; 손바닥으로 침

flash [flǽʃ] 명 섬광; (생각 등의) 번뜩임; (TV·라디오의) 뉴스속보; 순간(=instant)
He solved the problem in a *flash*. 그는 눈깜짝할 사이에 그 문제를 풀었다
— 동 자동 번뜩이다; (생각 등이) 문득 떠오르다
A new idea *flashed* on me. 새로운 생각이 갑자기 떠올랐다
— 타동 번쩍거리게 하다, 번쩍이다

flash·light [flǽʃlàit] 명 (복수 **flashlights** [-s]) 섬광, 회중 전등

***flat**¹ [flǽt] 형 (비교 **flatter**; 최상 **flattest**) ❶ **수평의**, 평평한, 납작한
The earth is not *flat*. 지구는 평평하지 않다
❷ 《음악》 **변음의** 《기호는 #; → sharp》
— 부 납작하게, 딱 잘라

flat² [flǽt] 명 (복수 **flats** [-s]) 《영》 아파트(=《미》 apartment)

fla·vor, fla·vour [fléivər] 명 (독특한) 맛, 풍미
What *flavor* of icecream do you like best? 어떤 맛의 아이스크림을 가장 좋아하니
This coffee has a sweet *flavor*. 이 커피가 향기가 좋다
— 동 풍미를 더하다, 맛을 내다
She *flavored* the soup with lemon. 그녀는 레몬으로 수프의 풍미를 더했다

fleet [flíːt] 명 함대

flesh [fléʃ] 명 ❶ (동물의) 고기, 살; (과일의) 과육 《식용육은 meat》 《a를 붙이지 않으며 복수없음》
❷ 《the를 붙여》 육체(=body; ↔ soul 영혼)
☑ fresh(신선한)와는 별개의 말.

***flew** [flúː] 동 **fly**(날다)의 과거형
He *flew* from London to Paris. 그는 런던에서 파리까지 비행했다

flies [fláiz] 동 **fly**¹(날다)의 3인칭 단수 현재형
— 명 **fly**²(파리)의 복수형

***flight** [fláit] 명 (복수 **flights** [-s]) 《동사는 fly》
❶ 날아가기, 비행
a night *flight* 야간 비행
a round-the-world *flight* 세계 일주 비행
❷ 계단의 1단; 층(=floor)

***float** [flóut] 동 (3단현 **floats** [-s]; 과거·과분 **floated** [-id]; 현분 **floating**) 타동 자동 뜨다(↔ sink 가라앉다); 떠내려가다
Wood *floats* on water. 목재는 물 위에 뜬다
A balloon is *floating* in the sky. 풍선이 하늘에 떠오르고 있다
We went to the lake to *float* the sailboat. 우리는 요트를 타러 호수에 갔다

flock [flák] 명 (복수 **flocks** [-s]) 떼, 무리
a *flock* of sheep 양 떼

***flood** [flʌ́d] 명 (복수 **floods** [-z]) 홍수, 범람
the *flood* of the Nile 나일 강의 범람
There was a *flood* in Seoul. 서울에 홍수가 났다

floor [flɔ́ːr] 명 (복수 **floors** [-z])
❶ 바닥, 방바닥(↔ ceiling 천장)
Mary sweeps the *floor* every day. 메리는 매일 바닥을 쓴다
❷ (건물의) 층
the ground *floor* 《영》 1층
the first *floor* 《미》 1층(=《영》 2층)
the second *floor* 《미》 2층(=《영》 3층)

floppy disk - fly¹

This elevator stops at every *floor*.
이 승강기는 매층에서 선다
His office is on the sixth *floor*. 그의 사무실은 6층(=영 7층)에 있다
☑ His office is in the sixth story.라고도 하는데, 전치사의 차이에 주의.
▶ 영국에서는 한국·미국의 말하는 것과 1층의 차이가 있다. 유럽 여러 나라도 영국식으로 셈한다. 또 story는 「몇 층 건물」의 의미에 쓰인다: two-storied house (2층집)

flop·py disk [flápi dísk] 영 플로피 디스크 ((외부 기억장치의 하나로 플라스틱제 자기 원반임))

Flor·i·da [flɔ́:rədə] 영 플로리다 주 ((미국의 대서양 연안에 있는 최남단의 주; 약어로는 FL 또는 Fla. 라고 함))

flour [fláuər] 영 밀가루, 소맥분
Flour is made from wheat. 밀가루는 밀로 만들어진다
☑ 원래는 flower(꽃)와 같은 말이었다

★**flow** [flóu] 통 (3단현 **flow**s [-z]; 과거·과분 **flow**ed [-d]; 현분 **flow**ing) 자동 ❶ 흐르다
The Thames *flows* through London. 템스 강은 런던을 관통하여 흐른다
The river *flowed* over its banks. 강물이 둑을 넘쳐 흘렀다
The crowd *flowed* out of the station. 군중이 역에서 흘러나왔다
❷ (머리·옷 등이) **처져 내리다**; (세월이) 흐르다
Her hair is *flowing* down her back. 그녀의 머리는 잔등까지 내려져 있다
Twenty years *flowed* away. 20년의 세월이 흘렀다
— 영 흐름, 유출

★**flow·er** [fláuər] 영 (복수 **flower**s [-z]) 꽃, 화초
I like wild *flowers*. 나는 야생의 꽃을 좋아한다
There are some pretty *flowers* in the park. 공원에는 예쁜 꽃들이 있다
The rose is the national *flower* of England. 장미는 영국의 국화이다
This *flower* comes out in spring. 이 꽃은 봄에 핀다
Grace put *flowers* in the vase. 그레이스는 꽃병에 꽃을 꽂았다
Say it with *flowers*. 당신의 마음을 꽃으로 전하세요((꽃집 간판에 흔히 쓰이는 문구))
☑ flower는 일반적인 관상용 꽃을 가리키고, blossom은 과일 나무의 꽃을 가리킴.
flówer arrángement 꽃꽂이
a flówer bèd 화단, 꽃밭

flow·er·pot [fláuərpàt] 영 (복수 **flowerpot**s [-s]) 화분

:**flown** [flóun] 통 **fly**(날다)의 과거분사형
The bird has *flown* out of its cage. 그 새는 새장에서 날아가 버렸다

flu [flú:] 영 인플루엔자, 유행성 감기 ((influenza의 줄임말))
I've got the *flu*. 나는 독감에 걸렸다

flute [flú:t] 영 (복수 **flute**s [-s]) (음악) 플루트, 피리
play the *flut* 플루트를 불다

★**fly¹** [flái] 통 (3단현 **fli**es [-z]; 과거 **flew** [flú:]; 과분 **flown** [flóun]; 현분 **fly**ing) ((명사는 flight)) 자동 날다; 비행하다; 날아가는 것처럼 지나다[지나가다]
A swallow *flies* fast. 제비는 빨리 날아간다
Our plane *flew* across a large wild land. 우리의 비행기는 넓은 황야를 날았다
Many pigeons are *flying* about. 많은 비둘기들이 날아다니고 있다
The birds *flew* away. 그 새들은 날아가 버렸다
I will *fly* to London next Sunday. 나는 다음 일요일에 비행기로 런던에 갈 예정이다
The door *flew open*. 문이 활짝 열렸다
Time *flies* like an arrow. (격언) 세월

fly² - focus

flower

은 화살처럼 지나간다
— 타동 날리다; (비행기를) 조종하다
The boys are *flying* model planes.
소년들이 모형 비행기를 날리고 있다
In Korea boys *fly* kites in winter. 한국에서 소년들은 겨울에 연을 날린다
— 명 (복수 **flies** [-z]) 비행; (야구) 플라이, 비구(飛球)

fly² [flái] 명 (복수 **flies** [-z]) (곤충) 파리

fly·ing [fláiiŋ] 동 **fly**(날다)의 현재분사형

fly·ing doc·tor [-dáktər] 명 비행기로 왕진하는 의사

fly·ing sau·cer [-sɔ́:sər] 명 비행접시(→ UFO)

FM [éfém] 명 《라디오》 FM, 에프엠 《주파수 변조; frequency modulation의 줄임말》

foam [fóum] 명 거품, 비지땀
the *foam* on the waves 파도에 이는 거품

fo·cus [fóukəs] 명 (복수 **focuses**

f fog - food

[-iz]) (렌즈의) 초점; 중심; (흥미·주의의) 집중

*fog [fɔ́(ː)g, fág] 명 안개
a thick *fog* 짙은 안개
The *fog* cleared. 안개가 걷혔다
📝 fog는 mist(안개)보다 짙고, smog(스모그)는 smoke(연기)와 fog(안개)의 합성어.

fog·gy [fɔ́(ː)gi] 형 (비교 **fogg**ier; 최상 **fogg**iest) 안개 낀, 안개가 자욱한; 흐릿한, 침침한

foil [fɔ́il] 명 금속의 박편; (식품·담배 등을 포장하는) 호일
gold *foil* 금박
aluminum *foil* 알루미늄 막

fold [fóuld] 타동 (3단현 **fold**s [-z]; 과거·과분 **fold**ed [-id]; 현분 **fold**ing) ❶ 접다
I *folded* the letter into four. 나는 편지를 4겹으로 접었다
❷ (팔·손을) 끼다
He *folded* his arms. 그는 팔짱을 끼었다

folk [fóuk] 명 (복수 **folk**s [-s]) 사람들 《지금은 people을 많이 씀》; 《복수형으로》 가족, 친척

folk dance [-dæ̀ns] 명 민속 무용

folk mu·sic [-mjùːzik] 명 민속음악

folk song [-sɔ̀ːŋ] 명 민요

*fol·low [fálou] 동 (3단현 **fol·low**s [-z]; 과거·과분 **follow**ed [-d]; 현분 **follow**ing) 타동 ❶ 따라 다니다, (도로 등을) 따라가다
My dog always *follows* me. 내 개는 항상 내 뒤를 따라다닌다
Drive ahead, and I'll *follow* you. (차로) 앞서 가시오, 그러면 나는 당신을 뒤따라가겠소
Follow this road. 이 길을 따라 가라
Night *follows* day. 낮 뒤에 밤이 온다
A long speech *followed* the dinner. 식사 뒤에 긴 연설이 있었다
Kate *follows* the fashions. 케이트는 유행을 쫓아간다
❷ (지도자·충고 등에) **따르다**, 복종하다
I will *follow* your advice. 나는 당신의 충고에 따르겠습니다
❸ 이해하다
I can't *follow* you. 나는 너의 말을 이해할 수 없다
— 자동 뒤에 이어지다; 연이어 일어나다

as follows 다음과 같은 《항상 3인칭 단수 현재형》
His words are *as follows*. 그의 말은 다음과 같다

fol·low·er [fálouər] 명 (주의·학설 등의) 신봉자, 추종자; 부하; 수행원
Robin Hood and his *follower* 로빈후드와 그의 부하들

fol·low·ing [fálouiŋ] 동 follow (따르다)의 현재분사형
— 형 다음의 (= next)
On the *following* day he started. 그 다음 날에 그는 출발했다

fond [fánd] 형 (비교 **fonder; 최상 **fond**est) ❶ 좋아하는
📝 이 뜻으로는 언제나 be fond of ... 의 꼴로 쓰인다(→ 숙어 **be fond of ...**)
❷ 무른, 정에 약한
📝 비교급·최상급은 이 뜻으로만 쓰인다.
a *fond* mother 정에 약한 어머니, 자녀들에게 약한 어머니

†**be fond of ...** ~를 좋아하다(= like)
I *am fond of* flowers. 나는 꽃을 좋아한다
Are you *fond of* reading? 당신은 독서를 좋아합니까
📝 ㈤에서 젊은이들은 be fond of를 쓰지 않고, 보통 like를 쓴다.

*food [fúːd] 명 **음식물, 식료품**, 먹을 것(→ drink 마실 것) 《a를 붙이지 않고, 복수 없음》
food and water 음식물과 물

There was much *food* on the table.
식탁에 많은 음식이 있었다
They bought some bread, some meat, some fruit, and other *food*.
그들은 빵, 고기, 과일, 그리고 다른 식료품을 샀다
Beefsteak is one of my favorite *foods*. 비프스테이크는 내가 좋아하는 음식 중 하나이다
☑ 종류를 나타낼 때는 foods [fú:dz]로 된다.

***fool** [fú:l] 몡 (복수 **fools** [-z])
《형용사는 foolish》 바보
He is a big *fool*. 그는 큰 바보이다.
He made a *fool* of me. 그는 나를 놀렸다[바보 취급했다]
an Ápril fóol 4월 바보 《4월 1일에 속아 넘어간 사람》
Ápril Fóols' Dày(=Áll Fóols' Dày) 만우절(4월 1일; → April)
— 동 (3단현 **fools** [-z]; 과거·과분 **fooled** [-d]; 현분 **fooling**) 타동 자동
바보 취급하다, 놀리다

*f**ool·ish** [fú:liʃ] 형 (비교 *more foolish*; 최상 *most foolish*) 《명사는 fool》 바보스런, 바보 같은(↔ wise 현명한)
He is a *foolish* boy. 그는 바보 같은 소년이다
How *foolish* she is!(=What a fool she is!) 그녀는 참 바보스럽구나

*f**oot** [fút] 몡 (복수 **feet** [fí:t])
❶ 발
☑ 발목 아래의 부분. 발목에서 넓적다리 부분까지는 leg라고 한다.
We have five toes on each *foot*.
각 발에는 5개의 발가락이 있다
A dog has four *feet*. 개는 발이 4개 있다
❷ (산의) 기슭(→ top 꼭대기); (사물의) 밑 부분
The hotel is at the *foot* of a mountain. 그 호텔은 산기슭에 있다
Bill stood at the *foot* of the stairs.
빌은 계단의 제일 아래에 서 있었다

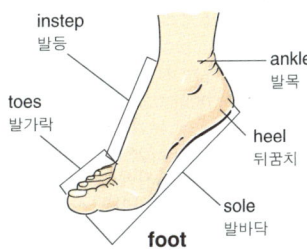
foot

❸ 피트
▶ 길이의 단위로 12인치, 약 30센티. ft.로 줄여 씀. 사람의 발 길이에서 생긴 말.
One *foot* is twelve inches. 1피트는 12인치이다
It is ten *feet* long. 그것은 길이가 10피트이다
on foot 걸어서, 도보로
I go to school *on foot*. 나는 걸어서 통학한다
☑ I walk to school.이 보통이다.

*f**oot·ball** [fútbɔ̀:l] 몡 풋볼, 축구 《a를 붙이지 않고 복수 없음》
☑ 풋볼의 3종류: association football (아식 축구, 사커(soccer)), American football(미식 축구), Rugby footbal (럭비)

foot·print [fútprìnt] 몡 발자국
Who left these muddy *footprints* on the floor? 누가 마루바닥에 진흙 발자국을 남겼느냐

foot·step [fútstèp] 몡 걸음걸이; 발소리; 발자국
I heard soft *footsteps* coming up the stairs.
나는 계단을 올라오는 가벼운 발자국소리를 들었다

*f**or** [fər, (강조할 때) fɔ́:] 전
❶ ~를 위하여
We had a party *for* him. 우리는 그를 위하여 파티를 열었다
What can I do *for* you? 무엇을 해 드릴까요

for - for

Exercise is good *for* health. 운동은 건강에 좋다
He bought a hat *for* Alice. 그는 앨리스에게 모자를 사 주었다
She wrote books *for* boys and girls. 그녀는 소년 소녀가 읽을 책을 썼다
This is a present *for* my father. 이것은 나의 아버지께 드릴 선물이다

❷ 《목적을 나타내어》 ~하기 위하여, ~를 얻기 위하여
Nancy went out *for* a walk.⁽¹⁾ 낸시는 산책하러 나갔다
She worked hard *for* the peace of the world. 그녀는 세계 평화를 위하여 열심히 일했다
I must go home *for* lunch.⁽²⁾ 나는 점심을 먹으려고 집에 가지않으면 안 된다
The baby is crying *for* milk.⁽³⁾ 아기는 우유를 달라고 울고 있다
I visited my teacher *for* advice.⁽⁴⁾ 나는 충고를 구하러 나의 선생님을 방문했다
I am waiting *for* your letter.⁽⁵⁾ 너의 편지를 기다리고 있다
We must send *for* a doctor.⁽⁶⁾ 우리는 의사를 불러 오지 않으면 안 된다

> (1) go out for a walk는 「산책하려 가다」. (2) cry for …는 「~를 울면서 요구하다」. (5) wait for …는 「~를 기다리다」. (6) send for …는 「~를 부르러 보내다」란 뜻의 숙어; (2)의 응용으로서 사람을 초대할 때는 Come for dinner.(식사하러 오시오)보다도 Come to dinner.가 더 좋다. (4)는 틀리게 「충고하기 위하여」로 해석하지 않도록 주의.

❸ 《이유·원인을 나타내어》 ~때문에
She danced *for* joy. 그녀는 기뻐서 춤을 추었다
The town is famous *for* wine. 그 도시는 포도주로 유명하다

> 질병·날씨·사고 등의 「때문에」는 because of 나 on account of 등을 쓴다: *because of* illness(병때문에); *on account of* bad weather(악천후 때문에)

❹ ~를 향하여, ~행의
I leave Seoul *for* Honolulu tomorrow. 나는 내일 호놀룰루를 향해 서울을 출발한다
He took a bus *for* Boston. 그는 보스턴 행의 버스를 탔다

❺ 《시간·거리를 나타내어》 ~동안 (→ during)
I learn English *for* an hour every day. 나는 매일 1시간씩 영어를 배운다
I was waiting *for* a long time. 나는 오랫동안 기다리고 있었다
They were silent *for* a while. 그들은 잠시 침묵을 지켰다
We walked *for* a mile. 우리는 1마일을 걸었다

❻ ~(의 대금으)로, ~에 대하여
He bought the hat *for* fifteen dollars. 그는 15달러를 주고 그 모자를 샀다
How much did you pay *for* your shoes? 당신의 구두는 얼마 주고 샀습니까

❼ ~대신에
Will you go to the post office *for* me? 저 대신에 우체국에 가 주시겠습니까
I will give you new stamps *for* old ones. 옛날 우표 대신에 새 우표를 드리겠습니다

❽ ~에 비하면, ~로서는
She looks young *for* her age. 그녀는 나이에 비해 젊어 보인다
It is cool *for* July. 7월치고는 시원하다

❾ ~로서
I took you *for* your brother. 나는 너를 너의 형으로 착각했다

> take A for B 「A를 B로 잘못 생각하다」는 mistake A for B와 같다.

He was chosen *for* our leader. 그는 우리의 리더로 뽑혔다

❿ ~에 대하여, ~에게는
Thank you *for* your letter. 당신의 편지 고마웠습니다
I am sorry *for* his death. 그의 죽음은

유감입니다
English is not easy *for* us. 영어는 우리에게는 쉽지 않다

⓫ 《for ... 「to+동사의 원형」으로》 ~가 …하는 것은, …하는 것은 ~에게는

It is right *for* you *to* say so. 네가 그렇게 말하는 것은 옳다

The book is too difficult *for* me *to* read. 그 책을 읽는 것은 나에게는 너무 어렵다

☑ 이 for ...는 「to+동사원형」의 의미상의 주어이다.

⓬ ~에 찬성하여(↔ against)

[회화] A: Are you *for* or against this plan?
B: I'm against it.
A: 너는 이 계획에 찬성이니, 반대하니
B: 반대야

for all ~에도 불구하고
For all his efforts, he didn't succeed. 그가 노력했음에도 불구하고, 그는 성공하지 못했다
For all her wealth, she is not happy. 그 여자는 부자임에도 불구하고 행복하지 않다

for now 당장은, 지금으로서는, 이번은
Well, good-bye *for now*. 자, 이번은 여기서 마치겠습니다
[회화] A: Is this all?
B: Yes, that's all *for now*.
A: 이것이 전부입니까
B: 예, 지금으로서는 그것뿐입니다

for oneself 독력으로, 자기 스스로, 자신을 위하여
☑ oneself는 주어의 인칭에 따라 myself, herself, ourselves 등으로 바뀐다: Shine your shoes *for yourself*. (네 구두는 네가 닦아라) Jim finished the work *for himself*. (짐은 혼자힘으로 그 일을 마쳤다) Dick made a radio set *for himself*. (딕은 혼자 힘으로 라디오를 조립했다)

— [접] 왜냐하면 ~하기 때문에

The people came back to the city, *for* the war was over. 전쟁이 끝났으므로 사람들은 도시로 돌아왔다
☑ for앞에 콤마가 있다. 또 문어체이므로 회화에서는 쓰이지 않음(→ since)

for·bad [fərbǽd] [동] forbid(~을 금지하다)의 과거형의 하나

for·bade [fərbéid] [동] forbid(~을 금지하다)의 과거형의 하나

for·bid [fərbíd] (타동) 《과거 **for*bade*** [-béid] 또는 **for*bad*** [-bǽd]; 과분 **for*bidden*** [-bídn]; 현분 **forbid** 또는 **for*bidding*** 》 금하다, 금지하다
Mother *forbids* us to play in the street. 어머니는 우리가 길에서 노는 것을 금하신다

for·bid·den [fərbídn] [동] **forbid**(~을 금지하다)의 과거분사
— [형] 금지된, 금단의
the *forbidden* fruit 금단의 열매

force [fɔ́:rs] [명] (복수 **forces** [-iz]) 힘, 세력(=power), 완력, 폭력;《흔히 복수로》 군대
the air *force* 공군
the armed *forces* 군대

Ford [fɔ́:rd] [명] 포드 《미국의 포드 회사 제품의 자동차》

fore·cast [fɔ́:rkæst] (타동) 《과거·과분 **forecast** 또는 **forecast*ed*** [-id]》 (일기 등을) 예보하다, 예측하다
The teacher *forecast* that 10 of his students would pass the examination. 선생님은 그의 학생중 10명이 그 시험에 합격할 것이라고 예측했다
— [명] (일기의) 예보; 예측
a weatehr *forecast* 일기예보

fore·fin·ger [fɔ́:rfiŋgər] [명] (복수 **forefingers** [-z]) 사람을 가리키는 손가락, 검지(=the first finger)

fore·head [fɔ́:rid, fɔ́:rhèd] (♦ 발음에 주의) [명] (복수 **foreheads** [-z]) 이마

foreign - form

★for·eign [fɔ́:rin] (◆발음에 주의) 휑 외국의(↔ home 국내의), 외국제의, 외국풍의
a *foreign* language 외국어
foreign goods 외국 상품
foreign mail 외국 우편
John is a *foreign* student. 존은 외국 학생이다

＊for·eign·er [fɔ́:rinər] (◆발음에 주의) 명 (복수 **foreigners** [-z]) 외국인
I met a *foreigner*. 나는 외국인을 만났다

＊for·est [fɔ́:rist] 명 (복수 **forests** [-s]) 삼림, 숲
We walked through the *forest*. 우리는 숲속을 걸어서 통과했다
There was a *forest* fire. 산불 사고가 있었다
📗 forest는 woods보다 크고 깊다.

＊for·ev·er [fərévər] 뮈 영원히, 언제나

for·gave [fərgéiv] 동 forgive(~을 용서하다)의 과거형

★for·get [fərgét] (타동) (3단현 **forgets** [-s] ; 과거 **forgot** [-gát] ; 과분 **forgotten** [-gátn] 또는 **forgot** ; 현분 **forgetting**) 잊다, 생각이 나지 않다(↔ remember 기억하고 있다) ; 놓고 내리다
I *forget* his name. 나는 그의 이름이 생각나지 않는다
I'll never *forget* your kindness. 나는 너의 친절을 결코 잊지 않을 것이다
Don't *forget* to write to me. 잊지 말고 편지 주시오
I *forgot* my key. 나는 열쇠를 두고 왔다
📗 장소를 나타내는 말과 함께 쓰일 때는 forget이 아니라 leave를 쓴다 : Where did you *leave* your umbrella? (네 우산은 어디에 두고 왔느냐) I *left* it in the bus. (버스 안에 두고 내렸다)

for·get-me-not [fərgétminàt] 명 (복수 **forget-me-nots** [-s]) (식물) 물망초 《믿음·성실·우정의 표시》

for·gets [fərgéts] 동 forget(~을 잊다)의 3인칭 단수 현재형

for·get·ting [fərgétiŋ] 동 forget(~을 잊다)의 현재분사형

for·give [fərgív] 동 (3단현 **forgives** [-z] ; 과거 **forgave** [fərgéiv] ; 과분 **forgiven** [fərgívn] ; 현분 **forgiving**) (타동) (자동) 용서하다 (=pardon)
Please *forgive* my mistake. 나의 실수를 용서해 주시오

＊for·got [fərgát] (타동) forget (잊다)의 과거형 ; 과거분사형의 하나

＊for·got·ten [fərgátn] (타동) forget(잊다)의 과거분사형의 하나

★fork [fɔ́:rk] 명 (복수 **forks** [-s])
❶ 포크(→ knife)
I eat with a *fork* only. 나는 포크로만 먹는다
Nancy eats beefsteak with a knife and *fork*. 낸시는 나이프와 포크로 비프스테이크를 먹는다

📘 (1) 나이프와 포크처럼 한 벌로 된 것은 관사 a를 knife 앞에만 붙이고 fork 앞에는 생략한다.
(2) 미국인도, 영국인도, 왼손에 포크를, 오른손에 나이프를 쥐고 먹을 것을 자르지만, 먹을 때는 미국인은 오른손에 포크를 바꿔 쥐고 포크로만 먹는다. 영국인은 왼손에 포크, 오른손에 나이프를 쥔 채 양손을 다 사용하여 먹는다.

＊form [fɔ́:rm] 명 (복수 **forms** [-z])
❶ 모양, 형태(=shape)
Butterflies change their *forms*.
나비는 탈바꿈한다
The god appeared in the *form* of a fairy. 그 신은 요정의 모습으로 나타

formal - forward

났다
❷ **형식**, 양식
in sonata *form* 소나타 형식으로
❸ **서식**, 용지
a telegraph *form* 전보 신청 용지
❹ 명 (중학·고교의) **학년**(=미 grade)
Fred is now in the fifth *form*. 프레드는 지금 5학년생이다
—동 (3단현 *form*s [-z]; 과거·과분 *form*ed [-d]; 현분 *form*ing) 자동
형태가 생기다
Clouds are *form*ing over the hill.
산 위에 구름이 형성되고 있다
—타동 **형태를 이루다**, 만들다
Water *form*s ice when it freezes.
물은 얼면 얼음으로 된다
You must *form* good habits. 너는 좋은 습관을 길러야 한다

for·mal [fɔ́ːrməl] 형 (비교 *more* formal; 최상 *most* formal) 정식의; 의례적인; 형식에 치우친(↔ informal 비공식의) 《명사형은 form》
a *formal* dress 정장

for·mer [fɔ́ːrmər] 형
❶ 이전의, 전의; 옛날의
the *former* president 전(前)대통령
❷ 《the를 붙여서》 (둘중의) 전자 《대명사적으로 쓰임》 (↔ the latter 후자)
Both the red and the pink dress are pretty, but I like *the former* better. 빨간색 드레스나 분홍색 드레스 모두 예쁘지만 나는 전자(빨간색 드레스)가 더 마음에 든다

for·mu·la [fɔ́ːrmjulə] 명 (복수 **for·mulas** [-z] 또는 **formulae** [fɔ́ːrmjuliː]) (수학·화학 따위의) 공식, 식; 일정한 말씨 [문구]

***forth** [fɔ́ːrθ] 부 **앞으로**, 전방으로 (=forward)
The lamp moved back and *forth*.
램프가 앞뒤로 움직였다
Tom stepped *forth*. 톰이 앞으로 나왔다
Plants put *forth* leaves in spring.
식물은 봄에 잎을 내민다

and so forth ... 등, ~따위(=and so on)

for·ties [fɔ́ːrtiz] 명 forty(40)의 복수형

for·ti·eth [fɔ́ːrtiiθ] 《40th로 줄여 씀》 명 (복수 **fortieths** [-s]) 제40, 40번
—형 제40의, 40번째의

for·tu·nate [fɔ́ːrtʃənət] 형 (비교 *more* fortunate; 최상 *most* fortunate) 운이 좋은, 행운의 《lucky보다 더 지속적인 의미가 있음》 (↔ unfortunate)
She is *fortunate* to have good friends. (=She is *fortunate* in having good friends.) 그는 다행히도 좋은 친구들을 가졌다

for·tu·nate·ly [fɔ́ːrtʃənətli] 부 《형용사는 fortunate》 운 좋게도
Fortunately, I met him on the way.
운 좋게도 나는 도중에 그를 만났다

*__for·tune__ [fɔ́ːrtʃən] 명
❶ 운(=luck); 운명 《a를 붙이지 않고 복수 없음》
By good *fortune*, I met Jane. 나는 운 좋게 제인을 만났다
❷ 부, 재산 《a를 붙이지 않고 복수 없음》
His father is a man of *fortune*. 그의 아버지는 재산가이다

★**for·ty** [fɔ́ːrti] 명 (복수 **forties** [fɔ́ːrtiz]) 40; 40세; 40개, 40명 《복수 취급》
📝 four와 철자가 다르다.
the *forties* (세기의) 40년대
She is in her *forties*. 그녀는 40대이다
—형 40의; 40개의; 40명의; 40세의
It takes *forty* minutes to go there.
거기에 가는 데 40분이 걸린다

for·ward [fɔ́ːrwərd] 부 앞으로, 전방으로
go *forward* 앞으로 가다, 전진하다
look forward to ... ~를 즐겁게 기다리다

fossil - fox hunting

I am *looking forward to* Christmas. 나는 크리스마스를 즐거운 마음으로 기다리고 있다

fos·sil [fásl] 명 화석

fought [fɔːt] 동 **fight**(싸우다)의 과거·과거분사형

foul [fául] 형 불결한; 사악한; (날씨가) 나쁜; 반칙의

found[1] [fáund] 동 **find**(찾다)의 과거·과거분사형

found[2] [fáund] 타동 (3단현 **founds** [-z]; 과거·과분 **founded** [-id]; 현분 **founding**) 창립하다
They *founded* a new school in the town. 그들은 시내에 새 학교를 창립했다

foun·da·tion [faundéiʃən] 명 (복수 **foundations** [-z])
❶ 《종종 복수형으로》 기초, 토대
❷ 설립, 창립

found·er [fáundər] 명 창립[설립] 자; 원조

foun·tain [fáuntən] 명 (복수 **fountains** [-z]) 샘, 수원지(=spring); 분수
a drinking *fountain* (공원 등의) 물 먹는 곳
a soda *fountain* 소다 파운틴 《청량음료·경양식을 파는 가게》

foun·tain pen [-pèn] 명 (복수 **fountain pens** [-z]) 만년필
I bought a *fountain pen*. 나는 만년필을 샀다
📝 ㈤에서는 pen만으로도 같은 뜻이다. 또 미국인은 볼펜(ball pen)을 더 즐겨 사용한다.

★**four** [fɔ́ːr] 명 (복수 **fours** [-z])
4; 4세; 4시; 4개, 4명 《복수 취급》
I must get up at *four* tomorrow. 내일은 4시에 일어나지 않으면 안 된다
— 형 **4의**; 4개의; 4명의; 4세의
We have *four* classes in the morning. 우리는 오전 중에 4시간의 수업이 있다

★**four·teen** [fɔːrtíːn] 명 (복수 **fourteens** [-z]) **14**; 14세, 14개, 14명 《복수 취급》
I'll be *fourteen* next year. 나는 내년에 14세가 될 것이다
— 형 **14의**; 14개의; 14명의; 14세의
There are *fourteen* apples in the basket. 바구니에 14개의 사과가 있다

four·teenth [fɔːrtíːnθ] 명 《보통 the를 붙여》 제14, 14번, (달의) 14일
— 형 제14의, 14번째의

★**fourth** [fɔ́ːrθ] 《4th로 줄여 씀》
명 (복수 **fourths** [-s]) 《보통 the를 붙여》 **제4**, 4번; (달의) 4일; 4분의 1
three *fourths* 4분의 3 《복수형에 주의》
He was born on the *fourth* of May. 그는 5월 4일에 태어났다
the **Fóurth of July** 7월 4일(미국의 독립 기념일)
▶ Independence Day [ìndipéndəns dèi]라고도 한다. 1776년 7월 4일에 토머스 제퍼슨을 중심으로 하는 위원회에 의하여 기안된 독립 선언 공포를 기념하는 날.
— 형 **제4의**, 4번째의; 4분의 1의
He lives at 411 *Fourth* Street. 그는 4번가 411번지에 산다
📝 번지의 411은 four eleven으로 읽고, 또 Fourth Street는 고유명사로 쓰인 것이므로 대문자로 되어 있다.

fowl [fául] 명 닭; 《복수형으로》 집에서 기르는 날짐승; 조류; 닭고기, 새고기

★**fox** [fáks] 명 (복수 **foxes** [-iz]) 《동물》 여우
▶ fox는 교활한 사람을 비유해서 많이 쓰인다.
a silver *fox* 은여우, 백여우

fox hunt·ing [-hʌ́ntiŋ] 명 여우사냥 《여우사냥은 영국 상류계급의 야외 스포츠로서 말을 타고 사냥개와 함께 여우를 쫓는 스포츠를 가리킴》

fox terrier - freeway

fox ter·ri·er [-tériər] 명 《애완용 개》 폭스테리어

Fr. France(프랑스); French(프랑스의); Friday(금요일)의 약어

frame [fréim] 명 (복수 **frames** [-z])
❶ (건물의) 골조, 체격
a girl of slender *frame* 날씬한 체격의 소녀
❷ 틀
the *frame* of a window 창틀
a picture *frame* 사진틀

★★France [fræns] 명 《형용사는 French》 프랑스
Ann is living in *France*. 앤은 프랑스에서 살고 있다

Fran·ces [frǽnsis] 명 프랜시스 《여자 이름; 애칭은 Fran, Fanny》

Fran·cis [frǽnsis] 명 프랜시스 《남자 이름; 애칭은 Frank》

Frank [frǽŋk] 명 프랭크 《남자 이름; Francis의 애칭》

frank [frǽŋk] 형 솔직한, 숨김없는, 정직한
Will you be *frank* with me about the matter? 그 일에 관해서 나에게 솔직히 얘기해 줄 수 있니
to be frank with you 솔직히 말하면 (=frankly speaking)
To be frank with you, I don't think the plan will succeed. 솔직히 말하면, 그 계획은 성공하지 못할 것 같다

Frank·lin [frǽŋklin] 명 프랭클린 《Benjamin ~ (1706-1790); 미국의 정치가·과학자·저술가; 피뢰침 발명으로 유명함》

frank·ly [frǽŋkli] 부 솔직히, 숨김없이
frankly speaking 솔직히 말하면 (=to be frank with you)
Frankly speaking, he is dishonest. 솔직히 말하면, 그는 정직하지 못하다

freck·le [frékl] 명 주근깨; 기미

Fred [fréd] 명 프레드 《남자 이름; Alfred, Frederick의 애칭》

Fred·er·ick [frédərik] 명 프레더릭 《남자 이름; 애칭은 Fred 또는 Freddy》

★free [fríː] 형 (비교 **freer**; 최상 **freest**) 《명사는 freedom》
❶ 자유로운, 한가한
I want to live in a *free* country. 나는 자유 국가에서 살고 싶다
Are you *free* today? 오늘은 한가합니까
They got *free*. 그들은 자유로워졌다
❷ 무료의
This is a *free* ticket. 이것은 무료 입장권이다
Admission *free*. 《게시》 무료 입장
be free from [*of*] ... ~가 없다, ~를 면하다
Now I *am free from* pain. 이제 고통을 느끼지 않는다
These goods *are free of* tax. 이 상품들은 면세이다
be free to ... 자유로이 ~할 수 있다
You *are free to* use this dictionary. 너는 이 사전을 맘대로 사용해도 좋다
set ... *free* ~를 해방시키다
Lincoln *set* the slaves *free*. 링컨은 노예를 해방시켰다
— 동 (3단현 **frees** [-z]; 과거·과분 **freed** [-d]; 현분 **freeing**) 타동 ~을 자유롭게 하다, 해방하다
They *freed* the bird out of the cage. 그들은 새장에서 새를 놓아주었다

free·dom [fríːdəm] 명 《형용사는 free》 자유 《a를 붙이지 않고 복수 없음》
freedom of speech 언론의 자유 《관사 없음》
freedom of thought 사상의 자유 《관사 없음》

free·ly [fríːli] 부 자유로이, 마음대로, 너그럽게

free·way [fríːwèi] 명 (복수 **free-**

freeze - Friday

ways[-z]) 명 (보통 복선식의) 무료 고속 도로

freeze [fríːz] 통 (3단현 **freeze**s [-iz] ; 과거 **froze** [fróuz] ; 과분 **frozen** [fróuzn] ; 현분 **freez**ing) 자동 타동 얼음이 얼다, 얼어붙다, 얼게 하다
It *freezes*. 얼음이 언다
Does water *freeze* here in winter? 여기서는 겨울에 물이 업니까
The lake was *frozen* over. 호수 전체에 얼음이 얼었다

freez·er [fríːzər] 명 냉장고, 냉동 장치(=refrigerator)

freight [fréit] (◆ gh는 발음되지 않음) 명 화물; 화물운송; 운임료

French [fréntʃ] 형 《명사는 France》 프랑스의, 프랑스인의; 프랑스어의
the French Revolution 프랑스 혁명
▶ 1789년에서 1799년에 걸쳐 프랑스에서 일어난 귀족 정치를 타파하기 위한 혁명; 루이 16세와 앙트와네트 왕비는 처형되었고, 부르봉 왕조는 무너졌으며 공화제가 되었다.
— 명 ❶ 프랑스어 《a도 the도 붙이지 않고, 복수 없음. 언제나 단수형으로 쓴다》
Do you speak *French*? 당신은 프랑스어를 말합니까
❷ 프랑스 국민 《the를 붙이고, 복수 취급》
The French love liberty. 프랑스 국민은 자유를 사랑한다

French fry [-fráiz] 명 (복수 French fries[-z]) 《복수형으로》 미 감자튀김

French horn [-hɔ́ːrn] 명 《음악》 프렌치호른 《나팔꽃 모양의 금관악기; 간단히 horn이라고도 함》

*French·man [fréntʃmən] 명 (복수 Frenchmen [-mən]) 프랑스인
That *Frenchman* speaks Korean. 저 프랑스인은 한국어를 말한다

fre·quent [fríːkwənt] 형 (비교 *more* frequent ; 최상 *most* frequent) 자주, 흔한
Fires are *frequent* in this area. 이 지역에서는 화재가 자주 일어난다
Mother has *frequent* headaches. 어머니는 자주 머리가 아프시다

fre·quent·ly [fríːkwəntli] 부 (비교 *more* frequently ; 최상 *most* frequently) 자주, 흔히, 빈번히 (=often)
He *frequently* visits the museum. 그는 박물관을 자주 방문한다
✎ frequent에 -ly를 붙인 부사형으로 같은 의미의 often보다는 형식적인 말이다.

fresh [fréʃ] 형 (비교 fresh*er* ; 최상 fresh*est*)
❶ 신선한, 싱싱한
fresh air 신선한 공기
fresh eggs 싱싱한 계란
This apple is not *fresh*. 이 사과는 신선하지 않다
Is there any *fresh* news? 뭔가 새로운 뉴스가 있습니까
❷ 상쾌한
I feel *fresh* after a walk. 산책하고 나니 기분이 상쾌하다
❸ 염분이 없는
fresh water 담수, 민물
Fresh Paint. (게시) 페인트 주의 (=영 Wet Paint.)

fresh·man [fréʃmən] 명 (복수 freshmen [-mən]) (대학·고교의) 신입생, 1학년 학생
✎ 여학생에 대해서도 쓴다. 4년제 대학에서는 sophomore (2학년 학생), junior (3학년 학생), senior (4학년 학생). 또 3년제의 경우는 sophomore는 빠진다.

Fri. Friday(금요일)의 약어

★**Fri·day** [fráidi, -dèi] 《Fr. 또는 Fri.로 줄임》 명 (복수 **Fridays** [-z]) 금요일 (→ week)

Please come on *Friday*. 금요일에 오십시오
Friday is payday. 금요일은 봉급날이다
He arrived on *Friday* morning. 그는 금요일 아침에 도착했다
Góod Fríday 성 금요일
▶ 부활절 직전의 금요일로 그리스도의 수난을 기념하는 날.

fried chick·en [fráid tʃikin] 명 프라이드 치킨(→ fast food)

★**friend** [frénd] 명 (복수 **friends** [-z]) **친구**, 동무; **우방**(↔enemy 적)
He has a lot of *friends*. 그에게는 친구가 많다
We are good *friends*. 우리는 매우 친하다
Bill is a *friend* of mine. 빌은 내 친구이다
My *friend* Tom is an American. 내 친구 톰은 미국인이다
☑ my friend는 특정한 친구인 경우에, 또 고유명사와 나란히 쓰인다. a *friend* of mine은 막연히 「나의 친구」, one of my *friends*는 「나의 친구들 중 한 사람」의 뜻.
He is always a *friend* of poor people. 그는 언제나 가난한 사람들의 편이다
A *friend* in need is a *friend* indeed. 《속담》 궁할 때의 친구가 진정한 친구이다
be friends with ... ~와 친구이다
I *am friends with* Tom. 나는 톰과 사이가 좋다
become[make] friends with ... ~와 사이가 좋아지다, ~와 친구가 되다
I *became friends with* Dick. 나는 딕과 사이가 좋아졌다
☑ 위의 2개의 숙어는 주어의 단수·복수에 관계 없이 friends란 복수형을 쓰는 점에 주의.

****friend·ly** [fréndli] 형 (비교 **friendl***ier*; 최상 **friendl***iest*) **친한**, 친절한

☑ -ly가 붙어도 부사는 아님.
a *friendly* smile 친절한 미소
China is our *friendly* country. 중국은 우리의 우호국이다
She is *friendly* to me. 그녀는 나에게 친절하다

friends [fréndz] 명 **friend**(친구)의 복수형

***friend·ship** [fréndʃip] 명 우정 《a를 붙이지 않고, 복수 없음》
How long will the *friendship* last? 그 우정은 얼마나 오랫동안 계속될까

fright [fráit] (♦ gh는 발음되지 않음) 명 공포, 놀람 《동사는 frighten》
You gave me a *fright* by knocking so loudly on the door. 당신이 문을 너무 세게 두드리는 바람에 놀랐다
He seemed to be in a great *fright*. 그는 매우 놀란 모양이었다

fright·en [fráitn] (타동) (3단현 **frighten***s* [-z] ; 과거·과분 **frighten***ed* [-d] ; 현분 **frighten***ing*) 놀라게 하다, 무섭게 하다(=surprise)
I *frightened* her in the dark. 나는 어둠 속에서 그녀를 놀라게 하였다
I was *frightened* at the shadow. 나는 그림자를 보고 놀랐다

fright·ened [fráitnd] 형 깜짝 놀란, 겁이 난, 무서워하는

frill [fríl] 명 프릴 《옷깃이나 소매부리에 다는 주름장식》

frog [frág] 명 (복수 **frogs** [-z]) 《동물》 개구리

★**from** [frəm, (강조할 때) frʌm] 전 ❶ 《시간·장소를 나타내어》 ~에서 (↔ to)
We can go to the moon *from* the earth. 우리는 지구에서 달나라에 갈 수 있다
When did you come home *from* school? 너는 언제 학교에서 집에 왔느냐
From my window, I can see a tower.

front - fruit

내 방의 창문에서 탑이 보인다
He worked hard *from* morning till night. 그는 아침부터 밤까지 열심히 일했다
I have known him *from* a child. 나는 그를 어릴 때부터 알고 있다
Kate got a letter *from* her aunt. 케이트는 숙모로부터 편지를 받았다
Where are you *from*? 고향이 어디십니까[어디 출신입니까]
He comes *from* Korea. 그는 한국 출신이다 《과거형은 뜻이 다름》
❷ 《원료를 나타내어》 ~로, ~에서
Butter is made *from* milk. 버터는 우유로 만들어진다
📝 from은 만들어진 것의 원료가 눈에 보이지 않을 때 쓰고, 보일 때는 of를 쓴다: The desk is made *of* wood. (그 책상은 나무로 만들어져 있다)
❸ 《원인·이유를 나타내어》 ~가 원인이 되어, ~때문에
He died *from* wounds. 그는 부상으로 죽었다
We are tired *from* the long trip. 우리는 긴 여행으로 지쳐있다
❹ 《구별·상위를 나타내어》 ~와
My plan is different *from* yours. 내 계획은 네 것과 다르다
from ... on ~부터(줄곧) 《on은 부사》
From now on, you must stay here. 이제부터 너는 여기 있어야 한다
from ~ to ... ~에서 …까지
Nancy watches television *from* ten *to* eleven. 낸시는 10시에서 11시까지 TV를 본다
How far is it *from* here *to* the station? 여기서 역까지는 얼마나 멉니까
He writes to his mother *from* time *to* time. 그는 때때로 어머니에게 편지를 쓴다
📝 from ~ to ...는 관용적 용법으로 명사에 관사를 쓰지 않는다.

★**front** [fránt] 《◆ 발음에 주의》 몡 《복수 없음》
❶ **앞 부분**, 정면(↔ back 뒷 부분)
the *front* of a building 건물의 정면
Look to your *front*. 전방을 보아라
❷ 전선, 전쟁터, 일선
He went to the *front*. 그는 전선으로 갔다
†*in front of ...* ~의 앞에(↔ at the back of ... ~의 뒤에)
He stood *in front of* us. 그는 우리 앞에 서 있었다
— 혱 《명사 앞에만 쓰여》 정면의
the *front* door 정면 현관문
the *front* garden 집 앞의 정원

fron·tier [frʌntíər] 몡 《복수 frontiers [-z]》 국경; 《역사》 미국 개척지의 최전선 (19세기 말까지)
fróntier spírit 개척자 정신

front page [fránt péidʒ] 혱 (뉴스가) 신문의 제1면에 실을 만한

frost [fróst] 몡 서리
We had a heavy *frost*. 심한 서리가 내렸다

frown [fráun] 자동 눈살을 찌푸리다, 얼굴을 찡그리다
She *frowned* at me. 그녀는 눈살을 찌푸리고 나를 보았다
— 몡 찡그린 얼굴, 씁쓸한 표정

froze [fróuz] 동 freeze(~을 얼게 하다)의 과거형

fro·zen [fróuzn] 동 freeze(~을 얼게 하다)의 과거분사형
— 혱 동결한, 냉동한
frozen meat 냉동고기

★**fruit** [frúːt] 몡 《복수 fruits [-s]》
❶ 과일
📝 -s를 붙이지 않고 복수 취급하기도 한다. 복수형은 특히 종류를 말할 경우에 쓴다.
Let's buy some *fruit*. 과일을 좀 사자
My uncle grows many kinds of *fruits*. 나의 삼촌은 여러 종류의 과일을 재배한다
[회화] A: What do you like best?
B: I like *fruit* best.

fruitcake - full

fruit

A: 너는 무엇을 가장 좋아하느냐
B: 과일을 가장 좋아합니다
❷ 《보통 복수형으로》 **산물**, 열매; 성과
His success is the *fruits* of his efforts. 그의 성공은 노력의 성과이다

fruit·cake [frú:tkèik] 몡 (복수 **fruitcake*s*** [-s]) 프루트케이크 《건포도나 우유가 들어간 케이크》

fry [frái] 자동 타동 (3단현 **fries** [-z]; 과거·과분 **fried** [-d]; 현분 **frying**) 기름에 튀기다(→ cook)
— 몡 프라이, 튀긴 것

fry·ing pan [fráiiŋ pæn] 몡 (복수 **frying pan*s*** [-z]) 프라이 팬

fruits [frú:ts] 몡 fruit(과일)의 복수형

ft. foot, feet(피트)의 약어

fu·el [fjú:əl] 몡 연료

ful·fill, ful·fil [fulfíl] 타동 (의무·약속 등을) 이행하다, 완수하다; (소망 등을) 실현하다
Nancy always *fulfills* her promises. 낸시는 항상 약속을 지킨다

★**full** [fúl] 혱 (비교 **full*er***; 최상

245

full stop - furniture

full*est*) 《동사는 fill》
❶ 꽉 차 있는(↔ empty 텅빈)
a *full* base (야구) 만루
The bus is *full*. 버스는 만원이다
The theater is *full* to the doors. 극장은 초만원이다
Full up. 《게시》 만원(사례)

full

❷ 충분한, 완전한
a *full* moon 보름달(→ a new moon 초승달)
a *full* name (생략 없는) 성명
The train is running (at) *full* speed. 그 기차는 전속력으로 달리고 있다
The roses are in *full* bloom. 장미가 활짝 피어 있다
They are in *full* dress. 그들은 정장을 하고 있다
†(*be*) *full of* ... ~로 가득 차 (있다)
The cup *is full of* tea. 그 컵은 홍차가 가득 차 있다
— 똉 **전부**, 충분함 《a를 붙이지 않고, 복수 없음》
Write your name in *full*. 성명을 생략 하지 말고 전부 써라
I will pay in *full*. 나는 전액을 지불하겠다
Did you have a good time to the *full*? 한껏 즐거웠습니까

full stop [-stáp] 마침표(=period)

full-time [-táim] 똉 전시간(제)의, 전임의(↔ part-time 임시의, 시간제의)

ful·ly [fúli] 튀 가득히, 충분히, 완전히

★**fun** [fʌ́n] 똉 재미, 즐거움, 흥겨움 《a를 붙이지 않고, 복수 없음》
What *fun*! 참 재미있구나
It is great *fun*. 그것은 매우 재미있다
We had a lot of *fun* yesterday. 우리는 어제 매우 즐거웠다
I want to have some *fun*. 뭔가 재미있는 것을 하고 싶다
for fun 장난으로, 농담으로
I said it just *for fun*. 나는 단지 농담으로 그렇게 말했다
make fun of ... ~를 놀리다
Don't *make fun of* me. 나를 놀리지 마라

func·tion [fʌ́ŋkʃən] 똉 《복수 func-tion**s** [-z]》 기능

fun·da·men·tal [fʌ̀ndəméntl] 혱 근본적인, 기본적인, 중요한

fu·ner·al [fjúːnərəl] 똉 《복수 funer-al**s** [-z]》 장례식
attend a *funeral* 장례식에 참석하다

★★**fun·ny** [fʌ́ni] 혱 《비교 funn**ier**; 최상 funn**iest**》《명사는 fun》 **우스운**, 재미있는, 웃기는(→ interesting); 이상한, 기묘한
I am reading a *funny* story. 나는 우스운 이야기를 읽고 있다
What's *funny*? 뭐가 우습니

fur [fə́ːr] 똉 《복수 fur**s** [-z]》 (짐승의) 모피; 《복수형으로》 모피 의복
a *fur* coat 모피 코트

fur·nish [fə́ːrniʃ] 타동 (필요한 물건을) 공급하다 (=supply); (집에 가구 따위를) 들여 놓다, 비치하다
They *furnished* the library with many books.(= They *furnished* many books to the library.) 그들은 도서관에 많은 책을 비치했다
The sun *furnishes* heat. 태양은 열을 제공한다
She *furnished* the hungry with food. 그녀는 배고픈 사람들에게 음식을 제공했다

fur·nace [fə́ːrnis] 똉 《복수 fur-nace**s** [-iz]》 용광로

fur·ni·ture [fə́ːrnitʃər] 똉 《복수 취급》 가구, 비품
I ordered new *furniture*. 나는 새 가구

246

further - future

를 주문했다

🔵 직접적으로 부정관사 a를 붙이지 않고 가구 1점은 a piece of furniture라고 한다.

fur·ther [fə́:*r*ðər] 튀 ((far의 비교급의 하나))
❶ 그 이상으로
I have nothing *further* to say. 나에게는 더 이상 할 말이 없다
❷ 더 멀리
✏️ 이 뜻일 때는 farther를 쓰는 일이 많다.
— 형 ((far의 비교급의 하나)) 그 이상의
further study 그 이상의 공부[연구]

fur·thest [fə́:*r*ðist] 튀 형 ((far의 최상급의 하나)) 가장 멀리[먼](=farthest)

fuse [fjú:z] 명 (복수 **fuses** [-iz]) 도화선, (전기) 퓨즈

fu·ture [fjú:tʃər] 명 (복수 **futures** [-z])
❶ 미래(→ present 현재, past 과거), 장래
He has a bright *future*. 그에게는 밝은 미래가 있다
in future 앞으로는, 금후에는
He will be more careful *in future*. 앞으로 그는 더 주의할 것이다
in the future 미래에(는), 장래에(는)
No one knows what will happen *in the future*. 장차 무슨 일이 일어날지 아무도 모른다
She will get married *in the* (near) *future*. 그녀는 머지 않아 결혼하게 될 것이다
❷ 〈문법〉 미래 시제

🔵 will, shall 등을 써서 미래를 나타낸다. I will ~은 미래 시제.

— 형 미래의, 장래의
my *future* hope 나의 장래의 희망
the *future* tense 〈문법〉 미래 시제
Her *future* husband is a doctor. 그녀의 약혼자는 의사이다

G g 𝒢 𝓰

G, g [dʒíː] 명 (복수 **G's, Gs, g's, gs** [-z]) 지 《알파벳의 제7자》

g. gram(s) (그램; 미터법의 무게 단위)의 약어

Ga. Georgia(미국 남부의 주)의 우편 약어

gain [géin] 동 (3단현 **gains** [-z]; 과거·과분 **gained** [-d]; 현분 **gaining**) 타동 ❶ 얻다(=get; ↔ lose 잃다); 벌다

Helen will *gain* the prize. 헬렌은 상을 탈 것이다

Tom *gained* his living by teaching English. 톰은 영어를 가르치면서 생활비를 벌었다

❷ 증가하다, 늘다

I have *gained* weight. 나는 체중이 늘었다

His car *gained* speed. 그의 차는 속도가 증가했다

❸ (시계가) 빨리 가다(↔ lose 늦게 가다)

My watch *gains* two minutes a day. 내 시계는 하루에 2분씩 빨리 간다

작문 「내 시계는 2분 빠르다[늦다]」는 My watch is two minutes fast[slow]. 「내 시계는 잘 맞는다」는 My watch keeps good time.으로 쓴다.

— 자동 (시계가) 빨리 가다; (체중 등이) 늘다

Tom has *gained* in weight. 톰은 체중이 늘었다

Gal·i·le·o [gæ̀ləlíːou] 명 갈릴레오 《Galilei ~ (1564-1642); 이탈리아의 물리학자·천문학자로 근대 과학의 기초를 세웠다. '지동설'을 지지하여 종교 재판을 받았고, '그래도 지구는 돈다'라는 유명한 말을 남겼다》

gal·ler·y [gǽləri] 명 (복수 **galleries** [-z])

❶ 미술관, 화랑

❷ (극장의 가장 위층에 있는) 가장 편안한 좌석

the Nátional Gállery (런던의) 국립 미술관

gal·lon [gǽlən] 명 (복수 **gallons** [-z]) 갤런《용량의 단위; 미 3.785 리터, 영 4.546 리터》

gal·lop [gǽləp] 명 갤럽 《말의 가장 빠른 발놀림을 가리키는 말》

at full gallop (=*at a gallop*) 전속력으로, 갤럽으로

gam·ble [gǽmbl] 자동 (3단현 **gambles** [-s]; 과거·과분 **gambled** [-d]; 현분 **gambling**) 도박하다, 내기하다

— 명 (복수 **gambles** [-z]) 도박; 모험

Putting money into that business is a *gamble*. 그 사업에 투자하는 것은 모험이다

★**game** [géim] 명 (복수 **games** [-z]) 게임, 시합, 놀이

I don't know how to play the *game*. 나는 그 게임을 하는 법을 모른다

This store sells toys and *games*. 이 가게에서는 장난감과 게임류를 팔고 있다

We had a *game* at chess. 우리는 서양 장기를 한판 두었다

They are watching a baseball *game*. 그들은 야구 경기를 구경하고 있다

games - gate

[회화] A: I hope you will win the *game*.
B: Thank you, but we may lose the *game*.
A: 너희가 시합에서 이기면 좋겠다
B: 감사합니다만, 시합에 질지도 모릅니다

● **game, match, meet의 사용법** ●
game은 야구(baseball), 축구(football), 농구(basketball) 등의 -ball이 붙은 말에 쓰고, match(시합)는 권투(boxing), 골프(golf), 테니스(tennis), 크리켓(cricket) 등에 쓴다. 운동회는 an athletic meet, 수영 대회는 a swimming meet 라고 한다.

games [géimz] 명 game(게임)의 복수형

gang [gǽŋ] 명 (복수 gang*s* [-z]) (악인들의) 일당, 갱
📝 한 사람을 지칭할 때는 gangster [gǽŋstər]를 사용함.

gap [gǽp] 명 (복수 gap*s* [-s]) 틈, 갈라진 틈; (생각 등의) 격차, 차이
The dog went through a *gap* in the fence. 개가 울타리의 갈라진 틈으로 빠져 나갔다
a generation *gap* 세대 차이

ga·rage [gərάːdʒ, 영 gǽrɑːdʒ] 명 (복수 garage*s* [-iz]) 차고; 자동차 수리 공장

ga·rage sale [-sèil] 명 (복수 garage sale*s* [-z]) 중고 가정용품 염가판매
📝 중고품을 자기 집 차고나 마당 앞에 늘어놓고 파는 것을 말한다. 미국의 주택가에서는 Garage Sale이라고 써 놓은 게시문을 흔히 발견할 수 있다.

gar·bage [gάːrbidʒ] 명 (부엌의) 음식찌꺼기, 쓰레기

★**gar·den** [gάːrdn] 명 (복수 gar·den*s* [-z]) 정원; 《흔히 복수형으로》 공원
We have a small *garden*. 우리 집에는 작은 정원이 있다

Is that your flower *garden*? 저것이 너의 집 화원이냐
📝 garden은 화초나 나무가 있는 정원; orchard는 과수원, yard는 뒤뜰·구내 등의 에워싸여진 땅. 미국에서는 「정원」의 뜻으로 yard를 쓰는 일도 있다.
a botánical gárden 식물원
a zoológical gárden 동물원

gar·den·er [gάːrdnər] 명 (복수 gardener*s* [-z]) 정원사; 원예가

gar·den·ing [gάːrdniŋ] 명 원예, 정원 꾸미기

gar·dens [gάːrdnz] 명 garden(정원)의 복수형

gar·gle [gάːrgl] 자동 양치질하다

gar·lic [gάːrlik] 명 마늘

gas [gǽs] (◆발음에 주의) 명 (복수 gas*es* [-iz])
❶ 기체, 가스
Gas is useful for our daily life. 가스는 일상 생활에 쓸모 있다
❷ 미 《구어》 가솔린(gasoline), 휘발유(=영 petrol [pétrəl])

gas·o·line, gas·o·lene [gǽsəliːn] 명 미 휘발유, 가솔린(=영 petrol[pétrəl])

gasp [gǽsp] 자동 (3단현 gasp*s* [-s]; 과거·과분 gasp*ed* [-t]; 현분 gasp*ing*) (숨을) 헐떡거리다, 숨차다
He *gasped* for breath after a long run. 그는 오랫동안 뛰었기 때문에 숨이 차서 헐떡거렸다
— 명 (복수 gasp*s* [-s]) 헐떡거림, 숨막힘

gas sta·tion [gǽs stèiʃən] 명 (복수 gas station*s* [-z]) 주유소(= filling station)

★**gate** [géit] 명 (복수 gate*s* [-s]) 문; (공항·주택의) 출입구; 대문, 정문
I met him at the *gate*. 나는 그를 문간에서 만났다
I passed through the *gate*. 나는 정문

gather - general

을 통과했다
Our flight is boarding at gate 8. 우리 비행기는 8번 게이트에서 탑승한다
☑ 주택의 gate은 울타리나 담에 붙어 있는 문을 가리킨다.

gath·er [gǽðər] (♦th는 [ð]로 발음함) 동 (3단현 **gather**s [-z]; 과거·과분 **gather**ed [-d]; 현분 **gather**ing) 타동 ❶ 모으다; (꽃 등을) 꺾어 모으다
He *gathered* the boys about him. 그는 소년들을 자기 주위에 모았다
The girls are *gathering* flowers. 소녀들이 꽃을 꺾어 모으고 있다
A rolling stone *gathers* no moss. 《속담》 구르는 돌에는 이끼가 끼지 않는다
▶ 자주 직업을 바꾸는 사람은 성공할 수 없다는 말; 미에서는 「열심히 일하면 늙지 않는다」의 뜻도 된다.
❷ (속력을) 더 내다, 증가하다
The train *gathered* speed. 그 기차는 속도를 더 냈다
— 자동 모이다
A crowd *gathered* to see what had happened. 무슨 일이 일어났는지 보려고 군중들이 모여들었다

gath·er·ing [gǽðəriŋ] 동 **gather** (모으다)의 현재 분사형
— 명 (복수 **gathering**s [-z]) 모은 것, 모인 것, 집회, 모임

gave [géiv] 동 **give (주다)의 과거형
He *gave* me a book as a birthday present. 그는 나에게 생일 선물로 책한 권을 주었다

gay [géi] 형 (비교 **gay**er; 최상 **gay**est) 쾌활한, 명랑한; (색채 등이) 화려한
The children were all *gay* at the thought of the coming holidays. 어린이들은 모두 다가오는 휴일을 생각하면서 즐거워했다
They are painting the kitchen in *gay* colors. 그들은 화려한 색으로 부엌을 칠하고 있다

gaze [géiz] 자동 (3단현 **gaze**s [-iz]; 과거·과분 **gaze**d [-d]; 현분 **gaz**ing) 응시하다, 똑바로 바라보다
She was *gazing* at the setting sun. 그녀는 지는 해를 바라보고 있었다
He *gazed* at my face. 그는 내 얼굴을 유심히 쳐다보았다

G.B. Great Britain(그레이트 브리튼 섬; 영국)의 약어

gear [gíər] 명 (복수 **gear**s [-z]) 기어, 전동 장치
a backward *gear* 후진 기어

gee [dʒíː] 감 미 아이구머니나! 저런! 아이 깜짝이야!

geese [gíːs] 명 **goose**(거위)의 복수형
All his *geese* are swans. 《속담》 자기 거위는 모두 백조로 보인다 《자기 것은 모두 좋게 보인다》

gem [dʒém] 명 (복수 **gem**s [-z]) 보석(=jewel)

gen·er·al [dʒénərəl] 형 (비교 **more general**; 최상 **most general**)
❶ 일반의, 전반의(↔special 특수한)
general culture 일반 교양
the *general* opinion 여론
❷ 대강의, 대체적인
a *general* plan 대강의 계획
a *general* idea 개념
❸ 전체에 걸친, 종합의(=whole)
the *general* manager 총지배인
the *general* assembly 총회
a *general* hospital 종합병원
— 명 (복수 **general**s [-z]) (육군의) 장성; 육군 대장
in general 일반적으로(=generally)
In general animals dread fire. 일반적으로 동물은 불을 무서워한다
My brother likes games *in general*, and especially baseball. 나의 형은 경기라면 모두 좋아하지만 특히 야구를 좋아한다

generally - Georgia

gen·er·al·ly [dʒénərəli] 🖭
《형용사는 general》 **일반적으로**, 대체로, 보통은
He *generally* comes at nine. 그는 보통 9시에 온다
We *generally* go to the sea for our holidays. 우리는 대체로 휴가기간에 바다에 간다
generally speaking 일반적으로 말하면
Generally speaking, the climate of Korea is mild. 일반적으로 말해서, 한국의 기후는 온화하다

gen·er·a·tion [dʒènəréiʃən] 🖭
(복수 **generations** [-z])
❶ 세대, 대(代) 《대체로 자식이 부모와 교체되는 평균 기간으로 약 30년을 말함》
❷ 《단수취급》 같은 시대 사람들
Our *generation* has seen many changes. 우리 세대는 많은 변화를 겪었다

gen·er·ous [dʒénərəs] 🖭 (비교 ***more* generous**; 최상 ***most* generous**) 아끼지 않는, 인심이 좋은, 관대한
She is not very *generous* with her money. 그녀는 돈을 아끼지 않고 쓰는 편은 아니다
It is very *generous* of you to forgive him. 그를 용서하다니 당신은 매우 관대하군요

gen·ius [dʒíːnjəs] 🖭 (복수 **geniuses** [-iz])
❶ 타고난 소질
He has a *genius* for painting. 그는 그림의 재능이 있다
❷ 천재, 영재
She is a *genius* in music. 그녀는 음악의 천재이다

gen·tle [dʒéntl] 🖭 (비교 **gentler**; 최상 **gentlest**)
❶ 상냥한, 온화한, 친절한; 관대한
She has a *gentle* heart. 그 여자는 상냥한 마음씨를 가졌다
He is *gentle* with everyone. 그는 모든 사람에게 친절하다
❷ 잔잔한, 조용한
A *gentle* rain was falling. 조용한 비가 내리고 있었다

gen·tle·man [dʒéntlmən] 🖭
(복수 **gentlemen** [-mən])
❶ 남자, 신사(→ **lady** 부인)
Who is that *gentleman*? 저 남자는 누구냐
Gentlemen, please come this way. 여러분, 이쪽으로 오십시오
This *gentleman* wishes to talk to you. 이 분이 당신과 이야기하고 싶어 하십니다
▶ 그 남자가 말하는 사람 가까이에 있을 때 쓴다.
Ladies and *gentlemen*! 《청중을 일컫는 말로서》 신사숙녀 여러분
❷ 《(the) Gentlemen으로 하여 단수취급》 🖭 **남자 화장실**
📓 영국에서 공원이나 역의 게시로서 쓰인다. 여자 화장실은 Ladies. 미국에서는 각각 Men, Women 쪽을 더 많이 씀.
❸ 《Gentlemen으로》 🖭 (회사 앞으로 보내는 편지의 인사말로) 귀중, 배계

gen·tle·men [dʒéntlmən] 🖭
gentleman (신사)의 복수형

gen·tly [dʒéntli] 🖭 (비교 ***more* gently**; 최상 ***most* gently**) 온화하게, 친절하게, 조용히, 점잖게
The man spoke *gently* to me. 그 남자는 나에게 상냥하게 말했다

ge·og·ra·phy [dʒiágrəfi] 🖭 지리, 지리학
📓 〈어원〉 geo(= earth)+graph(= write)+y(명사어미)

ge·om·e·try [dʒiámətri] 🖭 기하학

George [dʒɔ́ːrdʒ] 🖭 조지 《남자 이름》

Geor·gia [dʒɔ́ːrdʒə] 🖭 조지아 주 《미국 동남부의 주, 약어는 GA 또는

German - get

Ga.》

Ger·man [dʒə́ːrmən] 형 《명사는 Germany》 **독일의, 독일인의, 독일어의**

I like *German* music. 나는 독일 음악을 좋아한다
Is he *German?* 그는 독일인이냐
— 명 (복수 **Germans** [-z])

❶ **독일인**

The *Germans* are diligent. 독일인들은 근면하다

❷ **독일어** 《a를 붙이지 않고, 복수 없음》

Do you speak *German?* 너는 독일어를 말하느냐

Ger·many [dʒə́ːrməni] 명 《형용사는 German》 **독일**

ger·und [dʒérənd] 명 (문법) 동명사
📝 「동사의 원형+~ing」의 꼴로, 동사와 명사의 구실을 겸하는 것.

ges·ture [dʒéstʃər] 명 (복수 **gestures** [-z]) 몸짓, 제스처

Korean people do not use as much *gesture* as Americans. 한국 사람들은 미국 사람들처럼 많은 제스처를 사용하지 않는다
She made an angry *gesture*. 그녀는 화난 몸짓을 했다

★**get** [gét] 동 (3단현 **gets** [-s]; 과거 ***got*** [gɑ́t]; 과분 ***got*** 또는 ***gotten*** [gɑ́tn]; 현분 **getting**) 타동 ❶ 손에 넣다, 얻다, 받다; 사다, 사오다

I *got* a letter from my father. 아버지로부터 편지가 왔다
He *got* first prize in the speech contest. 그는 웅변 대회에서 일등상을 탔다
He *gets* a lot of presents for Christmas. 그는 크리스마스에는 많은 선물을 받는다
I *got* a new coat at that store. 나는 저 가게에서 새 코트를 샀다
Will you please *get* me a ticket? (=Will you please *get* a ticket for me?) 표를 사다 주시겠습니까

❷ (손해를) **입다**; (병에) **걸리다**

He *got* a bad cold. 그는 심한 감기에 걸렸다

❸ **~을 배우다**; (구어) **이해하다, ~을 알아듣다**

I cannot *get* you because you speak fast. 말이 빨라서 당신이 하는 말을 이해할 수가 없다

❹ 《get+사람+「to+동사의 원형」으로》 **~시키다, ~해 주다**

Get him *to* come here. 그를 이리 오게 해라
I'll *get* him *to* carry your baggage. 그에게 너의 화물을 운반해 주도록 하겠다

📝 get은 「시키다」, 「하게 하다」일 때는 강하게 발음하고, 「~받다」 (수동태)의 뜻일 때는 약하게 발음한다.

— 자동 ❶ **도착하다**(=arrive)

He will *get* here by five. 그는 5시까지는 여기에 올 것이다
We *got* to the station at nine. 우리는 9시에 역에 도착했다
She *got* home at six. 그녀는 6시에 귀가했다

❷ 《get+형용사 또는 과거분사로》 **~하게 되다, ~해지다**

She will soon *get* well. 그녀는 곧 건강해질 것이다
I *got* tired. 나는 피곤해졌다
It is *getting* warmer day by day. 나날이 따뜻해지고 있다
The boy *got* angry then. 그 때 그 소년은 화를 냈다
It has *got* dark outside. 바깥은 어두워졌다
He *got* married last month. 그는 지난달에 결혼했다

get along 지내고 있다, 살아가다; (~와) 사이좋게 지내다 《with》
How are you *getting along?* 어떻게 지내고 계십니까
We are all *getting along* well. 우리는 모두 잘 지내고 있습니다

📝 「모두 건강합니다」의 뜻으로 We are well.보다 정중하다.

get - get

Do you *get along with* your wife? 아내하고는 사이 좋게 지내냐

get at ... ~에 닿다

Can you *get at* the flower there? 저기 있는 꽃에 손이 닿습니까

get away 도망치다, 벗어나다

He tried to *get away* but couldn't. 그는 도망치려고 했으나 실패했다

get back 돌아오다; 돌려받다

When did you *get back* from England? 언제 영국에서 돌아왔습니까 《자동사로 쓰임》

I *got* it *back* from him. 《타동사로 쓰임》 나는 그에게서 그것을 돌려받았다

get down 내려오다, ~을 내리다

The child climbed the tree, but could not *get down*. 아이는 나무에 올라갔지만 내려올 수 없었다

📝 차에서 내릴 때는 get off 임.

†**get in** (버스·택시를) 타다 (↔get out of ~에서 내리다); (방 등에) 들어가다

I *got in* a taxi. 나는 택시를 탔다

I forgot my key, and could not *get in*. 열쇠를 잊고 와서, 나는 안으로 들어갈 수 없었다

get into ... ~안으로 들어가다; (탈것에) 타다

He *got into* the room. 그는 방으로 들어갔다

They *got into* a car. 그들은 차에 올라탔다

get off (탈것에서) 내리다; 출발하다

He *got off* the train. 그는 기차에서 내렸다

He *got off* at Kuro. 그는 구로역에서 내렸다

We *got off* on the 12:30 train. 우리는 12시 반 기차로 출발했다

get on (탈것에) 타다; 지내다

📝 「타다」라는 뜻의 on 은 전치사, 「지내다」라는 뜻의 on 은 부사이다.

I *got on* a bus in front of the station. 나는 역 앞에서 버스를 탔다

회화 A: Which bus should I *get on*?

B: Take the No. 12 bus.

A: 몇번 버스를 타야 하나요

B: 12번 버스를 타세요

They *got on* happily together. 그들은 같이 행복하게 지냈다

📝 배·여객기·기차·전차·버스와 같은 큰 탈것은 get on a plane(비행기에 타다), get off a bus(버스에서 내리다)라고 한다. 승용차·택시는 get in [into] a car(차에 타다), get out of a taxi(택시에서 내리다)라고 한다.

get out 꺼내다; 밖으로 나가다

He *got out* a dictionary. 그는 사전을 꺼냈다

작문 「가방에서 꺼냈다」는 He *got* a dictionary *out of* the bag.임

Get out! 나가라

get out of ... (탈것에서) 밖으로 나오다, 내리다; (습관 등에서) 벗어나다

Tom *got out of* the bath. 톰은 욕조에서 나왔다

He *got out of* a taxi. 그는 택시에서 내렸다

You must *get out of* bad habits. 나쁜 버릇에서 벗어나지 않으면 안 된다

get over (병을) 이기다, ~를 극복하다

She *got over* her cold. 그녀는 감기를 이겨냈다

How did you *get over* the difficulties? 당신은 그 어려움을 어떻게 극복했습니까

get rid of ... ~을 제거하다 《rid 참고》

get through ... ~를 통과하다; (일 등을) 끝마치다; (시험에) 합격하다

I'll *get through* this work by Friday. 금요일까지 이 일을 마치겠다

Mary *got through* the exam. 메리는 그 시험에 합격했다

Our train *got through* the tunnel. 우리가 탄 기차는 굴을 통과했다

get to ... ~에 닿다 (=arrive at ...)

He *got to* New York at five. 그는 5시에 뉴욕에 도착했다

get together 모이다, 모으다

The teacher *got* the students *together*. 선생님은 학생들을 모았다
We *got together* at seven. 우리는 7시에 모였다
get up 일어나다; 일어서다
What time did you *get up*? 너는 몇 시에 일어났느냐
All the students *got up* when the principal entered. 교장 선생님이 들어왔을 때 학생들은 모두 일어섰다
have got 《구어》 가지고 있다(=have)
I've *got* three dollars. 나는 지금 3달러를 가지고 있다
Have you *got* any money with you? (=에 Do you have any money with you?) 너는 돈을 가지고 있느냐
📝 have got은 일시적인 상태를 나타냄 : She has brown hair.(그녀는 갈색 머리를 가지고 있다)와 같이 주어의 특징을 나타낼 때는 she has got 이라고 말하지 않는다.
have got to ... 《구어》 ~하지 않으면 안 된다(=have to ...)
I *have got to* go home before supper. 나는 저녁 식사 전까지 집에 도착하지 않으면 안 된다
📝 회화에서는 보통 I've got to ...임.

gets [géts] 통 **get**(~을 얻다)의 3인칭 단수현재형

get·ting [gétiŋ] 통 **get**(~을 얻다)의 현재분사형

ghost [góust] (◆ 발음에 주의, gh는 예외적으로 [g]로 발음됨) 명 (복수 **ghosts** [-s]) 유령, 귀신
Do you believe in *ghosts*? 너는 유령이 있다고 믿니

gi·ant [dʒáiənt] 명 (복수 **giants** [-s]) 거인 《그리스 신화에 나오는 거인에서 생긴 말》
— 형 거대한
a *giant* building 거대한 건물

gift [gíft] 명 (복수 **gifts** [-s]) 《동사는 give》
❶ 선물(=present)
a Christmas *gift* 크리스마스 선물
❷ 타고난 재능(=talent)
a *gift* for painting 그림의 재능

gin·seng [dʒínseŋ] 명 《식물》 인삼

gi·raffe [dʒəræf] 명 (복수 **giraffes** [-s]) 《동물》 기린

giraffe

★**girl** [gə́ːrl] 명 (복수 **girls** [-z]) 소녀, 여자(↔boy 소년)
Nancy is an American *girl*. 낸시는 미국 소녀이다
Our school has more *girls* than boys. 우리 학교에는 남학생보다 여학생이 더 많다
The post office is next to the *girls'* high school. 우체국은 여자 고등 학교 바로 옆에 있다 《복수형의 소유격에 주의》
He has a pretty *girl* friend. 그에게는 예쁜 여자 친구가 있다
My sister is an office *girl*. 나의 누나는 사무원이다

girl·friend [gə́ːrlfrènd] 명 여자 친구, 애인(↔boyfriend) 《girl friend처럼 띄어 쓰기도 함》

girls [gə́ːrlz] 명 **girl**(소녀)의 복수형

Girl Guides [-gáidz] 명 《the를 붙여서》 명 걸 가이드 《1910년 영국에서 결성된 소녀단. 단원 한사람을 가리킬 때는 a girl guide라고 함》

girl scout [-skáut] 명 걸스카우트 《걸 스카우트단(the Girl Scouts)의 일원; the Girl Scouts는 소녀의 건강을 증진하고 시민 도덕과 품성을 고취하기 위하여 1912년에 미국에서 만들어졌다→ boy scout》

★**give** [gív] 통 (3단현 **gives** [-z] ; 과거 **gave** [géiv] ; 과분 **given** [gívn] ; 현분 **giving**) 〖타동〗 ❶ 주다; 치르다(↔take 얻다)

give - give

I will *give* you this book. 너에게 이 책을 주겠다
He *gave* it to her. 그는 그것을 그녀에게 주었다
He *gave* a new pen to me. 그는 새 만년필을 나에게 주었다
I *gave* (him) fifty dollars for it. 나는 (그에게) 그 대금으로 50달러를 치렀다
My brother has *given* me this book. 나의 형이 나에게 이 책을 주었다
Each of us was *given* a flower. 우리는 각자 꽃 한 송이를 받았다
The news *gave* us a shock. 그 소식은 우리에게 충격을 주었다

(1) 이 동사는 목적어를 2개 취하여 「~에게 …을」의 어순으로 될 때도 있고, 「…을 ~에게」의 어순으로 될 때도 있다. 후자의 경우는 「~에게」를 나타내는 말 앞에 to 를 붙인다 : He gave me a watch. 또는 He gave a watch to me.(그는 나에게 시계를 주었다)
(2) He gave me a watch.의 수동태는 2개의 목적어를 각기 주어로 할 수 있다 : I was given a watch by him.＝A watch was given (to) me by him.

❷ (회의 등을) **열다**, **개최하다** ; (연극을) 상연하다
We are going to *give* a party tomorrow. 우리는 내일 파티를 열 예정이다
They *gave* a modern play last night. 그들은 어젯밤 현대극을 상연했다
❸ **말하다** ; (빛·소리를) 발산하다, 내다 ; 전하다
Tom *gave* a speech at the meeting. 톰은 그 모임에서 연설을 했다
He *gave* the reason why he was late. 그는 지각한 이유를 말했다
She *gave* a loud cry. 그녀는 소리를 크게 질렀다
The sun *gives* light and heat. 태양은 빛과 열을 방사한다
I'll *give* him your message. 당신의 전갈을 그에게 전하겠소
He *gave* a good example to us. 그는 우리에게 좋은 모범을 보여 주었다
Give my love to your uncle. 삼촌께 안부 전해 다오
Give her my best regards. 그녀에게 안부를 전해 다오
❹ (전화를) (~에) 대주다, 연결하다
Give me the police, please. 경찰 좀 대주세요
— (자동) 돈[물건]을 주다, 증여[기증]하다

give away (물건을) 주어 버리다, 거저 주다
She *gave away* her pen to her friend. 그녀는 그녀의 펜을 친구에게 주어 버렸다
give back 돌려주다, 반환하다
Give the book *back* to me.(＝*Give* me *back* the book.) 그 책을 돌려 다오
어순에 주의 : Give back the book to me.라고는 하지 않음.
give in (서류 등을) 제출하다(＝hand in) ; 항복하다
발음 in 은 부사, 읽을 때는 in을 강하게 발음하고, 그 뒤에서 가볍게 끊어 읽는다.
Give in your exam papers now. 자, 답안지를 제출해라
At last the enemy *gave in*. 마침내 적은 항복했다
give off (연기·빛을) 내뿜다, 발산하다
The chimneys are *giving off* a lot of smoke. 굴뚝에서 많은 연기를 내뿜고 있다
This flower *gives off* a good smell. 이 꽃은 좋은 향기가 난다
give out (1) (물건을) 나누어 주다, 분배하다
They *gave out* free tickets for the concert. 그들은 음악회의 무료 입장권을 나누어 주었다
(2) (열·빛·연기를) 발산하다
This heater *gives out* a good heat. 이 히터는 열을 잘 낸다
give up 그만두다, 포기하다

given - glass

At last Jim *gave up* the plan. 마침내 짐은 그 계획을 포기했다
He *gave up* smoking. 그는 금연했다
I *give up*. 난 기권이다 《아무리 생각해도 풀리지 않을 때 쓰는 말》

📝 give up 뒤에는 명사나 현재분사형이 온다.

give way to ... ~에게 지다, ~에게 양보하다
I *gave way to* John in the race. 나는 경주에서 존에게 졌다
Her sorrow *gave way to* joy. 그녀의 슬픔은 기쁨으로 바뀌었다

● give 의 기타 용법 ●
give a cheer 응원하다
give a hand 도와주다
give a look 한번 보다
give advice 충고하다
give thanks 감사하다
give kiss 키스하다
give a smile 미소짓다

*giv·en [gívən] 동 give(주다)의 과거분사형
He was *given* a watch. 그는 시계를 받았다
— 형 주어진, 일정한
The work must be finished within the *given* time. 그 일은 주어진 시간안에 끝마쳐야 한다

giv·en name [-néim] 명 (복수 **given name**s [-z]) 예《성에 대하여》 이름(=first name) 《성은 family name 이라고 함》

gives [gívz] 동 **give**(~을 주다)의 3인칭 단수현재형

giv·ing [gíviŋ] 동 **give**(~을 주다)의 현재분사형

gla·cier [gléiʃər] 명 (복수 **glacier**s [-z]) 빙하

*glad [glǽd] 형 (비교 **glad**der ; 최상 **glad**dest) 《동사의 뒤에 와서》 기쁜, 즐거운(=happy ; ↔ sad 슬픈)
I am very *glad* to see you. 당신을 뵙게 되어 매우 기쁩니다
I'll be *glad* to help you. 기꺼이 당신을 도와드리겠습니다
He was *glad* of my success. 그는 나의 성공을 기뻐했다
I am very *glad* that you came. 네가 와서 기쁘다
I am *glad* you like it. 그것을 네가 좋아하니 기쁘다

📙 사람에게 물건을 선물하고, 그것을 그 사람이 좋아 할 때 쓰는 관용표현.

How *glad* (I am)! 참 기쁘구나
회화 A: Will you come to our party tomorrow?
B: Yes, I'll be glad to (come).
A: 내일 우리 파티에 오시겠읍니까
B: 예, 기꺼이 (가겠습니다)

glad·der [glǽdər] 형 **glad**(기쁜)의 비교급

glad·dest [glǽdist] 형 **glad**(기쁜)의 최상급

glance [glǽns] 자동 (3단현 **glance**s [-iz]; 과거·과분 **glance**d [-t] 현분 **glanc**ing) 흘끗보다, 대충 훑어 보다
John *glanced* at his watch. 존은 그의 시계를 흘끗 보았다
— 명 (복수 **glance**s [-iz]) 흘끗 보기, 일견(一見)
She gave me a *glance*. 그녀는 나를 흘끗 보았다
Can you tell at a *glance* what it is? 그것이 무엇인지 한눈에 알 수 있습니까

Glas·gow [glǽsgou] 명 글래스고 《영국 스코틀랜드의 항구 도시》

*glass [glǽs] 명 (복수 **glass**es [-iz]) (♦ grass(풀)와 발음을 구별할 것)

❶ 유리 (a를 붙이지 않고, 복수 없음)
This case is made of *glass*. 이 상자는 유리로 만들어져 있다
The ball broke the *glass*. 그 공이 유리를 깼다

glasses - go

❷ (유리) 컵, 유리 잔; 1잔
Give me a *glass* of water. 물 한 잔을 주시오
He drank two *glasses* of water. 그는 물을 두 컵 마셨다
📝 유리로 만든 컵은 a glass, 도자기류의 컵은 a cup 이라고 한다. 찬 음료수(물·우유·주스 등)는 glass 로 마시고, 뜨거운 음료(홍차·커피 등)는 cup 으로 마신다 : a cup of tea [coffee] (홍차[커피] 한잔). 미국인은 우유를 뜨겁게 하지 않고, 설탕을 넣어 마시지 않기 때문에 a glass of milk (우유 1컵)라고 한다.
❸ **거울**, 망원경;《복수형으로》 **안경**, 쌍안경
I looked at myself in the *glass*. 나는 거울 속의 나 자신을 보았다
Our teacher wears *glasses*. 우리 선생님은 안경을 쓰신다
Tom cannot read without *glasses*. 톰은 안경 없이는 책을 읽을 수 없다
📝 안경을 하나, 둘이라고 셀 때는 a pair of glasses (안경 하나), two pairs of glasses (안경 둘)라고 함.

glass·es [glǽsiz] 명 **glass**(컵)의 복수형

glee club [glíː klʌ̀b] 명 (복수 **glee clubs** [-z]) 남성 합창단

glide [gláid] 자동 (3단현 **glides** [-z]; 과거·과분 **glided** [-id]; 현분 **gliding**) 미끄러지다, 미끄러지듯이 움직이다, 활주하다
I watched the skiers *glide* down the slope. 나는 스키 타는 사람들이 비탈 아래로 활주하는 것을 보았다

glid·er [gláidər] 명 (복수 **gliders** [-z]) 글라이더, 활공기

glimpse [glímps] 명 얼핏보기

glit·ter [glítər] 자동 (3단현 **glitters** [-z]; 과거·과분 **glittered** [-d]; 현분 **glittering**) 반짝반짝 빛나다, 반짝이다
All that *glitters* is not gold. 《속담》 반

짝인다고 모두 금은 아니다
The diamond ring *glittered* on her finger. 다이아몬드 반지가 그녀의 손가락에서 반짝거렸다

globe [glóub] (♦ glove [glʌ́v]와 혼동하지 말 것) 명 (복수 **globes** [-z]) 공, 구체(球體), 공 같은 것;《the 를 붙여》지구; 지구의(地球儀)

glo·ry [glɔ́ːri] 명《a 를 붙이지 않고 복수 없음》영광, 영예, 명예
the *glory* of Solomon 솔로몬의 영광
She won wealth and *glory*. 그녀는 부와 명예를 얻었다

glove [glʌ́v] 명 (복수 **gloves [-z]) (손가락이 있는) **장갑**; (야구·권투의) 글러브
a pair of *gloves* 장갑 1켤레
Put on your *gloves*. 장갑을 끼어라
📝 장갑을 벗다는 take off.
He wears a pair of *gloves*. 그는 장갑을 끼고 있다
회화《악수할 때》
A: Excuse my gloves.
B: That's all right.
A: 장갑을 끼어서 미안합니다
B: 괜찮습니다
📝 장갑은 보통 복수형으로 쓰고, a pair of gloves(장갑 1켤레), two pairs of gloves(장갑 2켤레)라고 센다. 장갑 한 짝은 단수형을 쓴다: I lost my left glove.(나는 왼쪽 장갑을 잃어버렸다) 야구의 글러브는 a glove, two gloves 라고 한다. 벙어리 장갑은 mitten [mítn]이라고 한다.

glow [glóu] 자동 (3단현 **glows** [-z]; 과거·과분 **glowed** [-d]; 현분 **glowing**) 열과 빛을 내다, 빨갛게 타다, 홍조를 띠다
Her cheeks *glowed* with shame. 그녀의 뺨은 수치심으로 빨갛게 되었다
— 명 백열; 타오르는 빛깔; 홍조
the evening *glow* 저녁 노을

glue [glúː] 명 접착제, 풀

★go [góu] 자동 (3단현 **goes** [-z]; 과

go - go

거 **went** [wént]; 과분 **gone** [gɔ́ːn]; 현분 go*ing*)

❶ **가다**(↔come 오다); 나가다
I *go* to school by bus. 나는 버스로 통학한다

📝 이 school은 수업의 뜻으로 a도 the도 붙이지 않는다. 다음에 나오는 church(예배), bed(잠)도 마찬가지이다.

I *go* to church on Sundays. 나는 일요일마다 교회에 간다
My sister *goes* to bed at ten. 나의 누이동생은 10시에 잔다
She *goes* to supermarket every Friday. 그녀는 금요일마다 슈퍼마켓으로 장보러 간다

📝 이 supermarket도 슈퍼마켓에서의 물건 사기의 뜻으로 a도 the도 붙이지 않는다. 미국에서는 금요일(주급일 경우 급료일)에 1주일 치의 물건을 사는 일이 많다.

The students *go* home at 4:30. 학생들은 4시 반에 집에 간다
He *went* to France last year. 그는 작년에 프랑스에 갔다
She has *gone* to the United States. 그녀는 미국에 가고 없다

📝 have gone은 「가서 여기에 없다」라는 의미.

Let's *go* and say hello to him. 그에게 인사를 하러 가자
How far did we *go* in our last lesson? 지난번 수업은 어디까지 나갔지
Our team *went* to the finals. 우리 팀은 결승전까지 나갔다

🔲 go 와 come 의 사용법
go 는 자기를 중심으로 하여, 어떤 장소로 가는 것: I'll go to Hawaii soon.(나는 곧 하와이에 갈 것이다) come 에도 「가다」의 뜻이 있다. 상대방을 중심으로 생각하여, 상대방이 있는 곳으로 갈 때 come 을 쓴다: I'll come and see you again. (다시 찾아가 뵙겠습니다)

회화 A: Won't you *come* to see me tomorrow?
B: Yes, I will *come*.
(Yes, I will *go*. (×))
A: 내일 놀러 오지 않겠어요
B: 예, 가겠습니다

❷ **떠나다, 출발하다; 끄다, 없어지다**
I must be *going* now. 이제 그만 가봐야겠습니다

📝 자리를 뜰 때 쓰는 관용 표현.

The typhoon has *gone*. 태풍은 갔다
Let's *go*. 자, 출발하자
The pain has *gone*. 통증이 없어졌다
The name on the envelope was half *gone*. 봉투의 이름이 반은 없어졌다

📝 be 동사+gone은 주로 상태를 나타내는 현재완료이지, 수동태는 아니다. 「지금은 이미 없다」라는 상태에 중점을 두는 표현이다.

All hope *is gone*. 모든 희망이 사라졌다

❸ (기계 등이) **움직이다**, 일하다
This clock *goes* by electricity. 이 시계는 전기로 움직인다
My watch won't *go* well. 내 시계는 잘 맞지 않는다

❹ (어떤 상태·결과로) **되다**(=become)

📝 보통 형용사 보어를 취한다.

He has *gone mad* at last.⁽¹⁾ 그는 마침내 미쳤다
Our plan *went wrong*.⁽²⁾ 우리의 계획은 잘못되어 갔다
The milk has *gone bad*.⁽³⁾ 그 우유는 상했다
The baby soon *went* to sleep.⁽⁴⁾ 그 아기는 곧 잠들었다

📝 (1), (2), (3)의 예로 알 수 있듯이 나쁜 상태로 되는 일이 많다. (4)의 sleep은 명사.

❺ **언제나 ~하다**, 언제나 ~이다
This child *goes* hungry. 이 아이는 언제나 배고파한다
She often *goes* in slacks. 그녀는 곧

go - go

잘 바지차림으로 다닌다

❻ (일이) **되어가다**, 진행되다

Is your work *going* well? 당신 일이 잘 되어가고 있습니까

Everything is *going* well. 모든 일이 잘 되어가고 있다

How did the baseball game *go*? 야구 경기는 어떻게 진행되었습니까

❼ (종·시계 등이) **울다**, 울리다

It has just *gone* three. 방금 3시를 쳤습니다

There *goes* the bell. 벨이 울리고 있다 《어순에 주의》

"Bang!" *went* the gun. 「빵」하고 총소리가 났다 《주어는 the gun》

❽ 《go + ~ing 의 형태로》 **~하러 가다**

Let's *go* swimm*ing* in the river. 강으로 수영하러 가자

In the afternoon they *went* shopp*ing*. 오후에 그들은 장보러 갔다

📝 ~ing 은 운동·장보기 등을 나타내는 동사에 한한다.

❾ 조화되다, 어울리다 《with》

The hat *goes* well *with* this dress. 그 모자는 이 옷과 잘 어울린다

be going to +「동사의 원형」 ~하려고 하고 있다, ~할 것이다, ~할 예정이다 《will 보다 더 확실한 미래를 나타냄》

I *am going to* write a letter. 나는 편지를 쓰려고 하고 있다

It *is going to* rain. 비가 오려고 한다

We *are going to* go to the movies tonight. 우리는 오늘 밤 영화 보러 갈 예정이다

📝 주로 ㉠의 용법; ㉢에서는 대개 We *are going to* the movies tonight.임

He *is going to* be a doctor. 그는 의사가 되려고 생각하고 있다.

go about 돌아다니다 《about 는 부사》

They *went about* in the country. 그들은 시골을 두루 돌아다녔다

†*go across* ~을 가로질러 가다, 건너가다

She *went across* the street. 그녀는 길을 건너갔다

go after ... ~를 쫓아가다

The dogs are *going after* a cat. 개들이 고양이 한 마리를 뒤쫓고 있다

He *went after* fame. 그는 명성을 추구했다

go against ... ~를 거슬러 가다

The ship *went against* the waves. 그 배는 파도를 거슬러 나아갔다

Go ahead (1) 먼저 하십시오(=㉢ After you.) (2) 《상대방을 재촉하여》어서 (with ...)

Go ahead with the cake. 케이크를 드세요

go along ... ~를 따라가다, 나아가다; (일 따위가) 진전되다

Go along this street. 이 길을 따라가라

go and +「동사의 원형」 ~하러 가다

Go and see who it is. 누구인지 가서 알아보아라

📝 회화에서 go to+「동사의 원형」 대신에 쓰인다. ㉠ 구어에서는 and 를 생략하고 go see ... 라고도 함.

go around[*round*] ... ~주위를 돌다

The earth *goes around* the sun. 지구는 태양의 주위를 돈다

go away (*with*) 가버리다, 떠나다; 가지고 도망가다

He will *go away* from this country. 그는 이 나라에서 떠나버릴 것이다

Somebody *went away with* my umbrella. 누군가가 내 우산을 가지고 도망쳤다

She *went away* without saying goodbye. 그녀는 작별 인사도 없이 가버렸다

go back 돌아가다; (~까지) 거슬러 올라가다

Go back to your seat. 네 자리로 돌아가라

The story *goes back* to the 19th century. 그 이야기는 19세기까지 거슬러 올라간다

go by (시간·날짜가) 지나가다

Several minutes *went by*. 몇 분이 지나갔다

go down 내려가다; (파도·바람이) 잦아 지다

We *went down* the hill. 우리는 산을 내려갔다

They *went down* along the river. 그들은 강을 따라 내려갔다

The sun is *going down* behind the mountains. 태양이 산 너머로 지고 있다

The storm has *gone down*. 폭풍우가 잦아 졌다

go for ... ~를 부르러 가다, ~를 데리러 가다, ~하러 가다

Shall I *go for* the doctor? 내가 의사를 데리러 갈까요

☑ 의사를 데리러 사람을 보낼 때는 I sent for a doctor.(나는 의사를 데리러 오라고 사람을 보냈다)

I will *go for* the medicine. 나는 약을 가지러 갈 것이다

Mary *went for* a walk alone. 메리는 혼자서 산책을 나갔다

He often *goes for* a drive in the country. 그는 자주 시골로 드라이브를 하러 간다

go in 들어가다(=enter); 참가하다

Here is a restaurant. Let's *go in*. 레스토랑이 있다. 들어가자

My brother *went in* the meeting. 나의 동생은 그 회합에 참가했다

†***go into*** ~에 들어가다, ~으로 통하다

He *went into* the building. 그는 그 건물 안으로 들어갔다

The door *goes into* the back yard. 이 문은 뒤뜰로 통해 있다

go off 떠나다; (수도·전기 등이) 끊어지다

He *went off* without saying goodbye. 그는 작별 인사도 없이 떠났다

The lights *went off* suddenly. 갑자기 전기가 나갔다

go on 계속하다, 계속되다; (시간이) 흐르다; 일어나다; (피크닉 등에) 가다

His speech *went on* for two hours. 그의 연설은 2시간 동안 계속되었다

They *went on* talking to one another. 그들은 서로 대화를 계속했다

Go on with your story. 당신 이야기를 계속하시오

As time *went on*, people began to forget it. 세월이 흘러감에 따라 사람들은 그것을 잊기 시작했다

What is *going on*? 무슨일입니까

Last week we *went on* a picnic. 지난 주에 우리는 피크닉을 갔다

go out 나가다, 외출하다; (전등이) 꺼지다

He has *gone out*. 그는 외출하고 없다

They *went out* to see the sights of the town. 그들은 시내 관광을 하러 나갔다

The candle *went out*. 촛불이 꺼졌다

go out of ~에서 나가다

They *went out of* the room. 그들은 방에서 나갔다

go over 넘어가다; (멀리) 가다; 되풀이하다, 반복하다, 복습하다

They *went over* the hill. 그들은 산을 넘어갔다 《over 는 전치사》

He *went over* to South America. 그는 남아메리카로 갔다

▶ over 가 있으면 멀리 갔다는 느낌을 준다.

Let's *go over* this lesson again. 이 과를 한 번 더 복습하자

go round 영=미 **go around** 돌다, 돌아가다

go through ... ~를 통과하다; 끝나다; 경험하다

We *went through* the woods in the car. 우리는 차를 타고 그 숲을 통과했다

Did you *go through* your homework? 너는 숙제를 전부 마쳤느냐

He *went through* a lot of difficulties. 그는 많은 어려움을 경험했다

go to bed 잠자리에 들다

go up 올라가다, 오르다

The kite *went up* higher and higher.

goal - Golden Gate

연이 점점 더 높이 올라갔다
The prices have *gone up* by ten percent. 물가가 10퍼센트 올랐다
Tom *went up* the stairs. 톰은 계단을 올라갔다 《up 은 전치사》

go up to ~까지 가다
He *went up to* the door, and knocked on it. 그는 문까지 가서 노크했다

go with ~에 따르다, ~와 조화되다
Duty *goes with* right. 권리에는 의무가 따른다
This blouse *goes* well *with* my skirt. 이 브라우스 내 치마와 잘 어울린다

go without ~없이 지내다
My little brother cannot *go without* candy. 나의 어린 동생은 캔디 없이는 지낼수 없다

It goes without saying that ... ~임은말할 것도 없다
It goes without saying that health is more important than wealth. 건강이 재산보다 더 중요하다는 것은 말 할 필요도 없다

to go (식당 등의 음식을) 가지고 갈 수 있는(=to take out)
It this to eat here or *to go*? 여기서 드시겠습니까, 가지고 가시겠습니까 《패스트푸드 상점에서 점원이 묻는 말》

— 명 가는 것; 활기 《a를 붙이지 않고, 복수 없음》
Americans are always on the *go*. 미국인들은 언제나 활기가 있다

goal [góul] (♦ oa는 [ou]로 발음함) 명 (복수 **goal**s [-z]) 골, 결승점; 목적지 《경주의 결승선은 'finish line'이라고 함》
What's your *goal* in life? 인생에 있어 당신의 목표는 무엇입니까

goal·keep·er [góulkì:pər] 명 (복수 **goalkeepers** [-z]) (축구·하키 등의) 골키퍼, 수문장, 문지기

***goat** [góut] 명 (복수 **goats** [-s]) 《동물》 염소(→ sheep 양)

***god** [gád] 명 (복수 **gods** [-z])
❶ 신, 남신(↔ goddess 여신)
Apollo was the sun *god*. 아폴로는 태양의 신이었다

❷ 《God 로서》 하느님
📝 그리스도교는 일신교이므로 복수형은 없다. 그리스 신화에서는 a god 도 gods 도 있다.
Do you believe in *God*? 너는 하느님을 믿느냐

God bless you! 당신에게 축복이 있기를 《상대방이 재채기를 한 경우 해주는 말》

God help him! 아이 가엾어라, 하느님 그를 도와주소서

Thank God! 아이 고마워라, 휴우

god·dess [gádis] 명 (복수 **goddesses** [-iz]) 여신(↔ god 남신)

***goes** [góuz] 동 **go**(가다)의 3인칭 단수현재형

Goe·the [gɔ́:tə] 명 괴테 《Johann Wolfgang von ~ (1749-1832); 독일의 시인, 극작가; 대표작은 「파우스트」》

***go·ing** [góuiŋ] 동 **go**(가다)의 현재분사형

***gold** [góuld] 명 금 《a를 붙이지 않고, 복수 없음》
It is made of *gold*. 그것은 금으로 만들어져 있다

góld rúsh 골드 러시 《새로운 금광지로 많은 사람이 몰리는 현상》

— 형 금의, 금제의
a *gold* watch 금시계
a *gold* coin 금화

***gold·en** [góuldn] 형 《명사는 gold》 ❶ 금색의, 금의
She has *golden* hair. 그녀는 금발이다
❷ 귀중한, 훌륭한
a *golden* saying 금언
This is a *golden* opportunity. 이것은 절호의 기회이다

Gold·en Gate [-géit] 《the를 붙여》 금문 해협 《샌프란시스코 만과

goldfish - good

태평양을 잇는 해협》
the Gólden Gàte Brídge 금문교 《금문 해협에 걸쳐 있는 다리(1,280미터)》

gold·fish [góuldfìʃ] 명 (복수 **goldfish, goldfishes** [-iz]) 《물고기》 금붕어

golf [gálf] 명 골프
My father likes *golf*. 나의 아버지는 골프를 좋아하신다
He plays *golf* every Sunday. 그는 일요일마다 골프를 한다
a gólf bàll 골프공
a gólf clùb 골프 클럽, 골프채

golf·er [gálfər] 명 골프치는 사람

gon·do·la [gándələ] 명 (복수 **gondolas** [-z]) 곤돌라 《바닥이 평평한 작은 배로 베니스 특유의 유람선. 요즘은 고층 아파트의 이삿짐을 끌어올리고 내리는 기구를 「곤돌라」라고 함》

gone [gɔ́ːn] (♦o는 [ɔː]로 발음됨 [ou]가 아님) 동 **go(가다)의 과거분사형
Helen has *gone* to New York. 헬렌은 뉴욕에 가고 없다

★good [gúd] (♦oo는 [u]로 발음됨) 형 (비교 **better** [bétər] ; 최상 **best** [bést])
❶ 좋은, 우수한, 착한(↔bad 나쁜)
I have a *good* dictionary. 나는 좋은 사전을 가지고 있다
Your manners are not *good*. 너의 행실은 좋지 않다
Mary is a *good* girl. 메리는 착한 소녀이다
회화 A: How is your eyesight?
B: I have *good* eyesight.
A: 네 시력은 어떠니
B: 나는 시력이 좋아
❷ 친절한(=kind)
Nancy is very *good* to everybody. 낸시는 누구에게나 매우 친절하다
That's very *good* of you. 당신의 친절, 대단히 고맙습니다
❸ 잘하는, 솜씨 좋은(↔poor 서툰)

He is a *good* swimmer. 그는 수영을 잘한다
She is a *good* piano player. 그녀는 피아노를 잘 친다
📝 특수한 악기나 운동의 경우는 다음과 같이 말한다.
He is a *good* player of fencing. 그는 펜싱을 잘한다
He is very *good* at tennis. 그는 테니스를 매우 잘한다
❹ 즐거운, 유쾌한(=pleasant)
Have a *good* time! 즐겁게 보내라 《상대방이 짧은 여행이나 극장 구경에 갈 때 하는 말》
❺ 충분한, 상당한
I had a *good* sleep last night. 나는 어젯밤에는 충분히 잤다
Take *good* care of yourself. 몸조심 잘 하여라 《상대방이 병환중이 아닐 때는 쓰지 말것》
He sold pearls for a *good* price. 그는 진주를 상당한 값을 받고 팔았다
❻ 이익이 되는, 적합한
Exercise is *good* for the health. 운동은 건강에 좋다
This water is *good* to drink. 이 물은 마시기에 적합하다
❼ 맛있는(=delicious)
I have never eaten such a *good* pie. 나는 그렇게 맛있는 파이를 먹어 본 적이 없다
The turkey was very *good*. 칠면조 고기는 매우 맛있었다
❼ 유효한
This ticket is *good* for three days. 이 표는 3일간 유효하다
a good deal of ... 많은 ~(=much)
📝 뒤에는 셀 수 없는 명사가 온다.
We had *a good deal of* snow last year. 작년에는 눈이 많이 왔다
a good many ... 많은 ~(=many)
📝 뒤에는 셀 수 있는 명사의 복수형이 온다.
He bought *a good many* books. 그는 많은 책을 샀다
as good as ... ~와 거의 같은(=

good-by(e) - got

almost)
This car is *as good as* new.(=This car is *as good as* a new car.) 이 차는 새 차나 마찬가지이다

†***be good at ...*** ~을 잘하다, ~에 능숙하다(↔ be bad[poor] at ... ~에 서투르다)
She *is good at* English, but she is poor at math. 그녀는 영어는 잘 하지만 수학은 못한다
Tom *is good at* swimming.(=Tom is a *good* swimmer.=Tom swims well.) 톰은 수영을 잘한다

†***be good for ...*** ~에 유익하다, ~에 적합하다
This medicine *is good for* a cold. 이 약은 감기에 잘 듣는다
Walking everyday *is good for* your health. 매일 걷는 것이 너의 건강에 좋다

Good for you! 잘했다, 축하한다
Good luck (to you)!(=I wish you good luck.) 행운을 빈다 《먼 여행을 가는 사람에게 하는 말》

● **Good이 들어간 인사말** ●
Good afternoon 오후에 하는 인사말
Good evening 저녁에 하는 인사말
Good morning 아침이나 오전 중에 하는 인사말
Good night. 안녕히 주무세요 《밤에 헤어질 때 하는 인사말》

—명 ❶ **선**(善) 《a를 붙이지 않고, 복수 없음》
Always try to do *good*. 언제나 선을 행하려고 노력하라
❷ **이익**, 도움 《a를 붙이지 않고, 복수 없음》
This medicine will do you *good*. 이 약은 너에게 효과가 있을 것이다
What *good* will that do? 그것이 무슨 도움이 되겠습니까
I am telling this for your *good*. 나는 너의 이익을 생각하여 이 말을 하고 있다

It is no good ~ing ~해봐야 소용없다

It is no good read*ing* such books. 그런 책을 읽는 것은 아무런 이익이 없다

📝 It은 reading 이하를 가리킴.

★**good-by(e)** [gùd-bái] 감 안녕! 잘 가세요! 잘 있어요!
Good-by, everybody. 모두, 안녕
📝 *God be* with you.(신이 당신과 함께 있기를)이란 표현을 줄인 것.

—명 (복수 **good-by**s, **good-bye**s [-z]) 안녕, 작별, 헤어짐
I must say *good-by* now. 나는 이제 작별하지 않으면 안됩니다
He said *good-by* to everybody. 그는 모든 사람에게 작별 인사를 했다

📝 **good-by와 So long**
good-by(e)는 '안녕'을 나타내는 가장 일반적인 말로서 아침·점심·저녁 어느 때나 쓸 수 있다. So long도 뜻은 같으나, 구어에서 흔히 친한 친구 사이에 쓰이는 작별 인사말이다

good-looking [gúd-lúkiŋ] 형 잘 생긴, 아름다운

good·ness [gúdnis] 명 좋음, 선량, 친절(↔ badness 나쁨)
Thank *goodness*! 고마워라

goods [gúdz] 명 《복수명사》 상품; 화물; 재산
canned *goods* 통조림

goose [gúːs] 명 (복수 **geese** [gíːs]) 《새》 거위
They killed the *goose* that lays the golden eggs. 《속담》 그들은 황금알을 낳는 거위를 죽였다 《그들은 목전의 이익을 구하여 장래의 이익을 잃었다》

go·ril·la [gərílə] 명 (복수 **gorilla**s [-z]) 《동물》 고릴라

gos·sip [gásip] 명 (복수 **gossip**s [-s]) 잡담; 추문, 고십

got [gát] 동 get(얻다)의 과거형; 과거분사형의 하나
Tom *got* this car two years ago. 톰은 이 차를 2년 전에 샀다

Goth·ic [gáθik]
명 《건축》 고딕 양식

▶ 12~16 세기에 유럽에서 유행한 건축 양식으로, 건물의 선이 수직이고, 창이나 문의 윗부분이 아치형인 것이 특징

Gothic church

*got·ten [gátn]
통 get(얻다)의 과거분사형의 하나

gov·ern [gÁvərn]
(타동) (3단현 governs [-z]; 과거·과분 governed [-d]; 현분 governing) ❶ (국민·국가를) 다스리다, 통치하다
This country was once *governed* by the king. 이 나라는 한 때 왕에 의해서 다스려졌다
❷ 지배하다, 좌우하다
Never let your passion *govern* you. 절대로 격정의 지배를 받지 말라

gov·ern·ment [gÁvərnmənt]
명 (복수 governments [-s])
❶ 통치, 정치, 정체
democratic *government* 민주 정치
government of the people, by the people, and for the people 국민의, 국민에 의한, 국민을 위한 정치 《미국 제 16대 대통령 링컨의 게티즈버그 연설 중에 있는 말; 민주 정치의 근본 원리를 나타냄》
The country has always had fair *government*. 그 나라는 항상 공정한 정치를 실시해오고 있다
❷ 《Government로서》 정부, 내각
the United States *Government* 미합중국 정부
form a *Government* 내각을 구성하다
⚠ 「정치」라는 뜻이면 a를 붙이지 않고, 「정부」라는 뜻이면 a를 붙인다.

gov·er·nor [gÁvərnər]
명 (복수 governors [-z]) 영 (식민지 등의) 총독; 미 (주의) 지사; 장관, 이사; 지배자

gown [gáun]
명 (복수 gowns [-z]) (여자용의) 긴 옷; 가운
▶ 여자가 만찬회나 다과회에 입고 나가는 가운 외에도, 판사·목사·의사 등이 입는 가운이 있다. 또 잠옷 위에 걸치는 가운은 우리 나라에서는 그냥 가운이라고 하지만 영어에서는 dressing gown 또는 robe 라고 한다.

grab [grǽb]
통 (3단현 grabs [-z]; 과거·과분 grabbed [-d]; 현분 grabbing) (타동) 움켜쥐다, 붙잡다
— 명 (복수 grabs [-z]) 움켜쥠
She *grabbed* me by the arm. 그녀는 나의 팔을 움켜쥐었다

Grace [gréis]
명 그레이스 《여자 이름》

grace [gréis]
명 (복수 graces [-iz]) (동작·모양 등의) 우아, 품위; (신의) 은총
She dances with *grace*. 그녀는 우아하게 춤춘다
By the *grace* of God the ship came safely home through the storm. 신의 은총으로 그 배는 폭풍을 헤치고 무사히 집으로 돌아왔다

grace·ful [gréisfəl]
형 (비교 more graceful; 최상 most graceful) 고상한, 우아한, 멋진

**grade [gréid]
명 (복수 grades [-z])
❶ (계급·품질·가치 등의) 등급, 품등
This is the best *grade* of wine. 이것은 최고급 포도주이다
❷ 미 (초등학교·중학교·고교의) 학년, 학급
He is in the seventh *grade*. 그는 7학년이다
▶ 미국에서는 초등학교 1학년부터 중학교·고등학교까지가 1st grade에서 12th grade로 구성되어 있다. 예컨대, 8th grade 는 우리 나라의 중학교 2학년에 해당함.
회화 A: What *grade* are you in?

grader - grandchildren

B: I'm in the 6th *grade*.
A: 몇 학년이니
B: 6학년이에요
❸ 명 (학생의) **성적**, 평점(=영 mark)
He got a good *grade* in math. 그는 수학 점수가 좋았다

grad·er [gréidər] 명 (복수 **grad-ers** [-z]) ~학년생
a third *grader* 초등학교 3학년생

grade school [gréid skù:l] 명 (복수 **grade schools** [-z]) 미 초등학교(=영 primary school)

grad·u·al·ly [grǽdʒuəli] 부 차츰, 서서히, 점차(=by degrees)
Her health *gradually* got better. 그녀의 건강은 차츰 좋아졌다
The weather improved *gradually*. 날씨가 점차 좋아졌다

grad·u·ate [grǽdʒuət] 명 (복수 **graduates** [-s]) 미 (대학·각종 학교의) 졸업생; 영 대학 졸업생
— 형 대학원의
a *graduate* school 대학원
— [grǽdʒuèit] 동 (3단현 **graduates** [-s]; 과거·과분 **graduated** [-id]; 현분 **graduating**) 자동 졸업하다
He *graduated* from[영 at] Columbia University. 그는 콜럼비아 대학을 졸업했다
📝 영에서는 학위를 받는 대학을 졸업할 때에 쓴다. 대학 이외는 leave school 이라고 한다
— 타동 미 《수동태를 써서》 졸업시키다
He *was graduated* from Harvard University. 그는 하버드 대학을 졸업했다
📝 미에서는 He *graduated* from .... (그는 ~를 졸업했다)를 더 많이 쓴다

grad·u·a·tion [grǽdʒuéiʃən] 명 졸업, 학위를 받는 것; 미 (대학의) 졸업식
After *graduation* from junior high school, she went to senior high school. 중학교 졸업 후 그녀는 고등학교에 갔다

grain [gréin] (♦ ai는 [ei]로 발음됨) 명 (복수 **grains** [-z])
❶ 《집합적으로》 곡물(=영 corn); (곡물 등의) 낟알
a *grain* of rice 쌀 한 알
❷ 《주로 부정문에서》 조금
There is not a *grain* of truth. 조금의 진실도 없다

gram, gramme [grǽm] 명 그램 《gm. 또는 gr., g로 줄여 쓴다; 무게의 단위》

*__gram·mar__ [grǽmər] 명 (복수 **grammars** [-z]) 문법 (♦ 철자에 주의)
English *grammar* 영문법

grand [grǽnd] 형 (비교 **grander**; 최상 **grandest**) 웅대한, 장려한
He lives in a *grand* house.
그는 큰 저택에서 살고 있다
a gránd piáno 그랜드 피아노(→ an upright piano)

Grand Canyon [grǽnd kǽnjən] 명 《the를 붙여》 그랜드 캐년 《미국 Arizona주 서북부에 있는 Colorado강 유역의 대계곡으로 국립공원으로 지정되어 있음》

Grand canyon

grand·child [grǽndtʃàild] 명 (복수 **grandchildren** [-tʃìldrən]) 손자, 손녀
a great *grandchild* 증손

grand·children [grǽndtʃìldrən] 명 **grandchild** (손자, 손녀)의 복수형

granddad - grave²

grand·dad [grǽnddæd] 명 (복수 **granddads** [-z]) 《어린이말》 할아버지

grand·daugh·ter [-dɔ̀:tər] 명 (복수 **granddaughters** [-z]) 손녀

★**grand·fa·ther** [grǽndfɑ̀:ðər] 명 (복수 **grandfathers** [-z]) 할아버지
My *grandfather* is seventy years old. 나의 할아버지는 70세이시다

grand·fa·ther's clock [grǽndfɑ̀:ðərz klɑ́k] 명 (복수 **grandfather's clocks** [-s]) 대형 괘종시계

grand·ma [grǽndmɑ̀:] 명 (복수 **grandmas** [-z]) 《어린이말》 할머니

★**grand·moth·er** [grǽndmʌ̀ðər] 명 (복수 **grandmothers** [-z]) 할머니

grand·pa [grǽndpɑ̀:] 명 (복수 **grandpas** [-z]) 《어린이말》 할아버지

grand·par·ent [grǽndpɛ̀ərənt] 명 할아버지, 할머니; 《복수형으로》 조부모

grand·son [grǽndsʌ̀n] 명 (복수 **grandsons** [-z]) 손자

grant [grǽnt] 타동 (3단현 **grants** [-s]; 과거·과분 **granted** [-id]; 현분 **granting**) (남의 소원 등을) 들어 주다; ~을 인정하다
I *granted* her request. 나는 그녀의 요구를 들어 주었다
He *granted* (that) you are right. 그는 네가 옳다고 인정했다

★**grape** [gréip] 명 (복수 **grapes** [-s]) 《식물》 포도 《포도는 보통 송이로 되어 있으므로 복수형으로 많이 쓰인다》
a bunch of *grapes* 한 송이의 포도
Wine is made from *grapes*. 포도주는 포도로 만든다
📓 포도나무는 vine 또는 grapevine이라고 한다. grapevine은 포도덩굴의 뜻도 있다

graph [grǽf] 명 (복수 **graphs** [-s]) 그래프, 도표
a *line* graph 선 그래프

grasp [grǽsp] 타동 (3단현 **grasps** [-s]; 과거·과분 **grasped** [-t]; 현분 **grasping**) 꽉 쥐다, 움켜잡다; ~을 이해하다
Grasp my hand. 내 손을 꼭 잡아
Grasp all, lose all. 《속담》 다 잡으려다가 다 놓친다
I cannot *grasp* your meaning. 나는 네가 무슨 말을 하는지 알 수가 없다

★**grass** [grǽs] 명 《집합적으로》 풀, 목초; 잔디밭; 목초지 《a를 붙이지 않고, 복수 없음》
Some sheep are eating *grass*. 몇 마리의 양이 풀을 먹고 있다
Keep off the *grass*. 《게시》 잔디밭에 들어가지 마시오
I was lying on the *grass*. 나는 잔디밭에 누워 있었다
📓 영국인은 grass라고 하면 그냥 풀을 생각한다. glass(유리)와 다른 점에 주의할 것.

grass·hop·per [grǽshɑ̀pər] 명 (복수 **grasshoppers** [-z]) 《곤충》 베짱이, 여치(→ locust 메뚜기)

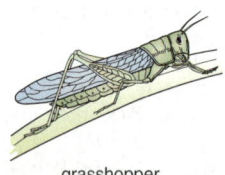
grasshopper

grate·ful [gréitfəl] 형 (비교 *more* grateful; 최상 *most* grateful) 감사하는, 고맙게 여기는(=thankful)
She is *grateful* to you for your help. 그녀는 당신의 도움에 감사하고 있습니다

grave¹ [gréiv] 명 (복수 **graves** [-z]) 묘, 무덤

grave² [gréiv] 형 (비교 **graver**; 최

상 grav*est*) 중대한; 엄숙한, 진지한
This is *grave* news. 이것은 중대한 뉴스이다

Her face was *grave* as she told me about the accident. 그녀가 나에게 그 사건에 관하여 말할 때 그녀의 표정은 진지했다

grav·i·ty [grǽvəti] 명 중력, 인력; 중대함; 진지함
She doesn't understand the *gravity* of her illness. 그녀는 그녀가 앓고 있는 병의 심각성을 이해하지 못했다

***gray, grey** [gréi] 형 (비교 gray*er* ; 최상 gray*est*)
❶ 회색의, (머리가) 반백의; 《비유적으로》 잿빛의
gray clothes 회색 양복
His hair has turned *gray*. 그의 머리칼은 반백이 되었다
My future is *gray*. 나의 미래는 잿빛이다[희망이 없다]
❷ (날씨가) 음산한, 어둑어둑한
a *gray* sky 음산한 하늘
— 명 회색, 잿빛
She was dressed in *gray*. 그 여자는 회색옷을 입고 있었다

***great** [gréit] 형 (비교 great*er* ; 최상 great*est*)
❶ 큰
New York is a *great* city. 뉴욕은 대도시이다
We heard a *great* noise. 우리는 큰 소음을 들었다
❷ 위대한
He is a *great* scientist. 그는 위대한 과학자이다
That is a *great* discovery. 그것은 위대한 발견이다
He is one of the *greatest* writers in the world. 그는 세계에서 가장 위대한 작가들 중 한 사람이다
❸ (구어) 굉장한, 멋진, 훌륭한
That's *great*! 그것 참 훌륭하구나
❹ 《칭호·존칭으로서》 대왕, 대제 《보통 the Great로 씀》
Alexander *the Great* 알렉산더 대왕

📝 great는 big이나 large와는 달리, 놀람·감탄 등의 감정을 수반한다: a *large* woman(몸집이 큰 여성), a *great* artist(위대한 예술가)

a great deal of ... 많은 ~(=much; a lot of)
He spent *a great deal of* money. 그는 많은 돈을 낭비했다

a great many ... 많은 ~(=many; a lot of)
He keeps *a great many* dogs. 그는 많은 개를 기르고 있다

📝 a great deal of 는 형용사구로 그 뒤에는 셀 수 없는 명사가 오고, a great many도 형용사구이지만, 그 뒤에는 셀 수 있는 명사의 복수형이 온다

Great Brit·ain [gréit brítn] 명 그레이트 브리튼 섬 《유럽 북서부의 섬. 1707년 이래 England, Scotland, Wales의 총칭》

great·er [gréitər] 형 **great**(위대한)의 비교급

great·est [gréitist] 형 **great**(위대한)의 최상급

Great Lakes [gréit léiks] 명 《the를 붙여》 5대호
▶ 미국과 캐나다 국경에 있는 5개의 호수; 온타리오 호(Lake Ontario), 이리 호(Lake Erie), 휴런 호(Lake Huron), 슈피리어 호(Lake Superior) 미시간 호(Lake Michigan)의 총칭

***great·ly** [gréitli] 부 크게, 대단히
Tom was *greatly* surprised. 톰은 크게 놀랐다

great·ness [gréitnis] 명 위대함, 중대함; 거대함

***Greece** [gríːs] 명 《형용사는 Greek》 그리스
▶ 발칸 반도 남부의 나라; 수도는 아테네(Athens). 고대에는 헬라스(Hellas)라고 불렸으며, 아테네, 스파르타 등 여러 개의 도시 국가로 이루어져 있었다

greedy - grill

greed·y [grí:di] 형 (비교 greed*i-er*; 최상 greed*iest*) 탐욕스러운, 게걸스러운
She was *greedy* of money. 그녀는 돈에 욕심이 많다
He was *greedy* to gain fame. 그는 명성을 몹시 탐내고 있었다

Greek [grí:k] 형 그리스의, 그리스인의; 그리스어의
— 명 (복수 Greek*s* [-s]) 그리스인; 그리스어
the *Greeks* 그리스인 《전체》

★green [grí:n] (◆ee는 [i:]로 발음됨) 형 (비교 green*er*; 최상 green*est*)
❶ 녹색의, 초록의, 푸른
green fields 녹색의 초원
The trees are *green* and the sky is blue. 나무는 푸르고 하늘은 파랗다
❷ (과일이) 익지 않은; 미숙한
The melons are still *green*. 참외는 아직도 익지 않았다
John is *green* at playing tennis. 존은 테니스에 풋나기이다
❸ 질투하는 기색인
He was *green* with envy. 그는 몹시 부러워했다
— 명 (복수 green*s* [-z])
❶ 초록, 녹색; 녹색 옷 《a를 붙이지 않고, 복수 없음》
Green is my favorite color. 녹색은 내가 제일 좋아하는 색이다
Mary was dressed in *green*. 메리는 녹색 옷을 입고 있었다
❷ 잔디밭, 목초지
They are playing on the *green*. 그들은 잔디밭에서 놀고 있다
❸ 《복수형으로》 야채
Eat more *greens*. 야채를 더 먹어라

green·er [grí:nər] 형 green(초록색의)의 비교급

green·est [grí:nist] 형 green(초록색의)의 최상급

green·gro·cer [grí:ngròusər] 명 (복수 greengrocer*s* [-z]) 청과상, 채소장수

green·house [grí:nhàus] 명 (복수 greenhouse*s* [-hàuziz]) 온실 (=hothouse)

Green·wich [grínidʒ] 명 그리니치 《런던 남동부 템스 강변에 있는 자치구; 왕립 천문대(the Royal Observatory)로 유명》
Gréenwich (méan) tìme 그리니치 표준시
🗒 태양이 정남쪽에서 여기에 비칠 때를 정오로 정한 표준시. GMT로 줄임

greet [grí:t] 타동 (3단현 greet*s* [-s]; 과거·과분 greet*ed* [-id]; 현분 greet*ing*) ~에게 인사하다; 맞이하다, 환영하다
Mary *greeted* him with a smile. 메리는 웃으며 그에게 인사했다

greet·ing [grí:tiŋ] 명 (복수 greeting*s* [-z]) 인사; 《복수형으로》 인사말; 인사장
Greetings from Paris 파리에서 인사드립니다 《그림 엽서 등에 쓰는 말》
He send *greetings* to me. 그는 나에게 인사장을 보냈다

★grew [grú:] (◆ 발음이 [그류우]가 아님) 동 grow(성장하다)의 과거형
It *grew* dark. 어두워졌다

grey [gréi] 형 명 영=미 gray

grey·hound [gréihàund] 명 (복수 greyhound*s* [-z])
❶ 그레이하운드 《잘 달리는 사냥개》
❷ 《Greyhound로》 그레이하운드 《미국 최대의 장거리 버스회사》

grief [grí:f] 명 (복수 grief*s* [-s]) 슬픔(=sorrow), 비탄
She was in deep *grief*. 그녀는 깊은 슬픔에 잠겨 있었다

grill [gríl] 타동 (3단현 grill*s*[-z]; 과거·과분 grill*ed* [-d]; 현분 grill*ing*) 석쇠로 굽다[~을 열로 익히다]

grind - grow

grind [gráind] 타동 (3단현 **grind**s [-z]; 과거·과분 **ground** [gráund]; 현분 **grind**ing) (곡물을) 빻아 가루로 만들다; ~을 연마하다, 갈다
grind wheat into flour. 밀을 가루로 빻다
She *grinds* coffee beans every day. 그녀는 매일 커피 열매를 간다

grip [gríp] 동 (3단현 **grip**s [-s]; 과거·과분 **grip**ped [-t]; 현분 **grip**ping) 타동 움켜쥐다, 꼭잡다
She *gripped* my hand. 그녀는 내손을 꼭 잡았다
— 명 (복수 **grip**s [-s]) 쥐는 것; 집는 손, 서류 끼우개, 클립

gro·cer [gróusər] 명 (복수 **grocer**s [-z]) 식료품 상인
a grocer's (**shop**) 식료잡화상

gro·cer·y [gróusəri] 명 (복수 **groceries** [-z])
❶ 식료잡화상
❷ 《복수형으로》 (홍차·커피·설탕·통조림 등의) 식료품류

ground¹ [gráund] 명 (복수 **ground**s [-z])
❶ 땅, 토지 《a를 붙이지 않고, 복수 없음》
The *ground* is covered with snow. 땅이 눈으로 덮여 있다
I lay on the *ground*. 나는 땅 위에 누워 있었다
❷ 《종종 복수형으로》 운동장, ~장
a baseball *ground* 야구장
picnic *grounds* 피크닉장
❸ 《종종 복수형으로》 이유
I have good *grounds* for believing it. 나는 그것을 믿을 충분한 이유가 있다

ground² [gráund] 동 **grind**(~을 갈다)의 과거·과거분사형

ground floor [-flɔ́:r] 명 영 1층 《미에서는 first floor라고 함》

grounds [gráundz] 명 **ground** (운동장)의 복수형

*****group** [grú:p] 명 (복수 **group**s [-s]) 떼, 무리, 집단, 그룹
a *group* of people 한 떼의 사람들
in a group 떼지어, 한 무리가 되어
They came back in a *group*. 그들은 한 무리가 되어 돌아왔다
Boys are playing in small *groups*. 소년들은 작은 그룹을 지어 놓고 있다
— 동 (3단현 **group**s [-s]; 과거·과분 **group**ed [-t]; 현분 **group**ing) 타동 불러 모으다, 무리를 만들다
The teacher *grouped* his students together. 선생님이 학생들을 집합시켰다

*****grow** [gróu] 동 (3단현 **grow**s [-z]; 과거 **grew** [grú:]; 과분 **grown** [gróun]; 현분 **grow**ing)
자동 ❶ 성장하다, 자라다, 커지다
Children *grow* rapidly. 어린이들은 빨리 성장한다
Does rice *grow* in Scotland? 스코틀랜드에서는 벼가 자랍니까
My hometown has *grown* into a big city. 나의 고향은 대도시로 성장했다
❷ 《형용사를 취하여》 ~하게 되다 (=get, become), ~해지다
It began to *grow* dark. 어두워지기 시작했다
He *grew* old and weak. 그는 노쇠해졌다
He has *grown* rich. 그는 부자가 되었다
She's *growing* fat. 그녀는 점점 살이 찌고 있다
— 타동 재배하다, 키우다, 기르다
They *grow* apples. 그들은 사과를 재배한다
He wants to *grow* a beard. 그는 수염을 기르고 싶어한다
grow up 성장하다, 어른이 되다
I *grew up* in Seoul. 나는 서울에서 자랐다
The children have *grown up*. 자녀들은 성장했다
He *grew up* to be an engineer. 그는

grower - guidance

커서 기술자가 되었다 《to이하는 결과를 나타낸다》

grow·er [gróuər] 명 재배자

grow·ing [gróuiŋ] 동 grow(자라다)의 현재분사형

growl [graul] 동 (3단현 **growls** [-z]; 과거·과분 **growled** [-d]; 현분 **growling**) 자동 (동물이) 으르렁거리다
The dog *growled* at the stranger. 그 개는 낯선 사람에게 으르렁거렸다
— 명 (복수 **growls** [-z]) (개 따위의) 으르렁거리는 소리

★grown [groun] 동 grow(성장하다)의 과거분사형
— 형 성장한
a *grown* man 어른

grown-up [gróun-ʌ̀p] 형 성장한, 성인이 된
— 명 (복수 **grown-ups** [-s]) 어른, 성인
The boy looked like a *grown-up*. 그 소년은 어른처럼 보였다

grows [grouz] 동 grow(자라다)의 3단칭 단수현재형

growth [grouθ] 명 (복수 **growths** [-s]) 《동사는 grow》 성장, 발육; 발전
The tree has reached its full *growth*. 그 나무는 자랄 대로 다 자랐다

guar·an·tee [gærəntíː] 명 (복수 **guarantees** [-z]) 보증; 보증서; 담보
— 동 (3단현 **guarantees** [-z]; 과거·과분 **guaranteed** [-d]; 현분 **guaranteeing**) 타동 ~을 보증하다, 책임지다
This camera is *guaranteed* for two years. 이 사진기는 2년간 보증된다

★guard [gɑːrd] 명 (복수 **guards** [-z]) 파수꾼, 수위, 보초; 영 (열차의) 차장(=미 conductor)
There is a *guard* at the gate. 정문에 수위가 있다

on guard 당번으로
He is *on guard* today. 그는 오늘 당직이다
— 동 (3단현 **guards** [-z]; 과거·과분 **guarded** [-id]; 현분 **guarding**) 자동 타동 ❶ 지키다, 보호하다; 보초 서다
The dog *guarded* her from robbers. 그 개는 그녀를 도둑으로부터 지켰다
❷ 《against와 함께》 조심하다, 경계하다
We must *guard against* fires. 우리는 불조심하지 않으면 안된다

★guess [ges] 동 (3단현 **guesses** [-iz]; 과거·과분 **guessed** [-t]; 현분 **guessing**) 자동 타동
❶ 추측하다, 알아맞히다
Don't *guess*. 추측하지 마라
Do you *guess* (at) her age? 그녀가 몇 살인지 아느냐
❷ 《I guess의 형태로》 미 (구어) ~라고 생각하다(=think)
I *guess* he will miss the train. 나는 그가 기차를 놓칠 거라고 생각한다
회화 A: Are you sure?
B: I *guess* so.
A: 확실하니
B: 그렇다고 생각해

★guest [gest] 명 (복수 **guests** [-s])
❶ (초대받은) 손님; (호텔 등의) 숙박객, 하숙인; (텔레비전 등의) 특별 출연자, 게스트
You are my *guest*. 너는 나의 손님이다 《사람에게 식사 대접할 때의 표현》
❷ 《명사 앞에서》 초대받은 (사람)
a *guest* conductor 객원 지휘자
✎ guest는 초대받은 손님을 가리키고 visitor는 방문객을 가리킨다. 또한 customer는 고객을 가리키며 passenger는 (교통기관의) 승객을 나타낸다

guid·ance [gáidəns] 명 《동사는 guide》 안내, 지도; 보도(輔導)

guide - gypsy

guide [gáid] 동 (3단현 **guides** [-z]; 과거·과분 **guided** [-id]; 현분 **guiding**) (타동) 안내하다, 인도하다
The light *guided* me to the house. 등불을 따라 그 집에 도착했다
— 명 (복수 **guides** [-z])
❶ 안내자, 지도자; (관광객의) 가이드
We employed a *guide*. 우리는 가이드를 채용했다
❷ 여행 안내서, 입문서, 안내 책자
a *guide* to the British Museum 대영박물관 안내서
a *guide* to English grammar 영문법 입문서

guide·book [gáidbùk] 명 (복수 **guidebooks** [-s]) 여행 안내서

guilt [gílt] 명 범죄; (도덕적인) 죄

guilt·y [gílti] 형 (비교 **guiltier**; 최상 **guiltiest**) 죄를 진, 유죄의
He was *guilty* of robbery. 그는 강도죄를 범했다
She was found *guilty*. 그녀는 유죄 판결을 받았다

gui·tar [gitá:r] (♦ 강세는 제2음절에 있다) 명 (복수 **guitars** [-z]) 《음악》 기타
She likes to play the *guitar*.
그녀는 기타 연주하기를 좋아한다

gui·tar·ist [gitá:rist] 명 기타 연주자
She is a good *guitarist*. 그녀는 기타를 잘 친다

gulf [gʌ́lf] 명 (복수 **gulfs** [-s]) 만
☑ bay보다 큰 만을 지칭함
the *Gulf* of Mexico 멕시코만

gum [gʌ́m] (♦ u는 [ʌ]로 발음됨) 명 (복수 **gums** [-z]) 고무; 고무나무; (미) 추잉검(=chewing gum); 잇몸

gun [gʌ́n] 명 (복수 **guns** [-z])
❶ 대포, 엽총
☑ 군인이 가진 총은 rifle이라고 함
❷ (미) (구어) 권총(→ revolver, pistol)

guy [gái] 명 (미) (속어) 남자, 녀석 (=fellow)

gym [dʒím] 명 (복수 **gyms** [-z])
•(구어) 체육관(gymnasium의 줄임말); 체조, 체육(gymnastics의 줄임말)

gym·na·si·um [dʒimnéiziəm] 명 (복수 **gymnasiums** [-z] 또는 **gymnasia** [-ziə]) 체육관

gym·nas·tics [dʒimnǽstiks] 명 체조; (학과로서의) 체육
☑ '체육'의 뜻으로 쓰일 경우 단수 취급함

gyp·sy [dʒípsi] 명 (복수 **gypsies** [-z]) 집시, 집시족《여행하면서 음악이나 점성술을 직업으로 하는 민족》

271

H h

H, h [eitʃ] 몡 (복수 **H's, Hs, h's, h**s [-iz]) 에이치 《알파벳의 제8자》

ha [hɑ́ː] 캅 하! 어유! 어머! 《놀람·기쁨 등을 나타냄》
"*Ha, ha!*" he laughed. 「하하」하며 그는 웃었다

★**hab·it** [hǽbit] 몡 (복수 **habit**s [-s]) 버릇, 습관; (동·식물의) 습성
Smoking is a bad *habit*. 담배를 피우는 것은 나쁜 버릇이다
He got into the *habit* of drinking. 그는 음주벽이 생겼다
Are you in the *habit* of rising early? 너는 일찍 일어나는 습관을 가졌니
▣ habit는 개인적 습관, custom은 사회나 국가의 전통적인 습관을 가리킨다.

★**had** [həd, (강조할 때) hǽd] 타동
have, has(가지다)의 과거·과거분사형
He *had* two daughters. 그에게는 두 딸이 있었다
I *had* breakfast at seven o'clock. 나는 7시에 아침 식사를 했다
We *had* little snow here last month. 지난 달에 이 곳에는 거의 눈이 내리지 않았다
We *had* a good time yesterday. 어제는 매우 즐거웠다
— 조 ❶ 《had+과거분사는 과거완료를 만듦》 ~했었다; ~한 적이 있었다
The train *had* already started when I arrived at the station. 내가 역에 도착했을 때 기차는 벌써 떠났었다
He *had* never seen such a big animal before he went to the zoo. 동물원에 가기 전에는 그는 그렇게 큰 동물을 본 적이 없었다
❷ 《had been+과거분사는 ❶의 수동태》 ~당했었다
The bird *had been* killed by the cat when I found it. 내가 찾아냈을 때 그 새는 고양이에게 죽음을 당했었다
❸ 《had been+현재분사는 과거완료 진행형을 만듦》 계속 ~해 왔었다
He *had been* watching television till then. 그때까지 그는 줄곧 텔레비전을 보고 있었다

†**had better**+「동사 원형」 ~하는 것이 좋다
You *had better* take your umbrella with you. 우산을 가져 가는 것이 좋다
You *had better not* go. 너는 가지 않는 것이 좋다
▣ 회화에서는 You'd better, 또는 You better라고 하는 것이 보통이다. had better의 부정형은 had better not+동사 원형이다.

†**had to**+「동사의 원형」 ~해야만 했다
He *had to* work from morning till night. 그는 아침부터 밤까지 일해야만 했다
▣ 부정형·의문형은 다음과 같다.
He *did not have to* work. 그는 일하지 않아도 좋았다
Did he *have to* work? 그는 일해야만 했습니까

had·n't [hǽdnt] had not 의 줄임꼴
Jill *hadn't* seen Mary for two weeks. 질은 메리를 2주간 보지 못했다

★**hair** [hέər] 몡 (복수 **hair**s [-z])
❶ 《집합적으로》 머리카락 《a를 붙이지 않고, 복수 없음》
⟨◆동음어 hare (산토끼)⟩

She has dark *hair*. 그녀의 머리카락은 검다
Alice is combing her *hair* now. 앨리스는 지금 머리를 빗고 있다
My *hair* has grown very long. 내 머리는 매우 길게 자랐다
❷ (1개의) **머리카락**
I found two long *hairs* in my soup. 국물 속에 긴 머리카락 두개가 들어 있었다

● 서양인의 머리색깔 ●

gray 영 **grey** 희끗희끗한
silver 은백색의
blond 금발의
brunet [brunét] 거무스름한
black 검은
brown 갈색의

hair·brush [héərbrʌʃ] 몡 (복수 **hairbrush**es [-iz]) 머리빗

hair·cut [héərkʌt] 몡 (복수 **haircut**s [-s]) 이발
Bob had a short *haircut*. 밥은 짧게 이발하였다

hair·dress·er [héərdrèsər] 몡 (복수 **hairdressers** [-z]) 미용사 이발사

hair·dri·er [héərdráiər] 몡 (복수 **hairdriers** [-z]) 헤어드라이어, 모발 건조기

★**half** [hǽf, hɑ́:f] 몡 (복수 **halves** [hǽvz]) **절반**, 2분의 1
I'll give you *half* of an apple. 사과 반 조각을 너에게 주겠다
Half (=The *half*) of four is two. 4의 절반은 2이다

📦 「half of+명사」는 뒤에 오는 명사가 단수면 단수취급, 복수면 복수취급을 한다. Half of the apple is bad.(그 사과의 반쪽은 상한 것이다) Half of the apples are bad.(그 사과들 중 반수는 상한 것이다)

She cut the cake in *half* (=into *halves*). 그녀는 케이크를 반으로 잘랐다
— 형 **절반의**
It takes me a *half* hour(=*half* an hour) to walk to my house. 내 집까지 걸어서 30분이 걸린다
The station is two kilometers and a *half* from here. 역은 여기서 2.5킬로미터이다 ((미)에서는 two and a *half* kilometers라고도 한다))

📦 「a half+명사」 외에 「half a+명사」의 어순도 있다.

📦 half 다음에 오는 명사가 단수일 때 동사는 단수형, 복수일 때 동사는 복수형을 취한다: *Half* the car was damaged. 그 차의 절반이 망가졌다
Half the boys are already here. 소년들 절반이 이미 여기에 있다.

— 부 **절반 만큼**, 반쯤
My homework is *half* done. 나의 숙제는 절반 끝낸 셈이다
It is *half* past ten. 10시 반이다

📦 시각 표현의 half에는 a를 붙이지 않으나 quarter(15분)는 명사이므로 a를 붙인다. It is a quarter past ten.(10시 15분이다)

half·pence [héipəns, hǽfpéns] (♦ 모음에 주의) 몡 영 **halfpenny** (반 페니의 가치)의 복수형

half·pen·ny [héipəni] (♦ 발음에 주의) 몡 ❶ (복수 **halfpenn**ies [-z]) 영 반 페니 동전
❷ (복수 **halfpence** [-péns]) 영 반 페니의 가치

half time [hǽf, hɑ́:f tàim] 몡 (축구·농구 등의) 하프타임, 중간휴식

half·way [hǽfwéi] 형 중도의
— 부 중도에서

★**hall** [hɔ́:l] (♦ hole [houl] (구멍)과 발음이 다른것에 주의) 몡 (복수 **hall**s [-z]) ❶ (공공의) **회관**, (단체 등의) 본부
a city *hall* 시청

hallo - hand

a public *hall* 공회당
❷ (보통의 집의) **현관**; (큰 집에서의) 넓은 현관의 공간
Ruth walked down the *hall* to her classroom. 루스는 넓은 현관을 지나 교실로 갔다
❸ 《미》 (대학의) **강당**; 《영》 (대학의) 대식당
the Students' Hall 《미》 학생 회관

hal·lo, hal·loa [həlóu] 《감》 어이 친구, 여보세요

Hal·low·een, Hal·low·e'en [hæ̀louíːn] 《명》 헬로윈 《'모든 성인의 날' 전야의 행사》
[풍습] 성인이나 순교자의 영령을 추도하는 11월 1일 (All Saints' Day)의 전야. 즉 10월 31일 밤에 열리는 행사 호박등(jack-o'-lantern)으로 현관이나 창가를 장식하고 아이들은 가장을 하고 이웃집을 찾아다니며 'Trick or treat'이라고 말하면 과자나 초콜릿을 얻는다.

halves [hævz] 《명》 half의 복수형

ham [hæm] 《명》 (복수 **hams** [-z]) 햄
ham and eggs 햄과 달걀

ham·burg·er [hǽmbəːrɡər] 《명》 (복수 **hamburgers** [-z]) 햄버거

Ham·let [hǽmlit] 《명》 햄릿 《셰익스피어의 4대비극 중 하나; 또는 그 주인공 이름》

ham·mer [hǽmər] 《명》 (복수 **hammers** [-z]) 쇠망치, 해머
the hámmer and síckle 옛 소련의 국기 《해머는 노동자를, 낫은 농민을 상징한다. 1923년에 제정》
hámmer thrów (육상 경기의) 해머던지기

★**hand** [hǽnd] 《명》 (복수 **hands** [-z]) ❶ **손**(→ arm 팔)
She has a tulip in her *hand*. 그녀는 손에 튤립을 가지고 있다
Wash your *hands*, Tom. 톰아, 손을 씻어라
We have five fingers on each *hand*. 우리는 각각의 손에 손가락 5개가 있다
❷ (시계의) **바늘**
a long *hand* 시침(時針)
a short *hand* 분침(分針)
At noon both *hands* of a clock are on 12. 정오에는 시계바늘 2개가 12에 있다
❸ **방향, 쪽**
You will see a hospital on your right *hand*. 너의 오른쪽에 병원이 보일 것이다
at first hand 직접
by hand (기계가 아닌) 손으로
This toy is made *by hand*. 이 인형은 손으로 만들어진다
hand in hand 손을 잡고
They are walking *hand in hand*. 그들은 손에 손을 잡고 걸고 있다
(near) at hand 바로 가까이에; 가까운 장래에
Christmas is *near at hand*. 크리스마스가 가까이 다가온다
I always keep this dictionary *at hand*. 나는 언제나 이 사전을 가까이에 둔다
on the one hand ... , on the other (hand) ... 한편으로는 ~, 또 한편으로는 ~
On the one hand he hates war, and *on the other* he works for the Pentagon. 그는 한편으로는 전쟁을 싫어하면서도 다른 한편으로는 미국 국방성에 근무하고 있다
shake hands with ... ~와 악수하다
I *shook hands with* Mr. Smith. 나는 스미스 씨와 악수했다
— 《동》 (3단현 **hands** [-z]; 과거·과분 **handed** [-id]); 현분 **handing**)
《타동》 **건네 주다**
Hand me my bag, please. 내 가방 좀 건네 주세요
She *handed* a letter to me. 그녀는 내게 편지를 건네 주었다
hand in 제출하다
You have to *hand in* your homework by tomorrow. 너는 내일까지 숙제를

제출해야 한다

hand·bag [hǽndbæg] 명 (복수 **handbags** [-z]) 핸드백

hand·ball [hǽndbɔ:l] 명 (복수 **handballs** [-z]) 《운동》 핸드볼, 송구

hand·book [hǽndbùk] 명 (복수 **hand-books** [-s]) 안내서, 편람

hand·ful [hǽndfùl] 명 한 주먹(의 양), 한 움큼
a *handful* of sand 모래 한 줌

hand·i·cap [hǽndikæp] 명 (복수 **handicaps** [-s]) 핸디캡, 불리한 조건
▣ 경기에서 우열을 고르게 하기 위해 강자에게 불리한 조건이 주어지는 것.

hand·i·capped [hǽndikæpt] 형 (신체·정신) 장애의

***hand·ker·chief** [hǽŋkərtʃif] 명 (복수 **handkerchiefs** [-s]) 손수건
She waved her *handkerchief* at me. 그녀는 나에게 손수건을 흔들었다
Brain dried his tears with his *handkerchief*. 브레인은 손수건으로 눈물을 닦았다

han·dle [hǽndl] 명 (복수 **handles** [-z]) 손잡이, 핸들
the *handle* of a door 문의 손잡이
I carry my record player by the *handle*. 나는 손잡이를 잡고 녹음기를 옮겼다
▣ 자동차 핸들은 steering wheel, 자전거의 핸들은 handlebars 임.
― 동 (3단현 **handles** [-z] ; 과거·과분 **handled** [-d]) ; 현분 **handling**) 타동 다루다, 손을 대다
Don't *handle* books with dirty hands. 더러운 손으로 책들을 다루지 마라

han·dle·bar [hǽndlbɑ̀:r] 명 (자전거 등의) 핸들

hands [hǽndz] 명 **hand**의 복수형
― 동 **hand**의 3인칭 단수현재형

hand·shake [hǽndʃèik] 명 (복수 **handshakes** [-s]) 악수

***hand·some** [hǽnsəm] (♦d는 묵음) 형 (비교 **handsomer**; 최상 **handsomest**) 잘생긴, 아름다운, 핸섬한
What a *handsome* building! 참으로 훌륭한 건물이구나
He is a *handsome* boy. 그는 미남이다
▣ handsome은 보통 남성에 사용하고 pretty, beautiful은 여성에 사용한다

hand·writ·ing [hǽndràitiŋ] 명 필적; 손으로 쓴 것

hand·y [hǽndi] 형 (비교 **handier**; 최상 **handiest**) (사람이) 손재주가 좋은; 편리한, (물건이) 다루기 쉬운
This is a *handy* little box. 이것은 편리한 작은 상자이다

***hang** [hǽŋ] 동 (3단현 **hangs** [-z] ; 과거·과분 **hung** [hʌŋ] 또는 **hanged** [-d] ; 현분 **hanging**) 타동 걸다, 달아매다
Hang your coat on the hook. 윗옷을 고리에 거시오
The wall is *hung* with some pictures. 벽에 그림 몇 점이 걸려 있다
― 자동 매달리다, 걸리다
A picture is *hanging* on the wall. 그림 한 점이 벽에 걸려 있다
hang oneself 목을 매달다
He *hanged* himself. 그는 목 매달아 죽었다
▣ 이 의미로는 hang의 과거·과거분사는 hanged를 사용한다.
hang up (수화기를) 놓다, 전화를 끊다
Tom *hung up* (the receiver). 톰은 전화를 끊었다

hang·er [hǽŋər] 명 (복수 **hangers** [-z]) (물건을) 매다는 것; 옷걸이, 양복걸이

hang glid·er [hǽŋ glàidər] 명 (복수 **hang gliders** [-z]) 행글라이더

***hap·pen** [hǽpən] 자동 (3단현 **happens** [-z] ; 과거·과분 **hap-**

happening - hard

pen*ed* [-d] ; 현분 happen*ing*)
❶ (일·사건 등이) **일어나다**, 발생하다
Nothing *happened*. 아무 일도 일어나지 않았다
When did the car crash *happen*? 언제 차사고가 일어났느냐
❷ 《to+동사원형과 함께》 **우연히 ~ 하다**
I *happened* to sit by Jane. 우연히 나는 제인옆에 앉았다
Do you *happen* to know his address? 혹시 그의 주소를 압니까

hap·pen·ing [hǽpəniŋ] 명 (복수 happenings [-z])《종종 복수형으로》(우연히 일어난) 일, 사건

hap·pi·er [hǽpiər] 형 happy의 비교급

hap·pi·est [hǽpiist] 형 happy의 최상급

*__hap·pi·ly__ [hǽpili] 부 (비교 *more* happily ; 최상 *most* happily)《형용사는 happy》
❶ **행복하게**, 즐겁게
He sings *happily* as he rides his new bike. 그는 새 자전거를 탈 때 즐겁게 노래를 부른다
❷ **다행히도**, 운좋게(=fortunately)
Happily he passed the examination. 다행히도 그는 시험에 합격했다

*__hap·pi·ness__ [hǽpinis] 명 《형용사는 happy》 **행복**, 만족 《a를 붙이지 않고, 복수 없음》
They lived in *happiness*. 그들은 행복하게 살았다

★**hap·py** [hǽpi] 형 (비교 happ*i*er ; 최상 happ*i*est)
❶ **행복한**, 기쁜, 즐거운
We are *happy*. 우리는 행복하다
Alice looks *happy*. 앨리스는 행복한 것 같다[기쁜 표정이다]
They have a *happy* marriage. 그들은 행복한 결혼생활을 한다
I am *happy* to see you. 만나서 반가워요

[회화] 여기에 대한 답변은 "I'm glad to see you, too."라고 하며 you와 too에 강세를 둔다
❷ **경사스러운**
Happy birthday to you! 생일 축하합니다
(I wish you) a *Happy* New Year! 새해 복 많이 받으세요
[회화] 여기에 대한 답변은 The same to you! 라고 한다.

har·bor, 영 **har·bour**[háːrbər] 명 (복수 harbors [-z]) 항구
A *harbor* is a safe place for ships to dock. 항구는 배가 정박하기에 안전한 장소이다
📝 port는 항구가 있는 도시를 가리킴. 부산은 port이고 그곳에 harbor가 있는 것이다.

★**hard** [háːrd] 형 (비교 hard*er* ; 최상 hard*est*)
❶ **굳은**(↔ soft 부드러운), 단단한
This table is made of *hard* wood. 이 테이블은 단단한 나무로 만들어져 있다
Rock is *hard*. 돌은 단단하다
❷ **어려운**(=difficult ; ↔easy 쉬운)
He asked me a *hard* question. 그는 나에게 어려운 질문을 했다
Building a house is *hard*. 집을 짓는 것은 어렵다
It is *hard* for me to solve the math question. 내가 그 수학문제를 푼다는 것은 어려운 일이다
❸ **괴로운**, 고달픈 ; (날씨가) 지독한 ; 엄격한
Nancy had a very *hard* time. 낸시는 매우 혼났다
Last year we had a *hard* winter. 작년 겨울은 지독했다
She is a *hard* teacher. 그녀는 엄격한 선생님이다
❹ **열심인**, 근면한
He is a *hard* worker. 그는 근면한 사람이다
―부 (비교 hard*er* ; 최상 hard*est*)
❶ **열심히**

He tried *hard* to win the race. 그는 경주에서 이기기 위해 열심히 노력했다
❷ 단단히
Hold the handle *hard*. 손잡이를 단단히 쥐어라
❸ 지독하게, 몹시
It rained *hard* last night. 어젯밤에 비가 몹시 내렸다

hard·en [háːrdn] 동 (3단현 **hard·ens** [-z]; 과거·과분 **hardened** [-d]; 현분 **hardening**) 타동 ~을 단단하게 하다
— 자동 단단해지다
The snow *hardened* until ice was formed. 눈은 얼음이 형성될 때까지 단단해졌다

hard·er [háːrdər] 형 부 **hard**의 비교급

hard·est [háːrdist] 형 부 **hard**의 최상급

***hard·ly** [háːrdli] 부 거의 ~하지 않다
I can *hardly* understand her. 나는 그녀의 말을 거의 이해할 수 없다
That is *hardly* true. 그것은 있을 수 없는 일이다
📝 (1) 부정어로 취급. 일반 동사 앞, be 동사·조동사 뒤에 위치한다.
(2) hardly자체에 부정의 뜻이 있으므로 not을 중복해서 쓰지 않는 것에 주의.

hard·ware [háːrdwɛ̀ər] 명 철물; (컴퓨터 등의) 하드웨어

hare [hɛ́ər] 명 《동물》 산토끼 《rabbit(토끼)보다 크고 굴에서 살지 않는다》
⟨♦ 동음어 hair(머리카락)⟩

harm [háːrm] 명 해, 손해(=injury)
I meant no *harm*. 나는 악의가 없다
do harm to ... ~에게 해를 주다
Some birds *do* much *harm to* us. 우리에게 크게 해를 주는 새도 있다
Sunburn can *do harm* to the skin. 햇빛에 살을 태우는 것은 피부에 해를 줄 수 있다
— 동 (3단현 **harms** [-z]; 과거·과분 **harmed** [-d]; 현분 **harming**) 타동 해치다, 위험을 더하다

harm·ful [háːrmfəl] 형 (비교 **more harmful**; 최상 **most harmful**) 해로운, 유해한
Too much sun is *harmful* to the skin. 햇빛에 과다노출은 피부에 해롭다

harm·less [háːrmlis] 형 해가 없는
The gun is *harmless* because it is empty. 총은 장전되지 않았으므로 안전하다

har·mon·i·ca [haːrmánikə] 명 (복수 **harmonicas** [-z]) 《음악》 하모니카
📝 mouth organ 이라고도 한다.
You play a *harmonica* by blowing into holes in its side. 측면의 구멍을 불어서 하모니카는 소리를 낸다

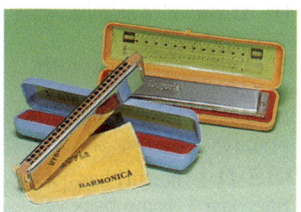
harmonica

har·mo·ny [háːrməni] 명 조화; 《음악》 화음
in harmony with ~과 조화되어, 사이좋게
My cat lives *in harmony with* my dog. 내 고양이는 내 강아지와 사이좋게 지낸다

Har·old [hǽrəld] 명 남자 이름 《애칭은 Hal》

harp [háːrp] 명 (복수 **harps** [-s]) 《음악》 하프

Har·ry [hǽri] 명 남자 이름 《Henry의 애칭》

harsh [háːrʃ] 형 거친, 사나운, 엄한
He was *harsh* with his children. 그는 자식들에게 엄했다

Har·vard U·ni·ver·si·ty [háːrvərd jùːnəvə́ːrsəti] 명 하버드 대학 《매사추세츠주 케임브리지에 있음. 1636년 창립된 미국에서 가장 오래된 대학》

***har·vest** [háːrvist] 명 (복수 **harvests** [-s]) **수확**, 추수; 수확물
a good[rich] *harvest* 풍작
a bad[poor] *harvest* 흉작
— 동 (3단현 **harvests** [-s]; 과거·과분 **harvested** [-id]; 현분 **harvesting**) 타동 **수확하다**, 거두어 들이다
The farmer will *harvest* corn next week. 농부는 다음주에 옥수수를 수확할 것이다

★**has** [həz, (강조할 때) hǽz] 타동 조 **have** (가지다)의 3인칭 단수 현재형
He *has* a lot of stamps. 그는 많은 우표를 가지고 있다
She *has* to clean her room. 그녀는 방을 청소해야 한다
My father *has* just come home. 나의 아버지는 방금 귀가 하셨다

**has·n't [hǽznt] has not의 줄임꼴
She *hasn't* come back yet. 그녀는 아직 집에 오지 않았다

haste [héist] (◆ 발음에 주의) 명 급함, 서두름
Haste makes waste. 《속담》 서두르면 일을 망친다
Make haste! 서둘러라

hast·i·ly [héistəli] 부 급히, 허둥지둥

hast·y [héisti] 형 (비교 **hast**ier; 최상 **hast**iest) 급한, 신속한; 서두르는
Don't be *hasty*. 서두르지 말아라

hat [hǽt] 명 (복수 **hats [-s]) (테가 있는) 모자
Put on your *hat*. 모자를 써라
You must take off your *hat* in the room. 실내에서는 모자를 벗어야 한다
A *hat* protects your head from rain and snow. 모자는 비와 눈으로부터 너의 머리를 보호한다
📝 cap은 학생모, 운동모《테가 없는 모자》

hatch¹ [hǽtʃ] 동 (3단현 **hatches** [-iz]; 과거·과분 **hatched** [-t]; 현분 **hatching**) 타동 (알을) 까다, 부화시키다
A hen *hatches* chickens. 암탉이 병아리를 부화한다
— 자동 (알이) 부화하다
The baby ducks will *hatch* soon. 새끼 오리가 곧 부화할 것이다

hatch² [hǽtʃ] 명 (배의 갑판의) 승강구, 해치
The sailor went through the *hatch* on

silk hat
실크 해트

cowboy hat
카우보이 모자

sailor hat
세일러 해트

lady's hat
부인 모자

bonnet
보닛

casquette
학생모

hat

hate - have

the ship's deck. 선원은 배의 갑판에 있는 승강구를 지나갔다

hate [héit] (타동) (3단현 **hate**s [-s]; 과거·과분 **hate**d [-id]; 현분 **hat**ing) 미워하다, 싫어하다

Tom *hates* a dog. 톰은 개를 싫어한다

I *hate* to disturb you. 당신을 방해해서 미안합니다

haunt [hɔ́:nt] (타동) (3단현 **haunt**s [-s]; 과거·과분 **haunt**ed [-id]; 현분 **haunt**ing) (유령따위가) ~에 출몰하다

a *haunted* house 유령이 나오는 집

★**have** [həv, (강조할 때) hǽv] (타동) (3단현 **has** [həz, hǽz]; 과거·과분 **had** [həd, hǽd]; 현분 **hav-ing**) ❶ **가지다**, 소유하다

I *have* a book in my hand. 나는 책을 손에 가지고 있다

She *has* a new racket. 그녀는 새 라켓을 가지고 있다

Do you *have* a camera? 당신은 카메라를 가지고 있습니까

📝 (영)에 Have you a camera? 라고도 표현한다.

We don't *have* a puppy. 우리는 강아지가 없다

He doesn't *have* a dictionary. 그는 사전이 없다

📝 He has no dictionary. 라고도 표현한다

She *has* blue eyes. 그녀는 파란 눈을 가지고 있다

❷ (친구·친척 등이) **있다**; (성질·특징등을) 지니고 있다

He *has* two sisters. 그는 여자 형제가 둘 있다

❸ (의견·견해를) **갖고 있다**

I *have* a good idea. 나에게 좋은 생각이 있다

❹ (~을) **먹다**

I *have* lunch at noon. 나는 정오에 점심을 먹는다

❺ (물건을) **받다**, 얻다, 입수하다

We *had* news from John. 우리는 존으로부터 이야기를 들었다

❻ ~을 경험하다; (병 등에) 걸리다
Can we *have* a party? 파티를 해도 될까요

I *have* a cold. 나는 감기에 걸렸다

❼ 《have+특정명사》 **~하다**
have a drink 한잔 마시다
have a swim 헤엄치다
have a bath 목욕하다
have a dance 춤을 추다
have a look 보다
have a smoke 담배를 피우다
have a swim 한 차례 수영하다
have a talk 이야기하다
have a try 한 번 해보다

📝 동사적인 의미를 갖는 어떤 종류의 명사는 have의 목적어가 된다.

❽ 《부사 on과 함께》 **입고 있다**, 쓰고 있다, 신고 있다

She *has* beautiful clothes *on*. 그녀는 아름다운 옷을 입고 있다

❾ 《have+목적어+과거분사로》 **~하게 하다**

I *had* my photograph taken by him. 나는 그가 내 사진을 찍도록 했다

He *had* his watch stolen. 그는 시계를 도둑맞았다

have only to ... ~하기만 하면 되다
You *have only to* wait for him. 너는 그를 기다리기만 하면 된다

†***have to***+「동사 원형」 **~해야 한다** (=must)

You *have to* keep your promise. 너는 약속을 지켜야 한다

He *had to* work all day. 그는 하루 종일 일해야만 했다

발음 보통 have to는 [hǽftə], has to 는 [hǽstə]로 발음한다.

have ~ to do with ... ···과 ~한 관계가 있다 《~에는 something, anything, nothing, little, much 등이 온다》

This *has* nothing *to do with* him. 이것은 그와 아무 상관이 없다

— (조) ❶ 《have+과거분사의 형태로로》 ~했다 《완료》, ~해 왔다 《계속》, ~

haven't - head

한 적이 있다 《경험》, ~해버렸다 《완료 후의 결과》
I *have* already done my homework. 나는 벌써 숙제를 끝마쳤다 《완료》
I *have* just written the letter. 나는 방금 편지를 다 썼다 《완료》
I *have* lived in Seoul for ten years. 나는 10년 동안 서울에서 살아 왔다 《계속》
I *have* read the book before. 나는 전에 그 책을 읽은 적이 있다 《경험》
[회화] A: *Have* you ever been to Lodon?
B: No, I *have* never been there.
A: 런던에 가본 적이 있어요
B: 아니오, 한번도 가본 적이 없습니다

📝 회화체에서 No, I have never been there.는 간단하게 No, never.라고 해도 좋다.
He *has* gone to America. 그는 미국에 가버렸다(지금은 없다)《완료 후의 결과》

📂 (1) have[has]+과거분사는 「현재완료형」으로 현재에 있어 완료·계속·경험·《완료 후의》 결과를 나타낸다. '완료'를 나타낼때는 just, yet, already 등을 수반할 때가 많고, '경험'을 나타낼 때는 ever, never, once 등을 수반할 때가 많으며, '계속'을 나타낼 때는 for, since 등을 수반할 경우가 많다
(2) 과거의 분명한 시점을 나타내는 부사(구)는 현재완료형에 사용할 수 없다. 예를 들면 yesterday, last week 등이다

❷ 《have been+~ing 형으로》 계속 ~해 오고 있다
He *has been* watch*ing* television for two hours. 그는 두 시간 동안 텔레비전을 보고 있었다
📝 현재완료 진행형이라 하며 현재까지 동작이 계속되는 것을 나타냄
have got 《구어》 가지다(=have)

[회화] A: What *have* you got in your pocket?
B: I've got nothing in it.
A: 주머니에 무엇을 가지고 있지요
B: 아무것도 가지고 있지 않아요

have·n't [hǽvnt] have not의 줄임꼴
📝 회화에 주로 사용한다
We *haven't* eaten dinner yet.
우리는 저녁을 아직 먹지 않았다

hav·ing [hǽviŋ] 동 **have**의 현재분사형

Ha·wai·i [həwάːiː] 명 ❶ 하와이주 《태평양에 있는 미국의 주; 주도는 하와이 섬의 호놀룰루(Honolulu)》
❷ 하와이 섬 《하와이 제도 중 최대의 섬》

Ha·wai·ian [həwάːjən] 형 하와이의; 하와이인의; 하와이말의
── 명 하와이인; 하와이말

hawk [hɔ́ːk] 명 (복수 **hawks** [-s]) 《새》 매

haw·thorn [hɔ́ːθɔ̀ːrn] 명 《식물》 (서양)산사나무

hay [héi] 명 건초, 꼴
Cows and horses eat *hay*. 소와 말은 꼴을 먹는다

★**he** [híː] 대 (복수 ***they*** [ðéi]) 그는, 그가(→ she 그녀는)
[회화] A: Who is that boy?
B: *He* is Frank.
A: 저 소년은 누구지요
B: 그는 프랭크입니다
A: Where is your brother?
B: *He* is in London.
A: 당신의 형은 어디 계시지요
B: 형은 런던에 계십니다
Herb was sleepy because *he* stayed up late. 허브는 늦게까지 자지 않았기 때문에 졸렸다

★**head** [héd] 명 (복수 **heads** [-z])
❶ 머리, 두부
Alice has a flower on her *head*. 앨리

headache - healthy

스는 머리에 꽃을 꽂고 있다
Don't put your *head* out of the window. 창 밖으로 머리를 내밀지 마라
She shook her *head.* 그녀는 머리를 옆으로 저었다
❷ 우두머리, ~장
Mr. White is the *head* of our school. 화이트씨는 우리 학교의 교장 선생님이시다
❸ 정상, 상부, 상단; (책 따위의) 윗가장자리
Put your address at the *head* of the letter. 너의 주소를 편지 상단에 써라
❹ 두뇌
Jane has a good *head.* 제인은 머리가 좋다

at the head of ... ~의 수석으로
She is *at the head of* her class. 그녀는 그녀의 반에서 수석이다
— 동 (3단현 **heads** [-z]; 과거·과분 **head**ed [-id]; 현분 **head**ing) 자동
~를 향하여 나아가다
Where are you *heading* for? 어디로 가시는 길입니까
— 타동 앞장 서다, 인솔하다
The parade was *headed* by the cheer leader. 그 행진에는 응원단장이 앞장서고 있었다

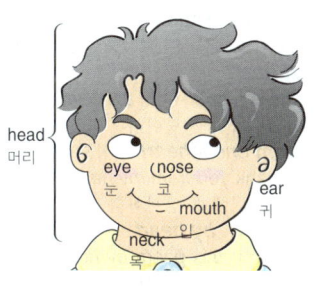
head

head·ache [hédèik] (◆발음에 주의) 명 (복수 **headache**s [-s]) 두통, 골칫거리
I have a bad *headache.* 나는 두통이 심하다

head·ing [hédiŋ] 명 (복수 **head**ings [-z]) 표제; 색인; (축구의) 헤딩

head·light [hédlàit] 명 (자동차 등의) 헤드라이트, 전조등(→ taillight 꼬리등)
The broken *headlight* made night driving hard. 망가진 헤드라이트는 야간운전을 어렵게 했다

head·line [hédlain] 명 (신문기사 등의) 표제, 제목

head·mas·ter [hédmǽstər] 명 영 학교장

head·phone [hédfoun] 명 헤드폰(=earphone)

head·quar·ters [hédkwɔ́ːrtərz] 명 (복수명사) 본부, 사령부

heads [hédz] 명 **head**의 복수형
— 동 **head**의 3인칭 단수현재형

heal [híːl] 동 (3단현 **heal**s [-z]; 과거·과분 **heal**ed [-d]; 현분 **heal**ing) 타동 치료하다; (불화 등을) 조정하다
His wounds were *healed.* 그의 상처는 치료되었다
— 자동 (상처 등이) 낫다
⟨◆동음어 heel(발 뒤꿈치)⟩

★**health** [hélθ] 명 (복수 **health**s [-s]) ⟨⟨형용사는 healthy⟩⟩ 건강(↔ illness 질병) ⟨⟨a를 붙이지 않고, 복수형은 없음⟩⟩
Fresh air is good for *health.* 신선한 공기는 건강에 좋다
He is in good *health.* 그는 건강하다
A well-balanced diet helps to keep you in good *health.* 균형잡힌 식사는 건강을 유지하는 데 도움을 준다

health·ful [hélθfəl] 형 건강에 좋은, 유익한

★**health·y** [hélθi] 형 (비교 **healthier**; 최상 **healthiest**) ⟨⟨명사는 health⟩⟩ 건강한, 건강에 적합한
a *healthy* boy 건강한 소년
a *healthy* sport 건강에 좋은 운동

heap - heart

heap [híːp] 명 (복수 **heaps** [-s])
더미, 무더기
I left my clothes in a *heap* on the floor. 나는 나의 옷들을 마루위에 쌓아놓았다

★hear [híər] 동 (3단현 **hears** [-z]; 과거·과분 **heard** [hə́ːrd]; 현분 **hearing**) 타동 ❶ 듣다, 들리다
I *hear* a noise in the kitchen. 부엌에서 소리가 들린다
회화 이런 경우 종종 I can hear ... 라고 한다.
A: Can you *hear* me, Tom?
B: Yes, I can *hear* you very well.
A: (전화에서) 톰, 내 말소리 들리니
B: 응, 잘 들려
☑ hear는 「(자연히) 들려 오다」, listen은 「(들으려고 해서) 듣다」의 뜻으로 사용된다.
❷ 《hear+목적어+~ing로》 …가 ~하고 있는 소리를 듣다
I *hear* the girl play*ing* the piano. 나는 소녀가 피아노를 치고 있는 소리를 듣는다
❸ 《hear+목적어+동사원형으로》 …가 ~하는 것을 듣다
I have never *heard* her sing. 나는 그녀가 노래하는 것을 들은 적이 없다
I hear (that) ... ~한다고 한다
I hear you want to buy a dog. 당신이 개를 사고 싶어한다고 들었는데요
I hear (that) he is going to America. 그는 미국에 갈 것 같다고 한다
— 자동 듣다, 들을 수 있다
Can you *hear*? 들립니까
hear about ... ~에 관해서 듣다
I've often *heard about* you from him. 나는 그로부터 너에 관하여 종종 들어왔다
Did you *hear about* the robbery? 너는 그 강도사건에 대해 들었니
hear from ... ~로부터 소식이 있다
Have you *heard from* him since? 그 후 그의 소식이 있었는지요
hear of ... ~의 소문을 듣다
Have you ever *heard of* Mr. White? 화이트 씨의 소문을 들은 적이 있습니까

★heard [hə́ːrd] 동 **hear**의 과거·과거분사형
I *heard* him laughing. 나는 그가 웃는 소리를 들었다
발음 heart [háːrt] 와 모음이 다르다

hear·ing [híəriŋ] 동 **hear**의 현재분사형
— 명 (복수 **hearings** [-z])
❶ 듣기; 청취
a *hearing* test 청취력 테스트
❷ 청력, 청각
Her *hearing* is not very good. 그녀의 청각은 별로 좋지 않다

hears [híərz] 동 **hear**의 3인칭단수 현재형

★heart [háːrt] 명 (복수 **hearts** [-s]) ❶ 심장, 마음; 가슴
His *heart* is beating fast. 그의 심장은 심하게 뛰고 있다
He has a kind *heart*. 그는 마음씨가 친절하다
Tim's new dog made his *heart* glad. 팀의 새 개가 그의 마음을 기쁘게 했다
❷ 중심, 핵심; (과일 등의) 속
The building is in the *heart* of the city. 그 건물은 도시의 복판에 있다
at heart 마음은, 내심은
He is a good man *at heart*. 그는 마음씨가 착한 사람이다
from one's heart 충심으로
I thank you *from my heart*. 나는 충심으로 너에게 감사한다
know ... by heart ~를 암기하다
I *know* this poem *by heart*. 나는 이 시를 암기하고 있다
lose heart 낙담하다, 실망하다
I used to dig the garden every week, but I *lost heart* when all the plants died. 나는 매주 정원을 가꾸었지만 모든 식물이 죽었을 때 나는 실망하였다

heartily - height

heart·i·ly [háːrtili] 튀 진심으로, 충심으로

heart·y [háːrti] 형 (비교 **heart*ier*;** 최상 **heart*iest***) 진심의
I received a *hearty* welcome. 나는 따뜻한 환대를 받았다

*__heat__ [híːt] 명 (복수 **heat*s*** [-s]) 《형용사는 hot》 열, 더위(↔ cold 추위) 《a를 붙이지 않고, 복수 없음》
Heat from the furnace keeps our house warms in winter. 난로의 열은 겨울에 우리집을 따뜻하게 한다
— 통 (3단현 **heat*s*** [-s] ; 과거·과분 **heat*ed*** [-id] ; 현분 **heat*ing***) 타동
데우다, 가열하다
He *heated* up cold soup. 그는 찬 수프를 데웠다
— 자동 뜨거워지다

heat·er [híːtər] 명 난방 장치, 히터

heath [híːθ] 명 (복수 **heath*s*** [-s])
❶ (히스류가 무성한) 황야
❷ 《식물》 히스 《복수없음》

heat·ing [híːtiŋ] 통 **heat**의 현재 분사형
— 명 난방 (장치) ; 가열

*__heav·en__ [hévən] 명 (복수 **heavens** [-z])
❶ 《보통 복수로》 하늘, 창공(=sky ; ↔ earth 대지)
Dark clouds appeared in the *heavens*. 먹구름이 하늘에 나타났다
❷ 천국(↔ hell 지옥) 《a를 붙이지 않고, 복수 없음》
❸ 《Heaven 으로서》 신(=God)
Heaven helps those who help themselves. 《속담》 하늘은 스스로 돕는 자를 돕는다
by Heaven(s) 맹세코, 꼭
Good Heavens! 어머나, 야단났네, 저런
Heaven knows. 하느님만이 아신다

heav·en·ly [hévənli] 형 (비교 **heaven*lier*;** 최상 **heaven*liest***) 하늘의, 천국의

heav·i·ly [hévili] 튀 무겁게, 털썩, 육중하게, 엄하게 ; 자욱하게
It is raining *heavily*. 비가 세차게 내린다

*__heav·y__ [hévi] 형 (비교 **heav*ier*;** 최상 **heav*iest***)
❶ 무거운(↔ light 가벼운)
He is carrying a *heavy* baggage. 그는 무거운 짐을 운반한다
This box of books is *heavy*. 이 책 상자는 무겁다
❷ 맹렬한, 심한 ; 대량의
It was a *heavy* snowstorm. 심한 눈보라였다
❸ 고된, 힘든
a *heavy* work 힘든 일

He·brew [híːbruː] 명 헤브루인, (고대의) 이스라엘 인 ; (근대의) 유대인 ; 고대 헤브루어 ; 현대 이스라엘어
— 형 헤브루인[어]의 ; 유대인의

he'd [híːd] **he had** 또는 **he would**의 줄임꼴
He'd (= *He had*) better go now. 그는 지금 가는 게 좋다

hedge [hédʒ] 명 (복수 **hedges** [-iz]) 산울타리, 울타리(→ fence)
a *hedge* of stones 돌담

heel [híːl] 명 (복수 **heels** [-z]) 뒤꿈치(→ ankle 발목)
The dog followed at his *heels*. 그 개는 그의 뒤를 바짝 따랐다

*__height__ [háit] 명 《형용사는 high》 높이 ; 신장 《a를 붙이지 않고, 복수 없음》

The *height* of this wall is four meters.
이 벽의 높이는 4미터이다
☑ 깊이는 depth, 폭은 width, 길이는 length

held [héld] ㊌ hold(가지다)의 과거·과거분사
The meeting was *held* yesterday.
회의는 어제 개최되었다

Hel·en [hélən] ㊅ 여자 이름 《애칭은 Nell, Nellie, Nelly》

hel·i·cop·ter [hélikὰptər] ㊅ 헬리콥터
Helicopters can go straight up and come straight down. 헬리콥터는 똑바로 위와 아래로 움직일 수 있다

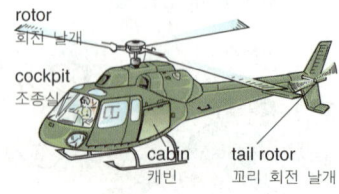

rotor 회전 날개
cockpit 조종실
cabin 캐빈
tail rotor 꼬리 회전 날개
helicopter

hell [hél] ㊅ (복수 **hells** [-z]) 지옥 (↔ heaven 천국)

he'll [híːl] he will 또는 he shall의 줄임꼴
He'll (=He will) call me. 그는 나에게 전화를 할 것이다

★**hel·lo** [həlóu] ㊉ 《친밀한 사람과의 가벼운 인사》 야, 안녕, 안녕하세요; (전화의) **여보세요**《㊅ hallo, hullo》
"*Hello*, Bill!" said Jack. 「안녕, 빌」하고 잭은 말했다
Hello, is this Mr. James? This is Mr. Smith speaking. (전화에서) 여보세요, 제임스 씨세요, 저는 스미스입니다
☑ 여기서 this는 전화·무선의 용어로서 「그곳, 당신」과 「이곳, 나」의 양쪽의 뜻으로 사용한다
Do you say "*hello*" when you meet people or answer the phone? 사람을 만나거나 전화받을 때 「hello」라고 하나요

say hello to ... ~에게 안부를 전하다
Say hello to your brother. 형님에게 안부를 전하세요
☑ 이 hello는 명사 용법임

hel·met [hélmit] ㊅ (복수 **helmets** [-s]) 철모, 헬멧

★**help** [hélp] ㊌ (3단현 **helps** [-s]; 과거·과분 **helped** [-t]; 현분 **helping**) ㊌ **도와주다**, 거들다, 구원하다, 조력하다
He *helps* his father on the farm. 그는 농장에서 아버지를 돕는다
Dick *helped* me with my homework. 딕은 나의 숙제를 도와 주었다
Please *help* me to carry this box.
이 상자를 운반하는 것을 도와주세요
You can *help* clear the table. 너는 탁자 닦는 것을 도울 수 있다
☑ help다음에 동사 원형이 올 수 있다
Help (*me*)! 도와주세요

cannot help ~ing ~하지 않을 수 없다
I *cannot help* going there. 나는 거기에 가지 않을 수 없다

help oneself 자기 스스로 해 보다
Heaven helps those who *help* themselves. 《격언》 하늘은 스스로 돕는자를 돕는다

help oneself to ... ~를 마음껏 들다
Help yourself to some pie. 파이를 마음껏 드십시오

May I help you? 제가 도와드릴까요
☑ 점원이 손님에게 말할 때는 「어서 오십시오」라는 뜻이다. 손님이 아무것도 사고 싶지 않을 때는 No, thank you. I'm just looking. (아니오. 구경만 하겠습니다)라고 말하면 된다

— ㊅ (복수 **helps** [-s])
❶ 도움, 조력, 원조 《a를 붙이지 않고, 복수 없음》
Thank you very much for your *help*.
도와주셔서 고맙습니다

helped - here

❷ 도움이 되는 사람[물건]
You were a great *help* to me. 저에게 큰 도움이 되었습니다

helped [hélpt] 图 **help**의 과거·과거분사형

help·er [hélpər] 몡 돕는 사람, 조수
Gail was the teacher's *helper*. 게일은 선생님의 조수였다

help·ful [hélpfəl] 혱 도움이 되는
Ben is *helpful*. 벤은 도움이 된다

help·ing [hélpiŋ] (타동) **help**(돕다)의 현재분사형
— 명 (복수 **helpings** [-z]) ❶ 돕는 일 《복수없음》
❷ (음식물을) 한번 담는 일[분량]
Steve had another *helping* of potatoes. 스티브는 감자를 한 더미 더 담았다

help·less [hélplis] 혱 무력한, 도움이 되지 않는

helps [hélps] 图 **help**의 현재분사형

hen [hén] 몡 (복수 **hens** [-z]) 암탉(↔ rooster 수탉)
Hens lay eggs. 암탉은 알을 낳는다
📝 식용이 되면 chicken 이라고 한다

hence [héns] 튀 지금부터, 금후 (=from now)

Hen·ry [hénri] 몡 남자 이름 《Harry 의 애칭》

★**her** [həːr] 대 ❶ (복수 **them** [ðém]) 《she 의 목적격》 그녀를, 그녀에게(→ him 그를, 그에게)
I know *her* very well. 나는 그녀를 매우 잘 안다
I gave a pen to *her*.(=I gave *her* a pen.) 나는 그녀에게 만년필을 주었다
I saw *her* go out of the room. 나는 그녀가 방을 나가는 것을 보았다
📝 see her+「동사 원형」에서는 her 를 동사 원형의 주어와 같이 「그녀가」로 해석하는 것이 좋다. 「동사 원형」 대신에 ~ing형(현재분사)가 올 때도 있다. I saw her reading a book.(나는 그녀가 책 읽는 것을 보았다)
❷ (복수 **their** [ðéər]) 《she의 소유격》 그녀의(→ his 그의)
나는 그녀와 데이트하고 싶다
I want to date with *her*.
회화 A: What's *her* name?
B: *Her* name is Jane.
A: 그녀의 이름은 무엇입니까
B: 그녀의 이름은 제인입니다

Her·cu·les [həːrkjuliːz] 몡 《그리스·로마 신화》 헤라클레스 《제우스신(Zeus)의 아들로서 힘이 센 영웅》

★**here** [híər] 튀 ❶ 여기에, 여기서, 여기로(→ there 저기에)
Here is a book. 여기에 책이 한 권 있다
Look! *Here* is the money I lost. 이것 봐! 여기에 내가 잃어버린 돈이 있어
❷ 《상대의 주의를 끌기 위해》 이봐, 자
Here we are at our house. 자, 집에 다 왔구나
Here comes the bus. 이봐 버스가 온다

📘 주어가 대명사일 때는 어순이 바뀐다: Here he comes. (야, 그가 온다)

❸ 《출석을 점검할 때》 네
"Helen!"—"*Here*." 「헬렌」—「네」

here and there 여기저기에
Birds are singing *here and there*. 새들이 여기저기에서 지저귀고 있다

Here I am. 다녀왔습니다

Here it is. 자, 여기 있어요 《특정한 것을 건네 줄 때》
회화 A: Would you pass me the salt?
B: *Here it is.*
A: 소금 좀 주실래요
B: 여기 있어요

Here you are. 여기 있어요 《상대방에게 원하는 물건을 건네 줄 때》
회화 A: Where is my book?

here's - hidden

B: *Here you are.*
A: 내 책이 어디있지
B: 여기 있어요
— 명 이곳(=this place)
His house is a long way from *here*. 그의 집은 여기서 멀다
Our teacher lives near *here*. 우리 선생님은 이 근처에 사신다

here's [híərz] 《구어》 here is의 줄임꼴

he·ro [híːrou] 명 (복수 **heroes** [-z])
❶ 영웅(→heroine 여장부)
a national *hero* 국민적 영웅
❷ (소설·극 등의) 주인공(→heroine 여주인공)

he·ro·ic [hiróuik] 형 영웅적인

her·o·ine [hérouin] 명 (복수 **heroines** [-z])
❶ 여걸, 여장부
❷ (소설·극등의) 여 주인공

★**hers** [həːrz] 대 (복수 ***theirs*** [ðɛ́ərz]) 《she의 소유대명사》 **그녀의 것**(→mine 나의 것; his 그의 것)
This book is *hers*, not his. 이 책은 그 여자의 것이지 그의 것이 아니다
Tom ate all his candy, but Susie shared *hers* with me. 톰은 그의 사탕을 모두 먹었지만 수지는 그녀의 것을 나에게 나누어 주었다
회화 A: Whose is this umbrella?
B: It's *hers*.
A: 이 우산은 누구의 것이지요
B: 그녀의 것입니다

★**her·self** [həːrsélf] 대 (복수 ***themselves*** [ðəmsélvz])
❶《뜻을 강조할 때》**그녀 자신이**
She did it *herself*. 그녀 자신이 그 일을 했다
❷《동사나 전치사의 목적어로서》**그녀 자신을**
She dressed *herself* in white. 그녀는 하얀 옷을 입었다
Sally often talks to *herself*. 샐리는 종종 혼잣말을 한다

by herself 그녀 혼자서(=alone)
She had dinner *by herself*. 그녀는 혼자서 저녁을 먹었다
for herself 그녀 혼자의 힘으로, 그녀 자신을 위해서
She couldn't do anything *for herself*. 그녀는 혼자힘으로 아무것도 할 수 없었다

★**he's** [híːz] he is 또는 he has의 줄임꼴
He's (=He is) coming soon. 그는 곧 올 것이다
He's (=He has) done it. 그는 그 일을 해냈다

hes·i·tate [hézətèit] 자동 (3단현 **hesitates** [-s]; 과거·과분 **hesitated** [-id]; 현분 **hesitating**) 주저하다, 망설이다
She *hesitated* before crossing the road. 그녀는 길을 건너기 전에 망설였다

hey [hei] 감 야! 이봐!《친한 사이에 부를 때나 기쁨·놀람·당황 등을 나타낼 때 쓰임》
"*Hey!*" Jack yelled. "Don't touch the wet paint." 「이봐」 잭이 소리쳤다 「젖은 페인트 만지지 마시오」

hi [hái] 감 야! 아! 안녕(하세요)!《친한 사이에 인사나 주의를 끄는 소리》
〈◆ 동음어 high(높은)〉

hi·ber·nate [háibərnèit] 통 (3단현 **hibernates** [-s]; 과거·과분 **hibernated** [-id]; 현분 **hibernating**) 자동 동면하다

hic·cup [híkəp] 명 딸꾹질
— 통 (3단현 **hiccups** [-s]; 과거·과분 **hiccuped** 또는 **hiccupped** [-t]; 현분 **hiccupping**) 자동 딸꾹질하다

hid [híd] 통 hide(감추다)의 과거·과거분사형

hid·den [hídn] 통 hide(감추다)의

hide - hike

과거분사형
hide [háid] 동 (3단현 **hide**s [-z]; 과거 **hid** [híd]; 과분 **hidden** [hídn] 또는 **hid**; 현분 **hid**ing)
타동 감추다; 숨기다
Where did you *hide* the money? 너는 돈을 어디에 감추었느냐
He *hid* his feelings. 그는 자신의 감정을 감추었다
The sun was *hidden* by the clouds. 태양은 구름에 감추어졌다
— 자동 숨다, 잠복하다
I'll *hide* behind the door. 나는 문 뒤에 숨을 것이다
hide one*self* 몸을 숨기다
Hide yourself among the trees. 나무 사이에 숨어라

hide-and-seek [háid-n-síːk] 명 숨바꼭질

hi-fi [hái-fái] 명 《전자》 하이파이, 고충실도(=high-fidelity)

high [hái] 형 (비교 **high**er; 최상 **high**est)
❶ 높은(↔low 낮은); 높이가 ~인
Some *high* buildings are called skyscrapers. 어떤 높은 빌딩들은 마천루라고 불린다
You can see a *high* buliding on the right. 우측으로 높은 건물을 볼 수 있다
Our fence is three feet *high*. 우리 펜스는 3피트이다
회화 A: How *high* is Chirisan?
B: It is 1915 meters *high*.
A: 지리산은 얼마나 높지요
B: 높이가 1915미터입니다
보통 건물이나 산에 대해서 「높고 크다」는 high, 사람이나 식물이 「높고 가냘프다」는 tall을 사용한다: a tall man(키 큰 사람), 그러나 신장을 숫자로 말할 때는 high도 사용한다: He is five feet high(=tall).(그는 키가 5피트이다) 또한 high의 반대는 low, tall의 반대는 short이다.
❷ (신분·값·학문 등이) 높은, 고급의
He is a man of *high* birth. 그는 명문 집안 출신이다
I bought it at *high* price. 나는 이것을 비싸게 샀다
❸ 맹렬한, 고도의
He was driving at a *high* speed. 그는 고속으로 차를 몰고 있었다
— 부 (비교 **high**er; 최상 **high**est)
높게
A plane is flying *high* up in the sky. 비행기가 하늘 높이 날고 있다

high·er [háiər] 형 부 high(높은, 높게)의 비교급

high·est [háiist] 형 부 high(높은, 높게)의 최상급

high jump [hái dʒʌmp] 《경기》 높이뛰기

high·land [háilənd] 명 《종종 복수형으로》 고지, 산악지

high·ly [háili] 부 높이, 크게

high school [háiskùːl] 명 (복수 **high school**s [-z]) ⓜ 고등학교
a junior *high school* 중학교(7~9학년)
a (senior) *high school* 고등학교 (10~12학년)
She didn't work very verd hard when she was in *high school*. 그녀는 고등학교 시절에 열심히 공부하지 않았다
풍습 위에 가리킨 학년의 수는 초등학교부터 계산된 것임

high·way [háiwèi] 명 (복수 **high·way**s [-z]) 간선 도로, 공로(公路)
ⓜ 에서 superhighway는 넓은 간선도로를 뜻하고, 우리의 고속도로에 해당하는 것은 expressway 또는 express highway라고 한다
The highway is two lanes wide. 그 간선 도로는 2차선이다

hike [háik] 동 (3단현 **hike**s [-s]; 과거·과분 **hike**d [-t]; 현분 **hik**ing)
자동 하이킹하다
I often go *hiking* in the woods. 나는 종종 숲으로 하이킹 간다

hiker - hire

— 명 (복수 **hikes** [-s]) 하이킹, 도보여행
A *hike* can be good exercise. 하이킹은 좋은 운동이 될 수 있다

hik·er [háikər] 명 도보여행자

hik·ing [háikiŋ] 명 하이킹, 도보여행,

★**hill** [híl] 명 (복수 **hills** [-z]) 작은 산, 언덕
You see a light on that *hill*. 저 언덕 위에 불빛이 보이지요
A *hill* is not as high as a mountain. 언덕은 산만큼 높지 않다
📝 영국에서는 약 700 미터(2,000피트) 이하를 hill이라하며, 그 이상은 mountain이라 한다

hills [hílz] 명 hill (언덕)의 복수형

hill·side [hílsàid] 명 산허리

hill·top [híltàp] 명 (작은 산·언덕의) 꼭대기

★**him** [hím] 대 (복수 ***them*** [ðém]) 《he의 목적격》 그를, 그에게(→ her 그녀를, 그녀에게)
I sometimes visit *him*. 나는 때때로 그를 방문한다
I gave a dictionary to *him*.(= I gave *him* a dictionary.) 나는 그에게 사전을 주었다
Give Ed this book and ask *him* to return it soon. 에드에게 이 책을 주고 그에게 곧 돌려달라고 부탁해라
I saw *him* fall from the roof. 나는 그가 지붕에서 떨어지는 것을 보았다

📘 see+him+「동사 원형」에서 him은 「동사 원형」의 주어처럼 「그가」라고 해석한다. 「동사 원형」 대신 「동사의 ~ing형」(현재분사)이 올 때가 있다 I saw him running.(나는 그가 달리고 있는 것을 보았다)

[발음] 보통 [im]으로 들린다

Him·a·la·yas [hìməléiəz] 명 《the를 붙여》 히말라야 산맥

★**him·self** [himsélf] 대 (복수 ***themselves*** [ðəmsélvz])
❶ 《뜻을 강조할 때》 그 자신이
He *himself* said so. 그 사람 자신이 그렇게 말했다
❷ 《동사의 목적어로》 그 자신을
He hid *himself* behind the curtain. 그는 커튼 뒤에 숨었다

by himself 그 혼자서(=alone)
Did he go *by himself*? 그는 혼자 갔니
for himself 혼자 힘으로, 그 자신만으로, 그 자신을 위해서
Did he make this *for himself*? 그가 이것을 혼자힘으로 만들었니

hint [hínt] 명 (복수 **hints** [-s]) 암시, 힌트
Will you give me a *hint*? 저에게 암시를 주시겠어요
— 동 (3단현 **hints** [-s]; 과거·과분 **hint**ed[-id]; 현분 **hint**ing) 타동 암시하다, 넌지시 말하다
I *hinted* that I was sick. 나는 내가 아픈것을 넌지시 암시했다
— 자동 암시하다, 넌지시 말하다
He *hinted* at his intention. 그는 그의 의향을 암시했다

hip [híp] 명 (복수 **hips** [-s]) 엉덩이, 둔부, 궁둥이

hip·pie [hípi] 명 (복수 **hippies** [-z]) (미) 히피족

hip·po [hípou] 명 (복수 **hippos** [-z]) 《구어》 하마(=hippopotamus)

hip·po·pot·a·mus [hìpəpátəməs, -pɔ́t-] 명 (복수 **hippopotamuses** [-iz] 또는 **hippopotami** [-ai]) 《동물》 하마

hire [háiər] 동 (3단현 **hires** [-z]; 과거·과분 **hire**d[-d]; 현분 **hir**ing) 타동 ❶ (돈을 주고) 빌리다, 세내다
Dad will *hire* a truck to move our furniture. 아빠는 가구를 옮기기 위해 트럭을 빌리실 것이다

his - hobby

☑ hire는 시간제 등 비교적 단기간의 임차에, rent는 토지·건물 등의 장기간의 임차에 쓰인다
❷ 고용하다
The factory wants to *hire* three new workers. 공장은 세명의 새로운 근로자를 고용하길 원한다
— 몡 임차, 세냄
The horse is for *hire*. 그것은 빌려 주는 말이다

★**his** [híz] 때 ❶ (복수 **their** [ðɛ́ər])《he의 소유격》**그의**(→ her 그녀의)
I know *his* father well. 나는 그의 아버지를 잘 알고 있다
❷ (복수 **theirs** [ðɛ́ərz])《he의 소유대명사》**그의 것**(→ mine 나의 것; hers 그녀의 것)
My hat is black, and *his* is brown. 나의 모자는 검은 색이고 그의 것은 갈색이다

his·to·ri·an [histɔ́:riən] 몡 (복수 **historians** [-z]) 역사가

his·tor·ic [histɔ́:rik] 혱 역사의; (역사상) 유명한
a *historic* event 역사적 사건
The old fort was a *historic* place. 그 오래된 성채는 역사적 장소였다

his·tor·i·cal [histɔ́:rikəl] 혱 역사의, 역사적인
My favorite books are *historical* stories. 내가 가장 좋아하는 책은 역사 소설이다
We cannot be sure whether king Arthur was a *historical* figure. 우리는 아더왕이 역사상 실존한 인물인지 확실히 알 수 없다

★**his·to·ry** [hístəri] 몡 (복수 **histories** [-z])
❶ **역사**, 역사학 《a를 붙이지 않고 복수 없음》
I like both *history* and science. 나는 역사와 과학을 다 좋아한다
❷ **역사책**; 경력, 유래
my personal *history* 나의 이력서

He is reading a *history* of England. 그는 영국 역사를 읽고 있다
☑ history와 story는 같은 어원
nátural hístory 박물학

★**hit** [hít] 동 (3단현 **hits** [-s]; 과거·과분 *hit*; 현분 **hitting**) 타동 (겨누어) **때리다**, 두들기다, 맞히다;《야구》배트로 치다
Dad *hit* the nail with a hammer. 아빠는 망치로 못을 쳤다
I *hit* my head against the door. 나는 머리를 문에 부딪쳤다
— 자동 부딪치다; 때리다
hit on ... ~를 생각해 내다
I *hit on* a good idea. 좋은 생각이 떠올랐다
— 몡 (복수 **hits** [-s]) 타격; 적중; 대성공
The song is a great *hit*. 그 노래는 크게 히트했다

hitch·hike [hítʃhàik] 자동 (3단현 **hitchhikes** [-s]; 과거·과분 **hitchhiked** [-t]; 현분 **hitchhiking**)《구어》히치하이크하다
▶ 지나가는 자동차에 편승하면서 하는 도보여행. 히치하이크를 하려면 길가에 서서 한 손을 내밀어 엄지손가락을 세운다.

hit·ting [hítiŋ] 동 **hit**(때리다)의 현재분사형

ho [hóu] 갑 오, 어이《놀랄 때의 소리》

hob·by [hǽbi, hɔ́bi] 몡 (복수 **hobbies** [-z]) 취미, 오락(→ pastime 기분 전환)
Cooking is my father's *hobby*. 요리는 우리 아버지의 취미이다
☑ **hobby에 관해서**
reading(독서)이나 walk(산책) 등은 hobby가 아니다. 시간을 내어 물건을 수집하거나 숙련을 요하는 것에 한한다. 그러나 cooking은 여자에게는 hobby가 아니지만 남자에게는 hobby이다

289

hockey - holidays

hock·ey [háki] 명 (운동) 하키
ice hòckey 아이스하키
Players in ice *hockey* wear skates. 아이스하키선수는 스케이트를 신는다

hog [hɔ́g, hɔ́:g] 명 (복수 **hogs** [-z]) 돼지(=pig)

★**hold** [hóuld] 동 (3단현 **holds** [-z]; 과거·과분 **held** [héld]; 현분 **hold**ing) 타동 ❶ (손에) **가지고 있다**, 잡다, 쥐다
He *held* her hand. 그는 그녀의 손을 잡았다
Mother asked me to *hold* her purse. 어머니는 나에게 그녀의 지갑을 잡고 있으라고 했다
He *held* me by the arm. 그는 내 팔을 잡았다
❷ (어떤 상태를) **유지하다**
This TV program *holds* my attention. 이 텔레비전 프로그램은 나의 주의를 끈다
❸ (회합을) **열다**, 소집하다
The meeting was *held* yesterday. 회합은 어제 열렸다
— 자동 **붙들고 있다 ; 계속되다**
Hold tight. 꼭 붙잡으세요
hold on (구어) 《명령문에서》 기다리다
Hold on (a minute), please! (전화에서) 잠깐 기다려 주시오
hold out ... (손 등을) 내밀다
She *held out* her hand. 그녀는 손을 내밀었다
hold up 들어 올리다
He *held up* his hand to stop a taxi. 택시를 세우기 위해서 그는 손을 들었다
catch[*get*, *take*] *hold of* ~을 붙들다
Catch hold of this rope. 이 밧줄을 붙잡아라

hold·er [hóuldər] 명 소지자, 보유자

hold·ing [hóuldiŋ] 타동 hold(가지고 있다)의 현재분사형
— 명 보유, 파악

★**hole** [hóul] 명 (복수 **holes** [-z]) 구멍, 굴; (골프) 홀
There is a *hole* in my trousers. 내 바지에는 구멍이 있다
Water dripped through a *hole* in the tent. 텐트의 구멍을 통해 물방울이 떨어졌다
The road was full of *holes*. 그 길은 팬 곳이 많다

★**hol·i·day** [hálədèi, hɔ́lədi] 명 (복수 **holidays** [-z])
❶ 휴일, 축제일(↔workday)
national *holiday* 국경일, 법정휴일
Sunday is a *holiday*. 일요일은 휴일이다
We spent our *holiday* at the seashore. 나는 휴일을 바닷가에서 지냈다
❷ 《종종 복수형으로》 영 휴가(=미 vacation)
the Christmas *holidays* 크리스마스 휴가

▶ 원래는 holy day(거룩한 날)이란 뜻으로 일을 멈추고 신에게 제사를 드린다는 데서 유래. 미에서는 장기·단기의 휴가를 다 같이 vacation으로 나타내며, holiday는 '축제일'이란 뜻이 강하다

● 미국의 축제일 ●

New Year's Day 설날, 정월 초하루 (1월 1일)
Washington's Birthday 워싱턴 탄생 기념일(2월의 제3월요일)
Memorial Day 전몰 장병 기념일 (5월의 마지막 월요일)
Independence Day 독립 기념일 (7월 4일)
Labor Day 노동절(9월의 제1월요일)
Columbus Day 콜럼버스기념일(10월의 제2월요일)
Veterans Day 재향 군인의 날(11월 11일)
Thanksgiving Day 추수 감사절 (11월 제4목요일)
Christmas Day 성탄절(12월 25일)

hol·i·days [hálədèiz] 명 holiday

Holland - Homer

(휴일)의 복수형

Hol·land [hάlənd, hɔ́lənd] 몡 네덜란드 《공식명칭은 the Netherlands이며, 수도는 암스테르담(Amsterdam)이며, 네덜란드 사람은 Dutch 라고 한다》

hol·low [hάlou] 혱 (비교 **hol·low**er; 최상 **hollow**est) 움푹 들어간; 속이 빈
The fox hid in a *hollow* log. 여우는 빈 통나무 안에 숨었다
— 몡 (복수 **hollows** [-z]) 움푹 들어간 곳, 공동(空洞)

hol·ly [hάli, hɔ́li] 몡 (복수 **hol·lies** [-z]) 《식물》 호랑가시나무

Hol·ly·wood [hάliwùd, hɔ́l-] 몡 할리우드 《미국 캘리포니아 주 로스앤젤레스시의 한 지구로, 영화산업의 중심지》

*****ho·ly** [hóuli] 혱 (비교 **hol**ier; 최상 **hol**iest) 신성한, 믿음이 깊은 (→ sacred)

Ho·ly Bi·ble [-báibl] 몡 《the를 붙여》 성서, 바이블

*****home** [hóum] 몡 (복수 **homes** [-z]) ❶ **집, 가정** 《a를 붙이지 않고, 복수 없음》
my sweet *home* 나의 즐거운 집
I invited the children to my *home*.
나는 그 아이들을 집에 초대했다
His *home* is near the park. 그의 집은 공원 근처에 있다
There is no place like *home*. 내 집과 같은 곳은 없다

📝 몡에서는 home을 가정이란 뜻과 건물로서의 집이란 뜻으로 다 사용하지만, 혱에서는 건물로서의 집은 house를 사용한다: He lives in a big *house*. (그는 큰 집에서 살고 있다)

❷ **본국**, 고향 《a를 붙이지 않고, 복수 없음》
She is leaving *home* for Europe soon. 그녀는 곧 고국을 떠나 유럽에 간다

❸ (아이들·노인·환자의) **수용소**, 요양소
We visited a *home* for the aged.
우리는 양로원을 방문했다
❹ 《야구》 **홈베이스**, 본루

at home 집에 있어, 편안하게
Is your father *at home*? 너의 아버지는 집에 계시니
I feel *at home* here. 나는 여기에 있으면 편안함을 느낀다
Please make yourself *at home*. (스스럼없이) 편히 하십시오

📝 몡 구어에서는 종종 at를 생략한다: I'll be (at) *home* tomorrow. (내일은 집에 있겠습니다)

— 혱 **가정의**; 고향의; 국내의(↔ foreign 외국의)
home life 가정 생활
a *home* task 몡 숙제(= 몡 homework)

— 閉 **집으로**, 본국으로 《go home, come home 으로 많이 쓰인다》
I came *home* by bus yesterday. 나는 어제 버스로 귀가했다
May I go *home*? 집에 가도 됩니까

📦 home자체가 부사이므로 전치사가 필요없음
go home (○) : go to home (×)

We are going *home* this summer.
우리는 이번 여름에 귀국[귀향]하려 한다

on *one's* ***way home*** 돌아오는 길에
I lost my pen *on my way home*. 귀가중에 나는 만년필을 잃어버렸다

📝 one's는 주어에 따라 my, your, his, her 등 대명사의 소유격으로 바뀐다. the를 사용해도 좋다

home·ly [hóumli] 혱 가정적인, 소박한; 몡 편안한

home·made [hóumméid] 혱 집에서 만든, 수제의; 국산의
homemade cookies 집에서 만든 과자

Ho·mer [hóumər] 몡 호머 《기원전

homer - honour

8세기 무렵의 그리스 시인; 트로이카 전쟁에서 아킬레스의 활약을 테마로 한 「일리아드(Iliad)」와 전후 오뒤세우스가 귀국할 때 까지의 모험을 그린 「오딧세이(odyssey)」의 작자》

hom·er [hóumər] 명 《구어》 《야구》 홈런(=home run)

home·room [hóumrù:m] 명 《교육》 홈룸《학급 전원이 모이는 방 또는 모이는 시간》

home run [hóum rʌ́n] 명 《야구》 홈런

home·sick [hóumsìk] 형 집을 그리워하는
He was *homesick* at camp. 그는 캠프에 와서 향수병에 걸렸다

home·town [hóumtáun] 명 고향
L.A. is my *hometown*. LA는 내 고향이다
☑ 미에서는 「고향」을 one's native place는 많이 쓰지 않고 one's hometown을 쓰고 있다

***home·work** [hóumwəːrk] 명 숙제《a를 붙이지 않고, 복수 없음》
Have you done your *homework*? 너는 숙제를 끝마쳤느냐

***hon·est** [ánist] 형 (비교 **more honest**; 최상 **most honest**) 정직한(↔dishonest 부정직한), 성실한
She is quite *honest*. 그녀는 아주 정직하다
An *honest* person tells the truth. 정직한 사람은 진실을 말한다
☑ h는 발음하지 않으므로 부정관사는 an이다

hon·es·ty [ánisti] 명 정직(↔dishonesty 부정직)
Honesty is the best policy. 《속담》 정직이 최선책이다

hon·ey [hʌ́ni] 명 벌꿀, 꿀; 《구어》 귀여운, 사랑스러운
☑ 부르는 말로 명사대신 씀
"*Honey*", said Dad, "I'm glad you are my daughter." 「애야」하고 아빠가 말했다 「나는 네가 내 딸인 것을 기쁘게 생각한다」
Bees gather *honey* from the flowers. 벌들이 꽃에서 꿀을 수집한다

hon·ey·bee [hʌ́nibì:] 명 꿀벌

hon·ey·moon [hʌ́nimù:n] 명 신혼 여행(기간), 허니문; 신혼의 첫 달

Hong Kong [háŋ kàŋ, hɔ́ːŋ kɔ́ːŋ] 홍콩(香港)《중국 동남부의 섬으로 자유항》

***hon·or,** 영 **hon·our** [ánər, ɔ́nə] (♦ h는 발음하지 않는다) 명 (복수 **honors** [-z])
❶ 명예《an을 붙이지 않고, 복수 없음》
I have the *honor* of introducing today's speaker. 오늘의 강연자를 소개합니다 《사회자의 말》
❷ 존경, 경의《an을 붙이지 않고, 복수 없음》
The mayor is treated with *honor* by people in our town. 시장은 우리 도시 사람들에게 존경받는다
❸ 《복수로》 학교의 우등
She won *honors* in high school. 그녀는 고교에서 우등상을 받았다
❹ (Honor로서) 각하
Your *Honor* the Mayor 시장 각하
in honor of ... ~를 기념하여
A dinner party was held *in honor of* Mr. Clark. 클라크씨를 위한 만찬회가 열렸다
— 동 (3단현 **honors** [-z]; 과거·과분 **honored** [-d]; 현분 **honoring**)
타동 명예를 주다, 표창하다, 존중하다
The President *honored* the astronauts. 대통령은 우주비행사를 표창하였다

hon·or·a·ble, hon·our·a·ble [ánərəbl, ɔ́n-] 형 존경할 만한
It is *honorable* conduct. 그것은 존경할 만한 행위이다

hon·our [ánər, ɔ́nə] 명 영 =

honor

hood [húd] 명 (복수 **hoods** [-z])
두건; 후드; (자동차의) 덮개

hook [húk] 명 (복수 **hooks** [-s])
갈고리, 훅; 낚시 바늘
Hang your hat on the *hook*. 너의 모자를 훅에 걸어라
— 동 (3단현 **hooks** [-s]; 과거·과분 **hook**ed [-t]; 현분 **hook**ing)
(타동) (갈고리처럼) 구부리다; 갈고리로 걸다
Hook my dress up. 내 옷을 갈고리로 걸어라
— (자동) (갈고리처럼) 구부리다; 옷이 훅으로 채워지다

hoo·ray [huréi] 감 만세, 후레이 《hurrah의 변형》

hop [háp] 명 (복수 **hops** [-s]) 한 발로 뛰기
a *hop*, step and jump 《운동》 삼단 뛰기
— 동 (3단현 **hops** [-z]; 과거·과분 **hop**ped [-t]; 현분 **hop**ping) (자동)
(한 발로) 뛰다, 껑충껑충 뛰어다니다
A frog can *hops* from one rock to another. 개구리는 이쪽 바위에서 저쪽으로 껑충 뛸 수 있다

★**hope** [hóup] 동 (3단현 **hope**s [-s]; 과거·과분 **hop**ed [-t]; 현분 **hop**ing) (타동) 희망하다, (바라는 마음에서) ~라고 생각하다

📘 wish보다 실현 가능성이 강할 때 쓴다
I *hope* that he finds his lost dog. 나는 그가 잃어버린 개를 찾기를 희망한다
I *hope* to see you soon. 곧 뵙게 되기를 바랍니다
I *hope* (that) it will be nice tomorrow. 내일은 갤 것이라고 생각합니다

📘 **wish와 hope**
wish는 불가능한 것을 희망할때, hope는 실현가능한 것을 원할 때 쓴다
I *wish* I were 20 years younger. 내가 20년만 젊었으면
I *hope* you'll be better soon. 나는 당신이 회복되기를 바랍니다

📘 I hope는 좋은 것을 기대할 때 I think 대신에 사용되며, 마음에 걸리면 I am afraid를 사용한다: I am afraid he won't come.(나는 그가 오지 않을거라고 생각한다) 또한 I hope so.(그렇게 되면 좋으련만) I hope not.(그렇지 않으면 좋으련만)

— (자동) 희망을 갖다; 기대하다
We are still *hoping*. 우리는 아직 희망을 갖고 있다
— 명 (복수 **hopes** [-s]) 희망, 기대 《보통 a를 붙이지 않고, 복수 없음》
It is our *hope* that the world will have peace. 세계가 평화로와지는 것은 우리의 희망이다
His words gave me *hope*. 그의 말은 나에게 희망을 주었다
I went there in the *hope* of seeing him. 나는 그를 만날 수 있으리라고 생각하여 거기에 갔다
Where there is life, there is *hope*.
《속담》살아 있는 한 희망은 있다

hoped [hóupt] 동 hope(~을 희망하다)의 과거·과거분사형

hope·ful [hóupfəl] 형 유망한; 《of 또는 about를 동반하여》 ~에 기대를 건
a *hopeful* boy 전도 유망한 소년
I am *hopeful* of the future. 나는 미래에 기대를 걸고 있다
Ted was *hopeful* that his team would win. 테드는 그의 팀이 이길것에 기대를 걸고 있다

hope·less [hóuplis] 형 희망이 없는
Trying to save the sinking ship was *hopeless*. 침몰하는 배를 구하려 노력하는 것은 가망없는 일이었다

hopes [hóups] 동 hope(~을 희망

h   hoping - host

하다)의 3인칭 단수현재형
— 명 hope(희망)의 복수형

hop·ing [hóupiŋ] 동 hope(~을 희망하다)의 현재분사형

hop·scotch [hápskɑ̀tʃ] 명 돌차기 놀이 《사각형이나 원을 그려놓고, 골까지 돌을 발로 차면서 나간다》
In *hopscotch* you try not to touch the lines between squares. 돌차기놀이에서는 사각형 사이사이의 선을 밟지 않도록 해야 한다

ho·ri·zon [həráizn] (◆발음주의) 명 (복수 **horizons** [-z]) 지평선, 수평선
A rainbow formed just above the *horizon*. 무지개가 지평선 바로 위에 만들어졌다

hor·i·zon·tal [hɔ̀:rəzǽntl] 형 수평선의; 수평의
Book shelves are *horizontal*. 책꽂이는 수평이다

horn [hɔ́:rn] 명 (복수 **horns** [-z]) 뿔, 각재, 뿔나팔; (자동차 등의) 경적; 《음악》 호른 《관악기의 일종》
He blew his car's *horn*. 그는 그의 차의 경적을 울렸다

hor·o·scope [hɔ́:rəskòup] 명 점성술 《사람이 태어났을때의 별의 위치를 관찰하여 그 사람의 운세를 점침》

hor·ri·ble [hɔ́:rəbl] 형 무서운, 소름끼치는
a *horrible* sight 끔찍한 광경

hor·ror [hɔ́:rər] 명 공포
She was filled with *horror* when she saw the monster movie. 그녀는 괴물 영화를 보았을 때 공포로 가득찼다

★**horse** [hɔ́:rs] 명 (복수 **horses** [hɔ́:rsiz]) 《동물》 말(→ pony 조랑말)
A *horse* is very useful animal. 말은 매우 유용한 동물이다
Can you ride a *horse*? 너는 말을 탈 줄 아느냐
He got off the *horse*. 그는 말에서 내렸다

horse

horse·back [hɔ́:rsbæ̀k] 명 말의 등
go on *horseback* 말을 타고 가다

horse·man [hɔ́:rsmən] 명 (복수 **horsemen** [-mən]) 승마자, 기수

horse race [hɔ́:rs rèis] 명 (복수 **horse races** [-iz]) (1회의) 경마

horse rac·ing [hɔ́:rs reisiŋ] 명 경마

horse·shoe [hɔ́:rsù:] (◆발음에 주의) 명 (말의) 편자

hose [hóuz] 명 (수도의) 호스
She sprayed the lawn with a *hose*. 그녀는 호스로 잔디밭에 물을 뿌렸다

★**hos·pi·tal** [háspitl] 명 (복수 **hospitals** [-z]) 병원
I went to the *hospital* to see my sister. 나는 누이를 문병하러 병원에 갔다
She is still in (the) *hospital*. 그녀는 아직도 입원 중이다

> 📘 입원·치료의 뜻으로 영에서는 관사가 없으나, 미에서는 the를 붙이는 경우가 많다

After her accident, Jane was taken to *hospital*. 사고후에, 제인은 병원으로 옮겨졌다

host [hóust] 명 (복수 **hosts** [-s])
❶ (손님을 접대하는) 주인(역)(↔ guest 손님; hostess 여자 주인)
❷ (여관 등의) 주인

hostel - house

hos·tel [hástl] 명 호스텔, 숙박소
a yóuth hòstel 유스 호스텔 《청소년 숙박소》

📘 이 낱말을 동사적으로 사용할 때가 있다: Let's go youth hosteling.(유스 호스텔에서 숙박하며 여행합시다)

host·ess [hóustis] 명 (복수 host·ess*es* [-iz]) (손님을 접대하는) 여자 주인

★**hot** [hát] 형 (비교 hot*ter* ; 최상 hot*test*) 더운, 뜨거운(↔ cold 추운)
Boiling water is very *hot*. 끓는 물은 매우 뜨겁다
hot news 《구어》 최신 뉴스
It was very *hot* yesterday. 어제는 매우 더웠다

📘 형 hot 대신 warm을 사용한다
May I have a cup of *hot* tea? 뜨거운 차 한 잔 주시겠어요

hot
뜨거운

hot
매운

cold
추운

hot dog [hát dɔ̀:g] 명 (복수 **hot dogs** [-z]) 미 핫도그 《빵 사이에 군 소시지를 끼어 말아서 먹는 식품》

★**ho·tel** [houtél] 명 (복수 **hotels** [-z]) 호텔, 여관
We stayed at a *hotel* in Pusan. 우리는 부산에서 호텔에 숙박했다

📘 hotel은 넓고 시설이 잘 된 곳; inn은 작은 호텔, 여인숙
발음 영에서는 [outél]이라고도 한다. 강세에 주의

hot line [hát làin] 명 (복수 **hot lines** [-z]) 핫 라인 《2개국 정부 수뇌 간의 긴급 직통전화》

hot·ter [hátər] 형 **hot**(더운)의 비교급

hot·test [hátist] 형 **hot**(더운)의 최상급

hound [háund] 명 사냥개

★**hour** [áuər] 명 (복수 **hours** [-z])
❶ 1시간(→ minute 분; second 초)
There are 24 *hours* in a day. 1일은 24시간이다
Please come back in an *hour*. 1시간이 지나서 돌아오십시오
I waited for him for two *hours*. 나는 그를 2시간 동안 기다렸다
It takes a half *hour*(= 영 half an *hour*) to go there. 거기에 가는 데 30분이 걸린다

📘 「~시」라고 시각을 나타낼 때는 o'clock을 사용한다: It is two *o'clock*. (2시이다) 그러나 24시간제에는 hour를 사용한다: 14: 00 오후 2시(fourteen hundred hours)

❷ 시각, 시한
The *hour* was late when he came back. 그가 돌아왔을 때는 시각이 늦었다
He came to see me at a late *hour*. 그는 늦은 시각에 나를 만나러 왔다
It's the first *hour* of class. 1교시 수업이다

by the hour 시간제로
We hired a boat *by the hour*. 우리는 시간제로 보트를 빌렸다

for hours 몇 시간 동안
They discussed *for hours*. 그들은 몇 시간 동안 토론했다

keep early hours 일찍 자고 일찍 일어나다

keep late hours 밤 늦게 자고 아침에 늦잠을 자다

hours [áuərz] 명 **hour**(시간)의 복수형
⟨◆ 동음어 ours (우리의)⟩

★**house** [háus] 명 (복수 **houses** [háuziz]) (◆ 복수형의 발음에 주의)
❶ 집, 주택(→ home 가정)

household - how

Her *house* has six rooms in it.
그녀의 집에는 6개의 방이 있다
There are a lot of new *houses* in this town. 이 도시에는 새집들이 많이 있다
🖉 house와 비교해서 home은 '가족이 사는 장소'로 '가정'의 뜻이 강하다
❷ ~일가
the Brown *house* 브라운 일가
the Imperial *House* 왕실, 황실
a hóuse to lét 세 놓을 집 《게시 할 때는 To Let라고 쓴다》

house·hold [háuhòuld] 명 (복수 **households** [-z]) (동거인도 포함한) 가족, 세대
The entire *household* ate supper together. 전 가족은 다같이 저녁을 먹었다
— 형 《집합적으로》 가정의, 가족의
household affairs 가사

house·keep·er [háuskì:pər] 명 (복수 **housekeepers** [-z]) 가정부, 주부(=housewife)

house·maid [háusmèid] 명 (가정의) 파출부, 하녀

hous·es [háuziz] (♦ 발음에 주의) 명 house(집)의 복수형

Hous·es of Par·lia·ment [háuziz əv pɑ́:rləmənt] 명 《the를 붙여》 영국의 국회의사당

house·wife [háuswaif] 명 (복수 **housewives** [-waivz]) 주부

house·work [háuswə̀:rk] 명 (요리·재봉 등의) 가사

Hous·ton [hjú:stən] 명 휴스턴 《미국 텍사스주의 도시》

★**how** [háu] 부 ❶ 《의문문에서》 어떻게, 어떤 식으로
How did the thief open this window? 도둑은 어떻게 이 창문을 열었을까
How do you like Seoul? 서울은 어떻습니까
회화 A: *How* did you come here?
B: I came by bus.
A: 무엇을 타고 여기에 왔지요
B: 버스로 왔습니다

296

A: *How* is your father?
B: He's fine, thank you.
A: 아버지께서는 안녕하십니까
B: 안녕하십니다, 고맙습니다

☑ What do you think about Seoul? 과 같은 뜻임

❷ 《정도를 물을 때》 **얼마나**, 어느 정도
How old are you? 몇 살이지요

▶ 친하지 않은 사람에게는 피해야 한다

How tall are you? 키는 얼마나 되지요
How long will you stay here? 여기서 얼마나 오래 머무를 예정입니까
How long does it take (you) to go to school? 학교까지는 얼마나 (시간이) 걸립니까 《it는 시간을 나타냄》
How far is it from here to the station? 여기서 역까지 얼마나 멉니까 《it는 거리를 나타냄》
How many brothers do you have? 형제는 몇 분 있습니까
How much water is there in the bottle? 병 속에 물이 얼마나 있습니까
How much is this racket? 이 라켓은 값이 얼마입니까
How often(= *How* many times) do you take a bath in a week? 당신은 1주일에 몇 번이나 목욕을 합니까

❸ 《감탄문에서》 **정말로**, 참으로
How beautiful this flower is! 이 꽃은 정말로 아름답구나

☑ 종종 주어+동사를 줄여서 How beautiful!이라고도 한다. what도 감탄문에 쓰이는데, what뒤에는 형용사를 동반하는 명사가 오며 어순은 what+관사+형용사+명사순이다

What a pretty girl she is! 그녀는 얼마나 예쁜 소녀이냐
How fast he can run! 그는 참으로 빨리 달릴 수 있구나

❹ 《how to+동사 원형》 **~하는 방법**
Teach me *how to* swim. 수영하는 법을 가르쳐 다오
Tom doesn't know *how to* use knives and forks. 톰은 칼과 포크의 사용법을 모른다

☑ 이 형태는 종종 동사 teach, know, learn 등의 목적어로 사용됨

How about ...? ~는 어때 《의견을 묻거나 권유할 때 쓰인다》
How about cookies? 과자 좀 드시겠어요
How about going to the movies? 영화를 보러 가는 게 어때

How are you? 《일상의 인사로》 안녕하세요

회화 응답으로는 Fine(=Very well), thank you! And (how are) you? (좋습니다, 고맙습니다, 당신도 안녕하세요)

How come? 《구어》 어째서, 왜 그러지요? 도대체 어떤 영문이지요
How come you are so late? 왜 이리 늦었지요

How do you do? 처음 뵙겠습니다

▶ 종종 초대면의 인사로 쓰이며 상대방도 같은 말로 응답한다

발음 뒤의 do를 강하게 발음한다

★**how·ev·er** [hàuévər] 〒 **아무리 ~하더라도**
However hard you try, you will not succeed. 아무리 열심히 해 보아도 너는 성공하지 못할 것이다
— 접 **그러나, ~라고 해도**
I don't like beans; *however*, I will eat them. 나는 콩을 좋아하지 않아, 하지만 콩을 먹겠어

☑ however와 but: but보다는 however가 더 문어적 표현

howl [hául] 동 (3단현 **howls** [-z]; 과거·과분 **howled** [-d]; 현분 **howl·ing**) 자동 (개·늑대가) 울부짖다; (바람 등이) 윙윙거리다
Dogs often *howl* at night. 개는 종종 저녁에 울부짖는다
— 명 (복수 **howls** [-z]) (개·늑대가) 짖는 소리

Huck·le·ber·ry Finn [hʌ́klbèrifín, 영 -bəri-] 명 허클베리핀 《마크 트웨인(Mark Twain)의 모험 소설 「허클베리 핀의 모험」에 나오는 주인공 이름》

Hudson River - hundredth

Hud·son Riv·er [hʌ́dsn rívər]
《the를 붙여》 허드슨 강
▶ 미국 뉴욕주 동부를 흐르는 강. 보통은 the Hudson이라 한다. 발견자 헨리 허드슨(Henry Hudson)의 이름에서 유래됨

hug [hʌ́g] 동 (3단현 **hug**s [-z]; 과거·과분 **hug**g*ed* [-d]; 현분 **hug**g*ing*) 타동 ~을 꼭 껴안다
Peg's aunt *hugged* her tight. 페그의 숙모는 그녀를 꼭 껴안았다
— 자동 달라붙다, 다가가다

huge [hjú:dʒ] 형 (비교 **huge**r; 최상 **huge**st) 거대한, 막대한
a *huge* building 거대한 건물

Hu·go [hjú:gou] 명 빅토르 위고 《Victor ~ (1802-1885); 프랑스의 시인·극작가·소설가; 장발장을 주인공으로 한 「레미제라블」의 작가로 유명하다》

hul·lo [həlóu] 감 주로 영 =hello

hum [hʌ́m] 자동 (3단현 **hum**s [-z]; 과거·과분 **hum**m*ed* [-d]; 현분 **hum**m*ing*) (벌·기계 등이) 윙윙거리다
The air conditioner will *hum* when it is on. 에어컨은 작동중일 때는 윙윙거린다

hu·man [hjú:mən] 형 인간의
a *human* being 인간
a *human* race 인류
human relations 인간 관계

hu·man·ism [hjú:mənìzm] 명 휴머니즘, 인도주의

hu·man·i·ty [hju:mǽnəti] 명 인간성, 인간다움;《집합적으로》 인류

hum·ble [hʌ́mbl] 형 (비교 **humb**l*er*; 최상 **humb**l*est*)
❶ 겸손한, 겸허한
a *humble* attitude 겸허한 태도
❷ (신분 등이) 천한; 초라한
a *humble* house 초라한 집

hu·mor [hjú:mər] 명 《a를 붙이지 않고, 복수없음》 ❶ 유머, 익살
He has a sense of *humor*. 그는 유머 감각이 있다[유머를 이해하는 사람이다]
▶ humor는 감정적인 익살, wit는 지적인 익살
❷ 기분, 기질
He is in a good *humor*. 그는 기분이 아주 좋다
She is in an ill *humor*. 그녀는 기분이 좋지 않다
풍습 옛날에는 사람의 몸 안에 4가지 체액(혈액·점액 등)이 흐르고 있다고 생각하였는데, 이들 체액을 humor라고 하였다. 체액의 비율에 따라 개개인의 건강, 정신이나 기질·성질이 결정된다고 보았다

hu·mor·ous [hjú:mərəs] 형 (비교 *more* humorous; 최상 *most* humorous) 익살맞은, 우스운(→ interesting)

hu·mour [hjú:mər] 명 영 =humor

Hump·ty Dump·ty [hʌ́mpti dʌ́mpti] 명 험프티 덤프티 《영국의 전래동요집 「마더구스의 노래」에 나오는 달걀모양의 인물. 루이스 캐럴의 「이상한 나라의 앨리스」에 재등장하여 인기를 끌었다》

★**hun·dred** [hʌ́ndrəd] 명 (복수 **hundred**s [-z]) 100, 100개; 100인
five *hundred* 500
five *hundred* (and) fifty 550
📝 hundred는 hundreds of ...의 경우 외에는 복수형은 없음. 100과 10의 사이의 and [ən(d)]는 미에서는 생략할 때가 많다
hundreds of ... 수백의 ~
There are *hundreds of* books in tihs room. 이 방에는 수백 권의 책이 있다
— 형 **100의**, 100개의; 100인의
There are about two *hundred* boys here. 여기에 약 200명의 소년이 있다

hun·dreds [hʌ́ndrədz] 명 hundred(100)의 복수형

hun·dredth [hʌ́ndrədθ] 《100 th

로 줄여 씀》 명 형 제100(의), 100번째(의)

hung [hʌ́ŋ] 동 **hang**(~을 걸다)의 과거·과거분사형

hun·ger [hʌ́ŋgər] 명 《형용사는 hungry》 배고픔, 주림, 공복
Hunger is the best sauce. 《속담》 공복은 최상의 조미료
His *hunger* was satisfied by a hot dog. 그의 배고픔은 핫도그로 만족되었다

★**hun·gry** [hʌ́ŋgri] 형 (비교 **hungr**ier ; 최상 **hungr**iest) 《명사는 hunger》 배고픈, 공복의
The *hungry* boy ate four sandwiches for lunch. 그 배고픈 소년은 점심으로 샌드위치를 4개 먹었다
go hungry 굶주리다, 굶(주리)고 있다
Many people in Africa *go hungry*. 아프리카에서는 많은 사람들이 굶주리고 있다

★★**hunt** [hʌ́nt] 동 (3단현 **hunts** [-s] ; 과거·과분 **hunt**ed [-id] ; 현분 **hunt**ing) 타동 사냥하다, 수렵하다
The men will *hunt* deer for food. 그 사람들은 식량으로 사슴을 사냥할 것이다
— 자동 사냥하다
He likes to *hunt*. 그는 사냥을 좋아한다
go (out) hunting 사냥을 가다

hunt·er [hʌ́ntər] 명 (복수 **hunter**s [-z]) 사냥꾼, 헌터

hurdle [hə́:rdl] 명 (복수 **hurdle**s [-z]) 장애물, 허들

hurrah [huró:] 감 만세! 후레이!
"*Hurrah!*" I shouted when my team won. "만세!" 나는 우리 팀이 이겼을 때 소리쳤다

hur·ray [huréi] 감 = hurrah

hur·ri·cane [hə́:rəkèin] 명 태풍, 허리케인 《여름에서 가을에 거쳐 북대서양 서인도제도 부근에서 발생하여 북아메리카 대륙을 엄습하는 열대성 폭풍우》
Several ships were sunk by the *hurricane*. 배 몇척이 태풍에 의해 침몰되었다

hur·ried·ly [hə́:ridli] 부 다급하게
He left home *hurriedly*. 그는 다급하게 집을 나섰다

★**hur·ry** [hə́:ri] 동 (3단현 **hurries** [-z] ; 과거·과분 **hurried** [-d] ; 현분 **hurry**ing) 자동 서둘다, 서두르게 하다
Don't *hurry*. 서두르지 마라
They *hurried* away. 그들은 서둘러 가버렸다
I *hurried* back to London. 나는 급히 런던으로 돌아왔다
Hurry up or you will be late! 서둘러라 그렇지 않으면 너는 늦을거야
— 타동 (사람을) 재촉하다, 서두르게 하다
Tom *hurried* me into the car. 톰은 급히 나를 차에 태웠다
— 명 서두르는 일, 조급한 일(→ haste) 《a를 붙이지 않고, 복수형 없음》
There is no *hurry*. 서두를 필요가 없다
in a hurry 급히
He had lunch *in a hurry*. 그는 급히 점심을 들었다

★★**hurt** [hə́:rt] 동 (3단현 **hurts** [-s] ; 과거·과분 **hurt** ; 현분 **hurt**ing) 타동
❶ 다치게 하다, 상처를 내다
I *hurt* my finger with a knife. 나는 칼에 손가락을 다쳤다
The bad fall *hurt* my wrist. 심하게 넘어져서 내 손목을 다쳤다
I wasn't *hurt*, but I ached. 나는 다치지 않았으나 아팠다
❷ (감정을) 해치다
He *hurt* her feelings. 그는 그녀의 감정을 상하게 했다
— 자동 아프다
It *hurst!* 아야
My tooth still *hurts*. 나는 이가 아직도

husband - hyphen

아프다

▶ 「아프다!」라고 할 때는 Hurts!라고 한다

get hurt [***hurt oneself***] 상처를 입다, 다치다

Be careful not to *get hurt*. 다치지 않도록 주의해라

★**hus·band** [hʌ́zbənd] 명 (복수 **husband*s*** [-z]) 남편(↔ wife 처)

Mr. Johnson is her *husband*. 존슨 씨는 그녀의 남편이다

They are *husband* and wife. 그들은 부부이다

A good *husband* makes a good wife. 《속담》 훌륭한 남편이 좋은 아내를 만든다

✏ husband and wife에는 a나 the 를 붙이지 않는다

hush [hʌ́ʃ] 명 침묵, 조용함

After the storm there was a *hush* in the forest. 폭풍이 지나간후 숲에는 침묵이 흘렀다

— 감 쉿! 조용히!
Hush! Someone is coming. 쉿! 누가 오고 있어

husk·y [hʌ́ski] 형 (비교 **husk*ier***; 최상 **husk*iest***) 목 쉰 소리의, 컬컬한

hut [hʌ́t] 명 (복수 **hut*s*** [-s]) 오두막, 통나무집; 오막살이

The poor old man lived in a *hut*. 가난한 노인은 오두막에서 살았다

hy·a·cinth [háiəsìnθ] 명 《식물》 히아신스 《그리스 신화 중의 미소년 히아신스의 이름에서 유래됨》

Hyde Park [háid páːrk] 명 하이드 파크 《런던의 대공원. the Park 라고도 한다》

hy·drant [háidrənt] 명 (복수 **hydrant*s*** [-s]) 소화전

Firemen connected long hoses to *hydrants* to fight fires. 소방수들은 불을 끄기 위해 소화전에 긴 호스를 연결시켰다

hy·dro·gen [háidrədʒən] 명 《화학》 수소, 원소기호는 H

hy·dro·gen bomb [háidrədʒən bɑ́m] 명 (복수 **hydrogen bomb*s*** [-z]) 수소폭탄

hymn [hím] 명 (복수 **hymn*s*** [-z]) 찬송가, 성가

We are singing a *hymn*. 우리는 찬송가를 부르고 있다

발음 him 보다 모음을 좀 길게 발음함

hy·phen [háifən] 명 (복수 **hyphen*s*** [-z]) 하이픈 《단어와 단어를 잇는(-)표》

I i

I, i [ái] 몡 (복수형 **I's, i's; Is, is** [-z]) 아이 《영어 알파벳의 제 9자》

★**I** [ái] 때 (복수 **we** [wíː]) 나는, 내가
I am a Korean. 나는 한국인이다
I am happy. 나는 행복하다
It is *I* who will go. 갈 사람은 바로 나다
where am *I* ? 《구어》 여기가 어디입니까
Tom and *I* are good friends. 톰과 나는 좋은 친구 사이다

📝 (1) I and Tom이라고 하지 않는다. 배열 순서는 2인칭, 3인칭, 1인칭으로 한다 (2) I는 문장 안에서도 대문자로 쓴다. 옛날 펜으로 쓸 때 생기기 쉬운 잘못을 피하기 위해서 생겼음

	단 수	복 수
주 격	I(나는, 내가)	we(우리는)
목적격	me(나를)	us(우리를)
소유격	my(나의)	our(우리의)

Ia. Iowa(아이오와 주)의 약어
IC Intergrated circuit(직접회로)의 약어

★**ice** [áis] 몡 (복수 **ices** [-iz])
❶ 얼음 《an을 붙이지 않고, 복수 없음》
The lake is covered with *ice*. 그 호수는 얼음으로 덮여 있다
The *ice* is thick enough for skating. 얼음은 스케이트를 탈 수 있을 정도로 두껍게 얼었다

📝 강이나 호수에 언 얼음에는 the를 붙인다

❷ 몡 아이스크림 (= ice cream)
Will you take an *ice*? 아이스크림을 드시겠어요

— 동 (3단현 **ices** [-iz]; 과거·과분 **iced** [-t]; 현분 **icing**) 자동 타동
얼리다; 차게 식히다

ice·berg [áisbə̀ːrg] 몡 (복수형 **icebergs** [-z]) 빙산

ice·box [áisbɑ̀ks] 몡 (복수 **iceboxes** [-iz]) 냉장고(= refrigerator)

★**ice cream** [áis kríːm] 몡 (복수 **ice creams** [-z]) 아이스크림
I ate some *ice cream*. 나는 아이스크림을 먹었다

회화 A: What flavor of *ice cream* do you like?
B: I love vanilla.
A: 어떤 맛의 아이스크림을 좋아하니
B: 나는 바닐라 맛을 좋아해

📝 「아이스크림」의 뜻으로는 an을 붙이지 않고, 복수형도 없으나 「아이스크림 1개, 2개」의 뜻으로는 an ice cream, two ice creams로 된다

ice hock·ey [-hɑ̀ki] 몡 《운동》 아이스하키 《⑩에서는 간단히 hockey 라고도 한다》

Ice·land [áislənd] 몡 아이슬란드 《북대서양의 공화국; 수도는 Reykjavik [réikjəvi(ː)k]》

ice show [-ʃòu] 빙판 위의 쇼

ice-skate [-skèit] 자동 (3단현 **ice-skates** [-s]; 과거·과분 **ice-skated** [-id]; 현분 **ice-skating**) 아이스 스케이트를 타다

ice skat·ing [áis skèitiŋ] 몡 아이스스케이팅

i·cy [áisi] 몡 (비교급 **icier**; 최상급 **iciest**) 얼음이 많은; 얼음같이 찬

I'd - idol

an *icy* wind 몸을 에는 찬 바람
an *icy* look 쌀쌀한 표정

***I'd** [aid] I would, I had의 줄임꼴
I'd [=I would] like to go. 나는 가고 싶다

☑ I like to go. 보다 완곡한 표현

Ida. Idaho(아이다호 주)의 약어

I·da·ho [áidəhòu] 명 아이다호 주 《미국 북서부의 전형적인 산악지대에 위치한 주(州)로 약어는 Ida. 혹은 ID》

***i·de·a** [aidíːə] 명 (복수 **idea**s [-z]) 생각, 관념, 아이디어
Do you have any *ideas*? 무슨 좋은 생각이 있니
That's a good *idea*. 그것은 좋은 생각이다
He is a man of *idea*. 그는 착상이 풍부한 사람이다
I have no *idea*.(=I don't know) 나는 전혀 모른다

idea

i·de·al [aidíːəl] 형 (비교급 **ideal**er ; 최상급 **ideal**est) 이상적인
He is an *ideal* teacher. 그는 이상적인 선생님이다
— 명 (복수 **ideal**s [-z]) 이상적인 사람[사물]
Our Bill of Rights is based on *ideals* of freedom. 우리의 권리장전은 자유의 이상에 근거한다

i·de·al·ist [aidíːəlist] 명 (복수 **idealist**s [-s]) 이상주의자

i·den·ti·fi·ca·tion [aidèntəfi-kéiʃən] 명 동일함; 신분증명서
Fingerprints are used as *identification*. 지문은 신분증명에 사용된다

i·den·ti·fy [aidéntəfài] 타동 (3단형 **identif**ies [-z] ; 과거·과분 **identif**ied [-d] ; 현분 **identify**ing) 신원을 확인하다; 동일시 하다
The Roman god Jupiter is *identified* with the Greek god Zeus. 로마의 신 쥬피터는 그리스 신 제우스와 동일시 된다
She is *identified* by a scar on her chin. 그녀는 턱위의 흉터로 알아볼 수 있다

i·den·ti·ty [aidéntəti] 명 동일성, 자기정체성; 신분
The *identity* of the thief was unknown. 그 도둑의 정체는 알려지지 않았다

id·i·om [ídiəm] 명 (복수 **idiom**s [-z]) 관용 어구, 숙어
"To catch one's eye" is an *idiom* that means " to get one's attention."
'To catch one's eye'는 '누군가의 관심을 얻다' 라는 뜻의 숙어이다

i·dle [áidl] 형 (비교 **idle**r ; 최상 **idle**st) ❶ 한가한; 놀고있는
idle machines in a closed factory 문닫은 공장에서 놀고있는 기계들
❷ 게으른
☑ 이 뜻으로는 lazy를 잘 사용한다
Idle students seldom finish their homework on time. 게으른 학생들은 그들의 숙제를 제때에 끝마치는 적이 거의 없다
❸ 쓸데 없는, 소용 없는
idle talk 잡담
idle gossip 쓸데없는 가십, 험담

i·dle·ness [áidlnis] 명 게으름

i·dol [áidl] 명 (복수 **idol**s [-z]) 우상
a teenage *idol* 십대들의 우상
Sports stars are *idols* for many young people. 스포츠 스타들은 많은 젊은이들의 우상이다

idol

i.e. [áií;, ðǽtíz] 즉, 바꾸어 말하면 《라틴어 idest 의 약어로 사전이나 학술 논문 등에 쓰인다 ; 일상적인 표현은 that is (to say)》

★**if** [if] 접 ❶ 《현재의 가정이나 조건을 제시하여 추측할 때》 ~하다면, ~이라면
If it is nice tomorrow, I'll go there. 내일 날씨가 좋으면 거기에 가겠다
If you start at once, you will be in time. 즉시 떠나면 시간에 맞게 갈 것이다
If you are tired, you may go home. 피곤하면 귀가해도 좋다
📝 if 다음의 동사는 현재형으로서 미래를 뜻한다

❷ 《사실과 반대를 가정하여》 만약 ~라면[한다면]
If I were you, I would stay here. 내가 너라면 여기에 머물텐데
📝 if 뒤의 동사는 과거형을 사용하며, be동사는 were 또는 was가 된다. 이를 가정법 과거라 한다

❸ 설사 ~하더라도
I will go if you don't go. 설사 네가 가지 않더라도 나는 가겠다
📝 윗 글의 if는 even if의 뜻이다
Even if it rains, we will go. 비록 비가 오더라도 우리는 가겠다

❹ ~하는지 어떤지(=whether)
Ask him if he will come tomorrow. 그가 내일 오는지 그에게 물어 봐라
📝 if 앞의 동사는 ask, know, wonder 등을 씀

as if ... 마치 ~인 것처럼
even if ... 비록 ~일지라도, 설사 ~하더라도
if necessary 만약 필요하다면
I will lend you some money, *if necessary*. 필요하다면 돈을 빌려 주겠다
if only ... ~하기만 하다면
If only I had know! 내가 알았기만 해도
if possible 만약 가능하다면
Come again tomorrow, *if possible*. 만약 가능하다면 내일 다시 오십시오
If you like 좋으시다면

ig·no·rance [ígnərəns] 명 무지
It is an error from *ignorance*. 그것은 무지에서 나온 실수이다

ig·no·rant [ígnərənt] 형 무지의, (어떤 일을) 모르는
He *was ignorant* of the fact. 그는 그 사실을 몰랐다

ig·nore [ignɔ́ːr] 타동 (3단형 **ig-nores** [-z] ; 과거·과분 **ignored** [-d] ; 현분 **ignoring**) ~을 무시하다
Try to *ignore* their laughter. 그들의 비웃음을 무시하려고 노력해라

★**ill** [íl] 형 (비교 **worse** [wə́ːrs] ; 최상 **worst** [wə́ːrst]) ❶ 병든

I'll - imagine

📘 ㊤에서는 sick를 더 사용한다
He was *ill*, but he went to school. 그는 아팠지만 학교에 갔다
She is *ill* in bed. 그녀는 병상에 누워 있다
I have never got *ill* in my life. 나는 평생 병에 걸린 적이 없다

📘 ill은 명사 앞에 사용할 수 없다. 명사 앞에는 sick를 사용한다: a sick boy(병든 소년)

❷ 해로운; 악한; 나쁜; 잘못된
ill manners 나쁜 매너, 잘못된 태도
the *ill* effect of poverty 가난의 해로운 영향
— 〔부〕 나쁘게(↔ well 좋게)
speak ill of ~을 나쁘게 말하다

I'll [ail] I will(또는 I shall)의 줄임꼴
📘 회화에서는 의지를 포함하지 않는 문장에 사용된다
I'll be fifteen next month. 나는 다음 달에 15세가 된다

Ill. Illinois(일리노이주)의 약어

Il·li·nois [ìlənɔ́i] (◆발음 주의) 〔명〕 일리노이주(州) 《미국의 중부에 위치한 주; 주의 북쪽에 대도시 Chicago가 위치한다. 약자는 Ill. 또는 Il》

***ill·ness** [ílnis] 〔명〕 (복수 illness-es [-iz]) 《형용사는 ill》 질병(↔ health 건강)

📘 일반적으로 질병이라고 할 때는 an을 붙이지 않고 복수형은 없으나, 하나의 질병이라고 할 때는 단수형 an illness, 복수형 illnesses [-iz]를 사용한다
He died of *illness*. 그는 병으로 죽었다
She is suffering from a serious *illness*. 그녀는 심각한 병으로 고통받고 있다

📘 illness는 「질병」이란 뜻으로 가장 많이 쓰는 낱말이며, sickness는 ㊤에서는 illness와 같은 뜻으로 쓰이나, ㊨에서는 토한다는 뜻을 포함하며, disease는 장기간의 병을 뜻한다

il·lu·mi·na·tion [ilùːmənéiʃən] 〔명〕 (복수 illuminations [-z]) 조명; 《보통 복수형으로》 일류미네이션

illumination

il·lus·tra·tion [ìləstréiʃən] 〔명〕 (복수 illustrations [-z]) 삽화, 도해; 실례
We need *illustration* of the way the law works. 우리는 법률이 적용되는 방법의 실례가 필요하다

il·lus·tra·tor [íləstrèitər] 〔명〕 일러스트레이터, 삽화가

***I'm** [aim] I am의 줄임꼴
📘 주로 회화에 사용된다
I'm going to the park. 나는 공원에 가고 있다

im·age [ímidʒ] 〔명〕 (복수 images [-iz]) (그림이나 조각의) 상(像); 아주 닮은 것[사람]; (심중의) 영상
an *image* of Jesus Christ 그리스도 상
Whose *image* is on a dollar bill? 1달러 지폐에는 누구의 모습이 있니

im·ag·i·na·tion [imædʒənéiʃən] 〔명〕 (복수 imaginations [-z]) 상상(력)

im·ag·ine [imædʒin] 〔동〕 (3단현 imagines [-z]; 과거·과분 imagined [-d]; 현분 imagining) 〔자동〕
〔타동〕 ❶ 상상하다, 마음에 그리다
Just *imagine* her happy life. 그냥 그녀의 행복한 생활을 상상해 보라
Imagine that you are on Mars. 화성에 있다고 상상해봐
❷ 생각하다, 추측하다
I can't *imagine* who she is. 그녀가

누구인지 짐작이 안 간다

im·i·tate [ímətèit] 타동 (3단현 **imitates** [-s]; 과거·과분 **imitate**d [-id]; 현분 **imitat**ing) 나타내다, 모방하다
Boys often *imitate* singers. 소년들은 흔히 가수의 흉내를 낸다
The comedian *imitated* well-known people. 그 코미디언은 유명한 사람들을 흉내냈다

im·i·ta·tion [ìmətéi∫ən] 명 (복수 **imitation**s [-z]) 흉내; 모조품
imitation pearls 모조 진주

im·me·di·ate [imí:diət] 형 (비교 *more* **immediate**; 최상 *most* **immediate**) 직접적인; 즉석의
We need your *immediate* reply. 즉각 답장을 바랍니다
The medicine has an *immediate* effect. 그 약은 즉각적인 효력을 가졌다

im·me·di·ate·ly [imí:diətli(:)] 부 즉각; 직접으로(=right away)

im·mense [iméns] 형 (비교급 *more* **immense**; 최상급 *most* **immense**) 거대한, 광대한
immense territory 광대한 영토

im·mi·grant [ímigrənt] 명 (복수 **immigrant**s [-s]) (외국으로부터의) 이민, 입국자(→ emigrant 외국으로의 이주자)

im·mor·tal [imɔ́:rtl] 형 불사의(↔ mortal 치명적), 불멸의
The Greek gods was thought as *immortal* beings. 그리스 신들은 불멸의 존재로 여겨졌었다

im·pact [ímpækt] 명 (복수 **impact**s [-s]) 영향; 충돌, 충격
The *impact* of the car hitting the tree broke the windshield. 차가 나무에 부딪힌 충격으로 바람막이 유리가 부서졌다

im·pa·tient [impéi∫ənt] 형 (비교 *more* **impatient**; 최상 *most* **impatient**) ❶ 참을성 없는, 성급한
He was *impatient*. 그는 초조하였다
❷ 몹시 ~하고 싶어하는
They are *impatient* to swim. 그들은 몹시 수영하고 싶어한다

im·po·lite [ìmpəláit] 형 (비교 *more* **impolite**; 최상 *most* **impolite**) 버릇 없는(↔ polite 예의바른)

im·port [impɔ́:rt] 동 (3단현 **import**s [-s]; 과거·과분 **import**ed [-id] 현분 **import**ing) 타동 수입하다(↔ export 수출하다)
The U.S. *import* much of its oil. 미국은 대량의 기름을 수입한다
— [ímpɔ:rt] (♦ 강세가 동사와 다름) 명 (복수 **import**s [-s]) 《보통 복수형으로》 수입품
Automobiles are one of Canada's chief *imports*. 자동차는 캐나다의 주요 수입품 중의 하나이다

im·por·tance [impɔ́:rtəns] 명 《형용사는 important》 중요성
It is a matter of great *importance*. 그것은 중대한 사건이다

★**im·por·tant** [impɔ́:rtənt] 형 (비교 *more* **important**; 최상 *most* **important**) 《명사는 importance》 중요한, 소중한
This is an *important* event. 이것은 중요한 사건이다
English is the most *important* language in the world. 영어는 세계에서 가장 중요한 언어이다
Which is more *important* to you, love or money? 사랑과 돈 중에서 어느것이 너에게 더 중요하니

im·pose [impóuz] 타동 (3단현 **impose**s [-iz]; 과거·과분 **impose**d [-d]; 현분 **impos**ing) (의무 등을) 부과하다, (책임을) 지우다

★**im·pos·si·ble** [impásəbl] 형 ❶ 불가능한(↔ possible 가능한)
It is *impossible* for me to do it. 내가 그것을 하기는 불가능하다

impress - in

He found it *impossible* to lift the crate. 그는 그 나무상자를 들어올리는 것이 불가능하다는 것을 알았다

impossible

📝 사람을 주어로 해서는 안된다
I am *impossible* to do so. (X)
It is *impossible* for me to do so. (O)
❷ (사람이) 곤란하다
You are *impossible*. 당신은 안되겠습니다

im·press [imprés] 〔타동〕 (3단형 **impress**es [-iz] ; 과거·과분 **impress**ed [-t] ; 현분 **impress**ing) 인상을 주다, 감동시키다
The speaker *impressed* us as a good man. 그 연사는 우리에게 좋은 사람이란 인상을 주었다

im·pres·sion [impréʃən] 〔명〕 (복수 **impression**s [-z]) 인상, 감명
His speech made a strong *impression* on us. 그의 연설은 우리에게 강한 감명을 주었다

im·pres·sive [imprésiv] 〔형〕 (비교 *more* **impressive** ; 최상 *most* **impressive**) 인상적인, 감명을 주는

im·prove [imprú:v] 〔동〕 (3단형 **improve**s [-z] ; 과거·과분 **improve**d [-d] ; 현분 **improv**ing) 〔타동〕 개선하다, 향상시키다
They tried to *improve* their lives. 그들은 생활을 개선하려고 노력했다
How can I *improve* my English? 어떻게 하면 나의 영어를 향상시킬 수 있지요
— 〔자동〕 잘 되어 가다, 개선되다
He is *improving* in health. 그는 건강을 회복하고 있다

im·prove·ment [imprú:vmənt] 〔명〕 개선, 진보, 향상

★**in** [in] 〔전〕 ❶《장소를 나타내어》~안에, ~에서
We live *in* Seoul. 우리는 서울에서 살고 있다
What do you have *in* your hand? 손에 무엇을 가지고 있느냐

> (1) **at**와 **in**의 사용법
> at은 좁은 장소, in은 넓은 장소, 지역 등을 나타냄. 그러나 「~안에」라는 뜻이 포함되면 in을 사용한다: in the room(방 안에서), in the street (거리에서)
> (2) **in** 과 **into**의 사용법
> in은 「위치」를 나타내나 into는 그 장소로 움직임을 나타냄: He came into the room.(그는 방으로 들어왔다) 그러나 구어체에서는 into 대신에 in을 사용한다: Put a pen in your pocket.(만년필을 주머니에 넣어라)

❷《시간을 나타내어》~에
He was born *in* 1983. 그는 1983년에 태어났다

● 1일 중의 시간의 표현법 ●
in the morning 아침에, 오전에
in the afternoon 오후에
in the evening 저녁에. 단 「밤에」는 **at night**를 쓴다

📝 **at, on, in**의 사용법
at은 시각 : at eight(8시에). on은 날, 요일 및 특정한 날의 아침·오후·저녁 : on June 3(6월 3일에), on Monday(월요일에), on the morning of April 1(4월 1일 아침에 ; in the morning과 비교)
in은 주, 월, 계절, 연도 등에 : in the next week(다음 주에), in September(9월에), in spring (봄에), in 2002(2002년에)
❸《시간을 나타내어》~지나서

Inca - incorrect

Jane will be back *in* a week. 제인은 1주일 후에 돌아 올 것이다
in winter 겨울에

📝 이 문장의 in은 미래를 나타내며, after는 과거 시제에 사용한다: He started after a week.(그는 1주일이 지나서 출발했다) 「~이내」의 뜻으로는 within을 사용함

❹ 《복장에 대해서》 ~를 착용하고
She was *in* a beautiful dress. 그녀는 예쁜 옷을 입고 있었다

❺ 《재료·형식·방법을 나타내어》 ~로
You must not write a letter *in* red ink. 빨간 잉크로 편지를 쓰면 안 된다
They are talking *in* Spanish. 그들은 스페인어로 이야기하고 있다
a statue *in* bronze 청동상

❻ 《전체와의 관계를 나타내어》 ~중에서
The highest mountain *in* Korea is Paektusan. 한국에서 제일 높은 산은 백두산이다

❼ 《행동·상태를 나타내어》 ~하여
Please be *in* a hurry. 미안하지만 빨리 서두르시오

❽ 《방향을 나타내어》 ~에서
The sun rises *in* the east and sets *in* the west. 태양은 동쪽에서 떠서 서쪽으로 진다

in fact 사실은
in itself 본질적으로, 그것 자체가
†*in front of* ... ~앞에 《전치사처럼 사용》
His house is *in front of* the park.(그의 집은 공원 앞에 있다)
— 부 ~안에(↔ out 밖에), 안으로
Bring your friend *in*. 너의 친구를 들어오게 하라
Is he *in*? 그는 집에 있습니까
Please come *in*. 어서 들어오시오

In·ca [íŋkə] 명 (복수 **Incas** [-z])
❶ 잉카인
❷ 《the Incas로》 잉카족 《남아메리카 안데스산맥의 고지대에 거주했으며 고대 잉카문명을 꽃피웠던 민족》

★**inch** [íntʃ] 명 (◆ch의 발음은 [tʃ])
(복수 **inches** [-iz]) 인치 《길이의 단위로서 12분의 1피트. 2.54cm에 상당. in.으로 줄여 씀》
He is five feet four *inches* tall. 그는 키가 5피트 4인치이다
by inches[= *inch by inch*] 서서히, 조금씩
The water increased *by inches*. 물은 점점 불어났다

in·ci·dent [ínsədənt] 명 일어난 일, 사건
📝 accident는 뜻밖의 사건

in·cline [inkláin] 자타동 (3단현 **inclines** [-z]; 과거·과분 **inclined** [-d]; 현분 **inclining**) ~을 기울이다; 《be inclined to...로》 ~하고 싶다; ~하는 경향이 있다
I *am inclined to* accept their invitation. 나는 그들의 초대를 받아들이고 싶다

in·clude [inklú:d] 타동 (3단현 **includes** [-z]; 과거·과분 **included** [-id]; 현분 **including**) 포함하다
The price in the catalog does not *include* the tax.
카탈로그의 가격은 세금을 포함하고 있지 않다
▶ 미국의 상품 표시에는 inc. tax (세금 포함)라 쓰여 있다
Don't forget to *include* Jerry on the guest list.
손님 명단에 제리를 포함하는 것을 잊지말아라

in·come [ínkʌm] 명 (복수 **in·comes** [-z]) 수입, 소득
My father's salary makes up most of our family's *income* each year. 아버지의 봉급이 매년 우리가족 소득의 대부분을 차지한다

in·cor·rect [ìnkərékt] 형 (비교 *more* incorrect; 최상 *most* incorrect) (↔ correct 올바른) 부정확한, 틀린

increase - indirect

in·crease [inkríːs] (♦ ea의 발음 [iː]) 통 (3단현 **increase***s* [-iz]; 과거·과분 **increase***d* [-t]; 현분 **in·creas***ing*) 자동 늘다, 증가하다(↔ decrease 감소하다)
The number of students *increased*. 학생 수가 증가했다
— 타동 증가시키다
He *increased* speed. 그는 속력을 냈다
— [ínkriːs] 명 증가, 증진, 확장
an *increase* in population 인구에 있어서의 증가
(♦ 명사와 동사의 강세가 각각 1음절, 2음절에 있음에 주의)

Ind. Indiana(인디아나주); India(인도); Indian(인디언)의 약어

in·deed [indíːd] (♦ ee의 발음 [iː]에 주의) 부
❶ 참으로, 실로
Thank you very much *indeed*. 참으로 고맙습니다
❷ 《indeed ~ but...로》 과연 ~하지만 ...하다, 분명히 ~이지만 ...이다
Indeed this is fine, *but* it is expensive. 정말로 이것은 좋지만 가격이 비싸다
❸ 《감탄사적으로》 설마, 그래!
회화 A: Tom got straight A's.
B: *Indeed*!
A: 톰은 모두 A를 받았대
B: 설마

in·de·pend·ence [ìndipéndəns] 명 독립; 자립
She lives a life of *independence*. 그 여자는 자립하여 생활한다
When did America win her *independence* from England? 미국은 언제 영국으로부터 독립하였습니까

In·de·pend·ence Day [-dèi] 명 독립 기념일 (7월 4일))
▶ the Fourth of July라고도 하며, 1776년 7월 4일 미합중국이 영국으로부터 독립한 날이다

in·de·pend·ent [ìndipéndənt] 형 (비교 **more** independent; 최상의 **most** independent) 독립의
Many colonies became *independent* countries after World War Ⅱ. 많은 식민지 국가들은 세계 2차대전 이후 독립국들이 되었다

in·dex [índeks] 명 (복수 **in***dices* [índəsìːz] 또는 **index***es* [-iz]) 색인, 찾아보기

In·di·a [índiə] 명 인도 (1947년에 영국의 자치령에서 완전 독립한 공화국. 정식의 이름은 the Republic of India. 수도는 뉴델리(New Delhi))

In·di·an [índiən] 형 ❶ 인도의, 인도인의
an *Indian* elephant 인도 코끼리
❷ (미국) 인디언의
— 명 (복수 **Indian***s* [-z])
❶ 인도인
❷ (아메리칸) 인디언(= Red Indian)
▶ 콜럼버스가 1492년 아메리카 대륙을 발견했을 때 그곳을 인도(India)의 일부라 생각하고 그 주민을 인디언 (Indian)이라고 부른데서 비롯하였다

In·di·an O·cean [-óuʃən] 명 《the를 붙여》 인도양

in·di·cate [índikèit] 타동 (3단현 **indicate***s* [-s]; 과거·과분 **indicate***d* [-id]; 현분 **indicate***ing*) 가리키다
He *indicated* the city on the map. 그는 지도상으로 그 도시를 가리켰다
The hands on the clock *indicate* the time. 시계의 두 시계바늘은 시간을 가리킨다

in·dif·fer·ent [indífərənt] 형 무관심한
He remained *indifferent* to my plea for help. 그는 도움을 구하는 나의 요청에 무관심한 채로 있었다

in·di·rect [ìndirékt] 형 (비교 **more** indirect; 최상의 **most** indirect)

indispensable - information desk

간접의(↔direct 직접의)

in·dis·pen·sa·ble [ìndispénsəbl]
형 (~에) 없어서는 안 되는
Fresh air is *indispensable* to our health. 신선한 공기는 우리의 건강에 없어서는 안 된다

in·di·vid·u·al [ìndivídʒuəl] 형 개개의, 개인의
We all have our own *individual* way of thinking.
우리 모두는 자기 나름의 개인적인 사고방식을 가지고 있다
— 명 (복수 **individuals** [-z]) 개인, 사람
My sister is a very clever *individual*.
나의 누이는 매우 영리한 사람이다

in·door [índɔːr] 형 실내의, 옥내의 (↔outdoor 옥외의)
indoor games 실내 운동

in·doors [indɔ́ːrz] 부 실내에서(↔outdoors 옥외에서)

in·dus·tri·al [indʌ́striəl] 형 공업의, 산업의 《명사는 industry》

In·dus·tri·al Rev·o·lu·tion [-revəlúːʃən] 명 《the를 붙여서》 산업혁명 《1760년경 영국에서 일어나, 1830년까지 유럽 각국으로 파급된 사회적·경제적 대변혁》

in·dus·try [índəstri] 명 (복수 **industr*ies*** [-z]) 산업, 공업 《형용사는 industrial》; 근면

in·ex·pen·sive [ìnikspénsiv] 형 (비교 ***more* inexpensive**; 최상 ***most* inexpensive**) 값싼, 저렴한

in·fant [ínfənt] 명 (복수 **infant*s*** [-s]) 유아

in·flu·ence [ínfluːəns] (◆강세에 주의) 명 (복수 **influenc*es*** [-iz]) 영향, 감화
Television has a deep *influence* on boys. 텔레비전은 아이들에게 깊은 영향을 준다
— 동 (3단현 **influenc*es*** [-iz]; 과거·과분 **influenc*ed*** [-t]; 현분 **influenc*ing***) 타동 영향을 미치다
Her advice *influenced* my decision.
그녀의 충고는 나의 결정에 영향을 미쳤다

in·flu·en·za [ìnfluénzə] 명 《의학》 유행성 감기, 독감, 인플루엔자(=《구어》 flu)

in·form [infɔ́ːrm] (타동) (3단현 **inform*s*** [-z]; 과거·과분 **inform*ed*** [-d]; 현분 **inform*ing***) 보고하다, 알리다 《명사는 information》
He *informed* me of her arrival. 그는 그녀의 도착을 나에게 알렸다
I was *informed* of his new address.
나는 그의 새 주소를 알게 되었다

in·for·mal [infɔ́ːrməl] 형 비공식의, 약식의(↔formal 정식의, 형식적인)
an *informal* dress 평복
an *informal* visit 비공식적 방문

in·for·ma·tion [ìnfərméiʃən]
명 《an을 붙이지 않고, 복수 없음》
❶ 통지, 보고, 정보
An encyclopedia gives *information* on many topics. 백과사전은 많은 주제에 대한 정보를 준다

● **information**과 **knowledge** ●
information은 읽고, 보고, 들은 바를 통해 모아진 사실들을 가리키며 그것이 사실일 수도 또는 아닐 수도 있다. knowledge는 어떤 사실에 대해 연구하고 또 그 사실에 근거하여 추론해낸 결론적 지식을 가리킨다: inaccurate information(정확하지 않은 정보), our knowledge of outer space(외계우주에 대한 지식)

❷ 안내, 안내소
Ask *Information* for the location of the shoe department. 신발 매장의 위치를 안내에 물어보아라

in·for·ma·tion desk [-dèsk] 명
영 안내소, 안내계
🇰 보통 관사 없이 Information이라고 한다

309

inhabitant - inquiry

in·hab·it·ant [inhǽbətənt] 명
(복수 **inhabitants** [-s]) 거주민, 주민

i·ni·tial [iníʃəl] 형 최초의; (문자·말의) 첫머리의; 머리글자의
— 명 (복수 **initials** [-z]) (성명의) 첫글자, 머리글자
Richard Wright's *initials* are R.W. 리처드 라이트의 머리글자는 R.W.이다

***in·jure** [índʒər] 타동 (3단현 **injures** [-z]; 과거·과분 **injured** [-d]; 현분 **injuring**) **상처를 입히다** (감정을) 해치다
He was badly *injured* in the accident. 그는 그 사고에서 몹시 다쳤다

📝 **injure과 harm과 damage**
injure는 얼굴, 몸, 건강한 상태 등을 안좋은 상태로 만들고 상해를 입히는 것을 가리키며, harm은 고통이나 통증을 일으키는 것을 가리키며, damage는 상해에 의해 가치가 떨어지거나 무용하게 만드는 것을 가리킨다
She *injured* her hand when the knife slipped.(그녀는 칼이 미끄러지면서 손을 다쳤다)
The explosion *harmed* no one.(그 폭발로 인명피해는 없었다)
Fire *damaged* the store beyond repair.(화재로 그 가게는 복구할 수 없게 손해를 입었다)

in·ju·ry [índʒəri] 명 상해, 손상
Be careful and avoid *injury*. 조심해서 손해를 피해라

***ink** [íŋk] 명 잉크 《an을 붙이지 않고, 복수 없음》
Write your answers in blue *ink*. 답은 청색 잉크로 쓰시오
Write with[in] pen and *ink*. 펜과 잉크로 써라
I bought a bottle of *ink*. 나는 잉크 한 병을 샀다
📝 먹물은 India ink라고 한다

ink·bot·tle [-bàtl] 명 (복수 **ink-bottles** [-z]) 잉크병

ink·stand [íŋkstǽnd] 명 (복수 **inkstands** [-z]) (받침이 있는) 잉크대

in·land [ínlǽnd] 형 《명사 앞에서 쓰여》 내륙의
The Ohio River is an *inland* waterway. 오하이오강은 내륙수로이다
— 명 내륙, 육지

***inn** [ín] 명 (복수 **inns** [-z]) **작은 숙소, 여인숙**(→ hotel 호텔)
We stayed at an *inn* that night. 우리는 그날 밤 여인숙에서 머물렀다
발음 inn의 모음은 전치사 in보다 조금 길게 발음한다

in·ner [ínər] 형 안쪽의, 내부의
(=inside; ↔outer 바깥의)
an *inner* room 안방

in·ning [íniŋ] 명 (복수 **innings** [-z]) (야구 등에서) 타자의 순번; (시합 중의) 회, 이닝

in·no·cent [ínəsənt] 형 (비교 *more* **innocent**; 최상 *most* **innocent**) 순진한; 무죄의
an *innocent* smile 천진난만한 웃음
If his alibi is true, he is *innocent* of the robbery. 만일 그의 알리바이가 사실이라면 그는 그 강도범죄에 대해 무죄가 된다

in·quire, en·quire [inkwáiər] 동 (3단현 **inquires** [-z]; 과거·과분 **inquired** [-d]; 현분 **inquiring**)
타동 자동 묻다
📝 문어체의 말. 보통은 ask를 씀
The students *inquired* about their grades. 학생들은 그들의 성적에 대해 물었다
inquire after 안부를 묻다
I *inquired after* my sick friend. 나는 아픈 친구의 안부를 물었다
inquire into (사건·원인 등을) 조사하다
The police are *inquiring into* the traffic accident. 경찰은 교통사고를 조사하고 있다

in·quir·y [inkwáiəri] 명 (복수 **inquiries** [-z]) 질문, 문의; 조사

insect - inspect

in·sect [ínsekt] 명 (복수 **insects** [-s]) 곤충, 벌레
Tom collects *insects*. 톰은 곤충을 채집한다
📝 우리말의 '벌레'에 해당하는 영어 단어는 없다. 갑충이나 벌·개미·파리 등의 곤충류는 insect, 송충이·지렁이처럼 기어다니는 벌레는 worm이라고 한다

in·side [ìnsáid] 명 내부, 안쪽 (↔outside 바깥)
I want to see the *inside* of the pyramid. 나는 피라미드의 내부를 보고 싶다
The *inside* of the box was black. 상자의 안쪽은 검은 색이었다
inside out 뒤집어서
He put on his undershirt *inside out*. 그는 내의를 뒤집어서 입었다
— 형 내면의, 내부의
the *inside* pages of a newspaper 신문의 안쪽면
— 부 안으로, 내부에
Go *inside*. 안으로 들어가세요
There is nothing *inside*. 안에는 아무것도 없다
— [insáid] 전 ~안쪽에, ~안에
He is standing *inside* the gate. 그는 문 안쪽에 서 있다
The ball was *inside* the fence. 공은 담의 안쪽에 있었다

in·sist [insíst] 동 (3단현 **insists** [-s]; 과거·과분 **insisted** [-id]; 현분 **insisting**) 자동 ((insist on …로)) 주장하다, 우기다
He *insists on* going there alone.
그는 혼자서 거기에 가겠다고 우긴다
— 타동 ((insist that …)) ~라고 주장하다
He *insisted that* I (should) go. 그는 내가 가야한다고 주장했다

in·spect [inspékt] 타동 (3단현 **inspects** [-s]; 과거·과분 **inspected** [-id]; 현분 **inspecting**) ~을 조사

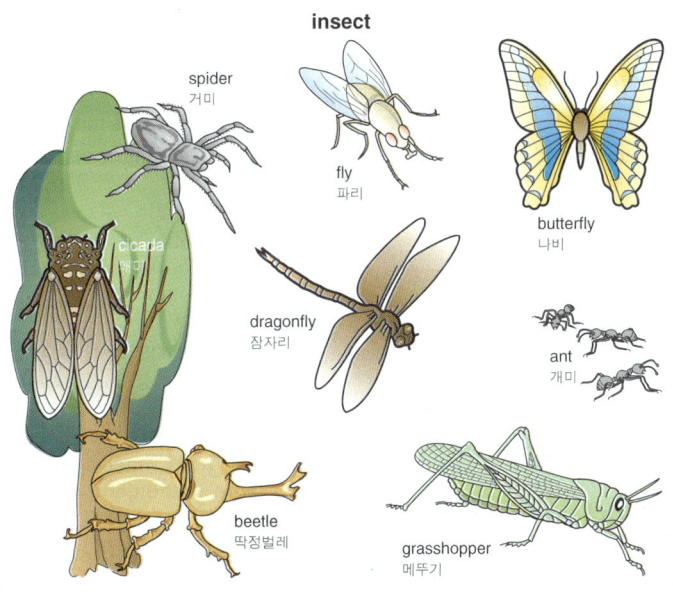

insect

spider 거미
cicada 매미
fly 파리
butterfly 나비
dragonfly 잠자리
ant 개미
beetle 딱정벌레
grasshopper 메뚜기

inspector - intend

하다, 검사하다; 시찰하다
You should *inspect* the bicycle before you buy it. 너는 자전거를 사기 전에 검사해 보아야 한다
The major will *inspect* the troops tomorrow. 그 소령은 내일 군대를 시찰할 것이다

in·spec·tor [inspéktər] 명 (복수 **inspectors** [-z]) 검사관, 검열관; 경위 검열관

in·spi·ra·tion [ìnspəréiʃən] 명 영감
The ocean was an *inspiration* to the artist. 그 대양은 예술가에게 영감이 되었다

in·stance [ínstəns] 명 (복수 **instances** [-iz]) 실례, 장면
The fine in the first *instance* is $10. 첫번 경우의 벌금은 10 달러이다
for instance 예를 들면(=for example)
I like winter sports, *for instance*, skating and skiing. 나는 겨울 스포츠, 예를 들어 스케이트와 스키를 좋아한다

in·stant [ínstənt] 형 즉석의
an *instant* response 즉각적인 대답
— 명 (복수 **instants** [-s]) 즉각, 순간
He stopped for an *instant*. 그는 잠깐 발을 멈추었다
Wait just an *instant*. 잠시만 기다려주세요

in·stant·ly [ínstəntli] 부 즉시

***in·stead** [instéd] (♦ ea의 발음 [e]에 주의) 부 대신에
You may stay here; I'll go *instead*. 네가 여기에 있어, 내가 대신 가겠다
instead of ... ~대신에, ~하지 않고
I stayed at home *instead of* my father. 나는 아버지 대신에 집에 머물렀다

in·stinct [ínstiŋkt] 명 본능
by instinct 본능적으로

in·sti·tute [ínstətjùːt] 명 (복수 **institutes** [-s]) 연구소; (이공계열의) 전문학교, 대학; 학회, 협회
Massachusetts *Institute* of Technology[M.I.T.] 메사츄세츠 공과대학

in·sti·tu·tion [ìnstətjúːʃən] 명 제도; 학회, 단체

in·struct [instrʌ́kt] 타동 (3단현 **instructs** [-s]; 과거·과분 **instructed** [-id]; 현분 **instructing**) 가르치다, 지시하다
☑ teach가 구어적
He *instructs* the students in history. 그는 학생들에게 역사를 가르친다
He *instructed* me to wait here. 그는 여기에서 기다리라고 나에게 지시했다

in·struc·tion [instrʌ́kʃən] 명 (복수 **instructions** [-z]) 가르치는 일, 교수; 《복수형으로》 지시

in·struc·tor [instrʌ́ktər] 명 (복수 **instructors** [-z]) 교사; 미·전임강사

in·stru·ment [ínstrəmənt] 명 (복수 **instruments** [-s])
❶ 기계, 기기
surgical *instruments* 수술용 기기
☑ tool(도구)보다 정밀한 일에 씀
❷ 악기(=musical instrument)

in·sur·ance [inʃúərəns] 명 보험, 보험금
life *insurance* 생명보험

in·sure [inʃúər] 타동 (3단현 **insures** [-z]; 과거·과분 **insured** [-d]; 현분 **insuring**) ~보험에 들다; ~을 보장하다

in·tel·li·gence [intélədʒəns] 명 지능; (중요한 사항에 관한) 지식, 정보
an *intelligence* test 지능 검사

in·tel·li·gent [intélədʒənt] 형 (비교 *more* intelligent; 최상 *most* intelligent) 이해가 빠른, 지적인

***in·tend** [inténd] 타동 (3단현 **intends** [-z]; 과거·과분 **intended**

intention - international

[-id] ; 현분 **intend**ing) (~할) 작정이다
I *intend* to see him. 나는 그를 만날 작정이다
📘 I am going to see him.이 구어적

in·ten·tion [inténʃən] 명 의지, 의향 《동사는 intend》
My *intention* is to go abroad. 나는 외국에 갈 작정이다
He went to Paris with the *intention* of studying art. 그는 미술을 공부할 의향으로 파리에 갔다

in·ter·change [ìntərtʃéindʒ] 동 (3단현 **interchange**s [-iz] ; 과거·과분 **interchange**d [-id] ; 현분 **interchanging**) (타동)(자동) 교환하다
If you *interchange* the middle letters of "calm", you get "clam". 만일 'calm' 의 가운데 두 글자를 맞바꾸면 'clam' 이 된다
— [íntərtʃèindʒ] 명 (복수 **interchange**s [-iz]) 교환; (고속도로의) 입체식 교차점

★**in·ter·est** [íntərist] 명 (복수 **interest**s [-s]) 《형용사는 interesting》 ❶ 흥미, 관심 《an을 붙이지 않고, 복수 없음》
I lost *interest* in sports. 나는 스포츠에 흥미를 잃었다
❷ 《흔히 복수형으로》 이익 ; 이자
public *interests* 공익
We have to pay 15% *interest* on the loan. 우리는 그 대부에 15퍼센트의 이자를 지불해야 한다
take (**an**) ***interest in*** ... ~에 흥미가 있다
with *interest* 흥미를 가지고
— 동 (3단현 **interest**s [-s] ; 과거·과분 **interest**ed [-id] ; 현분 **interesting**) (타동) ~에게 흥미를 일으키다, 관심을 가지게 하다
The story *interests* me very much. 그 이야기는 나에게 매우 관심을 끌게 했다

★**in·ter·est·ed** [íntəristid] 형 (비교 **more interested** ; 최상 **most interested**) 흥미를 갖는, 이해관계가 있는

†***be interested in*** ... ~에 관심을 가지다
I *am* very *interested in* stamps. 나는 우표에 많은 관심이 있다
📘 interested는 형용사이므로 수식할 때 구어에서는 very를 쓴다

★**in·ter·est·ing** [íntəristiŋ] 형 (비교 **more interesting** ; 최상 **most interesting**) 재미있는, 흥미있는
My mother told me an *interesting* story. 어머니는 나에게 재미있는 이야기를 해 주셨다
Today I saw something *interesting* in the park. 오늘 나는 공원에서 재미있는 것을 보았다
📘 interesting은 「(지적으로) 재미있는」, amusing은 「(오락적으로) 재미있는」, funny는 「(웃음을 자아내게) 재미있는」

in·ter·fere [ìntərfíər] (타동) (3단현 **interfere**s [-z] ; 과거·과분 **interfere**d [-d] ; 현분 **interfering**) ~을 간섭하다, 방해하다 ; 중재하다
My parents seldom *interfere* in my plans. 나의 부모님은 내 계획에 거의 간섭하지 않으신다
The teacher *interfered* in the pupil's fight. 선생님께서 그 학생들의 싸움을 중재하셨다

in·te·ri·or [intíəriər] 형 안의, 내부의
— 명 안, 내부
interior decoration 실내 장식

in·ter·nal [intə́ːrnəl] 형 안의, 내부의 ; 국내의

★**in·ter·na·tion·al** [ìntərnǽʃnəl] 형 (비교 **more international** ; 최상 **most international**) 국제간의
international peace 국제 평화
international trade 국제 무역

an *international* organization 국제 기구

in·ter·pret [intə́ːrprit] (타동) (3단현 **interpret**s [-s] ; 과거·과분 **interpret**ed [-id] ; 현분 **interpret**ing)
~의 뜻을 설명하다; 통역하다
Our guides *interpreted* the Chinese inscriptions for us. 가이드는 우리에게 중국어로 된 비문을 통역해 주었다
I *interpreted* his silence as a sign of approval. 나는 그의 침묵을 동의의 뜻으로 풀이했다

in·ter·pret·er [intə́ːrpritər] (◆ 강세는 제2음절에 있음) (명) (복수 **interpret**ers [-z]) 해설자, 통역

in·ter·rupt [intərʌ́pt] (동) (3단현 **interrupt**s [-s] ; 과거·과분 **interrupt**ed [-id] ; 현분 **interrupt**ing)
(타동)(자동) 방해하다, 중단하다
Don't *interrupt* our talk. 우리 이야기를 방해하지 마라

in·ter·val [íntərvəl] (명) (복수 **interval**s [-z]) (시간·장소의) 간격, 휴게 시간, 중지 시간

in·ter·view [íntərvjùː] (명) (복수 **interview**s [-z]) 회견
We had an *interview* with the President. 우리는 대통령과 회견했다
— (동) (3단현 **interview**s [-z] ; 과거·과분 **interview**ed [-d] ; 현분 **interview**ing) (타동) ~와 회견하다

in·ti·mate [íntəmət] (형) (비교 **more intimate**; 최상급 **most intimate**)
사이가 좋은
(작문) 「사이 좋은 친구」를 an intimate friend로 쓰면 남녀간 친밀성을 연상하므로 a good friend가 좋다

★**in·to** [íntə] (전) ❶ ~의 안으로(↔ out of ... ~의 밖으로)
My father came *into* my room. 아버지께서 나의 방으로 들어오셨다
We got *into* the car. 우리는 차를 탔다
(작문) 「버스를 탔다」는 We got on a bus.라고 한다

구어에서는 in을 into의 뜻으로도 사용한다: I saw him go in the drugstore.(나는 그가 약방에 들어가는 것을 보았다)

❷ (…를) ~로
Heat changes water *into* steam. 열은 물을 수증기로 바꾼다

in, into, out of 의 용법
in은 위치를 나타낸다: in the swimming pool(수영장에서) into는 「~안으로」라는 위치 이동을 나타낸다: into the swimming pool(수영장 안으로) out of는 「~에서 밖으로」라는 위치 이동을 나타낸다: out of the swimming pool(수영장에서 밖으로)

in·to·na·tion [ìntənéiʃən] (명) (복수 **intonation**s [-z]) (소리의) 억양, 인토네이션

★★**in·tro·duce** [ìntrədjúːs] (타동) (3단현 **introduce**s [-iz] ; 과거·과분 **introduce**d [-t] ; 현분 **introducing**)
❶ (사람을) 소개하다
She *introduced* me to her parents. 그녀는 나를 그녀의 양친에게 소개했다
introduce oneself 자기소개를 하다
Let me *introduce* myself. 제 소개를 하겠습니다

사람을 소개하는 경우 "Miss Brown, this is Miss Jones"라고 한다. 소개받은 사람들은 서로 "How do you do, Miss Jones?"(처음 뵙겠어요, 존스양) "How do you do, Miss Brown?" (처음 뵙겠어요, 브라운 양)이라고 인사를 주고 받는다

❷ 받아들이다, 도입하다
Tobacco was *introduced* into England 400 years ago. 담배는 400년 전에 영국으로 처음 전해졌다

in·tro·duc·tion [ìntrədʌ́kʃən] 명
(복수 **introductions** [-z]) 소개; 서론, 입문서

in·vade [invéid] 타동 (3단현 **invades** [-z]; 과거·과분 **invaded** [-id]; 현분 **invading**) ~을 침입하다, ~을 침략하다
Napoleon *invaded* Russia. 나폴레옹은 러시아를 침략했다

in·vad·er [invéidər] 명 (복수 **invaders** [-z]) 침략자

***in·vent** [invént] 타동 (3단현 **invents** [-s]; 과분·과분 **invented** [-id]; 현분 **inventing**)
❶ 발명하다, 고안하다 (→ discover 발견하다)
He *invented* an engine. 그는 새로운 기관을 발명했다
Who *invented* the telephone? 누가 전화를 발명했습니까
❷ (이야기 등을) 만들어 내다
He *invented* an excuse again. 그는 다시 변명[구실]을 지어냈다

***in·ven·tion** [invénʃən] 명 (복수 **inventions** [-z])
❶ 발명 (→ discovery 발견) 《an을 붙이지 않고, 복수 없음》
the *invention* of printing 인쇄술의 발명
Necessity is the mother of *invention*. 필요는 발명의 어머니이다
❷ 발명품
the many *inventions* of Thomas Edison 토마스 에디슨의 수많은 발명품들

***in·ven·tor** [invéntər] 명 (복수 **inventors** [-z]) 발명가 (◆ 어미의 철자가 -er이 아님)
Edison was a famous *inventor*. 에디슨은 유명한 발명가이다

in·ves·ti·gate [invéstəgèit] 동 (3단현 **investigates** [-s]; 과거·과분 **investigated** [-id]; 현분 **investigating**) 자동 타동 조사하다, 연구하다

in·ves·ti·ga·tion [invèstəgéiʃən] 명 (복수 **investigations** [-z]) 조사, 연구

in·vis·i·ble [invízəbl] 형 보이지 않는 (↔ visible 보이는)
The moon was *invisible* behind the clouds. 달이 구름뒤에서 보이지 않았다

***in·vi·ta·tion** [ìnvətéiʃən] 명 (복수 **invitations** [-z]) 초대, 초대장 《동사는 invite》
"Thank you for your kind *invitation*." —"You're welcome." 「초대해주셔서 감사합니다」 —「천만에요」

Dear Tom,
  I am having my fourteenth birthday party next Saturday afternoon. I'll be so glad if you will come and join us at about 2. Bob and Mary will come, too.

　　　　　　　　　　Sincerely,
　　　　　　　　　　Betty

📄 초대장의 예: 다음 토요일 오후, 저의 열네번째 생일에 파티를 열려고 합니다. 2시경에 오셨으면 하는데, 보브와 메리도 오기로 되어 있습니다
an invitátion càrd 초대장

***in·vite** [inváit] 동 (3단현 **invites** [-s]; 과거·과분 **invited** [-id]; 현분 **inviting**) 초대하다
I *invited* her to dinner. 나는 그녀를 만찬에 초대했다

invite

involve - is

invite+사람+*to*+동사 원형 (사람에게) ~하는 것을 권하다
He *invited* me *to* make an after-dinner speech. 그는 나에게 만찬 연설을 해 달라고 했다

in·volve [inválv] 타동 (3단현 in·volve*s* [-z]; 과거·과분 involve*d* [-d]; 현분 involv*ing*) 포함하다; 휘말리다
It *involves* great expenses. 《문어》 그것은 많은 비용이 따른다
England was in*volved* in the war. 영국은 전쟁에 말려들었다

in·ward [ínwərd] 형 안쪽의, 내부의 (↔ outward 외부의)
—— 부 안쪽으로

IOC International Olympic Committee (국제 올림픽 위원회)의 약어

I·o·wa [áiəwə] 명 아이오와 주(州) 《미국 중부의 주로 옥수수 산지; 약어는 IA 또는 Ia.》

I.Q., IQ [áikju:] 명 지능지수 《intelligence quotient의 약어》

I·ran [irá:n] 명 이란 《아시아 서남부의 공화국; 수도는 테헤란(Teheran)》

I·raq [irá:k] 명 이라크 《고대 메소포타미아(Mesopotamia) 부근에 자리잡고 있는 아시아 서남부의 공화국; 수도는 바그다드(Bagdad)》

Ire·land [áiərlənd] 명 아일랜드 《대 브리튼 섬의 서쪽에 있는 섬으로 Northern Ireland(영국의 일부)와 the Republic of Ireland(아일랜드 공화국; 수도는 더블린(Dublin))으로 분할되어 있음》

i·ris [áiəris] 명 (복수 iris*es* [-iz]) 《식물》 아이리스, 붓꽃; (눈의) 눈조리개

I·rish [áiəriʃ] 형 아일랜드의, 아일랜드인[어]의
—— 명 ❶ 《관사 없이》 아일랜드어
❷ 《the를 붙이고, 복수 취급으로》 아일랜드 국민

I·rish·man [áiəriʃmən] 명 (복수 Irish*men* [-mən]) 아일랜드 사람

★**i·ron** [áiərn] (♦ 발음에 주의) 명 (복수 iron*s* [-z])
❶ 철(→ steel 강철) 《an을 붙이지 않고, 복수 없음》
❷ 아이언, 다리미
an electric *iron* 전기 다리미
—— 형 철의, 철과 같이 굳은
—— 동 (3단현 iron*s* [-z]; 과거·과분 iron*ed* [-d]; 현분 iron*ing*)
타동 ~를 다리미질하다
Amy *ironed* her wrinkled slacks. 에이미는 그녀의 구겨진 바지를 다리미질하였다

ir·reg·u·lar [irégjulər] 형 (비교 *more* irregular; 최상 *most* irregular) 불규칙적인(↔ regular 규칙적인)
an *irregular* diet 불규칙한 식생활

★**is** [iz] 동 (과거 was [wəz]; 과분 been [bin]; 현분 being)

> 📘 주어가 he, she, it 및 단수 명사일 때의 be동사의 현재형임. 회화에서 흔히 he's, she's, it's로 씀. 단, is가 문장 끝에 올 경우는 단축형 's를 쓰지 않으며, 강하게 발음한다.
> A: Is she Mary?
> B: Yes, she is. (○)
>   Yes, she's. (×)
> A: 그녀가 메리니
> B: 예, 그녀가 메리에요

❶ ~이다
My father *is* a doctor. 나의 아버지는 의사이다
"What *is* this?"—"It *is* a ball." 「이것은 무엇입니까」-「공입니다」
Today *is* Tuesday. 오늘은 화요일이다
She *is* a third-year student. 그녀는 3학년 학생이다
He *is* a science teacher. 그는 과학 선생님이다
❷ 있다
There *is* a book on the desk. 책상

위에 책이 있다
"Where *is* Tom?"—"He *is* in the classroom." 「톰은 어디에 있지요」—「교실에 있어요」
── 조 ❶ 《동사의 ~ing형을 동반하여 진행형을 만듦》 ~하고 있다
Mary *is* cooking in the kitchen. 메리는 부엌에서 요리하고 있다
❷ 《타동사의 과거분사를 동반하여 수동태를 만듦》 ~해지다, ~되다
English *is* spoken in America. 미국은 영어를 사용한다
The letter *is* written in English. 이 편지는 영어로 씌어 있다
The boy *is* called Jack. 그 소년은 잭이라고 불리고 있다
She *is* loved by everybody. 그녀는 모두에게 사랑받고 있다

Is·lam [islάːm, iz-] 명 이슬람교, 회교, 마호메트교

is·land [άilənd] (♦ s는 발음하지 않음) 명 (복수 **islands** [-z]) 섬
They live on a small *island*. 그들은 작은 섬에서 살고 있다

is·n't [íznt] is not의 줄임꼴
It's nearly four o'clock, *isn't* it? 4시가 되어 가지요
☑ 회화에서 많이 사용한다
회화 A: Is this a pencil?
B: No, it *isn't*.
A: 이것은 연필입니까
B: 아니오, 아닙니다

Is·ra·el [ízriəl] 명 이스라엘 《지중해 동부 연안에 있는 유태인이 세운 공화국; 수도는 Jerusalem》

is·sue [íʃuː] 명 (복수 **issues** [-z]) 발행; 문제; (출판물의) ~호
the *issue* of a newspaper 신문의 발행
the New Year's *issue* of a magazine 잡지의 신년호
This is a main *issue* in this discussion. 이것이 이번 토론의 중요한 논쟁점이다

Islam - it

it [it] 대 (복수 **they** [ðéi])
❶ 《주어로서》 그것은; 《목적어로서》 그것을, 그것에게
☑ it은 주격·목적격이며 소유격은 its. 이 it은 이미 말한 사물, 또는 특정한 단수명사(사물·동물·유아)를 가리키며, 이 it은 해석하지 않을 때가 많다
"What is this?"—"*It* is a pen." 「이것은 무엇이지요」—「그것은 펜입니다」
"Where did you buy your watch?"—"I bought *it* in Switzerland." 「당신은 어디에서 시계를 샀습니까」—「나는 그것을 스위스에서 샀습니다」
"Who is *it*?"—"*It*'s me." 「누구시죠」—「접니다」
☑ It's I. 라고는 하지 않는다

> **It와 one에 대해서**
> it는 「특정한 것」을 가리킴: "Do you have the camera?"—"Yes, I have it."(카메라를 가지고 있어요—예, 가지고 있습니다) one은 「같은 종류의 것」을 가리킴: Do you have a camera?"—"Yes, I have one."(카메라 가지고 있어요—예, 가지고 있습니다) 그러나 회화에서는 one이나 it를 생략하기도 한다

❷ 《시각·시간·요일·날씨·기온·거리·명암 등을 가리킬 때는 it은 해석하지 않는다: 비인칭 주어》
"What time is *it*?"—"*It* is just two." 「몇 시지」—「정확히 2시야」 《시각》
"How long does *it* take you to go to school?"—"*It* takes me fifteen minutes." 「학교까지 가는 데 얼마나 걸리니」—「15분 걸려」 《시간》
It is Saturday today. 오늘은 토요일이다
It is cloudy today. 오늘은 흐리다
It is very mild here in winter. 이곳은 겨울에 매우 따뜻하다
회화 A: How far is *it* from here to the museum?
B: *It* is three miles to the museum.

Italian - ivy

A: 여기서 박물관까지는 얼마나 걸리니
B: 박물관까지는 3마일이야
❸ 《형식 주어나 형식 목적어가 되어 뒤에 있는 어구를 대표한다》
It is difficult to speak English. 영어를 말하기란 어렵다
It is easy for her to play the piano. 그녀가 피아노를 친다는 것은 쉬운 일이다
📝 her는 to play의 의미상의 주어, it은 for 이하를 가리키는 형식 주어이다
❹ 《(It is ... that ~ 의 구문으로 …의 부분을 강조하여》 **~하는 것은 바로 …이다**
It was yesterday *that* I saw him. 내가 그를 만난 것은 바로 어제였다
📝 I saw him yesterday.의 yesterday를 강조한 구문. 강조되는 말이 사람일 때는 that 대신 who를 사용하기도 한다: It was Tom who came here first.(맨 먼저 여기 온 사람은 바로 톰이었다)

I·tal·ian [itǽljən] 형 이탈리아의, 이탈리아인의, 이탈리아어의
— 명 (복수 **Italians** [-z]) 이탈리아인; 《관사 없이》 이탈리아어

i·tal·ic [itǽlik] 형 《인쇄》 이탤릭체의
— 명 (복수 **italics** [-s]) 《복수형으로》 이탤릭체 활자

*★**It·a·ly** [ítəli] 명 이탈리아《유럽 남부의 공화국; 수도는 로마(Rome)》

itch [itʃ] 명 가려움; 참을 수 없는 욕망, 갈망
an *itch* to travel 여행하고 싶은 욕망
— 동 (3단현 **itches** [-iz]; 과거·과분 **itch**ed [-t]; 현분 **itch**ing)
(자동) 가렵다, 근질근질하다
My left knee *itches*. 내 왼쪽 무릎이 가렵다

itch·y [ítʃi] 형 (비교 **itch**ier; 최상 **itch**iest) 가려운

i·tem [áitəm] 명 항목, 품목; (신문 등의) 기사

*★**it'll** [ìtl] 《구어》 it will 또는 it shall의 줄임꼴
It'll be rainy tomorrow. 내일 비가 올 것이다

*★**its** [its] 대 (복수 **their** [ðέər]) 《(it의 소유격》 그의, 그것의
Look at the sky. *Its* color is blue. 하늘을 보아라. 그 색은 푸르다
I have a dog. *Its* name is Coco. 나는 강아지가 한마리 있다. 그것의 이름은 코코이다
📝 it's와 구별할 것

*★**it's** [its] it is 또는 it has의 줄임꼴
📝 보통 회화에서 쓰임
It's[It is] very warm today. 오늘은 매우 따뜻하다

★**it·self** [itsélf] 대 (복수 **themselves** [ðəmsélvz])
❶ 《의미를 강조하여》 **그것 자체**
The story *itself* isn't interesting at all. 이야기 그 자체는 조금도 재미가 없다
❷ 《동사의 목적어로》 **그것 자체를**
📝 주어가 동물인 경우에 많이 쓰임
The dog saw *itself* in the water. 개는 자신의 모습을 물 속에서 보았다
by itself 혼자서, 고립해서
in itself 본래, 그것 자체는
of itself 저절로

*★**I've** [aiv] 《구어》 I have의 줄임꼴
📝 보통 회화에서 쓰인다
I've been to Edinburgh. 나는 에딘버러에 가본적이 있다

i·vo·ry [áivəri] 명 상아; 상아로 만든 물건

i·vy [áivi] 명 (복수 **ivies** [-z]) 《식물》 담쟁이 덩굴

J j

J, j [dʒéi] 명 (복수 **J's, j's** 또는 **Js, js** [-z]) 제이 《알파벳의 제 10자》

Jack [dʒǽk] 명 잭 《남성이름》

jack·et [dʒǽkit] 명 (복수 **jackets** [-s])
❶ 자켓, 웃옷(→ coat 긴 웃옷)
❷ (책이나 레코드의) 커버

jacket

jack-in-the-box [dʒǽkinðəbὰks] 명 (복수 **jack-in-the-boxes** [-iz]) 깜짝 상자 《상자를 열면 스프링에 매달린 광대 인형이 튀어 나옴》

jack-o'-lan·tern [dʒǽkəlæntərn] 명 (복수 **jack-o'-lanterns** [-z]) ㉠ 호박등
풍습 호박에 눈, 코를 뚫어 10월 31일의 만성절(Halloween)에 아이들이 만들어 놓았다고 함. o's는 of의 줄임꼴

jack-o'-lantern

jag·uar [dʒǽgwɑːr] 명 (복수 **jaguars** [-z]) 《동물》 재규어 《미국의 표범》

jail [dʒéil] 명 (복수 **jails** [-z]) 교도소

jam¹ [dʒǽm] 명 잼

jam² [dʒǽm] 통 (3단현 **jams** [-z]; 과거·과분 **jammed** [-d]; 현분 **jamming**) (타동) ~을 막히게 하다 ~을 걸리게 하다
— (자동) 막히다
The door is *jammed*. 문이 걸려서 안 열린다
— 명 체증
traffic *jam* 교통 체증

James [dʒéimz] 명 제임스 《남성 이름》

jam·bo·ree [dʒæ̀mbərí:] 명 보이 스카우트 대회 《전국적·국제적 대회를 말함》

Jane [dʒéin] 명 제인 《여성 이름; Janet 또는 Jenny 애칭》; 제인 《타잔에 등장하는 여주인공 이름》

Jan·et [dʒǽnit] 명 제닛 《여성 이름; Jane의 애칭》

jan·i·tor [dʒǽnətər] 명 (아파트·학교·건물 따위의) 관리인

*★**Jan·u·ar·y*** [dʒǽnjuèri] 명 1월 《Jan.으로 줄여 씀; → month》
January is the first month of the year. 1월은 1년에 처음으로 오는 달이다
We have snow in *January*. 1월에는 눈이 온다 《달에는 in을 쓴다》
I was born on *January* 10. 나는 1월 10일에 태어났다 《날짜 앞에는 on을 쓴다》
▶ 고대 이탈리아의 신 야누스(Janus)를 제사 지내는 달이란 뜻. 야누스는 과거와 미래를 보는 두 개의 얼굴을 머리의 앞뒤에 가지고 있다

Ja·pan [dʒəpǽn] 명 《형용사는

Japanese - Jimmy

Japanese》 일본 《「일본」을 중국어로 발음한 데서 유래》
Japan is an island country. 일본은 섬나라이다

Jap·a·nese [dʒæpəníːz] 형 일본의, 일본어(인)의
— 명 (복수 Japanese)
❶ 일본인
❷ 일본어 《a를 붙이지 않고, 복수 없음》

jar [dʒɑːr] 명 (복수 **jars** [-z]) (입이 큰) 단지, 병

jaw [dʒɔː] 명 (복수 **jaws** [-z]) 턱
the upper *jaw* 위턱
the lower *jaw* 아래턱

jazz [dʒæz] 명 《음악》 재즈

jeal·ous [dʒéləs] 형 시샘하는, 질투하는

jeal·ous·y [dʒéləsi] 명 (복수 **Jealousies** [-z]) 질투, 시샘

jeans [dʒíːnz] 명 《복수명사》 진 《면제의 질긴 바지》, 청바지

jeep [dʒíːp] 명 (복수 **jeeps** [-s]) 지프차 《소형 군용차》

Jeff [dʒéf] 명 제프 《남성 이름; Geoffrey, Jeffrey의 애칭》

Jef·fer·son [dʒéfərsn] 명 제퍼슨 《Thomas ~ (1743-1826); 미국 제3대 대통령으로 독립선언문을 기초한 인물》

Je·kyll [dʒíːkil, dʒékil] 명 제킬 《로버트 스티븐슨의 소설 「제킬 박사와 하이드씨」에 등장하는 주인공 제킬 박사》

jel·lo [dʒélou] 명 (미) 젤로 《제리형 디저트 과일향을 첨가한 제리푸딩》

jel·ly [dʒéli] 명 (복수 **jellies** [-z]) 제리; (제리 상태의) 잼

jel·ly·fish [dʒélifiʃ] 명 (복수 **jellyfishes** [-iz], 《집합적》 **jellyfish**) 《동물》 해파리

Jen·ni·fer [dʒénəfər] 명 제니퍼 《여성이름》

Jen·ny [dʒéni] 명 제니 《여성 이름; Jane 또는 Jennifer의 애칭》

Je·ru·sa·lem [dʒərúːsələm] 명 예루살렘 《팔레스타인의 옛도시로, 현재는 이스라엘의 수도》

Je·sus [dʒíːzəs] 명 예수, 예수그리스도(Jesus Christ [kráist])

***jet** [dʒét] 명 (복수 **jets** [-s]) 제트기
a *jét pláne* 제트기

jet

jet·lin·er [dʒétlàinər] 명 제트 여객기

Jew [dʒúː] 명 (복수 **Jews** [-z]) 유태인

📝 유태인을 향해서 말할 때는 이 말을 피하고, 형용사를 사용하여 a Jewish boy(유태인의 소년)라고 말하는 것이 좋다

jew·el [dʒúːəl] 명 (복수 **Jewels** [-z]) 보석(=gem)

jew·el·er [dʒúːələr] 명 보석상

jew·el·ry [dʒúːəlri] 명 보석류 《jewel은 개개의 보석을 지칭하고 jewelry는 보석류 전체를 가리킴》

Jew·ish [dʒúːiʃ] 형 유태(인)의

jig·saw puz·zle [dʒígsɔː pʌzl] 명 (복수 **jigsaw puzzles** [-z]) 지그소 퍼즐 《전체 그림 또는 사진을 분해한 후 끼워 맞추는 퍼즐의 일종으로 줄여서 jigsaw라고도 함》

Jill [dʒíl] 명 질 《여성 이름》

Jim [dʒím] 명 짐 《남성 이름; James의 애칭》

Jim·my [dʒími] 명 지미 《남성

Joan of Arc - join

이름; James의 애칭》

Joan of Arc [dʒóun əv áərk] 잔 다르크 《백년 전쟁에서 영국군을 무찌르고 나라를 구한 프랑스의 소녀 (1412~31)》

***job** [dʒáb] 명 (복수 **jobs** [-z])
❶ 일
I am looking for a *job*. 나는 일을 찾고 있다
📝 아르바이트의 뜻으로도 사용한다
❷ (구어) 직업
What is your *job*? 직업이 무엇이지
He is out of (a) *job*. 그는 실업자이다

Joe [dʒóu] 명 죠 《남성이름; Joseph의 애칭》

Jo·ey [dʒóui] 명 죠이 《남성 이름》

jog [dʒág] 자동 (3단현 **jogs** [-z]; 과거·과분 **jogged** [-d]; 현분 **jog-ging**) 죠깅을 하다, 가볍게 뛰다
He *jogs* around the neighborhood every morning. 그는 매일 아침 동네 주위를 가볍게 달린다

jog·ging [dʒágiŋ] 명 죠깅

John [dʒán] 명 존 《남성 이름; 애칭은 Johnny》

John·ny [dʒáni] 명 자니 《남성 이름; John의 애칭》

***join** [dʒóin] 통 (3단현 **joins** [-z]; 과거·과분 **Joined** [-d]; 현분 **joining**) 타동 자동 ❶ 참가하다, 가담하다
Will you *join* us?⁽¹⁾ 너 우리에게 가담하겠니
He *joined* in the game.⁽²⁾ 그는 게임에 가담했다
📝 (1)과 (2)의 문장을 합치면, Will

job

farmer 농부
electrician 전기 기사
policeman 경찰관
cook 요리사
soldier 군인
postman 우체부
merchant 상인
coal miner 광부
artist 예술가
lawyer 법률가

joint - Judy

you join us in the game? (너 게임에 가담하겠니)라는 문장이 된다
❷ **잇다, 합치다**
The two roads *join* here. 두 길이 여기서 합쳐진다
❸ **만나다, 합류하다**
I *joined* him at the hotel. 나는 호텔에서 그와 합류했다

joint [dʒɔ́int] 명 (복수 **joints** [-s]) 이음매; 관절
— 형 공동의, 합동의
a *joint* enterprise 공동 사업, 합작 회사

*****joke** [dʒóuk] 명 (복수 **jokes** [-s]) 농담
He tells a good *joke*. 그는 농담을 잘한다
It is no *joke*. 농담이 아니다
I said it in *joke*. 그것은 농담으로 한 말이었다
play a joke on ... ~를 놀리다, 조롱하다
Don't *play a joke on* me. 나를 놀리지 마라
— 동 (3단현 **jokes** [-s]; 과거·과분 **joked** [-t]; 현분 **joking**) 자동
농담을 하다
He is *joking* 그는 농담하고 있다

jok·er [dʒóukər] 명 농담을 잘하는 사람; (트럼프의) 죠커

jol·ly [dʒáli] 형 (비교 **jollier**; 최상 **jolliest**) 즐거운, 유쾌한

Jon·a·than [dʒánəθən] 명 죠나단 《남성 이름》

Jo·seph [dʒóuzəf, dʒóusəf] 명 죠셉 《남성 이름; Joe의 애칭》

jour·nal [dʒə́:rnəl] 명 (복수 **jaurnals** [-z]) 일기(=diary); 일간 신문, 잡지(=magazine)

jour·nal·ism [dʒə́:rnəlizm] 명 저널리즘, 보도 활동

jour·nal·ist [dʒə́:rnəlist] 명 (복수 **journalists** [-s]) 저널리스트, (신문·잡지·방송) 기자

jour·ney [dʒə́:rni] 명 (복수 **journeys** [-z]) (주로 육지에서의) 여행
☑ 보통 먼 여행을 뜻함. trip보다 형식적인 표현. 회화에서는 잘 쓰지 않는다(→ travel)
He went on a *journey*. 그는 여행을 떠났다
☑ He made a *journey*. 라고도 한다

****joy** [dʒɔ́i] 명 기쁨(↔sorrow 슬픔) 《a를 붙이지 않고, 복수 없음》
He was filled with *joy*. 그는 기쁨으로 차 있다
He danced for *joy*. 그는 기뻐서 춤을 추었다
To his father's *joy*, Tom passed the test. 그의 아버지가 기쁘시게도, 톰은 시험에 합격했다

joy·ful [dʒɔ́ifəl] 형 (비교 *more* joyful; 최상 *most* joyful) 즐거운, 기쁜

joy·ous [dʒɔ́iəs] 형 기쁨에 넘친

Jr., jr [dʒú:njər] 명 Junior의 약어

judge [dʒʌ́dʒ] 명 (복수 **judges** [-iz]) ❶ 재판관, 판사
His father is a *judge*. 그의 아버지는 판사이다
❷ (경기·품평회 등의) **심판원**
— 동 (3단현 **judges** [-iz]; 과거·과분 **judged** [-d]; 현분 **judging**) 타동 자동 ❶ 재판하다, 판결하다
You can't *judge* a book by its cover. 표지로 책을 판단할 수는 없다
❷ **~라 생각하다**
He *judged* Alice to be right. 그는 앨리스가 옳다고 생각했다
***judging by*[*from*] ...** ~로 판단하면
Judging by her dress, I think she is an actress. 그녀의 복장으로 판단하면, 그녀는 배우라고 나는 생각한다

judg·ment [dʒʌ́dʒmənt] 명 재판, 판단, 감정, 판결

Ju·dith [dʒú:diθ] 명 쥬디스 《여성 이름; 애칭은 Judy》

Ju·dy [dʒú:di] 명 주디 《여성 이름;

Judith의 애칭》

jug [dʒʌg] 명 (복수 **jugs** [-z]) 《주둥이가 넓고 손잡이가 있는》 물주전자 《생맥주의 「조끼」는 이 말에서 유래》

juice [dʒúːs] 명 (복수 **juices** [-iz]) (과일·야채·고기 등의) 주스

juicy [dʒúːsi] 형 (비교 **juicier**; 최상 **juiciest**) 즙이 많은, 수분이 많은

juke·box [dʒúːkbàks] 명 주크박스 《젊은이가 드나드는 drugstore 등에 있는 레코드 플레이어》

★**Ju·ly** [dʒuːlái] 명 **7월** 《Jul.로 줄임; → month》
We make jam in *July*. 우리들은 7월에 잼을 만든다
The Fourth of *July* is Independence Day. 7월 4일은 미국의 독립 기념일이다

jum·bo [dʒʌ́mbou] 명 (복수 **jumbos** [-z]) 이상하리만큼 큰, 거대한
jumbo jet 점보 제트기

★**jump** [dʒʌmp] 동 (3단현 **jumps** [-s]; 과거·과분 **jumped** [-t]; 현분 **jumping**) 타동 자동 뛰다, 뛰어오르다
We *jumped* over the fence. 우리는 그 담을 뛰어 넘었다
He *jumped* down from the wall. 그는 담에서 뛰어 내렸다
The horse *jumped* over a stream. 그 말은 시냇물을 뛰어 넘었다
jump at ... ~에 뛰어들다, ~에 기쁘게 응하다
The dog *jumped at* me. 그 개는 나에게 달려들었다
He will *jump at* the offer. 그는 그 제안에 기쁘게 응할 것이다
— 명 (복수 **jumps** [-s]) 점프, 도약
jump rope 줄넘기 줄
the broad jump 멀리뛰기
the high jump 높이뛰기
the pole jump 장대높이뛰기
the hop, step, and jump 3단 뛰기

jump·er [dʒʌ́mpər] 명 (복수 **jumpers** [-z])
❶ 뛰는 사람, 점프 선수
❷ 점퍼 《잠바》

jump·ing [dʒʌ́mpiŋ] 명 도약

★**June** [dʒuːn] 명 **6월** 《Jun.으로 줄임; → month》
Roses are pretty in *June*. 6월에는 장미꽃이 아름답다

jun·gle [dʒʌ́ŋgl] 명 (복수 **jungles** [-z]) 열대의 밀림, 정글
📝 the를 붙이는 경우가 많다

jun·ior [dʒúːnjər] 명 (복수 **juniors** [-z])
❶ 연하의 사람(↔senior 연상의 사람)
She is my *junior* by four years. 그녀는 나보다 4살 연하이다
❷ 후배, 손아래의 사람
They are my *juniors*. 그들은 나의 후배들이다
❸ 미 (4년제 대학·고등 학교의) **3년생**; (2년제 대학의) 1년생
— 형 ❶ 손아래의
John Smith, *Junior* 아들인 존스미스
📝 친아들이 같은 이름일 때, 또는 반에서 같은 이름을 가진 사람이 있을 때, 그 이름 뒤에 Junior(Jr.로 줄임)를 붙여 구별한다. 연상의 사람에게는 Senior(Sr.로 줄임)를 붙인다
❷ 후배의, 하위의, 하급의
❸ 미 (4년제 대학·고교의) **3년의**; (2년제 대학의) 1년의

jun·ior col·lege [-kálidʒ] 명 단기 대학, 2년제 전문대학

jun·ior high school [-hái skùːl] 명 미 중학교

junk [dʒʌŋk] 명 쓰레기, 고물, 고철

Ju·pi·ter [dʒúːpətər] 명
❶ 《로마신화》 주피터 《천지를 지배하는 주신으로 그리스 신화의 제우스와 동일신》
❷ 《천문》 목성 《태양계의 5번째 행성》

ju·ry [dʒúəri] 명 (복수 **juries** [-z]

just - justify

(법률) 배심원 《영·미법을 중심으로 재판시 유죄·무죄의 평결을 재판장인 judge에게 답신. 미국에서는 배심원이 총 12명으로 구성. 배심원 한명 한명은 juryman 또는 juror이라고 함》

just [dʒʌst] 혱 (비교 *more* just, 최상 *most* just) **바른, 공평한, 정당한**
I gave a *just* opinion. 나는 올바른 의견을 말했다
Our teacher is always *just* to us. 선생님은 언제나 우리에게 공평하시다
Be *just*, and fear not. 당당하라, 그리고 두려워 마라 《셰익스피어의 말》
— 튀 ❶ **정각에, 바로**
It is *just* three o'clock. 정각 3시다
Just then he came into the room. 바로 그 때 그가 방으로 들어왔다
❷ 《only 가 앞에 나와》 **겨우, 간신히**
I was (*only*) *just* in time for the plane. 나는 간신히 비행기 시간에 맞췄다
❸ **단지, 오로지, 그냥**
She *just* smiled at me. 그녀는 나에게 미소를 지었을 뿐이었다
❹ 《완료형과 함께 쓰여》 **방금 ~했다**
I have *just* written a letter. 나는 방금 편지를 다 썼다
❺ 《명령문에 쓰여》 **그냥, 좀**
Just a moment, please. 좀 기다려 주시오
Just listen to me. 내 말 좀 들어보시오

just now 《현재형 동사와 함께 쓰여》 지금 당장은; 《과거형 동사와 함께 쓰여》 조금 전에, 직전에
Kate is not at home *just now*. 케이트는 지금 당장은 집에 없다
🗹 상태를 나타내는 동사의 현재형과 함께 사용한다
I saw him *just now*. 나는 바로 전에 그를 보았다
🗹 주로 동작을 나타내는 동사의 과거형과 함께 사용한다
🗹 **just의 용법**
Just는 현재완료형(have 또는 has + 과거분사)과 함께 사용하지만 just now는 현재완료형에는 쓸 수 없다

jus·tice [dʒʌstis] 몡 (복수 **justices** [-iz]) 《형용사는 just》
❶ **정의, 공평**
We must fight for *justice*. 우리는 정의를 위해서 싸워야 한다
❷ (법률) (미국 대법원의) **대법관**
Justice O'connor gave the opinion. 오커너 대법관이 의견서를 썼다

jus·ti·fy [dʒʌstəfài] 타동 (3단현 **justifies** [-z]; 과거·과분 **justified** [-d]; 현분 **justifying**) **정당화하다, (행위, 주장 따위)를 옳다고 하다**
You cannot *justify* violence. 폭력을 정당화할 수 없다
The end *justifies* the means. 《속담》 목적은 수단을 정당화한다

K - keep

K k *Kk*

K, k [kéi] 몡 (복수 **K's, Ks ; k's, ks** [-z]) 케이 《알파벳의 제 11자》

kan·ga·roo [kæŋgərúː] 몡 (복수 **kangaroos** [-z], 《집합적으로》 **kangaroo**) 《동물》 캥거루

kangaroo

kan·sas [kǽnzəs] 몡 캔서스 주 《미국 중부에 있는 주로, 주도는 Kansas City이며 Kans.라고 씀》

Kar·en [kǽrən] 몡 캐런 《여성 이름》

Kate [kéit] 몡 케이트 《여성 이름; Katherine, Catherine의 애칭》

Kath·er·ine [kǽθərin] 몡 캐더린 《여성 이름; Catherine이라고도 씀; 애칭은 Kathy 또는 Kate》

Kath·y [kǽθi] 몡 캐시 《여성 이름; Katherine의 애칭》

keen [kíːn] 혱 (비교 **keener** ; 최상 **keenest**) ❶ 날카로운, 예리한(= sharp; ↔dull 둔한)
This knife has a *keen* edge. 이 칼은 칼날이 예리하다
❷ 《구어》 열심인
Bob is *keen* about baseball. 보브는 야구에 열중하고 있다

★**keep** [kíːp] 통 (3단현 **keeps** [-s] ; 과거·과분 **kept** [képt] ; 현분 **keep**ing) 타동 ❶ 가지고 있다, 보관하다, 맡아두다
Kate *keeps* all her letters. 케이트는 편지를 모두 보관한다
Keep the film in a dark room. 필름은 어두운 방에 보관하시오
You may *keep* the book for a week. 그 책을 1주일 동안 가지고 있어도 좋다
❷ 사육하다; 부양하다
She *keeps* a dog. 그녀는 개를 기른다
He *keeps* a large family. 그는 많은 가족들을 부양한다
❸ (약속·규칙 등을) 지키다
He always *keeps* his promise. 그는 언제나 약속을 지킨다
❹ 경영하다
He *keeps* a hotel in Seoul. 그는 서울에서 호텔을 경영한다
❺ (어떤 동작·상태를) 계속하다
I *keep* a diary in English. 나는 영어로 일기 쓰기를 계속한다
This watch *keeps* good time. 이 시계는 시간이 정확하다
❻ 《keep+목적어+형용사 또는 분사의 형태로》 (어떤 상태로) 두다, 유지하다
Keep your room clean. 방을 깨끗하게 하세요
— 자동 ❶ 죽 ~하고 있다, 계속 ~하다
Please *keep* quiet. 제발 조용히 하십시오
He *keeps* smiling at me. 그는 계속해서 나를 보며 미소짓는다
❷ (음식물의 신선도가) 유지되다
This meat won't *keep* till tomorrow. 이 고기는 내일까지 가지 못할 것이다
keep away from ... ~를 가까이 하지 않다, 피하다
Keep away from the dog. 그 개를 가까이 하지 마라
keep early hours 일찍 자고 일찍

일어나다
You must *keep early hours*. 너는 일찍 자고 일찍 일어나야 한다
keep ~ from ... ~가 …하는 것을 막다
The snow *kept* us *from* going out. 눈 때문에 우리는 외출하지 못했다
keep house 가사를 돌보다
My sister *keeps house* for me. 누이는 나를 대신해 가사를 돌봐 준다
keep off ... (~를) 가까이 하지 않다
Keep off. (게시) 출입 금지
Keep off the grass. (게시) 잔디밭에 들어가지 마세요
Keep your hands *off*. (게시) 손을 대지 마세요
keep on ~ing 계속 ~하다
He *kept on* ask*ing* me for money. 그는 끈질기게 돈을 요구 했다
📝 He kept talking.(그는 이야기를 계속했다)처럼 몇 번이고 반복되는 동작을 나타낸다
keep to ... ~를 굳게 지키다
Keep to the right.(=*Keep right*.) (게시) 우측 통행
keep up with ... (사람·시대 등에) 뒤떨어지지 않다
I can't *keep up with* him. 나는 그를 따라갈 수 없다
Keep up with the times. 시대에 뒤떨어지지 마라

***keep·er** [kíːpər] 몡 (복수 **keep·ers** [-z]) **파수꾼**; 사육자; 소유자; (운동) 수비자, 기록계
📝 수식어를 붙여 많이 사용한다: a goal keeper (골키퍼)

Kel·ler [kélər] 몡 켈러 《Helen ~ (1880-1968); 농맹아(聾盲啞)의 3중고를 극복하고 사회 운동가로서 일생을 바침》

Ken [kén] 몡 켄 《남성 이름; Kenneth의 애칭》

Ken·ne·dy [kénədi] 몡 케네디 《John Fitzgerald ~ (1917-1963); 미국 제35대 대통령으로, 텍사스주에서 유세 도중 암살되었음; 약어로 JFK로 부름》

Ken·sing·ton Gar·dens [kénziŋtən gáːrdnz] 켄징턴 공원 《런던의 하이드 파크(Hyde Park)의 서쪽에 위치. 피터 팬의 동상이 있음》

ken·nel [kénl] 몡 (복수 **kennels** [-z]) 개집, 개 사육장

Ken·neth [kénəθ] 몡 케네스 《남성 이름》

Ken·tuck·y [kəntʌ́ki] 몡 켄터키 주 《미국 중부의 주로, 양질의 위스키와 경주마의 산지》

Ken·ya [kénjə] 몡 케냐 《아프리카 동부의 공화국; 수도는 나이로비(Nairobi)》

****kept** [képt] 통 **keep**(유지하다)의 과거·과거분사형
The child *kept* crying. 아이는 계속 울었다

ketch·up [kétʃəp] 몡 케첩

ket·tle [kétl] 몡 (복수 **kettles** [-z]) 주전자

***key** [kíː] 몡 (복수 **keys** [-z])
❶ 열쇠(→ lock 자물쇠)
Did you find the *key*? 열쇠를 찾았습니까
📝 key와 lock 의 관계는 다음 글에서 알 수 있다: He turned the key in the lock.(그는 자물쇠에 꽂힌 열쇠를 돌렸다)

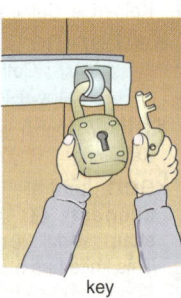
key

❷ (문제를 푸는) **실마리**, 비결, 핵심
the *key* to good health 건강의 비결
key word 핵심어
❸ (피아노·타이프라이터·전신기 등의) **키**

key·board [kíːbɔːrd] 몡 (복수 **keyboards** [-z]) (피아노 따위의) 건반; (타자기·컴퓨터 등의) 자판,

키보드

key·hole [kíːhòul] 명 (복수 **key-holes** [-z]) 열쇠 구멍

***kick** [kík] 동 (3단현 **kicks** [-s]; 과거·과분 **kicked** [-t]; 현분 **kick-ing**) 타동 자동 차다

I *kicked* the ball back. 나는 공을 되받아 찼다

— 명 (복수 **kicks** [-s]) 차기; 《운동》킥

Tom gave a *kick* at the ball. 톰은 그 공을 찼다

kick

kid [kíd] 명 (복수 **kids** [-z]) 새끼 양; 아이, 어린이

kid [kíd] 자동 (3단현 **kids** [-z]; 과거·과분 **kidded** [-id]; 현분 **kid-ding**) 농담하다

You must be *kidding*! 너 농담하는 거 맞지

I'm just *kidding*. 그냥 농담이야

****kill** [kíl] 타동 (3단현 **kills** [-z]; 과거·과분 **killed** [-d]; 현분 **killing**) 죽이다, 소멸시키다

The cat *killed* a mouse. 고양이가 쥐를 죽였다

He was *killed* in the accident. 그는 그 사고로 죽었다

How shall we *kill* time? 어떻게 시간을 보낼까

kill oneself 자살하다

Animals don't *kill* themselves. 동물은 자살하지 않는다

kill·er [kílər] 명 (복수 **killers** [-z]) 살인자

kil·o·gram [kíləgræm] 명 킬로그램 《kg로 줄여 씀; 1kg은 1,000g》

kil·o·me·ter [kilάmətər] 명 킬로미터 《kilom. 또는 km으로 줄임; 1km는 1,000m》

kilt [kílt] 명 (복수 **kilts** [-s]) 킬트 《스코틀랜드 지방 사람들이 입는 짧은 치마같은 의상으로 남자들이 주로 착용》

★**kind**¹ [káind] 형 (비교 **kinder**; 최상 **kindest**)《명사는 kindness》친절한, 상냥한

It's very *kind* of you. 친절히 대해 주셔서 고맙습니다

☑ Thank you.와 같은 의미로 사용한다. 뒤에 to do so(그렇게 해 주셔서) 등을 붙여도 좋다

be kind enough to+「동사 원형」 친절하게도 ~하다

She *was kind enough to* show me the way. 그녀는 친절하게도 나에게 길을 안내해 주었다

be kind to ~에게 친절하다

Nancy *is* very *kind to* everyone. 낸시는 누구에게나 매우 친절하다

Be kind to old people. 노인에게 친절하시오

***kind**² [káind] 명 (복수 **kinds** [-z]) 종류(=sort)

hats of all *kinds* (=all *kinds* of hats) 온갖 종류의 모자

this *kind* of bread 이런 종류의 빵

☑ bread of this kind라고도 하는데 이것은 kind의 의미를 강조한 표현이다

a kind of ... 일종의 ~ (=a sort of ...)

He is *a kind of* painter 그는 화가라고도 할 수 있다

What kind of ... ? 어떤 종류의 ~

What kind of sports do you like? 어떤 종류의 스포츠를 좋아하니

kin·der·gar·ten [kíndərgɑ̀ːrtn] 명 (복수 **kindergartens** [-z]) 유치원

☑ 독일어로 Kinder는 「아이들」, Garten은 「정원」

kind·heart·ed [káindhάːrtid] 형

kindly - kneel

친절한

kind·ly [káindli] 甲 《비교 kind*ler*; 최상 kind*liest*》

❶ 친절하게, 상냥하게
She spoke very *kindly*. 그녀는 매우 상냥하게 말했다
They *kindly* gave me this present. 그들은 친절하게도 이 선물을 나에게 주었다

❷ 부디, 제발
Will you *kindly* tell me the way to the lake? 호수로 가는 길을 좀 가르쳐 주십시오
📝 please로 표현하는 것이 일반적

*__kind·ness__ [káindnis] 명 (복수 kindness*es* [-iz]) 《형용사는 kind》

❶ 친절 《a를 붙이지 않고, 복수 없음》
Thank you very much for your *kindness*.
당신의 친절에 매우 감사합니다

❷ 친절한 행위
Will you do me a *kindness*? 부탁이 하나 있는데요

King [kíŋ] 명 《마틴 루터》 킹2세 《Martin Luther ~ Jr.(1929-68); 미국 흑인 인권운동의 지도자로 직업은 목사; 1964년 노벨 평화상을 수상. 1968년 테네시주에서 암살됨》

*__king__ [kíŋ] 명 (복수 king*s* [-z])

❶ 국왕 (↔ queen 여왕)
the *king* of England 영국왕
King Henry Ⅳ 헨리 4세 《Ⅳ는 the fourth라고 읽음》

❷ 실력자, ~왕
He is an oil *king*. 그는 석유왕이다
The lion is the *king* of beasts. 사자는 백수(百獸)의 왕이다

❸ (트럼프나 체스의) 킹

king·dom [kíŋdəm] 명 (복수 kingdom*s* [-z]) 왕국; (자연계의 3대 구분의 하나) ~계
the animal[vegetable, mineral] *kingdom* 동물[식물, 광물]계

the United *Kingdom* 대영제국

King Kong [-kɔ́:ŋ, 영 -kóŋ] 명
킹콩 《영화에 등장하는 전설적인 거대 고릴라로 미녀를 손에 쥐고 뉴욕 엠파이어 스테이트 빌딩을 기어 오른 것으로 유명》

*__kiss__ [kís] 명 (복수 kiss*es* [-iz])
키스, 입맞춤
― 동 (3단현 kiss*es* [-iz]; 과거·과분 kiss*ed* [-t]; 현분 kiss*ing*)
타동 자동 키스하다
She *kissed* her baby. 그녀는 그녀의 아기에게 뽀뽀했다

★**kitch·en** [kítʃin] 명 (복수 kitchen*s* [-z]) 부엌
Mother is cooking in the *kitchen*. 어머니는 부엌에서 요리를 하고 계신다

kite [káit] 명 (복수 kite*s* [-s]) 연
Let's fly a *kite*. 연을 날립시다

kit·ten [kítn] 명 (복수 kitten*s* [-z])
새끼 고양이(→ cat)

knap·sack [nǽpsæk] (◆k는 묵음) 명 (복수 knapsack*s* [-s])
배낭(=backpack)

*__knee__ [ní:] (◆k는 묵음) 명 (복수 knee*s* [-z]) **무릎**, 무릎 관절(→ lap 무릎)
The water came above the *knees*. 물이 무릎 위까지 올라왔다
She fell on her *knees*. 그녀는 무릎을 꿇었다
📝 무릎은 통칭 knee라고 하며, 사람이 자리에 앉았을 때 다리상박 즉 무릎이상의 허벅지 부분은 lap이라고 함. 사람이 일어선 후에는 lap이라고 더이상 부르지 않으므로 보통 '무릎에 앉다'의 뜻으로 sit on one's lap 정도로만 쓰인다

kneel [ní:l] (◆k는 묵음) 자동 (3단현 kneel*s* [-z]; 과거·과분 *knelt* [nélt] 또는 kneel*ed* [-d]; 현분 kneel*ing*) 무릎을 꿇다
Kneel down in prayer. 무릎을 꿇고

knew - knit

기도하시오

knew [njúː] 동 know(알다)의 과거형
I *knew* about it. 나는 그것에 관해서 알고 있었다
⟨◆동음어 new(새로운)⟩

★**knife** [náif] (◆k는 묵음) 명 (복수 **knives** [náivz]) **나이프**, 작은 칼, 메스
a *knife* and fork 식사용 나이프와 포크
I have a sharp *knife*. 나는 날이 예리한 칼을 가지고 있다

📘 복수형에 주의. 어미가 f, 또는 fe로 끝날 때는 f나 fe를 v로 바꾸고 es를 붙인다 : leaf(나뭇잎) → leaves; wife (아내) → wives

knight [náit] 명 (복수 **knights** [-s])
❶ (중세의) 기사
❷ 영 나이트 작위를 받은 사람
📘 baronet(준남작)의 아랫자리로 국가의 공로자에게 수여한다

knit [nít] 동 (3단현 **knits** [-s] ; 과거·

과분 **knit**ted [-id], **knit**; 현분 **knit-ting**) 타동 자동 뜨개질하다, 짜다
She *knitted* a sweater out of wool.(= She *knitted* wool into a sweater.) 그녀는 털실로 스웨터를 짰다

knob [náb] 명 (복수 **knob**s [-z]) (문따위의) 손잡이

★**knock** [nák] (♦ k는 묵음) 타동
(3단현 **knock**s [-s]; 과거·과분 **knock**ed [-t]; 현분 **knock**ing)
(문을) **두드리다**; 때리다, 부딪히다, 노크하다
I *knocked* on the door. 나는 문을 노크했다
He *knocked* his brother on the head. 그는 동생의 머리를 때렸다
knock down 때려 눕히다
He *knocked* me *down*. 그는 나를 때려 눕혔다
knock out 녹아웃시키다
He was *knocked out* at the second round. 그는 제2라운드에서 녹아웃당했다
— 명 (복수 **knock**s [-s]) 문을 두드리는 소리, 노크
I heard a *knock* on the door. 문을 노크하는 소리를 들었다

knock·er [nákər] 명 (복수 **knock-er**s [-z]) 문을 두드리는 사람[물건]

knocker

knock·out [nákàut] 명 (복수 **knockout**s [-s]) (권투) 녹아웃 (《K.O., k.o. 로 줄여 씀》)

knot [nát] 명 (복수 **knot**s [-s])
❶ 매듭

knot

❷ 노트
▶ 배가 1시간에 1해리를 나가는 속도; 해리는 해상의 거리를 나타내는 단위로 약 1,853미터. 뱃사람들이 뱃길을 떠날 때 항속 거리를 알기 위해 줄에 일정 간격으로 매듭을 지어 바다에 흘린 데서 기원

★**know** [nóu] (♦ k는 묵음) 동
(3단현 **know**s [-z]; 과거 **knew** [njú:]; 과분 **known** [nóun]; 현분 **know**ing) 타동 ❶ **알고 있다, 알다**
I *know* his name. 나는 그의 이름을 안다
Do you *know* Mr. Miller? 밀러씨를 아십니까
Do you *know* how to drive a car? 차 운전법을 아십니까
I didn't *know* that you were sick. 네가 아픈 것을 몰랐다
📝 구어에서는 that를 생략하는 것이 보통이다: Do you *know* where Bill is?(빌이 어디에 있는지를 아느냐)
📝 I know that he is sick.(그가 병든 것을 알고 있다)는 I know him to be sick.이라고도 할 수 있으나 문어적임
❷ 이해하다, 인정하다
I *knew* Tom at once. 나는 곧 톰인 줄 알았다
I don't *know* what to do. 나는 무엇을 해야 할지 모른다
A tree is *known* by its fruit. (속담) 나무가 좋고 나쁜 것은 열매에 의해서 안다
❸ 《know ~ from...의 형태로》 ~와 ...을 구별할 수 있다
Do you *know* him *from* his brother?

당신은 그와 그의 형을 구별할 수 있습니까
— 자동 알다; ((know about ...)) ~에 대해서 알고 있다, ~에 대해서 듣고 있다
I would like to *know*. 나는 알고 싶다
I *know about* him very well. 나는 그에 대해서는 매우 잘 알고 있다
I *know of* Mr. White, but I have never met him. 나는 화이트 씨에 대해 들어서 알고 있으나 만난 적은 없다
☑ I know him well.은 「그를 잘 안다 → 그와는 친한 사이이다」의 뜻이며, I know about him.은 「그에 관해서 알다」, I know of him.은 「그에 대해서 듣고 알고 있다 → 이름 정도는 알고 있다」라는 뜻이다

be known 알려져 있다
His name *is known* all over the world. 그의 이름은 전세계에 알려져 있다
This picture *is known* to everyone. 이 그림은 모든 사람에게 알려져 있다
☑ Everyone knows this picture.를 수동태로 한 형태. known by로 하지 않는 점에 주의

become known 알려지게 되다
Dr. Fleming *became* widely *known*. 플레밍 박사는 널리 알려지게 되었다

you know 당신이 알다시피; 그렇지요
"Time is money." *you know*. 「시간이 금이다」란 말이지요

know-how [nóuhàu] 명 노하우, 정보; 실제적 지식, 처리 방법

*****knowl·edge** [nálidʒ] 명 지식, 학식, 이해 ((a를 붙이지 않고, 복수 없음))
He has some *knowledge* of chemistry. 그는 화학에 대한 지식이 조금 있다

ko·a·la [kouá:lə] 명 (복수 **koala**s [-z]) (동물) 코알라 ((오스트레일리아산(產)의 포유 동물))

koala

Ko·ran [kɔræn] 명 코란 ((마호메트의 교리가 적힌 회교의 경전))

★**Ko·re·a** [kərí:ə] 명 한국
☑ the Republic of Korea(대한민국); 수도는 서울(Seoul)
Kate's parents live in *Korea*. 케이트의 양친은 한국에서 산다

★**Ko·re·an** [kərí:ən] 형
❶ 한국의, 한국인의
Alice likes *Korean* clothes. 앨리스는 한복을 좋아한다
Those young *Korean* students are living with an American family. 저 어린 한국 학생들은 미국인 가족과 같이 살고 있다
❷ 한국어의, 한국어로 된
Jane is reading a *Korean* book. 제인은 한국어로 된 책을 읽고 있다
— 명 (복수 **Koreans** [-z]) 한국인; 한국어 ((a를 붙이지 않고, 복수없음))
I met a *Korean* in London. 나는 런던에서 한국인을 만났다
Put this in *Korean*. 이것을 한국어로 옮기시오

Ko·re·a·town [kərí:ətàun] 명 (복수 **Koreatowns** [-z]) 한국인 거리, 한인촌 ((대표적인 것은 미국 Los Angeles에 있는 코리아타운))

Ku·wait [kuwéit] 명 쿠웨이트 ((아라비아반도 동북부에 위치한 왕국으로 걸프전 직전에, 이라크의 침공을 받아서 유명해진 나라))

L l ℒ𝓁

L, l [él] 몡 (복수 **L**'**s**, **L**s; **l**'**s** **l**s [-z]) 엘 《알파벳의 제 12 자》

£ [páund(z)] 파운드(pound)의 약어

La. 루이지애나 주(Louisiana)의 약어

la·bel [léibəl] 몡 (복수 **label**s [-z]) 라벨, 레테르
The *label* said that the jar contained grape jelly. 그 라벨은 병안에 포도젤리가 있다고 써 있었다
▶ 레테르는 네델란드어에서 유래
— 동 (3단현 **label**s [-z]; 과거·과분 **label**ed [-d]; 현분 **label**ing) 타동 라벨을 붙이다

la·bor [léibər] 몡 노동, 힘이 드는 일(→ task) 《a를 붙이지 않고, 복수 없음》
The farmer's *labor* made him very tired. 농부의 노동은 그를 매우 지치게 했다
Lábor Dày 연 노동절
▶ 9월의 첫째 월요일. 유럽의 May Day(5월 1일)에 해당하며 미국과 캐나다의 휴일
— 동 (3단현 **labor**s [-z]; 과거·과분 **labor**ed [-d]; 현분 **labor**ing) 자동 노동하다, 일하다(→ work)
They *labored* hard all day. 그들은 온종일 열심히 일했다

***lab·o·ra·to·ry** [læbərətɔ̀:ri] 몡 (복수 **laboratori**es [-z]) (화학의) **실험실**, 연구실(영=labor)
a language *laboratory* 어학 실습실; 랩
발음 몡의 강세는 lavatory(화장실)와 구별하기 위해서 제2음절에 있다

la·bor·er [léibərər] 몡 (복수 **labor**-**ers** [-z]) 노동자(=worker)

lace [léis] 몡 (복수 **lace**s [-iz]) 레이스; (구두의) 끈

lack [læk] 몡 결핍, 부족(=want) 《a를 붙이지 않고 복수 없음》
Lack of fire made him cold. 불이 없어서 그는 추위를 느꼈다
— 동 (3단현 **lack**s [-s]; 과거·과분 **lack**ed [-t]; 현분 **lack**ing) 타동 부족하다, 없다
I *lack* the strength to lift the heavy box. 나는 그 무거운 상자를 들 힘이 없다
— 자동 부족하다, 없다
She did not *lack* for love. 그녀는 사랑이 부족하지는 않다

lack·ing [lækiŋ] 형 부족한, 결핍된

la·crosse [ləkrɔ́:s] 몡 (경기) 라크로스 《a를 붙이지 않고 복수 없음》
▶ 캐나다의 국기(國技)로 하키와 비슷하다. 한팀이 10명(여자는 12명)으로 구성되어 스틱으로 상대방 골에 고무공을 쳐서 넣으면 득점한다

lad [læd] 몡 (복수 **lad**s [-z]) 젊은이, 소년(=boy; ↔ lass 소녀)
✏ 연에서는 문어적임

lad·der [lædər] 몡 (복수 **lad**-**ders** [-z]) 사다리

★**la·dy** [léidi] 몡 (복수 **ladi**es [-z])
❶ 부인, 숙녀
Do you know that *lady*? 저 부인을 아십니까
❷ 영 《이름에 붙여서》 ~**부인**
Lady Brown 브라운 부인
✏ Lady라고 쓰면 Lord 또는 Sir의 부인의 경칭이 된다

ladybird - landlady

❸ 《the Ladies로 써서 단수 취급》 여자 화장실
There's *the Ladies* over there. 저기에 여자 화장실이 있습니다
📘 a Ladies' room의 줄임꼴. 남성용은 Gentlemen 또는 Men
❹ 《명사 앞에 와서》 여류 ~
a *lady* writer 여류 작가
📘 a woman writer로 표현하는 것이 정중한 편이다
Ladies and gentlemen! (남녀 청중을 향해서) 여러분
the fírst lády 〘미〙 대통령(또는 주지사) 부인

la·dy·bird [léidibə̀ːrd] 〘명〙 (복수 **ladybirds** [-z]) 〘영〙 =ladybug

la·dy·bug [léidibʌ̀g] 〘명〙 (복수 **ladybugs** [-z]) 무당벌레
〖풍습〗 보통 빨간색 몸둥이에 검은 점이 찍혀 있는, 색깔이 예쁘고 모양이 귀여운 곤충으로 서양 사람들의 귀염을 받는다. lady는 '성모 마리아'를 뜻하는 것이고, ladybug를 죽이는 일은 불길한 것으로 되어 있다

laid [léid] 〘타동〙 **lay**¹(놓다)의 과거·과거분사형(→ lie¹)
He *laid* his hand on my shoulder. 그는 나의 어깨에 손을 얹었다

lain [léin] 〘자동〙 **lie**¹(눕다)의 과거·과거분사형(→ lie¹)
Snow has *lain* on the ground. 땅 위에 눈이 쌓였다
〈◆동음어 lane (레인, 작은 길)〉

★**lake** [léik] 〘명〙 (복수 **lakes** [-s]) 호수, 큰 못
The *lake* of P'altangho is near Seoul. 팔당호란 호수는 서울 부근에 있다

lamb [lǽm] (◆b는 묵음) 〘명〙 (복수 **lambs** [-z]) 〘동물〙 새끼 양; 새끼 양의 고기(→ sheep 양, mutton 양고기)

lame [léim] 〘형〙 (비교 **lamer** ; 최상 **lamest**) 절름발이의
The *lame* woman limped because of an injured ankle. 절름발이 부인은 다친 발목 때문에 발을 절름거리며 걸었다

★**lamp** [lǽmp] 〘명〙 (복수 **lamps** [-s]) 램프, 등불
An electric *lamp* has a bulb. 전등은 전구가 있다
She put out a *lamp*. 그녀는 등불을 껐다
📘 lamp보다 light 쪽이 보편적이다

★**land** [lǽnd] 〘명〙 (복수 **lands** [-z])
❶ 뭍, 육지(↔ sea 바다); 토지 《a를 붙이지 않고, 복수 없음》
Alaska is a *land* of many lakes and mountains. 알라스카는 호수와 산이 많은 땅이다
❷ 〘문어〙 국가, 국토
📘 구어에서는 country가 보통
I want to visit a foreign *land*. 나는 외국을 방문하고 싶다
Korea is my native *land*. 한국은 나의 고국이다
by land 육로로(→ by sea 해로(海路)로)
They went to Portsmouth *by land*. 그들은 육로로 포츠머스에 갔다
— 〘동〙 (3단현 **lands** [-z] ; 과거·과분 **landed** [-id] ; 현분 **landing**)
〘자동〙 ❶ 상륙하다
We *landed* at Dover. 우리는 도버에 상륙했다
❷ 착륙하다, 닿다
We watched the plane *land* at the airport. 우리는 비행기가 공항에 착륙하는 것을 보았다

land·ing [lǽndiŋ] 〘동〙 **land**(착륙하다)의 현재분사형
— 〘명〙 (복수 **landings** [-z]) 착륙, 상륙
The plane's *landing* was delayed because of the bad weather. 비행기의 착륙이 나쁜 날씨로 연기되었다

land·la·dy [lǽn*d*lèidi] 〘명〙 (복수 **landladies** [-z]) (여관 등의) 여주인, 여자 주인(→ landlord)

landlord -laser

land·lord [lǽndlɔ̀ːrd] 명 (복수 **landlords** [-z]) (여관 등의) 주인, 집주인

land·scape [lǽndskèip] 명 (복수 **landscapes** [-s]) (육지의) 풍경 (→ scenery); 풍경화

lane [léin] 명 (복수 **lanes** [-z]) (주택지 사이의) 좁은 길, 골목; 차선
The car went into the left *lane* in order to pass a truck. 자동차는 트럭을 지나치기 위해 왼쪽 도로로 들어갔다
📝 fourlane road는 왕복을 합쳐 4차선의 도로
⟨◆동음어 lain(lie(눕다)의 과거분사형)⟩

※lan·guage [lǽŋgwidʒ] 명 (복수 **languages** [-iz])
❶ 언어, 말 《a를 붙이지 않고, 복수 없음》
Learn spoken *language* first. 우선 구어(口語)부터 배우시오
📝 쓰는 언어는 written language
❷ 국어
the English *language* 영어
Korean is the *language* people speak in Korea. 한국어는 한국인이 쓰는 국어이다
How many *languages* do you speak? 당신은 몇 개 국어를 말합니까
❸ 말씨, 어조 《a를 붙이지 않고, 복수 없음》
Don't use strong *language*. 강경한 말씨는 사용하지 마라
a líving lánguage 현대어
the lánguage of flówers 꽃말

lan·guage lab·o·ra·to·ry [-lǽbərətɔːri] 명 (복수 **language laboratories** [-z]) 어학실습실

lan·guag·es [lǽŋgwidʒiz] 명 language(언어)의 복수형

＊lan·tern [lǽntərn] 명 (복수 **lanterns** [-z]) 초롱, 제등, 간데라

lap [lǽp] 명 (복수 **laps** [-s]) 무릎
📝 앉았을 때 허리에서 무릎마디까지의 사이; laps라고 안 함(→ knee)
She petted a kitten sleeping on ber *lap*. 그녀는 그녀 무릎에서 자고 있는 새끼고양이를 쓰다듬었다

＊large [láːrdʒ] 형 (비교 **larger**; 최상 **largest**) 큰(↔ small 작은), 넓은; 다수의, 다량의
An elephant is a *large* animal. 코끼리는 큰 동물이다
America is one of the *largest* countries in the world. 미국은 세계에서 가장 큰 나라 중의 하나이다
His house is very *large*. 그의 집은 매우 크다
He has a *large* family. 그는 대가족을 거느린다
📝 **large, big, great**
보통 형태가 큰 것 또는 모양이 큰 것에는 large 보다는 big을 많이 사용하며, large는 확대의 의미가 있다. great는 「위대한, 중대한」의 뜻을 가지고 있으며 구어에서는 big도 「위대한, 중대한」의 뜻으로 종종 쓰인다

large

large·ly [láːrdʒli] 부 크게, 주로

larg·er [láːrdʒər] 형 large(큰)의 비교급

larg·est [láːrdʒist] 형 large (큰)의 최상급

lark [láːrk] 명 (복수 **larks** [-s]) 《새》 종달새(=skylark)
▶ 영국에서 가장 사랑받는 새의 하나로 새소리는 환희·행복·봄·아침 등을 상징한다

la·ser [léizər] 명 (복수 **lasers** [-z])

334

레이저

lass [lǽs] 몡 (복수 **lass**es [-iz])
젊은 여자, 소녀

★**last**¹ [lǽst] 혱 (**late**의 최상급)
❶ 《the를 붙여》 최후의(↔ first 최초의)
December 31 is the *last* day of the year. 12월 31일은 일년의 마지막 날이다
This is my *last* $1. 이것이 내 마지막 1달러이다

❷ 《관사 없이》 이전의, 지난 ~
📝 다음에 오는 명사와 함께 부사구를 만듦: Who came *last* night ? (어젯밤에 누가 왔습니까) 이 용법에서는 last앞에 the나 전치사 on, in은 붙이지 않는다. in last year (×)

🔲 (1) 「어제 아침[오후]」은 last morning[afternoon]이라 하지 않고, yesterday morning[afternoon]이라고 한다
(2) 「일요일에」는 on Sunday라고 하나, 「지난 일요일에」는 last Sunday라고 하며 on을 붙이지 않는다. next Sunday(다음 일요일에)도 같다
(3) last는 현재를 기준해서 「이전의」 뜻이므로 토요일에 last Monday라고 하면 금주의 월요일을 가리킨다. last summer도 12월 전이면 「금년 여름」이지만 1월 후이면 「작년 여름」이 된다

❸ 최근의
He has been sick for the *last* few days. 그는 최근 2, 3일 동안 죽 앓고 있었다
The *last* rain was yesterday. 최근에 비가 온 것은 어제였다

❹ 결코 그럴 것 같지 않은
He is the *last* man to say such a thing. 그는 결코 그런 말을 할 사람이 아니다

for the last time 최후로
I saw him there *for the last time*. 그 곳에서 그를 만난 것이 마지막이었다
—뷔 《**late**의 최상급》
❶ 최후로
He stood up *last*. 그는 마지막으로 일어섰다

❷ 이전에, 최근에
It is a long time since I saw you *last*. 뵌지 꽤 오래 되었군요
—몡 최후, 최후의 사람[사물] 《the를 붙여서》

at last 드디어, 결국
He reached the town *at last*. 그는 드디어 그 마을에 도착했다

to the last 최후까지, 죽을 때까지

last² [lǽst] 困동 (3단현 **last**s [-s] ; 과거·과분 **last**ed [-id] ; 현분 **last**ing) 계속되다 ; 오래 지속되다
The ice on the lake will *last* until spring. 호수의 얼음은 봄까지 녹지 않을것이다

★**late** [léit] 혱 (비교 **later** 또는 **latter** [lǽtər] ; 최상 **latest** 또는 **last** [lǽst]) ❶ 늦은, 뒤진(↔ early 이른)
It was *late* autumn. 늦가을이었다
He is often *late* for school. 그는 학교에 자주 지각을 한다

❷ 근간의, 최근의
What's the *late* news? 최근 소식은 무엇입니까

❸ 고(故) ~, 최근에 죽은; 전임의
The *late* mayor was buried on Monday. 고(故) 시장은 월요일에 묻혔다
The *late* principal moved to Seoul. 전임 교장 선생님은 서울로 가셨다

of late 최근 《late는 명사적 용법》
My mother has been sick *of late*. 최근 어머님이 편찮으셨다
—뷔 (비교 **later** ; 최상 **latest**) 늦게; (시간에) 늦게
He came ten minutes *late*. 그는 10분 늦게 왔다
I sat up *late* last night. 어젯밤 늦게까지 앉아 있었다

★**late·ly** [léitli] 뷔 요즈음
📝 혱에서는 lately는 흔히 의문문이나

부정문에 사용하고 긍정문에는 recently를 많이 쓴다: I have not met her *lately*.(나는 요즈음 그녀를 만나지 않았다) Have you been there *lately*?(너는 최근에 거기에 간 적이 있느냐) Tom came *recently*.(톰은 최근에 도착했다)

lat·er [léitər] 형 《**late**의 비교급의 하나》 더 늦은

☑ latter와는 사용법이 다름. later는 시간, 시기적으로 더 늦은, 더 나중의 뜻이다. latter는 순서적으로 뒤의, 후반의 뜻이다: He took a *later* bus.(그는 뒷 버스를 탔다)

— 부 《**late**의 비교급》 (그) 뒤에
She came here *later* than yesterday. 그녀는 어제보다 늦게 이곳에 왔다
He came again a few months *later*. 그는 두세 달 뒤에 또 왔다
I'll see you *later*. 뒤에 만납시다

later on 그 후, 뒤에, 나중에
I knew his name *later on*. 나는 나중에 그의 이름을 알아냈다

sooner or later 조만간
He will be here *sooner or later*. 그는 조만간 이리 올 것이다

lat·est [léitist] 형 《**late**의 최상급의 하나》 ❶ 가장 새로운, 최근의
the *latest* news 최신 뉴스
❷ 가장 늦은, 가장 뒤의

at (the) latest 늦어도
They will be back by ten *at the latest*. 그들은 늦어도 10시까지는 돌아올 것이다

Lat·in [lætin] 형 라틴계의, 라틴 말의
— 명 《복수 **Latins** [-z]》 라틴계의 사람, 라틴 말

Látin América 라틴 아메리카 《스페인 말·포르투갈 말을 쓰는 중·남미 나라들의 총칭》

lat·ter [lætər] 형 《**late**의 비교급의 하나; 그러나 than과 함께 쓸 수 없음》
❶ 후반의
We live in the *latter* half of the 20th century. 우리는 20세기 후반에 살고 있다
❷ 후자의(↔ former 전자의)
☑ 대명사로 the latter(후자)로 쓰인다: The *latter* is better than the former.(후자가 전자보다 낫다) Of cats and dogs, the *latter* are more faithful. 고양이와 개 중에서 후자(=개)가 더 충실하다

★**laugh** [læf] 동 (3단현 **laughs** [-s] ; 과거·과분 **laughed** [-t] ; 현분 **laughing**) 자동 웃다(→ smile 미소 짓다)
They all *laughed* loudly. 그들은 모두 큰소리로 웃었다
It was so funny, she couldn't stop *laughing*. 그건 너무 재미있어서 그녀는 웃음을 멈출 수 없었다

laugh at ... ~를 듣고 웃다; ~를 비웃다
They *laughed at* my joke. 그들은 내 농담을 듣고 웃었다
They *laughed at* him. 그들은 그를 비웃었다
☑ at을 그대로 두고 수동태로 바꿔 쓸 수 있다: He was *laughed at* by his friends.(그는 친구들한테 비웃음을 받았다)

— 명 《복수 **laughs** [-s]》 웃음
He has a loud *laugh*. 그는 큰 소리로 웃는다

laugh

laugh·ter [læftər] 명 웃음, 큰 웃음 소리(=laugh) 《a를 붙이지 않고, 복수 없음》
We heard the *laughter* of the children watching the clowns. 우리는 광대를 보고있는 어린아이들의 웃음소리를 들었다

launch - lazy

launch [lɔ́ːntʃ] 타동 (3단현 **launches** [-iz]; 과거·과분 **launched** [-t]; 현분 **launching**) ❶ 진수하다, (수뢰, 로켓을) 발사하다
They will *launch* a rocket to the moon. 그들은 달에 로켓을 발사할 것이다
❷ (사업 따위)를 시작하다
laugh a new enterprise 새로운 사업을 시작하다

laun·dry [lɔ́ːndri] 명 (복수 **laundries** [-z]) 세탁소, 클리닝 집; 《the를 붙여 집합적으로》 세탁물
Jim put his *laundry* in the washing machine. 짐은 세탁기에 그의 세탁물을 넣었다

lau·rel [lɔ́ːrəl] 명 (복수 **laurels** [-z]) ❶ (식물) 월계수 《남유럽에 있는 상록수》
❷ (승리·명예의 상징) 월계관
풍습 경기의 우승자에게 월계관을 씌워주는 것은 고대 그리스에서 월계수 잎으로 만든 관을 영웅에게 씌워주는 데서 비롯되었다

lav·a·to·ry [lǽvətɔ̀ːri] 명 (복수 **lavatories** [-z]) (호텔 등의) 화장실, 세면소(→ toilet, bathroom)

law [lɔː] 명 (복수 **laws** [-z]) 법률; 《흔히 복수형으로》 법칙, 법도
Good citizens obey the *laws*. 선량한 시민은 법률을 지킨다
That's against the *law*. 그것은 법률 위반이다
Have you learned about the *law* of gravity? 너는 중력의 법칙을 배웠니
Laws are designed to keep good order, safety and fair play. 법은 질서 유지, 안전보장, 페어플레이를 위해 제정되었다

law court [-kɔ́ːrt] 명 (복수 **law-courts** [-s]) 법정

law·ful [lɔ́ːfəl] 형 합법적인

lawn [lɔːn] 명 (복수 **lawns** [-z]) 잔디
Mr. White cuts his *lawn* every week. 화이트씨는 매주 잔디를 깎는다

lawn mow·er [-mòuər] 명 (복수 **lawn mowers** [-z]) 잔디 깎는 기계

lawn mower

law·yer [lɔ́ːjər] 명 복수 **lawyers** [-z]) 법률가, 변호사
His father is a lawyer. 그의 아버지는 법률가이다

lay¹ [léi] 타동 (3단현 **lays** [-z]; 과거·과분 **laid** [léid]; 현분 **laying**)
❶ 두다, 놓다
Lay the packages on the kitchen table. 그 꾸러미를 부엌에 놓아라
📝 보통 lay대신 put을 쓴다
❷ (달걀을) 낳다
This hen does not *lay* eggs. 이 암탉은 알을 낳지 못한다
📝 lie¹(눕다)의 과거형 lay와 구별할 것

lay aside ~을 옆으로 치우다; 저축하다
She *lays aside* her salary for the trip. 그녀는 여행을 가려고 월급을 저축한다
lay out 설계하다, 레이아웃하다
Who *laid out* this garden? 누가 이 정원을 설계했습니까

lay² [léi] 자동 lie¹(눕다)의 과거형
He *lay* on the sofa. 그는 소파에 누웠다

lay·er [léiər] 명 (복수 **layers** [-z]) 층
A *layer* of ice formed on the lake. 얼음 층이 호수에 생겼다

la·zi·ness [léizinis] 명 게으름, 나태 《a를 붙이지 않고, 복수 없음》

la·zy [léizi] 형 (비교 **lazier**; 최상 **laziest**) 게으른(↔ diligent 근면한)
The *lazy* boy rested while his friends rowed the boat. 게으른 소년은 친구들이 배의 노를 젓는 동안 쉬었다
📝 idle(게으른)보다 lazy가 나쁜 뜻

lb. - lean²

으로 사용되는 경우가 많다

lb. [páund] 파운드(pound)의 약어

★lead¹ [líːd] 图 (3단현 **lead**s [-z]; 과거·과분 **led** [léd]; 현분 **lead**ing) 타동 ❶ **인도하다**, 안내하다
The hunter will *lead* us through the forest. 사냥꾼이 숲에서 우리를 안내할 것이다

❷ **지휘하다**, 지도하다, 선두에 서다
Mr. Owen is *leading* the orchestra. 오웬씨는 오케스트라를 지휘하고 있다
The red car *led* the race. 빨간 차가 경주에서 선두에 섰다

❸ (생활을) **하다**
An explorer *leads* a life of adventure. 탐험가는 모험이 넘치는 생활을 한다

— 자동 **통하다**, 이어지다
This road *leads* to Pusan. 이 길은 부산까지 이어진다

— 명 (복수 **lead**s [-z]) **선도**, 지도, 리드
He took the *lead* and we followed. 그가 앞장을 섰고, 우리는 뒤를 따랐다

lead² [léd] 명 (복수 **lead**s [-z]) (광물) 납, 연; (연필의) 심
《◆동음어 led(lead의 과거·과거분사)》

lead·er [líːdər] 명 (복수 **leaders [-z]) **지도자**, 선도자, 리더, 지휘자
He is the *leader* of the climbing party. 그는 등산대의 리더이다

lead·er·ship [líːdərʃìp] 명 지도력, 통솔력 《a를 붙이지 않고, 복수 없음》
Her *leadership* is excellent. 그녀의 지도력은 매우 우수하다

lead·ing [líːdiŋ] 图 lead(이끌다)의 현재분사형
— 형 지도적인, 주요한, 일류의
a *leading* hitter 《야구》 수위 타자
a *leading* singer 일류의 가수

leaf [líːf] 명(복수 **leaves [líːvz]) 나뭇잎
The *leaves* of the trees are all red. 나뭇잎이 모두 붉은 색이다

📝 복수 leaves를 동사 leave(떠나다)와 혼동하지 말 것

📖 -f 또는 -fe로 끝나는 명사의 복수형은 f를 v로 바꾸고 es를 붙인다: wolf → wolves(늑대); knife → knives (칼)

leaves

league [líːg] 명 (복수 **league**s [-z]) 동맹; 연맹, 리그
a *league* match 리그전
the Léague of Nátions 국제 연맹
📖 미국의 윌슨 대통령이 제창하여 1919년에 성립된 국제 평화를 위한 단체, 1946년 해산되었음 → U.N.(국제 연합)

leak [líːk] 명 (복수 **leak**s [-s]) (가스·물 등의) 새기; 새는 곳(구멍)
— 图 (3단현 **leak**s [-s]; 과거·과분 **leak**ed [-t]; 현분 **leak**ing) 자동 (물 등이) 새다
The rain will *leak* through the rip in the tent. 텐트의 찢어진 곳으로 비가 새어 들어올 것이다

lean¹ [líːn] 图 (3단현 **lean**s [-z]; 과거·과분 **lean**ed [-d], 또는 **leant** [lént]; 현분 **lean**ing) 자동 기대다; 기울이다
Tom often *leans* on his desk. 톰은 그의 책상에 자주 기댄다
— 타동 기대어 세우다
Lean the ladder against the wall. 사다리를 벽에 기대어 세워라

lean² [líːn] 형 (비교 **leaner**; 최상 **leanest**) 야윈, 가느다란(=thin; ↔ fat 살찐)

leant [lént] 동 형 **lean**(기대다)의 과거·과거 분사형

leap [líːp] 동 (3단현 **leaps** [-s]; 과거·과분 **leaped** 또는 **leapt** [lépt]; 현분 **leaping**) 자동 뛰다, 도약하다
☑ 구어에서는 jump를 사용한다
He *leaped* down. 그는 뛰어내렸다
— 타동 ~을 뛰어넘다
Can you *leap* across the stream?
너는 개울을 뛰어넘어 건널 수 있니
— 명 (복수 **leaps** [-s]) 뛰기, 도약
a léap yèar 윤년
☑ 윤년 2월 29일은 a leap day

leapt [lépt] 동 **leap**(뛰다)의 과거·과거분사형

★**learn** [ləːrn] 동 (3단현 **learns** [-z]; 과거·과분 **learned** [-d] 또는 **learnt** [-t]; 현분 **learning**) 타동
❶ 배우다; 외다
I *learn* English. 나는 영어를 배운다
Children *learn* to read and write in school. 아이들은 학교에서 읽고 쓰는 것을 배운다
▶ learn how to read and write이라고도 한다
☑ study는 「공부하다, 연구하다」, learn은 「배워 익히다」의 뜻임
❷ 알다, 듣다
I *learned* it from Jim. 나는 짐에게서 듣고 알았다
I *learned* his death in today's paper. 나는 오늘 신문을 보고 그의 죽음을 알았다
— 자동 외다, 배우다
He *learns* fast. 그는 빨리 왼다
learn by heart 암기하다
Learn this poem *by heart*. 이 시를 암기하시오
▶ know by heart는 암기해서 알고 있다는 뜻임

learned [ləːrnd] 동 **learn**(배우다)의 과거·과거분사형

learn·ed [ləːrnid] 형 (비교 **more learned**; 최상 **most learned**) 학식이 있는
a *learned* man 학식이 있는 사람

learn·ing [ləːrniŋ] 동 **learn**(배우다)의 현재분사형
— 명 학문 《a를 붙이지 않고, 복수 없음》
a man of *learning* 지식인

learns [ləːrnz] 동 **learn**(배우다)의 3인칭 단수현재형

learnt [ləːrnt] 동 **learn**(배우다)의 과거·과거분사형

lease [líːs] 명 (복수 **leases** [-iz]) 차용계약

★**least** [líːst] 형 《**little**의 최상급》 가장 작은, 가장 적은(↔ most 가장 많은)
Kate did the *least* work. 케이트가 가장 적게 일했다
— 명 최소 《보통 the를 붙여서》
at least 적어도
Write (to) him *at least* once a month. 적어도 월 1회씩 그에게 편지를 쓰시오
— 부 가장 적게
I like that book *least* of all. 나는 그 책을 가장 싫어한다

★**leath·er** [léðər] 명 무두질한 가죽, 가죽 제품(→ skin 피부) 《a를 붙이지 않고, 복수 없음》
Some shoes and bags are made of *leather*. 어떤 구두와 가방은 가죽제품이다

★**leave** [líːv] 동 (3단현 **leaves** [-z]; 과거·과분 **left** [léft]; 현분 **leaving**) 타동 ❶ 떠나다, 출발하다, 사라지다
Don't *leave* your seat. 자리를 뜨지 마라
She *left* the room quietly. 그녀는 조용히 방을 떠났다
I *leave* home for school at seven o'clock. 나는 7시에 집을 나서서 학교에 간다
She is *leaving* London for Paris. 그녀는 런던을 떠나 파리로 향할 것

leaves¹ - leg

이다
Tom *left* school to help his father.
톰은 아버지를 돕기위해 학교를 그만
두었다
☑ leave school은 「졸업하다」의 뜻
도 있다
❷ 두고 오다; 남겨 두다, 맡기다
Did Jack *leave* his lunch at home?
잭은 점심 도시락을 집에 두고왔니
Somebody *left* an umbrella behind.
누군가 우산을 놓고 갔다
☑ 이런 의미에서는 보통 장소를 나
타내는 말로 behind를 쓴다. 장소를
나타내는 말이 있을 때는 forget를 쓰
지 않는다: I have forgotten my
pen.(나는 만년필을 잊고 왔다)
The mailman *left* a letter. 우체부가
한 통의 편지를 맡겼다
Six from ten *leaves* four. 10 빼기 6은
4이다
☑ 더하기는 다음과 같다: Two and
three are(is) five. (2+3=5)
Please *leave* your coat at the cloak-
room. 당신의 코트를 임시 보관실에
맡겨 두세요
❸ 《leave+목적어+보어로》 ~한
상태로 남겨 두다
He *left* the door open. 그는 문을 열
어 놓았다
❹ 맡기다
Leave it to me. 나에게 맡기시오
— 《자동》 떠나다, 출발하다
He *left* for London. 그는 런던을 향해
서 떠났다
leave ... alone ~를 그대로 내버려
두다
Leave him *alone*. 그를 내버려 두세요
leave off 그치다
It's time to *leave off* work. 일을 끝낼
시간이다
Where did we *leave off?* 우리는 (전
에) 어디까지 배웠지요
★★**leaves¹** [líːvz] 명 **leaf**(잎)의 복
수형
The ground is covered with *leaves*.
지면은 나뭇잎으로 덮여 있다

★**leaves²** [líːvz] 동 **leave**(떠나다)의
3인칭 단수현재형
leav·ing [líːviŋ] 동 **leave**(떠나다)의
현재 분사형
lec·ture [léktʃər] 명 (복수 **lectures**
[-z]) 강의, 강연
The teacher gave a *lecture* on Hugo.
선생님은 위고에 관한 강의를 하셨다
★**led** [léd] 동 **lead**(이끌다)의 과거·
과거분사형
★**left¹** [léft] 형 왼쪽의(↔ right 오른
쪽의)
Raise your *left* hand. 왼손을 올리세
요
I sat on Tom's *left* side. 나는 톰의
왼편에 앉았다
You can see a hospital on your *left*
hand. 네 왼쪽으로 병원이 보일 것이다
a léft fíelder 《야구》 좌익수
— 명 좌측, 왼쪽 《a를 붙이지 않고,
복수 없음》
Turn to the *left* at the crossing. 건널
목에서 왼편으로 돌아가시오
Keep to the *left*. 《게시》 좌측 통행
☑ 보통은 KEEP LEFT라고 쓰여
있다. 영에서는 차가 좌측통행을 한다
The small pond is on the *left* of the
building. 그 작은 연못은 건물의 좌측
에 있다
the Léft 좌익, 급진당(↔ the Right
우익)
— 부 왼편으로
Turn *left* at the second corner. 두번째
모퉁이에서 왼편으로 도십시오
★**left²** [léft] 동 **leave**(떠나다)의 과거·
과거분사형
The travelers *left* Chicago yesterday.
여행자들은 어제 시카고를 떠났다
★**leg** [lég] 명 (복수 **legs** [-z])
❶ 다리, 아랫도리
Bill crossed his *legs*. 빌은 다리를 포
갰다
We need our *legs* for walking. 우리는
걷기 위해 다리가 필요하다

legal - less

☑ leg는 복사뼈부터 허벅지까지이며 foot는 그 밑의 발 부분이다

❷ (가구의) **다리**
This table has three *legs*. 이 테이블은 다리가 3개 있다

le·gal [líːgəl] 형 법률의; 법에 맞는
She took *legal* action to stop her neighbors making so much noise. 그녀는 소음을 내는 이웃을 막기위해 법적인 제재를 취했다

leg·end [lédʒənd] 명 《복수 **leg-ends** [-z]》 전설

lei·sure [líːʒər] 명 여가, 틈, 레저 《a를 붙이지 않고, 복수 없음》
He does not have much *leisure* for sports. 그는 운동할 틈이 그리 많지 않다
Tennis is his *leisure* activity. 테니스는 그의 여가 활동이다

*lem·on** [lémən] 명 《복수 **lemons** [-z]》 《식물》 레몬
▶ lemon은 영·미인에게 '신것'이란 인상이 강하여 이미지가 좋지 않다. 속어로는 불쾌한 것[일, 사람], 시시한 것을 나타내기도 한다

lem·on·ade [lèmənéid] 명 레몬에이드, 레몬수 《a를 붙이지 않고, 복수 없음》

*lend** [lénd] 타동 《3단현 **lends** [-z]; 과거·과분 **lent** [lént]; 현분 **lending**》 빌려 주다 (↔ borrow 빌리다; → rent)
I *lent* him the book. 나는 그에게 책을 빌려 주었다
☑ him을 문장 끝에 옮기면 I lent the book to him.이 된다
Please *lend* me your bicycle for an hour. 당신의 자전거를 한 시간만 제게 빌려주십시오

lend·ing [léndiŋ] 동 **lend**(빌려 주다)의 현재분사형

lends [léndz] 동 **lend**(빌려주다)의 3인칭 단수현재형

length [léŋkθ] 명 《형용사는 long》 《a를 붙이지 않고, 복수 없음》
❶ 길이, 세로 (→ breadth 폭)
The *length* of this bridge is 50 meters. 이 다리는 길이가 50미터이다
This room is 15 feet in *length* and 10 feet in breadth. 이 방은 길이 15피트, 폭 10피트이다
☑ 보통은 This room is 15 feet long. 이라고 한다
❷ (시간적인) 길이, 기간
the *length* of a vacation 휴가 기간
at length 드디어 (= at last); 자세히

length·en [léŋkθən] 동 《3단현 **lengthens** [-z]; 과거·과분 **length-ened** [-d]; **lengthening**》 타동 자동 길게 하다, 늘이다, 뻗치다

lens [lénz] 명 《복수 **lenses** [-iz]》 렌즈

lent [lént] 타동 **lend**(빌려 주다)의 과거·과거분사형
〈◆동음어 leant(lean(기대다)의 과거·과거분사형)〉

Le·o·nar·do da Vin·ci [lìːə-náːrdou də víntʃi] 명 레오나르도 다빈치 《1452-1519; 이탈리아의 화가·과학자; 모나리자, 최후의 만찬 등의 명작을 남김》

leop·ard [lépərd] 명 《동물》 표범

*less** [lés] 형 《little의 비교급》 보다 적은, 보다 작은 (↔ more 보다 많은)
The small glass holds *less* milk than the big one. 작은 유리잔은 큰 유리잔보다 우유를 적게 담는다

leopard

Less noise, please! 더 조용히
Less people go to church than before. 교회에 나가는 사람이 이전보다 적다
☑ less는 양을 나타내는 일이 많다. 윗글에서처럼 수를 나타내는 경우에

lesson - let

는 fewer people이 많이 사용된다
─ 🟥 더 적게
He is *less* bright than his sister. 그는 그의 누나보다 영리하지 않다
more or less 다소, 얼마간
The question is *more or less* difficult. 그 질문은 다소 어렵다
no less ... than ~ ~못지않게 …하다
Alice is *no less* beautiful *than* her sisters. 앨리스는 자매들에 못지않게 아름답다
none the less 그래도 역시
I have no money, but I want to buy it *none the less*. 나는 돈이 없다, 그래도 역시 나는 그것을 사고 싶다

★**les·son** [lésn] 명 (복수 **lessons** [-z]) ❶ **학과, 수업**; 《종종 복수형으로》 레슨
We have a lot of *lessons* today. 오늘 우리는 수업이 많다
Did you understand today's math *lesson*? 오늘 수학 수업을 이해했느냐
📝 대학의 경우는 lesson이라 하지 않고 lecture(강의)라고 말한다
She has music *lessons* every Sunday. 그녀는 일요일마다 음악 레슨을 받는다
The teacher is giving a *lesson* in English. 선생님은 영어로 수업을 하신다
❷ (교과서의) 과
Read *Lesson* one. 《수업에서》 제1과를 읽으시오
📝 the first lesson 이라고도 하며, 보통 Lesson One으로 쓴다
❸ 교훈
I learned a good *lesson* from the story. 나는 그 이야기에서 좋은 교훈을 얻었다
The accident taught the driver a *lesson* about speeding. 그 사고는 운전자에게 속도에 대한 교훈을 주었다

lest [lèst] 접 (문어) ~하지 않도록
📝 영에서는 should를 함께 사용할 때가 많다. 미에서는 보통 동사 원형을 사용한다: Be careful *lest* you (should) break it.(그것을 깨뜨리지 않도록 조심하세요) lest자체에 부정의 뜻이 있으므로 not과 같이 쓰지 않도록 주의: Be careful *lest* you should break it. (○)
Be careful lest you should not break it. (×)

★**let** [lét] 동 (3단현 **lets** [-s]; 과거·과분 **let**; 현분 **letting**)
📝 let의 3단변화가 모두 같다는 것에 주의
타동 ❶ 《let+목적어+동사 원형으로》 ~**를 …하게 하다, ~가 …하도록 허락하다**
We *let* him *go* to the movies. 우리는 그를 영화관에 가게 했다
Let me have a look at your notebook. 노트를 잠깐 보여 주시오
Mother *let* us stay up late last night. 어머니는 우리가 어젯밤 늦게까지 자지 않은 것에 대해 허락하셨다
My father did not *let* me go to Seoul. 나의 아버지는 나의 상경을 허락하지 않으셨다

🟦 (1) 「~합시다」라는 권유에는 Let's[lets] ... (보통 강세를 두지 않는다) 「우리로 하여금 ~하게 해 주시오」라는 허락을 구하는 경우는 Let us [létəs]를 사용한다: Let's go.(자 갑시다) Let us go there.(거기에 가게 해 주시오)
(2) 취소하는 경우 Let's not ... 또는 Don't let's ...로 표현한다: Don't let's go today.(오늘은 가지 맙시다)
(3) let은 허용을 나타내고 make는 강제를 나타낸다: Let him go.(가고 싶다고 하면 그를 가도록 하세요) Make him work.(싫어해도 그를 일하게 하세요)

📝 (1) Let's go.(자, 가자)라고 말하면 Yes, let's.(예, 갑시다), 또는 No, don't let's.(아니오, 그만둡시다)라고 답한다

(2) 어조를 부드럽게 하기 위해서 let's 뒤에 shall we?를 붙이기도 한다 : Let's go, shall we?(자, 가 볼까요)
❷ 《장소를 나타내는 말 뒤에 와서》 **가게 하다**, 움직이게 하다
Please *let* me *in*. 나를 들여보내 주세요
I *let* her *down*. 나는 그녀를 내려 주었다
📝 위의 예문을 각각 Please let me come in., I let her go down.처럼 동사를 보완하면 잘 이해가 된다
❸ (토지·가옥 등을) **세놓다**
This house is to be *let*. 이 집을 세 놓습니다
— 자동 빌려주다
The room *lets* for 80,000won a month. 그 방은 한 달에 8만원으로 세 놓는다
let alone 내버려 두다
let go 놔 주다 《let+목적어+동사의 어순이 바뀌어진 형태》
Let me *go*! 나를 놓으시오
Don't *let go* the rope. 줄을 놓지 마라
let loose 자유롭게 하다
You may *let loose* your dog. 개를 풀어 놓아도 좋다
Let me see. 글쎄요, 저어
Let me see. Where did I leave my bag? 그런데 내 가방을 어디에 두었지
let out 흘러나오게 하다, 밖으로 내보내다
She *let* the air *out* of the balloon. 그녀는 풍선의 바람을 빼었다

lets [léts] 동 let(~하게 하다)의 3인칭 단수현재형

*let's [léts] 《**let us**의 줄임꼴》 ~합시다 《권유의 뜻을 가짐》
Let's go swimming. 수영갑시다

★let·ter [létər] 명 (복수 **letters** [-z]) ❶ **편지**
I write a *letter* to my parents once a week. 나는 매주 1회씩 부모님에게 편지를 쓴다
Dad mailed his *letter*. 아빠는 편지를 부치셨다
📝 「나는 그에게 매주 편지를 쓴다」의 표현법 : I write a *letter* to him every week.＝I write him a *letter* every week. 이런 경우 回에서는 a letter를 생략하기도 한다. I write (to) him every week.에서는 to를 생략하는 경우가 많다
I got a *letter* from her. 나는 그녀에게서 편지 한 통을 받았다
❷ (알파벳의) **문자**
a capital *letter* 대문자
a small *letter* 소문자
'A' is the first *letter* of the alphabet. A는 알파벳의 첫 글자이다
There are three *letters* in the word 'dog'. 'dog'라는 낱말은 세 글자로 되어 있다
📝 **letter와 Alphabet**
alphabet은 26자 (A에서 Z까지) 모두를 통틀어 말하는 것이고, 그 각각의 글자를 letter라고 한다
❸ 《복수형으로》 **문학**, 학
Mr. Kim is a man of *letters*. 김선생은 문인이다

let·ter box [-bàks] 명 (복수 **let-terbox*es*** [-iz]) 명 우체함, 포스트 (＝回 mailbox)

let·ters [létərz] 명 **letter**(편지)의 복수형

let·ting [létiŋ] 동 **let**(~하게 하다)의 현재분사형

let·tuce [létis] 명 《식물》 상추
Lettuce leaves are used for making salads. 상추잎은 샐러드를 만드는데 쓰인다

*lev·el [lévəl] 명 《보통 단수형으로》 **수평**, 수준; 정도
The water rose to a *level* of ten meters. 물높이는 10미터에 달했다
above sea level 해발 《부사적으로 사용됨》
How high are we *above sea level*? 우리가 있는 곳은 해발 얼마나 될까

lever - lie¹

—형 **수평의**, 평평한, 높이가 같은
The stream was almost *level* with its banks. 시냇물은 둑과 거의 같은 높이가 되었다
The two piles of bricks are *level* with each other. 그 두 벽돌더미는 서로 높이가 같다

lev·er [lévər] 명 지레

li·ar [láiər] 명 거짓말쟁이 《동사는 lie》

lib·er·a·tion [lìbəréiʃən] 명 해방
Liberátion Dáy 광복절

*__lib·er·ty__ [líbərti] 명 자유(= freedom) 《a를 붙이지 않고, 복수 없음》
Give me *liberty*, or give me death. 나에게 자유가 아니면 죽음을 다오 《패트릭 헨리의 말》
A prisoner does not have the *liberty* to go where he wants. 죄수는 그가 가고싶은 곳을 갈 수 있는 자유가 없다
the Státue of Líberty 자유의 여신상
▶ 뉴욕만의 작은 섬에 있는 청동의 입상. 왼손에 Liberty Enlightening the World(세계를 밝게 하는 자유; 이것이 이 상의 공식명)라고 쓰인 판을 가지고 있다. 미국 독립 100주년을 기념하기 위하여 프랑스 정부가 기증한 것

Lib·er·ty Bell [-bèl] 명 《the를 붙여》 자유의 종 《필라델피아에 있는 미국 독립선언 때 치던 종》

li·brar·i·an [laibréəriən] 명 도서관원, 사서
The *librarian* helped me to find the book. 사서는 내가 책 찾는것을 도와주었다

li·brar·ies [láibreriz] 명 library (도서관)의 복수형

*__li·brar·y__ [láibreri] 명 《복수 librar*ies* [-z]》
❶ **도서관**, 도서실
Our school has a large *library*. 우리 학교에는 큰 도서관이 있다
Our town has a good public *library*. 우리 마을에는 좋은 공공 도서관이 있다
❷ (개인의) 장서
He has a *library* of 10,000 books. 그는 1만권의 장서가 있다
❸ 문고
Everyman's *Library* 만인 문고 《영국의 명작 문고 이름》

*__li·cense__ [láisns] 명 《복수 li·cens*es* [-iz]》 허가, 인가, 면허
a driver's *license* 운전 면허증
📝 미에서는 license, 영에서는 licence 라고 한다

li·cense plate [-plèit] 명 (자동차 따위의) 번호판

lick [lík] 타동 (3단현 lick*s* [-s]; 과거·과분 lick*ed* [-t]; 현분 lick*ing*) 핥다
She watched Bill *lick* his ice-cream cone. 그녀는 빌이 아이스크림을 핥아 먹는 것을 보았다

lic·o·rice [líkəris] 명 《식물》 감초

lid [líd] 명 뚜껑, 눈꺼풀(→ eye 눈)
He pressed the *lid* of the paint can back into place.
그는 페인트통의 뚜껑을 다시 제자리에 눌러 놓았다

*__lie¹__ [lái] 자동 (3단현 lie*s* [-z]; 과거 *lay* [léi]; 과분 *lain* [léin]; 현분 *lying*)
📝 과거분사 lain은 구어에서는 드물게 쓰인다
❶ **눕다, 누워 있다**
Lie on the sofa and have a rest. 소파에 누워서 잠깐 쉬시오
He *lay* down on the grass. 그는 풀밭에 누웠다
❷ (어떤 장소에) **있다, 위치하다**
Korea *lies* in the east of Asia. 한국은 아시아의 동쪽에 있다
A huge rock *lies* at the bottom of the lake. 큰 바위가 그 호수 밑바닥에 있다

❸ (어떤 상태에) **처해 있다** 《뒤에 형용사나 현재분사형이 온다》
He *lay* sick in bed. 그는 병으로 누워 있었다
She *lay* awake all through the night. 그 여자는 그날 밤 내내 깨어 있었다

📝 lay, lie¹, lie²의 활용표

현재형	과거형	과거분사형	현재분사형
lay 놓다	laid	laid	laying
lie¹ 눕다	lay	lain	lying
lie² 거짓말하다	lied	lied	lying

***lie²** [lái] 명 (복수 **lies** [-z]) **거짓말** (↔truth 진실)
Don't tell a *lie*. 거짓말을 하지마라
— 동 (3단현 **lies** [-z] ; 과거·과분 **lied** [-d] ; 현분 **lying**) 자동 **거짓말을 하다**
Some people will *lie* to get out of trouble. 어떤 사람은 곤란한 상황에서 빠져나가기 위해 거짓말을 한다

★**life** [láif] 명 (복수 **lives** [láivz]) 《동사는 live》
❶ **생명**(↔death 죽음)
human *life* 인명
Where there is *life*, there is hope. 《속담》 생명이 있는 곳에 희망이 있다
Breathing is a sign that an animal has *life*. 숨을 쉰다는 것은 동물이 생명이 있다는 표시이다
Many *lives* were lost. 《문어》 많은 희생자를 냈다
📝 일반적으로 「생명」의 뜻에는 a를 붙이지 않으며 복수형은 없으나 개인의 생명에는 a를 붙이고 복수형 lives [láivz]를 사용한다
❷ **생활** 《보통 형용사와 a가 붙는다》
He lived a happy *life*. 그는 행복한 생활을 했다
He is enjoying a country *life*. 그는 시골 생활을 즐기고 있다

❸ **인생** 《a를 붙이지 않고, 복수 없음》
Life is wonderful. 인생은 즐겁다
This is my view of *life*. 이것이 나의 인생관이다
The old man had a long *life*. 노인은 긴 인생을 살았다
❹ **전기**
I read about the *life* of Columbus. 나는 콜럼버스 전기를 읽었다
❺ **생물** 《집합명사로 a를 붙이지 않고, 복수 없음》
There is no *life* on the moon. 달에는 생물이 없다
발음 복수 lives [láivz]와 동사의 3인칭 단수 현재형 lives[lívz]를 구별

all one's life 일생 동안
He lived in New York *all his life*. 그는 평생 동안 뉴욕에서 살았다
come to life 살아나다
He *came to life* at last. 드디어 그는 살아났다
for one's life 필사적으로
He ran *for his life*. 그는 필사적으로 뛰었다
in one's life 일생동안
I've never seen such a big tower *in my life*.
나는 내 일생동안 그렇게 큰 탑을 본 적이 없다

life·boat [láifbòut] 명 구명 보트
The sailor used a *lifeboat* to save the boy.
선원은 소년을 구하기 위해 구명보트를 사용하였다

life·long [láiflɔ̀:ŋ] 형 일생의

life·size(**d**) [láifsáiz(d)] 형 실물 크기의

life·time [láiftàim] 명 일생

***lift** [líft] 동 (3단현 **lifts** [-s] ; 과거·과분 **lifted** [-id] ; 현분 **lifting**) 타동 **들어올리다**, 올리다
He *lifted* the box. 그는 상자를 들어올렸다
— 명 (복수 **lifts** [-s]) 명 **승강기**(=

㉫) elevator)
I took the *lift* to the seventh floor. 나는 8층까지 승강기로 올라갔다
☑ the seventh floor는 ㉰에서는 8층, ㉫에서는 7층을 말함 → floor

★**light¹** [láit] (◆ light의 gh는 묵음임에 주의) 몡 (복수 **lights** [-s])
❶ 빛, 광선 《a를 붙이지 않고, 복수 없음》
The sun gives us *light* and heat. 태양은 우리에게 빛과 열을 준다
☑ light는 일반적인 용어, ray는 작은 구멍이나 물체에서 나오는 광선, flash는 번쩍이는 불빛, beam은 태양에서 나오는 강한 광선
❷ 불빛; (성냥의) 불
I saw a *light* in the distance. 멀리 불빛이 보였다
❸ 등불, 전등
The *light* in the hall needs new bulb. 홀에 있는 전등은 새로운 전구가 필요하다
— 형 (비교 **lighter**; 최상 **lightest**)
❶ 밝은(↔ dark 어두운)
The sun makes this room very *light*. 해는 이 방을 매우 밝게 만들었다
❷ (색이) 연한
I like *light* blue. 나는 연한 청색을 좋아한다
— 동 (3단현 **lights** [-s]; 과거·과분 **lighted** [-id] 또는 **lit** [lít]; 현분 **lighting**) 타동 불을 붙이다, 비추다, 밝게 하다
We *lighted* the candles. 우리는 초에 불을 켰다
He *lighted* the lamp in the dark room. 그는 어두운 방에 전등을 비추었다
— 자동 불붙다, 밝아지다
The fire won't *light*. 불이 붙지 않을 것이다

★★**light²** [láit] 형 (비교 **lighter**; 최상 **lightest**) 가벼운(↔ heavy 무거운)
This box is very *light*; a child can lift it. 이 상자는 매우 가볍다. 심지어 어린 아이조차도 그것을 들 수 있다

lighted [láitid] 동 light(불을 붙이다)의 과거·과거분사형의 하나

light·en [láitn] 동 (3단현 **lightens** [-z]; 과거·과분 **lightened** [-d]; 현분 **lightening**) 타동 밝게하다; 가볍게 하다
lighten a load 도로를 밝게 하다
— 자동 밝아지다; 가벼워지다
Her face *lightened*. 그녀의 얼굴이 밝아졌다

light·er [láitər] 몡 (복수 **lighters** [-z]) (담배용의) 라이터

light·er [láitər] 형 light(밝은, 가벼운)의 비교급

light·est [láitist] 형 light(밝은, 가벼운)의 최상급

★**light·house** [láithàus] 몡 (복수 **lighthouses** [-ziz]) (◆복수형 발음에 주의) 등대

lighthouse

light·ing [láitiŋ] 동 light(불을 붙이다)의 현재분사형
— 몡 점화; 조명 《복수 없음》
soft *lighting* in a classroom 교실의 밝은 조명

light·ly [láitli] 부 가볍게, 살짝
The snow fell *lightly* on the field. 눈이 들판에 살짝 내려 앉았다

★★**light·ning** [láitniŋ] 몡 전광, 번갯불 《a를 붙이지 않고, 복수 없음》
A crash of thunder followed the flash of *lightning*. 번갯불이 번쩍하고 나서 천둥이 쳤다

lights [láits] 동 light(불을 붙이다)의 3인칭 단수현재형

—명 light(불빛)의 복수형

★**like**[1] [láik] 통 (3단현 **likes** [-s]; 과거·과분 **liked** [-t]; 현분 **liking**)
타동 좋아하다(=be fond of)
📝 미국의 젊은이들은 be fond of를 잘 안 쓴다
Helen *likes* fruit. 헬렌은 과일을 좋아한다
Children *like* to play. 아이들은 놀기를 좋아한다
She *likes* reading books. 그녀는 독서를 좋아한다
How do you *like* Korea? 한국은 어떻습니까
I *like* tea better than coffee. 나는 커피보다 홍차를 좋아한다
📝 like와 같이「좋아하다」를 나타내는 동사에는 진행형이 없다

if you like 좋아한다면
You can eat this *if you like*. 좋으시다면 이것을 드십시오

would like ... ~를 좋아하다 《정중한 의사 표시》
Would you *like* to go to the movie tonight? 오늘 저녁에 영화보러 가시겠습니까
I *would like* some milk. 우유 좀 마시고 싶습니다
Would you *like* another cup of tea? 차 한 잔 더 드시겠어요
📝 응답은 Thank you.(고맙습니다, 들겠어요) 또는 No, thank you. I've had enough.(아니오, 충분히 마셨습니다) 등으로 한다

would like to ... ~하고 싶다
"Come again."—"I'*d like to* (*very much*)."「또 오세요」—「고맙습니다」
▶ like를 강하게 발음한다
📝 (1)「가능하다면, 될 수 있는 한」이란 기분을 나타낸다. 다음의 차이점에 주의: I like reading.(나는 독서를 좋아한다) I would like to read something.(나는 뭔가 읽고 싶다) (2) 주어가 1인칭일 때 영에서는 I should like to ...라고 한다. I would like to ... 또는 I should like to ...는 회화에서는 I'd

[áid] like to...로 하는 경우가 많다

†*would like*+사람+to+동사원형
사람이 ~하는 것을 원하다
I *would like* him *to* come with me. 그가 나와 함께 왔으면 좋겠다

—명 《보통 복수형 **likes** [-s]로》
좋아함
Everybody has his *likes* and dislikes. 누구에게나 좋고 싫은 것이 있다

like[2] [làik] 형 (비교 **more** like; 최상 **most** like)
📝 뒤에 목적어를 취한다
❶ ~를 닮은
She is very *like* her father. 그녀는 그녀의 아버지를 매우 닮았다
❷ ~와 같은
It looks *like* rain. 비가 올 것 같다
What is he *like*? 그는 어떤 사람이지요
He was *like* a son to me. 그는 내게는 아들과 같다

feel like ~ing ~하고 싶은 기분이다
I don't *feel like* eat*ing* now. 나는 지금 먹고 싶은 생각이 없다

—전 ~처럼
I can't play the piano *like* you. 나는 너처럼 피아노를 칠 수 없다

liked [láikt] 통 like(좋아하다)의 과거·과거 분사형

like·ly [láikli] 형 (비교 **likelier**, **more** likely; 최상 **likeliest**, **most** likely) ❶ ~할 것 같은
It is *likely* to snow. 눈이 올 것 같다
Are they *likely* to arrive in time? 그들은 시간에 맞춰 도착할 것 같습니까
❷ 그럴듯한, 있음직한
It's a *likely* story. 그것은 있음직한 이야기다

—부 아마, 다분히(=probably)
Very *likely* he will come. 아마 그는 올 것이다

likes [láiks] 통 **like** (좋아하다)의 3인칭 단수현재형

lik·ing [láikiŋ] 명 기호, 좋아함 《복수없음》

li·lac [láilək] 명 (복수 **lilacs** [-s])
《식물》라일락, 자정향《5월경에 작고 연한 자색의 향기 좋은 꽃이 피는 작은 나무》

lilac

lil·y [líli] 명 (복수 **lilies** [-z])
《식물》나리, 백합; 나리 모양의 문장《옛날 프랑스 왕가의 문장》
There are some *lilies* in the garden. 정원에 약간의 백합들이 있다

limb [lím] 명 (복수 **limbs** [-z])
(◆ b는 묵음)(사람·동물의) 손, 발, 사지
The tall boy had long *limbs*. 그 큰 소년는 긴 사지를 가졌다

lim·it [límit] 명 (복수 **limits** [-s])
한도, 한계; 《복수형으로》범위; 경계
What is the speed *limit* on this highway? 이 고속도로의 속도제한은 얼마입니까
A fence showed the *limit* of the farmer's land. 그 울타리는 농부의 땅의 경계를 보여준다
Off Limits. 《게시》출입 금지 구역
— 통 (3단현 **limits** [-s]; 과거·과분 **limited** [-id]; 현분 **limiting**)
타통 제한하다, 한정하다
Speeches are *limited* to ten minutes. 연설은 10분에 한한다

lim·it·less [límitlis] 형 무한한, 무기한의

Lin·coln [líŋkən] 명 링컨《Abraham ~ (1809~65); 미국 제16대 대통령; 노예 제도를 반대했음》

Lin·da [líndə] 명 린다《여자 이름》

★**line** [láin] 명 (복수 **lines** [-z])

❶ 선; 전선; 열
I drew a straight *line* on the paper. 나는 종이 위에 직선을 그었다
Hold the *line*, please. 《전화에서》끊지 말고 기다려 주시오
There is a *line* painted down the center of the road. 길 중앙에 칠해진 선이 있다
A *line* of boys waited to enter the gym. 줄을 선 소년들은 체육관에 들어 가기 위해 기다렸다
❷ 줄, 끈; 낚싯줄
Mother hung the clothes on the *line* to dry. 어머니는 옷을 말리기 위해 줄에 너셨다
❸ (글의) 줄, 행
page 3, *line* 9 3페이지의 9행
❹ 노선, (정기) 항로, 항공로
the Korean Air *Lines* 대한 항공(KAL)
in line 한 줄로; 줄을 서서
wait *in line* for tickets 표를 구하려고 줄을 서서 기다리다
Line's busy! 미 《전화에서》통화중입니다(=영 *Line's engaged!*)
— 통 (3단현 **lines** [-s]; 과거·과분 **lined** [-d]; 현분 **lining**) 타통
❶ 선을 긋다
Don't *line* a book. 책에 선을 긋지 마라
❷ (1렬로) 세우다, 배열하다
The street is *lined* with trees. 거리에는 가로수가 줄지어 있다
line up 정렬하다, 정렬케 하다
All *lined up* along the road. 모두가 길에 정렬했다
📝 야구의 라인업(선수 배치)은 line up [láinʌp] 이라는 명사

lin·en [línin] 명 린넨, 아마포《a를 붙이지 않고, 복수 없음》

lin·er [láinər] 명 (복수 **liners** [-z])
정기선, 정기 여객기; (야구) 라이너

link [líŋk] 명 (복수 **links** [-s])
(사슬의) 고리
Jane's bracelet is made of gold *links*. 제인의 팔찌는 금고리로 만들어진 것이다

lion - literature

li·on [láiən] 명 (복수 **lions** [-z]) 《동물》 (수놈의) **사자**, 라이온
🔲 암사자는 lioness [láiənis]
The *lion* is the king of beasts. 사자는 백수(百獸)의 왕이다
▶ 사자는 권위를 나타내므로 문장 (紋章)에 많이 쓰이는 데, 대영제국 (Great Britain)의 문장이기도 하다

lions

lip [líp] 명 (복수 **lips** [s-]) **입술**
an upper *lip* 윗입술
a lower *lip* 아랫입술
Mother touched her *lips* to the baby's face. 어머니는 그녀의 입술을 아기의 얼굴에 대었다

liq·uid [líkwid] 명 (복수 **liquids** [-z]) 액체
Liquids make things wet. 액체는 물건을 젖게 한다

liq·uor [líkər] 명 (복수 **liquors** [-z]) 알코올성 음료, 술

Li·sa [líːsə] 명 리사 《여자 이름; Elizabeth의 애칭》

list [líst] 명 (복수 **lists** [-s]) 일람표, 리스트, 목록
My name is not on the *list*. 내 이름은 명부에 실려 있지 않다
There are ten words on our spelling *list*. 우리 철자목록에는 10개의 단어가 있다
— 동 (3단현 **lists** [-s]; 과거·과분 **listed** [-id]; 현분 **listing**) 타동 목록에 넣다, 명부에 싣다
The teacher *listed* my name. 선생님은 내 이름을 명부에 올렸다

lis·ten [lísn] (◆ t는 묵음) 동 (3단현 **listens** [-z]; 과거·과분 **listened** [-d]; 현분 **listening**) 자동
듣다, 귀를 기울이다
We were *listening* to his speech. 우리는 그의 연설을 듣고 있었다
Listen to me. 내 말을 들으시오
🔲 주의를 끌려는 말. Just listen! 또는 Listen! 이라고 한다
I *listened* for the steps. 나는 발소리에 귀를 기울였다
🔲 listen은 「주의해서 듣다」, hear 는 「들리다」의 뜻. look과 see의 관계와 같다

lis·tened [lísənd] 동 listen(듣다)의 과거·과거분사형

lis·ten·er [lísnər] 명 (복수 **listeners** [-z]) 듣는 사람, (라디오의) 청취자
The teacher told Jack that he was a good *listener*. 선생님은 잭에게 그는 잘 경청해서 듣는다고 말했다

lis·ten·ing [lísniŋ] 동 listen(듣다)의 현재분사형

lis·tens [lísnz] 동 listen(듣다)의 3인칭 단수현재형

lit [lít] 동 light(불을 붙이다)의 과거·과거분사형의 하나

li·ter [líːtər] 명 (복수 **liters** [-z]) 리터 《미터법의 용량 단위; 1,000 cc》

lit·er·al·ly [lítərəli] 부 문자 그대로
I took what he said *literally*, but he really meant something else. 나는 그의 말을 문자 그대로 받아들였으나 사실 그는 다른 말을 의미했던 것이다

lit·er·ar·y [lítəreri] 형 (비교 ***more** literary*; 최상 ***most** literary*) 문학의
literary works 문학 작품

lit·er·a·ture [lítərətʃùər] (◆ 강세에 주의) 명 문학 《a를 붙이지 않고, 복수 없음》
English *literature* 영국 문학
Our city library has one big room to hold children's *literature*. 우리 시립

도서관은 어린아이들을 위한 문학책만이 있는 큰 방이 있다

li·tre [líːtər] 명 영 리터(=liter)

lit·ter [lítər] 명 어수선하게 흩어진 물건, 찌꺼기, 쓰레기 《a를 붙이지 않고, 복수 없음》
After the parade, workmen swept *litter* from the street. 퍼레이드가 끝난후, 청소부는 거리에 있는 쓰레기를 쓸었다

★**lit·tle** [lítl] 형 (비교 **less** [lés]; 최상 **least** [líːst])

❶ 작은(=small;↔ big, large 큰); 어린
There is a *little* house on the hill. 언덕 위에 작은 집이 있다
She keeps three *little* birds. 그녀는 작은 새를 3마리 기르고 있다
Helen has a *little* sister. 헬렌은 어린 여동생이 있다
☑ little에는 「귀여운」 등의 감정을 포함하는 경우가 많다: a *little* girl 귀여운 소녀(→ a small girl 작은 소녀)

> (1) 대구로서 great and little 또는 big and little 등이 있으나, large and little은 없다. (2) 비교급 less, 최상급 least 는 양·정도를 나타낸다

❷ 《a little 로서》 (양이) 조금 있는; 얼마만큼 있는
There is *a little* milk in the glass. 그 잔에는 우유가 조금 있다
I have *a little* knowledge of music. 나는 음악에 대해서 조금 알고 있다
Can I have *a little* coffee? 커피 좀 들 수 있어요

little
few

May I have *a little* of that cake? 저 케이크을 조금 먹어도 될까요
☑ a little ~은 하나, 둘 셀 수 없는 명사에 사용한다. 「있다」에 중점을 두며 셀 수 있는 명사에는 a few 를 사용한다

❸ 《부정관사 a를 붙이지 않고》 (양이) 조금밖에 없는, 거의 없는(↔ much 많은)
We had *little* rain last month. 지난달엔 비가 거의 오지 않았다
There is *little* hope of his success. 그가 성공할 가망은 거의 없다
☑ 하나, 둘 셀 수 없는 명사에 붙여서 「없다」에 중점을 두기 때문에 부정에 가깝다

— 대 ❶ 《a little로서》 조금, 소량 (있음)
"Do you have any money?"–"Yes, I have *a little*." 「돈이 있느냐」–「응, 조금 있어」

❷ 《부정관사 a를 붙이지 않고》 조금 (밖에 없음)
I know *little* about Africa. 아프리카에 관해서 거의 모른다
☑ 이 용법에서는 「없다」에 중점

little by little 조금씩, 점점
He is getting better *little by little*. 그는 조금씩 좋아지고 있다

not a little 적잖게, 대단히 《부사적으로 사용》
She was *not a little* surprised. 그녀는 적잖게 놀랐다

— 부 (비교 **less,** 최상 **least**)
❶ 《a little로서》 조금은 (~하는)
I can speak English *a little*. 나는 영어를 조금은 할 수 있다
He is *a little* better this morning. 그는 오늘 아침엔 조금 낫다
I was *a little* angry. 나는 조금 화가 났다

❷ 《부정관사 a를 붙이지 않고, 동사의 뒤에 와서》 거의 ~하지 않는; 《동사의 앞에 와서》 조금도 ~하지 않는(=not at all)
I slept very *little* last night. 나는 어젯

Little Bear - living room

밤 거의 자지 못했다
I *little* knew that he was a teacher.
그가 선생님인줄은 전혀 몰랐다
He goes out *little*. 그는 외출을 거의 하지 않는다

📝 **little 과 few** (정도를 나타내기)

	양	수
조금은 있다	a little	a few
거의 없다	little	few
조금 밖에 없다	only a little	only a few
꽤 있다	quite a little	quite a few
적잖게 있다	not a little	not a few

Lit·tle Bear [-béər] 명 《천문》 작은 곰자리

★**live**[1] [lív] 동 (3단현 **lives** [-z] ; 과거·과분 **lived** [-d] ; 현분 **living**) 《명사는 life》 자동 ❶ **살다, 살고 있다**
"Where do you *live* ?" – "I *live* in Incheon." 「어디에 사시죠」 – 「인천에 삽니다」
I *live* at 15 Myeong-dong. 나는 명동 15번지에서 산다
I am now *living* with my parents. 나는 지금 부모님과 함께 살고 있다
▶ 진행형은 일시적으로 살고 있다는 기분이 든다

❷ **살다, 생존하다**
Snakes *live* on this mountain. 이 산에는 뱀이 살고 있다
They *lived* happily ever after. 그들은 그 후 줄곧 행복하게 살았다
Some people *live* to be very old. 어떤 사람은 아주 오래 산다

📝 여기서 to부정사는 결과의 용법으로 문장을 앞에서부터 순서에 따라 해석해 나간다. 목적의 용법으로 해석하지 않도록 주의

— 타동 (~한 생활을) **하다**
She *lived* a happy life. 그녀는 행복한 생활을 했다

📝 She lived happily. 와 같음

live on ... ~를 주식으로 살고 있다, ~로 살고 있다
Hawks *live on* mice and other small animals. 매는 쥐와 다른 작은 동물을 주식으로 한다
She *lives on* thirty dollars a week. 그녀는 매주 30달러로 생활하고 있다

live[2] [láiv] (◆ 동사 live와 발음이 다름) 형 **살아 있는**
There are many *live* animals in the zoo. 동물원에는 살아 있는 많은 동물들이 있다

📦 형용사 live 는 명사 앞에만 사용한다: a live fish(살아 있는 물고기) 동사 뒤에 와서 서술적으로 사용할 때는 alive 를 사용한다: The snake is alive.(그 뱀은 살아 있다)

lived [lívd] 동 **live**(살다)의 과거·과거분사형

live·ly [láivli] 형 (비교 **livelier** ; 최상 **liveliest**) 생기가 넘친, 기운찬, 활발한
a *lively* boy 생기가 넘치는 소년
a *lively* dance 떠들썩한 춤 파티
My aunt is so *lively* for her age. 우리 고모는 나이에 비해 기운이 넘치셔

Liv·er·pool [lívərpùːl] 명 리버풀 《영국 서북부의 항만·공업도시》

lives[1] [lívz] 동 **live**(살다)의 3인칭 단수현재형

lives[2] [láivz] 명 **life**(생명)의 복수형

liv·ing [lívíŋ] 동 **live**[1](살다)의 현재분사형
— 형 **살아 있는**(↔ **dead** 죽은)
He is a great *living* artist. 그는 살아 있는 위대한 예술가이다
— 명 **생계, 생활** 《a를 붙이지 않고, 복수 없음》
plain *living* 소박한 생활

★**liv·ing room** [-rùːm] 명 (복수 **living rooms** [-z]) **거실**

She is playing the violin in the *living room*. 그녀는 거실에서 바이올린을 연주하고 있다

Liz [liz] 몡 리즈 《여자 이름; Elizabeth의 애칭》

liz·ard [lízərd] 몡 (복수 **lizards** [-z]) (동물) 도마뱀

'll [l] 《구어》 will의 단축형
He'*ll* study hard to enter a college. 그는 대학에 가기 위해 열심히 공부할 것이다

load [lóud] 몡 (복수 **loads** [-z]) 적재 화물, 짐
The donkey carried a *load* of grain on its back. 당나귀는 등에 곡식 짐을 지고 있다
— 동 (3단현 **loads** [-z]; 과거·과분 **loaded** [-id]; 현분 **loading**)
타동 ~를 싣다
"We have finished *loading* the furniture into the van."—"OK. Let's go." 「차에 가구 싣는 걸 끝냈어」—「좋아, 출발하자」
They *loaded* the ship with the coal. 그들은 배에 석탄을 실었다
They *loaded* the coal in the ship. 이라고도 한다

load·ed [lóudid] 혱 짐을 실은, 잔뜩 실은

***loaf** [lóuf] 몡 (복수 **loaves** [lóuvz]) 한 덩이
a *loaf* of bread 빵 한 덩이

loan [lóun] 몡 (복수 **loans** [-z]) 빌리는 일; 대부금, 차관
He got a *loan* of $100 from the bank. 그는 은행에서 100달러를 대출 받았다

loaves [louvz] 몡 **loaf**(한 덩이)의 복수형

lob·by [lábi] 몡 (복수 **lobbies** [-z]) 로비
호텔, 극장 등의 현관, 대기실, 휴게실 등에 사용

They sell popcorn in the *lobby* of the theater. 극장 현관에서는 팝콘을 판다
"I'll wait for you in the hotel *lobby*."—"OK. I'll try not to be long." 「호텔 로비에서 기다리죠」—「알겠어요. 늦지 않도록 하겠습니다」

lob·ster [lábstər] 몡 (복수 **lobsters** [-z]) (동물) 바닷가재
Lobsters are very popular as food. 바닷가재는 음식으로 널리 쓰인다

lobster

lo·cal [lóukəl] 혱 지방의
a *local* train 완행 보통 열차
준급행은 a local express (train), 급행 열차는 an express (train)을 쓴다
lócal cólor 지방색
Our *local* library is larger than the one in the next town. 우리 동네 도서관은 옆 동네 도서관보다 크다

lo·cate [loukéit] 동 (3단현 **locates** [-s]; 과거·과분 **located** [-id]; 현분 **locating**) 타동 (가게 등이) 위치하다
His office is *located* in Jongno. 그는 종로에 사무실이 있다

lo·ca·tion [loukéiʃən] 몡 (복수 **locations** [-z]) 장소

****lock** [lák] 몡 (복수 **locks** [-s]) 자물쇠
Open the *lock* with this key. 이 열쇠로 그 자물쇠를 열어라
— 동 (3단현 **locks** [-s]; 과거·과분 **locked** [-t]; 현분 **locking**)
타동 ❶ 자물쇠를 채우다
He will *lock* the door of his car. 그는 자동차 문을 잠글 것이다
All the doors are *locked* from outside.

locker - long¹

모든 문에는 밖으로 자물쇠가 채워져 있다
❷ 가두다
He *locked* me in his room. 그는 나를 그의 방에 가두었다
The zoo keeper *locked* the wolf in the cage. 동물원 경비는 늑대를 우리에 가두었다

lock·er [lákər] 명 (복수 **locker**s [-z]) 로커, (자물쇠가 달린) 장

lo·co·mo·tive [lòukəmóutiv] 명 (복수 **locomotive**s [-z]) 기관차
📝 객차는 명에서는 car이다

lo·cust [lóukəst] 명 (복수 **locust**s [-s]) (곤충) 메뚜기

locust

lodge [ládʒ] 명 (복수 **lodge**s [-iz]) 오두막
a skiing *lodge* 스키 집
The skiers warmed themselves by the fireplace in the lodge. 스키타러 온 사람들은 오두막의 난로에서 몸을 녹였다
— 동 (3단현 **lodge**s [-iz]; 과거·과분 **lodge**d [-d]; 현분 **lodg**ing) (자동) 숙박하다, 묵다
Where are you *lodging* now? 지금 당신은 어디서 묵고 있습니까

loft·y [lɔ́:fti] 형 (비교 **loft**ier; 최상 **loft**iest) ❶ 아주 높은
a *lofty* tower 높이 솟은 탑
❷ 고상한
He has *lofty* aims. 그는 고상한 목적을 가지고 있다

log [lɔ́:g] 명 (복수 **log**s [-z]) 통나무
a *log* cabin 통나무집
A *log* burned in the fireplace. 통나무는 난로에서 탔다

log·ic [ládʒik] 명 논리; 논리학 《a를 붙이지 않고, 복수 없음》

log·i·cal [ládʒikəl] 형 (비교 *more* logical; 최상 *most* logical) 논리적인

lol·li·pop, lol·ly·pop [lálipàp, lɔ́lipɔ̀p] 명 (복수 **lollipop**s [-s]) 사탕과자

Lon·don [lʌ́ndən] 명 런던 《영국의 수도. 잉글랜드의 남동부에 있으며 템즈 강(the Thames)에 접해 있다》

lone·ly [lóunli] 형 (비교 **lonel**ier; 최상 **lonel**iest) 고독한, 고립된; 쓸쓸한
I feel very *lonely*. 나는 매우 쓸쓸하다
The *lonely* woman wished that someone would visit her. 그 외로운 여자는 누군가 자기를 방문해 주기를 소원했다

lone·some [lóunsəm] 형 (비교 *more* lonesome; 최상 *most* lonesome) 쓸쓸한

long¹ [lɔ́:ŋ] 형 (비교 **long**er; 최상 **long**est)
❶ (시간·거리가) 긴(↔ short 짧은)
A *long* winter is over. 긴 겨울은 지나갔다
Her hair is *long*. 그녀의 머리는 길다
The highway was *long* and straight. 고속도로는 길고 곧았다
It is *long* time from March to July. 3월에서 7월은 긴 시간이다
❷ ~의 길이가 있는
My pencil is *longer* than yours. 내 연필은 네 것보다 길다
"How *long* is this bridge?"—"It is sixty meters *long*." 「이 다리는 길이가 얼마나 되지」—「60미터입니다」
— 부 (비교 **long**er; 최상 **long**est) 길게, 오래(= for a long time)
How *long* have you been in Seoul? 서울에 오신 지 얼마나 됩니까
Everybody wants to live *long*. 누구나

long² - look

오래 살고 싶어한다
as long as ...(=***so long as ...***) ~하는 동안, ~하기만 하면, ~하는 한
You can use my room *as long as* you like. 당신이 좋다면 내방을 써도 좋습니다
As long as I live, I will work hard. 내가 살아 있는 한, 열심히 공부하겠다
long ago 오래전에
This palace was built *long ago*. 이 궁전은 오래전에 건축되었다
no longer ... (=***not ... any longer***) 이미 ~않다; 더 이상 ~아니다
Mary is *no longer* in Korea. 메리는 이미 한국에 없다
So long! 《구어》 안녕히(=Good bye!)
— 명 오랜 시간 《a를 붙이지 않고, 복수 없음》
☑ 보통 다음과 같은 숙어에 쓰임
before long 얼마 안 있어, 머지 않아
He'll be back *before long*. 그는 머지 않아 귀가할 것이다
for long 오랫동안
☑ 구어에서는 부정문·의문문에 사용한다
I won't be away *for long*. 나는 오래 떨어져 있지 않겠습니다
take long 오래 걸리다
It will not *take long*. 오래 걸리지 않을 것이다

long² [lɔ́ːŋ] 자동 (3단현 **longs** [-z]; 과거·과분 **longed** [-d]; 현분 **long-ing**) 열망하다
He *longed* for fame. 그는 명성을 열망했다

long·er [lɔ́ːŋgər] 형 부 **long**(긴, 길게)의 비교급

long·est [lɔ́ːŋgist] 형 부 **long**(긴, 길게)의 최상급

★**look** [lúk] 동 (3단현 **looks** [-s]; 과거·과분 **looked** [-t]; 현분 **looking**)
자동 ❶ (~를) **보다**, (~에) 눈을 돌리다
Look at that picture on the wall. 벽에 붙은 저 그림을 보라

She *looked* at the stranger. 그녀는 그 낯선 사람을 보았다
☑ look 은 「보려고 할 때 보다」, see 는 「자연적으로 보이다」의 뜻 listen과 hear 의 관계와 같다
❷ 《형용사·명사와 함께》 (~로) **보이다**
You *look* pale. 너는 안색이 좋지 않다
Tom *looks* (like) a good student. 톰은 우수한 학생으로 보인다
The ship *looks* far away to me. 그 배는 내게는 멀리 보였다
❸ (~에) 면해 있다
My room *looks* to the south. 나의 방은 남향이다
❹ 《감탄사로》 **봐라**
Look! There is a big cow under the tree. 봐라! 저 나무 밑에 큰 암소가 있다
— 타동 ❶ (감정·의지 등을) 눈으로 나타내다
❷ 자세히 보다, 주시하다, 응시하다
look about 주위를 보다 《about는 부사》
She *looked about* for a clock. 그녀는 시계를 찾으려고 주위를 둘러보았다
look after ... ~를 돌보다
Alice *looks after* the children. 앨리스는 그 아이들을 돌본다
look around 미(=***look about,*** 영 =***look round***) 둘러보다
look back 뒤돌아 보다
She *looked back* many times. 그녀는 여러 차례 뒤돌아보았다
look down (***at***) 내려다 보다
She *looked down at* the valley. 그녀는 골짜기를 내려다보았다
look down on*[*upon*] 경멸하다
Don't *look down on* the poor people. 가난한 사람을 업신여기지 말아라
look for ... ~를 찾다
He is *looking for* a job. 그는 일자리를 찾고 있다
She *looked for* the lost money. 그녀는 잃어버린 돈을 찾고 있다
look forward to ... ~를 고대하다
The children are *looking forward to*

looked - loose

summer vacation. 아이들은 여름방학을 고대하고 있다
I am *looking forward to* seeing you. 나는 너를 보기를 고대하고 있어
📝 이 형태는 진행형이 많음. to 뒤에는 명사나 동명사가 온다

look in ... ~를 들여다보다
He *looked in* a show window. 그는 진열장을 들여다보았다 《구어적; in 은 전치사》
Please *look in* at my house. 미안하지만 내 집에 들러주시오

look ... in the eyes[face] ~를 정면으로 보다
He *looked* her *in the eyes*. 그는 그녀의 눈을 정면으로 응시하였다

look into ... ~를 들여다보다, ~를 조사하다
He *looked into* the well. 그는 우물 안을 들여다보았다

look like ... ~와 같이 보이다, ~를 닮다
He *looks like* a soldier. 그는 군인같이 보인다

look on[upon] ... ~로 간주하다; ~에 면하다
The house *looks on* the sea. 그 집은 바다에 면해 있다
I *look on* her *as* a friend. 나는 그녀를 친구로 간주한다

look out 밖을 보다; 주의하다
I was *looking out* (of) the window. 나는 창 밖을 보고 있었다

look over ... ~를 대충 훑어보다, ~를 조사하다
Will you *look over* my composition? 저의 작문을 봐 주시겠습니까
Look it *over* again. 그것을 다시 검토해 주십시오

look round 영(=미 ***look around***) 둘러보다
They *looked round* but saw nothing. 그들은 둘러 보았으나 아무것도 보지 못했다

look to ~ for ... ~에게 …를 의지하다, 기대하다

I *look to* him *for* help. 나는 그의 도움을 기대한다

look up 쳐다보다; (사전 등을) 찾아보다 《up은 부사》
He *looked up* at the sky. 그는 하늘을 쳐다보았다
Look up the word in your dictionary. 네 사전에서 그 단어를 찾아보아라

look up to 존경하다(↔ look down upon 멸시하다)
You must *look up to* your parents. 부모님을 존경해야 한다

— 명 (복수 **looks** [-s])
❶ 보는 것
Let me have a *look at* it. 나에게 그것을 보여 다오
❷ 눈치, 얼굴 표정; 《복수형으로》 용모
My mother had a sad *look* then. 그때 어머니는 슬픈 표정이었다
She has good *looks*. 그녀는 용모가 아름답다
📝 보기 싫을 때는 looks 를 사용하지 않으며, She is plain. 이라고 한다

take a look at ... ~를 훑어보다
He *took a look at* the picture. 그는 그림을 훑어보았다

looked [lúkt] 동 **look**(보다)의 과거·과거분사형

look·ing [lúkiŋ] 동 **look**(보다)의 현재분사형

looks [lúks] 동 **look**(보다)의 3인칭 단수현재형
— 명 **look**(보는것)의 복수형

loom [lúːm] 명 (복수 **looms** [-z]) 베틀, 베짜기

loop [lúːp] 명 (복수 **loops** [-s]) (실·끈 등의) 고리; 동그라미

*<big>**loose**</big> [lúːs] 형 (비교 **looser**; 최상 **loosest**) ❶ 풀린, 느슨한, 헐렁한
Father's tie was *loose* around his collar. 아버지의 넥타이는 칼라에 헐렁하게 매어 있다
❷ 묶여 있지 않은, 자유로운(=free)

loosen - lost

Her dog got *loose* and ran away. 그녀의 개는 풀려서 도망쳤다
❸ **방탕한**; 물렁한(↔ fast 굳은)
She lives a *loose*. 그녀는 절도없는 생활을 하고 있다
발음 lose [lú:z] 와는 다름

loos·en [lú:sn] 타동 (3단현 loosens [-z]; 과거·과분 loosened [-d]; 현분 loosening) (매듭을) 풀다

lord [lɔ́:rd] 명 (복수 lords [-z])
❶ 군주, 영주, 주인
❷ 영 귀족;《귀족의 경칭으로서》~공, ~경
Lord Byron 바이런 경
❸ 《Lord 로서》(신·그리스도를 가리켜) 주
our *Lord* 우리의 주
(*Good*) *Lord!* 오오, 아 《놀랐을 때의 말》
the Hóuse of Lórds (영국의) 상원
(→ the House of Commons 하원)

lor·ry [lɔ́(:)ri] 명 (복수형 lorries [-z]) 영 화물자동차(= 미 truck)

Los An·ge·les [lɔːsǽndʒələs, lɔs ǽndʒìli:z] 명 로스앤젤레스 《미국 캘리포니아 주의 대도시》

lose [lú:z] 동 (3단현 loses [-iz]; 과거·과분 lost [lɔ́:st]; 현분 losing) 《명사는 loss》 타동 ❶ **잃다**, 없애다 (↔ find 발견하다)
You cannot see the movie if you *lose* your ticket. 표를 잃어버리면 영화를 볼 수 없다
The farmer *lost* his crops because of the snow storm. 농부는 폭풍때문에 곡식을 잃었다
She *lost* her son in the war. 그녀는 전쟁에서 아들을 잃었다
❷ (시계가) **늦어지다**(↔ gain 빨라지다)
My watch *loses* one minute a day. 내 시계는 하루에 1분씩 늦는다
작문 「늦다」는 be slow(↔ be fast 빠르다)를 사용한다: This watch is two minutes slow.(이 시계는 2분이 늦다)
❸ (길을) **잃다**, 방황하다
I *lost* my way in the mountains. 나는 산 속에서 길을 잃었다
❹ (승부에서) **지다**(↔win)
Did our team *lose* the game? 우리팀이 시합에서 졌니
— 자동 **손해를 보다**
The company *lost* heavily. 그 회사는 크게 손해를 보았다
lose oneself 길을 잃다(= lose one's way); ~에 열중하다
He *lost himself* in a dark forest. 그는 어두운 숲 속에서 길을 잃었다
lose sight of ... ~을 시야에서 놓치다
She *lost sight of* her mother in the crowd. 그녀는 군중 속에서 어머니를 시야에서 놓쳤다

los·es [lú:ziz] 동 lose(잃다)의 3인칭 단수현재형

los·ing [lú:ziŋ] 동 lose(잃다)의 현재분사형

loss [lɔ́:s] 명 (복수 losses [-iz]) 《동사는 lose》 ❶ 잃은 것
The *loss* of her mittens made Lucy sad. 자기 벙어리장갑을 잃어버린 것은 루시를 슬프게 했다
❷ 손해(↔ gain 이익)
The library that burned down is a great *loss*. 타버린 도서관은 큰 손실이다
at a loss 당황하여
I am *at a loss* what to do. 나는 무엇을 해야 할지를 모른다

lost [lɔ́:st] 동 lose(잃다)의 과거·과거분사형
— 형 ❶ **잃어버린**, 행방 불명의
a *lost* dog 행방 불명된 개
❷ **진**
a *lost* battle 패전
❸ **길을 잃은**
He got *lost* in the woods. 그는 숲 속에서 길을 잃었다

lost and found - love

lost and found [lɔ́ːst ən fáund] 명 (복수 **lost and found**s[-z]) 유실물 취급소

★**lot** [lát] 명 (복수 **lots** [-s]) ❶ 제비
❷ 운명
She endures her *lot*. 그녀는 운명을 견디어 내고 있다
❸ 한 구획의 토지
a parking *lot* 주차장
The boys played ball on the *lot* next to our house. 소년들은 우리집 옆에 있는 공터에서 공놀이를 하였다
a lot 매우, 대단히, 많이(=very much ↔ a bit 조금)
She knows *a lot* about London. 그녀는 런던에 관해서 많이 알고 있다 《명사적 용법》
a lot of ... (=*lots of ...*) 많은~
My father has *a lot of* books. 아버지는 많은 책을 가지고 계시다
The box contained *a lot of* buttons. 그 상자에는 단추가 많이 들어 있다
We had *a lot of* fun. 우리는 매우 재미있었다

> 📙 형용사 용법으로는 many 또는 much를 더 많이 사용한다. 「셀 수 있는 명사」나 「셀 수 없는 명사」에 다 사용한다: a lot of boys(많은 소년들), a lot of sugar(많은 설탕) 의문문이나 부정문에서는 many, much를 사용한다

Thanks (*a lot*). 정말 고맙다

lo·tus [lóutəs] 명 (복수 **lotus**es [-iz]) 《식물》 연꽃

★**loud** [láud] 형 (비교 **louder**; 최상 **loudest**) 큰소리의; 시끄러운
He has a *loud* voice. 그는 목소리가 크다
The jet engine made a *loud* noise. 제트기의 엔진은 시끄러운 소음을 낸다
— 부 큰소리로 《loudly 보다 구어적》

loud·ly [láudli] 부 (비교 *more ludly*; 최상 *most loudly*)
큰소리로, 시끄럽게
They talked *loudly*. 그들은 큰소리로 말한다

loud·speak·er [láudspìːkər] 명 (복수 **loudspeakers** [-z]) 확성기
The mayor used a *loudspeaker* to talk to the crowd. 시장은 군중에게 이야기하기 위해서 확성기를 사용했다

Lou·i·si·an·a [luːìːziǽnə] 명 루이지애나 주 《멕시코 만에 면한 미국 남부의 주》

lounge [láundʒ] 명 (복수 **lounges** [-iz]) 라운지

★**love** [lʌv] 명 (복수 **loves** [-z])
❶ 사랑, 애정; 좋아함 《a를 붙이지 않고, 복수 없음》
My mother's *love* for me was very great. 나에 대한 어머니의 사랑은 매우 깊다
Dick is in *love* with my sister. 딕은 나의 누나를 사랑하고 있다
She fell in *love* with him. 그녀는 그와 사랑에 빠졌다
Give my *love* to your parents. 《편지의 끝맺는 부분에서》 부모님께 안부 전해 주시오
Love is blind. 《속담》 사랑은 맹목적이다
❷ (남자 쪽에서 여자) **연인**
Helen is my *love*. 헬렌은 나의 연인이다
📙 여자 쪽에서 남자 애인은 lover라고 하며, 남녀 둘은 love 라고도 함
— 동 (3단현 **loves** [-z]; 과거·과분 **loved** [-d]; 현분 **loving**) 타동 사랑하다, 매우 좋아하다(↔ hate 미워하다)
The prince *loves* the beautiful princess. 왕자는 아름다운 공주를 사랑한다
They *love* each other. 그들은 서로 사랑한다
📙 love는 진행형이 없다

loved - luck

Tom *loves* chocolate candy. 톰은 초코렛을 매우 좋아한다
I'd love to ... 꼭 ~하고 싶다 《특히 여성이 많이 사용함》
I'd love to come and see you. 꼭 찾아 뵙고 싶습니다 《I'd 는 I would의 줄임꼴》
📝 권유를 받았을 때 응답에 사용한다. "Come again."―"*I'd love to.*" 「또 오세요」―「꼭 그러고 싶어요」

loved [lʌ́vd] 동 love(사랑하다)의 과거·과거분사형

love·ly [lʌ́vli] 형 (비교 lovelier; 최상 loveliest)
❶ 아름다운, 귀여운(→ beautiful)
What a *lovely* sight! 정말 아름다운 경치구나
She is very *lovely*. 그녀는 매우 귀엽다
The baby was a *lovely* child. 그 아기는 귀여운 아이였다
❷ 《구어》 훌륭한, 멋진
It's *lovely* today. 오늘은 좋은 날씨이다
We had a *lovely* picnic. 우리는 멋진 소풍을 갔었다

lov·er [lʌ́vər] 명 (복수 lovers [-z])
❶ 애인
📝 단수일 때 남자 애인을 말함: her lover(그녀의 애인)
❷ 애호가
He is a music *lover*. 그는 음악 애호가이다

loves [lʌ́vz] 동 love(사랑하다)의 3인칭 단수 현재형
― 명 love(사랑)의 복수형

lov·ing [lʌ́viŋ] 형 애정어린; 사랑하는

★**low** [lóu] 형 (비교 lower; 최상 lowest) ❶ 낮은(↔ high 높은, loud 소리 높은)
My house stands on a *low* hill. 나의 집은 낮은 언덕에 있다
There is a *low* hill over there. 저기에 낮은 언덕이 있다
This ceiling is *low*. 이 천장은 낮다
She spoke in a *low* voice. 그녀는 낮은 목소리로 말했다
The bees made a *low* humming sound. 벌은 웅웅소리를 낮게 내었다
❷ 값싼
The price of that book is *low*. 그 책값은 싸다
📝 cheap은 「값이 싸다」의 뜻이므로 The price is cheap. 라고 하지 않는다. 또한 cheap는 회화에서 별로 사용하지 않는다. 마찬가지로 expensive는 「값이 비싸다」의 의미이므로 price가 주어로 오면 The price is high.라고 쓴다
― 부 (비교 lower; 최상 lowest) 낮게, 싸게
A helicopter is flying *low*. 헬리콥터는 낮게 날고 있다
Speak *low*. 작은 소리로 말해라

low·er [lóuər] 형 《low의 비교급》 낮은 쪽의; 하급의, 하층의
― 동 (3단현 lowers [-z]; 과거·과분 lowered [-d]; 현분 lowering)
타통 낮추다, 내리다
We will *lower* the flag at sunset. 우리는 해가 질때 깃발을 내릴것이다
The farmer is going to *lower* the price of his corn. 농부는 그의 옥수수 가격을 내리려고 한다

loy·al [lɔ́iəl] 형 (비교 more loyal; 최상 most loyal) 충성스런, 성실한
loyal to the king 국왕에 충성한

loy·al·ty [lɔ́iəlti] 명 (복수 loyalties [-z]) 충성, 성실

LP [élpíː] 엘피 판(long-playing record)의 약자 《LP는 1분간 33 1/3회 회전하며, EP판은 1분간에 45회를 회전한다》

LSI 고밀도 집적회로(large-scale integration)의 약어

Lu·cas [lúːkəs] 명 루커스 《남자이름》

★**luck** [lʌ́k] 명 《형용사는 lucky》
❶ 운(=chance) 《a를 붙이지 않고,

복수 없음》
bad *luck* 불운
❷ 행운(=good luck) 《a를 붙이지 않고, 복수 없음》
I am in *luck*. 운이 돌아왔다
She had good *luck* when she won the prize. 그녀가 상을 탔을 때 그녀는 운이 좋았다
Good luck (to you)! 행운을 빈다

luck·i·ly [lʌ́kili] 튀 운좋게

luck·y [lʌ́ki] 혱 (비교 **luck***ier*; 최상 **luck***iest*) 《명사는 luck》 행운의; 재수좋은
The *lucky* driver was not hurt in the accident. 그 운좋은 운전사는 사고에서 다치지 않았다
Today is a *lucky* day. 오늘은 재수좋은 날이다

Lu·cy [lú:si] 명 루시 《여자이름》

lug·gage [lʌ́gidʒ] 몡 명 (여행의) 수하물(=명 baggage) 《a를 붙이지 않고, 복수 없음》
📝 수하물을 셀 때 a piece of luggage(수하물 한 개)라고 한다
He left his *luggage* on the train. 그는 그의 짐을 기차에 놓고 내렸다

lull·a·by [lʌ́ləbài] 명 (복수 **lulla***bies* [-z]) 자장가

lum·ber [lʌ́mbər] 명 몡 목재(명 timber) 《a를 붙이지 않고, 복수 없음》
It took a lot of *lumber* to build the house. 그 집을 짓기 위해서 많은 목재가 들었다

lump [lʌmp] 명 (복수 **lump***s* [-s]) 덩이, 뭉치
a *lump* of sugar 각설탕 한 덩이
Jim had a *lump* of clay. 짐은 찰흙 한 덩이를 가졌다

lu·nar [lú:nər] 혱 달의, 태음의(→ solar 태양의)
The spaceship made a *lunar* landing. 우주선은 달에 착륙하였다

★**lunch** [lʌntʃ] 명 (복수 **lunch***es* [-iz])
❶ 점심, 런치, 도시락(→ breakfast)
Let's have *lunch*. 점심 먹자
I had sandwiches for *lunch*. 나는 점심으로 샌드위치를 먹었다
❷ 명 《시각을 불문하고》 간단한 식사(=light meal)

lunch·eon [lʌ́ntʃən] 명 (복수 **lun·cheon***s* [-z]) 오찬; 점심 《lunch보다 격식을 차린 것》

lunch·es [lʌ́ntʃiz] 명 lunch(도시락)의 복수형

lunch·time [lʌ́ntʃtàim] 명 점심 시간 《a를 붙이지 않고, 복수 없음》

lung [lʌŋ] 명 (복수 **lung***s* [-z]) (한 쪽의) 폐
📝 복수형은 the lungs 를 사용

lux·u·ry [lʌ́kʃəri] 명 사치(품)

-ly [-li:] 접 ❶ 형용사에 붙여 부사를 만듦
kind*ly* : kind+ly(친절하게)
❷ 명사에 붙여 형용사를 만듦
friend*ly* : friend+ly(다정한)

ly·ing [láiiŋ] 자동 lie[1,2] 의 현재분사형

M m *M m*

M, m [ém] 명 (복수 **M's, Ms, m's, ms** [-z]) 엠 《알파벳의 제 13자》

m minute(s)(분); meter(s); mile(s)(마일)의 약어

'm (구어) am의 줄임꼴
I'*m* (=I am) Korean. 나는 한국인이다

*__ma'am__ [mǽm] 명 (구어) **부인**; 선생
Yes, *ma'am*. 예, 부인
📄 madam의 줄임꼴. 하녀가 여주인에게, 점원이 여자 손님에게, 학생이 여선생님에게 사용한다. 남성의 sir에 해당 → madam

mac·a·ro·ni [mæ̀kəróuni(ː)] 명 마카로니

*__ma·chine__ [məʃíːn] 명 (복수 **machines** [-z]) 기계
a flying *machine* 항공기
📄 지금은 airplane를 더 사용한다.
a sewing *machine* 재봉틀, 미싱
a washing *machine* 세탁기
This *machine* doesn't work well. 이 기계는 잘 돌아가지 않는다[고장이다]

ma·chin·er·y [məʃíːnəri] 명 《단수 취급; 기계 하나하나는 machine임》 기계류, 기계 장치

mad [mǽd] 형 (비교 **madd**er; 최상 **madd**est) 《명사는 madness》
❶ 미친, 화난
a *mad* dog 미친 개
He went *mad*. 그는 미쳤다
My mother was *mad* at me. 어머니는 나에게 화를 내셨다
❷ ~에 열중한
The girls are *mad* about music. 소녀들은 음악에 열중한다

*__mad·am__ [mǽdəm] 명 **부인**, 아씨
📄 여성에 대한 경칭. 독신 여성에도 사용. 남성의 sir에 해당 → ma'am
May I help you, *madam*? 《점원이》 무엇을 드릴까요, 부인

*__made__ [méid] (◆a는[ei]로 발음함) 동 **make**(만들다)의 과거·과거분사형
Lucy *made* good cookies. 루시는 맛있는 쿠키를 만들었다
be made from ... ~로 만들어지다 《재료가 완전 변화되었을 때》
Butter and cheese *are made from* milk. 버터와 치즈는 우유로 만들어진다
be made of ... ~로 만들어지다
The desk *is made of* wood. 그 책상은 목재로 만들어진 것이다
— 형 《합성어로》 ~제(製)의
ready-*made* clothes 기성복
a hand-*made* chair 손으로 만든 의자

mad·ness [mǽdnis] 명 《형용사는 mad》 광기

Ma·don·na [mədɑ́nə] 명 (복수 **Madonnas** [-z]) 《the를 붙여서》 성모 마리아(의 상), 마돈나
📄 프랑스어의 「노트르담」에 해당하는 이탈리아어. 영어에서는 Our Lady

Ma·drid [mədríd] 마드리드 《스페인의 수도》

*__mag·a·zine__ [mǽgəzìːn] 명 (복수 **magazines** [-z]) 잡지
a weekly *magazine* 주간지
He read about it in that *magazine*. 그

는 그 잡지에서 그것에 대해 읽었다
📖 이 뜻은 원래 「창고」였으며 「지식의 창고」의 뜻에서 「잡지」가 되었다

Mag·gie [mǽgi] 명 매기 《여자 이름; Margaret의 애칭》

***mag·ic** [mǽdʒik] 명 **마법**, 마술, 손재주 《a를 붙이지 않고, 복수 없음》
play magic 마술을 부리다
— 형 **마법의** 《명사 앞에서만 사용》
a *magic* mirror 마법의 거울

ma·gi·cian [mədʒíʃən] 명 (복수 **magician***s* [-z]) 마법사, 마술사

mag·ic square [mǽdʒik skwέər] 마방진 《가로·세로·대각선의 합계가 항상 같은 숫자 배열표》

mag·net** [mǽgnit] 명 (복수 **magnets* [-s]) 자석

magnet

mag·net·ic [mægnétik] 형 (비교 **more magnetic**; 최상 **most magnetic**) 자석의, 자기를 띤
a *magnetic* tape 자기테이프

mag·nif·i·cent [mægnífəsnt] 형 (비교 **more magnificent**; 최상 **most magnificent**) 웅장한, 장엄한, 훌륭한
a *magnificent* silver dress 웅장한 은빛 드레스

maid** [méid] 명 (복수 **maids* [-z]) 하녀; (문어) 소녀, 아가씨, 처녀, **미혼 여성**
an old *maid* 노처녀

maid·en [méidn] 형 미혼의; 처음의
a *maiden* speech 처녀 연설

maid·serv·ant [méidsə̀ːrvənt] 명 하녀(↔남 manservant)

****mail** [méil] 명 (♦ ai는 [ei]로 발음함) (복수 **mail***s* [-z]) ❶ **우편**; **우편물**; 우편물의 배달 《보통은 a를 붙이지 않고, 복수 없음》

📖 (미)에서는 post office(우체국), parcel post(소포 우편) 이외는 보통 mail을 사용함. (영)에서는 보통 post를 사용, mail은 외국 우편을 뜻함.

I had a lot of *mail* today. 나는 오늘 우편물을 많이 받았다
He has a piece of *mail* in his hand. 그는 한 통의 우편물을 손에 들고 있다

📖 우편물 한 통은 a piece of mail.
❷ 《the mails로 복수 취급》 **우편물**
All *the mails* are carried by planes. 모든 우편물은 비행기로 운반된다

by mail (미) 우편으로(= by post)
Please send this book *by mail*.
이 책을 우편으로 보내시오

📖 by airmail(항공 우편으로) 영 미에서 다 사용한다.

súrface màil 지상[육상]우편
séa màil 해상우편

— 동 (3단현 **mail***s* [-z]; 과거·과분 **mail***ed* [-d]; 현분 **mail***ing*) 타동 (미) ~을 **우송하다**, 부치다
Will you *mail* this letter for me? 저 대신 이 편지를 부쳐 주시겠어요

mail·box [méilbàks] 명 (복수 **mailbox***es* [-iz]) (미) 우체통, 포스트(= 영 pillar box); (미) (개인의) 우편함(= 영 letter box)

****mail·man** [méilmæn] 명 (복수 **mailm***en* [-mèn]) (미) **우체부** (= 영 postman)

mailbox

***main** [méin] 형 (♦ ai는 [ei]로 발음함) **중요한**, 주요한
the *main* office 본점
the *main* street(주로 (미)) 큰 거리(= 영 the high street)

📖 때때로 고유명사로 사용된다. 미국의 소도시에서 Main Street(번화가, 중

Maine - make

심가)라는 가로명을 흔히 볼수 있다.

Maine [méin] 몡 메인 《미국 북동부 대서양안의 주; 약어로는 Me. 또는 ME임》
from *Maine* to California 미국을 통하여

main·land [méinlænd] 몡 《보통 the를 붙여》 (섬·반도와 구별하여) 본토; 대륙

main·ly [méinli] 튀 주로(=chiefly), 대부분은

main·tain [meintéin] 탄동 (3단현 maintains [-z]; 과거·과분 maintained [-d]; 현분 maintaining)
❶ ~을 계속하다, ~을 (좋은 상태로) 유지하다
maintain peace 평화를 유지하다
❷ ~을 부양하다, ~을 보존하다
maintain a family 가족을 부양하다

main·te·nance [méintənəns] 몡 유지, 보존; 부양

maize [méiz] 몡 (식물) 몡 옥수수 (=(미) (Indian) corn)

ma·jes·tic [mədʒéstik] 혱 당당한, 위엄 있는

maj·es·ty [mædʒəsti] 몡 (복수 majesties [-z]) 당당한 모양, 위엄; 《Majesty로 국왕에 대한 경칭으로》 폐하
Her *Majesty* the Empress 황후 폐하
His *Majesty* the Emperor 황제 폐하

ma·jor [méidʒər] 혱 큰쪽의(↔ minor 작은 쪽의); 주요한, 일류의
the *major* part 대부분
— 몡 미 전공 과목
— 자동 (3단현 majors [-z]; 과거·과분 majored [-d]; 현분 majoring)
미 《major in 으로》 ~을 전공하다
He *majors* in math. 그는 수학을 전공한다

ma·jor·i·ty [mədʒɔ́:rəti] 몡 (복수 Majorities [-z]) 대다수(↔ minority 소수); (투표의) 과반수

Major League [méidʒərlíːg] 몡 미 메이저 리그 《프로야구의 2대 리그인 American League와 National League를 가리킴》

make [méik] 동 (3단현 makes [-s]; 과거·과분 made [méid]; 현분 making) 탄동 ❶ 만들다; 《make+사람+물건 / make+물건+for+사람으로》 (사람)에게 (물건)을 만들어 주다
Kate often *makes* a new dress. 케이트는 자주 새 옷을 만든다
Mother *made* me a birthday cake. 어머니는 나에게 생일 축하 케이크를 만들어 주셨다
☑ 「나에게」란 뜻을 강조하면 Mother made a birthday cake for me.가 된다 《to me가 아님》
❷ 《make+목적어(사람)+동사원형으로》 ~를 …하게 하다, ~가 …하도록 하다; 《강제적으로》 ~로 하여금 …하게 하다
The news *made* her happy. 그 뉴스는 그녀를 기쁘게 했다
What *makes* you so sad?(=Why are you so sad?) 왜 그렇게 슬퍼하십니까
We *made* him chairman. 우리는 그를 의장으로 삼았다
☑ 직명을 나타내는 말(chairman)을 보어로 쓸 때는 흔히 무관사.
I *made* Tom open the window. 나는 톰을 시켜 창문을 열게 했다 《open은 동사 원형》
I will *make* him do it. 나는 그를 시켜 그것을 하게 할 것이다
☑ make는 강제로 시키는 경우가 많고 let은 허락해 주는 기분을 포함함: Let him go. 그를 가게 해 주시오

> 📘 수동태로 만들려면 동사(open 또는 do)앞에 to를 붙인다: Tom was made to open the window by me. He will be made to do by me.

❸ ~가 되다
He will *make* a good teacher. 그는 훌륭한 선생님이 될 것이다

make - make

Two and three *make* (*s*)(=is) five.
2 더하기 3은 5이다

> make himself a good teacher 의 himself 가 생략된 형태.
> He will become a good teacher.가 되면 주어+자동사+보어의 문형

❹ 《다음에 오는 명사와 함께 그 명사의 동사적 의미를 나타낸다》 ~하다
I *made* three *mistakes* in the test. 나는 시험에서 3개 틀렸다
Don't *make* a *noise* in the classroom. 교실에서 시끄럽게 하지 마라

📝 그 밖에 make (an) answer(답하다), make a plan(계획을 세우다), make a promise(약속하다), make a speech(연설하다), make a start(출발하다), make haste(서두르다)

— (자동) (~의 방향으로) 향하다, 나아가다

be made up of ... ~로 만들어져 있다, ~로 구성되어 있다
This drink *is made up of* wine and fruit juice. 이 음료는 포도주와 과즙으로 만들어져 있다

make A from B (= **make A** (**out**) **of B**) B로 A를 만들다
We *make* wine *from* grapes(=Wine is made from grapes). 우리는 포도로 포도주를 만든다
We *make* the desk (*out*) *of* wood(= The desk is made (out) of wood). 우리는 나무로 책상을 만든다

📝 재료의 질이 본질적으로 변하지 않을 때에는 of를 쓰고, 재료의 질이나 원료의 성분이 변할 때에는 from을 쓴다.

make A into B A로 B를 만들다
We *make* milk *into* butter(= Milk is made into butter). 밀크로 버터를 만든다

make it 《구어》 성공하다, 잘 해내다 ; 시간에 대다
I *made it!* 내가 해냈어
We've just *made it*. 우리는 그럭저럭 시간에 댔다

make it a rule to ... ~하는 것이 정해져 있다
I *make it a rule to* go for a walk after breakfast. 나는 아침 식사 후에 산보하는 것이 정해져 있다

📝 it is to 이하를 가리킴. 구어에서는 I go for a walk ... 로 쓴다.

make little of ... ~를 가벼이 여기다, 경시하다
They *made little of* my advice. 그들은 나의 충고를 경시했다

make much of ... ~을 중시하다
John doesn't *make much of* my idea. 존은 나의 생각을 중시하지 않는다

make oneself understood 자기의 말을 남에게 이해시키다
Can you *make yourself understood* in English? 당신은 영어로 의사를 전달할 수 있습니까

make progress in ... ~가 발전하다
He *made* great *progress in* English. 그는 영어가 크게 향상되었다

make ready 준비하다(=prepare)
Let's *make ready* for our party. 파티를 준비합시다

make sure (**of**) (~을) 확인하다(→ sure)

make the best of ... ~를 최대한 이용하다

📝 불리한 사정을 이용할 때 사용하며, 유리한 경우에는 make the most of ... 를 사용한다(→most)

Please *make the best of* this small library. 이 작은 도서관을 최대한 이용해 주십시오

make up 꾸며내다, 구성하다
We *made up* a play from an old story. 우리들은 옛 이야기를 극으로 구성했다

make up for ... ~를 보충하다
He worked on Sunday to *make up for* lost time. 그는 낭비한 시간을 보충하기 위해서 일요일에도 일했다 《make 는 자동사》

make up one**'s mind** 결심하다
I *made up my mind* to go there. 나는

거기에 가기로 결심했다

📝 one's 는 주어에 따라 my, his, her 가 된다. 주어가 복수형일 때는 mind 나 minds 어느 것이나 사용할 수 있다

make use of ... ~를 이용하다
Make good *use of* spare time.
여가를 잘 이용하라

— 명 (복수 **makes** [-s])

❶ 형(=style)
He bought a new *make* of car. 그는 신형차를 샀다

❷ 만드는 일; ~제
He has a camera of German *make*.
그는 독일제 카메라를 가지고 있다

mak·er [méikər] 명 (복수 **makers** [-z]) 제조자, 메이커

makes [méiks] 동 **make**(만들다)의 3인칭 단수 현재형
— 명 **make**(형)의 복수

make·up [méikʌp] 명 (배우의) 분장, 화장; 조립, 구성

mak·ing [méikiŋ] 동 **make**(만들다)의 현재분사형

Ma·lay [məléi] 명 (복수 **Malays** [-z]) 말레이 인; 말레이 어
— 형 말레이의; 말레이 인의; 말레이 어의

Ma·lay·sia [məléiʒiə] 명 말레이시아 《아시아 동남부의 공화국; 수도 콸라 룸푸르(Kuala Lumpur). 말레이인 50%, 중국계 36%, 인도계 10%, 원주민 등 여러부족으로 이루어짐》

male [méil] 명 형 남성(의), 수컷(의) (↔female 여성의) 《인간·동물·식물에 사용》

mall [mɔ́ːl] 명 산책길; 프롬나드식 상점가

ma·ma, mam·ma [máːmə] 명 (복수 **mamas** [-z]) 《어린이말》 엄마, 마마(→ papa 아빠)

📝 보통 명에서는 mommy, 영에서는 mummy를 씀.

mam·mal [mǽməl] 명 (복수 **mammals** [-z]) 포유 동물

mam·moth [mǽməθ] 명 (복수 **mammoths** [-s]) 《동물》 매머드 《태고 시대의 거대한 코끼리》
— 형 거대한(=huge)

mammoth

mam·my [mǽmi] 명 (복수 **mammies** [-z]) 《어린이 말》 엄마

★**man** [mǽn] 명 (복수 **men** [mén])

❶ (여성·소년·소녀에 대해서) **어른 남자**(↔ woman 여자)
Who is that *man*? 저 남자는 누구입니까
The little boy talks like a *man*. 저 어린 소년은 어른처럼 말한다

❷ 《관사를 붙이지 않고, 단수 취급으로》 《동물·자연과 구별하여》 **인간, 인류**(=mankind)
Man is a thinking reed. 인간은 생각하는 갈대이다 《프랑스 철학자 파스칼의 말》

❸ 《일반적으로》 **사람**

📝 남녀를 불문, 또는 구어에서는 people (사람들)의 뜻임.
A *man* cannot live on the moon. 인간은 달에서 살 수 없다

❹ 《보통 복수형으로》 (남자의) **고용된 사람**; 부하; 남편(=husband)
master and *men* 주인과 고용인들
man and wife 부부 《무관사로》

man·age [mǽnidʒ] 동 (3단현 **manages** [-iz]; 과거·과분 **man·aged** [-d]; 현분 **managing**) 타동
~을 취급하다; (사업등을) 경영하다
I *manage* this store. 나는 이 가게를

management - many

경영한다
— 자동 (('to+동사원형」과 함께)) 간신히 ~하다, 그럭저럭 해내다
I *managed* to get home. 나는 간신히 집에 도착했다

man·age·ment [mǽnidʒmənt] 명 취급; 경영, 관리

man·ag·er [mǽnidʒər] (◆악센트 주의) 명 (복수 **managers** [-z]) 지배인, 감독

Man·ches·ter [mǽntʃəstər] 명 맨체스터 ((잉글랜드 북서부의 상공업 도시))

man·do·lin [mǽndəlin] 명 (복수 **mandolins** [-z]) ((악기)) 만돌린

man·ger [méindʒər] (◆발음주의) 명 여물통, 구유
a dog in the manger 심술궂은 사람 ((이솝(Aessop)우화 중에서))

Man·hat·tan [mænhǽtn] 명 맨해턴 ((뉴욕시(New York City)의 주요 상업지구; 허드슨(Hudson), 이스트(East)강을 끼고 있는 섬으로 세계의 상업·문화·금융의 중심지))

man·hood [mǽnhùd] 명 (남자의) 어른됨; 남자다움

man·kind [mǽnkáind] 명 인류, 인간

man·ly [mǽnli] 형 (비교 **manlier**, 최상 **manliest**) 남자다운, 씩씩한

★**man·ner** [mǽnər] 명 (복수 **manners** [-z]) ❶ **방법**, 하는 방법 (=way)
She did it in this *manner*. 그녀는 이런 방법으로 그것을 했다
❷ **태도**, 모양
I don't like his *manner*. 나는 그의 태도가 마음에 안 든다
❸ ((복수형으로)) **예의**; 예의범절, 예절
table *manners* 식사 예법
He has no *manners*. 그는 예의 범절을 모른다
Where are your *manners?* 점잖지 못하게 구는구나
❹ ((복수형으로)) 풍습, 풍속
manners and customs 풍속, 관습

man·serv·ant [mǽnsə̀ːrvənt] 명 (복수 **men servants** [ménsə̀ːrvənts]) 하인(↔maidservant 하녀)

man·sion [mǽnʃən] 명 (복수 **mansions** [-z]) 대저택; ((복수형으로)) 영 아파트(=미 apartment house)

man·u·al [mǽnjuəl] 형 손으로의, 수동의
manual workers 육체 노동자
— 명 소책자, 편람, 안내서(=handbook)

man·u·fac·ture [mǽnjufǽktʃər] 명 (복수 **manufactures** [-z]) (대규모의) 제조; ((복수형으로)) 제품
steel *manufacture* 강철 제조
silk *manufactures* 견제품
— 통 (3단형 **manufactures** [-z]; 과거·과분 **maunfactured** [-d]; 현분 **manufacturing**) 타동 ~을 제조하다

man·u·script [mǽnjuskrìpt] 명 원고 ((인쇄하지 않고 손으로 쓴 것. 타자 친 것을 포함; 약어로는 ms. 또는 MS.))
His work is still in *manuscript*. 그의 작품은 아직 원고 그대로 있다

★**man·y** [méni] 형 (비교 **more** [mɔ́ːr], 최상 **most** [móust]) 많은 (↔few 적은)
Many houses were burned. 많은 집들이 불에 타버렸다
He doesn't have *many* books. 그는 책이 많지 않다
Do you have *many* brothers? 형제가 많습니까

> (1) 수가 '많은'의 뜻인 many는 하나 둘 셀 수 있는 명사에, 양이 '많은'의 뜻인 much는 셀 수 없는 명사에 사용한다: many eggs 「많은 달걀」, much water 「많은 물」

(2) 구어에서는 의문, 부정, if ...의 문장에 많이 사용한다. 긍정문에서는 주어를 수식할 때 쓴다
(3) 구어의 긍정문에서는 many, much 대신 a lot of, lots of 등을 사용한다: He has a lot of books. (그는 책을 많이 가지고 있다)

a great[good] many 매우 많은 《뜻은 many와 거의 같다》
A great many people attended. 매우 많은 사람들이 출석했다
I have been there *a great many* times. 나는 거기에 여러 차례 다녀 온 적이 있다

as many as ~만큼이나 많은; ~만큼
He told me to take *as many as* I want. 그는 나에게 원하는 만큼 가져가라고 말했다

as many ~ as ... …만큼 ~
You may try *as many* times *as* you like. 당신이 좋아할 만큼 몇 번이라도 해도 좋다

How many ... 몇의, 몇 개의《'얼마나' '어느 정도'는 how much를 씀》
How many days are there until Christmas? 크리스마스까지 며칠 남았습니까
How many times did you visit Pusan? 당신은 몇 번이나 부산을 방문했습니까
☑ how many times는 how often 이라고도 한다

—때《복수 취급》**많은 것**, 많은 사물[사람] (↔ few 소수)
I have only a few books, but he has *many*. 나는 책을 조금 가졌으나 그는 많다

☑ *Many* apples went bad.(많은 사과가 썩었다)와 *Many* of the apples went bad.(그 사과들 중의 많은 것이 썩었다)와의 차이에 주의.

★**map** [mǽp] 몡 (복수 **maps** [-s]) (한 장의) **지도**
☑ 많은 maps를 철한 '지도책'은 atlas [ǽtləs]라고 하고, '해도'는 chaft라고 함
a *map* of Korea 한국 지도
a rod *map* 도로 지도
a weather *map* 일기도

★**ma·ple** [méipl] 몡 (복수 **maples** [-z])《식물》**단풍나무**
▶ 단풍나무는 캐나다(Canada)의 국화로 그 잎은 캐나다의 상징으로서 국기에도 그려져 있다.

Mar. March(3월)의 약어

mar·a·thon [mǽrəθɑ̀n] 몡 (복수 **marathons** [-z])《race를 붙여》마라톤 (경주)
풍습 42.195km가 표준. 기원전 490년 마라톤의 싸움에서 승리한 소식을 아테네에 전하기 위해서 그리스 용사가 단숨에 약 40km 거리를 3시간 기록으로 뛰어가 승리의 소식을 전하고는 그 자리에서 숨진 것을 기념하기 위해서 생긴 경기.

mar·ble [máːrbl] 몡 (복수 **marbles** [-z]) 대리석;《복수형으로 단수 취급하여》구슬치기 (놀이); 구슬

march [máːrtʃ] (♦ ar는 [ɑːr], ch [tʃ]로 발음함) 몡 (복수 **marches** [-iz]) ❶ (군대 등의) **행진**
They are on the *march*. 그들은 행진하고 있다

march

❷《음악》행진곡, 마치
a wedding *march* 결혼 행진곡
—통 (3단현 **marches** [-iz]; 과거·과분 **marched** [-t]; 현분 **marching**) 자동 **행진하다**

★**March** [máːrtʃ] 몡 **3월**《Mar.로 줄여 씀; → month》

We have a lot of windy days in *March*.
3월에는 바람 부는 날이 많다
풍습 March는 로마 신화에 나오는 군신(軍神)인 마르스(Mars)에게 바쳐진 달이라는 뜻이다.

mare [méər] 명 《동물》 암말; (성숙한 당나귀·노새의) 암컷

Mar·ga·ret [má:rgərit] 명 마거릿 《여자이름; 애칭은 Maggie, Meg, Peg 또는 Peggy》

mar·ga·rine [má:rdʒərin] 명 마가린 《인조버터》

mar·gin [má:rdʒin] 명 (복수 **mar·gins** [-z]) 가장자리, (페이지의) 여백; 《상업》 판매수익, 이익

ma·rine [mərí:n] (◆액센트 주의) 형 바다의, 해상의
— 명 (복수 **marines** [-z]) 해병대원

mar·i·o·nette [mæ̀riənét] 명 (복수 **marionettes** [-s]) (인형극의) 꼭두각시(=puppet)

mark [má:rk] 명 마크 《남자이름》

★**mark** [má:rk] (◆ ar는 [a:r]로 발음함) 명 (복수 **marks** [-s])
❶ 표, 기호, 흔적, 자국, 오점
a quéstion màrk 물음표(?)
a exclamátion màrk 느낌표(!)
Who made a dirty *mark* on the picture? 누가 그 그림에 더러운 얼룩을 묻혔느냐
❷ (시험의) **점수**, 득점, 성적 《미에서는 보통 grade를 씀》
He got 95 *marks* on the English exam. 그는 영어시험에서 95점을 받았다
❸ 표적, 과녁
He hit the *mark*. 그는 표적을 맞추었다
On your marks, (*get*) *set*, *go!*
《경기의 출발신호》 제자리, 준비, 땅
— 통 (3단현 **marks** [-s]; 과거·과분 **marked** [-t]; 현분 **marking**) 타동
❶ ~에 표를 하다
Mark the word in red. 그 단어에 빨간색으로 표를 하라
❷ (시험의) **채점을 하다**
I *marked* examination papers today.
나는 오늘 답안지를 채점했다
❸ (특징을) **나타내다**
This line *marks* your height. 이 선이 너의 키를 표시한다
❹ ~에 주의하다
Mark carefully how to do it. 그것을 어떻게 하는지 주의하라

★**mar·ket** [má:rkit] 명 (복수 **markets** [-s]) ❶ 시장
My mother goes to *market* everyday.
어머니는 매일 장보러 가신다
☑ 「시장보기」의 뜻에는 a나 the를 사용하지 않는다.
❷ 거래선, 판로, 시장; 시세
South America will be a new *market* for Korean automobiles. 남아메리카는 한국 자동차의 새 시장이 될 것이다
the stock *market* 주식시세

Mark Twain [má:rk twéin] 명 마크 트웨인 《1835-1910; 미국의 작가로 대표작으로는 「톰소여의 모험」「허클베리 핀의 모험」 등이 있다》

mar·ma·lade [má:rməlèid] 명 마말레이드 《오렌지·레몬 등의 껍질이 든 잼》

mar·riage [mǽridʒ] 명 (복수 **marriages** [-iz]) 《동사는 marry》 결혼; 결혼식
an arranged *marriage* 중매 결혼
a love *marriage* 연애결혼

mar·ried [mǽrid] 통 **marry**(~와 결혼하다)의 과거·과거분사형
— 형 결혼한
newly *married* couple 신혼부부

★**mar·ry** [mǽri] 통 (3단현 **marries** [-z] ; 과거·과분 **married** [-d] ; 현분 **marrying**) 《명사는 marriage》
타동 ~와 **결혼하다**, 결혼시키다
He *married* my sister last year. 그는 작년에 나의 누나와 결혼했다
☑ 「~와」에 with를 쓰지 않는다는

Mars - master

점에 유의
Are you *married*? 당신은 기혼입니까
☑ 흔히 수동태를 사용한다.
— (자동) **결혼하다**(=get married), 결혼 생활에 들어가다
He *married* late in life. 그는 만혼이 었다

Mars [máːrz] 명 《로마 신화》 마르스(전쟁의 신); 《천문》 화성(→ planet 행성)

Mar·tha [máːrθə] 명 마사 《여자 이름》

Mar·tin [máːrtin] 명 마틴 《남자 이름》

mar·vel [máːrvəl] 명 놀라운 일; 놀라운 인물
— 통 (3단현 marvels [-z]; 과거·과분 marveled [-d]; 현분 marveling) (타동) (자동) (~에) 놀라다, 경탄하다

mar·vel·ous, 영 **mar·vel·lous** [máːrvələs] 형 (비교 more marvelous; 최상 most marvelous) 놀라운, 감탄할; 《구어》 훌륭한, 멋진

Mar·y [méəri] 명 메리 《여자 이름; 애칭은 Molly 또는 Polly》; 《성서》 《성모》 마리아

Mar·y·land [mérələnd] 명 메릴랜드 주 《미국 동부의 주; 약어로는 MD 또는 Md》

mas·cot [mæskɑt] 명 마스코트, 행운을 가져다 준다고 생각되는 사람[동물, 것]

mas·cu·line [mǽskjulin] 형 남자의(↔ feminine 여자의), 남자다운(=manly)

mask [mǽsk] 명 (복수 masks [-s]) 얼굴, (무도회의) 가면, 마스크
wear a *mask* 가면을 쓰다

mass [mǽs] 명 (복수 masses [-iz]) 덩어리, 많은 양[수]
a *mass* of iron 쇳덩이
☑ a mass of ...는 「많은」의 뜻을 나타내기도 한다
a *mass* of people 많은 사람들

Mass. Massachusetts(매사추세츠 주)의 약어

Mas·sa·chu·setts [mæ̀sətʃúːsits] 명 매사추세츠 주 《미국 북동부의 주로 주도는 보스턴(Boston); 약어로는 MA 또는 Mass》

mass com·mu·ni·ca·tion [mǽskəmjùːnəkéiʃən] 대량 전달, 매스컴, (신문·라디오·텔레비전·영화 등의) 전달 매체

mass me·di·a [mǽs míːdiə] 명 《the를 붙여서》 매스 미디어, 매스컴의 매체

mass pro·duc·tion [mǽs prədʌ́kʃən] 명 대량 생산

mast [mǽst] 명 (복수 masts [-s]) (배의) 돛대

***mas·ter** [mǽstər] 명 (복수 masters [-z]) ❶ (남자) **주인**(여자 주인 mistress; ↔ servant 하인)
☑ ㉻에서는 노예에 대한 「주인」을 연상하므로 보통은 boss를 사용한다
❷ (선박·역 등의) **장**, 선장
a station *master* 역장
❸ 영 (초·중·고교 남자) **선생** 《특수 기능의 선생을 말한다》
He is a dancing *master*. 그는 춤을 가르치는 선생이다
❹ **대가**, 유명인
He is a great *master* of painting. 그는 회화의 거장이다
❺ 《Master 로서》 ~ **도련님**
Master Philip 필립 도련님 《Mr.에 해당하는 소년의 경칭》
❻ 《Master 로서》 **석사**
▶ 박사(Doctor)와 학사(Bachelor) 사이의 학위.
Máster of Árts 문학 석사
Máster of Láws 법학 석사
— (타동) (3단현 masters [-z]; 과거·과분 mastered [-d]; 현분 mastering) ~에 **정통하다, 숙달하다**

You cannot *master* it in a day. 너는 하루만에 그것에 정통할 수 없다

mas·ter·piece [mǽstərpì:s] 명 (복수 **masterpieces** [-iz]) 걸작

mat [mǽt] 명 (복수 **mats** [-s]) 매트, 거적, 돗자리

match[1] [mǽtʃ] (♦ tch는 [tʃ]로 발음함) 명 (복수 **matches** [-iz]) (낱개의) 성냥

He struck a *match*. 그가 성냥을 켰다

***match**[2] [mǽtʃ] 명 (복수 **matches** [-iz]) ❶ 상대, 짝, 호적수
He met his *match*. 그는 호적수를 만났다

❷ 시합(→ game)
I watched the tennis *match* on television. 나는 텔레비전에서 테니스 시합을 보았다

📝 baseball, football, basketball 등에는 game을; tennis, Ping-Pong, wrestling, boxing 등에는 match를; swimming, track(트랙경기) 등에는 meet(대회)를 사용한다.

❸ 잘 어울림《사물에 관해서》
The tie isn't a good *match* for your coat. 그 넥타이는 너의 윗옷과 어울리지 않는다

— 동 (3단현 **matches** [-iz]; 과거·과분 **matched** [-t]; 현분 **matching**) 타동 ❶ ~에 필적하다
No one can *match* Tom in tennis. 정구에서 톰에게 필적할 수 있는 사람은 없다

❷ ~과 조화하다, ~에 어울리다
His suit *matched* the color of his tie. 그의 양복은 넥타이 색과 잘 어울렸다

— 자동 어울리다
The carpet and curtains do not *match*. 그 융단과 커튼은 어울리지 않는다

mate [méit] 명 친구, 동료; 배우자의 한 쪽

ma·te·ri·al [mətíəriəl] 명 (복수 **materials** [-z])

❶ 재료, 자료
building *materials* 건축 자재
raw *material* 원료

❷ 《복수형으로》 필요한 것, 도구
writing *materials* 필기 도구

— 형 물질의, 물질적인(↔ spiritual 정신적인)
material civilization 물질 문명

math [mǽθ] 명 《(미) 구어》 수학 《mathematics 의 단축형》

***math·e·mat·ics** [mæ̀θə-mǽtiks] (♦ the는 [θ]로 발음함) 명 《단수 취급》 **수학**

📝 미국의 학생간에는 math로 통함
Mathematics is very interesting. 수학은 매우 재미있다
📝 동사 is에 주의

***mat·ter** [mǽtər] 명 (복수 **matters** [-z])

❶ 물질, 물체《a를 붙이지 않고, 복수 없음》
printed *matter* 인쇄물
solid *matter* 고체

❷ 문제(=subject), 사항
It is a *matter* of law. 그것은 법률상의 문제이다

❸ 《the를 붙여서》 **고장**, 곤란한 일
What is *the matter* (with you)?《불평·고통 등을 들을 때》 무슨 일이지

as a matter of fact 사실은(→ fact(사실))

No matter 비록 ~일지라도
📝 뒤에 What, Where, how 등의 의문사가 옴.
No matter what happens, I will do it. (=Whatever happens, I will do it.) 비록 무슨 일이 일어난다 하더라도 나는 그것을 할 것이다

— 동 (3단현 **matters** [-z]; 과거·과분 **mattered** [-d]; 현분 **mattering**) 자동 **중요하다**, 문제가 되다

📝 보통 it가 주어가 되며, 의문문이나 부정문에 사용된다.
It doesn't *matter* much.(= It is no

mattress - May Day

matter.) 그것은 별로 중요한 것이 아니다

mat·tress [mǽtris] 명 (복수 **mattress**es [-iz]) (침대의) 매트리스, 침대요

ma·ture [mətjúər] 형 (비교 **matur**er; 최상 **maturest**) (사람이) 성숙한; (과일 등이) 익은

max·i·mum [mǽksəməm] 명 (복수 **maxim**a [mǽksəmə] 또는 **maximum**s [-z]) 최대한(↔ minimum 최소한), 최대량[수], 최고점 ─ 형 최대의, 최소의

★**may** [méi] (◆ay는 [ei]로 발음함) 조 (과거 **might** [máit])

❶ ~해도 좋다 《허가》
You *may* ask me any question. 나에게 어떤 질문을 해도 좋다
"*May* I go with her?"―"Yes, you *may*." 「그녀와 함께 가도 됩니까」―「예, 좋습니다」

📝 이 답의 형태는 아이들이나 손아랫사람에게 흔히 사용된다. 보통은 Yes, please.나 Why not? 또는 Yes, certainly.라고 한다.

📘 (1) 부정은 may not를 사용하며, 엄하게 금지할 때는 must not를 사용한다. "May I see her?"―"No, you must mot." 「그녀와 만나도 됩니까」―「아니오, 안 됩니다」. 또 회화에서 may not 대신 cannot를 사용하기도 한다. (2) ㉑에서 구어체로 may 대신 can을 사용하기도 한다: "Can I go?"―"Yes, certainly." 「가도 됩니까」―「예, 좋습니다」

❷ ~일지도 모른다 《가능성》
It *may* rain tonight. 오늘 밤에 비가 올지도 모른다
It *may* be true. 그것이 사실일지도 모른다

📝 「~이었을지도 모른다」에는 「may have+과거분사」를 사용한다: It *may have been* true.(그것은 사실이었을지도 모른다)

❸ 가령 ~할지라도 《양보》
However busy he *may* be, he writes to his parents once a week.
아무리 바쁘더라도 그는 일주일에 한 번씩, 부모에게 편지를 쓴다

❹ ~하시길 《기원·희망》
May you live long! 오래오래 사시길

may as well ... ~하는 편이 좋다
You *may as well* begin at once.
곧 시작하는 편이 좋겠다

may well ... ~하는 것은 당연하다
You *may well* say so. 그렇게 말하는 것은 당연하다

(**so**) **that** ~ **may** ... ~가 …하도록, ~가 …할 수 있도록
Study hard (*so*) *that* you *may* pass the examination. 시험에 합격하도록 열심히 공부해라

📝 주절의 동사가 과거일 때 may는 might가 된다: I got up early (*so*) that I *might* be in time for the first train.(첫 기차 시간에 대기 위해서 일찍 일어났다)

★**May**¹ [méi] 명 **5월**(→ month)
Roses bloom in *May*. 장미는 5월에 핀다
We are leaving Pusan on *May* 6. 우리는 5월 6일에 부산을 떠날 것이다

📝 특정한 날을 가리킬 때는 전치사 on을 씀; May 6은 May (the) sixth라고 읽음.

May² [méi] 명 메이 《여자이름; Mary의 애칭》

★**may·be** [méibi] 부 **아마**(= perhaps)
Maybe I can help you. 아마 당신을 도울 수 있을거요

📝 주로 미국에서 사용된다. (it) may be에서 생긴 말.

May Day [méi dèi] ❶ 명 **5월제**

📖 옛날 영국에서는 5월 1일에 5월의 여왕(May Queen)을 뽑아 춤을 추면서 하루를 즐겁게 보내는 풍습이 있었다. 지금도 농촌에서는 이 풍습이

Mayflower - mean³

남아 있는 곳도 있다 → Maypole
❷ 노동절 ((1886년 5월 1일, 미국의 전 노동 단체가 하루 8시간 노동을 요구하며 시위를 벌인 데서 비롯된 국제적인 노동 축제일))
▶ 미국에서는 여기에 해당하는 날을 9월 제1월요일의 근로자의 날(Labor Day)로 하고 있다.

May·flower [méiflàuər] 명 ((the를 붙여)) 메이플라워 호
▶ 영국 청교도들이 신앙의 자유를 찾아서 이 배를 타고 1620년에 미국 대륙으로 건너갔다.

may·on·naise [méiənèiz] (프랑스어) 명 마요네즈

may·or [méiər] 명 (복수 **mayors** [-z]) 시장(市長)

May·pole [méipòul] 명 5월제의 기둥
▶ 리본이나 꽃으로 장식한 높은 기둥을 세워 그 주위를 돌며 춤을 춘다
→ May Day

maze [meiz] 명 (복수 **mazes** [-iz]) 미로, 미궁

Md. Maryland(메릴랜드주)의 약어

★**me** [mí:] 대 (복수 **us** [ʌs])
❶ ((I의 목적격)) 나를, 나에게
He knows *me* well. 그는 나를 잘 알고 있다
Give *me* some milk. 나에게 우유를 좀 다오
❷ ((I 대신 사용)) ((구어)) 나는
"Who's there?"—"It's *me*." 「거기 누구냐」—「나야」
☑ It's I.라고 하지 않는다.
"I'm tired."—"*Me*, too." 「나는 피곤하다」—「나도 그래」
Ben is older than *me*. 벤은 나보다 연상이다
☑ than I가 문법적으로 옳지만 회화에서는 me를 많이 쓴다.

Me. Maine(메인주)의 약어

mead·ow [médou] 명 (복수 **meadows** [-z]) 목초지
☑ 건초를 만드는 목초지를 말하며, 가축을 방목하는 목장은 pasture

★**meal** [mí:l] (◆ ea는 [i:]로 발음함) 명 (복수 **meals** [-z]) 끼니
We have[eat] three *meals* a day. 우리는 하루에 세 끼를 먹는다
풍습 영 미에서도 우리와 마찬가지로 하루에 breakfast(아침 식사), lunch(점심 식사), dinner 또는 supper(저녁 식사) 등 세 끼를 먹는다. 아침과 점심을 겸한 식사는 brunch(breakfast+lunch)라고 한다.

★**mean¹** [mí:n] 타동 (3단현 **means** [-z]; 과거·과분 **meant** [mént]; 현분 **meaning**) ((명사는 meaning))
❶ ~을 의미하다
"Good morning" sometimes *means* "good-bye". 「굿모닝」은 때에 따라 「굿바이」를 의미한다
This sign *means* that cars must stop. 이 신호는 차가 멈춰야 하는 것을 의미한다
❷ ((mean to ...로)) ~할 작정이다, ~할 예정이다
I *mean to* go abroad this year. 나는 금년에 외국에 갈 작정이다
Do you *mean to* pay so much money? 그렇게 많은 돈을 지불할 작정입니까
▶ Do you *mean* ...?은 상대방의 말에 놀라서 저절로 나오는 응답.
❸ 의미를 가지다, 중요하다
It *means* little to me. 그것은 나에게 중요한 것은 아니다

mean² [mí:n] 형 (비교 **meaner**; 최상 **meanest**) (신분이) 천한, 초라한, 비열한; 인색한
He lives in a *mean* house. 그는 초라한 집에 산다
What a *mean* fellow! 정말 비열한 자로구나
She is *mean* about money. 그녀는 돈에 대해서는 인색하다

mean³ [mí:n] 명 (복수 **means**

meaning - media

[-z])
❶ 《복수형으로》 수단, 방법
📝 단수·복수 양쪽으로 취급됨.
by this[these] *means*
이[이들] 방법으로
There is[are] no *means* of getting there. 그곳에 도착할 방법이 없다
❷ 《복수형으로 복수 취급》 재산, 부
a man of *means* 재산가(=a rich man)
by all means 꼭, 반드시
I must see him *by all means*. 나는 꼭 그를 만나야 한다
by means of ... ~에 의해서
Thoughts are expressed *by means of* words. 사상은 말로 표현된다

mean·ing [míːniŋ] 명 《복수 **meanings** [-z]》 의미(=sense)
What's the *meaning* of this word? 이 말은 무슨 뜻입니까

mean·ing·less [míːniŋlis] 형 뜻이 없는, 무의미한

meant [mént] (◆발음 주의) 동 mean(~을 의미하다)의 과거·과거분사형

mean·time [míːntàim] 명 《the를 붙여서》 그 동안
in the meantime 그러고 있는 동안에, 그 사이에; 한편으로는

mean·while [míːn(h)wàil] 부 그 사이에; 한편으로는(=meantime)

meas·ure [méʒər] (◆ea는 [e]로 발음함) (복수 **measures** [-z])
❶ **치수**, 분량; 크기, 넓이, 무게
📝 면적·부피·길이·중량 등 모든 면에 사용된다.
Her waist *measure* is 25 inches. 그녀의 허리는 25인치이다
❷ 자, 줄자(→ scale²)
a tape *measure* 줄자
❸ 《종종 복수형으로》 수단, 조치
take hard *measures* 강경 조치를 취하다
— 동 (3단현 **measures** [-z]; 과거·과분 **measured** [-d]; 현분 **measuring**) (타동) 치수를 재다, 측정하다
— (자동) 치수가 ~이다 《폭, 높이 등》
The bridge *measures* 20 meters long. 그 다리는 길이가 20미터이다

meas·ure·ment [méʒərmənt] 명 측정, 측량; 측정법, 측량법; 《종종 복수형으로》 양, 치수

★**meat** [míːt] (◆ meet(~를 만나다)와 같은 발음) 명 (**식용**) **고기** 《a를 붙이지 않고, 복수 없음》
Eat more vegetables than *meat*. 고기보다 야채를 더 많이 먹어라
I gave a piece of *meat* to the dog. 나는 개에게 고기 한 덩이를 주었다
Won't you have some *meat* ? 고기 좀 드시지 않겠어요
풍습 동물에 따라 고기(meat)의 이름이 다르다. 소(ox, bull, cow)의 고기를 beef라 하고 돼지(pig)의 고기를 pork라 한다. 물고기(fish)는 meat에 포함되지 않으며 식용이 아닌 고기는 flesh라고 한다.

Mec·ca [mékə] 명 메카 《사우디아라비아의 도시. 마호메트의 탄생지로 회교도의 순례 성지》

me·chan·ic [mikǽnik] (◆ ch는 예외적으로 [k]로 발음함) 명 기계공; (기계) 수리공

me·chan·i·cal [mikǽnikəl] 형 기계의; 《비유》 (사람·행동이) 기계적인

mech·a·nism [mékənìzm] 명 (복수 **mechanisms** [-z]) 기계(장치); 기구, 구조

med·al [médl] 명 (복수 **medals** [-z]) 메달, 훈장
She won three gold *medals*. 그녀는 금메달을 3개 획득했다

me·di·a [míːdiə] 명
❶ medium(매개물)의 복수
❷ 《the를 붙여 복수 취급》 매스 미디어(=mass media)

medical - meets

☑ a mass media는 잘못.

med·i·cal [médikəl] 형 의학의
a *medical* college 의과 대학

med·i·cine [médəsin] 명 (복수 **medicine**s [-z])
❶ 의학 《a를 붙이지 않으며, 복수형도 없음》
His brother studies *medicine* in America. 그의 형은 미국에서 의학을 공부하고 있다
❷ 내복약
take *medicine* 약을 먹다
This is a good *medicine* for colds. 이것은 감기에 좋은 약이다

Med·i·ter·ra·ne·an [mèditəréiniən] 형 지중해의
— 명 《the를 붙여》 지중해(= the Mediterranean Sea)

me·di·um [míːdiəm] 명 (복수 **media** 또는 **medium**s [-z]) 매개물, 매체, 수단
a *medium* of communication 통신 수단
— 형 중간의, 보통의
a shirt of *medium* size 중간치수의 셔츠

★**meet** [míːt] 동 (3단현 **meet**s [-s] ; 과거·과분 ***met*** [mét] ; 현분 **meet**ing) (타동) ❶ ~를 만나다; (소개를 받아) ~를 처음으로 만나다
I *met* him on the street yesterday. 어제 나는 길에서 그를 만났다
We sometimes *meet* each other. 우리는 가끔 서로 만난다
Meet my sister. (에게) 내 누이를 소개합니다
I am glad to *meet* you. 뵙게 되어 기쁩니다
☑ 초대면의 인사. meet를 강하게 발음한다. 이에 대한 답변은 (I am) Glad to meet you, too.라고 한다. 특히 you와 too에 강세를 둠.
❷ 마중 나가다(↔ see a man off 배웅하다)
I am going to *meet* my aunt at the airport. 나는 공항에 아주머니를 마중 나갈 것이다
I'll *meet* your bus. 네가 탄 버스를 마중나가겠다
❸ (희망·요구 등을) **충족시키다**, 응하다
He *met* my wishes. 그는 나의 소원을 들어 주었다
— (자동) **만나다**, 회합하다; (강·길·선로가) 교차하다
Where shall we *meet* ? 어디에서 만날까요
Good-bye till we *meet* next Monday. 그럼 다음 월요일에 만날 때까지 안녕
I hope we will *meet* again. 우리가 다시 만나게 되기를 바랍니다
The club *meets* every Saturday afternoon. 그 클럽은 매주 토요일 오후에 모입니다
The two paths *meet* there. 그 두 길은 거기서 교차한다
meet with ... (사고·불행 등을) 겪다; (미) (남과 약속하여) 만나다, 회담하다
My father *met with* an accident a few days ago. 아버지가 며칠 전에 사고를 당하셨다
I promised to *meet with* him. 나는 그와 만나기로 약속했다
— 명 (복수 **meets** [-s]) (미) 회합, 모임, 경기대회(= 영 meeting)
an athletic *meet* 운동회
a swimming *meet* 수영 대회
☑ a baseball *game*(야구 시합)과의 차이에 주의 → game

★**meet·ing** [míːtiŋ] 동 meet(만나다)의 현재분사형
— 명 (복수 **meeting**s [-z]) 영 회합, 모임(= 미 meet; → party 파티)
a general *meeting* 총회
a welcome *meeting* 환영회
attend a *meeting* 모임에 참석하다

meets [míːts] 동 meat(만나다)의 3

Meg - mend

인칭 단수현재형
— 몡 meet(회합)의 복수형

Meg [még] 몡 메그 《여자이름; Margaret의 애칭》

mel·an·chol·y [mélənkɑ̀li] (♦ ch는 예외적으로 [k]로 발음함) 혱 우울(한), 침울(한)
a *melancholy* scene 우울한 장면

Mel·bourne [mélbərn] 몡 멜버른 《오스트레일리아 동남부의 항구도시》

mel·o·dy [mélədi] 몡 (복수 **melod*ies*** [-z]) (음악) 멜로디, 선율; 아름다운 음조

mel·on [mélən] 몡 (복수 **melon*s*** [-z]) (식물) 멜론, 참외

melt [mélt] 동 (3단현 **melt*s*** [-s]; 과거·과분 **melt*ed*** [-id]; 현분 **melt*ing***) (타동) (열이나 물로) ~을 녹이다; (마음을) 누그러 뜨리다
Her words *melted* my heart. 그녀의 말에 나의 마음이 누그러졌다
— (자동) 녹다; (마음 등이) 누그러지다
Sugar *melts* in water. 설탕은 물에 녹는다
Ice *melts* into water. 얼음은 녹아서 물이 된다

＊mem·ber [mémbər] 몡 (복수 **member*s*** [-z])
❶ 회원, 일원
a *member* of a family 가족의 일원
He became a *member* of the golf club. 그는 골프 클럽 회원이 되었다
❷ (하원의) **의원**
a *Member* of Parliament 영 하원 의원 《M.P.는 약어》
a *Member* of Congress 미 하원 의원 《M.C.는 약어》

mem·ber·ship [mémbərʃip] 몡 회원[사원, 의원]이 되는 것; (회원 등의) 자격[지위]
a *membership* card 회원증

mem·o [mémou] 몡 (복수 **memos** [-z]) (구어) 메모, 각서
☑ memorandum [mèmərǽndəm]의 줄임꼴.

me·mo·ri·al [mimɔ́ːriəl] 혱 기념의
a *memorial* hall 기념관
a *memorial* festival 기념제
— 몡 기념비; 기념관
the Lincoln *Memorial* 링컨 기념관

Me·mo·ri·al Day [mimɔ́ːriəl dèi] 미 전몰 장병 기념일 《5월의 마지막 월요일》

mem·o·ri·za·tion [mèmərizéiʃən] 몡 기억, 암기

mem·o·rize [méməràiz] (타동) (3단현 **memorize*s*** [-iz]; 과거·과분 **memorize*d***[-d]; 현분 **memoriz*ing***) 《명사는 memory》 기억하다, ~을 암기하다
I *memorize* fifteen words every day. 나는 매일 15단어씩 암기한다

＊mem·o·ry [méməri] 몡 (복수 **memor*ies*** [-z])
❶ 기억, 기억력
She has a good[bad] *memory*. 그녀는 기억력이 좋다[나쁘다]
❷ 추억
memories of childhood 어린 시절의 추억
in memory of ... ~를 기념하여
They built a tower *in memory of* Washington. 그들은 워싱턴을 기념하여 탑을 세웠다

★men [mén] 몡 man(어른 남자)의 복수형
Men's Room 미 (게시) 남자 화장실
There were three *men* on the bus. 버스에 3명의 남자가 있었다

mend [ménd] 동 (3단현 **mend*s*** [-z]; 과거·과분 **mend*ed*** [-id]; 현분 **mend*ing***) (타동) ❶ 고치다, ~을 수리하다
☑ 간단한 것을 고칠 때 → repair
He *mended* a broken door. 그는 부

서진 문을 고쳤다
❷ (행동을) 고치다
He *mended* his manners. 그는 태도를 고쳤다
— (자동) (태도 등이) 고쳐지다, 좋아지다
It's never too late to *mend*. 《속담》 회개하는 데 너무 늦다는 법은 없다; 잘못을 저질렀으면 서슴없이 고쳐라

-ment [-mənt] 〈접미〉 동사 뒤에 붙어 명사를 만듦
enjoy*ment* (enjoy+ment) 즐거움
move*ment* (move+ment) 움직임

men·tal [méntl] 형 마음의, 정신의 (↔ *physical* 육체의); 지능의, 지적인
mental effort 정신적 노력
a *mental* test 지능 검사

men·tion [mén∫ən] 동 (3단현 **mentions** [-z]; 과거·과분 **mentioned** [-d]; 현분 **mentioning**)
(타동) ~에 관해서 말하다, 설명하다
Don't *mention* my name. 내 이름을 말하지 마라
Don't *mention* it. 형 천만에요 《감사의 말 등에 대한 대답》(=미 You are welcome.)
📝 최근 영에서도 잘 쓰지 않음.
— 명 언급, 진술

men·u [ménju:] 명 (복수 **menus** [-z]) 메뉴, 식단표

mer·chant [má:rt∫ənt] (◆er는 [ə:r], ch는 [t∫]로 발음됨) 명 (복수 **merchants [-s]) 상인
📝 영에서는 특히 무역상, 미에서는 일반적으로 상인을 나타낸다.
The *Merchant* of Venice 베니스의 상인 《셰익스피어의 희곡》

mer·ci·ful [má:rsifəl] 형 (비교 *more* merciful; 최상 *most* merciful) 자비로운, 정다운

Mer·cu·ry [má:rkjuri] 명
❶ 《천문》 수성 (→ *planet* 행성)
❷ 《로마 신화》 머큐리 《신들의 사자 (使者)로, 상업·웅변·도둑의 신; 그리스 신화의 헤르메스(Hermes)에 해당》
❸ 《**mercury**로서》 수은

mer·cy [má:rsi] 명 자비, 연민, 인정
Please show *mercy* to me. 나를 불쌍히 여겨 주세요
at the mercy of ~의 처분대로
The boat is *at the mercy of* the storm. 그 배는 폭풍우 앞에 속수 무책이다

mere [míər] 형 《최상급 **merest**》 단순한, 순전한
I am a *mere* child. 나는 어린애에 불과하다

mere·ly [míərli] 부 단지, ~뿐 (=*only*)
He *merely* asked her name. 그는 단지 그녀의 이름을 물어보았을 뿐이었다

mer·it [mérit] 명 (복수 **merits** [-s]) 가치, 공적, 장점
There's little *merit* in telling him. 그는 말할 가치도 없다

mer·maid [má:rmèid] 명 (복수 **mermaids** [-z]) (여자 모양의) 인어

mer·ri·ly [méràli] 부 즐겁게, 유쾌하게, 흥겹게
Birds sing *merrily*. 새들이 즐겁게 지저귄다

*mer·ry [méri] 형 (비교 **merrier**; 최상 **merriest**) 즐거운, 유쾌한
I heard a *merry* voice.
나는 유쾌한 목소리를 들었다
Merry Christmas! (=*I wish you a merry Christmas!*) 크리스마스를 축하합니다
📝 이에 대해서 The same to you! (당신도)라고 대답한다. 또 정월에는 A *happy* New Year! (새해를 축하합니다) 라고 한다.
make merry 즐겁게 놀다
They *are making merry* over the game. 그들은 그 경기를 하면서 즐겁게 놀고 있다

mer·ry-go-round [mérigou-ràund] 명 (복수 **merry-go-rounds** [-z]) 회전 목마

merry-go-round

mes·dames [meidá:m] 명 **madam**의 복수형

mess [més] 명 혼란, 엉망인 상태; 지저분한 것
The street is in a terrible *mess*. 거리가 엉망으로 지저분하다

***mes·sage** [mésidʒ] 명 (복수 **messages** [-iz]) 알림, 전언, 통보
Will you leave a *message* ? 전할 말씀이 있습니까
▣ 방문이나 전화에서 상대가 없을 때 대신 나온 사람이 물어보는 말.

mes·sen·ger [mésəndʒər] 명 (복수 **messengers** [-z]) 사자, 전령, 심부름꾼

Messrs. [mésərz] 명 ~귀중 《영에서 Mr.의 복수형으로 편지를 보낼 때 주로 인명으로 시작되는 회사명 앞에 붙임》
Messrs. Johnes, Lee & Company 존스리 회사 귀중

mes·sy [mési] 형 지저분한, 난잡한
Clear up this *messy* room! 이 지저분한 방을 치워라

met [mét] 동 **meet (만나다)의 과거·과거분사형
I *met* him yesterday. 나는 어제 그를 만났다

met·al [métl] 명 (복수 **metals** [-z]) 금속(→ medal 메달)
Precious *metals* 귀금속

***me·ter, me·tre** [mí:tər] 명 (복수 **meters** [-z])
❶ 미터 《m으로 줄여 씀》
This bridge is 100 *meters* long. 이 다리는 길이가 100 미터이다
❷ (가스·수도·전기 등의) **계량기**, 미터
an electric *meter* 전기 계량기

meth·od [méθəd] 명 (복수 **methods** [-z]) 방법
teaching *method* 교수법

me·tre [mí:tər] 명 영=미 meter

me·trop·o·lis [mitrápəlis] (◆액센트 주의) 명 (복수 **metropolises** [-iz]) 수도, 대도회지

Mex·i·co [méksikòu] 명 멕시코 《북미의 남부에 있는 공화국; 수도는 멕시코 시티(Mexico City)》

mice [máis] 명 **mouse**(생쥐)의 복수형

Mich. Michigan(미시간 주)의 약어

Mi·chael [máikəl] 명 마이클 《남자 이름; 애칭은 Mike 또는 `Mickey》

Mi·chel·an·ge·lo [màikəlǽn-dʒəlòu] 명 미켈란젤로(Buonarroti ~ (1475-1564); 이탈리아의 조각가·화가·건축가·시인)》

Mich·i·gan [míʃəgən] 명 미시간 주 《미국 중북부의 주로 세계 최대의 자동차 공업중심지; 약어로는 MI 또는 Mich.》

Mickey Mouse [míki máus] 명 미키 마우스 《월트디즈니의 만화영화에 나오는 주인공 이름; Mickey는 Michael의 애칭이고, mouse는 '생쥐'라는 뜻》

Mickey Mouse

microcomputer - mile

mi·cro·com·put·er [máikrəkəmpjùːtər] 명 마이크로 컴퓨터

mi·cro·phone [máikrəfòun] 명 (복수 **microphones** [-z]) 확성기, 마이크 《구어에서는 mike라고도 함》; (라디오·전화의) 송화기

mi·cro·scope [máikrəskòup] 명 (복수 **microscopes** [-s]) 현미경
📝 micro-는 그리스 말의 「작다」의 뜻. -scope는 영어의 「시야」.

mid·day [míddèi] 명 정오, 한낮

★**mid·dle** [mídl] 형 **한가운데의**, 중앙의, 중간의
the *middle* finger 중지, 가운데 손가락
— 명 《the middle로서》 중앙, 가운데 《a를 붙이지 않고, 복수 없음》
in the middle of ... ~의 한가운데에
in the middle of night 한밤중에

mid·dle-aged [mídl-éidʒd] 형 중년의 《41세부터 59세까지를 말함》

Mid·dle Ag·es [mídl éidʒiz] 《the를 붙여》 《서양사의》 중세

Mid·dle East [mídl íːst] 명 《the를 붙여서》 중동 《영에서는 이집트에서 이란까지, 미에서는 리비아에서 아프가니스탄까지의 지역을 말함》

mid·night [mídnàit] 명 한밤중, 밤 12시
Jim woke up at *midnight*. 짐은 한밤중에 잠이 깨었다

★**might**¹ [máit] (♦gh는 발음하지 않음) 조 may의 과거형
❶ ~할지도 모른다 《불확실한 가능성》
He thought it *might* be true. 그것이 사실일지 모른다고 그는 생각했다
📝 He thought, "It may be true." 「그는 "그것이 사실일지 모른다"라고 생각했다」와 같은 뜻.

📦 주절의 동사가 과거(thought)이므로, 「시제의 일치」에 따라 may가 might가 되었다

He said it *might* rain. 비가 올지도 모른다고 그는 말했다
❷ ~해도 좋다 《허가》
He asked me if he *might* use my pencil. 내 연필을 사용해도 좋은지를 그는 나에게 물었다
📝 직접화법은 He said to me, "May I use your pencil?"(그는 나에게 말했다. "당신의 연필을 사용해도 되나요?")이다.
❸ 《목적을 나타내는 부사절에서 주절이 과거일 때》 ~하기 위해서
He did his best so that he *might* succeed. 그는 성공하기 위해서 전력을 다했다
❹ 《가정법에서 추측·허가·가능을 나타냄》
He *might* come, if we asked him. 우리가 요구하면 그는 올지 모르겠다

might² [máit] 명 힘(=power), 체력
Might is right. 《격언》 힘이 정의다
He struggled with all his *might*. 그는 전력을 다하여 싸웠다

might·y [máiti] (♦gh는 발음하지 않음) 형 (비교 **might**ier; 최상 **might**iest) 《문어》 강한, 힘 있는, 아주 큰
a *mighty* wind 강풍
a *mighty* building 매우 큰 건물

Mike [máik] 명 마이크 《남자 이름; Michael의 애칭》

mild [máild] 형 (비교 **mild**er; 최상 **mild**est)
❶ (성질 등이) 온순한, 상냥한 (=gentle), 부드러운
He is a *mild* gentleman. 그는 점잖은 신사이다
❷ (날씨 등이) 따뜻한, 온화한
mild weather 온화한 기후
📝 겨울이 따뜻할 때는 warm 대신에 mild를 사용한다.

★**mile** [máil] 명 (복수 **miles** [-z]) 마일

📝 1마일은 약 1.6km에 해당한다.
"How far is it from here?"—"It's two *miles*." 「여기서 거리가 얼마입니까」 —「2마일입니다」

for miles 수 마일을
They walked *for miles*. 그들은 수 마일을 걸었다

mil·i·tar·y [mílətèri] 형 군의, 군대의(↔ civil 민간의); 육군의

★**milk** [mílk] 명 밀크, 우유, 젖 《a 붙이지 않고, 복수 없음》
I have a glass of *milk* every morning. 나는 아침마다 한 잔의 우유를 마신다
It is no use crying over spilt *milk*. 《속담》 엎질러진 우유를 놓고 울어 봐야 소용 없다; 엎지른 물은 다시 주워 담지 못한다

📝 (1) 보통은 「우유」의 뜻으로 사용한다. 그 외는 goat's milk(염소젖), mother's milk(모유)라고 한다.
(2) 보통 차가운 것은 glass, 뜨거운 것은 cup을 사용한다. 미국인은 차가운 우유를 마시므로 a glass of milk를 사용한다.

— 통 (3단현 **milks** [-s]; 과거·과분 **milk**ed [-t]; 현분 **milk**ing) (타통) 우유를 짜다
Farmers *milk* their cows with machines. 농부는 기계로 암소의 젖을 짠다
He knows how to *milk* a cow. 그는 우유짜는 법을 안다

●milk의 여러 가지●
butter milk 버터 밀크 《버터를 취한 뒤의 우유》
condensed milk 연유
powdered milk 분유, 가루 우유 (=dry milk)
skimmed milk=**skim milk** 탈지 우유

milk·man [mílkmæ̀n] 명 (복수 milk*men* [-mèn]) 우유 배달인, 우유 장수

milk shake [mílk ʃèik] 명 밀크셰이크

milk·y [mílki] 형 (비교 **milk**ier; 최상 **milk**iest) 우유 같은, 젖의
the Mílky Wáy 《천문》 은하수

mill [míl] 명 (복수 **mill**s [-z])
❶ 정미소, 방앗간, 제분소, 물방앗간
❷ 《특히 제지·제분·방적》 공장
a flour *mill* 제분소
a paper *mill* 제지 공장
a cotton *mill* 방적 공장

mill·er [mílər] 명 (복수 **mill**ers [-z]) 방앗간 주인; 제분업자

mil·li·me·ter, 영 **mil·li·me·tre** [míləmì:tər] 명 (복수 **millimeter**s [-z]) 밀리미터 《1미터의 1000분의 1; 약어로는 mm》

⁑**mil·lion** [míljən] 명 (복수 **million**s [-z]) 100만
ten *million*(s) 1,000만
three *million* (and) three hundred thousand 330만

📝 (1) 그보다 큰 수사가 붙으면 종종 복수형이 된다. 그러나 hundred thousand는 언제나 단수형을 쓴다. 최근에는 복수형을 쓰지 않는 경향이 있다. (2) million 뒤에 다시 수가 나올 때는 복수형으로 쓰지 않는다

📝 billion은 ⑪에서는 10억, 영에서는 1조; thousand는 1,000; hundred는 100.

millions of ... 무수한, 수백만의
There are *millions of* Christians in that country. 저 나라에는 무수한 기독교인들이 있다

— 형 100만의
About five *million* people live here. 여기에는 약 500만 명이 살고 있다

mil·lion·aire, mil·lion·naire [mìljənέər] 명 백만장자, 큰 부자

mind - mini

★**mind** [máind] 명 (복수 **mind**s [-z])
❶ 마음, 정신(↔ body 육체); 주의력《a를 붙이지 않고, 복수형은 없음. 그러나 형용사가 붙으면 a를 붙인다》
a sound *mind* 건전한 정신
body and *mind* 심신《무관사》
He turned his *mind* to it. 그는 그 곳에 주의를 쏟았다
❷ 기억(=memory)《a를 붙이지 않고, 복수 없음》
You must keep this in *mind*.
너는 이 말을 기억해 두어야 한다
❸ 의견, 생각(=thought), 의향
In my *mind*, she is honest. 나의 생각으로는 그녀는 정직하다
I have a *mind* to do it. 나는 그것을 하고 싶은 생각이다
So many men, so many *mind*s.《속담》사람이 좋아하는 것이나 생각하는 바가 저마다 다르다《10인 10색》
Out of sight, out of *mind*.《속담》보이지 않으면 마음에서 멀어진다
change one's *mind* 생각을 바꾸다
Her husband did not *change his mind*. 그녀의 남편은 생각을 바꾸지 않았다
come to mind 머리에 떠오르다
My teacher's words *came to mind*. 선생님의 말씀이 머리에 떠올랐다
make up one's *mind* 결심하다 (→make)
I *made up my mind* to see him. 나는 그를 만날 결심이다
— 동 (3단현 **mind**s [-z]; 과거·과분 **mind**ed [-id]; 현분 **mind**ing) 타동
❶ 주의하다, 마음에 두다
Mind the step. 발을 주의하라
📝 이 뜻으로는 명령형이 많다.
❷《의문문·부정문·if ... 의 문장에서》
염두에 두다, 꺼림직하게 생각하다, 개의하다
I don't *mind* the cold. 나는 추위에 개의치 않는다
Do you *mind* my smoking?(=Do you *mind* if I smoke?) 담배를 피워도 되겠습니까
📝 이 물음에 대해서「예, 좋습니다」는 No, I don't (*mind*).이다. Yes, I do. 라고 대답하면 '당신이 담배 피우는 것이 싫다'라는 뜻이 된다.
— 자동 신경을 쓰다; 싫어하다
I will go there if you don't *mind*. 괜찮으시다면 제가 그곳으로 가겠습니다
Mind your own business. 네 일이나 신경 써라; 남의 일에 참견하지 말아라
Never mind! 걱정[염려]마라
📝 Don't mind!라고 하지 않는다.
Would you mind ~ing? ~해 주지 않겠어요
Would you mind shut*ting* the door? 문 좀 닫아 주시겠어요
📝 응답에는 No, not at all. 또는 of course not. / Certainly, not.(예, 그러겠습니다)등과 같이 말하기도 한다.

★**mine**¹ [máin] (◆ i는 [ai]로 발음함) 대 (복수 **ours** [áuərz])《I의 소유대명사》**나의 것**(→ yours, his, hers, theirs)
This camera is *mine*. 이 카메라는 나의 것이다
Your watch is better than *mine*. 너의 시계는 내 것보다 좋다
He is a friend of *mine*. 그는 나의 친구이다
📝 one of my friends도 같은 뜻이나 a friend of mine을 더 많이 씀.

mine² [máin] 명 (복수 **mine**s [-z]) 광산
a coal *mine* 탄광

min·er [máinər] 명 (복수 **miner**s [-z]) 광부

min·er·al [mínərəl] 명 (복수 **mineral**s [-z]) 광물
Coal is a *mineral*. 석탄은 광물이다
— 형 광물의, 광물을 함유하는
mineral water 광천수

min·i [míni] 명 (복수 **mini**s [-z])

miniature - misfortune

(구어) 미니스커트(miniskirt)
— 형 《명사 앞에 쓰여서》 소형의, 아주 작은

min·i·a·ture [míniətʃùər] 명 (복수 **miniatures** [-z]) 모형
— 형 소형의
a *miniature* camera 소형 카메라

min·i·mum [mínəməm] 명 (복수 **minima** [mínəmə] 또는 **minimums** [-z]) 최소량(↔ maximum 최대량), 최저액
— 형 최소의, 최저의

min·is·ter [mínistər] 명 (복수 **ministers** [-z])
❶ (영국 등의) 장관, 대신
☑ 미에서는 secretary(장관)에 해당.
the Prime *Minister* 수상
the *Minister* of Labor 노동부 장관
❷ 목사; 공사(公使)

mink [mínk] 명 《동물》 밍크(의 모피)

Minn. Minnesota(미네소타 주)의 약어

Min·ne·so·ta [mìnəsóutə] 명 미네소타 주 《미국 중북부의 주; 약어로는 MN 또는 Minn.》

mi·nor [máinər] 형 작은 쪽의; 중요하지 않은(↔ major 큰 쪽의)
— 명 미성년자; 《음악》 단조(↔ major 장조)

mi·nor·i·ty [mənɔ́:rəti] 명 (복수 **minorities** [-z]) (과반수에 대하여) 소수(↔ majority 대다수); 소수당

mi·nus [máinəs] 전 ~를 빼고(↔ plus ~를 더하고)
Five *minus* four is [equals] one. 5 빼기 4는 1이다
☑ 보통은 Four from five leaves one.이라고 한다.
— 형 마이너스의, 음의

★**min·ute** [mínit] (♦발음·철자 주의) 명 (복수 **minutes** [-s])
❶ (시계의) 분(→ hour 시간, second 초)
An hour has sixty *minutes*. 1시간은 60분이다
It is five (*minutes*) past[미 after] ten. 10시 5분이다
☑ past ten(10시를 넘어)과 같이 시간을 함께 나타낼 때는 minute를 생략하는 경우가 많다.
It is ten (*minutes*) to[미 before, of] seven. 7시 10분 전이다
☑ 시간은 hour, 그 이하의 시간을 minute hour(작은 시간이란 뜻), 더 이하의 기간을 second minute hour라고 생각한 데서 minute(분)와 second(초)란 말이 생겼다.
❷ 짧은 시간, 잠시(= moment)
Wait a *minute*. 잠시 기다려요
He will be here in a few *minutes*. 그는 잠시후에 이리 올 것이다
May I speak with you *for a minute*? 잠깐 당신과 이야기를 나눌 수 있습니까
at the last minute 임박하여, 마지막 순간에

minutes [mínits] 명 minute(분)의 복수형

mir·a·cle [mírəkl] 명 (복수 **miracles** [-z]) 기적, 경이
His success is a *miracle*. 그의 성공은 기적이다

★**mir·ror** [mírər] 명 (복수 **mirrors** [-z]) 거울(= looking glass)
☑ glass보다 품위가 있는 말.
She looked into a *mirror*. 그녀는 거울을 들여다 보았다

mis·er·a·ble [mízərəbl] 형 (비교 **more** miserable; 최상 **most** miserable) 《명사는 misery》 가엾은, 불쌍한, 딱한; 비참한
I felt *miserable*. 나는 비참한 생각이 들었다

mis·for·tune [mìsfɔ́:rtʃən] 명 (복수 **misfortunes** [-z]) 불운(↔ fortune 운), 불행; 불행한 일

misprint - mistaken

mis·print [mísprìnt] 명 (복수 **misprints** [-s]) 오식, 미스프린트

★**Miss** [mís] 명 (복수 **Miss**es [-iz]) 미스~, ~양, ~선생(→Mrs., Mr.)

📝 원래 mistress의 줄임꼴이므로, 약어가 아니기 때문에 Miss뒤에 피리어드(.)를 찍지 않는다.
She is *Miss* Smith. 그녀는 스미스 양이다
Our teacher is *Miss* Green. 우리 선생님은 그린 선생이다
📝 결혼 전의 여자의 성 또는 성명 앞에 붙여 부르는 경칭어로 연령에 관계 없다.

****miss** [mís] 타동 (3단현 **miss**es [-iz] ; 과거·과분 **missed** [-t] ; 현분 **miss**ing) ❶ 놓쳐 버리다
I *missed* the bus. 나는 버스를 놓쳤다
Don't *miss* your good chance. 좋은 기회를 놓치지 마라

❷ ~가 없어 그리워지다
I'll *miss* you. 나는 당신이 그리워질 것이다
I *miss* my mother when she is away. 어머님이 안 계시니 쓸쓸하다

❸ 빠뜨리다
Don't *miss* my name. 내 이름을 빠뜨리지 마라

❹ ~가 없는 것을 깨닫다
When did you *miss* your watch? 언제 당신은 시계가 없어진 것을 깨달았습니까

Miss. Mississippi(미시시피 주)의 약어

mis·sile [mísəl] (♦발음 주의) 명 (복수 **missile**s [-z]) 미사일
launch a *missile* 미사일을 발사하다

miss·ing [mísiŋ] 형 찾지못한, 행방 불명의, 비어 있는
Her husband is *missing*. 그녀 남편이 행방불명이다

mis·sion [míʃən] 명 (복수 **miss**ions [-z]) (외국에 파견되는) 사절단 ; 사명 ; 선교(회)

mis·sion·ar·y [míʃənèri] 명 (복수 **missionarie**s [-z]) 전도사, 선교사
— 형 전도의

Mis·sis·sip·pi [mìsəsípi] 명
❶ 미시시피 주 《멕시코 만에 면한 미국 남부의 주 ; 약어로는 MS 또는 Miss.》
❷ 《the를 붙여서》 미시시피 강 《미국 미네소타 주 북부에서 발원하여 멕시코만으로 흘러 들어가는 강》

Mis·sour·i [mizúəri] 명
❶ 미주리 주 《미국 중부의 주 ; 약어로는 MO 또는 Mo.》
❷ 《the를 붙여서》 미주리 강

mist [míst] 명 (복수 **mist**s [-s]) 아지랑이, 옅은 안개
📝 fog는 mist보다 짙다.

★**mis·take** [mistéik] 동 (♦a는 [ei]로 발음함) (3단현 **mistake**s [-s] ; 과거 **mistook** [mistúk] ; 과분 **mistaken** [mistéikən] ; 현분 **mistaking**) 타동 ~을 오해하다
I *mistook* his meaning. 나는 그의 의도를 오해했다

mistake A for B A를 B로 착각하다 (=take A for B)
I *mistook* her *for* her sister. 나는 그녀를 그녀의 누이로 착각했다

— 명 (복수 **mistake**s [-s]) 틀림, 착오
📝 error만큼 비난의 느낌이 없다.
Are there any *mistakes*? 무엇인가 잘못되었습니까

by mistake 착오로, 실수로
He opened my letter *by mistake*. 그는 착오로 나의 편지를 펴 보았다

make a mistake 실수하다
I *made* three *mistakes* in English. 나는 영어 시험에서 3개가 틀렸다

mis·tak·en [mistéikən] 동 mistake(~을 오해하다)의 과거분사형

— 형 잘못된, 틀린; 오해하고 있는

mis·ter [místər] 명 (구어) 여보세요, 이봐 《미지의 남성을 부르는 데 사용》

mis·tle·toe [mísltòu] 명 (식물) 겨우살이의 일종; 미국 오클라호마 주의 주화

mis·took [mistúk] 통 mistake(~을 오해하다)의 과거형

mis·tress [místris] 명 (복수 **mistress**es [-iz]) (일가의) 주부, (하녀에 대해서) 여주인(↔master 주인)
📝 Mrs. [mísiz]로 약하여 기혼 부인의 성 앞에 붙여 쓴다: Mrs. Brown (브라운 부인)

mist·y [místi] 형 (비교 **mist**ier; 최상 **mist**iest) 안개 낀, 몽롱한
It was a *misty* morning. 안개가 낀 아침이었다

mis·un·der·stand [mìsʌndərstǽnd] 타동 (3단현 **misunderstand**s [-z]; 과거·과분 **misunderstood** [-stúd]; 현분 **misunderstand**ing) ~을 오해하다

mis·un·der·stand·ing [mìsʌndərstǽndiŋ] 명 오해

mis·un·der·stood [mìsʌndərstúd] 통 **misunderstand**(~을 오해하다)의 과거·과거분사형

mitt [mít] 명 (복수 **mitts** [-s]) (야구의) 미트; (여성용) 벙어리 장갑
📝 다섯 손가락으로 갈라져 있는 '장갑'은 glove라고 함 → baseball

mit·ten [mítn] 명 (복수 **mittens** [-z]) 벙어리 장갑 → glove

mix [míks] 통 (3단현 **mix**es [-iz]; 과거·과분 **mixed** [-t]; 현분 **mix**ing) 타동 ~을 섞다, 혼합하다
John *mixed* wine and water. 존은 포도주와 물을 섞었다
Mix salt with the flour. 소금을 밀가루에 섞으시오
— 자동 섞이다, (사람과) 사이 좋게 교제하다
Oil and water will not *mix*.. 기름과 물은 섞이지 않는다
Don't *mix* with bad boys. 나쁜 아이들과는 사귀지 마라

mixed [míkst] 형 섞인
We played *mixed* doubles. 우리는 (정구에서) 혼합 복식으로 했다

mix·er [míksər] 명
❶ 혼합하는 사람; (음식·콘크리트 등의) 혼합기, 믹서
❷ (구어) 《보통 형용사 뒤에서》 사귐성이 ~한 사람
Jim is a good *mixer*. 짐은 사귐성이 좋다

mix·ture [míkstʃər] 명 (복수 **mixtures** [-z]) 혼합, 혼합물

mm. millimeter(s) (밀리미터)의 약어

Mo. Missouri(미주리 주)의 약어

moan [móun] 명 (복수 **moans** [-z]) 신음 소리
— 자동 타동 신음하다

mob [máb] 명 폭도; 민중

mo·bile home [móubəl hòum] 명 미 모빌 홈 《자동차로 끌고 다니는 이동식 주택으로 여행용이 아닌 주거용》 → motor home

mock [mák] 타동 자동 멸시하다, 비웃다
— 형 가짜의, 고의의

mode [móud] 명 ❶ 방법, 양식
❷ 《the를 붙여》 유행(=fashion)
She follows *the* latest *mode*. 그녀는 최신의 유행을 좇는다

***mod·el** [mádl] 명 (복수 **models** [-z])
❶ 모형
a *model* of a boat 배의 모형
❷ 전형
He is a *model* of industry. 그는 전형적인 근면가이다

moderate - monastery

❸ (패션 쇼·미술가·사진 작가의) 모델; (자동차 등의) 형(型)
This car is the latest *model*.
이 차는 최신형이다
— 혱 ❶ 모형의
a *model* plane 모형 비행기
❷ 모범적인
a *model* student 모범적인 학생

mod·er·ate [mάdərət] 혱 (비교 **more moderate**; 최상 **most moderate**) 적당한, 온건한
moderate exercise 적당한 운동
a *moderate* man 온건한 사람

★**mod·ern** [mάdərn] 혱 (비교 **more modern**; 최상 **most modern**)
❶ 현대의(↔ancient 고대의), 근대의
modern art 현대 미술
They don't know *modern* Korea. 그들은 현대의 한국을 모른다
❷ 최신식의, 현대적인
modern fashions 최신 유행

mod·est [mάdist] 혱 (비교 **more modest**; 최상 **most modest**) 겸손한; 얌전한, 정숙한; (요구·희망 등에서) 많은 것을 바라지 않는, 삼가는
a *modest* woman 정숙한 여자
She was always *modest* about herself. 그녀는 항상 겸손했다

mod·i·fy [mάdəfài] 타동 (3단현 **modifies** [-z]; 과거·과분 **modified** [-d]; 현분 **modifying**) 조절하다, 완화하다, ~을 수정하다; 《문법》 ~을 수식하다
Adjectives *modify* nouns. 형용사는 명사를 수식한다

Mo·ham·med [mouhǽmid] 명 모하메드(=Mahomet)
📝 회교의 교조가 된 아라비아의 예언자(570?~632) → Koran

moist [mɔ́ist] 혱 (비교 **moister**; 최상 **moistest**) 습기찬, 습한
Winds from the sea are *moist*. 바다에서 불어오는 바람은 습하다

mois·ture [mɔ́istʃər] 명 습기

mold, 영 mould [móuld] 명 주형(鑄型); (젤리 등을 만들 때 쓰는) 모형(模型)
— 타동 ~을 틀에 넣어 만들다, 주조하다

mole [móul] 명 (복수 **moles** [-z]) 《동물》 두더지

Mol·ly [mάli] 명 몰리 《여자이름; Mary의 애칭》

mom [mάm] 명 (복수 **moms** [-z]) 미 《구어》 엄마(↔ dad 아빠)

★**mo·ment** [móumənt] 명 (복수 **moments** [-s]) 순간; (특정한) 시간
Wait a *moment*, please.(=Just a *moment*, please.) 잠깐 기다려 주십시오
📝 a moment는 부사구.
I waited for a *moment*. 나는 잠시 동안 기다렸다
Start *this moment*. 지금 곧 출발하라
📝 this moment는 부사구.

at any moment 어느 때라도, 당장에라도
Accidents may occur *at any moment*. 사고는 어느 때라도 일어날 수 있다

for the moment 당장은, 우선은
He has enough *for the moment*. 그는 당분간은 충분하다

in a moment 즉시, 곧
I'll finish the letter *in a moment*. 나는 곧 편지를 다 쓸 것이다

the moment (*that*) ~하자마자 곧 (=as soon as)
The moment I saw him, I ran away. 나는 그를 보자마자 도망쳤다

mom·my [mάmi] 명 (복수 **mommies** [-z]) 《미 어린이말》 엄마 (→ daddy 아빠)

Mon. Monday(월요일)의 약어

mon·arch [mάnərk] (◆ch는 [k]로 발음) 명 군주, 원수

mon·as·ter·y [mάnəstèri] 명 (복

수 **monaster*ies*** [-z]) 수도원
☑ 수도승(monk)이 수도하는 곳.

★**Mon·day** [mʌ́ndi, -ei] 명 (복수 **Mondays** [-z]) **월요일** 《Mon.으로 줄임; → week》
I'll go on *Monday*. 저는 월요일에 가겠습니다
☑ 관사가 붙지 않는다.
He came last *Monday*. 그는 지난 월요일에 왔다
☑ 이 last Monday는 「지나간 월요일에」란 의미의 부사적 용법으로 on last Monday라고 하지 않는다.
── 형 《명사 앞에 쓰여》 월요일의
on *Monday* morning 월요일 아침에
▷ "mon(월)+day(일)"에서 유래된 것이다.

★**mon·ey** [mʌ́ni] 명 **돈, 금전** 《a를 붙이지 않고 복수 없음》
Lend me some *money*. 돈 좀 빌려 주시오
Do you have any *money* with you? 돈 좀 가지고 있습니까
I don't have any *money*. 나는 돈이 없다

> ☐ money는 셀 수 없는 명사이므로 '많은 돈'을 나타낼 때는 much money나 a lot of money를 쓰고, many money는 쓰지 않는다. 그러나 화폐의 종류를 나타내는 coin(동전)이나 bill(지폐)과 화폐의 단위인 dollar(달러), cent(센트), pound(파운드) 등은 셀 수가 있어서 복수가 되면 -s가 붙는다. 단, 우리나라의 화폐 단위인 won(원)은 복수가 되더라도 -s가 붙지 않는다

He doesn't have much *money*. 그는 많은 돈을 가지고 있지 않다
Time is *money*. 《속담》 시간은 돈이다
make *money* 돈을 벌다
He *made* a lot of *money* last year. 그는 작년에 많은 돈을 벌었다

● money의 여러 가지 ●
hard money 경화(=coin)
paper money 지폐
pocket money 용돈
ready money 현금
small money 잔돈
soft money 《미》 지폐

Mon·go·li·a [maŋgóuljə] 명 몽고

mon·i·tor [mάnətər] 명 (복수 **monitors** [-z]) (학급의) 반장; (라디오·텔레비전의) 모니터, 감시 장치

monk [mʌ́ŋk] 명 수도승(→ nun 여자 수도승, monastery 수도원)

★★**mon·key** [mʌ́ŋki] 명 (복수 **monkeys** [-z]) 《동물》 **원숭이**
▷ 작고 꼬리가 있는 원숭이를 말하며, ape는 고릴라·침팬지 처럼 꼬리가 없는 원숭이를 말한다.
There are a lot of *monkeys* in this zoo. 이 동물원에는 원숭이들이 많다

mon·ster [mάnstər] 명 (복수 **monsters** [-z]) 괴물, 거대한 것

Mont. Montana(몬태나 주)의 약어

Mon·tan·a [mɑntǽnə] 명 몬태나 주 《미국 북서부의 주; 약어로는 MT 또는 Mont.》

★**month** [mʌ́nθ] 명 (복수 **months** [mʌ́nθs]) (1년의) **달**
this *month* 이 달
last *month* 지난 달
next *month* 다음 달
☑ this month, last month, next month 등은 명사구 또는 부사구로 사용: He will be back next month.(그는 내달에 돌아올 것이다. 이때 next month는 부사구)
"What day of the *month* is (it) today?"—"It is (the) tenth." 「오늘은 며칠입니까」—「10일입니다」
☑ It is the 10th of June.(6월 10일입니다)라든가 It is June 10.라고 대답하는 방법도 있음.
☑ 달의 명칭: January(1월), Febru-

ary(2월), March(3월), April(4월), May(5월), June(6월), July(7월), August(8월), September(9월), October(10월), November(11월), December(12월)

month after month 매월

this day month 다음[지난] 달의 오늘

I'll return the book *this day month*. 나는 다음 달의 오늘 이 책을 돌려 주겠소

month·ly [mÁnθli] 형 매월의, 월1회의(→ daily 매일의, weekly 매주의)
— 명 월간 잡지(= monthly magazine)
— 부 매월, 월1회

months [mÁnθs] 명 month(달)의 복수형

Mont·re·al [màntriɔ́:l] 명 몬트리올 《캐나다 남동부에 있는 이 나라 최대의 상공업 도시로 1976년에 제21회 올림픽 대회가 개최되었다》

mon·u·ment [mÁnjumənt] (복수 monuments [-s]) 명 기념비, 유물

mood [mú:d] 명 (복수 moods [-z]) 기분, 심적 상태 ; 《문법》 법(法)
My sister is in a good *mood*. 내 누이는 지금 기분이 좋다

★**moon** [mú:n] (♦oo는 [u:]로 발음함) 명 (복수 moons [-z])
❶ 《the를 붙여》 달
The *moon* is beautiful tonight. 오늘 밤은 달이 아름답다
📝 또 하나 밖에 없는 천체에는 the moon, the sun과 같이 the를 붙이지만, 형용사가 붙으면 a full moon(만월), a half moon(반달), a new moon(초승달)이라 한다.
❷ (행성의) **위성**
a man-made *moon* 인공 위성
the two *moons* of Mars 화성의 두 위성

moon·light [mú:nlàit] 명 달빛
the *Moonlight* Sonata 월광곡 《베토벤의 피아노 협주곡》
I walked in the *moonlight*. 나는 달빛을 받으며 걸었다

mop [máp, mɔ́p] 명 (복수 mops [-s]) (긴 자루가 달린) 걸레

mor·al [mɔ́:rəl] 형 도덕의, 도덕적인 ; 교훈적인
a *moral* problem 도덕 문제
He tried to lead a *moral* life. 그는 도덕적인 생활을 하려고 노력했다
— 명 (복수 morals [-z]) 교훈 ; 《복수형으로 단수 취급》 도덕, 윤리학

★**more** [mɔ́:r] 형 (**many** [méni], **much** [mÁtʃ]의 비교급 ; 최상급은 **most** [móust])
❶ 《many의 비교급으로》 (수가) 더 많은(↔ few, 더 적은)
He has *more* books than I (have). 그는 나보다 많은 책을 가지고 있다
❷ 《much의 비교급으로》 (양이) 더 많은(↔ less 더 적은)
She has *more* money than I (have). 그녀는 나보다 돈을 더 많이 가지고 있다
📝 more앞에 수사나 정도를 나타내는 말이 붙는 수도 있다.
two *more* classes 두 과목 더
some *more* coffee 커피 좀 더
— 부 (**much**의 비교급 ; 최상급은 **most**)
📝 주로 2음절 이상의 형용사·부사 앞에 붙여 비교급을 만든다.
❶ 《형용사·부사·동사에 붙여》 **더욱**
Be *more* careful. 더 조심해라
Walk *more* slowly, please. 더 천천히 걸으시오
You must sleep *more*. 너는 더 자야 한다
📝 동사 like나 love에 붙으면 I like summer better than spring.(나는 봄보다 여름을 좋아한다) I love you better than him.(나는 그보다도 너를 더 좋아한다)라고 하지 more than 이

moreover - morning

라 하지 않는다.
❷ (~보다) 오히려(=rather)
☑ 두 개의 형용사·부사를 비교할 경우에 쓰임.
It's *more* pink *than* red. 그것은 적색이라기 보다 핑크색이다
—때 더 많은 양[수]
He wants *more*. 그는 더 원한다
Please give me *more*. 나에게 더 많이 주시오
I want to know *more* about France. 나는 프랑스에 관해서 더 많은 것을 알고 싶다
all the more 더 한층, 더욱
I must help him *all the more* because he is sick. 그는 병들어 있으므로 더욱 더 그를 도울 필요가 있다
more and more 점점 더, 더욱 더
The story became *more and more* interesting. 이야기는 점점 더 재미있게 되었다
more or less 다소, 대개
He was *more or less* excited. 그는 다소 흥분했다
more than ... ~이상
I waited for him *more than* two hours. 나는 2시간 이상 그를 기다렸다
much more 훨씬 많은 ; 《긍정적 어구 뒤에서》 하물며
We had *much more* rain this year than last year. 금년에는 작년보다 비가 훨씬 많이 왔다
She knows French, *much more* English. 그녀는 불어를 안다. 하물며 영어는 말할 것도 없다
no more (=not ~ any more) 더 이상 ~하지 않다
They saw her *no more*.(=They didn't see her *any more*.)
그들은 다시는 그녀를 보지 못했다
no more than ... ~에 불과하다 (=only)
She is *no more than* twelve. 그녀는 불과 12세이다
no more ~ than ... ···과 같이 ~가 아니다, ~가 아닌 것과 같이 ···도 아

니다
I am *no more* mad *than* you are. 나도 또한 너처럼 미치지 않았다
A whale is *no more* a fish *than* a horse is. 고래도 말과 마찬가지로 물고기가 아니다
not more than ... ~보다 많지 않다, 많아야 ~
He swam *not more than* 500 meters. 그는 500미터 이상은 헤엄치지 않았다
☑ no more than처럼 only의 뜻이 포함되지 않음.
not more ~ than... ···이상으로 ~가 아니다
Tom is *not more* bright *than* Jane. 톰은 제인보다 더 영리하지 않다
☑ Tom is no more bright...로 하면 「둘 다 영리하지 않다」의 뜻.
once more 한 번 더, 다시 한 번
Try it *once more*. 한 번 더 해 보시오
Please sing *once more*. 다시 한 번 노래 불러 주세요
☑ 「한 번 더 말해 주시오」라고 할 때는 사용하지 않는다.
or more 혹은 그 이상, 적어도
We will stay here for two *or more* weeks. 우리는 이곳에 적어도 2주일은 머물 것이다
the more ~ the more ... ~하면 할수록 (그만큼) 더···
The more (money) they have, *the more* they want. (돈을) 가지면 가질수록 더 가지고 싶어한다
The more I read this book, *the more* interesting it becomes. 이 책은 읽으면 읽을수록 더 재미있다 《more는 부사》

more·o·ver [mɔːróuvər] 🟥 그 위에 또, 더욱이, 더구나(=besides)

★**morn·ing** [mɔ́ːrniŋ] 🟥 (복수 **morning**s [-z])
❶ 아침, 오전 (↔ afternoon 오후)
☑ 보통 새벽부터 정오까지 또는 점심 식사까지를 말한다.

It rained in the *morning*. 아침에 비가 내렸다
I get up at six every *morning*. 나는 매일 아침 6시에 일어난다 《이 every morning은 부사구》
I will go there tomorrow *morning*. 나는 내일 아침 그곳에 갈 것이다

✅ every, tomorrow, this 등이 앞에 오면 전치사는 붙이지 않음.

📘 형용사나 그 밖의 수식어구가 붙어 특정한 날을 가리킬 때에는 in이나 on이 된다: On a rainy morning I went to the park. (어느 비 오는 아침에 나는 공원에 갔다) He arrived on the morning of May 10. (그는 5월 10일 아침에 도착했다)

I have been out all (the) *morning*. 나는 오전 내내 외출했다
She works hard from *morning* till[to] night. 그녀는 아침부터 밤까지 열심히 일한다
One *morning* I went for a walk with my dog. 어느 날 아침 나는 개를 데리고 산책했다
❷ 《명사 앞에 쓰여》 아침의
a *morning* walk 아침 산책
Good morning! [gùdmɔ́ːrniŋ] 안녕하십니까 《아침 인사》
Good morning! [gúdmɔ̀ːrniŋ] 안녕히 계십시오

✅ 원래는 (I wish you a) Good morning. (당신에게 좋은 아침이 되기를 바랍니다)의 뜻이다.

morn·ing glo·ry [mɔ́ːrniŋ glɔ̀ːri] 명 《복수 morning glor*ies* [-z]》 《식물》 나팔꽃

mor·tal [mɔ́ːrtl] 형 죽을 운명의(↔ immortal 불멸의), 치명적인(= fatal)
a *mortal* wound 치명상

morning glory

Man is *mortal*. 인간은 죽게 되어 있다

Mos·cow [máskou] 명 모스크바 《옛 소련의 수도》

mos·qui·to [məskíːtou] (♦ qu는 예외적으로 [k]로 발음함) 명 《복수 mosquito*es* [-z]》 《곤충》 모기

moss [mɔ́ːs] 명 《식물》 이끼
A rolling stone gathers no *moss*. 《속담》 구르는 돌에는 이끼가 끼지 않는다

★most [móust] 형 《many [méni], much [mʌ́tʃ]의 최상급; 비교급은 more [mɔ́ːr]》
❶ 《many의 최상급으로》 《수가》 가장 많은(↔ fewest 가장 적은)
He has (the) *most* books in our class. 그는 우리 반에서 가장 많은 책을 가지고 있다
❷ 《much의 최상급으로》 《양이》 가장 많은(↔ least 가장 적은)
Who spent (the) *most* money? 누가 가장 많은 돈을 썼습니까
❸ 《보통 the를 붙이지 않고》 대부분의, 대개의
Most people think so. 대개의 사람들은 그렇게 생각한다
Most boys like basketball. 대부분의 소년들은 농구를 좋아한다
for the most part 대부분이(= mostly), 주로
They are *for the most part* students. 그들은 대부분이 학생이다
— 부 《much의 최상급; 비교급은 more》
❶ 《the를 붙이지 않고》 《정도가》 가장, 제일
Bill works *most*. 빌이 일을 가장 많이 한다
He loves me *most*. 그는 나를 가장 사랑한다
❷ 《the를 붙이지 않고, 형용사·부사 앞에서》 가장
Mary was singing *most* happily. 메리는 가장 행복하게 노래하고 있었다
❸ 매우(= very)

mostly - motorcar

This is a *most* interesting book. 이것은 매우 재미있는 책이다
— 때 ❶ 《보통 the를 붙여서》 **가장 많은 것[수·양]**
That is *the most* she can do. 그것은 그녀가 할 수 있는 전부이다
❷ 《보통 the 없이》 **대다수, 대부분**
He spent *most* of the time in London. 그는 대부분의 시간을 런던에서 보냈다
He spent *most* of his life here. 그는 생애의 대부분을 여기에서 보냈다
☑ most는 불특정한 사물이나 사람에 대하여 '대부분의'이고, most of는 특정한 사물이나 사람에 대하여 '그 대부분'이다. 따라서 most of 다음에는 the나 his 등 특정한 사물이나 사람을 나타내는 말이 온다.

at (the) most 기껏해야, 고작해야
She is seventeen *at (the) most*. 그녀는 기껏해야 17세이다

make the most of ... ~를 최대한으로 이용하다
Make the most of your time. 시간을 최대한 활용해라

most·ly [móustli] 뷔 대개
We are *mostly* out on Sundays. 우리는 대개 일요일마다 외출한다

mo·tel [moutél] (◆액센트 주의) 몡 (복수 motels [-z]) 모텔
☑ motor(자동차)와 hotel(호텔)의 합성어; 여행자를 위한 숙박소. tourist court라고도 한다.

moth [mɔ́ːθ] (◆th는 [θ]로 발음함) 몡 (복수 moths [mɔ́ːðz]) (곤충) 나방

★**moth·er** [mʌ́ðər] 몡 (복수 mothers [-z]) **어머니**(↔father 아버지)
That woman is Mary's *mother*. 저 부인은 메리의 어머니이다
Mother is out. 어머니는 외출중이다
I'll help you, *Mother*. 어머니, 제가 도와 드릴께요
☑ 아이들이 자기 어머니를 부를 때는 Mother와 같이 고유명사처럼 사용한다. 보통 대문자로 시작하고 관사를 붙이지 않는다. 어린아이는 Mother대신에 흔히 Mom, Mommy라고 한다.
Móther's Dày 어머니날 《(미) 5월의 둘째 일요일》
— 혱 ❶ **어머니의**, 어머니로서의
a *mother* bird 어미 새
❷ **모국의**, 본국의
the *mother* country 모국
the *mother* tongue 모국어

Moth·er Goose [mʌ́ðər gúːs] 몡 마더 구스 《'거위 아줌마'라는 뜻. 보다 정확하게는 「거위 아줌마의 노래(Mother Goose's Melody)」》

moth·ers [mʌ́ðərz] 몡 mother(어머니)의 복수형

moth·er tongue [mʌ́ðər tʌ́ŋ] 몡 모국어

mo·tion [móuʃən] 몡 (복수 motions [-z]) 움직임, 이동; 동작, 몸짓
All her *motions* are graceful. 그녀의 모든 몸짓이 우아하다
a *motion* picture (미) 영화 《지금은 movie가 보통》

mo·tive [móutiv] 몡 동기; (예술작품의) 주제

mo·to·cross [móutoukrɔ̀(ː)s] 몡 모토크로스 《오토바이에 의한 크로스컨트리 경주》

★**mo·tor** [móutər] 몡 (복수 motors [-z]) **발동기, 모터**; 혱 자동차(=motorcar)

mo·tor·bike [móutərbàik] 몡 (복수 motorbikes [-s]) 오토바이(=motorcycle), 경이륜차

mo·tor·boat [móutərbòut] 몡 (복수 motorboats [-s]) 모터보트, 발동기선

mo·tor·car [móutərkàːr] 몡 (복수 motorcars [-z]) 자동차(= 미 automobile)
☑ 보통 car로 표현한다.

motorcycle - mouth

mo·tor·cy·cle [móutərsàikl] 명 (복수 **motorcycles** [-z]) 오토바이

mo·tor home [móutər hòum] 명 이동식 주택 차 《뒷부분이 방으로 되어 있는 자동차로 장거리 자동차 여행이나 캠프용》

mot·to [mátou] 명 (복수 **motto-(e)s** [-z]) 표어, 모토

Mount [máunt] 명 ~산 《mountain보다 시(詩)적인 말로 산 이름 앞에 붙여 쓰며, 보통 Mt.로 줄여 씀》
Mt. Everest 에베레스트산

mount [máunt] 타동 (3단현 **mounts** [-s] ; 과거·과분 **mounted** [-id] ; 현분 **mounting**) (산·사다리 등을) 오르다 ; (말·자동차 등에) 타다

★**moun·tain** [máuntin] (◆ou는 [au]로 발음함) 명 (복수 **mountains** [-z]) **산**; 《보통 복수형으로》 산맥

📝 hill보다 더 높은 산을 말함.
the Rocky *Mountains* 로키산맥

📝 고유명사라도 산맥의 이름 앞에는 the를 붙인다.
There are many high *mountains* in Canada. 캐나다에는 높은 산이 많다
We climbed that *mountain*. 우리는 저 산에 올랐다
He went *mountain* climbing. 그는 등산하러 갔다

📝 (1) 개개의 산 이름에는 mountain이 아니라 Mt.를 붙인다. (2) He lives on a mountain.(그는 산에서 살고 있다)라고 하지만, 복수에는 in을 써서 There are a lot of animals in the mountains.(산에는 많은 동물이 살고 있다)로 된다.

moun·tain·eer [màuntəníər] 명 (복수 **mountaineers** [-z]) 등산가

moun·tain·ous [máuntənəs] 형 산지의, 산이 많은

moun·tains [máuntinz] 명 mountain(산)의 복수형

moun·tain·side [máuntinsàid] 명 산허리

‡**mouse** [máus] 명 (복수 *mice* [máis]) 《동물》 **생쥐**

📝 복수형의 철자와 발음에 주의.
Cats catch *mice*. 고양이는 생쥐를 잡는다

📝 mouse는 보통 작은 쥐이고 rat은 큰 쥐, 들쥐를 말한다. mouse는 대개 고양이가 잡는 데 비해 rat은 테리어(terrier)종의 개가 잡는다. 울음소리 '찍찍'은 squeak [skwí:k]이다.

mousse [mú:s] 명 《요리》 무스 《디저트용 과자》

mous·tache [mʌ́stæʃ] 명 (복수 **moustaches** [-iz]) 형 콧수염 =(미) mustache)
My father wears a *moustache*. 나의 아버지는 콧수염 기르신다

★**mouth** [máuθ] 명 (◆복수형의 발음에 주의) (복수 **mouths** [máuðz]) **입**; (병·굴·강 등의) 입구

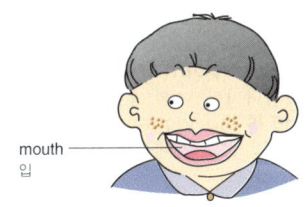
mouth
입

Open your *mouth* wide. 입을 크게 벌려라
Don't talk with your *mouth* full. 음식을 입에 잔뜩 머금고 말하지 말아라
Shut your *mouth*! 《구어》 입닥쳐
the *mouth* of a river 강 어귀
the *mouth* of a bottle 병 주둥이
from hand to mouth 앞날을 생각하지 않고, 절약하지 않고, 그날 벌어 그날 먹고 사는
They live *from hand to mouth*. 그들은 절약을 하지 않고 그날 벌어 그날 먹고 산다

move - Mr.

from mouth to mouth (소문 등이) 입에서 입으로 전해지면서
The news spread *from mouth to mouth*. 그 소식은 입에서 입으로 퍼져 갔다

★**move** [múːv] 동 (3단현 **moves** [-z]; 과거·과분 **moved** [-d]; 현분 **moving**) 타동 ❶ ~을 움직이다
Don't *move* your hands. 손을 움직이지 마라
He *moved* his chair nearer to the fire. 그는 의자를 난로에 더 가까이 움직였다
❷ **감동시키다**, 마음을 움직이다
The story *moves* me deeply. 그 이야기는 나를 크게 감동시킨다
— 자동 **움직이다, 이사하다**; 《구어》 출발하다
Don't *move*. 움직이지 말아라
He *moved* into the country. 그는 시골로 이사했다
📝 remove보다 구어적인 말. 이사해서 나갈 때는 move out, 들어 올 때는 move in으로 표현.
It's time to be *moving*. 자, 출발 시간이다
move about[***around***] 전전하다, 돌아다니다; ~의 주위를 돌다
He is *moving about* all over the world. 그는 세계를 일주하며 돌아다니고 있다
The earth *moves around* the sun. 지구는 태양의 주위를 돈다
move away 떠나다, 물러 가다
The rocket *moved away* from the earth. 로켓은 지구에서 떠나갔다
Move on! 《교통 순경의 말》 자, 가시오[서 있지 마시오]
— 명 (복수 **moves** [-z]) 움직임, 동작, 이동
make a move 행동을 시작하다, 조치를 취하다

move·ment [múːvmənt] 명 (복수 **movements** [-s]) 동작, 몸짓; (사회적) 운동
the labor *movement* 노동 운동
She watched the baby's *movements*. 그녀는 그 아기의 동작을 지켜보았다

☆**mov·ie** [múːvi] (◆o는 예외적으로 [uː]로 발음함) 명 (복수 **movies** [-z]) 《구어》 **영화**; 《종종 the를 붙여서》 영화관(=movie theater) (영에서는 movie대신에 흔히 cinema를 씀)
📝 복수형으로 사용할 때가 많다. a movie는 a moving picture(영화)에서 나온 말. 「영화」를 표현하는 정식 영어는 a motion picture이다.
Do you like (the) *movies*? 너는 영화를 좋아하느냐
I go to the *movies* [*a movie*] once a week. 나는 일주일에 한 번 영화를 보러 간다
The *movie* is near the hotel. 영화관은 그 호텔 근처에 있다
a móvie fàn 영화 팬
a móvie hòuse 영화관
a móvie stàr 영화 스타

mov·ing [múːviŋ] 형 감동시키는; 움직이는

mow [móu] 타동 (3단현 **mows** [-z]; 과거 **mowed** [-d]; 과분 **mowed** 또는 **mown** [móun]; 현분 **mowing**) (풀·밀 등을) 베다, (잔디를) 깎다
John is *mowing* the grass. 존은 잔디를 깎고 있다

Mo·zart [móutsɑːrt] 명 모차르트 《Wolfgang Amadeus ~ (1756~1791); 오스트리아의 작곡가로 주요 작품으로는 가극「피가로의 결혼」,「돈 조반니」, 교향곡「주피터」 등이 있다》

★**Mr., Mr** [místər] (복수 **Messrs.** [mésərz]) 《mister의 줄임꼴. 남자의 성 또는 성명 앞에 붙여》 ~씨(여 Mrs.)
Good morning, *Mr*. Brown. 브라운 씨, 안녕하세요
📝 Mr. Brown, good morning.이라고 하지 않는다
📝 **경칭 사용법** Mr. Smith(스미스 씨), Mrs. Kim(김 부인), Mr. and Mrs.

Brown(브라운 부부). 영에서는 생략의 점을 붙이지 않고 Mr 또는 Mrs로 할 때가 있다

★**Mrs., Mrs** [mísiz] (복수 **Mmes.** [meidá:m]) 《mistress의 줄임꼴. 기혼 여성의 성 또는 성명 앞에 붙여서》 **~부인**, ~여사(남 Mr.)
Mrs. West is six years younger than her husband. 웨스트 부인은 남편보다 6년이나 젊다

Ms., Ms [míz] 명 (복수 **Ms**es. [mízəz]) 《여자의 성 또는 성명 앞에 붙여서》 ~여사, 선생님
Ms. Smith 스미스 여사[선생님]
📘 상대방이 결혼했는지의 여부를 알 수 없을 때나, 기혼·미혼을 구별하고 싶지 않을 때에 쓰며 미에서는 Miss, Mrs대신에 Ms.를 씀

★**Mt.** [màunt] 《Mount의 약어》 ~산
Mt. Everest 에베레스트 산

★**much** [mʌ́tʃ] 형 (비교 **more** [mɔ́:r]; 최상 **most** [móust]) (양이) **많은, 다량의**(↔ little 적은)
We didn't have *much* rain this year. 금년엔 비가 많이 내리지 않았다
How *much* money do you have? 너는 돈이 얼마나 있느냐

📘 (1) much는 양을 나타내며 셀 수 없는 명사 앞에 쓴다: much water(많은 물). many는 수를 나타내며 셀 수 있는 명사 앞에 씀: many books(많은 책) (2) How much …는 '얼마'라고 금액을 물을 경우나 '어느 정도(의)'라고 양이나 정도를 물을 경우에 쓴다. '몇개의'라고 수를 물을 경우에는 How many …?를 쓴다

— 대 **많은 양, 많음**
I have not seen *much* of America. 나는 미국을 별로 보지 못했다
Don't eat too *much*. 너무 많이 먹지 마라
how much 얼마나, (값이) 얼마

How *much* of sugar do you need? 설탕은 얼마나 필요하십니까
How *much* is this watch? 이 시계는 얼마입니까
— 부 (비교 **more**; 최상 **most**)
❶ **매우**, 크게, 대단히
I was *much* surprised at the news.(1) 그 소식을 듣고 매우 놀랐다
Thank you very *much*.(2) 매우 고맙습니다

📘 (1)은 구어에서는 much보다 very를 더 사용한다. (2)에서와 같이 동사를 강조할 때는 much보다 very much를 쓸 때가 많다

❷ 《비교급·최상급 앞에서》 **훨씬**
You must work *much* more carefully. 넌 훨씬 더 주의해서 일하지 않으면 안 된다

as much as … ~만큼이나
My uncle gave me *as much as* 10 dollars. 나의 아저씨는 나에게 10달러나 주었다

so much for … ~는 여기까지
So much for today. 오늘은 여기까지 《선생님이 교실에서 수업 끝에 하는 말》

mud [mʌ́d] 명 진흙

mud·dy [mʌ́di] 형 (비교 **muddier**; 최상 **muddiest**) 진창인, 질퍽한, 진흙투성이의

mul·ti·ply [mʌ́ltəplài] 동 (3단현 **multiplies** [-z]; 과거·과분 **multiplied** [-d]; 현분 **multiplying**) (타동) (수를) 늘리다, 불리다; 《수학》 곱하다(↔ divide ~를 나누다)
3 *multiplied* by 5 is[equals] 15. 3 곱하기 5는 15
📘 3 times 5 is 15.라고도 함.
— (자동) 늘다, 증가하다; 번식하다

mum [mʌ́m] 명 영 《구어》 엄마(= 미 mom)

mum·my [mʌ́mi] 명 (복수 **mum-**

m murder - must

mies [-z]) 명 《어린이말》 엄마(=mommy)

mur·der [mə́ːrdər] 명 (복수 **murders** [-z]) 살인(사건)
— 통 (3단현 **murders** [-z]; 과거·과분 **murdered** [-d]; 현분 **murdering**) 타통 ~를 죽이다, 살해하다 (=kill)

mur·mur [mə́ːrmər] 명 (복수 **murmurs** [-z]) 중얼거림, 속삭임; (바람·나뭇잎 등의) 살랑거림
— 통 (3단현 **murmurs** [-z]; 과거·과분 **murmured** [-d]; 현분 **murmuring**) 타통 (시냇물 등이) 졸졸거리다; 속삭이다; 불평하다

mus·cle [mʌ́sl] (◆발음 주의) 명 근육

mu·se·um [mjuːzíːəm] 명 (복수 **museums** [-z]) 박물관
a science *museum* 과학 박물관
the Brítish Muséum 대영박물관 《런던에 있는 국립 박물관》

mush·room [mʌ́ʃruːm] 명 (복수 **mushrooms** [-z]) (식물) 버섯

★**mu·sic** [mjúːzik] 명
❶ 음악
Do you like *music*? 당신은 음악을 좋아합니까
❷ 악보 《a를 붙이지 않고, 복수 없음》
📝 곡을 셀 때에는 three pieces of music(세 곡) 등과 같이 말함.
He can play without *music*. 그는 악보 없이 연주할 수 있다

mu·si·cal [mjúːzikəl] 형 (비교 *more* musical; 최상 *most* musical) 음악의
a músical ínstrument 악기
— 명 (복수 **musicals** [-z]) 뮤지컬, 희가극

mu·sic box [mjúːzik bàks] 명 자명악, 자동연주 음악기(=형 musical box)

mu·si·cian [mjuːzíʃən] 명 (복수 **musicians** [-z]) 음악가
He was a famous *musician*. 그는 유명한 음악가였다
📝 특히 연주가를 가리킴. 작곡가는 composer

★**must** [məst, (강조할 때) mʌ́st] 조
❶ (의무·필요·명령) **~하지 않으면 안 된다**(=have to)
You *must* study harder. 너는 더 열심히 공부하지 않으면 안 된다
"*Must* I go?"—"Yes, you *must*."("No,

musical instrument

piano 피아노
flute 플루트
violin 바이올린
clarinet 클라리넷
harmonica 하모니카

you don't have to[need not].)
「꼭 가야만 합니까」—「예, 가야 합니다[아니오, 갈 필요가 없습니다]」

> (1) must의 반대는 「~할 필요가 없다」의 need not 또는 do not have to이다. must not은 「해서는 안 된다」의 뜻이 된다 (2) must는 과거형·미래형이 없으므로 「~하지 않으면 안 되었다」는 had to로 나타낸다: I had to go there.(나는 거기에 가지 않으면 안 되었다) 또 「~하지 않으면 안 될 것이다」는 will have to로 나타낸다: He will have to go there.(그는 거기에 가지 않으면 안 될 것이다) (3) must 보다 have to가 부드러운 느낌이므로 회화에 많이 쓰인다

❷ 《추측》 **~임에 틀림 없다**(→ cannot … ~일 리가 없다)
It *must* be true. 그것은 사실임에 틀림 없다
She *must* be a teacher. 그녀는 선생님임에 틀림없다

❸ 《not이 이어져서》 **~해서는 안 된다** 《금지》
You *must not* tell a lie. 너는 거짓말을 해서는 안 된다
You *must not* be late for school. 너는 학교에 지각해서는 안 된다

mus·tache [mʌ́stæʃ] 명 (복수 **mustaches** [-iz]) 콧수염(→ beard 턱수염, whiskers 구레나룻) (=영 moustache)
He wore a *mustache*. 그는 수염을 길렀다

★**must·n't** [mʌ́snt] 《must not의 줄임꼴》 **~해서는 안 된다**
You *mustn't* touch it, because it'll break easily. 그것은 쉽게 부서지는 것이므로 만져서는 안 된다

mut·ton [mʌ́tn] 명 양고기(→ sheep 양; beef 쇠고기)

mu·tu·al [mjúːtʃuəl] 형 상호간의; 공통의
mutual understanding 상호 이해

★**my** [mái] 대 (복수 **our** [áuər]) 《I의 소유격》 **나의**
This is *my* pen. 이것은 나의 펜이다
I like *my* aunt very much. 나는 아주머니를 매우 좋아한다
My dear Mr. Song. 송 선생님께
> 편지를 쓰기 시작할 때의 인사말.
— 감 **아!** 저런! 《놀랄 때의 표현》
Oh, *my*! What shall I do? 저런 어쩌면 좋지

★**my·self** [maisélf] 대 (복수 **our·selves** [àuərsélvz])
❶ 《뜻을 강조》 **나 자신이**
I tried it *myself*. 나 자신이 그것을 시도했다
❷ 《동사의 목적어로》 **나 자신을**
I *dressed myself* in a hurry. 나는 서둘러 옷을 입었다
▷ oneself 참고.
by myself 혼자서(=alone)
I don't like to go there *by myself*. 나는 혼자 거기 가고 싶지 않다
for myself 혼자의 힘으로, 내 힘으로
I made this box *for myself*. 나 혼자의 힘으로 이 상자를 만들었다

mis·ter·ies [místəri(ː)z] 명 **mys·tery**(신비)의 복수형

mys·te·ri·ous [mistíəriəs] 형 (비교 **more mysterious**; 최상 **most mysterious**) 신비적인, 이해할 수 없는, 불가사의한
the *mysterious* smile of the Mona Lisa 모나리자의 불가사의한 미소

mys·ter·y [místəri(ː)] 명 (복수 **mysteries** [-z]) 신비, 불가사의, 미스터리
The history is full of *mysteries*. 역사는 신비로 가득차 있다
a *mystery* story 미 추리 소설

myth [míθ] 명 (복수 **myths** [-s]) 신화(→ legend 전설)
the Greek *myths* 그리스 신화

N - napkin

N n *N n*

N, n [en] 명 (복수 **N's, Ns, n's, ns** [-z]) 엔 《알파벳의 제 14자》

nail [néil] 명 (복수 **nails** [-z])
❶ 손톱
He has a bad habit of biting his *nails*. 그는 자신의 손톱을 깨무는 나쁜 버릇이 있다
Cut your *nail*. 손톱을 깎아라
❷ 못
Pull out the *nail*. 그 못을 빼시오
I need some *nails* and a hammer. 못과 망치가 필요하다

na·ked [néikid] (◆발음에 주의) 형
벌거숭이의; 나체의
naked feet 맨발
a *naked* body 나체
a *naked* tree 잎이 떨어진 나무

★**name** [néim] 명 (복수 **names** [-z]) 이름, 성명
"May I ask your *name*?"—"My *name* is Nancy." 「이름이 무엇이지요」—「저의 이름은 낸시에요」
📝 Who are you?는 「너는 도대체 누구냐」란 느낌이므로 실례가 된다.
I didn't catch your *name*. 《회화에서》 당신의 이름을 잘 듣지 못했습니다.
by name 이름만으로, 이름으로
I only know her *by name*. 나는 그녀 이름만 안다
📝 보통 문장 끝에 둔다.
— 동 (3단현 **names** [-z]; 과거·과분 **named** [-d]; 현분 **naming**)
(타동) ❶ 이름짓다, 부르다(=call)
We *named* the dog John. 우리는 그 개를 존이라고 불렀다
I met a girl *named* Mary. 나는 메리란 이름을 가진 소녀를 만났다

❷ 이름을 대다
Can you *name* these flowers? 너는 이 꽃들의 이름을 댈 수 있니
❸ 지명하다
He was *named* chairman. 그는 의장으로 지명되었다
name ~ after ... ···의 이름을 따서 ~라 이름짓다
He was *named* Henry *after* his uncle. 그는 아저씨의 이름을 따서 헨리라고 이름지어졌다
📝 (미)에서는 after 대신 for를 사용한다.
📝 서양인의 이름
(1) 구미에서는 개인 이름이 앞이고, 성은 뒤에 온다(한국과 반대). 개인 이름은 Christian name 또는 first name, 성은 family name이라 한다.
(2) John Fitzgerald Kennedy(존 피츠제럴드 케네디)와 같이 이름이 3개인 경우 가운데의 Fitzgerald를 middle name(가운데 이름)이라 한다.

name·ly [néimli] 부 즉
Three girls were absent, *namely*, Jane, Kate and Mary. 세 소녀, 즉 제인, 케이트, 메리가 결석했다

Nan·cy [nǽnsi] 명 낸시 《여성 이름; Ann(e), Anna의 애칭》

nap [nǽp] 명 (복수 **naps** [-s]) 낮잠
I had(=took) a short *nap*. 나는 잠깐 낮잠을 잤다
— 동 (3단현 **naps** [-s]; 과거·과분 **napped** [-t]; 현분 **napping**) (자동) 낮잠을 자다

nap·kin [nǽpkin] 명 (복수 **nap·kins** [-z]) (식사 때의) 냅킨(→ dinner)
Spread your *napkin* on your lap. 무릎

위에 냅킨을 펼쳐 놓아라

napkin

Na·ples [néiplz] 명 나폴리 《이탈리아의 나폴리 만에 면한 항구 도시》

Na·po·leon [nəpóuljən] 명 나폴레옹 《Bonaparte ~ (1769~1821); 코르시카에서 태어나서 프랑스 황제가 되었던 인물》

nar·cis·sus [nɑːrsísəs] 명 (복수 **narciss***i* [-sísai]) (식물) 수선화
🅳 그리이스 신화에 등장하는 미남 청년의 이름; 자신의 외모를 너무 사모한 나머지 물에 비춰진 자기모습을 보다가 물에 빠져 죽음. 꽃으로 환생하였다고 하는데 그 꽃이 바로 수선화이다.

nar·ra·tion [næréiʃən] 명 이야기; (문법) 화법

*__nar·row__ [nǽrou] 형 (비교 **narrow***er* ; 최상 **narrow***est*)

❶ (폭이) **좁은,** 가는(↔broad, wide 넓은)
a *narrow* street 좁은 거리
She has a *narrow* mind. 그녀는 마음이 좁다
The river is *narrow* at this point. 그 강은 이 곳에서 좁다
작문 집이 좁을 때는 small을 씀.
❷ (범위가) **한정된,** (마음·견해가) 좁은

NASA [nǽsə] 명 미국우주항공국 《National Aeronautics and Space Administration의 약어》

nas·ty [nǽsti] 형 (비교 **nast***ier* ; 최상 **nast***iest*) 싫은, 불쾌한, 고약한

a *nasty* sight 불쾌한 광경

*__na·tion__ [néiʃən] 명 (복수 **nation***s* [-z])
❶ 국민 《단수 취급》
The British *nation* is great. 영국 국민은 위대하다
❷ 국가
the United *Nations* 국제연합
Korea is a democratic *nation*.
한국은 민주 국가이다

*__na·tion·al__ [nǽʃənl] 형
❶ 국민의, 국가의
a *national* holiday (국민의) 법정 휴일
a *national* sport 국기(國技)
❷ 국립의
a *national* park 국립 공원
a *national* theater 국립 극장
a nátional flág 국기(國旗)
the Nátional Gállery 런던의 국립 미술관

na·tion·al·i·ty [nǽʃənǽləti] 명 (복수 **nationalit***ies* [-iz]) 국적
What is your *nationality*? 당신의 국적은 어디입니까

na·tive [néitiv] 형
❶ 태어난(곳의)
one's *native* city[town] 태어난 고향
The United States is my *native* land. 미국은 내가 태어난 나라[고향]이다
📝 one's native place(태어난 고향)는 ⓜ 구어에서 많이 사용하지 않으며, one's hometown이라 한다.
❷ 타고난(바의)
her *native* ability 그녀의 타고난 능력
❸ 그 땅에서 나오는, 토착의
This fruit is *native* to Java. 이 과일은 자바가 원산이다
—명 (복수 **natives** [-z]) 《of ~로》 ~태생의 사람; 원주민
a *native* of Hungary 헝가리 태생의 사람

NATO, Nato [néitou] (♦ 발음에 주의) 명 북대서양 조약기구, 나토(→ North Atlantic Treaty Organization의

n natural - near

약어)

*__nat·u·ral__ [nǽtʃərəl] 형 (비교 *more* natural; 최상 *most* natural) 《명사는 nature》
❶ 자연의, 천연의
the *natural* world 자연계
natural gas 천연 가스
natural science 자연 과학
❷ 선천적인; 본래의, 자연의
a *natural* poet 선천적인 시인
📝 보통은 a born poet라고 한다.
❸ 마땅한, 당연한
It is *natural* for him to think so. 그가 그렇게 생각하는 것은 당연하다

__nat·u·ral·ly__ [nǽtʃərəli(ː)] 부
❶ 자연히; 태어나면서
Speak *naturally*. 자연스럽게 말하라
❷ 물론(=of course)

*__na·ture__ [néitʃər] 명 (복수 na-tures [-z]) 《형용사는 natural》
❶ 자연, 자연계 《a를 붙이지 않고, 복수 없음》
the laws of *nature* 자연의 법칙
Nature is the best physician. (속담) 자연은 최고의 의사이다
❷ 천성, 성질
Habit is a second *nature*. (속담) 습관은 제2의 천성
❸ 종류(=sort, kind)
a book of this *nature* 이런 종류의 책
📝 a book of this kind가 구어적.

__by nature__ 선천적으로
He is strong *by nature*. 그는 선천적으로 튼튼하다

__naugh·ty__ [nɔ́ːti] 형 (비교 naughti-er; 최상 naughtiest) 못된, 돼먹지 못한
If you don't wash your hands, you're a *naughty* boy! 손을 안 씻으면 너는 못된 아이야

__na·val__ [néivəl] 형 해군의
The *Naval* Academy 해군 사관 학교

__na·vel__ [néivəl] 명 (복수 navels [-z]) 배꼽

__na·vy__ [néivi] 명 (복수 navies [-iz]) 《보통 Navy로 하여》 해군(력) (→ army 육군)

★__near__ [níər] 형 (비교 nearer; 최상 nearest) 가까운(↔ far 먼)
Christmas is *near*. 크리스마스가 가깝다
I will go to America in the *near* future. 나는 가까운 장래에 미국에 가겠습니다
Please tell me the *nearest* way to the station.
역으로 가는 가장 가까운 길을 가르쳐 주시오
📝 옛날에 nigh(가까운)란 형용사의 비교급은 near, 최상급은 next였다. 지금은 nigh는 사용하지 않는다. near도 next도 독립적으로 쓰인다.
— 부 (비교 nearer; 최상 nearest) 가까이에(↔ far 멀리)
They live quite *near*. 그들은 아주 가까이에 산다
Summer vacation is drawing *near*. 여름 휴가가 가까이 다가오고 있다
Come a little *nearer* [*closer*] to me, please.
좀더 나에게 가까이 오십시오
📝 부사의 비교급 nearer의 경우 뒤에 to를 사용할 때가 많다.

__near at hand__ 바로 가까이에
Spring is *near at hand*. 봄은 바로 가까이에 있다

__near by__ 바로 근처에
There was a gas station *near by*. 바로 근처에 주유소가 있었다

—전 ~ 부근에
I live *near* the school. 나는 학교 부근에 산다

📝 전치사 near에는 비교급(nearer), 최상급(nearest)이 있으며 언제나 to가 따른다: His house is *nearer to* the station. (그의 집이 역에서 더 가깝다)

near·by [níərbài] 형 아주 가까운
a *nearby* town 아주 가까운 읍내

****near·ly** [níərli(:)] 부
❶ 거의, 대략(=almost)
It is *nearly* two o'clock. 거의 2시가 되어간다

📝 about를 사용하여 about two o'clock이라 하면 2시를 지난 시각도 포함되나 nearly를 쓰면 2시 전만을 뜻한다.

❷ 하마터면
The boy was *nearly* drowned. 그 소년은 하마터면 익사할뻔 했다

near·sight·ed [níərsáitid] 형 근시안의

neat [ní:t] 형 (비교 **neat**er; 최상 **neat**est) 깔끔한, 말쑥한
a *neat* dress 말쑥한 옷
a *neat* room 잘 정돈된 방

neat·ly [ní:tli] 부 말쑥하게, 깔끔하게

Ne·bras·ka [nəbǽskə] 명 네브라스카 주 《미국 중부의 주》

nec·es·sar·i·ly [nèsəsérəli(:)] 부 반드시, 꼭
not necessarily 반드시 ~하는 것은 아니다

***nec·es·sar·y** [nésəsèri] 형 (비교 **more** necessary; 최상 **most** necessary) 필요한 《명사는 necessity》
if necessary 필요하다면
I will go with you, *if necessary*. 필요하다면 너와 함께 가겠다
— 명 (복수 **necessar**ies[-z]) 필수품
Food, clothing and shelter are the *necessaries* of life. 의식주는 생활의 필수품이다

ne·ces·si·ty [nisésəti] 명 (복수 **necessit**ies [-z]) 《형용사는 necessary》
❶ 필요
Necessity is the mother of invention. 《속담》 필요는 발명의 어머니
❷ 필요한 것
necessities of life 생활 필수품
Water is a *necessity*. 물은 없어서는 안 되는 것이다

***neck** [nék] 명 (복수 **necks** [-s]) 목(→ head 머리)
My mother put her arms (around) my *neck*. 어머니는 나의 목을 껴안았다

neck·er·chief [nékərtʃif] 명 (복수 **neckerchiefs** [-s]) 목도리, 네커치프(→ handkerchief 손수건)

neck·lace [néklis] 명 (복수 **necklaces** [-iz]) 목걸이(→ earring 귀걸이)

neck·tie [néktài] 명 (복수 **neckties** [-iz]) 넥타이(=tie)
📝 나비 넥타이는 bow tie 라고 함.

***need** [ní:d] 명 (복수 **needs** [-z])
❶ 필요 《a를 붙이지 않고, 복수 없음》
Is there any *need* to hurry? 서두를 필요가 있습니까
I am in *need* of some money. 나는 돈이 좀 필요합니다
❷ 필요한 것
These are our daily *needs*. 이것들은 우리의 일상에 필요한 것들이다
❸ 궁할 때 《a를 붙이지 않고, 복수 없음》
A friend in *need* is a friend indeed. 《속담》 궁할 때의 친구가 참된 친구이다
— 동 (3단현 **needs** [-z]; 과거·과분 **need**ed [-id]; 현분 **need**ing)
타동 ❶ ~를 필요로 하다
He *needs* money. 그는 돈이 필요하다
Perhaps I will *need* your help. 아마 나는 너의 도움이 필요할 것 같다
❷ 《「to+동사 원형」과 함께》 ~할 필

needle - neither

요가 있다, ~해야 한다
You *need to* study English. 너는 영어를 공부할 필요가 있다
He did not *need to* hurry. 그는 서두를 필요가 없었다 《「그러나 그는 서둘렀다」라는 경우나 「그러니 서두르지 않았다」의 경우가 있다》
— 조 **~할 필요가 있다**
Why *need* I go? 왜 내가 갈 필요가 있을까

> (1) Need I go? (갈 필요가 있습니까)의 대답은 No, you needn't. (아니야, 갈 필요가 없다) 또는 Yes, you must. (그래, 가야만 해)가 된다
> (2) 조동사 need는 과거형이 없음. need가 조동사로 사용될 경우에는 의문문·부정문에 한한다. 또 조동사이므로 3인칭 단수 주어·현재형에서도 needs로 안 된다

nee·dle [níːdl] 명 (복수 **needle**s [-z]) 바늘; 주사기
☑ 시계의 바늘은 hand를 사용한다.

need·less [níːdlis] 형 불필요한
needless to say 말할 것도 없이
Needless to say, he passed the examination. 말할 것도 없이 그는 시험에 합격했다

need·n't [níːdnt] 《구어》 need not의 줄임꼴

neg·a·tive [négətiv] 형 부정의
a *negative* sentence 《문법》 부정문
I answered in the *negative*. 나는 아니라고 대답했다

neg·lect [niglékt] 타동 (3단현 **neglect**s [-s]; 과거·과분 **neglect**ed [-id]; 현분 **neglect**ing) 게을리하다, 무시하다
— 명 태만, 무시
Don't *neglect* your duty. 의무를 게을리 하지 마라
He *neglected* his health. 그는 건강을 소홀히 했다

ne·gro, Ne·gro [níːgrou] 명 (복수 **Negro**es [-z]) 흑인, 니그로(→ negress 흑인 여자)

> 원래는 아프리카의 콩고나 수단에 살던 흑색 인종의 사람을 칭했지만, 일반적으로는 미국의 흑인을 가리킨다. 흑인 여자는 negress 또는 Negress [níːgris]라고 하지만 보통은 잘 쓰이지 않는다. 또한, Negro가 경멸조로 쓰이므로 African-American(아프리카계 미국인)이라고 부르는 것이 좋다.

*__neigh·bor__ [néibər] 명 (복수 **neighbor**s [-z]) 이웃 사람; 이웃 나라(= 영 neghbour)
He is my next-door *neighbor*. 그는 나의 이웃집 사람이다
Judy and I are *neighbors*. 쥬디와 나는 이웃이다

neigh·bor·hood [néibərhúd] 명 이웃, 근처
I want to live in your *neighborhood*. 나는 네집 근처에서 살고 싶다

neigh·bor·ing [néibəriŋ] 형 이웃의, 이웃하는
a *neighboring* village 이웃 마을

*__nei·ther__ [níːðər, 영 náiðə] 부
❶ 《neither ~ nor ... 의 꼴로》 ~도 아니고 …도 아니다
It is *neither* red *nor* pink. 그것은 붉은 색도 핑크 색도 아니다
❷ 《부정의 절이나 문장 끝에서》 ~도 아니다
You *don't* like him. *Neither* do I. 너는 그를 싫어한다. 나도 그가 싫다
— 형 《둘 중에서》 어느 것도 ~ 아닌
Neither story is true.
어느 이야기도 사실이 아니다
— 대 《2개에 대해서》 어느 것도 ~ 아니다
Neither of the stories is interesting to me. 그 두 이야기 중 어느 것도 나에게는 재미없다
☑ neither가 주어이면 동사는 단수

이지만, 구어체에서는 복수로 할 경우도 있다: *Neither* of the stories are ... I know *neither* of them. 나는 그들 둘 다 모른다

> not ... both와 다른 데 주의: I do not know both of them. (둘 다 모른다=하나는 안다) → either

Nel·son [nélsn] 명 넬슨 《Horatio ~ (1758~1805); 영국 함대의 사령관; 1805년 프랑스·에스파냐 연합 함대를 무찌르고 전사했다》

ne·on [níːɑn] 명 《화학》 네온
— 형 네온의
a *neon* light 네온등, 네온 불빛

neph·ew [néfjuː] 명 (복수 **nephews** [-z]) 남자 조카(→ niece 조카딸)

Nep·tune [néptjuːn] 명
❶ 《천문》 해왕성
❷ 《로마 신화》 넵튠 《그리스 신화의 Poseidon(포세이돈)과 동일신으로 바다의 신; 제우스 또는 주피터 동생임》

Ne·ro [níːrou] 명 네로 《로마의 황제(37~68); 기독교도를 박해했고, 폭정을 일삼으며 로마시를 불태우기도 했음》

nerve [nəːrv] 명 (복수 **nerves** [-z]) 신경
You're getting on my *nerves*. 너는 내 신경에 거슬린다

nerv·ous [náːrvəs] 형 (비교 *more* **nervous**; 최상 *most* **nervous**) 신경의, 신경질적인
a *nervous* man 신경질적인 사람
Don't be *nervous*. 진정해라

Ness·ie [nési] 명 네스호의 괴물

☆**nest** [nést] 명 (복수 **nests** [-s]) (새·벌레·물고기의) 둥우리
a swallow's *nest* 제비 집

net [nét] 명 (복수 **nets** [-s]) 그물, 네트
a físhing nèt 어망
a ténnis nèt 정구 네트
a háir nèt 부인용 헤어네트

Neth·er·lands [néðərləndz] 명
《the를 붙이고 복수형으로 단수 취급》
네덜란드 《서유럽의 입헌 왕국; 수도는 암스테르담(Amsterdam)》

net·work [nétwəːrk] 명 (복수 **networks** [-s]) 네트워크; 연결망
a TV *network* TV 방송망
Communications *Network* 통신망

neu·tral [njúːtrəl] 형 중립의
Switzerland is a *neutral* nation.
스위스는 중립국이다

Ne·va·da [nəvǽdə] 명 네바다 주 《미국 중서부의 주; 사막이 많고 도박의 도시인 Las Vegas가 위치한 곳》

☆**nev·er** [névər] 부
❶ 결코 ~않다 《not보다 강한 부정》
He *never* breaks his promise. 그는 결코 약속을 어기지 않는다
He is *never* late for school. 그는 결코 학교에 지각하지 않는다
Never mind! 걱정하지 마라[괜찮다]
❷ 지금까지 ~없다, 한번도 ~없다
I have *never* seen such a pretty girl.
나는 그렇게 예쁜 소녀를 지금까지 본 적이 없다

> never는 be동사의 뒤, 일반 동사의 앞, 조동사의 뒤에 온다

nev·er·the·less [nèvərðəlés] 부 접 그럼에도 불구하고 《but보다 의미가 강하며 형식적인 말》
I am sleepy; *nevertheless* I must stay up. 나는 졸리지만, 그럼에도 불구하고 깨어있어야 한다

☆**new** [njúː] 형 (비교 **newer**; 최상 **newest**) ❶ 새로운(↔ old 낡은), 신임의
My camera is *new*. 내 카메라는 새 것이다
a *new* house 새집
❷ 《be new to ... 로》 ~에 익숙하지

않다, ~에는 처음이다
They *are new to* the work. 그들은 그 일에 익숙하지 않다
I *am new to* this town. 나는 이 도시에는 낯설다
A Happy New Year! (=I wish you ***a Happy New Year***.)
새해 복 많이 받으십시오
[회화] 이 응답에는 The same to you! 「당신도!」라고 한다.
What's new? 별 일 없니 《인사말로 많이 쓰임》

new·born [njúːbɔ̀ːrn] [형] 갓태어난, 신생의

New Eng·land [njùː íŋglənd] 뉴잉글랜드
▶ 미국 북동부 지방의 6주를 말함. (Connecticut, Massachusetts, Rhode Island, Vermont, New Hampshire, Maine)

New Guin·ea [njùː gíni] 뉴기니 《오스트레일리아 북방에 있고 면적은 세계 제2위인 섬》

New Hamp·shire [njùː hǽmpʃər] [명] 뉴햄프셔 《미국 북동부의 주》

New Jer·sey [njùː dʒə́ːrzi] [명] 뉴저지주 《New York City에 인접한 미국 동부의 주로 인구밀도가 미국내에서 제일 높은 주》

new·ly [njúːli] [부] 최근, 새롭게, 새로운 형식으로
a *newly* married couple 신혼 부부

New Mex·i·co [njùː méksikòu] [명] 뉴멕시코 주 《미국 남서부의 주로 멕시코와 국경을 접하는 주》

New Or·le·ans [njùː ɔ́ːrliənz] [명] 뉴올리언즈 《미국 Louisiana 주의 도시로 재즈음악의 발상지이며 연중 행사인 Mardi Gras 축제로도 유명》

★**news** [njúːz] (◆ 발음에 주의) [명] (신문·라디오·텔레비전 등의) 뉴스, (개인적으로) 소식
☑ 보통 단수로 취급; 부정관사 a를 직접 붙이지 않으며 a piece of *news*라고 한다. 두 개의 뉴스는 two pieces of *news*
foreign *news* 해외 뉴스
home *news* 국내 뉴스
the latest *news* 최신 뉴스
I heard the sad *news* this morning. 나는 그 슬픈 뉴스를 오늘 아침에 들었다
No *news* is good *news*. 《속담》 무소식이 희소식이다

news·boy [njúːzbɔ̀i] [명] 신문 배달 소년, 신문팔이

★**news·pa·per** [njúːzpèipər] [명] (복수 **newspapers** [-z]) 신문
a morning *newspaper* 조간 신문
an evening *newspaper* 석간 신문
She has a *newspaper*. 그녀는 신문을 가지고 있다
I read the *newspaper* before breakfast. 나는 조반 전에 신문을 읽는다
Have you read today's *newspaper*? 너 오늘 신문 읽었니
What *newspaper* do you take? 무슨 신문을 구독합니까
☑ take 대신 take in을 사용하는 것은 낡은 표현임.
She opened the *paper* to page seven. 그녀는 그 신문 7페이지를 폈다

> newspaper 대신 paper를 사용한다. 「몇 페이지를」의 「를」에 해당하는 전치사를 [영]에서는 at을 사용한다

▶ 영·미 신문에 관해서
[미]에서는 뉴욕 타임스(The New York Times), 뉴욕 헤럴드 트리뷴(The New York Herald Tribune), 워싱턴 포스트(The Washington Post)등이 유명하며, [영]에서는 타임스(The Times), 가디언(The Guardian)등이 유명하다.

news·pa·per·man [njúːzpèipərmæ̀n] [명] (복수 **newspapermen** [-mèn]) 신문 기자(=newspa-

newsstand - nice

per reporter)

news·stand [njú:zstænd] 명 ⓒ
신문 판매점, 신문 가판대

New Tes·ta·ment [njú: téstəmənt] 《the를 붙여》 신약 성서(↔ the old Testament)

New·ton [njú:tn] 명 뉴턴 《Isaac ~(1642~1727); 영국의 물리학자·수학자; 만유 인력의 법칙 발견》

New World [njú: wə́:rld] 《the를 붙여》 신세계, 미 대륙

new year [njú: jìər] 신년
Néw Yèar's Dáy 설날
Néw Yèar's Éve 섣달 그믐

*__New York__ [njù: jɔ́:rk] 《♦ 강세에 주의》 명
❶ 뉴욕시(=Néw Yòrk Cíty) 《세계 금융계의 중심지로 Wall street 가 유명하며, 애칭으로 the Big Apple 이라고 불림》
❷ 뉴욕 《미국 북동부의 주(N.Y.로 줄임)》

New Zea·land [njù: zí:lənd]
뉴질랜드 《오스트레일리아의 동남쪽 남태평양의 큰 섬으로 영국의 자치령 공화국》

*__next__ [nékst] 형 《비교급·최상급은 없음》 ❶ 다음의, 오는 ~, 내~, 이번~
When does the next bus arrive?
다음 버스는 몇 시에 도착합니까
Come and see me next Sunday.
이번 일요일에 놀러 오세요
📝 on next Sunday라고 하지 않는다
When can I see you next time?
다음 번에는 언제 만날 수 있을까요
📝 현재를 기준으로 「내주」「내월」「내년」이라고 말할 때는 next week, next month, next year 등 처럼 the를 붙이지 않으나 과거를 기준으로 「다음 주」「다음 달」「다음 해」라고 할 때는 the next week, the next month, the next year처럼 the를 붙인다. 그러나, 요즈음에는 the를 생략할 때가 많다
❷ 옆에
Jane sits next to me in class. 수업시간에 제인이 내 옆에 앉는다
— 부 다음에, 이번에는
What did you see next? 다음에는 무엇을 보았습니까
— 명 다음 인물
He was the next to arrive. 그가 다음에 도착한 사람이었다
📝 next 다음에 man과 같은 명사가 생략된 것.

next-door [nékst-dɔ́:r] 형 옆집의
my next-door neighbor 내 옆집 이웃

Ni·ag·a·ra [naiǽgərə] 명
❶ 《the를 붙여》 나이아가라 강
❷ 나이아가라 폭포

Niagara Falls [-fɔ́:lz] 명 《보통 the를 붙이지 않고 단수 취급》 나이아가라 폭포 《캐나다와 미국의 국경에 있으며, 캐나다 폭포와 미국 폭포가 있다》

Niagara Falls

*__nice__ [náis] 형 《비교 nicer; 최상 nicest》
❶ 좋은(=good), 훌륭한; 즐거운
It's a nice day, isn't it? 좋은 날씨이지요
📝 a fine day보다 새로운 표현.
It's a nice day for hiking. 하이킹에 알맞은 날씨이다
❷ 친절한(=kind)
How nice of you! 정말 친절하시군요
He was nice to us. 그는 우리들에게 친절했다
❸ 맛있는
This pudding is very nice. 이 푸딩은

nicely - nightingale

매우 맛이 있다

회화 Have a nice …! 「즐거운 … 되시기를 기원합니다」

Have a nice day! 즐거운 하루 되세요
Have a nice trip! 즐거운 여행이 되시길 바랍니다
Have a nice holiday! 즐거운 휴일을 보내세요

nice·ly [náisli] 부 잘, 훌륭히, 기분 좋게

Nich·o·las [níkələs] 명 니콜라스 《남성 이름》

Nick [ník] 명 닉, 닉크 《남성이름; Nicholas의 애칭》

nick·el [níkəl] 명 (복수 **nickel**s [-z]) ❶ 니켈 《단단한 금속으로, 합금으로 잘 이용된다》
❷ (니켈로 만든 미국의) 5센트 백동화

nick·name [níknèim] 명 (복수 **nicknames** [-z]) 별명, 애칭
— 동 (3단현 **nicknames** [-z] ; 과거·과분 **nicknamed** [-d] ; 현분 **nicknaming**) (타동) 별명을 붙이다, 애칭으로 부르다

niece [níːs] 명 (복수 **nieces** [-iz]) 조카딸, 질녀(↔ nephew 남자 조카)

★**night** [náit] 명 (복수 **night**s [-s]) 밤(↔ day 낮)

He arrived on the *night* of May 21. 그는 5월 21일 밤에 도착했다

☑ May 21은 May twenty-first라고 읽는다.

I studied till late that *night*. 나는 그날 밤 늦게까지 공부했다
The *nights* are long in fall. 가을에는 밤이 길다
The *night* game was exciting. 그 야간 경기는 재미있었다

☑ 여기서 night는 형용사적 용법. night는 해가 져서 해가 뜰 때까지이며, evening은 해가 져서 잠자는 시각까지를 말한다.

all night (*long*) 밤새도록
He worked hard *all night*. 그는 밤새도록 열심히 일했다

†*at night* 밤에(↔ in the daytime 낮에)
I don't go out *at night*. 나는 밤에 외출하지 않는다

by night 밤에는(↔ by day 낮에는)
He works by day and reads *by night*. 그는 낮에 일하고 밤에 책을 읽는다

from morning till [*to*] *night* 아침부터 밤까지
My mother works *from morning till night*. 어머니는 아침부터 밤까지 일하신다

Good night! 안녕히 주무셔요
발음 night를 강하게 발음한다.
☑ Good evening.은 「안녕하세요」
She said "*Good night!* " to her parents and went to bed. 그녀는 양친에게 「안녕히 주무세요」라고 말하고 잠자리에 들었다

have a good night 잘 자다
I hope you *have a good night*. 안녕히 주무십시오

last night 어젯밤에
Mary arrived *last night*. 메리는 어젯밤에 도착했다 《last night는 부사구》

night after night 매일 밤, 밤마다
I couldn't sleep *night after night*. 나는 매일 밤 잠을 자지 못했다

night and day (= *day and night*) 밤이나 낮이나
They worked *night and day* (= *day and night*) 그들은 밤낮으로 일했다

night clothes [-klòuðz] 《복수 취급》 잠옷

☑ 특히 부인이나 아이들용은 night-dress 또는 nightgown, 남자용은 night-shirt를 사용한다. pajamas [pədʒǽ-məz, pədʒɑ́məz]는 바지가 따로 있는 남성용과 여성용의 잠옷.

night·in·gale [náitŋgèil] 명 《새》 나이팅게일

▶ (1) 《대문자로 시작하여》 플로렌스 나이팅게일(1820~1910). 영국의 간호원; 크림 전쟁에서 부상병을 간

Nile - no

호하여 적십자사 설립의 동기를 만들었다 (2) 꾀꼬리보다 크며 저녁때부터 아름다운 소리로 운다.

Nile [náil] 명 《the를 붙여》 나일강 《아프리카 동부의 강; 이집트를 북류하여 지중해로 흐른다》

★**nine** [náin] 명 (복수 **nines** [-z])
❶ **9; 9세; 9시; 9개** 《복수 취급》
"How old is she?"—"She is *nine*."
「그녀는 몇 살이지요」—「아홉 살이야」
I got up at *nine* this morning. 나는 오늘 아침 9시에 일어났다
❷ 《야구》 **나인, 팀**
the Seoul *nine* (야구의) 서울팀
— 형 **9의; 9개의; 9인의; 9세의**
There are *nine* players on a baseball team. 한 야구 팀에는 9명의 선수가 있다
in nine (*cases*) *out of ten* 십중팔구 (=ten to one)
He will be here *in nine out of ten*. 그는 십중팔구 이 곳에 올 것이다

★**nine·teen** [nàintíːn] 명 **19; 19세; 19명; 19개** 《복수 취급》
She went to England at the age of *nineteen*. 그녀는 19살에 영국으로 갔다
📝 at nineteen이 구어적이다.
— 형 **19의, 19개의, 19명의, 19세의**
My elder brother is *nineteen* years old. 나의 형은 19살이다

nine·teenth [nàintíːnθ] 명 《보통 the를 붙임》 **제19, 19번째, (달의) 19일**
— 형 **제19의, 19번째의**
the *nineteenth* century 19세기

nine·ties [náintiz] 명
❶ **ninety**의 복수형
❷ 《the를 붙여서》 **90년대**

nine·ti·eth [náintiiθ] 《90th로 줄여 씀》 명 (복수 **ninetieths** [-s]) **제90, 90번째**
— 형 **제90의, 90번째의**

★**nine·ty** [náinti] 명 (복수 **nineties** [-iz]) **90, 90세; 90명; 90개**
in the (eighteen) *nineties* 1890년대에
— 형 **90의, 90개의; 90인의**
My grandfather is *ninety* years old. 나의 할아버지는 90세이시다

★**ninth** [náinθ] 《9th로 줄여 씀; ninth는 nine의 e가 없음》 명 《the를 붙여》 **제9, 9번째; (달의) 9일; 9분의 1**
four *ninths* 9분의 4 《복수형에 주의》
Today is July *the ninth*.(=Today is July 9th.) 오늘은 7월 9일이다
📝 July 9th의 읽는 법은 보통 July ninth이나 July the ninth라고 읽기도 한다.
— 형 **제9의, 9번째의; 9분의 1의**
Today is her *ninth* birthday. 오늘은 그녀의 9번째 생일이다

ni·tro·gen [náitrədʒən] 명 《화학》 **질소**

★**no** [nóu] 부 ❶ **아니오**(↔ yes 예)
"Is it big?"—"*No*, it is not." 「그것은 크니」—「아니야, 그렇지 않아」
🗣️ No로 응답했을 때는 긍정적인 내용을 덧붙여 주는 것이 예이다.
A: Is he your brother?
B: No,(he isn't). He is my cousin.
A: 그는 너의 형이니
B: 아니오(그렇지 않아요). 그는 나의 사촌입니다
📝 우리말의 yes와 no가 영어의 yes와 no와 일치하지 않는 경우가 있다. 우리말에서 예라고 대답해도 영문의 부정의 뜻에는 no를 사용한다: "Didn't you see him?"—"*No*, I didn't."(「그이와 만나지 않았어요」—「네, 만나지 않았어요」)
❷ 《비교급 앞에서》 **조금도 ~않다**
He is *no* better yet. 그는 아직 조금도 좋아지지 않고 있다
I can walk *no* farther. 나는 더 이상 걸을 수 없습니다
📝 I can*not* walk any farther가 보통임
†*no longer* **더 이상 ~아니다**
I can wait *no longer*. 더 이상 기다릴 수 없다
†*no more* **더 이상 못한다**
I can eat *no more*. 나는 더 이상 못

No. - none

먹겠다

─형 ❶ 조금도 ~없는, 하나도 ~없는
He has *no* money with him. 그는 가진 돈이 조금도 없다
I have *no* brothers. 나는 형제가 없다
📝 윗글들을 구어로 할 때는 not ... any를 사용하는 것이 보통이다 : He doesn't have *any* money with him. I don't have *any* brothers.

❷ 결코 ~아닌, ~라고는 할 수 없는
He is *no* painter. 그를 화가라고는 할 수 없다

❸ 《생략절을 사용해서》 ~해서는 안 되는, ~를 금하는
No Smoking. 《게시》 금연
There is no ~*ing*. ~할 수 없다
There is no deny*ing* the fact. 그 사실은 부정할 수 없다

★**No., no.** [nÁmbər] 명 제 ~번
No. 1 제1번
📝 라틴어의 numero(=number)를 줄여 쓴 것으로 영어의 약자가 아님.

No·ah [nóuə] 명 《성서》 노아 《하나님께서 지상의 악인들을 근절하시기 위해 대홍수를 일으켰을 때, 하나님의 명령에 따라 방주를 만들어 가족과 동물 각 한쌍씩을 싣고 홍수를 피한 인물》
Noah's Ark 노아의 방주

No·bel [noubél] 명 노벨 《Alfred ~ (1833~96); 스웨덴의 화학자로 다이너마이트를 발명했다. 유언에 따라 설정된 Nobel prizes [nóubel práiziz](노벨상)는 물리학·화학·생리학 및 의학·문학·평화·경제학 등의 부문에서 공로가 많은 사람에게 수여된다》

★**no·ble** [nóubl] 형 (비교 nobl*er*; 최상 nobl*est*) 신분이 높은, 귀족의; 숭고한
a *noble* deed 숭고한 행위
─명 (복수 nobles [-z]) 귀족(=nobleman)

★**no·bod·y** [nóubàdi] 대 아무도 ~않다

Nobody comes.⁽¹⁾ 아무도 오지 않는다
There is *nobody* there.⁽²⁾ 거기에는 아무도 없다

📝 nobody는 단수로 취급하며 no one 보다는 구어적. 예문 (1)의 comes, (2)의 is에 주의 → none

nod [nád] 통 (3단현 nod*s* [-z]; 과거·과분 nod*ded* [-id]; 현분 nod*ding*) 자동 끄덕이다, 목례하다; 졸다; 방심하다
He *nodded* when he recognized me. 그는 나를 알아보고 고개를 끄덕였다
He is *nodding*. 그는 졸고 있다
─명 (복수 nod*s* [-z]) 목례, 꾸벅꾸벅 졸기
She gave me a *nod*. 그녀는 나에게 목례했다

★★**noise** [nóiz] 명 (복수 noise*s* [-iz]) 《형용사는 noisy》 시끄러운 소리, 소리, 잡음
I heard a *noise* outside. 밖에서 무슨 소리가 들렸다
make a noise 소리를 내다, 떠들다
It *makes a noise* like a train. 그것은 기차와 같은 소리를 낸다
Don't *make any noise!* 떠들지 마라

noise·less [nóizlis] 형 소리 없는, 조용한
This place is *noiseless*. 이곳은 조용하다

nois·i·ly [nóizili] 부 시끄럽게

★**nois·y** [nóizi] 형 (비교 nois*ier*; 최상 nois*iest*) 《명사는 noise》 시끄러운, 떠드는(↔ quiet 조용한)
a *noisy* boy 떠드는 소년
a *noisy* classroom 시끄러운 교실

★**none** [nÁn] 대 《보통 복수 취급》 아무도 ~하지 않다, 조금도 ~하지 않다 《nobody는 단수 취급》
None know it so well as I. 아무도 나처럼 그것을 잘 알지 못한다
📝 Nobody knows it so well as I.가

nonfiction - northern

quiet　　　　noisy

구어적이다.
"Are there any roses?"—"No, there is *none*." 「장미는 없니」—「응, 전혀 없어」

non·fic·tion [nɑ̀nfíkʃən] 명 논픽션 《기록·기행·전기·역사 등의 사실에 기초한 문학 ↔fiction픽션》

non·sense [nánsens] 명 무의미한 말, 헛소리, 어리석은 생각, 난센스
Nonsense! 말도 안 되는 소리

noo·dle [núːdl] 명 (복수 **noo·dles**[-z]) 《보통 복수로》 면류, 국수

★**noon** [núːn] 명 정오 《a를 붙이지 않고, 복수 없음》
We have lunch at *noon*. 우리들은 정오에 점심을 먹는다
It is past *noon*. 정오가 지났다
He will be back by *noon*. 그는 정오까지는 돌아올 것이다

★**nor** [nər, nɔːr] 접 《neither 또는 not 뒤에서》 ~도 또한 …아니다
He likes neither English *nor* music. 그는 영어도 음악도 좋아하지 않는다
Neither he *nor* I like movies. 그이도 나도 영화를 좋아하지 않는다
📝 동사는 뒤의 주어(I)에 일치.

nor·mal [nɔ́ːrməl] 형 정상적인, 평균적인

★**north** [nɔ́ːrθ] 명 《형용사는 northern》 《보통 the를 붙여서》 북, 북부, 북방(↔south 남; → east 동, west 서)

In the *north*, there is much snow. 북부에서는 겨울에 눈이 많이 온다
Our school is in the *north* of the city. 우리의 학교는 도시의 북부에 있다
The lake is on the *north* of the town. 그 호수는 그 도시의 북쪽에 접해 있다
📝 「~의 북방에는」은 to the north of 를 사용하지만, 거리를 나타낼 때는 to the를 생략한다 : My house is twenty miles *north* of Pusan. (나의 집은 부산에서 20마일 북쪽에 있다)
— 형 북의, 북에서의
A cold *north* wind began to blow. 차가운 북풍이 불기 시작했다
Nórth América 북아메리카
the Nórth Stár 북극성
— 부 북쪽에, 북으로
The ship is sailing *north*. 배는 북쪽으로 항해하고 있다
a north *wind* 북풍

North Car·o·li·na [-kærəlái-nə] 명 노스 캐롤라이나 주 《미국 남동부에 있는 주》

North Da·ko·ta [-dəkóutə] 명 노스 다코타주 《미국 중북부에 있는 주》

north·east [nɔ̀ːrθíːst] 명 형 북동(의)

north·east·ern [nɔ̀ːrθíːstərn] 형 북동의

north·ern [nɔ́ːrðərn] 형 《명사는 north》 북의, 북방의(↔ southern 남의)

North Pole [nɔ́ːrθ póul] 《the를 붙여서》 북극(↔ the South Pole 남극)

North Sea [nɔ́ːrθ síː] 명 북해 《영국, 노르웨이, 덴마크에 둘러 쌓인 바다》

north·ward [nɔ́ːrθwərd] 형 북방의
— 부 북으로, 북에

north·west [nɔ̀ːrθwést] 명 형 북서(의)

north·west·ern [nɔ̀ːrθwéstərn] 형 북서의

Nor·way [nɔ́ːrwei] 명 노르웨이 《유럽의 북서부 스칸디나비아 반도에 있는 왕국. 수도는 오슬로(Oslo)이다》

★**nose** [nóuz] 명 (복수 **noses** [-iz]) ❶ 코
He has a long *nose*. 그는 코가 높다
📝 「높은 코」는 a high nose라고는 하지 않는다. 「낮은 코」는 a flat nose 라고 한다.
Go ahead and blow your *nose*. 어서 코를 풀어라
His *nose* is bleeding. 그는 코피가 난다
📝 개·고양이·말 등의 코는 muzzle [mʌ́zl], 코끼리의 코는 trunk [trʌ́ŋk] 라고 한다.
❷ 후각
Dogs have a good *nose*. 개는 후각이 좋다
❸ 돌출부, (비행기의) 기수, (배의) 선수

★**not** [nát] 부 ~않다, ~가 아니다
📝 조동사·be동사의 바로 뒤에 온다. 회화에서는 am not를 제외하고는 -n't로 줄여서 말한다.
I am *not* a doctor. 나는 의사가 아니다
This is *not* a pencil. 이것은 연필이 아니다
You must *not* be late for school. 너는 학교에 늦어서는 안 된다
He can*not* ride a bicycle. 그는 자전거를 탈 줄 모른다

Do*n't* be late. 늦지 마라

📝 be 동사라도 부정의 명령문에서는 don't를 붙인다

"Let's go." — "No, let's *not*." 「갑시다」—「아니오, 그만둡시다」
📝 회화에서 많이 쓰이는 표현이다.
Did*n't* you see him? 그를 만나지 않았어요
📝 Did you not see him? 은 구어에서는 잘 쓰이지 않는다.
I do*n't* know all the boys. 나는 그 소년들을 모두 다 알지는 못한다
They are *not* always happy. 그들은 언제나 행복하지는 않다
📝 위의 두 예문처럼 not을 all, every, always 등과 같이 쓰면 「부분 부정」 (전부가 그런 것이 아니다).
I told him *not* to go. 나는 그에게 가지 말라고 말했다
📝 부정의 뜻을 나타낼 때는 not to go 처럼 부정사 앞에 not을 쓰나 목적을 나타내는 부정사에는 붙이지 않는다.

not a ... 하나도 ~하지 않다
Not a man went there. 한 사람도 거기에 가지 않았다
📝 Nobody went there. 보다는 의미가 강하다.
"Did you say anything?"—"*Not a* word." 「뭐라고 했니」—「한마디도 안했어」

†***not at all*** 전혀 ~하지 않다; 《회화에서 사례 인사를 받을 때》 천만에요 (= You are welcome.)
I do*n't* know German *at all*. 나는 독일어는 전혀 모른다
"Thank you very much."—"*Not at all.*" 「정말 고맙습니다」—「천만에요」
📝 Don't mention it. 도 같은 뜻이지만 잘 쓰이지 않는다.

not ~ but ... ~가 아니라 …
He is *not* a doctor, *but* a teacher. 그는 의사가 아니라 선생이다

not only ~ but (also) ... ~뿐만 아니라 …도

notable - notice

He can read *not only* English *but* (*also*) French. 그는 영어 뿐만 아니라 프랑스어도 읽을 수 있다
Not only you *but* (*also*) he was absent. 너뿐만 아니라 그도 결석했다

☑ 동사는 but 뒤의 주어와 일치.
☑ **not** 이 들어 있는 줄임꼴

is not→ isn't	shall not→ shan't
are not→ aren't	would not→ wouldn't
was not→ wasn't	cannot→ can't
were not→ weren't	could not→ couldn't
do not→ don't	need not→ needn't
does not→ doesn't	must not→ mustn't
did not→ didn't	have not→ haven't
will not→ won't	has not→ hasn't

no·ta·ble [nóutəbl] 형 주목할 만한; 유명한

★**note** [nóut] 명 (복수 **notes** [-s])
❶ 각서; (형식을 갖추지 않은 짧은) 편지
I spoke without a *note*. 나는 메모를 보지 않고 연설했다
❷ 주석; 주의, 주목(notation)
Look at the *notes* on the next page. 다음 페이지의 주석을 보시오
❸ 음조, 악보, 음표
a whole *note* 온음표
make a note of ... (***take notes of ...***) ~를 메모하다
I *made a note of* his speech. 나는 그의 연설을 메모했다
— 동 (3단현 **notes** [-s]; 과거·과분 **noted** [-id]; 현분 **noting**) (타동)
❶ 주의하다
Note his words. 그의 말에 주의하시오
❷ 받아 쓰다
Note down my words. 나의 말을 받아 쓰시오

★**note·book** [nóutbùk] 명 (복수 **notebooks** [-s]) 노트, 수첩, 공책
Write these words in your *notebooks*. 이 단어들을 노트에 적으시오

not·ed [nóutid] 형 유명한(=famous)
Korea is *noted* for Mt. Sorak. 한국은 설악산으로 유명하다

★**noth·ing** [nʌ́θiŋ] 대 아무것도 없다
There is *nothing* in the box. 상자 속에는 아무것도 없다
There was *nothing* strange in the room. 그 방에는 이상한 일이란 아무것도 없었다

☑ *nothing* strange 의 어순에 주의. nothing 을 수식하는 형용사는 뒤에 온다.

I have *nothing* to say. 나는 말할 것이 없다
for nothing 무료로(=for free)
I got this ticket *for nothing*. 나는 이 표를 무료로 구했다
have nothing to do with ... ~와는 관계가 없다
I *have nothing to do with* the accident. 나는 그 사고와는 아무런 관계가 없다
nothing but ... 단지 ~일 따름, ~에 지나지 않는(=only)
Tom is *nothing but* a spoiled child. 톰은 단지 버릇없는 아이일 뿐이다

★**no·tice** [nóutis] 명 (복수 **notices** [-iz])
❶ 주의(=attention) 《a 를 붙이지 않고, 복수 없음》
The problem attracted our *notice*. 그 문제는 우리의 주의를 끌었다
❷ 게시
a *notice* board 게시판
❸ 통지; (계약 해제의) 예고 《a를 붙이지 않고, 복수 없음》
take notice 주의하다
She will not *take notice* of you... 그녀는 당신을 무시할 것이다
give notice 통지하다, 통보하다
I *gave notice* to him that I'll be late. 나는 늦을거라고 그에게 통보했다
without notice 예고없이, 무단으로

She ran away from home *without notice*. 그녀는 무단으로 가출했다
— 통 (3단현 **notices** [-iz]; 과거·과분 **noticed** [-t]; 현분 **noticing**)
타동 **주의하다**; 눈치채다
I didn't *notice* you. 나는 당신을 알아보지 못했다

no·tice·a·ble [nóutisəbl] 형 눈에 띄는

no·tion [nóuʃən] 명 관념, 의견 (=idea)

noun [náun] 명 《문법》 명사 《n. 으로 줄여 씀》

nour·ish [nə́:riʃ] 통 (3단현 **nourishs** [-iz]; 과거·과분 **nourished** [-t]; 현분 **nourishing**) 타동 기르다; (어떤 감정을 마음에) 품다, 지니다
nourish a hope 희망을 지니다

nov·el [nάvəl] 명 (복수 **novels** [-z]) 소설
a historical *novel* 역사 소설 (→ fiction)

no·vel·ist [nάvəlist] 명 소설가

★**No·vem·ber** [nouvémbər] 명 11월 《Nov.로 줄여 씀: → month》
Thanksgiving Day is in *November*. 추수 감사절은 11월달에 있다
I was born in Seoul on *November* 1, 1980. 나는 1980년 11월 1일 서울에서 태어났다

★**now** [náu] 부 ❶ **지금**; 지금 곧 (=at once)
What time is it *now*? 지금 몇시냐
We must go *now*! 우린 지금 즉시 가야한다
❷ **자**, 그럼
Now listen to me! 자, 내 말을 들으시오
Now let's begin! 그럼 시작하자
every now and then (= **now and again**) 때때로
She goes to the park *every now and then*. 그녀는 때때로 그 공원에 간다
— 접 ~이니까, ~인 이상 (=since)

Now (that) you are a junior high school student, you must work hard. 너는 중학생이니까 열심히 공부해야 한다
by now 지금쯤에는, 이미
He must be home *by now*. 그는 지금쯤은 집에 있을 것이 틀림없다
for now 우선, 당분간
I will stay here *for now*. 나는 당분간 여기 머물겠다
from now on 지금부터, 이제부터 죽
I will be a good boy *from now on*. 나는 이제부터 착한 아이가 되겠습니다
just now 지금 막
She left *just now*. 그녀는 지금 막 출발했다
right now 지금 곧
📝 now 보다 의미가 강함.
till now (= **up to now**) 지금까지
I have heard nothing from him *till now*. 지금까지 아무런 소식도 그에게서 듣지 못했다

now·a·days [náuədèiz] 부 《문어》 요즘은, 지금은
📝 구어적 표현은 these days.

no·where [nóuhwɛ̀ər] 부 어느 곳에도 ~않다 (=not anywhere)
He is *nowhere* to be found. 그는 어디에도 없다
📝 구어에서는 nowhere 를 사용하지 않고 I don't go anywhere. (나는 어느 곳에도 가지 않는다)의 표현을 많이 쓴다.

nu·cle·ar [njú:kliər] 형 핵의, 원자핵의
nuclear energy 원자력

nui·sance [njú:sns] 명 번거로운, 해로운것, 성가신것
a public *nuisance* 공해

★**num·ber** [nʌ́mbər] 명 (복수 **numbers** [-z]) ❶ **숫자**
The *number* of the students is two hundred. 학생 수는 200명이다
📝 동사는 단수. The students are

numerous - nymph

two hundred in number. 라고도 하는데, 이때 동사는 복수이다.
7 is the lucky number. 7은 행운의 숫자이다
❷ 번호, (잡지 등의) 호
Do you know his telephone number? 너는 그의 전화 번호를 알고 있느냐
a large[a great] number of ... 대단히 많은 ~, 다수의 ~ (=very many)
A large number of boys were singing. 매우 많은 소년들이 노래를 하고 있었다
†***a number of ...*** 몇 개의(=some); 많은(=many)
She bought a number of candles. 그녀는 초 몇 자루를 샀다
Our teacher has a number of books. 우리 선생님은 많은 책을 가지고 있다
📝 a number of ...가 「많은」이냐, 또는 「몇 개의」의 뜻이냐의 구분은 문맥의 전후 관계에 따라 결정한다.
numbers of ... 많은~ (=many)
There are numbers of parks in London. 런던에는 많은 공원이 있다
—⑤ (3단현 **numbers** [-z]; 과거·과분 **numbered** [-d]; 현분 **numbering**) (타동) ~에 번호를 붙이다; (모두 해서 수가) ~가 되다
The pages of this book are numbered. 이 책의 페이지에는 번호가 붙여졌다
The people at the party numbered over a thousand. 파티에 참석한 사람들은 천명이 넘었다

nu·mer·ous [njúːmərəs] 혱 대단히 많은

nun [nʌn] 몡 수녀, 비구니(→ monk 수도승)

＊**nurse** [nəːrs] 몡 (복수 **nurses** [-iz]) ❶ 간호원
There are a lot of nurses in the hospital. 그 병원에는 간호사가 많이 있다
❷ 유모, 아이보는 여자
Mrs. Jones hired a new nurse. 존스 여사는 새 유모를 들였다
📝 유아에게 젖을 주면 wet nurse, 그냥 아이를 보는 여자는 dry nurse 라고 함.
—⑤ (3단현 **nurses** [-iz]; 과거·과분 **nursed** [-t]; 현분 **nursing**) (타동) ❶ 간호하다
The mother nursed her sick child. 어머니는 아픈 아이를 간호했다
❷ 젖을 먹이다
She is nursing her baby. 그녀는 아이에게 젖을 먹이고 있다

nurs·er·y [nə́ːrsəri] 몡 어린이 방
a núrsery schòol 보육원

nut [nʌt] 몡 (복수 **nuts** [-s])
❶ (밤, 호두등의 딱딱한) 나무 열매
❷ 너트, 암나사(=bolt 볼트, 수나사)

nut

ny·lon [náilɑn, -lɔn] 몡 (복수 **nylons** [-z]) 나일론

nymph [nimf] 몡 (복수 **nymphs** [-s]) 《그리스신화》 요정, 님프 《산·강·숲에서 사는 요정》

O - objection

O o *O o*

O, o [óu] 명 (복수 **O'S, o's, Os, os** [-z]) ❶ 오《알파벳의 제 15자》
❷ (전화 번호·번지수 등의) 영
《◆ 동음어 owe (~을 빚지고 있다)》

O [óu] 감 오《놀람·기쁨 등을 나타내고, oh와 같다》
▶ O의 뒤에는 콤마나 느낌표(!)를 찍지 않고, oh에는 찍는다. 또 구어체에서는 다음의 예를 제외하고는 oh를 더 많이 쓴다: O yes! (그렇고 말고)

O. 오하이오주(Ohio)의 약어

*__oak__ [óuk] 명 (복수 **oaks** [-s]) 《식물》 ❶ 오크나무(=oak tree), 참나무, 떡갈나무
The *oak* has acorns. 오크나무에는 도토리가 있다
❷ 오크 목재, 오크나무의 잎《an을 붙이지 않고, 복수 없음》

*__oar__ [ɔ́:r] 명 (복수 **oars** [-z]) (보트의) 노, 상앗대; 노젓는 사람
Oars are used to row a small boat through the water. 노는 작은 배에서 물을 가르며 노를 젓는데 사용된다

o·a·sis [ouéisis] 명 (복수 *oases* [ouéisi:z]) 오아시스《사막 속의 초원지》
Palm trees grow at this *oasis*. 야자나무는 이 오아시스에서 자란다

oat [óut] 명 (복수 **oats** [-s])《복수형으로》《식물》 귀리

oath [óuθ] 명 (복수 **oaths** [óuðz, óuθs]) 맹세, 서약; 선서

oat·meal [óutmìːl] 명《요리》오트밀《귀리를 물에 끓인 죽으로, 우유와 설탕을 넣어 먹는다. 아침 식사용》

Tom eats hot *oatmeal* for breakfast. 톰은 아침으로 뜨거운 오트밀을 먹는다

*__o·bey__ [əbéi] 동 (3단현 **obeys** [-z]; 과거·과분 **obeyed** [-d]; 현분 **obeying**) 타동 복종하다, (명령 등에) 따르다
Soldiers must *obey* orders. 군인은 명령에 복종해야 한다
— 자동 말을 듣다
The boy *obeyed* and went home.
그 소년은 말을 들었고, 집으로 갔다

ob·ject [ábdʒikt] 명 (복수 **objects** [-s]) ❶ (눈에 보이는, 또는 손으로 만든) 물건
A baby often puts any small *object* into its mouth. 아기는 종종 작은 물건은 무엇이나 입에 넣는다
❷ 목적, (연구 등의) 대상
an *object* of study 연구의 목적
❸《문법》목적어
a direct *object* 직접목적어
an indirect *object* 간접목적어
— [əbdʒékt]《◆ 발음·강세에 주의》
동 (3단현 **objects** [-s]; 과거·과분 **objected** [-id]; 현분 **objecting**) 자동 반대하다, 반대 의견을 말하다
He *objects* to my plan. 그는 내 계획에 반대한다
Why do you *object* to my riding your bike? 왜 너는 내가 너의 자전거를 타는 것을 반대하니
▣ to 뒤에는 명사나 동사의 ~ing가 온다
— 타동 반대의 이유를 들다

ob·jec·tion [əbdʒékʃən] 명 (복수 **objections** [-z]) 반대, 반대 이유
He had no *objection* to her opinion.

그는 그녀의 의견에 이의가 없었다

o·blige [əbláidʒ] 〈타동〉 (3단현 **obliges** [-iz] ; 과거·과분 **obliged** [-d] ; 현분 **obliging**)
❶ 《be obliged to... 로》 어쩔 수 없이 ~하게 하다
I *was obliged to* go. 나는 어쩔 수 없이 가야 했다
❷ 《be obliged...로》 ~에 감사하다
I *am* much *obliged* to you. 나는 당신에게 감사하고 있습니다

o·boe [óubou] 〈명〉 (복수 **oboes** [-z]) 《음악》 오보에 《높은 음의 목관 악기》

ob·ser·va·tion [àbzərvéiʃən] 〈명〉 (복수 **observations** [-z]) 관찰, 관측

ob·serve [əbzə́ːrv] 〈타동〉 (3단현 **observes** [-z] ; 과거·과분 **observed** [-d] ; 현분 **observing**)
❶ 관찰하다
Observe how the spider builds a web. 거미가 어떻게 집을 짓는지 관찰하시오
❷ (법을) 준수하다

ob·tain [əbtéin] 〈타동〉 (3단현 **obtains** [-z] ; 과거·과분 **obtained** [-d] ; 현분 **obtaining**) 획득하다 (=get) ; (목적을) 달성하다 (=win)
You will *obtain* a good result. 너는 좋은 결과를 얻을 것이다

ob·vi·ous [ábviəs] 〈형〉 (비교 *more* **obvious** ; 최상 *most* **obvious**) 명백한, 분명한
It's quite *obvious* that she's lying. 그녀가 거짓말하고 있는 것은 아주 명백하다

ob·vi·ous·ly [ábviəsli] 〈부〉 명백하게

oc·ca·sion [əkéiʒən] 〈명〉 (복수 **occasions** [-z]) 경우, 때
On the *occasion*, he was not at home. 그 때에 그는 집에 없었다

oc·ca·sion·al [əkéiʒənəl] 〈형〉 때때로, 이따금씩의
We get the *occasional* visitor here. 이곳에는 종종 방문객이 온다

oc·ca·sion·al·ly [əkéiʒənəli] 〈부〉 때때로, 가끔

oc·cu·pa·tion [àkjupéiʃən] 〈명〉 직업, 일 《an을 붙이지 않고, 복수 없음》

oc·cu·py [ákjupài] 〈타동〉 (3단현 **occupies** [-z] ; 과거·과분 **occupied** [-d] ; 현분 **occupying**)
❶ ~을 점령하다 ; (장소·지위를) 차지하다
His books *occupy* a lot of space. 그의 책은 많은 공간을 차지한다
❷ 《be occupied in[with]로》 ~에 종사하다, ~하느라 바쁘다
He *was occupied in* collecting stamps. 그는 우표를 모으느라고 매우 바빴다

oc·cur [əkə́ːr] 〈자동〉 (3단현 **occurs** [-z] ; 과거·과분 **occurred** [-d] ; 현분 **occurring**)
❶ (일이) 일어나다
When will the game *occur*? 그 게임은 언제 할거니
❷ 문득 생각나다
Then a good idea *occurred* to her. 그 때 좋은 생각이 그녀에게 떠올랐다
It *occurred* to him that he was late. 갑자기 그는 자신이 늦었음을 떠올렸다

***o·cean** [óuʃən] 〈명〉 (복수 **oceans** [-z]) 《the를 붙여》 대양, 바다 (=sea)
It takes two weeks to cross the *ocean* by boat. 그 바다를 배로 건너는 데 2주일이 걸린다
He likes to swim in the *ocean*. 그는 바다에서 헤엄치기를 좋아한다
an ócean líner 원양 항로 정기선
the Antárctic Ócean 남극해
the Árctic Ócean 북극해
the Atlántic Ócean 대서양
the Índian Ócean 인도양
the Pacífic Ócean 태평양

★**o'clock** [əklák] (◆ 강세 위치에 주의) 〈명〉 (시계가 나타내는) ~시

Oct. - of

It is ten *o'clock*. 10시다

📝 o'clock은 of the clock의 줄임꼴. 단 「몇 시 몇 분」 경우에는 보통 생략됨: It is a quarter past six. (6시 15분이다) 또 2시라든가 3시라고 할 때도 흔히 생략됨: "What time is it?"—"It is three." (「지금 몇 시입니까」—「3시입니다」)

Oct. 10월(October)의 약어

★**Oc·to·ber** [aktóubər] 명 10월 《Oct.로 줄여 씀; →month》

Apples are ripe in *October*. 사과는 10월에 익는다

📝 「~월에」는 보통 전치사 in을 쓴다 그러나 특정한 날을 가리킬 때는 on을 쓴다
in October (○)
in October 10 (×)
on October 10 (○)

oc·to·pus [áktəpəs] 명 (복수 **octopuses** [-iz]) 《동물》 낙지

📝 어원은 octo-(8)+-pus(발)

Most *octopuses* live in warm, shallow waters. 대부분의 낙지는 따뜻하고 얕은 물에서 산다

odd [ád] 형 (비교 **odd*er***; 최상 **odd*est***) ❶ 홀수의(↔ even 짝수의)

Three and five are *odd* numbers. 3과 5는 홀수이다

❷ (장갑·구두 등의 한 켤레로 쓰는 것의) 한 짝의

an *odd* glove 장갑 한 짝
He found an *odd* sock in his drawer. 그는 서랍에서 양말 한 짝을 찾았다

❸ 기묘한, 이상한(=strange)

How *odd*! 참 이상하구나
The lady had on an *odd* hat. 그 여인은 이상한 모자를 썼다

★**of** [əv, (강조할 때) áv] 전

❶ 《소유·소속을 나타냄》 ~의

I am a student *of* this school. 나는 이 학교의 학생이다

📝 (1) 사람·동물의 경우는 …'s의 꼴로 된다: my sister's room(나의 누나의 방) 또한 a room of my sister라고도 한다
(2) 「나의 친구들 중 한 명」은 a friend of mine이라고 함. a my friend는 틀림

❷ 《관계를 나타냄》 ~에 대하여

We haven't heard *of* him yet. 우리는 그의 일에 대해서는 아직 듣지 못했다
I want a book *of* history. 나는 역사책을 원한다
The story was *of* Cinderella and the prince. 그 이야기는 신데렐라와 왕자에 관한 것이다

❸ 《동격을 나타냄》 ~라고 하는

He lives in the city *of* Seoul. 그는 서울시에 살고 있다 《「서울이라는 도시」의 뜻》

❹ 《부분을 나타냄》 ~중의, ~중에서

Some *of* them were foreigners. 그들 중 몇 명은 외국인이었다
Dr. Lee is one *of* the greatest scientists. 이 박사는 가장 위대한 과학자들 중 한 사람이다

❺ 《재료를 나타냄》 ~의, ~로 (되어 있는)

They live in a house *of* brick. 그들은 벽돌집에서 살고 있다
This box is made *of* wood. 이 상자는 나무로 되어 있다

📝 be made of …는 재료가 어떤 변화도 겪지 않을 경우에 쓰고, be made from…은 재료의 질이나 원료가 화학적 변화가 있을 때 주로 쓴다: Wine is made from grapes. (포도주는 포도로 만든다) → make

❻ 《거리·위치·분리를 나타냄》 ~에게서, ~로부터

My house is within ten miles *of* Seoul. 나의 집은 서울에서 10마일 이내에 있다
He robbed me *of* my watch. 그는 나에게서 시계를 빼앗았다

❼ 《원인을 나타냄》 ~때문에, ~로

He died *of* cancer. 그는 암으로 죽었다

📝 질병 때문에 죽은 경우는 die of, 부상 등이 원인이 되어 죽은 경우는 die

from을 쓴다: He died from wounds. (그는 부상으로 죽었다)
❽ 《기원을 나타냄》 ~출신의
He is a man of noble birth. 그는 명문 출신이다
❾ 《작자·행위를 나타냄》 ~의, ~에 의하여
I like the works of Millet.(=I like Millet's works.) 나는 밀레의 작품을 좋아한다
It is very kind of you. 당신의 친절에 감사합니다
❿ 《시각을 나타냄》 《미》 (~분) 전(=to)
It is five minutes of eight. 8시 5분 전이다
⓫ 《분량을 나타냄》 ~의
I must buy a pound of butter. 나는 버터 1파운드를 사지 않으면 안 된다
I want to have a cup of tea. 나는 홍차 한 잔을 마시고 싶다
⓬ 《특성 등을 나타냄》 ~를 가진
He is a man of ability. 그는 능력있는 사람이다
He lives in a house of eight rooms. 그는 8개의 방이 있는 집에서 살고 있다
†*of course* 물론
"Will you come tomorrow?"—"*Of course* I will." 「내일 올래」—「물론이지」
*of one*self* 저절로
Suddenly the car began to move *of itself*. 갑자기 그 차가 저절로 움직이기 시작했다

★**off** [ɔ́ːf] 倶 ❶ 《장소·시간이》 **떨어져서**, 멀리에
He stood ten meters *off*. 그는 10미터 떨어져 서 있었다
The hospital is a long way *off*. 그 병원은 멀리 떨어져 있다
The test is a week *off*. 시험은 일주일 남아 있다
The robin flew *off*. 울새는 날아가 버렸다
Kate went *off*. 케이트는 가 버렸다
The ball rolled *off* the table. 공은 굴러서 테이블 아래로 떨어졌다

Please take *off* your shoes. 구두를 벗으시오
They got *off* the bus in front of the museum. 그들은 박물관 앞에서 버스를 내렸다
I must be *off* now. 이제 그만 가봐야겠습니다
Hands *off*. 《게시》 손대지 마시오
❷ (수도·가스 등이) **멎은**(↔on 나오는)
Switch *off* the light. 전등을 꺼라
Please turn *off* the gas. 가스를 잠그시오
The water is cut *off* for two hours every night. 수도는 밤마다 2시간씩 안 나온다
Don't leave *off* the work. 그 일을 중단하지 마라
be well off 형편이 좋다
He *is well off*. 그는 생활 형편이 좋다
[작문] 「그는 생활 형편이 어렵다」 He is badly off.라고 함
†*get off* ~에서 내리다
She *gets off* the subway at Seoul Station. 그녀는 지하철 서울역에서 내린다
put off 연기하다
We *put off* the meeting till May. 우리는 그 모임을 5월까지 연기했다
see ... off ~를 전송하다
He went to Kimp'o to *see* a friend *off*. 그는 친구를 전송하러 김포에 갔다
— 전 ~에서 떨어져서, 벗어나서
There stands a big tree a little way *off* the road. 도로에서 조금 떨어진 곳에 큰 나무가 있다
He fell *off* his bicycle. 그는 자전거에서 떨어졌다
She took a ring *off* her finger. 그녀는 손가락에서 반지를 뺐다
A train ran *off* the track. 기차가 탈선했다
Keep *off* the grass. 《게시》 잔디밭에 들어가지 마시오
off duty 비번의, 휴무의(↔on duty 당번의, 근무 중인)
He is *off duty* this afternoon. 그는 오늘 오후가 비번이다

offence - oil

of·fence [əféns] 명 영=미 offense

of·fend [əfénd] 타동 (3단현 **offends** [-z]; 과거·과분 **offended** [-id]; 현분 **offending**) ~의 감정을 해치다
I was very *offended* that he forgot my birthday. 나는 그가 내 생일을 잊어버렸다는 것에 화가 났다

of·fense [əféns] 명 (복수 **offenses** [-iz]) 죄; 모욕; 공격(↔ defense 방어)
an *offense* foul 공격측 반칙
Driving while drunk is a serious *offense*. 음주 운전은 중대한 죄이다

*__of·fer__ [ɔ́:fər] 동 (3단현 **offers** [-z]; 과거·과분 **offered** [-d]; 현분 **offering**) 타동 신청하다, 제공하다; 팔려고 내놓다
He *offered* me a cigarette. 그는 나에게 담배를 권했다
We *offered* the car for $100. 우리는 그 차를 100 달러에 팔려고 내놓았다
The children *offered* peanuts to the squirrel. 아이들은 다람쥐에게 땅콩을 주었다
— 명 (복수 **offers** [-z]) 내놓음, 제안
an *offer* to help 돕겠다는 제의

*__of·fice__ [ɔ́:fis] 명 (복수 **offices** [-iz]) 사무실, 회사; 미 진찰실
His *office* is on the fourth floor. 그의 사무실은 4층에 있다
The doctor is in her *office*. 의사는 그녀의 진찰실에 있다
the Fóreign Óffice 영 외무성
● office의 여러 종류 ●
a branch office 지점
a dentist's office 치과 진찰실
a head office 본사
a lawyer's office 법률 사무소
a post office 우체국
a ticket office 미 (역의) 매표소(=영 **a booking office**)

*__of·fi·cer__ [ɔ́:fisər] 명 (복수 **officers** [-z])

❶ 공무원, 관리
a public *officer* 공무원
❷ (군대) 장교; 경관
Where's the hospital, *officer*? 경관 나리, 병원이 어디죠
☑ 경관을 부를 때는 Officer!라고 함

of·fi·cial [əfíʃəl] 형 공무상의, 공공의
an *official* record 공인 기록
— 명 (복수 **officials** [-z]) 공무원, 관리
a government *official* 국가 공무원

of·fi·cial·ly [əfíʃəli] 부 공무상; 공식적으로

*__of·ten__ [ɔ́:fn] 부 (비교 **oftener**; 또는 **more often**; 최상 **oftenest** 또는 **most often**) 자주, 흔히
He *often* goes to see the movies. 그는 자주 영화를 보러 간다
We have *often* been there. 우리는 자주 거기에 갔다
He is *often* late for school. 그는 곧잘 학교에 지각한다

> 🅱 often은 일반 동사의 앞, be 동사나 조동사의 뒤에 온다

how often 몇 번(= how many times)
How *often* did you visit the museum? 너는 박물관을 몇 번 방문했느냐

**__oh__ [óu] 감 아! 오
Oh, what a pity! 아, 얼마나 가엾은 일인가
☑ 보통 Oh! 또는 Oh,처럼 느낌표(!)나 콤마(,)를 찍는다. O의 경우는 구두점이 없다

O. Henry [óu hénri] 명 오 헨리 ((1862-1910); 미국의 단편작가. 대표작으로는 「마지막 잎새」가 있다))

O·hi·o [ouháiou] 명 오하이오주 ((약어는 OH 또는 O.))

__oil__ [ɔ́il] 명 (복수 **oils [-z])
❶ 기름, 석유 ((an을 붙이지 않고, 복수 없음))

an *oil* heating stove 석유 난로
❷ 《보통 복수형으로》 유화, 기름 물감
a portrait in *oils* 유화로 된 초상화
an óil pàinting 유화
— 동 (3단현 **oils** [-z]; 과거·과분 **oil**ed [-d]; 현분 **oil**ing) 타동 ~에 기름을 바르다
Oil your bike. 너의 자전거에 기름칠해라

O.K., OK [òukéi] 형 부 미 《구어》 좋아, 오케이
The teacher marked "O.K." on his math paper. 선생님은 그의 수학시험지에 "오케이"라고 써 주셨다

o·kay, o·key [òukéi] 형 부 =O.K.

OKla. 오클라호마 주(OKlahoma)의 약어

O·Kla·ho·ma [oukləhóumə] 명 오클라호마주 《미국 남부의 주》

★**old** [óuld] 형 (비교 **old**er, **eld**er; 최상 **old**est, **eld**est)
❶ 늙은(↔ young 젊은)
📝 비교급·최상급의 경우는 늙은 정도를 나타낼 뿐이므로 노인의 뜻은 없다.
He is very *old*. 그는 많이 늙었다
Who is that *old* woman? 저 늙은 부인은 누구냐
Nancy is *older* than Mary. 낸시는 메리보다 나이가 많다
Nancy is the *oldest* of the three. 낸시는 셋 중에서 제일 나이가 많다
Our *old* dog sleeps much of the time. 우리의 늙은 개는 많은 시간을 잠잔다
Be kind to the *old* [old people]. 노인에게 친절해라
📝 형·누님은 미에서는 my older brother, my oldest sister처럼 older, oldest를 쓰는 일이 많지만, 영에서는 my elder brother, my eldest sister라고 한다
❷ ~세의(=of age)
"How *old* are you?"—"I am thirteen years *old*." 「너는 몇 살이냐」—「13살입니다」
The baby is ten months *old*. 그 아기는 생후 10개월이다
❸ 낡은(↔ new 새로운); 옛날의
He has a new car and an *old* one. 그는 새 차와 낡은 차를 가지고 있다
He has collected many *old* coins. 그는 옛날 주화를 많이 수집했다
He is an *old* friend of mine. 그는 나의 옛 친구이다

old·er [óuldər] 형 **old**(늙은)의 비교급

old·est [óuldist] 형 **old**(늙은)의 최상급

old-fash·ioned [óuldfǽʃənd] 형 구식인, 유행에 뒤떨어진

old maid [óuldmeid] 명 나이 많은 독신녀, 노처녀

Old Testament [óuld téstəmənt] 명 《the를 붙여》 구약 성서

ol·ive [áliv] 명 (복수 **olive**s [-z]) 《식물》 올리브 나무, 올리브 열매
olive oil 올리브 기름
Ripe *olives* are dark purple in color. 충분히 익은 올리브는 색이 짙은 보라색이다
💡 올리브의 가지는 평화와 화해를 상징하여 UN기에도 그려져 있다

O·lym·pi·a [əlímpiə] 명 올림피아
💡 올림피아는 고대 그리스의 엘리스(Elis)에 있던 평원으로 고대 그리스인들이 운동·시·음악 등을 겨루는 대회가 4년마다 열렸던 곳

O·lym·pi·ad [əlímpiæd] 명 국제 올림픽 경기 대회

O·lym·pic [oulímpik] 형 올림픽의
the Olýmpic Gámes(=**the Olympics**) 국제 올림픽 대회
💡 1894년에 프랑스인 쿠베르탱 남작이 제창하여 1896년에 그리스의 아테네에서 제1회 대회가 개최되었다. 1988년 제24회 대회는 서울에서 개최

Olympics - on

되었음

O·lym·pics [əlímpiks] 명 《the를 붙여》 국제 올림픽 대회
The Seoul *Olympics* were held in 1988. 서울 올림픽은 1988년에 열렸다

O·lym·pus [əlímpəs] 명 올림포스 산 《그리스 북부에 있는 높은 산으로 옛날 산정에 제우스·아폴로 등의 신들이 살았다고 함》

om·e·let, om·e·lette [áməlit] 명 (복수 **omelets, omelettes** [-s]) 오믈렛

o·mit [oumít] 타동 (3단현 **omits** [-s]; 과거·과분 **omitted** [-id]; 현분 **omit**ting) ~을 생략하다
You can *omit* these problems. 너는 이 문제를 생략해도 된다

★on [ɑn, 영 ɔn] 전
❶ 《장소를 나타냄》 ~위에, ~에
There is a doll *on* the piano. 피아노 위에 인형이 하나 있다
There is a picture *on* the wall. 벽에 그림이 걸려 있다
Write your name *on* this paper. 이 종이에 네 이름을 써라
The book *on* the table is Mary's. 테이블 위에 있는 책은 메리의 것이다
Don't play *on* the road. 도로에서 놀지 마라
I met Tom *on* the street. 나는 거리에서 톰을 만났다

> 📔 (1) 영에서는 in the street라고 한다. 그러나 미에서도 길에서 뭔가 하는 경우에는 in을 쓴다: She sells flowers in the street.(그녀는 거리에서 꽃을 판다)
> (2) on에는 접촉의 뜻이 있다. above는 떨어져 위에 있는 경우에 쓴다: a lamp on the desk (책상 위의 램프), a lamp above the desk (책상 위에 달려 있는 램프)

❷ 《근접·방향을 나타냄》 ~곁에, ~방향에
New York is *on* the Hudson River. 뉴욕은 허드슨 강가에 있다
The building is *on* your left hand. 그 건물은 너의 왼손 방향에 있다
❸ 《동작의 방향·목적을 나타냄》 ~쪽으로, ~를 향해; ~를 위하여, ~로
He hit me *on* the head. 그는 내 머리를 때렸다
Father went to London *on* business. 아버지는 사업차 런던에 가셨다
❹ 《요일·특정일과 함께》 ~에
American students have no class *on* Saturday. 미국 학생들은 토요일에 수업이 없다
He was sick *on* Friday. 그는 금요일에 아팠다
He visited her *on* October 1. 그는 10월 1일에 그녀를 방문했다
✏️ October 1는 October first라고 읽는다
She came *on* the morning of Sunday. 그녀는 일요일 아침에 왔다
✏️ (1) 「오전에」는 in the morning이지만, 「특정일의 오전에」는 on the morning of September 3(9월 3일 오전에)처럼 on을 쓴다. in the evening(저녁에), in the afternoon도 마찬가지이다 (2) on that day(그날에)에서 on은 흔히 생략한다
❺ 《상태를 나타냄》 ~하고, ~하고 있는, ~중에
The building is *on* fire. 그 건물은 불타고 있다
My father is *on* a trip to Pusan. 아버지는 부산으로 여행 중이시다
❻ 《관계를 나타냄》 ~에 대하여, ~에 관하여
He made a speech *on* city problems. 그는 도시 문제에 대하여 연설했다
Do you know any good books *on* Korea? 너는 한국에 관한 좋은 책을 알고 있느냐
❼ 《수단·도구를 나타냄》 ~로
We live *on* rice. 우리는 쌀을 주식으로 살고 있다

Lucy played a sonata *on* the piano. 루시는 피아노로 소나타를 연주했다
on foot 걸어서, 도보로
Do you come to school *on foot* or by bus? 너는 도보 통학인가, 버스 통학인가
[작문] 「그는 걸어서 학교에 갔다」 He went to school *on foot*.보다도 He walked to school.이 더 좋다. 그러나 by bus와 대조시킬 때는 예문과 같이 말한다
on time 시간에 맞게, 정각에
She came here *on time*. 그녀는 시간에 맞게 여기에 왔다
— 부 ❶ 《동작의 계속을 나타냄》 **계속해서**, 연이어
Go *on* with your work. 일을 계속해라
❷ 《몸에 붙여》 **~를 입고**, ~를 신고
He put his coat *on*. 그는 웃옷을 입었다 《*on*을 강하게 읽음》
The child had a yellow hat *on*. 그 아이는 노란 모자를 쓰고 있었다
❸ (전기·라디오·가스 등이) **켜져, 나오고**(↔ *off* 꺼져)
The lights were all *on*. 전등들이 모두 켜져 있었다
Turn *on* the television. 텔레비전을 켜라
❹ **상연 중에**, 상영 중에
"Hamlet" is now *on*. 지금 햄릿이 상영 중에 있다
✓ *on*은 연극·영화에 쓰고, *showing*은 영화에만 쓴다: What is *on* at the theater?(그 극장에서는 무엇이 상연 중이냐), What is *showing*? (무엇이 상영 중이냐)
and so on ~등, ~따위(=etc.)
We bought books, notebooks, *and so on*. 우리는 책, 공책 등을 샀다
from ... on ~부터 줄곧
from now on 지금부터 줄곧
on and off 이따금
on and on 계속해서, 쉬지 않고
We walked *on and on*. 우리는 계속 걸었다
on ~ing ~하자마자

On arriv*ing*, I called her. 도착하자마자 나는 그녀에게 전화했다

on ~의 표면에
above ~보다 위에
over ~위쪽에
up 위로

★**once** [wʌ́ns] 부
❶ **한 번**, 1회
I go to a concert about *once* a month. 나는 약 1개월에 한 번씩 음악회에 간다
I have been to America *once*. 나는 미국에 한 번 다녀왔다
Mother shops *once* a day. 어머니는 하루 한 번씩 시장을 보신다
✓ *once*(1회), *twice*(2회), *three times*(3회)처럼, 3회 이상은 ... *times*라고 한다
❷ **옛날에**, 과거에
Once there lived an old man. 옛날에 한 노인이 살고 있었다
Africa was *once* called the "Dark Continent." 아프리카는 옛날에 「검은 대륙」이라 불렸다
His father was *once* a painter. 그의 아버지는 한때 화가였다
once in a while 때때로, 이따금
He sings *once in a while* at night. 그는 때때로 밤에 노래를 부른다
once more [*again*] 한 번 더
Say it *once more*. 한 번 더 말해라
once upon a time 옛날 옛적에
Once upon a time there was a beautiful princess. 옛날 옛적에 아름다운 공주가 있었다
✓ 동화 등의 처음 시작하는 말. 끝맺는 말은 They lived happily ever afterwards. (그들은 그 후 행복하게 살았다)
— 명 한번, 1회 《*an*을 붙이지 않고, 복수 없음》

one - one

all at once 갑자기
All at once I saw a rainbow in the sky. 갑자기 나는 하늘에서 무지개를 보았다

📝 once는 명사, all은 의미를 강조하는 부사

†*at once* 즉시, 곧
They started *at once*. 그들은 즉시 출발했다

★**one** [wʌ́n] 혱
❶ 하나의, 한 사람의
I have two sisters and *one* brother. 나에게는 두 명의 자매와 한 명의 형제가 있다
The bus started at *one* o'clock. 그 버스는 1시에 출발했다
❷ (막연히) 어떤, 어느
One day Tom went to the zoo. 어느 날 톰은 동물원에 갔다
❸ 똑같은, 동일한, 같은 종류의 (=the same)
They all left in *one* direction. 그들은 모두 동일한 방향으로 떠났다
They cried with *one* voice. 그들은 이구 동성으로 외쳤다
― 명 《a를 붙이지 않고, 복수 없음》
1; 1개; 1명; 1세; 1시
Lesson *one* 제1과
No. *one* 1번, 제1호
(◆ No.는 number [nʌ́mbər]라고 읽는다)
Give me *one*. 나에게 하나 다오
I know *one* of the girls. 나는 그 소녀들 중 한 명을 알고 있다
It is half past *one*. 1시 반이다

📝 이밖에도 단위의 1을 나타낼 때 쓴다: 1세, 1달러, 1센트 등

one after another 차례로
They stood *one after another*. 그들은 한 사람씩 차례로 일어섰다

†*one another* 서로
They talked to *one another*. 그들은 서로 이야기했다

📝 (1) one another는 「3인 이상 사이에」, each other는 「2인 사이에」라는 구별은 없다
(2) 우리말로는 「서로」라고 해석하지만, 영어에서는 부사가 아니므로 다음 예문의 전치사를 빠뜨리지 말 것: They looked *at* one another. (그들은 서로 보았다)

one by one 하나씩, 한 사람씩[차례로]
Get on the bus *one by one*. 한 사람씩[차례로] 버스에 타라

― 때 (복수 ones [-z])
❶ (말하는 사람도 포함하여 일반적인) 사람, 누구라도
One can hope for peace. 누구나 평화를 희망할 수 있다
One must love *one's* (=때 his) country. 사람은 누구나 모국을 사랑해야 한다

📝 혱에서는 one이 주어이면 one's, oneself로 일관되는 것이 보통인데, 때에서는 his, himself로 바뀌는 일이 많다

❷ 《앞에 나온 명사의 반복을 피하기 위하여》 그것

📝 앞에 나온 명사가 복수형이면 ones [wʌ́nz]를 쓴다

"Do you keep a cat?"―"Yes, I keep *one*." 「당신은 고양이를 기릅니까」―「예, 한 마리를 기릅니다」
I don't like this pen. Show me a better *one*. 이 펜은 마음에 들지 않는다. 더 좋은 것을 보여다오
That big doll is mine, and those little *ones* on the piano are my mother's. 저 큰 인형은 내것이고, 피아노 위에 있는 저 작은 것들은 나의 어머니의 것이다

📝 those little ones의 ones는 dolls를 가리킨다. ones는 형용사와 함께 쓰인다

📝 **one과 it의 사용법**
one은 「a+보통명사」, it은 「the+명사」 대신에 쓴다: "Do you have a watch?"―"No, but my brother has one(=a watch). He bought it(=the watch) yesterday. (「너는 시계가 있니」―「아니, 없어. 하지만 나의 형은

418

하나 있어. 그는 그것을 어제 샀지」
one ..., the other ~ 하나는 … 또 하나는 ~
There are two dogs in the garden. *One* is black, and *the other* is white. 정원에 개가 2마리 있다. 하나는 검둥이고, 다른 하나는 흰둥이이다
the one ... the other ~ 전자는 … 후자는~
Frank is shorter than Dick, but *the one* runs faster than *the other*. 프랭크는 딕보다 키가 작지만, 프랭크는 딕보다 더 빨리 달린다
《◆동음어 won(win (이기다)의 과거형)》

ones [wʌ́nz] 대 one(것)의 복수형

one·self [wʌnsélf] 대 (복수 **one-selves** [-sélvz])

📝 oneself는 주어가 one일 때 쓰이고, 그렇지 않을 때는 주어의 인칭에 따라 변한다

인칭\수	단수	복수
1인칭	myself	ourselves
2인칭	yourself	yourselves
	himself	
3인칭	herself	themselves
	itself	

❶ 《의미를 강조하기 위하여》 자기 자신이
You must do it *yourself*. 너는 그것을 너 자신이 하지 않으면 안 된다
❷ 《동사의 목적어로》 자기 자신을
I absented *myself* from school today. 나는 오늘 학교에 결석했다
📝 문어체이므로 I was absent ...이 더 좋다
He dressed *himself*. 그는 옷을 입었다
by oneself 홀로, 혼자서(=alone)
I went there *by myself*. 나는 혼자서 거기에 갔다
for oneself 혼자서, 독력으로, 자기 자신을 위하여
Think *for yourself*. 스스로 생각하라
in oneself 그것 자체는, 본래는

of oneself 저절로
The door closed *of itself*. 그 문이 저절로 닫혔다
help oneself to ~을 마음대로 먹다
Please *help yourself*. 마음껏 드세요 《보통 to이하를 생략한다》
†**say to oneself** 혼잣말을 하다
I *said to myself* , "What a beatiful girl she is!" 나는 「정말 예쁜 소녀구나」라고 혼잣말을 했다

one-way [wʌ́nwéi] 형 일방 통행의; 일방적인, 편도의
a *one-way* ticket 편도 차표(=영 a single ticket)

on·ion [ʌ́njən] 명 (복수 **onions** [-z]) (식물) 양파
He puts *onion* on his hamburger. 그는 그의 햄버거에 양파를 넣는다

★**on·ly** [óunli(ː)] 형 단 하나의, 유일한
We have an *only* son. 우리에게는 외아들이 있다
She lost her *only* pencil. 그녀는 그녀의 유일한 연필을 잃어버렸다
Her *only* answer was "no." 그녀의 유일한 대답은 「아니오」였다
— 부 오직, ~만, 단지~
I met him *only* this morning. 그와는 단지 오늘 아침에 만났을 뿐이다
He lived *only* a block from the school. 그는 학교에서 단지 한 블록 떨어진 곳에 살았다
Only he knows it. 그 사람만이 그것을 알고 있다 《only는 he를 꾸밈》
It is *only* a quarter to six. 겨우 6시 15분 전이다
I will tell you *only* my dial number. 나의 전화 번호만 너에게 가르쳐 주겠다
I came *only* to see you. 나는 당신을 보기만 하려고 왔다
📝 보통 only는 수식하고자 하는 어구 바로 앞에 놓는다
I came to see *only* you. 나는 단지 당신만을 보러왔다
have only to ... ~하기만 하면 된다

onto - opening

You *have only to* stay home. 너는 집에 있기만 하면 된다
***not only ... but** (**also**) ...* ~뿐만 아니라 …도
He can speak *not only* English *but* (*also*) French. 그는 영어뿐만 아니라 프랑스어도 말할 수 있다
Not only you *but also* he is stupid. 너뿐만 아니라 그도 멍청하다
☑ 동사는 but (also) 뒤의 주어와 일치

on·to [ὰntə] 전 (미) ~위에(=영 on to)
He threw the ball *onto* the roof. 그는 지붕위로 공을 던졌다

oops [úːps] 감 (구어) 아차, 저런

★**o·pen** [óupən] 동 (3단현 open*s* [-z] ; 과거·과분 open*ed* [-d] ; 현분 open*ing*) 자동 ❶ 열다, 펴다(↔ shut, close 닫다)
The door *opened*. 문이 열렸다
This store *opens* at ten. 이 가게는 10시에 문을 연다
The flowers are *opening*. 꽃이 막 피고 있다
☑ 진행형은 「막 ~하려고 하고 있다」는 뜻도 있다
❷ **시작하다, 시작되다**(=begin)
Our school *opens* tomorrow. 우리 학교는 내일 시작한다
That show will *open* with music. 그 쇼는 음악과 함께 시작할 것이다
— 타동 ❶ ~을 열다
Please *open* the door. 문을 열어주세요
Open your books to[영 at] page ten. 책 10페이지를 펴라 《영어수업때 선생님이 흔히 쓰는 말》
❷ ~을 시작하다, 개업하다
He *opened* a bookstore. 그는 서점을 개업했다
Open sesame! 열려라 참깨
☑ Open은 명령형. 아라비안 나이트 중 「알리바바와 40명의 도적」이야기에서 도적이 이 말을 하면 동굴 문이 열렸음. 명사 ópen sésame 로서 「말열쇠」, 「난관 통과의 통행권」뜻으로 쓰인다
— 형 (비교 open*er* ; 최상 open*est*)
❶ 열린, (상점·극장 등이) 영업 중인
That window is always *open*. 저 창문은 언제나 열려 있다
The drugstore is not *open* yet. 약방은 아직 열지 않고 있다
The exhibition will be *open* for three weeks. 전람회는 3주간 개최될 것이다
Keep the door *open*. 문을 열어 놓은 채로 두어라
We are *open* from 10:00 a.m. to 5:00 p.m. 당점은 오전 10시에서 오후 5시까지 영업하고 있습니다 《상점의 게시》
❷ 공개된, 출입이 자유로운
The factory is always *open* to visitors. 그 공장은 언제나 견학할 수 있다
This temple is not *open* to the public. 이 사원은 일반에게 공개되지 않고 있다
❸ 덮개가 없는, 넓은, 울타리가 없는
an *open* car 무개차
Children like to play in the *open* air. 어린이들은 옥외에서 놀기를 좋아한다

open　　　close

o·pen-air [óupənέər] 형 야외의

o·pened [óupənd] 동 open(~을 열다)의 과거·과거분사형

o·pen·er [óupənər] 명 (복수 open*ers* [-z]) 여는 도구, 따개

o·pen·ing [óupəniŋ] 형 시작의, 개시의(↔ closing 마지막의)
an *opening* ceremony 개회식

an *opening* address 개회사

o·pens [óupənz] 동 open(~을 열다)의 3인칭 단수 현재형

op·er·a [ápərə] 명 (복수 operas [-z]) 오페라, 가극
An *opera* needs an orchestra. 오페라에는 오케스트라가 필요하다

op·er·ate [ápəreit] (♦ 강세는 제1음절에 있음) (3단현 operates [-s]; 과거·과분 operated [-id]; 현분 operating) 자동 (기계 등이) 움직이다; 수술하다
The doctor *operated* on the boy. 의사 선생님은 소년을 수술했다
— 타동 (기계 등을) 가동하다; (미) (공장 등을) 운영하다
Jim *operated* the machine. 짐이 그 기계를 운전했다
His father *operates* a gasoline station. 그의 아버지는 주유소를 운영하신다

op·er·a·tion [àpəréiʃən] 명 (복수 operations[-z]) 가동, 조작, 수술
He will explain the *operation* of the camera to you. 그가 너에게 카메라 조작법을 설명해 줄 것이다

op·er·a·tor [ápəreitər] 명 (복수 operators [-z]) (기계를) 조종하는 사람, 기사; 교환수
a telephone *operator* 전화 교환원

o·pin·ion [əpínjən] 명 (복수 opinions [-z]) 의견, 견해, 설
I am of your *opinion*. 나도 너와 같은 의견이다
In my *opinion*, it will rain. 내 의견으로는 비가 올 것 같다

op·por·tu·ni·ty [àpərtjú:nəti] 명 (복수 opportunities [-z]) 좋은 기회, 기회
📝 chance는 우연의 뜻이 강하지만, opportunity는 우연의 뜻이 들어있지 않음

op·pose [əpóuz] 타동 (3단현 oppos-

es [-iz]; 과거·과분 opposed [-d]; 현분 opposing) ~에 반대하다
I am *opposed* to your idea. 나는 너의 아이디어에 반대한다

op·po·site [ápəzit] 형 마주보고 있는, 건너편의, 맞은 편의; 반대의
He went in the *opposite* direction. 그는 반대 방향으로 갔다
— 전 ~의 맞은 편에; ~의 반대에
Look at the house *opposite* ours. 우리집 맞은 편의 저 집을 보아라

★**or** [ər, (강조할 때) ɔ́:r] 접
❶ ~나 …, ~ 또는 …, ~ 혹은 …
She is seventeen *or* eighteen. 그녀는 17세나 18세이다
Is this Bill's pen *or* Jane's? 이것은 빌의 펜이냐, 제인 것이냐
Which do you like better, summer *or* winter? 너는 여름과 겨울 중 어느 계절을 더 좋아하니
You may ride your bike *or* take a walk. 너는 자전거를 타거나 산책을 해도 된다
Two *or* three girls were absent. 두세 명의 소녀가 결석했다
📝 이 or는 약하게 [ər]로 읽음. 단, A few girls …를 더 많이 사용

📘 동사는 가장 가까이에 있는 주어에 일치시킨다: You *or* he is to go there. (너나 그는 거기에 가지 않으면 안 된다) Were you *or* she there? (너나 그녀가 거기에 있었느냐)

❷ 《명령문 뒤에서》 그렇지 않으면
Go at once, *or* you will be late. 즉시 가라, 그렇지 않으면 지각할 것이다
📝 「그러면」은 and로 나타낸다: Go at once, and you will be in time. (즉시 가라, 그러면 제시간에 도착할 것이다)
Wear your coat, *or* you will catch a cold. 코트를 입어라. 그렇지 않으면 감기에 걸릴 것이다
❸ 《보통 콤마 뒤에서》 바꾸어 말하

면, 즉(=that is)
The distance is two miles, *or* about three kilometers. 거리는 2마일, 즉 약 3킬로미터이다

†**either ~ or ...** ~나 …중 어느 하나
Please take *either* this *or* that. 이것이나 저것이나 어느 하나를 가져 가시오
Either come in *or* go out. 들어오거나 나가거나 해라
Either you *or* he is wrong. 너나 그 중 어느 한 쪽이 틀린다

📘 (1) 동사는 or 뒤에 있는 주어에 일치시킨다 (2) 부정은 Neither ~ nor ...(~도 …도 아니다)로 된다: Neither you nor he is wrong. (너도 그도 틀리지 않는다)

... or so ~쯤, ~정도
🔊 이 or는 약하게 [ər]로 발음한다
I will stay in London for a month *or so*. 나는 1개월 쯤 런던에 있을 예정이다
〈♦ 동음어 oar (노)〉

-or [-ər] 《접미사》 동사의 뒤에 붙어 「~하는 사람」의 뜻을 만듦《예: sail*or* 뱃사람 (sail+or), visit*or* 방문자(visit+or), edit*or* 편집자(edit+or)》

o·ral [ɔ́:rəl] 형 구두의, 구술의; 입의
an *oral* examination 구두 시험
an *oral* promise 구두 약속
oral practice 구두 연습

★**or·ange** [ɔ́:rindʒ] 명 (복수 orange**s** [-iz])
❶ 《식물》 오렌지
Americans like *oranges*. 미국인들은 오렌지를 좋아한다
An *orange* is a good breakfast food. 오렌지는 좋은 아침 식사이다
📝 한국에서 나오는 귤은 tangerine [tǽndʒərin]이라고 한다
❷ 오렌지색, 진홍색 《a를 붙이지 않고, 복수 없음》
— 형 오렌지의, 오렌지색의

or·bit [ɔ́:rbit] 명 (복수 orbit**s** [-s]) (천체·인공위성의) 궤도
Our earth is in an *orbit* around the sun. 우리 지구는 태양 주위의 궤도안에 있다

or·chard [ɔ́:rtʃərd] 명 (복수 orchard**s** [-z]) 과수원(→ garden 정원)
The farmer has an apple *orchard*. 그 농부에게는 사과 과수원이 있다

or·ches·tra [ɔ́:rkistrə] 명 (복수 orchestra**s** [-z]) 오케스트라, 관현악단
Many different instruments are needed in an *orchestra*. 많은 다른 종류의 악기가 오케스트라에는 필요하다
📝 관현악은 orchestral [ɔ:rkéstrəl] music이라고 한다

★**or·der** [ɔ́:rdər] 명 (복수 order**s** [-z]) ❶ (흔히 복수형으로) 명령; 주문
Soldiers must obey *orders*. 군인은 명령에 복종하지 않으면 안 된다
I gave an *order* for 20 tons of coal. 나는 석탄 20톤을 주문했다
❷ 순서; 질서 《an을 붙이지 않고, 복수 없음》
They lined up in *order* of age. 그들은 나이 순으로 배열했다
She has a great love of *order*. 그녀는 대단한 정리 정돈가이다
Law and *order* must be kept. 법과 질서는 지켜지지 않으면 안 된다

in good order 잘 정돈되어
The room is *in good order*. 그 방은 잘 정돈되어 있다

in order to ... ~하기 위하여
He worked hard *in order to* pass the examination. 그는 시험에 합격하려고 열심히 공부했다
📝 문어적인 표현으로 in order는 생략할 수 있다.

out of order 고장난, 무질서한
My watch is *out of order*. 내 시계는 고장나 있다
📝 My watch doesn't work well.이 더 구어적임

ordinary - other

put ... in order ~를 정돈하다
You must *put* things *in order*. 너는 물건을 정돈하지 않으면 안 된다
— 동 (3단현 **orders** [-z]; 과거·과분 **ordered** [-d]; 현분 **ordering**) (타동)
❶ 명령하다
The doctor *ordered* [told] me *to* stay in bed. 의사는 나에게 누워 있으라고 명령했다
☑ **command**는 군사적 어법으로만 쓰이나, **order**는 보통의 경우와 군사적 어법으로 다 쓰일 수 있다
The general *ordered* [*commanded*] him *to* advance. 장군은 부하들에게 전진하라고 명령했다
❷ 주문하다
I *ordered* a few books *from* America. 나는 미국으로 책을 2·3권 주문했다
☑ **from**을 **to**로 하지 않도록 주의

or·di·nary [ɔ́:rdəneri] 형 보통의, 흔히 있는 (↔ **extraordinary** 뛰어난)
We will not wear our *ordinary* clothes in the school play. 우리는 학교 연극 때 평범한 옷을 입지 않을 것이다

Oreg. 명 오리건주(Oregon)의 약어

Or·e·gon [ɔ́:rigən] 명 오리건주《미국 서부에 있는 주》

*****or·gan** [ɔ́:rgən] 명 (복수 **organs** [-z]) 오르간, 파이프 오르간; (신체의) 기관; (사회의) 기관

● organ의 여러 가지 ●
an American organ 발풍금 (harmonium [hɑərmóuniəm]이라고도 함)
a hand oragn (풍각쟁이의) 손잡이를 돌리는 작은 휴대용 풍금
a mouth organ 하모니카
The heart is an *organ*. 심장은 신체의 한 기관이다
Many churches have *organs*. 많은 교회에는 오르간이 있다

or·gan·i·za·tion [ɔ̀:rgənizéiʃən] 명 (복수 **organizations** [-z]) 조직, 단체; 조합, 협회
The U.N. is an international *organiza-*

tion. UN은 국제적인 조직기구이다

or·gan·ize [ɔ́:rgənaiz] (타동) (3단현 **organizes** [-iz]; 과거·과분 **organized** [-d]; 현분 **organizing**) ~을 조직하다
Let's *organize* a chess club. 체스 클럽을 하나 조직하자

O·ri·ent [ɔ́:riənt] 명 《the를 붙여》 동양 (↔ **Occident** 서양)

or·i·gin [ɔ́:rədʒin] 명 기원, 근원
the *origin* of a river 강의 근원지

o·rig·i·nal [ərídʒənl] 형 최초의, 본래의; 진짜의; 독창적인
an *original* work 독창적 작품
— 명 (복수 **originals** [-z]) 원작, 원문, 원본
This copy of the painting looks very much like the *original*. 이 그림의 사본은 원본과 거의 흡사하다

o·rig·i·nal·ly [ərídʒənəli] 부 원래, 처음에는; 독창적으로

O·ri·on [əráiən] 명
❶ 《그리스 신화》 오리온 《키가 큰 사냥꾼으로 달의 여신의 화살에 맞아 별자리가 되었음》
❷ 《천문》 오리온 성좌

or·na·ment [ɔ́:rnəmənt] 명 (복수 **ornaments** [-s]) 꾸밈, 장신구
A ring is an *ornament* for the finger. 반지는 손가락 장신구이다

or·phan [ɔ́:rfən] 명 (복수 **orphans** [-z]) 고아
She became an *orphan* when her parents died in a car accident. 그녀는 부모님이 차사고로 돌아가시자 고아가 되었다

os·trich [ɔ́:stritʃ] 명 (복수 **ostriches** [-iz]) 《새》 타조

*****oth·er** [ʌ́ðər] 형
❶ 다른, 별개의
Do you have any *other* question? 그 밖의 다른 질문이 있습니까
He can run faster than any *other* boy.

그는 다른 어떤 소년보다도 빨리 달린다
Let's go some *other* day. 언젠가 다른 날에 가자
I have no *other* dictionary. 나는 다른 사전은 가지고 있지 않다
Show me *other* cameras. 다른 카메라들을 보여 주시오
📝 단수 명사에 붙을 때는, 보통 any, some, no 등의 뒤에 온다
❷ 《the를 붙여》 **또 하나의**, 나머지의
Use *the other* hand. 또 한 손을 사용해라
Mary is here, but where are *the other* girls? 메리는 여기 있는데, 다른 소녀들은 어디에 있느냐
📝 2개의 사물에 대해서는 「또 하나의」, 3개 이상의 사물에 대해서는 「나머지의」 뜻이다
The post office is on the *other* side of the street. 우체국은 길 건너편에 있다

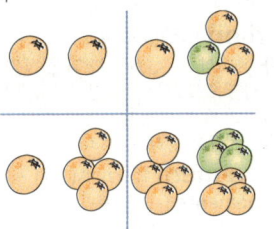

other

every other ... 하나 건너~
Write on *every other* line. 한 줄 띄워서 쓰시오
I go to the dentist's *every other* day. 나는 하루 걸러 치과에 간다

in other words 바꾸어 말하면
In other words it is a question of money. 바꾸어 말하면, 그것은 돈 문제이다

on the other hand 또 한편으로는, 다른 한편으로는
On (the) one hand I had to study, and I had to work *on the other* (*hand*). 나는 한편으로 공부해야 했고, 또 한편으로는 일해야 했다

some other day 언젠가 (다른 날에)
Can't you come *some other day*? 언젠가 다른 날에 올 수 없습니까

the other day 요전날에
The other day we went on a picnic. 요전날에 우리는 소풍을 갔다

— 대 (복수 **others** [-z]) (둘에 대해서) **또 하나**; (셋 이상에 대해서) 그 이외의 것, 나머지; 그 밖의 사람들
I don't want this; I want the *other*. 나는 이것을 원하지 않는다. 나는 다른 것을 원한다
Show me some *others*. 뭔가 다른 것을 보여 다오
A few say "Yes," but the *others* say "No." 2·3명은 「그렇소」라고 말하지만, 그 밖의 모든 사람들은 「틀렸소」라고 말한다
Be kind to *others*. 남에게 친절히 대하라

†*each other* 서로 《명사 용법》
They love *each other*. 그들은 서로를 사랑하고 있다
The boys looked at *each other*. 그 소년들은 서로를 바라 보았다

one after the other 하나씩 《부사구》
They jumped into the water *one after the other*. 그들은 한 사람씩 물 속으로 뛰어들었다

one ~ , the other ... 하나는 ~ 또 하나는 … 《둘에 대하여 말할 때》
I have two dolls. *One* is big, and *the other* is small. 나에게는 인형이 둘 있다. 하나는 크고 또 하나는 작다

some ~, others ... ~하는 사람이 있는가 하면 …하는 사람도 있다
Some went by bus, and *others* (went) on foot. 버스를 타고간 사람도 있었고 걸어서 간 사람도 있었다

the one ~ the other ... 전자는~ 후자는…
Tom is younger than Jim. But *the one* is taller than *the other*. 톰은 짐보다 어리다. 그러나 톰은 짐보다 키가 크다

others - out

oth·ers [ʌ́ðərz] 때 other (다른 것)의 복수형

oth·er·wise [ʌ́ðərwàiz] 뷔
❶ 달리, 다른 방법으로, 그 외는
I could not do *otherwise*. 나는 그외는 달리 할 수가 없었다
❷ 그렇지 않으면(=if not)
Go at once, *otherwise* you will be late. 곧 가거라, 그렇지 않으면 늦을 것이다
Do it now, *otherwise* it will be too late. 지금 하거라, 그렇지 않으면 너무 늦을 것이다

Ot·ta·wa [átəwə] 몡 오타와 《캐나다의 수도》

ouch [áutʃ] 깝 아야! (→ Hurts! 아야!)《아픔을 나타내는 말》

ought [ɔ́:t] 조 《ought to …의 형태로》 ~하여야 한다, ~하는 것이 당연하다(=should)
You *ought to* do your best. 너는 최선을 다해야 한다
You *ought* not *to* do such a thing. 너는 그런 일을 해서는 안 된다
He has studied English all his life; so he *ought to* know it. 그는 평생토록 영어를 공부하였으니 영어를 (잘) 알고 있음은 당연한 일이다

ounce [áuns] 몡 온스 《무게의 단위 oz. 로 줄여 씀. 1파운드의 16분의 1(=28.35g)》

★**our** [áuər] 때 《we 의 소유격; → I》 **우리의**, 우리들의
That is *our* school. 저것은 우리 학교이다
〈◆동음어 hour (시간)〉

★**ours** [áuərz] 때 《we 의 소유대명사》 **우리의 것**(→mine 나의 것)
This is *ours*. 이것은 우리의 것이다
〈◆동음어 hours (hour (시간)의 복수형)〉

★**our·selves** [auərsélvz] 때
❶ 《의미를 강조하기 위하여》 **우리들 자신이**
We should do the work *ourselves*. 우리는 그 일을 우리 자신이 해야 한다
We must go *ourselves*. 우리 자신이 가지 않으면 안 된다
❷ 《동사의 목적어로 쓰여》 **우리들 자신을**
We hurt *ourselves*. 우리들은 부상을 당했다
By playing with matches, we can burn *ourselves*. 성냥을 가지고 놀다가 우리 자신이 데일 수도 있다

by ourselves 우리들만이
Come in; we're all *by ourselves*. 들어와라. 우리들만이 있다
📝 all은 by ourselves를 강조하는 부사

for ourselves 우리들만(의 힘)으로
We do everything *for ourselves*. 우리는 모든 것을 (남에게 의존하지 않고) 우리들끼리 처리한다

★**out** [áut] 뷔 ❶ **밖으로, 밖에**(↔ in 안에)
She went *out*. 그녀는 외출했다
He is *out*. 그는 나가고 없다
I go *out* for a walk before breakfast. 나는 아침 식사 전에 산책하러 나간다
📝 out 으로 대체적인 방향을 제시하고, 그 뒤의 어구로 특정의 장소를 제시한다: He is *out* in the garden. (그는 정원에 나가 있다) 「대강의 방향+특정 장소」라는 어순은 영문의 특징이다

❷ 끝까지, 완전히
Hear me *out*. 내 말을 끝까지 들어라
I'm tired *out*. 나는 완전히 지쳤다
❸ (불·전등 등이) 꺼져, 없어져
The fire is *out*. 불이 꺼져 있다
Put the cigarette *out*. 그 담배를 꺼라
The wind blew the candles *out*. 바람이 불어 촛불이 꺼졌다
❹ 《야구》 **아웃이 되어**
The batter is *out*. 그 타자는 아웃되었다

†*out of …* (1) ~의 안에서 밖으로
They went *out of* the room. 그들은

425

방 밖으로 나갔다
He got *out of* the car. 그는 그 차에서 밖으로 나왔다
[작문] 버스나 기차에서 내릴 때는 get off a bus[train]라고 한다
You mustn't take these new books *out of* the library. 여러분은 이 새 책들을 도서관 밖으로 가지고 나가면 안 된다
Out of sight, *out of* mind. 《속담》 보이지 않으면 마음에서 사라진다
✅ (1)에서는 흔히 of를 생략한다: Jim was looking *out* the window. (짐은 창 밖을 보고 있었다) 이 경우 out은 전치사와 같다
(2) 《원인·이유》 ~에서, ~때문에
He gave her the money *out of* pity. 그는 동정심에서 그녀에게 돈을 주었다
(3) 《재료》 ~에 의하여, ~로
She made a kite *out of* paper. 그녀는 종이로 연을 만들었다
(4) 《부분》 ~중에서
Seven *out of* ten students have a tape recorder. 학생 10명 중 7명은 테이프 리코더[녹음기]를 가지고 있다

in ~안에

out ~밖에

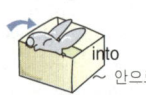
into ~안으로

out of ~안에서 밖으로

out·door [áutdɔ̀ːr] 형 옥외의, 야외의(↔ indoor 실내의)
Toni likes *outdoor* games. 토니는 야외 게임을 좋아한다

out·doors [àutdɔ́ːrz] 부 옥외에서 (↔ indoors 실내에서)
Is it cold *outdoors*? 바깥은 춥습니까
He likes to be *outdoors* instead of indoors. 그는 실내에 있는 것보다 바깥에 있는 것을 더 좋아한다

out·er [áutər] 형 밖의, 외부의

out·field [áutfìːld] 명 《야구》 외야 (→ infield 내야)

out·ing [áutiŋ] 명 (복수 out·ings [-z]) 소풍
go on[for] an *outing* 소풍 가다

out·line [áutlàin] 명 (복수 out·lines [-z]) 윤곽; 개요, 대의
an *outline* of a lecture 강의의 개요
— 동 (3단현 out·lines [-z]; 과거·과분 out·lined [-d]; 현분 out·lin·ing) (타동) 윤곽을 그리다; 개요를 말하다

out·look [áutlùk] 명 조망, 경치

out·put [áutpùt] 명 생산, 산출량

out·side [àutsáid] 부 《집의》 밖으로, 바깥에, 밖에서
The house is green *outside*. 그 집의 외부는 녹색이다
Let's go *outside*. 밖으로 나가자
— [áutsàid] 전 ~의 밖에, ~의 바깥에서, 밖에서
He played *outside* the park. 그는 공원 바깥에서 놀았다
Wait for me *outside* the house. 집 밖에서 기다려라
She stood just *outside* the door. 그녀는 문 바로 밖에 서 있었다
— 명 바깥(↔ inside 내부); 외관
He locked the door from the *outside*. 그는 문을 밖에서 잠궜다
A ripe watermelon is green on the *outside*. 잘 익은 수박은 겉이 녹색이다
— 형 외부의, 옥외의, 바깥의
What is the *outside* noise? 바깥의 잡음은 무엇이냐

out·stand·ing [àutstǽndiŋ] 형 두드러진, 현저한

out·ward [áutwərd] 형 밖으로 향하는, 바깥쪽의, 외부의
— 부 바깥쪽으로

ov·en [ʌ́vən] 명 (복수 ov·ens [-z]) (빵 등을 굽는) 화덕, 오븐
The bread was baked in the *oven*. 빵은 오븐에서 구워진다

o·ver [óuvər] 전

❶ ~의 위에 《떨어져서 위에 있는 경우》
The clouds are *over* our heads. 구름이 우리의 머리 위에 있다
There is a long bridge *over* the river. 강 위에 긴 다리가 놓여 있다

❷ ~를 덮어, ~의 위 전면에
The water spread *over* the floor. 물은 바닥 전체에 퍼졌다
She put her hands *over* her face. 그녀는 손으로 얼굴을 가렸다
He traveled all *over* the world. 그는 전세계를 여행했다
He put a blanket *over* the bed. 그는 침대 위의 이불을 덮었다

📝 *over*는 장소나 물건을 덮는 느낌이 있다: The wall fell *down*. (벽이 무너졌다)과 The wall fell *over*.(벽이 넘어졌다)의 차이에 주의 → fall

❸ 《장소》 ~를 넘어, ~의 건너편에; 《시간》 ~가 지나도록
They went *over* the hill. 그들은 산을 넘어갔다
Who lives in that house *over* the street? 길 건너 집에는 누가 살고 있습니까
He stayed here *over* Saturday. 그는 토요일에 여기에 있었다 《일요일까지 있었다는 의미》

❹ ~이상 (=more than)
It costs *over* two hundred dollars. 그것은 200달러 이상이 든다
She is *over* eighty. 그녀는 80세가 넘었다
Over one hundred people were in the room. 100명 이상의 사람들이 그 방에 있었다

📝 우리가「10이상」이라 하면 10을 포함하지만, *over* ten은 more than ten과 같으므로 10을 포함하지 않는다

❺ ~에 대하여
We talked *over* the matter last night. 우리는 어젯밤 그 문제에 대해서 이야기했다

❻ ~하면서
We talked *over* a cup of coffee. 우리는 커피를 마시면서 이야기했다
Mother often falls asleep *over* her work. 어머니는 일을 하시면서 종종 주무신다

❼ (전화·라디오 등을) 통하여, ~로
I heard the news *over* the radio. 나는 라디오로 그 뉴스를 들었다
I talked to my uncle *over* the telephone. 나는 삼촌과 전화로 이야기했다

— [óuvər] 부 ❶ 넘어서, 건너서, 그쪽으로
My brother went *over* to America. 나의 형은 미국으로 건너갔다
Come *over* and see me some time. 언젠가 이리 와서 나를 만나라
Take this letter *over* to the post office. 이 편지를 우체국으로 가지고 가라
The plane went *over* the mountains. 비행기는 산 위를 지나갔다

❷ 끝나서
Winter is *over*. 겨울은 지나갔다

📝 우리말로는 과거형을 쓰지만, *over*에 과거의 뜻이 있으므로 was over는 틀림
The storm will soon be *over*. 폭풍우는 곧 끝날 것이다
School is *over* at three. 학교는 3시에 끝났다

❸ 되풀이하여, 반복하여
I read the book many times *over*. 나는 그 책을 여러 번 반복해서 읽었다

❹ 온통, 도처에
He is famous all *over* the world. 그는 세계적으로 유명하다
Your clothes are all *over* dusty. 네 옷은 먼지투성이다

over again 한 번 더(= once more)
Say it *over again*. 그것을 한 번 더 말해라

over and over (**again**) 몇 번이고 되풀이하여
He read the letter *over and over again*. 그는 편지를 몇 번이고 되풀이

overall - owl

해서 읽었다
over here 이쪽으로
Come *over here*. 이쪽으로 와라
over there 저기에, 저쪽으로
We see a tall building *over there*. 저기 높은 빌딩이 보인다

o·ver·all [óuvərɔ̀:l] 명 (복수 **overalls** [-z]) 《복수형으로》 오버올 《가슴까지 올라오는 작업 바지》
— [òuvərɔ́:l] 형 전면적인, 전부의

o·ver·came [òuvərkéim] 동 overcome (~을 극복하다)의 과거형

o·ver·coat [óuvərkòut] 명 (복수 **overcoats** [-s]) 외투, 오버
📝 복지가 두껍고 무거운 외투로 greatcoat 라고도 하지만, 오늘날에는 노인 이외는 거의 입지 않는다

o·ver·come [òuvərkʌ́m] 동 (3단현 **overcomes** [-z] ; 과거 **overcame** [-kéim] ; 과분 **overcome** ; 현분 **overcoming**) ~을 극복하다
The crippled boy will *overcome* his handicap. 그 절름발이 소년은 그의 핸디캡을 극복할 것이다

o·ver·flow [òuvərflóu] 동 (3단현 **overflows** [-z] ; 과거 **overflowed** [-d] ; 과분 **overflown** [-flóun] ; 현분 **overflowing**) 〈자동〉 (강 등이) 범람하다
Do not let the water in the sink *overflow* onto the floor. 싱크대에 있는 물이 마루로 넘치지 않도록 주의하세요
— 〈타동〉 (물 등을) 넘쳐 흐르게 하다

o·ver·head [òuvərhéd] 부 머리 위에
— [óuvərhèd] 형 머리 위의, 공중의
overhead projector 오버헤드 프로젝터 《시청각 기기의 하나 ; 약어는 OHP》

o·ver·hear [òuvərhíər] 〈타동〉 (3단현 **overhears** [-z] ; 과거·과분 **overheard** [-hə́:rd] ; 현분 **overhearing**) 우연히 듣다, 엿듣다
Whisper, so no one will *overhear* you. 속삭여라, 그래야 아무도 너를 엿듣지 못한다

o·ver·look [òuvərlúk] 〈타동〉 (3단현 **overlooks** [-s] ; 과거·과분 **overlooked** [-t] ; 현분 **overlooking**)
~을 내려다 보다, (잘못·결점 등을) 눈감아 주다
The teacher will not *overlook* a spelling error. 선생님은 철자 틀리게 쓴 것을 그냥 눈감아 주지 않으실거다

o·ver·night [òuvərnáit] 부 밤새, 저녁부터 아침까지
stay *overnight* 하룻밤 묵다
— 형 밤을 새는, 전날 밤의

o·ver·seas [òuvərsí:z] 부 해외로, 외국으로, 해외에서
go *overseas* 해외에 가다
— 형 해외의, 외국의
She made an *overseas* telephone call. 그녀는 국제전화를 걸었다

o·ver·sleep [òuvərslí:p] 〈자동〉 (3단현 **oversleeps** [-s] ; 과거·과분 **overslep** [-t] ; 현분 **oversleeping**) 늦잠자다
He was late because he *overslept*. 그는 늦잠을 잤기 때문에 지각했다

o·ver·work [óuvərwə̀:rk] 명 과로 She fell down because of *overwork*. 그녀는 과로로 쓰러졌다

owe [óu] 〈타동〉 (3단현 **owes** [-z] ; 과거·과분 **owed** [-d] ; 현분 **owing**)
❶ 빚이 있다
I *owe* you 20 dollars. 나는 너에게 20달러 빚지고 있다
❷ ~의 덕택이다
I *owe* my success to you. 나의 성공은 당신 덕택이다

ow·ing [óuiŋ] 형 빚지고 있는, 지불해야 할

owing to ~때문에 《because of보다 더 구어적》
We were late, *owing to* the traffic jam. 우리는 교통 혼잡 때문에 늦었다

owl [ául] 명 (복수 **owls** [-z]) 《새》

올빼미, 부엉이

▶ 영·미의 어린이들은 owl이 Who, who, who are you? (당신은 누구입니까) 라고 운다고 한다. 현명한 얼굴을 하고 있으므로 옛날에는 지혜의 상징이었다

The *owl* usually flies at night and sleeps during the day.
올빼미는 보통 밤에 활동하고 낮동안에는 잠을 잔다

owl

****own** [óun] 형 **❶ 자기 자신의**

📦 my, your, his 등의 인칭대명사의 소유격과 함께 쓰이며, 소유격의 의미를 강조한다

This is my *own* house. 이것은 내 소유의 집이다 《세든 집이 아니라 자기 집이란 뜻》
❷ 독특한, 독자의
This fruit has its *own* flavor. 이 과일은 독특한 맛이 있다

📝 own 앞에 have 동사가 있으면, ❷의 의미 이외에는 of one's own 의 꼴을 쓰는 일이 많다: He has a car *of his own*. (그는 자기 차를 가지고 있다) She has a little shop *of her own*. (그녀는 자기 소유의 작은 가게를 가지고 있다)
❸ 《명사를 생략하여》 **자기의 것**
This book is my *own*. 이 책은 나 자신의 것이다
— 동 (3단현 **own**s [-z] ; 과거·과분 **own**ed [-d] ; 현분 **own**ing) 타동

소유하다
Who *owns* this land? 누가 이 땅을 소유하고 있는가
He *owns* an old bike. 그는 낡은 자전거를 갖고 있다

own·er [óunər] 명 (복수 **owner**s [-z]) 임자, 소유주
Who is the *owner* of this car? 이 자동차 임자는 누구냐
📝 자가용 운전사를 owner driver 라고 하는 것은 우리나라식 영어이다

***ox** [áks] 명 (복수 **oxen**[áksn]) 황소
📝 특히 수레용 또는 식용으로 거세한 소를 말한다. bull 은 「거세하지 않은 황소」, cow 는 「암소」, calf 는 「송아지」 또 쇠고기는 beef, 우유는 milk 라고 한다

ox·en [áksn] 명 **ox** (황소)의 복수형

Ox·ford [áksfərd] 명
❶ 옥스퍼드 《영국 남부 템스강 상류의 도시》
❷ 옥스퍼드 대학(=Oxford University)

ox·y·gen [áksidʒən] 명 《화학》 산소
Oxygen is in the air we breathe. 우리가 숨을 쉬는 공기에는 산소가 있다

oys·ter [ɔ́istər] 명 (복수 **oyster**s [-z]) 《조개》 굴, 진주조개
The *oyster* is a shellfish with a soft body inside a two-part shell. 굴은 두 개의 조개안에 말랑한 살을 가진 갑각류이다

oyster

oz. 온스(ounce)의 약어

o·zone [óuzoun] 명 《화학》 오존

P p 𝒫 𝓅

P, p [píː] 몡 (복수 **P's, Ps, p's, ps** [-z]) 피 《알파벳의 제16자》
〈◆ 동음어 pea (완두콩)〉

p [píː] 몡 혱 《구어》 펜스(penny, pence)의 단축형

p. [péidʒ] 몡 (복수 **pp.** [-iz]) 페이지(page)의 약어

Pa. 펜실베니아주(Pennsylvania)의 약어

pa [páː] 몡 《어린이말》 아빠(→ ma 엄마)

pace [péis] 몡 (복수 **paces** [-iz]) 한 걸음 ; 보조, 속도
▶ 한 걸음은 평균 75cm 라고 한다.
I cannot keep *pace* with him. 나는 그와 보조를 맞출 수 없다
☑ 「생각이 미치지 못하다」란 비유적 인 뜻으로도 쓰인다.
The carpenter worked at a rapid *pace*. 목수는 빠른 속도로 일했다

****Pa·cif·ic** [pəsífik] 혱 태평양의
the *Pacific* coast of America 미국의 태평양 연안
the Pacific (Ócean) 태평양

pack [pǽk] 몡 (복수 **packs** [-s]) 꾸러미, 짐
The climber carried some food in a *pack* on his back. 등산가는 그의 등에 있는 꾸러미안에 음식을 넣어 짐을 졌 다
— 동 (3단현 **packs** [-s] ; 과거·과분 **packed** [-t] ; 현분 **packing**) 타동 포장하다, 꾸리다
I will *pack* my clothes in this suitcase. 나는 이 옷가방에 내 옷을 꾸릴 것이다

***pack·age** [pǽkidʒ] 몡 (복수 **packages** [-iz]) 꾸러미 ; 소포
A big *package* contained a doll. 큰 꾸러미 안에는 인형이 들어있었다
☑ parcel 보다는 크고 무거운 꾸러미.

pack·et [pǽkit] 몡 (복수 **packets** [-s]) (작은) 꾸러미
a *packet* of envelopes 봉투 꾸러미

pad [pǽd] 몡 (복수 **pads** [-z]) (기물의 손상을 막는) 덧대는 것, 바데, 싸개 ; 한 뭉치의 종이
a shoulder *pad* 어깨심
a writing *pad* 편지지철
I took a sheet of paper from my *pad*. 나는 내 종이 뭉치에서 종이 한장을 뜯었다
The football player wore *pads* to protect his knees. 그 미식축구 선수는 무릎을 보호하기 위해 패드를 댔다

pad·dle [pǽdl] 몡 (복수 **paddles** [-z]) 작은 노
You use a *paddle* to move a canoe through water. 물위에서 카누를 저을 때 작은 노를 사용한다

***page**[1] [péidʒ] 몡 (복수 **pages** [-iz]) (책 등의) **페이지** 《p.로 줄여 씀》
You will find a good picture on *page* 23. 23페이지에 좋은 사진이 있을 것 이다
Turn the *page* (over). 그 페이지를 넘겨라
Open your books to[혱 at] *page* 20. 《교실에서》 책 20페이지를 펴라

page² - pair

📝 books가 복수로 된 것은 학생이 많기 때문이다. 미에서는 to, 영에서는 at을 쓴다. p.20은 page twenty 라고 읽고 몇 페이지에 걸쳐 있을 때는, 예컨대 pp.7-15 라고 쓰고 *pages seven to fifteen*이라고 읽는다.

page² [péidʒ] (타동) (3단현 **page*s*** [-iz] ; 과거·과분 **page*d*** [-id] ; 현분 **pag*ing***) 호출하다

pa·go·da [pəgóudə] 명 (복수 **pagoda*s*** [-z]) (동양 여러 나라의) 탑, 파고다

*****paid** [péid] 동 **pay**(지불하다)의 과거·과거분사형

pail [péil] 명 (복수 **pail*s*** [-z]) 양동이, 버킷(=bucket)
⟨◆ 동음어 **pale** (창백한)⟩

pain [péin] 명 (복수 **pain*s*** [-z])
❶ (몸의) 통증, 아픔; (마음의) 고통
Do you feel much *pain?* 많이 아픕니까
I have stomach *pains.* 나는 배가 아프다
❷ 《복수형으로》 수고, 노고
He does not take much *pains.* 그는 별로 노력하지 않는다

pain·ful [péinfəl] 형 (비교 *more* **painful**; 최상 *most* **painful**) 아픈, 고통스러운
A burn is a *painful* injury. 화상은 고통스러운 상해이다

*****paint** [péint] 명 (복수 **paint*s*** [-s]) ❶ 페인트 《a를 붙이지 않고, 복수 없음》
I need some red *paint.* 나는 빨간 페인트가 필요하다
I used red *paint* on my bed. 나는 내 침대에 빨간 페인트를 칠했다
Wet *paint.* (=영 Fresh *paint.*) 《게시》 페인트 주의
❷ 《복수형으로》 **그림 물감**
My uncle gave me a box of *paints* for a birthday present. 나의 삼촌은 내 생일 선물로 그림 물감 1상자를 내게 주셨다

— 동 (3단현 **paint*s*** [-s] ; 과거·과분 **paint*ed*** [-id] ; 현분 **paint*ing***) (타동)
❶ ~에 페인트 칠을 하다
Tom *painted* the fence white. 톰은 울타리를 하얗게 페인트 칠했다
The gate is *painted* red. 그 문은 빨갛게 칠해져 있다
❷ (그림 물감으로) **그림을 그리다**
He *painted* the picture. 그는 그 그림을 그렸다
— (자동) 그림을 그리다
Our teacher *paints* well in oils. 우리 선생님은 유화를 잘 그리신다

paint·er [péintər] 명 (복수 **painter*s*** [-z]) 화가

paint·ing [péintiŋ] 동 **paint**(페인트 칠하다)의 현재분사형
— (복수 **painting*s*** [-z]) 그림그리기; (그림 물감으로 그린) 그림
an oil *painting* 유화

📝 **drawing**은 펜, 연필, 크레용으로 그린 그림. **picture**는 **drawing**에도 **painting**에도 쓴다.

*****pair** [péər] 명 (복수 **pair*s*** [-z])
❶ **1벌, 1쌍, 1켤레**
a pair of … 1켤레의
a pair of gloves 장갑 1켤레
a pair of shoes 구두 1켤레
a pair of trousers 바지 1벌
a pair of scissors 가위 1개
a pair of glasses 안경 1개
a pair of pajamas 잠옷 한벌

📘 (1) *a pair of…* 의 *of* 다음에는 명사의 복수형이 온다. 또 *this pair of shoes* (이 구두 1켤레)라고도 말한다.
(2) *a pair of new gloves* 라고도 할 수 있다. 또 복수는 *three pair of socks* (양말 3켤레)와 같이 말하는 경우도 있지만 *three pairs of socks* 쪽이 보통이다.

❷ 《복수 취급》 **부부**(=couple)
the happy *pair* 신랑 신부

pajamas - panties

in pairs (=***in a pair***) 둘씩 짝지어
They danced *in pairs*. 그들은 둘씩 짝지어 춤을 추었다
⟨◆ 동음어 pear (배)⟩

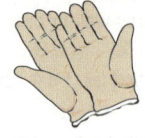

pair

pa·jam·as [pədʒáːməz] 명 《복수 취급》 잠옷, 파자마
a pair[suit] of *pajamas* 파자마 한벌
These *pajamas* are too small. 이 파자마는 너무 작다

Pa·ki·stan [pæ̀kistǽn, pὰːkistάːn] 명 파키스탄 《인도 서북부의 공화국》

pal [pǽl] 명 《구어》 친구 (=friend)
a pen *pal* 펜팔

pal·ace [pǽlis] 명 《복수 pal·ac*es* [-iz]》 궁전 ; 멋진 건물
Búckingham Pálace 버킹엄 궁전 《지금은 엘리자베스 여왕의 런던 주거지》

pale [péil] 형 《비교 pal*er* ; 최상 pal*est*》 (안색이) 창백한 ; (색이) 바랜
He looks *pale*. 그는 안색이 나쁘다
📝 「그는 창백하다」를 He looks blue. 라고 하면 「우울해 보인다」의 뜻이 되고, He looks white. 라고 하면 공포 등으로 핏기가 없다는 뜻.
The stars in the sky are *pale* tonight. 오늘 저녁 밤하늘의 별은 밝지 않다
⟨◆ 동음어 pail (양동이)⟩

pal·ette [pǽlət] 명 《복수 palette*s* [-s]》 팔레트 《그림 물감을 섞는 판》

pal·in·drome [pǽlindròum] 명 《복수 palindrome*s* [-z]》 회문 《어느 쪽으로 읽어도 똑같은 것 ; 예 madam》

palm [pάːm] 《◆ l은 발음하지 않음》 명 《복수 palm*s* [-z]》
❶ 손바닥(→ hand 손)
Tom held the frog in the *palm* of his hand. 톰은 그의 손바닥에 개구리를 잡고 있다
❷ (식물) 야자수
Palms grow in warm places. 야자수는 따뜻한 곳에 자란다

pam·phlet [pǽmflit] 명 《복수 pamphlet*s* [-s]》 팜플렛, 소책자

pan [pǽn] 명 《복수 pan*s* [-z]》 납작한 냄비 《뚜껑 없는 것을 가리키는 일이 많다》
a frying *pan* 프라이 팬

pan·cake [pǽnkèik] 명 《복수 pancake*s* [-s]》 《과자》 팬케이크, 핫케이크(=hot cake) 《뜨끈뜨끈할 때 버터와 꿀을 발라 먹음》
I like *pancakes* for breakfast. 나는 아침식사로 팬케이크를 좋아한다

pan·da [pǽndə] 명 《복수 panda*s* [-z]》 (동물) 팬더

pane [péin] 명 《복수 pane*s* [-z]》 (1장의) 창유리
⟨◆ 동음어 pain (고통)⟩

pan·ic [pǽnik] 명 (갑작스런) 공포, 당황 ; (경제) 공황 《복수 없음》
There was a *panic* when the fire started. 불이 나기 시작했을때 사람들은 갑작스럽게 당황했다

pan·sy [pǽnzi] 명 《복수 pans*ies* [-z]》 (식물) 팬지, 호접 제비꽃
▶ 원래 프랑스어로 「생각하다」의 뜻. 꽃말은 「누군가를 사모한다」

pansy

pan·ties [pǽntiz] 명 여자어른과 아이가 입는 속옷 《항상 복수》

pan·to·mime [pǽntəmàim] 명 (복수 **pantomime**s [-z]) 무언극, 팬터마임

★pants [pǽnts] 명 《항상 복수》
❶ ⒨ (구어) 바지(=trousers), 팬츠
❷ (여성용·어린이용) 팬츠; 영 (남성용) 바지

pa·pa [pɑ́:pə] 명 (복수 **papa**s [-z]) (어린이말) 아빠 (↔ mama 엄마)

★pa·per [péipər] 명 (복수 **paper**s [-z])
❶ 종이 《a를 붙이지 않고, 복수 없음》
Please give me a sheet of *paper*. 종이 1장 주세요
📝 a sheet of *paper*는 일정한 형태를 가진 것. a piece of *paper*는 형태나 크기에 관계 없음.
This doll is made of *paper*. 이 인형은 종이로 만들어져 있다
Paper can be made from wood or rags. 종이는 나무나 넝마로 만들 수 있다
❷ 신문(=newspaper)
a morning *paper* 조간 신문
an evening *paper* 석간 신문
a *paper* boy 신문 배달원
Have you read today's *paper*? 오늘 신문을 읽었습니까
What *paper* do you take? 너는 무슨 신문을 구독하느냐
❸ 시험 문제, 답안지; 논문
The science *paper* was difficult. 과학 문제는 어려웠다
Hand in your *papers*. 답안지를 제출하라 《in 은 부사》
❹ 《복수형으로》 서류
These are the important *papers*. 이것들은 중요한 서류이다

pa·per mon·ey [-mʌ́ni] 지폐 (→ coin 주화)

par·a·chute [pǽrəʃùːt] 명 (복수 **parachute**s [-s]) 낙하산

📝 para-(방지)+chute(떨어지다)에서 생긴 말.
A *parachute* opens like an umbrella. 낙하산은 우산처럼 펴진다

pa·rade [pəréid] 명 (복수 **parade**s [-z]) 행렬, 퍼레이드
There is a big *parade* with marching bands on the street. 거리에 군악단의 긴 행렬이 있다

parade

par·a·dise [pǽrədàis] 명 (복수 **paradise**s [-iz]) 천국, 낙원

par·a·graph [pǽrəgræf] 명 (복수 **paragraph**s [-s]) (문의) 단락, 문단
📝 문장들이 모여서 하나의 문단을 이루는데 한 문단에는 하나의 topic (논제)이 있다.
Read about the lion in the first *paragraph* of the story. 그 이야기의 첫 단락에 있는 사자에 관한 것을 읽어라

par·al·lel [pǽrəlèl] 형 평행의
The railway line runs *parallel* with the road. 철도는 도로와 평행하다

par·a·sol [pǽrəsɔ̀ːl] 명 (복수 **parasol**s [-z]) 파라솔, 양산(↔ umbrella)
📝 para-(방지)+-sol(태양)에서 생긴 말.

par·cel [pɑ́ːrsl] 명 (복수 **parcel**s [-z]) 소포
I'm taking this *parcel* to the post office. 나는 이 소포를 부치러 우체국에 간다

pardon - parsley

★par·don [páːrdn] 〔타동〕 (3단현 pardons [-z] ; 과거·과분 pardoned [-d] ; 현분 pardoning) 용서하다 (=forgive)
The robber was *pardoned* and sent home. 도둑은 용서받고 집으로 갔다
Will you *pardon* me for not calling you? 당신을 부르지 않은 것을 용서해 주시겠습니까
Pardon me. 죄송합니다(=Excuse me.)
— 〔명〕 용서 《a를 붙이지 않고, 복수 없음》
I beg your *pardon*. 죄송합니다; 실례합니다
📝 pardon 을 강하게 말하면서 올릴 때는 상대방의 말을 잘 못들었을 경우에 쓴다. Beg your *pardon?* 이나 *Pardon?*도 흔히 쓰인다. Once more. 는 명령적인 표현이므로 선생님이 학생에게 답을 다시 말하라고 할 때 씀.

★par·ent [péərənt] 〔명〕 (복수 parents [-s]) 아버지 또는 어머니 ; 《복수형으로》 부모(=father and mother)
📝 단수와 복수의 의미상의 차이에 주의.
He lost his *parent* early in life. 그는 어렸을 때 편친(偏親)을 여의었다
His *parents* are still alive. 그의 양친은 아직도 건재하시다

Par·is [pǽris] 〔명〕 파리 《프랑스의 수도 ; 프랑스 북서부의 센 강 주위에 있는 아름다운 도시》

★park [páːrk] 〔명〕 (복수 parks [-s])
❶ 공원
He was taking a walk in the *park*. 그는 공원을 산책하고 있었다
Will you tell me the way to Hyde *Park*? 하이드 파크로 가는 길을 가르쳐 주시겠습니까
📝 고유명사의 일부로 쓰일 때는 보통 무관사.
❷ 〔미〕 (오락·스포츠 등의) ~장
a baseball *park* 야구장
❸ 〔명〕 주차장
📝 a car park라고도 한다. 〔미〕에서는 a parking lot 라고 한다.
a nátional párk 국립공원
the Párk 하이드 파크(=Hyde Park) 《런던의 대표적 공원》
— 〔동〕 (3단현 **parks** [-s] ; 과거·과분 **parked** [-t] ; 현분 **parking**) 〔타동〕 〔자동〕 (자동차 등을) **주차장에 두다**, 주차하다
Where can we *park* the car? 자동차를 어디에 주차할 수 있습니까[주차장은 어디입니까]
Park your bike behind the school. 학교뒤에 너의 자전거를 세워두거라
No *Parking*. 〔게시〕 주차 금지

park·ing [páːrkiŋ] 〔동〕 park (주차하다)의 현재분사형
— 〔명〕 주차 《복수없음》

park·ing lot [páːrkiŋ làt] 〔명〕 (복수 parking lots [-s]) 주차장

parks [páːrks] 〔명〕 park (공원)의 복수형
— 〔동〕 park(주차하다)의 3인칭 단수 현재형

★par·lia·ment [páːrləmənt] (◆i 는 발음하지 않음) 〔명〕 (복수 parliaments [-s]) (영국의) 의회, 국회
📝 the House of Lords (상원)와 the House of Commons (하원)로 이루어져 있다. → Congress (미국의회)
a Mémber of Párliament (영국의) 하원 의회 《M.P. 로 줄임》
the Hóuses of Párliament (영국의) 국회 의사당
📝 한국의 국회는 the National Assembly라고 한다.

par·lor, 〔영〕 **par·lour** [páːrlər] 〔명〕 (복수 parlors [-z]) 가게, 영업소
an ice-cream *parlor* 아이스크림가게

par·rot [pǽrət] 〔명〕 (복수 parrots [-s]) (새) 앵무새

pars·ley [páːrsli] 〔명〕 (식물) 파아슬

★**part** [páːrt] 명
(복수 **parts** [-s])
❶ 부분 (↔ whole 전체)
Part of the house is used as an office. 그 집의 일부를 사무실로 쓰고 있다

parrot

Only (a) *part* of his story is true. 그의 이야기의 일부만 사실이다
A large *part* of the money was stolen. 그 돈의 많은 부분을 도둑 맞았다
It is the most important *part* of the city. 그곳은 도시의 가장 중요한 구역이다

> (1) 부정관사 a 는 흔히 생략되지만 형용사가 있으면 생략하지 않음.
> (2) (a) part of+명사는 이 명사가 단수 명사일 때는 단수 취급, 복수 명사일 때는 복수 취급한다: *Part* of his story is true.(그의 이야기의 일부분은 사실이다) / *Part* of(=A part of) the boys are honest.(그 소년들 중 일부는 정직하다)

❸ (일의) 역할; (연극의) 역
The radio played an important *part*. 그 라디오가 중요한 역할을 했다
He acted the *part* of Romeo. 그가 로미오 역을 했다
Who will play the *part* of the king? 누가 왕 역을 맡을래
❸ (기계의) 부품
These are the *parts* of this watch. 이것들은 이 시계의 부품이다
in part 부분적으로, 일부분은
Her story is *in part* true. 그녀의 이야기는 부분적으로 사실이다
take part in ... ~에 참가하다
I *took part in* the race. 나는 그 경주에 참가했다

a párt of spéech (문법) 품사
— 동 (3단현 **parts** [-s]; 과거·과분 **part**ed [-id]; 현분 **part**ing) (타동)
가르다, 나누다
The policemen *parted* the crowd. 경찰관들이 군중을 둘로 갈라 놓았다
— (자동) 헤어지다, 갈리다
The road *parts* there. 길은 여기서 갈린다

part from ... ~와 헤어지다
He *parted from* Helen in Boston. 그는 보스턴에서 헬렌과 헤어졌다
part with ... (~에서) 손을 떼다
At last he *parted with* his car. 마침내 그는 차를 버렸다

par·ti·ci·ple [páːrtəsipl] 명 (복수 **participles** [-z]) (문법) 분사
a present *participle* 현재분사
a past *participle* 과거분사

par·tic·u·lar [pərtíkjulər] 형 (비교 **more particular**; 최상 **most particular**)
❶ 특유의, **특정한**
I don't like this *particular* umbrella, but the others are good. 나는 이 특이한 우산은 싫지만 나머지는 괜찮다
❷ **특별한**, 각별한
There was nothing in the letter of *particular* importance. 편지에 특별하게 중요한 것은 아무것도 없었다
— 명 (복수 **particulars** [-z]) 항목; (복수형으로) 상세
in particular 특히

par·tic·u·lar·ly [pərtíkjulərli] 부
특히; 각별히
You are not *particularly* clear. 너는 그렇게 특별히 똑똑하지 않다

part·ly [páːrtli] 부 부분적으로
Our tree house is *partly* built. 우리 나무집의 일부가 지어졌다

part·ner [páːrtnər] 명 (복수 **partners** [-z]) 동료; 파트너
Who is your *partner* for the dance? 댄스 파티에서 너의 파트너는 누구니

part-time - password

part-time [pɑ́ːrttáim] 형 임시의, 시간제의(↔ full-time 전임의)
a *part-time* teacher 시간 강사
a *part-time* job 아르바이트
▶ 아르바이트는 독일어에서 나온 말.

★par·ty [pɑ́ːrti] 명 (복수 **part**ies [-z]) ❶ 모임, 파티
We had a *party* last Sunday. 우리는 지난 일요일에 파티를 열었다
I invited her to the *party*. 나는 그녀를 그 파티에 초대했다
☑ 「댄스 파티」는 a dance 라고 하지 a dance party 또는 a dancing party 라고 하지 않는다.

● 파티의 종류 ●
a birthday party   생일파티
a cocktail party   칵테일 파티
a dinner party   만찬회
a garden party   원유회
a luncheon party   오찬회
a tea party   다과회, 티 파티

❷ 정당
the Republican *Party* 미 공화당
❸ 일행, ~대
Mr. Brown and his *party* 브라운 씨와 그 일행

★pass [pǽs] 동 (3단현 **pass**es [-iz]; 과거·과분 **pass**ed [-t]; 현분 **pass**ing) 자동 ❶ 통과하다
Please let me *pass*. 길 좀 비켜 주시오
They *passed* through the woods. 그들은 삼림을 통과했다
A bus *passed* (us) on the right. 버스가 (우리의) 우측을 추월해 갔다
❷ (시간이) **지나다**, 흐르다
Time *passes*. 시간은 흐른다
Years *passed* by. 수년이 지났다
pass away 죽다 《die의 정중한 표현》
My fater *passed away* last night. 아버지께서 간밤에 돌아가셨다
pass out 분해하다
— 타동 ❶ (시험에) **합격하다**, 패스하다(↔ fail 낙제하다)
My brother *passed* the examination. 나의 형은 그 시험에 합격했다
❷ 건네다, 건네 주다
Pass (me) the butter, please. 버터를 건네 주시오 《식탁 표현》
❸ (시간을) 보내다
How did you *pass* this winter? 금년 겨울은 어떻게 보냈니
pass around ... ~를 돌리다
Please *pass around* the box of cookies. 그 쿠키 상자를 돌리시오
— 명 (복수 **pass**es [-iz])
❶ 통행증, 무료 입장권[승차권]
I can use this *pass* to see the show free. 나는 이 무료입장권으로 쇼를 공짜로 볼 수 있다
☑ 정기 승차권은 미 a commutation ticket(=영 a season ticket)임
❷ 산길, 고갯길

pas·sage [pǽsidʒ] 명 (복수 **passage**s [-z])
❶ 경과, 통행
❷ 통로, 복도; (문장의) 한 토막

pas·sen·ger [pǽsəndʒər] 명 (복수 **passenger**s [-z]) 승객, 탑승객
a *passenger* boat 여객선
a *passenger* car 객차, 승용 자동차

pass·er·by [pǽsərbái] 명 (복수 **passer**s-**by** [-z-]) 통행인

pas·sion [pǽʃən] 명 열정 《a를 붙이지 않고, 복수 없음》
The poet expressed his burning *passion* for the woman he loved. 시인은 그가 사랑하는 여인을 향한 열정을 표현하였다

pas·sive [pǽsiv] 형 (비교 **more** passive; 최상 **most** passive) 소극적인, 수동적인; 《문법》 수동의(↔ active 능동의)
the *passive* voice 《문법》 수동태

pass·port [pǽspɔ̀ːrt] 명 (복수 **passport**s [-s]) 여권, 패스포트

pass·word [pǽswə̀ːrd] 명 (복수 **password**s [-z]) 암호말

past - path

:past [pǽst] 형
❶ 지난, 과거의
The danger is *past*. 위험은 지나갔다
I met him often during the *past* year. 나는 과거 1년간 그를 자주 만났다
I have never been absent for the *past* three years. 나는 과거 3년간 결석한 적이 없다
❷ 《문법》 과거의
the *past* tense 과거 시제
— 명 ❶ 과거(↔ future 미래)
We cannot change our *past*. 우리는 과거를 바꿀 수 없다
Don't worry about the *past*. 과거 일은 걱정하지 마라

> 🔲 보통 one's past 또는 the past 로 쓰인다. 형용사가 붙으면 a를 쓰는 일도 있다: Rome has a glorious *past*. (로마에는 찬란한 역사가 있다) 복수로는 쓰이지 않음.

❷ 《문법》 과거형, 과거 시제
in the past 과거에 있어서(는)
The country was poor *in the past*. 그 나라는 과거에는 가난했다
In the past, my uncle lived in America. 과거에 나의 삼촌은 미국에 사셨다
— 전 ❶ (시간이) **지나서**; (나이가) ~세를 넘어
It is ten (minutes) *past* eight. 8시 10분이다
📘 (미)에서는 past 대신에 after를 쓰는 일도 있다. 또 「8시 10분 전이다」는 It is ten (minutes) to eight. (미)에서는 to 대신에 of, before도 쓴다.
❷ ~의 앞을 지나서, ~의 부근을 통하여
They ran *past* my house. 그들은 나의 집 앞을 지나 달려갔다
📘 동사 pass를 쓰면 past는 by가 된다: They *passed by* my house.
— 부 지나가서
He walked *past*. 그는 걸어서 지나갔다
〈◆ 동음어 passed(pass「통과하다」의 과거·과거분사형)〉

pas·ta [páːstə] 명 (복수 **pastas** [-z]) 파스타 《마카로니 등을 만들기 위한 반죽 또는 그 요리》

paste [péist] 명 《a를 붙이지 않고, 복수 없음》 풀; 《요리》 반죽같은 음식물
We can make *paste* with flour and water. 우리는 밀가루와 물로 풀을 만들 수 있다
I brush my teeth with tooth*paste*. 나는 이를 치약으로 닦는다

pas·time [pǽstaim] 명 즐김, 좋은 시절, 오락(→ hobby)

pas·try [péistri] 명 (복수 **pastries** [-z]) 밀가루 반죽으로 만든 케이크류

pas·ture [pǽstʃər] 명 (복수 **pastures** [-z]) 목초지, 목장(= meadow)
The cows are in the *pasture*. 젖소는 목장에 있다

Pat [pǽt] 명 ❶ 패트 《여자이름; Patricia의 애칭》
❷ 패트 《남자이름; Patrick의 애칭》

pat [pǽt] 동 (3단현 **pats** [-s]; 과거·과분 **pat**t**ed** [-id]; 현분 **pat**t**ing**) (타동)(자동) 가볍게 토닥거리다 《동정·애정·찬성 등을 나타냄》
The teacher *patted* me on the back. (= The teacher *patted* my back.) 선생님은 나의 등을 토닥거리며 격려했다
Jim *patted* his dog. 짐은 그의 개를 토닥거렸다

patch [pǽtʃ] 명 (복수 **patches** [-iz]) 헝겊조각 《옷 따위를 깁는 것》
I have a *patch* on my coat. 내 코트에는 헝겊으로 기운 곳이 있다

pat·ent [pǽtənt, péit-] 명 (복수 **patents** [-s]) 특허; 특허권

path [pǽθ, páːθ] 명 (복수 **paths**

437

patience - payment

[pǽðz]) 길, 보도
The nature *path* went along the river bank. 자연로는 강둑을 따라 나 있다

pa·tience [péiʃəns] 몡 인내 《a를 붙이지 않고, 복수 없음》
He shows great *patience*. 그는 인내심이 강하다

pa·tient [péiʃənt] 휑 (비교 *more* patient; 최상 *most* patient) 참을성 있는
Be *patient* with children. 아이들에게는 성미 급하게 굴지 마시오
— 몡 환자(↔doctor 의사) 《a를 붙이지 않고, 복수 없음》

Pa·tri·cia [pətríʃə] 몡 퍼트리샤 《여자 이름; 애칭은 Pat, Patty 등》

Pat·rick [pǽtrik] 몡 패트릭 《남자 이름; 애칭은 Pat》

pa·tri·ot [péitriət] 몡 (복수 patriots [-s]) 애국자

pa·trol [pətróul] 몡 (경관 등의) 순찰, 순시, 패트롤 《복수 없음》
✏️ 패트롤 카는 a cruise car 또는 a police car 라고 한다.

pat·tern [pǽtərn] 몡 (복수 patterns [-z])
❶ 모범, 본보기
❷ 《문법》 문형; 양식, 패턴
He used a *pattern* to make his daughter's dress. 그는 패턴을 이용해서 그의 딸 드레스를 만들었다
That rug has a diamond *pattern*. 저 깔개에는 다이아몬드 문양이 그려져 있다

Patty [pǽti] 몡 패티 《여자이름; Patricia의 애칭》

Paul [pɔ́ːl] 몡 폴 《남자이름》

Pau·la [pɔ́ːlə] 몡 폴라 《여자이름》

Paul Bunyan [pɔ́ːl bʌ́njən] 몡 폴 버니언 《미국의 전설적 영웅으로, 탁월한 지혜와 엄청난 완력을 지닌 거인 나뭇꾼》

pause [pɔ́ːz] 몡 (복수 pauses [-iz]) 휴지, 쉼
without *pause* 끊임 없는, 쉬지 않고
— 图 (3단현 pauses [-iz]; 과거·과분 paused[-d]; 현분 pausing) 자동 숨을 쉬다, 쉬다, 중지하다

pave·ment [péivmənt] 몡 (복수 pavements [-s]) 몡 (포장된) 보도 (=미 sidewalk); 미 포장 도로

paw [pɔ́ː] 몡 (복수 paws [-z]) 발
✏️ 고양이·개 등 발톱이 있는 동물의 발. hoof 는 말 등 굽이 있는 동물의 발.
My cat puts its *paw* in my hand. 내 고양이가 발을 내 손 위에 놓았다

★**pay** [péi] 图 (3단현 pays [-z]; 과거·과분 paid [péid]; 현분 paying) 타동 ❶ **지불하다**, (돈을) 내다
My father *paid* his tax. 아버지는 세금을 냈다
I will *pay* you the money tomorrow. 그 돈을 내일 너에게 주겠다
How much did you *pay* for the car? 그 차를 얼마에 샀습니까
❷ (방문 등을) **하다**
I *paid* a visit to my uncle. 나는 삼촌을 방문했다
❸ (주의·존경 등을) **기울이다**
Pay attention to the signals. 신호에 주의를 기울여라
— 자동 ❶ **대금을 지불하다**
Did you *pay* for the picture? 그 그림의 대금을 지불했습니까
❷ (일 등이) **수지맞다**
This job doesn't *pay*. 이 일은 수지가 맞지 않는다
— 몡 **급료, 임금** 《a를 붙이지 않고, 복수 없음》
Did you get your *pay* ? 너는 급료를 받았느냐

pay·day [péidèi] 몡 (복수 paydays [-z]) 봉급날

pay·ment [péimənt] 몡 지불 금액 《a를 붙이지 않고, 복수 없음》

P.E. - Peggy

P.E., PE [píːí] 명 체육 《physical education의 약어》

pea [píː] 명 (복수 **peas** [-z]) 《식물》 완두
gréen pèas 녹색 완두 《요리용》
〈◆ 동음어 p (알파벳)〉

★**peace** [píːs] 명
❶ 평화(↔ war 전쟁) 《a를 붙이지 않고, 복수 없음》
We love *peace*. 우리는 평화를 사랑한다
People want *peace* for the world. 사람들은 세계평화를 원한다
작문 「세계 평화」는 관사 없이 world peace 또는 the peace of the world라고 한다.
❷ 평화 조약 《a를 붙이지 않고, 복수 없음》
Peace was signed between the two countries. 그 두 나라 사이에 평화 조약이 조인되었다
❸ 평정, 안심 《a를 붙이지 않고, 복수 없음》
The children are sleeping in *peace*. 아이들은 평화롭게 자고 있다
at peace 평화롭게, 평온하게
make peace with ... ~와 사이가 좋아지다
John will *make peace with* Tom. 존은 톰과 화해할 것이다
Peace! 조용히, 쉬
📝 이것은 감탄사로 볼 수도 있다.
〈◆ 동음어 piece (한조각)〉

peace·ful [píːsfəl] 형 (비교 **more peaceful**; 최상 **most peaceful**) 평화로운, 평온 무사한
She lives a *peaceful* life. 그녀는 평화로운 생활을 하고 있다
Peaceful years came after the war ended. 전쟁이 끝나자 평화로운 나날이 왔다

peach [píːtʃ] 명 (복수 **peaches** [-iz]) 《식물》 복숭아; 복숭아 나무; 복숭아 색

pea·cock [píː-kɑ̀k] 명 《새》 공작 (의 수컷) 《암컷은 peahen [píːhèn]》
A *peacock* can spread his long tail feathers to look like a brightly colored fan. 공작은 그것의 긴 꼬리깃털을 펼쳐 화려한 색부채처럼 보이게 할 수 있다

peacock

peak [píːk] 명 (복수 **peaks** [-s]) 산꼭대기, 봉우리; 절정, 최고점
There is snow on the *peak* of the mountain. 산 꼭대기에 눈이 있다

pea·nut [píːnʌ̀t] 명 《식물》 땅콩
peanut butter 땅콩 버터

Pea·nuts [píːnʌ̀ts] 명 피너츠 《미국 만화가 슐츠의 대표작; 찰리 브라운과 스누피가 등장함》

pear [pέər] 명 (복수 **pears** [-z]) 《식물》 배; 배나무

pearl [pə́ːrl] 명 (복수 **pearls** [-z]) 진주
Mother has a *pearl* in her ring. 어머니에게는 진주반지가 있다

peb·ble [pébl] 명 (복수 **pebbles** [-z]) 조약돌, 자갈

pe·cu·liar [pikjúːljər] 형 (비교 **more peculiar**; 최상 **most peculiar**)
독특한, 고유의

ped·al [pédl] 명 (복수 **pedals** [-z]) (자전거·피아노의) 페달
Put your foot on the bicycle *pedal*. 너의 발을 자전거 페달에 올려 놓아라

peel [píːl] 자동 (3단현 **peels** [-z]; 과거·과분 **peeled** [-d]; 현분 **peeling**) (과일 등의) 껍질을 벗기다
Will you *peel* this orange so I can eat it? 내가 먹을 수 있게 이 오렌지 껍질 좀 벗겨주렴

Peg·gy [pégi] 명 페기《여자 이

Peking - penny

름; Margaret의 애칭》

Pek·ing [piːkíŋ] 몡 북경 《중국의 수도》

pel·i·can [pélikən] 몡 (복수 **pelicans** [-z]) (새) 펠리컨

★**pen**¹ [pén] 몡 (복수 **pens** [-z]) 펜, 만년필

Do you have a *pen*? 너는 만년필을 가지고 있느냐

▶ 미국 학생들은 최근에는 만년필을 사용하지 않고 볼펜을 사용하므로 「만년필」은 「볼펜」으로 해석해도 좋다.

Write with *pen* and ink. 펜과 잉크로 써라

The *pen* is mightier than the sword. (격언) 문(文)은 무(武)보다 강하다

▶ the pen 은 문(文)의 상징, the sword(검)는 무(武)의 상징. pen은 라틴어의 penna (새의 깃)에서 생긴 말. 19세기 초까지는 깃털을 잘라 펜촉을 끼워 쓴 것에서 생겼다.

a **pén nàme** 필명, 펜 네임

pen² [pén] 몡 (복수 **pens** [-z]) 우리

The pigs live in a *pen*. 돼지들은 우리에서 산다

pen·al·ty [pénlti] 몡 형벌, 벌

a *penalty* kick (축구에서) 벌로 주는 자유킥

pence [péns] 몡 펜스

✏️ penny (페니)의 복수형으로 금액을 나타내며, *.twopence* (2펜스)처럼 합성에도 쓰인다.

★**pen·cil** [pénsl] 몡 (복수 **pencils** [-z]) 연필

Write with a *pencil*. 연필로 써라

▶ pen 과 pencil 은 어원적으로는 관계가 없다.

a **réd pèncil** 빨간 연필

pen·cil case [-kèis] 몡 (복수 **pencil cases** [-iz]) 필통

pencils [pénslz] 몡 **pencil** (연필) 의 복수형

pend·ant [péndənt] 몡 (복수 **pendants** [-s]) 펜던트 《귀고리, 목걸이 등》

pen friend [pén frènd] 몡 (복수 **pen friends** [-z]) 편지친구 《보통 미국에서는 pen pal이라고 한다》

pen·guin [péŋgwin] 몡 (복수 **penguins** [-z]) (새) 펭귄

penguin

pen·i·cil·lin [pènəsílin] 몡 (의학) 페니실린 《1929년 영국의 세균학자 플레밍(Fleming)이 발견한 강력한 항생제》

pen·in·su·la [pənínsələ] 몡 (복수 **peninsulas** [-z]) 반도

the Korean *peninsula* 한반도

A *peninsula* has water on three sides. 반도는 3면이 바다이다

pen·man·ship [pénmənʃip] 몡 (복수 **penmanships** [-s]) 서법, 서도

pen·nant [pénənt] 몡 (복수 **pennants** [-s]) (군함에 다는) 가늘고 긴 기; (미) 우승기, 페넌트

Penn·syl·va·nia [pènslvéinjə] 몡 펜실베니아주 《약어는 PA 또는 Pa.》

★**pen·ny** [péni] 몡

❶ (복수 **pence** [pens]) 페니 《영국의 화폐 단위; p로 줄여 씀》

It is not worth a *penny*. 그것은 1페니의 가치도 없다

✏️ 1971년 2월부터 1파운드(pound)는 100펜스로 사용하게 되었다. 구제도의 페니와 구별할 때는 new *penny* 라고 한다 → pence, half penny; pound

▶ 영국의 금액 표기법: 23 p(23펜스), £0.73 (73펜스), £2.15 (2파운드 15펜스)

pen pal - perhaps

❷ (복수 pennies [-z]) 1페니의 동화 《복수형 pennies 는 1페니 동화의 수에 대해서 쓴다. 5 pennies 는 「1페니 동화 5개」의 뜻

pen pal [pén pæl] 명 (복수 **pen pals** [-z]) 미 편지 친구, 펜팔(=영 pen friend)

pens [pénz] 명 **pen**(펜)의 복수형

★**peo·ple** [píːpl] 명 (복수 **peoples** [-z])
❶ 《복수 취급; a를 붙이지 않고, 복수 없음》 사람들; 세상 사람들
Many *people* went to see the game. 많은 사람들이 그 경기를 보러 갔다
People (=They) say it is true. 세상 사람들이 그것은 사실이라고 한다
📝 수사를 붙일 수 있다: ten *people* (10명), two *people* (두 사람); 단, a *people* 은 국민 (전체)
❷ 민족 (=nation), 종족 (=race)
the *peoples* of Europe 유럽의 여러 민족
The Koreans are a diligent *people*. 한국인은 근면한 민족이다
❸ 《the를 붙여 복수 취급》 국민
government of the *people*, by the *people*, for the *people* 국민의, 국민에 의한, 국민을 위한 정치

peo·ples [píːplz] 명 **people**(국민) 의 복수형

pep·per [pépər] 명 (복수 **peppers** [-z]) 《식물》 후추
I put salt and *pepper* on my potato. 나는 내 감자에 소금과 후추를 넣었다

pep·per·mint [pépərmìnt] 명 《식물》 박하 《복수없음》

per [pər] 전 ~마다(=a)
two dollars *per* day 하루에 2달러
30 miles *per* hour 시속 30마일

per·ceive [pərsíːv] 타동 (3단현 **perceives** [-z]; 과거·과분 **perceived** [-d]; 현분 **perceiving**) ~을 지각하다, 알아차리다

per·cent, per cent [pərsént] 명 (복수 **percent**) 퍼센트
📝 percent 쪽이 보통 쓰인다. %로 표시. 라틴어 per centum(100 마다)에서 유래.

per·cent·age [pərséntidʒ] 명 백분비, 백분율 《단수로 쓰임》
a *percentage* of 7 100 분의 7

per·fect [pə́ːrfikt] 형 결점이 없는, 완전한(↔ imperfect 불완전한)
He is a *perfect* pianist. 그는 완벽한 피아니스트이다
We waited in *perfect* silence. 우리는 한마디 말도 없이 기다렸다

per·fect·ly [pə́ːrfiktli] 부 완전하게, 완벽하게
You mowed the lawn *perfectly*. 너는 잔디를 완벽하게 깎았다

per·form [pərfɔ́ːrm] 타동 (3단현 **performs** [-z]; 과거·과분 **performed**; 현분 **performing**) (임무를) 행하다, 수행하다; (연극을) 상연하다
We saw a doctor *perform* an operation on TV. 우리는 의사가 수술하는 장면을 TV에서 보았다

perfor·mance [pərfɔ́ːrməns] 명 (복수 **performances** [-iz]) ❶ (임무 등의) 수행, 실행 《a를 붙이지 않고, 복수없음》
❷ 연주; 연기
The people liked her *performance*. 사람들은 그녀의 연기를 좋아했다

per·form·er [pərfɔ́ːrmər] 명 (복수 **performers** [-z]) 행위자; 연주자

per·fume [pə́ːrfjuːm] 명 (복수 **perfumes** [-z]) 향수
She likes to use *perfume* when she goes out. 그녀는 외출할 때 향수 쓰기를 좋아한다

★**per·haps** [pərhǽps] 부 아마, 어쩌면(=미 maybe)
Perhaps he will go. 아마 그는 갈 것

이다
Perhaps it will rain. 어쩌면 비가 올 것이다

★pe·ri·od [píəriəd] 명 (복수 **periods** [-z])

❶ 기간
He stayed in Seoul for a short *period*. 그는 짧은 기간 동안 서울에 있었다
❷ 시기, 시대
at all *periods* of our history 우리 나라 역사의 모든 시대에
❸ (수업의) **시간**
We have six *periods* on Monday. 월요일은 수업이 6시간 있다
❹ **마침표**, 생략점(영 full stop)《문장의 끝 또는 약자에 찍는 점》
This sentence has a *period* at the end. 이 문장은 문장끝에 마침표가 있다

per·ma·nent [pə́ːrmənənt] 형
(비교 *more* permanent; 최상 *most* permanent) 영속적인, 영구한
a *permanent* address 영주지, 본적
a pérmanent wáve 《미용》 파마

per·mis·sion [pərmíʃən] 명 허가, 인가
I have *permission* to watch a late show on TV. 나는 늦게까지 텔레비젼 쇼를 보는것에 대해 허락을 받았다

per·mit [pərmít] 동 (3단현 **permits** [-s]; 과거·과분 **permitted** [-id]; 현분 **permitting**) (타동) ~을 허락하다
I cannot *permit* this to happen. 나는 이것이 발생하는 것을 허락할 수 없다
— (자동) (사물이) 허락하다
I will come in June if my health *permits*. 내 건강이 허락한다면 6월에 올 것이다

Per·sian [pə́ːrʒən] 형 《명사는 Persia》 페르시아의; 페르시아인의; 페르시아어의

a *Persian* cat 페르시아 고양이
a *Persian* carpet 페르시아 융단 《밟으면 밟을수록 색이 선명해진다고 함》
— 명 페르시아인; 페르시아어

per·sim·mon [pərsímən] 명 《식물》 감

★per·son [pə́ːrsn] 명 (복수 **persons** [-z])

❶ **사람**, 인간
📝 성별을 구별하지 않고 쓴다. 그러나 복수인 경우에는 people이 더 구어적이다.
Several *persons* were present. 몇 명이 출석했다
There is a young *person* to see you. 젊은이(대개 여성)가 면회왔습니다
📝 막연히 man(남자), woman(여자) 대신에 쓴다. 단수형 a person 은 a woman 을 대신하는 일이 많다.
Mary is the only *person* in our family who plays the piano. 메리는 우리 가족 중에서 유일하게 피아노를 치는 사람이다
❷ 《문법》 **인칭**
the first[second, third] *person* 1[2, 3] 인칭

> 💡 인칭대명사에 대해서는 「말하는 사람」(I, we)이 1인칭; 「듣는 사람」(you)이 2인칭; 「기타의 사람·사물」(he, she, it, they)이 3인칭이다.

per·son·al [pə́ːrsnəl] 형 (비교 *more* personal; 최상 *most* personal)

❶ 개인적인
He has a big box for all his *personal* belongings. 그에게는 그의 개인 소유물을 모두 담아 두는 큰 상자가 있다
❷ 본인 직접의
❸ 《문법》 인칭의

per·son·al·i·ty [pə̀ːrsənǽləti] 명 (복수 **personalities** [-z]) 개성, 성격, 인격

persuade - photo

per·suade [pərswéid] (타동) (3단현 persuades [-z]; 과거·과분 persuaded [-id]; 현분 persuading)
~을 설득하다
I tried to *persuade* him to come with me. 나는 그에게 나와 함께 가도록 설득하려고 노력했다

Pe·ru [pərú:] 명 페루 《남아메리카 서북부 태평양 연안의 공화국》

pet [pét] 명 (복수 pets [-s])
❶ (개·고양이 등의 기르는) 작은 동물, 애완 동물, 페트
This turtle is my *pet*. 이 자라는 내 애완동물이다
❷ 귀염둥이
Tom is her *pet*. 톰은 그녀의 귀염둥이이다
— 형 귀여운, 좋은
my *pet* puppy 나의 귀여운 강아지
a *pet* name (사람·동물 등의) 애칭

pet·al [pétl] 명 (복수 petals [-z]) 《식물》 꽃잎

Pete [pí:t] 명 피트 《남자 이름; Peter의 애칭》

Pe·ter [pí:tər] 명 피터 《남자 이름; 애칭은 Pete》

Pe·ter Pan [-pǽn] 명 피터 팬 《J.M. 배리의 극 「피터팬」(1904)의 주인공 소년. 런던 켄징턴 공원에 피터 팬의 동상이 있다》

pet·rol [pétrəl] 명 가솔린 (복수없음)

phar·ma·cy [fáːrməsi] 명 약국 (→ drugstore)

phase [féiz] 명 (복수 phases [-iz]) (발달·변화 등의) 단계, 시기; (문제 등의) 면
The full moon is one *phase* of the moon. 보름달은 달 변화의 한 단계이다

pheas·ant [féznt] 명 (복수 pheasants [-s]) 《새》 꿩

phe·nom·e·na [finámənə] 명
phenomenon (현상)의 복수형
the *phenomena* of nature 자연현상

phe·nom·e·non [finámənàn, fənóminən] 명 (복수 phenomena [-nə]) 현상

Phil·a·del·phia [filədélfjə] 명 필라델피아 《미국 펜실베니아 주 동남부의 도시》

Phil·ip [fílip] 명 필립 《남자이름; 애칭은 Phil》

Phil·ip·pine [fíləpìːn] 형 필리핀의; 필리핀 사람의

Phil·ip·pines [fíləpìːnz] 명 《단수 취급》 필리핀 《수도는 마닐라》

phi·los·o·pher [filásəfər, filɔ́səfə] 명 철학자, 철인
Socrates is a great *philosopher*. 소크라테스는 위대한 철학자이다

phi·los·o·phy [filásəfi, -lɔ́s-] 명 철학

★**phone** [fóun] 명 (복수 phones [-z]) (구어) 전화 《telephone의 줄임꼴》
You are wanted on the *phone*. 너에게 전화가 걸려 와 있다
Who is on the *phone*? 누가 전화하고 있습니까
— 동 (3단현 phones [-z]; 과거·과분 phoned [-d]; 현분 phoning) (타동) (구어) 전화를 걸다 (= call, call up)
I'll *phone* you tomorrow. 너에게 내일 전화를 걸겠다

phone book [-bùk] 명 (복수 phone books [-s]) 전화번호부

phone booth [-bùːθ] 명 공중전화 박스 (영 = phone box)

phon·ics [fániks] 명 음향학

★**pho·to** [fóutou] 명 (복수 photos [-z]) (구어) 사진 《photograph의 줄임꼴》

photograph - pick

☑ 미에서는 보통 picture를 쓴다.
I took a *photo(graph)* of him. 나는 그의 사진을 찍었다
풍습 사진 찍히는 사람은 Say when!(언제 찍을지 말하시오.)라고 하고, 찍을 때는 When! (자, 찍습니다) 라고 한다.

pho·to·graph [fóutəgræf] 명 (복수 **photographs** [-s]) 사진

pho·tog·ra·pher [fətágrəfər] 명 (복수 **photographers** [-z]) 사진사, 촬영자 《a를 붙이지 않고, 복수 없음》

pho·tog·ra·phy [fətágrəfi] 명 사진술; 사진 촬영

pho·to·jour·nal·ism [fòutoudʒə́ːrnəlizm] 명 (복수 **photojournalisms** [-z]) 사진을 많이 넣는 신문·잡지 편집; 뉴스 사진

pho·to·jour·nal·ist [fòutoudʒə́ːrnəlist] 명 (복수 **photojournalists** [-s]) 보도 사진가

phrase [fréiz] 명 (복수 **phrases** [-iz]) 《문법》 구(→ word 단어, clause 절, sentence 문); 성구, 숙어
"The small boy" is a *phrase* in the sentence: "The small boy ran home." 「작은 소년」은 문장 「작은 소년은 집으로 달려갔다」의 한 어구이다

phys·i·cal [fízikəl] 형
❶ 물질의(↔ spiritual 정신의); 육체의
a *physical* examination 신체 검사
❷ 물리의
physical science 물리학; 자연 과학

phys·i·cal ed·u·ca·tion [-èdʒukéiʃən] 명 체육

phy·si·cian [fəzíʃən] 명 의사; (특히) 내과의사 《외과의사는 surgeon》

phys·ics [fíziks] 명 《단수취급》 물리학

pi·an·ist [piǽnist] 명 피아니스트

★**pi·an·o** [piǽnou] (♦강세의 위치와 발음에 주의) 명 (복수 **pianos** [-z]) 피아노
My sister plays the *piano* very well. 나의 누나는 피아노를 매우 잘 연주한다
☑ My sister is a very good *piano* player. 라고도 한다. 이 경우 a very good player of the *piano* 라고 하지 않는 것이 좋다.
A *piano* sounds when little hammers are made to hit its strings. 피아노는 작은 망치가 줄을 때림으로써 소리를 낸다
a gránd piáno 그랜드 피아노
an úpright piáno 수형(竪形) 피아노

Pi·cas·so [pikáːsou] 명 피카소 《Pablo ~ (1881 – 1973); 스페인 태생의 프랑스 화가; 20세기 회화의 거장》

Pic·ca·dil·ly Cir·cus [píkədili sə́ːrkəs] 명 피카딜리 광장 《런던에 있는 피카딜리가의 동쪽 끝에 있다》

pic·co·lo [píkəlòu] 명 《음악》 피콜로 《플루트보다 작고 고음을 냄》

★**pick** [pík] 통 (3단현 **picks** [-s]; 과거·과분 **picked** [-t]; 현분 **picking**) 타통 ❶ (꽃·과일 등을) 꺾다, 따다
She is *picking* flowers in the garden. 그녀는 정원에서 꽃을 꺾고 있다
❷ (주의하여) 고르다, 뽑다
Pick (out) the best camera. 제일 좋은 카메라를 골라라
❸ (소매치기가) 슬쩍 훔치다
I had my pocket *picked*. 나는 소매치기 당했다
pick up 집어 올리다, 줍다, 들다; (차에) 싣다
He *picked up* a stone. 그는 돌멩이를 하나 집어 들었다
He could not *pick up* the heavy box. 그는 그 무거운 상자를 집어 들지 못했다
I *picked up* the telephone. 나는 수화

pickle - pig

기를 들었다
작문 「수화기를 놓다」는 hang up.
He *picked* me *up* on his way home. 그는 귀가 길에 나를 차에 태워 주었다

pick·le [píkl] 명 (복수 **pickle**s [-z]) 피클《오이를 절인 것》

pick·led [píkld] 형 소금[식초]에 절인

pick·pock·et [píkpɑ̀kit] 명 (복수 **pickpocket**s [-s]) 소매치기

★**pic·nic** [píknik] 명 (복수 **pic·nic**s [-s]) 피크닉(→ hiking)
I took part in the *picnic*. 나는 피크닉에 참가했다
go on[for] a picnic 피크닉을 가다
We *went on a picnic* to Naejangsan. 우리는 내장산으로 소풍을 갔다
Do you often *go on picnics*? 너는 자주 피크닉을 가느냐
― 동 (3단현 **picnic**s [-s]; 과거·과분 **picnic**ked [-t]; 현분 **picnick·ing**) 자동 소풍을 가다, 피크닉 가다
⚠ 변화형 철자에 주의.

★**pic·ture** [píktʃər] 명 (복수 **pic·ture**s [-z])
❶ 그림
⚠ painting은 유화 또는 수채화를 말하고, drawing은 그림 물감을 쓰지 않은 그림으로 펜화, 연필화를 말한다. picture는 이것들 모두에도 쓰인다.
❷ 사진(=photo, photograph)
Who took this *picture*? 누가 이 사진을 찍었습니까
I had my *picture* taken. 나는 사진을 찍게 했다
❸ (영화·텔레비전의) 화면; 《the pictures로서》 영화(=미 the movies)
Our TV has a 12-inch *picture*. 우리 텔레비전은 12인치(화면)이다
He went to the *pictures*. 그는 영화를 보러 갔다
take a picture 사진을 찍다
I *took a picture* of a butterfly. 나는 나

비사진을 찍었다

pic·ture book [-bùk] 명 (복수 **picture book**s [-s]) 그림책

pic·ture card [-kɑ̀ːrd] 명 (복수 **picture card**s [-z]) 그림 엽서

pic·tures [píktʃərz] 명 picture (그림)의 복수형

pie [pái] 명 (복수 **pie**s [-z]) 파이 《과일이나 고기를 밀가루 반죽 안에 넣고 구운 과자, fruit pie(프루트 파이), apple pie(사과 파이), meat pie (고기 파이) 등》
(as) *easy as pie* 《구어》 아주 쉬운

★**piece** [píːs] 명 (복수 **piece**s [-iz]) (전체의 일부로 생각한) 파편; 한 조각; 1개; 1장; 1곡
He picked up the broken *pieces*. 그는 깨진 조각들을 집었다
She cut an apple into four *pieces*. 그녀는 사과를 4조각으로 잘랐다
a piece of ... 1조각의 ~; 1개의 ~; 1장의 ~; 1곡의 ~; 1권의 ~; 1벌의 ~

📖 셀 수 없는 명사의 단위로서 쓰인다. 복수형은 two[three, …] pieces of... 로 된다.

Jim gave the child *a piece of* chocolate. 짐은 그 아이에게 초콜릿을 한 조각 주었다
She gave each boy *a piece of* cake. 그녀는 각 소년에게 케이크 한 조각씩을 주었다
Bring me *two pieces of* chalk. 분필 2자루를 갖다 다오
Will you give me *a piece of* paper? 종이 1장 주시겠습니까
to [into] pieces 산산조각으로
The vase was broken *to pieces*. 그 꽃병은 산산조각이 났다

★**pig** [píg] 명 (복수 **pig**s [-z]) 《동물》 돼지(→ pork 돼지고기)
📢 돼지의 울음소리는 oink [ɔiŋk]이다.

pigeon - pipe

pi·geon [pídʒən] 명 (복수 **pi-geon**s [-z]) 《새》 비둘기
a carrier *pigeon* (=homing *pigeon*) 전서구
▶ dove [dʌ́v] (비둘기)는 시적인 말이지만, pigeon은 미적 느낌은 없는 말이다.

pig·gy [pígi] 명 (복수 **piggi**es [-iz]) 돼지새끼

pig·gy bank [-bæ̀ŋk] 명 돼지 저금통

pile [páil] 명 (복수 **pile**s [-z]) 쌓아 올린것, 더미
Throw that paper on the trash *pile*. 저 종이를 쓰레기 더미 위로 던져라

pil·grim [pílgrim] 명 순례자
the Pílgrim Fáthers 1620년에 영국에서 메이플라워(Mayflower)호를 타고 미국으로 건너온 102명의 청교도들

pill [píl] 명 (복수 **pill**s [-z]) 환약, 알약
The doctor gave me a *pill* to swallow. 의사선생님은 나에게 삼키는 알약을 주셨다

pil·lar [pílər] 명 (복수 **pillar**s [-z]) 기둥

pil·low [pílou] 명 (복수 **pillow**s [-z]) 베개
a *pillow* fight 베개 싸움

★**pi·lot** [páilət] 명 (복수 **pilot**s [-s]) (비행기의) **조종사**, 파일럿 ; (항구의) 뱃길 안내인
a test *pilot* 시험 비행사

pin [pín] 명 (복수 **pin**s [-z])
❶ 핀, 머리핀
a tie *pin* 넥타이 핀
There are safety *pins*, clothes *pins*, and hair *pins*. 안전핀과 옷핀과 머리핀이 있다
❷ (볼링의) 핀 ; (골프의 홀(hole)을 표시하는) 깃대

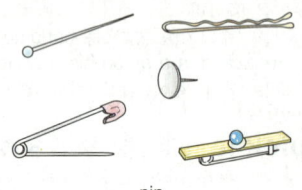
pin

pinch [píntʃ] 동 (3단현 **pinche**s [-iz] ; 과거·과분 **pinch**ed [-t] ; 현분 **pinch**ing) (타동) 꼬집다 ; 집다
Don't *pinch* me! 나를 꼬집지마
— 명 꼬집기, 집기 ; 위기, 핀치
a pínch hítter 《야구》 핀치 히터, 대타자

pine [páin] 명 (복수 **pine**s [-z]) 《식물》 소나무
Pines are green all year long. 소나무는 일년 내내 푸르다

pine·ap·ple [páinæ̀pl] 명 (복수 **pineapple**s [-z]) 《식물》 파인애플
📝 열매가 솔방울(pine cone)과 비슷한데서 유래되었다.

ping-pong [píŋpɑ̀ŋ] 명 핑퐁, 탁구 《a를 붙이지 않고, 복수 없음》
Let's play *ping-pong*. 탁구를 하자
📝 또는 상표명 ; 정식은 table tennis

pink [píŋk] 명 분홍색, 핑크 《a를 붙이지 않고, 복수 없음》
— 형 (비교 **pink**er ; 최상 **pink**est) 분홍색의

Pi·noc·chi·o [pinɑ́kiòu] 명 피노키오 《동화에 나오는 주인공》

pint [páint] 명 (복수 **pint**s [-s]) 파인트 《영에서는 0.57리터, 미에서는 0.47리터》

pi·o·neer [pàiəníər] 명 (복수 **pioneer**s [-z]) 개척자
The first explorer to cross the Rockie was a *pioneer*. 로키산을 건넌 최초의 탐험가는 선구자라고 하겠다

★**pipe** [páip] 명 (복수 **pipe**s [-s])
❶ (수도·가스 등의) 관

a water *pipe* 수도관

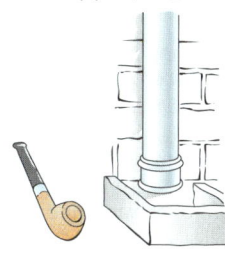
pipe

❷ (담배) 파이프(=a tobacco pipe)
☑ 우리말로 「(궐련용의) 파이프」는 a cigarette holder 라고 한다.
❸ (플루트·클라리넷·오보에 등의) 관악기
☑ strings 현악기, brasses 금관 악기, the wood 목관 악기.

pi·rate [páiərət] 명 (복수 **pirate**s [-s]) 해적, 해적선
Boys like to play *pirate*. 남자 아이들은 해적 놀이를 좋아한다

pis·tol [pístl] 명 (복수 **pistol**s [-z]) (보통 단발의) 권총, 피스톨
My toy *pistol* fits in my pocket. 내 장난감 권총은 내 주머니에 딱 맞는다
☑ 연발의 권총은 a revolver 또는 a revolving pistol이라고 한다. ㉤ 구어에서는 an automatic (pistol) 또는 a gun이라고도 한다.

pitch [pítʃ] 동 (3단현 **pitch**es [-iz]; 과거·과분 **pitch**ed [-t]; 현분 **pitch**ing) (타동) ❶ (텐트 등을) 치다
pitch a tent 텐트를 치다
❷ (힘을 주어) 던지다
pitch a ball 투구하다
❸ 《음악》 음정을 높이다
— 명 (복수 **pitch**es [-iz])
❶ 던지는 것
❷ 《음악》 음의 고저

pitch·er¹ [pítʃər] 명 (복수 **pitch·er**s [-z]) (손잡이와 작은 주둥이가 달린) 물그릇
We have a pretty milk *pitcher*. 우리는 우유를 담는 예쁜 물그릇이 있다

pitch·er² [pítʃər] 명 (복수 **pitcher**s [-z]) 《야구》 투수 (↔catcher 포수)

pit·y [píti] 명 (복수 **pit**ies [-z]) 연민, 동정; 유감
I felt *pity* for the child. 나는 그 아이가 불쌍하다고 느꼈다
That's a *pity*. 그것 딱하구나
What a *pity*! 정말 유감이구나
— 동 (3단현 **pit**ies [-z]; 과거·과분 **pit**ied [-d]; 현분 **pit**ying) (타동) 불쌍히 여기다

piz·za [pí:tsə] 명 (복수 **pizza**s [-z]) 피자

pl. plural(복수)의 약어

plac·ard [plækɑːrd] 명 (복수 **placard**s [-z]) 플래카드, 게시
☑ 슬로건(slogan)을 써서 들고 걸어다니는 플래카드는 영어로는 poster (포스터)라고 함.

★**place** [pléis] 명 (복수 **place**s [-iz]) ❶ 곳, 장소
Taegu is a very hot *place* in summer. 대구는 여름에는 매우 더운 곳이다
This room is the sunniest *place* in the house. 이 방은 집안에서 가장 햇볕이 잘 드는 곳이다
This is no *place* for boys and girls. 이곳은 소년소녀가 올 만한 장소가 아니다
What *place* do you want to visit first? 어디를 제일 먼저 가보고 싶니
❷ 주소
Please write your name and *place* here. 당신의 이름과 주소를 여기에 쓰시오
❸ 자리, 좌석
Go back to your *place*. 네 자리로 가라
They took their *places* at the table. 그들은 식탁의 각자 자리에 앉았다
❹ 지위, 직장
She got the *place* at the office. 그녀

plain - planet

는 그 사무실에 취직했다
Our team is in first *place*. 우리 팀이 일등이다
from place to place 이곳 저곳으로
in place 정돈된, 각자의 위치에
Everything here is *in place*. 여기는 모든 것이 정돈되어 있다
in place of ... ~대신에
He went *in place of* you. 그는 너 대신에 갔다
in the first place 제일 먼저, 우선
take place (사건 등이) 일어나다 (=happen)
The war *took place* thirty five years ago. 그 전쟁은 35년 전에 일어났다
take the place of ... ~의 대리 역할을 하다
He *took the place of* his sick brother. 그는 병환 중인 형의 대리 역할을 했다
— 동 (3단현 ***places*** [-iz]; 과거·과분 ***placed*** [-t]; 현분 ***placing***) 타동 놓다
She *placed* the chair beside the table. 그녀는 의자를 식탁 옆에 놓았다
Place the dishes on the table. 식탁위에 접시를 놓아라

plain [pléin] 형 (비교 ***plainer***; 최상 ***plainest***) ❶ 분명한(=clear), 알기 쉬운, 쉬운
Answer in *plain* English. 쉬운 영어로 답하라
I have a *plain* view of the river. 나는 강이 분명하게 보인다
❷ 검소한, 평범한, 솔직한
plain food 검소한 식사
She is wearing a *plain* dress, not a party dress. 그녀는 파티드레스가 아닌 평범한 드레스를 입고 있다
in plain words 솔직히 말하면
— 명 (복수 ***plains*** [-z]) 평원, 평야
〈◆동음어 plane (비행기)〉

plain·ly [pléinli] 부 명백히, 분명히
I can see the river *plainly*. 나는 강을 분명히 볼 수 있다

★**plan** [plǽn] 명 (복수 ***plans*** [-z])
❶ 계획, 플랜
Do you have any *plan* for summer vacation? 여름방학 계획이 있습니까
I am making *plans* for the vacation. 나는 휴가 계획을 짜고 있다
Everything went according to the *plan*. 모든 것은 계획대로 되어 갔다
We thought of a *plan* for earning money. 우리는 돈을 벌 계획을 생각하였다
❷ 설계도
a *plan* of the public hall 공회당의 설계도
Dad showed us the *plans* for the house. 아버지는 집 설계도를 우리에게 보여주셨다
— 동 (3단현 ***plans*** [-z]; 과거·과분 ***planned*** [-d]; 현분 ***planning***) 타동 ❶ 계획하다, 기획하다
Have you *planned* a tour? 너는 여행 계획을 세웠느냐
❷ (건물 등의) 도면을 그리다
She is *planning* a new house. 그녀는 새 집의 설계도를 그리고 있다
❸ 자 (「to+동사 원형」을 취하여) ~할 예정이다
I *plan to* spend my vacation in London. 나는 휴가를 런던에서 보낼 예정이다

★★**plane¹** [pléin] 명 (복수 ***planes*** [-z]) 비행기(=airplane)
He came back from Hongkong by *plane*. 그는 홍콩에서 비행기로 돌아왔다
〈◆동음어 plain (평야)〉

plane² [pléin] 명 (복수 ***planes*** [-z]) 대패
Dad used a *plane* to make the door fit the door frame. 아버지는 문짝을 문틀에 맞추려고 대패를 이용하셨다
〈◆동음어 plain (평야)〉

★★**plan·et** [plǽnit] 명 (복수 ***planets*** [-s]) (천문) 행성(行星)(→fixed star 항성)

plan·e·tar·i·um [plænətéəriəm] 명 (복수 **planetariums** [-z], **planetaria** [-téəriə]) 《천문》 플라네타륨, 성좌투영기

★**plant** [plænt] 명 (복수 **plants** [-s]) ❶ 식물, 초목(↔ animal 동물)
Many *plants* bloom in spring. 많은 식물들이 봄에 꽃을 피운다
I watered my tomato *plant*. 나는 내 토마토나무에 물을 주었다
❷ (제조 공장에 필요한) **설비, 공장** (→ factory)
a printing *plant* 인쇄 공장
— 동 (3단현 **plants** [-s]; 과거·과분 **planted** [-id]; 현분 **planting**) 타동
(초목을) **심다, (씨를) 뿌리다**
Farmers *plant* seeds. 농부는 씨를 뿌린다
I *planted* apple trees in the garden. (= I *planted* the garden with apple trees.) 나는 정원에다 사과 나무를 심었다

plan·ta·tion [plæntéiʃən] 명 (복수 **plantations** [-z]) (대규모의) 농원; 명 식림지
a sugar *plantation* 설탕 농원

plas·ter [plǽstər] 명 석고 《복수 없음》
a *plaster* figure 석고상

plas·tic [plǽstik] 형 플라스틱(제) 의; 조형의
a *plastic* toy 플라스틱 장난감
plastic art 조형 미술
— 명 《보통 복수로》 플라스틱
Plastics can be molded into dishes, combs, and other things. 플라스틱은 접시나 빗, 그리고 다른 물건들로 조형될 수 있다

★**plate** [pléit] 명 (복수 **plates** [-s]) ❶ (납작하고 둥근) **접시**
a soup *plate* 수프 접시
Our puppy eats all the food on his *plate*. 우리 강아지는 접시에 있는 모든 음식을 먹는다
❷ 요리 1접시
a *plate* of ham 1접시의 햄
two *plates* of meat 고기 2접시
❸ 《야구》 플레이트
The player scored a run when he touched home *plate*. 선수가 홈 플레이트를 밟자 1점이 올라갔다

plat·form [plǽtfɔːrm] 명 (복수 **platforms** [-z]) 단(壇), 교단, 연단; (역의) 플랫폼
a *platform* ticket (역의) 입장권
We stood on the *platform* waiting for the train. 우리는 기차를 기다리며 플랫폼에 서 있었다
📝 영국·미국의 기차 역에는 우리 나라 식의 플랫폼이란 것은 거의 없다. 승차 지시는 트랙(track) 번호를 사용한다.

Pla·to [pléitou] 명 플라톤 《B.C. 427~347; 고대 그리스 철학자로 소크라테스의 제자. 아카데미아를 개설하여 후진양성에 힘썼다》

★**play** [pléi] 동 (3단현 **plays** [-z]; 과거·과분 **played** [-d]; 현분 **playing**) 자동 ❶ 놀다(↔ work 일하다)
My children are *playing* in the garden. 나의 아이들은 정원에서 놀고 있다
Children like to *play* with a ball. 어린이들은 공을 가지고 놀기를 좋아한다
❷ 연기하다
The actress *plays* well. 그 여배우는 연기를 잘한다
— 타동 ❶ (야구·테니스 게임 등을) 하다
Let's *play* baseball. 야구 하자
The boys are *playing* football. 소년들은 축구를 하고 있다
I *played* catch with my friends. 나는 친구들과 캐치볼을 했다
📝 play catchball이라고는 하지 않음
We *played* cards. 우리는 트럼프를 했다
Little girls like to *play* house. 어린

소녀들은 소꿉장난하기를 좋아한다
Boys like to *play* cowboys. 소년들은 카우보이 장난을 좋아한다
❷ **연주하다, (악기를) 타다**
Lucy is *playing* the violin in her room. 루시는 방에서 바이올린을 연주하고 있다
He was *playing* a sonata on the piano. 그는 피아노로 소나타를 치고 있었다

> 💡 악기에는 정관사(the)를 붙이지만, 운동에는 play tennis처럼 붙이지 않는다.

❸ **연기하다, (극에서) ~역을 하다, ~의 역할을 맡다**
"What part did Mary *play*?"–"She *played* the part of an old woman." 「메리는 무슨 역을 했느냐」–「그녀는 노부인 역할을 했다」
Korea *played* an important part in this problem. 한국은 이 문제에서 중요한 역할을 했다
play back 재생하다
We *played back* the tape. 우리는 테이프를 다시 들었다
—<u>명</u> (복수 ***plays*** [-z]) ❶ **놀이, 놀기** 《a를 붙이지 않고, 복수 없음》
All work and no *play* makes Jack a dull boy. 《속담》 일만 하고 놀지 않으면 멍청한 애가 된다 《놀 때는 놀고, 공부할 때는 공부하라》
❷ **경기**(=game); 시합, 기술
A game is a kind of *play*. 경기는 플레이의 일종이다
a fine *play* 파인 플레이, 멋진 기량
fair *play* 공명 정대한 승부, 페어 플레이

> 📝 이 play는 「행위」의 뜻으로 a를 붙이지 않음

❸ **연극, 희극**
We had a short *play* last Saturday. 우리는 지난 토요일에 단막극을 상연했다
I will go to the *play* this evening. 나는 오늘밤에 연극 구경을 갈 것이다
at play 놀고 있는
The children were *at play* in the garden. 아이들이 뜰에서 놀고 있었다

played [pléid] <u>동</u> **play** (놀다)의 과거·과거분사형

play·er [pléiər] <u>명</u> (복수 **play-ers [-z]) ❶ **선수**, 경기하는 사람
He is a tennis *player*. 그는 테니스 선수이다
❷ **연주자; 배우**
<u>작문</u> 「그녀는 피아노를 잘 친다」는 She is a good piano player.라고 하지, a good player of the piano.는 피한다
a récord plàyer 레코드 플레이어 《그냥 player라고도 한다》

play·ful [pléifəl] <u>형</u> (비교 ***more* playful**; 최상 ***most* playful**) 장난의, 놀기 좋아하는
My kitten is *playful*. 내 새끼고양이는 장난기가 많다

★play·ground [pléigràund] <u>명</u> (복수 **playgrounds** [-z]) (보통 어린이들의) **운동장, 놀이터**

> 📝 <u>영</u>에서 playground는 콘크리트나 아스팔트의 교내 운동장. playing field 는 축구나 크리켓 등의 경기장. stadium은 관람석이 있는 경기장.

play·ing [pléiiŋ] <u>동</u> **play** (놀다)의 현재분사형
—<u>명</u> 연주

play·ing card [-kɑ́ːrd] <u>명</u> (카드 놀이의) 패

play·mate [pléimèit] <u>명</u> (복수 **playmates** [-s]) (어린이의) 놀이친구
My *playmate* and I like to jump rope. 내 놀이친구와 나는 줄넘기를 좋아한다

plays [pléiz] <u>동</u> **play** (놀다)의 3인칭 단수 현재형
—<u>명</u> **play** (연극)의 복수형

playthings - pleasure   p

play·thing [pléiθiŋ] 명 《복수 **playthings** [-z]》 놀이 도구, 장난감 (=toy)

play·time [pléitàim] 명 《(학교에서의) 노는 시간 《a를 붙이지 않고, 복수 없음》

pleas·ant [pléznt] 형 《비교 *more* pleasant 또는 pleasant*er* ; 최상 *most* pleasant 또는 pleasan*test*》《명사는 pleasure, 동사는 please》 유쾌한, 즐거운

We had a *pleasant* time. 우리는 유쾌한 시간을 보냈다

He is a *pleasant* fellow. 그는 재미있는 친구이다

★please [pli:z] 부 《의뢰문 등에 쓰여》 부디, 제발

Please come in. 들어오십시오

📝 please가 문장 끝에 올 때는 그 앞에 콤마를 찍는다: Come in, please. ⓤ 구어에서는 흔히 Come on in.이라고 함.

Please don't forget to mail the letter. 그 편지 부치는 것을 잊지 마시오

Will you *please* open the window? 그 창문을 열어 주시겠습니까

회화 Will you please ...? 는 사람에게 뭔가를 부탁할 때 쓰는 정중한 표현법이다. 이에 대한 응답은 Certainly.(물론이죠, 그러죠) 등이다.

— 타 《3단현 **please*s*** [-iz]; 과거·과분 **please*d*** [-d]; 현분 **pleas*ing***》《명사 pleasure, 형용사 pleasant》 (타동) 즐겁게 하다, 기쁘게 하다, 만족시키다

The news *pleased* him very much. 그 소식을 듣고 그는 매우 기뻤다

I hope these flowers will *please* my mother. 나는 이 꽃들이 우리 엄마를 기쁘게 할 바란다

It is difficult to *please* everybody. 모든 사람을 만족시키기는 어렵다

— 자동 ~하고자 하다; 마음에 들다, 좋아하다(=like)

I will do as I *please*. 나는 내가 좋을 대로 하겠다

Take as much as you *please*. 네가 원하는 만큼 가져가라

📝 much는 정도를 나타낼 뿐, 「많은」의 뜻은 없다.

be pleased to ... 기꺼이 ~하다, ~하여 기쁘다

📝 pleased를 형용사로 생각하는 것이 좋다.

He will *be pleased to* help you. 그는 기꺼이 너를 도와줄 것이다

I'm very *pleased to* see you. 당신을 만나서 기쁩니다

be pleased with ... ~에 만족하다, ~가 마음에 들다

He *was pleased with* the gift. 그는 그 선물에 만족했다

Are you *pleased with* your new car? 당신은 새 차가 마음에 듭니까

📦 뒤에 동사의 ~ing형이 올 경우 with 대신 at을 쓴다: I'm pleased at hearing from her.(그녀로부터 소식을 들어서 기쁘다)

pleased [plí:zd] 동 please (~을 기쁘게 하다)의 과거·과거분사형

pleas·es [plí:ziz] 동 please (~을 기쁘게 하다)의 3인칭 단수 현재형

★pleas·ure [pléʒər] 명 《동사는 please, 형용사는 pleasant》 즐거움, 기쁨(↔ pain 고통)《보통 a를 붙이지 않고, 복수 없음》

It gave me much *pleasure* to hear of her success. 나는 그녀의 성공 소식을 듣고 매우 기뻤다

📝 문어적 표현이다. 구어로 I was very glad to hear ...라고 함.

He takes *pleasure* in teaching them. 그는 그들을 가르치는 것을 즐거움으로 여긴다

She always gives *pleasure* to her friends. 그녀는 언제나 친구들에게 기쁨을 준다

It gives me no *pleasure* to have to

plentiful - plural

tell you this. 너에게 이것을 말해야 하는 것은 나에게 아무런 즐거움도 주지 않는다
It's my *pleasure*. 저의 기쁨입니다
[회화] 상대방으로부터 감사하다는 말을 들었을 때 이렇게 답한다.
for *pleasure* 재미로, 즐거움을 얻기 위하여(→ on business)
She draws pictures *for pleasure*. 그녀는 재미로 그림을 그린다
Are you here on business or just *for pleasure*? 너는 여기 사업상 왔느냐 아니면 그냥 재미로 왔느냐
with *pleasure* 기꺼이, 즐거이
"Can you help me?"–"Yes, *with pleasure*." 「도와주실 수 있습니까」–「예, 기꺼이 돕겠습니다」
I heard of your success *with pleasure*. 나는 너의 성공을 듣고 기뻤다
a pléasure bòat 유람선

plen·ti·ful [pléntifəl] 혱 (비교 **more** plentiful; 최상 **most** plentiful) 풍부한, 많은

plen·ty [plénti] 몡 많음, 충분함 《a를 붙이지 않고, 복수 없음》
I've had *plenty*, thank you. 감사합니다, 많이 먹었습니다
***plenty* of ...** 많은 ~
We have *plenty of* money. 우리는 돈을 많이 가지고 있다
There is *plenty of* time. 시간은 많이 있다
There are *plenty of* pencils. 연필은 충분히 있다
We have *plenty of* candies for the party. 파티에 쓸 캔디는 충분히 있다

> (1) plenty of ... 는 형용사처럼 「셀 수 있는 명사」에도, 「셀 수 없는 명사」에도 쓰인다: plenty of books (많은 책), plenty of sugar (많은 설탕)
> (2) 의문문에서는 plenty of 대신에 enough를, 부정문에서는 much+「셀 수 없는 명사」 또는 many+

「셀 수 있는 명사」를 쓴다: Does he have enough money? (그는 돈을 충분히 가지고 있습니까) We don't have much time. (시간이 별로 없다) There are not many books. (책은 별로 없다)
(3) 회화에서는 I have much time. (시간은 많이 있다.) 보다도 I have plenty of time.을 더 많이 쓴다

—혱 (구어) 많은
Money is never too *plenty*. 돈이 너무 많다는 법은 없다

plot [plát, plɔ́t] 몡 (복수 **plots** [-s]) (소설·각본 등의) 줄거리; 음모
a *plot* to kill the president 대통령을 암살하려는 음모

plow, plough [pláu] (◆모음 [áu]에 주의) 몡 (복수 **plows** [-z]) 쟁기
—동 (3단현 **plows** [-z]; 과거·과분 **plowed** [-d]; 현분 **plowing**) 타동 (밭을) 갈다
You must *plow* before you plant corn. 옥수수를 심기 전에 밭을 갈아야 한다

plug [plʌ́g] 몡 (복수 **plugs** [-z]) 마개; 플러그
The *plug* on mother's iron broke. 어머니의 다리미의 플러그가 부서졌다

plum [plʌ́m] 몡 (복수 **plums** [-z]) (식물) 서양 자두

plump [plʌ́mp] 혱 (비교 **plumper**; 최상 **plumpest**) 통통한, 살찐
Pick out a *plump* turkey. 살찐 칠면조를 골라라
a *plump* baby 통통한 아기

plunge [plʌ́ndʒ] 자동 (3단현 **plunges** [-iz]; 과거·과분 **plunged** [-id]; 현분 **plunging**) 뛰어들다

plu·ral [plúərəl] 혱 (문법) 복수의 (↔ singular 단수의)
—몡 (문법) 복수(↔ singular 단수

《pl.로 줄여 씀》
The *plural* of "ox" is "oxen." ox (황소)의 복수형은 oxen (황소들)이다

plus [plʌ́s] 전 ~를 더하여 (↔ minus)
Two *plus* one equals three. 2 더하기 1은 3이다
📝 보통은 Two and one is three.라고 한다.
She has wealth *plus* beauty. 그녀는 돈도 있고 아름답기도 하다

Plu·to [plúːtou] 명 ❶ (그리스 신화) 플루토
❷ (천문) 명왕성

***p.m., P.M.** [píːém] 오후(↔ a.m., A.M. 오전)
📝 라틴어 post meridiem(정오 이후)의 약자. 시간표 등에는 P.M.이라고 쓰지만, 보통은 p.m.을 쓴다. o'clock과는 나란히 쓰이지 않음
10:30 *p.m.* 오후 10시 반
📝 ten-thirty p.m.이라고 읽는다.

pneu·mo·nia [njuː(ː)móunjə, -njuː(ː)-] (♦ p는 묵음임에 주의) 명 《의학》 폐렴 《a를 붙이지 않고 복수 없음》

****pock·et** [pákit] 명 (복수 pock·ets [-s]) 포켓, 주머니
📝 포켓에 돈을 넣으므로 「돈, 재력」의 뜻을 나타내는 경우도 있다. 또 돈이 없다는 제스처로 주머니를 뒤집어 내 보인다.
What do you have in your *pocket*? 주머니에 무엇을 가지고 있느냐
I had my *pocket* picked. 나는 소매치기 당했다
Put this coin in your coat *pocket*. 이 동전을 너의 코트주머니에 넣어라
— 형 포켓용의, 소형의
a *pocket* camera 소형 카메라
pocket money 용돈

Poe [pou] 명 포우 《Edgar Allan ~(1809-1849); 미국의 대표적 소설가이자 시인. 시로는 「애너벨리」가 가장 유명하고, 「검은 고양이」나 「모르가의 살인」 등의 소설이 유명하다》

***po·em** [póuəm] 명 (복수 *poems* [-z]) (1편의) 시 (→ poetry)
He wrote some *poems*. 그는 몇 편의 시를 썼다

po·et [póuət] 명 (복수 *poets* [-s]) 시인

po·et·ry [póuətri] 명 《집합적으로》 시
📝 하나 둘 셀 때는 poem, 일반적으로 「시라는 것」은 poetry라고 함.

***point** [pɔ́int] 명 (복수 *points* [-s]) ❶ (칼·핀·펜 등의) 끝
the *point* of a knife 나이프의 끝
❷ 점; 흔적
the boiling *point* 비등점
Her sharp heels left *points* on the carpet. 그녀의 구두 뒤꿈치가 날카로워 융단에 자국을 냈다
풍습 구두를 신은 채 집안으로 들어가는 풍습을 나타내는 문장이다.
❸ 지점
At this *point* the car stopped. 이 지점에서 그 차는 정거했다
❹ (이야기 등의) 요점; 특징
I can't get your *point*. 나는 네 말의 요점을 알 수 없다
📝 상대방의 말을 이해할 수 없을 때 회화에서 흔히 쓰는 표현이다.
The *point* of the story was to be kind to others. 그 이야기의 요점은 남에게 친절히 하라는 것이었다
It is his best *point*. 그것이 그의 가장 좋은 점이다
It is her weak *point*. 그것이 그녀의 약점이다
❺ (경기의) 득점
póint of víew 관점, 견해
— 동 (3단현 *points* [-s]; 과거·과분 *pointed* [-id]; 현분 *pointing*)
자동 가리키다
She *pointed* at me. 그녀는 나를 가리켰다
The hand of the clock *points* to three.

poison - polite

시계의 침은 3시를 가리키고 있다
— (타동) 지적하다; (총 등을) 겨누다
She *pointed* out my mistakes. 그녀는 나의 잘못을 지적했다

poi·son [pɔ́izn] (명) (복수 **poison**s [-z]) 독, 독약
poison gas 독가스
The wicked stepmother put *poison* in snow princess' apple. 사악한 계모는 백설공주의 사과에 독을 넣었다
— (동) (3단현 **poison**s [-z]; 과거·과분 **poison**ed [-d]; 현분 **poison**ing) (타동) 독을 넣다, 독살하다

poi·son·ous [pɔ́izənəs] (형) (비교 *more* poisonous; 최상 *most* poisonous) 독이 있는; 유해한

poke [póuk] (타동) (3단현 **poke**s [-s]; 과거·과분 **poke**d [-t]; 현분 **pok**ing) 찌르다
Did the baby *poke* his finger in your eye? 아기가 손가락으로 네 눈을 찔렀니

Po·land [póulənd] (명) 폴란드 《유럽 중동부의 공화국; 수도는 바르샤바(Warsaw)》

po·lar [póulər] (형) (남·북)극의
a *polar* bear 북극곰

***pole**¹ [póul] (명) (복수 **pole**s [-z])
❶ (남·북) 극
❷ 전극, 자극
the negative *pole* 음극
the positive *pole* 양극
the Nórth (=Árctic) Póle 북극
the Sóuth (=Antárctic) Póle 남극

***pole**² [póul] (명) (복수 **pole**s [-z]) (나무·대나무·금속 등의) 막대
a telephone *pole* 전신주
a flag *pole* 깃대
The flag flies at the top of the *pole*. 깃발은 막대기 꼭대기에서 휘날린다

***po·lice** [pəlíːs] (명) 경찰, 경찰서, 경관(들) 《the를 붙이고, 복수 취급》
The *police* know it. 경찰은 그것을 알고 있다
Several *police* are patrolling the town. 경관 몇 명이 도시를 순찰하고 있다
📝 신문에서는 the를 생략하는 일도 있다. 한 명의 경관은 a policeman, 패트롤 카는 a police car 또는 a cruise car라고 한다.
a políce bòx(=**a políce stànd**) 파출소
a políce dòg 경찰견
a políce stàtion 경찰서

*****po·lice·man** [pəlíːsmən] (명) (복수 **police**men [-mən]) **경찰관**, 경관, 순경
We sent for a *policeman*. 우리는 경관을 부르러 보냈다
📝 여자 경관은 a policewoman.
A *policeman* works to keep a city or town safe. 경찰은 도시나 마을의 안 전유지를 위해 일한다

po·lice of·fi·cer [pəlíːs ɔ́ːfəsər] (명) (복수 **police officer**s [-z]) 경관
📝 police officer는 중성이므로 policeman이나 policewoman을 다 포함한다. 최근에는 policeman보다 police officer를 더 많이 쓴다.

po·lice sta·tion [pəlíːs stéiʃən] (명) (복수 **police station**s [-z]) 경찰서

pol·i·cy [páləsi] (명) (복수 **polic**ies [-iz]) 정책, 방침
a business *policy* 영업 방침
Honesty is the best *policy*. 《속담》 정직은 최선의 방책이다

pol·ish [páliʃ] (동) (3단현 **polish**es [-iz]; 과거·과분 **polish**ed [-t]; 현분 **polish**ing) (타동) 닦다, 윤내다
She *polished* silver dishes. 그녀는 은그릇을 닦았다
— (명) 윤내기; 윤내는 약 《복수없음》
shoe *polish* 구두약

po·lite [pəláit] (형) (비교 **polite**r; 최상 **polite**st)

❶ 정중한, 예의바른(↔ impolite)
Soon a *polite* reply came. 곧 정중한 답장이 왔다
He is *polite* to everyone. 그는 누구에게나 예의바르다
❷ 상류의
polite society 상류 사회

po·lite·ly [pəláitli] 🖽 정중히, 공손히
She speaks *politely* to everyone. 그녀는 모든 사람에게 정중히 말한다

po·lit·i·cal [pəlítikəl] 🖽 정치의
They are *political* prisoners. 그들은 정치범이다

pol·i·ti·cian [pàlitíʃən] 🖽 정치가
🗒 ⑩에서는 당의 이익만을 생각하는 「정상배」의 뜻이 들어있다 ; statesman은 「국민이나 국가를 생각하는 훌륭한 정치가」

pol·i·tics [páləltiks, pɔ́l-] 🖽 정치 ; 정치학
He is studying *politics* at university. 그는 대학에서 정치학을 공부한다

pol·lute [pəlúːt] ㉤ (3단현 **pollutes** [-s] ; 과거·과분 **polluted** [-id] ; 현분 **polluting**) 오염시키다

pol·lu·tion [pəlúːʃən] 🖽 더럽힘, 오염 ; 공해 《a를 붙이지 않고 복수 없음》
air *pollution* 대기 오염
Smoke causes air *pollution*. 스모크는 공기오염을 유발한다

Pol·ly [páli, pɔ́li] 🖽 폴리 《여자 이름 ; Mary의 애칭》

po·lo [póulou] 🖽 (경기) 폴로 《4명이 한 팀으로 두 팀의 선수가 말을 타고 스틱으로 나무공을 쳐 상대편 골문에 넣어 득점함》

‡**pond** [pánd] 🖽 (복수 **ponds** [-z]) 연못 《lake보다 작은 것》
He goes skating on the *pond*. 그는 연못에서 스케이트를 탄다
She keeps a tortoise in her *pond*. 그녀는 연못에다 거북을 사육한다
The water in a *pond* is often still, not running. 연못의 물은 흐르지 않고 그대로 있다
🗒 주로 인공적으로 만든 연못을 말한다. ⑩에서는 작은 호수도 pond라고 한다.

po·ny [póuni] 🖽 (복수 **ponies** [-z]) 포니 《성장해도 몸이 크지 않는 말》, 망아지(→ horse 말)
He liked to ride his *pony*. 그는 그의 포니 타는 것을 좋아했다

po·ny·tail [póunitèil] 🖽 (복수 **ponytails** [-z]) 포니테일 《뒤에서 묶어 아래로 드리운 머리》

pool [púːl] 🖽 (자연적으로 생긴) 연못 ; (수영용의) 수영장(= swimming pool)
The *pool* had goldfish in it. 연못에는 금붕어가 있다
The children swam in the *pool* in the park. 아이들은 공원안의 수영장에서 수영을 하였다

★**poor** [púər] 🖽 (비교 **poorer** ; 최상 **poorest**)
❶ 가난한(↔ rich 부유한)
They were *poor*. 그들은 가난했다
We must help *poor* people. 우리는 가난한 사람들을 돕지 않으면 안 된다

❷ 불쌍한, 불행한, 가엾은, 가련한
My *poor* dog is missing. 불쌍한 나의 개는 지금 행방불명이다
My *poor* brother failed the exams. 불행하게도 나의 형은 시험에 떨어졌다
The *poor* bird died. 그 새는 불쌍하게도 죽었다
🗒 poor는 죽은 것에 붙이는 일이 많다.
Poor Sue! She dropped her ice-cream cone. 가여운 수! 그녀는 아이스크림을 떨어뜨렸다
🗒 이러한 poor는 「가엾게도」 「불행히도」 등의 부사구처럼 해석하는 것

이 좋다.
❸ 초라한, 서툰; (몸이) 약한
They live in a *poor* house. 그들은 초라한 집에서 살고 있다
He is a *poor* swimmer. 그는 수영을 잘 못한다
My father is in *poor* health. 나의 아버지는 건강이 좋지 않다

be poor at ... ~가 서툴다(↔ be good at ... ~를 잘 하다)
I am *poor at* mathematics. 나는 수학을 잘 못한다

poor·er [púərər] 형 poor(가난한)의 비교급

poor·est [púərist] 형 poor(가난한)의 최상급

pop [páp] 형 대중의(=popular)
— 명 대중 음악 《a를 붙이지 않고, 복수 없음》
pop songs 대중 가요

pop·corn [pápkɔːrn] 명 回 《과자》 팝콘, 옥수수 튀김 (→ corn 옥수수) 《a를 붙이지 않고, 복수 없음》

Pop·eye [pápai] 명 포파이 《미국의 인기있는 만화 주인공. 시금치를 먹으면 힘이 세어지는 선원》

pop·py [pápi] 명 (복수 popp*ies* [-z]) 《식물》 양귀비

*__pop·u·lar__ [pápjulər] 형 (비교 *more* popular; 최상 *most* popular)
❶ 평판이 좋은, 인기 있는
He is *popular* among the students. 그는 학생들 사이에 평판이 좋다
☑ 소수일 때는 among 대신에 with 를 씀.
Baseball is a *popular* game. 야구는 인기있는 경기이다
❷ 통속적인, 대중적인
a *popular* song 유행가
popular prices 대중(적) 가격
a *popular* edition 보급판
❸ 민중의
the *popular* voice 여론, 세론
the *popular* support 대중의 지지

pop·u·la·tion [pàpjuléiʃən] 명 인구
Seoul has a large *population*. 서울은 인구가 많다
What is the *population* of this city? 이 도시의 인구는 얼마나 됩니까

porch [pɔːrtʃ] 명 (복수 porch*es* [-iz]) 포치, 현관; 回 베란다(= 명 veranda); 차가 서는 곳
We left our boots on the *porch*. 우리는 우리 부츠를 현관에 두었다

pork [pɔːrk] 명 돼지고기 (→ pig 돼지) 《a를 붙이지 않고, 복수 없음》
☑ beef(쇠고기), veal(송아지고기), chicken(닭고기), mutton(양고기)

por·ridge [pɔːridʒ] 명 《영》 포리지 《오트밀을 물이나 우유로 걸쭉하게 쑨 죽》

port [pɔːrt] 명 (복수 port*s* [-s]) (항구가 있는) 도시
a naval *port* 군항
The ship's cargo was taken off at the next *port*. 그 배의 화물은 그 다음 항구에서 내려졌다
☑ 항구(harbor)가 있는 도시의 고유명사로서 흔히 쓰인다. 고유명사와 함께 쓰일 때는 고유명사 앞에 온다. harbor는 고유명사 뒤에 온다: *Port* Arthur(뤼순항), Pearl *Harbor*(펄하버)

port·a·ble [pɔːrtəbl] 형 가지고 다닐 수 있는
a *portable* radio 휴대용 라디오

port·er [pɔːrtər] 명 (복수 porter*s* [-z]) (역·공항의) 짐꾼(= 回 redcap); 호텔의 보이
At the airport, a *porter* took our bags. 공항에서 짐꾼이 우리 가방을 들었다

por·tion [pɔːrʃən] 명 (복수 portion*s* [-z]) 부분, 일부분
She took a large portion of cake. 그녀는 케이크의 큰 조각을 집었다

por·trait [pɔːrtrit, -treit] 명 (복수 portrait*s* [-s]) 초상화

Portugal - post¹

Por·tu·gal [pɔ́:rtʃugəl] 명 포르투갈 《유럽 남서부의 대서양에 면한 공화국; 수도는 리스본(Lisbon)》

por·tu·guese [pɔ̀:rtʃugí:z] 형 포르투갈의; 포르투갈인의; 포르투갈어의
— 명 (복수 **Portuguese**) 포르투갈인; 포르투갈어

pose [póuz] 자동 (3단현 **poses** [-iz]; 과거·과분 **posed** [-d]; 현분 **posing**) 포즈를 취하다, 자세를 가다듬다, ~인 체하다
He often *poses* as a great artist. 그는 종종 대가인 체한다

po·si·tion [pəzíʃən] 명 (복수 **positions** [-z]) ❶ 위치
Point out the *position* of your house on this map. 이 지도에서 너의 집의 위치를 지적하라
❷ 직장, 직업; 지위, 신분
He got a *position* as a clerk. 그는 사무원 일자리를 구했다
❸ 태도, 입장
in her *position* 그녀의 입장에서

pos·i·tive [pázətiv] 형 (비교 *more* **positive**; 최상 *most* **positive**) 확실한; 확신하는; 적극적인, 긍정적인(↔negative 부정적인)
We still don't have a *positive* answer as to how he died. 우리는 아직도 그가 어떻게 죽었는가에 대한 확실한 답이 없다

pos·sess [pəzés] 타동 (3단현 **possesses** [-iz]; 과거·과분 **possessed** [-t]; 현분 **possessing**) ❶ 소유하다
He asked me if I *possessed* a gun. 그는 나에게 혹시 총을 가지고 있냐고 물었다
❷ 사로잡히다; (귀신 등이) 들리다
He waved the knife at me, as if *possessed*. 그는 귀신 들린 양, 나에게 칼을 휘둘렀다

pos·ses·sion [pəzéʃən] 명 소유 《a를 붙이지 않고, 복수 없음》

pos·si·bil·i·ty [pàsəbíləti, pɔ̀s-] 명 (복수 **possibilities** [-z]) 가능성

pos·si·ble [pásəbl] 형 **가능한**, 할 수 있는(↔impossible 불가능한)
☑ 「다분히 그렇지 않을 수도 있지만」이란 기분이 들어 있다. → probable.
That is quite *possible*. 그것은 확실히 가능성이 있다
It is *possible* to stand on your head. 물구나무서기하는 것은 가능하다
as ... as possible 될 수 있는 한 ~
Come *as* soon *as possible*. 될 수 있는 한 빨리 오너라
He wrote *as* carefully *as possible*. 그는 되도록 주의해서 썼다
He saves *as* much money *as possible*. 그는 가능한 한 많은 돈을 저축한다
if possible 가능하다면
Call me up, *if possible*. 가능하면 나에게 전화를 걸어라

pos·si·bly [pásəbli] 부 ❶ 어쩌면, 아마도, 다분히(=perhaps, maybe)
☑ 「다분히 그렇지 않을 수도 있지만 …」이란 기분이 들어 있다.
Grandfather can *possibly* live to be 100. 할아버지는 어쩌면 100살까지 사실 것이다
Possibly you are right. 아마도 네가 맞을 것이다
❷ 《can과 함께 써서 강조적으로》 어떻게든지
Can you *possibly* lend me 500 dollars? 어떻게든지 내게 500달러를 빌려 줄 수 있을까
☑ 부정문·의문문에만 쓰임.
❸ 《cannot과 함께 쓰여 강조적으로》 도저히
I *cannot possibly* go. 나는 도저히 갈 수 없다

post¹ [póust] 명 (복수 **posts** [-s]) 영 **우편**(=미 mail); 우체국

(=post office), 우체통(=미 mailbox); 우편물
Please take this letter to the *post*. 이 편지를 우체통에 넣어주시오[우체국에 가서 부치시오]
The *post* hasn't come yet. 우편물은 아직 오지 않았다
by post 및 우편으로(=미 by mail)
Will you send this *by post*? 이것을 우편으로 보낼 겁니까
— 동 (3단현 **posts** [-s]; 과거·과분 **post**ed [-id]; 현분 **post**ing) 타동
우편으로 부치다
I will *post* this letter for you. 내가 너 대신 이 편지를 부쳐줄께

post² [póust] 명 (복수 **posts** [-s])
기둥; 지위, 직장
The car ran into a wooden *post* on the highway. 차는 고속도로의 나무기둥을 박았다

post³ [póust] 타동 (3단현 **post**s [-s]; 과거·과분 **post**ed [-id]; 현분 **post**ing) (광고 등을) 붙이다, 게시하다
Post No Bills. 《게시》 광고지를 붙이지 마시오

post·age [póustidʒ] 명 우편 요금 《a를 붙이지 않고, 복수없음》

post·age stamp [-stǽmp] 명 (복수 **postage stamps** [-s]) 우표

postage stamp

post·al [póustl] 형 우편의
a *postal* card 미 (관제의) 우편 엽서

post·card [póustkɑːrd] 명 (복수

postcards [-z]) 명 우편 엽서 (= 미 postal card)
a return *postcard* 왕복 엽서
a picture *postcard* 그림 엽서

post·er [póustər] 명 (복수 **poster**s [-z]) 포스터
We saw a *poster* about the pet show. 우리는 애완동물쇼에 관한 포스터를 보았다

post·man [póustmən] 명 (복수 **postmen** [-mən]) 우편 배달부(= 미 mailman)
The *postman* brought a letter to me. 우편부 아저씨가 내게 편지를 갖다주셨다

★**post of·fice** [póust ɔ́ːfis] 명 (복수 **post office**s [-iz]) **우체국**
You can buy stamps at the *post office*. 우체국에서 우표를 살 수 있습니다

post·pone [poustpóun] 타동 (3단현 **postpone**s [-z]; 과거·과분 **postpone**d [-d]; 현분 **postpon**ing) 연기하다, 미루다
We're *postponing* our holiday until August. 우리는 8월까지 휴가를 연기한다

pot [pát] 명 (복지 **pot**s [-s]) 단지, 항아리
The water in the *pot* is boiling. 포트 안에 있는 물이 끓는다
The tulips were in a flower *pot*. 튤립은 화분 안에 있었다
a coffee *pot* 커피 포트
A little *pot* is soon hot. 《속담》 작은 솥이 쉬 더워진다 《소인은 거만해지기 쉽다》

★**po·ta·to** [pətéitou] 명 (복수 **potato**es [-z]) 《식물》 감자
a swéet potàto 고구마
✏ sweet potato와 구별하기 위하여 감자를 white potato 또는 Irish potato 라고도 함.
potáto chìps 포테이토 칩 《감자를

얇게 작게 썰어서 기름에 튀긴 것. 식당에서는 그냥 chips라고도 한다》

pot·ter·y [pátəri, pɔ́t-] 몡 《집합적으로》 도기류

***pound** [páund] 몡
❶ 파운드 《무게의 단위로 16온스에 해당; 1b.로 줄여 씀》
a *pound* of butter 버터 1파운드
❷ 파운드 《영국 화폐의 단위로 100펜스에 해당; £로 줄여 씀; → penny, pence》
£ 3.25 3파운드 25펜스
🔳 £ 3.25p라고는 쓰지 않음.

pour [pɔ́:r] 통 (3단현 **pours** [-z]; 과거·과분 **poured** [-d]; 현분 **pouring**) (타동) 붓다, 쏟다, 따르다, 흘리다
She *poured* me a cup of coffee. 그녀는 나에게 커피 한 잔을 따라 주었다
He will *pour* the milk into a glass. 그는 유리잔에 우유를 따를 것이다
— (자동) ❶ (물 등이) 흘러가다
The river *pours* into the Pacific. 그 강은 태평양으로 흐른다
The crowd *poured* out of the hall. 군중이 그 홀에서 쏟아져 나왔다
❷ (비가) 억수로 내리다
The rain *poured* down. 비가 억수로 내렸다

pov·er·ty [pávərti, pɔ́v-] 몡 가난, 빈곤
Poverty prevented him from going to school. 가난 때문에 그는 학교에 갈 수 없었다

***pow·der** [páudər] 몡 분, 가루; 화약 《a를 붙이지 않고, 복수 없음》
The baby's *powder* smells good. 아기분은 냄새가 좋다
— 통 (3단현 **powders** [-z]; 과거·과분 **powdered** [-d]; 현분 **powdering**) (타동)(자동) 분을 바르다; (~에) 분칠하다

***pow·er** [páuər] 몡 ❶ 힘, 능력, 재능 《보통 a를 붙이지 않고, 복수 없음》
🔳 그러나 「체력, 지능」은 복수형으로도 된다: a man of fine mental *powers* (지능이 높은 사람)
atomic *power* 원자력
electric *power* 전력 《그냥 power라고 써도 됨》
Electric *power* runs the machinery in the factory. 전력은 공장의 기계를 가동시킨다
the *power* of reading 독서력
The boxer had great *power*. 권투선수는 힘이 많다
❷ 강대국
the great *powers* 초강대국들
beyond (= *out of*) *one's power*
도저히 할 수 없는
It is *beyond* my power. 그것은 나에게는 도저히 불가능하다

pow·er·ful [páuərfəl] 혱 (비교 *more* powerful; 최상 *most* powerful) 강력한
A race horse has *powerful* legs. 경주마는 강력한 다리를 가졌다
a *powerful* engine 강력한 엔진

PR, P.R. [pí:á:r] 몡 홍보 활동; 섭외 사무 《public relations의 약어》

prac·ti·cal [préktikəl] 혱 (비교 *more* practical; 최상 *most* practical) 실제의; 실용적인
the *practical* difficulties of the plan 그 계획의 실제적인 곤란
practical English 실용 영어

prac·ti·cal·ly [préktikəli] 부 사실상, 실질적으로는
The vacation is *practically* over. 방학은 사실상 끝났다

***prac·tice** [prǽktis] 몡 (복수 **practices** [-iz])
❶ 연습, 실습 《a를 붙이지 않고, 복수 없음》
She is doing her *practice* at the piano.

practise - prefer

그녀는 피아노 연습을 하고 있다
Practice makes perfect. 《격언》 연습을 쌓으면 완전하게 된다
❷ **실행**, 실천 《a를 붙이지 않고, 복수 없음》
Put your plan into *practice*. 너의 계획을 실천하라
❸ **습관**, 버릇(=habit) 《a를 붙이지 않고, 복수 없음》
the *practice* of rising early 일찍 일어나는 습관
— 동 (3단현 **practices** [-iz]; 과거·과분 **practiced** [-t]; 현분 **practicing**) (타동) ❶ **실행하다**, 실천하다
❷ **연습하다**, 실습하다
You must *practice* speaking English. 너는 영어 말하기를 연습하지 않으면 안 된다
We will have to *practice* our parts for the play. 우리는 연극에서의 각자의 역을 연습해야 할 것이다
— (자동) (악기 등을) 연습하다
She is *practicing* at the piano. 그녀는 피아노 연습을 하고 있다

prac·tise [præktis] 동 명 = 미 practice

prai·rie [préəri] 명 넓은 초원; 목장 《a를 붙이지 않고, 복수 없음》

★praise [préiz] 명 **칭찬**, 찬사 《a를 붙이지 않고, 복수 없음》
His *praise* pleased the girl very much. 그의 찬사는 그 소녀를 매우 기쁘게 했다
— 동 (3단현 **praises** [-iz]; 과거·과분 **praised** [-d]; 현분 **praising**)
(타동) **칭찬하다**, 찬사를 보내다
They *praised* her honesty. 그들은 그녀의 정직을 칭찬했다
He *praises* his dog when it does a trick. 그는 그의 개가 묘기를 부리면 칭찬을 해준다

pray [préi] 동 (3단현 **prays** [-z]; 과거·과분 **prayed** [-d]; 현분 **praying**) (자동) 기도하다, 빌다
We *pray* for a peaceful world. 우리는 세계평화를 위해 기도한다
He knelt down and *prayed*. 그는 무릎 꿇고 기도했다
— (타동) 기도하다, 빌다
We *pray* you to help us. 우리는 네가 도와주기를 빈다

pray·er[1] [préiər] 명 (복수 **prayers** [-z]) 기도하는 사람

prayer[2] [préər] 명 기도 《a를 붙이지 않고 복수 없음》
He said his *prayers*. 그는 기도를 했다
Jane's family says a *prayer* at the dinner table. 제인의 가족은 저녁식사 때 기도를 한다
발음 prayer[1](기도하는 사람)와 발음 차이에 주의

pre·cious [préʃəs] 형 (비교 **more precious**; 최상 **most precious**) 귀중한
precious metals (금·은 등의) 귀금속
precious memory 잊지 못할 기억
precious stones (다이아몬드·루비 등의) 보석

pre·fer [prifə́:r] (◆강세 위치에 주의) (타동) (3단현 **prefers** [-z]; 과거·과분 **preferred** [-d]; 현분 **preferring**) 《prefer A to B의 형태로》 B보다 A를 좋아하다 ; ~을 더 좋아하다
What kind of ice cream do you *prefer*? 어떤 종류의 아이스크림을 더 좋아하니
I *prefer* this *to* that.(= I like this better than that.) 나는 저것보다 이것을 더 좋아한다

💡 prefer를 쓸 때 「~보다」는 than을 쓰는 것이 아니라 to를 쓰는 것에 주의해야 한다. 또한 prefer에는 more, most와 같은 정도를 나타내는 부사는 붙지 않는다 : I prefer music most.는 틀린 문장이다. I like music best. (나는 음악을 제일 좋아한다)가 맞는다

prehistoric - present² p

pre·his·tor·ic [prìːhistɔ́ːrik] 형
유사 이전의, 선사 시대의

prej·u·dice [prédʒudis] 명 편견
《복수 없음》
a *prejudice* against women doctor
여의사에 대한 편견

prep·a·ra·tion [prèpəréiʃən] 명
(복수 **preparations** [-z]) 준비
She didn't do enough *preparation* for her test. 그녀는 시험준비를 충분히 하지 않았다

pre·pare [pripέər] 동 (3단현 **prepares** [-z]; 과거·과분 **prepared** [-d]; 현분 **preparing**) (타동)《명사는 preparation》준비하다, 각오하다
Did you *prepare* your lesson? 너는 예습을 했느냐
My mother is *preparing* breakfast. 어머니는 아침 식사를 준비하고 있다
— (자동) 준비하다, 각오하다, 용의가 있다
We *prepared* for the examination. 우리는 시험 준비를 했다
📝 prepare for…는 타동사 prepare에 비하여, 매우 중요한 일이나 노력을 요하는 일에 쓰인다.

be prepared to … ~할 용의가 있다, ~할 준비가 되어 있다
I'm *prepared to* go out. 나는 외출할 준비가 되어 있다

prep·o·si·tion [prèpəzíʃən] 명
(복수 **prepositions** [-z])《문법》전치사 (prep.로 줄여 씀)

pres·ence [prézns] 명 존재; 출석
(↔absence)《a를 붙이지 않고 복수 없음》
Your *presence* is requested. 출석해 주시기 바랍니다《형식적인 편지의 표현》
She was so quiet that her *presence* was not noticed. 그녀는 너무 조용해서 그녀의 존재는 눈에 띄지 않았다

presence of mind (마음의) 안정
She lost her *presence of mind*. 그녀는 마음의 안정을 잃었다

★**pres·ent¹** [préznt] 형
❶ 출석한, 있는 (↔absent 결석한)
He is *present*. 그는 출석해 있다
There were a hundred people *present* at the party. 그 파티에는 100명의 사람들이 출석했다
Present.《출석 부를 때》예
📝 보통은 Here! (예)라고 한다.
❷ 현재의
the *present* day(=time) 현재
the *present* tense 현재 시제
What is his *present* address? 그의 현재의 주소는 어디입니까
— 명 현재 (→past 과거, future 미래); 현재 시제(=present tense)《a를 붙이지 않고, 복수 없음》

at present 현재, 지금은
He is *at present* in London. 그는 지금 런던에 있다
At present, some people are worrying about pollution. 현재 어떤 사람들은 환경오염에 대해 걱정하고 있다

for the present 당분간, 임시로
I have nothing to do *for the present*. 나는 당분간은 할 일이 없다
I am staying here *for the present*. 나는 당분간 여기에 있겠다

★**pres·ent²** [préznt] 명 (복수 **presents** [-s]) 선물
📝 gift보다 더 구어적.
a Christmas *present* 크리스마스 선물
a birthday *present* 생일 선물
It is fun to get a *present*. 선물을 받는 것은 기쁜 일이다
I had many *presents* on my birthday. 나는 생일에 많은 선물을 받았다
This is my *present* for you. 이것은 내가 너에게 주는 선물이다
▶ 선물을 받으면 Thank you.라고 말하고, 곧 May I open it ?(열어 보아도 좋습니까)이라고 하고, 그 곳에서 열어 본다.
I made a *present* of a watch to her. 나는 그녀에게 시계를 선사했다

present³ - pretend

☑ present와 gift
보통 present는 gift보다 격식에 구애받지 않으므로 자기가 손수 만든 것이나 비싸지 않은 것이 많다.

pre·sent³ [prizént] (타동) (3단현 presents [-s]; 과거·과분 presented [-id]; 현분 presenting)
❶ 선물하다, 선사하다
I *presented* a book to him.(=I *presented* him with a book.) 나는 그에게 책을 선물했다

> 「present+사물+to+사람」 = 「present+사람+with+사물」의 어순에 주의. ㈀에서는 with가 없는 용법도 있다.

❷ 소개하다(=introduce)
Miss Brown, may I *present* Mr. Smith to you? 브라운 양, 스미스 씨를 소개합니다 《형식적인 소개말》
❸ ~을 제공하다; (연극 등을) 상연하다
We will *present* a puppet show. 우리는 인형극을 상연할 것이다
[발음] 명사·형용사의 경우와는 분철법·발음·강세 위치가 다른 점에 주의하라

pres·ent-day [prézntdèi] (형) 현대의, 오늘의
present-day English 현대 영어

pres·ent·ly [prézntli] (부) 곧, 이내
The doctor will be here *presently*. 의사는 곧 여기에 올 것이다

pre·serve [prizə́ːrv] (타동) (3단현 preserves [-z]; 과거·과분 preserved; 현분 preserving) 보존하다, 보호하다, 저장하다
Let's *preserve* our nature. 우리의 자연을 보호하자
We *preserve* eggs by putting them in the refrigerator. 우리는 냉장고에 달걀을 저장한다

pres·i·dent [prézədənt] (명) (복수 presidents [-s])
❶ 대통령
the *President* of Korea 한국의 대통령
❷ 의장, 회장; 총장, 교장, 학장; 사장

press [prés] (동) (3단현 presses [-iz]; 과거·과분 pressed [-t]; 현분 pressing) (타동) ❶ 누르다; 꼭 대다
Tom *pressed* the button. 톰은 초인종의 버튼을 눌렀다
She *pressed* her baby in her arms. 그녀는 아기를 품에 꼭 껴안았다
He *pressed* his ear against the door. 그는 문에 귀를 꼭 댔다
❷ 옷을 다리미질하다
I *pressed* my trousers. 나는 내 바지를 다리미질했다
❸ 강요하다, 압력을 넣다
He *pressed* his opinion upon us. 그는 우리에게 자기 견해를 강요하려 했다
— (자동) 내리누르다; 밀다
The cat *pressed* against his master's leg. 고양이는 주인의 다리에 다가붙었다
— (명) (복수 presses [-iz])
❶ 누르기, 압박, 압력
❷ 압축기; 인쇄기, 인쇄소
❸ 출판물, 신문; 언론계
a daily *press* 일간 신문

pres·sure [préʃər] (명) 압력 《a를 붙이지 않고 복수 없음》
a *pressure* group 압력단체
Too much *pressure* will break the pencil. 힘을 너무 많이 주면 연필이 부러질 것이다

pre·tend [priténd] (타동) (3단현 pretends [-z]; 과거·과분 pretended [-id]; 현분 pretending) ~인 체하다(=make believe)
Sometimes we *pretend* we're asleep when we're not. 때때로 우리는 자고 있지 않을 때 자는 척 한다

pret·ti·er [prítiər] 형 pretty (예쁜)의 비교급

pret·ti·est [prítiist] 형 pretty (예쁜)의 최상급

★**pret·ty** [príti] 형 (비교 **prett**er ; 최상 **prett**est) 예쁜, 귀여운(→ beautiful)
What a *pretty* doll this is! 얼마나 예쁜 인형인가
I like this *pretty* dress. 나는 이 예쁜 드레스를 좋아한다
— 부 (구어) 꽤, 상당히, 매(=very)
She speaks English *pretty* well. 그녀는 영어를 꽤 잘 한다
It is *pretty* cold, isn't it? 상당히 춥다, 그렇지 않니
He was a *pretty* good student. 그는 꽤 우수한 학생이었다

pret·zel [prétsəl] 명 (복수 **pret-zels** [-z]) 프레첼 《매듭모양의 짭짤한 과자로 독일에서 맥주 안주 등으로 먹는다》

pre·vent [privént] 타동 (3단현 **prevents** [-s] ; 과거·과분 **prevented** [-id] ; 현분 **preventing**) 막다, 방지하다
A heavy rain *prevented* the trip. 비가 많이 와서 여행을 못했다
How can we *prevent* car accidents? 어떻게 하면 자동차 사고를 방지할 수 있을까
prevent ... from ~ing …가 ~하지 못하게 하다
What *prevented* you *from coming*? 당신은 무엇 때문에 오지 못했습니까
A fence can *prevent* a dog *from running* away. 울타리는 개가 도망가지 못하게 한다

pre·vi·ous [prí:viəs] 형 이전의
Tom visited her on the *previous* day. 톰은 그 전날에 그녀를 방문했다
I have a *previous* engagement. 저에게는 선약이 있습니다 《초대 등을 거절할 때 쓴다》

pre·vi·ous·ly [prí:viəsli] 부 전에는; 미리, 사전에

★**price** [práis] 명 (복수 **prices** [-iz]) 가격, 값
a cash *price* 현찰 가격
a set *price* 정가
What is the *price* of this watch? 이 시계는 얼마입니까
I bought it at a low *price*. 나는 그것을 싸게 샀다
📝 price는 low *price* 나 high *price* 라고 쓴다. cheap *price* 나 expensive *price* 란 말은 없다.
at any price 아무리 높은 값이라도; 어떻게 해서든지
I will buy the book *at any price*. 나는 아무리 값이 비싸도 그 책을 사겠다
I will meet him *at any price*. 나는 어떻게 해서든지 그를 만나고야 말겠다

pride [práid] 명 《형용사는 proud ; a를 붙이지 않고, 복수 없음》 긍지, 자존심, 자랑
It satisfied his *pride*. 그것은 그의 자존심을 만족시켰다
He is a *pride* of our school. 그는 우리 학교의 자랑이다.
He takes *pride* in his position. 그는 자기의 지위를 자랑한다
— 타동 《pride oneself on으로》 ~을 자랑하다
He *prided himself on* his works. 그는 자신의 작품을 자랑하였다

priest [prí:st] 명 (복수 **priests** [-s]) 목사; (각 종파의) 성직자

pri·ma·ry [práimeri] 형
❶ 원래의, 제1의
the *primary* colors 원색
📝 그림물감에서는 빨강·노랑·파랑; 광선에서는 빨강·초록·파랑을 말함.
❷ 최초의; 초보의, 초등의
a *primary* school 초등학교(=명 an elementary school)
📝 미국에서는 1~4학년의 초등학교

prime - prism

를 가리킴.

prime [práim] 형 제1의, 주요한
a prìme mínister 국무총리
— 명 청춘, 한창 때 《복수 없음》
Many young soldiers were killed in their *prime* during the war. 전쟁 중에 많은 병사들이 한창 나이에 죽었다

prim·i·tive [prímətiv] 형 (비교 *more* **primitive**; 최상 *most* **primitive**) 원시의
primitive man 원시인
📝 관사를 붙이지 않는 점에 주의.

prim·rose [prímrouz] 명 (복수 **primroses** [-iz]) 《식물》 취란화

***prince** [príns] 명 (복수 **princes** [-iz])
❶ 황태자, 왕자(→ princess 왕녀, 공주)
❷ (영국 이외의 나라의) **공작** 《영국의 duke에 해당》; (봉건 시대의) 영주, 제후
the Prínce of Wáles 영국 황태자
📝 영국 이외의 황태자는 the Crown Prince라고 함.

***prin·cess** [prínsis, 영 prinsés] 명 (복수 **princesses** [-iz])
❶ 황녀, 왕녀, 공주 (→ prince 왕자)
❷ 비전하 《prince의 부인》; (영국 이외의 나라의) **공작 부인**
발음 영에서도 이름 앞에서는 [prínses]로 됨: Príncess Ánn(앤 공주)

prin·ci·pal [prínsəpəl] 형 제1위의, 가장 중요한
a *principal* town 주요 도시
a *principal* actor 주연 배우
Cotton is the *principal* crop in my town. 면은 우리 마을의 중요한 농작물이다
— 명 (복수 **principals** [-z]) 교장
He is the *principal* of our school. 그는 우리 학교의 교장 선생님이다
📝 초등학교·중학교 교장은 미국에서는 principal, 여성은 lady principal이라 하고, 영국에서는 headmaster, 여성은 headmistress라고 한다.

prin·ci·ple [prínsəpl] 명 (복수 **principles** [-z]) 원리, 원칙; 주의
the *principles* of democracy 민주주의의 원리
It is against my *principles*. 그것은 나의 원칙에 위배된다
in principle 원칙적으로
I agree with you *in principle*. 나는 원칙적으로 너와 같은 의견이다

print [prínt] 동 (3단현 **prints** [-s]; 과거·과분 **printed** [-id]; 현분 **printing**) 〈타동〉 ❶ 인쇄하다, 출판하다
This book is well *printed*. 이 책은 인쇄가 잘 되어 있다
❷ 활자체로 쓰다
Print your name and address. 이름과 주소를 활자체로 쓰시오
▶ 각종 서식에 있는 글귀.
— 〈자동〉 ❶ (사진) 인화하다
This photo has *printed* clearly. 이 사진은 깨끗이 나왔다
❷ 활자체로 쓰다
She learned to *print* in kindergarten. 그녀는 유치원에서 활자체로 쓰는 것을 배웠다
prínted màtter 인쇄물
▶ 우편물 봉투에 쓰인 「인쇄물 재중」의 뜻으로 쓰인다.
— 명 (복수 **prints** [-s]) 인쇄; ㉠ (신문·잡지 등의) 출판물; 《사진》 인화
weekly *prints* 주간 신문, 주간 잡지
out of print 절판되어
This book is *out of print*. 이 책은 절판되었다

print·er [príntər] 명 (복수 **printers** [-z]) 인쇄업자; 인쇄기

print·ing [príntiŋ] 명 (복수 **printings** [-z]) 인쇄, 인쇄술; 《사진》 인화
— 동 **print** (~을 인쇄하다)의 현재분사형

prism [prízm] 명 (복수 **prisms** [-z]) 프리즘

prison - product

pris·on [prízn] 명 (복수 **prison**s [-z]) 형무소, 교도소
He is in *prison*. 그는 교도소에 있다 《복역 중이다》
The *prison* had iron bars on the windows. 그 교도소는 창에 쇠창살이 있었다

pris·on·er [príznə*r*] 명 (복수 **prisoner**s [-z]) 죄수, 포로

pri·va·cy [práivəsi, prí-] 명 사생활, 사적 자유

pri·vate [práivit] 형 (비교 **more** private; 최상 **most** private)
❶ 개인의, 사적인 (↔ public 공적인)
It is my *private* affair. 그것은 나의 개인적인 문제이다
❷ 사립의
a *private* school 사립 학교
in private 비밀로, 은밀히
I met her *in private*. 나는 그녀와 비밀리에 만났다
☑ 여기서 private은 명사 용법.

***prize** [práiz] 명 (복수 **prize**s [-iz]) 상
this year's Nobel Peace *Prize* 금년도의 노벨 평화상
He won first *prize*. 그가 1등상을 탔다

pro [próu] 명 (복수 **pro**s [-z]) 《구어》 전문가, 직업 선수, 프로(=professional)
a golf *pro* 골프의 프로
☑ 형용사처럼 쓰여 a pro golfer라고도 함.

prob·a·ble [prábəbl] 형 있음직한, 가망있는
It is *probable* that it will rain. 비가 올 것 같다

***prob·a·bly** [prábəbli] 부 아마도, 어쩌면(=perhaps)
He will *probably* come. 그는 아마 올 것이다

prob·lem [prábləm] 명 (복수 **problem**s [-z]) 문제

a labor *problem* 노동 문제
the *problem* of housing 주택 문제
Our teacher gave us ten arithmetic *problems*. 선생님은 우리에게 산수문제 10개를 내셨다
No *problem*. 문제없다; 괜찮다

pro·ceed [prəsíːd] 재동 (3단현 **proceed**s [-z]; 과거·과분 **proceeded** [-id]; 현분 **proceeding**) 나아가다, 가다
He *proceeded* on his way. 그는 가던 길을 계속 갔다

proc·ess [práses] 명 (복수 **process**es [-iz]) 진행, 과정, 공정; 방법
the *process* of learning to read 읽는 것을 배우는 과정

pro·ces·sion [prəséʃən] 명 (복수 **procession**s [-z]) 행렬; 행진

***pro·duce** [prədjúːs] 동 (3단현 **produce**s [-iz]; 과거·과분 **produced** [-t]; 현분 **producing**) 타동
❶ 생산하다, 낳다
Hens *produce* eggs. 암탉은 알을 낳는다
❷ 만들어내다, 제조하다
This factory *produces* cameras. 이 공장에서는 카메라를 만든다
❸ (연극 등을) 연출하다
Laurence Olivier *produced* the play. 로렌스 올리비에가 그 극을 연출했다
— 명 [prádju:s] 생산고
발음 동사와 명사의 발음·강세의 차이에 주의.

pro·duc·er [prədjúːsə*r*] 명 (복수 **producer**s [-z]) 생산자; 저작자, 연출가, 프로듀서

prod·uct [prádʌkt, -dəkt] 명 (복수 **product**s [-s]) 생산물
Butter is a *product* of a dairy. 버터는 낙농품이다
farm *products* 농산물
발음 products는 ⒨에서는 흔히 [prádəks]라고 한다.

Prof. - promise

Prof. [práf] 몡 《이름앞에 쓰여》 교수 《Professor의 약어》

pro·fes·sion [prəféʃən] 몡 (복수 **professions** [-z]) 직업
☑ 변호사·의사·교사·목사 등 전문 지식을 요하는 직업. → business
He is a doctor by *profession*. 그는 직업이 의사이다

pro·fes·sion·al [prəféʃənl] 혱 직업의, 전문의, 프로의
A teacher is a *professional* man. 선생님은 전문직이다
— 몡 (복수 **professionals** [-z]) 직업 선수, 전문가 (↔amateur 애호가)

pro·fes·sor [prəfésər] 몡 교수 《Prof.로 줄여서 이름 앞에 씀》
Prof. William Empson 윌리엄 엠프슨 교수

▣ 성에만 붙는 경우는 Professor Empson으로 쓴다.

prof·it [práfit] 몡 (복수 **profits** [-s]) 이윤, 이익
He made a *profit* of $100 on the sale. 그는 판매에서 100달러의 이익을 남겼다

pro·gram, pro·gramme [próugræm] 몡 (복수 **programs** [-z]) 프로그램; 예정, 계획
a school *program* 학교 행사 예정표
This TV *program* is interesting. 이 TV 프로는 재미있다
☑ pro-(앞에)+-gram(쓰기)에서 생긴 말.
The mayor announced his week *program*. 시장은 그의 일주일 계획을 발표했다

pro·gram·er, pro·gram·mer [próugræmər] 몡 (복수 **programers** [-z]) (영화·라디오 따위의) 프로그램 작성자

prog·ress [prágres, próug-] 몡 행진; 전진; 향상
A snail makes slow *progress*. 달팽이는 느리게 앞으로 나아간다
He showed *progress* in math. 그는 수학에서 실력향상을 보였다
be in progress (일 등의) 진행중이다
— 동 [prəgrés] (3단현 **progresses** [-iz]; 과거·과분 **progressed** [-t]; 현분 **progressing**) 자동 전진하다, 발전하다
🔊발음 명사와 동사일때 발음과 강세가 바뀌는 것에 주의.
Science is *progressing* day by day. 과학은 날로 날로 발전한다

pro·gres·sive [prəgrésiv] 혱 (비교 **more progressive**; 최상 **most progressive**) 진보적인; 전진하는
the *progressive* form 《문법》 진행형

pro·ject [prədʒékt] 동 (3단현 **projects** [-s]; 과거·과분 **projected** [-id]; 현분 **projecting**) 타동 자동 계획하다, 입안하다; 투사하다, 영사하다
— [prádʒekt] 몡 계획(=plan)
His next *project* is to build a birdhouse. 그의 다음 계획은 새집을 짓는 것이다
🔊발음 동사와 명사의 발음·강세의 차이에 주의.

★**prom·ise** [prámis] 몡 (복수 **promises** [-iz]) 약속
He broke a *promise*. 그는 약속을 어겼다
She will keep her *promise*. 그녀는 약속을 지킬 것이다
— 동 (3단현 **promises** [-iz]; 과거·과분 **promised** [-t]; 현분 **promising**) 타동 약속하다
I *promised* (him) help. 나는 (그에게) 원조를 약속했다
He *promised* (me) to be present. 그는 (나에게) 출석하겠다고 약속했다
— 자동 약속하다; 유망하다
The plan *promises* well. 그 계획은 전

promising - prospect

망이 좋다

prom·is·ing [prámisiŋ] 형 가망 있는, 유망한
He is a *promising* man. 그는 유망한 사람이다

pro·mote [prəmóut] 타동 (3단현 **promote**s [-s]; 과거·과분 **promoted** [-id]; 현분 **promoting**) 승진시키다; 촉진하다, 장려하다

prompt [prámpt] 형 (비교 **prompt**er; 최상 **prompt**est) 재빠른, 신속한
He was *prompt* for dinner. 그는 저녁 식사에는 재빨랐다

pro·noun [próunaun] 명 (복수 **pronoun**s [-z]) 《문법》 대명사
☑ he, her, some 등 명사 대신 쓰이는 말.

pro·nounce [prənáuns] 동 (3단현 **pronounce**s [-iz]; 과거·과분 **pronounce**d [-t]; 현분 **pronouncing**) 타동 자동 《명사는 pronunciation》 발음하다
How do you *pronounce* this word? 이 단어를 어떻게 발음합니까

pro·nun·ci·a·tion [prənÀnsiéiʃən] 명 발음 《a를 붙이지 않고 복수 없음》
We do not hear the "w" in the *pronunciation* of "sword." "sword"의 "w"발음은 들리지 않는다
(◆ 철자와 발음이 동사 pronounce와 다른 점에 주의)

proof [prú:f] 명 (복수 **proof**s [-s]) 증명; 증거
The picture is *proof* that he caught a fish. 이 사진은 그가 물고기를 잡았다는 것의 증명이다
— 형 ~를 예방한, ~가 통하지 않는
The house is *proof* against fire. 그 집은 내화 가옥이다
a water-*proof* watch 방수 시계

pro·pel·ler [prəpélər] 명 (복수 **propeller**s [-z]) 프로펠러

prop·er [prápər] 형 (비교 *more* **proper**; 최상 *most* **proper**)
❶ 적당한, 정당한, 온당한, 올바른
at the *proper* time 적당한 때에
Do you know the *proper* use of the word? 너는 그 단어의 올바른 사용법을 알고 있느냐
Do you know the *proper* way to address an envelope? 너는 편지봉투에 주소 쓰는 올바른 법을 알고 있느냐
❷ 특유의, 고유한
It is *proper* to cats. 그것은 고양이의 특성이다

a próper nóun 고유명사

prop·er·ly [prápərli] 부 적절하게; 올바르게

prop·er·ty [prápərti, próp-] 명 (복수 **propert**ies [-z]) 《집합적으로》 재산; 소유물
If you buy a book, it is your *property*. 네가 책을 한 권 사면 그것은 너의 소유물이 된다

pro·por·tion [prəpɔ́:rʃən] 명 비율; 균형, 조화 《a를 붙이지 않고 복수 없음》

pro·pos·al [prəpóuzəl] 명 (복수 **proposal**s [-z]) 신청, 제안, 결혼신청
peace *proposal* 평화의 제안

pro·pose [prəpóuz] 타동 (3단현 **propose**s [-iz]; 과거·과분 **propose**d [-d]; 현분 **proposing**) 신청[제안]하다; 청혼하다
He *proposed* a good plan. 그는 좋은 계획을 제안했다
Tom *proposed* marriage to Helen. 톰은 헬렌에게 청혼했다

prose [próuz] 명 산문(↔ verse 운문) 《복수없음》

pros·pect [práspekt, prɔ́s-] 명 복수 **prospect**s [-s])
❶ 전망, 경치
❷ 《보통 복수형으로》 (성공의) 가망,

protect - provide

전망

pro·tect [prətékt] 〔타동〕 (3단현 **protect**s [-s] ; 과거·과분 **protect**ed [-id] ; 현분 **protect**ing) (위험으로부터) 보호하다, 지키다
She *protected* Tom from danger. 그녀는 톰을 위험으로부터 보호했다
A mother dog will *protect* her pups. 엄마개는 새끼를 보호할 것이다

pro·tec·tion [prətékʃən] 〔명〕 《a를 붙이지 않고, 복수 없음》 보호
Her umbrella gave her *protection* from the rain. 그녀의 우산이 비로부터 그녀를 보호하였다

pro·test [prətést] 〔동〕 (3단현 **protest**s [-s] ; 과거·과분 **protest**ed [-id] ; 현분 **protest**ing) 〔타동〕〔자동〕 단언하다 ; 항의하다
She *protested* his honesty. 그녀는 그의 정직함을 주장했다
He *protested* against the plan. 그는 그 계획에 반대했다
— [próutest] 〔명〕 (복수 **protest**s [-s]) 항의
make a *protest* 항의하다
〔발음〕 명사와 동사의 강세 차이에 주의.

Prot·es·tant [prátəstənt, prɔ́t-] 〔명〕 (복수 **protestant**s [-s]) (기독교의) 프로테스탄트

*****proud** [práud] 〔형〕(비교 **proud**er ; 최상 **proud**est) 《명사는 pride》
❶ 자랑으로 여기는
I am *proud* to be a nurse. 나는 간호사인 것을 자랑으로 여긴다
❷ 거만한, 뽐내는
I don't like *proud* people. 나는 거만한 사람들을 싫어한다
be proud of ... ~를 자랑으로 여기다, ~를 뽐내다
He *is proud of* his son. 그는 자기 아들을 자랑으로 여긴다
✎ 「~을 자랑으로 여기다」의 여러 표현: be proud of ..., take pride in ..., pride oneself on ...
〔발음〕 [áu]의 발음에 주의. 또 비교급 more proud, 최상급 most proud도 있다.

proud·ly [práudli] 〔부〕 자랑스럽게, 의기 양양하게

*****prove** [prúːv] 〔동〕 (3단현 **prove**s [-z] ; 과거 **prove**d [-d] ; 과분 **prove**d 또는 **proven** [prúːvn] ; 현분 **prov**ing) 〔타동〕 시험해 보다 ; 증명하다
I *proved* a new car. 나는 새 차를 시험삼아 타 보았다
We can *prove* that the earth is round. 우리는 지구가 둥글다는 것을 증명할 수 있다
She *proved* herself (to be) a good actress. 그녀는 자신이 훌륭한 배우임을 증명했다
— 〔자동〕 《형용사를 취하여》 ~임이 알려지다, ~임이 판명되다
The book *proved* interesting. 그 책은 재미있다는 것이 판명되었다

prov·en [prúːvən] 〔동〕 〔미〕 prove (~을 증명하다)의 과거분사 중 하나

prov·erb [právərb] 〔명〕 (복수 **proverb**s [-z]) 속담
'Time is money' is an old *proverb*. 「시간은 돈이다」는 오래된 속담이다

pro·vide [prəváid] 〔동〕 (3단현 **provide**s [-z] ; 과거·과분 **provide**d ; 현분 **provid**ing) 〔타동〕 ❶ 준비하다, 마련하다
I *provided* a meal. 나는 식사를 마련했다
❷ 주다, 제공하다, 공급하다(=supply)
Sheep *provide* us with wool. 양은 우리에게 양털을 제공한다
We will *provide* a home for the cat and kittens. 우리는 고양이와 새끼고양이를 위해 집을 제공할 것이다
— 〔자동〕 준비하다
You must *provide* for the future. 너는

province - pull

장래를 대비하지 않으면 안 된다

prov·ince [prάvins] 몡 (복수 **provinces** [-iz]) (한국의) 도(道); (캐나다·스위스의) 주(州); ((the provinces로)) 지방, 시골

P.S. [píːés] (편지의) 추신
▶ postscript [póustskript]의 줄임꼴. 오늘날에는 잘 쓰이지 않고, 또 공식적인 편지에는 쓰지 않는 것이 좋다.

psy·chol·ogy [saikάlədʒi, -kɔ́l-] (◆p는 묵음임에 주의) 몡 심리학, 심리

PTA, P.T.A. [píːtíːéi] Parent Teacher Association(학부모와 선생의 모임)의 줄임꼴

pub [pʌ́b] 몡 (복수 **pubs** [-z]) 옝 ((구어)) 대중 술집

*****pub·lic** [pʌ́blik] 혱 (비교 *more public*; 최상 *most public*) 공적인(↔ private 사적인); 공개의, 공공의, 공립의
a *public* holiday 공휴일
a *public* hall 공회당
a *public* road 공도(公道)
make public 공표하다
The fact was *made public*. 그 사실은 공표되었다
públic opínion 여론
públic relátions 섭외, 선전 활동 ((P.R.로 줄여 쓴다. 일의 활동·목적 등을 대중에게 알리는 것. 따라서 「선전 활동」으로 된다))
— 몡 일반 사람들, 항간

▣ the public은 단수 취급도 되고 복수 취급도 된다. 복수형은 없다: The library is open to the public.(그 도서관은 일반에게 공개되어 있다)

in public 공개 석상에서, 사람 앞에서
You must not say such a thing *in public*. 사람들 앞에서 그런 것을 말

하면 안 된다

pub·li·ca·tion [pʌ̀bləkéiʃən] 몡 (복수 **publications** [-z]) 출판, 발행
The book is ready for *publication*. 책은 출판될 준비가 다 되었다

pub·lic school [pʌ́blik skúːl] 몡 (복수 **public schools** [-z])
❶ 回 공립 학교 ((공금으로 경영하는 초등학교·중학교))
❷ 옝 퍼블릭 스쿨
▶ 13세 이상의 남자가 입학하는 기숙사 제도의 사립 학교로, 여기를 졸업하면 대학에 진학한다. 오랜 역사를 가진 이튼(Eton), 해로(Harrow), 럭비(Rugby) 등이 유명하다.

pub·lish [pʌ́bliʃ] 타동 (3단현 **publishes** [-iz]; 과거·과분 **published** [-t]; 현분 **publishing**) ~을 출판하다
He will *publish* his diary soon. 그는 그의 일기를 조만간 출판할 것이다

pub·lish·er [pʌ́bliʃər] 몡 (복수 **publishers** [-z]) 출판업자, 발행자; 출판사

pud·ding [púdiŋ] 몡 (복수 **puddings** [-z]) ((과자)) 푸딩 ((밀가루·과일·우유·계란·설탕 등으로 만든다))

pud·dle [pʌ́dl] 몡 (복수 **puddles** [-z]) (빗물 등의) 웅덩이
He likes to walk through *puddles* after it rains. 그는 비 온 후에 웅덩이를 걸어가는 것을 좋아한다

puff [pʌ́f] 몡 (복수 **puffs** [-s]) (바람·숨 등의) 한 번 불기
— 동 (3단현 **puffs** [-s]; 과거·과분 **puffed** [-t]; 현분 **puffing**) 타동 숨을 훅 불다
He tried to *puff* out all the candles at once. 그는 숨을 훅 불어 한 번에 촛불을 끄려고 했다

*****pull** [púl] 동 (3단현 **pulls** [-z]; 과거·과분 **pulled** [-d]; 현분 **pulling**) 타동 끌다, 당기다(↔push 밀다)

pullover - pupil

Tom *pulled* Mary's hair. 톰은 메리의 머리카락을 끌어당겼다
He will *pull* his sled up the hill. 그는 그의 썰매를 언덕위로 끌고 갈 것이다
I *had* my tooth *pulled* out. 나는 이를 뽑았다
— (자동) 끌다, 당기다, 잡아당기다
He *pulls* at a rope. 그는 밧줄을 잡아당긴다
pull down 끌어내리다; (집을) 헐다
He *pulled down* the curtain. 그는 커튼을 끌어내렸다
The house was *pulled down*. 그 집은 헐렸다 《down은 부사》
pull off 잡아채다, 벗다
She *pulled off* her boots. 그녀는 장화를 벗었다
pull out ... (이·마개 등을) 뽑다; ~를 빼내다, 꺼내다
He wasn't ready to *pull out* his sword. 그는 칼을 뽑을 준비가 되어 있지 않았다
— 명 (복수 **pulls** [-z]) 끌어당김
I gave a *pull* at the rope. 나는 그 로프를 한 번 당겼다

pull·over [púlòuvər] 명 (복수 **pullovers** [-z]) 풀오버 《머리로부터 입는 스웨터》

pulse [pʌ́ls] 명 (의학) 맥박
The doctor felt her *pulse*. 의사는 그녀의 맥을 짚어 보았다

pump [pʌ́mp] 명 (복수 **pumps** [-s]) 펌프
a water *pump* 물 푸는 펌프
The farmer used a *pump* to get water out of the well. 농부는 우물로부터 물을 나오게 하기 위해 펌프를 사용하였다
— 통 (3단현 **pumps** [-s]; 과거·과분 **pumped** [-t]; 현분 **pumping**)
(타동) 펌프로 물을 푸다; (타이어에) 펌프로 공기를 넣다
Ted *pumped* up a tire. 테드는 타이어에 펌프로 바람을 넣었다

pump·kin [pʌ́mpkin] 명 (복수 **pumpkins** [-z]) 《식물》 호박

punch [pʌ́ntʃ] 명 (복수 **punches** [-iz])
❶ 구멍 뚫는 도구, (차표 등을 찍는) 구멍 가위
❷ 주먹질, 펀치
The boxer threw a hard *punch*. 권투 선수는 센 펀치를 날렸다
❸ 펀치 《술·설탕·우유·레몬·향료 등을 넣어 마시는 음료》

punc·tu·al [pʌ́ŋktʃuəl] 형 시간을 엄수하는
She's never *punctual* in answering letters. 그녀는 답장 쓸때 한번도 시간을 엄수한 적이 없다

punc·tu·a·tion [pʌ̀ŋktʃuéiʃən] 명 구두점을 찍는 것; 구두점
● **punctuátion màrks 구두점** ●
a period 피리어드, 마침표
a comma 콤마, 쉼표
a colon 콜론
a semicolon 세미콜론
a question mark 물음표
an exclamation mark 느낌표
quotation marks 따옴표

pun·ish [pʌ́niʃ] (타동) (3단현 **punishes** [-iz]; 과거·과분 **punished** [-t]; 현분 **punishing**) 벌주다, 처벌하다
His father sometimes *punishes* him. 그의 아버지는 그를 가끔 벌준다
You will be *punished* for that. 너는 그것 때문에 벌 받을 것이다
She does not want to *punish* her dog. 그녀는 그녀의 개를 벌 주고 싶어하지 않는다

pun·ish·ment [pʌ́niʃmənt] 명 벌, 형벌
Spanking is a kind of *punishment*. 엉덩이를 찰싹 때리는 것은 일종의 벌이다

★**pu·pil** [pjúːpl] 명 (복수 **pupils** [-z]) 학생; (개인 지도의) 배우는 아이

puppet - pursuit

"How many *pupils* are there in your class?"–"There are forty." 「너의 반에는 학생이 몇 명 있느냐」–「40명 있습니다」

We are Miss May's *pupils*. 우리는 메이 선생님의 학생입니다

The music teacher takes private *pupils*. 그 음악 선생은 학생들을 개인 지도한다

📒 pupil은 미국에서는 초등학생, 영국에서는 초등학생·중학생을 말한다. 또 student는 미국에서는 중학생 이상, 영국에서는 대학생을 뜻한다.

pup·pet [pʌ́pit] 몡 (복수 **puppet**s [-s]) 꼭두각시, (인형극의) 인형(→ doll 인형)

pup·py [pʌ́pi] 몡 (복수 **pupp**ies [-z]) 강아지

puppet

pur·chase [pə́:rtʃəs] 동 (3단현 **purchase**s [-iz]; 과거·과분 **purchase**d [-d]; 현분 **purchas**ing) 타동 ~을 사다

Mother went to the department store to *purchase* a necktie. 어머니는 넥타이를 사러 백화점에 가셨다

— 몡 구입, 구매 《복수 없음》

She gave her son some money for the *purchase* of his school books. 그녀는 그녀의 아들에게 학교책을 구입할 돈을 조금 주었다

pure [pjuər] 형 (비교 **purer**; 최상 **purest**) ❶ 흠이 없는, 순수한
pure gold 순금
❷ 틀림이 없는, 정확한
He speaks *pure* French. 그는 정확한 프랑스어를 말한다
❸ 깨끗한, 맑은
pure air 깨끗한 공기
She has a *pure* heart. 그녀는 깨끗한 마음을 갖고 있다
We drank *pure* water from the spring. 우리는 샘에서 맑은 물을 마셨다

Pu·ri·tan [pjúərətən] 몡 청교도 《16-17세기에 영국에서 일어난 신교도의 한 파》

pur·ple [pə́:rpl] 형 (비교 **purpler**; 최상 **purplest**) (보라에 가까운) 자주색의
— 몡 (보라에 가까운) 자주색 《a를 붙이지 않고 복수 없음》
➡ 왕권·귀족의 색깔로 생각됨.

pur·pose [pə́:rpəs] 몡 (복수 **purpose**s [-iz]) 목적
He realized his *purpose*. 그는 목적을 달성했다

for ... purpose ~ 목적으로
For what *purpose* are you going to America? 무슨 목적으로 미국에 가십니까

for the purpose of ~할 목적으로
Did you come to London *for the purpose of* seeing your family? 너는 너의 가족을 보려고 런던에 왔니

on purpose 고의로(↔ by accident 우연히)
He broke it *on purpose*. 그는 고의로 그것을 깨뜨렸다

to the purpose 적절히, 요령있게
His speech was *to the purpose*. 그의 연설은 요령이 있었다

purse [pə:rs] 몡 (복수 **purse**s [-iz]) 돈주머니 《지갑은 wallet이라고 함》; 몡 (부인용) 핸드백
풍습 영미인들은 소액의 동전은 대개 옷주머니에 그대로 넣고 다닌다. 팁이나 버스 요금을 빨리 꺼내어 주기 위해서이다.

pur·sue [pərsú:, pəsjú:] (♦ 강세가 뒤에 있음에 주의) 동 (3단현 **pursue**s [-z]; 과거·과분 **pursue**d [-d]; 현분 **pursu**ing) 타동 ~을 추적하다 뒤쫓다
The police are *pursuing* an escaped prisoner. 경찰은 탈옥수를 뒤쫓고 있다

pur·suit [pərsú:t, pəsjú:t] 몡 추적; 추구; 연구

push - put

★push [púʃ] 동 (3단현 **push**es [-iz]; 과거·과분 **push**ed [-t]; 현분 **push**ing) 타동 밀다(↔pull 당기다)
Push the door; don't pull. 문을 밀어라, 당기지 말고

☑ 문의 게시에는 *Push* 라고 쓴다.

Jim *pushed* the door open. 짐은 문을 밀어 열었다

── 자동 밀고 나가다, 헤쳐 나가다
The explorers *pushed* through the thick jungle. 탐험가들은 무성한 정글을 헤쳐나갔다

push aside (=*away*) 제쳐 놓다
She *pushed* him *aside*. 그녀는 그를 밀어 제쳤다

push into ... ~로 밀고 들어가다, 밀어 넣다
They *pushed into* the room. 그들은 방 안으로 밀고 들어갔다
He *pushed* his clothes *into* the suitcase. 그는 옷을 옷가방에 밀어 넣었다

push one's way through ... ~를 헤치고 나아가다
We *pushed our way through* the bushes. 우리는 수풀을 헤치고 나아갔다

── 명 (복수 **push**es [-iz]) 밀기, 미는 것
Give the door a hard *push*. 문을 세게 한 번 밀어라

puss·y [púsi] 명 (복수 **puss**ies [-z]) (어린이말) 고양이; 털이 나고 보드라운 것

★put [pút] 동 (3단현 **put**s [-s]; 과거·과분 **put**; 현분 **put**ting) 타동
❶ **놓다**, 두다, 넣다
Put the vase on the shelf. 꽃병을 선반 위에 놓아라
He *put* his hand in his pocket. 그는 한 손을 주머니에 넣었다
Mary *put* a stamp on the envelope. 메리는 우표를 봉투에 붙였다

❷ (질문을) **하다**; 쓰다; 설명하다; 번역하다

He *put* a question to the boy. 그는 소년에게 질문했다
Put your name here, please. 여기에다 이름을 쓰시오
Can you *put* this in simpler words? 더 쉬운 말로 이것을 설명할 수 있습니까
Put the sentence into English. 그 문장을 영어로 해석하시오

put away (=*aside*) 치우다, 따로 모으다
Put away your toys. 장난감들을 치워라
Put the books *away* neatly in the cupboard. 책을 책장안에 깨끗이 치워두거라
Put these stamps *away*. 이 우표들을 따로 모아 두어라

put back (제자리에) 갖다 놓다
Put the dictionary *back* on the desk. 그 사전을 책상 위에 도로 갖다 놓아라
[작문] *Put back* the dictionary on the desk.라고는 하지 않음.

put down 내려 놓다; 써 넣다
Put your pencils *down*. 연필을 내려놓아라
Here is my address ─ *put* it *down*, please. 여기 내 주소가 있습니다. 그것을 써 넣으시오

put forth (싹 등이) 나오다, 내 놓다
Trees *put forth* buds in spring. 나무는 봄에 싹이 트기 시작한다

put in 넣다, 끼워넣다, 삽입하다
You must *put in* this word here. 너는 여기에 이 말을 넣어야 한다

put ... in order ~를 정돈하다
Put the room *in order*. 방을 정돈하라

put off 연기하다, 미루다
We *put off* the meeting till next Saturday. 우리는 그 모임을 다음 토요일까지 연기했다
I feel ill; I have to *put off* my visit. 나는 아프다; 나는 내 방문을 연기해야겠다

472

put on (옷을) 입다, (모자를) 쓰다, (구두 등을) 신다(↔ take off 벗다) 《on은 부사》
Jane *put on* her coat. 제인은 웃옷을 입었다
Put on your hat.(=*Put* your hat *on*.) 모자를 써라
작문 put on은 「몸에 걸치다」〈동작〉, wear는 「몸에 걸치고 있다」〈상태〉의 뜻. 또 put on에는 one's (hat 등)를, wear에는 a (hat 등)를 쓰는 것이 보통이다: He wears a hat. (그는 모자를 쓰고 있다)

put out (불 등을) 끄다
He *put out* the light. 그는 전등을 껐다

put ... to bed ~를 재우다
Put the children *to bed*. 아이들을 재워라

put together 합치다, 조립하다; 구성하다, 만들다
He *put* the machine *together*. 그는 그 기계를 조립했다
He *put* a team *together*. 그는 팀을 만들었다

put up (돛·기 등을) 게양하다; (텐트를) 치다; 게시하다
They *put up* a flag on the hill. 그들은 언덕 위에 기를 게양했다
We *put up* a tent by the lake. 우리는 호수가에 천막을 쳤다
Don't *put up* posters here. 여기에 포스터를 붙이지 마라

put up at ... ~에 투숙하다
We *put up at* an inn for the night. 우리는 그날 밤에 한 여인숙에 투숙했다

put up with ... ~를 참다(=endure)
We must *put up with* hardships. 우리는 고난을 참고 견디지 않으면 안 된다

puts [púts] 통 put(~을 놓다)의 3인칭 단수 현재형

put·ting [pútiŋ] 통 put(~을 놓다)의 현재분사형

puz·zle [pʌ́zl] 명 (복수 **puzzle**s [-z]) 어려운 문제; 수수께끼; 당황
a word *puzzle* 낱말 맞추기
He enjoys jigsaw *puzzles*. 그는 그림 조각 맞추기 퍼즐을 즐긴다

puzzle

— 통 (3단현 **puzzle**s [-z]; 과거·과분 **puzzle**d [-d]; 현분 **puzzl**ing) 타통 당황하게 하다
The difficult problem *puzzled* us. 그 어려운 문제는 우리를 당황하게 했다

py·jam·as [pədʒɑ́:məz] 명 영 =pajamas

*__pyr·a·mid__ [pírəmid] 명 (복수 **pyramid**s [-z]) 피라미드 《고대 이집트의 왕릉; 나일강 하류 지방에 20여개가 있다》
In Egypt, large *pyramids* are monuments to dead kings. 이집트에서 큰 피라미드는 죽은 왕들의 기념물이다

pyramid

Q - quarter

Q q *q*

Q, q [kjú:] 명 (복수 **Q's, Qs, q's, qs** [-z]) 큐《알파벳의 제 17자》
〈◆ 동음어 queue (줄)〉

quack [kwǽk] 명 꽥꽥《오리의 울음소리》
— 자동 꽥꽥 소리를 내다
A rooster does not *quack*. 닭은 꽥꽥 소리를 내며 울지 않는다

quail [kwéil] 명 (복수 **quails**[-z])
《새》메추라기
The *quail* is sometimes called the "bobwhite". 메추라기는 때때로 "bobwhite" 라고 불린다

qual·i·ty [kwάləti] 명 (복수 **qualities** [-z]) 질(質) (↔ quantity 양), 품질
This cloth is of very high *quality*. 이 천은 매우 질이 좋다

quan·ti·ty [kwάntəti] 명 (복수 **quantities** [-z])
❶ 양, 수량, 분량(↔ quality 질)
I prefer quality to *quantity*. 나는 양보다 질을 좋아한다
❷《흔히 복수로》다량, 다수
a quantity of ...(= **quantities of ...**) 많은 ~
Our family eats *a* large *quantity of* fruit. 우리 가족은 많은 양의 과일을 먹는다
📝 many 나 much 를 쓰는 것이 보통이다.
We have had *quantities of* rain this spring. 금년 봄에는 비가 많이 왔다

***quar·rel** [kwɔ́:rəl] 명 (복수 **quarrels** [-z]) 싸움, 말다툼
He had a *quarrel with* his father. 그는 아버지와 싸웠다
— 동 (3단현 **quarrels** [-z]; 과거·과분 **quarreled** [-d]; 현분 **quarreling**)
자동 싸우다, 말다툼하다
I *quarreled* with her about it. 나는 그것에 대해서 그녀와 싸웠다

***quar·ter** [kwɔ́:rtər] 명 (복수 **quarters** [-z])
❶ 4분의 1(→ half 2분의 1)
A *quarter* of an hour is fifteen minutes. 1시간의 4분의 1은 15분이다
He did three *quarters* of the work. 그는 그 일의 4분의 3을 했다
📝 4분의 3은 보통 three fourths 보다도 three *quarters*를 쓴다.
She cut an apple in *quarters*. 그녀는 사과를 4등분으로 잘랐다
❷ 15분《1시간의 4분의 1》
It is a *quarter* past three. 3시 15분이다

📋 half(30분)의 경우는 부사이므로 a 를 붙이지 않는다: It is half past three.(3시 반이다)

❸ (미국·캐나다의) 25센트 은화《4분의 1달러이므로》
There are four *quarters* in a dollar. 1달러는 25센트짜리 4개와 같다
❹ (도시의 특수한) 지구, ~가
the Korean *quarter* in Los Angeles 로스앤젤레스의 한국인가(街)
an industrial *quarter* 공업지대
the Latin *Quarter* 라틴 지구《파리의 센 강 서쪽에 있는, 학생이나 예술가가 많이 사는 구역》
❺ 방면, (지구상의) 지역, 지방
They came from every *quarter* of the

world. 그들은 세계의 모든 지역에서 왔다

quartz [kwɔ́ːrts] 명 《광물》 석영(石英)

Que·bec [kwibék] 명 퀘벡 《캐나다 동부의 주》

***queen** [kwíːn] 명 (복수 **queens** [-z]) ❶ 여왕, 왕비(↔ king 왕)
▶ king 의 황후가 반드시 queen 이 되는 것은 아니다.
Queen Elizabeth Ⅱ 엘리자베스 2세 《현재의 영국 여왕》
☑ Ⅱ 는 the second 라고 읽는다.
❷ 꽃, ~여왕, 퀸
a *queen* of society 사교계의 꽃
the May *Queen* 5월의 여왕 《May day 에 뽑힌 소녀 →May Day》
the Quéen's Énglish (또는 **Kíng's Énglish**) 순수 영어
☑ 영국에서 현재의 군주가 여왕인 이상, 성구 중의 King은 Queen으로.

***queer** [kwíər] 형 (비교 **queerer**; 최상 **queerest**) 기묘한, 이상한
There is something *queer* about him. 그에게는 뭔가 이상한 점이 있다
The Kangaroo is a *queer* animal. 캥거루는 이상한 동물이다

***ques·tion** [kwéstʃən] 명 (복수 **questions** [-z])
❶ 질문, 물음(↔ answer 답)
Do you have any *question*? 질문이 있습니까
May I ask you a *question*? 질문을 해도 좋습니까
Answer me this *question*. 이 질문에 답하라
He asked me a *question*.(= He asked a *question* of me.) 그는 나에게 질문을 했다
❷ 문제, 문제점
Success is only a *question* of time. 성공은 시간 문제일 뿐이다
That's another *question*. 그것은 문제점이 아니다[그것은 다른 문제다]

out of the question 불가능한
You can't go to the party in that dirty dress; it's *out of the question*. 너는 더러운 드레스를 입고 파티에 갈 수 없어. 그것은 불가능해

ques·tion mark [-màːrk] 《문법》 물음표 《?》

ques·tions [kwéstʃənz] 명 **question**(질문)의 복수형

queue [kjúː] 명 줄, 열
a long *queue* at the bus stop 버스 정류장의 긴 줄
— 동 (3단현 **queues**[-z] ; 과거·과분 **queued**[-d] 현분 **queuing**)
(자동) 줄을 서다
〈◆동음어 Q (알파벳의 하나)〉

***quick** [kwík] 형 (비교 **quicker**; 최상 **quickest**)
❶ 빠른(↔ slow 느린)
a *quick* walker 빨리 걷는 사람
The dog could not catch the *quick* fox. 개는 빠른 여우를 잡을 수 없었다
❷ 날랜, 예민한
Give me a *quick* answer. 빨리 답을 하시오
He is *quick* about his work. 그는 일이 빠르다
— 부 《구어》 빨리, 급히(= quickly)
Come *quick*, please! 빨리 오시오
(*as*) *quick as lightning* 번개같이, 눈 깜박할 사이에, 순식간에

quick·ly [kwíkli] 부 (비교 *more quickly*; 최상 *most quickly*) 빨리, 급히, 속히(↔ slowly 천천히)
The fireman *quickly* put out the fire. 소방수는 재빠르게 불을 껐다

***qui·et** [kwáiət] 형 (비교 **quieter** ; 최상 **quietest**)
❶ 조용한, 말이 없는
Be *quiet* for a while. 잠시 조용히 해라
All is *quiet* in the room. 방은 아주 조용하다
Mr. White is a *quiet* man. 화이트 씨

quietly - quote

는 조용한 사람이다
It was a *quiet* Sunday afternoon. 조용한 일요일 오후였다
❷ (색조 등이) **수수한**, 점잖은(↔ gay 화려한)
He wears a *quiet* tie. 그는 수수한 넥타이를 매고 있다
at [*in*] *quiet* 조용히, 평화롭게(=quietly)
He lived there *in quiet*. 그는 거기서 조용히 살았다

qui·et·ly [kwáiətli] 튀 조용히, 평화롭게
Speak *quietly*. 조용히 말하시오
The teacher worked *quietly* at her desk. 선생님은 책상에서 조용히 일했다

qui·et·ness [kwáiətnis] 명 조용함, 평온

quilt [kwílt] 명 (양털·솜·깃털 등을 속에 넣은) 누비이불; 침대커버
A *quilt* can be made of many pieces of cloth sewed together. 침대커버는 천을 조각조각 이어서 만들수 있다

quilt·ing [kwíltiŋ] 명 이불감

quit [kwít] 동 (3단현 **quits** [-s]; 과거·과분 **quit** 또는 **quitted** [-id] 현분 **quitting**) 타동 물러나다, 떠나다; 자동 (구어) 그만두다, 사직하다
Quit smoking. 담배를 끊어라
Tom's sister *quit* her job. 톰의 누나는 사직하였다
— 자동 그만두다
I *quit*! 나는 기권이다

★**quite** [kwáit] 튀
❶ 아주, 완전히
He is *quite* well again. 그는 (건강이) 다시 아주 좋아졌다
We are *quite* happy. 우리는 아주 기쁘다
I *quite* agree with you. 나는 완전히 너와 같은 의견이다
"This cake is good, isn't it?"–"*Quite* so." 「이 케이크는 맛이 있습니다, 그렇죠」–「아주 동감이에요」
❷ (구어) **굉장히**, 대단히
I'm *quite* tired. 나는 굉장히 피곤하다
It was *quite* a good dinner. 굉장히 맛있는 식사였다
It's *quite* cold this morning. 오늘 아침은 굉장히 춥다
❸ **상당히**, 꽤(=rather)
It's *quite* a long time. 상당히 오랜 시간이 걸렸다
She is *quite* a pretty girl. 그녀는 꽤 예쁜 소녀이다
That is *quite* a building. 저것은 꽤나 멋있는 빌딩이다

📝 *quite* a good dinner; *quite* a pretty girl처럼 quite를 부정관사 a 앞에 쓰는 것이 a *quite* good dinner 보다 구어적이다.

not quite ... 완전히 ~한 것은 아니다
📝 부정문에 쓰여 부분 부정으로 된다
It is *not quite* dark. 완전히 어두운 것은 아니다 《어느 정도는 밝다》
He is *not quite* a bad man. 그는 완전히 악인은 아니다

quiz [kwíz] 명 (복수 **quizzes** [-iz]) 시험 문제, 시험; 퀴즈
a *quiz* program (텔레비전·라디오의) 퀴즈 프로그램

quo·ta·tion [kwoutéiʃən] 명 (복수 **quotations** [-z]) 인용(한 것); 인용어[구, 문]
Jane memorized some Lincoln *quotations*. 제인은 몇몇의 링컨의 인용어를 외웠다

quo·ta·tion marks [-mà:rks] (문법) 따옴표(" ")

quote [kwóut] 타동 (3단현 **quotes** [-s]; 과거·과분 **quoted** [-id] 현분 **quoting**) (남의 말·글을) 인용하다
She *quoted* the Bible to support her beliefs. 그녀는 자신의 믿음을 지지하기 위해 성경을 인용하였다

R, r [ɑːr] 명 (복수 **R's**, **Rs**, **r's**, **rs** [-z]) 아르 《알파벳의 제 18자》

rab·bit [rǽbit] 명 (복수 **rab·bits** [-s]) 《동물》 토끼
He keeps a *rabbit*. 그는 토끼를 기르고 있다

📘 **rabbit 과 hare 의 비교**
rabbit 은 집토끼 또는 산토끼로 굴을 파고 산다. hare 는 rabbit 보다 큰 산토끼이며, 바위의 틈이나 덤불 속에 집을 만든다. 미국에서는 일반적으로 토끼를 rabbit 이라고 한다

rabbit

race¹ [réis] (◆ a는 [ei]로 발음) 명 (복수 **races** [-iz]) 경주, 경쟁
a boat *race* 보트 경주
a horse *race* 경마
a marathon *race* 마라톤 경주
He will win the five-mile *race*. 그는 5마일 경주에서 우승할 것이다
Let's run a *race*! 경주하자
— 동 (3단현 **races** [-iz]; 과거·과분 **raced** [-t]; 현분 **racing**) 자동 경주하다
I *raced* with him to the gate. 나는 그와 정문까지 경주했다
— 타동 ~와 경주하다, ~을 경주시키다

race² [réis] 명 (복수 **races** [-iz]) 인종, 민족
the white *race* 백인종
the black *race* 흑인종

ra·cial [réiʃəl] 형 인종의, 민족의

rack [rǽk] 명 (열차·버스 등의) 선반, 걸이
a hat *rack* 모자 걸이

rack·et [rǽkit] (◆ ck는 [k]로 발음) 명 (복수 **rackets** [-s]) (테니스의) 라켓
She has a *racket* under her arm. 그녀는 겨드랑이에 라켓을 끼고 있다
📘 미에서는 racquet 으로 쓰기도 함

ra·dar [réidɑːr] 명 (복수 **radars** [-z]) 전파 탐지기, 레이더 《radio detecting and ranging의 약어》

ra·di·a·tor [réidièitər] (◆ 발음 주의) 명 방열기; (자동차의) 라디에이터; 냉각 장치

ra·di·o [réidiòu] 명 (복수 **radios** [-z]) ❶ 《the를 붙여서》 라디오(방송) 《영에서는 wireless 라고도 쓴다》; 무선 전신 《a를 붙이지 않고, 복수 없음》
I set my watch by the *radio*. 나는 시계를 라디오에 맞추었다
Tom was listening to the *radio*. 톰은 라디오를 듣고 있었다
📘 「그는 텔레비전을 보고 있었다」는 He was watching television. 이라고 한다. 텔레비전에는 a 나 the 가 붙지 않는다
We heard the news on the *radio*. 우

radioactive - rain

리들은 그 뉴스를 라디오에서 들었다
Turn off the *radio*, please. 라디오를 꺼 주시오 《off 는 부사》
Can we turn on the *radio*? 라디오를 켜도 될까요
I sent a message by the *radio*. 나는 무전으로 통신을 보냈다
❷ 라디오 수신기(= radio set)
a portable *radio* 휴대용 라디오
I bought a new *radio*. 나는 새 라디오를 샀다

ra·di·o·ac·tive [rèidiouǽktiv] 형
방사성의, 방사능이 있는
a *radioactive* element 방사성 원소

ra·di·o station [réidiou stèiʃən] 명 라디오 방송국, 무선국

rad·ish [rǽdiʃ] 명 (복수 **radishes** [-iz]) (식물) 무

raft [rǽft] 명 (복수 **rafts** [-s]) 뗏목; 고무 보트

rag [rǽg] 명 (복수 **rags** [-z]) 넝마, 누더기
a girl in *rags* 누더기 옷을 입은 소녀

rage [réidʒ] 명 (복수 **rages** [-iz]) 격노, 분격
— 동 (3단현 **rages** [-iz]; 과거·과분 **raged** [-id]; 현분 **raging**) 자동
격노하다

rag·ged [rǽgid] 형 남루한, 넝마를 입은

rail [réil] 명 (복수 **rails** [-z]) (울타리 등의) 가로대, 난간; 궤도, 철도, 철도편
We traveled by *rail*. 우리는 열차로 여행했다

rail

rail·road [réilròud] 명 (복수 **rail·roads** [-z]) (미) 철도(= 영 railway)
a *railroad* station 철도역

rail·way [réilwèi] 명 (복수 **rail·ways** [-z]) 영 철도(= 미 railroad)

★**rain** [réin] 명 《형용사는 rainy》
비, 강우(→ shower 소나기)
It looks like *rain*.⁽¹⁾ 비가 내릴 것 같다
We had a lot of *rain* last month.⁽²⁾ 지난 달에는 비가 많이 왔다
We'll have *rain* tomorrow.⁽³⁾ 내일은 비가 올 것이다
We had a heavy *rain* last night.⁽⁴⁾ 어젯밤에는 비가 많이 왔다
We had little *rain* last week.⁽⁵⁾ 지난 주에는 비가 거의 내리지 않았다
There was a light *rain* this morning.⁽⁶⁾ 오늘 아침에 약간의 비가 내렸다
The *rain* is over.⁽⁷⁾ 비가 그쳤다
They went out in the *rain*.⁽⁸⁾ 그들은 우중(雨中)에 외출했다
I was caught in the *rain* on the way.⁽⁹⁾ 나는 도중에 비를 만났다

> 🔲 (1) (2) (3) 처럼 rain에는 보통 a나 the가 붙지 않는다. 단, (4) (6) 처럼 형용사가 붙으면 a가 붙고 (7) (8) (9) 처럼 특정한 때에는 the가 붙는다. (2) (3) (4) (5) 처럼 자연 현상은 we have …로 나타지만, (6) 처럼 there is …로도 나타낼 수가 있다

rain or shine 비가 오거나 맑거나, 날씨에 관계없이, 어떤한 일이 있어도
☑ 부사적으로 쓰인다
Rain or shine, I will go. 비가 오거나 맑거나, 나는 가겠다
— 동 (3단현 **rains** [-z]; 과거·과분 **rained** [-d]; 현분 **raining**)
자동 《날씨를 나타내는 it을 주어로 하여》 **비가 오다**, 비가 내리다
It *rains*. 비가 내린다
It will *rain* tomorrow. 내일은 비가 올 것이다

It began to *rain*. 비가 내리기 시작했다
It stopped *raining*. 비가 멈췄다

***rain·bow** [réinbòu] 명 (복수 **rainbows** [-z]) **무지개**

There is a *rainbow* in the sky. 하늘에 무지개가 떴다

☑ rain(비)+bow(활 모양)에서 생긴 말
▶ 무지개 빛깔은 바깥쪽에서부터 red(빨간색), orange(오렌지색), yellow(노란색), green(초록색), blue(파란색), indigo(남색), violet(보라색) 등 7색

rainbow

rain·coat [réinkòut] 명 (복수 **raincoats** [-s]) 비옷, 레인코트

rained [réind] 통 **rain**(비가 오다)의 과거·과거분사형

rain·fall [réinfɔ̀:l] 명 강우, 강우량

rain·ing [réiniŋ] 통 **rain**(비가 오다)의 현재분사형

rains [réinz] 통 **rain**(비가 오다)의 3인칭 단수 현재형

****rain·y** [réini] 형 (비교 **rainier**; 최상 **rainiest**) 《명사는 rain》 비의, 비가 오는, 비가 많은(↔nice 맑은)
It is *rainy* today. 오늘은 비가 온다.
She left the town on a *rainy* day. 그녀는 비 오는 날에 그 도시를 떠났다
July is a *rainy* month in Korea. 한국에서 7월은 비가 많이 오는 달이다
The *rainy* season has set in. 장마철이 시작되었다

☑ 날씨를 나타내는 「명사+y」
cloud (구름)+y → cloudy (흐린)
rain(비)+y → rainy (비가 오는)
snow(눈)+y → snowy (눈이 내리는)
storm(폭풍우)+y → stormy (폭풍우의)
sun(태양)+y → sunny(햇빛이 쬐는)
wind(바람)+y → windy (바람 부는)

raise [réiz] 통 (3단현 **raises** [-iz]; 과거·과분 **raised** [-d]; 현분 **raising**) 《자동사는 rise》 타동 ❶ ~을 올리다, 일으키다

The students *raised* their hands to answer. 학생들은 대답하기 위해 손을 들었다
He *raised* his hat to me. 그는 나에게 모자를 조금 들어올려 인사를 하였다 《모자를 머리에서 가볍게 조금 올리는 동작으로 인사를 대신한다》

❷ 세우다(=build)
They *raised* a tower. 그들은 탑을 세웠다

❸ (아이를) 키우다; (가축을) 사육하다; (채소 등을) 재배하다
She *raised* three children. 그녀는 아이들 셋을 키웠다
— 명 올리기

rai·sin [réizn] 명 (복수 **raisins** [-z]) 건포도 《'포도'는 grape》

rake [réik] 명 (복수 **rakes** [-s]) 갈퀴, 고무래, 갈퀴 모양의 농기구

****ran** [rǽn] 통 **run**(달리다)의 과거형 《과거분사형은 run》
He *ran* very fast. 그는 매우 빨리 달렸다

ranch [rǽntʃ] 명 (미국 서부·캐나다의) 대목장; 대농장, 대농원

ran·dom [rǽndəm] 형 (비교 *more* random; 최상 *most* random) 닥치는[되는] 대로의, 마구잡이의, 임의의
a *random* remark 마구잡이 소견
at random 닥치는 대로, 아무렇게나
I read many books *at random*. 나는 닥치는 대로 책을 많이 읽는다

***rang** [rǽŋ] 통 **ring**(울리다)의 과거형

range [réindʒ] 통 (3단현 **ranges**

ranger - rather

[-iz] ; 과거·과분 ranged [-d] ; 현분 ranging) 타동 (사람·물건을) 정렬시키다
— 자동 줄짓다 ; (한줄로) 뻗다
— 명 (복수 ranges [-iz])
❶ 열, 줄 ; 산맥 ; 연속
a *range* of mountains 산맥
a wide *range* of meadows 광대한 목초지
❷ (요리용 가스·전자) 레인지

rang·er [réindʒər] 명 미 삼림 감시원 ; 돌아다니는 사람

rank [rǽŋk] 명 (복수 **ranks** [-s]) 지위, 순위 계급
a writer of the first *rank* 일류 작가
— 통 (3단현 **ranks** [-s] ; 과거·과분 **ranked** [-t] ; 현분 **ranking**) 자동 지위에 있다, 줄서다
He *ranks* next to me. 그는 내 옆에 줄서 있다

Raph·a·el [rǽfiəl] 명 라파엘 《Sanzio ~ (1483-1520) ; 문예 부흥기의 이탈리아의 화가·건축가》

Raphael

rap·id [rǽpid] 형 (비교 **more rapid** ; 최상 **most rapid**) 신속한
a *rapid* stream 급류
— 명 《보통 복수형으로》 급류

rap·id·ly [rǽpidli] 부 빠르게, 신속히 (=quickly)

rare [rɛ́ər] 형 (비교 **rarer** ; 최상 **rarest**)
❶ 드문, 희귀한
a *rare* book 진본, 희귀한 책
❷ 미 (요리) 살짝 익힌, 덜 구운
I like beefsteak *rare*. 나는 살짝 구운 비프스테이크를 좋아한다

rare·ly [rɛ́ərli] 부 좀처럼 ~하지 않다 (=seldom)
He *rarely* comes here. 그는 좀처럼 여기에 오지 않는다

rat [rǽt] 명 (복수 **rats** [-s]) (동물) 쥐 《시궁쥐, 들쥐 따위》
📝 mouse(생쥐)보다 크다. 고양이가 잡는 것은 mouse, 개가 잡는 것은 rat. 한국의 집쥐나 시궁쥐는 rat. mouse 와는 달리 rat의 이미지는 좋지 않아서 '배반자'등의 뜻도 있다

rate [réit] 명 (복수 **rates** [-s])
❶ 비율, 율 ; 속도
the birth[death] *rate* 출생[사망]률
at the *rate* of 60 kilometers an hour 시속 60 km로
❷ 요금, 값(=price) ; 등급(=class)
hotel *rates* 호텔 요금
at an high *rate* 비싼 값으로
the first *rate* 제 1급
at any rate 적어도 ; 하여튼, 좌우간에
At any rate he will try. 하여튼 그는 해볼 것이다

★**rath·er** [rǽðər, 영 rɑ́:ðə] 부
❶ 약간 ; 꽤
I feel *rather* tired. 나는 약간 피곤하다
The weather was *rather* warm. 날씨는 꽤 더웠다
You've done *rather* well. 너는 상당히 잘 했다
📝 「약간」과 「꽤」는 그 뜻이 상당히 다르지만, 문맥의 전후 관계로 그 뜻을 정한다. 소극적인 표현으로서 rather 는 실제로 「꽤」라는 뜻이 될 때가 흔히 있다
❷ 영 《강한 긍정의 대답》 그렇고 말고, 물론이지(=Certainly!)
"Do you like music?"—"*Rather!*"
「음악을 좋아하니」—「암, 좋아하지」
📝 미국 사람은 거의 쓰지 않는다
rather than ... ~라기 보다 오히려 [차라리]
It is a hill *rather than* a mountain. 그것은 산이라기보다 오히려 언덕이다
would[had] rather ~ (than ...) (…하기 보다) 차라리 ~하고 싶다, ~하는 편이 낫다
I *would rather* go *than* stay. 나는

남아 있느니 차라리 가고 싶다
I would rather go at once. 나는 당장 가고 싶다

rat·tle [rǽtl] 통 (3단현 **rattle***s* [-z] ; 과거·과분 **rattle***d* [-d] ; 현분 **ratt***ing*) 자동 덜걱덜걱 소리나다; 재잘거리다
The car *rattled* along the road. 그 차는 도로를 덜커덩거리며 달렸다
— 타동 ~을 덜컹거리게 하다
— 명 (복수 **rattle***s* [-z]) 《종종 a를 붙여서》 덜거덕[우르르] 소리; 재잘거림

raw [rɔ́ː] 형 (음식이) 날것의(↔ cooked 요리된); 자연 그대로의, 가공하지 않은
raw meat 날고기
raw fish 날생선
raw material 원료

Ray [réi] 명 레이 《남자 이름; Raymond의 애칭》

ray [réi] 명 (복수 **ray***s* [-z]) 광선, 방사선, 열선(熱線)(→ light)
the *rays* of the sun 태양 광선
X-*rays* X선, 뢴트겐 선

ra·zor [réizər] 명 (복수 **razor***s* [-z]) 면도칼
an electric *razor* 전기면도기

★**reach** [ríːtʃ] 통 (3단현 **reache***s* [-iz] ; 과거·과분 **reach***ed* [-t] ; 현분 **reach***ing*) 타동 ❶ ~에 도착하다
They will *reach* Seoul tonight. 그들은 오늘밤 서울에 도착할 것이다
We *reached* the town before noon. 우리는 정오 전에 그 고장에 도착했다
The boat *reached* the shore. 보트는 해안에 닿았다
📝 이 뜻의 reach 는 arrive at, arrive in 과 대체로 같다. get to ... (~에 닿다)는 reach 보다 구어적인 표현
❷ ~에 닿다; (전화로) ~와 연락하다
Your letter *reached* me yesterday. 너의 편지는 어제 받았다
Can I *reach* you by telephone? 전화로 당신에게 연락할 수 있습니까
❸ (손을) 뻗치다, (손을 뻗쳐) 잡다
He *reached* his arm across the table. 그는 테이블 건너까지 손을 뻗쳤다
Please *reach* me the newspaper.(= Please *reach* the newspaper for me.) 신문을 집어주세요
— 자동 ❶ 닿다, ~가 닿다, 이르다
My hair *reaches* to my waist. 내 머리카락은 허리까지 닿는다
He *reached* home at five. 그는 5시에 집에 닿았다
How far does this subway *reach*? 이 지하철은 어디까지 연결됩니까
❷ 손을 뻗다, 손을 뻗어 잡다
He tried to *reach* for the book. 그는 손을 뻗어 책을 집으려고 했다
— 명 손이 닿는 거리, 힘이 미치는 범위 《a를 붙이지 않고, 복수 없음》
He put his alarm clock within his *reach*. 그는 자명종 시계를 손이 닿는 곳에 두었다

re·act [riːǽkt] 자동 (3단현 **react***s* [-s] ; 과거·과분 **react***ed* [-id] ; 현분 **react***ing*) (어떤 힘에 대하여) 반작용하다; (자극 등에) 반응하다

re·ac·tion [riːǽkʃən] 명 (복수 **reaction***s* [-z]) 반작용; 반응

★**read**[1] [ríːd] 통 (3단현 **read***s* [-z] ; 과거·과분 **read** [réd] ; 현분 **read***ing*) 《◆ 원형과 과거·과거분사는 같은 꼴이지만 발음이 다름》 타동
❶ ~을 읽다
He *reads* a newspaper every morning. 그는 매일 아침 신문을 읽는다
Can you *read* English? 너는 영어를 읽을 줄 아느냐
This book is widely *read* by young people. 이 책은 젊은 사람들에 의해 널리 읽혀지고 있다
❷ 소리내어 읽다, 읽어 주다
Please *read* it to me. 그것을 나에게 읽어 주시오
I'll *read* you an interesting story. 재

미있는 이야기를 읽어 줄게
❸ **알아차리다**, 판단하다 ; 예언하다
We cannot *read* the future. 우리는 미래를 예언할 수 없다
My baby can *read* the clock. 내 아기는 시계를 볼 줄 안다
❹ (온도계 등이) **도를 나타내다**
The thermometer *reads* 27 degrees. 온도계는 27 도를 나타내고 있다
— (자동) ❶ **읽다**, 독서하다, 낭독하다
Don't *read* in bed. 잠자리에서 책을 읽지 마라
She has no time to *read*. 그녀는 독서할 시간이 없다
❷ **읽어서 알다**
He *read about* the accident in the paper. 그는 그 사고에 대해 신문을 읽고 알았다
❸ **~라고 씌어 있다**
The letter *reads* as follows. 그 편지에 다음과 같이 씌어 있다
read through 끝까지 읽다 ((through는 부사))
Have you *read* the book *through*? 그 책을 끝까지 읽었습니까

read² [réd] (◆ ea는 [e]로 발음) 통 **read¹**(~을 읽다)의 과거·과거분사형
발음 원형의 read [riːd]와 발음이 다른 점에 주의

read·a·ble [ríːdəbl] 형 읽어서 재미나는, 읽기 쉬운

read·er [ríːdər] 명 (복수 **readers** [-z]) 독자 ; 독본

read·i·er [ríːdiər] 형 **ready**(준비가 된)의 비교급

read·i·est [ríːdiist] 형 **ready**(준비가 된)의 최상급

read·i·ly [rédəli:] 부 즉시 ; 쉽사리 ; 기꺼이 ((형용사는 ready))

***read·ing** [ríːdiŋ] (타동)(자동) read (읽다)의 현재분사형
— 명 **읽기**, 독서, 읽을거리
I like *reading*. 나는 독서를 좋아한다
☑ a를 붙이지 않고, 복수 없음. 그러나 readings [-z]로 「~독본」의 뜻이 있다 : side readings (부독본)
a réading ròom 독서실

reads [ríːdz] 통 **read¹**(~을 읽다)의 3인칭 단수 현재형

***read·y** [rédi] 형 (비교 **readier** ; 최상 **readiest**)
❶ **준비가 된**, 준비가 갖추어진
Breakfast is *ready*. 아침식사 준비가 되었습니다
❷ ((be ready for+명사, be ready to+「동사원형」으로)) **~할 준비가 된**, ~의 준비를 한
We *are ready for* the trip. 우리는 여행 준비가 되어 있다
Are you *ready to* start? 출발할 준비가 되었습니까
❸ ((be ready to+「동사원형」으로)) **기꺼이** (~하다)
I *am ready to* help you. 기꺼이 너를 돕겠다
❹ ((be ready to+「동사원형」으로)) **막 ~하려고 한다**
She *is ready to* cry. 그녀는 막 울려고 한다
❺ **재빠른**, 즉석에서의 (=quick)
You must give a *ready* answer. 당신은 즉석에서 대답해야 한다
get ready (*for*... [*to*+「동사 원형」]) (~의 [~할]) 준비를 하다
Get ready at once. 곧 준비를 해라
Mother *got ready for* dinner. 어머니께서 저녁 식사 준비를 하셨다
We *got ready to* leave. 우리는 떠날 준비를 했다
Ready, (***get***) ***set, go!*** ((경기)) 제자리, 준비, 땅!

***re·al** [ríːəl] 형 (비교 **most real** 또는 **realer** ; 최상 **most real** 또는 **realest**)
❶ **실지의**, 현실의, 사실의 (=actual)
real life 실생활
Do you know the *real* reason for his absence? 그가 결석한 실제 이유를 알고 있느냐

reality - recent

❷ 진짜의
a *real* pearl 진짜 진주

re·al·i·ty [riǽləti] 몡 (복수 **realities** [-z]) 진실; 사실, 현실 《형용사는 real》

re·al·ize [ríːəlàiz] 태동 (3단현 **realizes** [-iz]; 과거·과분 **realized** [-d]; 현분 **realizing**) 인식하다, (사실을) 깨닫다; (계획·소망 등을) 실현하다
I *realized* my own mistake. 나는 나 자신의 잘못을 깨달았다
He *realized* his dream. 그는 꿈을 실현했다

★**re·al·ly** [ríːəli] 튀 《형용사는 real》
❶ 정말로(=truly), 실제로
I am *really* tired. 나는 정말로 피곤하다
❷ 《구어》 《감탄사적으로》 그렇습니까, 정말입니까 《의문·놀람을 나타낼 때에는 어조를 높이고, 동감을 표시할 때에는 어조를 낮추어 발음함》
"I'm going to London next month."—"Oh, *really*?" 「나는 다음 달에 런던으로 갑니다」—「아, 그래요」

rear[1] [ríər] 몡 《the 를 붙여》 뒤, 후부(=back; ↔ front 앞)
The kitchen is in the *rear* of the house. 부엌은 그 집의 뒤쪽에 있다
— 형 뒤의, 후부의(=back)

rear[2] [ríər] 태동 (아이를) 기르다; (짐승을) 사육하다

★**rea·son** [ríːzn] 몡 (복수 **reasons** [-z]) ❶ 이유, 까닭
I want to know the *reason* for his absence. 나는 그가 결석한 이유를 알고 싶다
Tell me the *reason* (why) you did it. 왜 그렇게 했는지 까닭을 말해라
📝 구어에서는 보통 why 또는 the reason을 생략한다
❷ 도리(道理), 사리 《a를 붙이지 않고, 복수 없음》
He does not listen to *reason*. 그는 도리에 순종하지 않는다
❸ 이성(理性), 판단력 《a를 붙이지 않고, 복수 없음》
He lost his *reason*. 그는 이성을 잃었다

by [**for**] **reason of** ... ~의 이유로
He failed *by reason of* his bad plan. 그는 계획이 나빴기 때문에 실패했다

rea·son·a·ble [ríːzənəbl] 형 (비교 *more* **reasonable**; 최상 *most* **reasonable**) 이치[도리]에 맞는; 값이 적당한 《명사는 reason》
at a *reasonable* price 적당한 가격에

re·build [riːbíld] 태동 (3단현 **rebuilds** [-z]; 과거·과분 **rebuilt** [-bílt]; 현분 **rebuilding**) 재건하다, 개축하다, 다시 짓다

re·call [rikɔ́ːl] 동 (3단현 **recalls** [-z]; 과거·과분 **recalled** [-d]; 현분 **recalling**) 태동 ~을 생각해 내다; ~을 상기시키다
— 몡 (대사 등의) 소환; (미) 국민 소환 《일반 투표에 의한 공직자의 해임》

re·ceipt [risíːt] (◆p는 묵음자) 몡 수취, 수령; 영수증

★★**re·ceive** [risíːv] 태동 (3단현 **receives** [-z]; 과거·과분 **received** [-d]; 현분 **receiving**) ❶ ~을 받다, 수령하다(↔ send ~을 보내다)
John *received* a letter from his uncle. 존은 숙부로부터 편지를 받았다
❷ 맞아들이다, 환영하다(=welcome)
They *received* us warmly. 그들은 우리를 따뜻이 맞았다

re·ceiv·er [risíːvər] 몡 (복수 **receivers** [-z]) 영수인, 수신인; (전화의) 수화기

re·cent [ríːsnt] 형 (비교 *more* **recent**; 최상 *most* **recent**) 최근의, 근대의
his *recent* novel 그의 최신 소설
in *recent* years 근년에는
recent new 최신 뉴스

483

recently - recreation

re·cent·ly [rí:sntli:] 튀 요사이, 요즈음, 최근
☑ 완료형·과거형과 함께 쓰임
He has *recently* come back to Korea. 그는 최근 한국으로 돌아왔다

re·cep·tion [risépʃən] 명 (복수 **receptions** [-z]) 받아들임; 접대; 환영회, 리셉션 《동사는 receive》
a wedding *reception* 결혼 피로연

re·cep·tion desk [-dèsk] 명 (호텔의) 접수, 프런트

re·cess [rí:ses] 명 (복수 **recess**es [-iz]) 휴식; (미) (학교 등의) 휴식 시간;《복수형으로》깊숙한 곳, 움푹한 곳

rec·i·pe [résəpi:] 명 (복수 **recipes** [-z]) (요리의) 조리법; (약제의) 처방

re·cit·al [risáitl] 명 (복수 **recitals** [-z]) 독주회, 독창회(→ concert 음악회)
She will give a *recital* tomorrow. 그녀는 내일 독주회를 가질 것이다

rec·og·ni·tion [rèkəgníʃən] 명 승인; 인식, 인정 《동사는 recognize》

rec·og·nize [rékəgnàiz] [♦ 액센트 주의] (타동) (3단현 **recognizes** [-iz]; 과거·과분 **recognized** [-d]; 현분 **recognizing**) ❶ ~을 알아보다, 인지하다
I did not *recognize* my friend. 나는 내 친구를 알아보지 못했다
❷ (사실을) **인정하다**, 승인하다
He *recognized* his failure. 그는 자신의 실패를 인정했다

rec·om·mend [rèkəménd] (타동) (3단현 **recommends** [-z]; 과거·과분 **recommended** [-id]; 현분 **recommending**) ~을 추천하다; ~을 권하다
I *recommend* this dictionary. 나는 이 사전을 추천한다

rec·om·men·da·tion [rèkəmandéiʃən] 명 (복수 **recommendations** [-z]) 추천; 추천장; 권고

***rec·ord** [rékərd] 명 (복수 **records** [-z])
❶ **기록**, 쓰인 것
I have a *record* of his speech. 나는 그의 연설문 기록을 가지고 있다
❷ **이력**; (학교의) 성적
He has a good school *record*. 그는 학교 성적이 좋다
❸ (운동 경기 등의) **기록**, 레코드
She holds the world *record*. 그녀는 세계 기록 보유자이다
❹ (전축에 트는) **음반**, 레코드(=disk)
an LP *record* (= a long-playing *record*) 엘피 판
Please play the *record*. 그 음반을 틀어 주시오
— [rikɔ́:rd] (♦ 강세는 명사 때와 다르다) 동 (3단현 **records** [-z]; 과거·과분 **recorded** [-id]; 현분 **recording**) (타동) ~을 기록하다, 적어 두다; 녹음[녹화]하다
He *records* the temperature every day. 그는 매일 온도를 기록한다
— (자동) 녹음하다

re·cord·er [rikɔ́:rdər] 명 (복수 **recorders** [-z]) 녹음기, 테이프 리코더; 기록 담당자
a tape *recorder* 테이프 리코더

rec·ord play·er [rékərd plèiər] 명 (복수 **record players** [-z]) 축음기, 레코드 플레이어

re·cov·er [rikʌ́vər] 동 (3단현 **recovers** [-z]; 과거·과분 **recovered** [-d]; 현분 **recovering**) (타동) (잃은 것을) 되찾다; (건강을) 회복하다
He *recovered* his health. 그는 건강을 회복했다
— (자동) 건강을 회복하다
He *recovered* from his illness. 그는 병이 나았다

re·cov·er·y [rikʌ́vəri] 명 (병의) 회복

rec·re·a·tion [rèkriéiʃən] 명 (복수 **recreations** [-z]) 기분 전환, 오락, 휴양, 레크리에이션

recycle - reform

re·cy·cle [rìsáikl] 타동 ~을 재생하여 이용하다, ~을 재이용하다

re·cy·cling [rìsáikliŋ] 명 재생이용, 재이용
Let's collect used bottles for *recycling*. 재생 이용할 쓰고 난 병들을 수집하자

★**red** [réd] 형 (비교 red*der*; 최상 red*dest*)
❶ **빨간**, 붉은
This flower is *red*. 이 꽃은 빨갛다
She wore a *red* dress. 그녀는 빨간 드레스를 입고 있다
❷ 《흔히 Red 로》 **공산주의의**
Réd Chína 중국 《정식으로는 중화 인민 공화국: People's Republic of China》
— 명 **빨강, 적색** (a를 붙이지 않고, 복수 없음)
Write in blue, not in *red*. 적색이 아니고 청색으로 쓰시오

red·cap [rédkæp] 명 (역의 빨간 모자 쓴) 짐꾼(=porter)

Red Cross [réd krɔ́:s] 명 《the를 붙여》 적십자(사)
▶ 정식 명칭은 the International Red Cross Society; 1863년 제네바 회의 결과 설립되어, 부상자·환자의 구호, 질병의 예방 등을 실시하는 국제 기관

red·der [rédər] 형 red(빨간)의 비교급

red·dest [rédist] 형 red(빨간)의 최상급

re·duce [ridjú:s] 통 (3단현 re·duces [-iz]; 과거·과분 reduced [-t]; 현분 reducing) 타동 ❶ (수량·액수 등을) **줄이다, 절감하다**
You must *reduce* speed. 너는 속도를 줄여야 한다
❷ (나쁜 상태로) **변하다**
The house was *reduced* to ashes. 그 집은 잿더미로 변했다[전소했다]
— 자동 줄다; 《구어》 (식이요법으로) 체중을 줄이다
I'm *reducing*. (=I'm on a diet.) 저는 절식 중입니다
▶ 몸이 뚱뚱해지는 것을 피하기 위해 미국의 여성들이 대접하는 과자 등을 사양할 때 쓰는 말

red·wood [rédwùd] 명 (복수 redwood*s* [-z]) 《식물》 미국의 삼나무 《높이가 50미터 이상의 큰 나무로 자란다》

reed [rí:d] 명 《식물》 갈대

reel [rí:l] 명 실패; (종이·철판·필름·테이프 등을) 감는 틀

re·fer [rifə́:r] (◆ 액센트 주의)
자동 (3단현 refer*s* [-z]; 과거·과분 refer*red* [-d]; 현분 refer*ring*)
❶ 《refer to로》 ~에 **대해 언급하다, 이야기하다**
He *referred to* a recent movie. 그는 최근 영화에 대해 언급했다
❷ 《refer to로》 (사전 등을) **참조하다**
refer to a dictionary 사전을 참조하다

ref·er·ence [réfərəns] 명 **언급; 참조, 참고;** (인물·신원 등의) 조회

ref·er·ence book [-bùk] 명 참고 서적 《사전·백과사전·연감·지도 등》

re·flect [riflékt] 타동 (3단현 reflects [-s]; 과거·과분 reflected [-id]; 현분 reflecting) ❶ (빛·열 등을) **반사하다;** (거울 등이) ~을 비추다
A mirror *reflects* light. 거울은 빛을 반사한다
❷ ~을 **반영(反映)하다**
Newspapers *reflect* public opinion. 신문은 여론을 반영한다
❸ 《on, upon을 동반하여》 **잘 생각하다**
You must *reflect on* my words. 내 말을 잘 생각해 보아야 한다

re·flec·tion [riflékʃən] 명 반사, 반향; 반영

re·form [rifɔ́:rm] 통 (3단현 re-

form*s* [-z] ; 과거·과분 **reform***ed* [-d] ; 현분 **reform***ing*) (타동) ~을 개선[개량]하다 ; (사람을) 개심시키다, 바로잡다
— 명 (복수 **reform***s* [-z]) (정치·사회 등의) 개선, 개혁

re·frain [rifréin] (자동) 삼가다, 그만두다, 참다

re·fresh [rifréʃ] (타동) (3단현 **refresh***es* [-iz] ; 과거·과분 **refresh***ed* [-t] ; 현분 **refresh***ing*) (기분을) 상쾌하게 하다, ~를 기운나게 하다
A cup of coffee will *refresh* you. 한 잔의 커피가 너를 기운나게 할 것이다

re·fresh·ment [rifréʃmənt] 명 (복수 **refreshment***s* [-s]) 원기회복 ; 《복수형으로》 가벼운 음식물
Refreshments will be served. 가벼운 음식물을 제공함 《모임을 알리는 게시나 안내장에 흔히 쓰이는 말》
a refréshment ròom (역·회의장 등의) 식당

re·frig·er·a·tor [rifrídʒərèitər] 명 (복수 **refrigerator***s* [-z]) 냉장고(→ icebox)

re·fuse [rifjúːz] (타동) (3단현 **refuse***s* [-iz] ; 과거·과분 **refuse***d* [-d] ; 현분 **refus***ing*) 거절하다, 거부하다(↔ accept 승낙하다)
I *refused* his gift. 나는 그의 선물을 거절하였다
She *refused* to go with him. 그 여자는 그와 같이 가는 것을 거절하였다

re·gard [rigáːrd] (타동) (3단현 **regard***s* [-z] ; 과거·과분 **regard***ed* [-id] ; 현분 **regard***ing*)
❶ 《regard ... as ~ 의 형태로》…을 ~로 간주[생각]하다
They *regarded* him *as* a good doctor. 사람들은 그를 좋은 의사라고 생각했다
❷ 존중하다, 존경하다 ; 주의하다
You should *regard* his advice. 너는 그의 충고에 주의를 기울여야 한다
I *regard* him highly. 나는 그를 높이 존경한다 《격식차린 말》
— 명 (복수 **regard***s* [-z])
❶ 관심, 주의, 마음쓰기
He pays no *regard* to sports. 그는 스포츠에 관심이 없다
❷ 존중, 존경 ; (편지 따위에서) 안부를 묻는 인사
Give my best *regards* to your brother. 형님에게 안부 전해 주시오
✓ Say hello to your parents. 라고도 한다

in [*with*] *regard to* ~에 대하여, ~에 관해서는
She has no complaints *with regard to* his work. 그녀는 그가 하는 일에 대해서 불만이 없다

reg·i·ment [rédʒəmənt] 명 (복수 **regiment***s*[-z]) 《군대》 연대 ; 《복수형으로》 큰 떼, 다수

re·gion [ríːdʒən] 명 (복수 **region***s* [-z]) 지역, 지방, 지대 《보통 area 보다 넓은 지역을 나타낼때 씀》
the Arctic *regions* 북극 지방

reg·is·ter [rédʒistər] (♦ 액센트 주의) 명 (복수 **register***s* [-z]) 기록, 등록 ; 등기부 ; 등록기
a cash *register* 금전 등록기
— (3단현 **register***s* [-z] ; 과거·과분 **register***ed* [-d] ; 현분 **register***ing*) (타동) 기록하다, 등기하다 ; (우편물을) 등기로 부치다
Please *register* this letter. 이 편지를 등기로 부치시오

re·gret [rigrét] 명 유감 ; 후회
— 동 (3단현 **regret***s* [-s] ; 과거·과분 **regret***ted* [-id] ; 현분 **regret***ting*) (타동) ~을 후회하다, 유감으로 생각하다
I *regret* my mistake. 나는 내 실수를 후회하고 있다

reg·u·lar [régjulər] 형 (비교 *more* **regular** ; 최상 *most* **regular**)

❶ 규칙적인(↔ irregular 불규칙적인)
His way of living is quite *regular*. 그의 생활 방식은 매우 규칙적이다
❷ 정기적인, 일정한
We had a *regular* meeting. 우리는 정기 모임을 가졌다
❸ 정식의, 정규의
a *regular* member 정식 회원

reg·u·lar·ly [régjuərli] ㋔ 규칙적으로; 정기적으로

re·hears·al [rihə́ːrsəl] ㋐ (공연·의식 등의) 예행연습, 총연습, 리허설

rein [réin] ㋐ (복수 **rein**s [-z])
❶ 《보통 복수형으로》 (말의) 고삐
❷ 제어 수단; 구속
—㋗ (말에) 고삐를 매다

rein·deer [réindìər] (♦ 발음에 주의) ㋐ (복수 **reindeer**) 《동물》 순록(馴鹿)

re·ject [ridʒékt] ㋗ (3단현 **reject**s [-s]; 과거·과분 **reject**ed [-id]; 현분 **reject**ing) ~을 거절하다, 단호히 거부하다
She *rejected* his proposal. 그녀는 그의 제안을 거절했다

re·late [riléit] ㋗ (3단현 **relate**s [-s]; 과거·과분 **related** [-id]; 현분 **relating**)
❶ 《be related to로》 ~와 친척이다
Jim *is* closely *related to* that family. 짐은 저 집안과 가까운 친척이다
❷ ~을 이야기하다, 설명하다; ~과 관련시키다
He *related* his adventures. 그는 자신의 모험을 이야기했다

re·la·tion [riléiʃən] ㋐ (복수 **relation**s [-z]) 《흔히 복수형으로》 관계; 친척 《이 뜻으로는 보통 relative》
the *relations* between England and Korea 영국과 한국의 관계
públic relátions 홍보 활동, 섭외 활동 《P.R. 로 줄임, 단수 취급》

re·la·tion·ship [riléiʃənʃip] ㋐ 관계, 관련; (사람과 사람과의) 관계; 친족 관계

rel·a·tive [rélətiv] ㋭ 관계 있는, 비교상의, 상대적인(↔ absolute 절대적인)
a rélative prónoun 《문법》관계대명사
—㋐ (복수 **relative**s [-z]) 친척, 친족(= relation)

re·lax [rilǽks] ㋓ (3단현 **relax**es [-iz]; 과거·과분 **relax**ed [-t]; 현분 **relax**ing) ㋗㋜ 편히 쉬다, 긴장을 풀다
He *relaxed* at home. 그는 집에서 편히 쉬었다

re·lay [ríːlei] ㋐ (복수 **relay**s [-z]) 교대, 교체; 교대자; 계주; 중계장치

re·lease [rilíːs] ㋓ (3단현 **release**s [-iz]; 과거·과분 **release**d [-t]; 현분 **releas**ing) ㋗ 해방하다, ~을 자유롭게 하다; (영화를) 개봉하다; (레코드 등을) 발매하다
He was *released* from prison last week. 그는 지난 주에 교도소에서 풀려났다
—㋐ (복수 **release**s [-iz]) 해방, 면제; (영화의) 개봉; (레코드 등의) 발매

re·li·able [riláiəbl] ㋭ (비교 *more* reliable; 최상 *most* reliable) 신뢰할 수 있는, 믿을 수 있는

re·lief [rilíːf] ㋐ (복수 **relief**s [-s])
❶ (불안·고통 등의) 완화; 안심; 구원, 구제
❷ 《건축·조각》 양각, 돋을새김, 부조; 양각 세공

re·lieve [rilíːv] ㋗ (3단현 **relieve**s [-z]; 과거·과분 **relieve**d [-d]; 현분 **relieving**) (불안·고통 등을) 완화시키다; ~을 안심시키다; ~를 구원하다
This medicine will *relieve* your stomachache. 이 약은 위통을 누그러뜨릴 것이다

re·li·gion [rilídʒən] ㋐ (복수 **reli-**

religious - removal

gion*s* [-z] 종교
What is your *religion*? 종교가 무엇입니까

re·li·gious [rilídʒəs] 형 종교(상)의; 경건한, 독실한

re·ly [rilái] 자동 (3단현 **relie***s* [-z]; 과거·과분 **relie***d* [-d]; 현분 **rely***ing*)
((rely on[upon] 으로)) ~에 의지하다 (=depend on[upon]); ~를 신뢰하다, 기대를 걸다
You may *rely on* me. 나에게 의지해도 된다

re·main [riméin] 자동 (3단현 **remain***s* [-z]; 과거·과분 **remain***ed* [-d]; 현분 **remain***ing*)
❶ 물건이 남다
A few apples *remained* on the tree. 사과 2, 3개가 나무에 남아 있었다
❷ (사람이) 남아 있다, 머무르다 (=stay)
He still *remains* in London. 그는 아직 런던에 남아 있다
❸ ((보어와 함께)) ~그대로 있다, ~인 채로 있다
He *remained* silent. 그는 입을 다문 채 그대로 있다

re·mark [rimá:rk] 동 (3단현 **remark***s* [-s]; 과거·과분 **remark***ed* [-t]; 현분 **remark***ing*) 타동 자동
(~에) 주목하다, (~을) 알아차리다; (감상·의견을) 말하다
— 명 (간단한) 소견; 논평; 주목

re·mark·a·ble [rimá:rkəbl] 형
주목할 만한; 두드러진, 현저한

★**re·mem·ber** [rimémbər] 동
(3단현 **remember***s* [-z]; 과거·과분 **remember***ed* [-d]; 현분 **remember***ing*) 타동
❶ ((remember+~ing 형으로)) ~한 것을 기억하고 있다; ((「to+동사 원형」과 함께)) 잊지 않고 ~하다(↔ forget 잊다)
I *remember* seeing him. 나는 그를 본 기억이 있다

Remember to post this letter.(= Don't forget to post this letter.) 잊지 말고 이 편지를 부쳐라

📖 remember+~ing 는 과거의 일을 「기억하고 있다」의 뜻이고, remember to... 는 앞으로 할 일을 「기억해 두다」의 뜻이 된다

❷ ~을 생각해 내다, 기억해 내다
I can't *remember* his name. 나는 그의 이름이 생각나지 않는다

📖 remember 는 「잘 생각하지 않고도 생각이 나다」, recollect는 「잘 생각한 뒤에 생각이 나다」, remind는 「생각이 나게 하다」의 뜻

❸ ((remember me to+사람으로)) ~의 안부를 전하다
Remember me to your mother. 어머님께 안부 전해 주시오
— 자동 생각해 내다, 기억하다
If I *remember* right, you are Mr. Brown's brother, aren't you? 나의 기억이 정확하다면 당신은 브라운 씨의 동생이지요, 그렇죠

re·mem·brance [rimémbrəns] 명 (복수 **remembrance***s* [-iz])
기억, 기억력; 기념품

★**re·mind** [rimáind] 타동 (3단현 **remind***s* [-z]; 과거·과분 **remind***ed* [-id]; 현분 **remind***ing*) ~을 생각나게 하다, 알아차리게 하다(→ remember)
He *reminds* me of his brother. 그는 나로 하여금 그의 형을 생각나게 한다 [그를 보면 나는 그의 형이 생각난다]

re·mote [rimóut] 형 (비교 **remoter** 또는 **more remote**; 최상 **remotest** 또는 **most remote**) (거리가) 먼(↔ near 가까운), 외딴

📖 멀어서 불편하다는 느낌이 있는 말
a *remote* place 먼 곳
remóte contról 리모트 컨트롤, 원격 조정(장치)

re·mov·al [rimú:vəl] 명 제거

remove - reply

이동 《동사는 remove》

re·move [rimúːv] 타동 (3단현 remove*s* [-z]; 과거·과분 remove*d* [-d]; 현분 remov*ing*) ~을 옮기다, 걷어 치우다, 치우다; (모자·옷 등을) 벗다

She *removed* the cloth from the table. 그녀는 테이블에서 천을 걷어 치웠다

Let's *remove* the dishes first. 우선 접시를 치우자

Remove your hat. 모자를 벗어라

Ren·ais·sance [rènəsάːns] 명 《the를 붙여서》 문예부흥(기), 르네상스 《14-16세기에 이탈리아에서 유럽 각지로 퍼졌던 문예부흥 운동》

re·new [rinjúː] 동 (3단현 renew*s* [-z]; 과거·과분 renew*ed* [-d]; 현분 renew*ing*) 타동 새롭게 하다; (잡지의 구독 따위를) 갱신하다, 연장하다; ~을 새것과 바꾸다
— 자동 다시 시작되다; 회복되다; 계약을 갱신하다

rent [rént] 명 집세, 토지세, 방세, 소작료

For rent. 예 《게시》 셋집, 셋방 있음 (= 명 To Let)
— 동 (3단현 rent*s* [-s]; 과거·과분 rent*ed* [-id]; 현분 rent*ing*) 타동 (돈을 받고) 빌려 주다, 빌리다

Rent a car. 《게시》 승용차 대여

📝 borrow, lend 는 집을 빌리거나 빌려 줄 때는 쓰지 않음(→ hire)

rent-a-car [réntəkὰːr] 명 예 임대 자동차, 렌터카

re·pair [ripέər] 동 (3단현 repair*s* [-z]; 과거·과분 repair*ed*[-d]; 현분 repair*ing*) 수리하다(=mend), ~을 수선하다

John *repaired* my watch. 존은 내 시계를 고쳤다

📝 집 등의 큰 것, 자동차·텔레비전·시계 등 복잡한 것에는 mend 보다 repair 를 흔히 쓴다. 예 구어에서는

repair, mend 대신에 흔히 fix (up)를 쓴다
— 명 (복수 repair*s* [-z]) 수리, 수선, 《보통 복수형으로》 수리 작업

The house is in good *repair*. 그 집은 수리가 잘 되어 있다

under repair 수리중, 수선중
This road is *under repair*. 이 도로는 공사중이다

re·peat [ripíːt] 동 (3단현 repeat*s* [-s]; 과거·과분 repeat*ed* [-id]; 현분 repeat*ing*) ~을 되풀이하다, ~을 되풀이해서 말하다

Don't *repeat* the same mistake. 같은 실수를 되풀이하지 마라
— 자동 되풀이해서 말하다; 되풀이하다

Repeat after me. 나를 따라 복창해라
repeat oneself 같은 일을 되풀이하여 하다[말하다]; 되풀이하여 일어나다

History *repeats itself*. 《속담》 역사는 되풀이한다

re·place [ripléis] 타동 (3단현 replace*s* [-iz]; 과거·과분 replace*d* [-t]; 현분 replac*ing*) ~을 (제자리에) 돌려 놓다; ~을 대신하다; 교체하다, 바꾸다

Replace the dishes in the cupboard. 접시를 찬장에 도로 넣어 두어라

Bill *replaced* Jim as captain. 빌은 짐 대신 주장이 되었다

***re·ply** [riplái] 동 (3단현 replie*s* [-z]; 과거·과분 repli*ed* [-d]; 현분 reply*ing*) 자동 대답하다

📝 answer 가 구어적임

He did not *reply* to my question. 그는 나의 질문에 대답하지 않았다

💬 answer로 하면 to는 불필요
— 타동 ~이라고 대답하다

She *replied* nothing. 그녀는 아무 대답도 하지 않았다

"I don't know." she *replied*. 「나는 모른다」라고 그녀는 대답했다

📝 부정문에 쓰이는 것이 보통임
— 명 (복수 replie*s* [-z]) 대답

I wrote him a *reply*. 나는 그에게 회답을 썼다

She made no *reply* to my letter. 그녀는 내 편지에 회답을 하지 않았다

*re·port [ripɔ́ːrt] 동 (3단현 reports [-s]; 과거·과분 reported [-id]; 현분 reporting) 타동 ~을 보고하다; ~라고 보도하다

Dick *reported* the accident to the police. 딕은 그 사고를 경찰에 알렸다

It is *reported* that he is ill. 그가 앓고 있다는 소문이다

— 자동 보고하다; 보도하다; 《*report to*로》 ~에 출두하다

Report to the police. 경찰에 출두해라

— 명 (복수 reports [-s]) 보고(서); (신문 등의) 기사, 보도

a *report* card 성적 통지표

a weather *report* 기상 통보

He is writing his *report*. 그는 보고서를 쓰고 있다

re·port·er [ripɔ́ːrtər] 명 보고자; 보도 기자, 통신원

rep·re·sent [rèprizént] (♦액센트 주의) 타동 (3단현 represents [-s]; 과거·과분 represented [-id]; 현분 representing) ❶ ~을 대표하다

Jack *represents* our class. 잭은 우리 반을 대표한다

❷ ~을 나타내다, 뜻하다

What does this sign *represent*? 이 기호는 무엇을 뜻합니까

❸ 표현하다, 그리다; 연기하다

This picture *represents* the battle of Waterloo. 이 그림은 워털루 전쟁을 그린 것이다

rep·re·sent·a·tive [rèprizéntətiv] 명 (복수 representatives [-z]) 대표자, 대리인; 미 하원 의원

the House of *Representatives* 미 하원

re·pro·duce [rìːprədjúːs] 동 (3단현 reproduces [-iz]; 과거·과분 reproduced [-t]; 현분 reproducing) 타동 ~을 복사[복제]하다; (소리 등을) 재생하다

— 자동 복사[재생] 되다

re·pub·lic [ripʌ́blik] 명 (복수 republics [-s]) 공화국

rep·u·ta·tion [rèpjutéiʃən] 명 평판; 명성

He has a good *reputation* as a doctor. 그는 의사로서의 명성이 높다

re·quest [rikwést] 타동 ~해 달라고 부탁하다, ~을 요청[신청]하다

☑ ask 보다 격식차린 말

I *requested* him to go. 나는 그가 가보도록 부탁했다

— 명 (복수 requests [-s])

❶ 부탁, 요청

I joined them at their *request*. 그들의 부탁으로 나는 참가했다

Buses stop here by *request*. 요청에 따라 버스는 여기서 멈춥니다

풍습 런던 따위의 작은 버스 정류장에서는 이 방법으로 버스가 선다

❷ 수요(=demand)

These goods are in great *request*. 이 물품들은 매우 수요가 많다

re·quire [rikwáiər] (♦qu는 [kw], ire는 [aiər]로 발음) 타동 (3단현 requires [-z]; 과거·과분 required [-d]; 현분 requiring) ❶ ~을 필요로 하다

Babies *require* plenty of sleep. 아기는 많은 잠을 필요로 한다

❷ ~을 요구하다

res·cue [réskjuː] 동 (3단현 rescues [-z]; 과거·과분 rescued [-d]; 현분 rescuing) 타동 구조하다

He *rescued* a child from drowning. 그는 한 어린이가 익사할 뻔 한 것을 구조했다

— 명 (복수 rescues [-z]) 구조, 구원

The party went to his *rescue*. 일행은 그를 구조하러 갔다

▶ his rescue 는 「그를 구조하기」

re·search [risə́ːrtʃ] 명 탐구, 학술

연구, 조사

re·sem·ble [rizémbl] 타동 (3단현 **resembles** [-z]; 과거·과분 **resembled** [-d]; 현분 **resembling**) 닮다
He *resembles* his father. 그는 아버지를 닮았다
📝 타동사이지만 수동태 또는 진행형으로 쓰지 않음

res·er·va·tion [rèzərvéiʃən] 명 (복수 **reservations** [-z]) 보류; 예 (좌석·방 등의) 예약(= 영 booking)
make *reservations* 예약하다

re·serve [rizə́ːrv] 타동 (3단현 **reserves** [-z]; 과거·과분 **reserved** [-d]; 현분 **reserving**) (좌석·방 등을) 예약하다; (물건 등을) 남겨 두다, 따로 두다
He *reserved* a room at the hotel. 그는 그 호텔에 방을 하나 예약했다

res·i·dence [rézidəns] 명 (복수 **residences** [-iz]) 거주; 주택; 주소
📝 house에 비해 '당당하고 우아한 집'을 뜻함

re·sign [rizáin] 동 (3단현 **resigns** [-z]; 과거·과분 **resigned** [-d]; 현분 **resigning**) 타동 자동 (직장 등을) 그만두다, 사직하다
He *resigned* his post. 그는 직위를 사임했다

re·sist [rizíst] 타동 (3단현 **resists** [-s]; 과거·과분 **resisted** [-id]; 현분 **resisting**)
❶ ~에 저항하다; 《화학 작용 등에》 견디다
They *resisted* the police. 그들은 경찰에 저항했다
❷ 《보통 부정문에서》 ~을 참다
They could not *resist* laughing. 그들은 웃음을 참을 수 없었다

re·sist·ance [rizístəns] 명 저항, 항거, 레지스탕스

re·sort [rizɔ́ːrt] 명 (복수 **resorts** [-s]) 행락지, 유흥장
Tôgyusan is a popular summer *resort*. 덕유산은 사람들이 잘 가는 피서지이다

re·source [ríːsɔːrs] 명 (복수 **resoureces** [-z]) 《보통 복수형으로》 자원
natural *resources* 천연 자원

***re·spect** [rispékt] 명 (복수 **respects** [-s])
❶ 존경, 존중 《a를 붙이지 않고, 복수 없음》
I have *respect* for Mr. Jones. 나는 존스 씨를 존경하고 있다
❷ 《복수형으로》 전하는 말, 인사
Give him my best *respects*. 그에게 나의 따뜻한 안부를 전하시오 《격식차린 표현》
❸ 주의, 관심
He pays no *respect* to other's feelings. 그는 남의 감정을 전연 생각하지 않는다
❹ 점, 세목
in this *respect* 이 점에서는
— 동 (3단현 **respects** [-s]; 과거·과분 **respected** [-id]; 현분 **respecting**) 타동 ~를 존경하다, 존중하다
We *respect* our parents. 우리들은 부모를 존경하고 있다

re·spect·a·ble [rispéktəbl] 형 (비교 **more respectable**; 최상 **most repectable**) 존경할 만한, 훌륭한
He is *respectable*. 그는 존경할 만한 사람이다

re·spect·ful·ly [rispéktfəli] 부 공손히, 정중하게
Respectfully yours = *Yours respectfully* 경구 《선생님이나 윗사람에게 보내는 편지의 끝맺는 말》

re·spond [rispánd] 자동 대답하다, 응답하다 《answer, reply 보다 형식적인 말》; ~에 반응하다

re·sponse [rispáns] 명 (복수 **responses** [-iz]) 응답, 대답(= answer, reply); 반응

responsibility - retire

re·spon·si·bil·i·ty [rispʌ̀nsəbíliti] 명 책임, 의무

re·spon·si·ble [rispánsəbl] 형 책임이 있는, 신뢰할 수 있는

★rest¹ [rést] 명 (복수 **rest**s [-s]) 휴식, 휴게; 수면
Everyone needs *rest*. 누구나 휴식이 필요하다
We took an hour's *rest* on the way. 우리는 도중에 1시간 쉬었다
Let's have[take] a *rest* here. 여기서 조금 쉬자
She had a good night's *rest*. 그녀는 하룻밤 푹 잤다

> 📘 rest 는 단순히 「휴식」의 뜻으로 쓸 때는 a 를 붙이지 않고 복수형도 없지만, 「잠시 동안의 휴식」의 뜻일때 또는 rest 앞에 형용사가 올 때엔 a 를 붙이고 복수형도 쓰인다: take a rest(잠시 쉬다) / have several rests (몇번 쉬다) / take a good rest (충분히 휴식하다)

at rest 휴식하여; 안심하여
Aren't you *at rest* yet? 너는 아직도 쉬지 않고 있니
a rést ròom 명 (극장·상점 등의) 화장실
— 동 (3단현 **rest**s [-s]; 과거·과분 **rest**ed [-id]; 현분 **rest**ing) 자동
쉬다, 휴식하다
We *rested* for an hour. 우리는 한 시간 동안 쉬었다
✏️ 보통은 We had a rest for an hour.라고 한다
— 타동 ~을 쉬게 하다
He stopped reading and *rested* his eyes. 그는 독서를 중지하고 눈을 쉬게 했다

rest² [rést] 명 《the 를 붙여》 나머지
The *rest* of the students live in the town. 나머지 학생들은 시내에 살고 있다 《주어는 복수 취급》
The *rest* of the milk was given to the cat. 나머지 우유는 고양이에게 주었다 《주어는 단수 취급》

> 📘 the rest는 셀수 있는 것을 가리킬 때는 복수 취급을 하지만, 셀 수 없는 것을 가리킬 때에는 단수 취급을 한다

★★res·tau·rant [réstərənt] 명 (복수 **restaurant**s [-s]) 요리점, 음식점, 레스토랑
a chinese *restaurant* 중화요리점

rest·ful [réstfəl] 형 (비교 *more* **restful**; 최상 *most* **restful**) 평안을 주는; 조용한, 평온한

rest·less [réstlis] 형 침착하지 못한, 들뜬, 불안한

re·store [ristɔ́ːr] 타동 (3단현 **restore**s [-z]; 과거·과분 **restore**d [-d]; 현분 **restori**ng) ~을 원상태로 만들다, 복구하다, 회복시키다
restore order 질서를 회복하다

★re·sult [rizʌ́lt] 명 (복수 **result**s [-s]) 결과, 성과, 성적
the *results* of the examination 시험의 결과
as a result of ... ~의 결과로서
He lost his arm *as a result of* a car accident. 그는 자동차 사고로 한 팔을 잃었다
— 동 (3단현 **result**s [-s]; 과거·과분 **result**ed [-id]; 현분 **result**ing) 《from 과 함께》 결과로서 발생하다; 《in 과 함께》 ~로 끝나다
Illness often *results* from hard work. 병은 흔히 과로가 원인이 되어 생긴다
Hard work *results* in illness. 과로는 결국 병을 낳는다

re·tire [ritáiər] 자동 (3단현 **retire**s [-z]; 과거·과분 **retire**d [-d]; 현분 **retiri**ng) ❶ 물러가다
He *retired* to his cabin. 그는 그의 선실로 물러갔다
❷ 퇴직하다, 은퇴하다

return - revolution

📝 정년 퇴직 따위에 쓰이며 작은 일의 경우는 보통 quit 을 쓴다
He will *retire* from the political world. 그는 정계에서 은퇴할 것이다

*re·turn [ritə́:rn] 동 (3단현 *returns* [-z]; 과거·과분 *returned* [-d]; 현분 *returning*) 자동 ❶ 돌아오다, 돌아가다; 되돌아가다
Kate *returned* home late at night. 케이트는 밤늦게 집에 돌아왔다
▶ 구어에서는 보통 come home(귀가하다)을 쓴다
Let's *return* to the subject. 주제로 돌아갑시다
❷ 다시 오다(= come again)
Bad weather has *returned*. 날씨가 다시 나빠졌다
❸ **대답하다**, 대꾸하다
📝 reply가 구어적
"You're welcome," he *returned*. 「천만에요」라고 그는 대답했다
— 타동 ~을 **돌려 주다**, 되돌리다, 반환하다
Return the book to the library. 그 책을 도서관에 반납해라
— 명 (복수 *returns* [-z]) 돌아옴, 돌아감; 반환; 회복; 귀환
I waited for her *return*. 나는 그녀가 돌아오기를 기다렸다
He visited Korea on his *return* to India. 그는 인도로 돌아가는 도중에 한국을 방문했다
in return 답례로, 보답으로
I want nothing *in return*. 나는 아무 보답도 바라지 않습니다
Many happy returns of the day! 생일을 축하합니다
📝 이 날(생일)이 아주 여러번 돌아오기를 (빕니다). 간단히 Many happy returns! 라고도 하며 편지에 많이 쓰이는데 회화에서는 보통 Happy birthday to you! 라고 한다
a return màtch 선수권 탈환시합, 리턴 매치
a retúrn pássenger 돌아가는 승객

a retúrn tícket 영 왕복 차표(= 미 a round-trip ticket); 미 돌아가는 차표

re·veal [rivíːl] 타동 (3단현 *reveals* [-z]; 과거·과분 *revealed* [-d]; 현분 *revealing*) (비밀 등을) 드러내다, 폭로하다; (보이지 않던 것을) 나타내다
She *revealed* my secret to him. 그녀는 나의 비밀을 그에게 누설했다

re·venge [rivéndʒ] 동 (3단현 *revenges* [-iz]; 과거·과분 *revenged* [-d]; 현분 *revenging*) ((be revenged on, revenge oneself on으로)) 타동 복수하다
He *revenged* himself on his enemy. 그는 적에게 복수했다
— 명 보복, 복수; 원한

re·verse [rivə́:rs] 타동 ~을 거꾸로 하다, 뒤집다
— 형 거꾸로 된, 반대의
— 명 (복수 *reverses* [-iz]) ((보통 the를 붙여서)) 반대, 역

*re·view [rivjúː] 동 (3단현 *reviews* [-z]; 과거·과분 *reviewed* [-d]; 현분 *reviewing*) 타동
❶ ~을 복습하다
❷ ~을 비평하다, 논평하다
review a book 서평을 하다
Let's *review* this lesson. 이 과를 복습하자
— 명 (복수 *reviews* [-z])
❶ 복습
The *review* of today's lesson is difficult. 오늘 배운 과의 복습은 어렵다
❷ (신문·잡지에 실린) **비평**, 평론
a weekly *review* 주간 평론
His book *review* is very interesting. 그의 서평은 아주 재미있다

re·vise [riváiz] 타동 (원고·인쇄물 등을) 개정하다, 교정하다
a *revised* edition 개정판

rev·o·lu·tion [rèvəlúːʃən] 명 (복수 *revolutions* [-z]) 혁명; (축을 중심으로 한) 회전; (천문) 공전

revolutionary - rich

the Frénch Revolútion (역사) 프랑스 혁명(1789-1799)

rev·o·lu·tion·ar·y [rèvəlúːʃəneri] 형 혁명의, 혁명적인
the *Revolutionary* War 미국 독립전쟁(1775-1783)

re·volve [riválv] 자동 회전하다; 순환하다
The moon *revolves* around the earth. 달은 지구의 주위를 돈다

re·volv·er [riválvər] 명 회전식 연발 권총(→ pistol)

re·ward [riwɔ́ːrd] 명 (복수 re·wards [-z]) 보수; 보상; 현상금
— 동 (3단현 rewards [-z]; 과거·과분 rewarded [-id]; 현분 rewarding) 타동 ~에 보상하다, 보답하다
I *rewarded* him for his service. 나는 그의 봉사에 보답했다

Rhine [ráin] 명 ((the 를 붙여서)) 라인 강 ((독일의 서부를 흐르는 강))

rhi·no [ráinou] (♦ h는 발음하지 않음) 명 (복수 rhinos [-z]) (구어) = rhinoceros

rhi·noc·er·os [rainάsərəs] 명 (복수 rhinoceroses [-iz]) (동물) 코뿔소 ((간단히 rhino라고도 함))

rhinoceros

Rhode Is·land [ròud áilənd] 명 로드아일랜드 주 ((미국 뉴잉글랜드 지방의 가장 작은 주; 약어로는 RI 또는 R.I.))

rhyme [ráim] (♦ h는 발음하지 않음) 명 운 (복수 rhymes [-z])
📝 시에서 행끝의 음이 다른 행 끝의 음과 일치하는 각운(end rhyme)을 말한다. 예를 들어 아래 시의 away, day, play에서 [ei]의 음이 일치한다
Rain, rain go away,
Come again another day,
Little Johnny wants to play.

rhythm [ríðm] 명 (복수 rhythms [-z]) 박자, 운율, 리듬
She sang in quick *rhythm*. 그녀는 빠른 박자로 노래불렀다

rib·bon [ríbən] 명 (복수 ribbons [-z]) 리본; 장식 끈
a blúe ríbbon 블루 리본 휘장 ((각 방면의) 최고 영예의 표지))

★**rice** [ráis] 명 (식물) 벼, 쌀; 쌀밥 ((a를 붙이지 않고, 복수 없음))
rice crop 벼 수확
We live on *rice*. 우리는 쌀을 먹고 산다
📝 유럽·미국에서는 쌀을 과자의 재료 또는 부식용으로 쓰고 있다

★**rich** [rítʃ] 형 (비교 rich**er**; 최상 rich**est**)
❶ 부유한, 돈 많은, 부자의(↔ poor 가난한)
She is *rich*. 그녀는 부자이다
He is a *rich* merchant. 그는 돈 많은 상인이다
The United States is a *rich* country. 미합중국은 부유한 나라이다
The *rich* are not always happy. 부자가 반드시 행복한 것은 아니다
📝 the rich 는 rich people 의 뜻. not always 는 부분 부정
❷ 풍부한; (토지 등이) 기름진; ((be rich in 으로)) ~이 풍부하다
She has a *rich* voice. 그녀는 성량이 풍부하다
The soil at this place is *rich*. 이 곳의 토지는 기름지다
Korea *is rich in* beautiful scenery. 한국에는 아름다운 경관이 많이 있다
❸ (의복·보석·가구가) 훌륭한, 값비싼
She wants *rich* dresses. 그녀는 값비싼 옷을 원한다
She has a *rich* necklace. 그녀는 값

비싼 목걸이를 가지고 있다

rich   poor

Rich·ard [rítʃərd] 몡 리처드 《남자 이름; 애칭은 Dick》

rich·er [rítʃər] 톙 rich(부유한)의 비교급

rich·es [rítʃiz] 몡 부, 재물

rich·est [rítʃist] 톙 rich(부유한)의 최상급

rich·ness [rítʃnis] 몡 부유; 풍부; 비옥

rid [ríd] 동 (3단현 **rids** [-z]; 과거·과분 **rid** 또는 **rid**ded [-id]; 현분 **rid**ding) 《rid... of ~ 로》 …에서 ~를 제거하다
They *rid* the house *of* mice. 그들은 집에서 쥐를 없앴다
get rid of … ~에서 벗어나다, ~를 면하다; 쫓아버리다, 제거하다
I must *get rid of* a cold. 나는 감기를 쫓아내야 한다

rid·den [rídn] 동 ride(타다)의 과거분사형

rid·dle [rídl] 몡 (복수 **riddle**s [-z]) 수수께끼
I cannot solve the *riddle*. 나는 그 수수께끼를 풀 수가 없다

★**ride** [ráid] 동 (3단현 **rides** [-z]; 과거 **rode** [róud]; 과분 **ridden** [rídn]; 현분 **rid**ing) (타동) (말·탈것 등을) 타다; 타고 가다; **태우다**
Can you *ride* a bicycle? 너는 자전거를 탈 줄 아니
▶ Can you ride?라고 하면 「말을 탈 줄 아느냐」의 뜻
Have you ever *ridden* a horse? 당신은 말을 타 본 적이 있습니까
— (자동) (말·탈것 등에) **타다**, 타고 가다
They *rode* to the lake in[on] a bus. 그들은 버스를 타고 호수에 갔다
🗒 버스·택시·엘리베이터처럼 '~의 안에'라는 느낌이 강할 때에는 ride 뒤에 보통 in을 쓰나, 그 밖의 탈 것에는 in 또는 on을 쓴다
Do you *ride* on a train or in a car? 당신은 기차로 갑니까, 아니면 승용차로 갑니까
Children are *riding* on the merry-go-round. 아이들이 회전 목마를 타고 있다

> 📘 ride 뒤에 바로 탈것이 오면 탄 사람이 직접 그것을 움직인다는 느낌을 주고, in 또는 on이 오면 다른 사람이 운전하는 것에 탄다는 느낌이 있다

ride off (자전거 등을) 타고 가 버리다
She jumped on her bicycle and *rode off*. 그녀는 자전거에 뛰어올라 타고 가 버렸다
— 몡 (복수 **rides** [-z]) (말·탈것·사람 등에) **타기**, 태우기, 타고 가기; (말·탈것을 타고 하는) 여행
Let's have a *ride* on a horse. 말에 한 번 타 봅시다
I went for a long *ride* into the country. 나는 시골까지 멀리 타고 나갔다
🗒 말 또는 자전거로 가는 경우이다. 승용차라면 for a drive 라고 한다
I'll give you a *ride* to the station. 정거장까지 (차를) 태워주겠다

rid·er [ráidər] 몡 타는 사람, 기수
My brother is good *rider*. 나의 형은 승마에 능하다

rides [ráidz] 동 ride(타다)의 3인칭 단수현재형
— 몡 ride(타기)의 복수형

rid·ing [ráidiŋ] ride(타다)의 현재분사형

ri·fle [ráifl] 몡 (복수 **rifles** [-z]) 소총(→ gun 총)

★**right** [ráit] (♦ gh는 발음하지 않음) 혱 (비교 **more right**; 최상 **most right**) ❶ (도덕상) 옳은; 정확한(↔ wrong 그른)
You are *right,* and he is wrong. 네가[네가 말하는 것이] 옳고, 그는 그르다
Tell me the *right* time. 정확한 시각을 말해 주시오
❷ 적절한, 말할 나위 없는
They are the *right* men for the job. 그들은 그 일을 하는 데에 적합한 사람들이다
You have come at the *right* time. 너는 꼭 적절한 때에 왔다
❸ 몸의 상태가 좋은, 건강한
"Are you all *right* now?"—"I am quite *right* again, thank you." 「기분[건강]이 좋아졌습니까」—「아주 좋아졌습니다, 고맙습니다」
❹ 오른쪽의, 우측의(↔ left 왼편의)
Raise your *right* hand. 오른손을 들어라
There is a hospital on your *right* side. 당신의 오른편에 병원이 있습니다
all right 좋다
"Let's play catch."—"*All right.*" 「공받기 하자」—「좋아, 하자」
He is *all right* today. 그는 오늘 건강이 좋다
a ríght fíelder 《야구》 우익수

— 븟 ❶ 옳게, 바르게, 틀림없이(↔ wrong 틀리게); 잘, 제대로
He guessed *right.* 그는 바로 맞췄다
If I remember *right,* he started on Friday. 내 기억이 정확하다면 그는 금요일에 출발했다
All is going *right.* 만사가 잘 되어 가고 있다

🗒 어순에 주의. right 는 동사 뒤에 오고 rightly 는 보통 동사 앞에 온다: He answered right.=He rightly answered.(그는 바르게 답했다)

❷ 《구어》 바로, 꼭(=just)
Your book is *right* here. 네 책은 바로 여기에 있다
He stood *right* behind me. 그는 바로 내 뒤에 서 있었다
The plane left *right* at three. 비행기는 꼭 3시에 떠났다
❸ 오른편에, 우측에(↔ left 왼편에)
Turn *right.* 《길 안내에서》 오른편으로 돌아가시오
Keep *right.* 《게시》 우측 통행(= Keep to the right.)
❹ 곧장, 똑바로
Go *right* ahead. 《길 안내에서》 곧장 가시오
right now (=**right away**) 《구어》 지금 곧, 곧바로

🗒 at once 보다 구어적인 말

You must do it *right now.* 너는 지금 곧 그것을 해야 한다
Start *right away.* 곧 출발해라

— 몡 (복수 **rights** [-s])
❶ 정의, 올바른 행동(↔ wrong 악) 《a를 붙이지 않고, 복수 없음》
You must always do *right.* 너는 항상 옳은 일을 해야 한다
Might is *right.* 《속담》 힘이 정의이다
❷ 권리(↔ duty 의무)
You must respect the *rights* of others. 남의 권리를 존중해야 한다
❸ 오른편, 우(↔ left 좌측) 《a를 붙이지 않고, 복수 없음》
Turn to the *right* at the next corner. 다음 모퉁이에서 오른쪽으로 돌아가시오

🗒 보통은 Turn right at the next corner. 로 쓰는데 여기서 right 는 부사

❹ 《야구》 **우익수**, 라이트
❺ 《the Right 로》 보수당, 우익
be in the right 정당하다; 당연하다
He must find out which of them *is in the right.* 그는 그것들 중 어느 것이 정당한지를 찾아내야 한다
have a [the] right to ...(=**have the right of ~ing**) ~할 권리가 있다, 당연히 ~해도 무방하다

rights - rise

We *have the right to* enter high school. 우리는 고등학교에 들어갈 권리가 있다

right   wrong

rights [ráits] 명 **right**(권리)의 복수형

★**ring**¹ [ríŋ] 명 (복수 **rings** [-z])
❶ 고리, 고리 모양의 것
a key *ring* 열쇠 고리
a curtain *ring* 커튼을 다는 고리
They danced in a *ring*. 그들은 원을 그리며 춤을 추었다
❷ 반지
an engagement *ring* 약혼 반지
a wedding *ring* 결혼 반지
She wears a diamond *ring* on her finger. 그녀는 손가락에 다이아몬드 반지를 끼고 있다
❸ (복싱 등의) 링; (경마·서커스 등에서 원형의) 경기장
📘 rink[ríŋk](옥내 스케이트장), links[líŋks](골프장)와 다른 점에 유의

★**ring**² [ríŋ] 동 (3단현 **rings** [-z]; 과거 **rang** [rǽŋ]; 과분 **rung** [rʌ́ŋ]; 현분 **ringing**) 자동 (벨·종 등이) 울리다
The bell began to *ring*. 종이 울리기 시작했다
📘 수업 등의 예비종은 a warning bell이라고 한다
The church bells are *ringing*. 교회의 종이 울리고 있다
📘 회화에서 「현관이나 전화의」 벨이 울리고 있다」라고 할 때는 "The bell is ringing."보다는 "There's the bell!"이라고 함》
Did the telephone *ring*? 전화 벨이 울렸니
— 타동 ❶ (벨·종 등을) 울리다
He *rang* the bell for the servant. 그는 하인을 부르기 위해서 종을 울렸다
❷ 영 《**ring up** 으로》 ~에게 전화를 걸다 (=미 call up)
I'll *ring* you (*up*) tonight. 오늘밤에 전화하겠다
ring back 영 나중에 다시 전화하다 (=미 call back)
ring off 전화를 끊다 《ring 은 자동사》
She *rang off*. 그녀는 전화를 끊었다

rink [ríŋk] 명 (복수 **rinks** [-s]) (보통 옥내의 아이스 또는 롤러) 스케이트 장

rinse [ríns] 타동 (3단현 **rinses** [-iz]; 과거·과분 **rinsed** [-d]; 현분 **rinsing**) ~을 헹구다
rinse one's hair 머리카락을 헹구다
— 명 헹구기; 헹구는 물; 린스제

Ri·o de Ja·nei·ro [ríːou dèi ʒanéərou] 명 리우데자네이로 《남미 브라질의 옛 수도; 약칭 Rio》

ripe [ráip] (◆ i는 [ai]로 발음함) 형 (비교 **riper** ; 최상 **ripest**)
❶ (과일·곡식이) 익은
a *ripe* apple 익은 사과
❷ 시기가 무르익은, 준비가 된
His daughter is *ripe* for marriage. 그의 딸은 결혼 적령기다

Rip Van Win·kle [ríp væn wíŋkl] 명 립 밴 윙클 《미국의 소설가 어빙(W. Irving)의 「스케치북」에 수록된 단편 소설의 주인공》

★**rise** [ráiz] 동 (3단현 **rises** [-iz]; 과거 **rose** [róuz]; 과분 **risen** [rízn]; 현분 **rising**) 《타동사는 raise [réiz]》 자동 ❶ (막 등이) 오르다, (해·달·별이) 뜨다 (↔ set(지다))
The curtain *rises*. (연극 등의) 막이 오른다
Smoke is *rising* from the chimney. 굴뚝에서 연기가 오르고 있다

The sun *rises* in the east. 태양은 동쪽에서 뜬다

rise　　　　set

❷ 《문어》 (잠자리에서) **일어나다**, 일어서다
My mother *rises* early. 어머니는 일찍 일어나신다
📝 My mother is an early riser. 라고도 할 수 있다. 또한 「몇시에 일어나」라고 할 때에는 I get up at ... 라고 하는 것이 보통이다
He *rose* from the table. 그는 (식사 후) 테이블에서 일어났다
He *rose* to his feet. 그는 벌떡 일어났다
▶ He stood up. 이 보통이다
Rise and shine. 기운차게 일어나라 《아침에 자고 있는 사람을 깨울 때 하는 말》
❸ (높이) **솟다**; 치받이가 되다
The tower *rises* high in the air. 탑이 하늘 높이 솟아 있다
This street *rises* toward the east. 이 거리는 동쪽을 향하여 치받이가 되어 있다
❹ (기온·물가·정도·분량이) **올라가다**(↔ go down (내려가다)), 높아지다, 증가하다
The prices will *rise* again. 물가는 또 오를 것이다
The temperature *rose* to 30℃. 기온이 섭씨 30도까지 올라갔다
📝 30℃는 thirty degrees centigrade 로 읽는다. 단, 미국에서는 화씨를 쓰고 있다

The river is *rising* fast. 강물이 급속히 불어나고 있다
❺ (강 등이) **근원이 되다**; (바람·사건 등이) 생기다, 비롯되다, 일어나다
The river *rises* from Lake Para. 그 강의 수원은 파라호이다
An idea *rose* in my mind. 어떤 생각이 내 머리에 떠올랐다
The wind is *rising*. 바람이 일고 있다
— 명 (복수 **rises** [-iz]) **올라가기**, (기온·물가 등의) 상승(↔ fall 하락); 출세
the *rise* and fall of the empire 제국의 흥망(興亡)
a *rise* in temperature 기온의 상승

ris·en [rízn] (◆발음에 주의) 동 rise (오르다)의 과거분사형

ris·es [ráiziz] 동 rise(오르다)의 3인칭 단수현재형
— 명 rise(올라가기)의 복수형

ris·ing [ráiziŋ] 동 rise(오르다)의 현재분사형
— 형 올라가는; (해·달이) 떠오르는
the *rising* sun 떠오르는 태양
— 명 오름; 상승

risk [rísk] 명 (복수 **risks** [-s]) 위험 (=danger)
Don't run[take] such a *risk*. 그런 위험을 무릅쓰지 마라
at the risk of ... ~의 위험을 무릅쓰고
He did it *at the risk of* his life. 그는 생명의 위험을 무릅쓰고 그것을 했다
— 동 (3단현 **risks** [-s]; 과거·과분 **risked** [-t]; 현분 **risking**) (타동) 위험을 무릅쓰다; (목숨을) 걸다
He *risked* his life to save the child. 그는 그 아이를 구하기 위해서 목숨을 걸었다

ri·val [ráivəl] 명 (복수 **rivals** [-z]) 경쟁 상대; 연적
He is my *rival* in tennis. 테니스에서 그는 나의 경쟁 상대이다

★**riv·er** [rívər] 명 (복수 **rivers**

[-z]) 강
I swim in the *river*. 나는 강에서 수영한다

📋 강의 이름은 ㉧에서 the Hudson (River) (허드슨 강)처럼 강이름이 먼저 오고, ㉫에서는 the (River) Thames(템스 강)처럼 강이름이 뒤에 오는데, River는 흔히 생략된다

📋 river는 비교적 큰 강을, stream은 river보다 작은 강, brook은 stream보다 작은 개울을 가리킴

riv·ers [rívərz] 몡 river(강)의 복수형
riv·et [rívit] 몡 리벳, 대갈못
riv·er·side [rívərsàid] 몡 강변, 강가

Ríverside Pàrk New York 시의 Hudson 강변에 있는 공원

★**road** [róud] 몡 (복수 **roads** [-z])
❶ 도로, 길, 가도(=highway); 《Road로 도시의 가로 이름에 쓰여》 ~로(路) 《편지의 주소 등에서는 Rd.로 줄여 씀》
This *road* leads to the station. 이 길은 역으로 통하고 있다
He lives at 25 Manchester *Road*. 그는 맨체스터로(路) 25번지에 살고 있다

📋 road는 보통 도시와 도시, 부락과 부락처럼 멀리 떨어진 두 지점을 연결하는 도로. street는 양쪽에 건물이 있는 거리. avenue는 가로수가 있는 길(미국에서는 흔히 street와 교차하는 큰 거리). path는 들이나 공원 등의 차가 다니지 않는 샛길. way는 도로라기보다는 추상적인 뜻의「길」이라든가, 한 장소에서 다른 장소로 가는「통로」를 말함

❷ (~에 이르는) 길; 방법, 수단
the *road* to Rome 로마로 통하는 길
There is no royal *road* to learning. 《속담》학문에는 왕도가 없다
a róad màp (특히 자동차용) 도로 지도
a róad sìgn 도로 표지

road·side [róudsaid] 몡 길가
Flowers grow by the *roadside*. 꽃들이 길가에서 자란다

roar [rɔ́ːr] 동 (3단현 **roars** [-z]; 과거·과분 **roared** [-d]; 현분 **roaring**) (자동) (동물이) 으르렁거리다; (대포 등이) 울리다
The tiger *roared*. 호랑이가 으르렁거렸다
— 몡 (복수 **roars** [-z]) 으르렁거리는 소리; (대포 등의) 울리는 소리

roast [róust] 동 (3단현 **roasts** [-s]; 과거·과분 **roasted** [-id]; 현분 **roasting**) (타동) (고기를) 굽다, 그을리다, 불에 쬐다
— 몡 구운, 그을린
roast beef 불고기, 구운 쇠고기, 로스트 비프 《로스트 비프는 영국인이 주식으로 하는 요리로, 미국인의 스테이크(steak)에 해당》

rob [ráb] (타동) (3단현 **robs**[-z]; 과거·과분 **robbed** [-d]; 현분 **robbing**) 《rob... of ~의 꼴로》…에게서 ~를 빼앗다 《특히 위협하거나 폭력을 쓸 경우》
They *robbed* him *of* his money. 그들은 그에게서 돈을 빼앗았다
He was *robbed of* his money by them. 그는 그들에게 돈을 빼앗겼다 《위 문장의 수동태》

rob·ber [rábər] 몡 (복수 **robbers** [-z]) 도둑, 강도(→ thief 도둑)

📋 thief가「좀도둑」이라는 의미를 포함하고 있는데 비하여 robber는 협박이나 폭력으로 빼앗는「강도」를 뜻한다

Rob·ert [rábərt] 몡 로버트 《남자 이름; 애칭은 Bob, Bobby, Rob, Robin》

Rob·in [rábin] 몡 로빈 《남자 이름; Robert의 애칭》

rob·in [rábin] 몡 (새) 울새
📢 본래는 Robert의 애칭. 그리스

도의 가시나무관의 가시를 주둥이로 뽑았기 때문에 그리스도의 피가 울새의 가슴을 붉게 물들였다고 함

Rob·in Hood [-hùd] 명 로빈 후드 《12세기경의 영국의 전설적인 의적(義賊)》

Rob·in·son Cru·soe [rábinsn krúːsou] 명 로빈슨 크루소 《영국의 소설가 다니엘 디포(D. Defoe)의 소설 제목이자 그 주인공의 이름; 바다에서 조난당하여 무인도에서 28년 동안 지낸 뒤 구출되었음》

ro·bot [róubət] 명 (복수 **robot**s [-s]) 로봇; 기계적으로 행동하는 사람 《체코슬로바키아의 극작가 차펙 (Capek; 1890-1938)이 희곡 「자동인간」에서 처음 쓴 말로 '노동'을 뜻하는 체코어 robota에서 유래》

★**rock** [rák] 명 (복수 **rock**s [-s]) 바위, 암석; 예 (구어) 돌(=stone)
Don't throw *rocks* into the pond. 연못에 돌을 던지지 마라
The climber was hit by a falling *rock* from the peak. 그 등산객은 산꼭대기에서 굴러 떨어진 바위에 맞았다

rock² [rák] 통 (3단현 **rock**s [-s]; 과거·과분 **rock**ed [-t]; 현분 **rock·ing**) 타동 흔들다
She is *rocking* the cradle. 그녀는 요람을 흔들고 있다
— 자동 흔들리다, 진동하다
— 명 로큰롤(=rock'n'roll), 로크(=rock music); 흔들림

rock·climb·ing [rákklàimiŋ] 명 암벽 등반; 바위 벽 기어오르기

★★**rock·et** [rákit] 명 (복수 **rock·et**s [-s]) 로켓
a moon *rocket* 달 로켓
a *rocket* plane 로켓 기(機)
They launched *a rocket* at last. 그들은 드디어 로켓을 쏘아 올렸다

Rock·ies [rákiz] 명 《the를 붙여》 로키 산맥(=the Rocky Mountains)

rocket

rock·ing chair [rákiŋ tʃɛ̀ər] 흔들의자(→ chair 의자)

rock'n'roll [rákənróul] 명 로큰롤

rock·y [ráki] 형 (비교 **rock**ier; 최상 **rock**iest) 바위가 많은

Rock·y Moun·tains [ráki máuntnz] 《the를 붙여》 로키산맥 《북 아메리카 서부의 산맥이며 알래스카에서 멕시코에 이르는데 the Rockies라고도 함》

rod [rád] 명 장대, 막대기, 회초리

★★**rode** [róud] 통 ride(타다)의 과거형 《과거분사는 ridden》
He jumped on his horse and *rode* away. 그는 말에 뛰어올라 타고 가버렸다

ro·de·o [róudiou] 명 (복수 **rode·o**s [-z]) 로데오 《카우보이가 사나운 말타기, 올가미 던지기, 등의 솜씨를 겨루는 구경거리》

Rog·er [rádʒər] 명 로저 《남자 이름》

role [róul] 명 (복수 **role**s [-z]) (배우의) 역할, 배역(=part); (일반적인) 역할, 임무
the *role* of Hamlet 햄릿 역

roll [róul] 통 (3단현 **roll**s [-z]; 과거·과분 **rolled** [-d]; 현분 **roll·ing**) 자동
❶ (공 등이) 구르다, 굴리다
The ball *rolled* down. 공은 아래로 굴러 떨어졌다

roller - roof

❷ (차가) 덜컹덜컹 나아가다, (차를) 덜컹덜컹 굴리다
An old car *rolled* down the street. 낡은 차가 덜컹덜컹 거리를 굴러갔다
❸ (천둥이) 우르르 울리다, (북이) 쿵쿵 울리다
The thunder *rolled* in the evening. 저녁에 천둥이 우르르 울렸다
❹ (배·비행기가) 좌우로 흔들리다
The boat *rolled* in the waves. 보트는 파도 속에서 좌우로 흔들렸다
❺ 감다, 둥글리다
Roll up the map, please. 그 지도를 감아 올리시오
— 타동 ~을 굴리다, 굴려서 나르다; (종이·실 등을) 말다, 감다
He *rolled* a ball. 그는 공을 굴렸다
She is *rolling* a newspaper. 그녀는 신문을 말고 있다
— 명 (복수 **rolls** [-z])
❶ 두루마리, 한 두루마리
a *roll* of cloth 천 한 두루마리
a *roll* of film 필름 한 통
❷ 명부, 출석부
Miss Baker is calling the *roll*. 베이커 선생님이 출석을 부르고 계신다
❸ 구르기; (파도 등의) 넘실거림
❹ 롤빵
📝 bread(식빵)와 달리 a roll 또는 rolls 라고 할 수 있다

roll·er [róulər] 명 롤러, 지면을 고르는 기계
róller skáting 롤러 스케이트 타기

roll·er coast·er [-kòustər] 명 (복수 **roller coasters** [-z]) (유원지 등에 있는) 롤러 코스터
📝 (미)에서는 간단히 coaster, (영)에서는 switchback[swítʃbæk] 이라고도 한다

roll·er-skate [róulərskèit] 명 (복수 **roller-skates** [-s]) 롤러 스케이트
— 자동 롤러 스케이트를 타다

Rolls-Royce [róulzrɔ́is] 명 롤스 로이스 《영국제 최고급 승용차 중의 하나》

Ro·man [róumən] 형 로마의, 로마 사람의
Roman history 고대 로마사(史)
Róman Cátholic 로마 가톨릭 교도; 로마 가톨릭 교회의, 천주 교회의
📝 「천주(天主)」는 라틴어인 Deus (신)의 한자 번역어

the Róman Émpire 로마 제국 《기원전 27년에 시저가 이탈리아 반도에 세운 나라 이름; 395년 서부와 동부로 갈라져서, 서로마 제국은 476년, 동로마 제국은 1453년에 멸망했다》
— 명 (복수 **Romans** [-z]) 로마인

ro·mance [rouméns] 명 (복수 **romances** [-iz]) 중세 기사 이야기; 공상 소설; 연애 사건, 로맨스

ro·man·tic [rouméntik] 형 (비교 *more* **romantic**; 최상 *most* **romantic**) 로맨틱한, 공상적인

Rome [róum] 명 로마 《이탈리아 공화국의 수도; 고대로마 제국의 수도였고 우리말의 「로마」는 이탈리아 말 Roma 에서 온 것》
Do in *Rome* as the Romans do. 《속담》 로마에서는 로마 사람이 하는 대로 행동하라 《다른 지방에 가면 그 곳 풍습을 따르라》
Rome was not built in a day. 《속담》 로마는 하루 아침에 이루어지지 않았다 《큰 사업은 단시일에 이루어지는 것이 아니다》
All roads lead to *Rome*. 《속담》 모든 길은 로마로 통한다 《방법은 여러 가지 있지만 목적은 하나이다》

Ron [rán] 명 론 《남자 이름; Ronald 의 애칭》

*__roof__ [rú:f] 명 (복수 **roofs** [-s]) 지붕

📝 -f 로 끝나는 명사의 복수형은 -ves 로 되는 수가 많지만 roof 는 -s 만 붙이면 된다

room - rose¹

roof

They saw the red *roof* of the house.
그들은 그 집의 빨간 지붕을 보았다

★**room** [rúːm] 명 (복수 **room***s* [-z]) ❶ 방, 실(室)
a large *room* 넓은 방
a small *room* 좁은 방 《a narrow *room* 이라고 하지 않음》
a dining *room* (집의) 식당 《주방은 kitchen》
a drawing *room* 응접실
📝 drawing 은 withdrawing (물러감)을 짧게 한 꼴; 식당에서 물러나와 사용하는 방의 뜻
a living *room* 거실
a *room* number (호텔 등의) 방 번호
room service 룸 서비스(담당) 《호텔 등에서 식사를 방으로 나르는 서비스 (담당원)》

● room이 붙는 낱말 ●
bathroom 욕실
bedroom 침실
classroom 교실
homeroom 미 홈룸《생활지도교실》
rest room 미 (극장 등의) 화장실
smoking room 흡연실
Rooms for Rent. 《게시》 미 셋방 있음 (=영 Rooms to Let.)

❷ 자리, 여지, 공간, 장소 《a를 붙이지 않고, 복수 없음》
Is there *room* for me in the car? 차 안에 내가 탈 자리가 있습니까
There is no *room* for doubt. 의심할 여지가 없다
This table takes up too much *room*. 이 테이블은 너무 자리를 많이 잡는다
make room for ~을 위하여 자리를 비우다
Will you *make room for* me? 자리 좀 좁혀 주시겠어요

room·mate [rúːmmeit] 명 미 (학생 기숙사·아파트 등의) 한 방 사람, 동숙인

rooms [rúːmz] 명 room (방)의 복수형

roost·er [rúːstər] 명 미 수탉(=영 cock; → hen 암탉)
📝 닭의 울음소리는 cock-a-doodle-doo[kúkəduːldúː]

root [rúːt] 명 (복수 **root***s* [-s])
❶ 뿌리
the *root* of the grass 풀뿌리
❷ 《보통 the를 붙여서》 근거, 원인
the *root* of troubles 걱정의 원인
❸ 《수학》 근(根)
The square *root* of 9 is 3. 9의 제곱근은 3이다(√9＝3)
— 동 (3단현 **root***s* [-s] ; 과거·과분 **root***ed* [-id] ; 현분 **root***ing*) 타동
~을 뿌리박게 하다

★**rope** [róup] 명 (복수 **rope***s* [-s])
새끼, 밧줄, 로프
a *rope*- dancer 줄타기 광대
She likes to jump *rope*. 그녀는 줄넘기를 좋아한다
📝 rope(밧줄)가 가장 굵고, cord(가는 줄), string(끈), thread(실)의 순으로 가늘게 된다

rope·way [róupwèi] 명 (복수 **ropeway***s* [-z]) 로프 웨이; (화물 운반용의) 가공 삭도(=cableway)

Ro·sa [róuzə] 명 로자 《여자 이름》

★**rose**¹ [róuz] 명 (복수 **rose***s* [-iz]) 《식물》 장미, 장미꽃 《영국의 국화》
This is a red *rose*. 이것은 빨간 장미이다
Roses smell sweet. 장미는 향기가 좋다 《sweet 는 형용사》
Every *rose* has its thorn. 《속담》 어느

장미에도 가시가 있다 《완전한 행복은 없다》

[풍습] 영국에서 장미는 6월의 꽃으로 되어 있다. 또한 장미의 본래의 뜻은 「붉음」이다. 꽃말: 분홍 장미(사랑), 흰 장미(나는 당신에게 어울린다), 노란 장미(사랑이 시들다)

the Wárs of the Róses (역사) 장미 전쟁 《15세기 영국의 왕위 다툼을 둘러싸고 백장미를 휘장으로 삼은 요크 가문과 붉은 장미를 휘장으로 삼은 랭커스터 가문 사이에 일어난 전쟁》

rose

*__rose²__ [róuz] 통 rise(오르다)의 과거형

ros·y [róuzi] 형 (비교 **rosi**er; 최상 **rosi**est) 장미빛의; 유망한
rosy cheeks 장미빛 뺨
a rosy future 유망한 장래

rot [rát] 자동 (3단현 **rots**[-s]; 과거·과분 **rott**ed [-id]; 현분 **rott**ing) 썩다, 부패하다

ro·ta·ry [róutəri] 명 로터리, 원형 교차로
the Rótary Clùb 로터리 클럽 《사회 봉사와 세계 평화를 목적으로 하는 세계 각지의 실업가와 지적 직업에 종사하는 사람들의 단체》

rot·ten [rátn] 형 (비교 **rotten**er; 최상 **rotten**est) 썩은, 부패한

*__rough__ [ráf] 형 (비교 **rough**er; 최상 **rough**est)

❶ (표면·결이) **거칠거칠한**, 껄껄한 (↔ smooth 매끈한); 울퉁불퉁한

a rough road 울퉁불퉁한 길
This paper is rough. 이 종이는 거칠거칠하다

❷ (성미가) **거친**, 버릇없는, 난폭한
rough manners 무례, 버릇없는 태도

❸ 거친
a rough sea 거친 바다

❹ 대강의, 대체적인
a rough sketch 개략도

rough·ly [ráfli] 부 난폭하게; 대강대강, 대체적으로, 얼추잡아

*__round__ [ráund] (◆ ou는 [au]로 발음함) 형 (비교 **round**er; 최상 **round**est)

❶ 둥근, 구형의(→ square 네모의)
a round table 둥근 테이블, 원탁
The earth is round. 지구는 둥글다

❷ (순서대로) **도는**, 한 바퀴 도는
a round trip 미 왕복 여행; 영 일주여행
a round-trip ticket 미 왕복 차표

— 명 (복수 **rounds** [-z])

❶ 원, 고리, 원형의[공 모양의] 것
They danced in a round. 그들은 원을 그리며 춤을 추었다

❷ 한 바퀴 돌기, 순회
I took a round about the pond. 나는 연못 주위를 한 바퀴 돌았다
A policeman was making[going] his rounds. 경찰관이 순찰하고 있었다 《복수형 rounds에 주의》

❸ (경기의) **1회**, 한 시합; (음악) 윤창
a fight of ten rounds (권투의) 10회전

— 부 ❶ 돌아, 빙 돌아; 빙 둘러
The earth turns round once every day. 지구는 매일 한 바퀴 자전한다
He looked round. 그는 빙 둘러 보았다
She walked round and round. 그녀는 걸어서 빙빙 돌아다녔다
Christmas comes round again. 크리스마스가 또 다시 돌아온다
Please show me round. 저를 한 바퀴 안내해 주십시오

❷ 둘레에, 사방에; 둘레가 ~로

roundabout - row²

I visited Boston and looked *round*.
나는 보스턴을 방문하고 빙 둘러 보았다
You can see two miles *round* from here. 여기서 2마일 사방을 바라볼 수가 있다
The tree is 80 centimeters *round*. 그 나무는 둘레가 80센티미터이다
작문 「직경[지름] 2미터」는 2 meters across 라고 한다

❸ (말하는 사람이 있는) **곳에**, (어떤 장소로) **돌아**
Please come *round* and see me this evening. 오늘 밤에 놀러 오시오
Bring my car *round*. 내 차를 여기로 가져 오시오
📝 ㉠에서는 around 를 흔히 씀

all round 주위 온통, 어디에나
There was snow *all round*. 주위는 눈 투성이였다

all the year round 연중 내내, 1년 내내
It is hot here *all the year round* 여기는 날씨가 연중 내내 덥다

turn round 뒤로 돌다, 뒤돌아 보다
She *turned round* when I called. 내가 부르니까 그녀는 뒤돌아 보았다

— [ràund] 전 ❶ ~의 주위에[를], ~를 한바퀴 돌아; ~을 돌아
He made a trip *round* the world. 그는 세계일주 여행을 했다
The earth goes *round* the sun. 지구는 태양의 주위를 돈다

❷ ~를 이리저리로, ~의 사방에
I showed my uncle *round* the city. 나는 삼촌을 안내하여 시내를 돌며 구경을 시켜 드렸다

❸ ~근처에, ~ 부근에; ~쯤에
Is there a post office *round* here? 이 부근에 우체국이 있습니까
It is very hot *round* two o'clock. 2시쯤에는 매우 덥다

round the corner 길모퉁이를 돌아서; 바로 가까운 곳에; 가까이 다가온
There is a house *round the corner*. 길모퉁이를 돌아가면 집이 있다
Christmas is just *round the corner*. 크리스마스가 아주 가까이 다가왔다
📝 ㉠에서는 흔히 around를 쓴다 ㉡에서는 around를 주로 멈춰있는 것에 쓴다: The boys sat *around* the table.(소년들은 테이블 둘레에 앉아 있었다) → around

— 통 (3단현 **rounds** [-z]; 과거·과분 **rounded** [-id]; 현분 **rounding**) 타동 자동 돌다; 둥글게 되다[하다]
The car *rounded* the corner. 자동차가 모퉁이를 돌았다

round·a·bout [ráundəbàut] 명 회전목마(= merry-go-round); 원형 교차로

round·ers [ráundərz] 명 《단수 취급》 명 라운더즈 《주로 영국 소녀이 애호하는 야구 비슷한 구기로 야구의 전신임》

round trip [ráund tríp] 명 왕복 여행; 명 일주 여행

route [rúːt] (◆ou는 예외적으로 [uː]로 발음함) 명 길, 항로
an air *route* 항공로
What is the shortest *route* to Boston? 보스턴으로 가는 가장 빠른 지름길은 무엇이지요
〈◆ 동음어 root(뿌리)〉

rou·tine [ruːtíːn] 명 판에 박힌 일, 일상하는 일; 관례
daily *routine* 일상적인 일

***row¹** [róu] 통 (3단현 **rows** [-z]; 과거·과분 **rowed** [-d]; 현분 **rowing**) 타동 자동 (배를) **젓다**
row a boat 노를 젓다
— 명 노젓기; 뱃놀이
Let's go for a *row*. 노젓기하러 가자

row² [róu] 명 (복수 **rows** [-z]) 열(列), 줄
a *row* of books 일열의 책들
They sat in a *row*. 그들은 일열로 앉았다
He is in the fourth *row*. 그는 네 번째

504

줄에 있다

row·boat [róubout] 명 노젓는 배

Roy [rɔ́i] 명 로이 《남자 이름》

roy·al [rɔ́iəl] 형 국왕의, 왕실의; 명 《대문자로》 왕립의, 국왕의 보호가 있는
- loyal (충성스러운)과 구별할 것
a *royal* family 왕실, 왕가
a *royal* palace 왕궁
There is no *royal* road to learning. 《속담》 학문에는 왕도가 없다 《학문에는 지름길이 없다》
His[Her] Róyal Híghness 전하[비(妃) 전하]
the Róyal Acádemy 왕립 미술원
the Róyal Áir Fórce 영국 공군
the Róyal Ópera Hóuse (런던의) 국립 오페라 하우스[극장]

rub [rʌ́b] 동 (3단현 **rub**s [-z]; 과거·과분 **rub**bed [-d]; 현분 **rub**bing) 타동 자동 문지르다, 비비다
Don't *rub* your face with your hands. 손으로 얼굴을 문지르지 마라
- 사람 앞에서는 될 수 있는 한 얼굴을 만지지 않는 것이 예의이다

rub·ber [rʌ́bər] 명 고무(제품); 고무지우개, 고무줄; 미 《복수형으로》 고무 덧신

rub·bish [rʌ́biʃ] 명 쓰레기, 잡동사니; 하찮은 물건[이야기, 생각]

ru·by [rúːbi] 명 (복수 **rub**ies [-z]) 홍옥 《보석류》, 루비

rude [rúːd] 형 (비교 **rud**er; 최상 **rud**est) 버릇 없는, 난폭한, 교양 없는

rude·ly [rúːdli] 부 버릇없이, 거칠게

***rug** [rʌ́g] 명 (복수 **rug**s [-z]) (난로 앞 등에 까는) 깔개; 영 무릎 덮개

Rug·by [rʌ́gbi] 명 《운동》 럭비 (=Rugby football); 럭비교 《영국의 유명한 퍼블릭 스쿨》

ru·in [rúːin] 명 (복수 **ruin**s [-z])

rugby

❶ 파멸, 멸망, 목적 《a를 붙이지 않고, 복수 없음》
The war brought *ruin* to the country. 전쟁은 그 나라에 멸망을 초래했다
❷ 《종종 복수형으로》 폐허, 유적
the *ruins* of Rome 로마의 폐허
go to ruin 파멸하다, 황폐하다
in ruins 황폐되어
— 동 (3단현 **ruin**s [-z]; 과거·과분 **ruin**ed [-d]; 현분 **ruin**ing) 타동
파멸시키다, 못쓰게 만들다, 영락시키다, 망쳐 놓다
The storm *ruined* the fruit in the yard. 폭풍우가 마당에 있는 과일을 망쳐 놓았다

***rule** [rúːl] 명 (복수 **rule**s [-z])
❶ 규칙, 규정, 법규
the *rules* of the road 교통 규칙
Don't break the *rules*. 규칙을 어기지 마라
We keep the *rules* of the school. 우리는 학교 규칙을 지킨다
❷ (개인의) 습관, 관례, 버릇
My *rule* is to have breakfast at seven.
나는 7시에 아침식사를 하는 것이 습관으로 되어 있다
❸ 지배, 통치 《a를 붙이지 않고, 복수 없음》
The country was under British *rule*. 그 나라는 영국의 지배하에 있었다
❹ 자(=ruler)
as a rule 대개, 일반적으로(=usually)
As a rule children like candy. 대체로 아이들은 사탕을 좋아한다
make it a rule to … 습관적으로 ~하

고 있다
I *make it a rule to* take a walk every morning.
나는 매일 아침 산책하는 것을 상례로 하고 있다

✏️ 격식차린 말이며, 보통은 I take a walk every morning.으로 한다

— 동 (3단현 **rules** [-z]; 과거·과분 **rule**d [-d]; 현분 **rul**ing) 자동 타동
(~을) **지배하다**, 통치하다(→ govern)
The queen *ruled* (over) the people wisely. 여왕은 국민을 현명하게 통치했다

rul·er [rúːlər] 명 (복수 **rulers** [-z]) 통치자; 자

ru·mor, 영 **ru·mour** [rúːmər] 명 (복수 **rumors** [-z]) 소문, 풍문, 풍설
Don't listen to *rumor*. 소문을 귀담아 듣지 마라
There is a *rumor* of war. 전쟁이 일어난다는 풍문이 있다
All kinds of *rumors* are going around about the singer.
그 가수에 대한 갖가지 소문이 나돌고 있다
— 타동 《주로 수동태로》 소문내다, 소문을 이야기하다
It is *rumored* that he is mad.(=He is *rumored* to be mad.) 그가 미쳤다는 소문이다

★**run** [rʌn] 동 (3단현 **runs** [-z]; 과거 **ran**[ræn]; 과분 **run** [rʌn]; 현분 **running**) 자동 ❶ (사람·동물이) **달리다**; (차량 등이) 통행하다
He *runs* very fast. 그는 매우 빨리 달린다
I saw Tom *running* into the house. 나는 톰이 집안으로 달려 들어가는 것을 보았다
This bus *runs* between Seoul and Pusan. 이 버스는 서울과 부산 사이를 운행한다
The buses *run* every ten minutes. 버스는 10분 간격으로 운행한다

❷ (기계 등이) **움직이다**, 가동하다
This engine does not *run* well. 이 엔진은 잘 돌아가지 않는다
This machine *runs* on gasoline. 이 기계는 가솔린으로 움직인다
❸ (도로 등이) **통하고 있다**; (강·액체가) 흐르다
The highway *runs* along the seashore. 그 큰 길은 해안을 따라 뻗어 있다
The River Han *runs* through Seoul. 한강은 서울을 관류한다
Blood was *running* from his wound. 그의 상처에서 피가 흐르고 있었다
❹ ~라고 씌어 있다; (소문이) 퍼지다
His letter *runs* as follows. 그의 편지에는 다음과 같이 씌어 있다
The rumor *runs* that he went abroad. 그가 외국으로 갔다는 소문이다
Ill news *runs* fast. 《속담》 나쁜 소식은 빨리 퍼진다
❺ 《주로 미》 (선거에) 입후보하다
run for President 대통령에 입후보하다
❻ 《run+형용사로》 (어떤 상태가) 되다
The pond *ran* dry. 연못이 말라 버렸다
— 타동 ❶ (사람·동물 등을) **달리게 하다**; (기계 등을) **운전하다**, 움직이다
He *ran* his horse to the woods. 그는 말을 숲까지 달리게 했다
I cannot *run* this machine. 나는 이 기계를 돌릴 수가 없다
❷ 관리하다, (가게 등을) 경영하다
My father *runs* a hotel. 내 부친은 호텔을 경영하고 계신다

run about 뛰어 돌아다니다
The children are running *about* on the playground. 아이들이 운동장을 뛰어 돌아다니고 있다
run across... ~를 달려서 건너가다; 우연히 ~를 만나다
The dog *ran across* the street. 개가 거리를 가로질러 달려갔다
I *ran across* him at the party. 나는 파티에서 우연히 그를 만났다

rung - rush

run after ... ~를 뒤쫓다
The dog *ran after* the ball. 개는 공을 뒤쫓아 달렸다
run against ... ~에 부딪치다, 충돌하다
The car *ran against* the wall. 그 자동차는 벽에 부딪쳤다
run a risk 위험을 무릅쓰다
Don't *run a risk*. 모험을 하지 마라
run away 도망치다, 달려가 버리다
They *ran away* toward the station. 그들은 역 쪽으로 도망쳤다
run down 달려 내려가다; (기계 등이) 멈추다; 흘러 떨어지다
She *ran down* the steps. 그녀는 계단을 달려 내려갔다 《down은 전치사》
The clock *has run down*. 시계가 (태엽이 다 풀려) 멈췄다 《down은 부사》
Tears *ran down* her cheeks. 눈물이 그녀의 뺨을 흘러내렸다 《down은 전치사》
run into ~에 부딪치다; ~에 뛰어들다
My car *rain into* a house. 내 차가 집을 들이받았다
She *ran into* my room. 그녀가 내 방으로 뛰어 들어왔다
run for ... ~를 부르러 가다; ~에 입후보하다
run off 달려가 버리다, 도망치다
As soon as he saw me, he *ran off*. 그는 나를 보자마자 도망쳐 버렸다
run out 달려 나가다, 달리기 시작하다; 돌출하다; 다 써 버리다, 바닥이 나다
Tom *ran out* to see the parade. 톰은 행렬을 보려고 밖으로 달려 나갔다
The building *runs out* into the street. 그 건물은 거리에 돌출되어 있다
Gasoline has *run out*. 휘발유가 바닥이 났다
run out of ... ~를 다 쓰다
We have *run out of* sugar. 설탕이 다 떨어졌다
run over (물 등이) 넘쳐 흐르다; (차가 사람을) 치다

📝 run은 자동사, over는 전치사
The water *ran over* the banks. 물이 제방을 넘쳐 흘렀다
A child was *run over* by a car. 한 아이가 자동차에 치었다 《run은 과거분사》
run through ... ~를 급히 조사하다, 대충 훑어보다
He *ran through* the letter. 그는 편지를 대충 훑어 보았다
run up to ... ~쪽으로 달려가다
He *ran up to* his parents. 그는 부모님에게로 달려갔다
─ 명 (복수 **runs** [-z])
❶ 달리기, 경주
Let's have *a run* in the field. 들판에서 경주를 하자
❷ 연속, 연속 흥행, 롱런
The film had a long *run*. 그 영화는 장기 상영을 했다
❸ (야구 등에서) 생환, 득점
a home *run* 홈런(=homer)
in the long run 결국은
In the long run he won first prize. 결국은 그가 1등상을 탔다

*__rung__ [rʌ́ŋ] 동 **ring**(울리다)의 과거분사형

run·ner [rʌ́nər] (♦u는 [ʌ]로 발음함) 명 (복수 **runners** [-z]) 달리는 사람, 경주자; (야구) 주자

run·ning [rʌ́niŋ] 동 **run** (달리다)의 현재분사형
─ 형 달리는, 흐르는; 연속적인
running water 흐르는 물
─ 명 달리기, 경주; 경영

runs [rʌ́nz] 동 **run**(달리다)의 3인칭 단수 현재형

*__rush__ [rʌ́ʃ] 명 (복수 **rushes** [-iz]) 돌진, 쇄도
a *rush* of wind 한 줄기의 돌풍
He made a *rush* for the door. 그는 문 쪽으로 달려갔다
with a rush 갑자기, 돌연, 한꺼번에 와르르

They came out of the room *with a rush*. 그들은 한꺼번에 와르르 방에서 나왔다

the rúsh hòur (출·퇴근 시간의) 혼잡한 시간, 러시 아워

I hate the morning *rush hour*. 나는 아침 러시 아워를 싫어한다

▶ 아침·저녁의 러시아워를 합치면 rush hours 로 된다

—⑧ (3단현 **rush**es [-iz]; 과거·과분 **rush**ed [-t]; 현분 **rush**ing)
㉂동 돌진하다[시키다], 서둘러 가다[오다]

He *rushed* into the room. 그는 방 안으로 달려 들어왔다

They *rushed* at the door. 그들은 문을 향해 돌진했다

—㉃동 ~을 급히 하다; (남을) 서둘러 ~하게 하다, 재촉하다

I *rushed* her into the room.
나는 서둘러 그녀를 방으로 들어오게 했다

Rus·sia [rʌ́ʃə] 똉 러시아 《1991년 소련의 해체로 성립된 독립 국가 연합 구성 공화국의 하나. 수도는 모스크바(Moscow)》

Rus·sian [rʌ́ʃən] 囫 러시아의; 러시아 사람의; 러시아 말의
—똉 러시아 사람; 러시아 말

Ruth [rúːθ] 똉 루스 《여자 이름》

rye [rái] 똉 (식물) 호밀 《위스키·검은빵의 원료 또는 가축 사료로 쓰임》 (→ wheat 밀)

S - safe

S s *S s*

S , s [és] 명 (복수 S's, Ss, s's, ss [-iz]) 에스 《알파벳의 제 19자》

S., s. south(남)의 약어

's [-s, -z, -iz]
❶ 《구어》 is, has의 줄임꼴
he's (=he is 또는 he has)
❷ us의 줄임꼴
Let's go. 가자
❸ 《문법》 명사의 소유격을 만듦

$ [dálər(z)] dollar(s)(달러)의 기호 《숫자 앞에 붙여서 미국·캐나다·오스트레일리아 등지의 화폐 단위 '달러'를 나타냄》
$ 10.50 10달러 50센트 《ten dollars fifty (cents)라고 읽음》

sack [sǽk] 명 (복수 sacks [-s]) (석탄 등을 넣는) 큰 자루, 1부대; (일반적으로 질긴) 봉지(=bag)
a sack of flour 밀가루 1부대

sa·cred [séikrid] (◆ 발음 주의) 형 (비교 *more sacred*; 최상 *most sacred*) 신성한(=holy)
a sacred song 성가(聖歌)

sac·ri·fice [sǽkrəfàis] 명 (복수 sacrifices [-iz]) 희생; 제물; 《야구》 희생타

*__sad__ [sǽd] 형 (비교 sadder; 최상 saddest) 《명사는 sadness》 슬픈 (↔happy 기쁜)
She seems sad. 그녀는 슬퍼 보인다
He told me a sad story. 그는 나에게 슬픈 이야기를 들려주었다

sad·der [sǽdər] 형 sad(슬픈)의 비교급

sad·dest [sǽdist] 형 sad(슬픈)의 최상급

sad·dle [sǽdl] 명 (복수 saddles [-z]) (말의) 안장; (자전거·오토바이 등의) 안장

*__sad·ly__ [sǽdli] 부 슬프게, 슬픈듯이, 애처롭게
He looked at her sadly. 그는 슬픈 듯이 그녀를 보았다

sad·ness [sǽdnis] 명 슬픔(=sorrow)

sa·fa·ri [səfá:ri] 명 (복수 safaris [-z]) 사파리 《아프리카에서의 여행. 특히 사냥 여행을 말함》

**__safe__ [séif] 형 (◆ a는 [ei]로 발음함) (비교 safer; 최상 safest) 《명사는 safety》 ❶ 안전한(↔dangerous 위험한)
Put it in a safe place. 그것을 안전한 곳에 두어라
They were safe from their enemy. 그들은 적으로부터 안전했다
Is your dog safe? 너의 개는 위험이 없느냐[물지 않느냐]
❷ 무사한
He arrived safe. 그는 무사히 도착했다

> arrive, come, return, bring, keep 등의 보어로 쓰인다: He arrived safely. 보다도 safe가 더 강조적이다

❸ 《야구》 세이프의(↔out 아웃의)
safe and sound 무사하고 건강한
Tom came back safe and sound. 톰은 무사히 건강하게 돌아왔다

—명 (복수 **safes** [-s]) 금고
I keep the box in the *safe*. 나는 그 상자를 금고 안에 보관한다

safe·crack·er [séifkrækər] 명 (복수 **safecrackers** [-z]) ⓜ 금고 터는 강도 (=명 safebreaker)

*__safe·ly__ [séifli] 뷔 (비교 *more safely*; 최상 *most safely*) 안전하게, 무사히
Helen came home *safely*. 헬렌은 무사히 집에 왔다

*__safe·ty__ [séifti] 명 《형용사는 safe》 안전, 무사고(↔ danger 위험) 《a를 붙이지 않고, 복수 없음》
Safety first! 《표어》 안전 제일
in safety 무사히(=safely)
They arrived there *in safety*. 그들은 무사히 거기에 도착했다

safe·ty belt [-bèlt] (좌석의) 안전벨트

safe·ty match [-mætʃ] 안전성냥 《약간 마찰해도 불이 붙는 성냥에 대하여, 일반 성냥을 말한다》

safe·ty pin [-pìn] 안전핀

safe·ty zone [-zòun] 안전지대
📝 safety island를 더 많이 씀.

Sa·har·a [səhǽrə] 명 《the를 붙여》 사하라 사막

*__said__ [séd] (◆발음주의) 동 **say**(말하다)의 과거·과거분사형
"Look!" *said* the boy. 「이봐」하고 소년은 말했다

*__sail__ [séil] 명 (복수 **sails** [-z])
❶ 돛
Put the *sails* up. 돛을 올려라
Lower the *sails*. 돛을 내려라
❷ 범선; 선박 여행
We can see a lot of *sails*. 범선이 많이 보인다
It is a week's *sail* from Honolulu. 호놀룰루를 떠나 1주일 간의 선박 여행입니다
📝 이 뜻으로는 배가 범선이 아니라도 쓰인다
set sail 출범하다
We *set sail* for New York. 우리는 뉴욕을 향해 출범했다
—동 (3단현 **sails** [-z]; 과거·과분 **sailed** [-d]; 현분 **sailing**) 자동
❶ 돛으로 달리다; 항해하다
His yacht *sailed* across the Pacific. 그의 요트는 태평양을 횡단했다
❷ (배·사람이) 출범하다
The ship *sailed* for Busan. 배는 부산을 향해 출범했다
〈◆ 동음어 sale(판매)〉

sail·boat [séilbòut] 명 (복수 **sailboats** [-s]) ⓜ 범선, 요트(영=sailing boat)

sailboat

__sail·or__ [séilər] 명 (복수 **sailors [-z]) 선원, 뱃사람; 수병, 해군, 군인
📝 선장·고급 선원·일반 선원을 포함한다. 또한 sailor의 철자에 주의
I am a poor[*bad*] *sailor*. 나는 배에 약하다[뱃멀미를 잘 한다]
Are you a good *sailor*? 당신은 뱃멀미를 하지 않습니까

saint [séint] 명 (복수 **saints** [-s]) 성자; 성인 《가톨릭 교회에서 Saint 칭호를 받은 사람》
📝 성도의 이름 앞에 올 때는 보통 St.로 줄여 쓴다: *St.* Paul(성 바울)

Saint Val·en·tine's Day [-vǽləntainz dèi] 명 밸런타인데이 《2월 14일》

sake [séik] 명 위함 《다음 관용구에서만》

for God's sake 제발, 부디
Help me *for God's sake*. 제발 나를 도와 주시오
for the sake of ... ~를 위하여
They work *for the sake of* peace. 그들은 평화를 위하여 일하고 있다
We fight *for the sake of* our country. (= *for* our country's *sake*) 우리는 조국을 위하여 싸운다

sal·ad [sǽləd] 명 (복수 **salads** [-z]) 《요리》 샐러드
vegetable *salad* 야채 샐러드

sal·a·ried [sǽlərid] 형 봉급을 받는, 월급쟁이의; 유급의
a *salaried* worker 월급쟁이

sal·a·ry [sǽləri] 명 (복수 **salaries** [-z]) 봉급, 급료
a monthly *salary* 월급
📝 salary는 보통 회사원·공무원의 봉급, wages는 시간급·일급 따위의 근로자의 임금. 본래는 라틴어의 「병사에게 주는 소금」의 뜻 salt(소금)와 관계가 있다.

sale [séil] 명 (복수 **sales** [-z]) 《동사는 sell》 ❶ 판매
a cash *sale* 현금 판매
for sale 팔려고 내놓은
This picture is *for sale*. 이 그림은 팔 것이다
Not For Sale. (게시) 비매품
on sale (상품이) 판매 중인; 미 특매 중인
The new car is *on sale*. 그 신형차는 판매 중이다
❷ 특별 판매, 염가 판매
a clearance *sale* 재고정리 매출, 특매
a closing *sale* 폐업 대매출
a summer *sale* 여름철 할인 판매
〈◆ 동음어 sail(돛)〉

sales·clerk [séilzklə:rk] 명 (복수 **salesclerks** [-s]) 미 점원

sales·girl [séilzgə:rl] 명 (복수 **salesgirls** [-z]) (상점의) 여자 점원

sales·man [séilzmən] 명 (복수 **salesmen** [-mən] 명 판매원
▶ 우리 나라의 「세일즈맨」은 외판원의 뜻으로 쓰이지만, 영어에서는 넓은 의미의 판매원을 뜻한다

Sal·ly [sǽli] 명 샐리《여자 이름; Sarah의 애칭》

salm·on [sǽmən] (◆ l은 발음하지 않음) 명 (복수 **salmons** [-z], **salmon**) 《물고기》 연어

sa·lon [səlán] 《프랑스어》명 (복수 **salons** [-z])
❶ (양장점·미용실 등의) 가게
a beauty *salon* 미용실
❷ (대저택의) 객실, 응접실; 미술 전람회장

sa·loon [səlú:n] 명 (복수 **saloons** [-z]) (배·호텔 등의) 큰 객실; 영 세단형 승용차 (= saloon car)

★**salt** [sɔ́:lt] 명 소금(↔ sugar 설탕) 《a를 붙이지 않고, 복수 없음》
a spoonful of *salt* 한 숟가락 양의 소금
Please pass me the *salt*. (식탁에서) 소금을 건네 주십시오

salt·y [sɔ́:lti] 형 (비교 **saltier**; 최상 **saltiest**) 소금기가 있는, 짭짤한

Sam [sǽm] 명 샘 《남자 이름; Samuel의 애칭》

★**same** [séim] 형 《the 붙여서》 같은, 동일한, 같은 모양의(↔ different 다른)
Alice and Lucy were born on the *same* day and in the *same* town. 앨리스와 루시는 같은 날 같은 고장에서 태어났다
Helen and I go to the *same* school. 헬렌과 나는 같은 학교에 다닌다
all the same(= *just the same*) 아주 똑같은; 이렇게 하나 저렇게 하나 아무래도 좋은; 그래도, 역시
They are *just the same* in color and size. 그것들은 색깔과 크기가 아주 똑같다
You may go there today or tomo-

rrow; it is *all the same* to me. 너는 거기에 오늘 가도 좋고 내일 가도 된다. 내게는 아무래도 좋다
He is lazy, but I like him *all the same*. 그는 게으르지만, 그래도 나는 그를 좋아한다
at the same time 동시에
They left Korea *at the same time*. 그들은 동시에 한국을 떠났다
I wish you the same!(=(*The*) *same to you!*) 당신에게도 그러하기를

📝 Merry Christmas!(메리 크리스마스!), Have a nice weekend!(주말을 즐겁게 보내시기를) 등의 인사에 대한 응답.

the same ~ as ... …과 같은 ~
This is *the same* pen *as* mine.⁽¹⁾
이것은 내 것과 같은 (종류의) 만년필이다
This is *the same* knife *as* I have.⁽²⁾
이것은 내가 가지고 있는 것과 같은 (종류의) 칼이다
the same ~ that ... …과 동일한 ~
This is *the same* watch *that* I lost.
이것은 내가 잃어버린 것과 같은[동일한] 시계이다

📘 예문 (1)과 같은 뜻으로 as를 that로 할 때도 있다 따라서 the same ~ as...는 「…와 같은 종류의 ~」이며, the same ~ that...는 「…과 동일한 ~」라고 하는 구별이 절대적인 것은 아니다. 또한, 예문 (1)처럼 as 다음에 동사가 없을 때에는 as를 that으로 할 수 없다

sam·ple [sǽmpl] 명 (복수 **sam·ples** [-z]) 견본, 샘플
Send me a *sample*, please. 견본을 보내 주십시오

Sam·u·el [sǽmjuəl] 명 사무엘 《남자 이름; 애칭은 Sam》

***sand** [sǽnd] 명 (복수 **sands** [-z])
❶ 모래 《a를 붙이지 않고, 복수 없음》
He has got *sand* in his eyes. 그의 눈에 모래가 들어갔다
❷ 《복수형으로》 모래밭
Boys are playing on the *sands*. 소년들이 모래밭에서 놀고 있다

sand·al [sǽndl] 명 (복수 **sandals** [-z]) 샌들
wear *sandals* 샌들을 신다

sand·box [sǽndbɑks] 명 (복수 **sandbox***es* [-iz]) 回 (아이가 안에 들어가서 노는) 모래 상자 (영=sandpit)

sand·man [sǽn(d)mən] 명 (복수 **sandmen** [-men]) 《the를 붙여서》 잠귀신 《눈에 모래를 뿌려 아이들을 잠들게 한다는 전설, 동화 속의 인물》
The *sandman* is coming. 졸음이 온다

San·dra [sǽndrə] 명 샌드라 《여자 이름; Alexandra의 애칭》

sand·wich** [sǽndwitʃ] 명 (복수 **sandwiches* [-iz]) 《요리》 샌드위치 《영국의 샌드위치 백작(Earl of Sandwich, 1718~92)은 노름을 몹시 좋아해, 식사 시간을 아끼기 위해 이것을 먹으면서 계속한 데서 유래》

sand·y [sǽndi] 형 (비교 **sand***ier*; 최상 **sand***iest*) 모래의; 모래땅의; 모래투성이의

San Fran·cis·co [sǽnfrənsískou] 명 샌프란시스코 《캘리포니아 주 서부에 있는 항만 도시(속칭 Frisco로 줄여 씀); 에스파냐어로 「성 프란시스」의 뜻》

****sang** [sǽŋ] 동 sing(노래하다)의 과거형
She *sang* to the baby. 그녀는 아기에게 노래를 불러 주었다

sank [sǽŋk] 동 sink(가라앉다)의 과거형

San·ta Claus [sǽntə klɔ́ːz] 명 산타클로스 《4세기 초에 소아시아에 태어난 성인; 아이들의 수호신인 St.

São Paulo - save

Nicholas를 네덜란드 사람이 산테 클라스로 부른 데에서 유래》

Sāo Pau·lo [sɑu(m) páuluː] 명 상파울루 《브라질 남부의 도시로 세계 최대의 커피 집산지이기도 함》

sap·phire [sǽfaiər] 명 (복수 **sapphires** [-z]) 사파이어 《투명하고 짙은 청색을 띤 보석》

Sar·ah [sɛ́(ə)rə] 명 사라 《여자 이름; 애칭은 Sally》

sar·dine [sɑːrdíːn] 명 《물고기》 정어리

sash [sǽʃ] 명 (복수 **sashes** [-z]) (창문의 유리를 지지하는) 새시, 창틀

***sat** [sǽt] 동 **sit**(앉다)의 과거·과거분사형
They *sat* on the bench. 그들은 벤치에 앉았다

Sat. Saturday(토요일)의 약어

Sa·tan [sèitn] (♦ 앞의 a는 [ei]로 발음함) 명 악마, 사탄, 마왕

sat·el·lite [sǽtəlàit] 명 (복수 **satellites** [-s]) 《천문》 위성; 인공 위성
an artifícial sátellite 인공 위성
a sátellite státion 인공 위성 정거장

satellite

sat·ire [sǽtaiər] (♦ 액센트 주의) 명 (복수 **satires** [-z]) 풍자; 비꼼

sat·is·fac·tion [sæ̀tisfǽkʃən] 명 만족, 흡족

sat·is·fac·to·ry [sæ̀tisfǽktəri] 형 (비교 *more* **satisfactory**; 최상 *most* **satisfactory**) 만족스러운, 충분한
The result was not *satisfactory* to me. 결과는 나에게 만족스럽지 못했다

sat·is·fy [sǽtisfài] 타동 (3단현 **satisfies** [-z]; 과거·과분 **satisfied** [-d]; 현분 **satisfying**) ~을 만족시키다
It is easy to *satisfy* him. 그를 만족시키기는 쉽다
He *satisfied* his hunger with nuts. 그는 나무 열매를 먹어 공복을 채웠다
be satisfied with ... ~에 만족하고 있다 《사람이 주어》
I *am* not *satisfied with* your excuse. 나는 너의 변명에 만족하고 있지 않다

***Sat·ur·day** [sǽtərdi, -dèi] 명 (복수 **Saturdays** [-iz]) **토요일** 《Sat.로 줄여 씀; →week》
We went on a picnic last *Saturday*. 우리는 지난 주 토요일에 피크닉을 갔다

📖 반복을 나타낼 때는 복수: We don't go to school on Saturdays.(토요일에는 학교에 가지 않습니다) 또 미에서는 흔히 on을 생략: The party left Saturday.(일행은 토요일에 출발했다)

☑ Saturday는 Saturn's day에서 나온 말(→ Saturn)

Sat·urn [sǽtərn] 명 《천문》 토성 (→ planet 행성); 《로마신화》 사투르누스 《농경의 신》

sauce [sɔ́ːs] 명 소스
tomato *sauce* 토마토 소스

sau·cer [sɔ́ːsər] 명 (복수 **saucers** [-z]) (커피 잔 등의) 받침 접시
a cup and *saucer* [kʌ́pənsɔ́ːsər] 받침 접시가 딸린 찻잔
a flying *saucer* 비행접시 《받침 접시와 모양이 비슷한 데서》

sau·sage [sɔ́ːsidʒ] 명 《요리》 소시지
☑ salt(소금)과 어원적으로 관계 있음 → bacon 베이컨, ham 햄

sav·age [sǽvidʒ] 형 야만적인, 미개한, 미개인의
— 명 야만인, 미개인

***save** [séiv] 타동 (3단현 **saves** [-z]; 과거·과분 **saved** [-d]; 현분

saver - say

saving) ❶ ~을 **구하다**; (위험에서) 구해내다
Dick *saved* the boy from the fire. 딕은 소년을 불 속에서 구했다
❷ (돈을) **저축하다**, (물건을) 남겨 두다
I *saved* some money. 나는 돈을 약간 저축했다
Save some cake for Jim. 짐에게 줄 케이크를 조금 남겨 두어라
❸ (시간·돈 등을) **절약하다**
You *saved* me 20 dollars. 네 덕분에 20달러 절약할 수 있었다

sav·er [séivər] 명 구원자; 절약자

sav·ing [séiviŋ] 동 save의 현재분사형
— 명 (복수 **saving**s [-z]) 구조; 절약; 《복수형으로》 저금
I keep my *savings* in the bank. 나는 은행에 저금하고 있다

:saw¹ [sɔ́ː] 동 see(보다)의 과거형
I *saw* a good movie. 나는 좋은 영화를 보았다

saw² [sɔ́ː] 명 (복수 **saw**s [-z]) 톱

sax·o·phone [sǽksəfòun] 명 (복수 **saxophone**s [-z]) 《음악》 색소폰 《놋쇠로 만든 금관 악기이며, 벨기에의 발명자 아돌프 색스(1814~94)의 이름인 Sax와 '소리'의 뜻인 phone의 복합어. 구어에서는 간단히 sax라고도 함》

★**say** [séi] 동 (3단현 **say**s [séz]; 과거·과분 **said** [séd]; 현분 **say**ing)
발음 3단현 says는 [세이즈]가 아니고 [세즈]로 됨에 주의
타동 ❶ **말하다**
Say it again. 다시 말해라
I must *say* good-bye now. 이젠 작별해야 하겠습니다
Tom *said*, "I will go there." 「나는 거기 가겠어요」라고 톰이 말했다
Will you *say* grace? (식전·식후의) 기도를 해 주시겠습니까
"Wait a moment, please." *said* Bill. 「조금 기다려 주시오」라고 빌이 말했다
🗹 *said* Bill 의 어순에 주의.
❷ **의견을 말하다**, 이야기하다
I have something to *say* to her. 나는 그녀에게 할 얘기가 있다
🗹 say 뒤에는 목적어가 오는 일이 많으며, Please say to her.라고는 하지 않고 Please *say* something to her. 또는 Please speak[talk] to her.라고 한다.
❸ **~라고 진술하다**; (책·게시 등에) 쓰여 있다
What does his letter *say*? 그의 편지에 뭐라고 쓰여 있느냐
The letter *says* that her mother is ill. 편지에는 그녀의 어머니가 아프다고 쓰여 있다
❹ 《be said to be ...로》 **~라고 한다**
She *is said to be* a good pianist. 그녀는 훌륭한 피아니스트라고 한다
❺ 《삽입적으로》 말하자면, 이를테면, 아마, 대략 《let us say라고도 함》
He will be back in, *say*, three years. 그는 아마 3년이 지나면 돌아올 거야

🗹 **say, speak, tell, talk의 차이**
say는 생각을 말로 표현하는 것; speak는 말한다는 행위에 중점을 둠; tell은 이야기의 내용을 보고 말하여 전함; talk는 말하여 들려 줌, 상대와 터놓고 말함, 회담하기 : *say* yes ('네'라고 말하다). *speak* slowly (천천히 말하다). *tell* story (이야기를 하다). Let's *talk* together. (함께 의논 좀 하자)

I am sorry to say (***that***) ... 유감이지만 ~이다
I *am sorry to say* (*that*) I cannot come to the party. 유감이지만 파티에 갈 수 없습니다

I say! (미에서 **Say!** 라고도 함) 이봐, 잠깐; (놀라서) 어머나! 허!
I *say*, Ted, who is that boy? 이봐, 테드, 저 소년은 누구지
Say! That's a good idea. 허! 그건 좋은 생각이다

It goes without saying that ... ~

라는 것은 말할 나위도 없다
It goes without saying that my plans depend on the weather. 나의 계획이 날씨에 달려 있다는 것은 말할 나위도 없다

Say hello to ~에게 안부를 전하다
→ hello

It is said that ...(=**People say that ...**=**They say that ...**) (소문에) ~라고들 한다
It is said that she can speak Spanish. 그녀는 스페인 말을 할 줄 안다고들 한다

say to oneself 혼자 생각하다
He *said to himself* that something was wrong. 무엇인가 잘못되었다고 그는 혼자 생각했다

that is to say 즉, 다시 말하면
He left Paris four days ago, *that is to say*, on April 21. 그는 4일 전, 즉 4월 21일 파리를 떠났다

to say nothing of... ~는 물론이고, ~는 말할 필요도 없고
He speaks French, *to say nothing of* English. 그는 영어는 물론이고 프랑스어도 한다

What do you say to ...? ~하는 것이 어떻습니까 《상대방의 의향을 묻거나 음식 등을 권할 때》
What do you say to a short walk? 잠깐 산책하는 것이 어때
What do you say to a cup of coffee? 커피 한잔 어때

Who shall I say, please? (손님에 대해 전달자가) 누구시라고 말씀드릴까요?

You don't say so. 정말이야? 《말 끝을 올려서 발음하여 의심을 나타냄》; 그래요! 설마! 아무려면 《말 끝을 내려서 발음하여 감탄·비꼼을 나타냄》

***say·ing** [séiiŋ] 통 **say**(말하다)의 현재분사형
— 명 (복수 **sayings** [-z]) 속담 (=proverb); 말하기

says [séz] (◆발음주의) 통 **say** (말하다)의 3인칭 단수 현재형

S. C. South Carolina(사우스 캐롤라이나 주)의 약어

scale¹ [skéil] 명 (복수 **scales** [-z]) 천칭의 접시(하나); 《복수형으로》 천칭 (=balance), 저울
a pair of *scales* 천칭
He weighed the meat on the *scales*. 그는 천칭으로 그 고기의 무게를 달았다

scale² [skéil] 명 (복수 **scales** [-z]) 눈금; 규모
on a large *scale* 대규모로

scan·dal [skǽndl] 명 (복수 **scandals** [-z]) 추문, 스캔들
a political *scandal* 정치적인 스캔들

Scan·di·na·vi·a [skæ̀ndənéiviə] 명 스칸디나비아, 스칸디나비아 반도 《노르웨이·스웨덴·덴마크에 때로 아이슬란드와 그 부근의 섬을 포함한 총칭》

scar [skáːr] 명 흉터, 자국

scarce [skɛ́ərs] 형 모자라는, 불충분한; 드문, 희귀한 《명사 앞에는 쓰이지 않음》

scarce·ly [skɛ́ərsli] 부 (=hardly)
❶ 《준부정어로서》 거의 ~아니다
I *scarcely* see her. 나는 거의 그녀를 보지 못하고 있다
❷ 겨우, 간신히
She is *scarcely* sixteen. 그녀는 겨우 16세가 될까 말까 하다
He *scarcely* caught the last bus. 그는 간신히 마지막 버스에 탔다

scare [skɛ́ər] 타동 (3단현 **scares** [-z]; 과거·과분 **scared** [-d]; 현분 **scaring**) 놀라게 하다, 겁나게 하다 (=frighten)
I'm *scared*. 난 무서워

scare·crow [skɛ́ərkròu] 명 (복수 **scarecrows** [-z]) 허수아비
풍습 영미의 허수아비는 대부분 인형

scared - school

에 바지와 셔츠를 입히고 모자를 씌운다. '까마귀(crow)를 겁주다(scare)'라는 뜻이다

scared [skɛ́ərd] 형 깜짝 놀란; ~하기가 겁나는

scarf [skɑ́:rf] 명 (복수 **scarfs** [-s] 또는 **scarves** [skɑ́:rvz]) 스카프 (→ muffler 목도리)

scar·let [skɑ́:rlit] 명 주홍, 진홍색 《빨간색보다 더 붉음》
— 형 주홍의, 진홍의

scarves [skɑ́:rvz] 명 **scarf**(스카프)의 복수형의 하나

scat·ter [skǽtər] 타동 (3단현 **scatters** [-z]; 과거·과분 **scattered** [-d]; 현분 **scattering**) ~을 뿌리다
He *scattered* sand on the street. 그는 길에 모래를 뿌렸다

‡**scene** [sí:n] 명 (복수 **scenes** [-z]) ❶ (이야기·연극·영화 등의) **장면**, 배경
The *scene* of the story is London. 이야기의 장면은 런던이다
❷ (연극의) **장**(場)
Act Ⅱ, Scene i 제2막 제1장
발음 Act two, Scene one [ǽkt tú:, sí:n wán]으로 읽음
❸ (사건의) **현장**
the *scene* of the accident 사고의 현장
❹ **경치**
☑ 무대의 장면처럼 한정되어 한 눈으로 바라볼 수 있는 경치를 말함
It is a beautiful *scene*. 그것은 아름다운 경치이다
〈◆동음어 seen (see의 과거분사)〉

scen·er·y [sí:nəri] 명 (자연의) 풍경, 경치 《단수형만 씀》
mountain *scenery* 산의 경치

scent [sént] 명 (복수 **scents** [-s]) 냄새(=smell); 향기
〈◆동음어 cent(센트), sent(send의 과거·과분)〉

sched·ule [skédʒu:l] 명 (복수 **schedules** [-z]) 예정, 스케줄; 미 (열차·버스 등의) 시간표(=영 timetable), 예정표
a train *schedule* 열차 시간표
on schedule 예정(시간) 대로
The train arrived *on schedule*. 열차는 예정대로 도착했다
— 타동 예정하다
The meeting is *scheduled* for Monday. 회합은 월요일로 예정되어 있다

scheme [skí:m] (◆ ch는 [k]로 발음) 명 계획(=plan)

schol·ar [skɑ́lər] 명 (복수 **scholars** [-z]) 학자

schol·ar·ship [skɑ́lərʃip] 명 (복수 **scholarships** [-s]) 학문, 학식; 장학금; 장학생의 자격

★**school** [skú:l] 명 (복수 **schools** [-z]) ❶《관사를 붙여》(건물로서의) **학교**, 학교 건물
The *school* stands near the church. 학교는 교회 근처에 있다
❷《관사 없이》**수업**(=class), (수업의 뜻으로) 학교 《a나 the가 붙지 않고, 복수형은 없음》
I go to *school* every day. 나는 매일 (수업을 받으러) 학교에 간다
☑ 수업을 받을 목적 이외로 학교에 갈 때에는 the를 붙여 go to the school로 씀
"What time does *school* begin?"—"It begins at eight."
「학교는 몇 시에 시작됩니까」—「8시에 시작됩니다」
There is no *school* tomorrow. 내일은 수업이 없다

📕 일반적으로 건물보다도 그 건물에서 행하여지는 내용을 말할 때 관사를 붙이지 않음

❸《보통 the whole이 붙고, 단수 취급으로》**전교생**

516

schoolbag - school bus

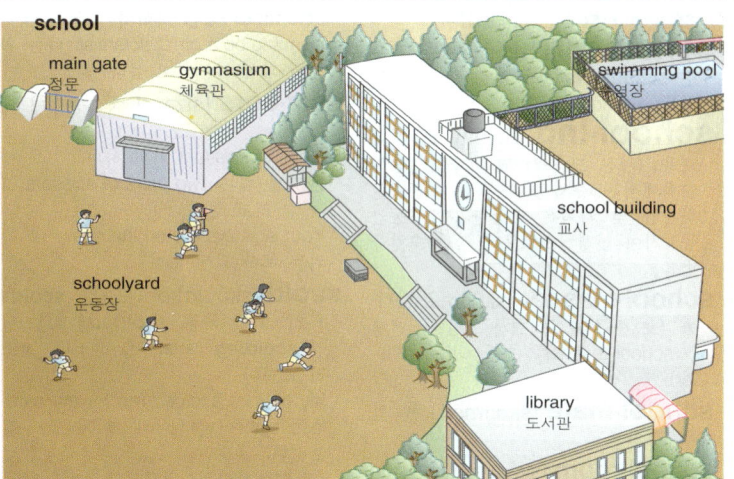

school
- main gate 정문
- gymnasium 체육관
- swimming pool 수영장
- school building 교사
- schoolyard 운동장
- library 도서관

The whole school knows it. 전교생이 그것을 알고 있다

❹ 유파, 학파
the classical *school* 고전파
the Italian *school* (미술의) 이탈리아 화파

📝 school의 어원은 그리스 말로 「여가」의 뜻. 고대 그리스에서는 전쟁이나 정치에서 해방된 한가한 때에 공부를 했기 때문이다.

after school 방과 후
We played tennis *after school*. 방과 후에 우리는 테니스를 했다

at school 수업 중; 학교에서; ⑲ 재학 중
My son is now *at school*. 아들은 지금 학교에 있다
We study many subjects *at school*. 우리는 학교에서 많은 과목을 배운다

go to school 학교에 입학하다

📝 학교를 중심으로 생각하면 come to school이 된다

I'm *going to school*. 나는 학교에 가는 길이다
He is old enough to *go to school*. 그는 학교에 갈[입학할 수 있는] 나이이다

in school ⑲ 재학 중
My son is still *in school*. 나의 아들은 아직 재학 중입니다

leave school 졸업하다, 학교를 떠나다
We *left school* last year. 우리는 작년에 졸업했다
John *left school* to work as a sailor. 존은 선원으로 일하려고 학교를 그만두었다

📝 **미국과 영국의 학교**

미국에서는 an elementary school(초등학교); a junior high school(중학교); a senior high school(고등학교)이 있다. 영국에는 a primary school (초등학교); a modern school(중학교); a technical school(실업중학교); a grammar school(중학교+고등학교) 등이 있다 이 밖에 a public school (사립중학교+고등학교)도 있다.

school·bag [skúːlbæg] ⑲ (복수 schoolbags [-z]) (학생의) 책가방

*****school·boy** [skúːlbɔ̀i] ⑲ (복수 schoolboys [-z]) (초·중·고의) 남학생(→ schoolgirl)

school bus [-bʌs] ⑲ (복수

schoolgirl - Scottish

school bus*es* [-iz]) 스쿨버스

school·girl [skúːlgə̀ːrl] 명 (복수 schoolgirl*s* [-z]) (초·중·고의) 여학생(→ schoolboy)

school·ing [skúːliŋ] 명 학교 교육; (통신 교육의) 교실 수업 《통신 교육에서는 수업을 대부분 우편으로 하지만 몇 과목은 일정한 기간 동안 등교하여 선생님으로부터 직접 수업을 받음》

school·mas·ter [skúːlmæ̀stər] 명 (초·중·고교의) 교사, (남자) 선생 (=school teacher); 교장(=headmaster)

school·mate [skúːlmèit] 명 학우, 동창생

school·room [skúːlrùːm] 명 교실

schools [skúːlz] 명 school(학교)의 복수형

school·teach·er [skúːltìːtʃər] 명 (초·중·고의) 교사

school·work [skúːlwə̀ːrk] 명 학업; 학교에서의 수업 및 숙제

school year [-jíər] 학년 《구어에서는 보통 9월에서 6월까지를 말함》

Schweit·zer [ʃváitsər] 명 슈바이처 《Albert ~ (1875~1965); 독일 신학자, 의사, 음악가; 1952년 노벨 평화상 수상》

sci·ence [sáiəns] 명 과학, 이과; 《명사 앞에 쓰여》 과학의, 이과의 《a를 붙이지 않고, 복수 없음》
natural *science* 자연 과학
social *science* 사회 과학
Tom is interested in *science*. 톰은 과학에 흥미가 있다

sci·en·tif·ic [sàiəntífik] 형 (비교 *more* scientific) 최상 *most* scientific) 과학의, 과학적인
scientific knowledge 과학 지식
scientific studies 과학 연구

sci·en·tist [sáiəntist] 명 (복수 scientist*s* [-s]) 과학자
I want to be a great *scientist*. 나는 위대한 과학자가 되고 싶다

scis·sors [sízərz] 명 《복수명사》 가위
a pair of *scissors* 가위 하나
📝 셀 때는 two pairs of scissors(가위 둘)라고 한다.
Your *scissors* are on the desk. 네 가위는 책상 위에 있다

scold [skóuld] 동 (3단현 scold*s* [-z]; 과거·과분 scold*ed* [-id]; 현분 scold*ing*) 타동 ~를 꾸짖다, 잔소리를 하다
My mother *scolded* me for my carelessness. 어머니는 내 부주의를 꾸짖으셨다
— 자동 야단치다, 꾸짖다

score [skɔ́ːr] 명 (복수 score*s* [-z]) 득점
count the *score* 득점을 세다
Our team won the match by the *score* of 5 to 3. 우리 팀이 5대 3으로 이겼다
— 동 (3단현 score*s* [-s]; 과거·과분 score*d* [-d]; 현분 scor*ing*) 타동 자동 득점하다, 득점을 기입하다
They *scored* the first goal. 그들은 첫 득점을 했다
She *scored* four points. 그녀는 4점을 득점했다

score·board [skɔ́ːrbɔ̀ːrd] 명 (복수 scoreboard*s* [-z]) 득점 게시판

score·book [skɔ́ːrbùk] 명 득점 기입장

Scotch [skátʃ] 형 스코틀랜드의; 스코틀랜드 사람의
— 명 《the를 붙여서》 스코틀랜드 사람 (전체)

Scot·land [skátlənd] 명 스코틀랜드 《그레이트 브리튼(Great Britain) 북부의 지방; 수도는 에든버러(Edinburgh)》

Scot·tish [skátiʃ, 영 skɔ́tiʃ] 형

스코틀랜드 (사람)의
— 몡 《the를 붙여서》 스코틀랜드 사람 (전체)(=Scotch)

📝 스코틀랜드 사람은 Scotch보다도 Scottish를 즐겨 쓴다

scout [skáut] 몡 (복수 **scouts** [-s]) 정찰병, 척후병; 보이[걸] 스카우트의 일원(=a boy scout, a girl scout)

scram·ble [skrǽmbl] 통 (3단현 **scrambles** [-z]; 과거·과분 **scrambled** [-d]; 현분 **scrambling**) 자동 기어오르다; (군용기가) 긴급 발진하다
— 타동 ~을 긁어 모으다; 뒤섞다

scrap [skrǽp] 몡 (복수 **scraps** [-s]) ❶ 쪼가리, 조각, 토막, 소편
a *scrap* of bread 빵 썰고 남은 조각
(→ a slice of bread 빵 한 조각)
❷ 《복수형으로》 (신문·책 따위의) 오려낸 것, 스크랩; 자투리, 넝마, 쇳조각, 쓰레기

scratch [skrǽtʃ] 통 (3단 현 **scratches** [-iz]; 과거·과분 **scratched** [-t]; 현분 **scratching**) 타동 자동 긁다, 긁히다; 할퀴다, 할퀴어 상처를 내다; (펜 등이) 걸려서 소리가 나다
The cat *scratched* him. 고양이는 그를 할퀴었다
My pen *scratches*. 내 만년필은 종이가 긁힌다

scream [skríːm] 통 (3단 현 **screams** [-z]; 과거·과분 **screamed** [-d]; 현분 **screaming**) 자동 타동 (고통·공포 등으로) 비명을 지르다
The boy *screamed* for help. 소년은 사람 살리라고 소리를 질렀다
— 몡 (복수 **screams** [-z]) (날카로운) 외침, 비명, 쇳소리

*****screen** [skríːn] 몡 (복수 **screens** [-z]) 칸막이, 병풍; (영화의) **영사막**, 《the를 붙여서》 **영화**
a *screen* actress 영화 여배우

📝 우리의 장지나 병풍은 screen으로 번역함

screw [skrúː] 몡 (**screws** [-z]) 수나사, 나사못; (배의) 추진기

sculp·tor [skʎlptər] 몡 조각가

sculp·ture [skʎlptʃər] 몡 조각; 조각 작품

sculpture

S. Dak. South Dakota(사우스 다코다주)의 약어

*****sea** [síː] 몡 (복수 **seas** [-z])
❶ 《the를 붙여서》 **바다** (↔ land 육지)
The whale lives in the *sea*. 고래는 바다에서 산다
We swam in the *sea*. 우리는 바다에서 수영했다
They spent their vacation by the *sea*. 그들은 휴가를 해변에서 보냈다
📝 by the sea는 「바닷가에서, 해변에서」의 뜻.
In summer we go to the *sea*. 여름에 우리는 바닷가로 갑니다
📝 go to the sea는 「바닷가로 가다」의 뜻.
Pusan is on the *sea*. 부산은 바닷가에 있다
❷ 《Sea로 고유명사에 써서》 ~해
the Mediterranean *Sea* 지중해
the South *Seas* 남태평양
📝 Seas가 복수형임에 주의
📝 짠물의 대호수도 sea라 함: the Dead *Sea*(사해) 또 태평양·대서양처럼 큰 바다는 Ocean이다: 태평양(the Pacific Ocean), 대서양(the Atlantic Ocean)
❸ (어떤 상태의) **바다**, 큰 파도

The ship didn't sail out because of a high *sea*. 높은 파도 때문에 배는 출항하지 않았다

at sea 해상에서, 해상의; 항해 중
There is a storm *at sea*. 해상에 폭풍이 있다
The ship is *at sea*. 배는 항해 중이다

by sea 해로로, 배로 (↔by land 육로로)
He went over to America *by sea*. 그는 배로 미국에 갔다
📝 예에서는 by boat도 쓰인다
She traveled *by sea*. 그녀는 배로 여행했다

go to sea 뱃사람이 되다 《the가 없음에 유의》
He *went to sea* at nineteen. 그는 19세에 선원이 되었다
〈◆동음어 sea(보다), C(알파벳의 세째글자)〉

sea·food [síːfùːd] 명 (복수 **sea-foods** [-z]) 해산물, 해산 식품

sea gull [-gʌl] 명 (복수 **sea gulls** [-z]) 《새》 갈매기 《간단히 gull 이라고도 함》

sea gull

seal [síːl] 명 (복수 **seals** [-z], 집합적으로는 **seal**) 《동물》 바다표범, 물개, 강치; 도장, 인감; 봉인; 인장

sea lev·el [-lèvl] 산 등의 높이를 재는 바다 수면, 해발, 평균 해면
1,500 meters above *sea level* 해발 1,500미터

sea·man [síːmən] 명 (복수 **sea-men** [-mən]) 선원, 뱃사람
Columbus was a great *seaman* of Italy. 콜럼버스는 이탈리아의 위대한 뱃사람이었다

search [sə́ːrtʃ] 동 (3단현 **searches** [-iz] ; 과거·과분 **searched** [-t] ; 현분 **searching**) 《타동》 《물건 등을》 수색하다, 조사하다, 검사하다; 《search ... for ~로》 ~을 찾으려고 ~를 뒤지다
The policeman *searched* him *for* a pistol. 경찰은 권총을 찾으려고 그의 몸을 뒤졌다
His house was *searched* very carefully. 그의 집은 철저히 수색받았다
— 《자동》 《search for... 로》 ~을 찾다
They were *searching for* the house. 그들은 그 집을 찾고 있었다
What is he *searching for*? 그는 무엇을 찾고 있느냐
— 명 (복수 **searches** [-iz]) 수색, 조사

in search of ~을 찾아서, 구하여
They went *in search of* treasure. 그들은 보물을 찾으러 갔다

seas [síːz] 명 sea(바다)의 복수형

sea·shell [síːʃèl] 명 (복수 **sea-shells** [-z]) 조개, 조가비

sea·shore [síːʃɔ̀ːr] 명 해안, 해변

sea·sick [síːsìk] 형 뱃멀미하는
She didn't get *seasick*. 그녀는 뱃멀미를 하지 않았다

★sea·side [síːsàid] 명 (복수 **seasides** [-z]) 해안
📝 주로 명에서 피서지·피한지로서의 해안을 말함
John went to the *seaside* for summer vacation. 존은 여름 휴가에 해안으로 갔다

★sea·son [síːzn] 명 (복수 **sea-sons** [-z])
❶ 계절, 4계절의 하나
Which *season* do you like best? 어느 계절을 가장 좋아하느냐
📝 봄은 spring, 여름은 summer, 가을은 fall[autumn], 겨울은 winter
❷ 《「the+형용사+season」의 형태로》 (1년의 특별한) **시기**, 시즌
the rainy *season* 우기, 장마철
the dry *season* 건조기

seasons - second¹

the baseball *season* 야구 시즌
Spring is the best *season* for a picnic. 봄은 피크닉 가기에 가장 좋은 계절이다

in season (먹을 것이) 한창 때인, 제철이 된
Apples are *in season* now. 사과는 지금 한창이다

out of season 한물이 가서, 철 지난
Grapes are *out of season* in winter. 포도는 겨울에는 제철이 아니다

a séason tícket 명 정기 승차권(= 미 a commutation ticket)
— 타동 (3단현 **seasons** [-z]; 과거·과분 **seasoned** [-d]; 현분 **seasoning**) (음식에) 맛을 내다, 양념을 하다

sea·sons [síːznz] 명 season(계절)의 복수형

seat [síːt] 명 (복수 **seats** [-s])
❶ 걸상, 의자; 좌석, 자리
☑ 모든 앉는 것에 쓰인다: chair(의자), bench(긴 의자), stool(등이 없는 의자) 등 모두 seat의 일종이다
Go back to your *seat*. 제 자리로 돌아가라
He gave his *seat* to the old man. 그는 그 노인에게 자리를 양보했다
❷ (극장 등의) **관람석**, (관람석을 차지할 권리로서의) 표
I bought five *seats* for the play. 나는 그 연극표를 5매 샀다
All *seats* are reserved. 모든 좌석은 예약되어 있습니다

have a seat 앉다(= sit down)
Will you *have*[take] *a seat*? 앉지 않겠습니까[앉으시오]
— 타동 (3단현 **seats** [-s]; 과거·과분 **seated** [-id]; 현분 **seating**) 앉히다 《be seated 또는 seat oneself로》 앉다(= sit)
Please *be seated*. 앉으십시오
☑ Please sit down.보다 정중한 말
Jim *seated* himself behind Tom. 짐은 톰 뒤에 앉았다

seat belt [-bèlt] (비행기·자동차 등의) 좌석 안전 벨트

Se·at·tle [siːætl] 명 시애틀 《미국 워싱턴 주 태평양 연안의 항구 도시》

sec. second(s) (초); secretary (비서)의 약어

★**sec·ond¹** [sékənd] 형
❶ 《the를 붙여》 **제2의**, 두 번째의
He lives in a room on the *second* floor. 그는 2층 방에 살고 있다《영에서는 3층》
February is the *second* month of the year. 2월은 1년의 두 번째 달이다
He arrived on the *second* day of this month. 그는 이 달 2일에 도착했다
My brother is a *second* grader. 내 동생은 국민학교 2학년생이다(= He is in the *second* grade.)
☑ first 제1(의), second 제2(의), third 제3(의) 등을 서수(序數)라 하고, one, two, three를 기수(基數)라고 한다
❷ (등급·품질 등이) **2등급의**, 2류의, 차위의
I won the *second* prize. 나는 2등상을 탔다
❸ 《부정관사 a를 붙여》 **또 하나의**; (성질 등이) 꼭 닮은
Do it a *second* time. 그것을 다시 한번 해 봐라
He is a *second* Picasso. 그는 제2의 피카소이다 《그는 피카소만큼 훌륭한 화가이다》

a sécond báseman 《야구》 2루수, 세컨드
— 명 《보통 the를 붙여》 **제2, 2번째**; (달의) 2일; 2번째 사람, 2류의 것[사람]
the *second* of May (= May 2) 5월 2일 《May 2는 May (the) second라고 읽음》
Elizabeth the *Second* (= Elizabeth Ⅱ) 엘리자베스 2세
— 부 **제2로**, 다음에; (탈것의) 2등으로
He talked *second*. 그는 두 번째로 이

야기했다
Pusan is the *second* largest city in Korea. 부산은 한국에서 두 번째로 큰 도시이다

＊sec·ond² [sékənd] 명 (복수 **seconds** [-z])
❶ (시간·각도의) **1초** 《기호는 (″); '시간'은 hour, '분'은 minute》
There are sixty *seconds* in a minute. 1분은 60초이다
2h. 8' 30"(=two hours, eight minutes, thirty *seconds*) 2시간 8분 30초
❷ 순간(=moment)
Wait a *second*, please. 잠깐 기다려 주십시오(=Wait a moment, please)

sec·ond·ar·y [sékəndèri] 형 제2의; 2차적인; 중등 교육의
a *secondary* school 중등학교
📝 초등학교나 대학교 사이의 학교로 미에서는 high school, 영에서는 comprehensive school 또는 grammar school, 우리나라에서는 중·고교가 여기에 해당

sec·ond·hand [sékəndhænd] 형 중고품의, 낡은(↔new 신품의) 《미에서는 보통 used를 씀》
a *secondhand* car 중고차

sec·onds [sékəndz] 명 sec-ond(초)의 복수형

＊se·cret [síːkrit] 형 (비교 *more* secret; 최상 *most* secret) 비밀의, 내밀의
a *secret* passage 비밀 통로
keep ... secret ~를 비밀로 하다
You must *keep* the matter *secret*. 너는 그 일을 비밀로 해 두어야 한다
— 명 (복수 **secrets** [-s]) ❶ 비밀
This is a *secret* between you and me. 이것은 너와 나만의 비밀이다
I know his *secret*. 나는 그의 비밀을 알고 있다
❷ 비결, 묘책
the *secret* of good health 건강의 비결
in secret 비밀리에, 남 몰래(=secretly)
He visited the president *in secret*. 그는 비밀리에 사장을 방문했다
keep a secret 비밀을 지키다
Tom can never *keep a secret*. 톰은 절대로 비밀을 지키지 못한다

sec·re·tar·y [sékrətèri] 명 (복수 **secretaries** [-z]) 비서;《보통 대문자로》 (미) (각 성(省)·부의) 장관; 영 대신
He is *secretary* to the director. 그는 그 중역의 비서이다
He is *the Secretary of State*. 미 그는 국무장관이다

se·cret·ly [síːkritli(ː)] 부 비밀히, 몰래

sec·tion [sékʃən] 명 (복수 **sections** [-z]) ❶ (잘려진) 부분; (책·장 등의) 절
Chapter 1, *Section* 2 제1장, 제2절
📝 보통 §(section mark 절표)로 표시. §는 s를 2개 겹친 것.
❷ (도시 등의) 구역, 지역; (관청의) 과(課)
a business *section* 상업 지구

se·cure [sikjúər] 형 안전한(=safe); 확실한; 확신하는, 안심하는
This is a *secure* place. 이곳은 안전한 장소이다
Our victory is *secure*. 우리의 성공은 확실하다
— 동 (3단현 **secures** [-z]; 과거·과분 **secured** [-d]; 현분 **securing** [síːiŋ]) (타동) ~을 안전하게 하다; ~을 지키다; ~을 손에 넣다
Secure yourself from[against] the cold. 추위로부터 몸을 보호해라

se·cu·ri·ty [sikjuərəti] 명 안전, 안심

＊see [síː] 동 (3단현 **sees** [síːz]; 과거 **saw** [sɔ́ː]; 과분 **seen** [síːn]; 현분 **seeing** [síːiŋ]) (타동) ❶ ~을 보다, 보이다
📝 see 는 특히 주의하지 않아도 보

seed - seem

이는 것을 뜻하며, 이 뜻으로는 진행형 (be seeing)이 없다. look은 보려고 시선을 돌리는 것을 의미함: I looked around, but *saw* nothing. (둘러보았지만 아무것도 보이지 않았다)
Can you *see* that tower? 너는 저 탑이 보이느냐
They *saw* a cat run away. 그들은 고양이가 도망치는 것을 보았다

> run은 동사의 원형. 수동태가 되면 A cat was seen to run away. (고양이가 도망치는 것이 보였다)처럼 동사 앞에 to가 들어간다

They *saw* Mr. Brown running. 그들은 브라운 씨가 뛰어가고 있는 것을 보았다
☑ 목적어 뒤의 동사가 ~ing형일때는 동작의 진행에 중점을 둔 것이다.
Have you ever *seen* a panda? 너는 팬더 곰을 본 적이 있니
❷ (사람을) **만나다**, 면회하다; (의사에게) 진찰받다
I'm very glad to *see* you. 만나 뵈어 매우 반갑습니다
☑ 처음 만나서 하는 인사로서는, I'm very glad to meet you.라고 하는 것이 정중하다
Did anyone come to *see* me today? 오늘 누군가 나를 찾아 왔습니까
See you later.(=See you again.) 또 만나자[또 뵙겠습니다]
☑ I will see you later.(=I will see you again.)의 줄임말
I *am seeing* the doctor today. 나는 오늘 의사의 진찰을 받으려고 한다 《이 뜻으로는 진행형도 쓴다》
❸ **병문안하다**
She often came to *see* the sick boy. 그녀는 자주 그 앓는 소년을 병문안하러 왔다
❹ **~을 이해하다**, 깨닫다(=understand); 확인하다
Do you *see* this meaning? 이 뜻을 이해하겠습니까
I *saw* that it was true. 그것이 사실이라는 것을 깨달았다
❺ **전송하다**, 데려다 주다 《반드시 장소를 나타내는 말이 따른다》
Let me *see* you home. 댁까지 모셔다 드리겠습니다
☑ home은 「집으로」 뜻의 부사
❻ 《명령형으로》 **참조하다**, 보다
See p.5. 5페이지를 참조하라
— (자동) ❶ 보다, (눈에) 보이다
We *see* with our eyes. 우리는 눈으로 본다
❷ 알다 이해하다
"I prefer tea to coffee."—"I *see*." 「나는 커피보다 홍차를 좋아해」—「알겠다」
let me see 《잠시 생각할 때의 말로》 글쎄요, 오, 저어
☑ 구어에서는 let's see도 씀.
Let me see, where did I leave my pen? 저어, 내가 펜을 어디다 놓았지
see ... off ~를 전송하다
We went to the airport to *see* my uncle *off*. 우리는 삼촌을 전송하러 공항에 갔다
You see 아시다시피, (~이라는 것을) 아시겠죠
You see, you must not be out till late. 아시다시피, 늦게까지 밖에 나가 있으면 안됩니다

***seed** [síːd] 몡 (복수 **seeds** [-z])
(풀·나무의) **씨**, 씨앗
Sow *seeds* in the field. 밭에 씨를 뿌려라

see·ing [síːiŋ] 통 see (~을 보다)의 현재분사형
— 몡 보기; 시력, 시각
Seeing is believing. 《속담》 보는 것이 믿는 것이다 《백문이 불여일견》

seek [síːk] 통 (3단현 **seeks** [-s]; 과거·과분 **sought** [sɔ́ːt]; 현분 **seeking**)
(타동) ~을 찾다
We are *seeking* a job. 우리는 일자리를 구하고 있다
— (자동) 찾다

***seem** [síːm] 통 (3단현 **seems**

seen - seller

[-z]; 과거·과분 **seem**ed [-d]; 현분 **seem**ing) 《보통 진행형으로 쓰이지 않음》 ~로 **생각되다**, ~인것 같다
John *seems* honest. 존은 정직한 것 같다

✅ John *seems to be* honest.라고도 말한다.
It seems (that) she likes music. (=She *seems to* like music.) 그녀는 음악을 좋아하는 것 같다

✅ seem은 마음으로 생각되다. appear는 외관상으로 생각하여 그렇게 보이다. look은 눈으로 보고 그렇게 생각하다.

seen [síːn] 동 **see(~을 보다)의 과거분사형
Have you ever *seen* his father? 너는 그의 부친을 본 적이 있느냐
〈◆동음어 scene(장면)〉

sees [síːz] 동 **see**(~을 보다)의 3인칭 단수 현재형

see·saw [síːsɔ̀ː] 명 (복수 **seesaws** [-z]) (어린이 놀이터의) 시소

✅ saw(톱)을 2개 겹쳐서 만든 말

Seine [séin] 명 《the를 붙여》 센강 《프랑스 동부에서 시작, 파리(Paris)를 관류하여 영국 해협으로 흘러 들어간다》

seize [síːz] 타동 (3단현 **seize**s [-iz]; 과거·과분 **seize**d [-d]; 현분 **seiz**ing) ❶ ~을 붙잡다, 꽉 쥐다
I *seized* her arm. 나는 그녀의 팔을 꽉 붙잡았다
❷ (병·공포 등이) 엄습하다, 덮치다
He was *seized* with sudden pains. 그는 갑작스런 통증을 일으켰다

sel·dom [séldəm] 부 좀처럼 ~않다
She *seldom* comes here. 그녀는 좀처럼 여기에 오지 않는다

se·lect [səlékt] 타동 (3단현 **select**s [-s]; 과거·과분 **select**ed [-id]; 현분 **select**ing) ~을 선택하다, 고르다(=choose)
Select the book that you want. 네가 원하는 책을 골라라

se·lec·tion [səlékʃən] 명 (복수 **selection**s [-z]) 선택; 선택된 사람, 정선품

self [sélf] 명 (복수 **selves** [selvz]) 자기, 자신
my own *self* 나자신

self-help [sélfhélp] 명 《특히 교육상의 지표》 자조(自助), 자립

self·ish [sélfiʃ] 형 이기적인

self·ish·ness [sélfiʃnis] 명 이기, 자기본위

self-serv·ice [sélfsə́ːrvis] 명 (식당에서의) 셀프서비스

*sell [sél] 동 (3단현 **sell**s [-z]; 과거·과분 *sold* [sóuld]; 현분 **sell**ing) (타동) ~을 **팔다**(↔ buy ~을 사다);《sell+사람+물건 / sell+물건+to+사람으로》 ~에게 (물건)을 팔다
They *sell* flowers at that store. (=That store *sells* flowers.) 저 가게에서는 꽃을 팔고 있다
Will you *sell* me your car? (=Will you *sell* your car *to* me?) 네 차를 내게 팔지 않겠니
She *sold* her piano *to* Mary for 300 dollars.(=She *sold* Mary her piano tor 300 dollars) 그녀는 자기 피아노를 메리에게 300달러에 팔았다
― (자동) (물건이) **팔리다**; (사람이 물건을) 팔다
The goods will never *sell*. 그 물건은 결코 팔리지 않을 것이다
This dictionary sells well. 이 사전은 잘 팔린다

sell out 몽땅 팔아 치우다
The tickets for today *are sold out*. 오늘의 표가 전부 팔렸다
All Sold Out. (게시) 매진[품절]

sell·er [sélər] 명 판매인(↔ buyer

사는 사람) 매물
a best *seller* 가장 잘 팔리는 책[물건], 베스트셀러

sell·ing [séliŋ] 동 **sell**(~을 팔다)의 현재분사형

sells [sélz] 동 **sell**(~을 팔다)의 3인칭 단수현재형

selves [sélvz] 명 **self**(자기)의 복수형

se·mes·ter [siméstər] (◆액센트 주의) 명 (복수 **semesters** [-z]) (대학의) 학기 《보통 6개월》

sem·i·co·lon [sémikòulən] 명 세미콜론 《;》
📝 punctuation marks(구두점)의 하나. comma(,)보다는 길지만 period(.)만큼은 길지 않은 휴지(休止). semi 는 「반(半)」의 뜻.

★**send** [sénd] 동 (3단현 **sends** [-z]; 과거·과분 **sent** [sént]; 현분 **sending**) (타동) ❶ (편지·물건을) 부치다, 보내다 (↔ receive ~을 받다); 《send+사람+물건+to+사람으로》 (사람)에게 (물건)을 받다
I will *send* a letter to Lucy.(=I will *send* Lucy a letter.) 나는 루시에게 편지를 보내겠다
Will you *send* me your picture? 당신의 사진을 내게 보내주지 않겠습니까
I will *send* the book by airmail. 그 책을 항공편으로 보내겠다
I *sent* her a Christmas card.(=I sent a Cristmas card to her.) 나는 그녀에게 크리스마스 카드를 보냈다
📝 write a Christmas card 는 피하다
❷ (~에) **보내다**, 가게 하다
I *sent* a messenger to the office. 나는 그 사무실로 사환을 보냈다
She *sent* her daughter to bed. 그녀는 딸을 잠자리로 보냈다
I *sent* him home. 나는 그를 집으로 돌려보냈다
send away ... (남을) 쫓아내다; 발송하다

send back 되돌려 보내다
Send these dirty things *back*. 이 더러운 것들을 되돌려 보내라

send (*a person*) *for* ... ~를 부르러 보내다, ~를 가지러 보내다
Please *send* him *for* the doctor. 의사를 부르러 그를 보내시오
They *sent for* the doctor. 그들은 의사를 부르러 (사람을) 보냈다

📘 수동태는 The doctor was sent for. (의사를 부르러 사람이 보내졌다)

send out 발송하다; (빛·향기 등을) 내다, 발하다
The captain *sent out* an SOS. 선장은 SOS를 발신했다
The sun *sends out* heat and light. 태양은 열과 빛을 발한다

send·ing [séndiŋ] 동 **send**(보내다)의 현재분사형

sends [séndz] 동 **send**(보내다)의 3인칭 단수현재형

sen·ior [síːnjər] 형 ❶ 연상의(↔ junior 연하의; → elder, older); 《성명 뒤에 붙여》 아버지의 《Sen., Senr., Sr. 등으로 줄여 씀》
James Green, *Senior* 아버지[형]인 제임스 그린
📝 같은 이름의 부자 또는 형제 관계에 쓰인다. 아들 또는 동생은 Jr.
He is three years *senior* to me.(=He is *senior* to me by three years.) 그는 나보다 3살 연상이다
📝 '~보다'의 뜻이라도 than을 쓰지 않고 to를 쓴다.
❷ (미) (대학·고교의) **최상급의**
— 명 (복수 **seniors** [-z]) ❶ 연장자; 선배, 상급자
She is my *senior* by five years. 그녀는 나보다 5살 위이다
❷ (미) (대학·고교의) **최상급생**, (대학의) 4학년 학생; (고교의) 3학년 학생

senior high school - separate

📘 대학 학년에서는 freshman (1학년 학생), sophomore(2학년 학생), junior (3학년 학생)이라고 하며, 3년제의 고교에서는 freshman(1학년 학생), junior(2학년 학생)라고 한다.

sen·ior high school [-háiskú:l] 명 고등 학교(→ junior high school 중학교)

📘 명에서는 단지 high school 만으로 고등 학교를 가리키며, senior high 라고도 함 → school

sen·sa·tion [senséiʃən] 명 (복수 sensations [-z]) 감각; 흥분; 큰 평판, 센세이션

sense [séns] 명 (복수 senses [-iz]) ❶ 감각
the five senses 5감

📘 sight, hearing, smell, taste, touch (시각, 청각, 후각, 미각, 촉각)의 5가지 감각을 말함.

a sixth sense 6감, 직감
❷ 《복수형으로》 제정신, 본정신
He must be out of his senses. 그는 틀림없이 제정신이 아니다
He came to his senses. 그는 제정신이 들었다
❸ 느낌, 관념; (지각·판단 등의) 감각, 센스

📘 이 뜻으로는 the, a, some 은 붙이지만, 복수형은 없다

He has a sense of humor. 그는 유머 감각이 있다
She has a good musical sense. 그녀에게는 훌륭한 음악적 센스가 있다
❹ 사려, 분별 《a를 붙이지 않고 복수 없음》
common sense 상식
good sense 양식
He is a man of sense. 그는 분별 있는 사람이다
❺ 의미, 뜻(=meaning)
the sense of this word 이 낱말의 뜻
in a sense 어떤 의미로는

It is true in a sense. 그것은 어떤 의미로는 사실이다
make sense 뜻이 통하다
This sentence doesn't make sense. 이 문장은 뜻이 통하지 않는다

sen·si·ble [sénsəbl] 형 (비교 more sensible; 최상 most sensible) 분별있는, 양식있는; 느낄수 있는 《명사는 sense》
a sensible person 분별이 있는 사람

sen·si·tive [sénsətiv] 형 (비교 more sensitive; 최상 most sensitive) 민감한, 예민한
The dog is sensitive to smell. 개는 냄새에 민감하다

***sent** [sént] 동 send(보내다)의 과거·과거분사형
He sent me a kind letter. 그는 나에게 친절한 편지를 보냈다

***sen·tence** [séntəns] 명 (복수 sentences [-iz])
❶ (문법) 문(文) (→ word 낱말 phrase 구, clause 절)
a sentence pattern 문형
This is a very long sentence. 이것은 매우 긴 문(장)이다
❷ (형의) 판결, 형(刑)
a life sentence 종신형
— 동 (3단현 sentences [-iz]; 과거·과분 sentenced [-t]; 현분 sentencing) ~에게 판결을 내리다
He was sentenced to death. 그는 사형을 선고 받았다

sen·ti·men·tal [sèntəméntl] 형 감상적인, 센티멘털한

Se·oul [sóul] 명 서울 《대한 민국의 수도》

Sep. September(9월)의 약어

sep·a·rate [sépərèit] 동 (3단현 separates [-s]; 과거·과분 separated [-id]; 현분 separating) 타동 ~을 가르다, 분리하다
The river separates the two towns.

Sept. - service

그 강은 두 도시를 갈라 놓는다
— (자동) (사람이) 헤어지다
— [sépərət] 형 (비교 *more* sepa-rate; 최상 *most* separate) 갈라진, 분리된; 따로따로의
They live in *separate* rooms. 그들은 각자의 방에서 따로 생활한다
[발음] 동사와 형용사의 발음이 다른 점에 유의.

Sept. September(9월)의 약어

★Sep·tem·ber [septémbər] 명 9월 《Sep. 또는 Sept.로 줄여 씀; → month》
The fall term begins in *September*. 가을 학기는 9월에 시작된다

se·quence [sí:kwəns] 명 연속; 연달아 일어남
a *sequence* of misfortunes 불운의 연속

ser·e·nade [sèrənéid] 명 《음악》 세레나데 《주로 남자가 연인의 창 밑에서 부르는 노래》

se·ries [síəri:z] 명 (복수도 **series**) (같은 종류의 것의) 연속; 시리즈
We won a *series* of victories. 우리는 연전 연승했다
in series 연속으로

se·ri·ous [síəriəs] 형 (비교 *more* serious; 최상 *most* serious) 진지한, 진담의; 심각한, 중대한; (병이) 무거운
a *serious* thought 진지한 생각
He looks *serious*. 그는 진지해 보인다
Are you *serious*? 너 진담이냐
a *serious* illness 중병

se·ri·ous·ly [síəriəsli(:)] 부 진지하게, 진정으로; 중대하게

★serv·ant [sə́:rvənt] 명 (복수 **servants** [-s]) 하인, 피고용인 (↔ master 주인)

📝 「serve 하는 사람」의 뜻. 지금은 잘 쓰이지 않고, 합성어로 쓰인다: a maidservant (하녀), a manservant (남자 하인)
a cívil sérvant 문관, 공무원
a públic sérvant 공무원

★serve [sə́:rv] 동 (3단현 **serves** [-z]; 과거·과분 **served** [-d]; 현분 **serving**) 《명사는 service》 (타동)
❶ 근무하다, 봉사하다
He *served* his country. 그는 나라를 위해 봉사했다
❷ (손님을) 응대하다, 접대하다
There was no one in the store to *serve* me. 그 가게에는 나를 응대해 줄 사람이 없었다
❸ (음식 등을) 내놓다; (손님의) 시중을 들다
We *serve* refreshments at three. 3시에는 다과를 드립니다
Dinner is *served*. 식사 준비가 되었습니다
Orange juice was *served* later. 오렌지 주스는 나중에 나왔다
❹ ~에 도움이 되다; (목적에) 합치하다
Can I *serve* you in any way? 제가 뭐 도움이 될 일이 있습니까?
It *serves* for nothing. 그것은 아무 도움이 되지 않는다
❺ (테니스 등에서) 서브를 넣다
— (자동) ❶ 근무하다, 봉사하다
Jack *serves* at hospital. 잭은 병원에 근무하고 있다
❷ 식사 시중을 들다, 음식을 차려내다
His daughter *served* at table. 그의 딸이 식사 시중을 들었다
❸ 도움이 되다, (~으로) 쓸 만하다
It *serves* for nothing. 그것은 아무 도움이 되지 않는다
This box *serves* as a chair. 이 상자는 의자 대용이 된다
❹ (테니스 등에서) 서브하다

serv·ice [sə́:rvis] 명 (복수 **services** [-iz]) 《동사는 serve》
❶ 섬기기; (관청 등의) 근무; 도움이 되기
She was in my *service* for three

years. 그녀는 내 곁에서 (나를 위해) 3년간 일했다
This book is of great *service* to me. 이 책은 내게 큰 도움이 된다
I am at your *service*. 무엇이든 명령만 내리십시오
He is in the government *service*. 그는 공무원이다

❷ 《흔히 복수형으로》 공헌, 진력, 애씀
We will never forget his *services to* the country. 우리는 그의 국가에 대한 공헌을 결코 잊지 않을 것이다

❸ 공공 사업; (교통 기관의) 편; (손님에 대한) 서비스
telephone *service* 전화 사업
There is a bus *service* every five minutes. 5분마다 버스편이 있다
The food was good, but the *service* was bad at that restaurant. 저 레스토랑은 음식은 좋지만 서비스는 좋지 않았다

❹ (교회의) 예배, 예배식
When does *service* begin? 예배는 몇 시에 시작됩니까

❺ (테니스 등에서) 서브
Out of service 《게시》 수리중

ses·a·me [sésəmi] (◆ 발음 주의)
명 《식물》 참깨
Open sesame! 열려라, 참깨
▶ 「아라비안 나이트」중의 「알리바바와 40인의 도둑」에 나오는 말이며, 문을 열게 하는 마법의 말.

Ses·a·me Street [-strí:t] 명 세서미 스트리트 《미국의 어린이용 TV 연속극》

★**set** [sét] 동 (3단현 **sets** [-s]; 과거·과분 **set**; 현분 **setting**)
☑ 본래는 자동사 sit 에 대응한 말
(타동) ❶ (특정 장소에) ~을 **놓다**
Ted *set* a vase on the table. 테드는 탁자 위에 꽃병을 놓았다
He *set* a watch in front of the gate. 그는 대문 앞에 시계를 놓았다

❷ (시계를) **맞추다**, (기계 따위를) 조절하다; 준비하다
I *set* my watch by the radio. 나는 라디오에 시계를 맞추었다
He *set* the alarm clock for 5 a.m. 그는 자명종을 오전 5시에 맞춰 놓았다
She *set* the table for six. 그녀는 6인분의 식탁을 준비했다

❸ (날짜·시간 등을) **정하다**
Let's *set* the time and date of the party. 파티의 일시를 정합시다

❹ 《보어와 함께》 (어떤 상태로) **만들다**, 되게 하다
Alice *set* the room in order. 앨리스는 방 안을 정돈했다
He *set* the machine going. 그는 기계를 작동시켰다
We *set* him at ease. 우리는 그의 기분을 풀어 주었다

— (자동) (태양·달 등이) **지다**(↔ rise 뜨다)
The sun *sets* in the west. 태양은 서쪽으로 진다
☑ 이 경우에 to the west라고 하지 않음.

set about ... ~를 시작하다(=begin)
He *set about* the work. 그는 일을 시작했다

set aside (어떤 목적을 위해) ~을 챙겨두다; 저축하다
They *set aside* a little money each weak. 그들은 매주 약간의 돈을 저축했다

set ... free ~를 석방하다, 놓아주다
She *set* the bird *free*. 그녀는 그 새를 놓아주었다

set in (계절·궂은 날씨 등이) 시작되다(=begin)
The rainy season has *set in*. 장마철이 시작되었다

set off 발사하다, 출발하다(=start)
They *set off* the rocket. 그들은 로켓을 발사했다
He *set off* on a trip. 그는 여행을 떠났다

set out 출발하다
They *set out* for London. 그들은 런

setting - seventh

던을 향해 출발했다
set to (일 등을) 시작하다
He *set to* work at once. 그는 즉시 일을 시작했다
set up 세우다; 조립하다, 설비하다
He *set up* a tall pole. 그는 높은 장대를 세웠다
They *set up* the tent. 그들은 천막을 쳤다
— 명 (복수 **sets** [-s])
❶ 한 세트, 한 벌; (라디오의) 수신기; (TV의) 수상기
a *set* of chairs 한 벌의 의자
a *set* of golf clubs 한 세트의 골프 채
a radio *set* 라디오 세트
❷ 일당, 한 패
❸ (테니스·배구 등의) 세트

set·ting [sétiŋ] 동 **set**(~을 놓다)의 현재분사형
— 명 (연극·소설 등의) 무대 장치, 배경; (해·달의) 지기

set·tle [sétl] 동 (3단현 **settle*s***[-z]; 과거·과분 **settle*d*** [-d]; 현분 **settl*ing***) (타동) ❶ (문제 등을) **해결하다**; (시간·조건 등을) 정하다
The problem has not been *settled* yet. 그 문제는 아직 해결되지 않았다
They *settled* the day for departure. 그들은 출발일을 정했다
❷ ~을 정착시키다, ~에 거주하다
Many English people became *settled* in Virginia. 많은 영국인들은 버지니아에 정착하게 되었다
❸ ~을 놓다[두다]; ~을 안정 시키다
She *settled* her child in a chair. 그녀는 아이를 의자에 앉혀 놓았다
❹ (마음 등을) 가라앉히다, 진정 시키다
— (자동) ❶ 자리잡다; 정착하다; 이주하다
They *settled* in America. 그들은 미국에 이주했다
❷ (날씨·상태 등이) 가라앉다, 진정되다
The excitement *settled* down. 흥분은 진정되었다

set·tle·ment [sétlmənt] 명 (복수 **settlement*s*** [-s]) 정착; 이민, 식민; 해결, 화해

set·tler [sétlər] 명 (복수 **settler*s*** [-z]) ❶ 개척자, 식민자, 이주자
❷ (문제의) 해결자

★ **sev·en** [sévən] 명 (복수 **seven*s*** [-z]) 7, 7세; 7시; 7개, 7명 《복수취급》
I have breakfast at *seven*. 나는 7시에 조반을 먹는다
Ted is a boy of *seven*. 테드는 7세의 소년이다
— 형 **7의**, 7개의, 7명의
He is *seven* years old. 그는 7세이다
☑ He is seven. 이라고는 하지만 He is seven years.라고는 별로 쓰지 않는다.
There are *seven* days in a week. 1주일에는 7일이 있다
"What time is it now?"—"It is just *seven* o'clock." 「지금 몇 시입니까」—「정각 7시입니다」

★ **sev·en·teen** [sèvəntí:n] 명 **17**, 17세; 17개, 17명 《복수취급》
"How old is your sister?"—"She is *seventeen*." 「네 누님은 몇 살이니」—「17세이다」
— 형 **17의**, 17개의, 17명의
There are *seventeen* boys in our class. 우리 반에는 남자가 17명 있다
발음 He is sixteen, not seventeen [sèvəntí:n] (그는 17세가 아니고 16세이다)에서 six- 와 seven- 의 대조적인 뜻을 나타내기 위해서 강세가 뒤에서 앞으로 바뀐다.

sev·en·teenth [sèvəntí:nθ] 명 《보통 the 를 붙여》 제17, 17번째; (달의) 17일 《17th 로 줄여 씀》
— 형 제17의, 17번째의

★★ **sev·enth** [sévənθ] 명 (복수 **seventh*s*** [-s]) 《보통 the 를 붙여》

seventies - shade

제7, 7번째의; (달의) 7일; 7분의 1 《7th로 줄여 씀》

four *sevenths* 7분의 4 《복수에 주의》
Today is the *seventh* of October.
(=Today is October (the) *seventh*.)
오늘은 10월 7일이다

— 형 제7의, 7번째의; 7분의 1의
July is the *seventh* month of the year.
7월은 1년의 7번째 달이다

sev·en·ties [sévəntiz] 명 sev-enty(70)의 복수형

sev·en·ti·eth [sévəntiiθ] 명 《보통 the를 붙여》 제 70, 70번째 《70th로 줄여 씀》
— 형 제70의, 70번째의

***sev·en·ty** [sévənti] 명 《복수 seventies [-z]》 70; 70세; 70개, 70명 《복수 취급》
He is *seventy*. 그는 70세이다
She is in her *seventies*. 그녀는 70대이다 《her에 주의》
The first year of the nineteen *seventies* has come. 1970년대의 최초의 해가 왔다 《the에 주의》

> one's seventies 는 (연령의) 70대이며, the seventies 는 (세기의) 70년대이다

— 형 **70의**, 70개의, 70명의
The train was running at *seventy* miles an hour. 그 열차는 시속 70마일로 달리고 있었다

***sev·er·al** [sévərəl] 형 **몇 개의**, 수명의, 수개의

▶ 2 보다는 많지만 many 보다는 적은 느낌을 준다.

Several people left the room. 몇 몇 사람들이 방을 나갔다
He has told it *several* times. 그는 그것을 몇 번 말했다
— 대 《복수 취급》 **수명**, 몇 개, 3·4권, 몇 마리
Several of them walked home. 그들 가운데 몇 사람은 걸어서 집에 돌아갔다

sev·ere [sivíər] 형 《비교 sever*er*; 최상 sever*est*》 ❶ (사람·규칙등이) 엄한, 엄격한
a *severe* test 엄격한 시험
❷ (추위·더위·고통 등이) 심한 가혹한
a *severe* earthquake 심한 지진

*****sew** [sóu](◆모음이 [óu]인 점에 주의) 동 (3단현 sew*s* [-z]; 과거 sew*ed* [-d]; 과분 sew*ed* 또는 sewn [sóun]; 현분 sew*ing*) 타동
~을 꿰매다, 깁다
sew a dress 옷을 깁다
— 자동 바느질하다
sew on a button(=sew a button on)
단추를 달다
a séwing machìne 재봉틀

sewn [sóun] 동 sew(~을 꿰매다)의 과거분사형의 하나
〈◆동음어 sown (sow 씨를 뿌리다)의 과거분사〉

sex [séks] 명 《복수 sex*es* [-iz]》
❶ (인간·동물 등의) 성(性)
the male *sex* 남성
the female *sex* 여성
❷ 성별
without distinction of age or *sex* 남녀노소 구별 없이
❸ 성욕; 성교

SF, sf [éséf] science fiction(공상과학소설)의 약어

*****shade** [ʃéid] (◆sh [ʃ], a는 [ei]로 발음함) 명 《복수 shade*s* [-z]》
❶ 그늘, 응달 《a를 붙이지 않고, 복수 없음. 보통 the를 붙임》
There was no *shade* anywhere. 아무데도 그늘은 없었다
They rested in the *shade* of a large tree. 그들은 큰 나무 그늘에서 쉬었다

> 형용사가 붙으면 a 가 붙음: a pleasant shade (상쾌한 그늘)

📝 shade는 빛을 가로막아 생긴 그늘을 말하고, shadow는 지면이나 벽 따위에 비친 사람·물체의 그림자를 말한다.

❷ 차양, 양산, (전등의) 갓
Pull down the *shades* of the windows. 창문의 차양을 내려라
❸ (명암의) 장소, 색도
— 동 (3단현 *shades* [-z]; 과거·과분 *shaded* [-id]; 현분 *shading*)
(타동) ❶ 광선[열]을 가로막다, 차단하다
She *shaded* her face with her hand. 그녀는 한 손으로 얼굴에 비치는 광선을 막았다
❷ ~을 그늘지게 하다
The trees *shaded* the house nicely. 나무들은 그 집에 서늘한 그늘을 드리우고 있었다

***shad·ow** [ʃǽdou] 명 (복수 *shadows* [-z]) (사람·물체의 형태가 뚜렷한) 그림자(→ shade)
The tree was throwing a *shadow* across the road. 그 나무는 길을 가로질러 그림자를 드리우고 있었다
The boy was afraid of his own *shadow*. 그 소년은 자기 자신의 그림자를 무서워했다

****shake** [ʃéik] 동 (3단현 *shakes* [-s]; 과거 *shook* [ʃúk]; 과분 *shaken* [ʃéikən]; 현분 *shaking*) (타동) ❶ 흔들다, 잡아 흔들다
Don't *shake* the tree. 나무를 잡아 흔들지 마라
❷ (집을) 진동시키다; (몸 등을) 떨다
The wind *shook* the windows. 바람이 창문을 진동시켰다
The dog *shook* itself with cold. 개는 추위로 몸을 떨었다
She *shook* the child by the shoulders. 그녀는 아이의 어깨를 흔들어 꾸짖었다 《아이를 꾸짖을 때의 제스처》
— (자동) (집이) 흔들리다; (몸이) 떨리다

The trees were *shaking* in the wind. 나무들은 바람에 흔들리고 있었다
The boy was *shaking* with fear. 소년은 공포로 떨고 있었다

shake hands with... ~와 악수하다
I *shook hands with* him. 나는 그와 악수했다 《hands에 주의》

shake one's head 고개를 가로 젓다 《불승낙·불찬성·의심 등을 나타내는 몸짓》
He *shook his head*. 그는 고개를 가로 저었다
📝 「머리를 위아래로 흔들다, 끄덕이다」는 nod
— 명 (복수 *shakes* [-s]) 흔들기; 진동 동요; 떨림
a *shake* of the hand 악수

Shake·speare [ʃéikspiər] 명 셰익스피어 《William ~ (1564-1616); 영국 최대의 극작가·시인; 「햄릿」, 「베니스의 상인」 등의 저자》

Stratford-on-Avon(Shakespeare의 출생지)

***shall** [ʃəl, (강조할 때) ʃǽl] 조 (과거 *should* [ʃúd])
❶ 《I shall ~, We shall ~로 단순 미래를 나타냄》 ~일 것이다, ~겠지
I *shall* miss the bus. 나는 버스를 놓칠 것이다
We *shall* be back next Sunday. 우리는 오는 일요일에 돌아올 겁니다
📝 (미)에서는 보통 will을 쓴다
❷ 《You shall ..., He shall ..., She shall ..., They shall ...로 말하는 사람의 의지를 나타냄; 발음은 [ʃǽl]》 ~시키겠다 《말하는 사람의 약속·위협 등을 나타낸다》
If you are a good boy, you *shall* have

shallow - share

toy tomorrow. 얌전하게 있으면 내일 네게 장난감을 주겠다

> You *shall* have a toy tomorrow.는 I will give you a toy tomorrow.와 같은 뜻이다

❸ 《Shall I …?, Shall we …? 로 단순 미래를 나타냄》 **~할까요**
☑ ㉮에서는 will 도 쓴다
Shall I succeed? 내가 성공할까요
Shall we get there in time? 우리는 제시간에 거기에 닿을까요

❹ 《Shall I …?, Shall we …? 로 상대방의 의향을 묻는다. 발음은 [ʃǽl]》 **~할까요**
☑ ㉮에서는 will 도 쓴다.
"*Shall I* clean the room?"—"Yes, please(do)." 「방을 청소할까요」—「네, 그러세요」
☑ 부정할 때는 No, thank you. 또는 No, that's all right.(아니, 됐어요)등으로 함.
What *shall we* do next? 다음에 우리는 무엇을 할까요

❺ 《Shall you ~? 로 상대방의 의향을 묻는다》 **~일까요**
☑ ㉮에서는 will 도 쓴다. ㉯에서도 흔히 will 을 쓴다
Shall you be back tomorrow? 내일 돌아오십니까

❻ 《Shall he ~?, Shall she ~?, Shall they ~? 로 상대방의 의향을 물음》 **~하게 할까요**
Shall he know the news? 그에게 그 소식을 알릴까요
What *shall she* do next? 그녀에게 다음은 무엇을 시킬까요

❼ 《Let's... 의 문미에 붙여》 **~하지 않겠습니까**
Let's play tennis, *shall we*? 테니스 치지 않겠습니까
☑ 응답은 Yes, let's.(그래, 하자), 또는 No, let's not.(아니, 그만두자)

shal·low [ʃǽlou] 혱 (비교 shal-

lower; 최상 **shallow***est*) (강·그릇 등이) 얕은(↔deep 깊은)
a *shallow* pond 얕은 연못

shame [ʃéim] 몡 창피; 수치, 부끄러움
He blushed with *shame*. 그는 창피해서 얼굴을 붉혔다
He feels no *shame* for his actions. 그는 그 행동에 전혀 부끄러움을 느끼지 않는다
He is a *shame* to his parents. 그는 부모님에게 수치거리이다
What a shame! (=It's a shame!) 유감입니다, 얼마나 수치스러운 일이냐

sham·poo [ʃæmpúː] (◆액센트 주의) 몡 (복수 **shampoo***s* [-z]) 샴푸, 머리감는 액체
— 타동 (머리를) 샴푸로 감다
shampoo one's hair 머리를 샴푸로 감다

Shang·hai [ʃæŋhái] 몡 상하이, 상해 《양자강 하구에 있는 중국 최대의 상공업 도시》

shan't [ʃǽnt] shall not 의 줄임꼴

shape** [ʃéip] 몡 (복수 **shapes* [-s]) 외형, 형태, **모양**, 꼴
That building has a strange *shape*. 저 건물은 이상한 모양을 하고 있다
What *shape* is it? 그것은 어떤 모양입니까
In *shape,* it is like a hand. 그것은 모양이 손과 비슷하다
— 동 (3단현 **shape***s* [-s]; 과거·과분 **shape***d* [-t]; 현분 **shap***ing*)
타동 ~을 형성하다, 모양을 이루다
Italy is *shaped* like a boot. 이탈리아는 장화모양을 이룬다
take shape 형태를 이루다; 구체화되다
Her thoughts *took shape* in actions. 그녀의 생각은 행동으로 구체화되었다

share [ʃɛ́ər] (복수 **share***s* [-z]) 몡 몫, 할당

my *share* of the expenses 그 비용 중의 내 부담금
― 동 (3단현 **share*s* [-z]; 과거·과분 **share*d* [-d]; 현분 **share*ing*) 타동
❶ 가르다, 나누다
They *shared* the apples with us. 그들은 그 사과를 우리와 나누었다
❷ 함께 쓰다; (기쁨·슬픔 등을) 나누다, 함께 하다, 공유하다
I *share* a room with him. 나는 방을 그와 함께 쓰고 있다
You can *share* the textbook with your friend. 네 친구와 교과서를 함께 보아도 좋다

shark [ʃáːrk] 명 (복수 **shark*s* [-s]) (물고기) 상어

***sharp** [ʃáːrp] 형 (비교 **sharp*er*; 최상 **sharp*est*) ❶ 잘 드는, (날이) 날카로운(↔ dull 무딘)
She has a *sharp* knife. 그녀는 날카로운 칼을 가지고 있다
❷ (커브 등이) 갑자기 도는; 급격한; (경사가) 가파른
There is a *sharp* curve fifty meters ahead. 50미터 앞에 급커브가 있다
The car made a *sharp* turn to the left. 차는 급히 왼쪽으로 돌았다
❸ 뚜렷한, 선명한
a *sharp* outline 뚜렷한 윤곽
a *sharp* impression 선명한 인상
❹ (음·목소리가) 날카로운; (음악) 반음 높은, 올린 음의 《기호는 ♯; → flat 변음의, 반음 내린》
I heard a *sharp* cry. 나는 날카롭게 외치는 소리를 들었다
❺ (아픔이) 찌르는 듯한, 신랄한
a *sharp* pain 에이는 듯한 고통
❻ (눈·귀 등이) 매우 밝은
A dog has a *sharp* sense of smell. 개는 후각이 예민하다
― 부 (시간이) **정확히**, 정각
He came at ten *sharp*. 그는 정각 10시에 왔다

sharp·en [ʃáːrpən] 타동 (3단현 **sharpen*s* [-z]; 과거·과분 **sharp-ened** [-d]; 현분 **sharpen*ing*) ~을 날카롭게 하다, 뾰족하게 하다

sharp·en·er [ʃáːrpənər] 명 (복수 **sharpener*s* [-z]) 가는[깎는] 사람[것]

sharp·ly [ʃáːrpli] 부 날카롭게; 가파르게; 심하게

shave [ʃéiv] 동 (3단현 **shave*s* [-z]; 과거 **shave*d* [-d]; 과분 **shave*d* 또는 **shaven** [ʃéivən]; 현분 **shav*ing*) 타동 자동 (수염을) 깎다; 면도하다
He *shaves* himself(= *shaves* his face) every morning. 그는 아침마다 수염을 깎는다
📝 shave 는 타동사 himself 를 취하지 않으면 자동사.

shav·en [ʃéivən] 동 **shave**(깎다)의 과거분사형의 하나

shawl [ʃɔ́ːl] 명 (복수 **shawl*s* [-z]) (네모난) 어깨걸이개, 숄

***she** [ʃíː] 대 (복수 **they** [ðéi]) 그녀는, 그녀가(↔ he 그는)
Nancy is a friend of mine. *She* is American. 낸시는 내 친구이다. 그녀는 미국인이다
"How old is Jane?"—"*She* is ten." 「제인은 몇 살인가」―「그녀는 열 살이다」
📝 자연·달·배·대지·나라 등의 대명사는 문어에서 she를 쓸 때가 있다: The ship arrived at Inchŏn on *her* first voyage.(그 배는 최초의 항해에서 인천에 도착했다)

shed¹ [ʃéd] 명 헛간, 광

shed² [ʃéd] 타동 (3단현 **shed*s* [-z]; 과거·과분 **shed**; 현분 **shed·ding**) (피·눈물 등을) 흘리다, 뿌리다; (잎 등을) 떨어뜨리다
She *shed* tears of sorrow. 그녀는 슬픔의 눈물을 흘렸다

she'd [ʃíːd] (구어) she had 또는 she would의 줄임꼴

sheep - shift

sheep [ʃíːp] 명 (복수 sheep) 《동물》 양, 면양
Many *sheep* are feeding there. 많은 양이 거기서 풀을 뜯고 있다
📝 새끼 양은 lamb, 양고기는 mutton, 양털이나 그 제품은 wool 이라고 하고 울음 소리는 baa [bɑː]라고 한다. 또한 군생 동물인 sheep, deer(사슴), salmon(연어) 등 사람에게 유익한 것은 단수·복수 형태가 같은 것이 많다.

sheet [ʃíːt] 명 (복수 *sheets* [-s]) ❶ 《요 위에 까는》 **시트**, 홑이불
She put clean *sheets* on the bed. 그녀는 침대에 깨끗한 시트를 깔았다
❷ 《종이 등》 ~ **장**, ~ **매**; 《금속·유리·나무 등의》 얇은 판
a *sheet* of paper 종이 한 장
📝 보통 4각의 종이를 말함. a piece of paper 는 찢긴 종이라도 좋음.
a *sheet* of ice 한 장의 얼음
two *sheets* of glass 유리 두 장

shelf [ʃélf] 명 (복수 *shelves* [ʃélvz]) 선반, 선반모양의 것
📝 복수형은 어미의 -f가 -ves로 된다

shell [ʃél] 명 (복수 *shells* [-z]) 《동물·식물의》 껍질, 조개 껍질
an egg *shell* 달걀 껍질

shell

she'll [ʃíːl] 《구어》 she will, she shall 의 줄임꼴
She'll (=She will) come soon. 그녀가 곧 올 것이다

shel·ter [ʃéltər] 명 (복수 *shelters* [-z]) 피난처; 피난, 보호
a *shelter* from the wind 바람막이
We had to take *shelter* from the rain under a tree. 우리는 나무 밑에서 비를 피해야 했다
— 동 (3단현 *shelters* [-z]; 과거·과분 *sheltered* [-d]; 현분 *sheltering*) 타동 감싸다, 보호하다, 숙박시키다, 숨겨 주다
He *sheltered* himself behind a tree. 그는 나무 뒤에 숨었다
— 자동 피난하다
I *sheltered* in the tent from the rain. 나는 천막 속에서 비를 피했다

shelves [ʃélvz] 명 shelf(선반)의 복수형

shep·herd [ʃépərd] (♦ph 는 [f] 음이 아님) 명 (복수 *shepherds* [-z]) 양 치는 사람, 목동
📝 어원은 sheep(양)+herd(가축 지키는 사람)

sher·bet [ʃə́ːrbət] 명 (복수 *sherbets* [-s]) 미 셔벗 《과즙에 우유·계란 흰자위 등을 섞은 빙과》; 영 과즙에 설탕·얼음·물을 탄 청량음료》

sher·iff [ʃérif] 명 (복수 *sheriffs* [-s]) 미 군(郡) 보안관 《사법권과 경찰권을 가진 군(county)의 최고직》

Sher·lock Holmes [ʃə́ːrlɑk hóumz] 셜록 홈즈 《영국의 추리 소설가인 코넌 도일(Conan Doyle)의 탐정 소설에 나오는 명탐정》

she's [ʃíːz] 《구어》 she is, she has 의 줄임꼴
She's (=She is) a kind girl. 그녀는 친절한 소녀이다

shh [ʃːː] 감 쉿!, 조용히!

shield [ʃíːld] 명 (복수 *shields* [-z]) 방패; 방어물; 보호자

shift [ʃíft] 동 (3단현 *shifts* [-s]; 과거·과분 *shifted* [-id]; 현분 *shifting*) 타동 ~을 옮기다, ~의 위치를 바꾸다

He *shifted* the burden to the right shoulder. 그는 짐을 오른쪽 어깨로 옮겼다
— (자동) 이동하다, 옮기다; 바꾸다
— (명) 이동; 교대, (교대의) 근무 시간
night *shifts* 야간 교대(조)

shil·ling [ʃíliŋ] (명) 실링 《영국의 옛날 화폐 단위로 1실링은 12펜스, 1파운드의 20분의 1이다》

☆**shine** [ʃáin] (동) (3단현 **shines** [-z]; 과거·과분 **shone** [ʃóun]; 현분 **shining**) (자동) 반짝이다, 빛나다, 비치다
The sun is *shining* brightly. 태양이 밝게 빛나고 있다
The moon *shone* over the lake. 달이 호수 위에 비쳤다
His eyes *shone* with joy. 그의 눈은 기쁨으로 반짝였다
— (3단현 **shines** [-z]; 과거·과분 **shined** [-d]; 현분 **shining**) (타동) 닦다(=polish)
Helen *shined* her shoes. 헬렌은 자기 구두를 닦았다
Mother likes to *shine* knives and forks. 어머니는 나이프와 포크 닦기를 좋아하신다
— (명) 맑은 날씨, 청천 《a를 붙이지 않고, 복수 없음》
Rain or *shine,* we will go. 비가 오거나 맑거나 우리는 갈 것이다

shined [ʃáind] (타동) **shine**(닦다)의 과거·과거분사형

shin·y [ʃáini] (형) (비교 **shinier**; 최상 **shiniest**) 반짝반짝 빛나는; (날씨가) 맑은
Her shoes were *shiny*. 그녀의 구두는 번쩍번쩍 광택이 났다

☆**ship** [ʃíp] (명) (복수 **ships** [-s]) (원양 항해를 하는 큰) 배
📝 boat(작은 배, 보트)는 구어에서 ship의 뜻으로도 쓰임. vessel은 ship보다 격식차린 말. steamer, steamship은 기선을 뜻함.

The *ship* sailed for New York. 배는 뉴욕을 향해 출항했다

💬 ship은 여성 취급을 할 때가 있다: The ship appeared with her passengers on deck. (배는 승객을 갑판에 태우고 나타났다)

by ship (=*on a ship*) 배로
We went to England *by ship*. 우리는 배편으로 영국에 갔다
— (동) (3단현 **ships** [-s]; 과거·과분 **shipped** [-t]; 현분 **shipping**) (타동) (배·철도·트럭 등으로) ~을 보내다, 수송하다

ship·build·ing [ʃípbìldiŋ] (명) 조선, 조선술[학]

☆**shirt** [ʃə́ːrt] (명) (복수 **shirts** [-s]) (남자의) 와이셔츠
iron a *shirt* 와이셔츠를 다리다
📝 와이(Y)셔츠는 예복용의 white shirt(무늬 없는 흰 셔츠)가 와전된 것 → undershirt (미) 셔츠(=(영) vest); underwear 내의 《undershirt와 pants를 포함》

shiv·er [ʃívər] (자동) 떨다(=tremble)
The boy is *shivering* with cold. 소년은 추워서 떨고 있다
— (명) 떨림; 오한, 전율

shock [ʃák] (명) (복수 **shocks** [-s])
❶ 진동
Did you feel the *shock*? 진동을 느꼈습니까
❷ (충돌·폭발 등으로 인한) 충격; (정신적인) 타격, 쇼크
the *shock* of the blow 타격
The news was a *shock* to him. 그 소식은 그에게 충격이었다
— (동) (3단현 **shocks** [-s]; 과거·과분 **shocked** [-t]; 현분 **shocking**) (타동) (놀람·노여움·혐오 등으로) 충격을 주다
📝 보통 수동태로 쓰인다.
I *was shocked* at[by] his words. 나는 그의 말에 충격을 받았다

shocking - shoe

ship

hovercraft
호버크라프트

sailing ship
(대형)범선

hydrofoil
수중익선

powerboat
모터보트

fireboat
소방선

sailboat
범선

passenger ship
여객선

shock·ing [ʃákiŋ] 형 충격을 주는; 깜짝 놀라게 하는; 어이 없는
a *shocking* accident 소름끼치는 사고

★**shoe** [ʃúː] 명 (복수 **shoes** [-z]) 《보통 복수형으로》 **구두**

☑ ㉤에서는, shoes 로 「단화」 또는 「장화」를 뜻하며, 특히 「단화」를 low shoes 라고도 한다. ㉢에서 shoes는 「단화」, 「장화」는 boots 라고 한다.
He put on his *shoes*. 그는 구두를 신었다
Take off your *shoes* quickly. 빨리 구두를 벗어라
She entered the room with her *shoes*. 그녀는 구두를 신은 채 방으로 들어갔다
I bought a pair of *shoes* yesterday. 나는 어제 구두를 한 켤레 샀다

☑ 「구두 한 켤레」는 a pair of shoes, 「구두 두 켤레」는 two pairs of shoes 라고 함. this shoe 는 「이

shoemaker - short

한 짝의 구두」란 뜻.

shoe·mak·er [ʃúːmèikər] 명 구두 제조인, 구두 수선공

shone [ʃóun] 자동 shine(빛나다)의 과거·과거분사형

shoo [ʃúː] 감 쉬이! 조용히! 휘이! 《새를 쫓는 소리》

shook [ʃúk] 동 shake(흔들다)의 과거형

shoot [ʃúːt] 동 (3단현 **shoot**s [-s]; 과거·과분 *shot* [ʃát]; 현분 **shoot**ing) 타동 ❶ (총을) **발사하다**, (활을) 쏘다
shoot a gun 총을 발사하다
He *shot* an arrow at the tree. 그는 나무를 겨냥하여 화살을 쏘았다
❷ (축구공을 골을 향해) **차다**
— 자동 (총 등으로) **발사하다**
John *shot* at a bird. 존은 새를 겨냥하여 발사했다

shop [ʃáp] 명 (복수 **shop**s [-s])
❶ 영 **상점**, 가게, 소매점 (= 미 store)
a flower *shop* 꽃가게
a grocer's (*shop*) 영 식료품점 (=a grocery store)
a gift *shop* 선물 가게
She keeps a small *shop*. 그녀는 작은 가게를 운영한다
📝 shop 은 미국에서 작은 공장·작업장·수리장의 뜻으로 쓰고, 물건을 파는 가게에는 store 를 쓴다. 단, 미국에서도 소규모의 전문점 등에는 shop 을 쓸 때도 있다.
❷ **작업장**, 공장 (=workshop)
a barber's *shop* 영 이발관 (= 미 a barber*shop*)
a repair *shop* 수리소, 수리 공장
📝 거리의 시계점은 보통 a watch-repair *shop* 이라고 하며, a watchmaker 는 아니다.
— 자동 (3단현 **shop**s [-s]; 과거·과분 **shop**ped [-t]; 현분 **shop**ping) 쇼핑하다, 장을 보다, 물건을 사러 가다 (→ shopping 물건사기, 장보기)
Will you go *shopping* with me? 저와 함께 쇼핑하러 가지 않겠습니까

shop·keep·er [ʃápkìːpər] 명 (복수 **shopkeepers** [-z]) 명 가게 주인 (= 미 storekeeper)

shopped [ʃápt] 동 shop(장을 보다)의 과거·과거분사형

shop·ping [ʃápiŋ] 명 물건 사기, 쇼핑, 장보기 (→ shop 장을 보다)
I did some *shopping*. 나는 쇼핑을 조금 했다
— 동 shop(장을 보다)의 현재분사형

shop·ping cen·ter [-sèntər] (교외 주택지 등의) 상점가, 쇼핑 센터

shops [ʃáps] 명 shop(상점)의 복수형
— 동 shop(장을 보다)의 3인칭 단수 현재형

shore [ʃɔːr] 명 (복수 **shore**s [-z]) (바다·호수·큰 강 등의) **물가**, 해안, 기슭
walk along the *shore* 해안을 따라 걷다
📝 bank 는 강의 둑·기슭, beach 는 (바다의) 물가, coast 는 연안, seashore 는 해변, seaside 는 피서지·피한지로서의 해안.

short [ʃɔːrt] 형 (비교 short*er*; 최상 short*est*)
❶ (길이·거리·시간 등이) **짧은** (↔ long 긴)
He went on a *short* trip. 그는 짧은 여행을 떠났다
Life is *short*. 인생은 짧다
These trousers are too *short* for me. 이 바지는 내게 너무 짧다
The nights are getting *shorter*. 밤이 점점 짧아지고 있다
She will be back in a *short* time. 그녀는 곧 돌아올 것이다
❷ 키가 작은 (↔ tall 키가 큰)
I am *shorter* than you. 나는 너보다 키가 작다

shortage - should

❸ 부족한
I am *short* of money. 나는 돈이 모자란다
I am one dollar *short*. 나는 1달러 부족하다
run short (***of*** ...) (~가) 부족하게 되다, 모자라게 되다
Our food *ran short*. 우리 식량이 모자라게 되었다 《물건이 주어》
We have *run short of* money. 돈이 바닥이 났다 《of를 붙이면 사람이 주어》

— 튄 급히, 갑자기 (=suddenly)
The car stopped *short*. 차가 갑자기 멈추었다

— 명 (복수 **shorts** [-s])
❶ 《야구》 유격수(=shortstop)
❷ 《복수형으로》 반바지
for short 생략하여, 짧게 말하면
We call a compact disc a CD *for short*. 콤팩트 디스크를 생략하여 CD라고 부른다
in short 요컨대, 간단히 말하면
In short, I was in the wrong. 요컨대, 내가 잘못이었다

short·age [ʃɔ́:rtidʒ] 명 (복수 **shortages** [-iz])《형용사는 short》 결핍, 부족

short·en [ʃɔ́:rtn] 타동 줄이다, 짧게 하다
She *shortened* her dress. 그녀는 자기 드레스를 짧게 줄였다
— 자동 짧아지다, 줄다

short·er [ʃɔ́:rtər] 형 short(짧은)의 비교급

short·est [ʃɔ́:rtist] 형 short(짧은)의 최상급

short·ly [ʃɔ́:rtli] 튄 곧, 바로

shorts [ʃɔ́:rts] 명 (운동용) 쇼트 팬츠; 반바지

short·stop [ʃɔ́:rtstàp] 명 《야구》 유격수, 쇼트스톱

shot [ʃát] 동 shoot(쏘다)의 과거·과거분사형
— 명 (복수 **shots** [-s])
❶ 발사, 발포
He took[had] a *shot* at a bird. 그는 새를 겨냥하여 발사했다
❷ 포탄, 총탄; 사정 거리
The ship was out of *shot*. 그 배는 사정 거리 밖에 있었다
☑ ***within shot***은 「사정 거리 안에」

should [ʃəd, (강조할 때) ʃúd] 조 (**shall**의 과거형)
❶ 《간접화법의 「시제의 일치」로 shall이 should로 되어》 ~일 것이다
I told her that I *should* be back soon. 곧 돌아 온다고 나는 그녀에게 말했다
☑ ㋱에서는 단순 미래의 should는 보통 would로 대용한다. 윗 문장의 직접화법은 I said to her, "I shall be back soon."이 된다.
I asked her if I *should* open the window. 나는 그녀에게 「창문을 열까요」라고 물었다
☑ 윗 문장의 직접화법은 I said to her, "Shall I open the window?"

❷ 《주어의 의무·당연을 나타내어》 ~해야 한다(=ought to), ~하는 것이 좋다 《형태는 과거형이지만 뜻은 현재를 나타냄》
You *should* be more careful. 너는 좀 더 조심해야 한다
We *should* not laugh at his mistakes. 우리는 그의 실수를 비웃어서는 안 된다
You *should* see the movie. 너는 그 영화를 보는 것이 좋겠다

📙 인칭에 구애받지 않고 쓰임. 또한 과거의 일을 말하는 데는 「should have+과거분사」를 쓴다: You should have been more careful. (너는 좀더 조심했어야 했다)

❸ 《It is+형용사+that ~ should ... 의 형태로》《형용사가 감정적인 말일

때는》 ~가 …하다니;《(형용사가 이성적인 말일 때는》) ~가 …하는 것은
It is strange *that* you *should* fail. 네가 실패하다니 이상하다
It is natural *that* he *should* get angry.
그가 화를 내는 것은 당연하다

❹ 《주절의 동사가 결정·의향 등을 나타낼 경우에 종속절에서》
It was decided that he (*should*) go for the doctor at once. 그가 즉시 의사를 데려 오기로 결정되었다

📝 (미)에서는 should를 흔히 생략

❺ 《가정법의 주절에서》 ~할 것이다
If I were you, I *should* not do that. 내가 너라면 그런 일은 하지 않을 것이다

If we had started at five, we *should* have caught the train. 우리가 5시에 출발했더라면 그 열차 시간에 댈 수 있었을 텐데

❻ 《if ... should 로 강한 가정을 나타내어》 만일 ~하면
If I *should* fail, I would never try again. 만일 실패하면 나는 두번 다시 안 할 것이다

❼ 《why, who, how 등과 함께 써서 강한 의문·놀라움을 나타내어》 도대체
How *should* he know it? 도대체 어떻게 그가 그것을 알고 있을까

❽ 《1인칭으로, 정중한 기분을 나타내어》
I *should* think so. 그렇게 생각합니다
I *should* be very glad to do so. 그렇게 할 수 있으면 매우 기쁘겠습니다

I should (=**I would**) **like to …**
~했으면 한다 《겸손한 표현》
I *should like to* go there. 저는 거기에 갔으면 합니다

📝 회화에서는 보통 I'd like to... 로 된다

[회화] 권유에 대해 대답할 때 다음과 같이 말한다
A: Come again.
B: *I'd like to*.
A: 또 오십시오

B: 그럼요, 고맙습니다

*****shoul·der** [ʃóuldər] 몡 (복수 **shoulder**s [-z]) 어깨
He put his hand on her *shoulder*. 그는 한 손을 그녀의 어깨 위에 놓았다

*****should·n't** [ʃúdnt] 《구어》
should not 의 줄임꼴

*****shout** [ʃáut] 동 (3단현 **shout**s [-s]; 과거·과분 **shout**ed [-id]; 현분 **shout**ing) (타동) ~을 외치다, 큰소리로 말하다
"Stop!" he *shouted*. 「멈춰!」라고 그는 외쳤다
The mother *shouted* her child's name. 그 어머니는 자기 아이의 이름을 큰소리로 불렀다
—(자동) 외치다, 큰소리를 내다, 고함치다
Don't *shout*! 큰소리로 말하지 마라
She *shouted* at the children. 그녀는 아이들에게 고함쳤다
—몡 (복수 **shout**s [-s]) 외침, 큰소리, 함성
a *shout* of alarm 놀람의 외침
He gave a *shout*. 그는 외쳤다

shov·el [ʃʌ́vəl] 몡 (복수 **shovel**s [-z]) 삽

*****show** [ʃóu] 동 (3단현 **show**s [-z]; 과거 **show**ed [-d]; 과분 **shown** [ʃóun] 또는 **show**ed; 현분 **show**ing) (타동) ❶ ~을 보이다, 나타내다;《(show+사람+물건, show+물건+ to+사람으로) (남)에게 (물건)을 보이다
Show me your notebook. 너의 노트를 보여 다오
Show your tickets, please. 당신의 표를 보여 주시오
I have something *to show* you. 당신에게 보여드릴 것이 있습니다
He *showed* the picture *to* all his friends.(=He *showed* all his friends the picture.) 그는 모든 친구에게 그 사진을 보여 주었다

showed - shrimp

❷ 설명하다, ~을 가르치다, 증명하다
Can you *show* me how to do it? 그것을 어떻게 하는지 설명해 주시겠습니까
It *shows* that he is right. 그것이 그가 옳다는 것을 증명한다
❸ 안내하다
He *showed* me around Seoul. 그는 서울을 두루 안내해 주었다
Show this gentleman into the living room. 이 분을 거실로 안내하시오
Please *show* me the way to the station. 저에게 정거장으로 가는 길을 안내해 주십시오

> 🗂 tell me …는 단지 방향을 가리키는 것이고, show me …는 어떤 곳까지 함께 가서 가르쳐 주는 것

— (자동) **나타나다**, 보이다
The tower *showed* in the distance. 그 탑이 멀리 보였다
An interesting movie is now *showing*. 재미있는 영화가 지금 상영 중이다
📝 showing 은 영화에만 쓰이고, be on(상연 중이다)는 영화·연극 양쪽에 다 쓰인다
show off ~을 자랑스럽게 내보이다, 과시하다
She *showed off* her new dress. 그녀는 새 드레스를 과시했다
show oneself 나타나다, 모습을 보이다
The moon *showed itself* above the hill. 달이 언덕 위에 나타났다 《show는 타동사》
show up (구어) 모습을 나타내다
They waited for a long time, but he never *showed up*. 그들은 오랫동안 기다렸으나 그는 끝내 나타나지 않았다
— 명 《복수 **shows** [-z]》 **전람회**, 전시회; 쇼, 흥행
an automobile *show* 자동차 쇼
A *show* of old books opened yesterday. 고서(古書) 전시회가 어제 열렸다
We went to the flower *show*. 우리는 꽃 전시회에 갔다
on show 전시되어
Many roses are *on show*. 많은 장미가 전시되어 있다
show and tell 전시와 선전, 학생들에게 진기한 것을 가져오게 해서 설명시키는 교육 활동
a óne-man shòw 개인전
a róad shòw (연극·뮤지컬 등의) 지방 공연

showed [ʃóud] 동 show (~을 보이다)의 과거형·과거분사형

***show·er** [ʃáuər] 명 《복수 **showers** [-z]》 ❶ **소나기**
We had a *shower* this morning. 오늘 아침에 소나기가 내렸다
I was caught in a *shower*. 나는 소나기를 만났다
📝 shower 는 비뿐만 아니라 싸라기눈이나 눈도 뜻하는 일이 있다. 영국의 shower 는 단시간에 내리는 비.
❷ (머리부터 씻는) **샤워** (=shower bath)
I have [take] a *shower* every morning. 나는 매일 아침 샤워를 한다

show·ing [ʃóuiŋ] 동 show(~을 보이다)의 현재분사형
— 명 《종종 a를 붙여서》 진열, 전시(회)

****shown** [ʃóun] 동 show(~을 보이다)의 과거분사형의 하나
I was *shown* to the dining room. 나는 식당으로 안내되었다

shows [ʃóuz] 동 show(~을 보이다)의 3인칭 단수 현재형
— 명 show(전시회)의 복수형

show win·dow [-wìndou] (상점의) 진열창, 쇼 윈도

shrill [ʃríl] 형 (소리·목소리가) 높고 날카로운, 귀를 찢는 듯한

shrimp [ʃrímp] 명 《복수 **shrimps** [-s]》 작은 새우

shrine - sick

shrine [ʃráin] 명 (복수 **shrines** [-z]) (신 등을 모신) 사당, 제단, 묘 《절은 temple》

shrug [ʃrʌ́g] 동 (3단현 **shrugs** [-z]; 과거·과분 **shrugged** [-d]; 현분 **shrugging**) 타동 자동 (어깨를) 으쓱하다

shrug one's **shoulders** 어깨를 으쓱하다 《불쾌·절망·놀람·의혹·냉소 등을 나타내는 몸짓[제스처]》

shud·der [ʃʌ́dər] 자동 떨다, 몸서리 치다

shut [ʃʌ́t] 동 (3단현 **shuts [-s]; 과거·과분 **shut**; 현분 **shutting**) 타동 ❶ (문·창문 등을) 닫다, (눈·입 등을) 감다, 다물다(=close; ↔open 열다)

Bill *shut* his eyes. 빌은 눈을 감았다 《shut은 과거형》

Shut your books, please. 책을 덮으세요

Please *shut* the door after you. 《게시》 들어온[나간] 다음에 문을 닫아 주시오

❷ (출입을 못하게) 가두다, 막다
They *shut* the cat in the room. 그들은 고양이를 방 안에 가두었다

📝 shut은 close보다 '세게 닫다'의 느낌을 준다. 현재는 shut 보다 close를 쓰는 사람이 많다.

— 자동 **닫히다**
The window suddenly *shut*. 창문이 갑자기 닫혔다

shut in 둘러싸다, 가두다 《in은 부사》
My house is *shut in* by tall trees. 우리 집은 큰 나무들로 둘러 싸여 있다
The rain *shut* me *in* yesterday. 어제 비 때문에 나는 집안에 갇혀 있었다

shut off (가스·수도·라디오 등을) 끄다(=turn off) 《off 는 부사》
Shut off the radio, please. 라디오를 꺼 주시오

shut out 내쫓다, 가로막다; (시합에서) 영패시키다

Shut out the sunlight. 햇빛이 들어오지 못하게 해라
The tall buildings *shut out* the view. 높은 건물들이 전망을 가로막고 있다

shut up (집을) 잠그다, (가게 등을) 닫다; 가두다; 《구어》 입을 다물게 하다, 입을 다물다
He *shut up* his store. 그는 가게를 닫았다 《보통은 closed》
We were *shut up* in a cottage all day because of the storm. 우리는 폭풍우 때문에 하루 종일 오두막에 갇혀 있었다
Helen often *shuts* herself *up* in her room. 헬렌은 가끔 방에 틀어 박힌다
Shut up! 입 닥쳐(=Be silent!)

shut·ter [ʃʌ́tər] 명 (복수 **shutters** [-z]) 닫는 사람[것]; 덧문, 셔터; (카메라의) 셔터

shy [ʃái] 형 (비교 **shyer**, **shier**; 최상 **shyest**, **shiest**) 부끄럼을 잘 타는, 수줍은, 암띤
a *shy* girl 부끄럼 잘 타는 소녀

★sick [sík] (◆ ck는 [k]로 발음함)
형 (비교 **sicker**; 최상 **sickest**)
❶ 미 앓는(=영 ill); 병든
Nancy is *sick* in bed. 낸시는 몸이 아파 누워 있다
He has been *sick* for a week. 그는 1주일 동안 죽 앓았다
She took care of her *sick* friend. 그녀는 병든 친구를 돌봤다

📝 '병든'의 뜻으로 미에서는 보통 sick을, 영에서는 ill을 씀. 영에서는 sick를 쓸 경우 보통 '메스꺼운', '기분이 나쁜'의 뜻. 명사 앞에서는 미 영 모두 sick을 쓴다: my sick friend (앓고 있는 내 친구) 이 경우에는 my ill friend 라고 하지 않음.

❷ 형 메스꺼운, 구역질이 나는
I sometimes feel *sick*. 나는 때때로 구역질이 난다

be sick of... ~에 넌더리가 나다
I *am sick of* the rain. 이 비는 정말 지겹다

fall sick 병들다(=get sick)
He often *falls sick* in spring. 봄이 되면 그는 자주 앓는다
the sick 《복수 취급》 환자들 (=sick people)
The sick were sent home. 환자들은 집으로 돌려 보내졌다

sick·ness [síknis] 명 병, 질병, 멀미

📝 영에서는 보통 배멀미·차멀미·복통 등에 쓴다 → illness, disease

★side [sáid] 명 (복수 sides [-z])

❶ (앞뒤·좌우 등의) **쪽, 편**; (바깥·안 등의) **면**
His house is on the south *side* of the river. 그의 집은 강의 남쪽에 있다
The school is on the other *side* of the station. 학교는 역의 건너편에 있다

❷ **방면**
He studied it from all *sides*. 그는 모든 방면에서 그것을 연구했다
That is your weak *side*. 그것이 너의 약한 면이다
Her character has many *sides*. 그녀의 성격에는 여러 면이 있다

❸ **가장자리, 테두리, 가**
We walked by the river *side*. 우리는 강가를 걸었다

❹ (사람·동물·산의) **옆구리, 중턱, 허리**
on the *side* of a mountain 산 허리에
I have a pain in the left *side*. 내 왼쪽 옆구리가 아프다

by ... side(=***by the side of ...***) ~의 옆에, ~의 측면에
Come and sit *by my side*. 내 옆에 와 앉으시오
I sat *by the side of* the road. 나는 도로 옆에 앉아 있었다
form side to side 좌우로, 옆으로
on both sides (***of ...***) (~의) 양쪽에
side by side 나란히 《부사구》
They walked *side by side*. 그들은 나란히 걸었다
— 형 측면의, 가로의; 부차적인

a *side* door 옆 문
a *side* road 샛길
a *side* job 부업

side·walk [sáidwɔ̀ːk] 명 (복수 sidewalks [-s]) 미 (포장된) 보도 (=영 pavement), 인도

sigh [sái] (♦ gh는 발음하지 않음)
명 (복수 sighs [-z]) 탄식, 한숨
She closed her eyes with a deep *sigh*. 그녀는 깊은 한숨을 쉬면서 눈을 감았다
— 자동 한숨을 쉬다, 탄식하다
I *sighed* with relief. 나는 안도의 한숨을 쉬었다

★sight [sáit] (♦ gh는 발음하지 않음) 명 (복수 sights [-s])

❶ **시력** 《a를 붙이지 않고, 복수 없음》
📝 see(보다)에서 나온 말
He lost his *sight*. 그는 시력을 잃었다
I have good[bad] *sight*. 나는 시력이 좋다[나쁘다]

❷ **눈에 보이는 범위, 시야** 《a를 붙이지 않고, 복수 없음》
There was not a boat in *sight*. 보트는 한 척도 보이지 않았다
The plane was soon out of *sight*. 비행기는 곧 시야에서 사라졌다
Out of *sight*, out of mind. 《속담》 보이지 않게 되면 마음에서도 사라진다 《떠나간 사람은 날로 잊혀진다》

❸ **광경, 경치**
a sad *sight* 슬픈 광경
The sunset is a beautiful *sight*. 일몰은 아름다운 광경이다

❹ 《복수형으로》 **명소**(名所), 구경거리, 볼 만한 곳
Grand Canyon is one of the *sights* of the world. 그랜드캐년은 세계 명소의 하나이다
I saw(=did) the *sights* of London. 나는 런던을 구경했다

at first sight 첫눈에, 처음 보고
He understood it *at first sight*. 그는 첫눈에 그것을 알았다
at the sight of ~을 보고

The baby smiled *at the sight of* her mother. 아기는 어머니를 보고 방긋 웃었다

come in sight 보이게 되다, 나타나다
An island *came in sight*. 섬이 나타났다

lose sight of ... ~가 보이지 않게 되다, ~를 시야에서 잃다
Don't *lose sight of* him. 그의 모습을 놓치지 마라

out of sight 보이지 않는 곳에
The plane was soon *out of sight*. 비행기는 곧 보이지 않게 되었다

sight·see·ing [sáitsìːiŋ] 몡 구경, 관광
a *sightseeing* bus 관광 버스
Let's go *sightseeing* now. 자, 구경[관광] 나가자

sign [sáin] 몡 (복수 **signs** [-z])
❶ (음악, 수학 등에 쓰이는) **기호**
arithmetic *signs* 산수의 기호
❷ **신호**, (말 대신의) 손짓, 몸짓
They gave him a *sign* to stop. 그들은 그에게 멈추라는 신호를 했다
He spoke by *signs*. 그는 손짓으로 말했다
❸ **표지**, (가게의) **간판**, 게시
road *signs* 도로 표지
traffic *signs* 교통 표지
an inn *signs* 여관[여인숙] 간판
The room has the *sign* of 'No Smoking.' 그 방에는 「금연」의 게시가 붙어 있다
❹ 《흔히 부정문에서》 **기미**, 조짐, 징조
There is no *sign* of rain. 비가 내릴 기미는 보이지 않는다
— 동 (3단현 **signs** [-z] ; 과거·과분 **signed** [-d] ; 현분 **signing**) 타동 (편지·서류 등에) **서명하다**, 사인하다 (→ signature 서명)
Please *sign* the paper. 이 서류에 서명하여 주시오
He refused to *sign* the check. 그는 수표에 서명하기를 거절했다
— 자동 **신호하다**
The policeman *signed* to us to stop. 경관은 우리에게 멈추라고 신호했다

sig·nal [sígnəl] 몡 (복수 **signals** [-z]) 신호
a *signal* of danger 위험 신호
a traffic *signal* 교통 신호
He raised his hand as a *signal*. 그는 신호로 한 손을 들었다

sig·na·ture [sígnətʃər] (◆발음에 주의) 몡 (복수 **signatures** [-z]) 서명, 사인
☑ signature 는 사무상의 서명을 말하고, 예능인 등이 하는 사인은 autograph [ɔ́ːtəɡræf] 라고 함

sign·board [sáinbɔ̀ːrd] 몡 (복수 **signboards** [-z]) 간판

*si·lence [sáiləns] 몡 (복수 **silences** [-iz]) 《형용사는 silent》
❶ **침묵**, 함구, 무언 《a 를 붙이지 않고, 복수 없음》
She listened in *silence*. 그녀는 말 없이 경청했다
She wrote me a letter after a long *silence*. 그녀는 오랜 침묵 끝에 나에게 편지를 보냈다
작문 「그는 오랜만에 돌아왔다」는 He came back after a long absence. 라고 하고, 「나는 오랜만에 그를 만났다」는 I met him after a long time. 이라고 한다
Speech is silver, *silence* is golden. 《격언》 웅변은 은이요, 침묵은 금이다 《침묵은 웅변보다 낫다》
❷ **정적**, 고요 (=stillness)
the *silence* of the night 밤의 정적
— 타동 (3단현 **silences** [-iz] ; 과거·과분 **silenced** [-t] ; 현분 **silencing**) ~를 침묵시키다, 조용하게 하다
She *silenced* the children so that I could work. 그녀는 내가 일할 수 있도록 아이들을 조용하게 했다

silent - since

si·lent [sáilənt] 형 (비교 *more silent*; 최상 *most silent*)《명사는 silence》말 없는, 말수가 적은; 조용한, 고요한
a *silent* man 말수가 적은 사람
a *silent* film 무성 영화
a *silent* night 고요한 밤
Be *silent*, please. 조용히 해 주시오
The engine is very *silent*. 그 엔진은 소리가 매우 조용하다

si·lent·ly [sáiləntli] 부 (비교 *more silently*; 최상 *most silently*) 잠자코; 조용히

silk [sílk] 명 (복수 *silks* [-s]) 명주, 명주실, 견사;《복수형으로》실크 옷
She is dressed in *silks*. 그녀는 실크 옷을 입고 있다

Silk Road [-ròud] 명 《the를 붙여서》실크 로드, 비단길《중국에서 인도·아프가니스탄·그리스를 거쳐 로마에 이르는 동서 교역·문화 교류의 도로》

silk·worm [sílkwə̀ːrm] 명 (복수 *silkworms* [-z])《곤충》누에, 번데기

sil·ly [síli] 형 (비교 *sillier*; 최상 *silliest*) 어리석은(=foolish, stupid)
Don't be *silly*! 어리석게 굴지 마라

si·lo [sáilou] 명 (복수 *silos* [-z]) 사일로《원통형의 건물로 목초·곡식 따위를 저장한다》

sil·ver [sílvər] 명 은;《집합적으로》은식기; 은 세공품《a를 붙이지 않고, 복수 없음》
gold and *silver* 금과 은
This box is made of *silver*. 이 상자는 은으로 되어 있다
I have to clean the *silver*. 나는 은식기를 닦아야 한다
— 형 은(제)의, 은빛의
a *silver* cup 은컵
silver hair 은발, 은빛 머리카락

sim·i·lar [símələr] 형 닮은, 비슷한
in a *similar* way 같은 모양으로, 비슷한 방법으로
It is *similar* to mine. 그것은 내 것과 비슷하다

Si·mon [sáimən] 명 사이먼《남자 이름》
Símon sáys 리더가 'Simon says'라는 말과 함께 여러 가지 명령을 하고 모두가 명령대로 동작을 하는 제스처 놀이

sim·ple [símpl] 형 (비교 *simpler*; 최상 *simplest*)
❶ 간단한, 쉬운(=easy)
The exam was quite *simple*. 시험이 아주 쉬웠다
❷ 단순한, 천진한, 순진한
He is as *simple* as a child. 그는 어린아이처럼 순진하다
❸ 검소한, 수수한
a *simple* life 검소한 생활
simple food 검소한 음식
a símple séntence 《문법》단문

sim·ply [símpli] 부 (비교 *more simply*; 최상 *most simply*)
❶ 간단하게, 알기 쉽게
❷ 수수하게, 꾸밈 없이
be *simply* dressed 수수한 차림을 하고 있다
❸ 단지, 다만 ~일 뿐(=only)
I read books *simply* for pleasure. 나는 단지 재미로 책을 읽는다
❹ 《구어》아주, 매우(=very)
The play was *simply* terrible. 연극은 아주 형편없는 것이었다

sin [sín] 명 (복수 *sins* [-z]) 죄
📝 sin은 종교·도덕상의 죄, crime은 법률상의 죄

since [síns] 접 ❶ ~한 후로, ~한 이래, ~한 지
It is five years *since* I saw you last. (=《구어》It has been five years *since* I saw you last.) 지난 번 만나 뵌 후로 5년이 됩니다
[작문] five years를 주어로 하면 반드시 완료형 동사를 씀: Five years have passed since I saw you last.

sincere - single

How long is it since you came here? 당신이 여기 오신 지 얼마나 됩니까

❷ ~하기 때문에, ~하므로

Since I feel sick, I can't go with you. 건강이 좋지 않아서 함께 갈 수 없군요

📝 「~때문에」의 뜻으로는 because 가 가장 구어적임; since, as 는 격식 을 차린 말

— 전 ~부터 (줄곧 지금까지), ~이래

📝 과거의 어떤 시점부터 지금까지의 뜻이므로 동사는 현재완료형을 쓴다

Since then I've been interested in science. 그때부터[이래로] 나는 과학 에 흥미를 느끼고 있다

It has been raining *since* last Sunday. 지난 일요일부터 죽 비가 오고 있다

He has lived here *since* last year. 그 는 작년부터 여기에 살고 있다

작문 「2년 전부터」를 since two years ago 라고 하는 꼴은 피하고 for two years(2년간) 등의 다른 표현을 쓴다

— 부 ❶ 그 이후 (줄곧 지금까지), 그 이래

📝 동사는 현재완료형

I haven't seen Jane *since*. 나는 그 후 제인을 보지 못했다

❷ (지금부터) ~전에

📝 동사는 과거형. 보통은 ago 를 쓴다

She was married five years *since*. 그 녀는 (지금부터) 5년 전에 결혼했다

ever since 그 이후 줄곧 《ever 는 since 의 뜻을 강조하는 부사》

She went to Paris three years ago and has lived there *ever since*. 그녀 는 3년 전에 파리에 가서 그 이후 죽 거기서 살고 있다

sin·cere [sinsíər] 형 (비교 **sin-cer**er ; 최상 **sincer**est) 성실한, 정 직한, 충실한

★**sin·cere·ly** [sinsíərli] 부 (비 교 ***more*** sincerely ; 최상 ***most*** sin-cerely) 진심으로, 마음 속에서, 정말 *Yours sincerely*(= 미 *Sincerely* (*yours*)) 경구(敬具) 《편지의 끝맺 음말》

📝 편지의 끝맺음말

Yours sincerely, 는 미 에서 누구에게 나 써도 좋지만 친한 사람에게는 *Sin-cerely,* 라고만 흔히 쓴다. *Affection-ately yours,* 는 애정을 담아 쓸 때(남 녀 사이, 가족 사이)에 쓰인다. 선생 님에게는 *Respectfully yours,* 를 보통 쓴다

★**sing** [síŋ] 동 (3단현 **sing**s [-z] ; 과거 **sang** [sǽŋ] ; 과분 **sung** [sʌ́ŋ] ; 현분 **sing**ing) 《명사는 song》 타동 (노래를) **부르다**

Mary likes to *sing* a song. 메리는 노래부르기를 좋아한다

She will *sing* us a song now. 그녀는 지금 우리들에게 노래를 불러 주려고 합니다

📝 She will *sing* (a song) for us now. 라고 할 수도 있다

He has never *sung* a popular song. 그는 지금껏 유행가를 부른 적이 없다

— 자동 **노래하다** ; (새가) **지저귀다**

We *sang* to the organ. 우리들은 풍금 에 맞추어 노래를 불렀다

▶ I *sang* to the children. 이라고 하 면 「아이들에게 노래를 불러 주었다」 의 의미

Many birds are *singing* in the trees. 많은 새들이 나무들 속에서 지저귀고 있다

Sin·ga·pore [síŋɡəpɔ̀ːr] 명 싱가 포르 《말레이 반도 남단의 섬 ; 1965년에 독립》

sing·er [síŋər] (◆발음주의) 명 (복 수 **singer**s [-z]) 가수

He is a good *singer*. 그는 노래를 잘 한다

sing·ing [síŋiŋ] 동 **sing**(노래하다) 의 현재분사형

— 명 노래하기, 창가 ; (새·벌레 등 의) 울음소리

sin·gle [síŋɡl] 형 ❶ 단 하나의 (= only one)

She didn't say a *single* word. 그녀는

sings - sister

한마디 말도 하지 않았다
❷ 단일의, 한 겹의(→ double 이중의)
a *single* bed 1인용 침대
I want a *single* room. 《호텔에서》 1인용 방을 주시오
❸ 독신의
Is she married or *single*? 그녀는 기혼이냐 독신이냐
❹ 《영》 편도의(↔ return 왕복의) (=《미》 one-way)
a *single* ticket 편도 차표
— 명 (복수 **singles** [-z])
❶ 《영》 편도 차표
❷ 《운동》 《복수형으로》 단식 (경기) (→ doubles 복식 (경기))

sings [síŋz] 동 sing(노래하다)의 3인칭 단수 현재형

sin·gu·lar [síŋgjulər] 형 단 하나의 ; 《문법》 단수의(↔ plural 복수의)
— 명 《문법》 단수(↔ plural 복수), 단수형 《sing. 으로 줄여 씀》

sink [síŋk] 동 (3단현 **sinks** [-s] ; 과거 **sank** [sǽŋk] ; 과분 **sunk** [sʌ́ŋk] ; 현분 **sinking**) 자동 ❶ 가라앉다(↔ float 뜨다)
The ship *sank*. 배는 침몰했다
The sun is *sinking* in the west. 해가 서쪽으로 지고 있다
❷ (건물·지반 등이) 내려앉다, 내려가다
The ground *sinks* to the sea. 지면이 바다로 내려 앉는다
— 타동 ~을 가라앉히다, 침몰시키다 ; 낮추다
The storm *sank* two ships. 폭풍우는 두 척의 배를 침몰시켰다
— 명 (복수 **sinks** [-s]) (부엌의) 개수대, 싱크

★sir [sə́ːr] 명 (복수 **sirs** [-z])
❶ 선생님
📝 남자 윗사람이나 상점의 남자 손님에 대한 경칭으로 우리말로 반드시 번역할 필요는 없다. 여성에게는 ma'am [məm, mǽm, mάm] 을 쓴다

Good morning, *sir*. 안녕하십니까
Sir, may I ask you a question? 선생님 질문을 해도 되겠습니까
❷ 《Sir 로 써서》 ~경
📝 영국에서는 준(準)남작(baronet) 또는 나이트(knight) 작위의 칭호로 사람 이름에 붙인다
Sir Walter Scott 월터 스콧 경
📝 개인 이름에 붙여서 Sir Walter 로 생략하는 일은 있지만 가족 이름에 붙여 Sir Scott 라고는 하지 않음
❸ 《Dear Sirs 로 써서》 명 귀중
📝 단체·회사의 경우에 쓰이는데 《미》에서는 Gentlemen을 쓰는 수가 많음

si·ren [sáiərən] 명 (복수 **sirens** [-z])
❶ 사이렌, 경적
❷ 《종종 Siren 으로》《그리스신화》 사이렌 《바다의 요정으로 반인 반조(半人半鳥)의 마녀. 바다 위에서 아름다운 노래 소리로 선원들을 매혹시켜 타고 있는 배를 난파시켰다고 함》

★sis·ter [sístər] 명 (복수 **sisters** [-z])
❶ 여자 형제, 자매(↔ brother 형제)
an older *sister*(=《영》 an elder *sister*) 누님, 언니
a younger *sister* 여동생
📝 영어에서는 연령의 상하를 별로 따지지 않으나 특별히 나이의 위아래를 말하고자 할 때에는 a little[younger] sister(여동생), a big sister 또는 an older sister(언니)라고 한다
Do you have any *sisters*? 당신은 자매[누이]가 있습니까
Bill and Jane are brother and *sister*. 빌과 제인은 남매이다
📝 brother and sister 의 어순에 유의 또한 이처럼 brother 와 나란히 있을 경우 관사를 붙이지 않는다
❷ 《가톨릭교의》 **수녀**, 시스터
❸ 《미》 《구어》 《손아래 여성을 호칭하여》 **아가씨**, 아주머니
— 형 자매의
a *sister* city 자매 도시

sister-in-law - sixth

sister ships 자매선

sis·ter-in-law [sístər-in-lɔ́ː] 명 (복수 **sisters -in-law** [sístərz-in-lɔ́ː]) 형수, 제수

sis·ters [sístərz] 명 **sister**(자매)의 복수형

★**sit** [sít] 자동 (3단현 **sits** [-s]; 과거·과분 **sat** [sǽt]; 현분 **sitting**)

❶ 앉다, 걸터앉다(↔ stand 서다)
Shall we *sit* down on a bench? 벤치에 앉을까요
Please *sit* down. 앉으십시오
She *sat* in an armchair. 그녀는 팔걸이 의자에 앉아 있었다

☑ 팔걸이 없는 bench(벤치), stool(스툴) 따위에는 sit on, 팔걸이가 있는 easy chair(안락 의자), armchair(팔걸이 의자) 등 몸이 안쪽으로 파묻힐 때에는 sit in을 흔히 쓴다. 또한 「앉다」《동작》일 때는 sit down, 「앉아 있다」《상태》는 sit 하나로도 충분하다

They *sat* around the table. 그들은 테이블 둘레에 앉아 있었다
He is *sitting* at his desk. 그는 책상 앞에 앉아 있다
They were *sitting* side by side. 그들은 나란히 앉아 있었다(= They *sat* side by side.)
He *sat* reading in the living room. 그는 거실에 앉아 책을 읽고 있었다

▶ reading은 보어로 sat 보다 약간 세게 읽는다

❷ (새가) **가지에 앉다**; 알을 품다
A bird is *sitting* on a branch. 새가 나뭇가지에 앉아 있다
The hen *sits* on eggs. 암탉이 알을 품고 있다

sit at table 식탁에 앉다
He is *sitting at table.* 그는 식사 중이다
†*sit down* 앉다
Please *sit down.* 앉아 주십시오
sit up (자지 않고) 일어나 있다; 단정하게 앉다, 일어나다
I *sat up* till twelve last night. 나는 간밤에 12시까지 일어나 있었다
Sit up straight. 똑바로 앉으시오 《교실에서 선생님이 학생들에게 주의를 줄 때》
The sick girl *sat up* in bed. 앓고 있는 소녀는 침대에서 몸을 일으켰다

site [sáit] 명 (도시·건물 등의) 위치, 장소; 택지, 용지
⟨◆동음어 sight(광경)⟩

sits [síts] 동 **sit**(앉다)의 3인칭 단수 현재형

sit·ting [sítiŋ] 동 **sit**(앉다)의 현재 분사형

sit·ting room [-rùːm] 명 거실 (= 미 living room)

sit·u·a·tion [sìtʃuéiʃən] 명 (복수 **situations** [-z]) 상황, 입장; 위치, 경우; 정세

★**six** [síks] 명 (복수 **sixes** [-iz]) 6, 6세, 6시; 6개; 6명 《복수취급》
Three and three make(s) *six*. 3 더하기 3은 6이다
I get up at *six* every morning. 나는 매일 아침 6시에 일어난다
He is the tallest of the *six*. 그는 6명 가운데 가장 키가 크다
— 형 **6의**; 6개의; 6명의
He stayed here for *six* weeks. 그는 여기에 6주일 체류했다

★**six·teen** [sìkstíːn] 명 (복수 **sixteens** [-z]) 16, 16세; 16개, 16명 《복수취급》
She is *sixteen*. 그녀는 16세이다
— 형 **16의**; 16개의; 16명의
There are *sixteen* teachers in our school. 우리 학교에는 선생님이 16분 계십니다

six·teenth [sìkstíːnθ] 명 《보통 the를 붙여》 제16, 16번째; (달의) 16일 《16th로 줄여 씀》
— 형 제 16 의; 16번째의

★★**sixth** [síksθ] 《◆자음이 중복되는 점에 주의》 《6th로 줄여 씀》 명 (복

sixties - ski

수 **sixth**s [-s] 《보통 the를 붙여》 제6, 6번째; (달의) 6일; 6분의 1
five *sixths* 6분의 5 《복수형에 주의》
He was born on the *sixth* of May. 그는 5월 6일에 태어났다
☑ on May 6라고도 쓴다
June is the *sixth* month of the year. 6월은 1년의 6번째 달이다

six·ties [síkstiz] 명 sixty(60)의 복수형

six·ti·eth [síkstiiθ] 형 제 60의; 60번째의 《60th로 줄여 씀》

★**six·ty** [síksti] 명 (복수 **sixt*ies*** [-z]) 60; 60세; 60개, 60명 《복수취급》
the *sixties* 《세기의》 60년대
She is in her *sixties*. 그녀는 60대이다
— 형 **60의**; 60개의; 60명의
An hour has *sixty* minutes. 1시간은 60분이다
A minute has *sixty* seconds. 1분은 60초이다

★**size** [sáiz] 명 (복수 **size*s*** [-iz]) 크기, 치수, 규격, 사이즈
This book is the same *size* as that. 이 책은 저 책과 같은 크기다
What *size* do you want? 어떤 치수를 원합니까
We have gloves of all *sizes*. 모든 치수의 장갑이 있습니다
He took the *size* of my neck. 그는 내 목의 치수를 쟀다

★**skate** [skéit] 명 (복수 **skate*s*** [-s]) 《복수형으로》 (운동 기구로서의) **스케이트** (달린) **구두**
My father bought me a pair of *skates*. 아버지는 스케이트 구두 한 결레를 내게 사 주셨다
☑ a pair of skates(스케이트 구두 한 결레), two pairs of skates 스케이트 구두 두 결레)로 센다
— 동 (3단현 **skate*s*** [-s]; 과거·과분 **skate*d*** [-id]; 현분 **skat*ing***) 자동
스케이트를 타다

He can *skate* very well. 그는 스케이트를 아주 잘 탄다
Some children are *skating* on the pond. 몇몇 어린아이들이 연못에서 스케이트를 타고 있다
She *skated* to the music very well. 그녀는 음악에 맞추어 스케이트를 아주 잘 탔다
Let's go *skating*. 스케이트 타러가자

skate·board [skéitbɔ̀ːrd] 명 스케이트보드 《롤러가 달린 널판지로 그 위에 올라서서 미끄럼을 타며 노는 기구》

skat·er [skéitər] 명 스케이트를 타는 사람

skat·ing [skéitiŋ] 동 skate의 현재분사형
— 명 스케이트 타기, 얼음지치기
I like *skating* very much 나는 스케이트 타기를 무척 좋아한다

skating

skel·e·ton [skélətn] 명 (사람·동물의) 골격; 해골; (건물 등의) 골조

sketch [skétʃ] 명 사생화, 스케치, 초벌 그림; 초고, 대의, 개요; (소설·수필 등의) 단편, 소품
— 타동 자동 (~을) 스케치하다, (~을) 사생하다

sketch·book [skétʃbuk] 명 사생화첩, 스케치북; 소품집

★**ski** [skíː] 명 (복수 **ski*s*** [-z]) 《보통 복수형으로》 (운동 기구인) **스키**
Will you lend me *a pair of skis*? 스키를 한 벌 빌려 주시겠습니까
☑ a pair of skis(한 벌의 스키), two pairs of skis(두 벌의 스키)로 셈
— 자동 (3단현 **ski*s*** [-z]; 과거·과분

skied [-d]; 현분 skiing) 스키를 타다
He can ski very well. 그는 스키를 매우 잘 탄다
They are skiing down the hill. 그들은 언덕을 스키로 내려가고 있다
Let's go skiing at Christmas vacation. 크리스마스 휴가에 스키 타러 가자

ski

ski·er [skí:ər] 명 스키타는 사람, 스키 선수
He is a good skier. 그는 스키를 잘 탄다

skies [skáiz] 명 sky(하늘)의 복수형

ski·ing [skí:iŋ] 명 ski(스키를 타다)의 현재분사형
— 명 (스포츠로서의) 스키

skill [skíl] 명 (복수 skills [-z]) 숙련, 기량, 능숙, 노련
He has great skill in skiing. 그는 스키에 대단한 기량을 지니고 있다[그는 스키를 매우 능숙하게 탄다]
This work needs much skill. 이 일은 많은 숙련을 필요로 한다

skill·ful, **skil·ful** [skílfəl] 형 (비교 more skillful; 최상 most skillful) 능숙한, 숙련된
Lucy is skillful in[at] cooking. 루시는 요리에 능숙하다

*__skin__ [skín] 명 (복수 skins [-z])
❶ (인체의) **피부**, 살갗, 피부색 《a를 붙이지 않고, 복수 없음》
She has a fair skin. 그녀는 피부색이 하얗다
I was drenched to the skin. 나는 흠뻑 젖어 있었다
❷ (동물의) **모피**; (과일의) **껍질**
a fox skin 여우 모피
I slipped on a banana skin. 나는 바나나 껍질에 미끄러졌다

skin div·ing [-dàiviŋ] 명 스킨다이빙 《물안경·물갈퀴·수중 호흡기 등의 장비를 갖추고 스포츠로서 하는 잠수》

skip [skíp] 동 (3단현 **skips** [-s]; 과거·과분 **skipped** [-t]; 현분 **skipping**) 타동 ~을 (살짝) 뛰어넘다; (책 등을) 건너 뛰고 읽다; ~을 빠뜨리다
I skipped lunch. 나는 점심을 걸렀다
— 자동 ~을 가볍게 뛰다

skirt [skə́:rt] 명 (복수 **skirts** [-s])
❶ (여성복의) 스커트
❷ 《복수형으로》 도시 변두리, 교외
He lives on the skirts of town. 그는 변두리에 살고 있다

skunk [skʌ́ŋk] 명 (복수 **skunks** [-s]) (동물) 스컹크 《주로 북아메리카에 분포 위험이 닥칠 경우 항문으로 독한 악취가 나는 액체를 분비함》

*__sky__ [skái] 명 (복수 **skies** [-z]) 《보통 the를 붙여》 하늘(↔ earth 땅)
The sky is high and clear. 하늘은 높고 맑게 개어 있다
An airplane is flying high up in the sky. 비행기가 하늘 높이 날고 있다
📝 high up in the sky 의 어순에 유의 영어에서는 처음에 「대강의 방향」 (high up 먼 위쪽)을 말하고, 다음에 분명히 「어디」 (in the sky 하늘에)라고 말함
I'd like to see a blue sky. 나는 푸른 하늘을 보고 싶다
📝 sky는 보통 the sky로 쓰지만 날씨·상태 등의 형용사가 붙으면 a blue sky(푸른 하늘)처럼 a도 쓰인다
under the open sky 노천에서, 야외에서

skydiving- sleeping bag

We danced *under the open sky*. 우리는 야외에서 춤을 추었다

sky·div·ing [skáidàiviŋ] 명 스카이다이빙 《비행기에서 저공까지 낙하산을 펴지 않은 채 자유 낙하하거나 또는 각종 동작을 하는 항공 스포츠》

sky·lark [skáilɑːrk] 명 (복수 **skylarks** [-s]) 《새》 종달새 《간단히 lark 라고도 함》

sky·scrap·er [skáiskreipər] 명 (복수 **skyscrapers** [-z]) 고층 빌딩, 마천루

☑ sky(하늘)+scrape(비비다)+-er(것)에서 생긴 말 「마천루」는 영어의 뜻을 한자로 나타낸 것

slacks [slǽks] 명 《복수 명사》 슬랙스 《헐렁한 '운동용 바지'로 청바지처럼 남녀 공용의 바지》

slap [slǽp] 타동 (3단현 **slaps** [-s]; 과거·과분 **slapped** [-t]; 현분 **slapping**) ~을 (손바닥으로) 찰싹 때리다

She *slapped* me on the face. 그녀는 내 얼굴을 찰싹 때렸다

— 명 손바닥으로 때리기

slate [sléit] 명 석판 《지붕용》, 슬레이트

slave [sléiv] 명 (복수 **slaves** [-z]) 노예

We have no *slaves* in Korea. 한국에는 노예가 없다

▶ '슬라이브 인(Slav)'을 뜻하는 그리스 어에서 온 말로 중세에 많은 슬라브인이 포로로 잡혀 노예가 되었던 데서 유래한 것이다

slav·er·y [sléiv(ə)ri] 명 노예의 신분; 노예 제도

sled [sléd] 명 (복수 **sleds** [-z]) (작은) 썰매

sledge [slédʒ] 명 (큰) 썰매

★**sleep** [slíːp] 동 (3단현 **sleeps** [-s]; 과거·과분 **slept** [slépt]; 현분 **sleeping**) 자동 자다(↔ wake 잠이 깨다)

I *sleep* about eight hours a day. 나는 하루에 약 8시간 잔다

Did you *sleep* well last night? 지난 밤에 잠을 잘 잤습니까

— 타동 자다

Don't wake her up, let her *sleep on*. 그녀를 깨우지 말고 그냥 자게 하시오

Tom *slept* a sound sleep last night. 톰은 지난 밤에 잘 잤다

☑ a sound sleep(숙면)의 sleep 는 명사

— 명 잠, 수면 《보통 a를 붙이지 않고, 복수 없음》

Bill had little *sleep* for three nights. 빌은 삼일 밤이나 거의 자지 않았다

☑ 단, 형용사가 붙으면 a가 붙음: a deep sleep(깊은 잠)

Tom talks in his *sleep*. 톰은 잠꼬대를 한다

I had a good *sleep* last night. 나는 지난 밤에 잠을 충분히 잤다

He fell into a deep *sleep*. 그는 깊은 잠에 빠졌다

He awoke from his long *sleep*. 그는 긴 잠에서 깨어났다

go to sleep 잠들다, 자다

Soon he *went to sleep*. 그는 곧 잠들었다

put ... to sleep ~를 잠재우다

My mother has *put* my sister *to sleep*. 엄마는 내 누이동생을 잠재웠다

sleep·i·ly [slíːpili] 부 졸리는 듯이

sleep·ing [slíːpiŋ] 동 **sleep**(자다)의 현재분사형

Sleep·ing Beau·ty [slíːpiŋ bjúːti] 《the를 붙여서》 잠자는 공주 《늙은 마녀의 마술에 걸려 용감한 왕자가 나타나 키스할 때까지 100년간 잠을 잔 아름다운 공주》

sleep·ing bag [-bæ̀g] (등산용) 침낭

sleeping car- slippery

sleep·ing car [-kɑːr] 침대차 (=sleeper)

sleep·y [slíːpi] 형 (비교 **sleep-ier**; 최상 **sleepiest**) 졸린(→ asleep 자고 있는)
He felt *sleepy*. 그는 졸렸다

sleep·y·head [slíːpihèd] 명 졸린 사람, 잠꾸러기

sleeve [slíːv] 명 (복수 **sleeves** [-z]) 옷소매

sleigh [sléi] 명 (복수 **sleighs** [-z]) (말이 끄는) 썰매

slen·der [sléndər] 형 (비교 **slen-derer**; 최상 **slenderest**) 날씬한, 호리호리한
Kate is a *slender* girl. 케이트는 날씬한 소녀이다

slept [slépt] 동 sleep(자다)의 과거·과거분사형
I *slept* well last night. 나는 지난밤에 잘 잤다

slice [sláis] 명 (복수 **slices** [-iz]) (얇은) 한 조각
a *slice* of bread 빵 한 조각
— 타동 (3단현 **slices** [-iz]; 과거·과분 **sliced** [-t]; 현분 **slicing**) (빵·햄 등을) 얇게 자르다

slid [slíd] 동 slide(미끄러지다)의 과거·과거분사형

slide [sláid] 자동 (3단현 **slides** [-z]; 과거·과분 **slid** [slíd]; 현분 **sliding**) 미끄러지다, 활주하다
The boys are *sliding* on ice. 소년들은 얼음 위에서 미끄럼을 타고 있다
He *slid* down a hill. 그는 언덕을 미끄러져 내려갔다
— 명 (복수 **slides** [-z])
❶ 미끄럼, 《야구》 미끄러지기; 활주장; 미끄럼틀
❷ (현미경·환등기) 슬라이드
☑ sled(썰매)와 같은 어원 → slip

slight [sláit] (♦ gh는 발음하지 않음) 형 (비교 **slighter**; 최상 **slightest**) 약간의; (사람이) 가냘픈
a *slight* difference 약간의 차이
a *slight* girl 가냘픈 소녀
He has a *slight* cold. 그는 가벼운 감기 기운이 있다

slight·ly [sláitli] 부 조금, 약간; 약하게

slim [slím] 형 (비교 **slimmer**; 최상 **slimmest**) (몸 등이) 날씬한, 호리호리한
☑ '(병으로) 야윈, 마른'은 thin

slip [slíp] 동 (3단현 **slips** [-s]; 과거·과분 **slipped** [-t]; 현분 **slip-ping**) 자동 ❶ (짧게) 미끄러지다
The newspaper *slipped* off my knees. 신문이 내 무릎에서 미끄러져 떨어졌다
He *slipped* and fell on the road. 그는 도로에서 미끄러져 넘어졌다
☑ slide는 먼 거리를 미끄러지는 것
❷ 빠지다, 빠져 나가다
He *slipped* away. 그는 빠져 나갔다
❸ (미끄러지듯이) 술술 달리다; (세월이) 빨리 지나가다
The years *slipped* away. 세월이 빨리 지나갔다
— 타동 ~을 미끄러지게 하다; ~을 슬쩍 넣다[꺼내다]
My father *slipped* $10 into my pocket. 나의 아버지는 10달러를 내 호주머니에 슬쩍 넣어 주셨다
— 명 (복수 **slips** [-s]) 미끄러지기; 과실(=mistake), 실수
She had a *slip* on the ice. 그녀는 얼음 위에서 미끄러졌다

slip·per [slípər] 명 (복수 **slip-pers** [-z]) 《보통 복수형으로》 슬리퍼
a pair of *slippers* 슬리퍼 1켤레
☑ "slip (미끄러지다)+er(것)"에서 생긴 말

slip·per·y [slípəri] 형 (비교 **more slippery**; 최상 **most slippery**) 미끄러운, 미끈거리는

slit - smart

slit [slít] 몡 가늘고 긴 상처, 가늘고 긴 구멍

slo·gan [slóugən] 몡 (복수 **slogans** [-z]) 표어; 표어 문구

slope [slóup] 몡 (복수 **slopes** [-s]) 비탈, 경사면; 경사, 기울기
the *slope* of the roof 지붕의 경사

slop·py [slápi] 혱 질척질척한; 흠뻑 젖은; 더럽힌

slot [slát] 몡 가늘고 긴 홈; (특히 자동 판매기 등의) 동전 구멍

slot ma·chine [-məʃiːn] 몡 (미) 슬롯머신, 자동 도박기 (영=fruit machine); (담배·과자 등의) 자동 판매기 《(미)에서는 보통 vending machine 이라 함》

★**slow** [slóu] 혱 (비교 **slower**; 최상 **slowest**)
❶ 늦은, 느린(↔ fast, quick, swift 빠른)
He is a *slow* walker. 그는 걸음이 느리다
Slow and steady wins the race. 《속담》 느려도 착실하면 이긴다 《급하면 돌아 가라》
❷ (시계가) 늦은(↔ fast 빠른)
My watch is two minutes *slow*. 내 시계는 2분이 늦다
✓ My watch *loses* two minutes every day.(내 시계는 매일 2분씩 늦는다)
❸ (사람이) **둔한**, 우둔한, 활기가 없는
He is *slow* at learning. 그는 학습 진도가[깨우침이] 느리다
― 튀 느리게, 천천히, 슬슬(=slowly)
Drive *slow*. 《게시》 서행, 천천히 운전하시오
― 동 (3단현 **slows** [-z]; 과거·과분 **slowed** [-d]; 현분 **slowing**) 〈자동〉
속력이 떨어지다, 늦어지다
The plane *slowed* down. 비행기는 속력이 떨어졌다
― 〈타동〉 ~을 느리게 하다, 속력을 낮추다

★★**slow·ly** [slóuli] 튀 (비교 *more slowly*; 최상 *most slowly*) 《형용사는 slow》 **천천히, 슬슬**, 느리게(↔ fast, quickly 빨리)
He walked *slowly*. 그는 천천히 걸었다
Will you speak *slowly*? 천천히 말해주시겠어요

★**small** [smɔ́ːl] 혱 (비교 **smaller**; 최상 **smallest**)
❶ **작은**(↔ big, large 큰)
This hat is too *small* for me. 이 모자는 내게는 너무 작다
His camera is *smaller* than mine. 그의 카메라는 내 것보다 작다
✓ small이나 little이나 모두 '작은'의 뜻이지만, little에는 「귀엽다」라는 뜻이 더해진다: a little girl(귀여운 소녀), a small girl(몸집이 작은 소녀)
❷ **적은**, 얼마 안 되는, 소수의
A *small* number of the students walk to school. 적은 수의 학생들이 걸어서 통학한다
My family is very *small*. 나의 가족 수는 아주 적다
Do you have any *small* change? 당신은 거스름돈[잔돈]이 있습니까
❸ **소규모의**, 사소한, 하찮은, 변변찮은, 쓸모 없는
He started a *small* business. 그는 소규모의 장사를 시작했다
He made *small* mistakes. 그는 사소한 실수를 했다
a small létter 소문자(↔a capital letter 대문자)

small·er [smɔ́ːlər] 혱 **small**(작은)의 비교급

small·est [smɔ́ːlist] 혱 **small**(작은)의 최상급

smart [smάːrt] 혱 (비교 **smarter**; 최상 **smartest**)
❶ (사람·옷차림 등이) 단정한, 세련된, 말쑥한
a *smart* hat 세련된 모자

smartness - smoke

She looks *smart*. 그녀는 말쑥하다[단정해 보인다]

❷ 영리한, 눈치 빠른, 잽싼
Alice is a *smart* girl. 앨리스는 영리한 소녀이다

smart·ness [smá:rtnis] 명 《형용사는 smart》 세련됨; 기민, 재치 있음

smash [smǽʃ] 타동 (3단현 *smash-es* [-iz]; 과거·과분 *smashed* [-t]; 현분 *smashing*) 때려 부수다; 강타하다; (테니스 등에서 볼을) 스매시하다
— 명 분쇄, 부서지는 소리; 강타; (테니스 등의) 스매시

★**smell** [smél] 동 (3단현 *smells* [-z]; 과거·과분 *smelled* [-d] 또는 *smelt* [smélt]; 현분 *smelling*)
자동 ❶ 냄새가 나다, 향기가 나다
📝 진행형으로는 쓰지 않음
The rose *smells* sweet. 장미는 좋은 [달콤한] 향기가 난다 《sweet는 형용사》

❷ 《of가 붙어》 ~의 냄새가 나다
The garden *smells* of lilies. 정원에서는 백합꽃 냄새가 난다

❸ 냄새를 맡다
I *smelled* at the flower. 나는 그 꽃의 냄새를 맡았다
— 타동 (냄새를) **맡다**
Can you *smell* anything unusual? 뭔가 이상한 냄새를 맡을 수 있지요
— 명 (복수 *smells* [-z]) **후각**, 냄새
This flower has a sweet *smell*. 이 꽃은 향긋한 냄새가 납니다
I hate the *smell* of gas. 나는 휘발유 냄새는 질색이다
📝 수식어가 없으면 싫은 냄새를 나타낼 때가 많다.

smell·y [sméli] 형 (비교 *smellier*; 최상 *smelliest*) 고약한 냄새가 나는

smelt [smélt] 동 smell(냄새가 나다)의 과거·과거분사형

★**smile** [smáil] 동 (3단현 *smiles* [-z]; 과거·과분 *smiled* [-d]; 현분 *smiling*) 자동 미소짓다, 방긋웃다

📝 *laugh*는 소리를 내어 웃는 것.
He *smiled* happily. 그는 밝게 미소지었다
The baby is *smiling*. 아기가 방실방실 웃고 있다
Fortune *smiled* on him at last. 드디어 운명의 여신이 그에게 미소지었다 《운이 트이게 되었다》
— 타동 ❶ ~을 미소로 나타내다
I *smiled* a greeting. 나는 미소를 지어 인사했다
❷ 《smile a+형용사+smile로》 ~한 웃음을 짓다
My teacher *smiled* a bitter *smile*. 선생님은 쓴 웃음을 지으셨다
†*smile at* ~에게 미소를 보내다
She *smiled at* me. 그녀는 나에게 미소를 보냈다
— 명 (복수 *smiles* [-z]) 미소, 방긋 웃음
She came in with a *smile*. 그녀는 미소를 지으며 들어왔다
There was a *smile* on her face. 그녀의 얼굴은 미소를 짓고 있었다

smiled [smáild] 동 smile(미소짓다)의 과거·과거분사형

smiles [smáilz] 동 smile(미소짓다)의 3인칭 단수 현재형
— 명 smile(미소)의 복수형

smil·ing [smáiliŋ] 동 smile(미소짓다)의 현재분사형

Smith [smíθ] 명 스미스 《영 미에서 가장 흔한 성의 하나로 '대장장이'란 뜻의 smith에서 온 것》

smog [smág] 명 《구어》 스모그, 연무(煙霧)
▶ smoke(연기)+fog(안개)에서 생긴 말로 산업 도시의 공해를 뜻함

★★**smoke** [smóuk] 명 (복수 *smokes* [-s])

❶ 연기 《a를 붙이지 않고, 복수 없음》
The room is full of *smoke*. 그 방은 연기로 가득하다
There is no *smoke* without fire.

smoking - snow

(속담) 아니 땐 굴뚝에 연기날까
❷ 흡연, 끽연
have a smoke (담배를) 한 대 피우다
Will you *have a smoke*? 담배 피우겠어요
— 동 (3단현 **smokes** [-s]; 과거·과분 **smoked** [-t]; 현분 **smoking**)
자동 ❶ 연기를 내다, 그을다
The chimney is *smoking*. 굴뚝이 연기를 내뿜고 있다
❷ 담배를 피우다
He *smokes* too much. 그는 담배를 너무[지나치게] 피운다
— 타동 (담배를) **피우다**
He is *smoking* a cigar. 그는 여송연을 피우고 있다

smok·ing [smóukiŋ] 동 smoke의 현재분사형
— 명 담배피우기, 흡연
No *Smoking*. 《게시》 금연

smok·ing car [-kà:r] 끽연차

smok·ing room [-rù:m] 끽연실

smooth [smú:ð] 형 (비교 **smoother**; 최상 **smoothest**)
❶ 매끄러운 (↔ rough 거친), 평탄한 (= flat)
a *smooth* road 평탄한 길
❷ (바다가) 잔잔한, 평온한, 조용한 (= calm)
a *smooth* sea 잔잔한 바다

smooth·ly [smú:ðli] 부 (비교 *more* **smoothly**; 최상 *most* **smoothly**) 매끄럽게, 수월하게

snack [snǽk] 명 (복수 **snacks** [-s]) 가벼운 식사, 간식
have[eat] a *snack* 가벼운 식사를 하다
a *snack* bar 미 가벼운 식사와 음료를 파는 곳, 스낵바

snail [snéil] 명 (복수 **snails** [-z]) 달팽이

snake [snéik] 명 (복수 **snakes** [-s]) 뱀 (→ serpent)

snap [snǽp] 동 (3단현 **snaps** [-s]; 과거·과분 **snapped** [-t]; 현분 **snapping**) 자동 덥석 물다; 딱 부러지다
The dog *snapped* at his hands. 개는 그의 손을 덥석 물었다
— 타동 ~을 덥석 물다; 딱 소리나게 하다
I *snapped* my fingers. 나는 손가락으로 딱 소리를 냈다
— 명 (복수 **snaps** [-s]) 딱[뚝]하는 소리; 《사진》 스냅

sneak·er [sní:kər] 명 (복수 **sneakers** [-z]) 《보통 복수형으로》 스니커 《바닥에 고무창을 댄 운동화》

sneeze [sní:z] 명 (복수 **sneezes** [-iz]) 재채기
Sneezes indicate colds. 재채기는 감기 증상이다
— 동 (3단현 **sneezes** [-iz]; 과거·과분 **sneezed** [-d]; 현분 **sneezing**)
자동 재채기를 하다

Snoo·py [snú:pi] 명 스누피 《미국 만화 「피너츠(Peanuts)」의 주인공인 찰리 브라운이 기르고 있는 개의 이름》

sniff [sníf] 동 (3단현 **sniffs** [-s]; 과거·과분 **sniffed** [-t]; 현분 **sniffing**) 자동 타동 (~의) 냄새를 맡다 (= smell)
She *sniffed* at a rose. 그녀는 장미꽃 향기를 맡았다

★**snow** [snóu] 명 눈 《보통 a를 붙이지 않고, 복수 없음》
The rain changed to *snow*. 비는 눈으로 바뀌었다
It looks like *snow*. 눈이 올 것 같다
Here we have a lot of *snow* in winter. 이곳은 겨울에 눈이 많이 온다
There was a heavy *snow* last night. 간밤에 큰 눈이 왔다
📝 형용사가 붙으면 a를 붙일 때가 있다.
Look at the *snow* on the mountain. 산에 쌓인 눈을 보라
📝 「쌓인 눈」을 말할 때는 보통

the가 붙는다.

> 📘 눈의 양을 나타낼 때: much snow(큰 눈), a heavy snow, a lot of snow(큰 눈), a little snow(약간의 눈), little snow(조금 밖에 없는 눈)

— 통 (3단현 snow**s** [-z]; 과거·과분 snow**ed** [-d]; 현분 snow**ing**)
자동 눈이 오다
It *snows* in winter. 겨울에는 눈이 온다
It began to *snow*. 눈이 오기 시작했다
It is *snowing* hard. 눈이 펑펑[심하게] 내리고 있다
It has stopped *snowing*. 눈이 멈추었다

▶ it은 날씨를 나타낸다.

snow·ball [snóubɔ̀ːl] 명 (복수 snowball**s** [-z]) 눈뭉치, 눈덩이

snow-cov·ered [snóukʌ̀vərd] 형 눈에 덮인

snowed [snóud] 통 snow(눈이 오다)의 과거·과거분사형

snow·fall [snóufɔ̀ːl] 명 강설; 강설량

snow·ing [snóuiŋ] 통 snow(눈이 오다)의 현재분사형

snow·man [snóumæ̀n] 명 (복수 snowm**en** [-mèn]) 눈사람

snows [snóuz] 통 snow(눈이 오다)의 3인칭 단수 현재형

Snow White [snóuhwáit] 명 백설공주《그림(Grimm)동화의 주인공》

snow-white [snóuh-wáit] 형 눈같이 하얀, 순백의

snow·y [snóui] 형 (비교 snow**ier**; 최상 snow**iest**)
❶ 눈이 오는; 눈에 덮인
a *snowy* day 눈 오는 날
snowy roofs 눈 덮인 지붕
❷ 눈같이 흰
a *snowy* tablecloth 순백의[눈같이 흰] 식탁보

★**so** [sòu] 부 ❶ **그렇게**, 그토록, 그만큼
Don't speak *so* loudly. 그렇게 큰 소리로 말하지 마라
I have never seen *so* beautiful a sunset. 나는 여지껏 그렇게 아름다운 해넘이[낙조]를 본 적이 없다

> 📘 a beautiful sunset (아름다운 해넘이)에 so가 붙으면, so beautiful a sunset (그렇게 아름다운 해넘이)가 된다. 또한 such를 쓰면, such a beautiful sunset (그렇게 아름다운 해넘이)가 된다. 어순에 주의

❷ 《구어》 **참으로**, 대단히, 매우
There are *so* many places to visit in this old city. 이 옛 도시에는 볼 만한 곳이 대단히 많다
I am *so* tired. 나는 매우 피곤하다
It is *so* kind of you to come. 와 주셔서 매우 고맙습니다
I'm *so* glad to see you. 만나서 참 반갑습니다
If you like it *so* much, I will give it to you. 그것이 그렇게 마음에 드신다면 드리겠소

▶ 이 so는 강한 표현이므로 보통 때에는 피할 것. 여성은 so를 자주 씀: Thank you *so* much.(대단히 고맙습니다)

❸ 《대명사 용법》 **그러한 성질[상태]로, 그렇게**
"Will it be fine tomorrow?"—"I hope *so*." 「내일 날씨가 맑을까」—「그랬으면 좋겠다」
"He is handsome."—"I don't think *so*." 「그는 잘생겼다」—「나는 그렇게 생각하지 않는다」
"I've been busy today."—"Oh, is that *so*?" 「오늘은 바빴다」—「아, 그래요」
"The game wasn't good."—"I told you *so*." 「시합이 별로였다」—「내가 그랬잖아」
If *so* you may start at once. 만일 그

렇다면, 즉시 출발해도 돼
❹ **정말, 참으로**, 말 그대로
"He is honest."—"*So* he is." 「그는 정직합니다」—「네, 정말 그렇습니다」
📝 *So* he is.의 어순에 주의. 동의·동감을 나타내는 표현으로 Yes, he is.와 같은 뜻.
[발음] so와 he를 강하게 발음한다.
"You work hard."—"*So* I do." 「너는 열심히 일한다」—「응, 정말 그래」
"I am a junior high school boy."—"*So* am I."(=I am a junior high school boy, too) 「나는 중학생입니다」—「나도 그렇습니다」
[발음] So am I.는 So와 I를 강하게 발음한다
[회화] A: I *saw* the movie.
B: *So* did I.
A: 나는 그 영화를 보았다
B: 나도 봤다
📝 앞 글의 동사가 be동사 또는 조동사 일 때에는 「so+be동사[조동사]+주어」의 어순이 되며 일반동사일 때에는 「so+do[does,did]+주어」의 어순이 되는데 다같이 주어를 강조한 표현이다.

... and so on (=***... and so forth***) ~ 등등
There are tulips, pansies, daisies, *and so on*. 튤립, 팬지, 데이지 등이 있다

not so ~ as ...(=***not as ~ as ...***) …만큼 ~하지 않다
I am *not so* tall *as* she (is). 나는 그녀만큼 키가 크지 않다

not so much as ... ~조차 못하다
He can*not so much as* write his own name. 그는 자기 이름조차 쓸 줄 모른다

not so much ~ as ... ~라기보다는 차라리[오히려] …
He is *not so much* a scholar *as* a writer. 그는 학자라기보다는 차라리 작가이다

... or so ~나 그쯤, ~정도
She is fifteen *or so*. 그녀는 15세나 그 정도이다
We will stay there a week *or so*. 우리는 그 곳에 1주일 정도 있겠다[체류하겠다]

so as to ... ~하도록, ~하기 위해
I left home early *so as to* catch the express. 나는 급행 열차에 타려고 일찍 집을 나왔다

so ~ as to ... …할 만큼 그렇게 ~
He is *so* careful *as to* notice such a little thing. 그는 그렇게 작은 것을 볼 만큼 조심스럽다
She was *so* kind *as to* see me home. 그녀는 친절하게도 나를 집까지 배웅해 주었다

so far as ... ~하는 한
So far as I know, he cannot speak German. 내가 알고 있는 한 그는 독일어를 말하지 못한다

So long! 《구어》 안녕 《Good-bye보다 격식 차리지 않은 표현으로 친한 사람끼리의 인사》

so long as ... ~하는 동안은, ~하는 한; ~하기만 하면
So long as I live, I will help you. 내가 살아 있는 한, 당신을 돕겠습니다
I can do it *so long as* you give me time. 시간을 주기만 하면 나는 그것을 할 수 있습니다

so many ... 동수의 ~, 그와 같은 수의 ~
They worked like *so many* ants. 그들은 마치 같은 수의 개미들처럼 일했다 《10명이 있으면 「10마리의 개미처럼」의 뜻》

so much ... 같은 양의 ~, 그만큼의~
The house burned like *so much* paper. 집은 마치 그만큼의 종이처럼 탔다

so much for ... ~는 그만, ~는 그것으로 끝
So much for today. 오늘은 이만합시다 《일이나 공부의 끝맺음 말》

so that 《보통 앞에 콤마(,)를 붙여서》 그래서, 그러므로
📝 문어적인 표현으로 보통 that을

생략함.

He worked very hard, *so that* he passed the examination. 그는 대단히 열심히 공부했다. 그래서 시험에 합격했다

†*so ~ that ...* 대단히[너무] ~하므로 (그 결과) ...

The star is *so* small *that* you can't see it. 그 별은 대단히 작기 때문에, 사람 눈에 보이지 않는다

He ran *so* fast *that* I couldn't follow him. 그가 너무 빨리 달려서 나는 그를 따라갈 수 없었다

☑ (미) 구어에서는 흔히 that을 생략한다: It was *so* cold we hated to work. (너무 추웠기 때문에 공부하기가 싫었다)

so that ~ may (=*can*) ... ~가 ...하도록[할 수 있도록]

Work hard *so that* you *may* finish it before noon. 그것을 정오 전에 끝낼 수 있도록 열심히 일해라

He got up early *so that* he *might* catch the first train. 그는 첫 기차를 타려고 일찍 일어났다

☑ He got up...이 과거형이기 때문에 may가 might로 되었다. may는 (미)에서 can이나 will로 될 때도 있다.

Please speak a little louder *so that* all the people *can* hear you. 모든 사람이 들을 수 있도록 좀더 큰 소리로 말씀해 주시오

☑ (미)에서는 흔히 that을 생략한다.

so to speak (=*so to say*) 말하자면 《항상 삽입구로 씀》

He is, *so to speak*, a walking dictionary. 그는 말하자면 걸어다니는 사전이다 《박식한 사람이다》

— 접 《이유·결과를 나타내어》 **그래서**, 그렇기 때문에

I am tired, *so* I want to sleep. 나는 피곤하기 때문에 자고 싶다

〈◆ 동음어 sew (~을 꿰매다), sow (씨를 뿌리다)〉

so-and-so [sóu-ən-sòu] (◆ 발음 주의) 명 (복수 **so-and-so**s [-z]) 아무아무, 누구누구, 무엇무엇, 이렇구 저렇구

Mr. *So-and-so* 모씨, 아무개

▶ 부정관사 a는 붙이지 않음.

soap [sóup] 명 (복수 **soap**s [-s]) 비누

a cake of *soap* 비누 1개

☑ 보통 some *soap* 라고 하면 좋다. soup [súːp]와는 별개이다

soap op·er·a [-àpərə] 명 《주부를 대상으로 낮에 방송되는》 연속 방송극 《원래 프로그램의 스폰서가 주로 비누 회사였던 데서 비롯됨》

sob [sάb] (자동) (3단현 **sob**s [-z]; 과거·과분 **sob**bed [-d]; 현분 **sob**bing) 흐느끼다

— 명 (복수 **sob**s [-z]) 흐느낌

so-called [sóukɔ́ːld] 형 《명사 앞에서만 쓰여서》 소위, 이른바

so-called Christians 소위 그리스도 신자들

soc·cer [sάkər] 명 사커, 축구 《우리말의 '축구'는 영에서는 football, (미)에서는 soccer라고 함. (미)에서는 football이라고 하면 미식 축구를 가리킴》

▶ Association football의 줄임꼴. soc에 -cer을 붙인 말.

*so·cial [sóuʃəl] 형 《명사는 society》 ❶ 사회의, 사회적인

social life 사회 생활

social problems 사회 문제

Man is a *social* animal. 인간은 사회적 동물이다

❷ 사교적인

social dancing 사교댄스

I don't like a *social* call. 나는 사교적인 방문을 싫어한다

so·cial stud·ies [-stʌ́diz] 명 《단수 취급》 (학과의) 사회과목

so·ci·e·ty [səsáiəti] 명 (복수 **societ**ies [-z]) 《형용사는 social》

❶ 사회, 세상; 사교, 교제; 사교계

sock - solid

human *society* 인간 사회
He is the enemy of *society*. 그는 사회 전체의 적이다
❷ 회, 협회(=association), 학회, 단체, 클럽
the English Speaking *Society* 영어 회화 클럽

★sock [sák] (◆ck는 [k]로 발음함) 명 (복수 **sock*s*** [-s]) 《보통 복수형으로》 **짧은 양말**(→ stockings 긴 양말, 스타킹)
a pair of *socks* 양말 한 켤레

Soc·ra·tes [sákrətì:z] 명 소크라테스 《기원전 469?~399; 고대 그리스 철학자로 '너 자신을 알라'는 유명한 말을 남김》

so·da [sóudə] 명 소다수(=soda water); 소다 《각종 나트륨 화합물》

so·da pop [-pàp] 명 소다팝 《감미료를 섞은 소다수로 간단히 pop이라고 함》

so·fa [sóufə] 명 (복수 **sofa*s*** [-z]) 소파 《거실 등에 놓는 등과 팔을 기댈 수 있는 긴 의자》

★★soft [sɔ́:ft] 형 (비교 **soft*er*** ; 최상 **soft*est***)
❶ **부드러운**, 연한(→ hard 딱딱한, 굳은)
a *soft* pillow 부드러운 베개
❷ **매끄러운**, 보들보들한 (=smooth; → rough 거친)
a *soft* skin 보들보들한 피부
❸ 《마음·태도 등이》 **온유한**, 온화한 (=gentle; → rough 거친)
a *soft* heart 상냥한 마음씨
a *soft* breeze 온화한 바람
soft music 조용한 음악
sóft drínk 명 청량 음료 《주스, 콜라 등의 알코올이 들어있지 않은, 특히 탄산이 들어있는 음료》

soft·ball [sɔ́:ftbɔ̀:l] 명 《경기》 소프트볼; 〈소프트볼의〉 공

sof·ten [sɔ́:fn] (◆t는 발음하지 않음) 타동 ~을 부드럽게 하다; 《마음을》 누그러지게 하다
She tried to *soften* his anger. 그녀는 그의 화를 누그러뜨리려고 애썼다

soft·ly [sɔ́:ftli] 부 (비교 *more* **softly** ; 최상 *most* **softly**) 부드럽게, 조용히

soft·ware [sɔ́:ftwὲər] 명 소프트웨어 《컴퓨터 프로그램·절차 등에 관련된 문서류의 총칭; 시청각 기기를 사용하는 교재류》 (↔ hardware 하드웨어)

soil [sɔ́il] 명 흙(=earth); 토지; 고향 《a를 붙이지 않고, 복수 없음》
rich[poor] *soil* 기름진[메마른] 토양
my native *soil* 내 고향

so·lar [sóulər] 형 태양의(→ lunar 달의)
the *solar* calendar 태양력
the *solar* system 태양계

★★sold [sóuld] 동 **sell**(팔다)의 과거·과거분사형
He *sold* his car for one hundred dollars. 그는 자기 차를 100달러에 팔았다

★★sol·dier [sóuldʒər] 명 (복수 **soldier*s*** [-z]) 《육군의》 **군인** 《해군 군인은 sailor》; 사병(↔ officer 장교)
unknown *soldiers* 무명 용사

sole [sóul] 형 유일한 《only보다 강조적이고 딱딱한 말》
〈◆ 동음어 soul(혼)〉

sol·emn [sáləm] (◆n은 발음하지 않음) 형 (비교 **solemn*er*** ; 최상 **solemn*est***) 엄숙한, 진지한

★sol·id [sálid] 형 (비교 **solid*er*** ; 최상 **solid*est***)
❶ 고체의(↔ liquid 액체의)
When water becomes *solid*, we call it ice. 물이 고체로 되면, 우리는 그것을 얼음이라고 부른다
❷ 딱딱한(=hard), 굳은, 단단한
solid ground 단단한 지면

solo- some

❸ 순수한
solid gold 순금

so·lo [sóulou] 명 (복수 **solos** [-z])
독창, 독주, 솔로(→ duet 2중창, → trio 3중창)

Sol·o·mon [sáləmən] 명 《구약성서》 솔로몬 《기원전 10세기경의 이스라엘 왕; 다윗(David)왕의 아들로 지혜가 뛰어남》

so·lu·tion [səlúːʃən] 명 (복수 **solutions** [-z]) 해결, 해답 《동사는 solve》; 용해; 용액

solve [sálv] 타동 (3단현 **solves** [-z]; 과거·과분 **solved** [-d]; 현분 **solving**) 해결하다, (문제·수수께끼 등을) 풀다
He *solved* the problem. 그는 그 문제를 풀었다

*★**some** [səm, (강조할 때) sʌ́m] 형
❶ 얼마간의, 약간의, 다소의

> 🗂 보통 긍정의 평서문에 쓰임. 부정문·의문문·if조건문 등에서는 any로 된다

There are *some* books on the desk. 책상 위에 몇 권의 책이 있다
Give me *some* butter. 저에게 버터를 좀 주시오
She has *some* knowledge of Korean. 그녀는 한국어를 약간 알고 있다
Will you have *some* tea? 홍차를 좀 드시지 않겠습니까

🗂 이 문장은 「드십시오」라고 남에게 권하는 뜻으로 의문문에서도 some을 쓴다.

❷ 《단수 명사에 붙여》 **어떤**, 무엇인가의, 누군가의

▶ 무엇[누구]인지 모를 때나 알고는 있지만 말하고 싶지 않을 때 씀.
Please lend me *some* dictionary. 뭔가 사전을 빌려 주시오
He is talking with *some* woman. 그는 어떤 여자분하고 이야기하고 있다
He went to *some* place in Africa. 그는 아프리카 어느 곳인가로 갔다

❸ 《복수 보통명사·물질명사에 붙여》 **어떤 일부의**, 그 가운데는 ~하는 것도 있다

🗂 종종 some ... others ..., some ... some... 처럼 대조적으로 쓰임.
Some flowers are red and *others* are yellow. 붉은 꽃도 있고, 노란 꽃도 있다
Some students play baseball and *some* (students) play football. 야구를 하는 학생도 있고, 축구를 하는 학생도 있다 《두 번째 students를 생략하면 some은 대명사가 됨》

❹ 약, 대략(=about)
I waited *some* thirty minutes. 나는 약 30분동안 기다렸다

> 📇 **some과 any의 사용법**
> (1) some은 그리 많지 않은, 부정(否定)의 수·양을 나타냄: *some* pencils(몇 자루의 연필), *some* milk(약간의 우유)
> (2) some은 번역하지 않아도 될 때가 있다: Give me *some* coffee. (제게 커피를 주세요)
> (3) some은 부정문·의문문·if 조건문의 문장에서 any로 됨: I don't have *any* pencils. (나는 연필을 갖고 있지 않다) Do you need *any* money?(너는 얼마간 돈이 필요하니) If you need *any* money, ...(만일 네가 돈이 필요하면, ~)
> (4) 의문문에서도 남에게 무엇을 권할 때, 또는 yes의 대답이 예상될 때는 some을 쓴다: Will you have *some* coffee? (커피 좀 드시겠습니까) Do you need *some* pencils? (연필이 필요하시겠군요)

for some time 얼마동안, 잠시
I talked to him *for some time*. 나는 얼마 동안 그와 이야기했다
in some way or other 어떻게든 해서
Come again *in some way or other*. 어떻게든 해서 다시 오게

somebody - something

some day (미래의) 언젠가는(→ one day 과거의 어느 날)
I want to learn Spanish *some day*.
나는 언젠가는 스페인어를 배우고 싶다

some ~ (and) others ... ~도 있고 …도 있다
Some people like apples *and others* don't like. 사과를 좋아하는 사람도 있고 싫어하는 사람도 있다

some other time (= ***some other day***) 언젠가 다른 날에
Let's visit the place *some other time*.
언젠가 다른 날에 그 곳을 방문합시다
Please come again *some other day*.
다른 날 다시 와 주십시오

some time 언젠가, 잠시
I hope I can visit there *some time*.
나는 언젠가 거기에 갈 수 있기를 바란다
Some time later Ned began to cry.
잠시 후에 네드는 울기 시작했다
She stayed with me for *some time*.
그녀는 얼마동안 내집에 머물렀다

— 대 ❶ 《긍정문에서》 **얼마쯤**, 다소
☑ 보통명사와 물질명사 양쪽에 다 씀.
I will give you *some* of my pencils.
내 연필 몇 자루를 네게 주겠다
If you have any money, lend me *some*. 얼마간 돈을 가지셨으면 조금 빌려 주십시오

❷ 《복수의 뜻으로 쓰여》 **어떤 사람들**, 어떤 것들; 그 중에는 ~한 사람[것]도 있다

[발음] 항상 [sʌ́m]이 됨.
I don't like it, but *some* do. 나는 그것을 싫어하지만 좋아하는 사람들도 있다
Some say that it is true. 그것이 사실이라고 말하는 사람들도 있다
⟨♦ 동음어 sum(합계)⟩

some·bod·y [sʌ́mbàdi] 대
《보통 긍정문에서》 **누군가**, 어떤 사람(=someone)
☑ someone보다 구어적이다.
There's *somebody* at the door. 문에 누군가가 있다

somebody else 누군가 다른 사람
Somebody else ought to go there.
누군가 다른 사람이 거기에 가야 한다

some·day [sʌ́mdèi] 부 (앞으로) 언젠가, 훗날에

some·how [sʌ́mhàu] 부 어떻게든 해서, 여하튼; 어쩐지
I'll finish my homework *somehow*.
나는 어떻게든 해서 숙제를 끝낼 것이다

★**some·one** [sʌ́mwÀn] 대
《보통 긍정문에서》 **누군가**, 어떤 사람(=somebody)
Someone has to answer it. 누군가가 그것에 답을 해야 한다
She heard *someone* singing a song.
그녀는 누군가가 노래를 부르는 것을 들었다

> 📘 (1) someone과 somebody는 뜻이 같지만 somebody가 더 구어적 (2) someone은 some one으로 띄어 써도 된다: somebody는 some body로 띄어 쓰지 않는다 (3) someone도 somebody도 단수 취급 (4) 부정문·의문문·if 조건문에는 anyone 또는 anybody 를 쓴다: Did *anyone* come?(누가 왔니)

★**some·thing** [sʌ́mθiŋ] (♦ th는 [θ]로 발음함) 대 《보통 긍정문에서》 **어떤 것**, **무엇인가** 《단수 취급》
There is *something* on the desk.
책상 위에 무엇인가 있다
Something bad will happen.[(1)] 뭔가 나쁜 일이 일어날 것이다
I want to eat *something* good.[(2)] 나는 뭔가 맛있는 것을 먹고 싶다
Give me *something* to drink.[(3)] 뭔가 마실 것을 주시오

> 📘 **1** (1), (2)처럼, something을 꾸미는 형용사 및 (3)처럼 something

sometime - soon

을 꾸미는 「to+동사원형」은 something 뒤에 온다. anything, nothing 의 경우도 마찬가지다
2 긍정문에는 something, 의문문·부정문·if 조건문의 문장에는 anything 을 쓴다: Did you see *anything*? (뭔가를 보셨습니까)

— 🖲 얼마간, 다소
something like ... 다소 ~를 닮은; 대략
It is *something like* a ball. 그것은 다소 공과 비슷하다
It is *something like* seven o'clock. 대략 7시경입니다
something of ... 얼마간 ~, 다소는 ~
There is *something of* truth in his words. 그의 말은 얼마간 사실이다

some·time [sʌ́mtàim] 🖲 《미래·과거의》 언젠가, 근간에 《sometimes 와의 차이에 주의》
Come and see me *sometime*. 근간에 찾아와 주십시오

★**some·times** [sʌ́mtàimz] 🖲 때때로, 가끔
The dog *sometimes* sleeps near Tom's bed.⁽¹⁾ 그 개는 때때로 톰의 침대 가까이에서 잔다
He is *sometimes* absent from school.⁽²⁾ 그는 가끔 학교에 결석한다
I have *sometimes* seen the dog.⁽³⁾ 나는 때때로 그 개를 보았다
He comes here *sometimes*.(=*Sometimes* he comes here.)⁽⁴⁾ 그는 때때로 여기에 온다
Sometimes he speaks French. (=He speaks French *sometimes*.)⁽⁵⁾ 때때로 그는 프랑스어로 말한다

📘 sometimes는 (1)처럼 일반 동사의 앞, (2)처럼 be 동사의 뒤, (3)처럼 조동사와 본동사의 사이, (4), (5) 처럼 문장의 처음 또는 끝에 온다

some·what [sʌ́mhwɑ̀t] 🖲 얼마간, 약간
It looks *somewhat* like an apple. 그것은 겉보기에 약간 사과와 비슷하다

some·where [sʌ́mhwɛ̀ər] 🖲 어딘가에, 어딘가로
📘 보통 긍정문에 쓰이며, 부정문·의문문·if 조건문에는 anywhere를 씀.
I have left my hat *somewhere*. 나는 어딘가에 내 모자를 놓고 왔다
The church is *somewhere* near the station. 그 교회는 역근처 어딘가에 있다

★**son** [sʌ́n] 🖲 《복수 **son**s [-z]》 아들 (↔ daughter 딸)
the eldest *son* 장남
📘 ㈍에서는 the oldest *son* 이라고도 한다.
He has a *son* and two daughters. 그에게는 아들 하나와 딸 둘이 있다
《◆ 동음어 sun(태양)》

so·nar [sóunəːr] 🖲 수중 음파 탐지기

so·na·ta [sənɑ́ːtə] 🖲 《음악》 소나타

★**song** [sɔ́ːŋ] 🖲 《복수 **song**s [-z]》 《동사는 sing》
❶ 노래, 가곡
a popular *song* 유행가, 팝송
Let's sing a hit *song*. 히트 송을 노래합시다
❷ (새·벌레의) 우는 소리 《a를 붙이지 않고, 복수 없음》
the *song* of a canary 카나리아의 지저귐
Many birds are now in full *song*. 많은 새들이 지금 한창 지저귀고 있다

son-in-law [sʌ́n-in-lɔ̀ː] 🖲 《복수 **son**s-in-law [sʌ́nz-]》 사위, 양자(↔ daughter-in-law 며느리, 양녀)

sons [sʌ́nz] 🖲 son(아들)의 복수형

★**soon** [súːn] 《◆ oo는 [uː]로 발음함》
🖲 《비교 **sooner** ; 최상 **soonest**》
❶ 곧, 이내, 잠시 후
He will *soon* be here. 그는 곧 여기로 올 것이다
I hope to see you *soon*. 곧 당신을 만

sooner - sort

나 뵐 수 있기 바랍니다
Soon after supper, he began to study. 저녁 식사 후, 곧 그는 공부를 시작했다

❷ 빨리, 일찍
Must you go back so *soon*? 그렇게 빨리 돌아가야 합니까
How *soon* will the plane leave? 얼마나 있으면 비행기가 떠납니까
The *sooner*, the better. 빠르면 빠를수록 좋다

†*as soon as* ... ~하자마자
He started *as soon as* he received the letter. 그는 그 편지를 받자마자 곧 출발했다

as soon as possible(=*as soon as one can*) 되도록 빨리[속히], 가능한 한 곧
Come *as soon as possible*. 가능한 한 빨리 오시오
Return me this book *as soon as you can*. 이 책은 되도록 속히 돌려 주시오
sooner or later 조만간, 멀지 않아
I must buy the book *sooner or later*. 조만간 나는 그 책을 사야 한다

soon·er [súːnər] 위 **soon**(곧)의 비교급

soon·est [súːnist] 위 **soon**(곧)의 최상급

soph·o·more [sáfəmɔːr] 명 미 (4년제 대학·고교의) 2학년 학생(→ freshman)

so·pra·no [səprǽnou] 명 (복수 **sopranos** [-z]) 《음악》 소프라노, 소프라노 가수(→ bass)

sore [sɔːr] 형 (비교 **sorer**; 최상 **sorest**)
❶ (상처가) 아픈, 고통스런(=painful)
I have a *sore* throat. 나는 목이 아프다
❷ (사람이) 슬픈, 비탄에 잠긴
He left with a *sore* heart. 그는 슬픈 마음으로 떠났다

sor·row [sárou] 명 슬픔; 비탄(↔ joy 기쁨)

He felt great *sorrow* at her death. 그는 그녀의 죽음에 몹시 슬퍼했다

***sor·ry** [sári] 형 (비교 **sorrier**; 최상 **sorriest**)
❶ 가엾어, 불쌍하여 《동정하는 마음을 나타낸다》
I am *sorry* for him. 나는 그를 가엾게 여긴다
We felt *sorry* for the old woman. 우리는 그 할머니를 불쌍히 여겼다
I am *sorry* to hear that. 그 말을 들으니 안됐군요
❷ 미안하게 생각하여, 후회하여 《죄송한 마음을 나타낸다》
I'm *sorry*! (=Sorry!) 실례했습니다 [미안합니다]
📝 거리에서 남의 통행에 방해되는 일을 했을 때, 남의 어깨를 건드렸을 때에 말한다. 미에서는 흔히 Excuse me. 라고 말한다. 사과를 받으면 That's all right.(괜찮습니다)/Don't worry about it.(신경 쓸 것 없어요) 등과 같이 대답한다.
I'm *sorry* to trouble you. 폐를 끼쳐서 미안합니다
Some day you will be *sorry* for it. 언젠가 너는 그것을 후회할 것이다
❸ 애석하여《애석한 마음을 나타낸다》
I am *sorry* (that) I can't see Dick. 딕을 만날 수 없어 애석하다
I'm sorry, ... 유감이지만, 죄송하지만, 실례지만
"Please lend me two dollars."—"*I'm sorry, but I can't*" 「2달러만 빌려 주세요」—「미안하지만 안돼」

***sort** [sɔːrt] 명 (복수 **sorts** [-s]) 종류(=kind), 부류(=class)
📝 a [this, what 등] sort of 의 뒤의 명사에 보통 관사를 붙이지 않는다.
They sell all *sorts* of flowers. 그들은 온갖 종류의 꽃을 판다
I have never seen this *sort* of flower. 나는 이런 종류의 꽃은 본 일이 없다
📝 this *sort* of flowers 는 「한 종류」, these *sorts* of flowers 는 「이런 몇 종

SOS - source

류의 꽃」이란 뜻.
a sort of ... 일종의 ~
He is *a sort of* lazy man. 그는 일종의 게으름뱅이다

SOS [ésoués] 몡 (복수 **SOS's** [-iz]) (무전에 의한) 구조를 구하는 신호, 조난 신호
▶ 신호는 … --- …; 문자로는 뜻이 없고, 치기 쉬운 신호를 고른 것.
send an *SOS* 조난 신호를 보내다

so-so [sóusòu] 凰 《질문에 대한 대답으로서》 그저 그래
"How are you doing?"—"*So-so*."「안녕하십니까」—「그저 그래요」

sought [sɔ́ːt] (◆ gh는 발음하지 않음) 동 **seek** (~을 찾다)의 과거·과거분사형

soul [sóul] 몡 (복수 **soul*s*** [-z]) 혼, 정신 (↔ body 육체); 인간(=person)
soul and body 영혼과 육체
He put his *soul* into his work. 그는 자기 일에 정신을 쏟았다
Not a *soul* lives on the island. 그 섬에는 사람이 전혀 살고 있지 않다
⟨◆ 동음어 sole(유일한)⟩

sound**[1] [sáund] 몡 (복수 **sound*s [-z]) 소리, 음, 음향; 울림
The bell makes a big *sound*. 그 종은 큰 소리를 낸다
We heard a strange *sound*. 우리는 이상한 소리를 들었다
— 동 (3단현 **sound*s*** [-z]; 과거·과분 **sound*ed*** [-id]; 현분 **sound*ing***)
㉮ ❶ 울리다, 소리가 나다, 들리다
The music *sounds* sweet. 그 음악은 달콤하게 들린다
❷ 《sound+형용사 등으로》 ~하게 들리다, 생각되다(=seem)
It *sounds* strange. 그것은 이상하게 들린다
— 타동 ~을 울리다, 소리를 내다
Sound the bell. 벨을 울려라
He *sounded* a trumpet. 그는 트럼펫

을 불었다
sound like ... ~처럼 들리다; ~처럼 느껴지다
It *sounded like* thunder. 그것은 천둥처럼 들렸다
He *sounds like* a young man. 그는 청년처럼 느껴진다

sound**[2] [sáund] 형 (비교 **sound*er; 최상 **sound*est***)
❶ (신체·정신 등이) **건전한**, 건강한 (=healthy)
be *sound* in body and mind 몸과 마음이 건전하다
A *sound* mind in a *sound* body.
《속담》 건강한 신체에 건전한 정신(이 깃든다)
▶ 「건전한 정신은 건강한 신체에 깃든다」라고 해석되지만 이 문장의 뜻은 소망을 나타낸다.
❷ **견실한**, 옳은, 바른
It is a *sound* opinion. 그것은 옳은 의견이다
❸ (수면이) **충분한**; (조사 등이) 철저한
a *sound* sleep 숙면

***soup** [súːp] (◆ ou는 예외적으로 [uː]로 발음함) 몡 **수프** 《a를 붙이지 않고, 복수 없음》
pea *soup* 콩 수프
tomato *soup* 토마토 수프
We eat *soup* with a spoon. 우리는 스푼으로 수프를 먹는다
▶ 수프를 접시에 담아 스푼으로 먹을 경우는 eat soup를 쓰고 컵에 담아 마실 때는 drink soup를 쓴다.

sour [sáuər] 형 (비교 **sour*er***; 최상 **sour*est***) 신, 신맛이 나는(↔ sweet 달콤한)
sour milk 신[상한] 우유

source [sɔ́ːrs] 몡 (복수 **source*s*** [-iz]) 원천; 근원; 수원(지); 출처
the *source* of the engine trouble 엔진 고장의 원인
the *source* of a river 강의 수원지

south - sown

★south [sáuθ] (◆ou는 [au], th는 [θ]로 발음함) 명 《보통 the를 붙여》 남, 남부, 남방(↔ north 북; → east 동, west 서)
My room faces to the *south*. 내 방은 남향이다
☑ My room faces *south*. 라고 해도 되는데, 이 경우 south 는 부사로 쓰였다.
London is in the *south* of England. 런던은 잉글랜드의 남부에 있다
Mexico is on the *south* of the United States. 멕시코는 미합중국의 남쪽에 접해 있다
There is a lake to the *south* of the hill. 그 언덕의 남쪽에 호수가 있다
☑ to the south of는「~에서 떨어져 남쪽에」의 뜻

the South 미국의 남부 지방
He comes from *the South*. 그는 미국 남부 출신이다
▶ the South 는 펜실베이니아 주(Pennsylvania), 오하이오강(the Ohio River), 미주리 주(Missouri), 캔자스 주(Kansas) 남쪽에 있는 여러주를 말한다.

— 형 **남쪽의**, 남쪽에서의; 남향의
the *south* side of my house 내 집의 남쪽 측면
a *south* wind 남풍
a *south* window 남향의 창문

— 부 **남쪽에**, 남쪽으로
The ship is sailing *south*. 배는 남쪽으로 항해하고 있다
The tower stands two miles *south* of our school. 탑은 우리 학교에서 2마일 남쪽에 있다

South Af·ri·ca [-ǽfrikə] 남아프리카 공화국 《아프리카 대륙 남단의 공화국으로 정식 명칭은 the Republic of South Africa》

South A·mer·i·ca [-əmérəkə] 남아메리카

South Car·o·li·na [-kǽrəláinə] 사우스캐롤라이나 주 《미국 남동부의 주; 약어는 SC 또는 S.C.》

South Da·ko·ta [-dəkóutə] 사우스다코타 주 《미국 중서부의 주; 약어는 SD 또는 S. Dak.》

south·east [sàuθí:st] 명 형 남동(의)
a *southeast* wind 남동풍

south·east·ern [sàuθí:stərn] 형 남동의

south·ern [sʌ́ðərn] 형 《명사는 south》 남쪽의, 남방의(↔ northern 북의)
발음 south 와 모음·자음이 다르다.
the Southern States 명 남부 지방의 여러 주

South·ern Cross [-krɔ́(:)s] 《the를 붙여서》 《천문》 남십자성

South Pole [sáuθpóul] 《the를 붙여》 남극(↔ North Pole 북극)

south·ward [sáuθwərd] 형 남방으로의
— 부 남쪽으로[에]

south·west [sàuθwést] 명 형 남서(의)
a *southwest* wind 남서풍

south·west·ern [sauθwéstərn] 형 남서의

sou·ve·nir [sù:vəníər] (◆ 발음주의) 명 (복수 souvenirs [-z]) 기념품, 선물

sow [sóu] 동 (3단현 sows [-z]; 과거 sowed [-d]; 과분 sown [sóun] 또는 sowed; 현분 sowing) 타동 자동 (씨를) 뿌리다, 심다
As a man *sows*, so he shall reap. 《속담》 자기가 뿌린 씨는 자기가 거두어야 한다 《자업자득》

sow·er [sóuər] 명 씨뿌리는 사람

sown [sóun] 동 saw(뿌리다)의 과거분사형의 하나
〈◆ 동음어 sewn (sew(~을 꿰매다)

의 과거분사)》

soy·bean [sɔ́ibiːn] 명 《식물》 콩, 대두

soy sauce [sɔ́i sɔ̀ːs] 명 간장 《간단히 soy라고도 함》

*__space__ [spéis] 명 (복수 **space**s [-iz])
❶ 공간; 우주 《a를 붙이지 않고, 복수 없음》
time and *space* 시간과 공간
▶ 명사 앞에 올 때도 많다: a space age (우주 시대), a space station (우주 정거장), space travel (우주 여행)
❷ 장소, 빈터, 공지(=room)
a blank *space* 여백, 공란
This desk takes up too much *space*. 이 책상은 자리를 너무 차지한다
❸ 간격, 거리(=distance)
a *space* between houses 집과 집의 간격

space·man [spéismæn] 명 (복수 **space**men [-mèn]) 우주 비행사(=astronaut); 우주인

spaceman

space·ship [spéiʃip] 명 (복수 **space**ships [-s]) 우주선

space shut·tle [-ʃʌ̀tl] 우주연락선 《지구와 우주 정거장 사이를 왕복하는 우주선》

space sta·tion [-stèiʃən] 우주 정거장

space trav·el [-trævəl] 우주 여행

spade [spéid] 명 (복수 **spade**s [-z]) 가래, 삽; (트럼프의) 스페이드 (→ club, diamond, heart)

spa·ghet·ti [spəgéti] 《이탈리아어》 명 스파게티

*__Spain__ [spéin] 명 《형용사는 Spanish》 **스페인** 《유럽의 남서부에 있으며 수도는 마드리드(Madrid)》

span [spǽn] 명 (어떤 일정한) 기간; 짧은 기간

Span·ish [spǽniʃ] (◆ sh는 [ʃ]로 발음함) 형 《명사는 Spain》 스페인의, 스페인 사람의, 스페인 말의
— 명 스페인 말; 《the를 붙여 집합적으로》 스페인 국민

spank [spǽŋk] 타동 (엉덩이 등을) 찰싹 때리다

*__spare__ [spɛ́ər] 동 (3단현 **spare**s [-z]; 과거·과분 **spare**d [-d]; 현분 **spar**ing) 타동 ❶ 절약하다, (돈·노력을) 아끼다
spare money 돈을 절약하다
Spare the rod and spoil the child. 《속담》 회초리를 아끼면 어린아이는 버릇없이 된다
❷ (시간 등을) 할애하다, ~없이 해 나가다, 나누어 주다
Can you *spare* me ten dollars till payday? 봉급날까지 10달러 꾸어 주실 수 있습니까
Can you *spare* me a minute? 잠시 시간을 내주실 수 있습니까
❸ 목숨을 구하다, (~에게 …을) 벗어나게 하다
Spare his life. 그의 목숨을 살려 주시오
I want to *spare* him this suffering. 나는 그에게 이 고통을 주고 싶지 않다
— 형 여분의, 예비의(=extra)
a *spare* tire 예비[스페어] 타이어
a *spare* room 여분의 방

spark [spáːrk] 명 (복수 **spark**s [-s]) 불꽃; 《전기》 스파크

spar·kle [spáːrkl] 명 불꽃(=spark); (보석·별 등의) 번쩍임, 빛남
— 동 (3단현 **sparkle**s [-z]; 과거·과분 **sparkle**d [-d]; 현분 **sparkl**ing) 자동 불꽃을 튀기다, 반짝거리다

spar·row [spǽrou] 명 (복수 **sparrow**s [-z]) 《새》 참새(→ swallow

Sparta - speak

제비)

Spar·ta [spάːrtə] 명 스파르타 《고대 그리스의 도시 국가; 엄격한 군사 훈련·교육으로 알려짐》

★**speak** [spíːk] 동 (3단현 **speak**s [-s]; 과거 **spoke** [spóuk]; 과분 **spoken** [spóukən]; 현분 **speak**ing) 《명사는 speech》 자동 ❶ 말하다, 이야기하다

Speak more slowly. 좀더 천천히 말하시오

He *spoke* in English. 그는 영어로 말했다

Hello, this is Tom *speaking*. 《전화》 여보세요, 저는 톰입니다

> 📖 **speak, say, tell, talk의 용법**
> speak는 말을 한다는 행위에 중점을 두는 말. say는 자기 생각을 말로 나타내는 것이며, 말의 내용에 중점을 둔다. 어린아이는 speak (말을 하다)의 단계를 거쳐 say 할 수 있게 된다. tell은 사람의 말을 전달하기. talk는 상대방과 친밀하게 말하기

❷ 연설하다, 강연하다

He *spoke* on 'A small Kindness'. 그는「조그마한 친절」이란 제목으로 연설을 했다

— 타동 ❶ (어떤 언어를) 말하다, 쓰다
Do you *speak* English? 당신은 영어를 말합니까

English is *spoken* all over the world. 영어는 전세계에서 사용되고[말하여지고] 있다

❷ (의견·진실 등을) 말하다
Speak the truth. 진실을 말해라

English spoken. 《상점의 게시 등에서》 영어로 말할 수 있음

generally speaking 일반적으로 말하면, 대체로

Generally speaking, Koreans are hard workers. 일반적으로 말해, 한국인은 열심히 일한다

not to speak of ... ~는 말할 나위도 없고

He knows German and French, *not to speak of* English. 그는 영어는 말할 필요도 없고 독일어와 불어도 알고 있다

so to speak 말하자면 《삽입구로 쓰임》

He is, *so to speak,* a grown-up baby. 그는 말하자면 어린애 같은 어른이다

speak ill [***badly***] ***of ...*** ~를 험담하다, ~를 나쁘게 말하다

You must not *speak ill of* others. 남의 험담을 해서는 안된다

speak of ... ~에 대해 말하다, ~의 소문 이야기를 하다

He always *speaks of* the old days. 그는 항상 옛날의 일을 이야기한다

Speak of the devil, and he is sure to appear. 《속담》 악마 이야기를 하면 그는 꼭 나타난다 《호랑이도 제 말하면 온다》

speak one's mind 마음을 터놓고 말하다

He never *speaks his mind*. 그는 절대로 마음을 터놓지 않는다

speak out [***up***] 큰 소리로 말하다, 털어놓고 얘기하다

Speak out [*up*], I can't hardly hear you. 큰 소리로 말해라. 나는 당신이 말하는 것을 거의 들을 수가 없다

speak to ... ~에게 말을 걸다

A stranger *spoke to* me on the street. 어떤 낯선 사람이 거리에서 내게 말을 걸었다

The lady *speaking to* my mother is Mrs. Lee. 나의 어머니와 말하고 있는 여자 분은 이여사이다

"May I *speak to* Mary?"—"Speaking." 《전화로》「메리 좀 부탁합니다」—「전데요」

speak to oneself 혼잣말을 하다 (= say to oneself)

He *spoke to himself,* "That's good." 「그거 좋은데」라고 그는 혼잣말을 했다

speak well of ... ~를 좋게 말하다
Everybody that knows him *speaks well of* him. 그를 아는 사람은 모두 그를 좋게 말한다
strictly speaking 엄밀[엄격]히 말하면
Strictly speaking, it is not correct. 엄격히 말해서 그것은 옳지 않다

***speak·er** [spíːkər] 명 (복수 **speakers** [-z])
❶ 말하는 사람, 연설자
He is a good *speaker* of English. 그는 영어를 능숙하게 말한다
❷ 확성기, 스피커 《loudspeaker라고도 함》

Speak·ers' Cor·ner [spíːkərz kɔ́ːrnər] 스피커즈 코너 《런던의 하이드 파크(Hyde Park)에 있는 연설 광장으로 몇 사람의 변사가 자신의 주장을 자유롭게 호소하며 열변을 토하는데 청중들은 그 연설을 경청 또는 야유한다》

speak·ing [spíːkiŋ] 통 speak(말하다)의 현재분사형
— 형 말하는, 이야기하는
the English-*speaking* people 영어를 사용하는 국민들

speak·s [spíːks] 통 speak(말하다)의 3인칭 단수 현재형

spear [spíər] 명 (복수 **spears** [-z]) 창

***spe·cial** [spéʃəl] 형 (비교 *more* special; 최상 *most* special)
❶ 특별한, 특수한 (↔general 일반적인)
a *special* reason 특별한 이유
Is there anything *special* in the paper today? 오늘 신문에 뭔가 특별한 것이 있습니까
He comes here only on *special* occasions. 그는 특별한 경우에만 여기에 온다
❷ 전문적인, 전공의
a *special* hospital 전문병원
❸ 임시의
a *special* number (잡지의) 임시 중간호
a *special* train 임시 열차
spécial delívery 미 속달 우편 (=영 express delivery)

spe·cial·ist [spéʃəlist] 명 (복수 **specialists** [-s]) 전문가, 전문의[의사]

spe·cial·ize [spéʃəlàiz] 자동 전문으로 하다, 전공하다
He *specializes* in economics. 그는 경제학을 전공한다

spe·cial·ly [spéʃəli] 부 (비교 *more* specially; 최상 *most* specially) 특별히, 특히, 일부러

spe·cial·ty [spéʃəlti] 명 (복수 **specialties** [-z]) 특징, 특색; 특산품; 전문, 전공

spe·cies [spíːʃiːz] (◆ 발음 주의) 명 《복수 명사》 《생물》 종(種), 종류
the human *species* 인류

spec·i·men [spésəmən] 명 표본, 견본(=sample)

spec·ta·cle [spéktəkl] 명 (복수 **spectacles** [-z])
❶ (놀랄 만한) 광경, 아름다운 경치
a famous *spectacle* 유명한 경관
❷ 《복수형으로》 안경(=glasses)
a pair of *spectacles* 안경 한개

spec·ta·tor [spékteitər] 명 (복수 **spectators** [-z]) 구경꾼, 관객; (사건 등의) 방관자, 목격자
a *spectator* at game 게임 관전자

sped [spéd] 통 speed(서두르다)의 과거·과거분사형의 하나

****speech** [spíːtʃ] (◆ ee는 [iː], ch는 [tʃ]로 발음함) 명 (복수 **speeches** [-iz]) 《동사는 speak》
❶ 언어, 말, 말하는 능력 《a를 붙이지 않고, 복수 없음》
freedom of *speech* 언론의 자유
In 'Aesop's Fables' animals have

speech contest - spend

speech. 이솝의 우화에서는 동물이 말을 한다
Speech is silver, silence is golden. 《격언》웅변은 은이고 침묵은 금이다
❷ **말투**, 말솜씨 《a를 붙이지 않고, 복수 없음》
His *speech* was not clear. 그의 말투는 분명하지 않았다
❸ **연설**
an opening *speech* 개회사
an after-dinner *speech* 만찬회 석상의 연설
He made a good *speech*. 그는 훌륭한 연설을 했다
❹ 《문법》**화법** (=narration) 《a를 붙이지 않고, 복수 없음》
the direct *speech* 직접 화법
the indirect *speech* 간접 화법
a párt of spéech 품사

speech con·test [-kántest] 웅변 대회

*speed [spíːd] 명 속력, 빠르기, 스피드 《보통 a를 붙이지 않고, 복수 없음》
at (an) ordinary *speed* 보통 속도로
speed limit 제한 속도
They ran at full *speed*. 그들은 전속력으로 달렸다
I was driving at a *speed* of 40 miles an hour. 나는 시속 40마일의 속도로 차를 몰고 있었다
More haste, less *speed*. 《속담》급할수록 돌아가라
at fúll spéed (= 명) 《구어》**fúll spéed**) 전속력으로
They ran *at full speed*. 그들은 전속력으로 달렸다
— 동 (3단현 **speeds** [-z] ; 과거·과분 **sped** [spéd] 또는 **speeded** [-id] ; 현분 **speeding**) 자동 서두르다, 속력을 내다
The car *sped* along the road. 차는 도로를 질주했다
speed úp 속도를 올리다
The train will soon *speed up*. 기차는 곧 속력을 낼 것이다
— 타동 서두르게 하다, 질주시키다; 속도를 빠르게 하다
He *sped* the car along the railroad. 그는 철도 선로를 따라 차를 속력을 내어 달렸다

speed·y [spíːdi] 형 (비교 **speedier** ; 최상 **speediest**) 빠른, 신속한, 재빠른

*spell [spél] 타동 (3단현 **spells** [-z] ; 과거·과분 **spelled** [-d] 또는 **spelt** [spélt] ; 현분 **spelling**) 《명사는 spelling》 (낱말을) **철자하다**, 스펠링을 쓰다
This child can *spell* his name right. 이 어린아이는 자기 이름을 바르게 철자할 수 있다
How do you *spell* 'English'?「영어」라는 말은 어떻게 철자합니까

spell·ing [spéliŋ] 동 **spell**(철자하다)의 현재분사형
— 명 (복수 **spellings** [-z]) (말의) 철자
Do you know the *spelling* of 'handkerchief'? 「손수건」의 철자를 알고 있습니까

spell·ing bee [-bìː] 철자 경기

spelt [spélt] 동 **spell**(철자하다)의 과거·과거분사형의 하나

*spend [spénd] 타동 (3단현 **spends** [-z] ; 과거·과분 **spent** [spént] ; 현분 **spending**)
❶ (돈을) **쓰다**, 소비하다; 《spend ~ on[for] ... 으로》...에 ~을 쓰다
He *spends* twenty dollars a week. 그는 일주일에 20달러를 쓴다
He *spends* a lot of money *on*[*for*] books. 그는 많은 돈을 책에 쓴다
❷ (때를) **지내다**, (시간을) 들이다
I am going to *spend* this winter in Paris. 나는 올 겨울을 파리에서 지내려고 한다
How did you *spend* your vacation? 휴가를 어떻게 지냈습니까

Don't *spend* too much time on it.
그것에 너무 많은 시간을 소비하지 마라

I *spent* half a day studying English.
나는 영어 공부를 하면서 하루의 반을 지냈다

✅ 어떤 동작에 시간을 소비할 때에는 spend+「시간·일·월 등」의 뒤에 on+(대)명사 또는 동사의 ~ing 형을 쓴다.

spen·ding [spéndiŋ] 동 **spend**(쓰다)의 현재분사형

spends [spéndz] 동 **spend**(쓰다)의 3인칭 단수 현재형

spent [spént] 동 **spend(쓰다)의 과거·과거분사

He *spent* a lot of money on books.
그는 책에 많은 돈을 썼다

Sphinx [sfíŋks] 명 (복수 **Sphinxes** [-iz] 또는 ***Sphinges*** [sfíndʒi:z])
❶ (이집트의) 스핑크스 상
❷ 《그리스신화》 스핑크스
《머리는 여자, 동체는 사자이며, 날개를 가진 괴물; 지나는 사람에게 「아침에는 네 발, 낮에는 두 발, 저녁에는 세 발인 것은 무엇이냐」는 수수께끼를 내어, 맞히지 못하면 죽였다고 함(해답은 「인간」)》

Sphinx

spice [spáis] 명 (복수 **spices** [-iz]) 양념; 향신료

spi·der [spáidər] 명 《곤충》 거미
a *spider*'s web 거미줄[집]

spill [spíl] 타동 (3단현 **spills** [-z]; 과거·과거분사 **spilled** [-d] 또는 **spilt** [spílt]; 현분 **spilling**) (물·가루 등을) 엎지르다, 흘리다; 뿌리다

It is no use crying over *spilt* milk.
《속담》 엎지른 우유가 아까워 울어도 소용없다 《엎질러진 물은 주워 담지 못한다》

spilt [spílt] 동 **spill**(엎지르다)의 과거·과거분사형의 하나

spin [spín] 동 (3단현 **spins** [-z]; 과거·과거분 ***spun*** [spʌ́n]; 현분 **spinning**) 《타동》 ❶ (실을) 잣다
spin cotton into thread 목화를 실로 잣다
❷ (팽이를) 돌리다
spin a top 팽이를 돌리다
— 《자동》 실을 잣다; (팽이 등이) 빙빙 돌다
spin by hand 손으로 잣다

spin·ach [spínitʃ] (◆발음에 주의)
명 《식물》 시금치

spir·it [spírit] 명 (복수 **spirits**[-s])
❶ 정신(→ body 육체); 영혼
the *spirit* of the times 시대 정신
❷ 《복수형으로》 기분, 감정; 용기
He is in good[high] *spirits*. 그는 기분이 좋다
She is in bad[low] *spirits*. 그녀는 기분이 나쁘다
❸ 기질, 기백
a noble *spirit* 고상한 사람
❹ 《복수형으로》 알콜, 독한 술

spir·it·u·al [spíritʃuəl] 명 (비교 ***more*** **spiritual**; 최상 ***most*** **spiritual**) 정신적인 (↔ material 물질적인)

spite [spáit] 명 악의, 심술
in spite of ... ~에도 불구하고
They succeeded *in spite of* all difficulties. 여러 가지 어려움에도 불구하고 그들은 성공했다

splash [splǽʃ] 동 (3단현 **splashes** [-iz]; 과거·과거분 **splashed** [-t]; 현분 **splashing**) 《타동》 (물·흙탕 등을) 튀기다
Don't *splash* water. 물을 튀기지 말

splendid - sports

아라
— 자동 (물·흙탕 등이) 튀다
— 명 (복수 **splashes** [-iz]) (물·흙탕 등의) 튀김, 얼룩

splen·did [spléndid] 형 (비교 *more* **splendid**; 최상 *most* **splendid**) ❶ 호화로운, 화려한; 훌륭한
a *splendid* house 화려한 저택
a *splendid* success 대성공
❷ (구어) 멋진, 더할 나위 없는
We had a *splendid* vacation. 우리는 멋진 휴가를 보냈다

split [splít] 동 (3단현 **splits** [-s]; 과거·과분 **split**; 현분 **split***ting*)
타동 쪼개다, (장작 등을) 나누다, 분리하다
Jim *split* a log. 짐은 통나무를 쪼갰다
— 자동 쪼개지다; 분열하다
The wood *split*. 그 나무는 쪼개졌다
— 명 (복수 **splits** [-s]) 쪼갬, 나눔; 분열, 분리

spoil [spóil] 타동 (3단현 **spoils** [-z]; 과거·과분 **spoiled** [-d] 또는 **spoilt** [spóilt]; 현분 **spoil***ing*) 망치다, 상하게 하다, 못쓰게 되다; (아이들을) 버릇없이 만들다
The rain *spoiled* the flowers in the garden. 비 때문에 화원의 꽃들이 망가졌다
Too many cooks *spoil* the broth. 《속담》 요리사가 많으면 수프를 망친다 《사공이 많으면 배가 산 위로 올라간다》
She *spoils* her children. 그녀는 자식을 버릇없게 만든다

spoilt [spóilt] 동 **spoil**(망치다)의 과거·과거분사형의 하나

spoke [spóuk] 동 **speak**(말하다)의 과거형
He *spoke* very slowly. 그는 매우 천천히 말했다

spo·ken [spóukən] 동 **speak**(말하다)의 과거분사형
English is *spoken* in Canada. 캐나다에서는 영어를 말한다
— 형 입으로 말하는, 구어의(↔ written 문어의)
spoken English 구어 영어

sponge [spʌndʒ] 명 (복수 **sponges** [-iz]) 해면, 스펀지

spon·sor [spánsər] 명 (복수 **sponsors** [-z]) 보증인; 후원자; 스폰서; 프로 제공자

★**spoon** [spúːn] 명 (복수 **spoons** [-z]) 스푼, 숟가락(→ knife 나이프)
● 숟가락의 종류 ●
a **dessertspoon** 디저트 숟가락 《디저트 용의 중형 숟가락, teaspoon 보다 크다》
a **soupspoon** (수프를 위한) 수프 숟가락
a **tablespoon** 테이블 숟가락 《큰 접시에서 야채 따위를 덜어 담을 때 쓰는 큰 숟가락》
a **teaspoon** 찻숟가락

spoon·ful [spúːnfùl] 명 한 숟가락 분량
a *spoonful* of sugar 설탕 한 숟가락

★**sport** [spɔ́ːrt] 명 (복수 **sports** [-s]) 운동, 스포츠
✓ 영어의 sport는 운동 경기 뿐만 아니라 사냥(hunting), 낚시(fishing) 등도 포함함.
We like *sports*. 우리는 스포츠를 좋아합니다
What *sport* do you like? 당신은 무슨 스포츠를 좋아합니까
My favorite *sport* is baseball. 내가 좋아하는 스포츠는 야구다
✓ We play sports. 라고는 하지 않음. We enjoy sports. 또는 We play games. 라고 한다
✓ 미국에서 가장 인기 있는 스포츠는 미식 축구(football), 야구(baseball), 농구(basketball)이다. 영국에서는 축구(soccer), 테니스(tennis), 크리켓(cricket) 등이다

sports [spɔ́ːrts] 명 **sport**(운동)의

sports car - spring

복수형

sports car [-kɑːr] 몡 스포츠 카
sports·man [spɔ́ːrtsmən] 몡 (복수 sports**men** [-mən]) 운동가, 스포츠맨, 스포츠 애호가
sports·man·ship [spɔ́ːrtsmənʃip] 몡 스포츠맨십, 운동가 정신
spot [spɑ́t] 몡 (복수 **spot**s [-s])
❶ 반점, 얼룩, 더러움; (인격의) 흠
a *spot* of ink 잉크의 얼룩
❷ 지점, 장소(=place)
a fishing *spot* 낚시터
on the spot 그 자리[즉석]에서; 현장에서
He paid it *on the spot*. 그는 그 자리에서 그것을 지불했다
The robber was caught *on the spot*. 그 강도는 현장에서 잡혔다
— 통 (3단현 **spot**s [-s]; 과거·과분 **spot**ed [-id]; 현분 **spot**ting) 타통 반점을 찍다, 더럽히다, 오점을 찍다

spot·light [spɑ́tlàit] 몡 (무대의) 한 지점을 비추는 조명[라이트]

sprang [spræŋ] 통 spring(뛰다)의 과거형의 하나

spray [spréi] (복수 **spray**s [-z]) 몡 물보라, 물안개; (소독약 등의) 분무, 분무기
— 통 (3단현 **spray**s [-z]; 과거·과분 **spray**ed [-d]; 현분 **spray**ing) 타통 자통 물보라를 날리다; (향수·살충제 등을) 분무하다

*★**spread** [spréd] 통 (3단현 **spread**s [-z]; 과거·과분 **spread**; 현분 **spread**ing) 타통 ❶ (〜을) 펴다, 뻗다
She *spread* a cloth on the table. 그녀는 테이블에 테이블보를 폈다
She *spread* the blanket over her knees. 그녀는 담요를 무릎 위에 폈다
❷ 퍼지게 하다, 유포시키다
The news is already *spread* all over the town. 그 소식은 이미 도시 전체에 퍼져있다
❸ (〜을) 바르다
spread butter on bread(=*spread* bread with butter) 빵에 버터를 바르다
— 자통 펼쳐지다; (뉴스 등이) 퍼지다
Her fame *spread* all over the world. 그녀의 명성은 전세계에 퍼졌다
He *spread* out the map on the desk. 그는 지도를 책상위에 펼쳤다
spread the table 식탁 준비를 하다
She *spread the table* for supper. 그녀는 저녁 식사를 위한 식탁 준비를 했다
— 명 (복수 **spread**s [-z]) 보급, 유포; (병의) 만연; 스프레드 《빵에 바르는 버터·잼 등》

*★**spring** [spríŋ] 명 (복수 **spring**s [-z])
❶ 봄(→ summer 여름, autumn 가을, winter 겨울) 《a를 붙이지 않고, 복수 없음》
📝 달·요일·이름과는 달리 소문자로 씀
Spring has come. 봄이 왔다
Cherry blossoms come out in Korea in *spring*. 한국에서 벚꽃은 봄에 핀다
▶ in the *spring*이라고도 한다.
They came to Korea in the *spring* of 1983. 그들은 1983년 봄에 한국에 왔다
❷ 샘(=fountain)
There is a little *spring* by the hillside. 산허리에 작은 샘이 있다
There are many hot *spring*s in Onyang. 온양에는 온천이 많이 있다
▶ mineral springs 는 「광천(鑛泉)」
❸ 태엽, 용수철
This toy works by a *spring*. 이 장난감은 용수철 작용으로 움직인다
❹ 뛰어오름, 도약(=jump)
The frog gave a *spring*. 개구리가 뛰어올랐다
— 통 (3단현 **spring**s [-z]; 과거 **sprang** [spræŋ] 또는 **sprung** [sprʌŋ]; 과분 **sprung** [sprʌŋ]; 현분 **spring**ing) 자통 ❶ 뛰다, 뛰어오르다(=leap, jump)

springing -staff

The dog suddenly *sprang* at me.
개는 갑자기 내게 뛰어올랐다
He *sprang* out of bed. 그는 침대에서 뛰어나왔다
They *sprang* up from their seats.
그들은 자리에서 벌떡 일어섰다
He *sprang* to his feet. 그는 벌떡 일어섰다
Don't *spring* over the fence. 울타리를 뛰어 넘지 마라
❷ (물이) **솟다**, (바람이) 일다
Water suddenly *sprang* up. 갑자기 물이 솟아 나왔다
A breeze *sprang* up. 산들바람이 일었다

spring·ing [spríŋiŋ] 통 spring (뛰다)의 현재 분사형

springs [spríŋz] 통 spring(뛰다)의 3인칭 단수 현재형

sprin·kle [spríŋkl] (타동) (3단현 **sprinkle**s [-z]; 과거·과분 **sprinkle**d [-d]; 현분 **sprinkl**ing) (물·모래·가루 등을) 흩뿌리다, 뿌리다
He *sprinkled* the street with water. (=He *sprinked* water on the street) 그는 거리에 물을 뿌렸다

sprung [sprʌ́ŋ] 통 spring(뛰다)의 과거·과거분사형

spun [spʌ́n] 통 spin(잣다)의 과거·과거분사형

spy [spái] 명 (복수 **sp**ies [-z]) 스파이, 간첩, 첩보원

★ **square** [skwéər] 명 (복수 **square**s [-z])
❶ **사각형**, 정사각형(→ triangle 삼각형, circle 원)
a *square* of glass 정사각형의 유리
❷ (4각의) **광장**
📝 큰 가로(街路)로 둘러싸여 이루어진 것이 많다. 고유명사로도 쓰임.
Tímes Squáre 타임스 광장 《뉴욕에 있으며 브로드웨이와 7번가의 교차점》
Trafálgar Squáre 트라팔가 광장 《런던에 있으며 중앙에 넬슨 제독의 입상이 있다》
— 형 (비교 **square**r; 최상 **square**st) **사각형의**, 정사각형의
a *square* box 사각형의 상자

square dance [-dæns] 스퀘어 댄스 《남녀 네 쌍이 마주 서서 추는 춤》

squash¹ [skwɑ́ʃ] 명 영 스쿼시 《과즙을 소다수로 묽게 하여 설탕을 넣은 음료》; (구기) 스쿼시 《실내의 3면 벽에 공을 쳐 보내는 스포츠》

squash² [skwɑ́ʃ] 명 (복수 **squash**es [-iz]) (식물) 서양 호박

squeak [skwíːk] 명 (갓난아이가) 빽빽 우는 소리
— (자동) (어린애가) 빽빽 울다; (쥐 등이) 찍찍 울다

squeeze [skwíːz] (타동) (3단현 **squeeze**s [-iz]; 과거·과분 **squeeze**d [-d]; 현분 **squeez**ing) ~을 짜다, 압착하다; (과일 등의 수분을) 짜내다
She *squeezed* a lemon. 그녀는 레몬즙을 짜냈다

squir·rel [skwə́ːrəl] 명 (복수 **squirrel**s [-z]) 《동물》 다람쥐

St.¹ [séint] Saint(성(聖)~)의 줄임꼴 (→ sàint)

St.² [stríːt] Street(거리)의 줄임꼴

sta·ble¹ [stéibl] 형 (비교 **stable**r 또는 *more* **stable**; 최상 **stable**st 또는 *most* **stable**) 안정된, 착실한

sta·ble² [stéibl] 명 (복수 **sta·ble**s [-z]) 외양간; 마구간

sta·di·um [stéidiəm] 명 (복수 **stadium**s [-z]) 경기장, 스타디움 (→ playground)

staff [stǽf] 명
❶ (복수 **staves** [stéivz] 또는 **staffs** [-s]) 장대, 막대기, 깃대
a flag *staff* 깃대
❷ (복수 **staffs** [-s]) 부원, 직원, 스태프

a member of the *staff* 사원 1인
the teaching *staff* of a college 대학의 교수진

***stage** [stéidʒ] (♦a는 [ei]로 발음) 명 (복수 **stages** [-iz])

❶ (극장의) **무대**
She is on the *stage*. 그녀는 무대에 나가 있다[그녀는 배우이다]

❷ (발달의) 단계, 시기
the early *stage* of civilization 문명의 초기

go on the stage 배우가 되다

stage·coach [stéidʒkòutʃ] 명 (복수 **stagecoaches** [-iz]) 역마차

stain [stéin] 타동 (3단현 **stains** [-z]; 과거·과분 **stained** [-d]; 현분 **staining**) ~을 더럽히다, ~을 얼룩지게 하다; ~에 착색하다
The dress is *stained* with blood. 그 드레스는 피로 얼룩져 있다
— 명 (복수 **stains** [-z]) 얼룩, 더러움

stained glass [stéind glǽs] (교회 창문 등에 끼우는) 채색 유리

stained glass

***stair** [stéər] 명 (복수 **stairs** [-z]) (계단의) **1단**(=step); 《복수형으로》 계단, 사닥다리
go up[down] the *stairs* 계단을 오르다[내리다]
▶ 보통은 go upstairs[downstairs] 라고 한다.
He ran all the way up the *stairs*. 그는 계단을 끝까지 뛰어 올라갔다
《♦ 동음어 stare(응시하다)》

stair·case [stéərkèis] 명 (복수 **staircases** [-iz]) (이어진) 계단

stair·way [stéərwèi] 명 계단 (=staircase)

stalk [stɔ́:k] 명 (복수 **stalks** [-s]) 《식물》 줄기, 대

stall [stɔ́:l] 명 (복수 **stalls** [-z]) 매점; 가축 우리; (마구간; 외양간 등의) 한 간

***stamp** [stǽmp] 명 (복수 **stamps** [-s])

❶ 우표 (=postage stamp); 인지
Do you have any English *stamps*? 당신은 영국 우표를 가지고 있습니까
I collect foreign *stamps*. 나는 외국 우표를 모은다
Put a *stamp* on the envelope. 봉투에 우표를 붙이시오
I want two ten-cent *stamps*. 10센트짜리 우표 2장 주시오

❷ 도장, 스탬프
a rubber *stamp* 고무 도장

— 동 (3단현 **stamps** [-s]; 과거·과분 **stamped** [-t]; 현분 **stamping**)
타동 ❶ ~에 우표를 붙이다
Did you *stamp* the letter? 당신은 그 편지에 우표를 붙였습니까

❷ ~에 도장을 찍다
He *stamped* his name on the envelope. 그는 봉투에 자기 이름을 도장으로 찍었다

***stand** [stǽnd] 동 (3단현 **stands** [-z]; 과거·과분 **stood** [stúd]; 현분 **standing**) 자동 ❶ 서다, 서 있다, 일어서다(↔ sit 앉다)
He is *standing* by the window. 그는 창문 옆에 서 있다
Stand still. 움직이지 말고 서 있어라
Every student *stood* up when he came in. 그가 들어왔을 때 학생은 모두 일어섰다
We kept *standing* all the way to Seoul. 우리는 서울까지 내내 서 있었다

❷ (건물·나무 등이) ~에 있다, 존재하다 《진행형은 없음》
Our school *stands* on the hill. 우리

standard - star

학교는 언덕 위에 있다
A big tree once *stood* here. 큰 나무가 이전에 여기 있었다

❸ (온도·높이가) ~이다
The thermometer *stands* at 30°. 온도계가 30도를 가리킨다
It *stands* 20 feet from the ground. 그것은 높이가 지상에서 20피트이다

❹ (어떤 상태에) **있다**(=remain), 위치하다
The door *stood* open. 문은 열려 있었다
They *stand* in need of help. 그들은 도움을 필요로 하고 있다
Kate *stands* first in our class. 케이트는 우리 반에서 수석이다

— 타동 ❶ **세우다**, 서게 하다
He *stood* a candle on the table. 그는 테이블 위에 양초를 세웠다
Stand it against the wall. 그것을 벽에 기대어 세우시오
Our teacher *stood* John in the corner. 우리 선생님은 존을 구석에 세워 놓았다

❷ ~을 **견디다**, 참다 《부정문이 많음》
I cannot *stand* the headache. 나는 두통을 견딜 수 없다

No standing (게시) 주정차 금지 《이 표시가 있는 곳에는 사람을 내리기 위한 일시적인 정차조차 금지됨》

stand away 떨어져 있다, 가까이 가지 않다
Stand away from the cage. 새장에서 떨어져 있으시오

stand by ... ~를 편들다, ~를 지지하다
I will *stand by* you. 나는 너를 지지하겠다

stand for ... ~를 뜻하다, ~를 상징하다; ~를 편들다
"What does 'CD' *stand for*?"—"It *stands for* compact disk." 「CD는 무엇을 뜻합니까[무엇의 약자입니까]」—「그것은 콤팩트 디스크를 뜻합니다」

stand on one's head 물구나무 서다
Can you *stand on your head*? 당신은 물구나무 설 수 있습니까

†*stand up* 일어서다
Stand up, Jim. 짐, 일어서라 《up을 강하게 발음함》

— 명 (복수 **stands** [-z]) (물건을 얹는) **대**(臺), ~세우개; (신문·잡지 등의) 판매대, 매점; 《the stands로》 관람석, 스탠드
an umbrella *stand* 우산 꽂아놓는 대[세우개]
a coffee *stand* 커피 판매대
The *stands* are full. 관람석[스탠드]은 만원입니다

stand·ard [stǽndərd] 명 (복수 **standards** [-z])

❶ 표준, 기준
a high *standard* of living 높은 생활 수준
❷ 기(旗), 군기
— 형 표준의
standard English 표준 영어

stand·ing [stǽndiŋ] 동 stand(서다)의 현재분사형

stands [stǽndz] 동 stand(서다)의 3인칭 단수현재형
— 명 stand(대)의 복수형

sta·pler [stéiplər] 명 (복수 **staplers** [-z]) 서류 철하는 기구 《'호치키스'는 상표명이므로 '스테이플러'가 맞는 표현임》

★star [stάːr] 명 (복수 **stars** [-z])

❶ 별; (천문) 항성, 붙박이별(→ planet 행성, satellite 위성)
Many *stars* are twinkling in the sky. 하늘에는 많은 별들이 반짝이고 있다
Mars is not a fixed *star*. 화성은 붙박이별이 아니다

📝 morning star(샛별, 금성), evening star(개밥바라기, 태백성) 때에만 행성에 star를 쓴다.

❷ (영화·연극·스포츠 등의) **스타**, 인기인
She is a famous movie *star*. 그녀는 유명한 영화 배우이다

stare - start

—형 주역의, 인기 있는
a *star* player 주연 배우, 인기 선수

● 별의 종류 ●

Aldebaran 알데바란 《황소자리 중의 1등성》
Antares 안타레스 《전갈자리의 적색 1등성》
Betelgeuse 베텔게우스 《오리온자리 중의 1등성》
Capella 카펠라 《마부자리 중의 1등성》
Polaris(=the North Star) 폴라리스 《북극성》
Sirius(=the Dog Star) 시리우스 《큰개자리》
Spica 스피카 《처녀자리의 1등성》
Vega 베가 《직녀성, 거문고자리의 1등성》

stare [stέəɾ] 동 (3단현 **stare**s [-z] ; 과거·과분 **stared** [-d] ; 현분 **staring**) (타동) ~을 빤히 보다, 응시하다(→ gaze)
He *stared* her in the face. 그는 그녀의 얼굴을 빤히 보았다
— (자동) 응시하다, 말똥말똥 보다
She *stared* at him. 그녀는 그를 응시했다
〈◆동음어 stair(계단)〉

star·light [stάːɾlàit] 명 별빛

stars [stάːɾz] 명 star(별)의 복수형

Stars and Stripes[stάːɾzənd stráips]《the 를 붙여》성조기

📝 미국의 국기. 독립 당시의 13주를 나타내는 적백(赤白)의 줄(stripes)과 현재의 50주를 나타내는 50개의 흰 별(stars)이 있다.

★**start** [stάːɾt] 동 (3단현 **start**s [-s] ; 과거·과분 **started** [-id] ; 현분 **starting**) (자동) ❶ 출발하다, 떠나다(↔ arrive 도착하다)
We *start* at eight o'clock. 우리는 8시에 출발합니다
He *started* on a trip. 그는 여행을 시작했다
He *started* for New York last week. 그는 지난 주에 뉴욕을 향해 떠났다
The plane *started* from Seoul for London. 비행기는 서울을 출발해서 런던을 향했다

📢 started from 대신에 left를 써도 뜻은 같다: The plane *left* Seoul for London.

❷ 시작되다(=begin) ; (↔ end 끝나다), 일어나다, 발생하다
School *starts* at eight o'clock. 수업은 8시에 시작된다
The Olympics *started* in 1896. 올림픽은 1896년에 시작되었다
The fire *started* in the cottage. 불은 오두막에서 일어났다
❸ (기계가) 움직이다
The engine *started* at last. 드디어 엔진 시동이 걸렸다
— (타동) ❶ ~을 시작하다(=begin, ↔ stop ~을 그만두다) ; (여행 등을) 떠나다 ;《start to[-ing형]...로》 ~하기 시작하다
They *started* their work. 그들은 일을 시작했다
She *started* crying[*to* cry]. 그녀는 울기 시작했다

📢 목적어는 동명사(crying)이지만 부정사(to cry)도 된다.

She *started* her trip. 그녀는 여행을 떠났다
❷ (기계를) 움직이다
He *started* the engine. 그는 엔진에 시동을 걸었다
❸ (화재 등을) 일으키다, 내다
Who *started* the fire? 누가 불을 내었나

start with ... ~로 시작되다, ~에서 시작되다
The word *starts with* the letter S. 그 낱말은 S자로 시작된다

to start with 우선, 첫째로(=to begin with)《부사구임》
To start with, you must do it. 우선 네가 그것을 해야 한다

— 명 (복수 **start**s [-s]) 출발, 스타

575

started - stations

트; (사업 등의) 개시, 착수; (일의) 처음, 최초
We must get ready for the *start*. 우리는 출발 준비를 해야 한다
at the start 처음에는
This novel was exciting *at the start*. 이 소설은 처음에는 재미있었다
make a start 출발하다
He *made* a new *start* in life. 그는 인생의 새 출발을 했다
We must *make an* early *start* tomorrow. 우리는 내일 일찍 출발해야 한다

start·ed [stá:rtid] 통 start(출발하다)의 과거·과거분사형

start·ing [stá:rtin] 통 start(출발하다)의 현재분사형

star·tle [stá:rtl] 통 (3단현 **startles** [-z]; 과거·과분 **startled** [-d]; 현분 **startling**) (타동) 놀라게 하다
I was *startled* at the news. 나는 그 소식을 듣고 깜짝 놀랐다
— (자동) 깜짝 놀라다
She *startled* at the sight. 그녀는 그 광경을 보고 깜짝 놀랐다

starts [stá:rts] 통 start(출발하다)의 3인칭 단수현재형

starve [stá:rv] 통 (3단현 **starves** [-z]; 과거·과분 **starved** [-d]; 현분 **starving**) (자동) 굶다, 굶어죽다
I'm very *starving*. 《구어》 나는 몹시 배고프다
— (타동) (남을) 굶기다, 굶어 죽게 하다

★**state** [stéit] 명 (복수 **states** [-s])
❶ **상태**, 모양 《단수형만을 씀》
The room was in a dirty *state*. 그 방은 더러웠다
He is in a poor *state* of health. 그는 건강이 좋지 않다
❷ 《때로 State 로》 **국가**
a friendly *State* 우방 국가
highly armed *States* 고도로 무장한 국가들
❸ 《State 로》 (미합중국의) **주**
the *State* of Ohio(=Ohio *State*) 오하이오 주
the United Státes (of América) 미합중국
▶ 미국인끼리는 국외에서 흔히 the States 라 함. America 는 아메리카 대륙을 가리킬 때도 있기 때문이다.
—형 ❶ 국가의
state forests 국유림
❷ 《State 로》 (미국의) **주의**
the *State* bank 주립 은행
—통 (3단현 **states** [-s]; 과거·과분 **stated** [-id]; 현분 **stating**) (타동) ~을 진술하다, 말하다
He *stated* his view on the matter. 그는 그 문제에 대해 자기 의견을 말했다

state·ment [stéitmənt] 명 (복수 **statements** [-s]) 성명(서)
He made a *statement*. 그는 성명서를 냈다

states·man [stéitsmən] 명 (복수 **statesmen** [-mən]) 정치가
▶ politician 은 「정치꾼」, 「사리 당락을 목적으로 하는 정상배」 등의 경멸의 뜻을 가질 때가 있음

★**sta·tion** [stéiʃən] 명 (복수 **stations** [-z])
❶ **역**, 정거장
Seoul *Station* 서울역 《the 를 안붙임》
a railroad *station* 철도역
a bus *station* (대합실·매표소 등이 있는) 버스 발착소
▶ a bus stop 버스 정류장.
This train stops at every *station*. 이 열차는 모든 역마다 정차한다
❷ (관청 등의) 서(署); 국(局)
a police *station* 경찰서
a fire *station* 소방서
a radio *station* 라디오 방송국, 무선국
a gas *station* (미) 주유소

sta·tion·er·y [stéiʃənèri] 명 편지지; 문방구

sta·tions [stéiʃənz] 명 station(역)

statue - stay

station

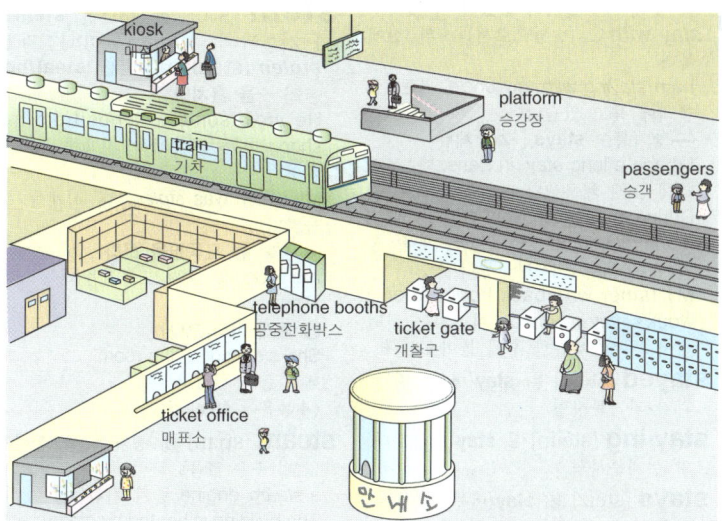

kiosk 매점
train 기차
platform 승강장
passengers 승객
telephone booths 공중전화박스
ticket gate 개찰구
ticket office 매표소

의 복수형

***stat·ue** [stǽtʃuː] 명 (복수 **statues** [-z]) 상(像), 조상(彫像)

보통 여러 사람의 눈에 띄는 곳에 놓는 등신대의 상처럼 큰 것을 말함.

the Státue of Líberty 자유의 여신상

뉴욕 만의 리버티 섬(Liberty Island)에 있음. 미국 건국 100주년을 축하하여 프랑스가 1886년에 선사한 것.

statue of liberty

***stay** [stéi] 동 (3단현 **stays** [-z]; 과거·과분 **stayed** [-d]; 현분 **stay**- ing) 자동 ❶ (어떤 장소에) **머무르다, 체류하다**, 묵다

I will *stay* (at) home today. 나는 오늘 집에 있을 것이다

He is *staying* at a hotel. 그는 호텔에 묵고 있다

❷ 《stay+형용사로》 **~대로 있다** (=remain)

I want to *stay* young. 나는 언제까지나 젊은 상태로 있고 싶다

Price *stays* high. 물가는 여전히 높다

stay away from ... ~에 가까이 가지 않다 ; (수업·학교 등을) 쉬다

Stay away from the dog. It's very dangerous. 그 개에 가까이 가지 마라. 아주 위험하다

He *stayed away from* school today. 그는 오늘 학교를 쉬었다

stay in bed 잠자리에 누워 있다

I *stayed in bed* all day. 나는 하루 종일 자리에 누워 있었다

stay up (자지 않고) 일어나 있다 (=sit up)

stayed - steer

I *stayed up* late last night. 나는 간밤에 늦게까지 일어나 있었다
stay with ... (손님으로서) ~의 집에 묵다
I am *staying with* my uncle. 나는 삼촌댁에 묵고 있습니다
— 명 (복수 **stays** [-z]) 체류
I made a long *stay* in Paris. 나는 파리에 오래 체류했다
During my *stay* in New York I visited many museums. 나는 뉴욕 체류 중에 많은 박물관을 방문했다
My father was back home after a week's *stay* in London. 아버지는 런던에서 1주일 체류한 후에 돌아오셨다

stayed [stéid] 동 stay(머무르다)의 과거·과거분사형

stay·ing [stéiiŋ] 동 stay(머무르다)의 현재분사형

stays [stéiz] 동 stay(머무르다)의 3인칭 단수 현재형
— 명 stay(체류)의 복수형

stead·i·ly [stédəli(:)] 부 (비교 *more* steadily; 최상 *most* steadily) 착실히, 꾸준히

stead·y [stédi] 형 (비교 stead*ier*; 최상 stead*iest*)
❶ 흔들리지 않는, 확고한, 안정된
Keep your head *steady*. 머리를 움직이지 말고 있어라
❷ 착실한, 견실한
steady progress 착실한 발전
Slow and *steady* wins the race. 《속담》 천천히 착실히 하는 편이 이긴다

steak [stéik] (◆ea는 예외적으로 [ei]로 발음) 명 (복수 steak*s* [-s]) (고기를) 두껍게 썬 것; 비프스테이크 (=beefsteak)
"How would you like your *steak*?"—"Medium, please." 「스테이크를 어떻게 구워 드릴까요」—「보통으로 해주세요」
▶ 겉만 살짝 구운 것은 rare, 중간 정도로 구운 것은 medium, 바싹 구운 것은 well-done이라 함

***steal** [stí:l] 동 (3단현 steal*s* [-z]; 과거 *stole* [stóul]; 과분 *stolen* [stóulən]; 현분 **stealing**)
(타동) ~을 훔치다
He *stole* some watches from the shop. 그는 가게에서 시계를 몇 개 훔쳤다
My watch was *stolen*. 내 시계를 도둑맞았다
— (자동) ❶ 도둑질을 하다
It is wrong to *steal*. 도둑질을 하는 것은 나쁘다
❷ 몰래 가다[오다]
She *stole* out of the room. 그녀는 방에서 몰래 나갔다
⟨◆동음어 steel(강철)⟩

steam [stí:m] 명 증기 ⟪a를 붙이지 않고, 복수 없음⟫
a *steam* engine 증기 기관(차)
The building is heated by *steam*. 그 건물은 증기로 난방이 된다

steam·er [stí:mər] 명 (복수 steamer*s* [-z]) 기선(=steamship)

steam·ship [stí:mʃìp] 명 (복수 steamship*s* [-s]) 기선, 상선(=steamer)
She went to Honolulu by *steamship*. 그녀는 기선으로 호놀룰루에 갔다
▶ *S.S.*로 줄여서 배 이름의 앞에 붙여 기선임을 나타냄: the *S.S.* Mokp'o (기선 목포호)

steel [stí:l] 명 강철(→ iron 철) ⟪a를 붙이지 않고, 복수 없음⟫

steep [stí:p] 형 (비교 steep*er*; 최상 steep*est*) 가파른, 험준한
The slope is *steep*. 그 비탈은 가파르다

stee·ple [stí:pl] 명 (교회 등의) 뾰족탑, 첨탑

steer [stíər] 동 (3단현 steer*s* [-z]; 과거·과분 steer*ed* [-d]; 현분 **steering**) (타동) (자동) (~의) 키를 잡다;

(~을) 조종하다
She *steered* the car. 그녀는 차를 조종했다

steer·ing wheel [stíəriŋ hwìːl]
명 (배의) 타륜(舵輪); (자동차의) 핸들

stem [stém] 명 (복수 **stem**s [-z])
(나무의) 줄기, (풀의) 대; (도구의) 손잡이, 자루

★**step** [stép] 명 (복수 **step**s [-s])
❶ 걸음, 한 걸음
Watch your *step*. 발 밑을 조심하시오
It's only a *step* to the station. 역까지는 아주 가깝습니다
❷ 걸음걸이, 걷기, (춤의) 스텝
She was walking with slow *steps*.
그녀는 천천히 걷고 있었다
❸ 발소리(=footstep)
We heard *steps* outside. 우리는 밖에서 나는 발소리를 들었다
❹ (계단·사닥다리 등의) 단;《복수형으로》(배·비행기 등의) 승강 사다리
He ran down the *steps*. 그는 계단을 달려 내려왔다

in step 보조를 맞추어
They are walking *in step*. 그들은 보조를 맞추어 걷고 있다

step by step 한 걸음 한 걸음, 단계적으로, 차근차근히, 착실히
He rose *step by step* to his present post. 그는 차근차근히 지금의 지위에 올랐다
She is improving *step by step*. 그녀는 착실히 향상하고 있다

— 동 (3단현 **step**s [-s]; 과거·과분 **step**ped [-t]; 현분 **step**ping) 자동
걸음을 옮기다, 걷다(=walk)
He *stepped* away. 그는 가 버렸다
She *stepped* back. 그녀는 뒷걸음질했다

step aside 옆으로 비켜 서다, 양보하다
Step aside for old men. 노인들에게 길을 비키시오[양보하시오]

step in 들어가다, 들르다
Just *step in*, please. 그냥 안으로 들어오시오

Ste·phen [stíːvən] (◆발음에 주의) 명 스티븐《남자 이름; 애칭은 Steve》

ster·e·o [stériou] 명 (복수 **stereo**s [-z]) 스테레오《입체 음향 재생 장치》

stern [stə́ːrn] 형 (비교 **stern**er; 최상 **stern**est) 엄격한, 엄한(=strict)
He is a *stern* father. 그분은 엄한 아버지이다

steth·o·scope [stéθəskòup] 명 청진기

Steve [stíːv] 명 스티브《남자 이름; Stephen의 애칭》

stew [stjúː] 명 (요리) 스튜《고기·야채 등을 넣고 걸쭉하게 끓인 요리》

stew·ard [stjúːərd] 명 (복수 **steward**s [-z]) (비행기·배 등의) 급사, 보이, 스튜어드 (여 stewardess)

stew·ard·ess [stjúːərdis] 명 (복수 **stewardess**es [-iz]) (비행기·배 등의) 여자 승무원, 스튜어디스(남 steward)

📝 -ess 는 여성 어미.

★★**stick** [stík] (◆ ck는 [k]로 발음)
명 (복수 **stick**s [-s])
❶ 막대기, 나무 토막; 나뭇가지
He struck the dog with a *stick*. 그는 개를 막대기로 때렸다
They gathered *sticks* to make a fire. 그들은 불을 피우려고 나뭇가지를 모았다
❷ 영 지팡이, 단장(=미 cane, walking stick)
My grandfather can walk without a *stick*. 나의 할아버지는 지팡이가 없이도 걸을 수 있다

— 동 (3단현 **stick**s [-s]; 과거·과분 **stuck** [stʌ́k]; 현분 **stick**ing) 타동
❶ ~을 찌르다; ~을 꽂다
He *stuck* a pin into a wall. 그는 벽에 핀을 꽂았다

sticky - stir

She *stuck* her finger with a pin. 그녀는 핀에 손가락을 찔렸다
❷ ~을 붙이다, 고정시키다
Don't *stick* anything on the wall. 벽에 아무것도 붙이지 마라
— (자동) ❶ 찔리다, 꽂혀 있다, 박히다
A fish bone *stuck* in my throat. 목구멍에 생선 가시가 박혔다
❷ 빠지다, 움직이지 못하다
The car has *stuck* in the mud. 자동차가 진창에 빠져 움직이지 못하게 되었다

stick out 내밀다, 나오다
He *stuck out* his tongue. 그는 혀를 내밀었다 《강한 경멸을 나타냄》

stick to ... ~를 고수하다; ~를 열심히 하다, 충실히 하다
Stick to your promise. 약속을 꼭 지켜라
Stick to your work. 네 일을 열심히 하라

stick·y [stíki] 형 (비교 **stickier**; 최상 **stickiest**) 끈적끈적한; (날씨 등이) 습기가 많은

stiff [stíf] 형 (비교 **stiffer**; 최상 **stiffest**)
❶ 굳은, 뻣뻣한
a *stiff* brush (털이) 뻣뻣한 솔
I have *stiff* shoulders. 나는 어깨가 뻣뻣하다[뻐근하다]
❷ 형식에 치우친, 딱딱한, 어색한
a *stiff* bow 어색한 인사

★**still** [stíl] 부
❶ 아직, 지금까지도
She is *still* asleep. 그녀는 아직 자고 있다
It was *still* dark. 아직 어두웠다
He will *still* stay in Paris. 그는 아직도 파리에 있을 것이다

📌 현재·과거·미래의 어느 시제에도 쓰임. 또한 「아직 ~ 아니다」라는 부정문에서는 not ... yet 을 쓴다: He has *not* arrived yet. (그는 아직 도착하지 않았다)

Is she *still* here? 그녀는 아직 여기 있습니까

📌 yet 을 쓰면 동작의 완료를 나타냄: Is she here *yet*? (그녀는 벌써 여기 있습니까)
❷ 《형용사·부사의 비교급과 함께 써서》 한층 더, 더욱
He is tall, but his brother is *still* taller. 그는 키가 큰데, 그의 형은 한층 더 크다
❸ 그런데도 《접속사적으로 쓰임》
Our blackboard is green, and *still* we call it a 'blackboard'. 우리들의 칠판은 녹색인데도 우리는 그것을 「흑판」이라고 부른다

— 형 (비교 **stiller**; 최상 **stillest**) 조용한(=quiet, silent); 멈춰 있는, 꼼짝 않는
The night was very *still*. 밤은 몹시 조용했다
How *still* everything is! 모든 것이 참으로 조용하구나
Still waters run deep. 《속담》 조용한 강은 물이 깊다 《생각이 깊은 사람은 말이 적다》
There he stood *still*. 거기에 그는 꼼짝 않고 서 있었다

stilt [stílt] 명 (복수 **stilts** [-s]) 《보통 복수형으로》 죽마(竹馬)
on *stilts* 죽마를 타고

sting [stíŋ] 동 (3단현 **stings** [-z]; 과거·과분 **stung** [stʌ́ŋ]; 현분 **stinging**) (타동) ❶ (벌 등이) ~을 쏘다
A bee *stung* me on the neck. 벌이 내 목을 쏘았다
❷ 고통을 주다
Her conscience *stung* her. 그녀는 양심의 가책으로 고통을 받았다
— (자동) (벌·등이) 쏘다, 찌르듯이 아프다, 쑤시다
My tooth *stings*. 이가 쑤신다

stin·gy [stíndʒi] 형 (비교 **stingier**; 최상 **stingiest**) 인색한
The man is *stingy*. 그 남자는 인색하다

stir [stə́ːr] (타동) (3단현 **stirs** [-z]; 과

거·과분 stir*red* [-d]; 현분 stir*ring*)
❶ ~을 휘젓다; ~을 움직이다
He *stirred* his tea with a spoon. 그는 숟가락으로 홍차를 휘저었다
The wind *stirs* the leaves. 바람이 나뭇잎을 움직인다
❷ 감동시키다, 흥분시키다
They were deeply *stirred*. 그들은 깊이 감동받았다

stitch [stítʃ] 명 (복수 stit*ches* [-iz]) 한 바늘, 한 뜸
A *stitch* in time saves nine. 《속담》 제 때의 한 뜸은 아홉 뜸의 수고를 던다 《오늘의 한 바늘, 내일의 열 바늘》

stock [sták] 명
❶ (나무의) 줄기, 대(=trunk), 그루터기
❷ 저장; 재고품
out of *stock* 품절이 되어
❸ 미 주식(=영 share); 증권; 공채

Stock·holm [stákhoulm] 명 스톡홀름 《스웨덴의 수도》

stock·ing [stákiŋ] (♦ ck는 [k]로 발음) 명 (복수 stocking*s* [-z]) 《보통 복수형으로》 (무릎 위까지 닿는 여성용) 스타킹, 긴 양말(→ socks 짧은 양말)
a pair of *stockings* 스타킹 한 켤레
She bought three pairs of *stockings*. 그녀는 스타킹 세 켤레를 샀다
📘 「구두·양말·장갑」 등 「둘로 한 벌」인 것을 셀 때에는 a pair of ..., two pairs of ... 라고 한다.

stole [stóul] 동 steal(훔치다)의 과거형

sto·len [stóulən] 동 steal 의 과거분사형

stom·ach [stʌ́mək] (♦ ch는 [k]로 발음에 주의) 명 (복수 stom*achs* [-s]) 위(→ bowel 장); 배
📘 회화에서는 belly(배)가 천한 말로 여겨져 그 대신에 stomach 을 씀.

stom·ach·ache [stʌ́məkèik] 명 (복수 stomache*s* [-s]) 복통, 배 앓이
📘 '두통'은 headache, '치통'은 toothache라고 함.
I have a *stomachache* today. 나는 오늘 배가 아프다

★**stone** [stóun] 명 (복수 stone*s* [-z])
❶ 돌, 조약돌(→ rock 바위)
Don't throw a *stone* at the dog. 개에게 돌을 던지지 마라
A rolling *stone* gathers no moss. 《속담》 구르는 돌에는 이끼가 끼지 않는다(→ roll)
❷ 석재, 돌 《a를 붙이지 않고, 복수 없음》
The bridge is made of *stone*. 그 다리는 돌로 되어 있다
a *stone* wall 돌담
❸ 보석(=jewel)
Jane has some precious *stones*. 제인은 보석을 몇 개 가지고 있다
the Stóne Áge 석기 시대

★**stood** [stúd] 동 stand(서다)의 과거·과거분사형
She *stood* by the window. 그녀는 창문 옆에 서 있었다

stool [stú:l] 명 (복수 stool*s* [-z]) (팔걸이·등받이가 없는) 걸상

stoop [stú:p] 자동 (3단현 stoop*s* [-s]; 과거·과분 stoop*ed* [-t]; 현분 stoop*ing*) 몸을 구부리다, 허리를 굽히다

★**stop** [stáp] 동 (3단현 stop*s* [-s]; 과거·과분 stop*ped* [-t]; 현분 stop*ping*) 타동 중지하다; 《stop+~ing형으로》 ~을 그만두다
He *stopped* the car in the park. 그는 공원에 차를 세웠다
Stop talk*ing*. 말을 하지 마라
— 자동 ❶ 멈추다, 그치다
This train *stops* at every station. 이 열차는 모든 역마다 정차한다
The rain *stopped*. (=It *stopped* rain-

stopped - storing

ing.) 비가 그쳤다
They *stopped* to talk with me. 그들은 나와 이야기를 하기 위해 걸음을 멈추었다
❷ **숙박하다**, 체류하다 《stay 라고 하는 것이 보통임》
I *stopped* at a hotel. 나는 호텔에 들었다[숙박했다]
They are *stopping* with their uncle. 그들은 삼촌댁에 묵고 있다

> (1) stop+-ing(동명사)는 「~하는 것을 그만두다《stop 은 타동사》: The baby *stopped* crying.(아기는 울음을 그쳤다)
> (2) stop to+「동사의 원형」은 「~하기 위해 걸음을 멈추다」《stop 은 자동사》: She *stopped* to pick flowers.(그녀는 꽃을 따기 위해 걸음을 멈추었다)

stop in 例 ~에 들르다(=drop in)
Won't you *stop in* for a cup of coffee? 잠깐 들러 커피 한 잔 하지 않겠어요
stop over 도중 하차하다, (여행 중에) 잠시 머무르다
— 명 (복수 *stops* [-s])
❶ **정지**, 정차, 착륙
The train made three *stops*. 그 열차는 3회 정차했다
The car came to a sudden *stop*. 그 차는 갑자기 멈추었다
❷ (버스 등의) **정류장**
Get off at the next *stop*. 다음 정류장에서 내리시오
a bús stòp 버스 정류장

stopped [stápt] 동 stop(멈추다)의 과거·과거분사형

stop·ping [stápiŋ] 동 stop(멈추다)의 현재분사형

stops [stáps] 동 stop(멈추다)의 3인칭 단수현재형

stop·watch [stápwàtʃ] 명 (복수 *stopwatches* [-iz]) 스톱워치

*✱**store** [stɔ́ːr] 명 (복수 *stores* [-z])
❶ 图 **가게**, 상점(=영 shop); 《the stores로》 영 백화점(=미 department store)
They sell books and magazines at that *store*. 저 가게에서는 책과 잡지를 팔고 있다

> 图 store = 영 shop 인데, 미국에서는 shop 은 「공장, 작업장」을 말함: a repair *shop* (수리 공장)

❷ **저축**, 저장, 예비, 장만, 비축
We have a *store* of food. 우리는 식량을 비축하고 있다
in store 저장하여, 장만하여
We have lots of vegetables *in store*. 우리는 야채를 많이 저장하고 있다
a cándy stòre 사탕 가게, 과자집
a depártment stòre 백화점(=영 the stores)
— 동 (3단현 *stores* [-z]; 과거·과분 *stored* [-d]; 현분 *storing*) 타동 ~을 **저장하다**, 비축하다, 창고에 넣다
They *stored* up food for the winter. 그들은 겨울에 대비하여 식량을 저장했다

stored [stɔ́ːrd] 동 store(저장하다)의 과거·과거분사형

store·house [stɔ́ːrhàus] 명 (복수 *storehouses* [-hàuziz]) 창고, 저장소

store·keep·er [stɔ́ːrkìːpər] 명 (복수 *storekeepers* [-z]) 미 소매상인, 가게 주인(=영 shopkeeper)

stores [stɔ́ːrz] 명 store(가게)의 복수형
— 동 store(저장하다)의 3인칭 단수현재형

sto·rey [stɔ́ːri] 명 =story²

sto·ries [stɔ́ːriz] 명 story(이야기; 층)의 복수형

sto·ring [stɔ́ːriŋ] 동 store(~을 저장하다)의 현재분사형

stork - strain

stork [stɔ́ːrk] 명 (복수 **storks** [-s]) 《새》 황새
풍습 유럽·미국에서는 이 황새가 아기를 날라 온다는 이야기를 아이들에게 들려 주는 일이 있음.

storm [stɔ́ːrm] 명 (복수 **storms [-z]) 폭풍우(→ wind 바람, rain 비)
A heavy *storm* is coming up. 대폭풍우가 다가오고 있다
I was caught in a *storm*. 나는 폭풍우를 만났다

storm
rain

storm·y [stɔ́ːrmi] 형 (비교 **stormier**; 최상 **stormiest**) 폭풍우의
a *stormy* night 폭풍우의 밤

*sto·ry¹ [stɔ́ːri] 명 (복수 **stories** [-z]) 이야기, 옛날 이야기
📝 history (역사)와 같은 어원이며, 현재는 '실화' '허구된 이야기'의 두 가지 뜻으로 쓰인다. '옛 이야기'나 '동화'는 tale을 쓰는 경우가 많다: a fairy tale (동화)
He told me a very interesting *story*. 그는 나에게 매우 재미있는 이야기를 해 주었다
It's a ghost *story*. 그것은 귀신 이야기이다
a shórt stóry 단편 소설 《장편 소설은 a novel》

sto·ry², 영 **sto·rey [stɔ́ːri] 명 (복수 **stories** [-z]) 층(→ floor)
The building is 52 *stories* high. 그 건물은 52층이다
📝 floor 는 「건물 바닥」의 뜻에서 건물의 층의 뜻이 되고, story 는 floor 와 floor 와의 사이를 가리켜 「몇 층 건물」의 뜻이 됨: on the first *floor* (미) 1층에 =(영) 2층에); a house of one *story* (1층집); the second *story* (미) 2층 =(영) 3층)

sto·ry·book [stɔ́ːribùk] 명 (복수 **storybooks** [-s]) (특히 어린이들을 위한) 동화책

sto·ry·writ·er [stɔ́ːriràitər] 명 (복수 **storywriters** [-z]) 소설가, 작가

stout [stáut] 형 (비교 **stouter**; 최상 **stoutest**) 단단한, 튼튼한; (사람이) 뚱뚱한
a *stout* woman 뚱뚱한 부인

stove [stóuv] 명 (복수 **stoves** [-z]) (난방·요리용의) 스토브
a gas *stove* 가스 스토브

St. Paul's (Ca·the·dral) [seint pɔ́ːlz (kəθíːdrəl)] 명 세인트폴 대성당

*straight [stréit] (♦ ai는 [ei]로 발음하고, gh는 발음하지 않음) 형 (비교 **straighter**; 최상 **straightest**)
❶ 똑바른(↔ curved 구부러진)
a *straight* road 곧은 도로
a *straight* line 직선
❷ 솔직한
a *straight* question 솔직한 질문
— 부 (비교 **straighter**; 최상 **straightest**) 똑바로, 곧게
Stand *straight*. 똑바로 서라
He went *straight* to London. 그는 런던으로 직행했다
Go *straight* (ahead) along this street. 이 길로 똑바로 가시오 《길 안내의 말》

straight·en [stréitn] 타동 ~을 똑바르게 하다; ~을 정돈하다

strain [stréin] 동 (3단현 **strains** [-z]; 과거·과분 **strained** [-d]; 현분 **straining**) 타동 ❶ (철사·밧줄 등을) 잡아당기다, 팽팽하게 하다
strain a wire 철사 줄을 팽팽하게 하다
❷ (관계를) 긴장시키다

strait - street

He *strained* his ears. 그는 귀를 긴장시켰다
❸ ~을 혹사하다, 상하게 하다
— 몡 (복수 **strains** [-z]) 긴장; (심신에 대한) 중압; 과로

strait [stréit] 몡 해협

strange [stréindʒ] 혱 (비교 **strange***r*; 최상 **strange***st*)
❶ 낯선, 평소 듣지 못한, 생소한, 미지의
I heard a *strange* voice. 나는 듣지 못하던 목소리를 들었다
There is a *strange* girl in the room. 방에는 낯선 소녀가 있다
❷ **이상한**, 기묘한, 색다른, 별난
A *strange* thing happened. 이상한 일이 일어났다
strange to say 이상한 이야기지만
Stange to say, she didn't know the news. 이상한 일이지만, 그녀는 그 소식을 모르고 있었다

strange·ly [stréindʒli] 뷔 이상하게; 묘하게

stran·ger [stréindʒər] 몡 (복수 **strangers** [-z])
❶ **낯선 사람**, 타지방 사람
My dog barks at a *stranger*. 내 개는 낯선 사람에게 짖는다
❷ **처음 온 사람**, 그 고장에 생소한 사람
I am quite a *stranger* here. 저는 여기가 아주 생소합니다
📭 길 안내를 할 수 없을 때 쓰는 말. 보통 이 말 다음에 Let me ask someone else. (누구 다른 사람에게 물어 봐 드리지요)로 말함.
I am a *stranger* in Inch'ŏn. 나는 인천에 처음 왔습니다
You are quite a *stranger*. 《구어》 오랜만입니다 (아주 몰라보게 변했군요)

strap [stræp] 몡 (복수 **straps** [-s]) (차 안의) 가죽 손잡이; (물건을 고정시키기 위한) 가죽끈

straw [strɔ́ː] 몡 (복수 **straws** [-z]) 짚, 밀짚; 지푸라기; 빨대
a *straw* hat 밀짚 모자
A drowning man will catch at a *straw*. 《속담》 물에 빠진 사람은 지푸라기라도 잡으려고 한다

straw·ber·ry [strɔ́ːbèri] 몡 (복수 **strawber***ies* [-z]) 《식물》 딸기

stray [stréi] 혱 잃은; 외떨어진
a *stray* child 미아

stream [stríːm] 몡 (복수 **streams** [-z])
❶ **개울**, 시냇물 (→ river 강)
a quiet *stream* 잔잔한 개울
He swam against a *stream*. 그는 냇물을 거슬러 헤엄쳤다
❷ 《the 를 붙여》 (시대·사상의) **흐름**, 풍조
the stream of public opinion 여론의 방향
❸ (줄지어선) **흐름**, 물결
There is a long *stream* of cars. 자동차의 긴 행렬이 있다
— 동 (3단현 **streams** [-z]; 과거·과분 **streamed** [-d]; 현분 **streaming**) 자동 흐르다, 흘리다
Tears are *streaming* down her face. 눈물이 그녀의 얼굴에 흘러 내리고 있다
— 타동 ~을 흘리다

street [stríːt] 몡 (복수 **streets** [-s])
❶ **거리, 가로, 시가**
✏ 한 쪽 또는 양쪽으로 집이 나란히 서 있는 거리 (→ road)
We met her on the *street*. 우리들은 거리에서 그녀를 만났다
📭 영에서는 on 대신에 in 을 씀.
I walked along a back *street*. 나는 뒷골목을 따라 걸어갔다
He has a store on the main *street*. 그는 큰 거리에 상점을 가지고 있다
We are now running on a four lane *street*. 우리는 지금 4차선의 거리를 달리고 있다
✏ a side street 는 보통 a main

streetcar - stretch

street

street (큰 거리)와 직각으로 있고 a back street 는 큰 거리와 평행으로 있다.

❷ 《Street 로》 ~로, ~가(街) 《St.로 줄여 씀》

Tom lives on Second *Street* in this city. 톰은 이 시의 2번가에 살고 있다
▶ 미국에서는 동서로 뻗은 거리를 Street, 남북으로 뻗은 거리를 Avenue 라고 부르는 일이 많다.

street·car [strí:tkɑ̀:r] 명 (복수 **streetcars** [-z]) 미 시가 전차(= 영 tramcar, tram)

Do you come to school by *streetcar*? 너는 시가[시내] 전차로 학교에 오니

streets [strí:ts] 명 **stree**(거리)의 복수형

strength [stréŋkθ] (♦ th는 [θ]로 발음) 명 《형용사는 strong》

❶ 체력; 힘, 세기
a man of *strength* 힘이 센 사람
He pulled it with all his *strength*. 그는 그것을 힘껏 잡아당겼다

❷ (건물 등의) 내구력, 저항력
the *strength* of a rope 밧줄의 내구력

strength·en [stréŋkθən] 타동 ~을 강하게 하다, ~의 힘을 돋우다

stress [strés] 명 (복수 **stress**es [-iz]) 압박; (정신적인) 스트레스; 《음성》 강세, 액센트

stretch [strétʃ] 명 (3단현 **stretch**es [-iz]; 과거·과분 **stretch**ed [-t]; 현분 **stretch**ing) 타동 늘이다, 펴다, 뻗치다; (밧줄 등을) 치다
He *stretched* out his arm. 그는 팔을 뻗쳤다
Stretch the rope between these two trees. 이 두 나무 사이에 밧줄을 치시오
He *stretched* himself. 그는 기지개를 켰다
— 자동 늘어나다, 퍼지다, 뻗다
The desert *stretches* for hundreds of miles. 사막이 수백 마일이나 뻗어 있다
— 명 (복수 **stretch**es [-iz]) 뻗기;

stricken - stroke

연속; 넓이, 범위
a long *stretch* of mountains 멀리 뻗어간 산맥

strick·en [stríkən] 동 strike(때리다)의 과거분사형의 하나

strict [stríkt] 형 (비교 strict*er*; 최상 strict*est*) 엄격한; 엄밀한
a *strict* father 엄한 아버지

strict·ly [stríktli] 부 엄하게, 엄밀히
strictly speaking 엄밀히 말하면

strid·den [strídn] 동 stride(큰 걸음으로 걷다)의 과거분사형

stride [stráid] 동 (3단현 strides [-z]; 과거 strode [stróud]; 과분 stridden [strídn]; 현분 striding) 자동 큰 걸음으로 걷다, 활보하다; 성큼 넘다 (건너다)
He *strode* along the street. 그는 거리를 활보했다
— 명 (복수 strides [-z]) 큰 걸음; 한 걸음(의 보폭)

***strike** [stráik] 동 (3단현 strikes [-s]; 과거·과분 struck [strʌk]; 현분 striking) 타동 ❶ ~을 치다, 때리다(=hit)
strike a ball 공을 치다
He *struck* me on the head. 그는 내 머리를 때렸다
▶ He *struck* my head.라고도 함
The clock *struck* three. 시계가 3시를 쳤다
Strike the iron while it is hot. 《속담》 쇠는 달았을 때 두들겨라 《기회를 놓치지 마라》
❷ (성냥을) 긋다, (불을) 붙이다
Strike a match. 성냥을 그으시오
❸ 부딪치다
The ball *struck* her in the eye. 공이 그녀의 눈에 맞았다
❹ 생각이 떠오르다
An idea has just *struck* me. 어떤 생각이 지금 막 머리에 떠올랐다
— 자동 ❶ 치다, 때리다
He *struck* at me. 그는 나를 때렸다

❷ 꿰뚫다, 스며 나오다
A lightning *struck* through the clouds. 번개가 구름을 뚫고 번쩍거렸다
❸ (시계가) 치다, 울리다
Eight o'clock has just *struck*. 지금 막 8시를 쳤다[울렸다]
❹ 파업을 하다
strike out 기운차게 나아가다; 생각해 내다; 《야구》 3진시키다
— 명 (복수 strikes [-s])
❶ 치기; 《야구》 스트라이크(↔ ball 볼)
❷ 동맹 파업, 스트라이크
go on a strike 동맹 파업에 들어가다
They are on *strike* now. 그들은 지금 동맹 파업중이다

strik·ing [stráikiŋ] 동 strike(~을 찾다)의 현재분사형
— 형 (비교 *more* striking; 최상 *most* striking) 눈에 띄는, 두드러진

string [stríŋ] 명 (복수 strings [-z]) (가는) 끈, 실; (현악기의) 현 (→ rope)
a piece of *string* 한 가닥의 끈

strip [stríp] 명 (복수 strips [-s]) (헝겊·종이·널빤지 등의) 가늘고 긴 조각
a *strip* of cloth 가늘고 긴 천
a cómic strìp 연재 만화 《1회에 4컷》
— 동 (3단현 strips [-s]; 과거·과분 stripped [-t]; 현분 stripping) 타동 ~을 발가벗기다; (껍질을) 벗기다
— 자동 옷을 벗다, 발가벗다

stripe [stráip] 명 (복수 stripes [-s]) 줄, 띠, 줄무늬
A tiger has *stripes*. 호랑이는 줄무늬가 있다

strode [stróud] 동 stride (큰 걸음으로 걷다)의 과거형

stroke [stróuk] 명 (복수 strokes [-s]) ❶ 치기, 타격, 일격
a *stroke* of lightning 낙뢰
❷ (보트의) 한 번 젓기, (수영의) 손발놀림; (시계·종의) 치는 소리

stroll - student

☑ strike 와 구별할 것.

stroll [stróul] 동 (3단현 **strolls** [-z]; 과거·과분 **strolled** [-d]; 현분 **strolling**) 자동 어슬렁어슬렁 거닐다, 산책하다

She *strolled* along the street. 그녀는 거리를 어슬렁어슬렁 거닐었다

— 명 (복수 **strolls**[-z]) 어슬렁어슬렁 거닐기, 산책

★ **strong** [stró:ŋ] 형 (비교 **strong**er; 최상 **strong**est) 《명사는 strength, 동사는 strengthen》

발음 stronger, strongest 에서는 [g] 음이 들어감.

❶ 강한, 센, 튼튼한(↔weak 약한)
a *strong* team 강한 팀
He has *strong* arms. 그는 팔 힘이 세다
He is old, but *strong*. 그는 늙었지만 힘이 세다
This old chair is very *strong*. 이 낡은 의자는 매우 견고하다
He has a *strong* will. 그는 의지가 강하다
She has a *strong* memory. 그녀는 기억력이 매우 좋다

❷ (바람이) 세찬; (커피가) 진한
strong coffee 진한 커피
Street trees fell down in a *strong* wind. 가로수가 세찬 바람에 넘어졌다

❸ 장기의, 잘하는; 《be strong in ...으로》 ~을 잘하다
She *is strong in* English. 그녀는 영어를 잘한다[영어가 장기이다]

strong

strong·er [stró:ŋɡər] 형 strong (강한)의 비교급

strong·est [stró:ŋɡist] 형 strong (강한)의 최상급

strong·ly [stró:ŋli] 부 강하게, 튼튼하게; 견고하게

struck [strʌ́k] 동 strike(치다)의 과거·과거분사형

struc·ture [strʌ́ktʃər] 명 (복수 **structures** [-z]) 구조, 구성; 건물
the *structure* of a ship 배의 구조

strug·gle [strʌ́ɡl] 동 (3단현 **struggles** [-z]; 과거·과분 **struggled** [-d]; 현분 **struggling**)

자동 ❶ 버둥거리다, 몸부림치다, 기를 쓰고 싸우다
We *struggled* with cold. 우리는 추위와 싸웠다
He *struggled* to get free. 그는 자유롭게 되려고 버둥거렸다
He *struggled* against hunger. 그는 굶주림과 싸웠다

❷ 노력하다, 애쓰다
He *struggled* for a living. 그는 생활비를 벌려고 애썼다

❸ 헤치고 나아가다
We had to *struggle* through the snow. 우리는 눈 속을 헤치고 나아가야 했다

— 명 (복수 **struggles** [-z]) 버둥거림, 몸부림; 고투, 저항; 노력
the *struggle* for existence 생존 경쟁

stub·born [stʌ́bərn] 형 (비교 **stubborn**er; 최상 **stubborn**est) 외고집의, 완고한

stuck [stʌ́k] 동 stick(~을 찌르다)의 과거·과거분사형

★ **stu·dent** [stjú:dnt] 명 (복수 **students** [-s]) ❶ 학생 《⑨ 에서는 대학생·고등학생·중학생에 다 쓰이지만, ⑱ 에서는 대학생에게만 쓰임》 (→ pupil)
a high school *student* 고교생

587

students - stupid

a college *student* 대학생
He is a *student* at Oxford. 그는 옥스퍼드(대학)의 학생이다
❷ 학자, 연구가
a *student* of birds 조류 연구가
📝 student 는 study 에서 나온 말.

stu·dents [stjúːdnts] 명 student (학생)의 복수형

stud·ied [stʌ́did] 동 study(공부하다)의 과거·과거분사형

stud·ies [stʌ́diz] 동 study(공부하다)의 3인칭 단수 현재형
— 명 study(공부)의 복수형

stu·di·o [stjúːdiòu] 명 (복수 **studios** [-z]) (미술가·사진 작가 등의) 작업장, 아틀리에, 스튜디오; 영화 촬영소; 방송실

*__**stud·y**__ [stʌ́di] 명 (복수 **studies** [-z])
❶ 공부 《a 를 붙이지 않고, 복수 없음》
I like sports better than *study*. 나는 공부보다 스포츠를 좋아한다
❷ 연구
Jack continued his *studies*. 잭은 연구를 계속했다
He began his *studies* of atomic energy. 그는 원자력 연구를 시작했다

📦 이 뜻으로는 복수형 studies 를 흔히 쓴다.

He wrote 'A *study* of Shakespeare'. 그는 「셰익스피어 연구」라는 책을 썼다
❸ 공부방, 서재
Jim has a *study* on the second floor. 짐은 2층(=영 3층)에 공부방을 가지고 있다
— 동 (3단현 **studies** [-z]; 과거·과분 **studied** [-d]; 현분 **studying**)
타동 ❶ ~을 공부하다, 연구하다
What subjects do you *study*? 너는 어떤 과목을 공부하고 있니
You must *study* American history. 너는 미국 역사를 연구(공부)해야 한다

📝 study 는 「스스로 지식을 얻으려고 노력하다」의 뜻이고, learn 은 「남에게서 배워 알다」의 뜻.

❷ 조사하다, 알아보다
Let's *study* the timetable. 시각표(시간표)를 알아보자
We *studied* the map to find the village. 우리는 그 부락을 찾으려고 지도를 조사했다
— 자동 공부하다, 연구하다
Tom *studies* very hard. 톰은 매우 열심히 공부한다

study·ing [stʌ́diiŋ] 동 study(공부하다)의 현재분사형

stuff [stʌf] 명
❶ 재료, 원료 (=material)
What is this *stuff*? 이 재료는 무엇이냐
❷ (막연히) 물건, 물질 《물건의 이름을 댈 필요가 없거나 이름을 모를 경우에 쓰임》
green *stuff* 야채류
📝 staff (스태프, 직원)과는 별개의 단어.
— (타동) ~을 (~에) 채우다, 구겨넣다(=pack)
Stuff the box with apples.(= *Stuff* apples into the box.) 그 상자에 사과를 채워라

stump [stʌmp] 명 (나무의) 그루터기; (연필 등의) 쓰다 남은 동강

stun [stʌn] 동 (3단현 **stuns** [-z]; 과거·과분 **stunned** [-d]; 현분 **stunning**)
— (타동) (남을) 기절시키다; 놀라게 하다

stung [stʌŋ] 동 sting (~을 쏘다)의 과거·과거분사형

*__**stu·pid**__ [stjúːpid] 형 (비교 **stupider** 또는 *more* **stupid**; 최상 **stupidest** 또는 *most* **stupid**) 바보같은(=foolish); 어리석은, 멍청한
a *stupid* fellow 바보같은 녀석
a *stupid* question 멍청한 질문

St. Valentine's Day - succeed

St. Val·en·tine's Day [sèint vǽləntainz dèi] 몡 밸런타인데이(→ Saint Valentine's Day)

*__style__ [stáil] (♦ y는 [ai]로 발음함) 몡 (복수 **styles** [-z])
❶ 양식, 형(型)
This house is built in European *style*.
이 집은 유럽 스타일로 지어져 있다
❷ 문체, 필체
a good *style* 훌륭한 문체
❸ 유행형, 스타일(=fashion, mode)
The hat is the latest *style*. 그 모자는 최신형이다
out of style 유행이 지난

*sub·ject [sʌ́bdʒikt] 몡 (복수 **subjects** [-s])
❶ 학과, 과목
Which *subject* do you like best?
너는 어느 과목을 가장 좋아하니
I like English best of all *subjects*.
나는 모든 과목 중에서 영어를 가장 좋아한다
❷ (연구 등의) 주제, 제목; 화제
Let's change the *subject*. 화제를 바꾸자
What is his *subject* of study? 그의 연구 주제는 무엇이냐
❸ (문법) 주어(→ object 목적어)
What is the *subject* of this sentence?
이 문장의 주어는 무엇이냐

sub·ma·rine [sʌ́bmərìːn] 몡 (복수 **submarines** [-z]) 잠수함
📝 어원은 sub-(아래)+marine(바다)

sub·mit [səbmít] 통 (3단현 **submits** [-s]; 과거·과분 **submitted** [-id]; 현분 **submitting**) (타동) ~을 복종시키다; (서류 등을) 제출하다
submit a report 보고서를 제출하다
— (자동) 복종하다, 항복하다
submit to my fate 내 운명에 따르다

sub·scribe [səbskráib] (타동) (자동)
서명하다; 기부하다; 구독 신청하다

sub·stance [sʌ́bstəns] 몡 (복수 **substances** [-iz]) 물질, 물건; 본질, 실체

sub·sti·tute [sʌ́bstətjùːt] 몡 (복수 **substitutes** [-s]) 대리(인); 대용품; 보결
— (타동) (3단현 **substitutes** [-s]; 과거·과분 **substituted** [-id]; 현분 **substituting**) ~을 대신하다, 대용하다

sub·tract [səbtrǽkt] (타동) (3단현 **subtracts** [-s]; 과거·과분 **subtracted** [-id]; 현분 **subtracting**) (수·양을) 빼다, 감하다(↔ add ~을 더하다)

sub·trac·tion [səbtrǽkʃən] 몡 (수학) 빼기(↔ addition 더하기); 뺄셈

*__sub·urb__ [sʌ́bəːrb] (♦ 제1음절의 강세에 주의) 몡 (복수 **suburbs** [-z]) (흔히 복수형으로) 교외, 변두리 (특히 주택지로서의 변두리를 말함)
He lives in the *suburbs* of Busan.
그는 부산 교외에 살고 있다

*__sub·way__ [sʌ́bwèi] 몡 (복수 **subways** [-z]) (미) 지하철(=(영) underground); (영) 지하도 (=(미) underpass)
take the *subway* 지하철을 타다

*__suc·ceed__ [səksíːd] 통 (3단현 **succeeds** [-z]; 과거·과분 **succeeded** [-id]; 현분 **succeeding**)
(자동) ❶ (명사는 success) 성공하다 (↔fail 실패하다); (succeed in으로) ~에 성공하다
She *succeeded* in the examination.
그녀는 시험에 합격했다
He *succeeded* as a musician. 그는 음악가로서 성공했다
❷ (명사는 succession) (to를 동반하여) ~의 뒤를 잇다
He *succeeded* to his father's business.
그는 부친의 사업을 이어 받았다
📝 succeed to의 뒤에 「사람」이 오는 경우는 드물고 「지위·재산」 등이 온다.

success - such

— 타동 ❶ ~의 뒤에 오다, 연이어 일어나다(=follow)
Night *succeeds* day. 밤은 낮의 뒤에 온다
❷ ~의 뒤를 잇다
George Ⅴ *succeeded* Edward Ⅶ. 조지 5세는 에드워드 7세의 뒤를 이었다

suc·cess [səksés] (◆강세 주의) 명 (복수 **successes** [-iz]) 《동사는 succeed》
❶ 성공 (↔failure 실패)
His *success* is the result of hard work. 그의 성공은 근면한[열심히 공부한] 결과이다
The plan was a great *success*. 그 계획은 대성공이었다
❷ 성공한 사람
He is not a *success* as an actor. 그는 배우로서는 성공한 사람이 아니다

suc·cess·ful [səksésfəl] 형 (비교 *more successful*; 최상 *most successful*) 성공한, 출세의
She was *successful* in life. 그녀는 성공적인 인생을 살았다

suc·cess·ful·ly [səksésfəli] 부 (비교 *more successfully*; 최상 *most successfully*) 성공적으로, 용케, 훌륭히, 잘

suc·ces·sion [səkséʃən] 명 (복수 **successions** [-z])
❶ 연속, 계속
a *succession* of cloudy days 흐린 날씨의 연속
❷ (지위·재산의) 상속, 계승 《a를 붙이지 않고, 복수없음》

★**such** [sʌ́tʃ] (◆ch는 [tʃ]로 발음함) 형 《비교급·최상급 없음》
📝 such 뒤에는 불특정한 것을 나타내는 말이 오므로 명사는 셀 수 있는 명사이고, 단수형일 때에는 a(an)이 붙어 *such* a book이 된다. 셀 수 없는 명사나 복수형일 때에는 a(an)는 붙지 않아 *such* books가 된다.

❶ 《such+(a)+명사로》 그러한, 그런, 이와 같은
I never said *such a* thing. 나는 그런 것을 절대로 말하지 않았다
Don't be in *such a* hurry. 그렇게 서두르지 마라
Is there any *such* man? 어디 (누군가) 그런 사람이 있습니까
Such things are not new for me. 그런 것들은 내게는 새로운 것이 아니다
❷ 《such+(a)+형용사+명사로》 그렇게, 이렇게, 매우
It was *such* a lovely day. 참으로 멋진 날씨였다
I have never seen *such a* beautiful picture before. 나는 이렇게 아름다운 그림을 이전에 본 적이 없다
📝 이 뜻의 such는 so(부사)로 대치할 수 있지만 어순은 다르다: *such* a beautiful picture = *so* beautiful a picture.
❸ 《형용사 없이》 대단한, 훌륭한; 지독한
She is *such* a beauty. 그녀는 대단한 미인이다
You are *such* a liar. 너는 지독한 거짓말쟁이이다
Have you ever read *such* an interesting book? 너는 그렇게 재미있는 책을 읽어본 적이 있니

such as ... ~와 같은
I like fruits *such as* oranges and apples. 나는 오렌지와 사과 같은 과일을 좋아한다

such ~ as ... …과 같은 ~
Don't read *such* books *as* you cannot understand. 네가 이해할 수 없는 책은 읽지 마라
He is not *such* a fool *as* to say it.(=He is not so foolish as to say it.) 그는 그런 말을 할 정도의 바보가 아니다

such ~ that ... 매우 ~이므로 …
She was *such* a good girl *that* everybody loved her.(=She was so good a girl that everybody loved her.)

그녀는 매우 착한 소녀여서, 누구나가 그녀를 사랑했다

> such ~ as ..., such ~ that ...에서는 such 다음에 명사(구)가 온다. 형용사 또는 부사가 올 때에는 so ~ as ..., so ~ that ...로 된다.

— 대 그런 일[물건, 사람], 이런 일[물건, 사람]
Such is life. 인생이란 그런 것이다
Such are the results. 결과는 이와 같습니다

📝 단수, 복수에 다 쓰인다.

and such 따위, 등등
I need knives, pencils *and such*. 나는 칼이나 연필 따위가 필요하다

as such 그와 같이, 그 나름대로
She is a child, and must be treated *as such* (=as a child). 그녀는 어린애이므로, 어린애로서 다루어야 한다

suck [sʌk] 타동 (3단현 **suck**s [-s]; 과거·과분 **suck**ed [-t]; 현분 **suck**ing) ~을 빨다, 빨아들이다

sud·den [sʌ́dn] (◆ u는 [ʌ]로 발음함) 형 (비교 **more sudden**; 최상 **most sudden**) 갑작스러운, 돌연한
a *sudden* departure 갑작스러운 출발
There is a *sudden* turn in the road. 그 길은 갑자기 구부러져 있다
— 명 돌연 《다음의 구에만 쓰임》

all of a sudden 갑자기(=suddenly), 별안간
All of a sudden it began to rain. 별안간 비가 오기 시작했다

*__sud·den·ly__ [sʌ́dnli] 부 (비교 **more suddenly**; 최상 **most suddenly**) 갑자기, 돌연(→ gradually 점차로)
The door opened *suddenly*. 갑자기 문이 열렸다

Sue [súː] 명 수 《여자 이름; Susan, Susanna의 애칭》

Su·ez [súːez] 명 수에즈 《이집트의 해항 도시》
the Súez Canál 수에즈 운하 《지중해와 홍해를 잇는 운하》

suf·fer [sʌ́fər] 동 (3단현 **suffer**s [-z]; 과거·과분 **suffer**ed [-d]; 현분 **suffer**ing) 타동 ❶ 고통을 받다[겪다, 입다]
I *suffered* a sharp pain in the head. 나는 머리가 몹시 아팠다
❷ 《주로 부정문에 쓰여》 ~에 견디다, 참다, 허용하다
I will not *suffer* such conduct. 나는 그런 행위는 용서할 수 없다
— 자동 《suffer from으로》 고생하다, 괴로워하다, 고통을 겪다
I often *suffer from* a toothache. 나는 자주 치통을 겪는다
He is *suffering from* a headache. 그는 두통으로 고생하고 있다

suf·fer·ing [sʌ́fəriŋ] 명 (복수 **suffering**s [-z]) 괴로움, 고통; 《복수형으로》 피해, 손해; 수난
The medicine relieved the patient of his *suffering*. 약은 환자의 고통을 덜어주었다
— 동 **suffer**(고통을 겪다)의 현재분사형

suf·fi·cient [səfíʃənt] 형 충분한
▶ 어떤 목적을 채워 줄 만한 양의 뜻; 「많은」의 뜻은 아니다.
sufficient food 충분한 음식
He has not *sufficient* courage to do it. 그에게는 그것을 할 만한 충분한 용기가 없다

*__sug·ar__ [ʃúgər] 명 설탕(→ salt 소금)《보통 a를 붙이지 않고 복수 없음》
brown *sugar* 흑설탕
white *sugar* 백설탕
a lump of *sugar* 각설탕 한개
a spoonful of *sugar* 한 숟가락 분량의 설탕
I drink coffee without *sugar*. 나는 설탕 없이 커피를 마신다
📝 회화에서는 a sugar로 각설탕 1개 또는 설탕 한 숟가락을 가리킬 때

sugar cane - summer

가 있음: How many *sugars* (=Shall I put) in your tea? (홍차에 설탕을 몇 개 넣을까요)

sug·ar cane [-kèin] (식물) 사탕 수수

sug·gest [sədʒést] (타동) (3단현 *suggests* [-s]; 과거·과분 *suggested* [-id]; 현분 *suggesting*)
❶ 넌지시 비치다, 암시하다, 시사하다
His pale face *suggests* bad health. 그의 창백한 얼굴로 건강이 좋지 않음을 알 수 있다
❷ ~을 제안[건의]하다(=propose)
suggest a plan 계획을 제안하다
📝 I said, "Let's go." (나는 「가자」라고 말했다)를 간접화법으로 고칠 때 suggest를 쓴다: I *suggested* that we should go. (나는 가자고 말했다) 구어에서는 종종 that을 생략, 또는 미에서는 보통 should를 생략한다.

sug·ges·tion [sədʒéstʃən] (명) (복수 *suggestions* [-z]) 암시(=hint); 제안

su·i·cide [súːəsàid] (명) (복수 *suicides* [-z]) 자살, 자살 행위

*****suit** [súːt] (명) (복수 *suits* [-s]) (같은 천의) 한 벌, 아래위 한 벌
a *suit* of clothes 남자복 한 벌
📝 남자복에서는 같은 천의 상의 (jacket)·조끼(vest)·바지(trousers)를 말하고, 여자복에서는 상의(coat)와 스커트(skirt)를 말함
— (동) (3단현 *suits* [-s]; 과거·과분 *suited* [-id]; 현분 *suiting*) (타동)
❶ ~에 편리하다;(형편이) ~에 알맞다
The first up-train *suits* me. 상행의 첫 열차가 내게 편리하다
The climate *suits* me well. 그 기후는 내 몸에 알맞다
❷ ~에 잘 맞다; (의복 등이) ~에 어울리다(=become)
Green *suits* her very well. 녹색은 그녀에게 잘 어울린다
❸ ((be suited로)) 적합하다

She *is* not *suited* for this job. 그녀는 이 일에 적합하지 않다

suit·a·ble [súːtəbl] (형) (비교 *more suitable*; 최상 *most suitable*) 적당한, 어울리는, 잘 맞는
This is a present *suitable* for a girl. 이것은 소녀에게 적합한 선물이다

suit·case [súːtkèis] (명) (복수 *suitcases* [-iz]) 소형 여행용 옷가방, 수트 케이스
📝 의복(suit) 한 벌이 들어갈 크기이므로 이렇게 말함.

*****sum** [sʌ́m] (명) (복수 *sums* [-z]) 합계; 금액
the *sum* total 총계 ((total은 형용사))
a small *sum* of money 소액의 돈
— (동) (3단현 *sums* [-z]; 과거·과분 *summed* [-d]; 현분 *summing*) (타동)(자동) 합계하다, 합계가 ~되다; 요약하다
⟨◆동의어 some(몇개의)⟩

*****sum·mer** [sʌ́mər] (명) (복수 *summers* [-z]) 여름(→ season 계절)
📝 미국, 영국 등의 북반구에서는 6, 7, 8월, 오스트레일리아 등의 남반구에서는 12, 1, 2월을 말한다.
Summer begins in June. 여름은 6월에 시작된다
the *summer* vacation 여름 방학[휴가]
Summer is over. 여름은 지났다
📝 summer는 일반적으로 여름이라는 계절을 말할 때 a를 붙이지 않고, 복수로도 하지 않는다.
He spent a *summer* in Hawaii. 그는 한 해의 여름을 하와이에서 보냈다
📝 「한 여름, 두 여름」 따위로 말할 때에는 a를 붙이고, 복수형 *summers*[sʌ́mərz]라고도 한다: Two *summers* have passed. (두 여름이 지났다.)
I am going to Hawaii this *summer*. 나는 이번 여름에 하와이에 갈 예정이다
📝 이때 this summer는 부사구.

summertime - super

Summer vacation begins next week.
여름 휴가는 내주에 시작된다
📝 summer는 형용사적 용법.

sum·mer·time [sʌ́mərtàim] 명
여름철, 하계

sum·mer time [-táim] 명 여름 시간, 서머 타임(= daylight-saving time)
▶ 여름 동안 이른 아침에 출근하여 작업 능률을 올리고 저녁 때는 일찍 퇴근하여 휴양에 돌리기 위해, 보통 때보다 한 시간을 앞당김.

sum·mit [sʌ́mit] 명 (복수 sum·mit*s* [-s]) (산의) 꼭대기, 정상(=top); 《the를 붙여서》 정점, 절정; (선진국의) 수뇌 회담 《매년 개최되며 서방 7개국(미·영·프·독·이·일·캐)의 수뇌가 모임》

*★**sun** [sʌ́n] 명 ❶ 《the를 붙여서》 태양 (→ the moon 달)
the rising *sun* 아침해
the setting *sun* 저녁해
The *sun* rises in the east and sets in the west. 해는 동쪽에서 뜨고 서쪽으로 진다
❷ 《the를 붙여서》 일광, 햇볕, 양지
Our garden always gets the *sun*.
우리 집 뜰은 언제나 볕이 든다
I was lying in the *sun* for an hour. 나는 한 시간 동안 양지에 누워 있었다
They are bathing in the *sun*. 그들은 일광욕을 하고 있다
〈◆ 동음어 son(아들)〉

Sun. Sunday(일요일)의 약어

sun·dae [sʌ́ndi, -dei] 명 선데이 《초콜릿·과일 시럽을 얹은 아이스크림》

*★**Sun·day** [sʌ́ndi, dèi] 명 (복수 Sundays [-z]) **일요일** 《Sun.으로 줄여 씀; → week》
I go to church on *Sunday*(*s*). 나는 일요일에 교회에 간다
📝 요일 앞에는 보통 on을 씀.
We went on a picnic last *Sunday*.
우리는 지난 일요일에 야유회에 갔다
📝 next, last, every, this 등이 요일 앞에 오면 전치사는 붙지 않음.
a **Súnday schòol** 주일 학교
📝 Sun(태양)+day(일)에서 유래.

sun·flow·er [sʌ́nflàuər] 명 (복수 sunflower*s* [-z]) (식물) 해바라기

*★★**sung** [sʌ́ŋ] 동 · sing(노래하다)의 과거분사형
Has he ever *sung* popular songs?
그는 유행가를 부른 적이 있습니까

sunk [sʌ́ŋk] 동 sink(가라앉다)의 과거·과거분사형

sun·light [sʌ́nlàit] 명 햇빛(=sunshine), 일광

*★**sun·ny** [sʌ́ni] 형 (비교 sunnier; 최상 sunniest) ❶ 햇볕이 잘 드는(→ cloudy 흐린)
a *sunny* room 햇볕이 잘 드는 방
❷ 쾌활한, 명랑한
a *sunny* smile 밝은 미소

sun·ny-side up [sʌ́nisàid ʌ́p] 형 (미) (달걀을) 후라이팬에서 뒤집지 않고 한쪽만 익힌 반숙

sun·rise [sʌ́nràiz] 명 (복수 sunrise*s* [-iz]) 해돋이, 일출, 해뜰 때 (↔ sunset)

sunrise

sun·set [sʌ́nsèt] 명 (복수 sunset*s* [-s]) 해넘이, 일몰, 해질 때 (↔ sunrise 일출)

sun·shine [sʌ́nʃàin] (◆ sh는 [ʃ]로 발음함) 명 햇빛, 일광 《a를 붙이지 않고, 복수 없음》
bathe in the *sunshine* 일광욕을 하다

su·per [súːpər] 형 (구어) 최고급

의, 초대형의; 최고의
— 명 (복수 **supers** [-z]) 특등품, 특제품; 《구어》 (영화의) 엑스트러; 단역; ⑪ (아파트의) 관리인

su·per·high·way [sùːpərháiwèi] 명 ⑪ 간선 고속 도로 《보통 왕복을 합쳐 4차선 이상이고 클로버식 입체 교차로가 있는 도로》

su·pe·ri·or [supíəriər] 형 《to가 따라》 ~보다 우수한, 상위의, 나은
You are *superior to* him. 너는 그보다 우수하다
☑ *superior than*으로는 되지 않음. 또 *more superior*라고도 하지 않음.

Su·per·man [súːpərmæn] 명 (복수 **Supermen** [-mèn]) 슈퍼맨 《미국 만화의 주인공. TV 드라마와 영화로도 제작됨; 평소에는 평범한 기자. 사건이 일어나면 초능력을 가진 슈퍼맨으로 변신하여 정의를 위해 싸움》

su·per·mar·ket [súːpərmàːrkit] 명 (복수 **supermarkets** [-s]) ⑪ 수퍼마켓

su·per·sti·tion [sùːpərstíʃən] 명 (복수 **superstitions** [-z]) 미신, 미신적 습관[행위]

★**sup·per** [sʌ́pər] 명 (복수 **suppers** [-z]) 저녁 식사 (→ breakfast)
☑ dinner는 하루 중의 가장 푸짐한 식사로, 보통 저녁 식사를 말하는데 비해 supper는 특히 낮에 dinner를 들었을 때의 약식의 저녁 식사. 또는 연극 구경 후의 늦은 야식. 보통 냉동 고기 등 손이 안 가는 것을 먹는다.
Did you have *supper* last night? 당신은 간밤에 저녁 식사를 하셨습니까
I study before *supper*. 나는 저녁 식사 전에 공부합니다
What will you have for *supper*? 저녁 식사로 무엇을 드시겠습니까
☑ supper에는 보통 a가 붙지 않고, 복수형이 없음. 단, 식사의 내용을 말할 때는 a가 붙고 복수형으로도 됨: I want *a* light *supper*. (나는 가벼운 저녁 식사를 원한다)

sup·ple·ment [sʌ́pləmənt] 명 추가, 부록

sup·ply [səplái] 동 (3단현 **supplies** [-z]; 과거·과분 **supplied** [-d]; 현분 **supplying**) 타동 ~을 공급하다, 주다 (= provide)
The supermarket *supplies* all our needs. 필요한 것은 슈퍼켓에서 모두 공급해 준다
We *supplied* him with money. (= We *supplied* money to him.) 우리는 그에게 돈을 주었다
I am well *supplied* with clothing. 나는 의복을 충분히 공급받고 있다
— 명 (복수 **supplies** [-z])
❶ 공급(↔ demand 수요), 보급
a good *supply* of water 충분한 물의 공급
supply and demand 수요와 공급
❷ 《복수형으로》 생활 필수품, 군수품

sup·port [səpɔ́ːrt] 동 (3단현 **supports** [-s]; 과거·과분 **supported** [-id]; 현분 **supporting**) 타동 ❶ 지탱하다, ~을 받치다
The old man *supported* himself with a cane. 그 노인은 지팡이로 몸을 지탱했다
❷ (가족을) 부양하다; 원조하다, ~을 지지하다
He *supports* a large family. 그는 대가족을 부양하고 있다
We *support* him. 우리는 그를 지지한다
— 명 (복수 **supports** [-s]) 받치기, 지지, 원조; 부양자

★**sup·pose** [səpóuz] 동 (3단현 **supposes** [-iz]; 과거·과분 **supposed** [-d]; 현분 **supposing**) 타동
❶ 《suppose (that) ... 로》 상상하다, ~라고 생각하다
I *suppose* (*that*) he will come. 나는 그가 올 것으로 생각한다
You like coffee, I *suppose*. 당신은 커피를 좋아하시겠지요

I *supposed* (*that*) he would come. (=I *supposed* him to come) 나는 그가 오리라고 생각했다

❷ 《suppose ... 로》 ~하면 어떨까?, ~하기로 하자(=let's)
Suppose we (=Let's) meet at the station. 정거장에서 만나기로 하자

❸ 《명령형·현재분사형을 써서》 만일 ~라고 한다면(=if)
Suppose he saw you now, what would he say? 만약 그가 지금 너를 만난다면 무엇이라고 말할까
Supposing she can't come, who will do the work? 만일 그녀가 올 수 없다면, 누가 그 일을 할까요

be supposed to ... ~로 생각되고 있다, ~하기로 되어 있다
He *is supposed to* come by five. 그는 5시까지 오기로 되어 있다

su·preme [suprí:m] 형 (지위·품질·정도 등이) 최고의, 최상의

★**sure** [ʃúər] 형 (비교 *surer*; 최상 *surest*) ❶ 확실한, 신뢰할 수 있는
"Are you *sure*?"―"Yes, I'm *sure*." 「틀림없지요」―「네, 틀림없습니다[확실합니다]」
Tell me the *sure* way. 확실한 방법을 내게 말해 주시오
I am *sure* of his honesty.(=I am *sure* that he is honest.) 나는 그가 정직하다는 것을 확신하고 있다
☑ 구어에서는 보통 that을 생략함

❷ 《be sure to ...의 형태로》 꼭[반드시] ~하다
It *is sure to* rain. 비가 틀림없이 온다
He will *be sure to* fail. 그는 꼭 실패할 것입니다
Be sure to come early. 꼭 일찍 와라

I am sure (*that*)... 꼭 ~라고 생각하다
I am *sure* (*that*) you will succeed. 나는 당신이 꼭 성공할 거라고 확신한다

make sure (*of*) 확인하다
I think he went out, but you had better *make sure*. 그가 외출한 것으로 알지만, 네가 확인해 보는 것이 좋겠다
Make sure of the day of meeting. 회의 날짜를 확인하세요

to be sure 확실히
To be sure he is not bright, but he's honest. 확실히 그는 총명하지는 못하지만 정직하다

― 부 ㉠ 《구어》 《의뢰·질문 등의 대답으로》 물론, 좋고 말고; 확실히, 꼭 (=surely)
"Is it true?"―"*Sure*." 「그것이 정말입니까」―「정말이고 말고요」

★**sure·ly** [ʃúərli] 부 (비교 *more surely*; 최상 *most surely*)
❶ 확실히, 꼭(=certainly)
He will *surely* succeed. 그는 꼭 성공할 것이다
I *surely* handed in my report to Mr. Brown. 나는 확실히 브라운씨에게 내 보고서를 제출했다

❷ 《대답으로》 그렇고 말고, 물론
"Will you come with us?"―"*Surely*!" 「우리와 함께 가시겠어요」―「물론이죠」

❸ 《부정문에 쓰여》 설마, 결코, 기필코
Surely this nice weather cannot last long. 설마 이런 좋은 날씨가 오래 지속되지는 않을 것이다
Surely you are not going alone. 설마 너 혼자 가지는 않겠지

surf [sə́:rf] 명 (복수 **surfs** [-s]) (해안에) 밀려오는 파도, (밀려와서) 부서지는 파도
― 자동 (3단현 **surfs** [-s]; 과거·과분 **surfed** [-t]; 현분 **surfing**) 파도를 타다, 서핑하다
go *surfing* 파도타기하러 가다

sur·face [sə́:rfis] (♦ 발음 주의) 명 (복수 **surfaces** [-iz]) 표면; 외양
the *surface* of the earth 지구의 표면
His politeness was all on the *surface*. 그의 공손함은 아주 겉치레뿐이었다

surf·board [sə́:rfbɔ̀:rd] 명 (복수 **surfboards** [-z]) 서프보드 《파도타

기에 쓰이는 널빤지》

surfboard

surf·er [sə́:rfər] 명 (복수 **surfer**s [-z]) 서핑하는 사람

surf·ing [sə́:rfiŋ] 명 서핑, 파도타기
— 동 **surf**(파도를 타다)의 현재분사형

sur·geon [sə́:rdʒən] 명 (복수 **surgeon**s [-z]) 외과 의사(→ physician 내과 의사)

sur·name [sə́:rnèim] 명 (복수 **surname**s [-z]) 성(姓)(=family name; → name)

sur·prise [sərpráiz] (♦i는 [ai]로 발음함) 동 (3단현 **surprises [-iz]; 과거·과분 **surprise**d [-d]; 현분 **surprising**) 타동 놀라게 하다, 깜짝 놀라게 하다
The result *surprised* me. 그 결과를 알고 나는 놀랐다
He was very *surprised* at the sight. 그는 그 광경을 보고 매우 놀랐다
《surprised는 형용사》

📝 우리말의 「~에 놀라다」는 수동태 형식으로 「be surprised at+명사」, 「be surprised to+동사」 따위로 나타낸다: I *was surprised at* the news. (나는 그 소식에 놀랐다) He *was surprised to* hear it. (그는 그것을 듣고 놀랐다)

— 명 (복수 **surprise**s [-iz])
❶ 놀람 《a를 붙이지 않고, 복수 없음》
Did she show any *surprise*? 그녀는 놀란 표정을 보였습니까

❷ 놀라게 하는 것 《사건·선물 등》
I have a *surprise* for you. 너를 놀라게 해줄 것이 있다

in surprise 놀라서
He looked up *in surprise*. 그는 놀라서 올려다 보았다

to one's surprise 놀랍게도 《문어》
To my surprise, I found my dog dead. 놀랍게도, 내 개는 죽어 있었다

sur·prised [sərpráizd] 동 surprise(놀라게 하다)의 과거·과거분사형
— 형 놀란

sur·pris·ing [sərpráiziŋ] 동 surprise(놀라게 하다)의 현재분사형
— 형 (비교 *more* **surprising**; 최상 *most* **surprising**) 놀랄 만한
a *surprising* discovery 놀랄만한 발견

sur·ren·der [səréndər] 동 (3단현 **surrenders** [-z]; 과거·과분 **surrendered** [-d]; 현분 **surrendering**)
(타동) ~을 인도하다, 양도하다
— (자동) 항복하다; 굴복하다
— 명 양도; 항복

sur·round [səráund] 타동 (3단현 **surrounds** [-z]; 과거·과분 **surrounded** [-id]; 현분 **surrounding**)
~을 에워싸다, 포위하다
My house is *surrounded* by a wall. 우리 집은 담으로 에워싸여 있다

sur·round·ing [səráundiŋ] 형 둘러싼, 주위의
— 명 (복수 **surroundings** [-z]) 《복수형으로》 주위의 상황, 환경

sur·vey [sərvéi] 동 (3단현 **surveys** [-z]; 과거·과분 **surveyed** [-d]; 현분 **surveying**) (타동) ~을 둘러보다; ~을 조사하다; 측량하다
— [sə́:rvei] (♦ 강세 주의) 명 (복수 **surveys** [-z]) 개관; 측량, 조사

sur·viv·al [sərváivəl] 명 생존, 잔존; 생존자

sur·vive [sərváiv] (타동) (3단현 **survives** [-z]; 과거·과분 **survived**

[-d]; 현분 **surviv**ing) (~에서) 살아남다, (~를) 면하다, 벗어나다; (남보다) 더 오래살다
He *survived* the car accident. 그는 자동차 사고에서 목숨을 건졌다
She *survived* her husband. 그녀는 남편보다 더 오래 살았다

Su·san [súːzən] 명 수잔 《여자 이름; 애칭은 Sue 또는 Susie》

Su·sie [súːzi] 명 수지 《여자 이름; Susan, Susanna의 애칭》

sus·pect [səspékt] 타동 (3단현 **suspect**s [-s]; 과거·과분 **suspect**ed [-id]; 현분 **suspect**ing) (~일 거라고) 의심하다, ~가 아닌가 생각하다
He is *suspected* of cheating. 그는 커닝을 하지 않았나 의심받고 있다
I *suspect* him (to be) a thief. 난 그가 도둑이 아닐까 생각한다

📝 suspect 는 「~일 것이라고 의심하다」, doubt는 「~는 아닐 것이라고 의심하다」

sus·pend [səspénd] 타동 (3단현 **suspend**s [-z]; 과거·과분 **suspend**ed [-id]; 현분 **suspend**ing) ~을 매달다; (지불·운행 등을) 일시 정지하다; ~을 연기하다

sus·pend·er [səspéndər] 명 (복수 **suspender**s [-z]) 《복수형으로》 ㈷ 바지의 멜빵(=영 braces)
a pair of *suspenders* 바지 멜빵 한벌

sus·pi·cion [səspíʃən] (◆철자에 주의) 명 (복수 **suspicion**s [-z]) 의심; 혐의, 수상쩍은 생각[느낌]
She is under *suspicion*. 그녀는 의심을 받고 있다

sus·pi·cious [səspíʃəs] 형 의심많은, 의심스러운
He is *suspicious* of me. 그는 나를 의심하고 있다

Swa·hi·li [swɑːhíːli] 명 스와힐리어 《아프리카 동부에서 중부에 걸친 여러 부족간의 공통어로서 널리 사용》

swal·low¹ [swɑ́lou] 명 (복수 **swallow**s [-z]) 《새》 제비(→ sparrow 참새)

swal·low² [swɑ́lou] 타동 (3단현 **swallow**s [-z]; 과거·과분 **swallow**ed [-d]; 현분 **swallow**ing) (음식물을) 삼키다
What did you *swallow* down? 너는 무엇을 삼켰니

swam [swǽm] 동 **swim**(헤엄치다)의 과거형
He *swam* in the sea. 그는 바다에서 헤엄쳤다

swan [swɑ́n] 명 (복수 **swans** [-z]) 《새》 백조

swarm [swɔ́ːrm] 명 (복수 **swarm**s [-z]) (새·곤충의) 무리, 떼
a *swarm* of butterflies 나비 떼
— 자동 (3단현 **swarm**s [-z]; 과거·과분 **swarm**ed [-d]; 현분 **swarm**ing) 떼를 짓다, ~로 가득 차다
Bees *swarm* about the flowers. 벌은 꽃 주위에 들끓는다

sway [swéi] 동 (3단현 **sway**s [-z]; 과거·과분 **sway**ed [-d]; 현분 **sway**ing) 타동 ~을 흔들다
— 자동 흔들리다
The flowers *swayed* in the wind. 꽃들이 바람에 흔들렸다
— 명 흔들림, 동요

swear [swéər] 동 (3단현 **swear**s [-z]; 과거 **swore** [swɔ́ːr]; 과분 **sworn** [swɔ́ːrn]; 현분 **swear**ing) 타동 ~을 맹세하다, 서약하다
She *swore* to tell the truth. 그녀는 진실을 말하겠다고 맹세했다
— 자동 맹세하다, 욕하다
swear by God 신에게 맹세하다

sweat [swét] 명 땀, 발한
— 동 (3단현 **sweat**s [-s]; 과거·과분 **sweat** 또는 **sweat**ed [-id]; 현분 **sweat**ing) 자동 땀을 흘리다, 땀이 나다

sweater - swiftly

— 타동 (땀 등을) 흘리다, 내다
발음 sweet [swíːt]와는 뜻도 발음도 다르다.

sweat·er [swétər] (♦ ea는 [e]로 발음함) 명 (복수 **sweaters** [-z]) 두꺼운 털 셔츠, 스웨터

📝 sweat(땀)+-er 원래는 운동 선수에게 땀을 내서 체중을 줄이게 하기 위해 쓰여졌다.

Swe·den [swíːdn] 명 스웨덴 《북유럽의 스칸디나비아 반도에 있는 왕국으로 수도는 스톡홀름(Stockholm)임》

***sweep** [swíːp] 동 (3단현 **sweeps** [-s]; 과거·과분 **swept** [swépt]; 현분 **sweeping**) 타동 자동 ❶ (먼지·쓰레기 등을) 쓸다, 청소하다
Kate is *sweeping* the floor. 케이트는 바닥을 쓸고 있다
You must *sweep* the chimney. 너는 굴뚝을 청소해야 한다
❷ 떠내려 보내다, 가져가 버리다
His house was *swept* away by the flood. 그의 집은 홍수로 떠내려갔다
❸ 휙 지나가다
A swallow *swept* past. 한 마리의 제비가 휙 지나갔다
— 명 (복수 **sweeps** [-s]) 청소; 일소, 소탕

***sweet** [swíːt] 형 (비교 **sweeter**; 최상 **sweetest**)

❶ 단, 달콤한(→ sour 신, bitter 쓴)
Sugar is *sweet*. 설탕은 달다
❷ 향기로운
This flower has a *sweet* smell. 이 꽃은 향기로운 냄새가 난다
❸ (목소리·소리 따위가) 아름다운; (모습이) 귀여운
She has a *sweet* voice. 그녀는 아름다운 목소리를 가지고 있다
Nancy is a *sweet* little girl. 낸시는 귀여운 소녀다
— 명 (복수 **sweets** [-s])
❶ 《보통 복수형으로》 영 (드롭스·캐러멜 등의) **사탕과자**(= 미 candy)
❷ 《보통 복수형으로》 영 (식후에 나오는 푸딩 등의) 과자

sweet·heart [swíːthɑːrt] 명 연인, 애인; 《부인을 부르는 말로》 여보, 당신

📝 특히 남자가 여자에게 말함. → lover; darling《여자가 남자에게 말함》

sweet·ly [swíːtli] 부 기분좋게, 아름답게, 상냥하게

sweet pea [-piː] 명 《식물》 스위트 피

sweet po·ta·to [-pətèitou] 명 《식물》 고구마(→ potato 감자)

swell [swél] 동 (3단현 **swells** [-z]; 과거 **swelled** [-d]; 과분 **swelled** 또는 **swollen** [swóulən]; 현분 **swelling**) 자동 ❶ 부풀다, 붓다, 늘다
Wood *swells* in water. 나무는 물에 담그면 부푼다
❷ (목소리 등이) 높아지다, (감정이) 격해지다
swell with anger 노여움으로 격해지다
— 타동 ~을 부풀리다
The river is *swollen* with the rain. 강이 비때문에 불어났다
— 명 (복수 **swells** [-z]) 부품, 증대; 큰 물결, 파도의 넘실거림

swept [swépt] 동 sweep(쓸다)의 과거·과거분사형

Swift [swíft] 명 스위프트 《Jonathan ~ (1667-1745); 아일랜드 태생의 영국 풍자 소설가로 「걸리버 여행기 (Gulliver's Travels)」등의 걸작을 남김》

swift [swíft] 형 (비교 **swifter**; 최상 **swiftest**) 빠른, 신속한(↔ slow 느린)
He is a *swift* runner. 그는 달리기가 빠르다

swiftly [swíftli] 부 (비교 **more swiftly**; 최상 **most swiftly**) 신속하게, 재빨리

swim - sword

★swim [swím] 동 (3단현 **swims** [-z]; 과거 **swam** [swǽm]; 과분 **swum** [swʌ́m]; 현분 **swim**ming)
자동 ❶ **헤엄치다**, 헤엄쳐 건너다, 수영하다
Can you *swim*? 헤엄칠 줄 아니
He is good at *swimming*. 그는 수영을 잘 한다
Let's go *swimming*. 수영하러 가자
He *swam* across the river. 그는 강을 헤엄쳐 건넜다
He *swims* as well as a fish. 그는 물고기처럼 헤엄을 잘 친다
She *swims* like a stone. 그녀는 물에서 돌처럼 가라앉는다 《전혀 수영을 못한다》
❷ (머리가) **빙빙 돌다**, 현기증이 나다
My head is *swimming*. 내 머리가 빙빙 돈다
— 타동 ~을 헤엄치다; ~을 헤엄치게 하다
He *swam* the English Channel. 그는 영국 해협을 헤엄쳐 건넜다
— 명 **수영**, 헤엄
He went for a *swim* in the lake. 그는 호수에 수영하러 갔다
📝 He went to the lake for a swim.이라고는 하지 않는다
I have a *swim* every day. 나는 매일 한 차례 헤엄을 친다
📝 보통 단수형 a swim을 쓰며 복수형은 없음

swim·mer [swímər] 명 (복수 **swimmer**s [-z]) 헤엄치는 사람
The child is a good *swimmer*. 그 아이는 수영을 잘 한다.

swim·ming [swímiŋ] 동 **swim**(헤엄치다)의 현재분사형
— 명 헤엄치기, 수영
a *swimming* pool 수영장

swim·ming pool [-puːl] 명 (수영용) 풀, 수영장

swims [swímz] 동 **swim**(헤엄치다)의 3인칭 단수현재형

*swing [swíŋ] 동 (3단현 **swing**s [-z]; 과거·과분 **swung** [swʌ́ŋ]; 현분 **swing**ing) 타동 ❶ (~을) 흔들어 움직이다, 흔들다
swing a bat 배트를 휘두르다
❷ **달아매다**
She *swung* a lamp from the ceiling. 그녀는 천장에 등불을 달아맸다
❸ **빙 한 바퀴 돌리다**
The wind *swung* the boat around. 바람으로 보트가 빙 돌았다
— 자동 흔들흔들 움직이다, 흔들리다, 매달리다; 회전하다, 빙글 돌다
Don't let your legs *swing*. 다리를 흔들지 마라
— 명 (복수 **swing**s [-z]) (전후로) **흔들림**, 진동; 그네

Swiss [swís] 형 스위스의, 스위스 사람의
— 명 (복수 **Swiss**) 스위스 사람(→ Switzerland 스위스); 《the를 붙여서》 스위스인(전체)

switch [swítʃ] 명 (복수 **switch**es [-iz]) (전기 등의) 스위치
— 동 (3단현 **switch**es [-iz]; 과거·과분 **switch**ed [-t]; 현분 **switch**ing) 타동 《on을 써서》 전등·라디오 등을) 켜다; 《off를 써서》 끄다
Please *switch* the radio *off*. 라디오를 꺼 주시오
I *switched on* the light. 나는 전등을 켰다

*Switz·er·land [swítsərlənd] 명 스위스 《유럽 중부의 연방국; 수도는 베른(Bern). 나라 이름 「스위스」를 Swiss(형용사)와 혼동하지 말 것. → Swiss》

swol·len [swóulən] 동 **swell**(부풀다)의 과거분사형

*sword [sɔ́ːrd] (◆ w는 발음하지 않음) 명 (복수 **sword**s [-z]) **검**, 칼; 《the를 붙여》 무력
The pen is mightier than *the sword*. 《속담》 문필은 무력보다 강하다

swore - system

swore [swɔ́ːr] 동 swear(~을 맹세하다)의 과거형

sworn [swɔ́ːrn] 동 swear(~을 맹하다)의 과거분사형

swum [swʌ́m] 동 swim(헤엄치다)의 과거분사형
He has just *swum* across the lake. 그는 막 호수를 헤엄쳐 건넜다

swung [swʌ́ŋ] 동 swing(~을 흔들어 움직이다)의 과거·과거분사형

Syd·ney [sídni] 명 시드니 《오스트레일리아 최대의 항구 도시》

syl·la·ble [síləbl] 명 (복수 **syllable*s*** [-z]) 음절
"Seoul" has two *syllables*. Seoul이란 말은 2음절이다
▶ 음절은 한 낱말 또는 낱말의 일부를 이루는 발음 단위이며 대개 모음을 중심으로 연결되어 있음. 예를 들어, 이 사전의 표제어의 경우 Seoul 처럼 음절을 검은 점을 찍어 구분하고 있음.

sym·bol [símbəl] 명 (복수 **symbol*s*** [-z]) 상징, 심벌

sym·pa·thize [símpəθàiz] 자동 (3단현 **sympathize*s*** [-iz]; 과거·과분 **sympathize*d*** [-d]; 현분 **sympathiz*ing***) 동정하다; 공감하다
He *sympathized* with me. 그는 나를 동정했다

sym·pa·thy [símpəθi] 명 (복수 **sympath*ies*** [-z]) 동정, 인정, 연민; 동감, 공감
I have a *sympathy* for you. 나는 당신에게 동정하고 있다.

sym·pho·ny [símfəni] 명 (복수 **symphon*ies*** [-z]) 《음악》 교향곡, 심포니
a sýmphony órchestra 교향 악단

syn·the·siz·er [sínθəsàizər] 명 (복수 **synthesizer*s*** [-z]) 신디사이저 《전자 음향 합성 장치; 전자 악기의 일종》

syr·up [sə́ːrəp] 명 시럽 《과즙에 설탕을 넣어 조린 다음 농축시킨 음료》
maple *syrup* 단풍 시럽 《흔히 팬케이크(pancake)에 침》

sys·tem [sístəm] 명 (복수 **system*s*** [-z]) 조직, 체계, 제도
a mountain *system* 산계(山系)
a *system* of grammar 문법 체계
a social *system* 사회 조직
the postal *system* 우편 제도
There is no *system* in his work. 그의 일에는 체계가 없다

T t

T, t [tíː] 명 (복수 **T's, Ts, t's, ts** [-z]) 티 《알파벳의 제 20자》
〈◆ 동음어 tea (차)〉

t. ton(s)의 약어 《중량의 단위》

★**ta·ble** [téibl] 명 (복수 **tables** [-z])
❶ 테이블, 식탁
There are some eggs on the *table*.
식탁 위에 달걀이 몇 개 있다
table manners 식사예절, 테이블 매너
Please clear the *table*. 식탁을 정리하시오[치우시오]
❷ 표, 목록
There is a *table* of contents at the front of this book. 이 책은 앞 부분에 목차가 있다
a multiplicátion tàble 구구표
📝 명 (미)에서는 곱셈 구구표가 12×12까지 있다.

be at table 식사중이다
They *are at table*. 그들은 식사중입니다 《(미)에서는 at the table이라고도 한다》

set the table 식탁 준비를 하다
She *set the table* for breakfast. 그녀는 아침 식탁을 준비했다
📝 set대신에 lay, spread도 씀.

sit (down) at (the) table 식탁에 앉다
All the visitors *sat down at table*.
손님은 모두 식탁에 앉았다

📝 **table과 desk의 사용법**
식사·회의·유희 따위는 table에서, 사무·공부는 desk에서 한다. 따라서, He is at (the) *table*.은 「그는 식사중이다」, He is at (his) *desk*.는 「그는 공부중이다」의 뜻.

ta·ble·cloth [téiblklɔ̀ːθ] 명 (복수 **tablecloths** [-s]) 식탁보

ta·bles [téiblz] 명 table(테이블, 식탁)의 복수형

ta·ble ten·nis [téibl tènis] 탁구, 핑퐁(=ping-pong) 《a를 붙이지 않고 복수 없음》
They are playing *table tennis*. 그들은 탁구를 하고 있다

ta·boo, ta·bu [təbúː] 명 금기(禁忌), 터부 《원래 폴리네시아(Polynesia)사람들 사이에서, 신성한 것, 또는 저주받은 것으로서 손대는 것을 금한 풍습에서 유래》

tack·le [tǽkl] 명 (복수 **tackles** [-z]) ❶ 연장, 도구
Don't forget to bring your fishing *tackle*. 네 낚시 도구를 가져오는 것을 잊지 말아라
❷ 《구기》 태클 《럭비, 축구 등에서 공을 가지고 있는 상대방 선수를 붙잡거나 쓰러뜨려 앞으로 나아가는 것을 방해하는 일》
— 통 (3단현 **tackles** [-z] ; 과거·과분 **tackled** [-d] ; 현분 **tackling**)
(타동) (상대방에게) 태클하다; (문제·일 등에) 달려들다, 다루다, 처리하다
The guestion was so difficult that I didn't know how to *tackle* it. 그 질문이 너무 어려워서 나는 그것을 어떻게 처리해야 할 지 몰랐다

tad·pole [tǽdpòul] 명 (복수 **tadpoles** [-z]) 《동물》 올챙이(→ frog 개구리, toad 두꺼비)

tag¹ [tǽg] 명 (복수 **tags** [-s]) 꼬리표, 딱지
a price *tag* 가격표

tag² [tǽg] 명 술래잡기 《a를 붙이지

tail - take

않고 복수 없음》
The children are playing *tag*. 아이들은 술래잡기 놀이를 하고 있다
☑ 술래를 it이라고 한다: "I'll be *it*. Everybody hide!" (내가 술래다. 모두 숨어라)

tail [téil] 명 (복수 **tails** [-z])
❶ (동물의) 꼬리
My cat has a long *tail*. 내 고양이는 꼬리가 길다
The dog began to wag his *tail*. 그 개는 꼬리를 흔들기 시작했다
❷ 꼬리 모양의 것
the *tail* of a kite 연의 꼬리
❸ 《보통 복수형으로》 동전의 뒷면 (↔ head 앞면)
[회화] A: Head or *tails*?
B: *Tails* came out.
A: (동전을 던지고 난 후) 앞면이니, 뒷면이니
B: 뒷면이 나왔어
〈◆동음어 tale(이야기)〉

tail·light [téillàit] 명 (복수 **taillights** [-s]) (자동차 등의) 꼬리등 (→ headlight 전조등)

tai·lor [téilər] 명 (복수 **tailors** [-z]) (주로 남성복) 재단사 《여성복의 재단사는 dressmaker》

*****take** [téik] 동 (3단현 **takes** [-s]; 과거 **took** [túk]; 과분 **taken** [-ən]; 현분 **taking**) (타동) ❶ (손에) 잡다, 움켜잡다, 집다
He *took* (up) a pencil. 그는 연필을 집어 들었다
She *took* me by the hand. 그녀는 나의 손을 잡았다
☑ me by the hand의 어순에 주의 영어에서는 처음에 「나를(me)」이라고 대략 말하고, 다음에 「손을(by the hand)」이라고 구체적으로 분명한 곳을 말하는 방식이 많다 the hand의 the에도 주의. 단 ㈜에서는 She took my hand.라고도 한다
He *took* lots of fish in the net. 그는 그물로 많은 물고기를 잡았다

❷ 받다, 손에 넣다, 얻다(=get)
Please *take* this money. 제발 이 돈을 받아 주십시오
Peter *took* first prize. 피터는 1등상을 탔다
❸ (사진을) 찍다; ~을 적어두다
I *took* a lot of pictures. 나는 많은 사진을 찍었다
We had our picture *taken*. 우리는 우리의 사진을 찍게 했다

☐ have+목적어+과거분사는 이 경우 「사역」(~시키다, ~해 달라고 하다)의 뜻이 된다

[회화] A: May I *take* your picture?
B: Sure.
A: 당신 사진을 좀 찍어도 될까요
B: 그럼요
He *took* notes at the meeting. 그는 회의에서 메모를 해두었다
She *took* my name and address. 그녀는 나의 이름과 주소를 받아 적었다
❹ (병에) 걸리다
Be careful not to *take* cold. 감기에 걸리지 않도록 조심해라
❺ 먹다, 마시다(=have)
I *take* breakfast at seven. 나는 7시에 조반을 먹는다
Will you *take* tea? 차를 드시겠습니까
☑ 구어에서는 have라고 하는 것이 보통이다. 단, 약을 먹을 때는 take를 쓴다: Did you *take* the medicine? (너는 그 약을 먹었니)
❻ (탈 것에) 타다
Let's *take* a train. 기차를 타자
He *took* a plane for Rome. 그는 로마행 비행기를 탔다
❼ 가지고 가다, 데리고 가다; 안내하다
Someone *took* my pen by mistake. 누군가가 실수로 내 펜을 가지고 갔다
Take your umbrella with you. 우산을 가지고 가라
Will you *take* this to the kitchen? 이것을 부엌으로 날라 주겠니

602

take - take

You must not *take* this book out of the library. 이 책을 도서관 밖으로 가지고 나가서는 안 된다

He *took* us to the zoo. 그는 우리들을 동물원에 데리고 갔다

May I *take* Peter with me? 피터를 데리고 가도 되겠습니까

I *took* Jack around the museum. 나는 잭을 박물관에 데리고 가서 안내했다

📝 take는 여기서 다른 곳으로 가지고 가는 것. bring은 자기가 지금 있는 곳으로 가지고 오는 것.

❽ (「take+a+명사」의 형태로) (어떤 행동을) **하다**, 행하다

I *take a* walk every morning. 나는 매일 아침 산책을 한다

He *takes a* bath every other day. 그는 하루 걸러 목욕을 한다

She is *taking a* shower. 그녀는 샤워를 하고 있다

I was *taking a* nap. 나는 낮잠을 자고 있었다

Let's *take a* rest. 잠시 쉬자

❾ (시일이) **걸리다**, 필요하다

📝 시간을 나타내는 It을 주어로 할 때가 많음.

It *takes* (me) about 10 minutes to walk to the station. (나는) 정거장까지 걸어서 약 10분 정도 걸립니다

It will *take* us two days to finish the work. 우리가 그 일을 끝내는 데에는 이틀 걸릴 것입니다

How long will it *take* this letter to reach London? 이 편지가 런던에 닿는 데에 얼마나 걸립니까

The journey from seoul to Pusan *takes* 5 hours. 서울에서 부산까지의 여행은 다섯시간이 걸린다

❿ **사다**(=buy); (신문 등을) 예약해서 보다; (집 등을) 빌리다, 세 얻다

I'll *take* this cap. (상점에서 손님이) 이 모자로 주세요

What paper do you *take?* 어떤 신문을 보고 있습니까

I *took* the house for a year. 나는 그 집을 1년간 빌렸다

⓫ **선택하다**, 길을 잡다

I *took* French last year. (학교에서) 나는 작년에 프랑스어를 택했다

Let's *take* this way. 이 길로 가자

⓬ (뺄셈에서) (~을) **빼다**

What do you get if you *take* 6 from 14? 14에서 6을 빼면 얼마니

⓭ (시험을) 치르다

I have to *take* an examininatiom in English tomorrow. 나는 내일 영어 시험을 치러야 한다

⓮ (자리를) 잡다, 차지하다

Take this seat. 여기 앉으세요

We can't have a piano in here because it *takes* up too much space. 공간을 너무 많이 차지하기 때문에 피아노를 여기에 둘 수 없다

be taken ill 병이 들다

She *was taken ill*. 그녀는 병이 났다

📘 수동태에 주의: take cold(감기 들다)와 비교하라

take after ... ~를 닮다

He *takes after* his uncle. 그는 그의 삼촌을 닮았다

take away 가져가 버리다

It was *taken away* by the wind. 그것은 바람에 날려갔다

I *took* the dirty dishes *away*. 나는 더러운 접시를 치웠다

take back 도로 찾다; (약속 등을) 취소하다

I *took back* my hat from my brother. 나는 동생에게서 모자를 도로 찾았다

She *took back* what she had said. 그녀는 자신이 이야기한 것을 취소했다

take care of ... ~를 돌보다; ~에 조심하다

She *takes* good *care of* her little brother. 그녀는 남동생을 잘 돌본다

Take care of yourself. 몸조심 하시오

📝 남과 헤어질 때에 쓸 경우는 상대방이 병 중일 때에 한한다.

taken - talk

take ~ for ... ~를 …으로 착각하다, ~를 …으로 잘못 알다
We *took* him *for* a teacher. 우리는 그를 선생님으로 착각했다

take it easy 느긋한 마음을 갖다, 느긋하게 하다
Take it easy! 回 서두르지 마라
회화 친한 사람과 헤어질 때 말하면 「잘 있어」「안녕」의 뜻이 된다.

take off (옷을) 벗다(→ put on 입다); 가지고 가버리다, 데려가 버리다; (비행기가) 이륙하다(↔ land 착륙하다)
He *took off* his uniform. 그는 유니폼을 벗었다
The plane *took off* on time. 비행기는 제시간에 이륙했다 《이 take는 자동사; off는 부사》
Take your hands *off* the rope. 밧줄에서 손을 떼라 《off는 전치사》

take on (작업 등을) 떠맡다 《on은 부사》
I will *take on* the work. 그 일을 제가 맡겠습니다

take out (of) ... (~에서) 꺼내다, 데리고 나가다
Ben *took* an apple *out of* his pocket. 벤은 호주머니에서 사과 한 개를 꺼냈다
He *took* me *out* for a walk. 그는 나를 산책에 데리고 나갔다

take part in ... ~에 참가하다
We'll *take part in* the meeting. 우리는 그 모임에 참가하겠다

take place 행하여지다 ; 발생하다, 일어나다(= happen)
The game will *take place* next month. 그 시합은 내달에 거행될 것이다
A fire *took place* in the town. 그 도시에 화재가 발생했다

take up 집어 들다; (문제 등을) 취급하다; (장소·시간을) 차지하다; (탈것에) 태우다
I *took up* the receiver. 나는 수화기를 집어 들었다
They *took up* the problem. 그들은 그 문제를 취급했다
This table *takes* (*up*) too much room. 이 테이블은 자리를 너무 차지한다
This work will *take up* much of your time. 이 일은 당신의 시간을 많이 차지할 것이다

:tak·en [téikən] 타동 **take**의 과거분사형
I was *taken* to the zoo by him. 그가 나를 동물원에 데리고 갔다

take·out [téikəàut] 형 명 《음식 따위를》 사가지고 가는

takes [téiks] 동 **take**의 3인칭 단수 현재형

tak·ing [téikiŋ] 동 **take**의 현재분사형

tale [téil] 명 (복수 **tales** [-z]) (사실 또는 꾸며낸) 이야기, 실화(= story)
fairy *tales* 동화, 옛날 이야기
《◆ 동음어 tail(꼬리)》

tal·ent [tǽlənt] 명 ❶ (타고난) 재간, 재능(= ability) 《a를 붙이지 않고, 복수 없음》
《◆ 동음어 tail(꼬리)》
a man of *talent* 재사
He *has a talent for* painting. 그에게는 그림의 재능이 있다
❷ 《집합적으로》 재능있는 사람; 탤런트 《a를 붙이지 않고, 복수 없음》
They tried to discover new *talent*. 그들은 재능있는 신인들을 발견하려고 노력했다

★talk [tɔ́ːk] (◆ al 은 [ɔː]로 발음됨) 동 (3단현 **talks** [-s]; 과거·과분 **talked** [-t]; 현분 **talking**) 자동 타동 **말하다**, 이야기하다, 논하다
They were *talking* in the living room. 그들은 거실에서 이야기를 하고 있었다
He *talked* on for an hour. 그는 한 시간 동안 이야기를 계속했다
Stop *talking*. 이야기는 그만하시오
📘 say는 「생각을 말로 하다」, speak는 「말을 입 밖으로 내다」, talk는 「상

대방에게 들려 주기 위해 말하다」, tell 은 「어떤 내용을 전하다」(→ tell)
talk about ... (=구어에서는 드물게 ***talk of ...***) ~에 관하여 말하다, (남의) 일을 잡담하다
What are you *talking about*? 너는 무슨 말을 하고 있는 거니
We *talked of* our future. 우리는 장래에 대해 서로 이야기했다
Talk of the devil (and he will appear). 《속담》 호랑이도 제말하면 온다
talk back 말대답을 하다(=answer back)
He often *talks back* to his teacher. 그는 가끔 선생님에게 말대답을 한다
talk over ... ~에 대해 의논하다
We *talked over* the matter with him. 우리는 그 일에 대해 그와 의논했다
talk to ... ~에게 말을 걸다, ~와 말하다
Don't *talk to* others during the examination. 시험 중에는 다른 사람과 이야기해서는 안 된다
May I *talk to* Helen? 《전화에서》 헬렌 좀 바꿔 주세요
talk to *oneself* 혼잣말을 하다
He often *talks to himself*. 그는 가끔 혼잣말을 한다
— 명 (복수 *talks* [-s]) 이야기, 담화; 연설
I had a *talk* with him for an hour. 나는 그와 한 시간 동안 이야기했다
He gave a *talk* to the students. 그는 학생들에게 강연했다

talk·a·tive [tɔ́:kətiv] 형 (비교 *more* talkative; 최상 *most* talkative) 수다스러운

talked [tɔ́:kt] 동 talk(이야기하다)의 과거·과거분사형

talk·ing [tɔ́:kiŋ] 동 talk(이야기하다)의 현재분사형

talks [tɔ́:s] 동 talk (이야기하다)의 3인칭 단수현재형
— 명 talk (이야기)의 복수형

★tall [tɔ́:l] 형 (비교 **tall**er [-ər]; 최상 **tall**est [-ist]) 키가 큰(↔ short 키가 작은), 높은; (키의) 높이가 ~인
There are a lot of *tall* boys in our basketball team. 우리 농구 팀에는 키가 큰 남자 아이들이 많이 있다
She is three inches *taller* than I. 그녀는 나보다 3인치 키가 크다
He is the *tallest* boy in our class. 그는 우리 반에서 가장 키가 크다
"How *tall* are you?"—"I am six feet two inches *tall*." "너의 신장은 얼마나 되니"—"6피트 2인치야"

📝 **tall과 high의 사용법**
tall은 사람·동물·식물처럼 길고 높은 것에 대해 말함: a tall man(키 큰 사람); high는 산·건물처럼 크고 높은 것을 말함: a high mountain (높은 산)

tall·er [tɔ́:lər] 형 tall (키가 큰)의 비교급

tall·est [tɔ́:list] 형 tall (키가 큰)의 최상급

tall tale [tɔ́:l tèil] 명 허풍

tame [téim] 형 (비교 *tamer*; 최상 *tamest*) 길든(↔ wild 야생의), 순한
A sheep is a very *tame* animal. 양은 매우 온순한 동물이다
— 동 (3단현 *tames* [-z]; 과거·과분 **tame***d* [-d]; 현분 **tam***ing*) 〈타동〉〈자동〉 (동물 등을) 길들이다, 길들다
It is difficult to *tame* wild animals. 야생 동물을 길들이기는 힘들다

tan [tǽn] 동 (3단현 *tans* [-z]; 과거·과분 **tan***ned* [-d]; 현분 **tan***ning*) 〈타동〉 햇볕에 태우다
She is very well *tanned*. 그 여자는 햇볕에 매우 잘 그을려 있다
— 명 햇볕에 그을름; 황갈색 《복수 없음》

★tank [tǽŋk] 명 (복수 *tanks* [-s])
❶ (물·기름·가스 등을 저장하는) 탱크
❷ 전차, 탱크

tap¹ - taxi

tap¹ [tæp] 동 (3단현 **taps** [-s]; 과거·과분 **tapped** [-t]; 현분 **tapping**) 타동 자동 가볍게 두드리다
The chairman *tapped* on the table. 의장은 테이블을 톡톡 두드렸다
He *tapped* me on the shoulder. 그는 내 어깨를 가볍게 두드렸다

tap² [tæp] 명 (복수 **taps** [-s]) (나무통의) 주둥이; (수도 등의) 꼭지
Turn the tap on[off]. 꼭지를 열어라[잠가라]

*tape [téip] 명 (복수 **tapes** [-s]) (가늘고 긴 종이 등의) 테이프; (녹음용) 테이프
I recorded the music on *tape*. 나는 그 음악을 테이프에 녹음했다
a tápe recórder 녹음기

tar·get [tá:rgit] 명 (복수 **targets** [-s]) (활 등의) 표적, 과녁; 목표; (비난·주목의) 대상, (웃음)거리
This novel will be the *target* of bitter criticism. 이 소설은 신랄한 비평의 대상이 될 것이다

task [tæsk] 명 (복수 **tasks** [-s]) 부과된 일, 임무
His *task* is to clean the room. 그의 일은 방을 청소하는 것이다
📝 task는 할당된 일, 자진해서 맡은 일, work는 일반적인 일, labor는 힘든 일.

*taste [téist] 명 (복수 **tastes** [-s]) ❶ 미각, 맛
Suger has a sweet *taste*. 설탕은 단맛이다
📝 '짠맛'은 salty [sɔ́:lti], '쓴맛'은 bitter [bítər] '신맛'은 sour [sáuər] 라고 함.
It has no *taste*. 그것은 아무 맛도 없다
❷ 취미, 기호, 취향
I have a *taste* for art. 나는 미술에 취미가 있다
She has a good *taste* in dress. 그녀는 옷에 대해 좋은 취향을 갖고있다
There is no accounting for *tastes*. (속담) 사람의 취향은 설명할 수 없다
❸ 소량, 한 입
Will you have a *taste* of this cake? 이 케이크를 한 입 맛보지 않겠습니까
in bad [***good***] ***taste*** 멋이 없는 [있는]
Everything in her house is *in good taste*. 그녀의 집에 있는 것은 모두 멋있는 것이다
Her behavior is *in* very *bad taste*. 그녀의 행동은 품위가 없다
— 동 (3단현 **tastes** [-s]; 과거·과분 **tasted** [-id]; 현분 **tasting**) 타동 맛보다
The cook *tasted* the soup and put more salt in it. 요리사는 수프의 맛을 보고 소금을 더 넣었다
— 자동 ~의 맛이나다
It *tastes* of lemon. 그것은 레몬 맛이 난다
What does it *taste* like? 그것은 무슨 맛이 납니까
This medicine *tastes* bitter. 이 약은 쓰다

*tast·y [téisti] 형 (비교 **tastier**; 최상 **tastiest**) 맛나는, 맛있는; (구어) 멋있는, 품위있는, 고상한

*taught [tɔ́:t] (♦ gh는 발음되지 않음) 동 **teach**(가르치다)의 과거·과거분사형
French is *taught* at our school. 우리 학교에서는 프랑스어를 가르친다

*tax [tæks] 명 (복수 **taxes** [-iz]) 세(금), 국세
That comes to forth dollars with *tax*. 그것은 세금을 포함해서 40달러 입니다
How much income *tax* do you pay? 너는 소득세를 얼마나 내니

*tax·i [tǽksi] 명 (복수 **taxis** [-z]) 택시 《taxicab의 줄임말. 미국에서는 cab라고 함》
Let's take a *taxi*. 택시를 타자
Call me a *taxi*. 택시를 불러다오
We went to the station by *taxi*.(= We

went to the station in a *taxi*.)
우리는 정거장까지 택시로 갔다
📝 by taxi로 쓰이는 경우는 관사가 쓰이지 않는 것에 주의.

★**tea** [tíː] (◆ ea는 [iː]로 발음됨) 명
❶ 홍차 《a를 붙이지 않고, 복수 없음》
📝 홍차를 black tea로 말할 필요는 없음.
green *tea* 녹차
He likes *tea* better than coffee. 그는 커피보다 홍차를 더 좋아한다
Will you have a cup of *tea*? 홍차 한 잔 드시겠습니까
회화 A: *Tea* or coffee?
B: Coffee, please.
A: 차를 마시겠어요 아니면 커피를 마시겠어요
B: 커피 마실께요
📝 tea에는 a를 안 붙이고, 복수형도 없으므로 a cup of tea (한 잔의 차), two cups of tea (두 잔의 차)라고 하는데, 다방 따위에서 주문할 때에는 Two teas and three coffees. (홍차 두 잔과 커피 석 잔)이라고 해도 된다.
❷ 명 오후의 차 《a를 붙이지 않고, 복수 없음》
It's time for *tea*. 차 마실 시간입니다
We have *tea* at half past four. 우리는 4시 반에 차를 마신다
▶ 영국에서는 오후 3시 반경에서 5시경까지 그 사이에 홍차를 마시며, 샌드위치나 비스킷을 먹는 습관이 있다. 점심과 저녁 식사 사이의 가벼운 식사로 생각해도 된다. afternoon tea 라고도 한다.
make tea 차를 끓이다
She is *making tea* now. 그녀는 지금 차를 끓이고 있다

★**teach** [tíːtʃ] 동 (3단현 **teach**es [-iz]; 과거·과분 **taught** [tɔ́ːt]; 현분 **teach**ing) 타동 가르치다(→ learn 배우다)
Mr. Jones *teaches* history. 존스 선생님은 역사를 가르친다
Miss Bell *teaches* small children. 벨 선생님은 어린아이들을 가르치신다
📝 teach는 '계속해서 가르쳐주다'의 의미를 갖는다 「길을 가르쳐 주다」의 경우는 tell이나 show를 사용한다:
Will you *show* me the way to the station? (역으로 가는 길을 가르쳐 주시겠습니까); *Tell* me the way to the library. (도서관에 가는 길을 가르쳐 주십시오)
📝 남자 선생에게는 Mr.를, 여선생에게는 Miss 또는 Mrs.를 붙인다.
Miss Green *teaches* them English. 그린 선생님이 그들에게 영어를 가르친다 (=Miss Green *teaches* English to them.)
📝 「~에게 …을 가르치다」의 표현으로는 다음의 2가지가 있다.
He taught <u>them</u> <u>English</u>.
　　　　(사람) (과목)
He taught <u>English</u> to <u>them</u>.
　　　　(과목)　　(사람)
French is *taught* at our school. 우리 학교에서는 프랑스어를 가르친다
He *taught* us how to write letters. 그는 우리들에게 편지 쓰는 법을 가르쳐 주었다
— 자동 가르치다, 선생 노릇을 하다
He *teaches* at high school. 그는 고등학교에서 가르친다
Mr. Kim been *teaching* for 20 years. 김 선생님은 20년간 교사를 하고 있다
teach oneself 독학하다
He *taught himself* to play the guitar. 그는 기타 치는 법을 독습했다

teach

★**teach・er** [tíːtʃər] 명 (복수

teachers - Teddy

teachers [-z]) 선생, 교사(↔ student 학생)
"What is she?"—"She is a *teacher*."「그녀의 직업은 무엇입니까」—「선생님입니다」
Miss Kim is a *teacher* of English. 김 선생님은 영어를 가르치신다
📝 a teacher of English는 「영어 선생」의 뜻이 되는데, an English teacher에는 「영어 선생」(English쪽을 세게 발음)과 「영국인 선생」(teacher쪽을 세게 발음)의 두 가지 뜻이 있다
📝 미국의 초등 교육에서는 여선생이 많으므로, teacher는 she로 받는 일이 흔함. 또 「김선생」은 Miss Kim 또는 Mr. Kim이라 하며, Teacher Kim이라고는 하지 않음.

teach·ers [tíːtʃərz] 명 teacher (선생)의 복수형

teach·es [tíːtʃiz] 동 teach(가르치다)의 3인칭 단수 현재형

teach·ing [tíːtʃiŋ] 동 teach의 현재분사형
— 명 (복수 **teachings** [-z]) 가르침, 수업 ; 《흔히 복수형으로》 교훈
the *teachings* of Christ 그리스도의 가르침

***team** [tíːm] 명 (복수 **teams** [-z])
❶ (경기의) 팀
a baseball *team* 야구 팀
❷ (짐마차를 끄는) 2필 이상의 가축
a *team* of horses 한 팀의 말

****tear**[1] [tíər] 명 (복수 **tears** [-z]) 《흔히 복수형으로》 눈물
Her eyes were wet with *tears*. 그녀의 눈은 눈물로 젖어 있었다
He wiped away his *tears*. 그는 눈물을 닦았다
She broke into *tears*. 그녀는 울음을 터뜨렸다
The sad story moved us to *tears*. 그 슬픈 이야기에 우리는 눈물을 흘렸다
발음 동사 tear[téər](찢다)와의 모음 차이에 주의
in tears 눈물을 흘리며
She was *in tears*. 그녀는 눈물을 흘리고 있었다

tear[2] [téər] (◆발음 주의) 동 (3단현 **tears** [-z] ; 과거 **tore** [tɔ́ːr] ; 과분 **torn** [tɔ́ːrn] ; 현분 **tearing**) 타동 찢다
She *tore* the letter to pieces. 그녀는 편지를 갈기갈기 찢었다
— 자동 찢어지다
This paper *tears* easily. 이 종이는 잘 찢어진다

tease [tíːz] 타동 (3단현 **teases** [-iz] ; 과거·과분 **teased** [-d] ; 현분 **teasing**) 짓궂게 괴롭히다, 놀려대다 ; 조르다
You shouldn't *tease* him about his defect. 그의 결점에 대해서 그를 놀려서는 안된다
Tom was *teasing* cat. 톰이 고양이를 괴롭히고 있었다

tea·spoon [tíːspùːn] 명 (복수 **teaspoons** [-z]) 티스푼, 찻숟가락

tech·ni·cal [téknikəl] (◆ ch는 [k]로 발음됨) 형 (비교 **more technical**; 최상 **most technical**) 전문의, 기술상의 ; 공업의
technical terms 전문 용어
a *technical* school 공업 학교

tech·ni·cian [tekníʃən] 명 (복수 **technicians** [-z]) 전문가, 기술자

tech·nique [tekníːk] (◆ 강세에 주의) 명 (전문적인) 기술 ; (예술상의) 기교
She has great *technique* with knitting. 그녀는 뜨개질에 훌륭한 솜씨를 가졌다

tech·nol·o·gy [teknɑ́lədʒi] 명 과학[공업] 기술 ; 공학

Ted [téd] 명 테드 《남자 이름 ; Theodore 또는 Edward의 애칭》

Ted·dy [tédi] 명 테드 《남자 이름ᐳ

teenaged - telephone

Theodore, Edward의 애칭》

teen-aged [tíːn-èidʒd] 형 10대의

teen-ag-er [tíːn-èidʒər] 명 《복수 **teenagers** [-z]》 10대의 소년[소녀]
📝 어미에 -teen이 붙는 13세(thirteen)부터 19세(nineteen)까지의 소년·소녀를 가리킴

teens [tíːnz] 명 《복수명사》 10대 《어미에 -teen이 붙어 13세에서 19세까지》

a boy in his *teens* 10대의 소년

***teeth** [tíːθ] 명 **tooth**(이)의 복수형
Brush your *teeth* every morning. 매일 아침 이를 닦으시오

tel·e- [télə] 《접두어》 「먼; 원거리 조작의」의 뜻을 나타냄
tele graph 전신
tele phone 전화
tele scope 망원경

tel·e·gram [téləgræm] 명 《복수 **telegrams** [-z]》 전보
He sent the news by *telegram*. 그는 소식을 전보로 알렸다
회화 A: How did you contact her?
B: I sent her a *telegram*.
A: 어떻게 그녀에게 연락했니
B: 내가 그녀에게 전보를 쳤어
📝 tele-(먼)+-gram(쓴 것)에서 비롯된다

tel·e·graph [téləgræf] 명 전신(기), 전보 《a를 붙이지 않고 복수 없음》

***tel·e·phone** [téləfòun] 명 《복수 **telephones** [-z]》 전화, 전화기
a public *telephone* (=미 a pay *telephone*) 공중 전화
a *telephone* book(=a *telephone* directory) 전화 번호부
Her (*tele*)*phone* number is 421-6903. 그녀의 전화 번호는 421-6903이야
📝 421-6903은 four-two-one, six-nine-o-three라고 읽는다. 이때 번호의

o는 [ou] 라고 보통 읽는다.
a *telephone* receiver 수화기
a *telephone* booth(=영 a *telephone* box) 전화박스
The *telephone* is ringing. 전화가 울리고 있다
May I use your *telephone*? 전화 좀 써도 될까요
📝 May I borrow your telephone? 이라고 하지 않음.
회화 A: Can you answer the *telephone* ?
B: I'm sure it's for you.
A: 전화 좀 받을래
B: 틀림 없이 너한테 온 전화일거야
A: Is John in?
B: John is out now.
A: 존 있습니까
B: 존은 지금 나가고 없습니다
A: Is there any message?
B: Tell him that I called.
A: 전할 말이라도 있습니까
B: 제가 전화했었다고 전해 주세요
There was a *telephone* call for you just now. 지금 막 네게 전화가 걸려 왔었다
My father is (talking) on the *telephone*. 아버지는 전화로 말씀하고 계시는 중이다[통화 중이시다]
Tell him by *telephone*. 전화로 그에게 말하라
You are wanted on the *telephone*. 당신을 찾는 전화입니다
Please call Mr. Brown to the *telephone*. (전화에서) 브라운씨 좀 부탁합니다
📝 전화 용어
Kim speaking. 저는 김입니다
This is Kil-dong. 저는 길동입니다
Who is this, please? 누구시죠
May I speak to Jim? 짐을 바꿔 주시오
Tom, Miss Park is on the *phone*. 톰, 박양 전화야
Who is calling, please? 누구십니까 《다른 사람에게 걸려 왔을 때》
Line's busy. 미 통화 중입니다(=영

telescope - tell

Line's engaged)
Please hold the line. 기다려 주시오
— 围 (3단현 **telephone**s [-z]; 과거·과분 **telephone**d [-d]; 현분 **telephon**ing) 탄동 전화를 걸다, 전화로 말하다
I'll *telephone* her. 그녀에게 전화를 걸겠다
— 자동 전화를 걸다
I'll *telephone* tomorrow. 내일 전화하겠다
Telephone to him at once. 즉시 그에게 전화해라
 ☑ telephone은 tele-(먼)+phone(음) 에서 나온 말, 구어에서는 phone만으로 충분하다.

tel·e·scope [téləskòup] 명 (복수 **telescope**s [-s]) 망원경
We looked at the stars through the *telescope*. 우리는 망원경으로 별을 보았다

★**tel·e·vi·sion** [téləvìʒən] 명 (복수 **television**s [-z]) 텔레비전 《TV [tí:ví:]로 줄여 씀. T와 V 뒤에 생략점(.)은 안 붙인다》; TV 수상기 (=a television set)
 ☑ 라디오는 the radio이지만, TV는 무관사; 단, TV 수상기의 뜻일 때에는, a를 붙이고 복수형은 televisions [-z] 로 됨.
She is watching *television*. 그녀는 TV를 보고 있다
 ☑ watch television이라고 하지 see television이라고 하지 않는다.
Did you watch the game on *television*? 너는 그 시합을 TV로 보았니
Will you turn on the *television*? TV를 켜 주시겠습니까 《on은 부사》
May I turn off the *television*? TV를 꺼도 됩니까 《off는 부사》
My glasses are on the television. 내 안경은 TV위에 있다 《이 경우는 TV 수상기를 가르키므로 관사가 앞에 놓인다》
 발음 educátion(교육), discússion(토론), musícian(음악가) 따위, -tion, -sion, -cian 으로 끝나는 말은 제 1강세가 바로 그 앞에 오지만 television은 예외이다.
a cólor télevision 컬러 TV
a télevision càmera TV 카메라
a télevision prògram TV 방송 순서
a télevision stàtion TV 방송국
 ☑ 「TV를 사다」와 「TV를 보다」라고 할 때 영어에서는 우리와 달리 구분해서 쓴다: I watched TV. (나는 TV를 보았다) I bought a TV set. (나는 TV 한대를 샀다)

★**tell** [tél] 동 (3단현 **tell**s [-z]; 과거·과분 *told* [tóuld]; 현분 **tell**ing) 탄동 ❶ 말하다, 이야기하다
Please don't *tell* anyone. 제발 아무에게도 말하지 마라
Don't *tell* a lie. 거짓말을 하지 마라
She will *tell* me a story.(=She will *tell* a story to me.) 그녀는 내게 이야기를 들려 줄 것이다
I *told* him about London. 나는 그에게 런던 이야기를 해 주었다
Tell me something about your family. 당신의 가족에 대해 뭔가 말해 주시오
He *told* me (that) he wanted to be a teacher. 그는 학교 선생이 되고 싶다고 말했다
 ☑ ~에게 …을 말하다: tell+사람+사물, tell+사물+to+사람
❷ 알리다, 가르쳐 주다
Please *tell* me the way to the station. 정거장으로 가는 길을 가르쳐 주십시오
Carl *told* her how to swim. 칼은 그녀에게 수영법을 가르쳐 주었다
I am *told* (that) you were ill. 몸이 편치 않으셨다고 들었어요
I can't *tell* you how happy I am. 내가 얼마나 기쁜지 너에게 말로 표현할 수가 없어
❸ 명령하다, (~하라고) 말하다
I *told* him to study hard. 나는 그에게 열심히 공부하라고 말했다
Do as you *are told*. 하라는 대로 하시오

telling - tend

❹ 《보통 can, cannot, be able to 등에 이어져》 **분간하다**, 식별하다, 알다
Can you *tell* John from his twin brother? 너는 존을 그의 쌍둥이 동생과 구분할 수 있니
We *cannot tell* why he went there. 그가 왜 거기에 갔는지 우리는 알 수가 없다
— 자동 **말하다**, 나타내다
He often *tells* of his boyhood. 그는 자주 자기의 소년 시절 이야기를 한다
She is always *telling*. 그녀는 언제나 수다를 떨고 있다

📝 **tell, speak, talk, say 의 용법**
(1) tell 은 말의 내용을 보고, 또는 말해서 전함: I will *tell* you a strange story. (네게 이상한 이야기를 하나 들려 줄께)
(2) speak 는 「말하다」라는 행위에 중점을 둠: Do you *speak* English? (당신은 영어를 말할 줄 압니까)
(3) talk 는 상대방과 친밀하게 이야기하다, 회담하다: We *talked* over our school days. (우리는 학생 시절의 일을 서로 이야기했다)
(4) say는 자기 생각을 말로 발표하다: He *said* nothing about it. (그는 그것에 대해 아무 말도 하지 않았다)

I (***can***) ***tell you.*** 정말로, 확실히
It is hard work, *I* (*can*) *tell you.* 정말 그것은 힘드는 일이다
to tell (***you***) ***the truth*** 사실대로 말하면
To tell (*you*) *the truth,* I hate sports. 사실대로 말하면 나는 스포츠를 싫어한다

tell·ing [téliŋ] 동 tell(~을 말하다)의 현재분사형

tells [télz] 동 tell(~을 말하다)의 3인칭 단수 현재형

tem·per [témpər] 명 (복수 **tem·pers** [-z]) 기질, 성질; 기분
Our teacher was in a bad *temper* this morning. 우리 선생님은 오늘 아침 기분이 나빴다
She has a short *temper*. 그녀는 성미가 급하다

tem·per·a·ture [témpərətʃùər] 명 (복수 **temperatures** [-z]) 온도, 체온
The *temperature* in this room is too high. 이 방의 온도는 너무 높다
The nurse took my *temperature*. 간호원은 나의 체온을 쟀다

tem·ple [témpl] 명 (복수 **temples** [-z]) 사원, 신전 《기독교를 제외한 불교 등의 신전을 가르킴; 기독교의 교회는 church [tʃə́ːrtʃ]》

tem·po [témpou] 명 (복수 **tem·pos** [-z] 또는 **tempi** [-piː]) 《음악》 박자, 속도, 템포
Play it at a slightly slower *tempo*. 약간 느린 박자로 연주하세요

tem·po·rar·y [témpərèri] 형 임시의
My brother tries to find a *temporary* job during his summer holidays. 내 동생은 여름 방학동안에 일할 임시직을 구하려고 애쓴다

★**ten** [tén] 명 (복수 **tens** [-z]) 10; 10세; 10시; 10개, 10명 《복수 없음》
Please count from one to *ten*. 1에서 10까지 세시오
We started at *ten*. 우리는 10시에 출발했다
ten to one 십중 팔구; 아마, 틀림없이 (=in nine cases out of ten)
Ten to one she will arrive late. 틀림없이 그녀는 늦게 도착할 것이다
— 형 10의, 10개의; 10명의
It is *ten* years since I left school. 나는 학교를 나온 지 10년이 된다

tend [ténd] 동 (3단현 **tends** [-z]; 과거·과분 **tended** [-id]; 현분 **tend·ing**) 자동 《tend to로》 ~하는 경향이 있다, ~하기 쉽다
She *tends to* get angry at little

tendency - tenth

things. 그녀는 작은 일로 화를 내는 경향이 있다
One *tends to* shout when excited. 사람은 흥분하면 소리를 지르는 경향이 있다

ten·den·cy [téndənsi] 명 (복수 **tendenc*ies*** [-z]) 경향; 버릇
Traffic accidents show a *tendecy* to increase. 교통사고가 증가하는 경향이 보인다

ten·der [téndər] 형 (비교 **tenderer**; 최상 **tenderest**)
❶ 온유한, 친절한(=kind)
She has a *tender* heart. 그녀는 온유한 마음씨를 가지고 있다
❷ 연한(=soft; ↔tough 질긴), 부드러운
tender meat 연한 고기

★**ten·nis** [ténis] 명 테니스, 정구 《a를 붙이지 않고, 복수 없음》
table *tennis* (=Ping-Pong) 탁구
📝 형용사적으로도 쓰임: a *tennis* ball(테니스 공), a *tennis* court(테니스 코트)
We played *tennis* after school. 우리는 방과 후 테니스를 했다

tense¹ [téns] 명 (복수 **tens*es*** [-iz]) 《문법》 시제
the future[past, present] *tense* 미래[과거, 현재] 시제
the perfect *tense* 완료 시제
📝 실제의 시간(time)과 구별하기 위하여 문법에서는 이 말을 쓴다.

tense² [téns] 형 (비교 **tens*er***; 최상 **tens*est***) 긴장한, 팽팽한
a *tense* rope 팽팽한 밧줄
He seems very *tense*. 그는 매우 긴장하고 있는 것 같다

★**tent** [tént] 명 (복수 **tent*s*** [-s]) 천막, 텐트
Let's pitch a *tent* here. 여기에 천막을 치자
📝 이외에도 put up a tent 나 set up a tent 라고도 함.
We spent the night in a *tent*. 우리는 천막에서 밤을 지냈다

★★**tenth** [ténθ] 《10th로 줄임》 명 (복수 **tenth*s*** [-s]) 《보통 the를 붙여》 제 10; 10번째; (달의) 10일; 10분의 1
seven *tenths* 10분의 7 《복수형에 주의》

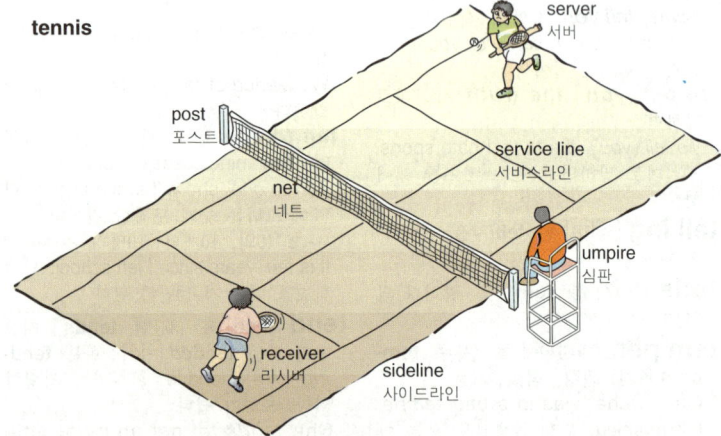

tennis
post 포스트
net 네트
server 서버
service line 서비스라인
umpire 심판
receiver 리시버
sideline 사이드라인

I was born on the *tenth* of October. 나는 10월 10일에 출생했다
☑ the tenth of October 보다 October (the) 10th 쪽이 보통임.
— 형 제10의, 10번째의, 10분의 1의
October is the *tenth* month of the year. 10월은 1년의 10번째 달이다

term [tə́ːrm] 명 (복수 **terms** [-z])
❶ 말; 전문 용어; 《복수형으로》 말씨, 말투
medical *terms* 의학 용어
in plain *terms* 쉬운 말로
❷ 기한, 기간, 학기
a president's *term* of office 대통령의 임기
The first *term* begins on September 10. 제1학기는 9월 10일에 시작된다
▶ 유럽·미국에서는 9월에 신학기가 시작된다.
❸ 《복수형으로》 사이, (친한) 관계, 교제 관계
Tom keeps good *terms* with them. 톰은 그들과 친한 사이다
I didn't know you and she were on such good *terms*. 나는 너와 그 여자가 그렇게 친한 사이인줄 몰랐다

ter·mi·nal [tə́ːrmənl] 형
❶ 끝의, 종점의
a *terminal* station 종착역
❷ 학기의
a *terminal* exam 학기[학년]말 시험
— 명 (복수 **terminals**[-z]) 말단; (미) 종착역
an air *terminal* 에어 터미널 《도시 안에 있는 공항 연락소》
a bus *terminal* 버스 종착지

ter·race [térəs] 명 (복수 **ter·races** [-iz]) 테라스 《실내에서 밖으로 직접 나갈 수 있도록 벽돌이나 돌 등을 깔아 놓은 곳으로 의자를 갖다 놓기도 하며 일광욕을 하는 장소로 쓰이기도 함》

***ter·ri·ble** [térəbl] 형 (비교 *more* **terrible**; 최상 *most* **terrible**)

❶ 무서운(=fearful)
a *terrible* look 무서운 얼굴 표정
I had a *terrible* dream last night. 나는 간밤에 무서운 꿈을 꾸었다
❷ 《구어》 지독한
I had a *terrible* cold last week. 나는 지난주에 지독한 감기에 걸렸다
a *terrible* heat 지독한 더위

ter·ri·bly [térəbli] 부 (비교 *more* **terribly**; 최상 *most* **terribly**) 무섭게; 《구어》 지독하게, 대단히
I'm *terribly* sorry. 대단히 죄송합니다
He was *terribly* tired. 그는 몹시 지쳐 있었다

ter·rif·ic [tərífik] 형 (비교 *more* **terrific**; 최상 *most* **ferrific**)
❶ 무서운, 무시무시한
❷ 《구어》 굉장한, 지독한; 맹렬한
She is driving her car at at a *terrific* speed. 그녀는 맹렬한 속도로 차를 몰고 있다
❸ 《구어》 훌륭한, 멋진
회화 A: Let's have a drink.
B: *Terrific!*
A: 술 한잔 합시다
B: 좋아요

ter·ri·fy [térəfài] 타동 (3단현 **terrifies** [-z]; 과거·과분 **terrified** [-d]; 현분 **terrifying**) 겁나게 하다, 무섭게 하다 《명사는 terror, 형용사는 terrible》
The child was *terrified* of being left alone. 그 아이는 혼자 남겨지는 것을 두려워했다
She was *terrified* at the dog. 그녀는 개를 무서워했다

ter·ri·to·ry [térətɔ̀ːri] 명 (복수 **territories** [-z]) 영토; 지역; (예술 등의) 분야

ter·ror [térər] 명 (복수 **terrors** [-z]) 공포
He ran away in *terror*. 그는 공포에 질려 도망쳤다

test [tést] 명 (복수 **tests [-s]) 시험

(=examination), 검사, 테스트
We had a *test* in history. 우리는 역사 시험을 치렀다
She passed the *test*. 그녀는 시험에 합격했다
— 동 (3단현 *tests* [-s] ; 과거·과분 *tested* [-id] ; 현분 *testing*) 타동 시험하다, 검사하다, 해보다
The teacher *tested* our knowledge of grammar. 선생님은 우리의 문법 지식을 시험하셨다
회화 A: Did you pass a driving *test*?
B: No, I failed it.
A: 운전 면허 시험에 합격했니
B: 아니, 떨어졌어

Tex·as [téksəs] 명 텍사스 주《미국 남부의 주로 알래스카 다음으로 면적이 넓다; 약어로 TX 또는 Tex.라고 쓴다》

text [tékst] 명 (복수 **texts** [-ts]) (주석·삽화에 대한) 본문; (번역 등에 대한) 원문; 미 교과서, 텍스트

★**text·book** [tékstbùk] 명 (복수 **textbooks** [-s]) 교과서, 텍스트
Open your *textbooks* to page twelve. 교과서 12페이지를 펴세요

tex·tile [tékstail] 명 (복수 **textiles** [-z])《보통 복수형으로》직물

Thai·land [táilænd] 명 타이《아시아 동남부의 왕국으로서 수도는 방콕 (Bangkok)》

Thames [témz] (◆발음에 주의) 명《the 를 붙여》템스 강《런던을 관류하여 북해로 흘러들어 감》

The Thames

★**than** [ðən, (강조할 때) ðǽn] 접
❶《비교급의 형용사·부사의 뒤에 와서》~보다
Bill is younger *than* Tom (is).⁽¹⁾ 빌은 톰보다 어리다
I am much taller *than* he (is).⁽²⁾ 나는 그보다 훨씬 키가 크다
She runs faster *than* I (do).⁽³⁾ 그녀는 나보다 더 빨리 달린다
I get up earlier *than* my brother (does).⁽⁴⁾ 나는 형보다 더 일찍 일어난다
📝 (1)의 younger, (2)의 taller 는 형용사, (3)의 faster, (4)의 earlier 는 부사. 구어에서는 문미의 is, do, does 를 생략하는 것이 보통이다. 그 경우은 전치사화하고, (2)에서는 he 가 him 으로, (3)에서는 I 가 me 로 될 때가 많다.
Bill runs faster *than* any other boy in his class. 빌은 자기반에서 어떤 소년보다도 빨리 달린다[빌은 자기반에서 가장 빨리 달린다]
📝 비교급이 최상급의 의미를 나타내는 경우.
(1)「비교급+than any other+단수명사」: John is taller *than any other boy* in class.(=John is the tallest boy in class.) 존은 반에서 키가 제일 크다
(2)「부정어+비교급+than」: Nothing is more precious *than* health. (=Health is the most precious thing.) 건강만큼 소중한 것은 없다
❷《rather ~ than..., ~ rather than... 의 형태로》…보다 오히려 ~, …할 바에는 차라리 ~
I would *rather* stay (at) home *than* go out. 나는 외출할 바에는 차라리 집에 있는 편이 낫겠다
That is green *rather than* blue. 저것은 청색이라기 보다는 오히려 녹색이다
❸《other, otherwise, else 의 뒤에서》~외의 다른, ~말고 다른
I have no *other* friend *than* you.

나는 너 말고 다른 친구는 없다
I could not do *otherwise than* run away. 나는 달아나는 수 밖에 다른 도리가 없었다

more than ... ~이상
He went out *more than* three hours ago. 그는 3시간 이상 전에 외출했다

more than one (...) 두 사람[두 개] 이상
The helicopter can carry *more than one* man. 그 헬리콥터는 2명 이상 태울 수 있다
More than one boy was absent. 2명 이상의 소년이 결석했다

✅ more than one 또는 more than one+단수 명사가 되어, 동사는 단수형을 쓴다.

★**thank** [θǽŋk] (3단현 **thank***s* [-s] ; 과거·과분 **thank***ed* [-t] ; 현분 **thank***ing*) 타통 **감사하다**, 사의를 표하다, 고맙다고 하다
"How are you?"—"I'm fine, *thank* you." 「어떻게 지내세요」—「잘있습니다, 고맙습니다」

회화 A: *Thank* you very much.
B: You're welcome.
A: 대단히 고맙습니다
B: 천만에요 (= Not at all.)

💬 주어 I는 생략하는 것이 보통임. 또 같은 뜻인 Thank you so much. 는 보통 여성이 쓴다

"Will you have another cup of coffee?"—"No, *thank* you." 「커피 한 잔 더 드시겠습니까」—「아니오, 사양하겠습니다」 《정중하게 거절할 때 사용하는 말 ; 반대말은 Yes, please. (예, 주십시오)이다》
Thank you for your kindness. 친절히 대해 주셔서 감사합니다
Thank you for coming. 와 주셔서 고맙습니다
Thank God!(= *Thank* Heaven!) 아아, 고마워라

— 명 (복수 **thanks** [-s]) 감사
a letter of *thanks* 감사의 편지
Thanks. (= *Thank* you.) 고맙소
Thanks a lot. 대단히 고맙네 《손아랫사람이나 친구에게 말함》
No, *thanks*.(= No, *thank* you.) 아니오, 사양하겠습니다

give thanks to ... ~에게 감사하다
He *gave thanks* to God. 그는 신에게 감사를 드렸다

thanks to ... ~의 덕분으로
Thanks to your help, I succeeded. 네 도움 덕분에 내가 성공했다
Thanks to rainy weather, I was late. 비 덕분에 내가 늦었다 《thanks to 는 비꼬는 기분을 내포할 때도 있다》

thanked [θǽŋkt] 통 thank(감사하다)의 과거·과거분사형

thank·ful [θǽŋkfəl] 형 (비교 *more thankful* ; 최상 *most thankful*) 《명사는 thank》 감사하는(= grateful)
I am *thankful* to you for your help. 저는 당신의 도움에 대하여 고맙게 생각합니다

thanks [θǽŋks] 통 thank(감사하다)의 3인칭 단수 현재형

thanks·giv·ing [θæŋksgíviŋ] 명 (특히 하나님에 대한) 감사의 표시 ; 《Thanksgiving으로》 추수 감사절 (= Thanksgiving Day)

Thanks·giv·ing Day [θæŋksgíviŋ dèi] 명 추수 감사절
풍습 11월의 제4목요일. 그 해의 수확을 신에게 감사하는 날. 이 날에는 친척·친구를 초대하여 칠면조(Thanksgiving turkey) 따위의 식사를 함

that - that

★that [ðǽt] 때 (복수 ***those*** [ðóuz])

❶ 저것, 그것

"What's *that*?"—"It's a table." 「저것은 무엇입니까」—「테이블입니다」
Who is *that*? 저 분은 누구냐
Which do you like better, this or *that*? 이것과 저것 가운데 어느것을 당신은 더 좋아합니까

📝 this는 가까운 곳의 물건[사람]을 가리키고, that는 조금 떨어져 있는 것[사람]을 가리킴.

❷ (앞에 나온 것을 가리켜) **그것, 그 일**

"My sister is ill in bed."—"*That*'s too bad." 「내 동생은 몸이 아파 누워 있다」—「거, 참 안됐군」 《*That's too bad*.는 동정을 나타내는 데 쓰는 말》

〖회화〗 A: Is this yours?
B: *That's* right.
A: 이것은 당신것입니까
B: 맞습니다

📝 That's all right (괜찮습니다)와 구별하여 사용할 것: "I'm sorry to be late."—"That's all right." 「늦어서 죄송합니다」—「괜찮습니다」
He became a doctor after *that*. 그 후 그는 의사가 되었다
I'm glad to hear *that*. 그 말을 들으니 나는 기쁩니다

❸ 《같은 명사의 되풀이를 피하여》 (~의) **그것**

The light of the sun is brighter than *that* of the moon. 태양의 빛은 달의 빛보다 더 밝다 《that=the light》

and that 그것도 게다가 《that은 앞의 문을 받는다》
We went there, *and that* very often. 우리는 그 곳에 갔다, 그것도 여러 번 갔다 《that=we went there》

***that is* (*to say*)** 즉, 다시 말하면
Next Sunday, *that is* (*to say*), the tenth of April, is my birthday. 다음 일요일, 즉 4월 10일은 내 생일이다

That's all. 그것이 전부다
That will do. 그것으로 됩니다

— 형 (복수 ***those*** [ðóuz]) 저, 그
Do you know *that* boy? 당신은 저 소년을 알고 있습니까
What is *that* noise? 저 소리는 무엇입니까
Tom likes this bat, but I like *that* one. 톰은 이 야구 방망이를 좋아하지만, 나는 저 야구 방망이가 좋다 《that one=that bat》
It was rainy *that* day. 그날은 비가 왔다

— [ðət] 때 《관계대명사》 (단수도 복수도 모두 **that**)

❶ ~하는

📝 우리말로 옮기지 않는 편이 낫다.
Look at the house *that* stands on the hill. 언덕 위에 있는 집을 보시오
This is a dog (*that*) I bought yesterday.⁽¹⁾ 이것은 내가 어제 산 개이다
Here is a boy *that* speaks English well.⁽²⁾ 영어를 능숙하게 말하는 소년이 여기 있다
This is the tallest tower (*that*) I have ever seen.⁽³⁾ 이것은 내가 지금까지 본 중에서 가장 높은 탑이다
He is the only boy *that* can speak German in my class.⁽⁴⁾ (=He is the only boy who can speak German in my class.) 그는 내 반에서 독일어를 말하는 단 하나의 소년이다

📖 that은 선행사로 사람과 물건 모두에 쓰인다. 예문 (3) (4) 처럼 선행사에 최상급 또는 이와 비슷한 뜻의 first, only, all, any 등의 수식어가 있는 경우에는 that을 쓰는 것이 원칙이지만 선행사가 사람일 경우에는 who를 쓸 수도 있다. that이 목적격으로 쓰인 경우 that을 생략할 수 있다

❷ 《It is ~ that ... 형태의 강조문에 쓰여》 **…한 것은 ~이다**

It is my glove *that* he found in the park. 그가 공원에서 발견한 것은 내 글러브이다

thatch - the

It was yesterday *that* I went to the museum. 내가 박물관에 간 것은 어제였다

☑ *that*의 앞의 어구(위 문장에서는 각각 my glove 와 yesterday)가 강조된다.

It is you *that* are to blame. 비난받을 사람은 너다

☑ 강조되는 어구가 사람이므로 that 또는 who를 사용하여 It is you who are to blame.이라고 해도 된다.

— [ðət] 접 ❶ ~하는 것

I know (*that*) you are right. 네가 옳다는 것은 알고 있다

He says (*that*) he likes tennis. 그는 테니스를 좋아한다고 한다

I'm afraid (*that*) he will not come here. 그는 여기에 오지 않으리라고 생각합니다

☑ *that*은 구어에서는 보통 생략.

❷ 《(so) that ~ may…로》 ~가 …하기 위해, ~가 …하도록

He works hard (*so*) *that* he *may* pass the examination. 그는 시험에 합격하기 위해 열심히 공부한다

He got up early so *that* he *might* be in time for the first bus. 그는 첫 버스를 탈 수 있도록 일찍 일어났다

📦 이 so는 생략될 때가 있다. 또 구어에서는 that을 생략할 때도 있으며, 또한 may 대신에 can을 쓸 때가 많다

❸ 《†so … that; such … that 의 형태로》 매우 ~하므로

It is *so* hot *that* we won't go out. 너무 더워서 우리는 외출하지 않겠다

Tom is *so* busy *that* he can't come with me.(=Tom is *too* busy *to* come with me.) 톰은 몹시 바빠서 저와 함께 오지 못합니다

He is *such* a bright boy *that* all his friends love him. 그는 매우 총명한 소년이므로 친구들은 모두 그를 좋아합니다

📦 so의 뒤에는 형용사·부사, such의 뒤에는 '형용사+명사'가 온다

❹ 《원인·이유를 나타내는 절을 이끌어》 ~이므로, ~하므로

I'm glad (*that*) she is coming. 그녀가 오기 때문에 나는 기쁘다

I am sorry (*that*) he is gone. 그가 가 버려서 유감이다

so that 그래서

I am tired, *so that* I want to sleep. 나는 지쳐서 자고 싶다

thatch [θǽtʃ] 명 (지붕의) 이엉

— 동 (3단현 **thatch***es* [-iz]; 과거·과분 **thatch***ed* [-t]; 현분 **thatch***ing*) 타동 자동 (지붕을) 이엉으로 이다

a *thatched* house 초가집

that'll [ðǽtl] that will 또는 that shall 의 줄임꼴

That'll (=That will) be fine. 그것이 좋겠다

***that's** [ðǽts] that is 또는 that has 의 줄임꼴

That's (=That is) a good idea. 그것은 좋은 생각이다

***the** [(자음 앞에서는) ðə, (모음 앞에서는) ði, (강조할 때) ðíː] 관 《정관사》

📦 명사의 앞에 붙여 「저」, 「그」 따위의 뜻을 나타내지만, 우리말로는 나타내지 않을 때가 많음

❶ 그 《앞에 나온 것, 또는 설명하지 않아도 상대방이 알고 있는 것을 가리키는 명사에 붙임》

I have a cat. *The* cat is very pretty. 나는 고양이를 기르고 있다. 그 고양이는 매우 귀엽다 《앞에 나온 말》

Please open *the* door. 문을 열어 주시오 《상대방이 어느 문인가 알고 있는 경우》

Show me *the* picture in your hand.

that - that

손에 들고 있는 사진을 보여 주시오 《in your hand 라는 어구로 어느 사진인가를 알 수 있는 경우》

❷ 《천체·방위 등, 단 하나의 것 앞에 붙임》

the sun 태양
the moon 달

📝 단, 앞에 형용사가 오면 a full moon(보름달) a new moon(초생달)처럼 a(an)이 붙음.

the earth 지구

📝 단, on earth (지상에서)

The moon goes around *the* earth. 달은 지구 주위를 돈다
the sky 하늘 《a cloudy sky 흐린 하늘》
the east 동쪽
the north 북쪽
The sun sets in *the* west. 해는 서쪽으로 진다

📦 계절 이름에 the를 붙이는 방법에 주의: It's cold in (*the*) winter. (겨울은 춥다); during *the* winter (겨울 동안 내내)

❸ 《강·바다·배·신문·잡지·공공 건물·산맥 등의 고유명사에 붙임》

the Alps 알프스산맥
the Thames 템스 강
the Pacific (Ocean) 태평양
the Bay of Wonsan 원산만 《Wonsan Bay 라고 하면 무관사》
the Queen Mary 퀸 메리 호
the Sahara 사하라 사막
the Panama Canal 파나마 운하
the White House 백악관
the Times 타임스 (신문)

📝 the를 붙이지 않는 신문·잡지 이름도 있음. 또한 인명을 책 이름으로 하면 관사 없음: "Hamlet"; 인명·지명·국명·산·호수·공원·역·학교·도로 등에는 보통 the를 붙이지 않는다.

❹ 《단수 명사에 붙여 종류를 나타냄》
The cat can see in the dark. 고양이는 어둠 속에서도 볼 수 있다

📝 The cat ...를 A cat ... 또는 Cats ... 로 하면 구어적이 됨.

❺ 《형용사에 붙여 사람들을 나타내고, 또 추상명사의 뜻이 됨》
the poor 가난한 사람들(=poor people)
the true 진실(=truth)
The rich (= Rich people) are not always happy. 부자라고 반드시 행복한 것은 아니다
There are a lot of people who love *the* beautiful. (the beautiful = beauty) 미(美)를 사랑하는 사람들은 많다

❻ 《국민·가족을 나타냄》
The Korean work hard. 한국인은 열심히 일한다 《복수 취급》
The Browns also came. 브라운씨 가문의 사람들도 왔다

❼ 《형용사의 최상급앞에서》
He is *the* tallest in his class. 그는 자기 반에서 가장 키가 크다

❽ 《수량을 나타내는 명사에 붙어 단위를 나타냄》
Sugar is sold by *the* pound. 설탕은 1파운드에 얼마로 팔린다
We rented a cottage *by* the month. 우리는 1개월 단위로(월세로) 별장을 빌렸다
She was paid by *the* week. 그녀는 주급으로 받았다

❾ 《기타 관용 어구에서》
in *the* morning 오전 중에 《단, this morning 은 「오늘 아침」》
in *the* afternoon 오후에
in *the* evening 저녁 때에 《단, at night 는 「밤에」》
in *the* dark 어둠 속에
in *the* rain 비 속에
She plays *the* piano very well. 그녀는 피아노를 매우 잘 친다

📝 「play the+악기명」에서는 the를 쓰지만, 「play+경기명」에서는 the를 쓰지 않음: play tennis(테니스를 치다)

—튀 ❶ 《「The+비교급, the+비교급」의 형으로》 ~하면 할수록, 점점 더
The more money we get, *the more*

theater - them

(money) we want. 우리는 돈을 벌면 벌수록, 더욱 돈을 탐낸다

The sooner, the better. 빠르면 빠를수록 좋다

❷ 《비교급 앞에 붙여》 그만큼, 오히려 더

📝 강조를 위해 긍정일 때는 all, 부정일 때는 none과 함께 쓰이는 경우가 많음.

The street became all the noisier at night. 밤이 되니까 거리는 더욱 시끄러워졌다

I like him all the better for his faults. 그의 그런 결점 때문에 나는 그를 더욱 좋아한다

*the·a·ter, the·a·tre [θíːətər] 명
(복수 **theaters** [-z])

❶ 극장

a movie *theater* 영화관
a drive-in *theater* (미) 드라이브인 극장 《차를 탄 채로 볼 수 있는 야외 영화관》
We went to the theater last night. 우리는 어젯밤 극장에 갔다

📝 (미)에서는 흔히 theater를 쓰지만, 극장 이름에는 theatre 가 많다: The Center *Theatre* (뉴욕의 중앙 극장)

❷ 계단식 교실

theft [θeft] 명 훔침, 절도; 절도죄
He was put in prison for theft. 그는 절도죄로 감옥에 수감되었다

*their [ðéər, ðər] 대 《they 의 소유격》 그들의, 그녀들의, 그것들의
Their home town is Boston. 그들의 고향은 보스턴입니다
"Who are those girls?"—"I don't know *their* names." 「저 소녀들은 누구입니까」—「그녀들의 이름은 모릅니다」
Tom and Jim are brothers. Their father went to England. 톰과 짐은 형제입니다. 그들의 아버지는 영국에 갔습니다
《◆동음어 there(거기에)》

*theirs [ðéərz] 대 《they 의 소유대명사》 그들의 것, 그녀들의 것
These books are theirs. 이 책들은 그들의 것입니다

*them [ðəm, (강조할 때) ðém] 대 《they 의 목적격》 그들을, 그녀들을, 그들에게, 그녀들에게, 그것들을, 그것들에게
"Do you know Tom and Bill?"—"Yes, I know *them* well." 「너는 톰과 빌을

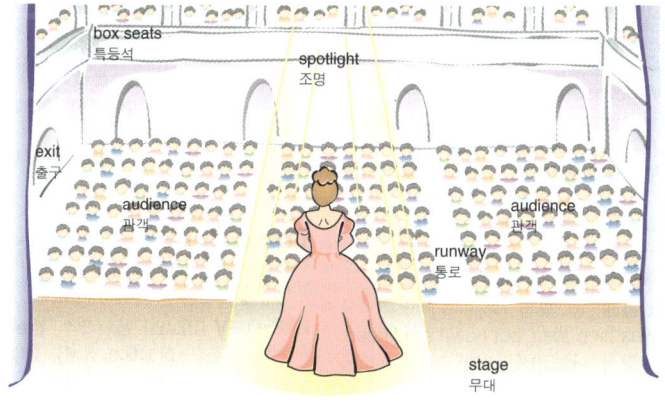

theater

theme - there

알고 있니」—「응, 나는 그들을 잘 알고 있어」
He has two dogs. I often find *them* in his garden. 그는 개를 두 마리 기르고 있다. 나는 그의 집 뜰에서 자주 그것들을 본다

theme [θíːm] 명 (복수 theme*s* [-z]) 주제, 제목, 테마; 《음악》 주제, 주선율
a *theme* song 주제가, 테마송
"Freedom" was the *theme* of her speech. '자유'는 그녀 연설의 주제였다

★them·selves [ðəmsélvz] 대 《himself, herself, itself의 복수형》
❶ 《뜻을 강조하기 위해 쓰며》 그들 자신이, 그녀들 자신이, 그것들 자체가
The boys did it *themselves*. 소년들은 그들 자신이 그것을 했다
❷ 《동사의 목적어로 쓰여》 그들 자신을, 그녀들 자신을, 그것들 자체를
They *themselves* have often made that mistake. 그들 자신이 종종 그러한 실수를 저지르곤 했다
The girls dressed *themselves*. 소녀들은 옷을 입었다
The students cannot make *themselves* understood in English. 학생들은 영어로 자기들의 생각을 전달할 수가 없다
📝 oneself를 참조.
by themselves 그들만으로
They went to the river by *themselves*. 그들은 자기들끼리만 강에 갔다
for themselves 그들(의 힘)만으로, 그들 자신을 위해
They must learn for *themselves*. 그들은 독력[혼자 힘]으로 공부해야 한다

★then [ðén] 부
❶ 그때, 그 당시
I was nine *then*, but now I am fifteen. 그 당시 나는 9세였지만 지금은 15세이다
We were living in Seoul *then*. 그 당시 우리는 서울에 살고 있었다
Just *then* he came into the room. 바로 그때 그가 방으로 들어왔다
She will be a good nurse *then*. 그때쯤에는 그녀는 좋은 간호원이 될 것이다
📝 then은 과거·미래에 쓰임.
❷ 그리고 나서, 그리고는
We had a week in Paris, and *then* went to London. 우리들은 파리에서 1주일 지내고, 그리고는 런던에 갔다
First came Tom, and *then* Jim. 처음에 톰이 오고, 그리고 나서 짐이 왔다
❸ 그러면 《보통 문장의 앞이나 끝에 온다》
"Is that an eagle?"—"No, it isn't."—"What is it, *then*?" 「저것은 독수리입니까」—「아니오, 아닙니다」—「그러면 그것은 무엇입니까」
회화 A: I am ready to start.
B: *Then* let's go.
A: 떠날 준비가 다 됐다
B: 그러면 가자
(*every*) **now and then** 때때로
I write (to) him *now and then*. 나는 때때로 그에게 편지를 쓴다
—형 그때의 (→ present 현재의)
the *then* principal 그때의 교장
—명 그때 (= that time)
She was reading till *then*. 그녀는 그때까지 독서하고 있었다
I haven't seen him since *then*. 나는 그때 이후 그를 보지 못했다
회화 A: Will you be at home in the evening?
B: Yes, I will be back home by *then*.
A: 저녁때 집에 있을 거니
B: 네, 그때까지는 돌아올 거예요

The·o·dore [θíːədɔ̀ːr] 명 시어도어 《남자 이름; 애칭은 Tel 또는 Teddy》

the·o·ry [θíːəri] 명 (복수 theor*ies* [-z]) 이론 (→ practice 실제), 학설
Your plan is good in *theory*. 너의 계획은 이론상은 훌륭하다

★there [ðɛ́ər, 《약할 때》 ðər] 부

therefore - there're

❶ 거기에, 거기로, 거기에서(→ here 여기에)
Stand *there*. 거기 서시오
I will go *there* with him. 나는 그와 함께 거기에 가겠습니다
We saw him *there*. 우리는 거기서 그를 만났다
Are you *there*? 《전화로》 여보세요, (들립니까)
회화 A: Where is my pen?
B: It's *there*, right in front of you.
A: 내 펜이 어디있지
B: 거기 있잖아, 바로 네 앞에

❷ 《there is ..., there are ...의 형태로》 ~가 있다
🖉 뒤에 오는 명사는 불특정의 것 또는 사람. 따라서 a 또는 some 등이 붙는다. 또한 뒤에 오는 명사의 수에 따라 동사가 결정된다.
There is a book on the desk. 책상 위에 책이 한 권 있다
"*Is there* a piano in your room?"—"No, *there isn't*." 「당신 방에 피아노가 있습니까」—「아니오, 없습니다」
There are some dogs under the tree. 나무 밑에 개가 몇 마리 있다
How many apples *are there* in the box? 상자 속에는 사과가 몇 개 있습니까
What'*s there* in your pocket? 당신의 호주머니 속에 무엇이 있습니까
🖉 이 꼴의 there에는 장소를 나타내는 뜻은 없고, [ðər]로 약하게 발음되며, there is [ðəriz], there are [ðəra:r]가 된다. 「거기에 있다」의 뜻으로는, There is a book *there*. (글 꼬리의 there [ðέər]가 「거기에」의 뜻)가 된다.

❸ 《there에 be동사 이외의 동사가 이어질 경우》
Once *there* lived an old woman. 옛날에 할머니가 한 분 살고 있었다
There came to the park a little boy. 한 어린 소년이 공원으로 왔다
▣ 이 there는 우리말로 나타내지 않는다.

❹ 《상대방의 주의를 끌 경우》 저봐, 거봐
There she comes! 저봐, 그녀가 온다
There comes the train! 저봐, 기차가 온다
🖉 주어가 명사일 때에는 동사+명사의 어순이 된다.

here and there 여기저기에
I saw beautiful flowers *here and there*. 나는 여기저기에서 아름다운 꽃을 보았다

over there 저기에, 저편에
Who is the man standing *over there*? 저기 서 있는 남자는 누구입니까

There is no ~ing ~할 수 없다(=It is impossible to ...)
There is no telling what will happen.(=It is impossible to tell what will happen.) 무슨 일이 일어날지 알 수 없다

── 🔣 저봐, 거봐
There I told you so. 거봐, 내가 말한 그대로지
There! Look at that picture. 저봐, 저 그림을 봐
There, there, don't worry. 그래 그래, 걱정하지마

──🔣 《전치사 뒤에 쓰여》 거기, 저기
How far is it from *there* to your house? 거기서 네 집까지 얼마나 먼가
🖉 to there라고는 하지 않음.

there·fore [ðέərfɔ:r] 🔣 따라서, 그런고로 《문어》(=for that reason) 《so보다 딱딱한 표현》
The president is sick, and *therefore* we have no meeting today. 사장이 몸이 편치 않아서 오늘 회의는 없다
She studied hard, and *therefore* she could pass the exam. 그녀는 열심히 공부했기 때문에 시험에 합격할 수 있었다

there'll [ðεərl] there will의 줄임꼴
***there're** [ðέərər, ðərər] there are의 줄임꼴

there's - thick

there's [ðέərz, ðərz] there is 또는 there has의 줄임꼴
There's (=There is) a book on the table. 테이블 위에 책이 한 권 있다

ther·mom·e·ter [θərmάmətər] 몡 (복수 **thermometer**s [-z]) 온도계

ther·mos [θə́:rməs] 몡 (복수 **ther·moses** [-iz]) 보온병(=thermos bottle)

★**these** [ðí:z] 때 《**this**의 복수형》 이것들(→ those 저것들)
"What are *these*?"—"They are tomatoes." 「이것들은 무엇입니까」—「토마토입니다」
Don't look at *these*. 이것들을 보지 마시오
— 혱 이~ (→ those 저~)
These flowers are pretty. 이 꽃들은 예쁘다

📝 대명사 these를 써서 *These* are pretty flowers. (이것들은 예쁜 꽃이다)라고 해도 뜻은 거의 같음.
I have lived here *these* ten years. 최근 10년 동안 나는 여기에 살고 있다

these days 요즘은(→ in those days 그 시절은)

📝 in these days는 낡은 표현인 반면 in those days의 in은 생략하지 않음.
I'm very busy *these days*. 나는 요즘 몹시 바쁘다

one of these days 근간, 가까운 시일 안에
I'll come and see you *one of these days*. 가까운 시일 안에 찾아 뵙겠습니다

★**they** [ðéi] 때 《**he, she, it**의 복수형》

	단수	복수
주격	he, she, it	they 그들[그것들]은
소유격	his, her, its	their그들[그것들]의
목적격	him, her, it	them 그들[그것들]을

❶ 그들은, 그녀들은, 그들이, 그녀들이, 그것들은, 그것들이
They are happy. 그들은 행복하다
"Who are those girls?"—"*They* are Mary and Kate." 「저 소녀들은 누구입니까」—「그녀들은 메리와 케이트입니다」
"Whose pencils are these?"—"*They* are his." 「이것들은 누구의 연필입니까」—「그것들은 그의 것입니다」

❷ (막연히 일반적인) **사람들**

📝 they를 나타내는 방식에 주의. 우리말로 나타내지 않을 때가 많음
They have no snow in Hawaii. 하와이에는 눈이 내리지 않는다
They speak English in Canada. 캐나다에서는 영어를 말한다
They sell hats at that store. 저 가게에서는 모자를 팔고 있다 《they는 막연히 「상점 사람들」의 뜻》
Long ago *they* believed in ghosts. 옛날에 사람들은 귀신의 존재를 믿고 있었다

They say (that) ... ~라고 한다, ~라고들 한다(=It is said that ...)
They say (that) Miss Brown is going to Canada.(=It's is said that Miss Brown is going to Canada.) 소문에 브라운 양이 캐나다에 간다고 한다

they'd [ðeid] they would 또는 they had의 줄임꼴

they'll [ðéil] they will(드물게 they shall)의 줄임꼴

★**they're** [ðeiər] they are의 줄임꼴

they've [ðeiv] they have의 줄임꼴

★**thick** [θík] 혱 (비교 **thicker**; 최상 **thickest**)

❶ 두꺼운(↔ thin 얇은), 굵은, ~두께의
a *thick* line 굵은 선
She has *thick* legs. 그녀는 굵은 다리를 가졌다
That *thick* book on the desk is mine. 책상 위에 있는 저 두꺼운 책은 나의 것이다

How *thick* is the board? 그 널빤지의 두께는 얼마인가
The ice is an inch *thick*. 그 얼음은 두께가 1인치이다
❷ 진한
thick fog 농무, 짙은 안개
thick soup 진한 수프
❸ 우거진, 숱이 많은
a *thick* forest 나무가 우거진 숲
She has *thick* hair. 그녀는 머리숱이 많다
— 부 (비교 **thick**er; 최상 **thick**est) 두껍게; 진하게; 빽빽하게(=thickly)
I sliced the bread *thick*. 나는 빵을 두껍게 썰었다

thief [θí:f] 명 (복수 thi**eves** [θí:vz]) 도둑
The *thief* is wanted by the police. 그 도둑은 경찰에게 수배되어 있다
📝 thief는 보통 폭력을 쓰지 않고 몰래 훔치는 도둑인 반면, robber는 폭력을 쓰는 강도를 말한다.

thieves [θí:vz] 명 **thief**(도둑)의 복수형

thigh [θái] 명 (복수 thigh**s** [-z]) 넓적다리

*__thin__ [θín] 형 (비교 thin**ner**; 최상 thin**nest**)
❶ (천·판자 등이) 얇은(↔thick 두꺼운)
thin ice 얇은 얼음
Cut the bread into *thin* slices. 그 빵을 얇게 썰어 주시오
❷ 가는
a *thin* piece of string 한 가닥의 가는 끈
❸ 여윈 《slender, slim 보다 병적으로 여윈 것을 말함》(↔fat 살찐)
He is very *thin*. 그는 매우 여위었다
❹ (액체·기체 따위가) 엷은, 희박한
thin mist 엷은 안개
❺ (머리털이) 드문드문한, 성긴
My father's hair is *thin* on top. 우리 아버지의 머리는 윗 부분의 숱이 적다

*__thing__ [θíŋ] 명 (복수 thing**s** [-z])
❶ (일반적으로) 것, 물건, 일
a living *thing* 생물, 살아 있는 것
This stick has a brass *thing* on it. 이 막대기에는 놋쇠로 만든 것이 붙어 있다
What are the *things* on the table? 테이블 위에 있는 것들은 무엇입니까
Don't say such a *thing*. 그런 것을 말해서는 안 된다
We have a lot of *things* to do. 우리는 해야 할 일이 많다
A strange *thing* happened last night. 지난 밤에 이상한 일이 일어났다
❷ 《복수형으로》 사정, 사물, 물정, 풍물
Things have changed. 사정이 바뀌었다
Mr. Brown is studying *things* Korean. 브라운 씨는 한국의 풍물을 연구하고 있다
📝 things Korean(한국의 풍물)은 관용어구로, 형용사인 Korean을 뒤에 둔다
❸ 《복수형으로》 소지품, 의복, 도구
Carry up my *things*. 내 짐을 위로 올려다 주시오
Take off your *things*, please. 코트(따위)를 벗으십시오
I'm going to buy golf *things*. 나는 골프 용품을 살 예정이다
Put your *things* away. 당신 소지품을 치우시오

for one thing 첫째로, 한 가지
I can't go. *For one thing* I have no money, and for another, I have too much work. 나는 갈 수 없다. 첫째로는 돈이 없기 때문이고, 게다가 할 일도 너무 많기 때문이다
▶ for another가 뒤에 올 때가 많음

~ one thing, ... another ~와 …은 별개의 것이다
Teaching is *one thing*, and learning is *another*. 가르치는 것과 배우는 것은 별개의 것이다

*__think__ [θíŋk] 동 (3단현 think**s** [-s]; 과거·과분 **thought** [θɔ́:t];

think - think

현분 think*ing*) 《명사는 thought, thinking》 [타동] ❶ 생각하다, ～라고 생각하다

I *think* (that) she is kind. 나는 그녀가 친절하다고 생각한다

📝 구어에서는 that이 자주 생략된다

Do you *think* her (to be) happy?(=Do you *think* (that) she is happy?) 당신은 그녀가 행복하다고 생각합니까

I don't *think* he will come. 나는 그가 오지 않을 것이라고 생각한다

I *think* him a clever boy.(=I *think* (that) he is a clever boy.) 나는 그를 영리한 소년이라고 생각한다

📝 a clever boy는 목적어 him에 대한 보어임.

[작문] 부정어 not의 위치에 주의. 「나는 그가 오지 않을 거라고 생각한다」는 직역으로 I *think* he will *not* come.이라고 하지 않고, I *don't think* he will come. (그가 올 것으로 생각하지 않는다)로 한다. 영어에서는 부정어를 되도록이면 빨리 말하는 것이 습관화되어 있다.

She *thought* it easy to drive a car. 차를 운전하는 것은 쉽다고 그녀는 생각했다

What do you *think* has happened? 당신은 무슨 일이 일어났다고 생각합니까

Who do you *think* he is? 당신은 그가 누구라고 생각합니까

[회화] A: Do you *think* (that) he is right?
B: I think so.
A: 그가 옳다고 생각하세요
B: 그렇게 생각해요

📦 do you think는 의문사의 바로 뒤에 두지만, do you know는 의문사 앞에 온다: Do you know what has happened? (당신은 무슨 일이 생겼는지 알고 있습니까) Do you know who he is? (당신은 그가 누구인지 알고 있습니까)

❷ 《부정문·의문문에서》 ～하려고 생각하다, 예기하다

I didn't *think* to see you here. 여기서 너를 만날 줄은 생각하지 못했다

Who would have *thought* to find you here? 당신을 여기서 만나리라고 누가 예상했겠습니까

📝 긍정문에서는 think 뒤에 「to+동사의 원형」을 써서 I think to go.라고는 하지 않는다.

─ [자동] 생각하다

I *think* so, too. 나도 그렇게 생각한다

If you want to be good at English, try to *think* in English. 당신이 영어를 잘 하기를 바란다면, 영어로 생각하도록 해 보시오

Let me *think* a little. 조금 생각할 여유를 주십시오

Men can *think* and speak. 인간은 생각하고 말할 수 있다

You must *think* carefully before you begin. 너는 시작하기 전에 잘 생각해야 한다

think about ... ～에 대해서 생각하다, ～의 일을 잘 생각하다

What do you *think about* Korea? 한국에 대해 당신은 어떻게 생각합니까

📝 How do you think ...? 라고는 하지 않음.

I am *thinking about* my children. 나는 내 아이들에 관하여 생각하고 있다

I'll *think about* it. 생각해 보겠습니다 《완곡히 거절할 때 흔히 쓰인다》

think of ... ～에 대해 생각하다, ～를 기억해내다; ～에 생각이 미치다

What do you *think of* his plan? 그의 계획에 대해 어떻게 생각합니까

I can't *think of* her name. 나는 그녀의 이름을 기억할 수 없다

He *thought of* a good idea. 그는 좋은 생각이 떠올랐다[아이디어를 생각해 냈다]

think of ~ing ～하려고 생각하다

I'm *thinking of* swim*ming*. 나는 수영

thinking - thirty

하려고 생각하고 있다
I'm *thinking of* going to Europe this summer. 나는 이번 여름에 유럽에 가려고 생각하고 있다
think over 잘 생각하다
Let me *think* it *over* again. 그것을 다시 한 번 생각해 보게 해 주시오
I'll give you three days to *think* it *over*. 그것을 잘 생각해 보라고 너에게 3일간의 여유를 주겠다
think to oneself 혼자 생각하다
"He is too young." *thought* Miss Smith *to herself*. 「그는 너무 어리다」고 스미스 양은 혼자 생각했다

think·ing [θíŋkiŋ] 동 think(생각하다)의 현재분사형
— 명 생각함, 사고, 사색
She is lost in deep *thinking*. 그녀는 깊은 생각에 잠겨 있다
— 형 생각하는, 사고하는
Man is a *thinking* reed. 인간은 생각하는 갈대이다

thinks [θíŋks] 동 think(생각하다)의 3인칭 단수 현재형

★**third** [θə́ːrd] 《3rd로 줄여 씀》 명 (복수 **third**s [-z])
❶ 《보통 the를 붙여》 제3, 3번째, (달의) 3일; 3분의 1
two *third*s 3분의 2 《복수형에 주의》
Richard *the Third* 리처드 3세
Today is *the third* of May. 오늘은 5월 3일이다
☑ May 3(또는 May 3rd)로도 쓰며 May (the) third라고 읽음.
❷ 《야구》 3루
— 형 제 3의, 3번째의; 3분의 1의
the *third* person 《문법》 《대명사의》 제 3인칭 《he, she, it, they를 말함》
a *third* baseman 《야구》 3루수
He will be in the *third* year soon. 그는 곧 3학년생이 됩니다
March is the *third* month of the year. 3월은 1년의 3번째 달입니다

thirst [θə́ːrst] 명 《형용사는 thirsty》

갈증; 열망
a *thirst* for knowledge 지식에 대한 갈망

thirst·y [θə́ːrsti] 형 (비교 **thirstier**; 최상 **thirstiest**)
❶ 목마른, 갈증 나는
I'm *thirsty*. 나는 목이 마르다
Salty food makes one *thirsty*. 짠 음식은 사람을 갈증나게 한다
❷ 《be thirsty for의 형태로》 열망하는
He *was thirsty for* the news. 그는 그 소식을 열망하고 있었다

★**thir·teen** [θə̀ːrtíːn] 명 (복수 **thirteen**s [-z]) 13; 13세; 13개, 13명 《복수 취급》
Six and seven make *thirteen*. 6 더하기 7은 13이 된다
풍습 유럽·미국에서는 13을 불길한 숫자로 여기는 미신이 있는데 그리스도의 최후의 만찬 때의 사람 수가 13명이었기 때문이다. 또한 그리스도가 십자가에 못박힌 날이 금요일이었기 때문에 금요일을 불길한 날로 여긴다. 따라서 13일의 금요일은 가장 불길한 날로 여겨진다.
— 형 13의, 13개의; 13명의
There are *thirteen* students in the room. 방 안에는 학생이 13명 있다

★**thir·teenth** [θə̀ːrtíːnθ] 《13th로 줄여 씀》 명 《보통 the를 붙여》 제13, 13번째; (달의) 13일
— 형 제 13의, 13번째의

★**thir·ti·eth** [θə́ːrtiiθ] 《30th로 줄여 씀》 명 《보통 the를 붙여》 제30, 30번째; (달의) 30일
— 형 제 30의, 30번째의

★**thir·ty** [θə́ːrti] 명 (복수 **thirties** [-z]) 30; 30세; 30개, 30명 《복수 취급》
"What time is it?"—"It's three *thirty*." 「몇 시입니까」—「3시 30분입니다」
She is in her *thirties*. 그녀는 30대이다
☑ the *thirties* 는 「세기의 30년대」
— 형 30의, 30개의, 30명의

this - thorough

I have about *thirty* books. 나에게는 약 30권의 책이 있다

★this [ðís] 대 (복수 *these* [ðíːz])

📝 this는 가까이 있는 물건과 사람을 가리킬 때 사용, 조금 떨어져 있는 물건과 사람을 가리킬 때는 that(저것)을 사용함.

❶ **이것**, 이 물건, 이 사람(→that 저것)
I bought *this* yesterday. 나는 어제 이것을 샀다
"What is *this*?"—"It is a poodle." 「이것은 무엇입니까」—「푸들(개)입니다」
Father, *this* is Tom. 아버지, 이 애가 톰입니다

📝 사람을 소개할 때는, he라고 하지 않고 this라고 하는 것에 주의.

Read it like *this*. 그것을 이렇게 읽어라
This is what I want. 이것이 내가 바라는 것이다

[회화] A: May I speak to Jack, please?
B: *This* is Jack (speaking). Who is *this*, please? 《전화 통화에서》
A: 잭과 통화할 수 있을까요
B: 잭입니다. 당신은 누구십니까

📝 전화에서 쓰는 말: I, you라고 하지 않고 this를 쓴다. 단, 다른 사람에게 걸려온 전화를 받았을 때에는 Who's calling?이라고 한다.

❷ **지금**, 오늘(=today)
This is an atomic age. 지금은 원자력 시대이다
This is my birthday. 오늘은 내 생일이다
This is the first time (that) I came here. 내가 여기 온 것은 이번이 처음이다

after this 금후, 지금부터
After this I will study hard. 난 지금부터 열심히 공부하겠다

by this 지금쯤은, 이때까지는
He must be in London *by this*. 그는 지금쯤 틀림없이 런던에 있을 것이다

— 형 (복수 *these* [ðíːz])
❶ 이(→that 저)
Is *this* cap yours? 이 모자는 네것이냐
Come *this* way, please. 이쪽으로 오십시오

❷ 지금의
📝 this가 때를 나타내는 명사 앞에 오면 부사구가 되며, 전치사를 붙이지 않는다.

this year 금년, 올해
this month 이달, 금월
this week 금주, 이번 주
this morning 오늘 아침
I met him *this* afternoon. 나는 오늘 오후 그를 만났다
He will succeed *this* time. 이번에 그는 성공할 것이다
I want to go to Haeundae *this* summer. 나는 이번 여름에는 해운대에 가고 싶다

this day week 지난 주의 오늘; 내주의 오늘
He was in London *this day week*. 그는 지난 주의 오늘 런던에 있었다
He will be back *this day week*. 그는 내주의 오늘 돌아올 것이다

this day month 지난 달의 오늘, 내달의 오늘
I will leave for America *this day month*. 나는 내달의 오늘 미국으로 떠납니다

this way 이쪽으로; 이렇게
Come *this way*. 이쪽으로 와라
Please do it *this way*. 이렇게 하세요

Thom·as [táməs] 명 토마스 《남자 이름》

thorn [θɔ́ːrn] 명 (복수 *thorns* [-z])
(식물의) 가시; 가시를 가진 식물《장미 등》
Roses have *thorns*. 《속담》 장미에는 가시가 있다 《좋은 약은 입에 쓰다》

thor·ough [θə́ːrou, θʌ́rə] (◆gh는 발음되지 않음) 형 (비교 *more thorough*; 최상 *most thorough*)
완전한, 철저한(=complete)
a *thorough* research 철저한 조사
a *thorough* fool 완전한 바보

thoroughly - thought

thor·ough·ly [θə́ːrouli, θʌ́rəli]
부 완전히, 철저히
I am not *thoroughly* satisfied. 완전히 만족하고 있는 것은 아니다

★**those** [ðóuz] 대 ((**that**의 복수형))
❶ 저것들, 그것들(→ these 이것들)
"Are *those* your dogs?"—"Yes, they are." 「저것들은 너의 개니」—「응, 그래」
Those are my sons. 저 애들은 내 아들들이다
❷ 사람들 ((those who ... 「~하는 사람들」의 의미로 쓰임))
He loves *those* who are unhappy. 그는 불행한 사람들을 사랑한다
Heaven helps *those* who help themselves. ((속담)) 하늘은 스스로 돕는 자를 돕는다
Those present were Tom and his brothers.(= *Those* who were present were Tom and his brothers.) 출석한 사람들은 톰과 그의 형제들이었다
📝 those present처럼 「those+수식어」의 어순에 주의.

—형 저, 저것들의, 그것들의(→ these 이것들의)
Look at *those* girls. 저 소녀들을 보라
Those books are mine. 저 책들은 내 것이다

in those days 그 시절에는, 당시 (→ these days 요사이에는)
In those days she lived with us. 그 시절에는 그녀가 우리와 함께 살고 있었다

★**though** [ðóu] (◆ gh는 발음되지 않음) 접
❶ ~하지만 (=although)
Though it was cold, he went out.(= It was cold, but he went out.) 추웠지만, 그는 외출했다
He is happy *though* he is poor. 그는 가난하지만 행복하다
Young *though* he was, he understood the meaning. 그는 어리지만 그 뜻을 이해했다 ((보어 자리의 형용사 또는 명사가 강조되어 앞으로 나오는 경우가 있음))
📝 though 이하의 절은 단축될 때가 있다: *Though* (he is) young, he is brave. (그는 어리지만 용감하다)
❷ 설사 ~하더라도(=even if)
You must do the work *though* it takes you many years. 설사 여러 해가 걸리더라도 너는 그 일을 해야 한다
(Even) *though* it rains, there will be a game tomorrow. 비록 비가 오더라도 내일 경기는 있을 것이다

as though ... 마치 ~처럼 (=as if)
He talks *as though* he were a doctor. 그는 마치 자기가 의사나 되는 것처럼 말한다

📝 as though 뒤에는 과거형이 오고, be동사는 were 또는 was를 쓴다. 내용은 현재의 것을 말하고 있지만 동사는 과거형을 쓰므로 이 용법을 가정법 과거라고 한다

even though ... 설사 ~하더라도 (=even if)
I wouldn't buy it *even though* I had more money. 설사 돈이 더 있더라도 나는 그것을 사지는 않겠다

—부 그러나 ((글머리에는 두지 않음))
It was true, *though*. 그러나 그것은 사실이었다
It was very hard work. I enjoyed it, *though*. 그것은 매우 힘든 일이었다 그러나 나는 그 일을 즐겼다

★★**thought** [θɔ́ːt] 동 **think**(생각하다)의 과거·과거분사형
📝 think, thought, thought의 활용에 주의.

—명 (복수 **thoughts** [-s])
❶ 생각하기 ((a를 붙이지 않고, 복수 없음))
After much *thought*, I went to see him. 많이 생각한 후에 나는 그를 만나러 갔다 ((문어))
Don't act without *thought*. 생각없이 행동하지 마라

thoughtful - three

He is lost in *thought*. 그는 생각에 잠겨 있다
❷ 생각
Tell your *thoughts* to me. 네 생각을 내게 말해 다오
A new *thought* came to my mind. 새로운 생각이 내 머리에 떠올랐다
You are always in my *thoughts*. 너는 항상 내 머리에서 떠나지를 않는다
[회화] A: What are your *thoughts* on this proposal?
B: I quite agree with it.
A: 이 제안에 대해서 어떻게 생각합니까
B: 전적으로 동의합니다
❸ (민족·시 등의) **사상** 《a를 붙이지 않고, 복수 없음》
Korean *thought* 한국 사상

thought·ful [θɔ́ːtfəl] 형 (비교 *more* thoughtful; 최상 *most* thoughtful)
❶ 생각이 깊은, 이해심이 있는, 인정이 있는, 친절한
It was very *thoughtful* of you to invite me to the party. 파티에 초대해 주셔서 매우 감사합니다
❷ 생각에 잠긴
The little girl was *thoughtful* for a moment and then answered. 그 어린 소녀는 잠시 생각에 잠겨 있다가 대답했다

thought·less [θɔ́ːtlis] 형 무분별한, 불친절한
It was *thoughtless* of her to do such a thing. 그런 일을 하다니 그녀는 경솔했다

★**thou·sand** [θáuznd] 명 (복수 *thousands* [-z]) 1,000, 1,000개; 1,000명
a(=one) *thousand* 1천
two *thousand* 2천
ten *thousand* 1만
twelve *thousand* 1만 2천
✎ 수를 나타내는 말이 바로 앞에 와도 복수를 나타내는 s는 붙이지 않음. hundred(100)도 같음 : two hun-dred(200)
thousands of ... 수천의 ~
I have *thousands of* stamps in this box. 나는 이 상자에 수천 장의 우표를 가지고 있다
— 형 ❶ 1,000의, 1,000개의; 1,000명의
I have five *thousand* dollars. 나는 5,000달러를 가지고 있다
❷ **다수의**(=many)
A *thousand* thanks for your kind letter. 친절한 편지에 정말로 감사 드립니다

thread [θréd] 명 (복수 *threads* [-z])
❶ 실, 바느질 실
silk *thread* 명주실
❷ 실 같은 것, 선(→ rope 밧줄)
a *thread* of light 한 줄기의 빛

threat [θrét] 명 (복수 *threats* [-s]) 협박, 위협 《동사는 threaten》
It will be a *threat* to our security. 그것은 우리들의 안전을 위협하게 될 것이다
The child obeyed his order but only under *threat* of punishment. 그 아이는 그의 명령을 따랐으나 그것은 단지 벌을 주겠다는 협박 때문이었다

threat·en [θrétn] 통 (3단현 **threat·ens** [-z]; 과거·과분 **threat·ened** [-d]; 현분 **threat·en·ing**) [타동] ~를 위협하다, 협박하다
He *threatened* me with death. (=He *threatened* to kill me.) 그는 나를 죽이겠다고 협박했다
— [자동] 위협하다

★**three** [θríː] 명 (복수 *threes* [-z]) 3; 3세;3시; 3개, 3명 《복수 취급》
Bill is a child of *three*. 빌은 3살난 어린아이다
We went to the park at *three*. 우리들은 3시에 공원에 갔다
— 형 3의, 3개의; 3명의
I have *three* sisters. 나는 자매가 3명 있다

the three R's 읽기·쓰기·산수 《reading, writing, and arithmetic이라는, R이 붙는 초등 교육의 기본 3과목》

thresh·old [θréʃòuld] 명
❶ 문턱, 문지방
❷ 《보통 the를 붙여》 발단, 시초, 시작, 출발점
You are on the *threshold* of a new life. 여러분은 새로운 인생의 출발점에 있습니다

threw [θrúː] 동 throw(던지다)의 과거형
He *threw* a stone at me. 그는 내게 돌을 던졌다
〈◆ 동음어 through(~을 통하여)〉

thrill [θríl] 명 (복수 **thrills** [-z]) (공포·쾌감으로) 오싹[짜릿]함, 전율, 스릴
a *thrill* of terror 오싹하는 공포
a story full of *thrills* 스릴 넘치는 이야기
— 동 (3단현 **thrills** [-z] ; 과거·과분 **thrilled** [-d] ; 현분 **thrilling**) 타동 오싹[짜릿]하게 하다, 감동[감격]시키다
His words *thrilled* the audience. 그의 이야기는 청중을 감동시켰다
The story *thrilled* me with horror. 그 이야기는 나를 공포로 떨게 했다
— 자동 (무서워서) 오싹하다, 감동[감격]하다; 전율하다, 떨다
Her voice *thrilled* with joy. 그녀의 목소리는 기쁨으로 떨렸다

throat [θróut] 명 (복수 **throats** [-s]) 목구멍
He has a sore *throat*. 그는 목이 아프다

throne [θróun] 명 (복수 **thrones** [-z]) 옥좌; 왕위
〈◆ 동음어 thrown(throw ~을 던지다의 과거분사형)〉
He came to the *throne*. 그는 왕위에 올랐다

through [θrúː] 전
❶ 《통과·관통을 나타내어》 ~를 지나, ~를 통하여, ~를 꿰뚫어
They went *through* the woods. 그들은 숲을 통과하여 갔다
The road runs *through* our town. 그 도로는 우리 고장의 가운데를 통과하고 있다
I saw her *through* the window. 나는 창문을 통하여 그녀를 보았다
❷ 《장소를 나타내어》 ~의 도처에, ~를 두루
He traveled *through* England. 그는 영국을 두루 여행했다
His name is known *through* the country. 그의 이름은 온 나라 안에 알려져 있다
❸ 《기간을 나타내어》 ~내내, ~동안 줄곧
I stayed there *through* the summer. 나는 여름 내내 거기에 머물렀다
It will rain (all) *through* the night. 밤새껏 비가 내릴 것이다
She kept silent all *through* the meeting. 그녀는 회의가 진행되는 동안 내내 입을 다물고 있었다
❹ 《경과를 나타내어》 ~를 통과하여, ~가 끝나
He will get *through* the examinations. 그는 시험에 잘 통과할 것이다
She got *through* college. 그녀는 대학 과정을 끝마쳤다
❺ 《수단·원인을 나타내어》 ~에 의해, ~가 원인이 되어
We learn a lot of things *through* books, television, and movies. 우리는 책과 TV 그리고 영화를 통하여 많은 것들을 배운다
He fell ill *through* overwork. 그는 과로 때문에 병이 났다
She got the job *through* my help. 내 도움으로 그녀는 직장을 구했다
❻ 미 (~에서) ~까지(=영 to)
He was in London from May 8 *through* June 3. 그는 5월 8일부터 6월 3일까지 런던에 있었다
We have six classes a day, Monday

throughout - throw

through Friday. 우리는 월요일부터 금요일까지 매일 6시간씩 수업이 있다
— [θrúː] 〈부〉 ❶ 처음부터 끝까지, 관통하여, 시종
Did you read the book *through?* 당신은 그 책을 끝까지 읽었습니까
I played the piano all (the) night *through.* 나는 밤새도록 피아노를 쳤다
❷ **똑바로**, 곧게, (~까지) 죽
This train goes *through* to Paris. 이 열차는 파리까지 직행한다
❸ **아주**, 완전히; 끝나
I was wet *through.* 나는 흠뻑 젖었다
I am *through.* 〈미〉 (전화로) 통화가 끝났다; 〈영〉 전화가 통했다

be through with ... ~를 끝내다, 끝마치다
I'm *through with* my homework. 나는 숙제를 끝냈다
〈회화〉 A: Are you *through* with your homework
B: Not yet.
A: 숙제를 끝냈니
B: 아직요
— [θrúː] 〈형〉 (목적지까지) **통하는**, 직통의, 직행의
a *through* ticket 직행 차표
a *through* train 직행 열차
No *through* road. 《게시》 통행 금지, 직통 도로 없음

through·out [θruːáut] 〈전〉
❶ 《시간에 대해》 ~동안 내내, ~을 통하여
throughout the day 하루 종일
I will never forget your kindness *throughout* my life. 당신의 친절을 평생 잊지 않겠습니다
❷ 《장소에 대해》 도처에
This flower can be found *throughout* the country. 이 꽃은 나라 안 어디에서나 볼 수 있다
—〈부〉 아주; 모든 곳에; 끝까지; 완전히
At the concert Kate sat still *throughout.* 음악회에서 케이트는 끝까지 조용히 앉아 있었다
This apple is rotten *throughout.* 이 사과는 완전히 썩었다

★throw [θróu] 〈동〉 (3단현 ***throws*** [-z]; 과거 ***threw*** [θrúː]; 과분 ***thrown*** [-n]; 현분 ***throwing***) 〈타동〉
❶ **던지다**, 팽개치다
He *threw* a stone at the dog. 그는 개에게 돌을 던졌다
He *threw* some meat to the dog.(=He *threw* the dog some meat.) 그는 개에게 고기를 조금 던져 주었다

> 보통 at은 어떤 것(사람)을 목표로 던진다는 뜻이고, to는 어떤 방향으로 던진다는 뜻

❷ (빛·그림자 등을) **던지다**
The moon *threw* light on the street. 달이 거리에 빛을 비추고 있었다
I *threw* a glance at her. 나는 그녀에게 시선을 던졌다 《그녀를 슬쩍 보았다는 의미》
— 〈자동〉 던지다, 팽개치다
Can you *throw* well with your left hand? 너는 왼손으로 잘 던질 수 있니
throw away 팽개치다, 버리다
He *threw away* the trash. 그는 쓰레기를 팽개쳐 버렸다
He *threw away* the chance of a good job by his stupidity. 그는 그의 어리석음 때문에 좋은 직장을 얻을 수 있는 기회를 저버렸다
throw in 던져 넣다
A letter was *thrown in.* 한 통의 편지가 투입되었다
throw off 벗어 던지다, (병 따위를) 고치다
I *threw off* my dress. 나는 옷을 벗어 던졌다
It took me a month to *threw off* my cold. 감기가 낫는데 한 달이 걸렸다
throw open (문 따위를) 세차게 열다
He *threw* the door *open.*(=He threw open the door.) 그는 문을 세차게 열었다
The door was *thrown open.* 문이 세차게 열렸다

throw out 밖으로 내던지다, 버리다
Don't *throw* it *out* of the window. 창 밖으로 그것을 버려서는 안 된다
Let's *throw out* these old clothes. 헌옷들을 버리자

throw up (창문을) 밀어올리다; 그만두다, 사직하다; 《구어》 토하다
I heard he had *thrown up* his job. 나는 그가 직장을 그만두었다는 소식을 들었다
She *threw* the window *up*. 그녀는 창문을 밀어올렸다

*****thrown** [θróun] 동 throw(던지다)의 과거분사형
Jack was *thrown* on the ground. 잭은 땅 위에 던져졌다
📝 throw, threw, thrown 의 활용에 주의.

thrust [θrʌ́st] 동 (3단현 **thrusts** [-s]; 과거·과분 **thrust**; 현분 **thrusting**) (타동) 세게 떠밀다, 찌르다, 쑤셔 넣다
Thrust him out of the room. 그를 방에서 밀어 내라
I *thrust* the letter into my pocket. 나는 그 편지를 주머니에 쑤셔 넣었다
— (자동) 찌르다, 밀다
— 명 (복수 **thrusts** [-s]) 밀기, 찌르기

thumb [θʌ́m] (◆b 는 발음하지 않음) 명 (복수 **thumbs** [-z]) (손의) 엄지 손가락(→ a big toe 엄지발가락)
풍습 엄지 손가락을 위로 세우는 것은 찬성과 만족의 뜻을 나타내는 행동이며, 밑으로 내리는 것은 반대와 불만의 뜻을 나타낸다. 또한 엄지손가락을 코끝에 붙이고 손가락을 흔들면 경멸한다는 뜻이다.

thun·der [θʌ́ndər] 명 (복수 **thunders** [-z])
❶ 천둥 《a를 붙이지 않고, 복수 없음》
I heard *thunder* in the distance. 멀리서 천둥 소리가 들렸다
❷ 천둥 같은 소리[울림]
the *thunder* of the waves on the beach 우뢰 같은 바닷가의 파도 치는 소리
— 동 (3단현 **thunders** [-z]; 과거·과분 **thundered** [-d]; 현분 **thundering**) (자동) 천둥이 울리다
It *thundered* last night. 지난 밤에 천둥이 쳤다

Thur. Thursday(목요일)의 약어

Thurs. Thursday(목요일)의 약어

*****Thurs·day** [θə́:rzdi] 명 (복수 **Thursdays** [-z]) 목요일 《Thur. 또는 Thurs. 로 줄임; → week》
We have five lessons on *Thursday*. 목요일에는 수업이 5과목 있다
📝 「~요일에」라고 말할 때는 보통 전치사 on을 사용함.
The meeting will be held next *Thursday*. 그 모임은 다음 주 목요일에 열릴 것이다
📝 요일 이름 앞에 last, next, every 등이 오는 경우 전치사를 붙이지 않음.
on Thursday (○)
on next Thursday (×)
next Thursday (○)

thus [ðʌ́s] 부 이런 식으로(=in this way); 이렇게, 그래서
📝 회화에서는 별로 쓰이지 않음.
He talked *thus*. 그는 이렇게 말했다
I studied hard; *thus* I succeeded. 나는 열심히 공부했다, 그래서 나는 성공했다

*****tick·et** [tíkit] 명 (복수 **tickets**

ticktack - till

[-s]) 표, 승차권, 입장권, 티켓; (미) 교통 위반 딱지
a one-way *ticket* (미) 편도 차표(=(영) a single *ticket*)
a round-trip *ticket* (미) 왕복 차표(=(영) a return *ticket*)
a *ticket* for a concert 음악회의 입장권
Did you buy a *ticket* to Pusan? 너는 부산까지 가는 표를 샀니
a tícket òffice (미) 매표소(=(영) a booking office)

tick·tack [tíktæk] (명) (시계의) 똑딱 소리

tide [táid] (명) (복수 tid*es* [-z])
❶ 조수, 조류
Time and *tide* wait(s) for no man. 《속담》 세월은 사람을 기다리지 않는다
❷ 형세, 경향
The *tide* turned against to him. 형세는 그에게 불리하게[유리하게] 되었다

ti·dy [táidi] (형) (비교 tid*ier* ; 최상 tid*iest*) 단정한, 정돈된
a *tidy* room 정돈된 방
He is very *tidy* and never goes out without combing his hair. 그는 매우 단정하여 외출할 때는 항상 빗질을 한다

***tie** [tái] (동) (3단현 ti*es* [-z]; 과거·과분 ti*ed* [-d]; 현분 *tying*) (타동)
❶ 매다, 묶다, 잇다
He *tied* his dog to the tree. 그는 자기 개를 나무에 묶었다
He *tied* up the baggage. 그는 짐을 포장했다
❷ (경기·선거 따위에서) ~와 동점이 되다
The Lions *tied* the Giants in the second game. 라이온스 팀이 두 번째 경기에서 자이언츠 팀과 비겼다
— (자동) ❶ 매어지다, 묶이다
This cord doesn't *tie* well. 이 끈은 잘 묶이지 않는다
❷ 동점이 되다
The two teams *tied*. 양 팀은 동점이 되었다
— (명) (복수 ti*es* [-z])
❶ 넥타이 (《necktie 보다 일반적임》)
He wears a green *tie*. 그는 녹색 넥타이를 매고 있다
❷ (경기의) 동점
The game ended in a *tie*. 그 시합은 동점으로 끝났다
Now, it's a *tie score*. 지금은 동점이다

***ti·ger** [táigər] (명) (복수 tiger*s* [-z]) 《동물》 (수컷의) 호랑이, 범 《암컷은 tigress [táigris]》

tiger

tight [táit] (◆gh는 발음되지 않음)
(형) (비교 tight*er* ; 최상 tight*est*)
❶ 꽉 조이는(↔ loose 느슨한)
a *tight* knot 꽉 조인 매듭
This coat is *tight*. 이 윗옷은 꽉 낀다
❷ 팽팽한
a *tight* rope 팽팽한 밧줄
— (부) 꽉, 조이게(=tightly)
Hold it *tight*. 그것을 꽉 잡아라
— (명) (복수 tight*s* [-s]) 《복수형으로》 (무용수 등이 입는) 타이츠

tight·ly [táitli] (부) (비교 *more* tightly ; 최상 *most* tightly) 꽉, 단단히, 팽팽하게

tile [táil] (명) (복수 til*es* [-z]) 기와, 타일
The roof of my house is covered with red *tiles*. 우리 집의 지붕은 붉은색 기와로 덮여 있다

***till** [til] (전) ❶ 《때를 나타냄》 ~까지 (=until)

timber - time

Let's wait *till* five (o'clock). 5시까지 기다리자
I will stay here *till* tomorrow. 나는 내일까지 여기 있겠다
He studied from morning *till* night. 그는 아침부터 밤까지 공부했다
❷ 《부정문과 함께》 ~할 때까지 …않다, ~이 되어서야 비로소 …하다
It was *not till* yesterday that I heard the news. 나는 어제서야 비로소 그 소식을 들었다

> **till과 by 의 사용법**
> till(~까지 죽)은 동작·상태가 어느 때까지 계속되는 경우, by(~까지에)는 동작·상태의 완료를 나타냄: Wait here till noon. (정오까지 여기서 기다려라) You must finish the work by noon. (너는 정오까지 그 일을 끝내야 한다) 또한 till은 전치사 및 접속사로 쓰이지만, by 는 전치사로만 쓰인다

— 젭 ❶ (~할 때) 까지
Wait *till* he comes. 그가 올 때까지 기다려라
📝 till뒤에 오는 동사가 미래의 뜻을 나타내더라도 현재형을 사용함에 주의.
❷ 《앞에 콤마가 있을 때에는 앞에서부터 해석하여》 **~하여 드디어**(=and at last)
I talked on and on, *till* (at last) I got tired. 나는 계속 말을 해나가다가 드디어 지쳐버렸다
❸ 《부정어와 함께》 ~할 때까지 …않다, ~하여 비로소 …하다
She wo*n't* go away *till* you promise to help her. 그녀는 네가 그녀를 돕겠다고 약속할 때까지 떠나지 않을 것이다

tim·ber [tímbə*r*] 몡 (건축용의) 재목, 목재(=⑩ lumber)

★**time** [táim] 몡 (복수 tim*es* [-z])
❶ 시각 《a를 붙이지 않고, 복수 없음》
"What *time* is it?"—"It's six." 「지금 몇 시니」—「6시입니다」
What time do you go to bed? 너는 몇시에 자니
📝 At what time ...? 라고 해도 된다.
It's *time* to study. 공부할 시간이다
It's *time* for him to get up. 그가 일어날 시각이다
❷ 시간, (필요한) 시간 《a를 붙이지 않고, 복수 없음》
Time is money. (속담) 시간은 돈이다
Don't waste (your) *time*. 시간을 낭비하지 마라
My watch keeps good *time*. 내 시계는 시간이 잘 맞는다
He doesn't have much *time* to study. 그는 공부할 시간이 별로 없다
❸ 기간 《a가 붙는 경우는 많지만, 복수형은 없음》
I haven't seen him for a long *time*. 나는 오랫동안 그를 만나지 못했다
After a (short) *time* she came in. 잠시 후에 그녀가 들어왔다
He was ill in bed *for some time*. 그는 얼마 동안 병으로 누워 있었다
❹ 《보통 복수형으로》 시대; 시절(→ modern times 현대)
Times have changed. 시대는 바뀌었다
Our city was a small village in old *times*. 우리 시는 옛날에는 작은 촌락이었다
He is behind the *times*. 그는 시대에 뒤떨어져 있다
❺ 회, 번; 배
"How many *times* have you been there?" — "I have been there *three times*." 「당신은 몇 번이나 거기에 가 보았습니까」—「3번입니다」
📝 How many times ...? 는 How often ...? 이라고 해도 뜻은 같다.
I visited the museum several *times*. 나는 몇 번 그 박물관을 방문했다
📝 「횟수」를 나타내는 데에는 「수+times」로 하는데, 1회와 2회의 경우는 one time, two times 가 아니고, once (1회), twice (2회)가 됨: once a

time - time

week (일주일에 한 번), twice a day (하루에 두 번)Three *times* five is [are] fifteen. 5의 3배는 15이다 《곱하는 수가 앞으로 나옴》
This is three *times* as large as that. 이것은 저것보다 3배 크다
I have five *times* as many books as you have. 네가 가지고 있는 책보다 5배나 많은 책을 나는 가지고 있다

all the time 그 동안 줄곧; (미) 언제나
She was sleeping *all the time*. 그녀는 그동안 줄곧 자고 있었다
She kept silent *all the time*. 그녀는 줄곧 말이 없었다
He is busy *all the time*. 그는 항상 바쁘다

any time 언제든지
You can use my car *any time*. 너는 언제든지 내 차를 써도 좋다

at a time 한 번에, 동시에
We can't do two things *at a time*. 우리는 한번에 두 가지 일을 할 수는 없다

at any time 언제라도
We may fall sick *at any time*. 우리는 언제라도 병에 걸릴 수 있다

at one time 일찍이, 예전에 한때; 동시에, 한꺼번에
At one time he lived in New York. 한 때, 그는 뉴욕에 살았다

at that time 그때, 그 당시
He was still at school *at that time*. 그 당시 그는 아직 학생이었다
He was sick *at that time*. 그때 그는 몸이 아팠다

at the same time 동시에
They stood up *at the same time*. 그들은 동시에 일어섰다

at this time of ... ~의 이맘때
We have a lot of snow *at this time of the year*. 1년중 이맘때에는 눈이 많이 내린다
My father comes back *at this time of the day*. 아버님은 매일 이맘때 돌아오신다

at times 때때로(=occasionally)
We have a heavy snow *at times*. 때때로 큰 눈이 내린다

be in time for ... ~시간에 대다[늦지 않다]
He will *be in time for* school. 그는 수업 시간에 늦지 않을 것이다

behind the times 시대에 뒤져
Your thought is *behind the times*. 네 생각은 시대에 뒤졌다

📝 「시대를 앞질러」는 before the times 라고 한다. 또 behind time 은 「시각에 늦어」

by this time 지금쯤은
He will have finished it *by this time*. 그는 지금쯤 그것을 끝마쳤을 것이다

for a time 잠시 동안, 당분간
Mary was happy *for a time*. 메리는 얼마동안 행복했다

for some time 오랫동안, 얼마동안
They played tennis *for some time*. 그들은 오랫동안 테니스를 쳤다

for the first time 처음으로
I came here *for the first time*. 나는 처음으로 여기에 왔습니다

📝 for the last time 은 「최후로」의 뜻: I went there *for the last time*. (내가 거기에 간 것은 그것이 마지막이었다)

for the time (being) 당분간(=for the present)
This money will do *for the time (being)*. 당분간은 이 돈으로 지낼 수 있겠다

from time to time 때때로(=sometimes)
We go swimming *from time to time*. 우리는 때때로 수영하러 간다

have a good time 즐겁게 지내다
We *had a good time* playing cards. 우리는 카드 놀이를 하며 즐겁게 지냈다

📝 good 대신에 nice, wonderful 따위도 쓰인다. 또 have a bad [hard] time은 「혼이 나다」의 뜻.

in time 시각에 대어, 시간 안에; 이윽고, 이내
Will you be *in time* for school? 수업

timely - tire²

시간에 댈 수 있겠습니까
📝 「지각하여」는 「behind time」: He is often *behind time*. (그는 자주 지각한다)
The rain will stop *in time*. 얼마 안 있어 비가 그칠 것이다
In time you will see which is right. 조만간 어느 것이 옳은지 알게 될 것이다

keep good [bad] time
This watch *keeps good [bad] time*. 이 시계는 잘 맞는다[맞지 않는다]

on time 제시간에, 시간대로
Except for John, everyone arrived *on time*. 존을 제외하고는 모두 제시간에 도착했다

once upon a time 옛날 옛적에
Once upon a time there lived an old man. 옛날 옛적에 어떤 할아버지가 살고 있었다
📝 옛날 이야기 처음에 쓰이는 말. 끝에 쓰이는 말인 「그 후 그들은 내내 행복하게 살았다」는 They lived happily ever afterwards.

some time (미래의) 언젠가
I want to see the man *some time*. 나는 언젠가 그 사람을 만나고 싶다

this time 이번에는
This time Mary played the piano. 이번에는 메리가 피아노를 쳤다

take one***'s time*** 서두르지 않다
Take your time 서두르지 말아라

Time is up. 시간이 다 되었다

time·ly [táimli(ː)] 형 때를 맞춘, 게제가 좋은, (충고 따위가) 시기 적절한
a *timely* hit 《야구》 적시 안타
Her *timely* warning saved our lives. 그녀의 시기 적절한 경고가 우리의 생명을 구하였다

Times Square [táimz skwέər] 타임스 스퀘어 《뉴욕시에 있는 번화한 광장; 브로드웨이와 7번가와 교차하는 곳》

time·ta·ble [táimtèibl] 명 시간표, (행사) 예정표

time zone [táim zòun] 명 표준시간대 《지구상에 24개로 나뉘어져 있는 같은 표준시를 쓰는 지역》

tim·id [tímid] 형 (비교 tim**id***er*; 최상 tim**id***est*) 겁많은, 소심한; 수줍어하는(=shy)
My younger brother is as *timid* as a rabbit. 내 동생은 토끼처럼 겁이 많다

tim·ing [táimiŋ] 명 타이밍, 시계맞추기, 시간 조절

tin [tín] 명 (복수 tin**s** [-z]) 《화학》 주석; 영 깡통, 통조림(=미 can)

*****ti·ny** [táini] 형 (비교 tin**ier**; 최상 tin**iest**) 매우 작은(=very small)
Look at the *tiny* little boy. 저 작은 소년을 보아라
a *tiny* cat 조그마한 고양이

tip¹ [típ] 명 (복수 tip**s** [-s]) (가늘고 긴 것의) 끝, 뾰족한 끝(=point)
the *tip* of a nose 코끝

tip² [típ] 명 (복수 tip**s** [-s]) (호텔 등에서 주는) 팁, 사례금; 《야구》 팁
— 동 (3단현 tip**s** [-s]; 과거·과분 tip**ped** [-t]; 현분 tip**ping**) 타동 팁을 주다
Did you *tip* him? 그에게 팁을 주었느냐 《서양에서는 음식점의 종업원, 호텔의 종업원, 택시 운전 기사 등의 서비스에 대하여 요금의 10~15% 정도의 팁을 주는 것이 관습으로 되어 있다》

tire¹ [táiər] 명 (복수 tire**s** [-z]) (고무의) 타이어, 고무바퀴 (=영 tyre)

tire² [táiər] 동 (3단현 tire**s** [-z]; 과거·과분 tir**ed** [-d]; 현분 tir**ing**) 타동 피로하게 하다, 피곤해지다
Reading *tires* me. 독서는 나를 피로하게 만든다
— 자동 피곤해지다, 싫증나다
She soon *tires*. 그녀는 곧 피곤해진다
📝 보통 She gets tired soon. 이라고 함.
He always *tires* us with his old stories. 그는 항상 자기의 옛날 이야기

tired - to

로 우리를 싫증나게 한다
He never *tires* of working. 그는 결코 일에 싫증내지 않는다

★tired [táiərd] 형 (비교 *more* tired; 최상 *most* tired)

❶ 피곤한
I am *tired*. 나는 피곤하다
I am *tired* out. 나는 지쳤다
He looks *tired*. 그는 피곤해 보인다
I got very *tired*. 나는 몹시 피곤해졌다

> 💬 I am tired. 는 상태를, I got tired. 는 변화를 나타냄

❷ 《of 가 뒤에 와서》 ~에 싫증이 난
She got *tired* of the work. 그녀는 그 일에 싫증이 났다
be tired of ... ~에 싫증이 난
I *am tired of* reading. 나는 독서에 싫증이 났다
We *are tired of* the same food every day. 우리는 매일 같은 음식에 물렸다
be tired from ... ~로 피곤하다
I *am* very *tired from* the long drive. 장거리 운전으로 나는 몹시 피곤하다

tis·sue [tíʃuː] 명 《생물》 (동물의) 세포 조직; 얇은 화장지

ti·tle [táitl] 명 (책 등의) 표제, 제목, (영화의) 자막; 직함, 경칭 《Mr., Sir, Professor 등》; 예 선수권
a *title* match 선수권 시합

★to [《자음 앞에서》 tə 《모음 앞에서》 tu, 《강조할 때》 túː] 전

❶ 《목적의 장소를 나타내어》 ~에, ~로, ~쪽으로(↔from ~로부터)
We go *to* church on Sunday. 우리는 일요일에 교회에 간다
Turn *to* the left. 왼편으로 도시오
회화 회화에서는 Turn left. 로 족하다
Bulguksa is *to* the north of Busan. 불국사는 부산 북쪽에 있다

☑ to 와 for 의 사용법
to 는 목적지를 나타내고, come, go, move 등의 동사와 함께 쓰임.
for 는 방향을 나타내고, start, leave 등의 동사와 함께 쓰임: He went to Hawaii. (그는 하와이를 향해 출발했다) She left for station. (그녀는 역을 향해 떠났다)

❷ 《도착점·정도·범위를 나타내어》 ~까지(=as far as), ~에
They drove from Seoul *to* Mokpo. 그들은 서울에서 목포까지 자동차로 갔다
Come *to* the blackboard. 칠판 있는 데로 오시오
She got *to* London yesterday. 그녀는 어제 런던에 도착했다
Do your best *to* the last. 끝까지 너의 최선을 다해라

❸ 《시간을 나타내어》 ~까지, (~분) 전(→ past 지나서)
She was absent from Monday *to* Friday. 그녀는 월요일에서 금요일까지 결석했다
☑ 예에서는 흔히 to 대신 through를 쓴다.
It's ten *to* three. 3시 10분 전이다
☑ 예에서는 자주 to 대신에 of 나 before 를 쓴다.
They stayed there *to* the end of the vacation. 그들은 휴가가 끝날 때까지 거기에 머물렀다
I'll stay here *to* next Monday. 나는 다음주 월요일까지 여기에 머무르겠다

❹ 《결과·상태를 나타내어》 ~하게도, ~로 되기까지, ~하여 …으로 되도록
To my surprise he got a lot of money. 놀랍게도 그는 큰 돈을 손에 넣었다
☑ 구어에서는 쓰이지 않음.
They broke it *to* pieces. 그들은 그것을 산산조각이 날 때까지 부쉈다
She sang her child *to* sleep. 그녀는 노래를 불러 아이를 잠재웠다 《sleep 는 명사》

❺ 《목적을 나타내어》 ~를 위해
Drink *to* your health! 너의 건강을 위해[축하하여] 축배
They sat down *to* dinner. 그들은 만찬을 위해 자리에 앉았다

❻ 《관계·부속을 나타내어》 ~에 대해, ~에게
She is kind *to* us. 그녀는 우리에게 친절하다
He is known *to* everyone. 그는 모두에게 알려져 있다
I belong *to* the swimming club. 나는 수영부의 회원이다
Is this the key *to* the car? 이것이 그 차의 열쇠입니까
❼ 《비교를 나타내어》 ~에 비해, ~대…, ~보다
They lost the game by 5 *to* 3. 그들은 5대 3으로 시합에서 졌다
I prefer tea *to* coffee.(＝I like tea better than coffee.) 나는 커피보다 홍차가 더 좋다
He is superior *to* others. 그는 남보다 우수하다
❽ ~에 맞추어
She sang *to* the piano. 그녀는 피아노에 맞춰 노래했다
He cut the glass *to* the size of the window. 그는 창문의 크기에 맞춰 유리를 잘랐다
❾ 《「to＋동사원형」으로 부정사를 만든다》
(1) 《명사적 용법》 ~하는 것
To study hard is good. 열심히 공부하는 것은 좋은 일이다

📦 이 경우는 형식 주어[가주어] it을 글머리에 두고, 「It … to …」의 형식으로 쓰이는 일이 많음: It is good to study hard.

I like *to* swim. 나는 수영을 좋아한다
I think it's difficult *to* see him. 그를 만나는 것은 어려울 것이라고 생각한다
My hobby is *to* play tennis. 내 취미는 테니스를 치는 것이다
I want you *to* sing. 노래를 불러줘
(2) 《형용사적 용법》 ~할
Would you like something *to* drink? 뭐 좀 마시겠습니까
I have nothing *to* do today. 오늘 나는 할 일이 아무것도 없다
He was the first *to* come. 그가 맨 처음에 왔다
(3) 《부사적 용법》 ~하기 위해, ~하여
I went to the station *to* see him. 나는 그를 마중하러 정거장에 갔다 《목적》
I'm glad *to* see you. 만나 뵙게 되어 반갑습니다 《원인·이유》
She grew up *to* be a writer. 그녀는 성장하여 작가가 되었다 《결과》
My grandfather lived *to* be ninety. 나의 할아버지는 90세까지 사셨다 《결과》
This book is easy *to* read. 이 책은 읽기가 쉽다《형용사 수식》
Is this water good *to* drink? 이 물은 먹는 물입니까 《형용사 수식》
He will be surprised *to* see you working here. 당신이 여기서 일하는 것을 보면 그가 놀랄 것이다 《조건》
(4) 《의문사와 함께 쓰여》
I don't know how *to* swim. 나는 헤엄칠 줄 모른다
Do you know when *to* start? 출발 시간을 너는 알고 있니
She told me where *to* go. 그녀는 내게 갈 곳을 가르쳐 주었다
(5) 《독립 용법》
To tell the truth, I am a doctor. 사실을 말하면, 나는 의사이다
(6) 《「to＋동사 원형」의 동사를 생략한 용법》
You may go if you want *to*. 가고 싶으면 가도 좋다

📝 to go의 go를 생략한 것. 구어체에 많으며, to에 강세를 둠.

회화 A: Would you like *to* leave a message?
B: Yes, I'd like *to*.
A: 메시지를 남기겠습니까
B: 예, 그러지요
be to＋「동사원형」 ~하기로 되어 있다, ~해야 한다, ~할 수 있다 《격식 차린 표현》
She *is to* come here at five o'clock.

toad - today

그녀는 5시에 이곳에 오기로 되어 있다
You *are to* knock before you come in. 너는 들어오기 전에 노크를 해야 한다
Nothing *is to* be seen. 아무것도 보이지 않는다

enough to ... ~하기에 충분한, ~할 만큼, ~하게도 …한
I have money *enough to* buy this book. 나는 이 책을 살 만큼의 돈은 가지고 있다
He is rich *enough to* buy the house. 그는 그 집을 살 수 있을 만큼 부자이다
She was kind *enough to* tell me the way. 그녀는 친절하게도 내게 길을 가르쳐 주었다

have[has] to+「동사원형」 ~하지 않으면 안 된다
발음 보통 have to 는 [hǽftə], 또 has to 는 [hǽstə] 로 발음한다
You *have to* finish it tomorrow. 너는 내일 그것을 끝마치지 않으면 안 된다

> have[has] to(=must); 단, must에는 과거형이 없으므로, 「해야 했다」는 had to 로 나타낸다:
> He had to work. (그는 일을 해야 했다)

You don't *have to* go there. 너는 거기에 갈 필요가 없다

†***too ~ to ...*** 너무 ~하여 …할 수 없다
We are *too* busy *to* visit the art museum. 우리는 너무 바빠서 미술관에 갈 수 없다
The stone is *too* heavy for me *to* move. 그들은 너무 무거워서 나로서는 움직일 수 없다

> 여기서 move는 타동사이지만 the stone이 문장의 주어인 동시에 의미상 move의 목적어이므로 to move it 처럼 목적어 it을 써줄 필요가 없다. to move의 의미상 주어는 for me이다.

toad [tóud] 명 (복수 **toad*s*** [-z]) 《동물》 두꺼비 《개구리는 → frog》

toast¹ [tóust] 명 구운 빵, 토스트
buttered *toast* 버터 바른 토스트
I had only a slice of *toast* for breakfast. 나는 조반으로 토스트 한 조각만 먹었다
— 동 (3단현 **toast*s*** [-s]; 과거·과분 **toast*ed*** [-id]; 현분 **toast*ing***)
(타동)(자동) (빵을 살짝) 굽다
> bake 는 「식빵을 만들다」의 뜻.

toast² [tóust] 명 (복수 **toast*s*** [-s]) 건배, 축배
Let's drink a *toast* to her. 그녀를 위해 축배를 듭시다

toast·er [tóustər] 명 (복수 **toast*ers*** [-z]) 식빵 굽는 기구

to·bac·co [təbǽkou] 명 (복수 **tobaccos** 또는 **tobaccoes** [-z]) (파이프용의) 살담배
> 「궐련」은 cigaret(te), 「여송연」은 cigar.

a tobácco pìpe (살담배용의) 파이프

★**to·day** [tədéi] 명 《a를 붙이지 않고, 복수 없음》
❶ 오늘, 금일 《yesterday는 어제, tomorrow는 내일》
Today is Sunday. 오늘은 일요일이다
Show me *today's* paper. 오늘 신문을 보여 주시오
No business for *today*. 《게시》 금일 휴업
❷ 현대
the writers of *today* 현대 작가들
Young people of *today* don't like to walk. 현대의 젊은이들은 걷는 것을 좋아하지 않는다
— 부 ❶ 오늘(은)
It's rainy *today*. 오늘은 비가 온다
I must finish it *today*. 나는 오늘 그것을 끝마쳐야 한다
회화 A: What day is it *today*?
B: It's Saturday.
A: 오늘은 무슨 요일입니까

toe - tollgate

B: 토요일 입니다
❷ 오늘날(에는), 현대에는
English is spoken all over the world *today*. 오늘날에는 영어가 전세계에서 사용되고 있다

● 시간 표현들 ●
next year 내년
next month 내달
next week 내주
after three days 3일 후
the day after tomorrow 모레
tomorrow 내일
today 오늘
yesterday 어제
the day before yesterday 그제
three days ago 3일 전
last week 지난주
last month 지난달
last year 작년

toe [tóu] 명 (복수 **toes** [-z])
❶ 발가락 《손가락은 finger 라고 함》
a big[little] *toe* 엄지[새끼]발가락
❷ 발끝
She stood up on her *toes*. 그녀는 발끝으로 섰다

★**to·geth·er** [təgéðər] 부
❶ 함께 (↔ alone 홀로)
We sometimes go for a walk *together*. 우리들은 때때로 함께 산책 나간다
They talked *together*. 그들은 서로 이야기했다
Call the students *together*. 학생들을 불러 모으시오
They live *together* in that house. 그들은 저 집에 함께 산다
❷ 동시에, 일제히
They stood up *together*. 그들은 일제히 일어섰다
Tom and Dick reached the goal *together*. 톰과 딕은 동시에 결승점에 닿았다
❸ 계속해서
He studies for hours *together*. 그는 몇시간이고 계속해서 공부한다
It snowed for three days *together*. 3일간 계속 눈이 내렸다

all together 다 함께
Read after me *all together*. 나를 따라 모두 함께 읽으시오

together with ... ~와 함께
I bought some balls *together with* a glove. 나는 글러브와 함께 공을 몇 개 샀다
He sent her some roses, *together with* a letter. 그는 편지 한통과 함께 몇 송이의 장미를 그녀에게 보냈다

toil [tóil] 동 (3단현 **toils** [-z]; 과거·과분 **toiled** [-d]; 현분 **toiling**) 자동
힘써 일하다, 노력하다
He *toiled* over his homework. 그는 힘들여 숙제를 했다
He *toiled* to support his family.
그는 그의 가족을 부양하기 위해 힘들여 일했다
— 명 수고, 노고

toi·let [tóilit] 명 (복수 **toilets** [-s])
❶ 화장
❷ (호텔·극장 등의) 화장실, 변소
📝 변소는 보통 가정에서는 bathroom 또는 washroom 이라고 하며, 공중변소는 Lavatory; (미) Rest Room 또는 Men, Women 혹은 Gentlemen, Ladies 등으로 표시하고 있음.

to·ken [tóukən] 명 (복수 **tokens** [-z]) 표, 부호, 증거; (버스표 따위의) 토큰
I am giving you this ring as a *token* of my love. 사랑의 증표로 이 반지를 당신께 드립니다

told [tóuld] 동 **tell**(말하다)의 과거·과거분사형
Who *told* the story? 누가 그 이야기를 했습니까

toll [tóul] 명 통행료, 사용료
a tóll ròad 유료 도로

toll·gate [tóulgèit] 명 (복수 **tollgates** [-s]) 통행료 징수소; (고속도로의) 톨게이트

tollgate

to·ma·to [təméitou, 영 təmάː-tou] 명 (복수 **tomatoes** [-z]) (식물) 토마토(나무)

tomb [túːm] (◆ 모음에 주의, 또 어미의 b는 발음하지 않음) 명 (복수 **tombs** [-z]) 무덤(=grave); 묘석, 묘표
What is learned in the cradle is carried to the *tomb*. 《속담》 세살적 버릇이 여든까지 간다

tomb

tomb·stone [túːmstoun] 명 (복수 **tombstones** [-z]) 묘석, 묘비

to·mor·row [təmɔ́rou, 영 təmɔ́rou] 명 내일, 명일 《a를 붙이지 않고, 복수 없음》
tomorrow morning 내일 아침
tomorrow evening 내일 저녁
tomorrow night 내일 밤
tomorrow week 내주의 내일, 지난주의 내일
Tomorrow is Tuesday. 내일은 화요일이다
📝 분명히 알고 있다면 Tomorrow will be ... 로 하지 않는다.
I leave for Hawaii *tomorrow* afternoon. 나는 내일 오후 하와이로 떠난다
Tomorrow never comes. 《속담》 내일은 결코 다시 오지 않는다; 오늘 할 일을 내일로 미루지 마라

the day after tomorrow 모레
Please wait until *the day after tomorrow*. 모레까지 기다려 주시오
📝 《미》에서는 the를 생략할 때도 있지만 이것은 속어적인 표현이다.
— 부 내일(은), 명일(은)
It will be nice *tomorrow*. 내일은 맑을 것이다

> 여기서 it은 때·날씨를 나타낸다. 우리말로는 번역하지 않는다

See you *tomorrow*. 내일 보자

ton [tΛn] 명 (복수 **tons** [-z]) 톤 《무게의 단위》
50 *ton*(s) of coal 석탄 50톤
📝 《영》에서는 1톤이 1,016kg; 《미》에서는 907.2kg; 우리 나라에서는 미터법으로 1,000kg

tons of ... 《구어》 많은 ~ 《무게·양·수에 대해 말함》
Tons of oil flowed out. (몇 톤이나 되는) 막대한 기름이 흘러나갔다

tone [tóun] 명 (복수 **tones** [-z])
❶ 상태, 컨디션; 음색; 색조
❷ 《종종 복수형으로》 어조, 말투, 말씨
He always speaks in gentle *tones*. 그는 언제나 부드러운 어조로 말한다

tongue [tΛŋ] 명 (복수 **tongues** [-z])
❶ 혀
❷ 말, 국어, 언어(=language)
English is his mother *tongue*. 영어는 그의 모국어이다

have a long tongue 수다를 떨다
hold *one's* **tongue** 잠자코 있다
Please *hold your tongue*. 입다물어 《건

tongue twister - too

방진 표현》
put out** one's **tongue 혀를 내밀다
《경멸하거나 또는 진찰받을 때》

tongue twister [-twìstər] 명
(복수 **tongue twisters** [-z]) 혀가 잘 돌아가지 않는[발음하기 어려운] 어구

📝 까다롭거나 비슷한 발음이 반복되는 어구를 빨리 발음하는 경우를 가리킨다. tongue twister의 예: She sells seashells on the seashore. (그녀는 해안가에서 조개를 판다)
The big black bug bit a big black bear, Made the big black bear bleed blood. (큰 검은 벌레가 큰 검은 곰을 물어, 큰 검은 곰이 피를 흘리게 했다)

★**to·night** [tənáit] 명 오늘 밤
(→ today 오늘) 《a를 붙이지 않고, 복수 없음》
Wait till *tonight*. 오늘 밤까지 기다려 주시오
Did you hear *tonight*'s radio news? 오늘 밤의 라디오 뉴스를 들었습니까

— 부 오늘 밤(은)
It is very cold *tonight*. 오늘 밤은 매우 춥다
How beautiful the moon is *tonight*! 오늘 밤은 달이 유난히 아름답구나

★**too** [túː] 명 부 ❶ ~도 또한(= also), 게다가
I can speak English, *too*. 나도 영어를 말할 줄 안다

📝 I를 세게 발음하면 위의 뜻이 되지만, English를 세게 발음하면 「나는 영어도 말할 줄 안다」의 뜻.

Kate, *too*, likes music. 케이트도 음악을 좋아한다

▶ too를 문장 끝에 두면 뜻이 혼동되기 쉬우므로, 이처럼 수식하는 말의 바로 뒤에 둘 때도 있다.

She is beautiful, and kind, *too*. 그녀는 아름답고도 친절하다
My husband likes swimming, and I do, *too*. 남편은 수영을 좋아하는데,

나도 수영을 좋아한다

📘 **too와 either**
「~도 또한 …아니다」라는 뜻의 「~도 또한」은, too가 아니고 either를 쓴다: If you don't go, I will not, either. (네가 가지 않는다면, 나도 가지 않겠다)

❷ 《형용사·부사에 붙여》 너무 ~하여
(→ enough)
It is *too* hot today. 오늘은 너무 덥다
She talks *too* much. 그녀는 말을 너무 많이 한다
Don't come *too* near. 너무 가까이 오지 마라
This coat is *too* big for me. 이 코트는 내게 너무 크다

cannot ... too ... 아무리 ~해도 지나치지 않다
You *cannot* be *too* careful of your health. 아무리 건강에 주의해도 지나치지 않다
You *cannot* study *too* hard. 공부란 아무리 열심히 해도 지나치지 않는 것이다

too ~ to ... 너무 ~하므로 …할 수 없다
This camera is *too* expensive for me *to* buy.⁽¹⁾ 이 카메라는 너무 비싸서 내가 살 수가 없다

📝 for me는 부정사의 주어를 표시해 준다.

It is *too* hot *to* work.⁽²⁾ 너무 더워서 공부할 수가 없다
I was *too* surprised *to* speak.⁽³⁾ 나는 너무 놀라서 말을 할 수 없었다

📘 **so ~ that ... cannot ~**
too ~ to... 는 so ~ that ... cannot ~ 의 구문을 써서 바꾸어 쓸 수 있다. (1)은 This camera is so expensive that I cannot buy it. (2)는 It is so hot that I cannot work. (3)은 I was so surprised that I could not speak.로 된다

641

took - tortoise

took [túk] 동 take(가지다)의 과거형
I *took* him to the park. 나는 그를 공원으로 데리고 갔다

tool [túːl] 명 (복수 *tools* [-z]) 도구, 공구, 연장; 공작 기계(→ instrument)
I want a *tool* to cut this wood with. 나는 이 나무를 자를 도구가 있었으면 한다

tooth [túːθ] 명 (복수 *teeth* [tíːθ]) 이, 치아(→ dentist 치과의사)
tooth powder 가루 치약
a false *tooth* 의치
A *tooth* came out. 이가 하나 빠졌다
Clean[Brush] your *teeth*. 이를 닦으시오

▶ 이 문장은 아침에 「세수를 하시오」라고 할 때 쓴다. Wash your face. 는 「더러워진 얼굴을 씻으시오」라는 뜻.

show one's *teeth* 이를 드러내다, 화를 내다
The cat *showed its teeth*. 고양이는 이를 드러내며 성을 냈다

tooth·ache [túːθèik] 명 치통
I have a *toothache*. 이가 아프다

tooth·brush [túːθbrʌ̀ʃ] 명 (복수 *toothbrushes* [-iz]) 칫솔

tooth·paste [túːθpèist] 명 치약

★**top**¹ [táp, 영 tɔ́p] 명 (복수 *tops* [-s])
❶ 꼭대기, 정상(→ foot 기슭, bottom 밑바닥)
I went up to the *top* of the hill. 나는 산꼭대기까지 올라갔다
There is some snow on (the) *top* of the hill. 산꼭대기에는 눈이 약간 있다 《특히 ⑩에서는 the를 생략》
❷ (물체의) 상부
He wrote his own address at the *top* of the letter. 그는 편지의 윗부분에 자기 주소를 썼다
❸ 상위, 수위(↔ bottom 꼴찌)
Jack is at the *top* of his class. 잭은 자기 반에서 수석이다
❹ 극도, 절정
He ran at the *top* of his speed. 그는 전속력으로 달렸다
at the top of one's *voice* 힘껏 소리내어
I cried *at the top of my voice*. 나는 내 힘껏 소리내어 외쳤다
from top to toe 머리 꼭대기에서 발끝까지, 온통
He was covered *from top to toe* with snow. 그는 머리 꼭대기에서 발끝까지 눈투성이었다

top² [táp, 영 tɔ́p] 명 (복수 *tops* [-s]) 팽이
The child is spinning a *top*. 그 아이는 팽이를 돌리고 있다

top·ic [tápik, 영 tɔ́pik] 명 (복수 *topics* [-s]) 화제, 주제; 문제(= subject), 토픽
the *topics* of the day 시사 문제
Let's change the *topic* of conversation. 대화의 화제를 바꾸자

torch [tɔ́ːrtʃ] 명 (복수 *torches* [-iz]) 횃불
The *torch* was lighted. 횃불이 점화되었다

tore [tɔ́ːr] 동 tear(찢다)의 과거형

torn [tɔ́ːrn] 동 tear(찢다)의 과거분사형

tor·na·do [tɔːrnéidou] 명 회오리바람, 대선풍 《서 아프리카와 Mississippi강 유역에서 일어나며 무서운 파괴력을 지님》

tor·rent [tɔ́ːrənt] 명 급류; 억수
It rained in *torrents*. 비가 억수같이 쏟아졌다

tor·toise [tɔ́ːrtəs] (◆ toise 는 [토이스]가 아님) 명 (복수 *tortoises* [-iz]) 《동물》 거북(→ turtle 바다거북) 《특히 육지나 민물에 사는 거북》
One day a *tortoise* ran a race with a hare. 어느날 거북은 토끼와 경주를

했다

tortoise

toss [tɔ́ːs] (3단현 toss*es* [-iz] ; 과거·과분 toss*ed* [-t] ; 현분 toss*ing*)
(타동) ❶ 쳐서 올리다, 토스하다
He *tossed* a ball to me. 그는 나에게 공을 던졌다
I *tossed* him the ball. 나는 그에게 공을 던졌다
❷ (파도가 배 등을) 움직이다
The ship was *tossed* about by the waves. 배가 파도치는 대로 움직였다

to·tal [tóutl] (형) ❶ 전체의(=whole), 총계의
What is the *total* cost? 비용은 총 얼마입니까
❷ 전적인
total darkness 암흑
the sum total 총액
(🅱️) 어순에 주의. total은 형용사
— (명) 총계, 합계
Add these numbers and tell me the *total*. 이 숫자들을 더해서 나에게 합계를 알려달라
— (동) (3단현 total*s* [-z] ; 과거·과분 total*ed*, (영) total*led* [-d] ; 현분 total*ing* (영) total*ling*) (타동) (자동)
합계하다, 합계 ~이다(=amount to)
The visitors to the exhibition *totaled* 20,000. 그 전시회의 관람자는 모두 2만명이었다

⁎touch [tʌ́tʃ] (동) (3단현 touch*es* [-iz] ; 과거·과분 touch*ed* [-t] ; 현분 touch*ing*) (타동) ❶ (손을) 대다, 건드리다
He *touched* me on the arm. 그는 내 팔에 손을 댔다
Don't *touch* the flowers. 꽃에 손을 대지 마시오
❷ 감동시키다(=move)
I was deeply *touched* by her story. 나는 그녀의 이야기에 크게 감동되었다
❸ 닿다, ~에 도달하다(=reach)
Can you *touch* the top of the blackboard? 너는 칠판 윗부분에 손이 닿니
— (자동) 접촉하다, 만지다
Don't *touch*. 만지지 마시오
— (명) (복수 touch*es* [-iz])
❶ 닿음, 손댐 ; 촉감
I felt a *touch* on my arm. 내 팔에 무엇인가 닿는 것을 느꼈다
The cloth has a soft *touch*. 그 천은 촉감이 부드럽다
❷ (그림 등의) **붓놀림**, 필치, 운필 ; 마무리
He adds the finishing *touches*. 그는 마지막 손질을 한다
❸ 기미, 기운, 가벼운 병
I have a slight *touch* of cold. 나는 감기 기운이 약간 있다
***keep in touch* (*with*)** ~와 접촉[연락]을 지속하다 ; (시류 등에) 뒤떨어지지 않다
I have *kept in touch with* old friends. 나는 오랜 친구들과 연락을 계속해 왔다

touch·down [tʌ́tʃdàun] (명) (복수 touchdown*s* [-z]) 《미식축구》 터치다운 《공을 가진 사람이 골라인을 넘는 일》

touch·ing [tʌ́tʃiŋ] (형) 감동시키는, 감동적인
a *touching* story 감동적인 이야기

touch-me-not [tʌ́tʃminàt] (명) 《식물》 봉선화 종류 ; 쌀쌀한 여자

tough [tʌ́f] (♦ ou는 [ʌ]로 발음) (형) (비교 tough*er*; 최상 tough*est*)
❶ 거친, 난폭한, 질긴(↔soft 부드러운)

tour - town

tough paper 질긴 종이
This steak is *tough* that I cannot cut it. 이 스테이크는 너무 질겨서 자를 수가 없다
❷ (체질이) 강인한, 튼튼한(→ strong)
He is a *tough* guy. 그는 지칠줄 모르는 강인한 남자이다
❸ 곤란한, 고된, 고달픈
a *tough* work 고된 일

tour [túər] 몡 (복수 **tours** [-z]) 관광 여행, 소풍(→ travel)
a round-the-world *tour* 세계 일주 여행
a *tour* by bus 버스 여행
They made a motor *tour* of America. 그들은 미국을 자동차로 여행했다
He is on a *tour* in Europe. 그는 유럽 여행 중이다
— 타동 자동 여행하다
He is *touring* (in) Spain. 그는 스페인을 여행 중이다

tour·ist [túərist] 몡 (복수 **touriosts** [-s]) 관광객, 여행가
a **tóurist bùreau** 여행 안내사
a **tóurist tìcket** 유람권
tóurist clàss 투어리스트 급 《배에서는 2등, 여객기에서는 이코노미 클래스(보통급)》

tour·na·ment [túərnəmənt] 몡 (복수 **tournaments** [-s]) 승자진출전, 토너먼트, 경기, 시합
a tennis *tournament* 테니스 경기

★**toward** [tɔːrd, təwɔ́ːrd] 전
❶ 《방향》 ~쪽으로, ~를 향하여
We ran *toward* the river. 우리는 강쪽으로 달렸다

> 📘 **toward와 to**
> *toward* 는 어느 방향을 향하여 가는 것으로 목적지에 도착했다는 의미는 없다. 반면, *to*는 도착했다는 의미를 포함한다: I drove *toward* Miami.(나는 마이애미로 차를 몰았다) I drove *to* Miami.(나는 차로 마이애미에 갔다)

❷ 《경향·목적》 ~에 대하여
She is friendly *toward* the poor. 그녀는 가난한 사람들에게 친절하다
What are your feelings *toward* me? 나에 대한 너의 감정은 어떤 것이니
❸ 《시간의 접근》 ~쯤에, ~경
toward the end of this month 이 달 말경
He will be back *toward* noon. 그는 정오쯤에 돌아올 것이다

to·wards [tɔːrdz, təwɔ́rdz] 전
=toward 《towards는 주로 영에서, toward는 주로 미에서 쓰임》

tow·el [táuəl] 몡 (복수 **towels** [-z]) 수건, 타월
작문 「나는 타월로 몸을 닦았다」는 I dried my body on the *towel*. 이라고 한다.
📘 욕조 안에서 쓰는 작은 타월은 washcloth [wɑ́ʃklɔːθ] 라고 함.

★**tow·er** [táuər] 몡 (복수 **towers** [-z]) 탑, 망대, 누대
a control *tower* (공항의) 관제탑
We can see a *tower* in the distance. 멀리 탑이 보인다
the Tówer of Lóndon 런던탑 《런던의 템스 강 북안에 있는 한 무리의 건물. 탑은 하나만이 아님. 옛날에는 왕궁이었으나, 후에 감옥으로 바뀌었음. 지금은 박물관으로 바뀐 역사적 유적임》
Tówer Brìdge 타워 브리지 《런던의 템스 강에 놓여 있는 개폐교 ; 런던탑의 옆에 있기 때문에 이 이름이 붙었음》

★**town** [táun] 몡 (복수 **towns** [-z]) ❶ 읍, 고을, 시
📘 town은 village(부락)보다 크고 city(시)로 되어 있지 않은 것. 또 country(시골)에 대해 「도시」의 뜻으로 쓰이며, 일상 회화에서는 city 대신으로도 쓰인다.
There are two high schools in our *town*. 우리 고장에는 고등 학교가 둘

towns - traditional

있다
He lives in a small *town*. 그는 작은 도시에 살고 있다
San Francisco is my home *town*. 샌프란시스코는 내 고향 도시다

📝 (미)에서는 태어난 고향은 시이거나 부락이거나 hometown 이라고 한다. 또 행정상 city 라도 town으로 부를 때가 있다: Paris is an old *town*. (파리는 오래 된 도시이다)

Do you want to live in a *town* or in the country? 당신은 도시에서 살고 싶습니까, 아니면 시골에서 살고 싶습니까
❷ 《관사 없이》 **수도**, (가장 가까이에 있는 주요한) 도시, (변두리에 대해) 시내, 중심가 《a를 붙이지 않고, 복수 없음》
I will go up to *town* tomorrow. 나는 내일 시내에 가겠다
They are in *town*. 그들은 지금 시내에 있다
❸ 《the를 붙여 집합적으로 단수 취급》 **전시민[주민]**
The whole *town* knows the news. 전 시민이 그 뉴스를 알고 있다
a tówn háll 읍사무소, 시청

towns [táunz] 명 town(읍)의 복수형

****toy** [tɔ́i] 명 (복수 **toys** [-z]) **장난감**
Children like to play with *toys*. 아이들은 장난감을 가지고 놀기를 좋아한다
— 형 **장난감의**
a *toy* train 장난감 기차

trace [tréis] 명 (복수 **traces** [-iz]) 자취; 발자국; 흔적
There are the *traces* of a rabbit on the snow. 눈위에 토끼 발자국이 있다
He has disappeared without (a) *trace*. 그는 흔적도 없이 사라졌다

track [trǽk] 명 (복수 **tracks** [-s])
❶ (사람·짐승·차 등의) 지나간 흔적, 《복수형으로》 **발자국**
the *tracks* of a hare 산토끼가 지나간 자국

tracks on the snow 눈 위의 발자국
I followed the *tracks* of the car. 나는 그 자동차 (바퀴) 자국을 따라갔다
❷ 작은 길; 철도 노선; 《경기》 경주로, 트랙

track meet [-mìːt] 명 육상 경기 대회

trac·tor [trǽktər] 명 (복수 **tractors** [-z]) 트랙터; 견인차

trade [tréid] 명 (복수 **trades** [-z])
❶ 직업
What's your *trade?* 당신의 직업은 무엇입니까
He is a shoemaker by *trade*. 그의 직업은 제화공입니다 《by 뒤에는 관사를 쓰지 않는다》

📝 trade는 상공 일반의 직업을, business 는 이익을 목적으로 하는 직업을, profession 은 변호사·의사·교사 등의 지적인 직업을 뜻함.

❷ 무역, 통상, 상업
foreign *trade* 외국 무역
Korea does a lot of *trade* with America. 한국은 미국과 많은 무역을 하고 있다
— 통 (3단현 **trades** [-z]; 과거·과분 **traded** [-id]; 현분 **trading**) 자동 장사를 하다, 무역하다
We *trade* in furniture. 우리는 가구를 팔고 있다
England *trades* with Korea. 영국은 한국과 무역을 하고 있다
— 타동 장사하다, 교환하다, 매매하다
The Indians *traded* furs for food. 인디언들은 모피를 음식과 교환했다

trade·mark [tréidmɑːrk] 명 등록 상표

tra·di·tion [trədíʃən] 명 (복수 **traditions** [-z]) 전통, 관례; 전설
This is a *tradition* of my family. 이것은 우리 집안의 전통이다

tra·di·tion·al [trədíʃənl] 형 전통

Trafalgar Square - training

적인, 전설의
the *traditional* English breakfast
전통적인 영국식 아침 식사
This is our *traditional* festival. 이것은 우리의 전통적 축제이다

Tra·fal·gar Square[trəfǽlgər skwɛ́ər] 트래펄가 광장 《런던에 있는 광장으로 넬슨(Nelson) 제독의 입상이 있다》

★traf·fic [trǽfik] 명 교통, 사람의 왕래, 교통량 《a를 붙이지 않고, 복수 없음; 형용사적으로도 쓰임》
a *traffic* circle 미 원형 교차점, 로터리
a *traffic* island 안전 지대
a *traffic* jam 교통 체증[마비]
a *traffic* sign 교통 표지
The *traffic* lights turned blue. 교통 신호가 청색으로 바뀌었다
There is heavy[little] *traffice* here. 여기는 교통량이 많다[적다]

trag·e·dy [trǽdʒədi] 명 비극(↔ comedy 희극); 비극적 사건
"Hamelt" is a *tragedy* written by Shakespeare. 「햄릿」은 셰익스피어가 쓴 비극이다
Our holiday ended in *tragedy* when our house caught fire. 우리의 휴가는 집에 불이 나는 바람에 비극적 사건으로 끝났다

trail [tréil] 타동 질질 끌다; 뒤를 쫓다, 추적하다
The little girl *trailed* her skirt. 그 어린 소녀는 치마를 질질 끌면서 갔다
The police *trailed* him to his house. 경찰이 그를 집까지 뒤쫓아 갔다
— 명 (복수 *trails* [-z]) 자국, 지나간 흔적; (사람이 걸어 다녀서 난) 길, 오솔길

trail·er [tréilər] 명 (다른 차에 끌려가는) 트레일러; (자동차에 끌려가는) 이동 주택

★train [tréin] 명 (복수 *trains* [-z]) 열차, 기차; (차량을 연결한) 전동차 《차량을 둘 이상 연결한 시가 전차는

tram 이다》
the five-thirty *train* for Pusan 부산행 5시 30분발의 열차
a local *train* (각 역 정차의) 완행(보통) 열차
an up *train* 상행 열차
a down *train* 하행 열차
I met Tom on the *train*. 나는 기차 안에서 톰을 만났다
We got on the *train*. 우리는 그 열차에 탔다
📝 영에서는 get in the train 이라고 함.
They got off the *train*. 그들은 그 열차에서 내렸다
If you get up at six, you'll catch the *train*. 만일 6시에 일어난다면, 너는 열차 시간에 댈 수 있을 것이다
He missed the last *train*. 그는 마지막 열차를 놓쳤다
The train leaves Seoul at 2:10. 그 열차는 2시 10분에 서울을 출발한다
by *train* 열차로, 기차로
He will come *by train*. 그는 열차로 올 것이다

> 📘 by...가 방법·수단을 나타낼 경우에는 관사 없음: by boat (배로), by bus (버스로), by car (자동차로), by plane (비행기로)

— 동 (3단현 *trains* [-z]; 과거·과분 *trained* [-d]; 현분 *training*) 타동
훈련하다, 교육하다(=teach), 연습하다
Bob *trains* my dog. 보브가 내 개를 훈련시킨다
This dog is well *trained*. 이 개는 잘 훈련되어 있다
— 자동 훈련하다, 연습하다
They are *training* for the baseball game. 그들은 야구 시합에 대비하여 훈련을 하고 있다

train·er [tréinər] 명 (운동 선수·경주마 등의) 훈련자, 조련사, 트레이너

train·ing [tréiniŋ] 동 train(훈련하

다)의 현재분사형
— 명 훈련, 연습, 단련
She went into *training* for swimming competition. 그녀는 수영 시합을 위한 훈련을 시작했다

tram·car [trǽmkà:r] 명 영 시가전차 (=미 streetcar)

tramp [trǽmp] 명 도보 여행자, 거지

trans·fer [trænsfə́:r] 동 (3단현 **transfers** [-z]; 과거·과분 **transferred** [-d]; 현분 **transferring**)
타동 ~을 옮기다, 전임(전학)시키다
I *transferred* the vase from the table to this shelf. 나는 그 꽃병을 탁자에서 이 선반으로 옮겨 놓았다
He has been *transferred* to this branch office. 그는 이 지사로 전임되었다
— 자동 갈아타다, 이동하다, 전임하다
I took the bus and *transferred* to the subway. 나는 버스를 타고 가서 지하철로 갈아탔다

trans·form [trænsfɔ́:rm] 타동 변형시키다
Poverty *transformed* her character. 가난으로 그녀는 성격이 변했다

tran·sis·tor [trænzístər] 명 트랜지스터
a *transistor* radio 트랜지스터 라디오

trans·late [trænsléit] 타동 해석하다, 번역하다
Translate it *into* Korean. 그것을 한국어로 옮기시오
📝 보통 Put it into Korean. 이라고 한다.

trans·la·tion [trænsléiʃən] 명 해석, 번역

trans·la·tor [trænsléitər] 명 번역자; 통역

trans·par·ent [trænspɛ́ərənt] 형 투명한; 알기쉬운, 평이한
Glass is *transparent*. 유리는 투명하다

trans·port [trænspɔ́:rt] 동 (3단현 **transports** [-s]; 과거·과분 **transported** [-id]; 현분 **transporting**)
타동 수송하다, 운송하다
A bus *transported* the passengers from the station to the airport. 버스가 역에서 공항까지 승객들을 운송한다
— [trǽnspɔ:rt] 명 수송, 운송
Tracks are usually used for *transport*. 트럭은 주로 수송에 사용된다

trans·por·ta·tion [trænspɔ:rtéiʃən] 명 수송; 수송 기관, 운송 기관

trap [trǽp] 명 (복수 **traps** [-s])
(동물을 잡는) 덫, 올가미, 함정; (사람을 빠뜨리는) 함정, 계략, 속임수, 음모
We *set a trap* for mice. 우리는 쥐덫을 놓았다
— 동 (3단현 **traps** [-s]; 과거·과분 **trapped** [-t]; 현분 **trapping**) 타동 덫으로 잡다; 함정에 빠뜨리다

trash [trǽʃ] 명 쓰레기

★**trav·el** [trǽvəl] 동 (3단현 **travels** [-z]; 과거·과분 **traveled**, 영 **travelled** [-d]; 현분 **traveling**, 영 **travelling**) 자동 ❶ 여행하다 《특히 외국 여행에 쓰임》
I want to *travel* all over Europe. 나는 전 유럽을 여행하고 싶다
He *traveled* around the world last year. 그는 작년에 세계 일주 여행을 했다
❷ (기차 등이) 달리다, (빛·소리 등이) 전해지다
This train *travels* along the coast. 이 열차는 해안선을 따라 달린다
Light *travels* faster than sound. 빛은 소리보다 더 빨리 전해진다
— 명 《보통 복수형으로》 여행; 여행기
Is she back from her *travels* yet? 그녀는 벌써 여행에서 돌아왔습니까
Did you enjoy your *travels* in America? 미국 여행은 재미있었습니까

traveler - temble

Do you like books of *travels*? 당신은 여행기를 좋아합니까
Did you read *Gulliver's Travels*? 당신은 걸리버 여행기를 읽었습니까
📝 travels 는 보통 먼 여행, 복수형으로 많이 쓰이지만 many travels 라고는 하지 않음. excursion 은 소풍 같은 단체 여행. 수학 여행에 해당하는 영어는 없지만 억지로 만들면 school excursion 이 된다. 단, field trip(학생의 견학 여행)이란 말은 있다. expedition 은 조사·탐험 따위의 여행. tour 는 여러 장소, 특히 명소를 두루 다니는 여행. trip 은 모든 여행을 뜻하나 때때로 목적이나 기간이 명확한 짧은 여행을 말함. journey 는 장기간에 걸친 여행.

***trav·el·er, trav·el·ler** [trǽvələr] 몡 (복수 **travel(l)ers** [-z]) 여행자, 길손, 나그네

trav·el·er's check [trǽvələrz t∫èk] 몡 여행자 수표((해외) 여행자를 위해 은행에서 발행하는 수표로, 세계 어느곳에서나 현금으로 바꿀 수 있음. 영에서는 traveller's cheque라고 함))

trav·el·ing, trav·el·ling [trǽvəliŋ] 동 **travel**(여행하다)의 현재분사형
— 명 여행

tray [tréi] 몡 (복수 **trays** [-z]) 쟁반, 접시
an ash *tray* 재떨이

treas·ure [tréʒər] 몡 (금·은·보석 등의) 보물; 재산, 부(富)(=wealth)
— 동 (3단현 **treasures** [-s]; 과거·과분 **treasured** [-d]; 현분 **treasuring**) 타동 소중히 간직하다
I still *treasure* the book you gave me. 네가 준 책은 아직도 소중히 간직하고 있다

treat [tríːt] 동 (3단현 **treats** [-s]; 과거·과분 **treated** [-id]; 현분 **treating**) 타동 ❶ 대우하다, 다루다; 간주하다

We must *treat* animals kindly. 동물을 친절히 다루어야 한다
She *treated* it as a joke. 그녀는 그것을 농담으로 생각했다
❷ 치료하다
treat my tooth 내 이를 치료하다
Which doctor is *treating* you for your illness? 어느 의사가 너의 병을 치료하고 있니
❸ 음식을 대접하다, 한턱 내다
He *treated* me to dinner. 그는 내게 만찬을 대접해 주었다
— 명 즐거움; 대접하기, 음식 대접
It is my *treat* now. 이번에는 내가 낼 차례다
회화 This time you are my guest. 라고 하는 것이 정중한 표현.

treat·ment [tríːtmənt] 몡 《동사는 treat》 처리; 조치; 치료; 취급, 대우
My father's gone to hospital in Seoul for special *treatment*. 아버지는 특별한 치료를 받으러 서울에 있는 병원에 가셨다
The dog has suffered from cruel *treatment*. 그 개는 잔혹한 대우에 시달리고 있다

trea·ty [tríːti] 몡 (복수 **treaties** [-z]) 조약, 협정
a peace *treaty* 평화협정

***tree** [tríː] 몡 (복수 **trees** [-z]) 나무, 수목
Look at that big *tree*. 저 큰 나무를 보라
Birds are singing in the *trees*. 새들이 나무에서 지저귀고 있다
📝 tree 는 서 있는 나무, wood 는 목재, bush 는 관목, log 는 통나무.

trem·ble [trémbl] 자동 (3단현 **trembles** [-z]; 과거·과분 **trembled** [-d]; 현분 **trembling**) ❶ (몸이) 떨리다
tremble with cold 추위로 떨리다
tremble for fear 무서워서 떨다
❷ (나뭇잎 등이) 흔들리다

tremendous - trick

The leaves *are trembling*. 나뭇잎이 흔들리고 있다

tre·men·dous [triméndəs] 형
무서운, 소름이 끼치는; 《구어》 거대한, 엄청난; 멋진
He drove at *a tremendous* speed.
그는 엄청난 속도로 운전을 했다
I went to a *tremendous* party last night. 나는 지난 밤에 근사한 파티에 갔었다

trend [trénd] 명 경향, 성향
The *trend* of price is upwards. 물가가 오르는 경향이 있다
the *trend* toward bright colors 밝은 색을 선호하는 경향

tri·al [tráiəl] 명 (복수 **trials** [-z])
《동사는 try》 시도, 시험(=test); 재판, 공판
His *trial* flight was successful. 그의 시험 비행은 성공적이었다

trial and error 시행 착오
The murder *trial* lasted 3 months.
그 살인 재판은 3달동안 지속되었다

tri·an·gle [tráiæŋgl] 명 《수학》 3각형; 3각형자; 《음악》 트라이앵글《타악기》

📝 tri-(3)+-angle(각도)에서 비롯된 말.

tribe [tráib] 명 (복수 **tribes** [-z])
종족, 부족

trick [trík] 명 (복수 **tricks** [-s])
❶ 책략, 음모; 《영화》 트릭; 장난
Jim likes to *play tricks on* friends.
짐은 친구들에게 장난치는 것을 좋아한다
❷ 요술, 속임수, 재주
a card *trick* 카드의 속임수
The man got the money by a *trick*.
그 남자는 속임수로 돈을 벌었다
Trick or treat! 장난칠까요, 아니면

tree

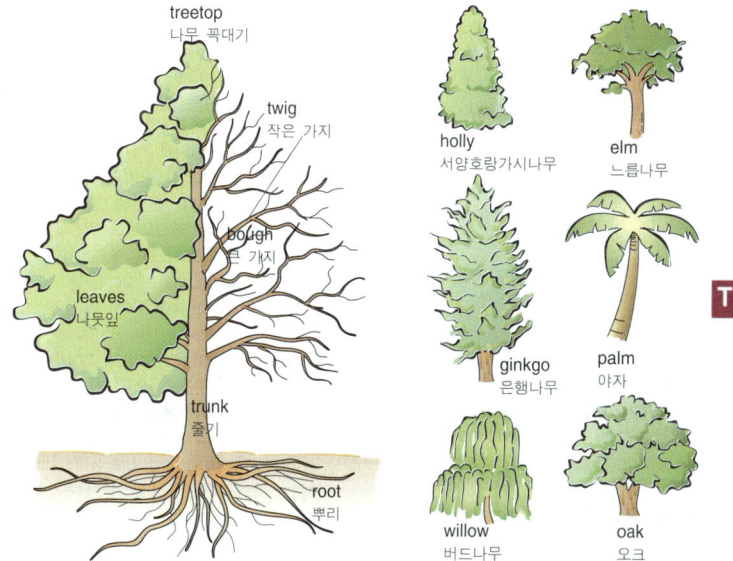

treetop 나무 꼭대기
twig 작은 가지
bough 큰 가지
leaves 나뭇잎
trunk 줄기
root 뿌리
holly 서양호랑가시나무
elm 느릅나무
ginkgo 은행나무
palm 야자
willow 버드나무
oak 오크

tricycle - trouble

대접해 주실래요 《헬로윈(Halloween) 때 아이들이 이웃집을 돌며 과자를 달라고 할 때 쓰는 표현》

tri·cy·cle [tráisikl] 몡 (어린이용) 세발자전거
📝 tri-(3)+-cycle(바퀴)에서 유래된 말

tried [tráid] 통 try (~을 시도하다)의 과거·과거분사형

tries [tráiz] 통 try (~을 시도하다)의 3인칭 단수현재형
— 몡 **try**(시도)의 복수형

trim [trím] 휑 (비교 **trim**mer; 최상 **trim**mest) 산뜻한, 말끔한, 정돈된
— 통 (3단현 **trim**s [-z]; 과거·과분 **trim**med [-d]; 현분 **trim**ming) 타동 자동 정돈하다, 손질하다
trim a tree 나무를 깎아 주다

tri·o [trí:ou] 몡 (복수 **trio**s [-z]) 《음악》 트리오, 3중창[주]; 3인조

trip [tríp] 몡 (복수 **trip**s [-s]) (상용·함락의 짧은) **여행**(→ travel)
He has just returned from a weekend *trip*. 그는 주말 여행에서 지금 막 돌아왔다
go on a trip 여행길에 오르다
We are *going on a trip*. 우리는 여행길에 오르려고 합니다
make[take] a trip to ... ~로 여행하다
I want to *make a trip to* London. 나는 런던으로 여행하고 싶다
on a trip 여행 중에
She is *on a trip* now. 그녀는 지금 여행중이다

tri·umph [tráiəmf] 몡 승리(=victory), 대성공
in triumph 승리하여, 의기양양하여
The boy brought home the prize *in triumph*. 그 소년은 상을 가지고 의기양양하여 집으로 돌아왔다
— 통 (3단현 **triumph**s [-s]; 과거·과분 **triumph**ed [-t]; 현분 **triumph**ing) 자동 승리를 얻다, 이기다

trom·bone [trambóun] 몡 《음악》 트럼본

troop [trú:p] 몡 (복수 **troop**s [-s]) 떼, 대(=group); 《복수형으로》 군대
a *troop* of children 한 떼의 어린이들

tro·phy [tróufi] 몡 전리품; 트로피, 기념품, 상품

trop·ic [trápik, 영 trɔ́pik] 몡 회귀선; 《the tropics로》 열대 지방

trop·i·cal [trápiəkl, 영 trɔ́pi] 휑 열대의
a *tropical* climate 열대성 기후
trópical físh 열대어

trou·ble [trʌ́bl] 몡 (복수 **trouble**s [-z])
❶ **근심**, 걱정, 수고 《a를 붙이지 않고, 복수 없음》
Her heart is full of *trouble*. 그녀의 가슴은 근심이 가득하다
He *is in trouble* about it. 그는 그것 때문에 곤란에 빠져 있다
What's your *trouble*? 무엇이 걱정입니까
❷ **폐, 성가심**, 귀찮음; 병 《보통 a를 붙이지 않고, 복수 없음》
He gave me so much *trouble*. 그는 내게 많은 폐를 끼쳤다
No *trouble* at all. 아주 쉬운 일입니다
heart *trouble* 심장병
engine *trouble* 엔진의 고장
❸ **근심거리**, 수고의 원인; 분규, 쟁의
labor *troubles* 노동 쟁의
a school *trouble* 학교 분쟁
Life is full of *troubles*. 인생은 고민거리로 가득하다
He sometimes *makes troubles*. 그는 때때로 말썽을 일으킨다
have trouble with ... ~와 옥신각신하다; (병 따위로) 고통을 받다
She will *have trouble with* him. 그녀는 그와 옥신각신할 것이다
I am *having trouble with* my teeth. 나는 치통으로 고생하고 있다
take the trouble to ... 일부러 ~하

다, ~하는 수고를 하다
He *took the trouble to* meet me at the station. 그는 역까지 나를 마중 나오는 수고를 해주었다
What is the trouble? 어떻게 된 일입니까[어디가 아픕니까]
— 통 (3단현 **troubles** [-z]; 과거·과분 **troubled** [-d]; 현분 **troubling**) (타동) 폐를 끼치다; 괴롭히다
I am sorry to *trouble* you. 폐를 끼쳐 죄송합니다
What *is troubling* you? 뭐가 걱정이 되십니까
I *am troubled* by a bad tooth. 나는 충치로 고생하고 있습니다
May I trouble you for [to+동사원형]**...?** 죄송합니다만 ~해 주시지 않겠습니까 《정중한 부탁》
May I *trouble* you *for* the sugar? 미안합니다만 설탕을 집어 주시겠습니까
May I *trouble* you to open the window? 미안합니다만 창문을 열어 주시겠습니까
trouble oneself about ... ~를 근심하다
Don't *trouble yourself about* such matters. 그런 일로 근심하지 마라

trou·ble·some [trʌ́blsəm] 형 성가신, 귀찮은
This is a *troublesome* child. 이 애는 다루기 힘든 아이다

trou·sers [tráuzərz] 명 《복수명사》 바지
📝 ⓜ 구어에서는 pants라고 함.
a pair of *trousers* 바지 하나

trout [tráut] 명 (복수 **trout**) 《물고기》 송어

truck [trʌ́k] 명 ⓜ 화물 자동차, 트럭

★**true** [trúː] 형 (비교 **truer**; 최상 **truest**) 《명사는 truth》

❶ **사실의**, 진실의(↔ false 거짓의)
a *true* story 실화
Is the news *true*? 그 뉴스는 사실입니까
It cannot be *true*. 그것은 사실일 리가 없다

❷ 성실한, 충실한(=faithful)
He is a *true* friend. 그는 성실한 친구이다
He was always *true* to me. 그는 언제나 나에게 성실했다
I am always *true* to my promise. 나는 항상 약속을 충실히 지킨다
come true 실현되다, 사실이 되다
My dream *came true*. 내 꿈이 사실이 되었다[실현되었다]
It is true (***that***)**...** ~는 사실이다
It is true (*that*) he visited China. 그가 중국을 방문한 것은 사실이다

★**tru·ly** [trúːli] 부 ❶ 실로, 정말로
He is a *truly* good man. 그는 정말 좋은 사람이다
❷ 충실히(=faithfully), 정직하게
He served his country *truly*. 그는 충실히 국가에 봉사했다
📝 철자에 주의. truely가 아님
Yours truly(=***Truly yours***) 경구 《상업 통신문이나 일반 편지의 끝맺음말》

trum·pet [trʌ́mpit] 명 《음악》 트럼펫

★**trunk** [trʌ́ŋk] 명 (복수 **trunks** [-s]) (여행용의 큰) 트렁크(→ suitcase); (나무의) 줄기; (몸의) 몸통; (코끼리의) 코

trust [trʌ́st] 명 신용, 신뢰; 위탁
trust money 위탁금
He has *trust* in me. 그는 나를 신뢰하고 있다
— 통 (3단현 **trusts** [-s]; 과거·과분 **trusted** [-id]; 현분 **trusting**) (타동) 신용하다, 신뢰하다; 위탁하다, 맡기다
Don't *trust* the man. 그 사람을 믿지 말아라
I *trusted* him with my camera.(=I *trusted* my camera to him) 나는 그에게 사진기를 맡겼다

truth - tube

—자동 신용[신뢰]하다, 믿다 《~in》
He trusts in God. 그는 신을 믿는다
In God we trust. 우리는 하느님을 믿는다《미국 화폐에 쓰여 있는 말》

*truth [trú:θ] 명 (복수 **truth**s [trú:ðz, θs]) 발음 복수형의 어미에 주의《형용사는 true》

❶ **진리**, 진실《a를 붙이지 않고, 복수 없음》
Tell the *truth*. 사실대로[진실을] 말하라

📝 진실은 하나이므로 the를 붙인다; 거짓은 많이 있으므로 tell a lie라고 말한다.

❷ **사실**
the exact *truth* 확실한 사실
Truth is stranger than fiction. 《속담》 사실은 허구보다 기이하다

❸ **성실성**, 정직
I doubt her *truth*. 나는 그녀의 성실성을 의심한다

in truth 정말로, 실제는
The truth is that ... 실은 ~이다
The truth is that I don't know much about it. 사실대로 말하면 나는 그것에 대해 잘 모르고 있다

📝 that를 생략할 경우, 그 대신에 콤마를 붙임: *The truth is*, I failed the exam. (실은 시험에 낙방했다)

to tell the truth 실은, 사실대로 말하면
To tell the truth, he is not a student. 사실대로 말하면, 그는 학생이 아니다

*try [trái] 동 (3단현 **tries** [-z]; 과거·과분 **tried** [-d]; 현분 **trying**) 타동 **해 보다**, 시도하다, 시험하다; (~하려고) **노력하다**, 애쓰다
We *tried* our best. 우리는 힘껏 해보았다
He *tried* to smile. 그는 미소를 지으려고 애썼다
Try how fast you can run. 얼마나 빨리 달릴 수 있는지 시험해 보아라
Jim *tried* writing a short story. 짐은 단편 소설을 써 보았다

📝 try ~ing는「시험삼아 ~해보다」, try to ...는「~하려고 노력하다」의 뜻을 나타냄.
Try this cake. 이 케이크를 먹어 보시오

—자동 해보다, 노력하다, 시도하다
Carl *tried* again. 칼은 다시 한 번 해보았다
I don't think I can do it, but I'll *try*. 나는 할 수 없을 것 같지만 해보겠다
Let me *try*. 내가 해보겠습니다

try and ... 《구어》 ~하도록 노력하다
📝 특히 구어의 명령문에서 try to ... 의 대신으로 쓰임.
Try and get up early in the morning. 아침 일찍 일어나도록 해보시오

try on (모자를) 써 보다, 입어 보다, 신어 보다 《on은 부사》
I *tried on* another coat. 나는 다른 윗옷을 입어 보았다
Try the hat *on*. 그 모자를 써 봐라

try out 철저하게 시험[검사]하다
The idea seems find but we have to *try* it *out*. 그 생각은 좋아 보이지만 우리는 그것을 철저히 검사해 보아야 한다

—명 (복수 **tries** [-z]) 시도, 시험, 해보기; (럭비의) 트라이
I'll do another *try*. 다시 한번 해보겠다
Let's have a *try*. 한번 해보자

try·ing [tráiiŋ] 동 **try**(~을 시도하다)의 현재분사형
—형 괴로운, 힘든, 쓰라린
It is a hot, *trying* day. 더워서 견디기 어려운 날이다

T-shirt [tí:-ʃə̀:rt] 명 티셔츠(=tee shirt) 《목이 둥근 반소매 셔츠》

tub [tʌb] 명 (복수 **tub**s [-z]) 통, 물통; 《구어》 욕조(=bathtub)

tube [tjú:b] 명 (복수 **tube**s [-z])
❶ 관(管), 튜브; 미 진공관
a glass *tube* 유리관
a test *tube* 시험관

Tuesday - turn

❷ 몡 《구어》 (런던의) 지하철
(=underground, 몡 subway)

★Tues·day [tjúːzdi, dèi] 몡 (복
수 **Tuesdays** [-z]) 화요일 《Tues.
또는 Tu.로 줄임 ; → week》
Tuesday is the day after Monday.
화요일은 월요일의 다음 날이다
On Tuesday I come home at three.
나는 화요일에는 3시에 집에 돌아옵
니다
📝 구어에서는 자주 on을 생략함.
We leave Seoul on *Tuesday* morning. 우리는 화요일 아침에 서울을 떠
납니다

> 💡 보통, 요일 앞에는 a를 붙이지
> 않음. on a Tuesday라고 하면 「어
> 떤 화요일에」라는 특정한 뜻이 됨

tug [tʌ́g] 동 (3단현 **tugs** [-z] ; 과거·
과분 **tugged** [-d] ; 현분 **tugging**)
타동 당기다, (세게) 끌어 당기다
They *tugged* the car out of the mire.
그들은 진창에서 차를 끌어냈다
─ 자동 당기다, 끌다
The child *tugged* at her mother's
hand. 그 어린아이는 어머니의 손을
끌어 당겼다
─ 몡 힘껏 당김

★tu·lip [tjúːlip] 몡 (복수 **tulips**
[-s]) (식물) 튤립
I like *tulips* better than roses. 나는
장미보다 튤립을 더 좋아한다

tu·na [tjúːnə] 몡 《물고기》 다랑어,
참치

tune [tjúːn] 몡 (복수 **tunes** [-z])
❶ (노래의) 곡
She played a *tune* on the piano. 그녀
는 피아노로 한 곡 쳤다
❷ 박자, 조화(=harmony)
She is out of *tune* with her classmates. 그녀는 반 친구들과 어울리지
않는다
─ 동 (3단현 **tunes** [-z] ; 과거·과분
tuned [-d] ; 현분 **tuning**) 타동 박자

를 맞추다, (TV·라디오 등을) 맞추다
I *tuned* the televison to channel 4.
나는 텔레비전 채널을 4에 맞추었다
📝 tone(박자)의 변형.
tune in (라디오의) 파장을 맞추다 《in
은 부사》
He *tuned in* to another station. 그는
다른 방송국에다 채널을 맞추었다
tune up (악기의) 박자를 맞추다, 조
율하다

tun·nel [tʌ́nl] 몡 터널, 굴, 지하도

★tur·key [tə́ːrki] 몡 (복수 **turkeys** [-z]) (새) 칠면조 (또는 그 고기)
📝 본래 터키(Turkey)에서 온 것이
잘못 전해진 데에서 비롯된 말

★turn [tə́ːrn] 동 (3단현 **turns**
[-z] ; 과거·과분 **turned** [-d] ; 현분
turning) 타동 ❶ 돌리다, 회전시키다
Jim *turned* the handle to the right. 짐
은 핸들을 오른쪽으로 돌렸다
❷ (모퉁이를) 돌다; (방향·위치를)
바꾸다, (~로) 향하게 하다
We *turned* the corner to the left. 우리
는 모퉁이를 돌아 왼편으로 갔다
The plane *turned* its course to the
west. 비행기는 진로를 서쪽으로 바
꾸었다
Mary *turned* her back to them. 메리
는 그들에게 등을 돌렸다
❸ 뒤집다, (페이지를) 넘기다
Tom *turned* his socks inside out. 톰
은 그의 양말을 뒤집었다
Turn the page over. 페이지를 넘기
시오
❹ 바꾸다(=change), 번역하다
Heat *turns* water into steam. 열은 물
을 증기로 변화시킨다
Turn this sentence into Korean. 이
문장을 한국어로 번역하시오
─ 자동 ❶ 돌다, 회전하다
The earth *turns* around the sun. 지
구는 태양의 주위를 돈다
❷ 구르다, (자면서 몸을) 뒤치다,
뒤집다
John sometimes *turned* in bed. 존은

turn - turn

때때로 침대에서 몸을 뒤척거렸다

❸ **방향을 바꾸다**, (모퉁이를) 돌다

Turn (to the) right at the next corner. 다음 모퉁이에서 우측으로 도시오 《길 안내의 말》

I *turned* to him, and said, "Goodbye." 나는 그가 있는 쪽으로 방향을 돌려서 「잘 있어」라고 말했다

❹ **바뀌다**, ~로 되다

Alice *turned* pale to hear the news. 앨리스는 그 소식을 듣고 얼굴빛이 창백하게 되었다

The leaves *turned* red. 나뭇잎이 붉게 물들었다

The rain *turned* to snow it the afternoon. 오후에는 비가 눈으로 변했다

turn aside 옆으로 비켜나다, 옆을 향하다

She saw a car coming, and *turned aside*. 그녀는 차가 오는 것을 보고 옆으로 비켰다

turn away 쫓아 버리다; 얼굴을 돌리다

She *turned away* the man from her door. 그녀는 그 남자를 문간에서 쫓아 버렸다 《turn은 타동사》

Bill *turned away* and gave no answer. 빌은 외면하고 대답을 하지 않았다 《turn은 자동사》

turn back 뒤돌아보다; 되돌아가다

She never *turned back*. 그녀는 결코 뒤돌아보지 않았다

He *turned back* from the station. 그는 역에서 되돌아 갔다

Let's *turn back* to page 10. 10페이지로 되돌아 가자

turn down 줄이다; 거절하다

Would you please *turn down* the radio a little? 라디오 소리 좀 줄여주시겠습니까

I *turned down* his proposal. 나는 그의 제안을 거절했다

turn into ... ~로 바뀌다[변화하다], ~로 되다

The ice *turned into* water. 얼음이 물이 되었다

turn off (전등·가스·라디오 따위를) 끄다 《turn은 타동사》

Please *turn off* the light. 전등을 꺼 주십시오

turn on (전등·가스·라디오·물 따위를) 켜다, 틀다 《turn은 타동사》

Turn on the cooler. 쿨러를 켜시오

turn out (불·가스 따위를) 끄다; 만들어 내다; (결과가) ~로 되다, 판명되다

Shall I *turn out* the light? 전등을 끌까요

The factory *turns out* thirty thousand cars every year. 그 공장은 매년 3만대의 차를 생산하고 있다

It *turned out* (to be) true. 그것이 사실임이 판명되었다 《turn은 자동사》

turn over 엎어지다, 뒤집다; (책장을) 넘기다; (일·책임 따위를) 넘기다, 인계하다

The boat *turned over*. 그 보트가 전복되었다

Will you *turn* the record *over*? 레코드를 뒤집어서 놓아 주시겠어요

He *turned over* the business to his son. 그는 아들에게 사업을 넘겨 주었다

turn round 회전하다; 방향을 돌리다

The earth *turns round* from west to east. 지구는 서쪽에서 동쪽으로 회전한다

Lucy *turned round* to me. 루시는 내 쪽을 돌아다 보았다

turn up (가스·전등 등을) 세게[밝게] 하다; (라디오 등의) 소리를 크게 하다; 나타내다, 모습을 보이다

Turn up the radio. 라디오 소리를 크게 하시오

She has not *turned up* yet. 그녀가 아직 나타나지 않았다

— 몡 (복수 **turn**s [-z])

❶ **돌리기**, 회전

The car made a *turn* to the left. 그 차는 왼편으로 돌았다[좌회전했다]

❷ **모퉁이**

We came to a *turn* in the road. 우리

turned - twice

는 길 모퉁이에 왔다

❸ **순번**, 차례
Wait till it is your *turn*. 네 차례가 올 때까지 기다려라

by turns 교대로, 번갈아
She and I clean the room *by turns*. 그녀와 나는 교대로 (번갈아) 방을 청소한다

in turn 차례로, 순번대로
Come into the room *in turn*. 차례로 방에 들어오시오

a túrn sìgnal (자동차의) 방향 지시기

turned [tə́ːrnd] 동 turn(~을 돌리다)의 과거·과거분사형

turn·ing [tə́ːrniŋ] 동 turn(~을 돌리다)의 현재분사형
— 명 회전, 방향전환; 모퉁이

turn·pike [tə́ːrnpàik] 명 유료 고속 도로

turns [tə́ːrns] 동 turn(~을 돌리다)의 3인칭 단수형
— 명 turn(회전)의 복수형

tur·tle [tə́ːrtl] 명 (복수 **turtle**s [-z]) 《동물》 바다거북 (→ tortoise 육지거북)

tu·tor [tjúːtər, tjúːtə] 명 가정 교사 (→ governess 여자 가정 교사)

TV [tíːvíː] television(텔레비전)의 약어
📝 televi라고는 하지 않음. T.V.가 아님에 주의.
I seldom *watch TV*. 나는 좀처럼 TV를 보지 않는다
I watched a baseball game on *TV*. 나는 TV로 야구경기를 보았다

★**twelfth** [twélfθ] 《12th로 줄여 씀》 명 《보통 the를 붙여》 **제12**, 12번째, (달의) 12일; 12분의 1
five *twelfths* 12분의 5 《복수형에 주의》
Abraham Lincoln was born on the *twelfth* of February, 1809. 에이브러햄 링컨은 1809년 2월 12일에 탄생했다

📘 the twelfth of February는 February (the) 12th라고도 함

— 형 제 12의, 12번째의; 12분의 1의
December is the *twelfth* month. 12월은 12번째의 달이다

★**twelve** [twélv] 명 (복수 **twelve**s [-z]) **12**; 12세; 12시; 12개, 12명 《복수 취급》
It is a quarter to *twelve*. 12시 15분 전이다
— 형 12의, 12개의, 12명의
A year has *twelve* months. 1년에는 12개월이 있다

★**twen·ti·eth** [twéntiiθ] 명 《20th로 줄여 씀》《보통 the를 붙여》 제 20, 20번째; (달의) 20일
📝 21번째 이상의 서수는 twenty-first(제21), twenty-second(제22), twenty-third(제23), ... twenty-ninth(제29)라고 함. 이것은 thirty, forty, ...ninety에도 적용됨
— 형 제 20의, 20번째의
We live in the *twentieth* century. 우리는 20세기에 살고 있다

★**twen·ty** [twénti] 명 (복수 **twenti**es [-z]) 20; 20세; 20개, 20명 《복수 취급》
Helen is in her *twenties*. 헬렌은 20대이다
📝 one's twenties는 (연령의) 20대이며, the twenties라고 쓰면 (세기의) 20년대가 됨.
📝 21이상의 기수는 twenty-one(21), twenty-two(22), ...twenty-nine(29)이라고 함. 이것은 thirty, forty, ...ninety에서도 같다.
— 형 20의, 20개의, 20명의
It is nearly *twenty* years since I moved to this city. 이 도시에 이사 온 지 거의 20년이 된다

★**twice** [twáis] 부
❶ **2회**, 두 번 (=two times)
📝 '두번, 2배'라고 표현할 때는 보

twig - type

통 twice라고 사용하고 two times 라고는 잘 쓰지 않음.
once or twice 한두번
I have been there *twice*. 나는 거기에 두번 간 적이 있다
❷ 2배
Your dog is *twice* as large as mine. 네 개는 내 개의 두배나 크다
Twice three is six. 3의 2배는 6이다

twig [twíg] 명 작은 가지(→ branch 가지)

twi·light [twáilàit] 명 황혼, 저녁놀
📝 two light에서 온 말로 밝음과 어둠 중간의 light를 말함.

twin [twín] 명 (복수 twins [-z]) 쌍둥이 중의 한 사람; 《복수형으로》 쌍둥이
They are *twin* sisters. 그녀들은 쌍둥이 자매이다
Jane and Lucy are *twins*. 제인과 루시는 쌍둥이다

twin·kle [twíŋkl] 통 (3단현 twinkles [-z]; 과거·과분 twinkled [-d]; 현분 twinkling) 자동 (별·눈 등이) 반짝반짝 빛나다
Stars *twinkle* at night. 별은 밤에 빛난다
Her eyes *twinkled* with joy. 그녀의 눈이 기쁨으로 반짝거렸다
— 명 (복수 twinkles [-z]) 반짝반짝 빛남

twist [twíst] 통 (3단현 twists [-s]; 과거·과분 twisted [-id]; 현분 twisting) 타동 (실을) 꼬다, (밧줄을) 짜다; 비틀다, 비비꼬다, 일그러지다
Her face *was twisted* with pain. 그녀의 얼굴은 아파서 일그러졌다
He seized me and *twisted* my arm. 그는 나를 잡고 내 팔을 비틀었다
— 자동 뒤틀리다, 꼬이다, 얽히다
My shoestrings *twisted*. 내 구두끈이 얽혔다
— 명 (복수 twists [-s]) 비틀기, 꼬기
Give the rope a few more *twists*. 그 밧줄을 몇번 더 꼬아라

★**two** [túː] 명 (복수 twos [-z]) 2; 2세; 2시; 2개, 2명 《복수 취급》
On Monday John comes back at *two*. 존은 월요일 2시에 돌아온다
Cut the apple in *two*. 그 사과를 둘로 쪼개시오
He will finish the work in a day or *two*. 그는 하루나 이틀안에 그 일을 끝낼 것이다
— 형 둘의, 두개의; 두 사람의
Give them *two* apples each. 그들에게 사과를 두개씩 줘라
Two heads are better than one. 《속담》 두 사람의 머리는 한 사람의 두뇌를 능가한다

ty·ing [táiiŋ] 통 tie(묶다)의 현재분사형

★**type** [táip] 명 (복수 types [-s])
❶ 형, 양식, 타입
He has a car of the latest *type*. 그는 최신형의 차를 가지고 있다
I like this *type* of coat. 나는 이런 형의 윗옷이 좋다
📝 of 이하의 명사에는 관사가 없음.
Her beauty is of the Italian *type*. 그녀는 이탈리아형의 미인이다
❷ 전형, 견본
He is a *type* of English gentleman. 그는 영국 신사의 전형이다
❸ 활자, 활판
wooden *type* 목판
set *type* 활자로 조판하다
— 통 (3단현 types [-s]; 과거·과분 typed [-t]; 현분 typing) 타동 타자기로 치다
I am *typing* a letter. 편지를 타자기로 치는 중이다
— 자동 타자를 치다
She *types* well. 그녀는 타자를 잘 친다
📝 학교에서 타자법을 가르치는 수업을 typing이라고 한다.

type·writ·er [táipràitər] 명 타자기

typewriter

ty·phoon [taifúːn] 명 (태평양에서 발생하는) 태풍

typ·i·cal [típikəl] 형 《명사는 type》 전형적인, 대표적인
It was *typical* of her to do so. 그렇게 하는 것은 그녀의 전형적인 방식이다
a *typical* 18th century church 전형적인 18세기 교회

typ·ist [táipist] 명 타이피스트, 타자수

ty·rant [táiərənt] 명 폭군, 압제자

tyre [táiər] 명 영 타이어(=미 tire)

U - uncommon

U u 𝒰𝓊

U, u [júː] 명 (복수 **U's, Us, u's, us** [-z]) 유《알파벳의 제 21자》〈◆동음어 you(너)〉

UFO [júːèfóu] 명 (복수 **UFO's** 또는 **UFOs** [-z]) 미확인 비행물체, 유에프오 《unidentified flying object의 약어》

ug·ly [ʌ́gli] 형 (비교 **uglier**; 최상 **ugliest**) 못생긴, 추한(↔ **beautiful** 아름다운)
an *ugly* face 못생긴 얼굴
an *ugly* shape 추한 모양
The witch had an *ugly* face. 마녀는 못생긴 얼굴을 가졌다

uh-huh [əhʌ́] 감 음, 음, 허《찬성, 동의, 감사 따위의 감정을 나타냄》

U.K. [júːkéi] 영국《United Kingdom의 약어》

ul·tra [ʌ́ltrə] 형 과도한, 극단의

***um·brel·la** [ʌmbrélə] 명 (복수 **umbrellas** [-z]) 우산
It's raining outside. Take this *umbrella*. 밖에 비가 온다. 이 우산을 가지고 가라
▶ 본래는 이탈리아 말로 「그늘을 만드는 것」의 뜻.

um·pire [ʌ́mpaiər] 명 (복수 **umpires** [-z])《야구·테니스 등의》심판원

UN, U.N. [júːén] United Nations (국제 연합)의 줄임꼴

un- [ʌn-]《형용사나 부사에 붙어서》'부정'의 뜻을 나타냄
un able (un+able) ~ 할 수 없는
un happy (un+happy) 불행한
un kind (un+kind) 불친절한
un fortunately (un+fortunately) 불운의

un·a·ble [ʌnéibl] 형 《be unable to ...의 형태로》~할 수 없는(↔ be able to ... ~할 수 있다)
I *was unable to* follow him. 나는 그를 따라갈 수 없었다
My little brother *is unable to* tie his shoes. 나의 남동생은 그의 신발끈을 묶지 못한다

un·cer·tain [ʌnsə́ːrtn] 형 (비교 *more* **uncertain**; 최상 *most* **uncertain**) 분명하지 않은, 확신이 없는
He is *uncertain* of his success. 그는 자신이 성공할지 확신하지 못하고 있다

***un·cle** [ʌ́ŋkl] 명 (복수 **uncles** [-z]) 숙부(↔ **aunt** 숙모)
He has an *uncle* in Pusan. 그는 부산에 숙부가 한 분 계시다
I like *uncle* Bob. 나는 보브 삼촌이 좋다
📝 아이들이 친한 연장자의 남자를 uncle이라고도 부른다. 우리말의 아저씨이다.

un·cles [ʌ́ŋklz] 명 **uncle**(숙부)의 복수형

Un·cle Sam [-sǽm] 전형적인 미국인 (→ **John Bull** 전형적인 영국인)
▶ United States의 첫글자 U.S.를 가지고 만든 명칭.

un·com·fort·able [ʌnkʌ́mfərtəbl] 형 편하지 않은

un·com·mon [ʌnkʌ́mən] 형 흔하지 않은

unconscious - understand

un·con·scious [ʌnkʌ́nʃəs] 형
무의식의
I was *unconscious* of the danger.
나는 그 위험을 전혀 모르고 있었다

un·cov·er [ʌnkʌ́vər] 동 (3단현 **uncovers** [-z]; 과거·과분 **uncovered** [-d]; 현분 **uncovering**) 타동
(덮개를) 벗기다; 드러내다
Newspapers *uncovered* the scandal.
신문이 그 추문을 폭로했다

***un·der** [ʌ́ndər] 전
❶ 《장소에 대해》 ~의 아래에, ~의 아래를(↔ over ~의 위에), ~의 기슭에
Peter is *under* the tree. 피터는 나무 밑에 있다
I keep games *under* my bed. 나는 게임을 내 침대 밑에 둔다
The boat passed *under* the bridge. 보트는 다리 밑을 지났다

☑ **under와 below**
under는 over에 상응하는 말로 「바로 밑의」 뜻이고 below는 above에 상응하는 말로 「아래쪽의」 뜻임.
Subways run *under* the ground. 지하철은 땅 밑을 달린다
The village is *under* a hill. 그 부락은 언덕 기슭에 있다
She has a bag *under* her arm. 그녀는 가방을 겨드랑이에 끼고 있다
It is not very dark *under* water. 물 속은 그리 어둡지 않다

❷ (연령·가격 등이) ~이하의, ~미만의(=less than)
Lucy is still *under* sixteen. 루시는 아직 16세 미만이다
We don't sell it *under* 30 dollars. 이 상점에서는 그것을 30달러 이하로는 팔지 않는다

❸ (치료·시련·형벌 등에 대해) ~를 받고, ~중
Under Construction 《게시》 공사중
☑ 도로 공사 등의 게시에 쓰이는데 미에서는 Men at work.가 보통이다.
He is *under* a doctor. 그는 의사의 치료를 받고 있다
The car is now *under* repair. 자동차는 지금 수리중이다

❹ (지배·감독·보호 등에 대해) ~치하의, ~의 밑에
England became a great country *under* Queen Victoria. 영국은 빅토리아 여왕의 치세하에 강대한 나라가 되었다
He studied law *under* Professor Clark. 그는 클라크 교수 밑에서 법학을 연구했다

un·der·ground [ʌ́ndərgràund] 형 지하의
Water reaches our house through *underground* pipes. 물은 지하 파이프를 통해 우리 가정에 공급된다
— 명 (복수 **undergrounds** [-z]) 영 지하철(=미 subway)
☑ 속어로서는 영에서는 tube [tjúːb], 미에서는 sub [sʌ́b]라고 한다.

un·der·line [ʌ́ndərlàin] 명 밑줄
— [ʌ̀ndərláin] 동 (3단현 **underlines** [-z]; 과거·과분 **underlined** [-d]; 현분 **underlining**) 타동 밑줄을 치다
In this sentence, the word hat is *underlined*. 이 문장에서는 'hat'에 밑줄그어져 있다
an *underlined* word 밑줄 친 낱말

un·der·pass [ʌ́ndərpæ̀s] 명 (복수 **underpasses** [-iz]) 미 지하도

un·der·shirt [ʌ́ndərʃə̀ːrt] 명 (복수 **undershirts** [-s]) 내의

***un·der·stand** [ʌ̀ndərstǽnd]

understanding - unfamiliar

동 (3단현 **understands** [-z]; 과거·과분 **under*stood*** [-stúd]; 현분 **understand*ing***) 타동 알아듣다, 이해하다

He *understands* English. 그는 영어를 알아듣는다[이해한다]

Do you *understand* Korean? 한국말을 아십니까

Do you *understand* me? 내말을 알아듣겠습니까

☑ *Can* you understand ~? 라고 묻는 것은 피해야 한다.

Do you *understand* me? 내 말을 당신은 이해합니까

He did not *understand* why the baby was crying. 그는 왜 아기가 우는지 이해하지 못했다

— 자동 알다, 이해력이 있다

Now I *understand*. 이제야 이해가 갑니다

Animals don't *understand*. 동물에게는 이해력이 없다

***make* one*self* understood** 남에게 (자기가 말하는 것·느낌 등을) 이해시키다 《understood는 과거분사》

Can you *make yourself understood* in English? 너는 영어로 네 의사를 전할 수 있니

***understand* one another** 서로 이해하다

It's important for us to *understand one another*. 우리가 서로 이해한다는 것은 중요하다

☑ '이해하다'의 뜻인 understand는 진행형으로 쓸 수 없다.

I am *understanding* you. (×)
I *understand* you. (○) 나는 너를 이해한다

un·der·stand·ing [ʌ̀ndərstǽndiŋ]
동 **understand**의 현재분사형
— 명 《a를 붙이지 않고, 복수 없음》 지식, 이해, 이해력; (의견·감정 등의) 일치

There is a deep *understanding* between them. 그들 사이에 깊은 이해가 있다
— 형 사물을 이해하는

un·der·stands [ʌ̀ndərstǽndz]
동 **understand**(이해하다)의 3인칭 단수 현재형

*un·der·stood [ʌ̀ndərstúd]
동 **understand**의 과거·과거분사형
I made myself *understood* in English. 나는 영어로 말해 상대방이 알아듣게 했다 《내 영어는 통했다》

un·der·wa·ter [ʌ́ndərwɔ̀ːtər] 형
수중의, 해저의
an *underwater* camera 수중카메라
— 명 수중, 심해

un·der·wear [ʌ́ndərwɛ̀ər] 명
내의 《a를 붙이지 않고, 복수 없음》

un·did [ʌ̀ndíd] 동 undo(~을 풀다)의 과거형

un·do [ʌ̀ndúː] 타동 (3단현 **undoes** [-dʌ́z]; 과거 **undid** [-díd]; 과분 **und*one*** [-dʌ́n]) (매듭 따위를) 풀다; (단추 등을) 끌르다; (포장 등을) 풀다

She *undid* the parcel. 그녀는 꾸러미를 풀었다

un·done [ʌ̀ndʌ́n] 동 undo (~을 풀다)의 과거분사형

un·eas·y [ʌ̀níːzi] 형 (비교 **uneasier**; 최상 **uneasiest**) 불편한, 불안한
I feel *uneasy* about the future. 나는 장래가 불안하다

UNESCO [juː(ː)néskou] 유네스코
☑ United Nations Educational, Scientific, and Cultural Organization(국제연합 교육·과학·문화 기구)의 약어. 교육·과학·문화에 의해 세계 평화를 지킬 것을 목표로 하고 있음.

un·ex·pect·ed [ʌ̀nikspéktid] 형
예기치 않은, 뜻밖의
an *unexpected* visitor 뜻밖의 손님

un·fair [ʌ̀nfɛ́ər] 형 불공평한

un·fa·mil·iar [ʌ̀nfəmíljər] 형

생소한, 낯선

un·for·tu·nate [ʌnfɔ́:rtʃənət] 형
불행한
The *unfortunate* girl broke her glasses. 불행한 소녀는 그녀의 안경을 깨뜨렸다

un·for·tu·nate·ly [ʌnfɔ́:rtʃənitli] 부 불행하게도
The man *unfortunately* missed the train. 불행하게도 그 사람은 기차를 놓쳤다

un·friend·ly [ʌnfréndli] 형 《비교 unfriendl*ier*; 최상 unfriendl*iest*》 불친절한, 비우호적인

un·hap·py [ʌnhǽpi] 형 《비교 unhapp*ier*; 최상 unhapp*iest*》 불행한, 비참한
an *unhappy* life 불행한 생활
She seems (to be) *unhappy*. 그녀는 불행한 것처럼 보인다
The sick child was *unhappy*. 병든 아이는 불행했다

u·ni·corn [júːnəkɔ̀ːrn] 명 《복수 unicorn*s* [-z]》 유니콘 《말과 비슷한 이마에 뿔이 하나 있는 전설적 동물》
Unicorns are found only in myths and stories. 유니콘은 신화와 이야기에서만 등장한다

u·ni·cy·cle [júːnəsàikl] 명 《복수 unicycle*s* [-z]》 외바퀴자전거

***u·ni·form** [júːnəfɔ̀ːrm] 명 제복, 유니폼 《보통 a를 붙이지 않고, 복수 없음》
He came in *uniform*. 그는 제복을 입고 왔다
We have a school *uniform* in our school. 우리 학교에는 교복이 있다
The nurse wore a white *uniform*. 간호사는 흰 유니폼을 입었다
— 형 한결같은, 가지런한, 일정한
These bags are *uniform* in size. 이 가방들은 크기가 같다
The earth turns around at a *uniform* rate. 지구는 일정한 속도로 회전하고 있다

un·im·por·tant [ʌnimpɔ́ːrtənt] 형 중요하지 않은

u·nion [júːnjən] 명 《복수 union*s* [-z]》 결합, 단결; 동맹, 연합; 노동조합(=labor union); 연방
The truck drivers belong to a labor *union*. 트럭운전사들은 노동조합에 속해 있다

U·nion Jack [júːnjən dʒǽk] 《the를 붙여》 영국 국기
▶ 기의 모양은 잉글랜드의 성 조지(St. George), 스코틀랜드의 성 앤드류(St. Andrew), 아일랜드의 성 패트릭(St. Patrick)이라고 하는 각각의 수호신을 나타내는 십자를 겹쳐 단결을 나타냄.

u·nique [juːníːk] 형 유일한, 유례없는

u·nique·ly [juːníːkli] 부 독특하게, 유일하게

u·nit [júːnit] 명 《복수 unit*s* [-s]》 (구성) 단위; (미) (학과의) 단위, 단원
We are on the third *unit* in spelling. 우리는 철자학습의 제3단원을 공부중이다

u·nite [juːnáit] 동 《3단현 unite*s* [-s]; 과거·과분 united [-id]; 현분 unit*ing*》 (타동) 결합시키다, 하나가 되다
The war ended and the states were again *united*. 전쟁은 끝나고, 각 주는 다시 결속했다
— (자동) 합동하다, 합치다, 제휴하다
Oil and water will not *unite*. 기름과 물은 결합되지 않는다

u·nit·ed [juːnáitid] 형 (정치적·정신적으로) 결합된, 일치된
a very *united* family 아주 강하게 결속된 가족

U·nit·ed King·dom [juːnáitid kíŋdəm] 《the를 붙여》 영국 연합 왕국 《U.K.로 줄임》

▶ 수도는 런던(London). 공식명은 the United Kingdom of Great Britain and Northern Ireland → Great Britain

U·nit·ed Na·tions [juːnáitid néiʃənz] 《the를 붙여》 국제 연합 《1945년에 성립된 국제평화협력기구로 UN 또는 U.N.으로 줄임》

* **U·nit·ed States of A·mer·i·ca** [juːnáitid stéits əv əmérikə] 《the를 붙여 단수 취급》 미합중국 (U.S.A. 또는 USA로 줄임)

▶ 단순히 America 또는 the United States(U.S.로 줄임)라고도 함. 미국인은 외국에서 the States를 씀. 수도는 워싱턴(Washington, D.C.)

u·ni·ty [júːnəti] 명 (복수 unities [-z]) 단일[통일]성; 개체, 단일체

u·ni·ver·sal [júːnəvə́ːrsəl] 형 《복수 없음》 우주의; 전세계의 전 인류의

* **u·ni·verse** [júːnəvəːrs] 명 《the를 붙여》 우주, 세계
The sun, moon, stars, and planets are all part of the universe. 태양, 달, 별, 행성은 모두 우주의 일부분이다

u·ni·ver·si·ty [jùːnəvə́ːrsəti] 명 (복수 universities [-z]) 종합 대학

📘 지명·인명이 붙으면 관사는 붙지 않음: Oxford University (옥스퍼드 대학) 전치사 뒤에서는 college는 무관사, university에는 보통 the를 붙이지만 붙이지 않을 수도 있다: go to college[go to (the) university](대학에 가다) → college

un·kind [ʌnkáind] 형 (비교 unkinder; 최상 unkindest) 불친절한
Do not be unkind to the cat. 고양이에게 잔인하게 대하지 말아라

un·known [ʌnnóun] 형 알려지지 않은, 미지의, 무명의 (↔ well-known 잘 알려진)
The writer is unknown to us. 그 작가는 우리에게는 미지의 인물이다

* **un·less** [ənlés] 접 만일 ~가 아니면 (=if ... not)
You will be late unless you hurry up. 서둘지 않으면 늦겠다
I can go unless I'm sick. 아프지만 않으면 나는 갈 수 있다

un·like [ʌnláik] 형 (비교 more unlike; 최상 most unlike) 같지 않은, 다른(↔ like 같은)
☑ dislike(싫어하다)와 혼동하지 말 것.
— 전 ~를 닮지 않고, ~답지 않게
He's very unlike his father. 그는 아버지를 거의 닮지 않았다

un·lock [ʌnlák] 동 (3단형 unlocks [-s]; 과거·과분 unlocked [-t]; 현분 unlocking) (타동) (열쇠로) 열다
He unlocked the door. 그는 문을 열쇠로 열었다

un·luck·y [ʌnlʌ́ki] 형 (비교 unluckier; 최상 unluckiest) 불운한, 불행한
She's very unlucky; She never wins anything. 그녀는 매우 불행하다; 그녀는 결코 아무것에서도 이기지 못한다

un·nec·es·sar·y [ʌnnésəsèri] 형 불필요한
Blankets are unnecessary on a warm night. 따뜻한 저녁에는 이불이 필요없다

un·pleas·ant [ʌnplézn̩t] 형 (비교 more unpleasant; 최상 most unpleasant) 불쾌한(↔ unpleasant weather 불쾌한 날씨)

* **un·til** [əntíl] 전
❶ (시간이) ~까지 (죽)
Wait here until five. 5시까지 여기서 기다리시오
❷ 《It is not until... that ~의 형태로》 …이 되어서야 비로소 ~
It was not until late in the evening that we noticed it. 늦은 밤이 되어서야 비

unusual - up

로소 우리는 그것을 알게 되었다
📝 till보다 형식 차린 말. 또 by(까지에는)와의 뜻의 차이에 주의→till
📝 until, till, by
until이나 till은 '~까지'의 뜻으로 동작·상태가 계속되는 기간을 나타내며 by는 '~까지(는)'의 뜻으로 동작·상태가 완료되는 기한을 나타낸다.
Please come until six. (×)
Please come by six. (○) (6시까지 오세요)

— 접 ❶ ~하기까지
Until he spoke, she kept silent. 그가 입을 열 때까지 그녀는 잠자코 있었다
❷ 《앞에 콤마가 있을 경우》 **그리고 마침내**(=and at last)
The dog ran and ran, *until* it reached there. 그 개는 자꾸만 달렸고, 그리고 마침내 거기에 가 닿았다
📝 글머리에서는 보통 till보다도 until을 쓴다.

un·u·su·al [ʌnjúːʒuəl] 형 이상한, 보기 드문, 진귀한(↔usual 평상시의, 보통의, 흔히 있는)
She wore *unusual* costume to the party. 그녀는 파티에 보기드문 복장을 하고 있다

un·u·su·al·ly [ʌnjúːʒuəli] 부 평소와는 달리, 이상하게; 드물게
The movie lasted for an *unusually* long time. 그 영화는 이상하게도 상영 시간이 길었다

★**up** [ʌp] 부 ❶ **위로**(↔down 아래로)
Stand *up*! 일어섯
Hold *up* your hands! 손을 들어라
We looked *up* at the moon. 우리는 달을 쳐다 보았다
Our plane is going *up* now. 우리의 비행기는 지금 상승 중이다
Some kites were flying high *up* in the air. 몇몇 연이 하늘 높이 날고 있었다
📝 **up과 down의 사용법**
영어에서는 처음에 대략의 방향(high up 먼 위쪽)을 말하고 다음에 구체적인(in the air 하늘에) 방향으로 말한다

up 위로   down 아래로

❷ **일어나**
I get *up* at six every morning. 나는 매일 아침 6시에 일어난다
My father isn's *up* yet. 아버지는 아직 일어나시지 않았다
Tom sat *up* (till) late last night. 톰은 간밤에 늦게까지 일어나 있었다
❸ **가까이 가**
Come *up* here. 이쪽으로 오시오
We went *up* to the door. 우리는 문 쪽으로 다가갔다
A young woman came *up* (to me), and asked me the way. 한 젊은 여자가 내게로 다가와 길을 물었다
❹ (도시·중심지 등의) **방향으로**
She will go *up* to Paris. 그녀는 파리로 갈 것입니다
📝 (1) 미국에서 여행할 때, 북으로 갈 때는 up, 남으로 갈 때는 down이라고 한다. 영국에서는 어떤 지방의 중심지로 가는 것을 거기서 up, 멀어지는 것을 down이라고 한다.
(2) 미국의 도시 안에서는 상가 지구로 가는 것은 down, 주택 지역으로 가는 것은 up라고 할 때가 많다.
❺ **아주, 완전히, 끝이 나**
He ate *up* his supper. 그는 저녁 식사를 모조리 먹어 치웠다
Finish it *up* at once. 즉시 그것을 끝내 버려라
Time is *up*. 시간이 다 되었다
The time for the test was *up*. 시험시간이 다 끝났다
The fire burned *up* the lumber yard. 불이 목재들을 모조리 태워버렸다

upon - upward

up and down 올라갔다 내려갔다; 왔다갔다
She is walking *up and down* in the room. 그녀는 방안에서 왔다갔다 하고 있다

up to ... ~까지
The water came *up to* my knees. 물은 무릎까지 올라왔다

What's up? 《구어》 무슨 일이니, 무슨 일이 일어났니

— 전 높은 곳으로, ~를 올라가, ~의 상류로
The cat climbed *up* the tree. 고양이는 나무를 기어 올라갔다
We rowed *up* the stream. 우리는 상류로 배를 저어 올라갔다
He ran *up* and down the stairs. 그는 계단을 뛰어 올라갔다 내려왔다 했다

— 형 상행의
an *up* train 상행 열차(↔ a down train 하행 열차)

up·on [əpán, 영 əpɔ́n] 전 ~의 위에(=on)
She put the book *upon* the desk. 그녀는 책상 위에 책을 놓았다

📘 on이 이보다 약간 구어적이다.

He called *upon* his teacher. 그는 자기 선생님을 방문했다

once upon a time 《옛날 이야기에서》 옛날 옛적에
Once upon a time there was a very wise man. 옛날 옛적에 매우 현명한 사람이 있었습니다

up·per [ʌ́pər] 형 (장소·지위 등이) 보다 위의(↔ lower 보다 아래의)
the *upper* lip 윗입술

up·per class·es [-klǽsiz] 《the를 붙여》 상류 계급

📘 upper-class는 형용사로 (상류 계급의)

📘 the middle classes(중류 계급), the lower classes(하류 계급)

Up·per House [ʌ́pər háus]
《the를 붙여》 상원(↔ the Lower House 하원)

up·right [ʌ́pràit] 형
❶ 똑바로 선
an *upright* piano 직립형 피아노
You stand in an *upright* position. 똑바로 서 있어라
❷ 정의의, 고결한
an *upright* man 정의파 사나이

up·set [ʌpsét] 타동 (3단현 upsets [-s] ; 과거·과분 upset ; 현분 upset·ting) ❶ 뒤집어지다; (계획 등을) 망치다
The boat was *upset* by the waves. 배는 파도로 뒤집혔다
The puppy *upset* its dish of food. 강아지가 밥그릇을 뒤엎었다
The rain *upset* our plans for the picnic. 비는 우리의 소풍계획을 망쳤다
❷ 혼란시키다, 당황하게 하다
The news *upset* her. 그 뉴스를 듣고 그녀는 당황했다

up·side [ʌ́psaid] 명 (복수 upsides [-z]) 위쪽, 상부
upside [ʌ́psaid] ***down*** 거꾸로(↔ inside out 뒤집어)
A "W" looks like an "M" *upside down*. "W"는 거꾸로 보면 "M"과 비슷하다

up·stairs [ʌ́pstɛ́ərz] 부 **2층에**, 2층으로, 위층에(↔ downstairs 아래층에)
She went *upstairs*. 그녀는 2층으로 올라갔다 (「잤다」의 뜻도 있다)
The bedroom is *upstairs*. 침실은 2층에 있다

— 형 **2층의**, 위층의
an *upstairs* room 위층[2층]의 방

📘 upstairs는 위층으로, 1층에서 보면 2층이지만, 2층에서 보면 3층을 가리킨다.

up-to-date [ʌ́ptədéit] 형 최신의

up·ward [ʌ́pwərd] 부
❶ 위쪽으로(↔ downward 아래쪽으로)

upwards - use

으로)
look *upward* 위를 보다
❷ ~보다 이상
ten dollars *upward* 10달러 이상
— 형 위로의

up·wards [ʌ́pwərdz] 부 = upward

u·ra·ni·um [juréiniəm] 명 《a를 붙이지 않고, 복수없음》《화학》 우라늄《방사성 원소의 하나》

U·ra·nus [júərənəs] 명 《천문》 천왕성(→ planet 행성)

ur·ban [ə́ːrbən] 형 도시의(↔ rural 시골의)
urban life 도시생활

urge [ə́ːrdʒ] 타동 (3단형 **urges** [-iz]; 과거·과분 **urge**d [-d]; 현분 **urging**) 조르다, 재촉하다; ~하라고 부추기다
Mike *urged* me to stay Saturday night. 마이크는 나에게 토요일밤을 지내고 가라고 졸랐다

ur·gent [ə́ːrdʒənt] 형 긴급한
an *urgent* telegram 긴급 전보

★**us** [əs, (강조할 때) ʌ́s] 대 《we의 목적격; → I》 **우리들에게, 우리들을**
My father took *us* to the park. 아버지는 우리들을 공원에 데리고 가셨다
She taught *us* English. 그녀는 우리들에게 영어를 가르쳤다
Uncle Jim came to see *us* last week. 짐아저씨는 지난주에 우리를 보러 왔다
Come with *us*. 우리를 따라오라
Let's listen to the tape. 테이프를 들읍시다 《Let's는 Let us의 줄임꼴》

U.S. [júːés] the United States(미합중국)의 줄임꼴

U.S.A., USA [júːéséi] the United States of America(미합중국)의 줄임꼴

★**use** [juːz] 동 (3단현 **uses** [-iz]; 과거·과분 **use**d [-d]; 현분 **using**) 타동 **쓰다, 사용하다**
May I *use* your telephone? 전화를 써도 되겠습니까
Everyone should know how to *use* a telephone. 모든 사람은 전화사용법을 알아야 한다
We *use* a knife to cut meat. 우리는 고기를 자르는 데에 나이프를 사용한다
Do you know how to *use* knives and forks? 너는 나이프와 포크의 사용법을 아느냐
Who is *using* my dictionary? 누가 내 사전을 쓰고 있습니까
Use your head. 머리를 써라
use ~ for ... ~을 …으로 쓰다
He *used* the cloth *for* a flag. 그는 그 천을 기 대신으로 썼다
What is this *used for*? 이것은 무엇에 쓰입니까
use up 다 써버리다
I *used up* all the money. 나는 돈을 몽땅 써 버렸다
— [júːs] (◆ 동사와의 발음 차이에 주의) 명 (복수 **uses** [-iz])
❶ 사용, 사용법, 이용 《보통 a를 붙이지 않고, 복수 없음》
Put it back in the box after *use*. 사용 후는 그것을 본래대로 상자 속에 넣어라
I will learn the *use* of a typewriter. 타자기의 사용법을 배울 작정이다
This is a pen for the *use* of ladies. 이것은 여성용 만년필이다
You are welcome to the *use* of my room. 제 방을 이용해 주시오[제 방 사용을 환영합니다]

❷ 유익함, 소용에 닿음, 효용; 용도
We have *use* for a snow shovel in the winter. 눈삽은 겨울철에 유용하다
What is the *use* of reading so many books? 그렇게 많은 책을 읽어 무슨 소용이 있습니까
📝 자주 반어로「소용이 없다」의 뜻.
It has a lot of *uses*. 그것은 여러 가지 많은 용도가 있다
be of great use 크게 쓸모가 있다,

used¹ - usual

크게 유익하다
This dictionary will *be of great use* to you. 이 사전은 너에게 매우 쓸모가 있을 것이다
be (*of*) *no use* 쓸모가 없다
Advice *is* (*of*) *no use* to him. 그에게 충고를 해도 소용이 없다
be out of use 쓰이지 않다, 못쓰다
These maps *are out of use* now.
이 지도들은 이제 낡아서 쓸 수 없다
It is (*of*) *no use* ~*ing* ~하여도 소용 없다
It is (*of*) *no use* talk*ing* with them any longer. 더 이상 그들과 이야기해봐도 소용없다
It is no use crying over spilt milk. (속담) 엎지른 우유를 한탄해도 소용없다
make use of ... ~을 이용하다
[작문] 보통은 타동사인 use를 쓴다.
Anybody can *make use of* the reading room. 누구나 독서실을 이용할 수 있다
Make good *use of* your time. 시간을 잘 이용하라

used¹ [ju:zd] (타동) use의 과거·과거분사형

used² [ju:st] (형) 익숙하여(=accustomed)
be used to ... ~에 익숙하다
I *am* not *used to* this kind of work. 나는 이런 일에는 익숙하지 않다
I'*m* not *used to* getting up so early. 나는 그렇게 일찍 일어나는 것에 익숙하지 않다
get used to ... ~에 익숙해지다
He *got used to* our custom. 그는 우리 관습에 익숙해졌다

📘 be(또는 get) used to의 뒤에는 명사나 동사의 ~ing 꼴이 옴

[발음] 자음의 발음에 주의 used to는 [júːstə](모음 앞에서는 흔히 [júːstu])로 발음한다

used³ [ju:st] (자동) (「to+동사 원형」이 따라》) 언제나 ~했다, ~하는 습관이 있었다
I *used to* take a walk before breakfast. 나는 조반 전에 늘 산책했다

📝 *used to*는 과거의 규칙적인 습관을 나타낼 때가 많고, would는 과거의 불규칙적 습관을 나타낸다.
She *used to* go to church on Sunday, but she *would* often be late.
그녀는 일요일에 언제나 교회에 갔는데, 자주 시간에 늦곤 했다

[발음] 이 예문의 used to는 [júːstə]이다.

★**use·ful** [júːsfəl] (형) (비교 *more useful*; 최상 *most useful*) 쓸모가 있는, 유익한(↔ useless 쓸모 없는)
This is a *useful* book. 이것은 쓸모 있는 책이다
A hammer is a *useful* tool for driving a nail. 망치는 못을 박는데 쓰는 유용한 도구이다
A little dictionary is sometimes more *useful* than a big one. 때로는 작은 사전이 큰 사전보다 더 쓸모가 있다

use·ful·ness [júːsfəlnis] (명) 《복수 없음》 쓸모있음, 유용, 이익

use·less [júːslis] (형) (비교 *more useless*; 최상 *most useless*) 쓸모 없는(↔ useful 쓸모 있는)
A snow shovel is *useless* in the summer time. 눈삽은 여름에는 쓸모없다

us·es [júːziz] (동) use(~을 사용하다)의 3인칭 단수현재형
— [júːsiz] (명) use(유익함)의 복수형

us·ing [júːziŋ] (동) use(~을 사용하다)의 현재분사형

U.S.S.R., USSR [júːèsèsàːr]
the Union of Soviet Socialist Republics (소비에트 사회주의 공화국 연방)의 줄임꼴

★★**u·su·al** [júːʒuəl] (형) (비교 *more* 형) 보통의(→ unusual 이상한)

It is *usual* for him to be late. 그가 늦는 것은 늘 있는 일이다
Tea is the *usual* drink of English people. 홍차는 영국 사람들의 평상시 음료이다
We ate breakfast at the *usual* time. 우리는 평소 아침먹던 시간에 아침을 먹었다
as usual 보통 때처럼
He was late *as usual*. 보통 때처럼 그는 지각했다
... than usual 보통 때보다 ~
She arrived later *than usual*. 그녀는 보통 때보다 늦게 도착했다
I got up earlier *than usual*. 나는 보통 때보다 일찍 일어났다

★**u·su·al·ly** [júːʒuəli] 甼 (비교 *more* usually ; 최상 *most* usually)
보통, 대개
I *usually* get up at six. 나는 보통 6시에 일어난다
What do you *usually* do on Sunday? 너는 일요일에는 대개 무엇을 하느냐
The bus is *usually* on time. 버스는 대개 정시에 있다

Ut. 명 유타주(Utah)의 약어

U·tah [júːtɔː, júːtɑː] 명 유타주 《미국 서부의 주》

u·til·i·ty room [juːtíləti rùː(ː)m] 다용도실 《냉난방기구·청소기 등을 보관하며 세탁도 할 수 있다》

ut·ter¹ [ʌ́tər] 형 완전한, 절대의 《명사 앞에만 씀》
utter darkness 칠흑 같은 어둠

ut·ter² [ʌ́tər] 동 (3단현 **utter*s*** [-z] ; 과거·과분 **utter*ed*** [-d] ; 현분 **utter*ing***) 타동 발언하다, 나타내다
I cannot *utter* my feelings. 나는 내 감정을 표현할 수 없다

V v

V, v [víː] 몡 (복수 **V's, Vs, v's, vs** [-z]) 브이 《알파벳의 제 22자》

v. 몡 동사(verb)의 약어

Va. 버지니아 주(Virginia)의 약어

va·cant [véikənt] 혱 (비교 ***more* vacant**; 최상 ***most* vacant**) (장소·집 등이) 빈, 공허한
a *vacant* room 빈 방

★va·ca·tion [veikéiʃən] 몡 (복수 **vacations** [-z]) 휴가
I went back to my hometown during summer *vacation*. 나는 여름 방학 동안 고향에 갔었다
I took a day's *vacation*. 나는 하루 휴가를 받았다
He is home on *vacation*. 그는 휴가차 집에 와 있다
📝 on vacation 은 몡에서는 for the holidays 라고 함.

📕 vacation은 주로 미국에서 쓰이고, 영국에서는 보통 holiday를 쓴다. 휴일은 1일이라도 1개월이라도 좋다. 복수형 vacations는 노동절(Labor Day)에 1일, 크리스마스(Christmas)에 5일, 부활절(Easter)에 3일이라고 하는 것처럼 vacation을 셀 때에 쓴다 → holiday

vac·u·um [vǽkjuəm] 몡 (복수 **vacuums** [-z]) 진공
a *vacuum* tube 진공관
a *vacuum* cleaner 진공 청소기

vague [véig] 혱 (비교 **vague*r***; 최상 **vague*st***) 모호한, 애매한
the *vague* shapes of animals in the mist 안개 속의 희미한 동물 형태

vain [véin] 혱 (비교 **vain*er***; 최상 **vain*est***) 무익한, 쓸데 없는(=useless)
vain efforts 헛수고
in vain 공연히, 쓸데 없이
They tried to save the drowning boy, but *in vain*. 그들은 물에 빠진 소년을 구하려 했으나 허탕이었다

Val·en·tine [vǽləntàin] 몡 성 밸런타인 《St. Valentine (?~270?); 로마의 기독교 순교자》
St. Válentine's Dày 밸런타인데이 (2월 14일) 《이날 연인에게 보내는 선물이나 편지를 valentine이라고 한다》

val·ley [vǽli] 몡 (복수 **valleys** [-z]) 골짜기, 계곡
A river flows through the *valley*. 강이 계곡 사이로 흐르고 있다

val·u·a·ble [vǽljuəbl] 혱 (비교 ***more* valuable**; 최상 ***most* valuable**) 가치 있는, 귀중한(=worthy)
a *valuable* book 귀중한 책
— 몡 《보통 복수형으로》 (보석류 등의) 귀중품

val·ue [vǽljuː] 몡 (복수 **values** [-z]) 가치
He does not know the *value* of health. 그는 건강의 가치[고마움]를 모른다
The book is of great *value*. 그 책은 매우 가치가 있다
The rare stamp is of great *value*. 희귀한 우표는 매우 가치가 있다
— 동 (3단현 **values** [-z]; 과거·과분

valve - vegetable

valued [-d］; 현분 **valu**ing) (타동) 평가하다
value a house at 30,000 dollars 집을 3만 달러로 평가하다

valve [vǽlv] 명 (복수 **valve**s [-z]) (기계장치 등의) 밸브, 판; (심장 등의) 판막
You put air into a bicycle tire through the *valve*. 밸브를 통해 자전거 타이어에 공기를 넣는다

van [vǽn] 명 (복수 **van**s [-z]) 밴 《포장이 달린 마차나 지붕이 달린 트럭》; (영) (철도의) 수하물차, 유개화차

va·nil·la [vənílə] 명 《a를 붙이지 않고, 복수 없음》 (식물) 바닐라

van·ish [vǽniʃ] 자동 (3단현 **van·ish**es [-iz]; 과거·과분 **vanish**ed [-t]; 현분 **vanish**ing) 사라지다
The dew will *vanish* when the sun comes out. 이슬은 해가 나오면 사라질 것이다

va·por [véipər] 명 《a를 붙이지 않고, 복수 없음》 증기
Fog is water *vapor*. 안개는 물 증기이다

var·i·a·tion [vɛ̀əriéiʃən] 명 (복수 **variation**s [-z]) 변화, 변동

va·ri·e·ty [vəráiəti] 명 (복수 **variet**ies [-z])
❶ 변화, 다양(성) 《a를 붙이지 않고 복수 없음》
His life was full of *variety*. 그의 인생은 변화가 많았다
❷ 《a variety of …로》 (여러 가지를) 모은 것, 갖가지, 가지각색
a *variety* of opinions 갖가지 의견들
a *variety* of dolls 가지각색의 인형들

var·i·ous [vɛ́əriəs] 형 (비교 ***more** **various***; 최상 ***most** **various***) 여러 가지의, 각종의
For *various* reasons I was absent from the meeting. 여러 가지 이유로 나는 그 모임에 불참했다

var·y [vɛ́əri] 동 (3단현 **varies** [-z]; 과거·과분 **varied** [-d]; 현분 **varying**) 자동 변하다, 바뀌다; 서로 다르다
Opinions on this matter *vary*. 이것에 대한 의견은 다양하다
— 타동 ~에 변화를 주다
She *varies* her dress as fashion changes. 그녀는 패션 변화에 따라 그녀의 옷에 변화를 준다

***vase** [véis, véiz, 영 vɑːz] (◆ 미·영의 차이에 주의) 명 (복수 **vase**s [-iz]) 꽃병, 단지
There are some beautiful roses in the *vase*. 꽃병에는 몇 송이의 아름다운 장미가 꽂혀 있다

vast [vǽst] 형 (비교 **vast**er; 최상 **vast**est) 광대한, 거대한; (수·양 등이) 막대한
a *vast* desert 광대한 사막
a *vast* sum of money 막대한 금액

Vat·i·can [vǽtikən] 명 바티칸 궁전(= Vatican Palace) 《로마 교황이 집무하는 교황청》

Vat·i·can Cit·y [-síti] 명 《the를 붙여》 바티칸 시《로마 시내에 있고, 면적·인구가 가장 작은 하나의 독립국가》

VCR [víːsíːɑ́ːr] 비디오 카세트 리코더《video cassette recorder의 약어》

****veg·e·ta·ble** [védʒətəbl] 명 (복수 **vegetable**s [-z])
❶ 야채
They grow many kinds of *vegetables*. 그들은 많은 종류의 야채를 재배하고 있다
Lettuce, onions, and beans are *vegetables*. 상추, 양파, 콩은 야채이다
❷ 식물(↔ animal 동물, mineral 광물)
— 형 ❶ 야채의
vegetable soup 야채 수프
❷ 식물의, 식물성의
vegetable oil 식물성 기름

vehicle - venture

vegetables

the *vegetable* kingdom 식물계

ve·hi·cle [víːhikl] 명 (복수 **vehi·cles**[-z]) 차, 탈것
Cars, bicycles, and trucks are *vehi·cles*. 승용차, 자전거, 트럭은 타는 교통 수단이다

veil [véil] 명 (복수 **veils** [-z]) 베일 《여성들이 머리에 쓰는 아주 얇은 천》; 덮어서 보이지 않게 하는 것
a *veil* of smoke 연기의 막

vel·vet [vélvit] 명 벨벳 《a를 붙이지 않고, 복수 없음》
— 형 벨벳의

vend·ing ma·chine [véndiŋ məʃíːn] 명 판매인; 자동판매기(= slot machine)

Ven·ice [vénis] 명 베니스, 베네치아 《이탈리아 북동부의 항구 도시; 옛날에는 도시 국가》

ven·ture [véntʃər] 명 《복수없음》 모험; 투기
— 동 (3단현 **ventures** [-z]; 과거·과분 **ventured** [-d]; 현분 **ventur·ing**) 자동 위험을 무릅쓰고 하다

Ve·nus [víːnəs] 명

❶ 《천문》 금성(→ planet 행성)

❷ 《로마신화》 미와 사랑의 여신 《그리스 신화의 아프로디테 (Aphrodite)에 해당 된다》

Venus

the Vénus of Mílo 밀로의 비너스 《1820년 밀로 섬에서 발견된 상; 파리의 루브르 박물관 소장》

ve·ran·da, ve·ran·dah [vərǽndə] 명 (복수 verandas, verandahs [-z]) 베란다, 현관

verb [və́ːrb] 명 (복수 verbs [-z]) 《문법》 동사 《v.로 줄여 씀》

Ver·mont [vərmάnt, vəmɔ́nt] 명 버몬트주 《미국 북동부 뉴잉글랜드 지방의 주》

Ver·sailles [vərséi, 영 vɛəsái] 명 베르사유 《파리의 남서쪽에 있는 도시; 루이 14세의 명령으로 1715년에 완성된 베르사유 궁전이 있다》

verse [və́ːrs] 명 (복수 verses [-iz]) 운문, 시(→ prose 산문)
Not all *verse* is great poetry. 모든 운문이 명시는 아니다

ver·sion [və́ːrʒən, -ʃən] 명 (복수 versions [-z]) 번역, 각색

ver·ti·cal [və́ːrtikəl] 형 수직의, 직립한(↔ horizontal 수평의)
A flagpole stands in a *vertical* position. 깃대는 수직으로 서 있다

★ver·y [véri] 부

❶ 매우, 몹시, 대단히
It is *very* cold this morning.(1) 오늘 아침은 몹시 춥다
We are *very* happy.(2) 우리는 매우 행복합니다
The horse runs *very* fast.(3) 그 말은 매우 빨리 달린다
She can play the piano *very* well.(4) 그녀는 피아노를 매우 잘 친다
Thank you *very* much.(5) 대단히 고맙습니다
He was *very* surprised to see me.(6) 그는 나를 보고 몹시 놀랐다
Very good.(=*Very* well.) (동의하여) 아주 좋다, 훌륭하다

> (1)(2)는 형용사를, (3)(4)(5)는 부사를 수식한다. (6)은 형용사 용법의 과거분사(surprised)를 수식하는데, 이것은 구어 용법이다. 격식 차린 문장에서는 much surprised 라고도 한다. 또 (4)(5) 의문문에서는 very를 생략하지 않는다

❷ 《부정문에서》 별로, 그리(~하지 않다)
He is*n't very* kind. 그는 별로 친절하지 않다
She ca*n't* ski *very* well. 그녀는 스키를 그리 잘 타지 못한다

> **1 very 의 용법**
> (1) 형용사·부사의 원급을 수식한다: very kind (매우 친절한), very slowly (매우 천천히)
> (2) 완전히 형용사화한 현재분사를 수식한다: a very interesting book (대단히 재미있는 책)
> (3) be+과거분사로 동사가 감정을 나타내는 말일 경우 과거분사를 수식한다: I was very pleased to hear the news. (나는 그 소식을 듣고 매우 기뻤다)
> **2 much 의 용법**
> (1) 동사를 수식한다: Don't worry so much. (그렇게 걱정하지 마라)
> (2) 형용사·부사의 비교급을 수식한다: Mary is much taller than Jane. (메리는 제인보다 훨씬 더 키가 크다)

— 형 바로 그; ~조차(=even)
> 명사의 앞에 놓여 그 명사의 뜻을 강조한다.

vessel - vigorous

This is the *very* dictionary that I wanted. 이것이 바로 내가 원하던 사전입니다

My *very* son laughed at me. 내 아들조차 나를 비웃었다

ves·sel [vésl] 명 (복수 **vessel**s [-z]) 그릇, 용기, (보통 큰) 배(→ ship)
a fishing *vessel* 고깃배

vest [vést] 명 (복수 **vest**s [-s])
❶ 미 조끼(= 영 waistcoat)
There are four pockets in his *vest*. 그의 조끼에는 4개의 주머니가 있다
❷ 영 내의

vet·er·an [vétərən] 명 노련한 사람, 베테랑; 고참병; 미 퇴역군인
He is a *veteran* of the First World War. 그는 제1차 세계대전의 퇴역군인이다

Vet·er·ans Day [vétərənz dèi] 명 미 재향군인의 날 《제1차·2차 세계대전의 종전기념일로 11월 11일이다》

vi·a [váiə] 전 ~경유로(= by way of)
She went to San Fracisco *via* Hawaii. 그녀는 하와이를 경유해서 샌프란시스코로 갔다
☑ via는 라틴어로 way 의 뜻.

vice [váis] 명 《a를 붙이지 않고, 복수 없음》 부도덕, 악(↔ virtue 미덕)
There is a lot of *vice* in our cities. 우리 도시에는 악이 많다

vice-pres·i·dent [váis-prézədənt] 명 (복수 **vicepresident**s [-s]) 부통령, 부회장, 부사장
☑ vice-는 「대리인」의 뜻.

vic·tim [víktəm] 명 (복수 **victim**s [-z]) 희생자, 피살자

vic·tor [víktər] 명 (복수 **victor**s [-z]) 승리자, 정복자

vic·to·ry [víktəri] 명 (복수 **victories** [-z]) 승리
We will win a *victory* over the enemy. 우리는 적과 싸워 승리를 거둘 것이다

vid·e·o [vídiòu] 명 (복수 **video**s [-z]) 영상, 비디오
— 형 영상의, 비디오의
a *video* disc 비디오 디스크
a *video* game 비디오 게임
a *video* tape 비디오 테이프
a *video* tape recorder 비디오 테이프 레코더

Vi·en·na [viénə] 명 빈 《도나우 강변에 있는 오스트리아의 수도》

Vi·et·nam [viètnám] 명 베트남

view [vjú:] 명 (복수 **view**s [-z])
❶ 바라다 봄, 조망, 전망, 경치
The *view* from the hill is wonderful. 언덕에서의 조망은 훌륭하다
❷ 시력, 보이는 범위
We have a good *view* of the river from the window. 창문에서 보면 강이 잘 보인다
Here we have a good *view* of the town. 시가지는 이곳에서 잘 보인다
A boat came into *view* over there. 저기 배 한 척이 보이기 시작했다
The plane soon went out of *view*. 그 비행기는 곧 시야에서 사라졌다
❸ 생각, 의견
What is your *view* on the matter? 그 일에 대한 당신의 의견은 어떻습니까
He gave us his *views* on how to train a puppy. 그는 우리에게 강아지 훈련법에 대한 여러 의견을 제시하였다
in view 보이는 곳에; 생각 중에
Keep the boat *in view*. 그 배를 계속 주시하라
We have a plan *in view*. 우리는 고려 중인 계획이 하나 있다
in view of ... ~가 보이는 곳에; ~를 생각하여
We came *in view of* the tower. 우리는 탑이 보이는 곳에 왔다
He will not go *in view of* these facts. 이 사실들을 생각하면 그는 가지 않을 것이다

vig·or·ous [vígərəs] 형 (비교

Viking - visa

more **vigorous**; 최상 *most* **vigorous**) 기운이 왕성한

Vi·king, vi·king [váikiŋ] 명 북유럽의 해적, 바이킹 《8~10세기에 유럽 북부와 서부 해안을 침범한 스칸디나비아의 해적》
📝 a Viking 은 해적 한 사람.

vil·la [vílə] 명 (복수 **villas**[-z]) 빌라

★**vil·lage** [vílidʒ] 명 형 (복수 **villages** [-iz]) 촌(의), 마을(의) (→ town 읍, city 도시)
a farm *village* 농촌
a fishing *village* 어촌
I am tired of such a *village* life. 이런 시골 생활에는 싫증이 난다
A *village* is not as large as town. 촌은 읍만큼 크지 않다

vil·lag·er [vílidʒər] 명 (복수 **villagers** [-z]) 마을사람

vil·lag·es [vílidʒiz] 명 village (마을)의 복수형

Vin·ci [víntʃi] 명 레오나르도 다빈치(Leonardo da ~)

vine [váin] 명 (복수 **vines** [-z]) 포도 나무(→ grape 포도); 덩굴(풀)
Grapes grow on a *vine*. 포도는 포도 나무에서 자란다
📝 wine(포도주)과 같은 어원.

vin·e·gar [vínigər] 명 《a를 붙이지 않고, 복수 없음》 식초

vi·o·la [vióulə] 명 (복수 **violas** [-z]) 비올라 《바이올린(violin)보다 약간 크고, 첼로(cello) 보다 약간 작은 현악기》

vi·o·lence [váiələns] 명 《a를 붙이지 않고, 복수 없음》 난폭; 폭행, 폭력
The police used unnecessary *violence* on the crowd. 경찰은 군중에게 불필요한 폭력을 사용하였다

vio·lent [váiələnt] 형 (비교 *more* **violent**; 최상 *most* **violent**) 맹렬한, 난폭한

a *violent* storm 맹렬한 폭풍우

vio·let [váiəlit] 명 (복수 **violets**[-s]) 《식물》 제비꽃; 보라색
Violet may be purple, yellow or white. 제비꽃은 보라색, 노란색 또는 흰색이다
— 형 보랏빛의

violet

vi·o·lin [vàiəlín] (◆ 강세의 위치에 주의) 명 (복수 **violins** [-z]) 바이올린
Can you play the *violin*? 당신은 바이올린을 켤 줄 압니까
📝 중세의 현악기 비올(viol)의 작은 것이라는 뜻 → viola

vi·o·lin·ist [vàiəlínist, 영 váiəlinist] 명 (복수 **violinists** [-s]) 바이올린 연주가

VIP, V.I.P. [víːàiːpíː] 명 (복수 **VIPs** 또는 **VIP's** [-z]) 《구어》 요인, 거물, 귀빈 《very important person의 약어》

vir·gin [vəːrdʒin] 명 (복수 **virgins**[-z]) 처녀, 아가씨; 《the Virgin 으로》 성모마리아
— 형 처녀의; 순결한; 처음인

Vir·gin·ia [vərdʒínjə] 명 버지니아 주 《미국 동부 대서양 연안의 주》

Vir·gin Moth·er [vəːrdʒin mʌ́ðər] 명 《the를 붙여》 성모마리아

vir·tue [vəːrtʃuː] 명 (복수 **virtues** [-z]) 미덕; 장점
a man of *virtue* 덕망 있는 사람

vir·tu·ous [vəːrtʃuəs] 형 인격 있는, 덕망을 갖춘

vi·rus [váiərəs] 명 (복수 **viruses** [-iz]) 《의학》 바이러스, 여과성 병원체

vi·sa [víːzə] 명 (복수 **visas** [-z]) (여권의) 사증, 비자 《외국 여행의 경우, 행선지 국가의 영사로부터 얻는 입국 허가》
I got a *visa* on my passport. 나는

visible - voice

여권에 비자를 받았다

vis·i·ble [vízəbl] 형 (비교 *more* visible; 최상 *most* visible) 눈에 보이는; 밝은

vi·sion [víʒən] 명 (복수 visions [-z]) ❶ 보이는 것, 시력 《a를 붙이지 않고, 복수 없음》
❷ 직관력; 보는 힘; 환상, 상상; 이상
the field of *vision* 시야

★**vis·it** [vízit] 동 (3단현 visits [-s]; 과거·과분 visited [-id]; 현분 visiting) 타동 방문하다, (구경 등에) 가다, 문병하다
Ted *visited* me several times. 테드는 나를 서너 번 찾아 왔다
Have you ever *visited* Kyŏny-ju? 너는 경주에 가본 적이 있니
She *visited* the museum yesterday. 그녀는 어제 박물관에 갔다
Paris is *visited* by many tourists. 파리에는 많은 관광객들이 찾아 든다
I'm going to *visit* a sick student. 나는 병석의 학생을 문병하려고 합니다
— 명 (복수 visits [-s]) 방문, 구경, 체류
This is her first *visit* to Hawaii. 이번이 그녀의 첫 하와이 방문이다
He is now on a *visit* to Europe. 그는 지금 유럽 여행 중이다
I will make a *visit* to her tomorrow. 나는 내일 그녀를 방문할 예정이다
Let's pay him a *visit* next Saturday. 오는 토요일에 그를 방문하자
✏ call on ... (~를 찾아 가다)이 보통이다.
We had a *visit* from our uncle. 우리는 숙부님의 방문을 받았다

vis·it·ed [vízitid] 동 visit(방문하다)의 과거·과거분사

vis·it·ing [víziting] 타동 visit(방문하다)의 현재분사형
— 명 형 방문(의), 시찰(의)
a *visiting* day 면회일
a **vísiting càrd** 명 명함(=미) a call-ing card)

★**vis·i·tor** [vízitər] 명 (복수 visitors [-z]) 방문자, 손님, 참관자
The *visitor* rang the door bell. 손님은 대문 벨을 눌렀다

vis·its [vízits] 동 visit (방문하다)의 3인칭 단수현재형
— 명 visit (방문)의 복수형

vis·u·al [víʒuəl] 형 시각의, 눈에 보이는
visual aid 시각교재

vi·tal [váitl] 형 (비교 *more* vital; 최상 *most* vital) 생명이 걸린, 생명에 필요한; 매우 중대한
a *vital* wound 치명상
vital energy 생명력

vi·ta·min [váitəmin, 영 vítə-min] 명 (복수 vitamins [-z]) 비타민
Oranges have *vitamin* C, which is good for your bones. 오렌지는 뼈에 좋은 비타민 C가 들어 있다

viv·id [vívid] 형 (비교 vivid*er*; 최상 vivid*est*) (색 등이) 선명한; 생생한
vivid green 선명한 녹색

vo·cab·u·lar·y [voukǽbjulèri] 명 (복수 vocabular*ies* [-z]) 용어 수, 어휘
He has a rich *vocabulary*. 그는 사용 어휘 수가 많다
Dictionary can help build your *vocabulary*. 사전은 너의 어휘를 늘리는 데 도움을 줄 수 있다

vo·cal [vóukəl] 형 목소리의, 음성의
The tongue is one of the *vocal* organs. 혀는 음성기관 중 하나이다

★★**voice** [vɔ́is] 명 (voices [-iz])
❶ 목소리, 음성
She has a sweet *voice*. 그녀는 아름다운 목소리를 지니고 있다
He spoke in a gentle *voice*. 그는 온화한 음성으로 말했다
Whose *voice* is on the tape? 누구의

vol. - vote

목소리가 테이프에 녹음되어 있습니까
Several *voices* cried, "Help, help!"
3·4명의 목소리가 「사람 살려」라고 외쳤다
I cried at the top of my *voice*. 나는 힘껏 큰 목소리로 외쳤다

📖 「하나의 목소리, 몇 명의 목소리, 아름다운 목소리, 온화한 음성」 따위처럼 음성 각각을 말할 때에는 a를 붙이고 또 복수형이 되지만, 단순히 음성으로서의 voice에는 a를 붙이지 않고, 복수형도 없다

❷ (문법) 태(態)
the active *voice* 능동태
the passive *voice* 수동태

vol. 명 책(volume)의 약어

vol·ca·no [vɑlkéinou] 명 (복수 **volcanoes**, 또는 **volcanos** [-z])
화산
an active *volcano* 활화산
As the lava and rocks cool, the *volcano* forms a mountain with a large hole on top. 용암과 바위가 식으면 화산은 정상에 큰 구멍이 있는 산을 만든다

▶ 로마 신화에 나오는 불의 신 벌컨(Vulcan)의 이름에서 따옴.

vol·ley·ball [vɑ́libɔ̀ːl, 영 vɔ́l-] 명 (복수 **volleyballs** [-z]) 배구

vol·ume [vɑ́ljum] 명 (복수 **volumes** [-z])

❶ 책, ~권, 서적
Volume I 제 I 권《 I은 one으로 읽음》
a work in ten *volumes* 전질 10권인 작품
There are 20 *volumes* in our encyclopedia. 우리 백과사전은 전질 20권이다
📝 단수형은 vol., 복수형은 vols.로 줄여 씀.

❷ 크기; 용적; 음량
the *volume* of a body 물체의 용적
a great *volume* of water 다량의 물
Turn up the TV *volume*. TV음량을 높여라

vol·un·tary [vɑ́ləntèri, vɔ́ləntəri] 형 자발적인, 자진해서 하는

vol·un·teer [vɑ̀ləntíər] 명 (복수 **volunteers** [-z]) 지원자, 지원병; 유지

vote [vout] 명 (복수 **votes** [-s])
투표, 표결, 투표권

volleyball

choose the chairman by *vote* 투표로 의장을 뽑다
cast a *vote* for[against] Mr. Grant 그랜트씨에게 찬성[반대] 투표를 하다
Kim gave her *vote* to John for class president. 김은 반장투표에서 존에게 표를 주었다
— 통 (3단현 *votes* [-s]; 과거·과분 *voted* [-id]; 현분 *voting*) (자동)(타동) 투표하다, 투표로 결정하다
Let's *vote* by raising our hands. 거수로 결정하자

vow·el [váuəl] 명 (복수 *vowels* [-z]) 모음 《자음은 consonant》
Vowels can be pronounced without closing the lips. 모음은 입을 닫지 않고도 발음할 수 있다

voy·age [vɔ́iidʒ] 명 (복수 *voyages* [-iz]) 항해, 여행(→ travel)
a *voyage* around the world 세계 일주 항해
They made a *voyage* to Africa. 그들은 아프리카로 항해했다

vs. …대(versus)의 약어

V sign [víː sàin] 명 (복수 **V signs** [-z]) 승리의 손가락 표시

Vt. 명 버몬트 주(Vermont)의 약어

VTR [víːtìːάːr] 명 비디오테이프 레코더 《Videotape recorder의 약어》

W - waiting room

W w *W w*

W, w [dʌ́blju:] 명 (복수 **W's, Ws, w's, ws** [-z]) 더블유 《알파벳의 제 23자》

W., w. West (서쪽)의 약어

wa·fer [wéifər] 명 (복수 **wafers** [-z]) 웨이퍼 《살짝 구운 얇은 과자》

wa·ffle [wáfl] 명 (복수 **waffles** [-z]) 와플 《밀가루·달걀·우유를 섞어 말랑하게 구운 케이크》

wag [wǽg] 동 (3단현 **wags** [-z]; 과거·과분 **wagged** [-d]; 현분 **wagging**) 타동 (꼬리 등을) 젓다, 흔들다
— 자동 (전후·좌우로) 흔들리다
A dog *wagged* its tail. 개가 꼬리를 흔들었다

wage [wéidʒ] 명 (복수 **wages** [-iz]) 《보통 복수형으로》 임금, 품삯, 급료
📘 few, many나 수사는 붙지 않음
high *wages* 높은 임금
low *wages* 낮은 품삯
📘 wages는 보통 육체 노동자의 일급·시간급. salary는 회사원·공무원의 봉급을 말하며, 보통 주급·월급 또는 연봉이다

Wag·ner [vá:gnər] 명 바그너 《Wilhelm Richard ~ (1813-83); 독일의 작곡가로 근대 악극의 창시자》

wag·on, 영 **waggon** [wǽgən] 명 (복수 **wagons** [-z]) (특히 화물 수송용의 각종) 4륜차; 영 무개 화차; 미 (식당의) 바퀴 달린 음식 운반대(臺)

waist [wéist] 명 (복수 **waists** [-s]) 허리, (여성복의) 몸통, 웨이스트

waist·coat [wéistkòut, wéskət] 명 (복수 **waistcoat** [-s]) 영 조끼(= 미 vest)

★**wait** [wéit] 동 (3단현 **waits** [-s]; 과거·과분 **waited** [-id]; 현분 **waiting**) 타동 시중들다
— 자동 기다리다, 대기하다
Wait a minute. 잠깐 기다려요
Please *wait* here in this room. 이 방에서 기다려 주십시오

wait for ... ~를 기다리다
We are *waiting for* John. 우리는 존을 기다리고 있다
Who are you *waiting for*? 너는 누구를 기다리고 있느냐
Time and tide *wait*(*s*) *for* no man. 《속담》 세월은 사람을 기다리지 않는다
We *waited for* our mother to come back. 우리는 어머니가 돌아오시기를 기다렸다

keep ... waiting ~를 기다리게 하다
I'm sorry to have *kept* you *waiting* so long. 오래 기다리게 해서 죄송합니다
📘 남을 기다리게 했을 때 꼭 하는 말

wait on ... ~를 섬기다, ~의 시중을 들다; (점원이 손님을) 응대하다
Are you *waited on*, sir? 누군가[가게 점원이] 손님의 일을 보아 드리고 있습니까

wait·er [wéitər] 명 (복수 **waters** [-z]) (남자) 사환, 웨이터, 식당 종업원(→ waitress)
📘 wait-(시중들다)+-er(사람)에서 온 말

wait·ing room [wéitiŋ rù:m] 명 (복수 **waiting rooms** [-z]) 대합실

waitress - walk

wait·ress [wéitris, wéitʃris] 명
(복수 **waitress**es [-iz]) 여급, 웨이트리스(→ waiter)
📝 -ess는 여성 어미

*wake [wéik] 통 (3단현 **wake**s [-s] ; 과거 **wake**d [-t] 또는 **woke** [wóuk] ; 과분 **wake**d [-t] 또는 **woken** [wóukən] ; 현분 **wak**ing) 자동 잠이 깨다, 일어나다(→ sleep 자다)
I wake (up) at six. 나는 6시에 잠이 깬다
— 타동 잠을 깨우다, 일으키다
Please wake me (up) at six. 6시에 나를 깨워 주시오
The noise woke me (up). 그 소리에 나는 잠이 깼다

wak·en [wéikən] 타동 (3단형 **waken**s [-z] ; 과거·과분 **waken**ed [-d] ; 현분 **waken**ing) (잠을) 깨우다
I was wakened by a big noise. 나는 큰 소리에 잠이 깼다

Wales [wéilz] 명 웨일스 《영국의 일부지역, 그레이트 브리튼섬의 남서부》
the Prínce of Wáles 영국의 황태자 《잉글랜드의 에드워드 Ⅰ세가 웨일스를 정복했을 때, 장남을 이와 같이 부른 데서 비롯됨》

*walk [wɔ́:k] 통 (3단현 **walk**s [-s] ; 과거·과분 **walk**ed [-t] ; 현분 **walk**ing) 자동 ❶ 걷다, 걸어가다
Peter walks to school. 피터는 학교에 걸어 다닌다

📘 Peter goes to school on foot.라는 표현을 피한다. 이것은 Do you go there on foot or by bus? (너는 걸어서 가니 아니면, 버스로 가니)처럼 대조적으로 말할 때 쓰인다

They were walking along the river. 그들은 강을 따라 걷고 있었다
We walked three miles. 우리들은 3마일을 걸었다
The tiger walked about in the cage. 호랑이는 우리 안에서 이리저리 걸어 다녔다
I am just walking around. 나는 그냥 주위를 어슬렁거리고 있다
He walked away in a hurry. 그는 서둘러 걸어가 버렸다
She walked off without saying a word. 그녀는 한 마디 말도 안하고 걸어가 버렸다
He walked out of room in anger. 그는 화가 나서 방에서 걸어 나가 버렸다
He walked over to the station. 그는 정거장까지 걸어갔다
The police officers are walking up and down the street. 경찰관들이 거리를 왔다 갔다하고 있다
He walked up to me. 그는 내게로 걸어왔다
❷ 산책하다
I like to walk on the seashore. 나는 바닷가에서 산책하기를 좋아한다
He walks in the park every day. 그는 매일 공원을 산책한다
— 명 (복수 **walk**s [-s])
❶ 산책, 걷기 ; 걸음걸이
We enjoyed our walk. 산책은 즐거웠다
Dick takes a walk every morning. 딕은 매일 아침 산책한다
We went out for a walk. 우리는 산책을 나갔다
He often takes me out for a walk. 그는 자주 나를 산책에 데리고 나간다
Five minutes' walk will take you to the beach. 5분정도 걸으면 해변이 나옵니다
I know her by her walk. 나는 걸음걸이로 그녀라는 것을 안다
❷ 걷는 거리
The school is ten minutes' walk from here. 학교는 여기서 걸어서[도보로] 10분 거리이다
❸ 보도, 산책길
The walk leads straight to the forest. 이 산책길은 곧장 숲으로 이어진다

wall - wanting

★**wall** [wɔ́:l] 몡 (복수 **wall**s [-z])
벽; 담;《보통 복수형으로》성벽
There is a picture on the *wall*. 벽에 한 장의 그림이 걸려 있다
Humpty Dumpty sat on the *wall*. 험티 덤티는 담위에 앉아 있었다 《미국 어린이들이 즐겨 부르는 동요 가사의 한 귀절》
Walls have ears.《속담》벽에 귀가 있다《낮말은 새가 듣고 밤말은 쥐가 듣는다라는 뜻》
They built high *walls* around the town. 그들은 도시 주위에 높은 성벽을 쌓았다
The Great *Wall* 만리장성

wal·let [wɑ́lit] 몡 (복수 **wallet**s [-s]) (납작한) 지갑(→ purse 주로 여성용 돈주머니)

wall·pa·per [wɔ́:lpèipər] 몡《a를 붙이지 않고, 복수형 없음》벽지

Wall Street [wɔ́:lstrì:t] 월가(街); 뉴욕의 증권거래소 소재지; 미국의 금융 시장

wal·nut [wɔ́:lnʌt, -nət] 몡 (복수 **wallnut**s [-s]) (식물) 호두(나무·열매·목재)

Wal·ter [wɔ́:ltər] 몡 월터《남자 이름; 애칭은 Wally 또는 Walt》

wand [wɑ́nd, wɔ́nd] 몡 (복수 **wand**s [-z]) (마법의) 지팡이; 지휘봉

wan·der [wɑ́ndər] 자동 (3단현 **wander**s [-z]; 과거·과분 **wander**ed [-d]; 현분 **wander**ing) 방황하다, 정처없이 걷다
I *wandered* through the woods. 나는 숲속을 방황했다
📝 wonder(이상하게 여기다)와는 발음과 뜻이 다른 말

★**want** [wɔ́:nt, wɑ́nt, wɔ́nt] 동 (3단현 **want**s [-s]; 과거·과분 **want**ed [-id]; 현분 **want**ing) 타동 ❶ 원하다, 바라다

"What do you *want?*" —"I *want* this knife." 「너는 무엇을 원하느냐」—「나는 이 칼을 원합니다」
They *wanted* something to eat. 그들은 먹을 것을 원했다
❷《「to+동사원형」이 뒤에 와서》 ~하고 싶다
I *want to* be a doctor. 나는 의사가 되고 싶다
He *wanted to* keep a dog. 그는 개를 기르고 싶었다
❸《사람+「to+동사원형」이 뒤에 와서》(사람이) ~하기를 바라다
I *want* you *to come* earlier. 좀 더 일찍 와 주기를 바란다
📝 you는 to come의 의미상의 주어
I didn't *want* him *to* stay here. 나는 그가 여기 머무르는 것을 바라지 않았다
— 자동 ❶ 필요로 하다(=need); 용건이 있다
Flowers *want* water. 꽃에는 물이 필요하다
Children *want* plenty of sleep. 어린아이들에게는 충분한 잠[수면]이 필요하다
Your teacher *wants* you. 선생님이 네게 볼일이 있으시단다
You are *wanted* on the telephone. 네게 전화가 와 있다
회화 보통은 "Tom, telephone!" 또는 "Tom, it's for you!" 따위로 말하면 된다
Wanted a cook. 요리사를 구함
📝 구인 광고에서는 과거분사형으로 쓰인다: A cook is *wanted*.의 뜻
— 몡 부족, 결핍; 필요《a를 붙이지 않고, 복수 없음》
This tree is dying for *want* of rain. 이 나무는 비가 오지 않아 죽어가고 있다
They are in *want* of money. 그들은 돈이 없어 곤란하다

want·ed [wɑ́ntid] 동 want(~을 원하다)의 과거·과거분사형

want·ing [wɑ́ntiŋ] 동 want(~을

W wants - warning

원하다)의 현재분사형

wants [wánts] 통 want (~을 원하다)의 3인칭 단수현재형

★**war** [wɔ́ːr] 명 (복수 **wars** [-z]) 전쟁(↔peace 평화)
We hate *war*. 우리는 전쟁이 싫다 《관사 없음》
A *war* broke out between Germany and France. 독일과 프랑스 사이에 전쟁이 터졌다
📝 전쟁 전체를 가리킬 때는 war, 일부분의 전투를 말할 때는 battle, 전쟁에 참가하고 있는 병사의 싸움은 combat이다

be at war with ... ~와 전쟁 중이다, 교전 중이다
They *are at war with* Israel. 그들은 이스라엘과 전쟁 중이다

declare war on[against] ... ~에 선전 포고를 하다
England *declared war against* Germany. 영국은 독일에 선전 포고를 했다

a cívil wár 내전
World War Ⅱ 2차세계대전

ward [wɔːrd] 명 (복수 **wards** [-z]) 병동, 공동 병실

ward·robe [wɔ́ːrdròub] 명 (개인이 갖고 있는) 의류 전체

ware·house [wɛ́ərhàus] 명 (복수 **warehouses** [-hàuziz]) 창고

★**warm** [wɔ́ːrm] 형 (비교 **warmer**; 최상 **warmest**) 《명사는 warmth》
❶ 따뜻한(↔cool 서늘한), 온화한
The room is *warm*. 방은 따뜻하다
It's *warm* today, isn't it? 오늘은 따뜻하군요
📝 a hot day는「더운 날」, a warm day는「따뜻한 날」. 영국의 여름 더위는 심하지 않으므로, 영국인은 더운 날을 a hot day라고 하지 않고 a (very) warm day라고 한다
작문「올 겨울은 따뜻하다」는 warm을 쓰지 않고 mild라고 한다: This is a mild winter.

❷ 온정이 있는, 인정이 있는
He received a *warm* welcome. 그는 따뜻한 환영을 받았다
Lucy has a *warm* heart. 루시는 인정이 있다

get warm 따뜻해지다; 몸을 녹이다
It is *getting warmer* everyday. 날로 따뜻해지고 있다
Get warm by the fire. 불 옆에서 몸을 녹이시오

— 통 (3단현 **warms** [-z]; 과거·과분 **warmed** [-d]; 현분 **warming**)
타동 따뜻하게 하다, (몸을) 녹이다, 데우다
He *warmed* his hands over the fire. 그는 불에 손을 녹였다
Could you *warm* up this milk? 이 우유를 데워 주시겠습니까
I *warmed* myself at the fire. 나는 불에 몸을 녹였다
— 자동 따뜻해지다
The stove *warmed* up. 난로가 따뜻해졌다

warm·er [wɔ́ːrmər] 형 warm(따뜻한)의 비교급

warm·est [wɔ́ːrmist] 형 warm(따뜻한)의 최상급

warm·ly [wɔ́ːrmli] 부 따뜻하게

warmth [wɔ́ːrmθ] 명 《a를 붙이지 않고, 복수 없음》 따뜻함, 친절, 활기

★**warn** [wɔ́ːrn] 통 (3단현 **warns** [-z]; 과거·과분 **warned** [-d]; 현분 **warning**) 타동 경고하다, 미리[사전에] 알리다
I *warn* you. 조심[주의]하시오
I *warned* him not to go.(=I *warned* him against going.) 나는 그에게 가지 말라고 주의시켰다
I *warned* him of the danger. 나는 그에게 위험을 미리 알렸다

warn·ing [wɔ́ːrniŋ] 명 (복수 **warnings** [-z]) 경고, 예고
a *warning* bell (학교 등의) 예비종

warrior - Washington

war·ri·or [wɔ́:riər, wɔ́riə] 명 (복수 **warriors** [-z]) 용사, 무인, 무사, 전사

★**was** [wəz, (강조할 때) wáz] 자동 《am, is의 과거형》 ~였다, ~에 있었다

> be(~이다; ~에 있다)의 1인칭·3인칭 단수 과거형

I *was* twelve years old. 나는 12세였다
There *was* no money in the wallet. 지갑에는 돈이 한 푼도 없었다
— 조 《am, is의 과거형》
❶ 《was+현재분사로》 ~하고 있었다 《진행형의 과거》
I *was* watching television. 나는 TV를 보고 있었다
Tom *was* reading a book. 톰은 책을 읽고 있었다
❷ 《was+과거분사로》 ~받았다, 당했다, ~받고 있었다 《수동태의 과거》
She *was* loved by everybody. 그녀는 모든 사람에게 사랑을 받았다[사랑받고 있었다]

★**wash** [wáʃ] 동 (3단현 **washes** [-iz]; 과거·과분 **washed** [-t]; 현분 **washing**) 타동 ❶ 씻다, 세탁하다

> clean(깨끗이 하다)이라고 하는 편이 뜻이 강하다

Wash your face. 세수를 해라
[작문] 이 문장은 「더러워진 얼굴을 씻어라」의 뜻. 아침에 일어난 아이에게 「세수하라」고 하는 것은 Brush your teeth. (이를 닦아라)라고 한다
She *washed* the vegetables in water. 그녀는 야채를 물로 씻었다
Wash the dirt off your face. 얼굴의 흙을 씻어 버려라 《off는 전치사》
❷ 《away가 뒤에 붙어》 씻어 흘려 보내다, 휩쓸어 가다
The bridge was *washed* away by the flood. 홍수로 다리가 떠내려갔다

wash one's hands 손을 씻다, 화장실에 가다
Where can I *wash my hands*, please? 화장실은 어디입니까
📋 친구의 집 따위에서 화장실을 물어볼 때의 정해진 표현. 공원이나 길거리에서 남에게 물을 때는 Where is the restroom?라고 하면 된다
wash up (식후에 식기를) 씻어서 치우다
Wash up the dishes. 접시를 씻어 치워 놓으시오
— 자동 (손·얼굴·몸 등을) **씻다**, 세탁하다
You must *wash* before meals. 식사 전에는 손을 씻어야 한다
Lucy doesn't like to *wash*. 루시는 씻기를 싫어한다
Kate *washes* every Monday. 케이트는 월요일마다 세탁한다

wash

— 명 《a wash로》 (손·얼굴을) 씻기; 세탁, 빨래
Will you give the car *a wash*? 그 차를 씻어 주겠습니까

Wash. Washington (워싱턴)의 약어

wash·cloth [wɔ́:ʃklɔ̀(:)θ] 명 (복수 **washcloths** [-klɔ̀ðz, -klɔ̀θs]) 때밀이 수건

washed [wáʃt] 동 wash (~을 씻다)의 과거·과거분사형

wash·es [wáʃiz] 동 wash (~을 씻다)의 3인칭 단수 현재형

wash·ing [wáʃiŋ] 동 wash (~을 씻다)의 현재분사형

Wash·ing·ton [wáʃiŋtən] 명

wasn't - watch

❶ 워싱턴 《미합중국의 수도. 워싱턴 주와 구별하기 위해 Washington, D.C.(=District of Columbia 컬럼비아 지구)라고 한다》
❷ 워싱턴 주 《미태평양 해안 북부의 주(Wash.로 줄임)》
❸ 워싱턴 《George ~(1732-99), 미국 초대 대통령(1789-97); 미국 독립 전쟁에서 미국을 승리로 이끌었다》

was·n't [wáznt] was not의 줄임꼴
I *wasn't* at home last night. 나는 간밤에 집에 없었다

waste [wéist] 동 (3단현 **waste*s*** [-s]; 과거·과분 **waste*d*** [-id]; 현분 **wast*ing***) 타동 ❶ 낭비하다, 버리다
Don't *waste* your time and money. 시간과 돈을 낭비하지 마라
❷ 소모시키다, 여위게 하다
He was *wasted* by long illness. 그는 오랜 병으로 여위었다
— 자동 여위다, (몸이) 마르다; 쓸모없이 되다
— 명 허비, 낭비; 헛되게 하기
It is (a) *waste* of time. 그것은 시간 낭비이다
▶ 때때로 a를 붙인다
— 형 황폐한, 불모의, 경작지 않은 (=wild)
waste land 황무지

waste·bas·ket [wéistbæskit] 명 (복수 **wastebaskets** [-s]) 쓰레기통
(영) wastepaper basket)

★**watch** [wátʃ, wɔ́:tʃ] 명 (복수 **watche*s*** [-iz]) ❶ 손목 시계, 회중 시계
I bought a wrist*watch*. 나는 손목 시계를 샀다
My *watch* keeps good time. 내 시계는 (시간이) 잘 맞는다
My *watch* gains[loses] two minutes every day. 내 시계는 매일 2분씩 빨라진다[늦는다]
My *watch* is 2 minutes fast[slow]. 내 시계는 2분이 빠르다[늦다]

📝 벽시계·탁상 시계는 clock
❷ 지키기, 조심 《보통 a를 붙이지 않고, 복수 없음》
watch dog 집지키는 개
— 동 (3단현 **watche*s*** [-iz]; 과거·과분 **watche*d*** [-t]; 현분 **watch*ing***) 타동 ❶ 정신차려 보다, 지켜보다
Tom *watches* television every day. 톰은 매일 TV를 본다
Tom often *watches* baseball games. 톰은 자주 야구 시합을 구경한다
📝 *watch*는 보통 「움직이는 것을 지켜보다, 구경하다」, look at은 「주시하다」, see는 「보이다」의 뜻
❷ 돌보다, 간호하다, 주의하다
Watch the baby today. 오늘은 아기를 돌보아 주시오
❸ 감시하다, 지키다
Will you *watch* my suitcase? 내 슈트케이스를 지켜 주시겠습니까[봐 주시겠습니까]
I don't like to *watch* the house. 나는 집 보는 일이 싫다
Watch your step! 발밑을 조심해라
— 자동 ❶ 지켜보다
A policeman is *watching* outside. 경찰관이 밖에서 감시하고 있다
❷ 간호하다, 자지 않고 지키다
The nurse *watched* all night. 그 간호원은 밤새껏 간호했다
watch for ... ~를 노리다
He *watched for* another opportunity. 그는 다른 기회를 엿보고[노리고] 있었다
watch out 주의하다
Watch out! 조심해
watch over ... ~를 지키다
God *watches over* me. 하나님께서 나를 지켜 주신다

watch

watched[wátʃt] 통 watch(~을 보다)의 과거·과거분사형

watch·es[wátʃiz] 명 watch(손목시계)의 복수형
— 통 watch(~을 보다)의 3인칭단수 현재형

watch·dog[wátʃdɔ̀:g] 명 (복수 **watchdogs** [-z]) 집 지키는 개

watch·ful[wátʃfəl] 형 주의 깊은, 빈틈 없는

watch·house[wátʃhàus] 명 (복수 **watchhouses** [-hàuziz]) 감시 오두막, 초소

watch·ing[wátʃiŋ] 통 watch(~을 보다)의 현재분사형

watch·man[wátʃmən] 명 (복수 **watchmen** [-mən]) (건물 등의) 야경꾼, 지키는 사람, 감시인, 파수꾼

★**wa·ter**[wɔ́:tər] 명 (복수 **waters** [-z]) ❶ 물 《a를 붙이지 않고, 복수 없음》
hot *water* 뜨거운 물
▶ 「미지근한 물」은 warm water
Water is changed into ice. 물은 얼음으로 바뀐다
Give me a glass of *water*. 제게 물 한 컵 주십시오

▫ water(물)는 하나·둘로 셀 수 없는 명사이기 때문에 a water라고 할 수는 없음. a glass of water (물 한컵), two glasses of water (물 두컵), a pail of water(물통 하나 가득의 물)로 됨

I want some *water* to drink. 나는 마실 물을 원한다
❷ 《the를 붙여》 물이 있는 곳《강·호수·바다 등》
Fish live in the *water*. 물고기는 물 속에서 산다
The boy jumped into the *water*. 그 소년은 물 속으로 뛰어 들었다
❸ 《보통 복수형으로》 강, 바다, 호수
The *waters* of the lake look blue. 호수의 물은 푸르게 보인다
Still *waters* run deep. 《속담》 조용한 강은 깊이 흐른다 《능력 있는 자는 말이 적다》
— 통 (3단현 **waters** [-z] ; 과거·과분 **watered** [-d] ; 현분 **watering**)
(타동) 물을 주다, 물을 뿌리다 ; (동물에게) 물을 먹이다
Please *water* the trees in the garden. 뜰의 나무에 물을 주시오
He is *watering* the garden. 그는 정원에 물을 뿌리고 있다
The cowboy *watered* his horse. 그 카우보이[목동]는 자기 말에게 물을 먹였다

wa·ter bird [-bə̀:rd] 명 (복수 **water birds** [-z]) 물새

wa·ter clos·et [-klɑ̀zit] 명 (복수 **water closets** [-s]) (수세식) 화장실 (W.C.로 줄임)

wa·ter·fall [wɔ́:tərfɔ̀:l] 명 (복수 **waterfalls** [-z]) 폭포

Wa·ter·loo [wɔ̀:tərlú:] 명 워털루 《벨기에 중부의 마을. 1815년 나폴레옹이 여기서 웰링턴 장군이 지휘하는 영국 군대에게 패했다》

wa·ter·mel·on [wɔ́:tərmèlən] 명 (복수 **watermelons** [-z]) 《식물》 수박

wa·ter-ski·ing [wɔ́:tərskì:iŋ] 명 수상스키

watt [wát] 명 《전기》 와트 《전력 단위. W로 줄여 사용함》
▶ 제임스 와트(James Watt)의 이름에서

Watt [wát] 명 와트《James ~ (1736-1819) ; 영국의 기계 기술자, 발명가 ; 증기 기관의 완성(1765년)으로 유명하다》

wave [wéiv] 명 (복수 **waves** [-z]) ❶ 물결, 파도

wax - way

The *waves* became very high. 파도는 매우 높아졌다
❷ (빛·소리·온도 등의) **파(波), 파동**
a sound *wave* 음파
a radio *wave* 전파
— 동 (3단현 *waves* [-z]; 과거·과분 *waved* [-d]; 현분 *waving*)
자동 (물결처럼) **흔들리다**, 펄럭이다
The leaves *waved* in the breeze. 나뭇잎이 산들바람에 흔들렸다
— 타동 (손·깃발 등을) **흔들다; ~로 신호하다**
They were *waving* flags. 그들은 깃발들을 흔들고 있었다
He *waved* us away. 그는 우리에게 저리 가라고 신호했다
He *waved* good-bye to me. 그는 내게 손을 흔들어 작별의 신호를 했다

wax [wǽks] 명 《a를 붙이지 않고, 복수 없음》 (꿀벌이 만드는) 밀랍; 초; 파라핀, 왁스

★**way** [wéi] 명 (복수 *ways* [-z])
❶ **길, ~로 뻗은 길**
Tell me the *way* to the post office. 우체국으로 가는 길을 가르쳐 주시오
☑ **way, road, street, avenue**
way는 어느 지점으로 가는 길; road는 도시·마을을 잇는 도로; street는 양쪽에 건물이 나란히 있는 가로; avenue는 가로수 등이 심어진 도시의 큰 거리로 미국에서는 흔히 street와 직각으로 교차하는 대로[큰 거리]를 말한다
❷ **방식, 방법**
This is the best *way* to study French. 이것이 프랑스어를 배우는 최선의 방법이다
He does everything in his own *way*. 그는 모든 것을 자기 식대로 한다
☑ 숙어 have one's own way를 보시오
You must understand their *ways* of thinking. 당신들은 그들의 사고 방식을 이해해야 한다
This is the *way* to do it. 이렇게 하는 거야
☑ the way how라고는 하지 않고, how 또는 the way의 어느 하나를 생략함
Where there is a will, there is a *way*. 《속담》 뜻이[의지가] 있는 곳에 길[방법]이 있다
❸ 《복수형으로 하지 않음》 **방향**(=direction)
Look this *way*. 이쪽을 보라
This *way*, please. 이쪽으로 오십시오 《this way는 부사구》
She looked the other *way*. 너는 딴 쪽을 보았다[외면했다, 무시하는 태도를 보였다]
One *Way* Only. 《게시》 일방 통행
❹ 《복수형으로 하지 않음》 **거리**, 도정 (=distance)
It is a long *way* to the school. 학교까지는 아주 먼 거리입니다
The tower is a little *way* off the road. 그 탑은 길에서 조금 떨어져 있다
❺ **습관, 관례, 버릇**(=habit)
We know little about the *way* of life in those days. 우리는 그 당시의 생활 양식에 대해 거의 모른다
This is the *way* of life. 이것이 인생의 관례이다
all the way 도중에, 줄곧; 멀리, 먼 길을
We had to walk *all the way*. 우리는 죽 걸어가야만 했다
She came *all the way* from New York. 그녀는 멀리 뉴욕에서 왔다
by the way 그런데, 그건 그렇고
By the way, do you collect stamps? 그런데 너는 우표를 수집하고 있느냐
by way of ... ~를 지나(=via)
They went to Canada *by way of* Chicago. 그들은 시카고를 경유하여 캐나다에 갔다
find one's way ... (~의) 길을 찾다, 도달하다
We must *find our way* back. 우리는 귀가 길을 찾아야 한다
I cannot *find my way* home. 나는 귀

way in - weaken

가 길을 찾을 수 없다
have one's (own) way 마음 먹은 대로 하다, 멋대로 하다
She wanted to *have her (own) way*. 그녀는 자기 마음대로 하고 싶었다

> 다음의 부사구의 용법에 주의:
> He has everything his own way. (그는 모든 것을 자기 생각대로 한다)

in a way 어느 면에서는
Lucy is happier than Mary *in a way*. 어느 면에서는 루시가 메리보다도 행복하다
in some ways 몇 가지 점에서
It is like a helicopter *in some ways*. 그것은 몇가지 점에서 헬리콥터와 비슷하다
in the way 방해가 되어
She is always *in the way*. 그녀는 언제나 방해만 하고 있다
in this way 이렇게 하여, 이런 식으로
In this way he got back all his money. 이렇게 하여 그는 그의 돈 전부를 되찾았다
lose the [one's] way 길을 잃다
I *lost my way* in the woods. 나는 숲 속에서 길을 잃었다
make one's way 나아가다
We *made our way* along the river. 우리들은 강을 끼고 나아갔다
on one's [the] way (to ...) (~로 가는) 도중에
Bill is *on his way to* school. 빌은 학교에 가는 도중[길]이다
On his way back, he saw an old man. 돌아오는 도중에 그는 한 노인을 만났다
I met him *on my way* home from school. 나는 학교에서 돌아오는 도중에 그를 만났다
out of the way 길을 비켜, 옆으로
Get *out of the way*! 길을 비켜라

way in [-ín] 명 (복수 **way in**s [-z])
입구(=entrance)

way out [-áut] 명 (복수 **way out**s [-s]) 출구(=exit)

W.C. [dʌ́bljuːsíː] 명 (복수 **W.C.**'s [-z]) water closet(화장실)의 줄임꼴
영·미의 게시에서는 Gentlemen (남자, 줄여서 Gents), Ladies(여자) 따위를 쓴다

★**we** [wi, (강조할 때) wíː] 대 (I의 복수) ❶ 우리들은, 우리가

> we는 주격; 소유격은 our, 목적격은 us

We are good friends. 우리들은 사이좋은 친구이다
We keep two cats. 우리들은 고양이 두 마리를 기르고 있다
We go to church on Sunday. 우리들은 일요일에 교회에 간다
❷ 《막연히 사람들을 나타냄》
We had a lot of rain last year. 작년에는 비가 많이 왔다
We live in the nuclear age. 우리는 핵에너지 시대에 살고 있다

weak [wíːk] 형 (비교 **weak**er; 최상 **weak**est) 《동사는 weaken; 명사는 weakness》
발음 week (주)와 같음
❶ 약한, 힘 없는(↔strong 강한)
She replied in a *weak* voice. 그녀는 힘 없는 소리로 대답했다
She grew *weaker* and *weaker*. 그녀는 점점 더 약해졌다
This table is *weak*. 이 탁자는 약하다
❷ 서툰, 장기가 아닌, 못하는
I am *weak* in English. 나는 영어가 서툴다[영어를 잘 못한다]
❸ (액체가) 묽은, 연한, 싱거운(↔strong 진한)
Don't make my coffee too *weak*. 내 커피는 너무 약하게 타지 마라
a wéak póint 약점

weak·en [wíːkən] 동 (3단현 **weak**-

weakly - weather

ens[-z]; 과거·과분 **weaken**ed
[-d]; 현분 **weaken**ing) 타동 약하게
하다

weak·ly [wíːkli] 부 약하게, 무기력
하게, 가냘프게

weak·ness [wíːknis] 명 (복수
weaknesses [-iz]) ❶ 약함, 허약,
병약 《a를 붙이지 않고, 복수 없음》
❷ 약점

wealth [wélθ] 명 《a를 붙이지 않고,
복수 없음》 부, 재산(= riches)
a man of *wealth* 부자, 재산가

wealth·y [wélθi] 형 (비교 **wealthi**-
er; 최상 **wealthiest**) 부유한(= rich)

weap·on [wépən] 명 (복수
weapons [-z]) 무기

📝 총·칼·나이프·낫 등은 weapon,
특히 전쟁용의 대형 무기는 arms

★★wear [wέər] 동 (3단현 **wear**s
[-z]; 과거 **wore** [wɔ́ːr]; 과분 **worn**
[wɔ́ːrn]; 현분 **wear**ing) 타동 몸에
걸치고 있다, 입고 있다

He is *wearing* a coat. 그는 코트를 입
고 있다
She *wears* glasses. 그녀는 안경을
쓴다
He does not *wear* a hat. 그는 모자
를 안 쓴다
He *wears* black shoes. 그는 검은 구
두를 신는다
She *wears* a ring on her finger. 그녀
는 손가락에 반지를 끼고 있다
Dick *wears* a beard. 딕은 턱수염을
기르고 있다

📘 **wear와 put on의 용법**
wear는 「몸에 지니고 있다」라는
상태를 나타내고, 자주 진행형이
된다: He is wearing a hat. (그는
모자를 쓰고 있다) 또한 wear의 단
수 목적어에는 부정관사 a(또는
an)를 붙이는 경우가 많다.
put on은 「몸에 붙이다」라는 동작
을 나타냄: Put on your coat. (코트

를 입어라) 또 put on의 단수 목적
어에는 보통 대명사의 소유격
your, his, her 따위를 붙인다. 이
on은 부사이며 목적어로 대명사가
오면 Put it on. (그것을 입으시오)의
어순이 됨

— 자동 사용에 견디다, (오래) 가다
This cloth *wears* well. 이 천은 오래
간다

— 명 몸에 걸치는 것 《a를 붙이지
않고, 복수 없음》
casual *wear* 평상복
men's *wear* 신사복
children's *wear* 아동복
Sunday *wear* 나들이 옷, 외출복,
파티복

wea·ry [wíəri] 형 (비교 **wear**ier;
최상 **weariest**) 피곤한(= tired); 《동
사의 뒤에 놓여》 싫증난, 지루한, 넌
더리 나는
weary feet 피곤한[지친] 발
I am *weary* of his complaints. 나는
그의 불평에 싫증이 나 있다

wea·sel [wíːzl] 명 (복수 **weasel**s
[-z]) 《동물》 오소리

★weath·er [wéðər] 명 《a를 붙
이지 않고, 복수 없음》 날씨, 일기
I don't like bad *weather*. 나는 궂은
날씨는 싫다
Nice *weather*! 날씨 좋은데
📝 fine weather보다는 nice weather
를 보통 쓴다
The *weather* is nice today. 오늘은
날씨가 좋다
How's the *weather* today? 오늘 날씨
가 어떻습니까

📘 형용사가 없는 경우에는 반드
시 the를 붙이지만 형용사가 있으
면 보통은 the를 붙이지 않음

📝 weather는 그때 그때의 날씨, cli-
mate는 어떤 지방의 30년 이상에 걸

치는 일기의 평균 기후를 말함

weath·er·cock
[wéðərkàk] 명
(복수 **weather-
cocks** [-s]) ❶
바람개비, 풍계,
풍향계의 새
❷ 변덕꾸러기

weathercock

weave [wíːv] 동
(3단현 **weaves**
[-z]; 과거
weaved [-d] 또는
wove [wóuv]; 과분 **weaved** [-d]
또는 **woven** [wóuvən]; 현분 **weav-
ing**) 타동 자동 (천을) 짜다, 뜨다, 뜨
개질하다
They *weave* thread into cloth. 그들
은 실을 짜서 천으로 만든다
My mom was *weaving* by the fire-
place. 어머니는 난로가에서 뜨개질을
하고 계셨다

web [wéb] 명 (복수 **webs**[-z])
거미줄(집); (물새의) 물갈퀴

Wed. Wednesday(수요일)의 약어

we'd [wid, (강조할 때) wiːd] we
would, we had의 줄임꼴
We'd [We would] like to go with you.
우리들은 너와 함께 가고 싶다
We'd [We had] better go. 우리는 가
는 편이 좋다
📝 구어에서는 흔히 We better go.

***wed·ding** [wédiŋ] 명 (복수
weddings [-z]) 결혼식, 결혼기념일
the silver *wedding* 은혼식《결혼 25
주년》
the golden *wedding* 금혼식《결혼 50
주년》
the diamond *wedding* 다이아몬드
혼식
▶ 순서대로 25년, 50년, 60년 또는
75번째의 결혼 기념식을 말한다
wedding anniversary 결혼기념일

wed·ding cake [-kèik] 명 (복수
wedding cakes[-s]) 웨딩 케이크
《결혼 피로연의 자리에서 신랑·신부
가 나이프로 썰어 참석자에게 나눠
주는 축하 케이크》

wed·ding march [-màːrtʃ] 명
(복수 **wedding marches**[-iz]) 결

weather

spring

winter

fall

summer

wedding ring - weight

혼 행진곡

wed·ding ring [-rìŋ] 명 (복수 wedding rings [-z]) 결혼 반지

wedge [wédʒ] 명 (복수 wedges [-iz]) 쐐기, V자 모양의 것

★**Wednes·day** [wénzdi, -dèi] (◆ 철자와 발음주의) 명 (복수 Wednesdays [-z]) 수요일 《Wed.로 줄임; → week》
We'll go on a picnic on *Wednesday*. 우리들은 수요일에 소풍을 간다
☑ 보통은 a를 붙이지 않지만, 「어느 수요일에」는 on a Wednesday라고 함
Wednesday is the fourth day of the week. 수요일은 일주일 중에 4번째 날이다
▶ 북유럽 신화의 신 Woden의 이름에서 나온 말. Woden은 로마 신화의 주피터(Jupiter)에 해당하는 신

weed [wí:d] 명 (복수 weeds [-z]) 잡초

★**week** [wí:k] 명 (복수 weeks [-s]) 주, 1주일
What day of the *week* is it today? 오늘은 무슨 요일입니까
There are seven days in a *week*. (=A *week* has seven days.) 1주일은 7일입니다
I want to see him during this *week*. 나는 금주 중에 그를 만나고 싶다
I was very busy last *week*. 나는 지난 주에 매우 바빴다
We are going to Inch'ŏn next *week*. 우리들은 내주 인천에 갈 예정이다
She comes to see me every *week*. 그녀는 매주 나를 보러 온다
☑ 위의 네 예문처럼 this, last, next, every 따위를 붙여 부사구로 쓰기도 함
I go to the movies once a *week*. 나는 1주일에 한 번 영화 구경을 간다
He has been ill in bed for *weeks*. 그는 여러 주 동안 앓아 누워 있다

● 요일 이름 ●
Sunday 일요일
Monday 월요일
Tuesday 화요일
Wednesday 수요일
Thursday 목요일
Friday 금요일
Saturday 토요일

week·day [wí:kdèi] 명 (복수 week-days[-z]) 평일(일요일 이외의 날)
I am busy on *weekdays*. 나는 평일에는 바쁘다

★**week·end** [wí:kènd] 명 형 주말(의)
☑ 금요일 밤 또는 토요일에서 월요일의 아침까지: a *weekend* trip (주말 여행)

week·ly [wí:kli] 형 1주일의, 주 1회의(→ daily 매일의, monthly 매달의)
a *weekly* magazine 주간 잡지
— 부 매주, 주에 한 번
— 명 (복수 week*lies* [-z]) 주간 신문, 주간 잡지

weep [wí:p] 동 (3단현 weeps [-s]; 과거·과분 wept [wépt]; 현분 weeping) 자동 눈물을 흘리다, 울다 (→ tear 눈물)
She *wept* for joy. 그녀는 기쁨의 눈물을 흘렸다
☑ weep는 눈물을 흘리며 울다. cry는 아픔 따위로 보통 소리를 내어 울다. sob는 흐느껴 울다

★**weigh** [wéi] 동 (3단현 weighs [-z]; 과거·과분 weighed [-d]; 현분 weighing) 《명사는 weight》
타동 무게를 달다
I *weigh* myself once a month. 나는 한 달에 한 번 몸무게를 달아 본다
— 자동 무게가 ~이다(나가다)
I *weigh* 55 kilograms. 내 체중은 55 kg이다
How much do you *weigh*? 몸 무게가 얼마니

★**weight** [wéit] 명 《동사는 weigh》

무게, 중량, 체중(→ height 높이, width 폭, length 길이, depth 깊이) 《a를 붙이지 않고, 복수 없음》
What is your *weight*? 너의 몸무게는 얼마나 되느냐
I have gained *weight*. 나는 체중이 늘었다
📝 체중이 주는 것은 lose weight 라고 한다

by weight 중량을 재서
Sugar is sold *by weight*. 설탕은 중량을 재서 판다
📝 구체적인 중량(pound 또는 kilo 등) 단위로 판다고 할 때는 the를 추가하여 표현한다: Sugar is sold *by the pound*. 설탕은 파운드 단위로 판다

★**wel·come** [wélkəm] 형 (비교 *more* **welcome**; 최상 *most* **welcome**) (◆철자에 주의)
❶ 환영 받는, 기쁜, 즐거운
a *welcome* guest 환영받는 손님
Thank you for your *welcome* letter. 환영편지 고맙습니다
You're always *welcome*. 언제나 환영합니다
❷ 《be welcome to …의 형태로》 ~를 마음대로 할 수 있는
You *are welcome to* (use) my car. 내 차를 마음대로 사용하시오

💡 to다음에는 명사 또는 동사의 원형이 온다

You are welcome. 《줄여서 *Welcome.*》 잘 오셨습니다; (사례에 답하여) 천만에요(=형 Not at all.)
"Thank you very much."—"*You are welcome.*" 「대단히 고맙습니다」—「천만예요」
📝 Don't mention it. (천만에요)는 요즘에는 별로 쓰이지 않는다
— 감 어서 오십시오, 잘 오셨습니다
Welcome home! 어서 오십시오 《이때 home은 부사》

Welcome to Korea! 한국에 오신 걸 환영합니다
📝 명사로 쓰이며 「귀가(귀국) 환영회」의 뜻이 된다
— 동 (3단현 **welcomes** [-z]; 과거·과분 **welcomed** [-d]; 현분 **welcoming**) (타동) 환영하다
She didn't *welcome* my advice. 그녀는 내 충고를 달가워하지 않았다
— 명 (복수 **welcomes** [-z]) 환영
They gave me a warm *welcome*. 그들은 나를 따뜻하게 맞아 주었다
He gave me a cold *welcome*. 그는 나를 차갑게 맞이했다
📝 차가운 접대에도 쓰인다

wel·fare [wélfɛər] 명 행복(=happiness); 복지 사업 《a를 붙이지 않고, 복수 없음》
public *welfare* 공공 복지[복리]
welfare state 복지 국가

well¹ [wél] 명 (복수 **wells**[-z]) 우물, 샘

★**well**² [wél] 부 (비교 **better**; 최상 **best**)
❶ 능숙하게, 잘(↔badly 서툴게)
He speaks English very *well*. 그는 영어를 매우 능숙하게 말한다
❷ 충분히, 잘
I slept *well* last night. 나는 간밤에 잘[충분히] 잤다
Have you eaten *well*? 충분히 드셨습니까
I know it *well*. 나는 그것을 잘 알고 있다

as well ~도 또한, 게다가
He speaks German *as well*. 게다가 그는 독일어도 말한다
📝 as well as… 의 두 번째 as 이하가 생략된 형태

~ as well as … …뿐만 아니라 ~도, …와 마찬가지로 ~도
발음 이 뜻에서는 well에 강세를 두지 않음
He speaks German *as well as* English.(=He speaks not only

We'll - were

English but (also) German.) 그는 영어뿐만 아니라 독일어도 말한다
Tom *as well as* you was glad to see her.(=Not only you but (also) Tom was glad to see her.) 너와 마찬가지로 톰도 그녀를 만나 기뻐했다

> B as well as A 는 not only A but (also) B와 같은 뜻이지만 어순이 바뀜. 또 이 형태가 주어로 될 때 동사는 B에 일치시킨다

be well off 유복하게 살고 있다
They *are well off* now. 그들은 지금 살림이 유복하다
may as well ... ~하는 편이 낫다
You *may as well* go now. 너는 지금 가는 편이 낫다
may well ... ~하는 것도 당연하다; 아마 ~일 것이다
You *may well* be surprised. 네가 놀라는 것도 당연하다
It *may well* be true. 그것은 아마도 사실일 것이다
might as well ... (**as ~**) (~할 바에야) 차라리 …하는 편이 낫다
You *might as well* die *as* go there. 너는 거기에 갈 바에야 죽는 편이 낫다
speak well of ... ~를 좋게 말하다 (↔speak ill of ... ~를 나쁘게 말하다)
She always *speaks well of* you. 그녀는 언제나 자네를 칭찬하고 있다
think well of ... ~를 좋게 생각하다
My mother doesn't *think well of* Nancy. 나의 어머니는 낸시를 좋게 보지 않고 있다
— 형 (비교 **better** ; 최상 **best**)
❶ **건강한**, 튼튼한
He looks *well*. 그는 건강해 보인다
"How are you?"—"I am quite *well*, thank you." 「안녕하십니까」—「고맙습니다, 아주 건강합니다」
❷ **좋은**, 더할 나위 없는
All's *well* that ends *well*. 《속담》 끝이 좋으면 다 좋다
Very *well*. 아주 좋습니다

feel well 기분이 좋다
I'm *feeling* very *well* today. 오늘 나는 기분이 매우 좋다
I *feel better* now 이제 좀 낫다 《병든 후 회복시에 자주 쓰는 말》
get well (몸이) 좋아지다, 회복하다
She will *get well* in a week. 그녀는 1주일만 있으면 좋아질 것입니다
go well (일이) 잘 되어가다
Everything *went well*. 만사 잘 되어갔다
— 감 《기대》 응, 저어 ; 《체념》 글쎄 ; 《말을 계속 또는 꺼낼 때》 그런데 ; 《동의·이해를 나타내어》 좋아, 그렇군 ; 《놀람》 허
Well, he is an artist! 허, 그가 예술가라니
Well, I don't know. 글쎄, 모르겠는걸

we'll [wil] we will(드물게 we shall)의 줄임꼴
We'll [We will] go, too. 우리들도 갑니다

well-done [wéldʌ́n] 형
❶ (스테이크 등의 육류를) 바싹 구운
❷ (행동 따위를) 아주 잘한

well-known [wélnóun] 형 유명한 ; 잘 알려진
a *well-known* fact 잘 알려진 사실

Welsh [wélʃ] 형 웨일즈의 ; 웨일즈의, 웨일즈인의
— 명 웨일즈어

went [wént] 자동 **go**(가다)의 과거형
He *went* to London. 그는 런던에 갔다

wept [wépt] 자동 **weep**(울다)의 과거·과거분사형

were [wər, (강조할 때) wə́:r] 자동 **are**의 과거형

> be(~이다, 있다)의 1인칭 복수, 2인칭 단수·복수, 3인칭 복수 과거형

we're - wet

❶ ~였다; ~에 있었다
We *were* happy. 우리는 행복했다
They *were* in Korea last year. 작년에 그들은 한국에 있었다
❷ 《현재 사실에 반대되는 가정에》
If I *were* you, I would not do that. 만일 내가 너라면 그것을 하지 않겠다
I wish he *were* here. 그가 여기 있으면 좋은데
📝 구어에서는 were 대신에 자주 was를 쓰기도 한다
— 조 are 의 과거형
❶ 《were+현재분사로》 ~하고 있었다 《진행형의 과거》
They *were* learning English. 그들은 영어를 배우고 있었다
❷ 《were+과거분사로》 ~되었다, 당했다, ~되어 있었다 《수동태의 과거》
These dolls *were* made in London. 이 인형들은 런던에서 만들어졌다

we're [wiər] we are 의 줄임꼴

★**west** [wést] 명 《a를 붙이지 않고, 복수 없음》《형용사는 western》
❶ 《보통 the를 붙여》 서, 서부, 서방 (↔east 동; →north 북, south 남)
The sun sets in the *west*. 해는 서쪽으로 진다
California is in the *west* of the United States. 캘리포니아주는 미국 서부에 있다
Our city is on the *west* of Han River. 우리 도시는 한강의 서쪽에 (접해) 있다
The church is to the *west* of the station. 그 교회는 정거장의 서쪽에 있다
We traveled from east to *west*. 우리는 동쪽에서 서쪽으로 여행했다 《관사는 필요 없음》
❷ 《the West로》 **서양**, 구미; 메 **서부 지방**; (공산권에 대해) 서방 여러 나라
the wild *West* 미국 개척시대의 서부
the civilization of *the West* 서구 문명
He was one of the pioneers of *the West*. 그는 서부 개척자의 한 사람이었다
— 형 **서쪽의**, 서쪽에서의
A *west* wind began to blow. 서풍이 불기 시작했다
The building stands on the *west* side of the Thames. 그 건물은 템스 강의 서쪽에 있다
— 부 **서쪽으로**, 서편에
The school is two miles *west* of the station. 학교는 역에서 서쪽으로 2마일 떨어진 곳에 있다
Our car was running *west*. 우리들의 차는 서쪽으로 달리고 있었다
The boat was drifting *west*. 배는 서쪽으로 떠내려 가고 있었다

west·ern [wéstərn] 형 《명사는 west》 ❶ 서쪽의, 서방의(↔ eastern 동쪽의, 동방의)
❷ 《Western 으로》 서양의 《미국 포함》; 미국 서부의
— 명 回 《종종 Western 으로》 (소설·영화의) 서부극

West Ger·ma·ny [wést dʒə́:rməni] 구서독(→ Germany) 《수도는 본(Bonn)》

West In·dies [-índiz] 명 《the를 붙여》 서인도 제도(諸島)

West·min·ster [wéstminstər] 명 웨스트민스터 《런던시 중앙에 있는 구. 국회의사당·웨스트민스터 사원·버킹엄 궁전 따위가 있다》

West Vir·gin·ia [wést vərdʒínjə] 명 웨스트 버지니아주 《미국 동부에 있는 주로 Virginia(버지니아)주 서쪽에 위치하며 Appalachian 애펄레이치언) 산맥으로 둘러싸임》

west·ward [wéstwərd] 형 서쪽으로의
— 부 서쪽에, 서쪽으로

★**wet** [wét] 형 (비교 **wetter** ; 최상 **wettest**) ❶ 젖은, 축축한, 습기찬

we've - what

(↔ dry 마른, 건조한)
wet hands 젖은 손
Her coat got *wet*. 그녀의 웃옷은 젖었다
The leaves are *wet* with rain. 나뭇잎은 비로 젖어 있다
I'm soaking *wet*. 나는 흠뻑 젖었다
❷ 비의(=rainy; → nice 맑은)
a *wet* season 우기, 장마철
It was a *wet* day. 비오는 날이었다
Wet Paint. (게시) 페인트 주의, 페인트 조심(=Fresh Paint.)
wet to the skin = ***wet through*** 흠뻑 젖어
I was *wet to the skin*. 나는 속까지 흠뻑 젖었다

wet   dry

***we've** [wiv] we have 의 줄임꼴
whale [hwéil] 명 (복수 **wales** [-z]) (동물) 고래
wharf [hwɔːrf] 명 (복수 **wharfs** [-s] 또는 **wharves** [-vz]) 부두, 선창
***what** [hwɑt] 대 ❶ 《의문대명사》 무엇, 어떤 것, 무슨 일; 얼마(=how much)
What is this? 이것은 무엇입니까
What is your name? 이름이 무엇입니까
"*What* is he?"—"He is a teacher." 「저 사람(의 직업·신분)은 무엇입니까」—「선생님[교사]입니다」

☑ Who is he? 는 보통 이름·친족 관계를 물을 때 쓰인다: "Who is he?"—"He is Mr. Smith." 「그는 누구입니까」—「그는 스미스 씨입니다」

☑ 또한 직접 상대방에게 What are you? 라고 하는 것은 피하고 What (kind of work) do you do (for a living)? (무슨 일을 하고 계십니까)라고 한다
What do you mean? (말씀하신 것은) 무슨 뜻입니까
What do you think about this book? 이 책을 어떻게 생각하십니까

☑ What를 How 로 해서는 안됨
What is it like? 그것은 무엇과 비슷합니까
Tell me *what* has happened. 무슨 일이 일어났는지 말해다오
I don't know *what* he said. 그가 무슨 말을 했는지 모르겠다
What do you think he will buy? 그가 무엇을 살 것이라고 생각합니까
I don't know *what* to do. 무엇을 해야 할지 모르겠다
What is the price? 값은 얼마입니까
❷ 《관계대명사》 (~하는) **것, 일**
What you said is true. 네가 말했던 것은 사실이다
Do *what* you like. 네가 좋아하는 일을 해라
What about ...? ~는 어떤가 《의견을 물을 때》 (=How about ...?); ~하면 어떻겠는가 《무엇을 권할 때》
What about your new job? 너의 새 일은 어떤가
What about a cup of tea? 차 한잔 어때
What about going to the movies? 영화 구경 가는 것이 어때
What can I do for you? (점원이 손님에게) 무엇을 드릴까요
What do you say to ... ? ~는 어떻겠습니까 《남에게 권유할 때》; ~을 어떻게 생각합니까 《의견을 물을 때》
What do you say to going for a walk? 산책하는 것이 어떻겠습니까
What do you say to his painting? 그의 그림은 어떻습니까

☑ to 뒤에는 명사 또는 동사의 -ing (현재분사) 형이 온다
What ... for? (=Why ... ?) 무엇 때문에 ~하는가

whatever - when

What did you do that *for*? 무슨 까닭에 그것을 했느냐
what is called = ***what we call*** 소위 《삽입구로 쓰임》
He is *what is called* a young gentleman. 그는 소위 청년 신사이다
What is the matter with ...? ~는 어떻게 된 것입니까[어디가 아픈 것입니까]
What is the matter with you? 너는 어찌된 셈인가[너는 왜 그러니]
— 형 ❶ 《의문형용사》 **무슨**, 뭐라고 하는, 어떤, 얼마 만큼의
What time (is it)? 몇 시입니까
What day of the week is it today? 오늘은 무슨 요일입니까
📝 「오늘은 며칠입니까」의 뜻으로는 *What* day of the month is it today? 를 쓴다
What color is your car? 네 차는 무슨 색깔이니
What kind of fruit do you like? 너는 무슨 과일을 좋아하니
❷ 《감탄문에서》 **얼마나, 참으로**

> 💡 감탄문의 어순은 what+(a 또는 an)+형용사+명사+주어+동사로 된다

What a kind girl she is! 얼마나 친절한 소녀인가; 참으로 그 소녀는 친절하기도 하다
What a pretty doll! ⁽¹⁾ 참으로 예쁜 인형이구나
What good students! ⁽²⁾ 얼마나 우수한 학생들인가
What a pity! ⁽³⁾ 가엾어라, 불쌍해라
What an exciting story this is! 이것은 참으로 재미있는 이야기로군
📝 감탄문에서는 (1), (2), (3)처럼 「주어+동사」를 생략할 때가 많음
❸ 《관계형용사》 (~하는) 그, (~하는) 만큼의, (~하는 바의) 전부
You may take *what* picture you like. 네가 좋아하는 그림을 가져가도 좋다
I gave him *what* money I had. 내가 가지고 있던 돈 전부를 그에게 주었다

what·ev·er [*hwɑtévər*] 대
❶ (~하는) 것은 무엇이나
Do *whatever* you like. 네가 좋아하는 것은 무엇이라도 해라
❷ 설사 무엇이 ~하여도
Whatever happens, don't change your plan. 무슨 일이 일어나도 너의 계획을 바꾸지 마라
— 형 ❶ 어떤 ~라도
Whatever weather it is, we will start at six. 어떤 날씨라도 우리들은 6시에 출발한다
❷ 《명사·대명사의 뒤에 붙여 부정을 강조》 전혀, 조금도 (=at all)
I have no plans *whatever*. 나는 계획이 전연 없다
📝 이 경우 whatever 대신에 whatsoever를 쓰기도 함

★**what's** [*hwɑ́ts*] what is, what has 의 줄임꼴
What's [What is] that? 저것은 무엇인가

★**wheat** [*hwíːt*] 명 《식물》 밀 (barley 보리) 《a를 붙이지 않고, 복수 없음》
Flour is made from *wheat*. 밀가루는 밀로 만든다[만들어진다]

wheel [*hwíːl*] 명 (복수 **wheel**s [-z]) ❶ 바퀴, 차륜, 차바퀴; (구어) 자전거 (=bicycle)
❷ (자전거의) 손잡이; 핸들 (=steering wheel)
📝 운전대를 가리킬 때는 steering wheel을 쓰고 handle이라고는 쓰지 않는다. handle은 손잡이를 나타낸다

wheel·chair [*hwíːltʃɛ̀ər*] 명 (복수 **wheelchair**s [-z]) 휠체어

★**when** [*hwén*] 부 ❶ 《의문부사》 언제
When did he come? 언제 그가 왔니
📝 When 으로 시작하는 문장에서는 현재완료형은 쓰이지 않음
I don't know *when* to start. 나는 언제 출발해야 할지 모른다

wheel

wheel
바퀴

steering wheel
핸들

spinning wheel
물레

Do you know *when* it happened?
그것이 언제 발생했는지 너는 알고 있느냐

❷ 《관계부사; 제한적 용법》

🗹 이 when은 우리말로 번역할 필요는 없다

Monday is the day *when* I am busy.
월요일은 내가 바쁜 날이다
Now is the time *when* we must study.
지금은 우리가 공부할 시간이다
Winter is the season *when* we enjoy skiing. 겨울은 우리들이 스키를 즐기는 계절이다

📦 제한적 용법에서는 when 앞에 콤마(,)가 없음. 또 when 앞에는 time, day 등의 「때」를 나타내는 명사가 온다

❸ 《관계부사; 비제한적 용법》《보통 앞에 콤마가 붙어》 **그리고 그때** (=and then)
I was going to cross the street, *when* someone called me. 막 길을 건너려고 하는데, 그때 누군가가 나를 불렀다
I came here at nine, *when* the lights went out. 나는 아홉시에 여기 왔는데, 바로 그때 정전이 됐다

─ 접 ~할 때에, ~할 때는 언제나 (=whenever)
When you talk on the telephone, speak slowly and clearly. 전화로 말을 할 때는 천천히, 똑똑히 말하라
We will order *when* he comes back.
그가 돌아오면 그때 우리는 주문을 하겠다

📦 (1) when he comes back 처럼 때를 나타내는 부사절에서는 내용이 미래의 일이라도 현재 시제로 나타내고, 미래의 조동사 will, shall 을 쓰지 않음. (2) 미래를 나타내는 명사절의 경우는 보통 will, shall 을 씀: I don't know when he will come. (그가 언제 올지 나는 모른다)

He looked in *when* (he was) passing. 그는 지나는 길에 들렀다

🗹 주절과 종속절의 주어가 같을 때에는 종속절의 「주어+be 동사」는 생략할 수가 있다

Say when. 알맞은 때를 말해 주시오 [되었으면 됐다고 해]

🗹 남에게 마실 것을 따라 줄 때, 또는 남에게 사진 찍어 달라고 할때 쓴다. 이에 대한 대답은 농담조로

whenever - which

"When!"이라고 하면 된다

when·ev·er [hwènévər] 접 (~할) 때는 언제나
Come *whenever* you wish. 오고 싶을 때는 언제든지 오너라

★**where** [hwɛ́ər] 부 ❶ 《의문부사》 어디에, 어디로, 어디에서
Where do you live? 어디에 사십니까
Where is your dog? 너의 개는 어디 있니
Where are you going? 어디 가십니까
Where was he born? 그는 어디서 태어났습니까
He didn't know *where* to go. 그는 어디로 가야 할지 몰랐다
Do you know *where* Bill is. 빌이 어디 있는지 알고 있니
❷ 《관계부사; 제한적 용법》
📝 앞에는 장소를 나타내는 명사가 온다. 우리말로 나타낼 필요는 없다
This is the house *where* he was born. 이것이 그가 태어난 집이다
It is the town *where* my uncle lives. 그것은 내 숙부님이 살고 계시는 읍이다
This is (the place) *where* he lives. 여기가 그가 사는 곳이다
📝 구어에서는 이런 the place 는 흔히 생략함
❸ 《관계부사; 비제한적 용법》《보통 앞에 콤마가 붙어》 그리고 거기서(=and there)
Tom ran into the room, *where* everyone was waiting. 톰은 그 방으로 달려 들어갔는데 거기에는 모두가 기다리고 있었다
I went to New York, *where* I met Jim. 나는 뉴욕으로 갔고, 거기서 짐을 만났다
— 접 (~하는) 곳에, (~하는) 곳으로
Stay *where* you are. 지금 있는 곳에 있거라[움직이지 마라]
— 대 《의문대명사》 어디, 어느 곳
Where do you come from?(=*Where* are you from?) 태생[출신]은 어디입니까
📝 where 는 문장 끝에 있는 전치사 from의 목적어

where's [hwɛ́ərz] where is, where has 의 줄임꼴

wher·ev·er [hwɛ́ərévər] (◆철자에 주의) 부 ~하는 곳은 어디라도, 어디로(에) ~하더라도
Sit *wherever* you like. 어디든지 앉고 싶은 곳에 앉으시오

★**wheth·er** [hwéðər] 접 ~할지 어떨지(=if); ~하거나 말거나
I don't know *whether* he is coming (or not). 그가 올지 어떨지 나는 모른다
Whether we like it *or not*, we have to do it. 우리는 좋아하든 싫어하든 그것을 해야 한다
📝 whether 바로 뒤에 or not 을 둘 때도 있음

★**which** [(h)wítʃ] 대
❶ 《의문대명사》 어느 편, 어느 쪽의 것, 어느 쪽의 사람 《사람·사물 양쪽에 쓰임》
Which is yours? 어느 쪽이 네 것인가

📝 which 는 단수·복수 양쪽에 쓰이므로 Which are yours? 라고 할 수도 있음

Which do you like better, apples or pears? 사과와 배 중에 어느 것을 더 좋아합니까
Which of you broke the window? 너희들 중 누가 창문을 부수었는가
Tell me *which* is right. 어느 쪽이 옳은지 가르쳐 주시오
I don't know *which* to buy. 나는 어느 것을 사야 할지 모른다
❷ 《관계대명사; 제한적 용법》
📝 이 which 는 「~하는」이라는 뜻이지만, 우리말로 번역하지 않아도 됨
This is a bus *which* goes to the park. 이것은 공원으로 가는 버스이다《which 는 주격》

The book (*which*) he gave me is very interesting. 그가 나에게 준 책은 매우 재미있다
▶ 이 which는 목적격이며, 구어에서는 보통 생략한다
The case in *which* she keeps her jewels is beautiful. 그녀가 보석을 넣어 둔 상자는 아름답다

> 🔹 which가 전치사의 목적어일 경우에는 생략하지 않음

❸ 《관계대명사; 비제한적 용법》《보통 앞에 콤마가 붙음》 **그리고 그것은, 그리고 그것을**
He gave me this book, *which* was very useful to me. 그가 이 책을 내게 주었는데 그것은 매우 유익했다 《which는 주격》
Her dress, *which* is old-fashioned, is beautiful. 그녀의 옷은 구식이지만 아름답다
Our teacher told us a story, *which* we liked very much. 선생님은 우리들에게 이야기를 하나 해주셨는데 우리들은 그것을 매우 좋아했다 《which는 목적격》
— 〔형〕《의문형용사》 **어느 쪽의, 어느**
Which book is yours? 어느 쪽의 책이 네 것인가
Which movie did you see? 너는 어느 영화를 보았느냐

which·ev·er [hwitʃévər] 〔대〕
❶ **어느 쪽이든, 어느 것이든**
Take *whichever* you want. 어느 것이든 네가 갖고 싶은 것을 가져라
❷ **어느 쪽이[을] ~해도**
Whichever you (may) take, you will like it. 너는 어느 쪽을 가져도 네 마음에 들 것이다
🔹 구어에서는 may를 흔히 생략
— 〔형〕❶《명사절을 이끎》 **어느 쪽의 ~라도**
Buy *whichever* book you like. 어느 쪽이라도 네가 좋아하는 책을 사라

❷ 《부사절을 이끎》 **어느 쪽의 ~라도**
Whichever way you (may) go, you can get to the station. 어느 쪽의 길을 가더라도 정거장으로 가게 됩니다
🔹 구어에서는 may를 흔히 생략

★while [hwáil] 〔접〕 ❶ **~하는 사이에, ~하는 동안에**
He came *while* you were out. 네가 외출하고 없는 사이에 그가 왔었다
Strike *while* the iron is hot. 《속담》 쇠는 달았을 때 두드려라《좋은 기회를 놓치지 마라》
Work *while* you work, play *while* you play. 《속담》 공부하는 동안은 공부하고 노는 동안은 놀아라 《열심히 공부하고 열심히 놀아라》
While (he was) in France, he studied painting. 프랑스에 있을 때 그는 그림을 공부했다
Enjoy *while* it lasts. 즐길 수 있을 때 즐겨라

> 🔹 while은 다음의 주어가 주절의 주어와 같을 때에는 while 다음의 「주어+be동사」는 생략할 때가 있다

❷ **그러나 한편**, 이에 반하여
Some people are rich, *while* others are poor. 부자들도 있지만 한편 가난한 사람들도 있다
— 〔명〕 **사이, 시간, 잠시 동안**
《a가 붙을 때는 있지만 복수는 없음》
after a while 잠시 후에
She came back *after a while*. 그녀는 잠시 후에 돌아왔다
all the while 그 사이 내내
The weather was nice *all the while*. 그 동안 죽 날씨가 좋았다
all this while 지금까지 줄곧
What have you been doing *all this while?* 지금까지 줄곧 너는 무엇을 해오고 있느냐
for a while 잠시, 잠깐 동안
I waited *for a while*. 나는 잠시 기다

렸다
I have not seen him *for a* long *while* [time]. 나는 오랫동안 그를 만나지 못했다

in a (*little*) *while* 곧, 잠시 후에
He will be back *in a while* 그는 곧 돌아옵니다

worth while ... ~할 가치가 있는
It is *worth while* to visit Kyŏngju. 경주는 찾아갈 만하다

📝 while은 「어떤 일에 들이는 시간」의 뜻의 명사이며 형용사 worth 의 목적어. it은 가주어로 to visit ...가 그 의미상의 주어

whip [*h*wíp] 명 (복수 **whips** [-s]) 채찍
—통 (3단현 **whips** [-s]; 과거·과분 **whipp**ed [-t]; 현분 **whipp**ing) 타동 채찍질하다, 채찍으로 때리다

whirl [*h*wə́:rl] 통 (3단현 **whirls** [-z]; 과거·과분 **whirl**ed [-d]; 현분 **whirl**ing) 타동 자동 빙빙 돌리다[돌다]
—명 회전, 소용돌이, 선회, 선풍

whisk·er [*h*wískər] 명 (복수 **whisker**s[-z]) ((보통 복수형으로)) 구레나룻(→ **mustache** 콧수염, **beard** 턱수염)
📝 흔히 sideburn 이라고도 함

whis·key, whis·ky [*h*wíski] 명 위스키 ((a를 붙이지 않고, 복수없음))

whis·per [*h*wíspər] 통 (3단현 **whisper**s [-z]; 과거·과분 **whiper**ed[-d]; 현분 **whisper**ing) 타동 자동 속삭이다, 작은 목소리로 말하다; 일러바치다
She *whispered* in my ear.(=She *whispered* to me.) 그녀는 내게 귀엣말을 했다
—명 (복수 **whisper**s [-z]) 속삭임, 밀담
He talked in a *whisper*. 그는 소곤소곤 말했다

whis·tle [*h*wísl] 통 (3단현 **whis-tles** [-z]; 과거·과분 **whistl**ed [-d]; 현분 **whistl**ing) 타동 자동 휘파람을 불다, 휘파람으로 부르다; 기적[고동]을 울리다
Tom *whistled* a tune. 톰은 휘파람으로 한곡 불었다
Don't *whistle* in the classroom. 교실에서는 휘파람을 불지 마라
—명 (복수 **whistle**s [-z]) 휘파람, 호각, 호루라기, 기적

White [*h*wáit] 명 화이트 《Gilbert ~ (1720-93); 영국의 목사·박물학자》

★**white** [*h*wáit] 형 (비교 **whiter**; 최상 **whitest**)
❶ 흰(↔ **black** 검은)
I have a *white* dog. 나는 흰 개를 기르고 있다
This rose is *white*. 이 장미는 희다
I met an old man with *white* hair. 나는 백발의 노인을 만났다
❷ (안색이) 창백한, 백지처럼 흰
Her face turned *white* [pale]. 그녀의 얼굴은 아주 창백해졌다
📝 white는 공포 따위로 핏기가 없는 것이고, pale은 얼굴빛이 좋지 않은 것이다
❸ 백인종의, 백인의
white people 백인
📝 「흑색 인종의」는 black 또는 colored 라 했는데 정치적으로 공정치 못하다(not politically correct)는 이유로 최근 미국에서는 잘 쓰이지 않는다
a white béar 백곰, 흰곰
the white flág (항복의) 백기
—명 백색; 흰 옷 《a를 붙이지 않고, 복수 없음》
Look at the girl in *white*. 흰 옷을 입은 소녀를 보시오

white Christ·mas [-krísməs] 눈이 있는 성탄절 《「눈이 없는 따뜻한 크리스마스」는 a green Christmas 라고 한다》

White House [-hàus] 《the를 붙여》 백악관《미국 대통령 관저》

📝 의사당(the Capitol)과는 다르다
🔊 White를 세게 읽음. a white house(흰 집)에서는 house를 세게 읽음

White House

whit·er [hwáitər] 혱 white(흰)의 비교급

whit·est [hwáitist] 혱 white(흰)의 최상급

★who [húː] 때 (소유격 whose [-z]; 목적격 whom [-m])

❶ 《의문대명사》 **누구, 누구가**
"*Who* is he?"—"He's Tom." 「그는 누구인가」—「그는 톰이다」

📝 Who is he?는 보통 이름·친척 관계를 물을 때 쓰인다. What is he? (저 사람은 무엇인가)는 직업·신분 따위를 묻는데, 이 경우도 Who를 쓸 때가 많다

Who told you? 누가 네게 말했느냐
Do you know *who* she is? 너는 그녀가 누군지 알고 있니

📝 do you know는 who 앞에, do you think는 who 다음에 오는 어순에 주의: *Who* do you think she is? (그녀가 누구라고 생각합니까)

❷ 《구어》 **누구를, 누구에게**
Who do you like best? 너는 누구를 가장 좋아하느냐
Who are you looking for? 너는 누구를 찾고 있느냐

> 「누구를, 누구에게」는 목적격 whom이지만, 글 머리에 오는 whom은 구어에서 who가 됨

❸ 《관계대명사; 제한적 용법》 ~하는

📝 who ... 가 수식하는 명사(선행사)는 「사람」에 한정됨.
The girl *who* is playing the piano is my sister. 피아노를 치고 있는 소녀는 나의 누님이다
There are many people *who* collect foreign stamps. 외국 우표를 수집하는 사람들이 많다

▶ 이 who는 that로 해도 좋음

❹ 《관계대명사; 비제한적 용법》
《보통 앞에 콤마를 붙여》 **그리고 그 사람은**, 그랬더니 그 사람은
I gave it to him, *who* sent it to Jack. 나는 그것을 그에게 주었다. 그랬더니 그는 그것을 잭에게 보냈다
Tom, *who* had a cold, was absent from school. 톰은 감기가 들어 학교에 결석했다

❺ 《It is ~ who ... 꼴의 강조 용법으로》 **…한 것은 ~이다**

📝 who 뒤의 동사는 who앞의 명사·대명사의 인칭과 일치함
It is you *who* are wrong. 잘못한 것은 너다

> It is ~ that ...(…한 것은 ~이다)의 강조 구문에서 강조되는 「~」에 해당하는 말이 「사람」의 경우는 that 대신 who도 쓰임 → it

who·ev·er [hùːévər] 때
❶ (~하는) 사람은 누구나
Whoever wants it may take it. 그것을 원하는 사람은 누구나 가져도 좋다
❷ 누가 ~하더라도
Whoever calls, don't bother me. 누가 전화를 하더라도 나를 방해하지 마라

★whole [hóul] 혱
❶ **전부의, 전체의**
for a *whole* day 꼬박 하룻 동안
the *whole* world(=all the world) 전세계

wholesale - why

📘 the+whole+명사로 되는 어순과 all+the+명사로 되는 어순에 주의

It rained (for) five *whole* days. 꼬박 5일간 비가 왔다
His *whole* family went to the seaside. 그의 가족은 모두 바닷가로 갔다
That's not the *whole* story. 그게 이야기의 전부가 아냐
Give me the *whole* thing. 통째로 다줘
❷ **완전한**, 결함이 없는
There is not a *whole* plate. 흠집이 없는 접시는 하나도 없다
─ 명 **전체**, 전부(↔ part 일부) 《a가 붙을 때도 있으나 복수는 없음》
I know the *whole* of it. 나는 그 전부를 알고 있다

as a whole 전체로서 《부사구》
We must consider these matters *as a whole*. 우리는 이 문제들을 전체로서 생각해야 한다

on the whole 전체적으로 보아, 대체로
His speech was *on the whole* difficult. 그의 연설은 대체로 어려웠다

whole·sale [hóulsèil] 명 《복수 없음》 도매(↔ retail 소매)

whol·ly [hóul/li(:)] 부 아주, 완전히

★**whom** [húːm] 대 《who의 목적격》
❶ 《의문대명사》 **누구에게, 누구를**
Whom are you writing to? 누구에게 편지를 쓰고 있습니까
📝 글머리의 whom은 구어에서 Who가 됨 (→ who ❷)
From *whom* did you hear this? 너는 누구에게서 이것을 들었느냐
I don't know *whom* to believe. 누구를 [누구의 말을] 믿어야 할지 모르겠다
Do you know *whom* he met in the park? 그가 공원에서 누구를 만났는지 알고 있느냐
❷ 《관계대명사; 제한적 용법》
📝 whom ...이 수식하는 명사[선행사]는 사람. 또한 이 용법의 whom은

「~하는」이라는 뜻이 된다
He is the man (*whom*) I met yesterday. 그는 내가 어제 만난 사람이다
The man (*whom*) you can see over there is my uncle. 저기 보이는 사람은 내 숙부님이시다
📝 이 whom은 보통 생략함
❸ 《관계대명사; 비제한적 용법》 《보통 앞에 콤마가 붙어》 **그리고 그 사람에게, 그리고 그 사람을**
I met Bill, *whom* I told the news. 나는 빌을 만났다. 그리고 그에게 그 소식을 전했다

who's [húːz] who has, who is의 줄임꼴

★**whose** [húːz] 대 《who의 소유격; 관계대명사 which의 소유격》
❶ 《의문대명사》 **누구의, 누구의 것**
Whose book is this? 이것은 누구의 책입니까
Whose is this book? 이 책은 누구의 것입니까
I know *whose* house that is. 나는 저것이 누구의 집인지 안다
❷ 《관계대명사; 제한적 용법》
📝 whose ... 가 수식하는 명사[선행사]는 사람 또는 사물
This is an animal *whose* fur changes color. 이것은 그 털의 빛깔이 바뀌는 동물이다
Look at that house *whose* roof is red. 지붕이 빨간 저 집을 보아라 (=Look at that house the roof of which is red.)
📝 보통은 the house with a red roof 라고 하면 된다
❸ 《관계대명사; 비제한적 용법》 《보통 앞에 콤마가 붙어》 **그랬더니**
The teacher praised Tom, *whose* face lightened up with joy. 선생님은 톰을 칭찬했다. 그랬더니 그의 얼굴이 기쁨으로 환해졌다

★**why** [hwái] 부
❶ 《의문부사》 **왜**, 어찌하여
"*Why* do you like summer?" ─ "Because I can swim." 「당신은 왜 여

wicked - widen

름을 좋아합니까」—「수영할 수 있기 때 문입니다」

☑ Why로 물은 질문에는 보통 Because …로 답한다
"Why did you stay home?"—"To help Mother." 「너는 왜 집에 있었느냐」—「어머니를 돕기 위해서였다」
I asked them why they didn't come soon. 나는 그들에게 왜 곧 오지 않았는지를 물었다
Why not? 왜 안 돼

☑ 남에게 무엇을 권할 때도 쓴다:
"May I come in?"—"Why not?" 「들어가도 됩니까」—「되고말고」
❷ 《관계부사》 《~하는》 **바의** 《이유》
This is (the reason) why I could not come. 이런 까닭으로 나는 올 수 없었습니다

> 📖 the reason은 보통 생략함. 또한, why를 생략하여 This is the reason I could not come.으로 쓰기도 한다

— [wái] 값 《놀람·반대·주저 등을 나타내어》 **어머나, 어, 응, 물론**
Why, the cage is empty! 저런, 새장이 비었는 걸
Why, it's you! 아, 당신이군요
"Who discovered America?"—"Why, Columbus." 「누가 아메리카 대륙을 발견했지」—「그거야, (물론) 콜럼버스지」

Why don't we ...? ~하지 않으시겠어요
Why don't we have a cup of coffee? 커피 한잔 함께 안 하실래요

Why don't you ...? ~하는 게 어때요
Why don't you go first? 먼저 가는 게 어때요

wick·ed [wíkid] (◆ 발음에 주의)
휑 《비교 **wickeder**; 최상 **wickedest**》 (도덕적으로) **악한; 심술궂은**
the wicked witch 악한 마녀
[작문] the bad witch 라고는 잘 안 쓰고 witch 앞에는 흔히 wicked를 씀

★**wide** [wáid] 휑 《비교 **wider**; 최상 **widest**》 《명사는 width》
❶ **폭이 넓은**(=broad; ↔ narrow 좁은)
The Mississippi is a wide river. 미시시피 강은 넓은 강이다
He has wide shoulders. 그는 어깨 폭이 넓다
[작문] 「이 방은 넓다」는 This is a big room.이라고 하지 This is a wide room이라고는 하지 않음
❷ **폭이 ~인**(→ long 길이가 ~인)
The street is thirty meters wide. 그 거리는 폭이 30미터이다
How wide is this river? 이 강은 폭이 얼마나 됩니까
❸ (면적이) **넓은, 널찍한**; (지식·경험 등이) **넓은, 풍부한**
They sailed across the wide ocean. 그들은 넓은 대양을 가로 질러 항해했다
He has a wide knowledge of history. 그는 역사에 관한 폭넓은 지식을 가지고 있다
He stared at me with wide eyes. 그는 눈을 크게 뜨고 빤히 나를 바라보았다
— 閉 《비교 **wider**; 최상 **widest**》
넓게; 크게, 활짝(열어)
His mouth is wide open. 그의 입은 크게 벌려 있다
Open the window wide. 창문을 활짝 여시오
Open wide! (입을) 크게 벌려 《어린이들에게 약을 먹이거나 치과에서 치료를 할때 자주 쓰는 말》

wide·ly [wáidli(:)] 閉 《비교 **more widely**; 최상 **most widely**》 넓게, 널리, 크게
He is widely known. 그는 널리 알려져 있다

wid·en [wáidn] 티 (3단현 **widens** [-z]; 과거·과분 **widened** [-d]; 현분 **widening**) 넓히다

widow - will¹

The city decided to *widen* the freeway. 시는 고속도로를 넓히기로 결정했다

wid·ow [wídou] 명 (복수 **wid-ows** [-s]) 과부, 미망인

width [wídθ] 명 (복수 **widths** [-z]) 《형용사는 wide》 넓이, 폭, 나비
This is three feet in *width*. 이것은 폭이 3피트이다
발음 형용사 wide와 모음의 발음이 다름

★**wife** [wáif] 명 (복수 **wives** [wáivz]) 아내, 처(→ husband 남편)
His *wife* is Mr. William's daughter. 그의 아내는 윌리엄 씨의 딸이다

wig [wig] 명 (복수 **wigs** [-z]) 가발

wild [wáild] 형 (비교 **wilder**; 최상 **wildest**) ❶ 야생의(↔ tame 길들은)
wild flowers 야생의 꽃
a *wild* horse 야생마
The tiger is a *wild* animal. 호랑이는 야생 동물이다
❷ 황폐한, 사람이 살지 않는
We traveled through the *wild* jungle. 우리는 사람이 살지 않는 밀림 속을 여행했다
❸ 야만적인
I met several *wild* people. 나는 야만인 여럿을 만났다

wil·der·ness [wíldərnis] 명 《the를 붙여서》 황야, 불모지

wild·ly [wáildli(ː)] 부 야생적으로, 사납게, 난폭하게

★**will¹** [wəl, wíl] 조 (과거 **would** [wəd, wúd]) 《부정은 will not 또는 won't》

❶ 《I will ..., You will ..., He will ..., They will ... 등으로 단순 미래를 나타냄》 ~일 것이다, ~할 것이다
I will [= shall] be fourteen next sunday. 나는 오는 일요일에 14세가 됩니다
You will get a present from your uncle. 너는 네 숙부님에게서 선물을 받을 것이다
My father *will* be back next Sunday. 부친은 오는 일요일에 돌아오십니다
She *will* come here soon. 그녀는 곧 여기에 옵니다
It *will* be nice tomorrow. 내일은 날씨가 갤 것입니다
We *will* [명 shall] have no lessons tomorrow. 내일은 수업이 없을 것이다
They *will* be home next Sunday. 그들은 오는 일요일에 집에 있을 것이다
📝 영에서 단순 미래의 1인칭에는 will 대신 shall이 흔히 쓰임

❷ 《Will you ...?, Will he ...?, Will they ...? 등으로 단순 미래를 나타냄》 ~일까, ~할까
Will you be available tomorrow? 내일은 시간이 납니까
Will he come to the party tomorrow? 그는 내일 파티에 올까요
What day of the week *will it* be tomorrow? 내일은 무슨 요일입니까
Will they come here again? 그들은 다시 여기 올까요
📝 영에서는 1·2인칭에 shall을 쓴다

❸ 《I will ..., We will ...로 말하는 사람의 의지를 나타냄》 ~하려고 하다, ~하겠다, ~할 작정이다
I will never do such a thing again. 다시는 그런 짓을 결코 하지 않겠다
We *will* get up at half past five tomorrow. 우리들은 내일 5시 반에 일어날 작정입니다

❹ 《Will you ~?로 상대방의 의지를 물음》 ~하시겠습니까, ~해 주시지 않겠습니까, ~하시지 않겠습니까
Will you go there tomorrow? 내일 거기에 가시겠습니까
Pass me the salt, *will you*? (= *Will you* pass me the salt?) (식탁에서) 소금을 건네 주시지 않겠습니까
📝 will you?를 문장 끝에 둘 때도 있음

W will² - wind¹

Would you please open the window? 창문을 열어 주시겠습니까

☑ Will you ...?보다 Would you ...?라고 하는 것이 더 정중하다

Will you have some more tea? 차를 좀 더 드시겠습니까

☑ Will you ~?는 상대방의 의지를 묻는 데서 상대방에게 부탁하거나, 온화한 지시(명령)를 하거나, 상대방에게 권하거나 할 때에도 쓴다

❺ 《주어의 의지·습관 등을 나타냄》 ~하려고 **생각하다**, ~하기 쉽다, 《will not의 형태로》 아무리 해도 ~ 아니하다

Come whenever you *will*. 오고 싶은 때는 언제든지 오시오

Accidents *will* happen. 사고라는 것은 (아무리 조심을 해도) 일어나기 마련이다

This door *will not* open. 이 문은 아무리 해도 열리지 않는다

Boys *will* be boys. 《속담》 애들은 애들이다《남자 아이들은 별나다는 속성을 인정하는 말》

will² [wíl] 명 《복수 없음》
❶ 의지, 결심
good *will* 호의
He is a man of strong *will*. 그는 의지가 강한 사람이다
He did it against his *will*. 그는 본의 아니게 그것을 했다
Where there is a *will*, there is a way. 《속담》 의지가 있는 곳에 방법[길]이 있다
❷ 《법률》 유언, 유서
He didn't make a *will*. 그는 유언장을 만들지 않았다

Wil·liam [wíljəm] 명 윌리엄《남자 이름 ; 애칭은 Bill, Billy, Will, Willie 또는 Willy》

Wil·liams [wíljəmz] 명 윌리엄즈《이름에 대한 성》

wil·liam Tell [wíljəm tél] 명 윌리엄 텔 또는 빌헬름 텔《스위스 독립을 위해 싸운 전설적인 영웅으로 활 쏘기에 능하며 아들의 머리에 놓은 사과를 멀리서 쏴서 맞춘 것으로 유명》

will·ing [wílin] 형 《비교 *more* willing ; 최상 *most* willing》 기꺼이 (~하다)
I'm *willing* to go for you. 당신 대신 기꺼이 가겠습니다
☑ willing은 부득이한 일, 싫은 일 등을 할 경우, glad는 즐거운 일 등을 할 경우에 씀 : I'm glad to see you. (뵙게 되어 기쁩니다)

will·ing·ly [wíliŋli(:)] 부 《비교 *more* willingly ; 최상 *most* willingly》 기꺼이, 쾌히, 자진하여

wil·low [wílou] 명 《복수 wil·lows [-z]》 《식물》 버들, 버드나무

will·pow·er [wílpàuər] 명 의지력, 정신력 ; 자제(自制) (=selfcontrol) 《a를 붙이지 않고, 복수 없음》

Wil·ly [wíli] 명 윌리《남자 이름 ; William의 애칭》

★win [wín] 동 (3단현 wins [-z] ; 과거·과분 won [wʌ́n] ; 현분 win·ning) 타동 자동 (전쟁·경기 등에) 이기다, 승리하다 ; (상·명성 등을) 타다, 얻다, 획득하다(↔lose 지다)
Our team *won* the game. 우리 팀이 그 시합에서 이겼다
Who will *win* the prize? 누가 그 상을 타겠습니까
He *won* first prize in the speech contest. 그는 웅변 대회에서 1등상을 탔다
Slow and steady *wins* the race. 《속담》 천천히, 착실히 하는 자가 경주에 이긴다 《급하면 돌아가라》
작문 「시합에 이기다」는 win, 「상대에게 이기다」는 defeat를 쓴다 : 「우리들은 야구 시합에서 이겼다」는 We *won* the baseball game. 「우리들은 야구에서 상대 팀에게 이겼다」는 We *defeated* the other team in baseball.

★wind¹ [wínd] 명 《복수 winds [-z]》 바람

a cold *wind* 차가운 바람
a gentle *wind* 산들바람
a north *wind* 북풍
The *wind* is blowing gently. 바람이 산들산들 불고 있다
There is no strong *wind* today. 오늘은 강풍이 없다
The ship sailed against the *wind*. 배는 역풍으로 나아갔다
Our sailboat ran before the *wind*. 우리의 요트[돛배]는 바람을 타고 달렸다

📝 wind에는 보통 the가 붙으며, 형용사가 붙으면 a 또는 an이 붙음. much나 little 따위가 붙으면 the나 a는 붙지 않음: There isn't *much wind* today. (오늘은 별로 바람이 없다)

***wind²** [wáind] (◆ 발음 주의) 통 (3단현 **winds** [-z]; 과거·과분 **wound** [wáund]; 현분 **winding**)
타동 감다, 동이다, 칭칭 감다
Did you *wind* (up) the clock? 시계의 태엽을 감았습니까
— 자동 (길·강이) 굽이치다, 꼬불꼬불 구부러지다, 구불거리다
A stream *wound* slowly through the meadows. 개울이 목장을 유유히 굽이쳐 흘렀다

wind·mill [wíndmìl] (◆ 발음 주의) 명 (복수 **windmills** [-z]) 풍차

windmill

***win·dow** [wíndou] 명 (복수 **windows** [-z]) 창문, 창유리, 창틀
Shut the *window*, please. 창문을 닫아 주시오
Please open the *window*. 창문을 열어 주십시오
Just stand by the *window*. 그냥 창가에 서 있어라
He looked out (of) the *window*. 그는 창밖을 내다 보았다

📝 미에서는 흔히 of를 생략한다
Who broke the *window*? 누가 창유리를 깨뜨렸느냐

win·dows [wíndouz] 명 window (창)의 복수형; 컴퓨터용 운용체제 (OS) 이름

wind·shield [wíndʃìːld] 명 (복수 **windshields** [-z]) (자동차의) 바람막이유리

wind·surf·ing [wíndsə̀ːrfiŋ] 명 《a를 붙이지 않고, 복수 없음》 윈드 써핑

wind·y [wíndi] 형 (비교 **windier**; 최상 **windiest**) 바람이 부는, 바람이 강한
It is *windy* today. 오늘은 바람이 분다

wine [wáin] 명 포도주 《a를 붙이지 않고, 복수 없음》
a glass of *wine* 한 잔의 포도주
red *wine* 붉은 포도주
Mary is drinking[taking] white *wine*. 메리는 백포도주를 마시고 있다

풍습 흔히 쇠고기 등과 같은 붉은 계통의 육류와는 red wine(적포도주)을, 닭고기, 생선 등과 같은 흰색 계통의 요리와는 white wine(백포도주)을 함께 마신다

wing [wíŋ] 명 (복수 **wings** [-z]) (비행기 등의) 날개; (새의) 날개, (곤충의) 날개

📝 새의 깃털은 feather
a pair of *wings* 한 쌍의 날개
spread *wings* 날개를 펴다
on the wing 날고 (있다)
Can you shoot a bird *on the wing*? 너는 날아가는 새를 쏠 수 있느냐

wink [wíŋk] 통 (3단현 **winks** [-s]; 과거·과분 **winked** [-t]; 현분 **winking**) 자동 타동 윙크(눈짓) 하다
— 명 (복수 **winks** [-s]) 윙크, 눈짓 《눈을 깜박임》

win·ner [wínər] 명 (복수 **winners** [-z]) 승리자, 수상자

win·ning [wíniŋ] 통 win(기다)의 현재분사형

winter - wish

★**win·ter** [wíntər] 명 (복수 **win·ters** [-z]) 겨울(→ season)
▶ 보통 미국에서는 12월, 1월, 2월을 영국에서는 11월, 12월, 1월의 3개월을 가리킨다
a hard *winter* 추위가 심한 겨울
a mild *winter* 따뜻한 겨울
✏️ warm winter라고는 하지 않는다
Winter is over and spring has come. 겨울이 지나고 봄이 왔다
We had a lot of snow this *winter*. 올 겨울에는 눈이 많이 왔다
We go skiing in *winter*. 우리들은 겨울에 스키 타러 간다
I stayed in Hawaii all through the *winter*. 나는 겨울 동안 내내 하와이에 머물렀다
wínter sléep 동면
wínter spórts 겨울[동계] 스포츠((스키·스케이트 등))

★**wipe** [wáip] 동 (3단현 **wipes** [-s]; 과거·과분 **wiped** [-t]; 현분 **wiping**) 타동 닦다, 훔치다, 닦아내다
He *wiped* his hands with the towel. 그는 타월로 손을 닦았다
She *wiped* her tears away. 그녀는 눈물을 닦아 버렸다
We *wiped* the windows clean. 우리들은 창문을 깨끗이 닦았다

wip·er [wáipər] 명 (복수 **wipers** [-z]) 닦는 것; (자동차의) 창유리 닦개

wire [wáiər] 명 (복수 **wires** [-z])
❶ 쇠줄, 철사, 전선
copper *wire* 동선
electric *wire* 전선
❷ 전보(=telegram), 전신
send a *wire* 전보를 치다
receive a *wire* 전보를 받다
wire transfer 온라인 송금
Let me know the result by *wire*. 그 결과를 전보로 내게 알려 주시오
— 동 (3단현 **wires** [-z]; 과거·과분 **wired** [-d]; 현분 **wiring**) 자동 타동
(구어) 전보를 치다
I *wired* (to) him. 나는 그에게 전보를 쳤다
The bank *wired* me $200. 은행은 2백불을 나에게 송금했다

wire·less [wáiərlis] 형 무선의, 무선 전신의
— 명 무선 전신, 무선 전화
✏️ 영에서는 the wireless를 라디오(radio)의 뜻으로도 쓴다

Wis. Wisconsin (위스콘신)주의 약어

Wis·con·sin [wiskánsn] 명 위스콘시 주

wis·dom [wízdəm] 명 ((형용사는 wise)) 지혜, 슬기로움 ((a를 붙이지 않고, 복수 없음))
a man of *wisdom* 현명한 사람
✏️ knowledge는 「지식」이며, wisdom은 지식에 바탕을 두고 올바른 판단을 내리는 「지혜, 슬기」를 말함

★**wise** [wáiz] 형 ((비교 **wiser**; 최상 **wisest**)) ((명사는 wisdom)) 현명한, 영리한, 슬기로운(=clever; ↔ foolish 어리석은)
He is a very *wise* man. 그는 대단히 현명한 사람이다
✏️ **wise, clever, bright의 용법**
wise는 단순한 지식뿐만 아니라, 그 지식을 일상 생활에 응용할 수 있는 「생활의 지혜가 있는」의 뜻. clever는 「영리한」의 뜻이며 「손재주도 있고 머리도 잘 도는」을 뜻하고, 인격적 방면에는 상관하지 않는다. bright는 어린 아이나 손아랫 사람에게 쓰이는 「영리한」의 뜻

wise·ly [wáizli] 부 영리하게, 현명하게

★**wish** [wíʃ] 동 (3단현 **wishes** [-iz]; 과거·과분 **wished** [-t]; 현분 **wishing**) 타동 ❶ (남을 위해 ~하기를) 빌다, 기도하다, 기원하다
I *wish* you happiness. 행복이 깃들기를 빕니다
I *wish* you a happy birthday. 생일을

축하합니다
I *wish* you a Happy New Year. 신년을 축하합니다
▶ 응답은 The same to you! (당신에게도)라고 한다
❷ 《「to+동사원형」이 뒤에 와서》 ~하고 싶다
📝 wish보다 want가 실현성이나 가능성이 강한 경우를 나타낸다
I *wish* to see you. 나는 당신을 만나고 싶다
📝 보통 want를 쓴다
❸ 《사람+「to+동사 원형」이 뒤에 와서》 (남에게) ~하게 하고 싶다
I *wish* you *to* go at once. 나는 네가 즉시 가기를 바란다 《you는 to go의 의미상의 주어》
❹ 《가정법에 쓰여》 (할 수 없는 일을) ~하고 싶다고 생각하다; (그렇지 않은 것을) ~하면 좋겠다고 생각하다
I *wish* I were a painter. 내가 화가라면 좋을 텐데
📝 구어에서는 were 대신 was를 씀
I *wish* I could swim. 헤엄칠 수 있으면 좋겠는데 (칠 수 없다)
I *wish* I had bought the book. 그 책을 사두었더라면 좋았을 걸

💡 현재 사실과 반대되는 것을 말할 때는 I wish 뒤의 절에 과거형 (be 동사는 were, 구어에서는 was)을, 과거의 사실과 반대되는 것을 말할 때는 과거완료형을 쓴다

— (자동) 《wish for...로》 ~를 바라다, ~를 가지고 싶어하다
Ted *wished for* a new car. 테드는 새 차를 가지고 싶어했다
All the world *wishes for* peace. 전세계가 평화를 바란다
— 몡 (복수 **wishes** [wíʃiz])
❶ 소망, 소원
Make a *wish* and blow out the candle. 소원을 빈 후 촛불을 불어서 꺼라
I was able to get my *wish*. 내 소원을 이룰 수 있었다
❷ 《복수형으로》 호의, 행복을 바라는 마음
Please send him my best *wishes*. 그에게 안부[나의 기원]를 전해 주시오
With best *wishes*. 행복을 기원하며
▶ 편지의 끝맺음말로, 또는 선물에 덧붙여 쓴다

wish·bone [wíʃbòun] 몡 (닭가슴 부위에 있는) 마디가 갈라진 뼈
풍습 두 사람이 양쪽 끝을 맞잡고 소원을 빈 후 서로 당겨서 부러뜨리는데, 윗 꼭지가 붙어있는 쪽 사람의 소원이 이루어진다고 함

wit [wít] 몡 (복수 **wits** [-s])
❶ 기지, 재치, 수완, 요령 《a를 붙이지 않고, 복수 없음》
❷ 기지가 풍부한 사람
📝 wit는 지적인 우스갯소리, humor는 정적인 우스갯소리
He is possessed of both *wit* and humor. 그는 기지와 유머를 겸비하고 있다

witch [wítʃ] 몡 (복수 **witches** [-iz]) 마녀(→ wizard 남자 마법사)

witch

*with [wíð] 전 ❶ 《동반·동거 등을 나타냄》 ~와 함께, ~와 같이
Come *with* me. 나와 함께 갑시다[따라오시오]
She is staying *with* her aunt. 그녀는 숙모 댁에 묵고 있다
❷ 《기구·수단·재료를 나타냄》 ~로, ~를 사용하여
Cut it *with* your knife. 네 칼로 그것을 잘라라

May I write *with* a pencil? 연필로 써도 됩니까
Write *with* pen and ink. 펜과 잉크로 쓰시오
☑ pen and ink에는 관사 a를 쓰지 않음
You cannot buy happiness *with* money. 행복을 돈으로 살 수는 없다
The fields were covered *with* snow. 벌판은 눈으로 덮여 있었다

❸ 《소지·소유·부속을 나타냄》 ~를 가지고
He was walking *with* his umbrella in his hand. 그는 손에 우산을 들고 걷고 있었다
Take your camera *with* you. 카메라를 가지고 가라
Do you have any money *with* you? 지금 가지고 있는 돈이 있습니까
Who is that lady *with* blonde hair? 금발의 저 숙녀는 누구니

❹ 《상태를 나타냄》 ~하여, ~한 채로
He was standing *with* his hands in his pockets. 그는 양손을 호주머니에 넣고 서 있었다
She looked at me *with* her eyes wide open. 그녀는 눈을 크게 뜨고 나를 보았다
Don't speak *with* your mouth full. 입에 음식을 가득 넣고 말하지 마라

📘 with 다음의 명사(구)는 뒤에 이어지는 어구의 의미상의 주어로 간주한다. 예를 들어 with his hands in his pockets (양손이 호주머니에 들어간 채로 → 양손을 호주머니에 넣고)는 (and) his hands are in his pockets와 같은 뜻

❺ 《교섭·거래를 나타냄》 ~와
Korea trades *with* the United States. 한국은 미국과 무역을 하고 있다
Did you talk over the matter *with* your teacher? 너는 그 일에 대해 선생님과 의논했니

❻ 《일치·반대를 나타냄》 ~와, ~를 상대로
I agree *with* you. 나는 너와 동감이다
Don't quarrel *with* him. 그와 싸움을 하지 마라
She got angry *with* him. 그녀는 그에게 화를 냈다

❼ 《원인을 나타냄》 ~때문에, ~가 원인이 되어
He is in bed *with* a cold. 그는 감기로 누워 있다
Her face was bright *with* joy. 그녀의 얼굴은 기쁨으로 빛나고 있었다

❽ ~에 대해서, ~에게 있어서
What's the matter *with* you? 무슨 일이 생겼습니까
How are you getting along *with* your work? 당신의 일은 어떻게 되어 가고 있습니까

❾ 《명사와 함께 부사구를 만듦》 ~하게
He swam across the river *with* ease. 그는 쉽게 그 강을 헤엄쳐 건너갔다

📘 부사로 바꿀 수 없는 경우도 있음: with ease=easily(쉽게), with care=carefully(주의 깊게), with pleasure=pleasantly(즐겁게)

He passed the examination *with* difficulty. 그는 간신히 시험에 합격했다
She held the glass *with* care. 그녀는 조심스럽게 유리를 들었다

have something to do with ... ~와 관계가 있다
He *has something to do with* the accident. 그는 그 사고와 관계가 있다

📘 부정문에서는 something을 nothing으로, 의문문에서는 anything으로 바꿈: Do you have *anything* to do with the matter? (당신은 이 문제와 관계가 있습니까?), I had *nothing* to do with it.(나는 그것과 아무 상관이 없었다)

with all ... 모든 ~에도 불구하고 《문어적》

wither - woman

With all her money, she is not happy. 그토록 부자인데도, 그녀는 행복하지 않다

with·er [wíðər] 동 (3단현 with-er*s* [-z]; 과거·과분 wither*ed* [-d]; 현분 wither*ing*) 자동 타동 시들다, 시들게 하다
Due to the heavy rain, the flowers *withered*. 폭우때문에 꽃이 시들었다

★**with·in** [wiðín] 전 (기간·거리에 대해) ~이내에, ~의 범위 안에
within a few days 2, 3일 내에 (→ in a few days 2, 3일 지나)
He will return *within* three hours. 그는 3시간 이내에 돌아올 것입니다
He lives *within* three miles of London. 그는 런던에서 3마일 이내 위치한 곳에 살고 있다

★**with·out** [wiðáut] 전
❶ ~없이, ~를 가지지 않고 (→ with ~를 가지고)
I like to drink tea *without* sugar. 나는 설탕없이 홍차 마시기를 좋아한다
He answered the question *without* difficulty. 그는 그 질문에 거침없이 대답했다
He sat *without* a word. 그는 한마디 말도 없이 앉아 있었다
❷ 《주로 동사의 -ing형이 따라》 ~하지 않고
He went away *without* say*ing* goodbye. 그는 작별 인사도 하지않고 나가 버렸다
She used my dictionary *without* tell*ing* me. 그녀는 내게 말도 없이 내 사전을 썼다

do without ... ~없이 지내다
We can *do without* your help. 우리들은 너의 도움 없이도 지낼 수 있다
not [*never*] *~ without* ... *-ing* ~하기만 하면 반드시 …하다, …하지 않으면 ~아니다
They *never* meet *without* quarrel*ing*. 그들은 만나기만 하면 반드시 싸움을 한다

You can*not* succeed *without* study*ing* harder. 너는 좀 더 열심히 공부하지 않으면 합격하지 못한다
without fail 반드시, 꼭
Come by six *without fail*. 6시까지 꼭 오시오

wit·ness [wítnis] 명 목격자, (법정에서의) 증인; 증거
— 동 (3단현 witness*es* [-iz]; 과거·과분 witness*ed* [-t]; 현분 witness*ing*) 자동 타동 목격하다
She *witnessed* a murder in front of her house. 그녀는 집앞에서 살인 사건을 목격했다

wives [wáivz] 명 wife(아내, 처)의 복수형

wiz·ard [wízərd] 명 (복수 wizard*s* [-z]) (남자) 마법사 (↔ witch 마녀)

★**woke** [wóuk] 자동 타동 wake의 과거형의 하나

wok·en [wóukən] 자동 타동 wake 의 과거분사형의 하나

★**wolf** [wúlf] 명 (복수 wolv*es* [wúlvz]) (동물) 늑대
📝 복수형에 주의

wolf

★**wom·an** [wúmən] 명 (복수 women [wímin]) (성인) 여자, 여성 (→ man 성인 남자)
Who is that *woman*? 저 여자 분은 누구입니까
📝 lady보다 woman이 보통 많이 쓰인다
She is a *woman* writer. 그녀는 여류 작가이다

women - wonderland

📝 a woman writer의 복수형은 women writers. 이밖에 a woman doctor (복수 women doctors)(여의사), a woman driver (복수 women drivers) (여성 운전자) 등이 있고 최근에는 feminism (여성운동)의 영향으로 female(여성)을 대신 쓰기도 함
Woman is more talkative than man. 여자는 남자보다 더 수다스럽다

> 📖 남성과 대조시켜 여성이라고 할 때는 a도 the도 붙이지 않고 단수형을 쓴다

발음 복수형은 [우멘]이 아님

★**wom·en** [wímin] (♦ 모음에 주의) 명 **woman**의 복수형
In 1620, one hundred and two men and *women* came to America from England. 1620년에 102명의 남녀가 영국에서 미국으로 왔다

⁑**won** [wʌ́n] (♦ 모음에 주의) 동 **win**(이기다)의 과거·과거분사형
Our team *won* the game. 우리 팀이 시합에서 이겼다

⁑**won·der** [wʌ́ndər] 명 (복수 **wonders** [-z]) 《형용사는 wonderful》
❶ 놀람, 경이 《a를 붙이지 않고, 복수 없음》
I was filled with *wonder* when I saw New York for the first time. 내가 뉴욕을 처음 봤을때, 나는 깊이 경탄하였다
❷ 이상한 것[일]; 경이, 기적
It is a *wonder* (that) they are alive. 그들이 살아 있다는 것은 기적이다
It is no *wonder* (that) he didn't come. 그가 오지 않은 것은 조금도 이상할 것이 없다

> 📖 It is를 생략하여 No wonder he didn't come.이라고도 할 수 있다. 이 경우 that을 생략함

in wonder 어리둥절하여, 어안이 벙벙하여

The boy looked at him *in wonder*. 그 소년은 어안이 벙벙하여 그를 보았다
— 동 (3단현 **wonders** [-z]; 과거·과분 **wondered** [-d]; 현분 **wondering**) 자동 ~에 놀라다 《at 또는 「to+동사 원형」이 뒤에 와서》
We *wondered at* his success. 우리들은 그의 성공에 놀랐다
I *wondered to* see him in my room. 나는 그가 내 방에 있는 것을 보고 놀랐다
📝 I was surprised to see...라고 하는 편이 좋다.
— 타동 ❶ 《that의 절이 이어져》 ~하다니 이상하다, ~에 놀라다
I *wonder* (*that*) you did such a thing. 네가 그런 일을 했다니 이상하다
📝 that는 자주 생략된다
❷ 《what, when, where, who가 이끄는 절이 이어져》 ~일까(라고 생각하다)
I *wonder who* he is. 그는 도대체 누구일까
I *wonder what* he was doing this morning. 그는 오전 중에 무엇을 하고 있었을까
I *wonder how* I can get there. 어떻게 하면 내가 거기에 갈 수 있을런지

★**won·der·ful** [wʌ́ndərfəl] 형 (비교 *more* **wonderful**; 최상 *most* **wonderful**) 《명사는 wonder》
❶ 훌륭한, 멋진
She will be a *wonderful* pianist. 그녀는 훌륭한 피아니스트가 될 것이다
I had a *wonderful* time. 나는 멋진 시간을 보냈다
How *wonderful*! 얼마나 멋있나
📝 wonderful은 여성이 즐겨 씀
❷ 이상한, 놀랄 만한
a *wonderful* story 이상한 이야기
a *wonderful* invention 놀랄 만한 발명

won·der·land [wʌ́ndərlænd] 명 (복수 **wonderlands** [-z]) 이상한 (동화의) 나라
Alice in *wonderland* 이상한 나라의 앨리스

won't - wore

won't [wóunt] will not의 줄임꼴
📝 want(원하다)는 다른 말, 발음도 다름

Won't you ...? ~하지 않겠습니까
Won't you have a cup of tea? 차 한 잔 드시지 않겠습니까[차 한 잔 드릴까요]

📝 Will you ...? 또는 Would you ...? 라고 하는 편이 자연스럽다

★**wood** [wúd] 명 (복수 **woods** [-z]) ❶ 나무, 목재(→ tree 서 있는 나무); 장작 《a를 붙이지 않고, 복수 없음》
This table is made of *wood*. 이 테이블은 나무 제품이다
There is not much *wood* near the camp. 야영장 부근에는 땔감이 별로 없다
❷ 《자주 복수형으로》 숲, 삼림
We walked in the *woods*. 우리들은 숲 속을 산책했다
The *woods* are near this village. 숲은 이 마을 근처에 있다

📝 woods는 마을에 가까운 숲, forest는 마을에서 떨어진 대삼림

wood·cut·ter [wúdkʌ̀tər] 명 (복수 **woodcutters** [-z]) 나무꾼

wood·en [wúdn] 형 《명사는 wood》 목재의, 목조의, 나무의
There is a *wooden* bridge over there. 저기에 나무로 된 다리가 있다

wood·peck·er [wúdpèkər] 명 (복수 **woodpeckers** [-z]) 딱다구리

★**wool** [wúl] (◆ [우울]처럼 길게 발음하지 않음) 명 양모, 울, 모직물 《a를 붙이지 않고, 복수 없음》
Korea imports *wool* from Australia. 한국은 양모를 호주에서 수입한다
My sweater is made of *wool*. 내 스웨터는 양모로 만든 것이다
They wear *wool* in winter. 그들은 겨울에 모직물을 입는다

wool·en, 형 **wool·len** [wúlən] 형 양모의, 모직의
I want a *woolen* blanket. 나는 모포 한 장이 있었으면 한다

★**word** [wə́:rd] (◆ 발음에 주의) 명 (복수 **words** [-z]) ❶ 말, 낱말, 단어(→ letter); 짧은 말, 한 마디
How do you spell the *word*? 그 낱말은 어떻게 철자합니까
How many English *words* do you know? 너는 영어 단어를 몇 개나 알고 있느냐
She went out without a *word*. 그녀는 한마디 말도 없이 나갔다
Let me say a few *words*. 제게 몇 마디 인사 말씀을 드리게 해 주십시오
I want to *have* a *word* with you. 네게 할 말이 좀 있는데
❷ 약속(=promise) 《one's word로 쓰며 복수 없음》
Don't break *your word*. 약속을 어기지 마라
He always keeps *his word*. 그는 언제나 약속을 지킨다
You have *my word*. 약속하마

in a word 한 마디로 말하면
In a word, he is a fool. 한 마디로 말하면 그는 바보이다

in other words 다시 말하면, 바꾸어 말하면, 요컨대
He became, *in other words*, a hero. 바꾸어 말하면, 그는 영웅이 되었다

word game [-gèim] 명 낱말 맞추기, 단어 게임

word processor [-pràsesər] 명 (복수 **word processors** [-z]) 워드 편집기

words [wə́:rdz] 명 word의 복수형

Words·worth [wə́:rdzwə(:)rθ] 명 워즈워드 《William ~ (1770-1850); 영국의 낭만주의 시인》

★**wore** [wɔ́:r] 동 wear(입고 있다)의 과거형
He *wore* a brown jacket. 그는 갈색의 윗옷을 입고 있었다

709

work - worker

*work [wə́:rk] 명 (복수 **works** [-s]) ❶ **일, 노동, 공부**(→ play 놀이) 《a를 붙이지 않고, 복수 없음》
It is hard *work*. 그것은 어려운 작업이다
I have a lot of *work* to do. 나는 해야 할 일이 많다
Students are doing their *work* hard. 학생들은 공부를 열심히 하고 있다
All *work* and no play makes Jack a dull boy. 《속담》 공부만 하고 놀지 않는 아이는 바보가 된다 《열심히 공부하고 열심히 놀아라》
❷ (예술 등의) **작품**, 저작
a literary *work* 문학 작품
a *work* of art 미술품, 예술품
a *work* of Beethoven 베토벤의 작품
the complete *works* of Shakespeare 셰익스피어 전집
What a wonderful piece of *work* that is! 저것은 얼마나 훌륭한 작품인가
❸ 《복수형 works로 단수 취급》 **공장**, 제작소
an iron *works* 철공장
The *works* is closed today. 그 공장은 오늘 휴업이다
at work 일하여, 작업중
They are *at work* now. 그들은 지금 작업중이다
Men at work. 《게시》 공사중(→ under construction)
go to work 일을 시작하다; 일하러 나가다
We went *to work* at once. 우리들은 곧 일을 시작했다
out of work 실직하여
He is *out of work* now. 그는 현재 실직 중이다
set to work 일을 시작하다
They *set to work* to build a house. 그들은 집짓기 시작했다
— 동 (3단현 **works** [-s]; 과거·과분 **worked** [-t]; 현분 **working**) 자동
❶ **일하다, 공부하다**(→ play 놀다)
We *work* eight hours a day. 우리는 하루 8시간 일한다
The new clerk *works* hard. 신임 사무원은 일을 열심히 한다
My brother *works* for a bank. 형은 은행에서 근무하고 있다
They *worked* hard at school. 그들은 학교 공부를 열심히 했다
They *worked* on till late at night. 그들은 밤 늦게까지 계속 일했다
✓ on은 「계속하여」라는 뜻의 부사
❷ (기계가) **움직이다**, 작용하다, 가동하다; (계획이) 잘 되어 가다
This machine *works* well. 이 기계는 잘 돌아간다
작문 「이것은 고장이다」는 This doesn't *work*.라고 한다. 「상태가 나쁘다」는 It doesn't *work* well.이라고 한다
The elevator is not *working*. 엘리베이터는 가동하고 있지 않습니다
The plan *worked* very well. 그 계획은 아주 잘 되어 갔다
— 타동 (기계 등을) **움직이다**, 가동시키다
I don't know how to *work* this machine. 나는 이 기계를 가동시키는 방법을 모른다
work out ... (1) 《타동》 (계획 등을) 세우다; (문제 등을) 풀다
Have you *worked out* a good plan? 좋은 계획을 세웠습니까
Try to *work* things *out*. 일을 잘 좀 처리해봐
I cannot *work* this puzzle *out*. 나는 이 퍼즐을 풀지 못하겠다
(2) 《자동》 운동하다
How many hours do you usually *work out*? 보통 몇시간씩 운동하세요

work·book [wə́:rkbùk] 명 (복수 **workbooks** [-s]) 워크북, 학습장, 수련장

work·day [wə́:rkdèi] 명 (복수 **workdays** [-z]) 작업일

worked [wə́:rkt] 동 work(움직이다)의 과거·과거분사형

*work·er [wə́:rkər] 명 (복수

workers [-z] 일하는 사람, 공부하는 사람; 노동자, 종업원
a brain *worker* 두뇌 노동자
a hotel *worker* 호텔 종업원
Mr.Lee is a very hard *worker*. 이선생은 매우 열심히 공부한다
His father is a hard *worker*. 그의 부친은 열심히 일하신다

work·ing [wə́ːrkiŋ] 동 **work**(움직이다)의 현재분사형

work·man [wə́ːrkmən] 명 (복수 **workmen** [-mən]) 노동자, 공원, 일꾼

works [wə́ːrks] 동 **work**(움직이다)의 3인칭 단수현재형
— 명 **work**(작품)의 복수형

work·shop [wə́ːrkʃɑ̀p] 명 (복수 **workshops** [-s]) 작업장

★**world** [wə́ːrld] 명 《보통 복수형은 쓰지 않음》
❶ 《the를 붙여》 세계
He traveled around *the world*. 그는 세계 일주 여행을 했다
❷ 《the를 붙여》 세상
You know nothing of *the world*. 너는 세상 일을 전혀 모른다
You must see *the world*. 너는 세상을 알아야 한다
❸ 《the를 붙여 단수 취급》 세상 사람들
All *the world* knows it. 세상 사람들은 누구나 그것을 알고 있다[그것은 주지의 사실이다]
The whole world was shocked at the news. 전세계의 사람들이 그 뉴스를 듣고 충격을 받았다
❹ 《the를 붙여》 ~계, ~의 세계
the *world* of fashion 패션계
the scientific *world* 과학의 세계
the animal *world* 동물계
all over the world 세계 도처에
The novel is read *all over the world*. 그 소설은 전세계에서 읽혀지고 있다
in the world 세계에서; 《의문의 뜻을 강조하여》 도대체
Big Ben is the largest clock *in the world*. 빅벤은 세계에서 가장 큰 시계이다
What *in the world* is it? 《구어》 도대체 그건 무엇인가
the New World 신세계 《미대륙》
the Old World 구세계 《유럽·아시아·아프리카》
the World Bank 세계 은행
▶ the International Bank for Reconstruction and Development(국제 부흥 개발 은행)의 통칭
the World Series 《야구》 월드 시리즈 《프로 야구의 전 미국 선수권 쟁탈전》
World Cup 월드컵 축구대회
World War Ⅰ [wʌ́n] 제1차 세계 대전 (1914~1918)
▶ the First World War라고도 한다
World War Ⅱ [túː] 제2차 세계 대전 (1939~45)
▶ the second World War라고도 한다

world·wide [wə́ːrldwáid] 형 세계적인
a *worldwide* fame 세계적 명성

★**worm** [wə́ːrm] 명 (복수 **worms** [-z]) (구더기·지렁이 같은) 벌레
The early bird catches the *worm*. 《속담》 일찍 일어나는 새가 벌레를 잡는다
발음 warm [wɔ́ːrm](따뜻한)과 발음 구별

worn [wɔ́ːrn] 동 **wear**(입고 있다)의 과거분사형

wor·ried [wə́ːrid] 동 **worry**(걱정하다)의 과거·과거분사형

wor·ries [wə́ːriz] 동 **worry** (걱정하다)의 3인칭 단수 현재형

★**wor·ry** [wə́ːri] 동 (3단현 **worries** [-z]; 과거·과분 **worried** [-d]; 현분 **worrying**) 자동 타동 괴로워하다, 괴롭히다; 걱정하다, 근심시키다

worrying - worthy

He often *worries* his teacher with silly questions. 그는 자주 실없는 질문을 하여 선생님을 괴롭힌다
Don't *worry* about such a thing. 그런 일은 걱정하지 마라
If you are late, they will *worry*. 네가 늦으면 그들은 걱정할 것이다
worry oneself 괴로워하다, 속태우다
Don't *worry yourself* about that. 그런 일에 속태우지 마라

wor·ry·ing [wə́:riiŋ] 통 worry (걱정하다)의 현재분사형

***worse** [wə́:rs] 형 《bad, ill의 비교급》 ❶ 보다 나쁜(↔ better 보다 좋은)
Drinking is bad, but eating too much is *worse*. 음주는 나쁘지만 과식은 더 나쁘다
❷ (건강이) 더 나쁜(↔ better 더 좋은)
He is a bit *worse* today. 그는 오늘 상태가 조금 더 나빠졌다
📝 이 뜻의 worse는 동사 뒤에 놓인다. 또한 일반적으로 이 말은 better 만큼은 쓰이지 않는다
— 부 《badly, ill의 비교급》 **보다 나쁘게**, 더 한층 심하게
She played the piano *worse* than before. 그녀는 전보다 더 서툴게 피아노를 쳤다

wor·ship [wə́:rʃip] 명 《a를 붙이지 않고 복수 없음》 숭배
hero *worship* 영웅 숭배
— 통 (3단현 **worships** [-s]; 과거·과분 **worshipped** [-t]; 현분 **worshiping**) 자동 타동 숭배하다
In old times people *worshipped* the sun as a god. 옛날 사람들은 태양을 신으로 숭배했다

***worst** [wə́:rst] 형 《bad, ill의 최상급》 가장 나쁜(↔ best 가장 좋은)
This morning we had the *worst* frost in ten years. 오늘 아침에는 최근 10년간에 가장 심한 서리가 내렸다
This is the *worst* movie that I have ever seen. 이 영화는 내가 본 영화 중 최악이다
— 부 《badly, ill의 최상급》 **가장 나쁘게**, 가장 서툴게(↔ best 가장 좋게)
— 명 **최악** 《a를 붙이지 않고, 복수 없음》
The *worst* has happened. 최악의 사태가 발생했다
at (the) worst 최악의 경우에도
worst of all 무엇보다도 곤란한 것은
Worst of all my father got ill. 무엇보다도 곤란한 일은 부친의 병이었다

worth [wə́:rθ] 형 《목적어를 취하여》 ~의 가치가 있는
This old coin is *worth* 100 dollars.⁽¹⁾ 이 옛날 주화는 100달러의 가치가 있다
A bird in the hand is *worth* two in the bush.⁽²⁾ 《속담》 잡아 놓은 한 마리의 새는 숲 속의 두 마리의 새의 가치가 있다
The book is *worth* reading.⁽³⁾ 이 책은 읽을 가치가 있다
Gypsies are *worth* reading about.⁽⁴⁾ 집시 이야기는 읽을 만한 가치가 있다

> 📘 (1)의 100 dollars, (2)의 two는 각각 worth의 목적어이며 (3), (4)는 동사의 -ing형이 목적어인데 수동태의 뜻이 된다. (4)는 reading about gypsies처럼 이어지는 것을 나타내므로 about를 남겨 둔다

be worth while ... ~할 가치가 있다 (→ while)
It *is worth while* seeing the movie. 그 영화는 볼 가치가 있다
— 명 가치, 값어치(= value)
a book *of* great *worth* 매우 가치 있는 책
We know his real *worth*. 우리들은 그의 진가를 알고 있다

worth·less [wə́:rθlis] 형 가치가 없는

wor·thy [wə́:rði] 형 (비교 **worth*i*er**; 최상 **worth*i*est**) 《명사는 worth》

would - wow

❶ 가치가 있는, 존경해야 할
a *worthy* life 보람 있는 일생
❷ 《보통 of가 붙어서》 ~의 가치가 있는, ~에 적합한, 알맞은
His deed is *worthy* of praise. 그의 행위는 칭찬할 만하다

would [wəd, (강조할 때) wúd]
조 《will의 과거형》 ❶ ~할 것이다, ~할 작정이다
I thought he *would* come. 나는 그가 올 것이라고 생각했다
He said that she *would* be late for school. 그녀는 학교에 늦을 거라고 그가 말했다
📝 이것은 다음의 표현과 뜻이 같다:
He said, "She *will* be late for school."
❷ 《will보다도 정중한 부탁》 ~하여 주시지 않겠습니까
Would you please open the window? 창문을 열어 주시지 않겠습니까
❸ 《과거의 습관을 나타냄》 ~하곤 했다, ~하기 일쑤였다
Mother *would* often tell me interesting stories. 어머니는 자주 재미있는 이야기를 나에게 해주시곤 했다

> 📘 would는 과거의 불규칙적인 습관을 나타내며 흔히 often, sometimes 따위가 따름. used to [júːstə]는 과거의 규칙적 습관에 쓰임: He used to come every Sunday. (그는 일요일마다 왔다)

❹ 《과거의 의지를 나타내며, would not의 형태로》 아무리 해도 ~하지 않았다
The window *would* not open. 창문은 아무리 해도 열리지 않았다
❺ 《가정법에서》 ~할 텐데, ~했을 것이다
If I were you, I *would* never do that. 내가 너라면 절대로 그렇게는 안 할 텐데
If I had known the news, I *would* have told you. 내가 그 뉴스를 알고 있었더라면 네게 알렸을 것이다

would like to + 「동사 원형」 ~하고 싶다
I *would like to* buy that watch. 나는 저 시계를 사고 싶다
🔵회화 보통 I'd like... 라고 말한다
Would you *like to* join us? 너도 우리에게 끼지 않겠니
would rather ~ (*than* ...) (…보다) 차라리 ~하는 편이 낫다, ~하고 싶다
📝 rather, than 뒤에는 동사의 원형이 온다
I *would rather* stay here (*than* go out). 나는 외출하느니 여기 있는 편이 낫다
I *would rather* not go. (어느 쪽인가 하면) 나는 가고 싶지 않다
📝 not의 위치에 주의
would you mind ...*ing* ? 죄송하지만 ~해 주시지 않겠습니까 《가장 정중한 부탁의 표현 방식》
Would you mind open*ing* the window? 죄송하지만 창문을 열어 주실 수 있겠습니까

would·n't [wúdnt] would not의 줄임꼴

wound¹ [wúːnd] 명 (복수 **wound**s [-z]) 상처, 부상
a knife *wound* 칼로 입은 상처
— 동 (3단현 **wound**s [-z]; 과거·과분 **wound**ed [-id]; 현분 **wound**ing) 타동 상처를 입히다, 부상시키다
He was seriously *wounded* in the head. 그는 머리에 중상을 입었다

wound² [wáund] 동 wind(감다)의 과거·과거분사형

wound·ed [wúːndid] 형 부상당한, 상처입은; 《the를 붙여》 부상자
— 타동 **wound**의 과거·과거분사형

wove [wóuv] 동 weave(짜다)의 과거·과거분사형의 하나

wo·ven [wóuvən] 동 weave(짜다)의 과거분사형의 하나

wow [wau] 감 야, 와 《경탄·기쁨·고통 등을 나타냄》

wrap - writing

wrap [rǽp] 동 (3단현 **wraps** [-s]; 과거·과분 **wrapped** [-t]; 현분 **wrapping**) 타동 싸다, 두르다, 입다, 걸치다
Shall I *wrap* it (up) in paper? 그것을 종이로 쌀까요

wreath [ríːθ] 명 (복수 **wreaths** [ríːðz]) 화환
a Christmas *wreath* 성탄절 때 벽 또는 문에 거는 화환

wreck [rék] 명 (복수 **wrecks** [-s]) 난파, 파멸; (배의) 잔해 《추락한 비행기, 충돌한 차의 잔해도 말함》
— 동 (3단현 **wrecks** [-s]; 과거·과분 **wrecked** [-t]; 현분 **wrecking**) 타동 난파시키다, 파괴하다
The ship was *wrecked*. 그 배는 난파되었다

wres·tler [réslər] 명 (복수 **wrestlers** [-z]) 레슬링 선수

wres·tling [résliŋ] 명 《a를 붙이지 않고, 복수 없음》 레슬링

wretch·ed [rétʃid] 형 (비교 **wretcheder** 또는 **more wretched**; 최상 **wretchedest** 또는 **most wretched**) 비참한, 불행한, 가엾은, 불쌍한

wrist [ríst] (◆ 발음에 주의) 명 (복수 **wrists** [-s]) 팔목 (→ hand, arm)
I caught him by the *wrist*. 나는 그의 손목을 붙잡았다

*write [ráit] 동 (3단현 **writes** [-s]; 과거 **wrote** [róut]; 과분 **written** [rítn]; 현분 **writing**) 타동 자동
❶ 쓰다
Write your name here. 여기에 네 이름을 써라
☑ 서식의 기입란 따위에서는 write는 쓰지 않고 Print your name. (이름을 활자체로 쓰시오)라고 한다
I must *write* a letter to him. 나는 그에게 편지를 써야 한다
He *wrote* a new novel. 그는 새 소설을 썼다
Mary *wrote* it on the blackboard. 메리는 그것을 칠판에 썼다
Write with a ball-point pen. 볼펜으로 쓰시오
Write in ink. 잉크로 쓰시오
The book is *written* in English. 그 책은 영어로 씌어 있다
❷ 편지를 쓰다, 편지로 알리다
He *writes* home once a month. 그는 한달에 한 번 고향에 편지를 쓴다
Dick *wrote* his son to study hard. 딕은 아들에게 열심히 공부하라고 편지를 썼다
I *wrote* (to) him yesterday. 나는 어제 그에게 편지를 썼다
☑ ⓜ에서는 write to him의 to를 생략할 때가 많음. to가 붙으면 자동사, to가 없으면 타동사가 된다

write back (*to*) 답장을 쓰다
Please *write back* soon. 서둘러 답장해 주세요

write down 적다 《down은 부사》
Write it *down* in your notebook. 그것을 노트에 적으시오

write out 완전히 다 쓰다; 정서하다 《out은 부사》
I have *written out* a report. 나는 보고서를 다 썼다

*writ·er [ráitər] 명 (복수 **writers** [-z]) ❶ 쓴 사람, 필자
Who is the *writer* of this letter? 이 편지를 쓴 사람은 누구입니까
❷ 작가, 저자 (=author)
a woman *writer* 여류 작가 《복수형은 women *writers*》
I want to be a *writer*. 나는 작가가 되고 싶다

*writ·ing [ráitiŋ] 동 **write**(쓰다)의 현재분사형
— 명 ❶ 쓰기 《a를 붙이지 않고, 복수 없음》
reading, *writing*, and arithmetic (초등교육의 기초인) 읽기·쓰기·산수 (=the three R's)
❷ 《복수형으로》 작품, 저작

714

the *writings* of Hemingway 헤밍웨이의 작품

His *writings* are exciting. 그의 작품은 재미있다

writ·ten [rítn] 통 **write** (쓰다)의 과거분사형

The letter was *written* in English. 그 편지는 영어로 씌어 있었다

I have *written* a letter to her father. 나는 그녀의 부친에게 편지를 지금 막 써 놓았다

— 형 **쓴**, 서면의(↔ oral 구두의)

a *written* examination 필기 시험

written language 문어(↔ spoken language 구어)

wrong [rɔ́ːŋ] 형 (비교 *more* **wrong**; 최상 *most* **wrong**)

❶ (도덕적으로) **나쁜**, **부정한**(↔ right 옳은)

It is *wrong* (of you) to beat your brother. 네가 네 아우를 때리는 것은 나쁘다

❷ **틀린**

Your answer is *wrong*. 네 답은 틀린 것이다

I took the *wrong* bus. 나는 버스를 잘못 탔다

Sorry, (you have the) *wrong* number. (전화로) 번호가 틀립니다[전화 잘못 거셨습니다]

▷ 정중하게 말할 때는 예를 들어 다음과 같이 말한다. I think you have the *wrong* number. This is 943-2611. (nine four three, two six double one으로 읽음)

Wrong address. 주소가 틀렸어요

❸ **상태가 나쁜**, 고장난, 상태가 고르지 못한

☑ 이 뜻으로는 명사 앞에 쓰이지 않는다

My stomach is *wrong*. 나는 위가 좋지 않다

What's *wrong* with you? 너 어디 아프니

▷ What's the matter with you? 와 같음

Something's terribly *wrong*. 뭔가 크게 잘못됐다

There is something *wrong* with him. 그에게 뭔가 곤란한 일이 있는가 보다

Nothing is *wrong* with the door. 문에 고장은 없다

— 부 **나쁘게**, 틀리게

Lucy answered *wrong*. 루시는 틀리게 답했다

go wrong 잘 되지 않다, 엉클어지다

Everything *went wrong*. 모든 것이 잘 되지 않았다

— 명 (도덕적으로) **악**(↔ right 선) 《a를 붙이지 않고, 복수 없음》

He never does *wrong*. 그는 결코 나쁜 짓은 하지 않는다

in the wrong 틀려서, 그릇되어

You are *in the wrong*. 네가 틀렸다

☑ 일상 생활에서는 이 문장이 너무 엄격하므로 좀더 부드럽게 표현을 한다. 예를 들면, I have a different opinion. (나는 다른 의견입니다) 또는 You may be right, but ...(그럴지도 모르겠습니다만, 그러나 ~) 따위로 말함

wrote [róut] 통 **write** (쓰다)의 과거형

He *wrote* a letter. 그는 편지를 썼다

W. Va. West Virginia (웨스트 버지니아)주의 약어

Wyo. Wyoming(와이오밍)주의 약어

Wy·o·ming [waióumiŋ] 명 와이오밍주

X X *Xx*

X, x [éks] 몡 (복수 X's, Xs, x's, xs, [-iz]) 엑스 《알파벳의 제 24자》

X·mas [krísməs, éksməs] 몡 Christmas의 줄임꼴
📝 X-mas라고는 흔히 쓰는데 보통 X'mas라고는 쓰지 않음. X는 「그리스도」를 나타내는 그리스어의 머리글자이며, Ch에 해당한다

X ray [éksrèi] 몡(복수 X rays [-z]) 《복수형으로》 엑스선, 엑스선 사진, 뢴트겐선
📝 본래 그 성질을 잘 몰랐기 때문에 X-ray로 불렀다

xy·lo·phone [záiləfòun] (♦x의 발음에 주의) 몡 (복수 xylophones [-z]) 《음악》 목금, 실로폰

Y y *Yy*

Y, y [wái] 몡 (복수 Y's, Ys, y's ys [-z]) 와이 《알파벳의 제 25자》 〈♦동음어 why(왜)〉

yacht [ját, jɔ́t] (♦철자와 발음의 차이에 주의) 몡 (복수 yachts [-s]) 요트
📝 우리말의 「요트」는 sailboat를 말함. 영어의 yacht는 일반적으로 대형 호화선을 의미하며 sail a yacht라고 하면 부자들의 레저[향락]를 연상시킨다. 그러나 경주에 쓰이는 sailboat를 yacht라고도 부른다

yacht

***Yan·kee** [jǽŋki] 몡 (복수 Yankees [-z])
❶ 미국 사람
❷ 뉴잉글랜드(북동부의 여섯 주; 메인, 뉴햄프셔, 버몬트, 메사추세츠, 로드아일랜드, 코네티컷)의 사람; 북부사람, 북군 《남북전쟁 당시 남부사람들이 적의와 경멸의 뜻으로 썼던 말》
📝 미국에서는 주로 뉴잉글랜드 사람, 영국·유럽대륙에서는 미국을 뜻함

***yard**¹ [já:rd] 몡 (복수 yards [-z]) 뜰 《담이나 건물 옆의 공터를 말한다》
a front yard 앞뜰
a back yard 뒤뜰
Jane is playing in the yard. 제인은 뜰에서 놀고 있다
풍습 (1) 미국에서는 대체적으로 집을 에워싸는 잔디밭을 가리키며 여기에 꽃과 나무가 있어도 yard라고 한다. (2) 영국에서는 아무것도 심지 않은 빈 터가 yard이며, 콘크리트 따위로 포장되어 있는 경우가 많다. 무엇인가 심어져 있으면 garden이라고 한다

yard² - year

yard² [já:rd] 명 (복수 **yards** [-z])
야드 《길이의 단위로 91.44cm임. 우리 나라에서는 천을 잴 때에 쓰인다》

yards [já:rdz] 명 **yard**¹·² (뜰; 야드)의 복수형

yarn [jaərn] 명 (복수 **yarns** [-z])
실, 털실
Woolen *yarn* 모사

yawn [jɔ́:n] 명 (복수 **yawns** [-z])
하품
— 동 (3단현 **yawns** [-z] ; 과거·과분 **yawn**ed [-d] ; 현분 **yawn**ing) 자동
하품을 하다

yeah [jɛə] 부 《구어》 =yes

★**year** [jíər] 명 (복수 **years** [-z])
❶ 해, 연
the new *year* 새해, 신년
A happy new *year*! 새해에 만복을 누리십시오
📝 이 축하를 받으면 The same to you! (당신도)라고 한다
There are twelve months in a *year*.
1년에는 12개월이 있다
He goes home once a *year*. 그는 일년에 한 번 고향에 간다
How many *years* have you been in Seoul? 서울에 오신지 몇년이 됩니까
Not many *years* ago, they began to complain about air pollution. 불과 몇 해전에 그들은 대기 오염에 대해 불평하기 시작했다

> 📘 형용사를 붙여 부사구로도 쓴다: I am going to Europe next year. (나는 내년에 유럽에 갈 작정입니다) He went to America last year. (그는 작년에 미국으로 갔다) 이밖에 this year (올해), next year (내년), every year (매년), last year (작년) 따위로 말함. 재작년 [내후년]은 the year before last[the year after next]로 쓸 수 있으나 흔히 two years ago[in two years]로 쓴다

❷ 《수사를 붙여》 나이(=age)
"How old is he?"—"He is thirteen *years* old." 「그는 몇 살이냐」—「13세이다」
She looks young for her *years*. 그녀는 나이에 비해 젊어 보인다
▶ years 대신 age를 써도 됨
He is a ten-*year*-old boy. 그는 10세의 소년이다

> 📘 He is boy of ten. 또는 He is a boy of ten years of age. (약간 문어적)라고도 함. 단, He is a boy of ten years.는 피함. 또한 He is a ten-year-old boy.라는 경우 year는 단수형을 쓰는 점에 주의

❸ 학년
The new school *year* begins in September. 신학년은 9월에 시작된다
풍습 유럽·미국에서는 신학년이 9월 중순에 시작된다

all (the) year round 연중, 1년 내내
Hawaii is very warm *all (the) year round*. 하와이는 1년 내내 매우 따뜻하다

every other year 2년마다, 1년 걸러 (=every two years)
He goes there *every other year*. 그는 2년마다 거기에 간다

for years 수년간이나
He has lived here *for years*. 그는 수년간이나 여기에 살고 있다

year after year = ***year by year*** = ***from year to year*** 매년, 해마다 《부사구》
The tree grows taller *year after year*. 그 나무는 해마다 키가 자란다
Land prices go up *year by year*. 땅값은 해마다 올라 간다

Néw Yèar's Dáy 설날, 원단, 정월 초하룻날
풍습 미에서는 New Year's 라고도 함. 또 New Year는 신년의 처음 며칠을 뜻한다

Néw Yèar's Éve 섣달 그믐날 밤, 12

yearbook - yesterday

월 31일 밤

year·book [jíərbùk] 몡 (복수 **yearbooks** [-s]) 연감, 연보; 回 졸업기념앨범

year·ly [jíərli] 혱 연 1회의
— 閉 매년, 1년에 한 번
a *yearly* income 연간 수입

years [jíərz] 몡 **year**(해; 나이)의 복수형

yell [jél] 동 (3단현 **yells** [-z]; 과거·과분 **yelled** [-d]; 현분 **yelling**) 타동
외쳐 말하다
yell out an oath 큰 소리로 욕하다
— 자동 (고통·분노·공포·기쁨 따위로) **큰 소리로 외치다**, 소리치다
She *yelled* with delight. 그녀는 기쁜 나머지 소리질렀다

yell at ... ~에게 호통치다
Mother *yelled at* me for getting up late. 늦게 일어난다고 어머니가 내게 호통치셨다
yell for help 외쳐서 도움을 청하다
— 몡 (복수 **yells** [-z]) 고함 소리, 외침

★**yel·low** [jélou] 혱 (비교 **yellow·er**; 최상 **yellow·est**) 노란, 황색의
He had a *yellow* tie on. 그는 노란 넥타이를 매고 있었다
A lemon is *yellow*. 레몬은 노랗다
The leaves of the trees turn *yellow* or red in the fall. 가을에는 나뭇잎이 노랑이나 빨강으로 바뀐다

☑ yellow 는 황색인종을 뜻하기도 한다

— 몡 **황색**; 노란 그림 물감 《보통 a를 붙이지 않고, 복수 없음》
Yellow is a color easy to see. 황색은 눈에 띄기 쉬운 빛깔이다

yel·low·er [jélouər] 혱 yellow (노란)의 비교급

yel·low·est [jélouist] 혱 yellow (노란)의 최상급

★**yes** [jés] 閉 ❶《질문에 답할 때》예(↔ no 아니오)
"Is it true?"—"*Yes*, it is." 「그것이 정말입니까」—「예, 그렇습니다」
"Isn't it true?"—"*Yes*, it is." 「그것이 사실이 아닙니까」—「아니오, 사실입니다」
"It's a nice day, isn't it?"—"*Yes*, it is." 「좋은 날씨지요」—「참, 그렇습니다」

☑ 질문이 긍정이거나 부정이건 간에 상관없이 답이 긍정일 때는 yes 를 쓰고, 부정일 때는 no 를 쓴다. 우리말로 나타낼 때, 「예」「아니오」의 주의: "Don't you like coffee?"—"No, I don't." 「커피를 좋아하지 않습니까」—「예, 좋아하지 않습니다」 또 이 질문에 "Yes, I do." 라고 답하면 「아니오, 좋아합니다」로 됨

❷《상대방에게 동의하여》**그렇다**, 그대로이다
"He went away."—"*Yes*, he did." 「그는 가 버렸다」—「그래, 그렇다」

❸《호칭이나 부탁에 답해》예
"Bring me a glass of water."—"*Yes*, sir." 「물 한 컵 가져다 주시오」—「네, 알겠습니다」

☑ Sir는 님이라는 뜻으로 손윗사람이나 잘 모르는 남성에 대한 경칭으로 쓴다

★**yes·ter·day** [jéstərdi, -dei]
몡 어제(→ tomorrow 내일; today 오늘) 《형용사적으로도 씀》《a를 붙이지 않고, 복수 없음》
yesterday morning 어제 아침
yesterday afternoon 어제 오후
yesterday evening 어제 저녁(=回 last evening)

▷「어젯밤」은 last night 임
Yesterday was Sunday. 어제는 일요일이었다

☑ 이 문장은 It was Sunday yesterday. 로 해도 뜻은 같지만, 이 경우 yesterday 는 부사로 쓰임

Where did you put *yesterday* newspaper? 어제 신문을 어디에 놓았니
Where did you go the day before *yesterday*? 그저께 너는 어디 갔었니
— 부 어제
I saw him *yesterday*. 나는 어제 그를 만났다
The weather was nice *yesterday*. 어제는 날씨가 맑았습니다

★**yet** [jét] 부 ❶《부정문 속에서》**아직** (~ 아닌)
He has *not* come *yet*. 그는 아직 안 왔다
☑ 어순은 He has *not yet* come. 이라고도 함
"Have you finished your homework?" —"No, *not yet*."「숙제는 끝냈습니까」— 「아니오, 아직 끝내지 않았습니다」
☑ "No, not yet." 은 "No, I haven't finished it yet." 의 줄임꼴
Don't sit down *yet*. 아직 앉지 마시오
❷《의문문 속에서》**벌써**, 이미
Has he come *yet*? 그는 이미 왔습니까[그는 아직 안 왔습니까]

▣ 긍정문에는 already 를 쓴다: He has come already. (그는 벌써 왔습니다). 의문문에 already 를 쓰면 놀람을 나타냄: Has he come already ? (뭐, 그가 벌써 왔어-「아직 못 오리라고 생각했는데」의 느낌이 포함됨)

❸《긍정문 속에서》**아직**, 여전히
There is enough time *yet*. 아직 충분한 시간이 있다
They are skiing *yet*. 그들은 아직도 스키를 타고 있다
☑ 이 yet 는 still과 같은 뜻이지만 still의 사용이 일반적이고 yet을 쓰면 감정적인 뜻이 포함됨
❹《and 나 but 에 이어서》**그래도**, 그럼에도
It is raining, *and yet* very warm. 비가 내리고 있지만, 그래도 매우 따뜻하다
They were poor, *but yet* happy. 그들은 가난했지만 그럼에도 행복했다
— 접 그러나(=but)《문장 중에는 쓰이지 않고 문두에서만 쓰임》

yield [jí:ld] 동 (3단현 **yields** [-z] ; 과거·과분 **yield**ed [-id] ; 현분 **yield**ing) 타동 산출하다, 낳다
The tree *yields* fruit. 그 나무는 과일이 열린다[과일을 산출한다]
— 자동 농작물이 생기다;《to가 따라》복종하다, 굴복하다
Don't *yield* to such a threat. 그런 협박에 굴복하지 마라

yip·pee [jípi] 감 야, 만세

Y.M.C.A. [wáièmsì:éi] Young Men's Christian Association (기독교 청년회)의 약어 → Y.W.C.A.

yo·gurt [jóugərt] 명《a를 붙이지 않고, 복수 없음》요구르트

yoke [jouk] 명 (복수 **yokes** [-s]) (소·말 두 마리의 목에 연결하는) 멍에; (멍에를 씌운 소 등의) 한 쌍《이 때는 단수·복수 같음》
two *yoke* of oxen (멍에가 씌워진) 2쌍의 소 (즉 4마리)

yoke

★**you** [ju] 대《단수·복수 모두 you》
❶《주격으로서》**너는, 네가; 너희들은, 너희들이**
"Are *you* a teacher?"—"Yes, I am."「당신은 선생님입니까」—「예, 그렇습니다」
You are older than I. 너는 나보다 연상이다

you'd - yours

You must go there at seven. 너희들은 7시에 거기 가야 한다

❷ 《목적격으로서》 **너를, 너에게, 너희들을, 너희들에게**
I often see *you* on Chong-no. 나는 가끔 종로에서 너를[너희들을] 본다
I'll give *you* this book. 이 책을 너에게 주겠다

❸ (일반적으로) **사람은, 누구나**
You must be kind to others. 누구나 남에게 친절해야 한다

you know (아주 가벼운 뜻으로) 알다시피 《문장의 끝에 둔다》
He is a perfect gentleman, *you know*. 알다시피 그는 완벽한 신사란 말이에요
풍습 미국인들은 대화중에 자주 습관적으로 you know를 말하는 데 이것은 특별한 의미가 없다

you see 자아, 알았지요, 그렇지요
You see, it doesn't always turn out the way you planned. 자아, 항상 계획한 대로 되는 것은 아니란다

***you'd** [jud] you would, you had 의 줄임꼴
You'd [You had] better go now. 너는 이제 가는 편이 좋겠다

****you'll** [jul] you will 의 줄임꼴
You'll [You will] be late for class. 너는 수업에 늦겠다

***young** [jʌŋ] 혱 (비교 **young**er [-gər]; 최상 **young**est [-gist]) 《명사는 youth》
발음 비교급·최상급에는 [g]음이 들어가는 점에 주의

❶ **젊은, 연하의**(↔ old 늙은), **어린**
a *young* man 젊은이, 청년
Helen is *young*. 헬렌은 젊다
She is *younger* than I by three years. 그녀는 나보다 세살 아래입니다
작문 다음의 문장에서도 같은 뜻임:
She is three years *younger* than I.
She is the *youngest* of the three. 그녀는 3명 가운데 가장 어리다
We used to play here when we were *young*. 우리들은 어렸을 때에 여기서 늘 놀았다
That boy is my *younger* brother. 저 소년은 내 동생이다
He is *young* Brown. 그는 아들인 브라운이다

📝 이 young은 같은 이름, 같은 성의 부자, 형제 따위의 나이가 어린 쪽을 뜻한다. the younger Brown 이라고도 한다

❷ **한창 때인, 기운 찬**
She always looks *young*. 그녀는 언제나 한창 때처럼 보인다
Bill is not as *young* as he was. 빌은 전처럼 기운차지 않다

the young 청년들, 젊은이들(＝young people)
They mostly sell clothes for *the young*. 저 가게에서는 주로 젊은이를 위한 옷을 판다

young and old 젊은이와 노인
The book is read by *young and old*. 그 책은 젊은이와 노인 모두가 읽고 있다

young·er [jʌ́ŋgər] 혱 young (젊은)의 비교급

young·est [jʌ́ŋgist] 혱 young(젊은)의 최상급

***your** [jər, (강조할때) júər] 때 《you 의 소유격》《단수·복수 모두 your》 **너의, 너희들의**
Is this *your* bag? 이것은 너의 가방이냐
These are *your* caps. 이것들은 너희들의 모자이다

***you're** [juər] you are 의 줄임꼴
"Thank you."—"*You're* welcome." 「고맙습니다」—「천만에요」

***yours** [júərz] 때 《you 의 소유대명사》《단수·복수 모두 yours》

❶ **너의 것, 너희들의 것**
My car is red, and *yours* is blue. 내 차는 빨간 색이고 네 것은 푸른 색이다 《yours는 your car》

yourself - Y.W.C.A.

Are these *yours*? 이것들은 당신들의 것입니까

❷ 《편지의 끝맺음말 인사에 쓰임》
Yours sincerely[Sincerely *yours*] 경구
Yours truly 경구

📝 Yours sincerely는 대개 본문에서 한 줄 띄워 편지지의 오른쪽에 쓴다. 이 말 다음에 쉼표를 찍고 다음 줄의 바로 아래에 이름을 쓴다

★**your·self** [juərsélf] 때 (복수 **yourselves** [juərsélvz])
❶ 《뜻을 강조하기 위해》 너 자신이
You must tell her *yourself*. 너 자신이 그녀에게 말해야 한다
You *yourself* did it.(=You did it *yourself*.) 너 자신이 그것을 했다
❷ 《동사의 목적어가 되어》 너 자신을
Sit down and warm *yourself*. 앉아서 몸을 녹이시오
Did you enjoy *yourself* yesterday? 어제는 즐거웠습니까

📙 목적어로서의 yourself는「당신의 몸」또는「당신의 기분」의 뜻. warm yourself는「당신의 몸」, enjoy yourself는「당신의 기분」의 뜻이 된다

📝 oneself 참조
by yourself 혼자서(=alone)
Do you live *by yourself*? 당신은 혼자서 살고 있습니까
for yourself 혼자 힘으로, 독력으로
Do it *for yourself*. 혼자 힘으로 그것을 하라
help yourself to ... ~를 마음대로 집어 먹다
Help yourself to the cookies. 자유로이 과자를 드시오 《상대방에게 먹을 것을 권하는 말》
Help yourself. 마음껏 드세요 《먹어도 되느냐는 질문에 대한 답으로 쓸 경우에는 스스로 알아서 먹으라는 의미일 수 있음》

★**your·selves** [juərsélvz] 때
《yourself 의 복수형》

📙 f를 v로 바꾸어 es를 붙이는 복수형에 주의

❶ 《뜻을 강조하기 위해》 너희들 자신이
Do it *yourselves*. 너희들 자신이 그것을 하라
❷ 《동사의 목적어로 써서》 너희들 자신을
Gentlemen, you don't have to trouble *yourselves*. 여러분, 걱정하지 마십시오
📝 이 yourselves는「당신들의 기분」의 뜻 → oneself 참조

youth [júːθ] 몡 (복수 **youths** [-s])《형용사는 young》
❶ 젊음, 청년 시절
I lived in Paris in my *youth*. 나는 젊은 시절 파리에서 살았다
❷ 청년, 젊은이
a *youth* of twenty 20세의 청년
❸ 《복수취급》 젊은이들(=young people)

youth hos·tel [-hàstl, 몡 hɔ́stl] 몡 (복수 **youth hostels** [-z]) 유스 호스텔 《젊은 여행자 등이 싼 값으로 머물 수 있는 숙박소로 공동화장실·욕실·부엌 등을 사용한다 → hoste》

★★**you've** [juv] you have 의 줄임꼴
You've spent too much money. 너는 너무 많은 돈을 써 버렸다
You've done it! 끝내줬구나!

yo-yo [jóujòu] 몡 (복수 **yo-yos** [-z]) 요요 《장난감의 일종》

Yu·go·sla·vi·a [jùːgouslɑ́ːviə] 몡 유고슬라비아 《유럽 남동부의 공화국; 수도는 베오그라드》

Y.W.C.A. [wáidʌ̀bljuːsìːéi] Young Women's Christian Association (기독교 여자 청년회)의 줄임꼴 → Y.M.C.A.

Z - zoom

Z z 𝒵 𝓏

Z, z [zí:] 몡 (복수 **Z's, Zs, z's, zs** [-z]) 지이, 제트 《알파벳의 제 26자》

ze·bra [zí:brə]
몡 (복수 **zebras** [-z]) 《동물》 얼룩말
a zébra cròssing (흑백의 얼룩무늬가 있는) 횡단 보도

zebra

★**ze·ro** [zí:rou]
몡 (복수 **zeros** 또는 **zeroes** [-z]) 제로, 영, 영점
five degrees below *zero* 영하 5도
— 혱 제로의, 영(점)의
the *zero* point 0점, 0도

Zeus [zu:s] 몡 《그리스신화》 제우스 《올림푸스 산의 최고신이며, 천지의 대신(大神); 로마 신화의 주피터 (Jupiter)에 해당한다》

zig·zag [zígzæg] 몡 (복수 **zigzags** [-z]) 지그재그, 번개모양
— 혱 지그재그의
— 동 (3단현 **zigzags** [-z]; 과거·과분 **zigzagged** [-d]; 현분 **zigzagging**) 타동 지그재그로 하다
— 자동 지그재그로 나아가다

zip¹ [zip] 몡 핑, 찍 《총알이 날아가는 소리 또는 천을 찢는 소리》
— 동 (3단현 **zips** [-s]; 과거·과분 **zipped** [-t]; 현분 **zipping**) 타동 ~에 속력[힘]을 가하다
— 자동 핑하고 소리를 내며 나아가다[움직이다]

zip² [zip] 몡 혱 지퍼
— 동 (3단현 **zips** [-s]; 과거·과분 **zipped** [-t]; 현분 **zipping**) 타동 지퍼로 잠그다[열다]
— 자동 지퍼를 닫다[열다]

zip code [zíp kòud] 몡 (복수 **zip codes** [-z]) 미 우편 번호
✏ 다섯 자리 숫자로 나타내며, 수신인의 주소 뒤에 쓴다. 처음 세 자리는 주·도시, 다음의 두 자리는 우편 구역을 표시한다. ZIP code, Zip code 라고도 쓴다

zip·per [zípər] 몡 (복수 **zippers** [-z]) 지퍼

zo·di·ac [zóudiæk] 몡 (복수 **zodiacs** [-s]) 《the를 써서》 황도대 《태양, 달, 행성이 운행하는 띠 모양의 구역》; 12궁 《황도의 둘레를 12등분하여 그 구분 안에 있는 별자리들》
→ horoscope

zone [zóun] 몡 (복수 **zones** [-z]) 지대
No parking *zone* 주차 금지구역
a sáfety zòne 안전 지대(=a safety island)

★**zoo** [zú:] 몡 (복수 **zoos** [-z]) 동물원 《zoological garden 의 줄임꼴》
I know the way to the *zoo*. 나는 동물원으로 가는 길을 안다
I saw lions, elephants, and so on in the *zoo*. 나는 동물원에서 사자, 코끼리 따위를 보았다
the Zóo 런던 동물원

zoom [zu:m] 몡 (복수 **zooms** [-z]) (비행기의) 급상승(의 소리); 줌 《영상의 급격한 확대·축소》
— 동 (3단현 **zooms** [-z]; 과거·과분 **zoomed** [-d]; **zooming**) 자동

zoo

붕하고 강한 소리를 내다; 줌렌즈로 피사체를 확대[축소] 하다

ZZZ, zzz [z:] 갑 드르릉 드르릉 《코 고는 소리》; 윙윙 《벌이 나는 소리》

부 록

Ⅰ. 한영사전편/726
Ⅱ. 분야별 용어편/806
Ⅲ. 생활영어 표현편/813
Ⅳ. 생활영어 응용편/831
Ⅴ. 불규칙동사활용표/837

I. 한영사전편

가게 a shop (영), a store (미)
¶ **가게** 주인 a *shop*keeper, a *store*keeper / 반찬**가게** a grocery *store* / 길가에 구멍**가게**를 벌이다 keep a small *shop* by the roadside

가격 價格 **price,** cost
¶ **가격**표 a *price* tag

가결 可決 passage ~**하다 pass** 《a bill》, adopt

가계부 家計簿 a housekeeping book
¶ **가계부**를 적다 keep a *housekeeping book*

가공 加工 processing ~**하다 process**
¶ 야채를 **가공**하다 *process* vegetables

가구 家具 **furniture**
¶ **가구**점 a *furniture* store

가깝다 near, be near by, be close by, be close at hand
¶ 강에 **가깝다** It is *near* the river. / **가까운** 장래에 in the *near* future / **가까운** 친척 a *near* relative / 나이가 60에 **가깝다** He is *nearly* sixty.

가꾸다 grow, cultivate
¶ 야채를 **가꾸다** *grow* vegetables

가끔 (**every**) **now and then,** occasionally, once in a while, from time to time
¶ **가끔** 들르다 drop in *from time to time*

가난 poverty ~**하다 poor,** be in poverty[need, want], be badly off
¶ **가난한** 사람들 *poor* people, the *poor* / **가난한** 집에 태어나다 be born *poor*, be born to *poverty* / 그들은 **가난하지만** 정직하다 They are *poor* but honest.

가늘다 thin, slender
¶ **가는** 실 a *fine* thread / 그녀는 허리가 **가늘다** She has a *slim* waist. / 그는 팔이 **가늘다** He has a *slender* arms.

가능 可能 possibility ~**하다 possible**
¶ **가능한** 범위에서 as much[far] as *possible*

가능성 可能性 possibility
¶ **가능성**이 있다 be *possible* / 가능성이 없다 be *impossible*

가다 go, pass(세월이)
¶ 학교 **가는** 길에 on 《his》 *way* to school / 저리 **가** *Get*[*Go*] *away*! / 어디 **갔다** 왔니—극장에 **갔다** 왔어 Where *have* you *been*? I *have been to* the theater. / **가자** *Let's go.* / 기차 타고 **가다** *go by* train / 한 시간에 3마일 **가다** *go* three miles in an hour / 시간이 감에 따라 as time *passes by*

가두다 shut in[**up**], lock in[up]
¶ 방에 **가두다** *confine* 《him》 *to* a room, *shut*[*lock*] 《him》 *up* in a room

가득 full
¶ **가득** 차다 be *full* to the brim / 잔에 술을 **가득** 부어라 Fill the glass (*up*) *to the brim* with wine.

가득하다 full, be filled to the brim
¶ 그녀의 눈에는 눈물이 **가득했다** Her eyes *were filled with* tears. / 그 방은 사람들로 **가득했다** The room *was crowded with* people.

가라앉다 [침몰] **sink,** go down; [마음이] **calm down,** get calm; [조용해지다] become quiet, quiet down

¶ 그 배는 물속에 **가라앉았다** The ship *sank* under water. / 마음을 가라앉히시오 *Calm* yourself. / 바람이 가라앉는다 The wind *goes down*.

가랑비 a drizzle

가량 假量 [쯤] **about**, some
¶ 10마일 가량 *about*[*some*] ten miles, ten miles *or so*

가렵다 itchy, itching, feel itchy
¶ 등이 **가렵다** My back *itches*. I feel *itchy* in my back.

가로 **width**; [부사] **across**
¶ **가로** 2피트 two feet in *width*, two feet *wide*

가로지르다 **cross**, go across, cut across
¶ 길을 **가로질러** 가다 *go across* the street

가로채다 seize, snatch
¶ 핸드백을 **가로채다** *snatch* a handbag from 《her》 hand

가루 **powder**, flour (곡식의)
¶ **가루약** medicinal *powder* / **가루우유** *powdered* milk

가르다 **divide**(*into*); share 《a thing》 with 《him》 (분배); separate (분리)

가르치다 **teach**, give lessons 《in》
¶ 영어를 **가르치다** *teach* English, *give lessons* in English / 그것을 만드는 방법을 **가르쳐주시오** *Show* me how to make it.

가리다 1. [선택] **choose**, pick out, single out, select
¶ 모래에서 금을 **가려내다** *separate* gold from sand / 선악을 **가리다** *tell* good *from* evil
2. [안 보이게] **hide**, conceal, cover
¶ 손수건으로 얼굴을 **가리다** *cover* 《his》 face with a handkerchief / 두손으로 얼굴을 **가리다** *cover*[*hide*] 《his》 face with[in] 《his》 hands

가리키다 **point to**, point at, indicate
¶ 손가락으로 사람을 **가리키다** *point at* 《a man》 with 《his》 finger / 자침은 북쪽을 **가리킨다** The magnetic needle *points to* the north.

가마니 a straw bag

가망 可望 **hope**, promise, probability
¶ **가망**이 있다 be *promising*, be *hopeful* / **가망**이 없다 be *hopeless*

가면 假面 a **mask**
¶ 자선이란 **가면** 아래 *under the mask of* charity

가물 dry weather, a drought

가물다 **dry**

가볍다 **light**, slight(경미하다), careless(경망하다)
¶ **가벼운** 짐 a *light* load / **가벼운** 병 a *slight* illness / **가볍게** 여기다 make *light* of 《a thing》

가쁘다 [숨이] **be out of breath**

가설하다 **build**, construct
¶ 강에 다리를 **가설하다** *build* a bridge over a river

가수 歌手 a **singer**

가슴 **breast**, chest; [마음] heart, mind
¶ **가슴**이 아프다 have a pain in the *chest* / **가슴**이 터지도록 울다 cry 《his》 *heart* out

가시 a **thorn** (나무의); a fish bone (생선의)
¶ **가시**없는 장미는 없다 There is no rose without a *thorn*.

가열하다 加熱— **heat**, apply heat to

가엾다 **poor**, pitiable, pitiful
¶ **가엾은** 고아 a *poor* orphan / **가엾어라** *Poor* child! What a pity!

가운데 the **middle**, the center, the heart

가운뎃손가락 the **middle finger**

가위 **scissors**
¶ **가위**로 베다 cut 《a thing》 with *scissors*

가을 **autumn** (영), **fall** (미)

가입하다 加入— **join**, become a member of
¶ 조합에 **가입하다** *join* in association

가장 **most**
¶ **가장** 중요하다 be *most* important

가정 家庭 **home**, a family (가족), a

household (살림)

¶ 가정을 이루다 make a *home*, start a *home* / 가정 생활 a *home* life, a *family* life / 가정 방문 a *home* visit / 가정 부인 a housewife / 가정 교사 a private teacher, a tutor

가져가다 **take** 《with》, take along, take[carry] away

¶ 누가 내 칼을 가져가 버렸다 Somebody *has taken away* my knife.

가져오다 **bring,** bring 《a thing》 with

¶ 물을 한 잔 가져오너라 Get[*Bring*] me a glass of water.

가족 家族 a **family**

¶ 가족 계획 *family* planning

가죽 **skin, leather** (무두질한), hide (마소의), a fur (모피)

¶ 호랑이 가죽 a tiger's *skin* / 가죽 장갑 *leather* gloves

가지 a **branch** ; [큰 가지] a bough, a limb ; [잔가지] a twig, a sprig

¶ 가지를 꺾다 break off a *branch*

가지다 [소유] **have,** possess, own ; [손에] have, hold 《in his hand》

¶ 외서를 많이 가지고 있다 *have* many foreign books / 나는 돈을 좀 가지고 있다 I *have* some money with me. / 이 꾸러미를 가지고 계십시오 *Hold* this bundle for me, please.

가지런하다 be arranged neatly ; be in order,

가치 價値 **value,** worth

¶ 가치 있는 *valuable, worthy* / 가치 없는 *worthless, of no value*

가혹하다 苛酷— **cruel,** severe, harsh

각 角 **angle**

각각 各各 **each, every,** all, separately

각광 脚光 **footlights,** highlight

¶ 각광을 받다 be *highlighted*

각국 各國 **every country,** each nation

¶ 세계 각국 *all countries* of the world

각오하다 覺悟— prepare 《himself》 for, make up 《his》 mind 《to do》

¶ 그는 죽음을 각오하고 있다 He *is prepared for* death.

각자 各自 **each one, everyone ;** [부사] each

간격 間隔 a **space,** an interval, a gap

간과하다 看過— **overlook,** pass over

간단하다 簡單— **simple,** easy (용이)

¶ 간단한 문제 a *simple* question

간섭하다 干涉— interfere, put 《his》 nose into

간소하다 簡素— **simple,** plain

간수하다 **keep,** preserve

간신히 艱辛— **barely,** narrowly, with difficulty

¶ 시험에 간신히 합격하다 pass the test *with difficulty*

간절하다 懇切— earnest, eager

¶ 간절한 부탁 an *earnest* request

간접 間接 ¶ 간접적인 *indirect* / 간접적으로 *indirectly*

간주하다 看做— **regard** 《as》, look upon 《as》

¶ 농담으로 간주하다 *treat* it *as* a joke, *look upon* it *as* a joke

간직하다 **keep ;** hold in mind(마음에)

간첩 間諜 a **spy,** a secret agent

간판 看板 a signboard, a sign

간호사 看護師 a **nurse**

간호하다 看護— **nurse,** tend, care for, attend

¶ 환자를 간호하다 *look after* a sick man

간혹 間或 **sometimes,** now and then, from time to time

¶ 그는 간혹 우리 집에 온다 He comes to see us *once in a while*.

갇히다 be shut up[in], be confined, be imprisoned (감옥에)

¶ 눈 때문에 집안에 갇히다 be *kept* indoors by snow

갈기다 [때리다] **beat,** hit, strike ; [글씨를] scrawl, dash off

갈다 [바꾸다] **change,** replace ; [칼을] **sharpen** 《a knife》; [맷돌로] **grind** 《wheat into flour》; [이를] grind 《his》 teeth ; [밭을] **plow,** till

갈라지다 **be divided,** split, part

¶ 둘로 **갈라지다** *break into* two parts
갈망하다 渴望— **long for,** yearn for
갈매기 a (sea) gull
갈채 喝采 **cheers,** applause ～하다 applaud, cheer, give cheers
감각 感覺 **sense,** sensation, feeling
감기 感氣 **a cold,** an influenza (독감)
¶ **감기**에 걸리다 catch *cold*
감동하다 感動— **be moved,** be touched
¶ 크게 **감동하여** 눈물을 흘리다 *be* deeply *moved* to tears
감사 感謝 **thank,** gratitude ～하다 **thank** 《him》 《for》, be thankful 《to him for》
¶ 무어라고 **감사**의 말씀을 드려야 좋을지 모르겠습니다 I can never *thank* you enough.
감자 a **potato**
감전 感電 an electric shock ～되다 receive an electric shock
감정 感情 **feeling,** emotion
감쪽같다 be just as it was, be just as before ; [완전] prefect, complete
감추다 **hide,** conceal, cover 《덮어서》
감탄 感歎 admiration, wonder ～하다 admire, wonder 《at》
감히 敢— boldly, fearlessly, daringly
¶ **감히** …하다 *dare* 《to do》
갑갑하다 feel heavy ; stuffy (답답)
갑자기 **suddenly,** all of a sudden, all at once
¶ **갑자기** 병에 걸리다 be *suddenly* taken ill
갑작스럽다 **sudden,** abrupt, unexpected
갑절 [두배] **double,** two times, **twice**
값 [가격] **price,** cost ; [가치] value
¶ **값**이 싸다[비싸다] be cheap [expensive], be low[high] *in price*, be low-[high-]*priced* / **값**을 치르다 *pay* for 《an article》 / **값**이 오르다 [내리다] rise[fall] *in price* / **값**을 올리다 [내리다] raise[lower] the *price* / **값**이 얼마요 What is the *price*(of this article)? How much is this? What do you *charge* for this?

강당 講堂 an **auditorium** (미), an assembly hall (영), a lecture hall
강대국 強大國 a powerful country, a power
강도 強盜 a **robber**; a burglar, robbery (행위)
강력하다 強力— **strong,** powerful
강변 江邊 the **riverside**
강요하다 強要 a **demand,** force, compel
¶ …에게 …하도록 **강요하다** force 《him》 to 《do》
강우 降雨 **rainfall,** rain
¶ **강우량** the amount of *rainfall*
강의 講義 a **lecture** ～하다 lecture 《on》, give a lecture 《on》
강자 強者 a strong man, the strong
¶ **강자**와 약자 *the strong* and the weak
강철 鋼鐵 **steel**
강추위 bitter cold, dry cold weather
강하다 強— **strong,** powerful
¶ 그는 의지가 **강하다** He has *strong* will.
갖은 **all, all sorts[kinds] of,** every
¶ **갖은** 수단을 다 쓰다 try *every* means available
갖추다 **prepare,** get ready ; have
같다 [흡사] **like,** be alike ; [동일] the **same** ; [동등] **equal** ; [추측] **seem**
¶ 거지 **같다** *look like* a beggar / 꼭 **같다** be the very *same,* be just the *same* / 이 시계는 내가 잃어 버린 것과 **같다** This watch is the *same* as I lost. / 비가 올 것 **같다** It *looks like* rain.
같이 [함께] **together, with** ; [처럼] as if, as it were ; [동등하게] **equally** ; [그대로] **as,** like ; [흡사하게] **like**
¶ **같이** 살다 live *together,* live in the *same* house with 《him》 / 그는 모든 것을 다 아는 것**같이** 말한다 He talks *as if* he knew everything. / 똑**같이** 나누다 divide 《apples》 *equally* 《among themselves》
갚다 **pay back,** repay, give 《some-

thing)) in return (보답)

¶ 빚을 갚다 *pay* ((his)) debt, *pay* the money *back*

개 dog

¶ 개집 a *kennel,* a *dog's house* / 개는 충직한 동물이다 A *dog* is a faithful animal.

개교 開校 the opening of a school
~하다 open a school

개구리 a **frog**

¶ 우물안 개구리 a *frog* in a well

개다 1. [날씨가] **clear up,** become clear; [비가] hold up, stop raining 2. [접다] **fold**

개미 an **ant**

개선하다 改善— **improve,** make ((a thing)) better

개시하다 開始— **begin, open, start**
¶ 영업을 개시하다 *start* business

개천절 開天節 the Foundation Day of Korea

개최하다 開催— **hold[have]** ((a meeting))

개통하다 開通— be opened to traffic (도로가)

거기 **there,** that place

거꾸러뜨리다 **knock down;** [지우다] beat, defeat

거꾸러지다 fall head first, tumble down, die(죽다)

거꾸로 **upside down,** headlong, head over heels

¶ 우표를 거꾸로 붙이다 put a stamp *upside down*

거느리다 head, lead, command

거동 擧動 conduct, behavior, manner

거두다 [모으다] **gather,** collect; [얻다] gain, obtain, earn

¶ 좋은 성과를 거두다 *obtain* good results

거들다 **help,** give ((him)) a hand
¶ 숙제를 거들다 *help* ((him)) *with* ((his)) homework

거듭 **again,** over again, repeatedly

거래 去來 **business** ~하다 do business with ((him))

거리 a **street,** a town

거리 距離 **distance**

¶ 서울과 부산간의 거리는 얼마나 되는가? What is the *distance* between Seoul and Pusan? How far is it from Seoul to Pusan?

거미 a **spider**

거북하다 **feel ill at ease,** feel awkward, feel uncomfortable

거스름돈 **change**

¶ 거스름돈은 가지시오 You may keep the *change.*

거슬러 올라가다 go upstream, go up ((a river)); go back ((to the past))

거울 a **mirror,** a looking glass

거의 **almost,** nearly, all but

¶ 그것은 거의 완성됐다 It is *all but* complete. / 나는 그와 거의 만나지 않는다 I *hardly* see him. / 그것을 믿는 사람은 거의 없다 *Few* men believe it.

거저 **free,** for nothing

거절하다 拒絶— **refuse,** reject, turn down

거주하다 居住— **live,** reside, dwell

거지 a **beggar**

거짓말 a **lie** ~하다 lie, tell a lie

¶ 그는 너무 정직해서 거짓말을 못한다 He is too honest to tell a *lie.*

걱정 **worry,** anxiety, care, fear ~하다 **worry** ((himself)) ((about)), **be anxious** ((about)), feel anxiety, fear

¶ 장래 일에 대해서는 걱정마라 *Don't worry* yourself *about* the future.

건강 健康 **health** ~하다 **healthy,** well, sound

¶ 건강이 좋지 않다 be in poor *health,* be out of *health* / 건강에 주의하다 take good care of ((his)) *health*

건너다 **go across, cross,** go over
¶ 다리를 건너다 *cross* a bridge

건너편 the opposite side, the other side

건물 建物 a **building**

건전하다 健全— **healthy,** sound

¶ 건전한 신체에 건전한 정신 A *sound* mind in a *sound* body.

건조하다 乾燥— **dry,** become dry
건지다 take out of water, pull up, draw up; [구하다] help ((him)) out of
¶ 그들은 물에 빠진 아이를 **건져주었다** They *saved* the boy *from drowning.*
건축 建築 **building** ~하다 **build**
걷다 1. [말다] **roll up,** turn up; [치우다] **take away,** take off, remove; [돈 따위] **collect,** gather
2. [보행] **walk,** go on foot
¶ **걸어서** 학교에 가다 *go* to school *on foot, walk* to school
걷어치우다 **put away,** clear away; stop, quit
¶ 물건을 걷어치우다 *gather up and remove* things
걸다 **hang,** put up; [말을] **speak to,** talk to ((him)); [전화를] **telephone (to)** ((him)), **ring[call]** ((him)) **up** (on the telephone) ((영)), call ((him)) (on the telephone) ((미))
¶ 간판을 **걸다** *put up* a signboard / 나는 외국인에게 말을 **걸었다** I *spoke to* the foreigner.
걸레 a floorcloth, a mop
걸리다 **hang;** [어긋나다] **be against** ((a law)), be contrary to; [잡히다] **be caught;** [병에] **be taken ill, fall ill,** catch ((cold)); [시간이] **take**
¶ 벽에 풍경화가 **걸려** 있었다 A landscape *hung* on the wall. / 고기가 그 물에 **걸렸다** A fish *was caught* in a net. / 감기에 **걸렸다** He *caught* (a) cold. / 그 곳에 가려면 2시간 **걸린다** It *takes* two hours to go there.
걸음 a **step,** walking (걷기)
¶ 그는 갑자기 **걸음을** 멈추었다 He came to a sudden *stop.*
검사 檢査 **examination,** inspection, test ~하다 **examine,** inspect
겁내다 怯— **be afraid of,** fear, dread
¶ 이 개를 **겁내지** 마라 Don't *be afraid of* this dog.
것 **one,** thing, matter
¶ 이것 this *one*[*thing, matter*] / 새 것과 묵은 것 new *one* and old *one*

겉 the **surface,** the face; the outside
게 a **crab**
게다가 **besides,** moreover
¶ **게다가** 눈까지 내렸다 *What is worse,* snow came on.
게시판 揭示板 a **bulletin[notice] board**
게으르다 **lazy, idle**
게으름뱅이 an idler, a lazybones, an idle fellow
겨냥 **aim,** mark ~하다 aim ((at)), take aim ((at))
¶ 그 사냥꾼은 토끼를 **겨냥하여** 쏘았다 The hunter *aimed at* the rabbit and fired.
겨누다 **aim** ((at)), take aim ((at))
¶ 잘 **겨눈** 다음에 쏘아라 *Take* careful *aim* and fire.
겨드랑이 the armpit
겨를 **leisure,** free time, spare time
¶ 바빠서 편지 쓸 **겨를도** 없었다 I was so busy that I *had no time* to write a letter.
겨우 **barely,** narrowly, with difficulty
겨울 **winter**
¶ **겨울** 방학 a *winter* vacation
격언 格言 a **proverb,** a saying
격찬 激讚 high praise ~하다 praise highly, speak highly of, praise ((a man)) to the skies
겪다 **experience,** go through, suffer
¶ 어려움을 **겪다** *go through* difficulties
견고하다 堅固— **solid,** strong, firm
견디다 **bear,** stand, endure, put up with
견본 見本 a **sample**
견주다 **compare** ((one thing)) **with** ((another))
¶ 이것과 저것을 **견주어 보라** *Core this with* that.
견지 見地 **a point of view,** a standpoint, a viewpoint
¶ 이 **견지에서** 보면 from this *point of view,* viewed in this *light*
견해 見解 an **opinion,** a view

¶ 견해를 같이하다 hold[have] the same *view*

결과 結果 **result**
¶ 원인과 **결과** cause and *effect* / 좋은 **결과**를 얻다 get a good *result*

결국 結局 **after all,** in the end, finally, in the long run

결단 決斷 **decision,** determination ~하다 **decide,** determine, resolve

결론 結論 conclusion
¶ **결론**으로 *in conclusion* / **결론**에 도달하다 reach[come to] a *conclusion*

결석 缺席 absence ~하다 **be absent** ((from)), absent ((himself)) ((from))
¶ 왜 어제 학교를 **결석**했느냐 Why did you *stay away from* school yesterday?

결승전 決勝戰 a final game[match]

결심 決心 determination, resolution ~하다 determine, resolve, make up ((his)) mind
¶ 굳은 **결심** a firm *determination*

결점 缺點 a **fault,** a weakness, a defect, a weak point(약점)
¶ 남의 **결점**을 캐다 *find fault with* ((a man)), *pick*[*point*] *out* another's defects

결정 決定 decision ~하다 **decide**
¶ **결정**적(으로) *decisive*(*ly*)

결코 決— **never,** by no means, not ... at all, not ... in the least
¶ **결코** 만족스럽다고 할 수 없다 It is *by no means* satisfactory. / 그는 **결코** 거짓말을 하지 않는다 He *never* tells a lie.

결혼 結婚 **marriage,** wedding ~하다 **marry,** get married

겸손 謙遜 modesty ~하다 **modest**

경 頃 **about,** around (미)
¶ 2시**경** *about* two o'clock

경계 境界 a boundary, a border

경계 警戒 **guard,** lookout, watch ~하다 guard against, keep watch

경고 警告 warning ~하다 warn ((him)) against, give ((him)) a warning

경과하다 經過— [시간이] pass, go by

경기 競技 a **game,** a match, a contest ~하다 have a contest[game]

경마 競馬 horse racing, a horse race

경멸 輕蔑 contempt ~하다 **despise** hold ((him)) in contempt, look down on

경비 經費 **expenses,** cost
¶ **경비**를 줄이다 cut down *expenses*

경비 警備 guard, defense ~하다 **guard,** defend

경유하다 經由— **go through,** pass through, go by way of
¶ 아버지는 로마를 **경유**하여 영국에 가셨다 Father went to England *by way of* Rome.

경의 敬意 **respect,** regard
¶ **경의**를 표하다 pay ((his)) *respects* [*regards*] ((to)), show ((his)) *respect*

경이 驚異 **wonder**
¶ **경이**적인 *wonderful*

경쟁 競爭 **competition** ~하다 compete with ((him for)), contest
¶ **경쟁**에 참여하다 take part in a *contest*[*competition*]

경제 經濟 economy
¶ **경제**적으로 *economically*

경주 競走 **a race,** a run

경찰 警察 the **police**
¶ **경찰**관 a *policeman*, a *police officer* / **경찰**서 a *police station*

경치 景致 a **scene,** scenery(총칭적)

경험 經驗 **experience** ~하다 experience, go through
¶ 그는 선생님으로서 **경험**이 많다 He has much *experience* as a teacher.

계급 階級 [등급] **rank,** grade

계단 階段 **stairs,** a staircase, steps

계속하다 繼續— **continue,** go on
¶ **계속**해서 *continuously* / 일을 **계속**하다 *go*[*keep*] *on* with ((his)) work / 이야기를 **계속**하다 *continue* to talk, *go*[*keep*] *on* talking

계절 季節 a **season**
¶ 1년에는 4**계절**이 있다 There are four *seasons* in a year.

계획 計劃 a **plan** ～하다 plan, make [form] a plan
¶ **계획**을 실천하다 carry out the *plan*, put the *plan* into practice

고구마 a sweet potato

고국 故國 (his) native[home] country

고급 高級 high class[grade]; [계급] high rank

고기 **meat** (짐승의), **fish** (생선)
¶ 우리는 만찬에 **고기**를 먹게 될 것이다 We shall have *meat* for dinner.

고단하다 tired
¶ 몹시 **고단하다** be tired out

고대하다 苦待— wait impatiently ((for)), wait with a long neck ((for)), look forward to ((seeing you))
¶ 나는 너의 소식을 **고대하고** 있다 I *am looking forward to* hearing from you.

고독하다 孤獨— **lonely,** solitary, isolated

고되다 hard
¶ **고된** 일 a *hard* work / 살기에 **고된** 세상 a *hard* world to live in

고락 苦樂 pleasure and pain, joys and sorrows
¶ 그와 **고락**을 같이하다 share his *joys and sorrows*

고래 a whale

고려 考慮 consideration ～하다 **consider,** take ((a matter)) into account

고르다 1. [균일] **even,** equal
2. [선택] **choose,** select
¶ 여럿 가운데서 좋은 것 하나를 **고르다** *pick* a good one out of the lot

고리 a **ring,** a link, a loop

고립 孤立 isolation ～하다 be isolated, stand alone

고마워하다 be thankful[grateful] to ((him))

고맙다 ((I am)) **thankful,** grateful
¶ 대단히 **고맙습니다** *Thank* you very much.

고무 rubber
¶ **고무** 공 a *rubber* ball

고무하다 鼓舞— encourage, inspire

고문 顧問 an adviser (사람)

고발하다 告發— accuse, charge

고백 告白 confession ～하다 confess

고생 苦生 **hardships** ～하다 have a hard time, struggle with difficulties

고속 高速 high-speed
¶ **고속** 도로 an *express highway,* a *superhighway*

고양이 a **cat**

고요하다 **quiet,** still, calm
¶ **고요한** 밤 a silent night / **고요히** *quietly, peacefully*

고용하다 雇用— **employ,** hire

고작 at (the) most, at (the) best

고장 故障 a **breakdown,** a trouble ～나다 get out of order, break down, go wrong
¶ 내 시계는 **고장났다** Something *is wrong with* my watch.

고치다 [병을] **cure,** heal, make well; [수선하다] **repair,** mend, make good
¶ 감기를 **고치다** *cure* ((him)) *of* a cold / 나쁜 버릇을 **고치다** *get rid of* a bad habit, *break* ((himself)) *of* a bad habit

고통 苦痛 **pain**

고학하다 苦學— study under difficulties, work ((his)) way through school

고향 故鄕 (his) **home,** (his) **home town,** (his) native (place)

곡선 曲線 a **curve,** a curved line

곤경 困境 an awkward[a hard, a difficult] position

곤두서다 stand on ((his)) head, stand on end
¶ 그 얘기를 들으니 무서워서 머리카락이 **곤두섰다** The story made my hair *stand on end*

곤란 困難 **difficulty,** trouble ～하다 **difficult,** hard
¶ **곤란**을 극복하다 overcome a *difficulty*

곤충 昆蟲 **insects**

곧 [즉시] **at once,** right away; [오래지 않아] **soon,** before long

¶ 곧 가시오 Go *at once*. / 곧 돌아오겠습니다 I'll come back *before long*.

곧다 straight; [마음이] honest
¶ 곧은 길 a *straight* road

곧이듣다 take 《his story》 seriously, take 《him》 at his word

곧장 **directly,** straight
¶ 곧장 집으로 가라 Go *straight* home.

골고루 evenly among all
¶ 골고루 나누어주다 divide *equally* [*evenly*] among all

곰 a **bear**

곱다 **beautiful,** lovely, fine, nice
¶ 고운 목소리 a *sweet* voice / 그는 마음씨가 **곱다** He is *pure* in heart.

곳 a **place,** a scene(현장)

공 a **ball**

공 空 **zero,** nothing

공간 空間 **space,** room (여지)
¶ 시간과 공간 time and *space*

공감 共感 sympathy

공개하다 公開— open 《a thing》 to the public

공격 攻擊 an **attack,** a charge (비난) ~하다 **attack,** make an attack

공급 供給 **supply** ~하다 **supply** 《a thing to》, supply 《him》 with
¶ 수요와 공급 *supply* and demand

공기 空氣 **air;** [분위기] atmosphere

공부 工夫 **study,** learning, work ~하다 **study,** work at[on] 《his studies》, learn
¶ 그는 밤낮으로 열심히 **공부했다** He *studied* very hard night and day.

공손하다 恭遜— **polite**

공습 空襲 an air raid[attack]

공업 工業 **industry**
¶ 공업학교 a *technical school*

공으로 **free,** for nothing
¶ 공으로 얻다 get 《it》 *for nothing*

공일 空日 **Sunday**(일요일), a holiday(휴일)

공장 工場 a **factory,** a plant
¶ 아버지는 저 **공장**에서 일하신다 My father works in that *factory*.

공중 空中 the **air,** the **sky**
¶ 공중에 *in the air, in the sky*

공통하다 共通— **common**

공포 恐怖 **fear,** dread

공표하다 公表— announce officially, publish, make public

공항 空港 an **airport**
¶ 김포 국제 **공항** the Kimpo International *Airport*

과거 過去 the **past**
¶ 과거분사 a *past participle*

과로하다 過勞— **overwork** 《himself》, work too hard

과목 科目 a **subject,** a lesson

과식하다 過食— **overeat** 《himself》, eat too much

과실 過失 a **fault,** a mistake

과장하다 誇張— exaggerate

관계 關係 **relation** ~하다 relate, be related to, have something to do with
¶ 나는 그와 아무 **관계도** 없다 I *have nothing to do with* him.

관대하다 寬大— generous, liberal

광경 光景 a **scene,** a spectacle, a sight, a view

광선 光線 **light,** a ray of light
¶ 엑스선 *X-ray*

괜찮다 [쓸만하다] **be not bad,** be all right, good, fair; [상관없다] **do not mind,** make no difference

괜히 in vain, without reason

괴다 [물이] gather, collect; [받치다] support

괴로움 trouble, hardship

괴롭다 painful; [곤란하다] hard, difficult

괴롭히다 **worry**[**trouble**] 《him》

교수 敎授 a **professor**

교실 敎室 a **classroom,** a schoolroom

교외 郊外 the **suburbs,** the outskirts
¶ 우리 학교는 서울 **교외**에 있다 Our school stands in the *suburbs* of Seoul.

교육 敎育 **education**

교장 校長 a **schoolmaster** (초등학교

의), a **principal** (중학교의), a director (고교의)

교통 交通　**traffic,** communication
¶ **교통** 기관 means of *communication*[*transportation*] / **교통** 사고 a *traffic* accident / **교통** 순경 a *traffic* policeman / **교통** 신호 a *traffic* signal / **교통** 정리 *traffic* control

교환 交換　exchange ~**하다 exchange**
¶ **교환** 교수 an *exchange* professor / **교환수** a *telephone operator*

교회 敎會　a **church,** a chapel
¶ 나는 일요일에는 **교회**에 간다 I go to *church* on Sunday.

교훈 敎訓　instruction, a lesson

구경꾼　a bystander, an onlooker

구경하다　watch, look at, enjoy seeing, see the sight of
¶ 우리는 나이아가라 폭포를 **구경하러** 갔었다 We went *to see the sight of* Niagara Falls.

구두　shoes (단화), boots (장화)
¶ **구두** 한 켤레 a pair of *shoes*

구르다　roll
¶ 공이 마당으로 **굴러** 들어왔다 A ball came *rolling* into the yard.

구름　a **cloud**
¶ **구름**이 낀 날씨 a *cloudy* weather

구멍　a **hole,** an opening
¶ 내 양말에 **구멍**이 나 있다 There are *holes* in my socks.

구미 口味　appetite, taste

구석　a **corner**

구식 舊式　**old style**[fashion]

구실 口實　an **excuse,** a pretext

구하다　求— look for, seek, want

구하다　救— rescue ((him)) **from** ((danger)), save ((him)) from ((death))

구혼 求婚　a proposal of marriage
~**하다** propose ((*to*))

국가 國家　a **country,** a state, a nation

국기 國旗　the **national flag**

국면 局面　the situation

국문 國文　the national language

국민 國民　a **nation,** a **people**

국민학교 國民學校　an elementary school
(→ 초등학교)

국방 國防　national defense, the defense of a country

국사 國史　a national history

국산 國産　home[domestic] production; [국산품] a domestic[home] product

국어 國語　the national language, ((his)) mother tongue

국적 國籍　nationality, citizenship(미)

국제 國際　¶ 국제적인 *international*

국회 國會　the National Assembly

군데군데　here and there, at places

군인 軍人　a **soldier**; [해군] a sailor

군함 軍艦　a **warship**

굳다　hard, solid, stiff

굳세다　strong, firm
¶ 그는 의지가 **굳센** 사람이다 He is a man of *strong* will.

굴다　behave, conduct ((himself)), act
¶ 못살게 **굴다** *give* ((him)) *a hard time*

굴뚝　a **chimney**

굴복하다 屈服—　**give in,** submit, surrender

굵다　thick, big, deep (목소리가)

굶다　starve, go hungry
¶ **굶어** 죽다 die of *hunger, starve* to *death*

굶주리다　starve, be[go] hungry

권리 權利　a **right**
¶ **권리**와 의무 *right* and obligation

권총 拳銃　a pistol, a revolver, a gun (미)

권투 拳鬪　**boxing**

귀　the **ear**; [청각] **hearing**
¶ **귀**가 어둡다[밝다] be slow[quick] of *hearing*

귀머거리　a **deaf** (person)

귀엽다　pretty, lovely, sweet
¶ **귀여운** 여자 아이 a *sweet*[*cute*] little girl

규칙 規則　a **rule,** regulations
¶ **규칙**대로 *according to the rules*

균등하다 均等— equal, even
균형 均衡 **balance**
그 **the,** that
그것 **it,** that
그냥 **as it is,** as it stands
¶ 그냥 내버려 두다 leave 《a thing》 *as it is*
그대로 just like that, as it is, as it stands
¶ 그대로 하시오 Do *just like that.*
그동안 **during that time,** the while, in the meantime
그때 **then, at that time**
¶ 그때 아버지는 어린애였다 *At that time* my father was a little child.
그래도 **nevertheless,** but, still, for all that, and yet
그래서 **so, therefore**
¶ 그래서 그는 화가 났다 *So* he got angry.
그러나 **but, however,** still, and yet, though
그러므로 **so, therefore**
그럭저럭 one way or another, in some way, somehow (or other)
그렇게 **so,** so much, that much, like that, that way
¶ 펜을 **그렇게** 쥐는 게 아니다 You must not hold your pen *like that.*
그르다 **wrong,** mistaken, bad
¶ 그런 사람을 믿다니 내가 **그릇됐다** I *was wrong* to trust such a man.
그르치다 **spoil,** ruin, destroy
¶ 매를 아끼면 아이를 **그르친다** 《속담》 Spare the rod, and *spoil* the child
그리다 **draw,** paint 《채색하여》, picture
¶ 그림을 **그리다** *draw* a picture
그림 a **picture,** a painting
그림자 a **shadow**
¶ 우리들의 **그림자**가 벽에 비치고 있다 Our *shadows* are on the wall.
그만두다 **stop,** cease, quit, give up
¶ 학교〔회사〕를 **그만두다** *leave* school 〔the company〕
그만큼 that much, so much
¶ 나도 **그만큼**은 했다 I too have done *that much.*
그물 a **net**
그저께 the day before yesterday
그치다 **stop,** cease, halt
¶ 비가 오다 **그치다** 한다 It rains *off* and on.
그 후 —後 **after that, since then,** afterwards, later
¶ 그 후 어떻게 지냈니 How have you been *since*?
극 劇 a **drama,** a play
극동 極東 the Far East
극비 極秘 strict secrecy, a top secret 《미》
극장 劇場 a **theater,** a playhouse
¶ 우리는 지난 일요일에 **극장**에 갔다 We went to the *theater* last Sunday.
극히 極— **extremely,** greatly
근근히 僅僅— **barely,** narrowly, with difficulty
근년 近年 recent years
¶ **근년**에 *of late years, in recent years*
근대 近代 modern times, the modern age
근래 近來 **lately,** of late, recently
근면 勤勉 **diligence,** industry ~하다 **diligent,** industrious, hardworking
근무 勤務 **work,** duty, service ~하다 do duty, be on duty, work
근방 近方 the neighborhood
근심 anxiety, fear, care, worry, trouble ~하다 **be anxious about,** be afraid of〔for〕, worry about, worry 《himself》 about
¶ 그런 것을 가지고 **근심하지** 마라 Don't *worry about* such a thing.
근육 筋肉 **muscles**
글쎄 **well,** now, let me see
¶ **글쎄** 갈 생각이 없는 걸 *Well,* I don't feel like going.
글씨 a **letter,** 〔글씨 쓰기〕 penmanship
¶ **글씨**를 잘 쓴다 He writes a good *hand.*
긁다 **scratch**

금 金 **gold**
¶ **금**반지 a *gold* ring / **금**시계 a *gold* watch

금강석 金剛石 a **diamond**

금고 金庫 a **safe**, a strongbox
¶ 돈을 **금고**에 넣다 put[keep] money in a *safe*

급 級 a **class**, a grade

급료 給料 a **salary**, wages, fee, pay

급박하다 急迫— **urgent,** imminent

급증하다 急增— increase suddenly

급하다 急— **urgent,** imminent; [성급하다] hasty, impatient; [위급하다] dangerous, serious
¶ 무엇이 그렇게 **급**합니까 What is your *hurry*?

급행 急行 [열차] an **express** (train)

급히 急— [빨리] **fast,** quickly, in haste, in a hurry; [곧] **at once**
¶ 학교로 **급히** 달려갔다 He ran *fast* to (his) school.

기간 期間 a **period**

기계 機械 a **machine,** machinery
¶ **기계**에 고장이 났나보다 Something seems to be wrong with the *machine*.

기공식 起工式 a groundbreaking ceremoney

기관차 機關車 an engine 《영》, a locomotive 《미》

기관총 機關銃 a machine gun

기교 技巧 **art,** skill, a trick
¶ **기교**를 부리다 use a *trick*

기구 氣球 a **balloon**

기구 器具 a **tool**

기꺼이 willingly, with pleasure
¶ **기꺼이** 그렇게 하겠습니다 I will do so *with pleasure*.

기껏해야 at (the) most, at (the) best

기념하다 記念— commemorate

기다 **crawl,** go on all fours

기다리다 **wait** 《for》, await
¶ 기차를 **기다리다** *wait for* a train / **기다리**게 하다 keep 《him》 *waiting*

기대 期待 expectation, anticipation ~하다 **expect,** look forward to

기대다 **lean** (against); [의지하다] rely upon, lean on

기도 祈禱 a **prayer** ~하다 **pray**

기도 企圖 an **attempt,** a plan, a try

기둥 a **post,** a pole, a column

기록 記錄 a **record**
¶ **기록**을 깨다 break a *record*

기르다 **bring up;** [동물을] **raise,** keep
¶ 아이를 우유로 **기르다** *bring up* [*feed*] a baby on the bottle [on cow's milk]

기름 oil

기립하다 起立— **stand up,** rise

기만하다 欺瞞— **cheat,** deceive, play 《him》 a trick

기묘하다 奇妙— **strange,** curious

기밀 機密 a **secret,** secrecy

기분 氣分 **feeling,** a frame of mind
¶ **기분**을 상하게 하다 hurt 《his》 *feeling*

기뻐하다 **be pleased with,** be delighted at, be glad for
¶ 껑충껑충 뛰며 **기뻐하다** jump for *joy,* dance with *joy* / 소식을 듣고 **기뻐하다** *be pleased at* the news

기쁘다 **happy,** joyful, glad, pleasant
¶ **기쁜** 소식 *glad*[*happy*] news

기쁨 **joy,** delight, pleasure

기사 技師 an engineer, a technician

기술 技術 **skill,** art, technique

기어이 期於— **by all means**

기억 記憶 **memory** ~하다 **remember**
¶ 나는 네가 한 말을 **기억**하고 있다 I *remember* what you said. / 그는 **기억**력이 좋다 He has a good *memory*.

기와 a tile
¶ **기와**집 a *tile*-roofed house

기운 [힘] **strength,** force, might

기울다 incline, lean; [쇠퇴하다] decline

기일 期日 the fixed[given] date, the appointed date

기자 記者 a **reporter**

기적 汽笛 a **whistle,** a siren

기적 奇蹟 a **miracle,** a wonder

¶ **기적적으로** 살아나다 escape death *by a miracle*

기준 基準 a **standard**

기차 汽車 a **train**
¶ **기차로** *by train* / **기차를** 놓치다 [타다] miss[catch] a *train*

기체 氣體 **gas**

기초 基礎 the foundation, the basis

기침 a **cough**

기한 期限 a **period,** a term

기회 機會 an **opportunity,** a chance
¶ **기회를** 놓치다 miss an *opportunity* / **기회가** 있는 대로 at the first *opportunity*

기획 企劃 **planning,** a plan ～하다 **plan,** make a plan

기후 氣候 **weather,** climate

긴급 緊急 emergency, urgency ～하다 urgent, pressing

길 a **way,** a road, a route, a highway, a street; [통로] a path, a passage
¶ **길을** 잃다 lose ⟪his⟫ *way, get lost* / **길을** 묻다 ask ⟪his⟫ *way* to ⟪a place⟫

길다 **long,** lengthy

길들다 **get used to,** grow accustomed to; [동물이] become tame

길모퉁이 a street corner, a **corner**

길이 **length;** [부사] **long,** for a long time, forever

깊다 **deep,** profound

깊이 [명사] **depth;** [부사] **deeply**

까놓다 open ⟪his⟫ heart ⟪to⟫
¶ **까놓고** 말하면 to be *frank* with you, *frankly* speaking, to speak *honestly*

까다 [벗기다] peel; [부화하다] hatch
¶ 귤을 **까다** *peel* an orange / 밤을 **까다** *crack* [*shell*] a chestnut / 암탉이 병아리를 **깐다** A hen *hatches* out chickens.

까다롭다 [성미가] particular; [문제가] complicated
¶ 음식에 대해서 **까다롭다** be *particular* about ⟪his⟫ food / 성미가 **까다로운** 사람 a man *hard to please* / 이 문제는 **까다롭다** This problem is *hard to solve.* This problem is *complicated.*

까마귀 a **crow**

까맣다 [검다] **black,** dark; [아득하다] **far,** far off, far away

까지 1. [시간] **till,** until, up to, by
¶ 다음 달**까지** *till* next month(계속), *by* next month(마감)
2. [장소] **to,** up to, as far as
¶ 부산**까지** *to* Pusan, *as far as* Pusan

깎다 1. [물건을] shave ⟪wood⟫, cut, plane(대패로), **sharpen**(연필 따위)
2. 머리를 **깎다** have ⟪his⟫ hair *cut* / 수염을 **깎다** *shave* ⟪himself⟫
3. [값을] beat[knock] down ⟪the price⟫
¶ 500원으로 **깎다** *beat down* the price to 500 won

깔다 **spread,** lay
¶ 요를 **깔다** *spread* a mattress

깔보다 **look down on**

깜깜하다 very dark, pitch-black

깜짝이다 **wink,** blink

깜찍하다 be clever for ⟪his⟫ age

깡통 an empty (tin) can

깨끗이 **cleanly,** clean, neatly, fairly (공정히)
¶ **깨끗이** 닦다 wipe ⟪a thing⟫ *clean* / **깨끗이** 이기다 win *fairly*

깨끗하다 **clean,** clear (맑다); fair (공정하다)
¶ **깨끗한** 물 *clear* water / **깨끗한** 승부 *fair* play / **깨끗한** 마음 a *pure* heart

깨다 1. [잠이] **wake up,** awake
2. [물건을] **break**

깨닫다 **see, realize,** awake to
¶ 자기 잘못을 **깨닫다** *find out* ⟪his⟫ mistake

깨뜨리다 **break**
¶ 접시를 **깨뜨리다** *break* a dish

깨물다 **bite**
¶ 혀를 **깨물다** *bite* ⟪his⟫ tongue

깨우다 **wake up,** awake
¶ 몇시에 **깨울까요** When shall I *wake* you *up?*

깨지다 **be broken,** break
 ¶ 깨진 사발 a *broken* bowl / 산산이 깨지다 *be broken* to pieces

꺼내다 **pull out,** draw out, take out
 ¶ 지갑에서 돈을 꺼내다 *take out* some money from ((his)) purse

꺼지다 [불이] **go out,** die out, be put out; [사라지다] disappear
 ¶ 전등이 꺼졌다 The light *has gone out.*

꺾다 **break** (*off*)
 ¶ 꽃을 꺾다 *pluck*[*pick*] a flower / 나뭇가지를 꺾다 *break off* a branch of the tree

껍질 [나무의] bark; [과일의] rind, peel; [깍지] husk, shell; [얇은] skin

껴안다 **hug,** embrace, hold ((a baby)) to ((his)) breast[in ((his)) arms]

꼬리 a **tail**

꼬부라지다 **bend, curve,** be bent

꼭 [단단히·반듯이] **tightly,** firmly; [정확히] **just,** exactly; [반드시] **surely,** certainly, for sure, without fail, by all means

꼭대기 the **top,** the peak

꼴 [모양] **shape,** form; [외양] appearance

꼴찌 the **last,** the bottom, the last man ((in a race))

꼼짝 못하다 be unable to move an inch; [곤경에 빠지다] be in a fix

꼽다 count ((on his fingers))

꽃 a **flower**
 ¶ 꽃을 꽃병에 꽃다 put the *flower* in the vase

꽤 **fairly,** pretty, quite

꾸다 [돈을] **borrow;** [꿈을] **dream**

꾸러미 a **bundle,** a **package,** a parcel

꾸짖다 **scold,** give ((him)) a scolding
 ¶ 그는 내가 지각한 사실을 꾸짖었다 He *scolded* me for being late.

꿀 **honey**

꿀벌 a **honeybee**

꿈 a **dream** ¶ 꿈꾸다 *dream, have a dream, dream a dream*

꿋꿋하다 strong, firm; straight(곧다)

끄다 [불을] **put out,** blow out, extinguish; [전기·가스·라디오] **turn off,** switch off

끈 a **string,** a cord

끊다 **cut,** cut off, break off; [금하다] **stop,** give up
 ¶ 술을 끊다 *stop*[*give up*] drinking

끊어지다 **break,** be cut, break down, break off, be cut off, be broken

끊임없다 continuous, constant
 ¶ 끊임없이 *continually, constantly*

끌다 **pull, draw;** [주의를] attract; [인도하다] **lead;** [미루다] delay
 ¶ 옷 소매를 끌다 *pull* ((him)) by the sleeve

끌어 내다 **take**[**pull, draw**] **out,** bring [carry] out

끌어 안다 **hug,** embrace

끓다 **boil**
 ¶ 끓어서 넘다 *boil* over / 끓어 오르다 *boil* up

끓이다 **boil**

끔찍하다 horrible, frightful, dreadful

끝 **end,** close; [첨단] the point

끝끝내 to the last, to the end

끝나다 **end,** finish, come to an end, be closed, be over
 ¶ 시험이 끝났다 The examination *is over.* / 지금 막 식사가 끝났다 We have just *finished* our meal.

끝내다 **end,** make an end of, close, finish, bring to a close, complete

끼다 [장갑·반지 따위] **put on,** pull on; [참가] **join,** take part in
 ¶ 장갑을 끼다 *put*[*pull*] *on* ((his)) gloves / 팔장을 끼다 *fold* ((his)) arms / 일행에 끼다 *join* the party

끼우다 put ((a thing)) between, insert

끼이다 be put[held] between

끼치다 [원인] **cause,** make; [폐를] **trouble** ((him)), give trouble to; [영향을] **influence;** [손해를] **injure**

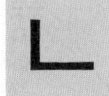

나 **I**, myself
나가다 **go out**, get out; [진출] go forth
나그네 a traveler, a passenger
나날이 **day by day**, every day
나누다 [가르다] **divide** 《into》, separate; [분배] divide 《between, among》; [함께] share 《with》
나다[출생] **be born**; [발생] **happen**, occur, take place
나라 **a country, a state**
나란히[한줄로] in a line[row], **side by side**; [가지런히] evenly
나르다 **carry**, convey, transport
나른하다 languid, weary, feel tired
나머지 the **rest**, the remainder
나무 a **tree**, a plant; [재목] **wood**, timber; [땔나무] firewood
나무라다 **blame**, reprove
나쁘다 **bad, wrong**(잘못)
나사 a **screw**
나아가다 **go forward**, advance
나아지다 become better, improve
나오다 **come[go, get] out** 《of the room》
나이 **age**, years
¶ 나이를 먹다 grow *older*, grow *old* / 학교에 갈 나이이다 be *old* enough to go to school / 아직 결혼할 나이가 아니다 be too *young* to marry / 나이에 비해 젊어 보이다 look younger *for* 《his》 *age*
나중 ¶ 나중에 *some time* later
나타나다 **appear**, turn up, show up
나타내다 **express**(표현하다); show, display
낙 樂 **pleasure**, delight, joy
낙선하다 落選— be defeated in an election
낙심하다 落心— lose heart, be discouraged, be disappointed
낙엽 落葉 fallen leaves, dead leaves
낙오하다 落伍— fall behind
낙원 樂園 a **paradise**
낙제하다 落第— **fail**(in an examination)
낙하산 落下傘 a **parachute**
낚다 **fish**, angle
낚시질 **fishing**, angling
난데없다 unexpected, sudden, abrupt
난로 煖爐 a **stove**
난방 장치 煖房裝置 a heating apparatus[system, arrangement]
난제 難題 a difficult problem
난처하다 難處— **difficult**, awkward
난폭하다 亂暴— **violent**, rough, wild
날 a **day**, a **date**, weather(날씨)
¶ 날로 *day by day, every day* / 날을 정하다 fix[set] a *date*
날개 the **wings**
날다 **fly**
날마다 **every day**, daily, day after day; day by day
날쌔다 **quick**, swift
날씨 **weather**
¶ 날씨가 좋으면 if *weather* permits, *weather* permitting, if *it* is fine / 오늘 날씨가 어떠냐 How is the *weather* today? / 날씨가 차차 좋아진다 The *weather* is changing for the better., The *weather* is improving.
날씬하다 slender, slim
날짜 a **date**
날카롭다 **sharp**, pointed(끝이)
낡다 **old**, worn, be out of date
남 **others**, other people, **another**
남극 南極 the South Pole
남기다 **leave**, leave behind
남녀 男女 man and woman, male and

female
남다 remain, be left over, stay
남매 男妹 **brother and sister**
남성 男性 the **male** (sex)
남자 男子 a **man**, a male (sex)
남편 男便 a **husband**
납득하다 納得— **understand**
납세 納稅 **tax payment**
¶ 납세자 a *taxpayer*
납작하다 **flat**
낫다 **better**; [치유되다] get[become] well, recover from an illness
낭떠러지 a **cliff**, a precipice
낭비하다 浪費— **waste**
낭설 浪說 **a false rumor**
낮 the **daytime**, the day
¶ 낮에 *in the daytime* / 그는 낮에는 자고 밤에 일한다 He sleeps *by day* and works by night.
낮다 **low**
낮추다 **lower**, reduce, degrade (품위를)
낯 a **face**
낯설다 **strange**
낳다 [출산] **bear**, give birth to
내 [개울] a **stream**
내각 內閣 a cabinet, a ministry
내걸다 put up, hang out
내내 all along, all the time
내년 來年 **next year**
내다 **put out**, let out, take out, bring out; [제출] hand in, send in
내다보다 **look out** ((of, over))
¶ 창밖을 내다보다 *look out of* a window
내던지다 **throw away**, throw down ((upon the floor))
내디디다 step forward, set foot ((on))
내려가다 **go down**, descend ((from))
내려놓다 set down, **put down**
내려오다 **come down**, get down, descend ((from))
내리다 descend, come down, go down; [차에서] **get off**, step off
내밀다 protrude, jut out, push out
내뱉다 spit out
내버려 두다 leave ((a matter)) as it is

내버리다 **throw away**, cast away
내보내다 let out, let go out, send
내복 內服 **underwear**, underclothes
내부 內部 the **inside**, the interior
내빼다 flee, run away
내뿜다 gush out
내세 來世 the life to come
내왕 來往 comings and goings, traffic
내외 內外 [안팎] inside and outside, within and without, home and abroad; [부부] husband and wife
내용 內容 **contents**, substance
내월 來月 next month
내의 內衣 an undershirt, underclothes
내일 來日 **tomorrow**
내정 內政 domestic[internal] administration, state affairs
내주 來週 next week, the coming week
내쫓다 **drive out**, force out
내키다 be inclined ((to do)), have an inclination, feel like ((doing))
¶ 거기 가고 싶은 마음이 내키지 않는다 I don't *feel like* going there.
냄새 **smell**, **scent**, odor, fragrance
¶ 뭔가 타는 냄새가 난다 I can *smell* something burning.
냉랭하다 冷冷— **chilly**, icy, cool
냉수 冷水 cold water
냉장고 冷藏庫 a refrigerator
냉정하다 冷靜— **calm**, cool
냉혹하다 冷酷— **cruel**, cold-hearted
너그럽다 **generous**, broad-minded
너르다 **open**, **wide**
너무 **too**, too much, ever so much
너비 **width**, breadth
넉넉하다 **enough**, sufficient, plenty
¶ 먹을 것이 넉넉하다 have *plenty* to eat
넋 a **soul**, a spirit
널다 spread out, hang ((something)) out to dry
¶ 빨랫줄에 옷을 널다 *hang out* clothes on a clothesline.
널리 **widely**, broadly, far and wide
¶ 세상에 널리 알려지다 be known *all*

over the world
넓다 broad, wide, large
넓이 [면적] **area**, space, extent
넘기다 bring[carry] ((a thing)) across, pass over; [책장을] **turn**; [인도하다] hand over, turn over
넘다 cross, go across, go beyond; [초과] be over, be above, be more than; [뛰어넘다] **jump**
넘어가다 cross, go across; [해·달이] **sink**, set, go down; [남의 소유로] fall into ((his)) hands, pass into another's hands; [속다] be cheated, be deceived; [쓰러지다] fall down
넘어뜨리다 throw[bring] down, knock down; [패배시키다] defeat
넘어지다 fall, come down
　¶ 돌에 걸려 **넘어지다** *fall* over a stone
넘치다 overflow ((the bank)), flow over ((the brim)); [지나치다] be above
　¶ 대야에 물이 **넘치고** 있었다 The basin *was running over* with water.
넣다 put in, take in, bring in
네거리 a **crossroad**, a cross
녀석 a fellow, a boy, a guy
노 櫓 **an** oar
노고 勞苦 labor, toil, pains
노골적 露骨的 **plain**, outspoken
　¶ 노골적으로 *plainly, frankly, openly, broadly*
노동 勞動 **labor**, work, toil ~하다 labor, work, toil
　¶ 노동자 a laborer, a worker, a workingman / 노동조합 a *labor* union (미), a *trade* union (영)
노랑 yellow, yellow color
노랗다 yellow
노래 a **song** ~하다 **sing** (a song)
노려보다 glare[stare] at, look daggers at, look sharply in the face
노력 努力 **effort**, endeavor, hard work ~하다 strive, endeavor, exert ((himself)), **make an effort**
노련하다 老鍊— experienced, expert
노름 gambling, gaming ~하다 **gamble**, play for money
　¶ 노름꾼 a *gambler*
노릇 [일] a **job**, a work; [역할] a role, a part
노리개 a **plaything**, a toy
노리다 stare at, aim at
노상 always, all the time
　¶ 그녀는 **노상** 바쁘다 She is busy *all the time*.
노엽다 be offended, feel hurt
노예 奴隸 a **slave**, slavery (신분)
노인 老人 an **old man**; the old
　¶ **노인**을 존경해야 한다 We should respect *the old*.
노임 勞賃 **wages**
노점 露店 a street stall, a roadside stand, a booth
녹다 melt, thaw
　¶ 얼음은 **녹아** 물이 된다 Ice *melts* into water.
녹음기 錄音器 a **recorder**, a tape recorder, a recording machine
녹이다 melt
논 a rice field, a paddy field
논의하다 論議— **discuss**, argue
놀다 [유희] **play**; [유흥] make merry; [허송세월] idle, be idle; be doing nothing; [실직] be out of work
　¶ 어제 우리는 참 재미있게 놀았다 We *had a lot of fun* yesterday.
놀라다 be surprised, be astonished, be amazed, be shocked; [공포] be frightened
　¶ 그 소식을 듣고 **놀라다** *be surprised* to hear the news
놀라움 surprise, astonishment
놀랍다 surprising; wonderful (경탄)
놀래다 surprise, astonish, amaze
놀리다 make fun of, make sport of, laugh at, poke fun at; [유휴] have [leave] ((a man, a thing)) idle
　¶ 그는 너를 **놀리고** 있다 He *is fooling* you.
놀림감 an object of ridicule, a laughingstock
놀이 play, **game**; [소풍] a **picnic**

놀이터 a playground
놈 a fellow, a creature, a guy
농구 籠球 basketball
농담 弄談 a joke, a jest ~하다 joke, jest
¶ **농담이 아니다** *It's no joke. I am serious.*
농민 農民 a farmer, a peasant
농업 農業 agriculture, farming
농작물 農作物 the **crops**, a harvest
농장 農場 a farm
농촌 農村 a farm village
높다 **high**, lofty, tall
높이 **height**, [부사] **high**, highly
높이다 **raise**, heighten, lift
¶ 음성을 **높이다** *raise (his) voice*
놓다 put, lay, place, set; [해방] set free; release; [가설] **build**, construct
¶ 나는 상자를 책상 위에 **놓았다** *I put the box on the table.*
놓치다 miss
¶ 첫차를 **놓치다** *miss the first train*
뇌 腦 the **brains**
누구 **who** (주격), **whose** (소유격), **whom** (목적격)
누누이 屢屢— repeatedly, frequently, many times, over and over again
누다 evacuate, pass, let out
¶ 오줌을 **누다** *make water*
누락 漏落 an omission ~하다 be left out, be omitted, be missing
누렇다 quite yellow, golden yellow
누르다 **press**, push down; [억압] **oppress**, put down
누설 漏泄 leakage ~하다 leak, let out, reveal, disclose
누에 a silkworm
누이 a **sister**
눈 1. an **eye**; [시각] (eye) sight; [주의] notice, attention
2. [싹] a **bud**, a sprout, a shoot
3. **snow**, a snowfall (강설)
¶ **눈이 온다** *It snows., Snow falls.*

눈감다 close[shut] ((his)) eyes; [죽다] **die**
눈감아주다 overlook
눈동자 —瞳子 the pupil (of the eye)
눈뜨다 open ((his)) eyes, wake up
눈물 a **tear**
¶ **눈물을 흘리며** *in tears*
눈부시다 dazzling, glaring
눈썹 the **eyebrow**
눈알 an eyeball
눈치 **sense**; [기색] sign
¶ **눈치채다** *get scent[wind] of*
눋다 scorch, be scorched
눕다 **lie down**, lay ((himself)) down
눕히다 lay ((him)) down
뉘우치다 **regret**, repent ((of))
¶ 자기가 한 짓을 **뉘우치다** *be sorry for what ((he)) has done*
느끼다 **feel**, be conscious of; [감동] be moved ((by))
느낌 an impression, feeling
¶ …의 **느낌을 주다** *give an impression of*
느리다 **slow, sluggish**
느릿느릿 **slowly**, sluggishly
늘 **always**, ever, all the time, habitually
늘다 **increase**, gain, grow
늘리다 increase, add to
늘어나다 grow longer, extend
늘어서다 stand in a row, line up
늘어지다 be lengthened, grow longer
늘이다 **lengthen**, extend, stretch
늙다 grow old
¶ **늙은이** *an old man, an aged man*
능가하다 凌駕— **surpass**, exceed
능력 能力 **ability**, capability, capacity
¶ **능력있는** 사람 *an able man, a man of ability*
능률 能率 efficiency
능숙하다 能熟— **skilled**, expert
늦다 **late**
¶ 그는 학교에 **늦었다** *He was late for school.*

다 all, everything, everybody
다가서다 **step[come] up to**
　¶ 바짝 다가서다 *come close to* ((him))
다급하다 imminent, urgent
다니다 go to and from ((a place)), go to ((a place)) and back; [통근·통학] **go to**, attend ((school))
다달이 every month, monthly
다독 多讀 extensive[wide] reading
~하다 read much, read a great deal
다듬다 **trim**[prune] ((trees)); plane (대패로); shave(칼로)
다루다 **handle**, treat, manage
　¶ 다루기 쉬운 easy *to deal with*
다르다 **differ** ((from, with)), be **different** ((from, with)), vary ((from))
다리 1. [동물의] a **leg**, a limb
2. [교량] a **bridge**
다리다 [옷을] **iron** ((clothes)), press
다리미 an **iron**
다림질 ironing
다만 **only**, merely, simply, nothing but
다물다 **shut**, close ((his lips))
　¶ 너는 입을 다물고 있는 것이 좋다 You'd better hold your tongue.
다발 a **bundle**, a bunch
　¶ 꽃다발 a *bunch* of flowers
다방 茶房 a **tearoom**, a teahouse, a coffeehouse, a coffee shop
다소 多少 **more or less**, somewhat, a little, to some extent
　¶ 오늘은 기분이 다소 좋다 I feel *a little* better today.
다수 多數 ¶ 다수의 *many, numerous*
다수결 多數決 decision by majority
~하다 decide by majority
다스리다 **govern**, rule[reign] over
다습다 nice and warm
다시 **again**, over again, once again, once more; [새로] again, anew
　¶ 다시 한번 말해라 Say *once more*. / 다시는 안 하겠다 I will never do it *again*.
다음 ¶ 다음의 *next, following* / 다음번에는 *next* time / 다음과 같다 *It's as follows*.
다음 가다 be next to, be second to, come after
다음날 the following[next] day; [훗날] some day
다음달 the next[following] month
다정하다 多情— affectionate, warm-hearted, kind-hearted; [사이가] **close**, friendly, intimate, familiar
다치다 hurt ((himself)), get hurt[injured], get wounded
　¶ 다치지 않도록 조심해라 Be careful not *to get hurt*.
다투다 **quarrel**, have a dispute; [겨루다] contend, compete, struggle
　¶ 사소한 일로 서로 다투다 *have words with* each other over trifles
다툼 a **quarrel**; a dispute(논쟁); a contest(경쟁)
다하다 1. [소모되다] become exhausted, be used up, run out
2. [마치다] **finish**, go through; [다 써버리다] exhaust, use up, run out of
　¶ 최선을 다하다 do ((his)) best / 숙제를 다한 다음에 산책을 했다 I went out for a walk *having finished* my homework.
다행하다 多幸— **lucky**, fortunate
닥치다 **approach**, draw near
　¶ 닥치는 대로 읽다 read *whatever* ((he)) *can lay* ((his)) *hands on*
닦다 [빛내다] **polish**, give ((something))

a polish ; [훔치다] wipe, mop
¶ 구두를 닦다 *polish* ((his)) shoes / 이를 닦다 *clean*[*brush*] ((his)) teeth
단 a bundle, a bunch
단결하다 團結— **unite** (together)
단계 段階 a **step**, a stage
단교하다 斷交— cut[break] off with ((a country))
단념하다 斷念— **give up**, abandon
단도 短刀 a dagger, a short sword
단번 單番 a single time
단속하다 團束— **control**, regulate
단순하다 單純— **simple**, simpleminded
¶ 단순히 *simply* / 단순한 생활을 하다 live a *simple* life
단숨에 單— at a stretch, at a breath
단위 單位 a **unit**
단정하다 斷定— conclude, decide
단지 單只 **simply**, merely, **only**
단체 團體 a **body**, a group, a company, a party
¶ 단체 생활 a *group* life
단추 a **button**
단축하다 短縮— reduce, shorten
단편 斷片 a piece, a fragment
단호하다 斷乎— firm, resolute, determined
단화 短靴 **shoes**
닫다 **shut**, **close**
¶ 들어오신 뒤에 문을 닫으시오. Please *shut*[*close*] the door after you.
달 1. the **moon**
¶ 보름달 a full *moon* / 달이 떴다 The *moon* is up / The *moon* has risen.
2. a **month**
¶ 한 달에 한번 once a *month*
달걀 an egg
달다 1. [맛이] **sweet**, sugary
2. [뜨거워지다] get hot, become heated
3. [걸다] put up, set up, fix ((a thing)) on, hang out
¶ 단추를 달다 *sew* a button on ((a shirt))
달라지다 **change**

달래다 pacify, calm down, quiet
달력 —曆 a **calendar**
달리 differently, in a different way
¶ 달리 설명할 도리가 없다 I can't explain it *in any other way*.
달리다 1. [뛰다] **run**, rush
2. [부족하다] run short, fall short
달밤 a moonlit night
달빛 **moonlight**
달성하다 達成— **accomplish**, **achieve**
¶ 목적을 달성하다 accomplish ((his)) purpose
달아나다 **run away**, escape, flee
¶ …을 가지고 전속력으로 달아나다 *run away with* ((a thing)) at full speed
달이다 boil down ((*into*))
닭 a **hen** (암탉), a **cock** (수탉), a **chicken** (병아리)
닮다 **resemble**, take after, be like
¶ 그는 그의 어머니를 닮았다 He *took after* his mother.
닳다 wear out[away]
담 a wall, a fence (울타리)
담그다 soak[dip] ((in water))
담다 put ((a thing)) in[into]
담당하다 擔當— **take charge** ((*of*)), be in charge ((*of*))
담배 **tobacco**, a cigarette(궐련), a cigar(여송연)
¶ 담배를 피우다 *smoke a cigarette*
담뱃대 a tobacco pipe
답 答 an **answer**, a reply
¶ 내 답이 맞았습니까 Is my *answer* correct?
당기다 **pull**, draw
당당하다 堂堂— **grand**, imposing, commanding
당부하다 當付— **ask**[request, tell] ((him)) **to** ((do))
당분간 當分間 for the present, for the time being
당선하다 當選— be elected
¶ 1등에 당선하다 *win* the first prize
당시 當時 those days, the time, **then**
¶ 당시에는 비행기 같은 것은 없었다 *In those days* there were no such

things as airplanes.
당연하다 當然— proper, fair, natural
¶ 부모에게 순종하는 것은 **당연하다** It is *proper* that one should obey one's parents.
당장 當場 **at once**, on the spot, immediately
당하다 當— [겪다] have, experience
당황하다 唐惶— be confused, be upset, lose ((his)) presence of mind
닻 an **anchor**
닿다 **reach**, arrive at, get to
¶ 손 닿는 곳에 within ((his)) *reach*
대 1. **bamboo**
2. [줄기] a stem; a stalk; [담배] a smoke; [주먹 따위] a blow, a stroke
대가 大家 a (great) **master**
대가 代價 a **price**, a cost(비용)
대강 大綱 [대충] **generally**, in general
대개 大概 **mostly**, generally
대결 對決 confrontation, a showdown ~하다 confront, have a showdown
대공포화 對空砲火 anti-aircraft fire
대규모 大規模 ¶ **대규모로** *on a large scale*
대기 大氣 the atmosphere, the air
대기하다 待機— watch and wait ((for a chance)), stand by
대낮 broad daylight, the middle of the day
¶ **대낮에** *in the broad daylight*
대다 1. [접촉] **put**, place; [손을] **touch**, lay ((his)) hand to; [시간에] arrive on time
¶ 손 대지 마시오 "*Hands off.*" / 수화기를 귀에 **대다** *hold* the receiver to ((his)) ear
2. [공급] furnish[supply, provide] ((him)) with ((a thing)); furnish[supply](a thing) to
¶ 학비를 **대다** *provide*[*supply*]((him)) with ((his)) school expenses
3. [고백] tell ((the truth)), speak up[out] confess
¶ **대라** — 누가 그랬지 *Speak up* — who's done it?
대다수 大多數 a large majority
대단하다 considerable, serious
¶ **대단히** *very, awfully, greatly*
대담하다 大膽— **bold**, daring
대답 對答 an **answer**, a reply ~하다 **answer**, reply
대령 大領 a colonel (육군), a captain (해군)
…대로 […같이, …에 따라서] like, **according to**, **as**; […하면 곧] **as soon as**, directly
¶ 내 말**대로** *as I tell you* / 도착하는 **대로** *as soon as* ((he)) arrive
대륙 大陸 a continent
대립하다 對立— be opposed to ((each other)), be confronted with ((each other))
대만원 大滿員 a full house, a large audience
¶ **대만원**을 이루다 have *a crowded audience*, draw *a large house* / 「**대만원 사례**」 "*House full!*"
대망 待望 expectation, anticipation
대머리 a baldhead
대면 對面 an interview, meeting ~하다 **interview**, meet, see, have an interview with
대명사 代名詞 a pronoun
대번에 [곧] **at once**, immediately; [단숨에] at a breath, at a stroke
대변 大便 stool, dung
대부 代父 a godfather
대부분 大部分 the **most** ((*of*)), the **majority**, the major part ((*of*)); (a) great part ((*of*)); [대개] **mostly**; largely
¶ **대부분의** 학생들 *most students*
대비하다 對備— provide ((*for, against*)), prepare (himself) ((*for*))
¶ 만일의 경우에 **대비하여** *against* a rainy day / 최악의 경우에 **대비하라** *Be prepared for* the worst.
대상 對象 an **object**, the subject
대서양 大西洋 the Atlantic (Ocean)
대신 代身 ¶ **대신하다** *take the place*

of, take ((his)) *place* / 대신에 *in place of, instead of, on behalf of* ((him))

대우 待遇 **treatment** (대접), reception ~하다 **treat**, receive, entertain

대위 大尉 a **captain** (육군, 공군), a first lieutenant (해군)

대장 大將 a (full) **general** (육·공군), an admiral (해군)

대접 待接 **treat**, treatment, entertainment ~하다 **treat**, treat ((him)) to ((a drink)), entertain

대체 大體 [대체로] **generally**, in the main, on the whole; [도대체] on the earth, in the world
¶ 대체로 말하면 *generally* speaking

대충 **nearly**, almost, about roughly

대통령 大統領 the **President**

대포 大砲 a **gun**, a cannon

대표하다 代表— **represent**, stand for

대학교 大學校 a **university** (종합 대학), a college (단과 대학)

대항하다 對抗— **oppose**, stand against

대화 對話 **conversation**, a dialogue ~하다 talk with, have a talk with

더 **more**, some more
¶ 더 한층 *more and more*

더군다나 **moreover**, besides, further

더럽다 **dirty**, filthy
¶ 더러운 손으로 with *dirty* hands

더럽히다 make dirty; [명예 따위] bring disgrace upon, disgrace
¶ 옷을 더럽히지 않도록 주의해라 Be careful not *to soil* your dress.

더미 a **heap**, a pile

더불어 **together** (with)
¶ 편지와 더불어 사진을 보내다 send a picture *together with* a letter

더욱 **more**, still more, all the more, more and more
¶ 더욱 중요한 것은 what is *more* important

더욱이 **besides**, moreover

더위 the **heat**, hot weather

더하다 [심해지다] grow worse, grow harder; [보태다] **add** ((*up*)), sum up

덕 德 **virtue**

덕택 德澤 **favor**, grace

던지다 **throw**, hurl, cast
¶ 개에게 뼈를 던져 주다 *throw* a bone to a dog

덜 **less**

덜다 [감하다] **reduce**, lighten
¶ 수고를 덜다 *save* troubles / 3개를 덜다 *remove* three

덜덜 trembling(ly)

덤비다 [서두르다] be hasty, be in a hurry
¶ 덤비지 마라 *Don't be hasty., Take it easy.*

덥다 **hot**, heated
¶ 날씨가 찌는 듯이 덥다 It's steaming *hot*.

덧없다 be all to soon, passing, fleeting

덩굴 a **vine**
¶ 포도 덩굴 *grapevines*

덩어리 a **lump**

덫 a **trap**, a snare

덮다 **cover**; [닫다] close; shut
¶ 책을 덮다 *close*[*shut*] a book

덮어놓고 without any reason[cause]

덮어두다 shut ((his)) eyes to, overlook, wink at; [비밀로] keep ((a matter)) secret

데다 get **burnt**, get scalded
¶ 손을 데다 *burn* ((his)) hand

데려가다 take ((him)) with, walk ((him)) off (연행)
¶ 데려가 주세요 Let me *go with* you.

데려오다 bring ((him)) along
¶ 그를 집으로 데려오너라 *Bring him back* home.

도 [⋯도 ⋯도] **and**, as well as, both ... and; [역시] **too**, also
¶ 너도 나도 천재는 아니다 *Both* you *and* I are not a genius.

도구 道具 a **tool**, an instrument

도끼 an **ax**

도달하다 到達— **arrive** ((*in, at*)), reach, come to
¶ 같은 결론에 도달하다 *come* to [*reach*] the same conclusion

도대체 都大體 in the world, on earth, under the sun
¶ 도대체 무슨 뜻이냐 *What on earth do you mean?*

도덕 道德 morality

도둑 a **thief**, a burglar, a robber

도둑질 stealing, theft ~하다[훔치다] steal ((a thing)) **from** ((him)); [강도질] rob ((him)) of ((a thing))

도락 道樂 a **hobby**, a pastime

도랑 a ditch

도려내다 scoop out, cut out

도로 道路 a **road**, a way; a street (가로)

도리 道理 [이치] **reason**; [방도] a **way**, a means
¶ 기다릴 수 밖에 딴 도리가 없다 You *have nothing* to do *but* wait. / 그런 짓을 하는 것은 학생의 도리가 아니다 It's not *proper* for a student to do such a thing.

도리어 [반대로] on the contrary, instead; [오히려] all the more
¶ 그것은 도리어 해가 된다 It'll do *more* harm *than* good.

도막 a **cut**, a bit, a chop

도망 逃亡 **escape** ~하다 **escape**, run away, flee, take to flight

도맡다 take all on ((himself)), undertake

도매 都賣 wholesale ~하다 sell wholesale

도무지 [전혀] (not) at all; (not) in the least
¶ 그는 도무지 내 말을 안 듣는다 He will *not* listen to me *at all*.

도미 渡美 going to America ~하다 go (over) to America, visit America

도박 賭博 gambling ~하다 **gamble**

도발 挑發 provocation ~하다 arouse, excite, provoke

도서관 圖書館 a **library**

도시 都市 a **city**, towns and cities
¶ 도시 생활 *city* life, *urban* life

도시락 **lunch**, luncheon, a lunch-box

도약 跳躍 a **jump** ~하다 **jump**, leap

도와주다 **help**, assist, aid
¶ 그의 숙제를 도와주다 help ((him)) in ((his)) homework

도움 **help**, aid, assistance
¶ 도움이 되다 be *helpful*, be a *help*

도장 圖章 a **stamp**, a seal

도저히 到底— (**not**) **at all**, (not) ... possibly, by any possibility
¶ 그건 도저히 불가능하다 It is quite impossible.

도중 途中 on the way, on ((his)) way
¶ 집에 오는 도중에 친구를 만났다 I met a friend *on my way* home.

도착 到着 arrival ~하다 **arrive** ((in, at)), reach, get to

도처 到處 **everywhere**

도피 逃避 escape ~하다 escape

독 毒 **poison**

독립 獨立 independence ~하다 become independent

독서 讀書 **reading** ~하다 **read**

독자 讀者 a **reader**

독특하다 獨特— unique, peculiar

돈 **money**, cash(현금), coin(주화)
¶ 돈 많은 사람 a *rich* man

돈벌이 money-making ~하다 make [earn] money
¶ 돈벌이에 재주가 있다 have a talent *for money-making*

돈주머니 a **purse**, a moneybag

돋다 [해·달이] **rise**, come up; [싹이] **sprout**, grow, come up

돌 1. **a stone**
2. [기념일] an anniversary

돌다 [회전] go round, turn, circulate; [정신이] go mad, run crazy
¶ 지구는 태양의 주위를 돈다 The earth *moves round* the sun.

돌리다 [회전] **turn**, revolve, roll
¶ 팽이를 돌리다 *spin* a toy

돌변 突變 a sudden change ~하다 change suddenly

돌보다 **take care of**, look after

돌아가다 **return**; **go back**, [우회하다] go round; [결과] come to, turn out, result in; [귀속하다] fall into ((his))

돌아다니다 — 두리번거리다

돌아가다 hand; [죽다] die, pass away
¶ 네 자리로 **돌아가라** *Go back to* your seat.

돌아다니다 wander about, roam about, walk about, go about
¶ 그는 돌아다니기를 좋아한다 He likes *to walk about*.

돌아보다 look back ((at)), turn round
¶ 그녀는 갑자기 나를 **돌아보았다** She suddenly *turned around and looked at* me.

돌아서다 [등지다] turn ((his)) back on, turn against

돌아오다 **return**, come back (home)
¶ 집에 **돌아오는** 길에 *on* ((his)) *way back* home

돌연 突然 **suddenly**, abruptly, all of a sudden, unexpectedly

돕다 **help**, aid, give a helping hand
¶ 하늘은 스스로 **돕는** 자를 **돕는다** God *helps* those who *help* themselves.

동 銅 **copper**

동갑 同甲 the same age, a man of the same age
¶ 그들은 동갑이다 They are *of an age*[*the same age*].

동거하다 同居— live together

동굴 洞窟 a **cave**

동그랗다 **round**, circular

동냥 begging

동냥아치 a **beggar**

동네 洞— a **village**

동등 同等 equality ~하다 **equal**
¶ **동등한** 권리 *equal* rights

동떨어지다 be far ((between)), be wide apart, be poles apart

동무 a **friend**, a mate, a companion

동물 動物 an **animal**, a beast, a brute
¶ **동물원** a *zoo*

동사 動詞 a verb

동시 同時 ¶ **동시에** *at the same time*

동안 [기간] a **period**, an interval; [부사적] **for** ((an hour)), during ((the night))
¶ 살아 있는 **동안** *as long as* ((he)) live

동의 同意 agreement, approval ~하다 **agree** ((to)), approve ((of))
¶ 그는 우리의 제안에 **동의했다** He *agreed to* our plan.

동이다 **bind**, tie up

동작 動作 **action**, motions

동정 同情 **sympathy**, compassion
~하다 sympathize ((with him)), have sympathy ((for him))

동쪽 東— the **east**

동창생 同窓生 an old boy ((미)), an alumnus ((영))

동트다 ((it)) *dawn*, ((the day)) *break*

동포 同胞 brothers, brethren, fellow countrymen
¶ **동포애** *brotherly love*

동화 童話 a fairy tale

돛 a **sail**

돛단배 a sailing ship

돛대 a **mast**

돼지 a **pig** ¶ **돼지고기** *pork*

되다 1. [빡빡하다] **thick**; [힘들다] *hard*, tough
2. **be**, become, get, make; [변하다] turn[change] ((into)); [성립] consist of; [결과] turn out, result; [구실] act ((as)); [가능] can ((do)), be able to ((do))
¶ 될 수 있으면 *if possible*, *if* ((he)) *can*

되풀이하다 **repeat**, do over again
¶ **되풀이하여** 읽다 read ((a book)) *all over again*

두 **two**, a couple
¶ **두가지** *two kinds* / **두번** *twice* / **두배** *double*, *two times*

두다 [놓다] **put**, place, lay, set; [보관·저장] **keep**, store, hold
¶ 그것을 도로 제자리에 **두시오** *Put it back where it belongs to*.

두둔하다 **back**, give support to

두려움 **fear**, dread, horror

두려워하다 **be afraid of**, fear, dread
¶ 그녀는 개를 두려워한다 She is *afraid of* dogs.

두루 **widely**, generally, all over

두리번거리다 stare around, look about

두텁다 (be) warm, cordial, deep
¶ 두터운 우정 a warm[deep, close] friendship

두통 頭痛 a **headache**
¶ 두통이 나다 have a *headache*

둔하다 鈍— **dull**, stupid

둘 **two**
¶ 둘 다 *both* / 한번에 둘씩 *two* at a time

둘러싸다 **surround**, enclose
¶ 난로를 둘러싸고 앉다 sit *around* a stove

둘째 the **second**, number two

둥글다 **round**, circular
¶ 둥근 얼굴 a *round* face

뒤 the **back**, the rear
¶ 이삼일 뒤에 a few days *later*

뒤떨어지다 fall behind; [남다] remain

뒤보다 [용변] go to stool, ease nature

뒤섞다 mix up

뒤지다 1. [수색] search ((*for*))
2. [처지다] fall behind

뒤집다 turn over, turn ((a coat)) inside out

뒤흔들다 shake violently

뒷맛 an after-taste

뒷받침 backing, support ~하다 **back**, **support**

뒹굴다 roll about, tumble about

드디어 **finally**, at last, at length
¶ 그는 드디어 그 시험에 합격했다 He passed the exam *at long last*.

드러나다 [표면에] show[reveal] itself; be revealed; [노출] be exposed
¶ 비밀이 드러났다 The secret *got out*. / 이름이 세상에 드러나다 *become famous*

드러내다 **show**, expose, disclose

드러눕다 **lie down**, lay ((himself)) down
¶ 그는 풀밭에 드러누웠다 He *lay* himself *down* on the grass.

드물다 unusual, uncommon

듣다 **hear**, listen ((*to*)); [효력이 있다] take effect ((*on*)), do ((him)) good
¶ 나는 누군가가 웃는 것을 들었다 I *heard* somebody laughing. / 이 약은 두통에 잘 듣는다 The drug *acts* wonderfully *on* headache.

들 a **field**

들끓다 **crowd**, swarm

들다 1. [날씨가] clear up, become clear
2. [날이] **cut**(well), be keen[sharp]
3. [나이가] grow older, take[put] on years
4. [손에] **hold** ((in his hands)); [높이] **raise**, lift (up), hold up; [음식을] **eat**, take, have, drink
5. [안으로] **enter**, go in[into]

들러붙다 **stick to**, cling to

들르다 **drop in** ((*at*)), stop off in[at]
¶ 이 곳에 오시게 되면 들르시오 If happen to come this way, please *drop in*.

들리다 [소리가] be heard, be audible

들어가다 **enter**, go in[into]; [포함하다] **hold**, include; [비용이] cost
¶ 학교에 들어가다 *enter* a school

들어오다 **enter**, come[get] in
¶ 들어오게 하다 *let* ((him)) *in* / 들어오시오 *Come in*.

들여다보다 **look into**, look through

들이다 [안으로] let ((him)) in, admit; [물건을] take in, bring in

들이쉬다 breathe in

들이키다 drink up, gulp down

들키다 be found (out), be discovered

듬뿍 to the brim, to the full

듯하다 **seem**, look like, appear
¶ 그녀는 행복한 듯하다 She *looks* [*seems*] (to be) happy.

등 the **back**

등급 等級 a **grade**, a class

등대 燈臺 a lighthouse

등등 等等 **etc.**, and so on, and others

등분하다 等分— divide equally

등불 燈— a **lamp**, a lamplight

등산 登山 mountain climbing

등지다 [틀어지다] fall out with, be on bad terms with; [배반] turn against [*on*, *upon*]

디디다 step on, tread on
따다 **pick**, gather (모으다); [얻다] **get**, take, obtain
따돌리다 exclude 《a thing》, leave 《him》 out in the cold
따뜻이 **warmly**, warm-heartedly
  ¶ 따뜻이 맞아들이다 receive 《him》 *with warm hands*
따뜻하다 **warm**, mild
  ¶ 날씨가 따뜻해졌다 It[The weather] has become *warm*.
따라가다 [동반] **go with**, accompany; [뒤따라] **follow**; [뒤지지 않게] keep up with, catch up with
  ¶ 열심히 공부하면 그를 따라갈 수 있을 것이다 Study hard, and you will *catch up with* him.
따라서 [⋯대로] in accordance with, **according to**; [그러므로] accordingly, therefore, hence, so (that)
따라오다 **follow**, come with, accompany
  ¶ 개는 내가 어디를 가나 따라온다 The dog *follows* me wherever I go.
따로 separately, apart, aside from
따르다 1. **follow**, accompany, be followed by(수반하다); [복종] **obey**, follow
  ¶ 충고에 따르다 take[follow] 《his》 advice
  2. [붓다] pour 《out, in》, fill 《a cup》 with 《coffee》
따분하다 **boring**, dull
따위 **such**, as, the like, any such, some such, 《a thing》 like that; [등등] **and so forth[on]**
딱딱하다 **hard**, solid, stiff
딴 **another**(하나), **other**(여럿), different
딴데 some other place, somewhere else, another place, other places
딸 a **daughter**
땀 **sweat**, perspiration
땅 the earth; land(육지); the ground (땅바닥)
때 [시간] **time**, hour; [시기·기회] time, occasion, opportunity
  ¶ 점심 때 lunch *time*/ 모든 것은 다 때가 있는 법이다 There is a *time* for everything.
때다 [불을] make[build] a fire, burn, heat with a fire
때때로 **now and then**, occasionally, sometimes, from time to time
  ¶ 나는 때때로 그와 만난다 I see him *now and then*.
때리다 **strike**, hit, give a blow, beat
  ¶ 때려 눕히다 knock 《him》 down
때문 ¶ 때문에 on account of, because of, owing to, due to
떠나다 **leave**, start, depart (from)
  ¶ 아침 일찍 떠나다 *start* early in the morning / ⋯을 향하여 떠나다 *leave* for ~
떠들다 make a noise, be noisy
  ¶ 떠들지 마라 *Don't make a noise*.
떠오르다 [해·달이] rise (up), be up; [생각이] come across 《his》 mind, occur to 《him》; [물위에] rise[come up] to the surface
  ¶ 좋은 생각이 떠올랐다 I've got a good idea.
떡 rice cake
떨다 1. [몸을] **tremble**, shiver
  ¶ 아이는 추워서 떨고 있다 The child is *shivering* with cold.
  2. [먼지를] brush[sweep] off 《dust》
떨리다 **tremble**, shiver, shake
  ¶ 떨리는 목소리 a *trembling* voice
떨어뜨리다 **drop**, let fall, miss (놓치다)
떨어지다 **fall**, drop; [낙제] **fail** 《in the exam》; [붙었던 것이] come off; come out; [분리] separate; [해지다] be worn out; [바닥나다] be exhausted, run out, run short
떳떳하다 **fair**, square, open
떼 a **group**, a crowd, a throng
떼다 [붙은 것을] **remove**, take off [away]; [떼어놓다] draw 《men, things》 apart, separate
  ¶ 간판을 떼다 *remove* a signboard
또 **again**, once more; [게다가] **and**,

moreover, besides
¶ 또 봅시다 See you *again*.
또한 too, also, as well
똑똑하다 [명백] **clear**, distinct; [영리하다] **clever**, bright, smart
똥똥하다 **plump**, fat (and short)
¶ 똥똥한 어린애 a *chubby* child
뚜껑 a **lid**, a cover
뚜렷하다 **clear**, plain, obvious
뚫다 [구멍·터널을] **bore, make a hole**
뚱뚱하다 **fat**, corpulent
뛰다 [달리다] **run**; [도약하다] **jump**
¶ 뛰며 좋아하다 *jump* for joy / …으로 뛰어가다 *rush to* ~
뛰어나다 excel, surpass, stand above
¶ 그녀는 수학에서 뛰어나다 She *stands above* the others in mathematics.
뛰어넘다 **jump over**
¶ 도랑을 뛰어 넘다 *jump*[*leap*] *over* a ditch

뜨개질 knitting ~하다 **knit**
뜨겁다 **hot**, heated, burning
¶ 삶은 달걀은 너무 뜨거워 만질 수 없었다 The boiled eggs were too *hot* to touch.
뜨다 1. [느리다] **slow**
2. [물·하늘에] **float**; [해·별이] **rise**, come up; [사이가] be apart
3. [자리를] **leave**
4. [눈을] open ((his eyes))
뜰 a **yard**, a garden
뜻 [의미] **meaning**; [의지] a mind
¶ 뜻이 있는 곳에 길이 있다 Where there is a *will*, there is a way.
뜻밖 ¶ 뜻밖에 unexpectedly, all of a sudden
뜻하다 **intend** ((to do)), plan; [의미하다] **mean**
띄우다 [공중에] **fly**, let fly; [물위에] **float**, set ((a thing)) afloat
띠 a **belt**

-ㄹ 것 같다 **look**, appear, ((it)) seem ((to me)) that
¶ 오늘은 비가 올 것 같다 It *looks like* raining today.
-ㄹ수록 the more ... the more (더), the less ... the less (덜)
¶ 많을수록 더 좋다 The more, the better.
-ㄹ 수 없다 **cannot**, be unable ((to do))
¶ 나는 피아노를 칠 수 없다 I *cannot* play the piano.
-ㄹ지 **whether** (or not), **if**
¶ 그가 올지 안 올지 나는 모른다 I don't know *whether* he will come here.

-ㄹ지라도 **even if**, even though, although, however
¶ 그는 가난할 지라도 정직하다 *Although* he is poor, he is honest.
…로 [수단·도구] **by**, by means of, **with**; [원인·이유] **at, with, of, from**; [원료·재료] **from, of**; [척도·표준] **by**; [방향] **to, for**; [지위·신분] **as**
…로서 [지위·신분] **as, for**, in the capacity of
리 理 ¶ …리가 없다 cannot be, must not be, It is hardly possible ((that)) / 그것은 사실일 리가 없다 It *cannot be* true.

마감 closing ~하다 **close**, bring to a close

마개 a stopper, a cork, a plug

마구 carelessly, at random; [심히] hard, much

마다 each, **every**, all whenever
¶ 해마다 *every* year

마디 [관절] a **joint**, [낱말] a word
¶ 한 마디로 말하면 *in a word, in short*

마땅하다 [당연] **right**, proper [적당] suitable
¶ 그는 칭찬받아 **마땅하다** He *deserves* praise. / 이방은 서재로 **마땅하다** This room is *suitable for* a study.

마루 a **floor**
¶ 마루를 쓸다 sweep the *floor*

마르다 [건조] **dry,** get dry, dry up; [여위다] become thin, lose flesh
¶ 나는 목이 **마르다** I'm *thirsty*.

마술 魔術 **magic**

마시다 drink; swallow (들이키다)

마을 a **village**

마음 mind, heart, spirit(정신)
¶ 마음을 안정시키다 *calm* ((himself)), *calm* ((his)) *mind* / 마음이 가난한 자는 복이 있나니 Blessed are the poor in *spirit*.

마음껏 to ((his)) **heart's content**, to the full
¶ **마음껏** 즐기다 enjoy ((himself)) *to the full*

마음대로 as ((he)) pleases[likes]
¶ 마음대로 해라 Do *as you please*.

마주치다 [만나다] meet with, come across, come upon

마중하다 meet ((him)), greet, receive

마지막 the **last**, the end
¶ **마지막**까지 싸우다 fight to *the last*

마지못하다 be compelled[forced] to

마차 馬車 a **carriage**, a coach

마치 as if, as though
¶ 그는 **마치** 어른인 양 말했다 He talked *as if* he were a grown-up.

마치다 finish, complete, be through
¶ 그 책 읽기를 **마치고** 난 뒤에 갔다 I went to bed after *having finished* reading the book.

마침내 finally, at last, eventually
¶ **마침내** 그는 그것을 이해하게 되었다 *Finally* he came to understand it.

막 just, just now
¶ 나는 그때 **막** 외출하려던 참이었다 I *was about to* go out then.

막다 [차단] **block** (up), stop, check; [방어] **defend**, protect; [방지] **keep away**; [예방] **prevent**

막대기 a **stick**, a bar, a club (곤봉)

만 [단지] **only**, alone, just, simply

만 萬 ten thousand

만 灣 a **bay**, a gulf

만나다 [사람을] **see**, **meet**; [면담] interview; [사고 따위] meet with
¶ 우연히 **만나다** *come across*

만년필 萬年筆 a **fountain pen**

만들다 make; [창조] **create**; [제조] manufacture; [건조] build, construct
¶ 포도주는 포도로 **만든다** Wine is *made* from grape.

만원 滿員 a full house, a capacity audience

만일 萬一 **if**, in case ((of)), suppose ((that)), by any chance
¶ **만일** 누가 찾아오면 *if* someone calls on me

만족 滿足 **satisfaction** ~하다 **be satisfied** ((with)), be content ((with))

¶ 그는 자기 지위에 **만족하고 있다** He is *content with* his position.
만지다 touch, feel, finger
만찬 晩餐 **dinner**, supper
만큼 [비교] **as ... as**, so ... as; [어느…만큼] how much [many, long, far]; [정도] so ... that, so as ... to
¶ 그는 너**만큼** 키가 크다 He is *as* tall *as* you. / 그녀는 그런 것을 믿을 **만큼** 어리석지 않다. She is not *so* foolish *as* to believe it.
많다 [수] **many**; [양] **much**; [수·양] plenty, abundant, plentiful
¶ 그녀는 너무 말이 **많다** She talks *too much*.
많이 much, lots, plenty
말 1. [동물] **a horse**
¶ 말을 타고 가다 go *on horseback*
2. [언어] **language, speech**
¶ 말없이 without a *word* / 바꾸어 **말하자면** *that is (to say)*, *in other words* / 말 뿐이다 *All talk and no deed*.
말다툼 a dispute, a quarrel ~하다 *have words* ((*with, about*)), *quarrel*
말더듬다 stammer
말리다 1. [건조] **dry**, make dry
2. [중지] stop ((him)) from ((doing))
말썽 trouble ¶ 말썽을 일으키다 cause *trouble*
말쑥하다 clean, neat, smart, nice
말하다 speak, talk, tell
¶ 말할 것도 없이 *needless to say, to say nothing of* / 말하자면 *so to speak, as it were*
맑다 clean, clear
맛 taste, flavor
맛있다 delicious, tasty, sweet, nice
망보다 멍- keep watch
망설이다 hesitate, hold back
망신 亡身 **shame**, disgrace ~하다 *be put to shame, disgrace* ((*himself*))
망원경 望遠鏡 **a telescope**, a field-glass
망치 a hammer
망치다 ruin, spoil, destroy
망하다 亡- **be ruined**, go to ruin

맞다 1. [옳다] **right**, correct; [취미·음식 따위가] **suit,** be suitable, be agreeable; [물건이] **fit,** suit; be suited; [적중] **hit**
¶ 내 시계는 잘 **맞는다** My watch *keeps good time*. / 이 옷은 내게 잘 **맞는다** These clothes *fit* me well.
2. [사람을] **receive**, welcome, greet
¶ 손님을 **맞으러** 문까지 나오다 come out to the door *to receive* a visitor
맞은편 the opposite side
맞추다 1. [조립] **assemble**, put together; [적합] adapt, adjust
2. [주문] **order** ((at a shop)), order from ((a man, a shop))
¶ 나는 새로 구두를 하나 **맞췄다** I *had* a new pair of shoes *made*.
맞히다 [명중] **hit** ((the mark)), guess right (알아맞히다)
맡기다 give ((a thing)) into ((his)) keeping, place ((a thing)) in another's custody, leave ((a thing)) with ((him)), entrust ((him)) with ((a thing))
맡다 keep, receive ((a thing)) in trust, take ((a thing)) in charge
¶ 이 돈을 **맡아** 주시오 Please *keep* this money for me. / 그녀는 음악을 **맡고 있다** She is *in charge of* music.
매 1. a **whip**
2. [새] a **hawk**, a falcon
매년 每年 **every year**, yearly
¶ **매년** 이만 때면 우리는 소풍간다 We always go on a picnic *at this time of year*.
매다 tie, bind
매달다 be hung, hang on
매듭 a knot, a tie, a joint (대 따위의)
매매 賣買 buying and selling, purchase and sale ~하다 buy and sell
매섭다 fierce
매우 very, so, most, exceedingly
¶ **매우** 어려운 문제 a *very* difficult question
매일 每日 **every day**, each day
¶ **매일** 학교에 간다 We go to school *every day*.

매주 每週 **every week**, weekly
¶ 매주 일요일 *every Sunday*
맥주 麥酒 **beer**
맨발 bare feet
맵다 **hot**, peppery
¶ 이 국은 너무 **맵다** The soup is too *hot* for me.
맹렬하다 猛烈— **violent**, furious
맹세하다 **swear**, pledge, vow
¶ 하나님께 **맹세하다** *swear* to God
맺다 [결실] **bear;** [관계를] **form, make;** [완결] finish, conclude
머리 **head**, brain (두뇌); [머리털] **hair**
머무르다 **stay**, put up 《at》, stop
먹 an ink-stick
먹다 **eat**, take, have
¶ 우리는 쌀을 **먹고 산다** We *live on* rice. / 많이 **먹었습니다** I *have had my fill.*
먹이다 **feed**
¶ 고양이에게 생선을 **먹이다** *feed [give]* fish to a cat
먼지 **dust**
¶ **먼지** 나는 길 a *dusty* road
멀다 1. [눈이] go blind, be blind
2. [거리가] **far**, distant
¶ 학교는 집에서 **멀지** 않은 곳에 있다 The school is not *far* from my house.
멀리하다 keep 《him》 at a distance
멈추다 **stop**, cease, halt
¶ 갑자기 **멈추다** *stop* short[suddenly]
멍청하다 **stupid**, dull, slow-witted
메스껍다 feel nausea, feel sick
메아리 an **echo**
메우다 fill up
¶ 빈 칸을 **메우라** *Fill* the blanks.
며느리 a daughter-in-law
면도 面刀 [면도질] shaving 〜하다 **shave** 《himself》, get a shave
¶ 그는 **면도**를 하면서 즐겁게 노래하고 있었다 He sang merrily while *shaving* himself.
면접 面接 an **interview**
면하다 免— [벗어나다] **escape**, avoid, get rid of 《trouble》, get out of

면하다 面— **face**, look out on
면회 面會 an interview 〜하다 **see**, meet, interview
멸망 滅亡 **fall**, ruin 〜하다 **fall,** be ruined, go to ruin, be destroyed
멸시 蔑視 **contempt** 〜하다 regard 《him》 with contempt, despise
명랑하다 明朗— **merry**, cheerful
명령 命令 an **order**, a **command** 〜하다 **order**, command
¶ 나는 그에게 나가라고 **명령했다** I *ordered* him out.
명백하다 明白— **plain**, clear, obvious
¶ 그가 무죄인 것이 **명백하다** It is a *plain fact* that he is innocent.
명부 名簿 a **list** (of names)
명사 名詞 a noun
명성 名聲 **fame**, reputation
명예 名譽 **honor;** glory (영광)
명함 名啣 a (name) **card**, a visiting card, a calling card 《미》
몇몇 **some**, several, a few
모교 母校 《his》 Alma Mater, 《his》 old school
모국 母國 《his》 mother country
모기 a *mosquito*
모두 **all, everyone,** everybody, everything; [합계] in all, all told; [다함께] all together, altogether
¶ 우리들은 **모두** 그 계획에 반대한다 We *all* against the plan.
모든 **all**, every, each and every
모래 **sand**
모레 the day after tomorrow
모르다 do not know, cannot tell, do not understand, be not familiar
¶ 나는 그가 누군지 **모른다** I *don't know* who he is.
모른체하다 pretend not to know, pretend innocence
모방하다 模倣— **imitate**, copy, model
모범 模範 a **model**, an example
¶ **모범**생 a *model student* / …을 **모범**으로 삼다 follow the *example* of
모습 **looks**, appearance, a shape
모양 模樣 **shape**, form, appearance

¶ 공의 **모양**은 둥글다 The *shape* of a ball is round.
모욕 侮辱 **insult**
모으다 gather, get ((things)) together, collect(수집하다); [저축] **save**
¶ 우표를 **모으다** *collect* postage-stamps / 돈을 **모으다** *save* money
모이다 gather, come together
¶ 회합에 **모인** 사람들 those *present* at a meeting
모자 帽子 a **hat**(테 달린), a **cap**(차양 있는)
모자라다 be short of, be not enough
¶ 우리는 돈이 **모자란다** We are *short of* money.
모조리 all, one and all, entirely
¶ 그들은 **모조리** 그 계획에 찬성했다 *Every one* of them was for the plan.
모퉁이 a **corner**
모피 毛皮 a **fur**
모험 冒險 an **adventure** ~하다 adventure, venture
모호하다 模糊- **vague**, dim
목 a **neck,** a throat (인후)
목걸이 a **necklace**
목구멍 a **throat**
목록 目錄 a **list**, a catalog(ue)
목마르다 be **thirsty**, feel thirsty
목사 牧師 a **clergy**, a pastor, a minister
목소리 a **voice**
목수 木手 a **carpenter**
목숨 life
¶ **목숨**을 걸고 싸우다 fight *at the risk of* ((his)) *life*
목욕 沐浴 a **bath**, bathing ~하다 **bathe**, take[have] a bath
¶ **목욕실** a *bathroom* / **목욕통** a *bathtub*
목장 牧場 a **pasture**, a meadow, a ranch (미)
목적 目的 an **object**, a purpose
¶ **목적**을 이루다 accomplish[achieve] ((his)) *object*[*purpose*]
목표 目標 [표적] a **target**; a mark, [목적] a **goal**, an aim, an object

¶ 공격 **목표** a *target* for an attack
몫 a **share**, a portion, a lot
몰다 drive ((a car))
몰두하다 沒頭- be absorbed in, devote ((himself)) to
몰락 沒落 **fall**, ruin ~하다 **fall**, go to ruin, be ruined
몰래 secretly, privately, quietly
몰아내다 turn[push, drive] **out**, expel
몸 the **body**
몸가짐 ((his)) **behavior**[conduct]
몸부림치다 struggle, wriggle
몸소 in person, personally
몸조심하다-操心- [건강에] take care of ((himself)); [근신] take care of ((his)) health, behave ((himself))
¶ **몸조심** 해라 *Take good care of yourself.*
몸짓 a **gesture** ~하다 make gestures
몹시 very, greatly, highly
¶ 비가 **몹시** 온다 It is raining *very hard.*
못 1. [연못] a **pond**, a pool(작은)
2. a **nail**, a peg(나무못)
¶ **못**을 박다 drive in a *nail*
못하다 1. [불능] **cannot**, be impossible, be unable to, fail to
¶ 나는 일등상을 타지 **못했다** I *failed* to win the first prize.
2. [열등] **inferior**, be worse than
¶ 그는 딴 아이들보다 지능이 **못하다** He is *beneath* the other children in intelligence.
몽둥이 a **stick**, a club
몽땅 all, completely, entirely, wholly
묘 墓 a **grave**, a tomb
¶ **묘지** a *graveyard*, a *cemetery*
무 無 **nothing**
무겁다 heavy; [신중] grave, serious
무게 weight
¶ **무게**를 달다 *weight* ((a thing))
무관계하다 無關係- have nothing to do with, have no connection with
무관심하다 無關心- indifferent ((*to*))
무기 武器 **arms**, a weapon
무너지다 collapse, fall down, break

무능하다 無能- incapable, incompetent
무늬 a **pattern**, a figure, a design
무대 舞台 the **stage**
무더기 a pile, a heap
무덤 a **grave**, a tomb
무덥다 **sultry**, hot and damp
무뚝뚝하다 **blunt**, brusque, abrupt
무력 武力 military power, force
¶ 문필의 힘은 **무력**보다 강하다 The pen is mightier than *the sword*.
무렵 the **time**《when》
무례하다 無禮- impolite, rude
무료 無料 free of charge, no charge
¶ 입장 무료 "*Admission free.*"
무릅쓰다 **risk**, face, brave, dare
¶ 생명의 위험을 **무릅쓰고** *at the risk of*《his》*life*
무릎 the **knee**
무리 [떼] a **group**, crowd
무모하다 無謀- rash, reckless
무방하다 無妨- do no harm, it is all right, it does not matter
무사하다 無事- [안전] **safe**, secure; [평온] quiet, peaceful; [건강] (quite) **well**, be doing well
¶ 그 물건들은 **무사히** 도착했다 The goods came to our hand *in good condition*.
무서움 **fear**, dread, fright
무서워하다 **be afraid of**, fear, dread
¶ 그들은 지진을 **무서워하고** 있다 They are *in fear of* earthquakes.
무섭다 [겁나다] **fearful**, dreadful; [무서워하다] fear, dread
무슨 **what**, what kind of, some, some kind of
¶ **무슨** 일이냐 *What is the matter with you?*
무승부 無勝負 a **draw**, a tie
무시하다 無視- ignore, disregard
무시험 無試驗 no[without] examination
무식하다 無識- ignorant, illiterate
무엇 **what**, which, something, anything
무역 貿易 **trade**, commerce
무의미하다 無意味- meaningless, senseless, absurd, nonsense
¶ **무의미한** 말을 하다 talk *nonsense*
무익하다 無益- **useless**, futile, be no good[use]
¶ 백해 무익하다 *do more harm than good*
무임 無賃 free of charge
무자비하다 無慈悲- merciless, heartless, cruel
무장 武裝 **arms**, armament ～하다 **arm**, be under arms, bear arms
무정하다 無情- hard, heartless
무죄 無罪 innocence ～하다 innocent, guiltless, not guilty
무지개 a **rainbow**
무책임하다 無責任- irresponsible
무척 **very**, highly, exceedingly
¶ 돈에 **무척** 곤란을 받다 be *very* hard up for money
무한하다 無限- unlimited, infinite
묵다 1. [오래되다] get old
2. [숙박하다] **stay** 《at, in, with》, put up 《at》, stop 《at, in》
¶ 호텔에 **묵다** *put up*[*stop*] at a hotel.
묶다 **bind**, tie, fasten
¶ 상자를 끈으로 **묶다** *bind* a box with a cord
묶음 a **bundle**
문 門 a **door**, a gate, a gateway
¶ **문** 닫는 시간 the *closing-hour* / **문**을 노크하다 knock at the *door*
문득 **suddenly**, unexpectedly
문명 文明 **civilization**
문법 文法 **grammar**
¶ 그는 **문법**의 대가이다 He is an authority on *grammar*.
문병하다 問病- inquire after a sick person
문서 文書 a document, a paper
문안하다 問安- **inquire after** 《him》
문외한 門外漢 an outsider, a layman
문의 問議 an **inquiry** ～하다 make inquiry 《*about*》

문자 文字 **letters**
문장 文章 **a sentence**
문제 問題 **a question**, a problem
¶ 문제가 안되다 *be out of the question*
문지르다 **rub**, scrub, scrape
문학 文學 **literature**
문화 文化 **culture**, civilization
묻다 1. [매장] **bury**
2. [들러붙다] **stick** ((*to*)), be stuck, adhere ((*to*))
¶ 잉크가 묻어 있다 *be stained* with ink
3. [질문하다] **ask**, question, inquire of ((*him*))
¶ 나는 그것이 무엇이냐고 그에게 물었다 I *asked* him what it was.
묻히다 get buried
물 **water**
¶ 그녀는 꽃에 물을 뿌렸다 She sprinkled the flowers with *water*.
물가 物價 **prices**
물건 物件 **a thing**, an article, goods
¶ 그것은 중요한 물건임에 틀림없다 It must be *something* of importance.
물결 **a wave**
¶ 물결치는 대로 *at the mercy of waves*
물고기 **fish**
물구나무서다 stand on ((his)) hands, stand on end
물끄러미 **blankly**, vacantly
물다 1. **bite**; [입에] hold in the mouth
2. [갚다] **pay**, return
물들다 dye, get dyed
물러가다 **retire**, withdraw
물러서다 stand back, step aside
¶ 한 걸음 뒤로 물러서다 take a step backward
물려받다 inherit ((*from*)), take over
물려주다 hand over, make over
물리 物理 **physics**
물질 物質 **matter,** material
뭉치다 lump, mass; [단결] **unite,** hold together
¶ 뭉치면 살고 흩어지면 죽는다 *United* we stand, divided we fall.

뭍 **land**, dry land
미 美 **beauty**
미끄러지다 **slide**, glide, slip (발이)
미끄럽다 (be) **smooth**, sleek
미끼 a **bait**
미덥다 **reliable**, dependable
미래 未來 **future**, time to come
미련하다 **stupid**, clumsy, awkward
미루다 [연기] **put off**, postpone
¶ 오늘 할 수 있는 일을 내일로 미루지 마라 Never *put off* till tomorrow what you can do today.
미리 **beforehand**, in advance
미묘하다 微妙- **delicate**, subtle
미술 美術 **art**
¶ 이것은 미술관이다 This is an *art gallery*.
미신 迷信 **superstition**
미안하다 未安- be **sorry**
¶ 늦어서 미안합니다 I *am sorry* I am late.
미워하다 **hate**, loathe, detest
미지 未知 **미지의** *unknown, strange*
미지근하다 lukewarm, tepid
미치광이 a madman, a crazy man
미치다 1. [광기] go mad, go crazy
2. [이르다] **reach**, get to, get at
¶ 이 성냥을 아이들의 손이 미치지 않는 곳에 두시오 Put this match out of the *reach* of children.
민물 fresh water
민족 民族 a **race**, a nation, a people
민주주의 民主主義 **democracy**
민첩하다 敏捷- **quick**, prompt
믿다 **believe**; [신뢰] **trust**, trust in; [확신] be sure of; [신앙] believe in
¶ 나는 하나님을 믿는다 I *believe in* God.
믿음 [신뢰] **trust**, confidence; [신앙] **faith**, belief
밀다 **push**, thrust, give a push
¶ 문을 밀어 여시오 *Push* open the door.
밀도 密度 density
밀물 the **flow**, the tide

밀접하다 密接— **close** (*to*), intimate (*with*)
 ¶ **밀접한** 관계가 있다 be *closely* related (*with*)
밉다 hateful, abominable, detestable

및 **and**, also, as well as
밑바닥 the **bottom**, the base
밑지다 **lose**, suffer a loss
 ¶ **밑지고** 팔다 sell *at a loss*
밑천 **capital**, funds

바구니 a (wicker, bamboo) **basket**
바깥 the **outside**, the exterior; [실외] the **outdoors**, the open
바꾸다 [교환] **change**, **exchange**; [대신·변경] replace, change
 ¶ 자리를 **바꾸다** *change* seats (*with*)
바느질 needlework, sewing ~하다 **sew**, do needlework
바늘 a **needle**
바다 the **sea**; [대양] the ocean
바닷가 the **seaside**, the beach, the seashore
바라다 [소원] **wish**, desire, want; [기대·예기] **hope**, expect, look forward to
 ¶ 네가 성공하기를 **바란다** I *wish* you would succeed.
바라보다 **see**, look at, watch, view
바람 a **wind**
바로 [바르게] **rightly**, properly, [정확히] **just**, exactly, precisely; [곧] **at once**, right away, immediately; [곧장] **directly**, straight
 ¶ 이것이 **바로** 내가 바라던 것이다 This is *just* what I wanted.
바로잡다 **correct**, reform
 ¶ 틀린 곳이 있으면 **바로잡아라** *Correct* errors if any.
바르다 1. [곧다] **straight**; [옳다] **right**, true
 2. [붙이다] **put** (*on*), paste, apply; [칠하다] **paint**, plaster(회반죽을)
 ¶ 얼굴에 분을 **바르다** *powder* (her) face
바보 a **fool**, an ass, an idiot
 ¶ 나는 **바보** 같은 짓을 했다 I made a *fool* of myself.
바쁘다 [다 망하다] be **busy**, be engaged; [급하다] urgent, pressing
 ¶ 오늘은 대단히 **바빴다** I *have been* very *busy* today.
바삭거리다 rustle
바위 a **rock**
바치다 **give**, offer, present
바퀴 a **wheel**
박다 [못 따위] **drive** (*in*); [인쇄] **print**; [사진] **take** ((a photograph))
박두하다 迫頭— draw near, be imminent
박람회 博覽會 an exhibition, an exposition
박사 博士 a **doctor**
박수하다 拍手— clap ((his)) hands
박차 拍車 a spur
박탈하다 剝奪— deprive ((him)) of a thing, take away
밖 [바깥] the **outside**; [이외] the rest, the others
 ¶ **밖에** 나가다 go *out* / **밖에서** 놀다 play *outdoors*
반 半 a **half**
반 班 a **class**, a group
반가워하다 be glad about
반갑다 **happy**, glad, be pleased
 ¶ **반가운** 손님 a *welcome* guest /

반갑게 with joy[pleasure]
반격 反擊 a counterattack
반경 半徑 a radius
반대 反對 opposition, objection ~하다 be **against**, be opposed to, object to
¶ 그 계획에 **반대합니까**? Are you *against* the plan?
반도 半島 a peninsula
반드시 [확실히] **certainly**, surely; [꼭] without fail; by all means, at any cost; [필연적으로] necessarily
¶ 저 청년은 **반드시** 출세할 것이다 That young man is *sure* to succeed in life.
반듯하다 **straight**
반란 反亂 revolt
반복하다 反復— **repeat**
반성하다 反省— **reflect** ((on))
반숙 半熟 half-cooked, half-boiled
반액 半額 a half-price, half the sum
반영하다 反映— **reflect**
반원 半圓 a half circle
반응 反應 **reaction**, response
반칙 反則 a **foul**, foul play, violation ~하다 violate the rules, play foul
¶ 그것은 **반칙이다** It is *against the rules*.
반하다 fall in love with ((her))
반항 反抗 resistance, opposition ~하다 **resist**, oppose
받다 **receive**, take, accept
¶ 편지를 **받다** *receive*[get] a letter (from) / 레슨을 **받다** *take* lessons
받아쓰기 dictation ~하다 do dictation
받치다 [괴다] **support**, prop
받침 a **support**, a prop
발 a **foot**; a paw (동물의)
발견 發見 **discovery** ~하다 **discover**
¶ 누가 아메리카를 **발견했느냐** Who *discovered* America?
발달 發達 **development** ~하다 **develop**, make progress
¶ 과학은 급속히 **발달했다** Science has *made* rapid *progress*.
발뒤꿈치 the **heel**

발랄하다 潑剌— **lively**, be full of life
발명 發明 **invention** ~하다 **invent**
¶ 에디슨은 전등을 **발명했다** Edison *invented* the electric lamp.
발버둥이치다 struggle
발뺌 an **excuse**, a pretext ~하다 make an excuse
발사하다 發射— **fire**, discharge
발언하다 發言— utter, speak
발육 發育 **growth**, development
발음 發音 **pronunciation** ~하다 **pronounce**
발자국 a footprint
발작 發作 a fit ~하다 have a fit
발전 發展 development ~하다 **develop**, grow, advance
발톱 a toenail
발판 —板 a footing, a foothold
발포 發砲 firing, discharge ~하다 **fire**, discharge
발표하다 發表— **announce**, express
¶ 그 뉴스는 오늘 아침에 **발표되었다** The news *was made public* this morning.
발행 發行 publication ~하다 **publish**
밝다 **bright**, light
밝히다 **light** (up), brighten, lighten[분명히 하다] make ((a matter)) clear
밟다 **step** ((on)), tread ((on)); [뒤를] **follow**, trail after
¶ 한국 땅을 **밟다** *set foot on* Korea
밤 1. **night**, evening(저녁)
   2. [열매] **chestnut**
밤새도록 all night, all through the night
밤새우다 sit up all night, keep awake all night through
¶ **밤새워** 영어를 공부하다 *sit up all night* studying English
밥 boiled rice
밥상 —床 a dinner table
방 房 a **room**, a chamber
방관하다 傍觀— **look on**, watch
방금 方今 just now, a moment ago
¶ 어머니는 **방금** 나가셨다 Mother went out *just now*.

방대하다 尨大— **huge**, vast
방랑하다 放浪— **wander** about, roam about
방문 訪問 a **visit**, a **call** ~하다 call on ((him)), call at ((his house)), **visit**, pay ((him)) a visit, make a call ((on))
¶ 나는 어제 그를 그의 집으로 **방문했다** I *called on* him *at* his house yesterday.
방법 方法 a **way**, a method, a process
방송 放送 broadcasting ~하다 **broadcast**
방울 a **bell**
방위 防衛 defense ~하다 **defend**
방지 防止 prevention ~하다 **prevent**, stop, check
방학 放學 a **vacation**, school holidays ~하다 go on vacation
¶ 여름 **방학** a *summer vacation* / 우리는 내일 **여름 방학**에 들어간다 We shall break up for the *summer vacation* tomorrow.
방해하다 妨害— obstruct, disturb, interrupt
¶ 진로를 **방해하다** block the passage, get in ((his)) way
방향 方向 a **direction**
방황하다 彷徨— wander[roam] about
밭 a **field**, a farm
배 1. [복부] the **stomach**, the belly
2. [선박] a **ship**, a vessel, a boat
¶ **배**(편으로) *by ship*
배경 背景 **background**
배고프다 **hungry**, feel hungry
배기다 **endure**, stand, withstand
¶ 나로서는 **배길** 수 없다 It is more than I can *bear*.
배달 配達 delivery ~하다 deliver ((things to him)), distribute
배반하다 背反— [반역] **betray**
¶ 조국을 **배반하다** *turn a traitor to* ((his)) country/betray ((his)) country
배부르다 **full**, have a full stomach
배신하다 背信— betray ((his)) confidence

배우 俳優 an **actor** ((남자)), an actress ((여자)), a player
배우다 **learn**, be taught, study
¶ 음악을 **배우다** *take lessons* in music
배웅하다 see off
¶ 그는 친구를 **배웅하러** 역에 갔다 He went to the station *to see* his friend *off*.
백 百 a **hundred**
백만 百萬 a **million**
뱀 a **snake**, a serpent
뱉다 spit out
버릇 a **habit**
¶ **버릇**이 되다 become a *habit*, grow into a *habit* / ⋯**버릇**이 생기다 get [fall] into a *habit* (of), form a *habit*
버리다 **throw[cast] away**; [포기] abandon, give up
¶ ⋯할 생각을 **버리다** *give up* the idea (of)
버섯 a mushroom
벅차다 unbearable, be beyond ((his)) power
번개 **lightning**
번거롭다 troublesome
번역 翻譯 translation ~하다 **translate** ((English)) **into** ((Korean))
번영 繁榮 prosperity ~하다 **prosper**, thrive
번지 番地 a house number, address
번호 番號 a **number**
벌 1. [곤충] a **bee**
2. a **set** ((of dishes)), a **suit** ((of clothes))
벌 罰 punishment, penalty
벌거벗다 strip ((himself)) of ((his)) clothes, strip ((himself)) naked
벌거숭이 a nude, a naked body
벌금 罰金 a **fine**, a penalty
벌다 **earn**, make ((money))
¶ 너는 한 달에 얼마 **버느냐** How much do you *earn* a month?
벌레 an **insect**, a bug ((속어)), a worm
벌리다 **open**, widen
벌써 **already, yet** (의문문에)

¶ 그는 **벌써** 도착했다 He has *already* arrived here. / 그는 **벌써** 도착했겠지? Is he here *yet*?

벌이다 **spread**, arrange, display

벌집 a **beehive**, a honeycomb

범인 犯人 a **criminal**

범죄 犯罪 a **crime**, an offense

범하다 犯— commit

¶ 죄를 **범하다** commit a crime

법 法 a **law**, a rule

법석 a **noise**, a fuss, a bustle

법정 法廷 a law court

벗겨지다 come off, fall off, slip off

벗기다 [옷을] unclothe, undress, strip; [껍질을] **peel**, skin

¶ 감자 껍질을 **벗기다** *peel* potatoes

벗다 **take off**, put off

¶ 장갑을 **벗다** *pull off* 《his》 gloves

벗어나다 free 《himself》 from, get out of 《difficulties》, escape

베개 a **pillow**

베다 **cut**

베풀다 [잔치 따위를] **give**, hold; [은혜 따위를] **give**, bestow

벼 a rice plant

벼락 **thunder**, a thunderbolt

벽 壁 a **wall**

벽돌 甓— a **brick**

변경 變更 **change** ~하다 change

¶ 날짜를 **변경하다** *change* the date

변두리 邊— outskirts 《of Seoul》

변소 便所 a water closet, a toilet room

변장 變裝 disguise ~하다 disguise 《himself as》

변하다 變— **change**, undergo a change

변호사 辯護士 a **lawyer**

변화 變化 **change**

별 a **star**

병 瓶 a **bottle**

¶ 맥주 한 **병** a *bottle* of beer

병 病 **sickness** (미), **illness** (영)

¶ **병**을 치료하다 cure a *disease* / **병**으로 누워 있다 be *ill* in bed

병나다 病— get sick, fall ill, be taken ill

병아리 a **chicken**

병역 兵役 military service, service in the army

¶ **병역** 면제 *exemption from service*

병원 病院 a **hospital**

볕 **sunshine**, the sun

보고 報告 a **report** ~하다 **report to** 《him》 (on)

보관하다 保管— **keep**

보급 補給 **supply** ~하다 supply

보내다 **send**; [전송하다] **see** 《him》 **off**, send off; [세월을] **spend**, pass

¶ 편지를 **보내다** *write*[*send*] a letter to 《him》 / 심부름 **보내다** *send* 《him》 on errand

보다 **see**, look 《at》

¶ …을 **보고** *at the sight of* ~ / 어느모로 **보아도** *in every respect, from every point of view* / 볼 만하다 *worth seeing*

보리 **barley**

보물 寶物 a treasure

보살피다 **take care of**, look after

보석 寶石 a **jewel**, a gem

보여주다 **show**, let 《him》 see

보이다 1. [눈에] **see**, be seen(사물이 주어); […인 것 같다] **look**, seem

¶ 그녀는 키가 커 **보인다** She **looks** tall.

2. [보게 하다] **show**, let 《him》 see

보존하다 保存— **preserve**, save, keep

보초 步哨 a **guard**, a sentry

보태다 [가산] **add**

보통 普通 ¶ **보통**의 *common, usual, normal*(정상적인)

¶ **보통** 있을 수 있는 일로 치다 take 《a thing》 as *a matter of course*

복 福 **good fortune**, blessing, good luck

복수 復讐 revenge, vengeance

복수 複數 the plural number

복잡하다 複雜— **complicated**, complex

¶ **복잡한** 문제 a *complicated* problem

복장 服裝 **dress**, clothes, costume
복종 服從 obedience ~하다 **obey**, submit ((to)), yield ((to))
복판 the **middle**
볶다 parch, roast; [들볶다] **tease**, annoy
본래 本來 originally
본인 本人 the person himself
볼 a **cheek**
볼일 a **business**
　¶ 볼일이 있다 *have something to do*
봄 **spring** (time)
봉급 俸給 a **salary**, wages, pay
　¶ 봉급으로 생활하다 *live on ((his)) salary*
봉쇄 封鎖 a blockade ~하다 block up
봉오리 a **bud**
봉우리 a **peak**
봉투 封套 an **envelope**
부근 附近 **neighborhood**
부끄럼 [수줍음] shyness; [수치] **shame**, disgrace
　¶ 부끄럼 타는 소녀 *a shy[bashful] girl*
부끄럽다 [수줍다] **shy**; [수치] shameful, disgraceful
　¶ 나는 부끄러워서 그런 말은 못하겠다 *I am ashamed to say such a thing.*
부닥치다 **face**, confront, encounter
　¶ 어려움에 부닥치다 *face a difficulty*
부담 負擔 a **burden**, a charge
부드럽다 **soft**, tender
　¶ 부드러운 목소리 *a soft voice*
부디 **by all means**, without fail
　¶ 부디 안부 전해 주시오 *Please give him my best regards.*
부딪치다 collide with, bump against
　¶ 자동차가 전주에 부딪쳤다 *A car ran against a telegraph pole.*
부랴부랴 hurriedly
부러워하다 **envy**, be envious of
　¶ 행운을 부러워하다 *envy ((his)) good fortune*
부러지다 **break**, be broken
부르다 **call**, call out to ((him)), hail
　¶ 출석을 부르다 *call the roll* / 의사를 부르다 *send for* a doctor
부르짖다 **shout**, cry
부리 a **bill**, a beak
부모 父母 **parents**, father and mother
부부 夫婦 man[husband] and wife
부분 部分 a **part**, a section
부상 負傷 a **wound**, an injury
부서지다 **break**, be broken
　¶ 부서지기 쉬운 *fragile, easy to break*
부수다 **break**
부업 副業 a side line, a side job
부엉이 an **owl**
부엌 a **kitchen**
　¶ 부엌 세간 *kitchen* ware
부유하다 富裕— (be) **wealthy**, (be) rich, (be) well-off
　¶ 그는 부유하다 *He is well off.*
부인 夫人 **Mrs.**, Madam, wife
부인 婦人 a **woman**, a lady
부인하다 否認— **deny**
부자 富者 a rich[wealthy] man
부정 不正 **injustice**
부정하다 否定— **deny**
부족 不足 shortage, lack ~하다 be short ((of)), lack
　¶ 물이 부족하다 *be short of* water
부주의하다 不注意— careless
부지런하다 **diligent**, industrious
　¶ 그는 부지런한 학생이다 *He is a diligent student.*
부채 a **fan**
부처 Buddha
부치다 [편지를] **mail**, send
　¶ 편지를 항공 편으로 부치다 *send a letter by air*
부탁하다 付託— **ask**, request, beg, ask a favor of
부터 **from**, since
　¶ 아침부터 저녁까지 *from morning till evening*
부피 bulk, size, volume
북 a **drum**
북 北 the **north**
북극 北極 the North Pole
분 分 a **minute**

¶ 4시 5분 five *minutes* past four
분 粉 face powder
분간하다 分揀— **know**, tell 《*from*》
분개하다 憤慨— be indignant 《*about*》
분노 憤怒 **anger**, wrath, rage, fury
분량 分量 **quantity**
¶ 적은 분량 a small *quantity*
분류하다 分類— classify
분리하다 分離— separate 《*from*》
분만하다 分娩— give birth to
분명하다 分明— **clear**, plain, obvious, evident
¶ 분명히 *clearly, plainly, obviously*
분배하다 分配— **divide** 《*between, among*》, share 《*with, between*》
¶ 고용자에게 이익을 분배해주다 *distribute* the profits *among* 《his》 employees
분석 分析 analysis
분수 分數 a fraction
분실 紛失 **loss** ~하다 lose
분위기 雰圍氣 an **atmosphere**
불 **fire**, flame, blaze
¶ 불을 붙이다 light[kindle] a *fire* / 불을 끄다 put out the *fire*
불가능하다 不可能— **impossible**
불경기 不景氣 hard times, *depression*
¶ 실업계의 불경기가 심각하다 Business is *in* serious *depression*.
불공평하다 不公平— **unfair**, partial, unjust
불꽃 a **flame**, a blaze
불다 blow
¶ 촛불을 불어서 끄다 *blow out* a candle / 휘파람을 불다 *whistle*
불때다 make[build] a fire
불량하다 不良— **bad**
불러내다 call out, call 《him》 to
¶ 전화로 불러내다 *call* 《him》 *up* by telephone
불룩하다 swollen, baggy
불리 不利 disadvantage ~하다 disadvantageous, unfavorable
불만 不滿 dissatisfaction, discontent
¶ 나는 조금도 불만이 없다 I have nothing *to complain* of.

불명예 不名譽 dishonor, disgrace
불붙다 catch fire
¶ 불붙기 쉽다 It is easy *to catch fire.*
불붙이다 kindle[light] a fire
불쌍하다 **poor**, pitiful
¶ 불쌍한 고아 a *poor* orphan
불쑥 **suddenly**, abruptly, unexpectedly
불안하다 不安— **uneasy**, anxious
¶ 불안한 표정 an *uneasy* look
불어나다 **increase**, gain
¶ 가족이 불어난다 The family *grows* larger.
불완전하다 不完全— imperfect, incomplete
불운하다 不運— unfortunate, unlucky
¶ 불운하게도 *unfortunately*
불유쾌하다 不愉快— unpleasant
¶ 남을 불유쾌하게 하다 *make* 《him》 *unhappy*
불지르다 set fire to 《a house》, set 《a house》 on fire, fire 《a house》
불쬐다 warm 《himself》 by the fire
불충분하다 不充分— **not enough**, insufficient
불친절하다 不親切— **unkind**, unfriendly
불켜다 **kindle**, light, turn[switch] on
불쾌하다 不快— unpleasant
¶ 불쾌하게 생각하다 feel *unpleasant*, be *displeased*
불타다 **burn**
¶ 배가 불타고 있다 The ship is *on fire*.
불티 sparks
¶ 불티같이 팔린다 It is selling *like hot cakes.*
불편 不便 **inconvenience** ~하다 inconvenient
¶ 휴대하기 불편하다 It is *unhandy* to carry about.
불평하다 不平— **complain of**[about], grumble at, make a complaint
불필요하다 不必要— unnecessary
불행 不幸 **unhappiness**, misfortune, bad luck ~하다 **unhappy**, unfortunate, unlucky
¶ 불행은 겹치기 마련이다 Misfor-

tunes never come singly.
불확실하다 不確實— **uncertain**
¶ 불확실한 보도 an *unreliable* report
붉다 **red**
붉히다 **blush** (얼굴을)
붓 a writing brush, a brush
붓다 1. **swell**, become swollen
2. [쏟다] **pour** ((*into*, *out*)), fill ((a cup)) with ((coffee
¶ 얼굴이 부어있다 He has a *swollen* face.
붕대 繃帶 a **bandage**
붙다 [접착] **stick** ((to)), adhere ((*to*)); [가담] **join**, side with
붙들다 **catch**, seize, take hold of
붙들리다 be caught, be arrested
붙이다 **attach**, fix, put on, put up
붙잡다 **seize**, grasp, catch, hold, take
비 **rain**, a rainfall
¶ 비가 그친다 It stops *raining*. / The *rain* stops
비겁하다 卑怯— **cowardly**
비교 比較 comparison ~하다 **compare** ((a thing)) **with** ((another))
비극 悲劇 a **tragedy**
비난하다 非難— **blame**
비누 **soap**
¶ 세수 비누 한 개 a cake[bar] of (toilet) *soap*
비다 be **empty**[vacant]
비단 非但 not only
비둘기 a **dove**, a pigeon
¶ 비둘기장 a *dovecot*
비로소 for the first time
비록 **though**, if, even if, even though
비리다 fishy
비명 悲鳴 a **scream**, a shriek
비밀 秘密 a **secret**, secrecy
¶ 비밀로 하다 *keep* ((a matter)) *secret* / 비밀을 지키다 keep a *secret* / 비밀이 누설되다 The *secret* leaks out.
비서 秘書 a **secretary**
비석 碑石 a tombstone, a gravestone
비싸다 **expensive**, high, costly
¶ 값이 너무 **비싸다** The price is too *high*/It is too *expensive*.
비열하다 卑劣— **mean**, base, cowardly
비용 費用 **expense**, cost
¶ 비용을 절약하다 cut down *expenses*
비우다 **empty**, make empty
비웃다 **laugh at**
비참하다 悲慘— (be) miserable
비추다 shed light ((*on*)), light ((*up*))
비치다 **shine**
¶ 햇빛이 찬란하게 **비친다** The sun *shines* brightly.
비키다 get out of the way, step aside
비틀거리다 **stagger**
¶ 비틀거리며 일어서다 *stagger* to ((his)) feet
비틀다 **twist**
¶ 팔을 비틀다 *twist* ((his)) arm
비판 批判 criticism ~하다 **criticize**
비행 飛行 flying ~하다 **fly**
비행기 飛行機 an **airplane**
비행장 飛行場 an **airport**[airfield]
비호하다 庇護— protect, shield
¶ 비호하에 under *the protection* ((*of*))
빈곤 貧困 **poverty** ~하다 **poor**
빌다 1. [구걸] **beg**, ask; [기원] **pray**; [사죄] ask ((his)) pardon, apologize ((to him)) for
2. [차용] **borrow**; [힘을] have ((his)) help
¶ 책을 빌다 *borrow* a book
빌리다 [대여하다] **lend**, let ((him)) have; [임대하다] **hire**[let] ((out))
¶ 말을 빌리다 *hire* horses *out*
빗 a **comb**
¶ 빗으로 머리를 빗다 *comb* ((out)) ((his)) hair
빗나가다 **miss**, go astray
빗맞다 miss the mark
빙점 氷點 the freezing point
빚 a **debt**, a loan
¶ 빚을 갚다 pay off *debts*, get out of *debt* / 빚이 없다 be free from *debt*
빚내다 borrow money ((*from*))
빚지다 run into debt
빛 **light**; [빛깔] a **color**

빛깔 a **color**
  ¶ 밝은 **빛깔**로 그리다 paint in bright *color*
빛나다 **shine**, be bright
빛내다 light up, make 《a thing》 shine
빠뜨리다 [빠지게 하다] **throw into** 《a river》; [빼놓다] **omit**; leave out; [잃다] **lose**, drop
  ¶ 나는 지갑을 **빠뜨렸다** I *lost* my purse.
빠르다 [속도가] **fast**, swift, rapid, quick; [이르다] **early**, soon
  ¶ 계산이 **빠르다** *quick* at figures / 내 시계는 매일 1분씩 **빨라진다** My watch *gains* a minute every day.
빠지다 [떨어지다] **fall into**, get into; [탐닉] **indulge**; [박힌 것이] come off; come out; [없다] be left out, be missing; [제외되다] be excluded; [살이] become thin, lose flesh[weight]
  ¶ 내 이가 하나 **빠졌다** One of my teeth *has fallen out*.
빨갛다 deep-red
빨개지다 turn red
빨다 1. [입으로] **suck**, sip
  2. [세탁하다] **wash**, do washing
빨래 **wash,** washing, laundry ~하다 **wash**, launder, do washing
빨리 **fast**, rapidly, quickly
  ¶ 될 수 있는 한 **빨리** 뛰어라 Run as *fast* as you can.
빳빳하다 **stiff**, straight
빵 **bread**
  ¶ 버터 바른 **빵** *bread and butter* / **빵**만으로 살 수 없다 Man cannot live by *bread* alone.
빼다 **pull out**, take out
빼앗기다 be taken 《a thing》 away, be deprived of 《a thing》
빼앗다 take 《a thing》 away from 《him》, deprive 《him》 of 《a thing》
빽빽하다 **thick**, close, dense
뺨 a **cheek**
뻔하다 **clear**, evident, obvious
뻗다 stretch out
뼈 a **bone**
뼈대 frame, build
뽑다 **pull out**, take out; [가려내다] pick out, single out
  ¶ 잡초를 **뽑다** *root*[*pull*] *out* weeds / 반장을 **뽑다** *elect* a monitor
뾰족하다 (be) **pointed**, sharp
뿌리 a **root**
뿌리다 [끼얹다] **sprinkle**, spray, scatter
뿐 **only**, alone, merely
  ¶ **뿐**만 아니라 *besides, moreover*

사 四 **four**
사건 事件 an **event** (큰 사건), an incident (사소한)
  ¶ 그 **사건**은 미궁에 빠졌다 The *case has been wrapped in mystery*.
사격 射擊 firing, shooting
  ¶ **사격**장 a *shooting range*
사고 事故 an **accident**, a trouble
사고 思考 thought ~하다 **think**
사과 沙果 an **apple**
  ¶ **사과**주 *apple wine*
사과 謝過 an **apology** ~하다 **apologize**
사귀다 make friends with
  ¶ 그는 **사귀기** 어렵다 He is hard to *get acquainted with*.
사기 士氣 morale, fighting spirit
사기 詐欺 **cheat**, swindle, deception
사납다 **fierce**, violent, wild
사냥 **hunting**, a hunt

¶ 사냥가다 go hunting
사냥개 a hound
사냥꾼 a hunter
사늘하다 cool, chilly, icy
사다 buy, purchase
¶ 1000원에 사다 buy ((a thing)) for 1000 won
사닥다리 a ladder
사라지다 disappear, be gone, go out of sight
¶ 모든 희망이 사라졌다 All our hopes *are gone*.
사람 a man, a human being
¶ 그것을 싫어하는 사람도 있다 Some *people* dislike it.
사랑 love ~하다 love
사례 謝禮 thanks; reward (보수) ~하다 give thanks to, reward
사로잡다 catch alive, capture alive
¶ 범을 사로잡다 *capture* a tiger *alive*
사립학교 私立學校 a private school
사막 沙漠 a desert
¶ 사하라 사막 the Sahara *Desert*
사망 死亡 death ~하다 die
사명 使命 a mission
사무 事務 business, office work
¶ 사무실 an *office*(room)
사상 思想 thought, an idea, thinking
¶ 건전한 사상 healthy *thoughts*
사상 史上 in history
사생활 私生活 a private life, ((his)) privacy
사슬 chain
¶ 사슬에 매이다 be in *chains*
사슴 a deer
¶ 사슴 가죽 *deer* skin
사실 事實 a fact, truth
¶ 사실상 *actually, really*
사욕 私慾 a selfish desire, selfishness
사용 使用 use, employment
¶ 사용되고 있다[있지 않다] be *in*[out of] *use*
사위 a son-in-law
사의 謝意 thanks, gratitude
사이 [공간] a space, an interval; [시간] an interval, a while; [관계] relations, terms
¶ 나무 사이에 숨다 conceal ((himself)) *among* the trees
사전 辭典 a dictionary
¶ 사전을 찾다 look up a word in a *dictionary*, consult a *dictionary*
사절하다 謝絶— refuse, turn down
사정 事情 [형편] circumstances, the situation, the state of things
사직 辭職 resignation ~하다 resign
사진 寫眞 a photograph, a picture
¶ 사진을 찍다 take a *photograph* of / 사진을 찍히다 have ((his)) *photograph* taken
사촌 四寸 a cousin
사치 奢侈 luxury ~하다 indulge in luxury
¶ 사치품 a *luxury*
사치스럽다 奢侈— luxurious
사탕 砂糖 [설탕] sugar; [과자] candy
사투리 a dialect
사표 辭表 a written resignation, a letter of resignation
¶ 사표를 제출하다 hand in ((his)) *resignation*
사형 死刑 death penalty
사회 社會 society, the community
¶ 사회적인 *social* / 사회적으로 *socially*
삭감하다 削減— cut down, curtail
산 山 a mountain
¶ 산을 오르다 climb up a *mountain*
산림 山林 a forest
산맥 山脈 a mountain range
산물 産物 a product
¶ 주요 산물 staple **products**
산산이 散散— to pieces
산소 酸素 oxygen
산술 算術 arithmetic
산업 産業 industry
¶ 산업의 *industrial* / 산업의 발달 *industrial* development
산울림 山— an echo
산재하다 散在— be scattered about, lie scattered
산책 散策 a walk

¶ **산책하다** *take a walk, go for a walk*
산토끼 a hare
살 1. flesh; [식육] **meat**; [근육] **muscle**
2. [나이] years of age
살구 an **apricot**
살그머니 secretly, quietly, furtively
그녀는 **살그머니** 자리를 떴다 She left her seat *without a sound*.
살다 [생존] **live**, be alive, exist; [생활] get along, make a living; [거주] live, dwell, inhabit
¶ **살기** 좋은 곳이다 It is a good place to *live in*.
살리다 save, rescue
살림 living, livelihood
¶ **살림꾼** a *good housewife*
살림살이 housekeeping, a household
살살 gently, softly, slowly, quietly
살인 殺人 **murder**, homicide ~하다 commit murder, murder ((him))
살찌다 grow fat, gain weight
살피다 watch, take a good look at
¶ 기회를 **살피다** watch for an opportunity
삶다 boil, cook
¶ **삶은** 계란 *boiled* eggs
삼 hemp
삼각형 三角形 **a triangle**
삼림 森林 a **wood**, a forest
삼배 三倍 **three times**, thrice, treble
¶ 물가가 3배나 뛰었다 Prices have trebled.
삼삼오오 三三五五 by **twos and threes**, in groups of two or three
삼키다 swallow, gulp down
¶ 통째로 **삼키다** *swallow* whole / 단숨에 **삼키다** *swallow* at a gulp
삽 鍤 a shovel, a spade
삽입하다 挿入— **insert**, put ((a thing)) in
상 床 a **table**, a small table
상 賞 a **prize**
¶ **상**을 타다 get[win] a *prize* / **상**을 주다 give[award] ((him)) a *prize*

상가 商街 the **downtown**
상금 賞金 **prize money**
상기하다 想起— **remember**, recollect
¶ **상기시키다** *remind* ((him)) *of*
상냥하다 kind, gentle, tender, nice
상담 相談 **consultation** ~하다 **consult**, consult with
¶ 변호사에게 **상담하다** *consult* a lawyer
상륙 上陸 **landing** ~하다 **land**
상반하다 相反— be **contrary to each other**, disagree with each other
상상 想像 **imagination**, fancy ~하다 **imagine**, fancy
¶ **상상력** *imagination, imaginative power*
상세 詳細 **details** ~하다 **minute**, detailed
상식 常識 **common sense**
¶ **상식있는** 사람 a man of *good sense* / **상식 없는** 사람 a *senseless man*
상업 商業 **commerce**, trade
¶ **상업**에 종사하다 be engaged in *commerce*
상인 商人 a **merchant**, a trader
상자 箱子 a **box**, a case
¶ 사과 한 **상자** a *box* of apples
상점 商店 a **shop**, a **store** (미)
¶ 그는 명동에 **상점**을 가지고 있다 He keeps a *shop* in Myŏng-dong.
상징 象徵 a **symbol**
상처 傷處 a **wound**, an **injury**
¶ **상처**를 입다 get[receive] a *wound*
상태 狀態 a **condition**, a state, the state of things
¶ 건강 **상태** the *state* of health
샅샅이 everywhere, every nook and corner, all over
새 1. a bird
2. **new**(형용사)
¶ **새**를 기르다 keep a (cage) *bird*
새기다 1. [조각] **carve**, engrave
2. [해석] **interpret**
새끼 1. a straw rope
2. [새의] a **chicken**; [동물의] the

young
¶ 새끼를 배다 be with young
새다 [날이] dawn, break; [액체·비밀 따위가] leak (out)
¶ 비밀이 적에게 샌다 The secret leaks through to the enemy.
새로 newly, anew
¶ 새로 지은 집 a newly built house
새벽 dawn, daybreak
새우다 [밤을] sit up all night
새파랗다 deep blue, [얼굴이] pale; [젊다] young
새해 a new year
¶ 새해를 맞이하다 greet the New Year
색 色 a color
샘 a spring, a fountain
생각 thinking (사고); a thought (사상) ~하다 think
¶ 내 생각에는 to my thinking / 생각에 잠기다 be lost in thought
생각나다 come to mind
생계 生計 livelihood, living
생기다 [손에 들어오다] get, obtain; [발생] occur, happen, take place
생명 生命 life
생사 生死 life and death
¶ 생사에 관한 문제 a matter of life and death
생산 生産 production ~하다 produce
¶ 생산자 a producer, a maker
생선 生鮮 fish
생일 生日 a birthday
¶ 생일을 축하하다 celebrate ((his)) birthday / 생일을 축하합니다 Happy birthday to you!
생활 生活 life, living, livelihood
¶ 편안한 생활을 하다 live in comfort / 행복한 생활을 하다 live happily
서늘하다 cool, refreshing
¶ 날씨가 서늘해지다 It gets cool.
서다 stand (up); [멈추다] stop, halt
서두르다 hurry (up), make haste, be in a hurry
¶ 너무 서두르지 마라 Don't be so impatient.

서랍 a drawer
서럽다 sad, sorrowful
서명 署名 signing, a signature ~하다 sign ((his)) name
서문 序文 a preface
서양 西洋 the West, the Occident
서쪽 西— the west
¶ 서쪽으로 가다 go west, go westward
서투르다 clumsy, poor, awkward
석방하다 釋放— set ((him)) free, release, liberate
석유 石油 petroleum, gasoline(미)
석탄 石炭 coal
¶ 석탄을 연료로 쓰다 use coal for fuel
섞다 mix, blend
선 善 good, goodness
선 線 a line
선거 選擧 election ~하다 elect
¶ 대통령 선거 a presidential election
선두 先頭 the head, the lead
선명하다 鮮明— clear, distinct
선물 膳物 a present, a gift
¶ 선물을 받다 take[accept] a present / 선물을 주다 give[make] ((him)) a present
선박 船舶 a ship, a vessel
선반 一盤 a shelf
선배 先輩 a senior
선수 選手 a player, a champion
¶ 선수권 a championship
선장 船長 a captain
선택 選擇 choice, selection ~하다 choose, select, pick out
¶ 선택의 여지가 없다 You have no choice in this matter.
선풍기 扇風機 an electric fan, a motor fan
¶ 선풍기를 돌리다 set an electric fan going
설계 設計 a plan, a design ~하다 plan, design
설교 設敎 preaching ~하다 preach
¶ 설교자 a preacher
설득 說得 persuasion ~하다 per-

suade

설립 設立 foundation ~하다 **found**, establish, set up
¶ 설립자 *a founder*

설명 說明 explanation ~하다 **explain**
¶ 좀더 잘 설명해주시오 Please *explain* it more clearly.

설탕 雪糖 **sugar**

섬 an **island**, an isle
¶ 섬사람 *an islander*

섬세 纖細 delicacy ~하다 **delicate**, subtle, exquisite

섭섭하다 **sorry**, sad, regret
¶ 그가 못 와서 섭섭하다 I *regret* that he can't come.

성 **anger**

성 姓 a **surname**, a family name

성 性 a **sex**

성 城 a **castle**

성가시다 **annoying**, troublesome

성격 性格 **character**

성경 聖經 the **Bible**

성공 成功 **success** ~하다 succeed
¶ 성공을 빕니다 I wish you *success*.

성나다 **get angry with** ⟨⟨him⟩⟩

성냥 **matches** ¶ 성냥갑 *a matchbox*

성명 姓名 a **name**

성숙하다 成熟— **ripe**, ripen, mature
¶ 성숙한 처녀 a *mature* girl

성스럽다 聖— **holy**, sacred, divine

성실하다 誠實— **sincere**, honest

성의 誠意 sincerity, good faith
¶ 성의 있는 *sincere, earnest*

성인 成人 an **adult**, a grown-up

성장 成長 **growth** ~하다 **grow** (up)

성적 成績 **result**, record
¶ 학교에서 좋은 성적을 올리다 *make good marks* at school, do *well* at school

성질 性質 **nature**, temperament

성취 成就 accomplishment, achievement ~하다 **accomplish**, achieve

세 貰 **rent**
¶ 집[방]세 house[room] *rent*

세간 household furniture

세계 世界 the **world**, the earth (지구)
¶ 전 세계에서 in all the *world*, all over the *world*

세금 稅金 a **tax**

세기 世紀 a **century**

세다 1. [강력하다] **strong**, powerful
2. [헤아리다] **count**
¶ 돈을 세다 *count* the money

세대 世代 a **generation**
¶ 젊은 세대 the young *generation*

세력 勢力 influence, power, force
¶ 세력이 있다 be influential

세례 洗禮 baptism
¶ 세례받다 be baptized

세로 [명사] **length**; [부사] vertically, lengthwise

세배 歲拜 the New Year's greetings ~하다 exchange the New Year's greetings

세상에 世上— **in the world**, on earth

세우다 [서게 하다] **stand**, make stand; [건조하다] **build**, construct; [계획을] **make**, form, lay ⟨⟨a plan⟩⟩

세월 歲月 time and tide
¶ 세월이 유수 같다 *Time* flies like an arrow.

세포 細胞 a **cell**

셋방 貰— a rented room
¶ 셋방 있음 *Rooms for rent*.

소 a **cow** (암소), an **ox** (수소)

소감 所感 ⟨⟨his⟩⟩ impressions, an opinion

소개 紹介 introduction ~하다 **introduce**
¶ 소개장 *a letter of introduction*

소경 a blindman

소근거리다 **whisper**

소곤소곤 in whispers

소금 **salt**
¶ 소금에 절인 *salted, pickled with salt*

소나기 a **shower**, a passing rain
¶ 소나기를 만났다 I was caught in a *shower*.

소녀 少女 a (young) **girl**, a little girl

소년 少年 a **boy**, a lad
¶ 소년시대 ⟨⟨his⟩⟩ *boyhood*

소득 所得 an income, earnings
소리 **sound**, noise (소음), voice (목소리)
¶ 나팔 소리 the *sound* of a trumpet
소리치다 **shout**, cry out, call out
소매 a **sleeve**
¶ 소매에 매달리다 cling to ((his)) *sleeve*
소매치기 a pickpocket
¶ 소매치기당하다 have ((his)) *pocket picked*
소모 消耗 consumption ~하다 consume, use up
소문 所聞 a **rumor**
¶ 헛 소문 an idle *rumor* / 소문이 나다 A *rumor* gets started.
소방서 消防署 a fire station, a fire department
소비하다 消費— consume, spend
¶ 소비자 a consumer
소설 小說 a **novel**, a story
¶ 소설가 a novelist
소송 訴訟 a lawsuit
소수 少數 a minority, a few
¶ 소수파 the *minority*, the *few*
소스라치다 be frightened, be taken aback
소식 消息 **news**, information
¶ 소식을 듣다 hear from ((him)), hear the news of ((him))
소원 所願 ((his)) **wish**[desire]
¶ 소원을 성취하다 realize ((his)) cherished *wishes*
소위 所謂 what is called, what we call, the so-called
소유 所有 possession ~하다 **have**, own, possess
¶ 이 토지는 나의 소유이다 This land *belongs to* me.
소중하다 所重— **valuable**, important
소총 小銃 a rifle
소포 小包 a **parcel**
소풍하다 逍風— go for an outing, go on an excursion
소화 消化 digestion ~하다 digest
속기 速記 shorthand ~하다 write in shorthand

속다 be cheated, get deceived
속달 速達 special delivery
속도 速度 **speed**
속되다 俗— **low**, vulgar, worldly
속삭이다 **whisper**
속어 俗語 a slang word
속이다 **deceive**, cheat, take in
속하다 屬— **belong to**
손 **hand**; [일손·도움] a hand, a helping hand; [수고] **trouble**, care
¶ 손에 닿는 곳에 있다 be *within* ((his)) *reach*
손가락 a **finger**
손님 [방문객] a **visitor**, a caller; [고객] a customer
¶ 손님을 맞다 receive a *caller*
손대다 **touch**; [착수하다] begin, start; [때리다] hit, strike
손떼다 [관계를 끊다] finish with, break with
손목 the wrist
¶ 손목을 잡다 take ((him)) by the *wrist*
손상 損傷 **damage**, injury
¶ 손상되다 *be damaged, get injured*
손수 personally, in person
¶ 손수 검사하다 make a *personal* inspection
손쉽다 **easy**, simple
¶ 손쉽게 *easily*, with ease, without difficulty
손실 損失 **loss**
¶ 손실을 입다 suffer a *loss*
손잡이 a **handle**
¶ 문의 손잡이 a *doorknob*
손톱 a **fingernail**
¶ 손톱을 깎다 trim ((his)) *nails*
손해 損害 **damage**(손상), loss(손실)
¶ 손해를 입히다 *damage, injure*
솔기 a seam
솔직 率直 frankness ~하다 **frank**
¶ 솔직히 말하자면 *frankly speaking*, to be frank with you
솜 **cotton**
솜씨 **skill**

¶ 요리 솜씨가 좋다 be a *clever* [*good*] cook

솟다 rise[soar, tower] high

송두리째 root and branch, all, completely

송장 a **corpse**, a dead body
¶ 그는 산 송장이다 He is a living *corpse*.

솥 an iron pot

쇄도하다 殺到— rush in, rush to
¶ 신청이 쇄도하다 *be flooded with* applications

쇠 iron

쇠다 [명절 따위] **celebrate**, observe, keep 《his birthday》

쇠사슬 **chain**
¶ 쇠사슬로 매다 *chain*, put 《him》 in *chain*

쇠약하다 衰弱— grow weak, weaken
¶ 쇠약한 *weak, weakened*

수건 手巾 a **towel**
¶ 수건으로 닦다 wipe with a *towel*

수고 **toil**, labor, pains, an effort ~하다 work hard, take pains

수공 手工 **handiwork**
¶ 수공업 *manual trade*

수다스럽다 talkative

수단 手段 a **means**, a measure
¶ 수단과 방법 ways and *means*

수도 首都 a capital (city)

수두룩하다 abundant

수량 數量 quantity

수리하다 修理— **fix**, repair
¶ 수리중이다 *be under repair*

수면 睡眠 **sleep**, slumber
¶ 수면을 방해하다 disturb 《his》 *sleep*

수반하다 隨伴— **accompany**, be accompanied with

수병 水兵 a **sailor**

수비 守備 **defense**
¶ 수비가 강하다 They are strong in *defense*.

수상 首相 the prime minister, the premier

수상하다 殊常— suspicious, doubtful

수선 **fuss**, ado, bustle

¶ 수선을 피우다 make[raise] a *fuss*

수선 修繕 **reapir**, mending ~하다 **repair**, mend
¶ 시계를 수선시키다 have a watch mended

수소 水素 hydrogen
¶ 수소 폭탄 a *hydrogen* bomb

수송 輸送 transportation
¶ 수송기 a *transportation* plane

수수께끼 a **riddle**

수술 手術 a surgical operation
¶ 수술을 받다 undergo a *surgical operation*

수영 水泳 **swimming** ~하다 swim
¶ 수영복 a *swimming* suit / 수영장 a *swimming* place[pool]

수완 手腕 **ability**, skill
¶ 수완이 있는 *able, capable, talented*

수위 首位 the first place
¶ 수위를 차지하다 *lead* 《*in*》, rank *first* 《*in*》

수입 收入 an **income**
¶ 수입이 많다[적다] He has a large [small] *income*.

수입 輸入 **import**, importation
¶ 수입품 *imports, imported article* / 직수입 direct *import*

수재 水災 a flood disaster
¶ 수재민 *flood* sufferers[victims]

수저 **a spoon**; spoon and chopsticks

수정 水晶 crystal

수정하다 修正— modify

수준 水準 **a level**, a standard
¶ 수준에 미달이다 be below the *level*, fall short of the *standard*

수줍다 shy
¶ 그녀는 수줍어서 말도 못한다 She is too *shy* to speak.

수줍음 shyness

수집 蒐集 collection ~하다 **collect**, gather
¶ 우표 수집자 a stamp *collector*

수채화 水彩畵 a water-color (painting)

수첩 手帖 a notebook

수출 輸出 **export**, exportation ~하다

export, ship abroad
수치 羞恥 **shame**, disgrace ~스럽다 be disgraceful, be dishonorable
수표 手票 a **check**
수하물 手荷物 **luggage** 《영》, **baggage** 《미》
수학 數學 **mathematics**
수해 水害 a **flood**, a flood disaster
  ¶ 수해 지구 a *flooded* district
수행하다 遂行— **perform**, carry out
수행하다 隨行— **accompany**, follow
수험생 受驗生 a candidate for an examination
수혈 輸血 blood transfusion
수호 守護 **protection**, guard ~하다 **protect**, guard
수화기 受話器 a (telephone) **receiver**
  ¶ 수화기를 들다 pick up the *receiver* / 수화기를 놓다 hang up the *receiver*
수확 收穫 a **harvest** ~하다 harvest, reap, gather a harvest
  ¶ 수확이 많다[적다] have a good [bad] *harvest*
숙고 熟考 deliberation ~하다 think 《a matter》 over, consider 《a matter》 carefully
숙녀 淑女 a **lady**
숙달하다 熟達— become skilled 《in》
숙련공 熟練工 a skilled worker
숙모 叔母 an **aunt**
숙박하다 宿泊— **stop**[stay, put up] **at** 《a hotel》
숙부 叔父 an **uncle**
숙소 宿所 《his》 address, 《his》 place of abode, 《his》 quarters
숙어 熟語 an **idiom**
  ¶ 숙어집 a *phrase book*
숙이다 lower 《his head》
숙제 宿題 a **homework**, a home task
  ¶ 숙제를 하다 do 《his》 *homework*
순간 瞬間 a **moment**, an instant
순경 巡警 a **policeman**, a patrolman
  ¶ 교통 순경 a traffic *policeman*
순박하다 純朴— simple and honest
순서 順序 **order**, sequence

순진하다 純眞— **naive**, pure, sincere
  ¶ 순진한 마음 a *pure and simple* heart
숟가락 a **spoon**
  ¶ 설탕 한 숟가락 a *spoonful* of sugar
술 **wine**, rice wine, liquor
  ¶ 술에 취하다 *get drunk* / 술을 끊다 *give up drinking*
술잔 a wine cup
숨 a **breath**
숨기다 **conceal**, hide 《away》, keep 《a matter》 from
  ¶ 숨기지 않고 *frankly, openly*
숨다 **hide**, conceal 《himself》
숨바꼭질 hide and seek ~하다 play hide and seek
숨쉬다 **breathe**, respire, take breath
숫자 數字 a **figure**
숭배하다 崇拜— **worship**
숯 **charcoal**
  ¶ 숯을 굽다 make *charcoal*
숲 a **wood**, a forest
쉬다 1. [음식이] go bad
  2. [목소리가] get hoarse, grow husky
  3. [휴식하다] **rest**, take a rest; [중지하다] lie idle
  4. [숨쉬다] **breathe**
쉽다 [용이하다] **easy**, simple; [경향] be apt to, be ready to
  ¶ 이 소설은 읽기 쉽다 This story is *easy* to read.
스물 **twenty**
스미다 soak into, permeate
스스로 of itself, of its own accord; [자진해서] of 《his》 own accord
슬그머니 furtively, by stealth
슬프다 **sad**, sorrowful
  ¶ 슬픈 이야기 a *sad* stroy
슬픔 **sorrow**, sadness, grief
습격 襲擊 **attack**, assault
  ¶ 불시에 습격하다 *make* a surprise *attack*
습관 習慣 **habit**, way, custom
  ¶ 습관적 *habitual* / 습관적으로 *habitually* / 습관을 기르다 form a *habit*
습기 濕氣 moisture, dampness

승객 乘客 a **passenger**
승낙 承諾 **consent**, assent ~하다 consent[agree, assent] to
 ¶ **승낙** 없이 without (his) *consent*
승리 勝利 **victory**, triumph
 ¶ **승리**를 얻다 win[gain] a *victory*
승부 勝負 victory or defeat; [시합] contest, game
승인 承認 recognition ~하다 recognize
승차하다 乘車— get on a car, take a train, get aboard 《a train》
시 市 a **city**, a town
시 詩 [총칭] **poetry**
시간 時間 **time**; [한 시간] an **hour**; [학교의] a class hour
 ¶ **시간**을 낭비하다 waste (his) *time*
시계 時計 a **clock** (손목시계), a **watch**, a pocket watch (회중시계), a wristwatch (팔뚝시계)
 ¶ **시계**를 수리시키다 have (his) *watch* mended[repaired]
시골 the **country**
 ¶ **시골** 생활 *rural* life
시기 時機 opportunity, **chance**
 ¶ **시기**를 기다리다 wait for a ripe *opportunity*
시기 猜忌 **jealousy** ~하다 be jealous of, be envious of
시꺼멓다 deep black
시끄럽다 **noisy**
 ¶ **시끄럽게** *noisily*
시내 a **stream**, a brook
시내 市內 the **city**
 ¶ **시내**에 in the city
시다 [맛이] **sour**, acid
시달리다 be troubled with, be annoyed by, suffer from
시대 時代 an **age**, a period, a time
 ¶ **시대**에 뒤떨어지다 be behind the *times*
시들다 [초목이] **wither**, die
시력 視力 **sight**, eyesight, vision
 ¶ **시력**이 약하다 He is *weak-sighted*.
시련 試鍊 **trial**, test, ordeal
 ¶ **시련**을 견디다 stand the *test*

시무룩하다 sulky, sullen, displeased
시민 市民 a **citizen**
시비 是非 right or wrong; [싸움] dispute, quarrel
시속 時速 speed per hour
 ¶ **시속** 30마일 30 miles *per hour*
시시하다 trivial, petty, worthless
 ¶ **시시한** 일 a *trifle* thing
시어머니 ((her)) mother-in-law
시원하다 **cool**, refreshing
 ¶ **시원한** 아침 공기 *fresh* air of the morining
시일 時日 **time**, days
 ¶ **시일**과 장소 time and place / **시일**을 정하다 fix the *date*, appoint the *day*
시작 始作 the **beginning**, the start ~하다 **begin**, start
 ¶ 장사를 **시작**하다 *start* business
시장 市場 *a market*, a fair
시장 市長 a **mayor**
 ¶ 서울 **시장** the *Mayor* of Seoul
시절 時節 **time**, occasion, season
 ¶ 젊은 시절에 in ((his)) *youth*
시체 屍體 a **corpse**, a dead body
 ¶ 그는 **시체**로 발견되었다 He was *found dead*.
시키다 **make** ((him do)), cause ((him to do)), allow ((him to do))
 ¶ 일을 **시키다** *make* ((him)) work, *put* ((him)) to work
시합 試合 a **game**, a match, a contest ~하다 **play** ((against)), have a game[match] ((with))
 ¶ **시합**에 이기다[지다] win[lose] a *game*
시험 試驗 an **examination**, a test ~하다 examine
 ¶ **시험**을 치르다 take[sit for] an *examination*
시험지 試驗紙 test paper, examination paper
식다 get cool, cool off, get cold
 ¶ 저녁을 **식기전**에 먹자 Let's eat before dinner *gets cool*.
식당 食堂 a **dining room**, a restaurant

¶ 식당차 a *dinning car*
식목일 植木日 Arbor Day (미)
식목하다 植木— plant trees
식물 植物 a **plant**
¶ 식물원 a *botanical garden*
식사 食事 a **meal** ~하다 eat, take a meal, dine
¶ 식사를 같이 하다 dine with 《him》, *dine together*
신 **shoes**, footgear, footwear
¶ 신을 신다 put on 《his》 *shoes*
신 神 **God**
¶ 나는 신을 믿는다 I believe in *God*.
신경 神經 **nerves**
¶ 신경 쇠약 a *nervous* breakdown
신기록 新記錄 a new record
신년 新年 a new year, **New Year's Day**
¶ 신년을 맞이하다 greet the *New Year*
신념 信念 **belief**, faith
신다 **put on**, have on, wear
¶ 이 신을 신어보시오 *Try* these shoes *on*.
신랄하다 辛辣— **bitter**, biting
신랑 新郞 a **bridegroom**
¶ 신랑 신부 the bride and the *bridegroom*
신뢰 信賴 **trust**, confidence ~하다 **trust**, put trust in, believe in
¶ 그는 신뢰할 수 없다 He is not to be *trusted*.
신문 新聞 a **newspaper**, a paper, a journal
¶ 오늘 신문에 in today's *paper*
신분 身分 a social position[status]
¶ 신분이 높은 사람 a man *of position*, a person *of high standing*
신비 神秘 **mystery**
¶ 신비스럽다 be *mysterious*
신사 紳士 a **gentleman**
¶ 신사다운 *gentlemanlike*
신선하다 新鮮— **fresh**
¶ 신선한 과일 *fresh* fruits
신성하다 神聖— **holy**, sacred, divine
신식 新式 a new style, a new method

¶ 신식 무기 a *new-type* weapon
신앙 信仰 **faith**, belief
¶ 신앙의 자유 freedom of *religion*
신용 信用 **trust**, confidence, credit ~하다 trust, confide in
¶ 신용할 수 있는 *trustworthy, reliable*
신자 信者 a **believer**
¶ 기독교 신자가 되다 become a *Christian*
신장 身長 **height**
¶ 신장이 180센티이다 *stand* 180 centimeter
신중하다 愼重— **careful**, prudent, discreet
신체 身體 the **body**
¶ 그는 신체가 건전하다 He is sound in *body*.
신호 信號 a **signal** ~하다 make a signal
¶ 교통 신호 a traffic *signal*
신혼 부부 新婚夫婦 a **newly-married couple**, newlyweds
신화 神話 a **myth**
싣다 **load**
¶ 군인들을 실은 열차 a train *carrying* soldiers
실 **thread**
실례 失禮 rudeness, impoliteness
¶ 잠깐 실례합니다 *Excuse* me a moment.
실례 實例 an instance; an **example**
¶ 실례를 들다 give an *example*
실망 失望 disappointment, discouragement ~하다 be disappointed, be discouraged
¶ 실망시키다 *disappoint, discourage*
실수 失手 a **mistake**, a blunder, a slip ~하다 make a mistake[slip], commit a blunder
실업 失業 unemployment
¶ 실업자 an *unemployed person*
실연 失戀 a disappointed love, a disappointment in love
실정 實情 actual circumstances, the real state of things, a real situation

실지 實地 practice
¶ 실지로 *in practice, practically, actually*

실천하다 實踐— practice, put 《theory》 into practice

실컷 to 《his》 heart's content, heartily, to 《his》 satisfaction, as much as 《he》 like

실패 失敗 **a failure** ~하다 **fail**, end in a failure, go wrong

실행하다 實行— fulfill, execute, practice, carry out
¶ 계획을 실행하다 *carry out* a plan

실험 實驗 an **experiment**, a test ~하다 experiment 《*on*》, make an experiment 《*on*》
¶ 실험실 a *laboratory*

실현 實現 realization ~하다 **realize**, materialize
¶ 실현되다 *be realized, be materialized*

싫다 [사물이 주어] disagreeable; [사람이 주어] do not like, dislike

싫증 —症 **dislike**, disgust
¶ 싫증나다 *be tired of*

심각하다 深刻— **serious**, grave

심리 心理 a mental state, psychology
¶ 그의 심리를 모르겠다 I cannot understand his *psychology*.

심부름 an **errand** ~하다 go on an errand for 《him》, run[do] errands for 《him》
¶ 심부름 보내다 send 《him》 on an *errand*

심장 心臟 the **heart**
¶ 그는 심장이 약한 사나이다 He is *weakhearted*.

심정 心情 《his》 **heart**, 《his》 feelings

심호흡 深呼吸 deep breathing[respiration] ~하다 breathe deeply

심히 甚— **very**, very much, most, greatly, highly

십 十 **ten**, the tenth(열번째)

십자가 十字架 a **cross**

싱겁다 taste flat, (be) insipid

싱싱하다 **fresh**, new, full of life

싶다 I want, I wish, I hope, I would like to 《do》
¶ 함께 가고 싶습니다 I *should like to* go with you.

싸다 1. **wrap up**, do up, bundle 《clothes》
2. [값이] **cheap**, inexpensive, low
¶ 싼 가게 a *cheap* store, a *cheaper* store

싸우다 **fight**, struggle
¶ 끝까지 싸우다 *fight* to the last

싸움 [투쟁] a struggle; [전투] a **fight**; a battle, a combat; [전쟁] a **war**; warfare
¶ 싸움에 이기다 win[gain] a *battle* [*the day*] / 싸움에 지다 lose a *battle* [*the day*]

싸이다 get wrapped

싹 a **bud**

싹트다 bud, **sprout**

쌀 **rice** ¶ 쌀장수 a *rice* dealer

쌀쌀하다 (be) **chilly**, cold, distant
¶ 쌀쌀하게 대하다 treat 《him》 *indifferently*, give a *cold shoulder* to

썩다 **rot**, go bad, spoil(음식이)
¶ 썩은 *bad, rotten*(spoiled)

썰매 a **sled**

썰물 an **ebb**, ebb tide

쏘다 **shoot**, fire
¶ 권총을 쏘다 *shoot* 《him》 with a revolver, *fire* a revolver at 《him》

쏟다 **pour out**

쓰다 1. [글씨를] **write**
2. [사용하다] **use**, employ, make use of; [소비하다] use, spend
3. [착용] **wear**, put on
¶ 모자를 쓰다 *put on*[*wear*] a hat / 안경을 쓰다 *put on* glasses, *have* spectacles *on*, *wear* spectacles
4. [맛이] be bitter, taste bitter

쓰다듬다 **stroke** 《his beard》, **pat** 《a child on the head》

쓰러뜨리다 **throw down**, knock down

쓰러지다 **fall down**, collapse

쓰레기 **waste**, sweepings, garbage

쓰이다 [사용되다] **be used**, be

쓸다 — 악물다

employed; [비용이 들다] be spent

쓸다 **sweep**
¶ 마루를 **쓸다** *sweep* the floor

쓸데없다 **useless**, be of no use
¶ **쓸데없이** *unnecessarily, to no purpose, in vain*

쓸쓸하다 **lonely**, lonesome

¶ **쓸쓸하게** 지내다 lead a *lonely* life

씨 [종자] **seed**

씨름 **wrestling**
¶ **씨름꾼** a *wrestler*

씻다 **wash**; [닦아내다] wipe off
¶ 얼굴을 **씻다** *wash* ⟪his⟫ face

아 **Ah!**, Oh!, O!, Alas!

아까 (a little while) **ago**, some time ago, a moment ago

아끼다 spare, value
¶ 비용을 **아끼다** *spare* expenses

아낌없이 **freely**, generously

아내 a **wife**

아니 [부사] **not**; [대답] no; [놀람] why
¶ 이것은 내것이 **아니다** This is *not* mine.

아득하다 **far away**, far off, remote
¶ 갈길이 **아득하다** have a *long way* to go

아들 a **son**, a boy

아름답다 **beautiful**, pretty, lovely

아마 **perhaps**, probably, maybe
¶ 그는 **아마** 올 것이다 He will *probably* come.

아무 [사람] **anyone**, anybody, everybody; [부정] **nobody**, none, no one; [사물] **any**; [부정] **no**, not at all
¶ 그것은 **아무나** 할 수 있다 *Anybody* can do that.

아무데 **anywhere**, any place
¶ **아무데나** 가도 좋다 You may go *anywhere*.

아무때 **any time,** whenever, always
¶ **아무때나** 좋다 *Any time* will do.

아무래도 **anyway**, anyhow
¶ **아무래도** 그것을 할 수 없다 I can't do it *anyway*.

아무리 however (much) ... (may); no matter how ... (may)
¶ **아무리** 일해도 *however* hard ⟪he⟫ may work

아버지 a **father**, papa, daddy, dad

아부 阿附 flattery ~**하다** **flatter**

아쉽다 **miss**, feel at a loss

아예 from the very first, (not) by any means
¶ **아예** 그런 짓은 **말아라** *Never* do such a thing.

아우성 shouting, a clamor, a yell

아이 a **child**, a kid
¶ 그는 이제 **아이**가 아니다 He is no longer a *child*.

아주 **very**, quite, really
¶ **아주** 기분이 좋다 I feel *quite* well.

아주머니 an **aunt**

아직 **yet**, as yet, **still**
¶ **아직**(도) 더 있다 I have *still* more.

아차 Heavens!, My goodness!, Dear me! Oh my! (여성어)

아침 morning; [아침밥] **breakfast**
¶ **아침** 일찍 early *in the morning*

아편 阿片 opium

아프다 feel a pain ⟪*in*⟫; pain, ache
¶ **아파서** 울다 cry *with pain* / 머리가 **아프다** I *have a headache*.

악기 樂器 a musical instrument

악물다 clench ⟪his teeth⟫
¶ 이를 **악물고** with *clenched* teeth

악수 握手 a **handshake** ~하다 shake hands ((*with*))
악의 惡意 ill will, malice, spite
¶ 악의를 품다 bear ((him)) a *malice*
악화 惡化 a change for the worse ~하다 become worse
안 [내] the **inside**; [이내] within, inside of, less than
¶ 안으로부터 from *within*, from the *inside*
안개 **fog**, mist
¶ 안개 낀 아침 a *misty* morning
안경 眼鏡 **glasses**
¶ 안경을 쓰다[벗다] put on[take off] ((his)) *glasses*
안내 案內 guidance ~하다 **guide**, show ((him)) over, conduct ((him)) to
¶ 거리를 안내하다 show ((him)) *over* the town
안녕하다 安寧— be **well**, be all right
안다 [팔에] embrace, hug
안되다 [금지] **must not**, should not
¶ 거짓말을 해서는 **안된다** You *should not* tell a lie.
안락 安樂 **ease**, comfort ~하다 **easy**, comfortable
¶ 안락하게 살다 live *in comfort*
안부 安否 safety, health, welfare
¶ 안부를 묻다 *inquire* after ((him))
안색 顔色 [혈색] complexion; [표정] a **look**
¶ 안색이 좋다[나쁘다] *look* well [unwell]
안심 安心 relief, peace of mind ~하다 feel relieved, be at ease
¶ 안심시키다 set ((him)) *at ease*, ease ((his)) *mind*
안이하다 安易— easy, easygoing
¶ 안이한 생각 an *easygoing* way of thinking
안전 安全 **safety**, security ~하다 **safe**, secure, be free from danger
¶ 안전한 장소 a place *of safety*
안정 安定 stability ~하다 be stabilized, be settled
앉다 **sit**, take a seat, sit down

¶ 자 앉으시오 Please *take a seat*.
알다 **know**, be aware ((of))
¶ 내가 알기로는 *so far as I know*, *to my knowledge*
알려지다 be known to, become known to, come to ((his)) knowledge
¶ 잘 알려진 *well-known*, *famous*
알리다 **tell** ((him)), let ((him)) know
¶ 내일 알려 드리겠소 I'll let you know tomorrow.
알맞다 **fit**, becoming, fitting, suitable
¶ 그는 선생님이 되기에 알맞다 He is *suited* to be a teacher.
알아내다 **find out**, make out, discover
¶ 비밀을 알아내다 *find out* ((his)) secret
알아듣다 **hear**, catch[get] ((the meaning))
알아맞히다 guess right, make a good guess 앓다 be ill, be sick, suffer from
암기하다 暗記— learn by heart
암살 暗殺 assassination ~하다 assassinate, murder
암시 暗示 a **hint**, a suggestion ~하다 **hint** ((*at*)), suggest
¶ 암시를 주다 give ((him)) a hint
암컷 a **female** (animal), a she
암흑 暗黑 **darkness**, blackness
압도하다 壓倒— overwhelm, overcome
¶ 압도적 승리 an *overwhelming* victory
압력 壓力 **pressure**, stress
¶ 압력을 가하다 give *pressure* ((*to*)), press ((him))
앞 [미래] the **future**; [전방·전면] the **front**; [면전] presence
앞날 the **future**, the days ahead,
¶ 앞날을 위해 저축하다 save money for the *future*
앞서다 go before, go ahead of, precede
앞지르다 **pass**, get ahead of, outdo
¶ 앞차를 앞지르다 *pass* a car *ahead*
앞치마 an **apron**, a slip
¶ 앞치마를 두르다 put on an *apron*

애국 愛國 a love of ((his)) country
애당초 (from) the very first time, the start, the beginning
애도 哀悼 **mourning**, grief ～하다 **mourn** ((for, over)), grieve ((over, at))
애매하다 曖昧 **vague**, ambiguous
  ¶ 애매한 대답 a *vague* answer
애쓰다 exert ((himself)), work hard, endeavor, do ((his)) best
  ¶ 애써 공부하다 study *hard*
애정 愛情 **love**, affection
  ¶ 아이에 대한 부모의 애정 the *affection* of parents for a child
애처롭다 **pitiful**, pitiable, pathetic
야구 野球 **baseball**, ball (game)
  ¶ 야구를 하다 play *baseball* / 야구선수 a *baseball* player
야기하다 惹起— **cause**
  ¶ 문제를 야기하다 *raise* a problem
야당 野黨 a party out of power, an opposition party
야만스럽다 野蠻— **savage**, barbarous
  ¶ 야만인 a *savage*, a *barbarian*
야비하다 野卑— **mean**, vulgar
야심 野心 ambition
  ¶ 야심적인 *ambitious*
야영 野營 a **camp**, camping ～하다 **camp**, make camp
야위다 become thin, become lean, lose ((his)) weight, lose flesh
  ¶ 야윈 *thin, lean*
야채 野菜 **vegetables**, greens
  ¶ 야채를 가꾸다 grow *vegetables*
약 約 **about**, some, round
  ¶ 약 500명 *about* 500 people
약 藥 a **drug**, medicine
  ¶ 약을 먹다 take *medicine*
약간 若干 **some**, a little
  ¶ 약간의 돈 *some* money
약다 **clever**, shrewd, smart
  ¶ 약은 사람 a *shrewd* man
약속 約束 a **promise**, an engagement, an appointment
  ¶ 약속을 지키다 keep ((his)) *promise* [*word*]
약점 弱點 a weak point, a weakness

약하다 弱— **weak**
  ¶ 몸이 약하다 have a *weak* constitution
약혼 約婚 engagement
얌전하다 **gentle**, nice
  ¶ 얌전하게 굴다 *behave nicely*, behave ((himself))
양 羊 a **sheep** ¶ 양가죽 *sheepskin*
양 量 **quantity**
양계 養鷄 poultry farming, chicken raising
양돈 養豚 hog[pig] raising
양말 洋襪 **socks**, stockings(긴 양말)
  ¶ 양말 한 켤레 a pair of *socks*
양보 讓步 concession ～하다 concede, make a concession
양봉 養蜂 bee-keeping, bee-culture
양산 陽傘 a **parasol**, a sunshade
양상 樣相 an aspect, a phase
양성하다 養成— **train**, educate
  ¶ 양성소 a *training school*
양식 良識 good sense
양심 良心 **conscience**
양육하다 養育— **bring up**, raise
양자 養子 a foster child, an adopted son[daughter]
  ¶ 양자로 삼다 make an *adopted child* ((of))
양지 陽地 a sunny place
  ¶ 양지에 *in the sun*
양쪽 兩— **both sides**, either side
양친 兩親 **parents**
얕다 shallow
얕보다 look down upon, make light of
어깨 the **shoulder**
  ¶ 어깨에 메다 *shoulder, bear*[*carry*] *on* ((his)) *shoulders*
어느 [의문] **which**, **what**; [어느 …이나] **any, every**; [한] **a, one**
어느덧 before ((he)) knows
어느 정도 —程度 to some degree, somewhat, more or less
어둠 darkness
  ¶ 어둠 속에서 *in the dark, in darkness*
어둡다 **dark**

¶ 어두워지기 전에 *before* (*it gets*) *dark, while it is light*

어디 **where**, what place
¶ 여기가 어디입니까 *Where* are we now?

어떤 what kind of, what sort of

어떻게 **how**, in what manner, in what way, by what means

어렵다 **difficult**, hard
¶ 어려운 문제 a *hard*[*tough*] question

어른 a **man**, an adult, a grown-up person
¶ 어른이 되다 *grow up, become a man*

어리다 very young; [유치하다] **childish**

어리둥절하다 become confused, be at a loss

어리석다 **foolish**, stupid
¶ 어리석은 생각 a *foolish* idea

어린이 a **child**, a youngster

어림 a rough guess, an estimate

어머니 a **mother**
¶ 어머니의 사랑 *mother's* love

어부 漁夫 a **fisherman**

어색하다 語塞- feel awkward, feel embarrassed

어울리다 [조화되다] becoming, suitable, match; [교제하다] **join**, mix ((*with*))

어제 **yesterday**
¶ 어제 아침 *yesterday* morning

어째(서) **why**
¶ 어째서 늦었느냐 *Why* were you late?

어쨋든 **anyway**, anyhow, at any rate

어쩌다가 **by chance**, by accident
¶ 어쩌다가 그를 길에서 만났다 I met him *by accident* on the street.

어쩌면 [추측] **perhaps**; maybe, possibly, probably [감탄] how, what
¶ 어쩌면 그는 안 갈 것이다 *Probably* he will not go.

어찌 [방법] **how**; [왜] **why**
¶ 어찌해야 좋을지 모르겠다 I am at a *loss what* to do.

어휘 語彙 **vocabulary**

억누르다 **oppress**, hold ((his)) will

억지로 by force, against ((his)) will

억측 臆測 a **guess** ~하다 **guess**, suppose

언론 言論 **speech**
¶ 언론의 자유 freedom of *speech*

언어 言語 **language**

언쟁 言爭 a **quarrel**, a dispute

언제 **when**, what time
¶ 언제 출발합니까 *When* are you going to start?

언제나 **always**, usually, whenever
¶ 그는 언제나 담배를 피우고 있다 He is smoking *all the time*.

언제든지 **whenever**; any time; [항상] **always**, all the time
¶ 언제든지 오시오 Come *any time* you like.

언젠가 **some day**, some time
¶ 언젠가 *some time or other*

얻다 **get**, obtain, acquire

얼굴 a **face**
¶ 얼굴을 씻다 *wash* ((his)) *face, wash* ((himself))

얼다 **freeze**, be frozen
¶ 얼어 죽다 **freeze** to death

얼룩지다 become stained[blotted]

얼른 [빨리] **fast**, quickly, rapidly
¶ 얼른 대답해라 Answer *promptly*.

얼마나 **how** (many) (수); **how much** (양); **how far** (거리); **how long** (시간)
¶ 돈이 얼마나 필요합니까? *How much* money do you need?

얼음 **ice**

얽히다 be entangled, be involved

엄격하다 嚴格- **strict**, severe

엄금하다 嚴禁- prohibit strictly

엄밀하다 嚴密- exact, strict

엄수하다 嚴守- observe strictly

엄지 [손의] the **thumb**; [발의] the big toe

업다 carry on ((her)) back

없다 [존재하지 않다] do not exist; [소유하지 않다] **have not**, do not have;

[결여] want, lack
없애다 **remove**, get rid of, do away with; [낭비] waste, spend
엉덩이 the **hips**
엉뚱하다 extraordinary, extravagant
¶ 엉뚱한 소리를 하다 say *extravagant* thing
엉클어지다 [실·머리털이] get tangled; [일이] be entangled
엎다 **upset**, overturn, overthrow
¶ 책상을 엎다 *overturn* a desk
엎드리다 prostrate 《himself》, lie on the ground
엎어지다 be **upset**, be turned over, be turned upside down
엎지르다 **spill**
…에게 **to**, at, for, by
…에서 [장소] **at, in**; [출발점] from
에워싸다 **surround**, enclose, encircle
여가 餘暇 **leisure**, spare time
¶ 여가가 없다 have no *time to spare*
여객 旅客 a **passenger**, a traveler
여권 旅券 a **passport**
¶ 여권을 신청하다 apply for a *passport*
여기 **here**, this place
¶ 여기 있거라 Stay *here*.
여당 與黨 the government party, a party in power
여드름 a pimple
여러 **many**, several, various
여러 가지 **various**, all kinds of
¶ 여러 가지 물건 *all sorts of* things
여러 번 **often**, frequently, several times
여러분 gentlemen, ladies and gentlemen
여론 輿論 public opinion
¶ 여론에 호소하다 appeal to *public opinion*
여름 **summer**, summertime
¶ 여름 휴가 the summer vacation
여백 餘白 **blank**, space
여보 **hello, say** 《미》, I say, (my) dear
여부 與否 **yes or no**, whether or not, if

여분 餘分 an **excess**, a surplus
여비 旅費 traveling expenses, travel cost
여성 女性 a **woman**
여왕 女王 a **queen**
여우 a **fox**
여위다 become lean, become thin, lose weight, lose flesh
여자 女子 a **woman**, a female
¶ 여자 대학 a *women's* college
여전하다 如前— be as before, be as usual, the same
¶ 그 여자는 여전히 아름답다 She is as beautiful *as ever*.
여지 餘地 **room**, space, margin
여태까지 till now, until now, so far
여파 餘波 an aftermath, an aftereffect
여하간 如何間 **anyway**, at any rate, anyhow, in any case
여행 旅行 a **travel**, a journey, a **trip** ~하다 **travel**, journey, go on a trip
¶ 도보 여행하다 *travel* on foot
역 驛 a (railway) **station**
역사 歷史 **history**
¶ 역사의 *historic, historical* / 역사적 사건 a *historic* event / 역사상의 사건 a *historical* event
역시 亦是 **too**, also, as well
역할 役割 a **part**, a role, a cast
¶ 중대한 역할을 하다 play an important *role*
연결하다 連結— **connect**
연구 研究 **study**, research ~하다 **study**, make a study of
연극 演劇 a **play**, a drama
¶ 연극을 상연하다 put *a play* on the stage
연기 煙氣 **smoke**
¶ 굴뚝에서 연기가 난다 *Smoke* is rising up from a chimney.
연기 演技 **acting**, performance
연기하다 延期— **put off**, postpone
¶ 연기되다 *be postponed, be put off*
연대 聯隊 a regiment
¶ 연대장 the *regimental commander*
연락 連絡 connection

연령 ― 영향

¶ 연락을 유지하다 keep in touch with
연령 年齡 **age**, years (of age)
연설 演說 a **speech**, an address
연속하다 連續― **continue**
연습 練習 **practice**, exercise, training
연안 沿岸 the **coast**
연애 戀愛 **love**, love making ~하다 fall[be] in love ((with))
연장 a **tool**, an implement
연장하다 延長― extend, prolong
연주하다 演奏― **play**, perform
¶ 기타를 **연주하다** play the guitar
연착 延着 delayed arrival ~하다 arrive late
¶ 열차가 한시간 **연착했다** The train arrived an hour late.
연탄 煉炭 a briquet
연통 煙筒 a smoke pipe, a smokestack
연필 鉛筆 a **pencil**
¶ 연필로 쓰다 write with a pencil, write in pencil
열 ten
열다 1. **open**; [뚜껑을] lift; [펴다] unfold; [꾸러미를] undo; [자물쇠를] unlock; [개최하다] **hold**, give, open 2. [열매가] **bear** ((fruit))
¶ 회의를 **열다** hold a meeting
열대 熱帶 the tropics
열리다 **open**, be opened; [자물쇠가] be unlocked; [개최되다] be held, be given; [열매가] bear fruit
열매 fruit; a nut (견과); a berry (장과)
열쇠 a **key**
¶ 현관의 **열쇠** a key to the front door
열심 熱心 eagerness ~하다 **eager**, earnest, enthusiastic
¶ **열심히** 공부하다 study hard
열중하다 熱中― devote ((himself)) to, give ((himself)) up to, be absorbed in
¶ 그는 독서에 **열중하고** 있다 He is absorbed in reading.
염려 念慮 **anxiety**, worry, care ~하다 worry ((about)), **be anxious about**, be afraid for

¶ 염려 마시오 Don't worry. / Never mind. / Take it easy.
염색 染色 dyeing ~하다 **dye**
염소 a **goat**
¶ 염소 가죽 goatskin
염오 厭惡 **dislike**, hatred ~하다 **dislike**, hate
염원 念願 ((his)) heart's desire, ((his)) cherished desire ~하다 **wish**, desire
엽서 葉書 a **postcard**, a postal card (미)
¶ 엽서를 보내다 send a postcard ((to))
엽총 獵銃 a hunting gun
엿듣다 **overhear**, eavesdrop
엿보다 watch[wait] for ((an opportunity)), look out for ((a chance))
¶ 기회를 **엿보다** watch for a chance
영 零 **zero**, nothing
영감 靈感 inspiration
영광 榮光 **honor**, glory
영리하다 怜悧― **clever**, bright, smart
영문 [까닭] a **reason**, why; [형편] circumstances
영문 英文 **English**, English writing, an English sentence
¶ 영문으로 쓰다 write in English
영수 領收 receipt ~하다 **receive**
¶ 영수증 a receipt
영양 營養 nourishment, nutrition
¶ 영양 부족의 ill-fed, underfed
영어 英語 **English**, the English language
¶ 영어로 쓴 편지 a letter (written) in English
영웅 英雄 a **hero**
영원 永遠 eternity ~하다 **eternal**
¶ **영원히** eternally, forever
영토 領土 a territory
영하 零下 below zero
¶ **영하** 16도로 내려가다 fall to 16 degrees below zero
영한 英韓 England and Korea, English-Korean
¶ **영한** 사전 an English-Korean Dictionary
영향 影響 **influence**

¶ 영향을 받다 *be influenced* by
영화 映畫 a motion picture, a **movie**
¶ 영화 구경가다 go to the *movies*
옆 the **side**
¶ 옆에 *by the side* 《*of*》, *by, beside*
옆집 a next door[house]
¶ 옆집의 *next, next-door*
예 例 an **example**, an instance
예금 預金 a deposit, money on deposit, a bank account
예리하다 銳利— **sharp**
예방 豫防 prevention ~하다 **prevent**
예쁘다 **pretty**, lovely, nice
¶ 예쁜 소녀 a *lovely* girl
예상 豫想 expectation ~하다 **expect**, anticipate
¶ 예상외의 *unexpected*
예술 藝術 **art**, fine arts
¶ 예술가 an *artist*
예언 豫言 a prophecy, a prediction ~하다 predict, foretell
¶ 예언자 a *prophet*
예외 例外 an exception
¶ 예외 없이 *without exception*
예의 禮儀 courtesy, manners
옛날 ancient times, old days
¶ 옛날 이야기 an *old* story
오늘 **today**, this day
¶ 오늘부터 앞으로 from *this day* forth[on] / 오늘 밤 *tonight*
오다 **come**
¶ 미국에서 온 사람 a person *from* America
오래 **long**, for long time
¶ 오래 전에 *long time ago, long ago*
오래가다 last long, stay long
오래도록 **for long**, till late, forever
오랫동안 for a long time
¶ 오랫동안 소식이 없다 I hear nothing from him *so long.*
오로지 **only**, solely, exclusively
오르다 **climb**, go up, ascend
¶ 물가가 오른다 Prices *go up.*
오른쪽 the right side
오만하다 傲慢— **arrogant**, haughty
오이 a **cucumber**

오전 午前 the **morning**, the forenoon
¶ 오전 아홉시에 at nine *in the morning*
오줌 urine, piss (俗)
¶ 오줌누다 *urinate, pass water, piss*
오직 **only**, merely, solely
오해하다 誤解— **misunderstand**
¶ 오해받다 *be misunderstood*
오후 午後 **afternoon**
¶ 오후 다섯시에 at 5 *p.m.*, at five *in the afternoon*
오히려 **rather** (than)
온갖 all kinds of, every kind of
온종일 —終日 all day (long)
¶ 온종일 책을 읽다 read books *all day long*
온화하다 溫和— **mild**, gentle
¶ 온화한 기후 a *mild* climate, an *agreeable* weather
올라가다 **go up**, ascend, rise
¶ 나무에 올라가다 *climb* a tree
올리다 **raise**, lift up, put up, hold up
¶ 월급을 올리다 *raise* 《his》 salary
올빼미 an **owl**
올해 this year, the current year
¶ 올해는 비가 많이 왔다 We have had a lot of rain *this year.*
옮기다 **move**, remove, transfer
¶ 의자를 구석으로 옮기다 *remove* a chair to the corner
옳다 **right**; [정당하다] just; [틀림없다] correct, true; [정확하다] exact
¶ 옳지 않다 *be wrong*
옴폭하다 **hollow**, deep, sunken
옷 **clothes**
¶ 옷 한 벌 a suit of *clothes*
옹호하다 擁護— **support**, back up
완강하다 頑強— **stubborn**, obstinate
완결하다 完結— **conclude**, finish, end
완료하다 完了— **complete**, finish
완벽하다 完璧— **perfect**, complete
완성하다 完成— **complete**, finish
완전하다 完全— **perfect**, complete
왕 王 a **king** ¶ 왕의 *royal*
왕래 往來 **traffic**
왕위 王位 the **throne**, the crown

¶ 왕위에 오르다 ascend *the throne*
왕진 往診 a doctor's visit (to a patient), a house call by a physician
왜 **why**, how
¶ 왜냐 하면 *because*/ 왜 그런지 나는 모르겠다 I cannot tell you *why*.
외과 外科 surgery
¶ 외과 의사 a *surgeon*
외교 外交 diplomacy
¶ 외교 관계를 수립하다 establish *diplomatic* relations
외국 外國 a foreign country[land]
¶ 외국에 가다 go *abroad*/ 외국을 여행하다 travel *abroad*
외국어 外國語 a foreign language
외국인 外國人 a **foreigner**
외따로 isolated, separated, all alone
외로이 all alone, lonely
¶ 외로이 살다 lead a *solitary* life
외롭다 **lonely**, lonesome, solitary
외면하다 外面— turn away ((his face)), look away ((*from*))
외모 外貌 appearance
외부 外部 the **outside**, the exterior
¶ 외부의 *outside, external*
외상 credit, trust
외신 外信 foreign news
외양간 a **stable**(말의), a cow house
외출하다 外出— **go out** (of doors)
외치다 **shout**, cry out, cry
¶ 살려 달라고 외치다 *cry* for help
외투 外套 an **overcoat**, a great coat
¶ 외투를 입다 put on ((his)) *overcoat*
왼손 the left hand
왼쪽 the left side
¶ 길의 왼쪽에 on the *left side* of the street
요구 要求 a **request**, a demand
¶ 임금 인상 요구 a *demand* for higher wages
요금 料金 a **charge**, a fee
¶ 요금을 내다 pay a *charge*
요다음 **next**
¶ 요다음에 *next, next time*
요리 料理 [만들기] **cooking**; [음식] a dish, food ~하다 **cook** ((food)), dress ((fish)), prepare ((a dish))
¶ 이 요리는 맛이 없다 This is a poor *dish*.
요새 **recently**, lately, these days
요새 要塞 a fortress, a stronghold
요소 要素 an **element**
요원하다 遼遠— **far away**, far distant, far off
요인 要人 a key figure, an important person
요전 the other day, a few days ago, not long ago, just recently
¶ 요전날 밤 *the other evening*
요점 要點 the essential point
요정 料亭 a restaurant
요청 要請 **request**, demand ~하다 **ask** ((*for*)), demand, ask ((him)) to do, request, claim
¶ 요청에 의하여 on[by] *request*, at the *request* of
요컨대 要— in short, in a word
요하다 要— **require**, need, want
¶ 휴식을 요한다 He *needs* rest.
요행 僥倖 luck by chance, chance luck, good luck, good fortune
¶ 요행으로 *by luck, fortunately*
욕하다 辱— **speak ill of** ((him)), call ((him)) names
¶ 뒤에서 욕하다 speak ill of ((him)) behind his back
욕망 慾望 a **desire**
용감하다 勇敢— **brave**, courageous
¶ 용감하게 싸우다 fight *bravely*
용기 勇氣 **courage**, bravery, valor
¶ 용기 있다 *be courageous, be brave*
용돈 用— pocket money
¶ 용돈이 떨어졌다 I have run out of *pocket money*.
용모 容貌 a **face**, a countenance
용서하다 容恕— **forgive**, pardon
¶ 용서하십시오 *I beg your pardon.*/ *Please pardon me.*
용이하다 容易— **easy**, simple
¶ 용이하게 *easily, readily*
용접 鎔接 welding ~하다 weld
¶ 용접공 a *welder*

용해 溶解 ~하다 **melt**, dissolve
우거지다 grow thick, overgrow
우글거리다 swarm, be crowded
¶ 거리에는 거지가 **우글거린다** The streets *swarm* with beggars
우기다 demand ((his)) own way
¶ 자기 의견이 옳다고 **우기다** stick to ((his)) own opinion
우두커니 absent-mindedly, vacantly, blankly
¶ **우두커니** 생각에 잠기다 be lost in thought
우등생 優等生 an honor student
우량 雨量 rainfall, rain
우러나다 soak out, come out
우러러보다 look up at, look upward
¶ 산을 **우러러보다** *look up at* the mountain
우뢰 thunder
우리 1. [맹수의] a **cage**
2. [인칭] **we**, our(우리의), us(우리를, 우리에게)
우물 a **well**
¶ **우물**물을 긷다 draw *water from a well*
우비다 poke, scrape out, scoop out
우산 雨傘 an **umbrella**
¶ **우산**을 쓰다 put up an *umbrella*
우선 于先 **first**, first of all
우수하다 優秀- **excellent**, superior
¶ **우수한** 성적으로 with *excellent* results
우습다 **funny**, amusing
¶ **우스운** 이야기 a *funny* story
우승 優勝 ~하다 **victory** win a victory
¶ 그는 정구에서 **우승했다** He *won* the tennis *championship*.
우아하다 優雅- **elegant**, graceful
우연 偶然 **chance**, accident ~하다 accidental
¶ **우연히** by chance, accidentallly / **우연의** 일치 a coincidence
우울하다 憂鬱- **gloomy**, melancholy
우유 牛乳 **milk**
¶ **우유**를 짜다 *milk a cow*
우정 友情 **friendship**

용해 — 원래

우주 宇宙 the **universe**, space
¶ **우주** 여행 a *space* trip
우편 郵便 **post**, **mail** (미)
¶ **우편**으로 보내다 send *by mail*
우표 郵票 a **stamp**, a postage stamp
¶ **우표** 수집 *stamp* collecting
운 運 [행운] **fortune**; [운명] fate
운동 運動 [움직임] **motion**, movement; [체육상의] exercise; [경기] **sports**
운명 運命 **fate**, destiny
운전하다 運轉- [차를] **drive** ((a car))
¶ **운전** 면허증 a *driver's* license
운하 運河 a **canal**
울다 **cry**, weep
¶ 기뻐서 **울다** *weep* for joy
울리다 make ((him)) cry, move ((him)) to tears; [소리나게 하다] ring ((a bell))
울음 crying, weeping
울타리 a **fence**, a hedge
움직이다 **move**
움직임 **motion**, movement
움츠리다 shrink back, flinch
움켜잡다 **grab**, grasp, seize
¶ 멱살을 움켜잡다 *grasp* ((him)) by his throat
웃기다 make ((him)) laugh
¶ 청중을 **웃기다** *move* the audience *to laughter*
웃다 **laugh**, smile
¶ **웃는** 얼굴 a *smiling* face // **웃지** 않을 수 없다 cannot help *laughing*
웃음 a **laugh**, laughter
¶ **웃음**을 참다 suppress a *smile* // **웃음**을 터뜨리다 burst out *laughing*
웃음거리 a laughingstock
¶ 남의 **웃음거리**가 되다 be made a *laughingstock*
웅변 雄辯 eloquence, oratory
¶ **웅변** 대회 an *oratorical* contest
웅장하다 雄壯- **grand**, magnificent
원 圓 a **circle**
¶ **원**을 그리다 draw a *circle*
원고 原稿 a manuscript
원기 元氣 **energy**, vigor
원래 元來 originally, primarily

¶ 그는 **원래** 정직한 사람이다 He is honest *by nature*.
원료 原料　**materials**, raw material
원리 原理　a **principle**, a theory
원망하다 怨望-　**resent**, reproach
원서 願書　an application
¶ **원서**를 제출하다 send in[submit] an *application*
원수 怨讐　an **enemy**, a foe
¶ 은혜를 원수로 갚다 return *evil* for *good*
원숭이　a **monkey**
원인 原因　a **cause**
¶ 원인과 결과 *cause* and effect // 실패의 원인 the *cause* of 《his》 failure
원자 原子　an **atom**
¶ **원자** 폭탄 an *atomic* bomb
원조 援助　assistance, help, aid ~하다 assist, help, aid
원추 圓錐　a **cone**
원칙 原則　a **principle**
¶ **원칙적으로** *as a rule, in principle*
월간 月刊　monthly publication
¶ **월간** 잡지 a *monthly* magazine
월급 月給　a monthly salary
월요일 月曜日　**Monday**
위 위의 *above, over* / 바다 **위**를 날다 fly *over* the sea
위 胃　the **stomach**
¶ 위가 약하다 have a weak *stomach*
위기 危機　a **crisis**, an emergency
위독하다 危篤-　be dangerously ill, be seriously ill
¶ 그의 아버지가 **위독하다** His father *is in a critical condition*.
위반 違反　violation ~하다 violate 《law》, break 《a promise》
위안 慰安　consolation, solace ~하다 console, comfort
¶ 음악에 **위안**을 구하다 seek *comfort* in music
위원회 委員會　committee
¶ **위원회**를 소집하다 call a *committee meeting*
위치 位置　a **situation**, a location;

[처지·지위] a stand, a position
¶ 그 학교의 **위치**가 좋다 The school stands in a good *position*.
위험 危險　**danger** ~하다 **dangerous**
¶ **위험**을 무릅쓰다 *run a risk*
위협 威脅　**threat**, menace ~하다 **threaten**, menace
¶ 그는 나를 죽인다고 **위협**했다 He *threatened* to kill me.
유감 遺憾　**regret**, a pity
¶ **유감**스럽게도 *to my regret*
유괴 誘拐　kidnapping ~하다 kidnap
유년 幼年　infancy, childhood
¶ 나는 **유년**시대를 이곳에서 보냈다 I spent my *childhood* days here.
유령 幽靈　a **ghost**, a specter
¶ **유령같은** *ghostlike*
유리하다 有利-　advantageous, favorable
유리 琉璃　**glass**
¶ **유리잔** *a glass*
유명하다 有名-　**famous**, well-known
¶ 그는 세계적으로 **유명한** 화학자다 He is a *world-famous* chemist.
유사하다 類似-　be similar 《*to*》, resemble, be alike
¶ 이 문제는 그것과 **유사하다** This question *is similar to* that.
유성 流星　shooting star
유언 遺言　a **will**, 《his》 dying wish
유익하다 有益-　**useful**
¶ 개는 인간에게 **유익한** 동물이다 A dog is a *useful* animal to a man.
유지 維持　maintenance ~하다 **maintain**, keep up
¶ 건강을 **유지하다** *maintain* 《his》 health
유창하다 流暢-　**fluent**
¶ 중국어를 **유창하게** 말하다 speak *fluent* Chinese, speak Chinese *fluently*
유치하다 幼稚-　childish
¶ **유치한** 생각 a *childish* idea
유쾌하다 愉快-　**pleasant**, cheerful
¶ **유쾌한** 여행 a *pleasant* trip // 오늘 밤은 참 **유쾌했습니다** We *have had a*

유행 — 이때

very *good time* this evening.
유행 流行 **fashion** ~하다 be in fashion
¶ 유행에 따르다 follow the *fashion*
유혹 誘惑 temptation ~하다 tempt, lure
¶ 유혹을 이겨내다 overcome a *temptation*
육군 陸軍 the **army**
육지 陸地 **land**
육체 肉體 the **body**, the flesh
¶ 육체와 정신 *body* and spirit
윤곽 輪廓 an outline
율 率 a **rate**, a ratio
으슥하다 secluded, retired
은 銀 **silver**
¶ 은의 *silver*, silvery
은하 銀河 the Milky Way, the Galaxy
은행 銀行 a **bank**
¶ 은행에 예금하다 deposit money in the *bank*
은혜 恩惠 favors, benefits
¶ 은혜를 베풀다 do 《him》 a *favor*
음모 陰謀 a **plot**, conspiracy
¶ 음모에 가담하다 take part in a *conspiracy*
음성 音聲 a **voice**
음식 飮食 **food** (and drink)
음악 音樂 **music**
응급 치료 應急治療 first aid
응달 the **shade**, the shady side
응원 應援 [경기의] cheering
¶ 응원단장 a *cheer* leader
의견 意見 an **opinion**
¶ 나의 **의견**으로는 in my *opinion*
의과 醫科 the medical course
¶ 의과 대학 a *medical* college
의도 意圖 an **intention**, a purpose
의무 義務 a **duty**, an obligation
의문 疑問 a **question**, a doubt
¶ 그것은 **의문**의 여지가 없다 There is no (room for) *doubt* about it.
의미 意味 **meaning**
의사 意思 an intention
¶ 의사가 통하다 come to an *understanding*
의사 醫師 a **doctor**, a physician

¶ 의사를 부르다 send for a *doctor*
의식 意識 consciousness ~하다 be conscious 《of》, be aware 《of》
의심 疑心 **doubt** ~하다 doubt
¶ 의심스럽다 be *doubtful*
의외 意外 ¶ **의외의** unexpected // **의외로** unexpectedly
의원 議員 a member 《of the Assembly》
¶ **의원**으로 당선되다 be elected a *member* 《of》
의장 議長 the **chairman**
의존 依存 dependence ~하다 depend on, rely upon
의지 意志 **will**
의지하다 依支— lean on, turn to
¶ **의지할** 사람이 없다 have no one to *turn to* 《for help》
의학 醫學 medical science, medicine
¶ 의학을 연구하다 study *medicine*
의혹 疑惑 suspicion, doubt
의회 議會 a national assembly
이 1. a **tooth**
¶ 이를 닦다 brush[clean] 《his》 *teeth*
2. [곤충] a louse, lice(복수)
3. **this**
이것 **this**, this thing, this fact
이곳 **here**, this place
¶ 이곳에 *here, in this place*
이기다 **win** 《a battle》
¶ 시합에 이기다 *win* the game
이끌다 **lead**, guide
이끼 **moss**
이내 以內 **within**, inside 《of》
¶ 일주일 이내에 *within* a week / 3마일 이내 *less than* three miles
이달 this month
이대로 as it is, as it stands
¶ 이대로 내버려 둘 수는 없다 I can't leave the matter *as it is.*
이동하다 移動— **move**, transfer
이따금 from time to time, **sometimes**, now and then
¶ 이따금 만나다 see 《him》 *now and then*
이때 at this time, now, then

이래 以來 **since**, since then
이렇게 **so**, like this, in this way
¶ 이렇게 하라 Do it *this way*.
이력 履歴 ((his)) personal history, ((his)) **career**
이론 理論 **theory**
이롭다 利— **good** ((*for*)), do ((him)) good; [유리하다] **advantageous**
이루다 [성취하다] **achieve**; accomplish, [형성하다] **make**, form
이륙 離陸 a take-off ~하다 take off
이르다 1. [시간이] **early**
2. [도착] **arrive** ((*at, in*)), reach
3. [알리다] **tell**, let ((him)) know
이를테면 so to speak, as it were, in other words; [요컨대] in a word
이름 a **name**
¶ 이름을 묻다 ask ((his)) *name*
이리 a **wolf**
이리저리 this way and that, here and there
이마 the **forehead**, the brow
이만큼 this much, so much
¶ 이만큼이면 된다 *This much* will do./*This much* is enough, I think.
이면 裏面 the **back**, the reverse side
이미 **already**, now
¶ 이미 때가 늦다 It is *now* too late.
이발 理髪 a **haircut** ~하다 have a haircut, have ((his)) hair cut
¶ 이발사 a *barber*
이번 this time; [최근] **recently**
¶ 이번만 *just this time*, for this once, once for all
이별하다 離別— **part** ((*with him*)), separate ((from him))
¶ 이별을 고하다 say ((him)) *goodbye*, bid *farewell* to ((him))
이불 bedding, bedclothes
이사 移徙 house-moving, removal ~하다 change ((his)) residence, move [remove] ((*to, into*))
¶ 새 집으로 이사하다 *move* into a new house
이상 以上 **more than**, over, above
¶ 10년 이상 *more than* ten years, *over* ten years
이상 理想 an **ideal**
¶ 이상적인 남편 an *ideal* husband
이상하다 異常— **strange**, queer, odd
¶ 아무런 이상이 없다 *Nothing* is the *matter*.
이성 理性 **reason**, rationality
¶ 이성을 잃다 lose ((his)) *senses*
이성 異性 the other[opposite] sex
이슬 **dew**, dewdrops
¶ 이슬에 젖다 be wet with *dew*
이야기 [담화] a **conversation**, a **talk**; [화제] a topic; [사실·허구] a **story**; a tale ~하다 **speak**, talk, say, tell ((a story))
이외 以外 **besides**, in addition ((*to*)), aside[apart] ((*from*))
이용 利用 **use** ~하다 make use ((*of*)), make the most ((*of*)), utilize
이웃 the **neighborhood**; [집] next door
¶ 이웃사람 a *neighbor*/그들은 서로 이웃간이다 They are *neighbors*./그 여자는 내 이웃에 산다 She lives in the house *next to* me.
이유 理由 a **reason**, a cause, why
¶ 이유 없이 without *reason*
이의 異議 an objection
¶ 나는 이의가 없다 I have no *objection* to that.
이익 利益 **profits**, gains
¶ 이익이 있는 *profitable, paying*
이자 利子 **interest**
¶ 은행 이자는 얼마입니까 How much *interest* do they give at the bank?
이전 以前 ¶ 이전에 before, once // 이전과 같이 as before
이제 **now**
이쪽 this side, this way
¶ 이쪽으로 오십시오 *This way*, please.
이층 二層 the second floor (미), the second story (미), the upper storey (영), the first floor (영)
¶ 2층에 *upstairs*/2층에 올라가다 go *upstairs*/2층에서 내려오다 come *downstairs*

이하 以下 **less than**, under, below
¶ 6세 **이하**의 아이들 children *under* six years of age

이해 利害 interests
¶ **이해** 관계가 있다 have an *interest* in the matter

이해 理解 **understanding** ~하다 **understand**, make out
¶ 그것은 **이해하기** 어렵다 It is difficult for me *to understand*.

이혼 離婚 divorce ~하다 divorce
¶ 합의 **이혼** a *divorce* by agreement

이후 以後 after this, henceforth
¶ 그 **이후** *since then*, *after* that time, *afterward*

익다 [과일이] **ripe**, be ripe, mature
¶ 익지 않은 과일 *unripe*[*green*] fruit

익사하다 溺死- be drowned
¶ 그는 수영 중에 **익사했다** He *was drowned* while swimming.

익숙하다 **skilled**, experienced, practiced, skillful, be good at
¶ 곧 **익숙해질** 것이다 You'll soon *get used to* it.

익히다 [과일을] make ripe, ripen, mature; [익숙] make ((himself)) familiar with, accustom ((himself)) to

인간 人間 a **man**; a human being, [인류] man, mankind

인격 人格 **character**, personality
¶ **인격자** *a man of character*

인공 人工 **art**
¶ 자연과 **인공** nature and *art*

인구 人口 **population**
¶ **인구** 100만의 도시 a city with a *population* of one million

인권 人權 human rights

인기 人氣 popularity
¶ **인기** 있다 be *popular* / **인기** 없다 be *unpopular*

인내 忍耐 **patience**, perseverance

인류 人類 **mankind**, man

인명 人命 a **life**, human life

인사 人事 **greetings**; [절] a bow; [감사] thanks ~하다 **greet**, salute, make a bow, thank

인상 人相 a **look**, features

인상 印象 **impression**

인상하다 引上- raise, increase

인생 人生 **life**
¶ **인생관** ((his)) *view of life*

인쇄 印刷 printing ~하다 **print**, put into print
¶ **인쇄소** a *printing house*[*office*]

인수하다 引受- undertake, take charge of

인식 認識 recognition ~하다 **recognize**

인정 人情 sympathy, humanity
¶ **인정**이 있다 be humane, be kind, be sympathetic

인정 認定 recognition ~하다 **recognize**

인체 人體 the (human) **body**, flesh

인형 人形 a **doll**
¶ **인형극** a *doll-play*, a *puppet show*

일 **work**; [직업] a job; [근무] duties ~하다 **work**, labor
¶ 어려운 **일** a difficult *task*

일간 신문 日刊新聞 a daily newspaper

일광 日光 **sunlight**, sunshine

일급 日給 daily wages, a day's wage
¶ **일급**으로 일하다 work *by the day*

일기 日記 a **diary**
¶ **일기**를 적다 keep a *diary*

일등 一等 the **first**, the first place

일렬 一列 a **line**, a row
¶ **일렬**로 *in a row, in a line*

일류 一流 first class

일반 一般 **일반**의 *general* / **일반적**으로 말하면 *generally* speaking

일부 一部 a **part**
¶ **일부**의 사람들 *some* people

일부러 purpose, intentionally

일상 日常 **everyday**, daily, usually
¶ **일상생활** *everyday* life, *daily* life

일생 一生 ((his)) **lifetime**, ((his)) whole life; [부사적으로] as long as he lives, through ((his)) life
¶ **일생**의 *lifelong, for life* / **일생**에 한번 once *in a lifetime*

일소하다 一掃— sweep away, wash away, make a clean sweep ((of))

일어나다 [기상] **get up**, rise, get out of bed; [일어서다] get up, stand up; [발생하다] **happen**, occur
¶ 아침 일찍 **일어나다** *get up* early in the morning / 벌떡 **일어나다** *spring to* ((his)) *feet* / 자주 **일어나는** 일이다 It *occurs* very often.

일어서다 **stand up**, rise to ((his)) feet

일요일 日曜日 **Sunday**
¶ 다음 **일요일** next *Sunday*, *on Sunday* next

일으키다 [세우다] **raise**, get up; [깨우다] **wake up**, awaken; [야기하다] **cause**, raise, bring about
¶ 아이를 **일으켜주다** help a child *to his feet* / 전쟁을 **일으키다** *bring about* war / 폭동을 **일으키다** *raise* a riot

일일이 [하나하나] one by one; [상세히] in detail, in full; [모두] everything, in everything
¶ **일일이** 조사하다 examine ((a thing)) *one by one*

일종 一種 a kind, a sort
¶ **일종의** *a kind of, a sort of*

일주 一週 a **round**, a tour ~하다 go round, make a round
¶ 세계를 **일주하다** travel *round* the world, make a *tour* of the world

일찍이 **early**; [전에] earlier, once
¶ **일찍이** 일어나다 get up *early* / 이런 일은 **일찍이** 들어본 일이 **없다** I have *never* heard of such a thing.

일체 一切 **all**, everything; [부사적] **entirely**, wholly
¶ **일체의** 관계를 끊다 cut off *all* relations ((*with*))

일치 一致 agreement ~하다 **agree** ((*with*))

일하다 **work**, labor
¶ 먹고 살기 위해 **일하다** *work* for living / 지나치게 **일하다** *work too hard*, overwork ((himself))

일행 一行 a **party**, a company

일회 一回 one time, once, a round
¶ 일주에 **일회** *once* a week

읽다 **read**
¶ **읽기** 쉽다 It is easy *to read*.

잃다 **lose**, miss, be deprived of
¶ 기회를 **잃다** *miss* an opportunity / 희망을 **잃다** *lose* ((his)) hope

임금 賃金 **wages**, pay
¶ **임금**을 지불하다 pay *wages* / **임금**을 올리다 raise *wages*

임명 任命 appointment ~하다 appoint ((him)) to [as], nominate ((him for a position))

임무 任務 a **duty**, an office, a task
¶ 중요한 **임무** an important *duty*

임박하다 臨迫— draw near, approach
¶ 기한이 **임박했다** The time *draws near*.

임시 臨時 ¶ **임시의** *temporary, special, extraordinary*

임신 妊娠 pregnancy ~하다 be pregnant, be in the family way
¶ **임신한** 여자 a *pregnant* woman

임자 [소유자] the owner; [경영자] the proprietor

입 the **mouth**
¶ **입**을 벌리고 with one's *mouth* open / **입**을 다물다 shut ((his)) *mouth*, hold ((his)) *tongue*

입구 入口 an entrance, a way in
¶ **입구**에서 at *the entrance*

입다 **put on**; [입고 있다] **wear**, have on, be dressed in
¶ 제복을 **입은** 사람 a man *in uniform* / 옷을 **입은** 채 자다 sleep *in* ((his)) *clothes*

입맛 appetite, taste
¶ **입맛**이 있다 have a good *appetite* / **입맛**이 없다 have no *appetite*

입맞추다 **kiss**, give ((him)) a kiss
¶ 볼에 **입맞추다** *kiss* ((him)) on the cheek

입술 the **lips**
¶ **입술**을 오므리다 purse ((his)) *lips*

입시 入試 an entrance examination
¶ **입시** 준비를 하다 prepare for an *entrance examination*

입원하다 入院— be taken to hospital, be hospitalized 《미》
¶ **입원 중이다** He is *in (the) hospital*.

입장 立場 a **position**, a situation; [견지] a standpoint, a point of view
¶ 그는 괴로운 **입장**에 있다 He is in a difficult *situation*.

입학 入學 admission to school
¶ ~**하다** enter a school, be admitted into a school

입후보 立候補 candidacy ~**하다** stand as a cadidate for 《an election》, run for 《an election》
¶ 국회의원으로 **입후보하다** *run for* election to the National Assembly

입히다 [옷을] clothe, dress, put on
¶ 오버를 **입혀주다** *help* 《him》 on with his overcoat

잇다 [접속] **join**, connect, link; [계속] **continue**, follow, keep up

있다 [존재하다] **be**, there is, exist; [위치하다] **stand**, be located; [소유하다] **have**, possess, own
¶ 산 위에 집이 **있다** There *is* a house on the hill. / 너는 여기 **있거라** You *stay* here.

잊다 [망각] **forget**; [단념하다] keep 《his》 mind off; [놓고 오다] leave 《a thing》 behind
¶ **잊지 말고** *without fail* / 나는 사람들의 이름을 잘 **잊는다** *I have a bad memory* for names.

잎 a **leaf**
¶ 나무의 **잎이** 모두 졌다 The *leaves* are all gone off the trees. / Trees are bare of *leaves*.

자 1. a **ruler**, a measure
2. [감탄사] Come on! Come now! Here! Here you are!

자가용차 自家用車 a private car, an automobile for 《his》 private use

자국 a **mark**, a trace, a track

자금 資金 funds, capital, money
¶ **자금**이 부족하다 be short of *funds*

자기 自己 **oneself**, self, ego
¶ **자기** 자신을 소개하다 introduce *himself*

자꾸 repeatedly, frequently
¶ 그는 수업 중에 **자꾸** 잠만 잔다 He *frequently* sleeps in class.

자나깨나 day and night, awake or asleep
¶ **자나깨나** 그 일을 잊을 수가 없다 I cannot forget that *waking or sleeping*.

자다 **sleep**, fall asleep (잠들다)
¶ 낮잠을 **자다** *take* a nap / 늦잠을 **자다** *sleep late, oversleep*

자동차 自動車 a (motor) **car**, an automobile, an auto
¶ **자동차**를 운전하다 drive a *car* / 자동차에서 내리다 get off a *car*

자라다 [성장하다] **grow up**, be bred, be brought up

자랑하다 **boast of**, be proud of, make a boast of, pride 《himself》 in
¶ 자기 나라를 **자랑하다** *boast about* 《his》 own country

자루 1. [주머니] a **sack**
2. [손잡이] a **handle**
¶ 칼**자루** the *handle* of a knife

자르다 **cut** (off), chop
¶ 나뭇가지를 **자르다** *cut* branches off a tree

자리 [좌석] a **seat**, 《his》 place; [여지] room, space; [현장] the spot; [지위] a **position**, a post
¶ **자리에 앉다** *take* 《his》 *seat, seat*

((himself)) *at a table, sit down*
자만 自慢 self-conceit, self-praise
자물쇠 a **lock**, a padlock
¶ 문에 자물쇠를 채우다 *lock* the door
자백 自白 confession ~하다 confess
¶ 죄를 자백하다 *confess* ((his)) guilt, *confess* to a crime
자본 資本 capital, a fund
¶ 자본주의 *capitalism*
자비 慈悲 mercy ~하다 merciful
¶ 자비를 베풀다 have *mercy* on
자빠뜨리다 knock[pull] ((him)) down ((on his back))
자빠지다 fall on ((his)) back, tumble down
자살 自殺 suicide ~하다 **kill** ((himself)), commit suicide
¶ 자살을 기도하다 attempt *suicide*
자석 磁石 a **magnet**
자세 姿勢 a **pose**, an attitude
자세하다 仔細— minute, detailed
¶ 자세히 설명하다 give a *full* explanation
자식 子息 ((his)) **children**, ((his)) sons and daughters
자신 自身 ((his)) **self**, oneself
자신 自信 self-confidence, confidence ~하다 be **confident** of ((success))
¶ 자신 있는 태도 a *confident* manner / 자신 만만하다 be full of *confidence*
자연 自然 **nature**
¶ 자연스럽다 *be natural* / 자연히 *naturally*
자욱하다 **thick**, dense, heavy
¶ 자욱한 안개 a *thick*[dense] fog
자원 資源 resources
¶ 천연 자원 natural *resources*
자유 自由 **freedom**, liberty
¶ 언론의 자유 *freedom* of speech
자전거 自轉車 a **bicycle**, a cycle
¶ 자전거를 타고 가다 go *by bicycle*, go *on a bicycle*
자제 自制 self-control, self- restraint ~하다 **control** ((himself))

자존심 自尊心 **pride**, self-respect
¶ 그는 자존심이 강하다 He has much *self-respect*.
자주 **often**, frequently, repeatedly
¶ 자주 있는 일 a *common* affair
작다 **small**, little
¶ 이 모자는 내게는 너무 작다 This hat is too *small* for me.
작문 作文 **composition**, writing ~하다 make a composition, write
작별 作別 **farewell** ~하다 bid farewell, say goodbye
작전 作戰 operations
잔 盞 a **cup**, a wine cup[glass]
¶ 찻잔 a **teacup** / 잔을 주다[받다] offer [accept] a *cup*
잔디 **grass**, turf
잔말 small talk, useless talk
잔인하다 殘忍— **cruel**, brutal
¶ 잔인한 짓을 하다 do a *cruel* thing
잔치 a **feast**, a banquet
¶ 생일 잔치 a birthday *party*
잘 **well**
¶ 영어를 잘하다 speak English *well*
잘다 fine, small, **minute**
잘되다 go well, come out well
¶ 모든 일이 잘되어 간다 Everything is *going on well*.
잘못 a **mistake**, a fault ~하다 **mistake**, make a mistake, be mistaken
¶ 그것은 나의 잘못이다 It is my *fault*. / I am *to blame for it*.
잘싹 with a slap
잘하다 do well
¶ 그는 말을 잘한다 He *is a good speaker*.
잠 **sleep**
¶ 잠에서 깨다 awake from ((his)) *sleep*
잠그다 1. [자물쇠를] **lock**, lock up
2. [물에] **soak**, dip, steep
¶ 문을 잠그다 *lock* a door
잠깐 (for) a **moment**, a little while
¶ 잠깐 기다리세요 Wait a *few moments*, please.
잠들다 fall asleep

¶ 깊이 **잠들다** fall fast *asleep*
잠수하다 潛水— **dive**, go underwater
잠자다 **sleep**, go to sleep
잠자리 1. [곤충] a **dragonfly**
2. a **bed**, a sleeping place
¶ **잠자리**에 들다 go to *bed*
잠자코 without a word, in silence
¶ **잠자코** 있다 *keep silence*
잠잠하다 **quiet**, still
잡다 [손으로] **catch**, get; [쥐다] **hold**, seize, take hold of, grasp; [체포] **catch**, arrest, capture; [포획] catch, get, take, seize
¶ 공을 **잡다** *catch* a bal / 도둑을 **잡다** *catch* a thief
잡아당기다 **pull**, draw
¶ 귀를 **잡아당기다** *pull* 《him》 by the ear
잡지 雜誌 a **magazine**
¶ **잡지**를 구독하다 subscribe for a *magazine*
잡초 雜草 **weeds**
잡치다 **spoil**
잡히다 be caught[arrested, seized]
¶ 경관에게 **잡히다** *be caught* by the police
장 長 [우두머리] the **head**, the chief
장갑 掌匣 **gloves**
¶ **장갑**을 끼다[벗다] put on[take off] 《his》 *gloves*
장거리 長距離 a long distance
¶ **장거리** 전화 a *long-distance* call
장관 長官 a minister, a Cabinet minister, a Cabinet member
¶ 교육부 **장관** the *minister* of Education
장교 將校 an **officer**
장군 將軍 a **general**
장난 [놀이] a **game**, play; [희롱] mischief ~하다 **play**, trifle, play a trick, play a practical joke
¶ **장난**으로 *for fun*[*a joke*]
장난감 a **plaything**, a **toy**
장님 a blindman, the blind
장도리 a **hammer**
장래 將來 the **future**

¶ 가까운 **장래**에 *in the* near *future*
장려하다 奬勵— encourage, promote
장마 the rainy spell in summer
장만하다 **prepare**, provide 《him- self》 with; [사다] **buy**; [만들다] make
장미 薔薇 a **rose**
¶ 가시 없는 **장미**는 없다 Every *rose* has its thorns.
장사 **trade**, business, commerce
¶ **장사**를 시작하다 go into a *business*
장소 場所 a **place**
¶ **장소**가 좋다 *be well situated*
장수 a **merchant**, a trademan
장점 長點 a **merit**, a good point
¶ **장점**과 단점 *merits* and demerits
잦다 [빈번하다] **frequent**
재 **ashes**
재능 才能 **talent**, ability, gift
¶ **재능**이 있는 *able, talented*
재다 [자로] **measure**
¶ 자로 **재다** *take measurements* with a ruler
재료 材料 **material**, raw material
¶ **재료**를 공급하다 supply 《him》 with *materials*
재목 材木 **wood**, timber
재미 **fun**, interest, amusement
¶ **재미있다** be *interesting*, be *amusing*
재배하다 栽培— **grow**, cultivate
¶ 그는 과일을 **재배하고** 있다 He *is raising* fruit.
재빠르다 **quick**, swift
¶ **재빨리** *quickly, swiftly*
재산 財産 **property**, a fortune
재수 財數 **luck**, fortune
¶ **재수**가 있다 be *lucky*, be *fortunate*
재우다 put 《him》 to sleep
재주 **talent**, gift, ability
¶ **재주** 있는 *talented, gifted*
재촉하다 **press** 《him for》, urge 《him to do》
¶ 대답을 **재촉하다** *press* 《him》 *for* an answer
재판 裁判 justice, a trial
재판소 裁判所 a court of justice, a

lawcourt
저금 貯金 [행위] **saving**; [돈] savings ~하다 save, lay by ((money)), deposit ((in the bank))
저기 **there**, that place
저녁 **evening**
¶ 저녁에 *in the evening*
저녁밥 **supper**
저명하다 著名— **well-known**, noted, famous, prominent
¶ 저명한 인사 a *well-known* person
저물다 grow[get] dark, ((the sun)) set, ((night)) fall
¶ 저물기 전에 before *dark*
저속하다 低俗— vulgar, base, low
저울 [천칭] a **balance**, scales; [대저울] a weighing beam
저자 著者 a **writer**, an author
저절로 **of itself**, by itself
¶ 문이 저절로 열렸다 The door opened *of itself*.
저축 貯蓄 saving ~하다 **save**, lay by
저택 邸宅 a mansion, a residence
저항 抵抗 resistance ~하다 **resist**, oppose, stand against
적 敵 an **enemy**; a rival (적수)
¶ 적을 공격하다 attack the *enemy*
적다 1. [기록] **write** (down), put down, note, record
2. [수가] **few**; [양이] **little**
¶ 영어로 적다 *write* in English / 적지 않은 not a *few*[*little*]
적당하다 適當— **proper**, suitable, fit
¶ 적당한 때에 at a *proper* time
적도 赤道 the equator
적십자 赤十字 the Red Cross
적용 適用 application ~하다 **apply**
적자 赤字 red letters
전경 全景 a bird's-eye-view, a whole [full] view
전공 專攻 a specialty, a major ~하다 specialize ((in)), major ((in))
전국 全國 the whole country
전기 電氣 **electricity**
전등 電燈 an electric light[lamp]
전력 全力 all ((his)) power, ((his)) best
¶ 전력을 다하다 do ((his)) *best*
전력 電力 electric power[energy]
전망 展望 a view, a prospect
¶ 전망이 좋다 have a good *prospect*, command a fine *view*
전문 專門 a specialty, a special work
전보 電報 a **telegram**, a telegraph
전부 全部 **all**, the whole; [부사적] all, in full, altogether, in all
¶ 전부 얼마입니까 How much is it *altogether*?
전세계 全世界 the whole world
¶ 전세계에 *all over*[*throughout*] *the world*
전속력 全速力 full speed, top speed
¶ 전속력으로 *at full speed*
전시회 展示會 an exhibition
전자 電子 an electron
전쟁 戰爭 a **war**, a battle
전진 前進 an advance ~하다 **advance**, move forward
전차 電車 a **tramcar** (영), a **streetcar** (미)
전차 戰車 a **tank**
전치사 前置詞 a preposition
전통 傳統 **tradition**
전투 戰鬪 combat, battle
전혀 全— **entirely**, completely
¶ 전혀 모르다 do *not* know *at all* / 전혀 상관이 없다 have nothing to do ((with))
전화 電話 a **telephone**
¶ 전화로 이야기하다 talk *over the telephone*
절 1. [사찰] a Buddhist temple
2. [인사] a **bow**, salutation
절대 絕對 ¶ 절대로 *absolutely*
절망 絕望 **despair** ~하다 despair ((of)), lose[give up] hope ((of))
¶ 절망적인 *hopeless*, *desperate*
절벽 絕壁 a **cliff**
절약 節約 **economy**, frugality
젊다 **young**, youthful
¶ 젊어 보이다 look *young* / 젊었을 때에는 while *young*, in ((his)) *youth*
점 點 [반점] a **spot**, a dot; [표기] a

point
¶ 좋은[나쁜] 점 a good[weak] *point*

점령 占領 occupation ~하다 **occupy**

점점 漸漸 more and more(더, 많이), by degrees(차차), gradually
¶ 점점 어두워지다 get dark*er* and dark*er*

접근하다 接近— **approach**, draw near

접시 a **plate**, a **dish**

접촉 接觸 **contact**, touch ~하다 **touch**, make contact, contact ((*with*))
¶ 계속 접촉을 갖다 keep in *touch* [*contact*] with ((him))

젓다 [노를] **row**; [액체를] stir

정가 定價 a fixed price, the price
¶ 정가표 a *price-tag*

정거 停車 stoppage, stopping ~하다 **stop**, halt

정거장 停車場 a railroad station, a railway station
¶ 다음 정거장은 어디요 What is the next *stop*?

정답다 情— **friendly**, tender

정당 政黨 a political party

정당하다 正當— **right**, just, proper
¶ 정당한 이유 a *good*[*just*] reason

정도 程度 **degree**
¶ 정도 문제 a matter of *degree*

정력 精力 **energy**, vigor

정렬하다 整列— stand in line, line up

정리 整理 arrangement ~하다 **arrange**, adjust, put in order

정보 情報 **information**, intelligence

정부 政府 the **government**

정신 精神 **mind**, spirit
¶ 정신 연령 *mental* age

정치 政治 politics

정하다 定— **decide** ((*on*))
¶ 날짜를 정하다 *fix* a date / 값을 정하다 *set* the price

정확하다 正確— **correct**, exact
¶ 이 시계는 정확하다 This clock keeps a *correct* time.

젖 **milk**
¶ 젖을 빨다 suck *milk*

젖다 get wet

¶ 젖은 옷 *wet* clothes

제도 制度 a **system**

제복 制服 a **uniform**
¶ 학교의 제복 a school *uniform*

제비 1. a lot, a lottery
2. [조류] a **swallow**

제일 第一 the **first**, number one
¶ 제일 좋은[나쁜] the best [worst] / 제일 아름다운 the most beautiful / 안전 제일 Safety first.

조각 a **piece**, a bit

조각 彫刻 sculpture
¶ 조각가 a *sculptor*

조개 a shellfish
¶ 조개 껍질 a *shell*

조건 條件 a condition

조국 祖國 the fatherland, ((his)) mother country

조그마하다 **small**

조금 a **little**, a **few**, **some**
¶ 조금씩 little by little, bit by bit

조심하다 操心— take care ((*of*)), be careful ((*about*)), look out
¶ 조심스럽게 *carefully, with care*

조용하다 **quiet**, silent, still, calm
¶ 조용히 해라 *Keep quiet! Quiet!*

존경 尊敬 respect ~하다 **respect**

존재 存在 existence ~하다 **exist**

졸다 **doze**, take a nap

졸업 卒業 **graduation** ~하다 graduate at ((a school)) ((영)), be graduated ((*from*)) ((미))

좁다 **narrow**
¶ 그는 마음이 좁다 He is a *narrow*-minded man.

종 鐘 a **bell**
¶ 종을 울리다 ring a *bell*

종교 宗敎 religion

종류 種類 a **kind**, a sort
¶ 모든 종류의 all *kinds*[*sorts*] of

종이 **paper**
¶ 종이 한 장 a sheet of *paper*

종일 終日 **all day**, all day long

좇다 **follow**, run after

좋다 **good**, fine, nice
¶ 날씨가 좋다 It is a *fine*[*lovely*]

day. / 건강에 **좋다** be *good* for health
좋아하다 **like**, be fond of, love
¶ 음악을 **좋아하다** *like[be fond of]* music
좌석 座席 a **seat**
좌우간 左右間 anyway, anyhow
주다 **give**, present
¶ 나는 그녀에게 인형을 **주었다** I *gave* her a doll.
주로 主— mainly, generally, mostly
주름살 wrinkles
주먹 a fist
주문 注文 an **order** ~**하다** **order** 《a thing》 from
주소 住所 an **address**
주의 注意 attention, notice ~**하다** pay attention to; [조심] **take care**
¶ 건강에 **주의하시오** *Take care of* your health.
주저하다 躊躇— **hesitate**
죽다 **die**, pass away
¶ 굶어 **죽다** *starve to death* / 병으로 **죽다** *die from* a disease
죽음 **death**
¶ **죽음**을 각오하다 prepare for *death*
죽이다 **kill**, murder
준비 準備 preparation ~**하다** **prepare**, get ready 《for》, make preparation
¶ **준비**가 다 되었냐 Are you *ready*?
줄다 **decrease**, diminish
¶ 몸무게가 **줄다** *lose* weight
줄이다 reduce, decrease
중간 中間 the **middle**
중대하다 **important**, serious
¶ **중대한** 문제 an *important* question
중심 中心 the **center**
중지하다 中止— **stop**, suspend
¶ 그 시합은 비때문에 **중지되었다** The match *was called off* because of rain.
쥐 a **rat**
쥐다 **hold**, take hold of, grasp
즐겁다 **pleasant**, delightful, cheerful
¶ **즐거운** 추억 a *pleasant* memory
즐기다 **enjoy** 《himself》 《over》
¶ 인생을 **즐기다** *enjoy* life
증가 增加 an **increase** ~**하다** **increase**

증거 證據 evidence, proof
지각하다 遲刻— be late, be behind time
¶ 학교에 **지각하다** *be late* for school
지구 地球 the **earth**, the globe
¶ **지구**는 둥글다 *The earth* is round.
지금 只今 **now**, the present time
¶ **지금**까지 *up to date* ∥ **지금**부터 *from now on*
지나다 **pass** (by), go past
¶ **지나는** 길에 들르다 drop in when *passing by*
지내다 spend[pass] 《his》 time
¶ 요즈음 어떻게 **지내니** How *are you getting along* these days?
지니다 [휴대하다] **carry** 《with》; [소유하다] keep, preserve
¶ 나는 돈을 **지니고** 있지 않다 I *have* no money *with* me.
지다 1. [패배하다] get defeated
2. [등에] **bear**, carry on the back
3. [잎·꽃이] **fall**
¶ 경기에 **지다** *lose* in a game / 짐을 **지다** *bear* a burden
지도 地圖 a **map**
지레 a **lever**
지름길 a **shortcut**
지방 脂肪 **fat**, grease
지붕 a **roof**
지사 知事 a **governor**
지식 知識 **knowledge**
지옥 地獄 **hell**
지우다 **erase**, rub[wipe] out
¶ 글씨를 **지우다** *erase[cross out]* a word
지원하다 支援— **support**
지위 地位 **position**
지지하다 支持— **support**
지치다 be exhausted, **get tired**
¶ 몹시 **지치다** *be tired[worn] out*
지키다 **defend**, protect, guard
¶ 약속을 **지키다** *keep* 《his》 word
직선 直線 a **straight line**
직업 職業 an occupation, **a job**
진보 進步 progress ~**하다** **prog- ress**
진실 眞實 **truth** ~**하다** **true**, sincere

¶ **진실**을 말하면 to tell the *truth*
질 質 **quality**
¶ 양보다 **질** *quality* before quantity
질문 質問 a **question** ~하다 ask 《him》 a question
¶ **질문**이 있습니다 I have a *question* to ask.
질투 嫉妬 jealousy ~하다 jealous
짐 a **burden**, a load
짐작 guess
¶ 네 **짐작**이 맞다 Your *guess* is right. / You *guessed* right.
집 a **house**, a residence, a home
¶ **집**을 짓다 build a *house* / **집으로** 가다 go *home*
집다 **pick up**, take up
짖다 [개가] **bark**
¶ **짖는** 개는 물지 않는다. A *barking* dog seldom bites.
짚 **straw**
짜다 1. [맛이] **salty**
2. [만들다] put 《things》 together, assemble, construct; [편성하다] **form**; [한통이 되다] **unit** 《*with*》; [실·끈으로] **weave**, spin, knit
짝짓다 **pair**, make a pair 《*of*》
짧다 **short**, brief
¶ 머리를 **짧게** 깎았다 I had my hair cut *short*.
째다 **tear**, rip, cut open
쪼개다 **split**, divide, part
쫓다 drive away, drive 《him》 out of
찡그리다 frown
찢다 **tear**, rip
¶ 편지를 갈기갈기 **찢다** *tear* a letter to pieces

차 茶 **tea**
¶ **차** 한 잔 a cup of *tea* / **차**를 내다 serve 《him》 tea
차 車 a **car**, a vehicle
차관 次官 vice-minister, an undersecretary 《영》, an assistant secretary 《미》
차근차근 in orderly fashion
차다 1. **cold**
2. [충만] **full,** fill up, be full of
3. [발로] **kick,** give a kick 《*at*》
¶ **찬물** *cold* water / 그의 두 눈에 눈물이 가득 **차** 있다 His eyes *are filled with tears*. / 공을 **차다** *kick* a ball
차라리 **rather**, preferably
¶ 치욕 속에서 사느니 **차라리** 죽고 싶다 I would *rather* die than live in disgrace.
차례 次例 order
¶ **차례로** *in order, by turns*
차이 差異 **difference**
차표 車票 a railroad[bus] ticket
¶ **차표**를 끊다 buy[get] a *ticket*
착수하다 着手— **start, begin**, set about
착하다 **nice, good**
참가 參加 participation ~하다 participate, take part 《*in*》
참고 參考 reference ~하다 refer to
참다 **bear**, endure, put up with
¶ 웃음을 **참다** *keep[hold] back* 《his》 laughter
참새 a **sparrow**
참으로 **really,** truly, indeed
창조하다 創造— **create**
창피 猖披 **shame** ~하다 ashamed, shameful
¶ 아이구 **창피해**! What a *shame*!
찾다 **seek for**[after], search
¶ 사람[직장]을 **찾다** *look for* a person[job]

찾아내다 find out
채용하다 採用— **employ,** adopt
¶ 타이피스트로 **채용하다** employ ((her)) as a typist
채찍 a **whip**
책 冊 a **book**
¶ 책을 쓰다[읽다] write[read] a book
책임 責任 responsibility; [의무] **duty**
¶ 책임을 떠맡다 take charge of, be in charge of
처럼 **like, as,** as if, as ... as
¶ 거지처럼 보이다 look like a beggar / 눈처럼 하얗다 be as white as snow
처마 the eaves
처음 the **first,** the beginning
¶ 처음으로 for the first time / 처음에는 at first
처지 處地 a situation
척척 **quickly,** rapidly
천국 天國 **Heaven,** Paradise
천재 天才 a **genius**
철 鐵 **iron,** steel
철도 鐵道 a **railroad** ((미)), a railway
철자 綴字 **spelling**
철학 哲學 philosophy
첫째 the **first,** the foremost
청년 靑年 a young man, a youth
청소 淸掃 cleaning, sweeping ~하다 **clean,** sweep
¶ 집안을 **청소하다** clean up a house
체온 體溫 temperature
체조 體操 gymnastics
체중 體重 **weight**
¶ 체중을 달다 weigh ((himself)) / 체중이 늘다[줄다] gain[lose] weight
체포 逮捕 arrest ~하다 **arrest**
초 秒 a **second**
초대 招待 invitation ~하다 **invite**
¶ **초대장** an invitation (card) / 파티에 **초대하다** invite ((him)) to a party
초등학교 初等學校 a primary[an elementary] school, a public school ((미))
총 銃 a **gun,** a rifle

총계 總計 a **total**
최고 最高 maximum
최대 最大 the greatest, the biggest
추억 追憶 **memory,** remembrance
추위 the **cold,** coldness
추천하다 推薦— recommend
추측 推測 **guess,** conjecture ~하다 **guess,** conjecture
축구 蹴球 **football,** soccer
¶ **축구**를 하다 play football[soccer]
축복 祝福 blessing ~하다 **bless**
축하 祝賀 **congratulation** ~하다 congratulate
출발 出發 departure, leaving, starting ~하다 **leave, strart**
¶ 일찍 **출발하다** leave early
출석 出席 attendance, presence ~하다 be **present** ((at)), attend
출판 出版 publication ~하다 publish
춤 a **dance,** dancing
춥다 **cold,** chilly, feel cold
¶ 추운 날씨 cold weather
충고 忠告 advice ~하다 **advise,** give ((him)) advice
충분하다 充分— **enough,** sufficient
¶ 충분한 시간 plenty of time
취미 趣味 **hobby,** interest
취소하다 取消— cancel
취하다 醉— [술에] get drunk
치다 [때리다] **strike,** hit, attack; [차가] run over, knock down
치료 治療 medical treatment ~하다 **cure,** give medical treatment
치마 a **skirt**
치약 齒藥 toothpaste
친구 親舊 a **friend,** a companion
¶ 나의 **친구** my friend, a friend of mine
친절 親切 **kindness** ~하다 be **kind,** good, friendly
¶ 친절하게 kindly
친하다 親— be **close,** intimate, friendly
¶ 아주 **친한** 친구 a very intimate friend
침 sputum, spit
침대 寢臺 a **bed**
침략 侵略 agression, invasion

칼 a **knife,** a sword
 ¶ 이 칼은 잘 든다 This *knife* cuts well.
캐다 dig up; [식물을] **gather,** pick
커녕 on the contrary, far from, anything but
커다랗다 very big, very large
케케묵다 old and stale
코 a **nose**
코골다 snore
콩 a **bean**
쾌락 快樂 **pleasure,** enjoyment
쾌활하다 快活- **cheerful,** cheery
크기 **size**

 ¶ 크기가 같다[다르다] be[be not] equal *in size*/ be of the same[a different] *size*
크다 1. **large,** big, **great,** grand
 2. [자라다] grow big, grow up
 ¶ 큰 나무 a *big tree* // 그는 커서 소설가가 되었다 He *grew up* to be a novelist.
큰비 a heavy rain
큰소리 tall talk, big talk
키 **height,** stature
 ¶ 키를 재다 measure 《his》 *height*
키우다 **bring up,** rear, raise

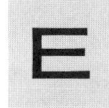

타격 打擊 a **blow,** a hit
타다 1. [불이] **burn**; [눈다] burn scorch
 2. [섞다] **mix,** blend
 3. [탈것에] **take,** get on, get in, ride in[on], mount 《a horse》
 ¶ 타서 재로 변하다 *burn* to ashes / 술에 물을 타다 *water* the liquor
탁월하다 卓越- **excellent,** eminent
탁자 卓子 a **table,** a desk
 ¶ 탁자 위의 꽃병 a vase on the *table*
탄생 誕生 **birth** ~하다 be born
탄식 歎息 a **sigh** ~하다 sigh, have a sigh
탄환 彈丸 a **bullet**
탐지 探知 detection ~하다 **detect**

탑 塔 a **tower,** a pagoda
태도 態度 an **attitude,** a manner
태양 太陽 the **sun**
태어나다 be **born**
 ¶ 부잣집[가난한 집]에 태어나다 *be born* rich[poor]
태연하다 泰然- **cool,** calm, composed
태엽 a **spring**
태우다 **burn**
태평양 太平洋 the Pacific (Ocean)
택하다 擇- **choose,** select
터무니없다 unfounded, groundless
턱 a **jaw,** a chin ¶ 턱수염 a *beard*
털 hair
 ¶ 털양말 *woolen* socks / 양털 *wool*

토끼 a **rabbit**, a hare (산토끼)
토론 討論 a debate, discussion ～하다 debate, discuss
토막 a **piece**, a bit, a cut, a block
토지 土地 **land**; [소유지] an estate
토하다 吐— **vomit**
톱 a **saw**
통 桶 a **tub**, a cask
통계 統計 statistics
통과 通過 passage ～하다 **pass**
통로 通路 a passage
통신 通信 correspondence, communication
통일 統一 unification ～하다 **unify**
¶ 나라를 **통일하다** *unify* a nation / 철자법을 **통일하다** *standardize* spelling rule
통지 通知 **notice** ～하다 notify 《him》 of, give 《him》 notice
통치 統治 **rule**, reign ～하다 rule over 《a country》, govern
투수 投手 a **pitcher**
투자 投資 investment ～하다 **invest**
투쟁 鬪爭 a fight ～하다 **fight**

투표 投票 **vote**, voting ～하다 **vote**, cast a vote
¶ **투표**로 결정하다 decide[settle] *by vote* / 찬성[반대] **투표**하다 *vote* for [against]
튀기 a half-breed, a half-blood
특권 特權 a privilege
특별하다 特別— **special**, extraordinary
¶ **특별히** *especially, specially*
특징 特徵 a special feature
특허 特許 a patent
특히 特— **specially**, especially
틀리다 be **mistaken**, go wrong
틀림 an **error**, a mistake
¶ **틀림없이** *correctly, without fail, certainly*
틈 [사이] a crevice, a crack ; [겨를] spare time
¶ **틈**이 없다 have no *time* / **틈**을 내다 make *time*
티끌 dust ¶ ~은 **티끌**만큼도 없다 have not *a bit* [*hair, button*] of ~

파괴 破壞 destruction ～하다 **destroy**, break, ruin, wreck
파다 **dig**
¶ 구멍[무덤]을 **파다** a hole[grave]
파도 波濤 **waves**, a swell
파랗다 **blue**, green (초록)
파리 a **fly**
판권 版權 copyright
판단 判斷 judgment ～하다 **judge**
¶ 그의 **판단**은 옳다 His *judgment* is right.
판매 販賣 sale ～하다 **sell**
¶ **판매**원 a *salesman*
판사 判事 a **judge**

팔 an **arm**
팔꿈치 an **elbow**
팔다 **sell**
¶ 비싸게[싸게] **팔다** *sell* 《a thing》 dear[cheap]
팔리다 sell, be sold
¶ 가장 잘 **팔리는** 책 the best[top] *seller*
팔목 the **wrist**
패배 敗北 **defeat** ～하다 be **defeated**
퍼뜨리다 **spread**
¶ 소문을 **퍼뜨리다** *spread*[*circulate*] a rumor
퍽 **very**, very much, so

편들다 便— side with, take side with
¶ 아들을 **편들다** side with ((his)) son

편리 便利 convenience ~하다 be **convenient,** handy, useful

편지 便紙 a **letter**
¶ 편지를 보내다 write[send] ((him)) a *letter* / 편지를 받다 receive[get] a *letter* from, hear from

편하다 便— **comfortable**
¶ 편하게 앉으십시오 Please make yourself *comfortable*[*at home*].

평균 平均 an average

평등 平等 equality ~하다 **equal,** even
¶ 만인은 법앞에 **평등하다** All men are *equal* under[before] the law.

평범하다 平凡— **common,** ordinary

평생 平生 a **lifetime,** ((his)) whole life, a life

평화 平和 **peace**
¶ 마음의 **평화** *peace* of mind

포기하다 抛棄— **give up,** abandon, throw up
¶ 계획을 **포기하다** *give up* ((his)) plan

포도 葡萄 **grapes**

포로 捕虜 a prisoner of (war)

포함하다 包含— **include,** contain
¶ 그 소녀를 포함하여 6명이 참석했다 Six were present, *including* the girl.

폭력 暴力 violence

폭발 爆發 explosion ~하다 explode

폭탄 爆彈 a **bomb**

폭포 瀑布 **falls,** a waterfall

폭풍 暴風 a **storm**

표 票 a **ticket**

표면 表面 the **surface,** the face

표본 標本 a specimen; [견본] a **sample**

표정 表情 a **look,** expression

표준 標準 a **standard**

표지 表紙 a **cover**

표현 表現 expression ~하다 **express**

푸대접 —待接 cold treatment ~하다 treat[receive] ((him)) coldly

푸르다 **blue**
¶ 푸른 하늘 the *blue* sky

풀 1. **grass**
2. [붙이는] **paste**
¶ 봄이 되면 풀이 돋아난다 In spring the *grass* comes out. // 풀 먹인 셔츠 a *starched* shirt

풀다 [끈 따위] untie; [문제를] **solve**

품위 品位 elegance, grace, dignity

품행 品行 conduct, behavior

풍금 風琴 an **organ**
¶ **풍금을** 배우다 take *organ* lessons

풍년 豊年 a year of abundance

풍부하다 豊富— **rich,** abundant, plentiful

풍속 風俗 **customs**

피 **blood**
¶ 피는 물보다 진하다 *Blood* is thicker than water.

피난 避難 refuge ~하다 take refuge

피다 [꽃이] **blossom,** come out
¶ 활짝 **피어** 있다 be *in* full *bloom*

피로 疲勞 fatigue ~하다 tired

피리 a **pipe,** a flute

피부 皮膚 the **skin**

피우다 [불을] **make**[build] ((a fire)); [담배를] **smoke**

피해 被害 **damage,** injury

필요 必要 **necessity** ~하다 be **necessary,** needed
¶ 책이 **필요하다** We *need* books. / 필요하면 *if*[*when*] *necessary*

핑계 an **excuse**

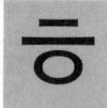

하느님 God, the Lord
하늘 the sky
하다 do, act
하루 a day, one day
¶ 하루 세번 three times *a day*
하루하루 day after day, day by day
하마터면 [거의] **nearly, almost**; [간신히] **narrowly**
¶ 하마터면 물에 빠져 죽을 뻔했다 I was *nearly* drowned.
하물며 [긍정] much[still] more; [부정] much[still] less
하소연하다 appeal to
하여간 何如間 **anyway,** anyhow, at any rate, in any case
하자마자 **as soon as,** no sooner ... than
¶ 우리가 앉자마자 막이 올랐다 The curtain rose *as soon as* we had sat down.
하치않다 worthless
하품 **yawn,** yawning ~하다 **yawn**
학교 學校 a **school**
¶ 학교에 들어가다 enter a *school* // 학교에 다니다 go to[attend] *school*
학기 學期 a school term
학년 學年 a school year
학문 學問 learning, study
학비 學費 school expenses
¶ 일하여 학비를 벌다 earn 《his》 *school expenses* by working
학생 學生 a **student**
학자 學者 a scholar
한가하다 閑暇- **free,** leisured, not busy
한가운데 the **center,** the very middle
한계 限界 a **limit,** a boundary
한꺼번에 at a time; [동시에] at the same time
¶ 과자를 한꺼번에 다 먹어버리다 eat all the cookies up *at once*
한란계 寒暖計 a thermometer
한번 **once,** one time
¶ 한번 더 해봐라 Try *once* more.
한숨 a sigh
한없다 限- unlimited, boundless, endless
한잔 a **cup** 《of tea》, a **glass** 《of wine》
한참 for some time, for a time
한층 一層 **more,** still more
할인 割引 discount ~하다 **discount**
할퀴다 scratch, claw
핥다 lick
함께 **together,** with
함대 艦隊 a fleet
함부로 **at random,** indiscriminately, thoughtlessly
함정 陷穽 a **trap,** a pitfall, a pit
합격하다 合格- pass[succeed in] 《an examination》
¶ 그 여자는 입학시험에 합격했다 She *passed* the entrance examination.
합계 合計 the **total,** the sum total
합의 合意 mutual agreement ~하다 come to an agreement
합창 合唱 **chorus** ~하다 sing together, sing in chorus
합치다 合- **unite,** put together, combine
항공 航空 aviation, flight
¶ 항공 우편으로 by airmail
항구 港口 a **harbor,** a port
항복 降伏 surrender, give-up
항상 恒常 **always,** at all times
¶ 그는 항상 바쁘다 He is busy *at all times*.
항의 抗議 a protest

항해 航海 voyage ~하다 sail
해 1. [태양] the sun
2. [연] a year
¶ 해가 뜨다 the *sun* rises[comes up] / 해마다 every *year*
해결 解決 solution ~하다 **solve** ((a question)), settle ((a problem))
해군 海軍 the **navy**
해답 解答 an **answer** ((to a question)), ((to a problem))
해롭다 害— harmful, injurious
해방 解放 liberation ~하다 liberate
해변 海邊 the **seaside,** the beach, the seashore
해보다 **try,** have a try ((at))
¶ 누가 빠른가 해보자 Let's *try and see* who can run the fastest.
해산하다 解散— break up
해석 解釋 interpretation ~하다 interpret, translate
해설 解說 explanation ~하다 explain
해안 海岸 the **seashore,** the coast
해외 海外 overseas, foreign countries
¶ 해외로부터 *from abroad* / 해외로 가다 go *abroad*[*overseas*]
해치다 害— **injure,** harm, hurt
¶ 감정을 해치다 *hurt* ((his)) feeling
햇빛 **sunshine,** sunlight
행군 行軍 a march, marching ~하다 **march**
행동 行動 **action,** act ~하다 **act, behave,** conduct ((himself))
¶ 신사답게 행동하다 *behave* like a gentleman
행렬 行列 a parade
행복 幸福 happiness ~하다 **happy**
¶ 그 여자는 행복한 것 같다 She looks *happy.*
행진 行進 a **march,** a parade
향기 香氣 perfume, fragrance
허가 許可 permission
허락 許諾 consent, assent ~하다 **allow,** permit, consent[assent] to
¶ 외출을 허락해 주십시오 Please *allow* me to go out.
허리 the **waist**

허리띠 a **belt**
허수아비 a scarecrow
허약 虛弱 weakness ~하다 **weak,** feeble
¶ 그는 날 때부터 몸이 허약하다 He is born *weak.*
허영 虛榮 vanity
허위 虛僞 falsehood
허전하다 **miss,** feel empty
헌법 憲法 a constitution
헛되다 **vain,** futile
¶ 시간을 헛되이 보내다 pass ((his)) time *idly*
헤매다 wander about
헤어지다 part from
헤엄 **swimming,** a swim
¶ 강으로 헤엄치러 가다 go *swimming* in the river
혀 a **tongue**
¶ 혀를 내밀다 stick out ((his)) *tongue*
현금 現金 **cash**
현대 現代 the present age
현명 賢明 wisdom ~하다 **wise**
현미경 顯微鏡 a microscope
현실 現實 **reality,** actuality
현재 現在 the **present;** [부사적으로] **now,** at present
¶ 현재 시제 the *present* tense
혈액 血液 **blood**
¶ 혈액은행 a *blood* bank
협력 協力 cooperation ~하다 work together, cooperate
협박 脅迫 a **threat,** a menace ~하다 **threaten,** menace
형 兄 an elder brother
형식 形式 a **form**
형제 兄弟 **brothers**
호기심 好奇心 curiosity
호랑이 a **tiger**
호박 a **pumpkin**
호의 好意 goodwill, favor
¶ 호의를 베풀다 do ((him)) a *favor*
호흡 呼吸 **breath** ~하다 **breathe**
혼란 混亂 confusion ~하다 confused
혼자 **alone,** single, by ((himself)), for ((himself)), single-handed

¶ 혼자 살다 live *alone* / 혼자 웃다 smile *to《himself》*
홍수 洪水 a **flood**
화나다 火— **get angry**
화려하다 華麗— splendid, magnificent
¶ 화목 和睦 **harmony** ~하다 be friendly with
화물 貨物 **goods**, freight
화산 火山 a **volcano**
화살 an **arrow**
화약 火藥 gunpowder
화장 化粧 make-up
¶ 화장실 化粧室 a toilet, a *dressing room* / 화장품 *cosmetics*
화재 火災 a **fire**
¶ 화재가 일어나다 a *fire* breaks out
화제 話題 a subject[topic] of conversation
화학 化學 chemistry
확신하다 確信— be convinced 《*of*》, be sure 《*of*》
¶ 나는 너의 성공을 확신한다 I *am sure of* you success.
확실 確實 certainty ~하다 **certain, sure**
¶ 확실히 모른다 I am not *quite sure.* / I don't know *for certain.*
환경 環境 environment, circumstances
환대 歡待 a warm reception ~하다 receive warmly
환영 歡迎 **welcome** ~하다 welcome
¶ 따뜻한 환영을 받다 receive a warm *welcome*
환자 患者 a **patient**
환하다 **clear**
활 a **bow**
¶ 활에 화살을 메기다 fit[fix, put] an arrow to the *bow*
활기 活氣 vigor, life
활동 活動 **activity,** action
¶ 활동적인 *active*
활발하다 活潑— **lively,** active, brisk
¶ 활발한 소녀 a *lively*[an *active*] girl
활자 活字 a printing type

황태자 皇太子 the Crown Prince
황혼 黃昏 **dusk,** twilight
회담 會談 a **talk,** a conversation ~하다 have a talk 《*with*》
회답 回答 a **reply,** an answer
회복 回復 recovery ~하다 **recover**
¶ 빠른 회복을 빕니다 I hope you will *get well again* soon.
회사 會社 a **company**
회상 回想 recollection ~하다 recollect
회원 會員 a **member** 《of a society》
회의 會議 a **meeting,** a conference
¶ 회의를 소집하다 call a *meeting*
회화 會話 **conversation,** talk
¶ 영어 회화에 능통하다 be fluent in English *conversation*
획득하다 獲得— **get,** acquire
¶ 금 메달을 획득하다 *win* a gold medal
횡단하다 橫斷— **cross,** go across
효과 效果 **effect,** result(결과)
¶ 효과적인 *effective*
후보자 候補者 a candidate
후원 後援 support ~하다 support
후추 (black) **pepper**
후퇴 後退 retreat ~하다 retreat
후회 後悔 regret, repentance ~하다 **regret,** repent 《*of*》
훈련 訓練 training, drill ~하다 **train, drill**
¶ 군인들은 훈련중이다 The soldiers are *in training.*
훈장 勳章 a **medal,** an order
훔치다 [남의 것을] **steal,** [닦다] swipe
훗날 後— some otherday, later days
훨씬 by far, by a long way, far and away
¶ 이것이 훨씬 더 좋다 This is far [*much*] *better.*
휘다 get bent, get curved
휘두르다 brandish, flourish
휘파람 a **whistle**
휴가 休暇 **holidays,** a vacation
¶ 휴가를 얻다 take a *holiday* / 여름 휴가 the summer *vacation*
휴대하다 携帶— carry 《something》

with 《him》, take with 《him》
휴식 休息 **rest** ～하다 rest, take a rest
휴일 休日 a **holiday**, an off-day
휴지 休紙 pause
흉내 imitation
¶ 흉내내다 *imitate*
흉년 凶年 a bad year
흐르다 **flow**, run, stream
¶ 물은 언제나 낮은 곳으로 흐른다 Water always *flows* downward.
흐리다 **cloudy** (날씨가)
¶ 흐린 날씨 a *cloudy* weather
흑인 黑人 a **Negro**
흑판 黑板 a **blackboard**
흔들다 **shake**, wave
¶ 손을 흔들어 작별하다 *wave* a farewell / 머리를 흔들다 *shake* 《his》 head
흔적 痕迹 **marks**, traces
흔하다 **common**, commonplace
흙 **earth**, soil
흡수하다 吸收— **absorb**
흥 興 **fun**, pleasure
흥미 興味 **interest**
¶ …에 흥미를 가지다 take *interest* in ~
흥분 興奮 **excitement** ～하다 be excited
¶ 흥분하지 마라 *Don't be[get] excited.*
흥정 a **bargain** ～하다 strike a bargain
흩어지다 **scatter** 《about》, get scattered 《about》
¶ 공원에 쓰레기가 흩어져 있다 The parks *are scattered with* rubbish.
희곡 戲曲 a **drama**, a play
희극 喜劇 a **comedy**
희다 **white**
희망 希望 **hope** ～하다 hope for, wish
¶ 희망이 가득 차 있다 be full of *hope* / 한 줄기의 희망 a ray of *hope*
희생 犧牲 a sacrifice ～하다 sacrifice, victimize
¶ 어떤 희생을 치르더라도 *at all costs*[*any cost*]
힘 **strength**, force, might
힘 with all 《his》 might, with might and main
¶ 힘껏 일하다 Work hard *as* 《he》 *can,* work *as* hard *as possible*
힘쓰다 endeavor, make an effort
힘입다 owe, be indebted to
힘차다 forcible, **powerful**

Ⅱ. 분야별 용어편

1 오락

① 실내
당구 billiards
주사위 dice
TV 게임 TV game; home video game

② 야외
하이킹 hiking
피크닉 picnic 《hiking은 주로 야외를 산보하는 것을 가리키고 picnic은 야외 또는 실내에서 하는 식사에 비중을 둠. 배낭(backpack)을 지고 하는 산보는 backpacking.》
산보 walking
스케이트보드 타기 skateboard
롤러스케이트 타기 roller-skating
후리스비 frisbee

③ 강·바다
요트 타기 yachting
파도 타기 surfing
수상 스키 water-skiing
스카이 다이빙 sky-diving
낚시 fishing 《특히 취미로서의 낚시는 angling》
강 낚시 river fishing
바다 낚시 sea fishing

④ 기타
사냥 hunting
승마 horse riding

2 영화·연극·음악회

영화관 movie theater; cinema 〈영〉
상영중 Now playing.; Now showing.
다음주 상영 Next attraction.
개봉박두 Coming soon.
예고편 preview
음악회장 concert hall
매표소 box office; booking office 〈영〉
입장료 admission (fee)
입장권 admission ticket
당일권 today's ticket
예매권 advance ticket
무료 초대권 complimentary ticket; freebie; freebee 〈미〉
장내 안내원 usher
통로 aisle
2층석 mezzanine
휴게실 foyer; crush-room 〈영〉
무대 stage; board
특별석 box; loge
자율 규제 film ratings 《미국과 영국에서는 영화 내용에 따라 관객의 입장을 제한하고 있다》
▶ 미국—**G** (For General Audience; 어린이 입장가), **PG** (Parental Guidance Needed; 부모의 지도 필요), **R** (Restricted; 17세 이하는 성인 동반 필요), **X** (X-rated; 성인용),
▶ 영국—**U** (Universal; 어린이 입장가), **A** (13세 이하 부적), **AA** (13세 이하 불가), **X** (성인용, 17세 이하 불가)》

3 파티

크리스마스 파티 Christmas party
신년회 New Year party
생일 파티 birthday party
결혼 기념일 파티 wedding anniversary party
만찬회 dinner party
오찬회 lunch party
송별회 farewell party
티 파티 tea party 《주로 차, 케이크, 스낵 등의 간단한 다과회, 오후 2~3시 경》
환영회 welcome party
서프라이즈 파티 surprise party 《본인 모르게 준비하여 놀라게 해 주는 파티》

Ⅱ. 분야별 용어편

하우스 워밍(=집들이) house warming / 포틀럭 파티 potluck party 《초대받은 손님들이 술과 음식을 가지고 오기로 되어 있는 파티》

초대장 invitation card 《초대장에 R.S.V.P.(Répondez s'il vous plaît.= Please answer.《프》)라고 적혀 있으면 참석여부를 알려주는 것이 예의. 초대장에 "black tie"라고 적혀 있으면 「정장 차림 요망」이란 뜻으로 남성은 턱시도(tuxedo)에 검은 나비 넥타이(black bow tie)를 착용하여야 한다》

④ 어린이 놀이

숨바꼭질 hide-and-seek
돌차기 놀이 hopscotch
등짚고 넘기 leapfrog
공기 놀이 bean-bags 《헝겊 주머니에 콩·팥 등을 넣어 던지며 노는 놀이》
구슬 치기 marble

⑤ 취미

독서 reading
음악 감상 listening to music
우표 수집 collecting stamps
화폐 수집 collecting coins
서예 calligraphy
뜨개질 knitting
자수 embroidering
유화 그리기 oilpainting
수채화 그리기 watercolor painting
서양 쌍육 backgammon
다트 놀이 darts
장기 go game
(일요일의) 집꾸미기 home carpentry [do-it-yourself]
원예 gardening
사진 촬영 photography

⑥ 전화

▶ 전화(기) telephone ; phone
수화기 earpiece ; receiver
송화기 mouthpiece ; transmitter
다이얼식 전화 dial telephone
누름단추식 전화 push-button telephone
공중전화 public[pay] telephone
공중전화 박스 public[pay] telephone booth
전화가입자 telephone subscriber
공동가입전화 party line[telephone]
즉시 직통전화 pickup phone ; hot line
회의전화 conference call
국제전화 international call
▶ 전용선(專用線) leased wire
도청방지전화 scrambler telephone
무선전화 radiophone ; radiotelephone ; radio-telephone
이동전화 mobile radio telephone ; mobile radiophone
▶ 호출기 (pocket) beeper ; (radio) pager
자동응답전화 answering service (machine) ; (automatic) telephone message recorder
콜웨이팅 전화 call-waiting telephone 《통화중에도 다른 전화가 걸려 온 것을 알리는 전화》
가정 전화번호 home (telephone) number
회사전화번호 office (telephone) number
▶ 전화국 telephone exchange (station)
전화교환원 operator
교환대 switchboard
사설 교환대 private branch exchange
▶ 시외국번(局番) long-distance number [code] ; area code
대표번호 pilot number
내선 extension
직업별 전화부(電話簿) the yellow pages ; the Yellow Pages
시내전화 local call
장거리[시외] 전화 long-distance[out-of-city] call ; trunk call 《영》

7 컴퓨터

마이크로[초소형] 컴퓨터 micro-computer
휴대용 컴퓨터 hand-held computer; portable computer
슈퍼컴퓨터 super computer
제5세대 컴퓨터 the fifth-generation computer
미니컴퓨터 mini-computer
슈퍼미니 컴퓨터 super mini-computer
워드프로세서 word processor
호환기 compatible machine
호스트컴퓨터 host computer 《단말기·마이크로 컴퓨터를 거느린 대용량 컴퓨터》
랩탑 컴퓨터 laptop pc 《무릎에 올려 놓을 수 있을 정도 크기의 휴대용 퍼스널 컴퓨터》
탁상용 컴퓨터 desktop pc
범용(汎用) 컴퓨터 general purpose computer
노트북 컴퓨터 notebook computer 《보통 22×28cm의 크기》

▶ 개인용 컴퓨터

키보드 keyboard
본체 main unit
디스플레이장치[모니터] display unit; CRT(cathode-ray tube) display
마우스 mouse
커서 cursor
액정 디스플레이 liquid-crystal display
플로피 디스크장치 floppy disk unit
하드 디스크장치 hard disk unit
프린터 printer
플로터 plotter 《데이터를 도면화하는 장치》

▶ 범용 컴퓨터

중앙처리 장치 CPU(central processing unit)
자기(磁氣)테이프장치 magnetic tape unit [handler, storage]
자기(磁氣)디스크장치 magnetic disk unit [handler]
카드 판독기 card reader
단말기 terminal equipment
라인프린터 line printer
광학식(光學式) 문자판독기 OCR(optical character reader)
광학식 마크판독기 OMR(optical mark reader)
이미지스캐너 image scanner 《도형 입력장치》
제어(制御)장치 control unit
콘솔 console 《컴퓨터의 제어 탁자(대)》

▶ 컴퓨터의 구조

집적회로 IC(integrated circuit)
대규모집적회로 LSI(large-scale-integrated circuit)
초대규모집적회로 VLSI(very large-scale integrated circuit)
마이크로프로세서 micro-processor
램 RAM (random access memory) 《random access 기억장치》
롬 ROM(read only memory) 《읽기전용 기억장치》
바이트 byte 《1 byte는 8 bit》
비트 bit 《정보의 기본 단위》
워크스테이션 work station 《정보처리 시스템에 연결, 독립하여 단독으로도 처리 가능》
하드웨어 hardware
소프트웨어 software

▶ 컴퓨터 시스템

운영체제 OS(operating system) 《컴퓨터의 관리를 위한 프로그램》
제어프로그램 control program
처리프로그램 processing program
온라인 데이터처리 on-line data processing
온라인 처리 on-line processing
(데이터의) 일괄처리 batch processing
실시간[즉시처리] 시스템 real time system

시분할(時分割) 방식 TSS(time-sharing system) 《하나의 컴퓨터를 멀리 있는 많은 사용자가 동시에 사용하기》
분산(分散)처리 distributed processing
네트워크 시스템 network system
기업내 정보통신망 LAN(local area network)
부가가치 통신망 VAN(value-added network)
도스 DOS(disk operating system)
데이터베이스 data base, database
파일 file
(작업) 순서도 flow chart
프로그래머 programmer
컴퓨터 출판 DTP(desktop publishing) 《편집·조판·도표 등을 컴퓨터로 하는 것》
캐드 CAD(computer aided design)
캠 CAM(computer aided manufactury)
씨에이아이 CAI(computer aided instruction)
씨엠아이 CMI(computer managed instruction)
인공지능 AI(artificial intelligence)
전문가 시스템 expert system
음성응답시스템 ARS(audio response system)

▶ 프로그래밍

프로그래밍 programming
어셈블리언어 assembly language
기계어 machine language[code]
코볼 COBOL(common business oriented language 《사무용 공통 프로그램 언어》
포트란 FORTRAN(formula translation) 《과학·기술·계산용 프로그램 언어》
피엘 원 PL 1(programming language 1)
프롤로그 PROLOG(programming in logic)
베이직 BASIC(Beginner's All-Purpose Symbolic Instruction Code)
컴파일러 compiler 《프로그램을 다른 기계어로 번역하는 것》
서브루틴 subroutine 《특정 또는 다수 프로그램에서 되풀이 사용되는 독립된 명령군》
디벅 debug
명령(어) command
아스키 ASCII(American Standard Cord for Information Interchange)
인터페이스 interface 《CPU와 단말 장치와의 연결 부분을 이루는 회로》
저장 save
소팅 sorting
정보 검색 IR(information retrieval)

8 게시·표지

음료수 Good for drinking.
일반 공개 Open to the public.
화장실 Rest Room; Comfort Station [Toilet, Lavatory 《영》] 《공원·동물원 등의》
남성용 화장실 Gentlemen
여성용 화장실 Ladies
매표소 Ticket [Booking 《영》] Office
비상구 Emergency Exit
안내소 Information
입구 Entrance
출구 Exit [Way Out 《영》]
택시 승차장 Taxi
무료 입장 Admission free.
연말 대매출 Year-end sale.
재고처리 세일 Clearance sale.
전점포 대매출 Storewide sale.
특판일, 염가 대매출 Bargain (sale) day.
금일 매진 All sold out today.

▶꽃꽂이 강습 Instruction given in flower arrangement.
영어 강습 Instruction given in English
피아노 교습 Piano lessons given.

▶금일 개점 Opened 《"영업중"이란 뜻도 된다》
금일 휴업 / 영업 끝 Closed.
매진 Sold.

II. 분야별 용어편

금일 휴진 No consultations today.
예약 완료 Reserved.

▶ 수선중 Under repairs.
공사중 Under construction.
고장 Out of order.
사용중 Occupied. 《비행기의 좌석이나 화장실 등》
운행중 In operation.
회의중 Now in session.

▶ 구인 Staff wanted.
초보자 환영 Welcome to beginners.

▶ 경고 Warning.
바닥주의 Wet floor.
위험 Danger.
제한구역 Restricted area.
칠주의 Wet [Fresh] paint
파손주의 Perishables. / Fragile.
화기엄금 Inflammables.
정숙 Quiet.

날치기 주의 Beware of pickpockets
맹견주의 Beware of savage dogs.
발걸음 주의 Watch your step.
취급주의 Handle with care.
화기주의 Beware of fire.

▶ 벽보 부착금지 Post no bills.
접근금지 Keep off.
일반인 출입금지 Private
소변금지 Commit no nuisance.
금연 No smoking
낚시금지 구역 No fishing here.
배회 금지 No loitering.
출입금지 No trespassing.; No admission.

▶ 쓰레기 버리지 마시오. No dumping.
침을 뱉지 마시오. No spitting.
휴지를 버리지 마시오. No littering.
출입금지 Don't disturb. 《호텔 등의 문고리에 거는》
동물에게 먹이를 주지 마시오. Don't feed the animals.

전시품에 손 대지 마시오. Don't touch the exhibits.
쓰레기 버리지 마시오. Don't leave litter.
화물을 뒤집지 마시오. Do not turn over.
손 대지 마시오. Hands off.
잔디밭에 들어가지 마시오. (Please) Keep off the grass.; Don't step on the grass.
출입금지. Keep out.; Off limits.
신발을 벗으시오. Shoes off.
문을 닫아 주시오. (Please) Shut [Close] the door after you.

▶ 잡상인 금지 No peddlers or salesmen
건물내 강매금지 No solicitors allowed in this building.
어린이 입장금지 No entrance to children.
면회 사절 No visitors allowed.
관계자외 출입금지 No admission except on business.
가옥 임대, 방 임대 House [Home(미)], Rooms] for rent.

▶ 성인전용 Adults only.
입석실 Room for standing only.
직원전용 Employees [Staff] only.
출구전용 Exit only.
회원전용 Members only.

⑨ 교통표지판

▶ 속도제한 Speed limit.
우측통행 Keep right.
우회전금지 No right turn (ahead).
일방통행 One Way.
일시정지 Stop.; Halt.
주차금지 No Parking.
중량제한 Load limit.
진입금지 Do not enter.
추월금지 No passing.
회전금지 No U-turn.
횡단금지 Do not cross here.

▶ 급커브 Sharp turn.

커브길 Winding road.
낙석주의 Fallen rock ahead.
막다른 길 Dead end road.
비포장 갓길 Soft shoulder.
철도건널목 Railroad crossing.

▶ 학교구역 School.
합류교통구역 Merging traffic.
▶ 우회로 Detour.
톨 게이트 Toll gate.

10 기상, 기후

① 기상관측(meteorological observation)

▶ 기상레이더 weather [meteorological] radar
기상위성 weather [meteorological] satellite
기상대 meteorological observatory
관측소 weather station
기상청 Meteorological Agency

▶ 기상예보 weather forecast[report]
기상예보관 weatherman ; forecaster
기상정보 (공식 발표된) weather bulletin

▶ 기상경보 weather warning
기상주의보 weather advisory
홍수경보 flood warning
호우경보 heavy rain warning
해일경보 tidal wave warning

▶ 한란계 thermometer
기압계 barometer
풍속계 anemometer
풍향계 weather vane ; weathercock
건습계 psychrometer
백엽상 instrumental screen
기압 air pressure
풍속 wind velocity /

▶ 강우량 (the amount of) rainfall ; precipitation
인공강우 rainmaking, artificial rain

연강우량 annual precipitation
연적설량 annaual snowfall
불쾌지수 temperature-humidity index
 ([略] T.H.I.) ; discomfort index

② 기후(climate)

▶ 열대 tropical zone
한대 frigid zone
아열대 subarctic zone(북극쪽) ; sub-antarctic zone(남극쪽)
온대 temperate zone
대륙성 기후 continental climate
해양성기후 oceanic climate
고산 기후 alpine climate
건계 dry season

▶ 장마 rainy season
계절풍 seasonal wind
몬순 monsoon
무역풍 trade wind
태풍 typhoon
국지풍 local wind
선풍(旋風) tornado
열대성 저기압 cyclone 《인도양 방면의》
폭풍설 blizzard
허리케인 hurricane 《대서양 서부에서 발생하는 풍속 74마일 이상의》
미스트랄 mistral 《프랑스 남부의 건조하고 차가운 북풍》
시로코 sirocco 《사하라 사막에서 지중해 쪽으로 부는 모래섞인 바람》

▶ 냉하 unusually cool summer
혹서 severe heat
열파 heat wave
엄동 severe winter
한파 cold wave
난동(暖冬) mild winter
한기단(寒氣團) cold air mass
동장군 General Winter ; rigors of winter

▶ 비 rain ; rainfall
폭우 heavy rain / downpour

Ⅱ. 분야별 용어편

가랑비 light rain
집중 호우 localized torrential downpour
지나가는 비 a (passing) shower
 소나기 evening shower 《오후의》
뇌우 thundershower
안개비 drizzle; drizzling [fog] rain
초여름비 early summer rain
봄비 spring rain; drizzle
가을비 autumn rain
늦가을 소나기 late-autumn shower

▶ 습도 humidity 《습도가 높은 날 humid day》
무더운 날 sultry day

▶ 안개 fog; mist
농무 dense fog
스모그 smog
광화학 스모그 photochemical smog

▶ 대설 heavy snow
폭설 tremendous snowfall
가랑눈 powdery snow
함박눈 large flakes of snow
만년설 perpetual snow
눈사태 snowslide; avalanche
눈보라 snowstorm
풍설 wind and snow
눈송이 snowflake
눈의 결정 snow crystal
진눈깨비 sleet
싸라기눈 hail
우박 hail
서리 frost
얼음 ice
고드름 icicle

▶ 구름 cloud
권적운 fleecy cloud
적란운(積亂雲) thunderhead
비구름 rain cloud
버섯 구름 mushroom cloud
권운 cirrus
적운 cumulus
층운 stratus
고층운 altostratus
난층운 nimbostratus

▶ 미풍 breeze
강풍 strong wind
폭풍 storm; windstorm
회오리 바람 tornado; whirlwind
모래 폭풍 sandstorm
삭풍 cold wintry wind

▶ 홍수 flood
대홍수 deluge
해일 tidal wave
우레 thunder
번개 lightning
천둥 소리 roll of thunder
벼락 thunderbolt flash to ground

③ 기온(temperature)

섭씨 centigrade
화씨 Fahrenheit
최고 기온 maximum[highest] temperature
최저기온 minimum[lowest] temperature
평균 기온 average temperature
영하 below zero; below the freezing point / 영하 5도 five degrees below zero; minus five degrees

Ⅲ. 생활영어 표현편

1 인사

① 만났을 때

▶ Good morning! / Morning! 안녕하십니까(오전 0시부터 정오까지의 인사
Good afternoon! / Afternoon! 정오부터 저녁 시간(12시부터 업무 종료)까지의 인사
Good evening! / Evening! 저녁 무렵(6시 이후 혹은 업무가 끝난 후)부터 자정까지의 인사

▶ Hello [Hi]! / Hi there! 안녕 (★ 오전·오후 관계없이 아주 친한 사이일 때)
How are you? 어떻게 지내니
How's your family? 가족들도 안녕하시지요?
How's everything with you? 어떻게 지내십니까?
How have you been lately? 요즈음 어떠십니까?

▶ Good to see you (again)! / How [Very] nice to see you (again). (다시) 만나서 반갑습니다
It's good [great] to see you!
How's things? / How goes it with you? 그래, 요즈음 어때? (★ 허물없는 사이에)
In good shape, are you. 좋아 보이네요

▶ Long time no see! / It's been a long time (since I saw you last). / I haven't seen you for a long time. 정말 오랜만입니다.

○ 표현
A: Good morning, Chungmin?
B: Good morning, Paul. How are you?
A: Just fine, thank you. How's everything with you?
B: OK, but busy.

② 헤어질 때

Good-by(e). 안녕.
So long. (★ 허물없는 사이에 쓰고 보통 윗사람에게는 쓰지 않음.)
Good night. (★ 밤에 헤어질 때)
(I'll) See you again [later]. 또 뵙겠습니다.
(I'll) See you. 잘 가.
Take care. 조심해
I'm afraid I'd better say good-bye [be going now]. 이제 가봐야겠습니다

③ 응답

I'm fine, thank you. / Very well, and you. / Quite well, thank you. 잘 지내고 있어, 고마워. 너는 어때?
So-so, thanks. / Mustn't grumble. / Can't complain. / Not so[too] bad. — Pretty fair. 그럭저럭, 그저그래.
I'm extremely well, thank you. / I'm in excellent health, thank you. / I'm very well indeed, (thank you). 나는 아주 좋아

④ 안부를 전할 때

Please say hello to your father [mother] for me. (★ 허물없는 사이에) 아버님 [어머님]께 안부 좀 전해 주십시오.
Please give my best regards [wishes] to your father[mother]. / Please remember me to your father[mother]. (★ 격식을 차릴 때)

⑤ 편지 인사

Dear all. / Hi, everybody! 여러분 안녕! //
Dear [My dear] Jane. / Dearest[My dearest] Judy. / Darling[My darling] Tom. 사랑하는 …에게 (★ 사랑하는 연인 사이)
Dear Sir. / Dear Madam. (★ 받는 이를 확실히 모르는 곳에 보낼 때)

2 전화 영어

① 번호 읽기

전화번호는 원래 숫자를 그대로 읽는다.

03-203-4141은 o[óu]-three, two-o-three, four-one-four-one으로 읽는다. o는 영국에서는 nought로 읽기도 한다. 또한 끝에서 두자리씩 끊어서 읽기도 한다.
6345는 sixty-three, forty-five, 526은 five-twenty-six로 읽는다. 내선 235번은 Extension two-three-five.

② 표현

▶ Hello 여보세요 (★ 발음은 [həlóu], 악센트 위치에 주의.)

▶ This is Brown (speaking). / Brown speaking[calling]. 브라운입니다

▶ Is this the Brown residence? (★ 정중한 표현) / Is this Mr. Brown's home ? 브라운씨 댁입니까?

▶ Is Brown at home [in]? / Is Brown there? / May I speak to [with] Brown, please? 브라운씨 집에 있습니까?

▶ Speaking. 예, 접니다 (★ 전화로 찾는 사람이 지명되었을 경우에 쓴다. This is he [she].를 쓰기도 한다.)

▶ I'm afraid you have the wrong number. What number are you calling? 전화번호가 잘못되었습니다. 몇 번에 거셨습니까?

▶ Who's calling, please? 실례지만 누구십니까? (★ Who are you?는 실례되는 표현이므로 사용하지 않는다. 그러나 Who's this?는 가벼운 회화에서 쓰인다.)

▶ The line is busy. 통화 중입니다

▶ He [Brown] is out [not here] (right now). 브라운씨는 지금 없습니다.

▶ Would you like [care] to leave a message? 뭐라고 전해드릴까요?

▶ No, thank you. I'll call back later. 아닙니다. 나중에 다시 걸겠습니다

▶ Shall I have her call you back? 그분에게 전화를 드리라고 이를까요?

▶ Can you wait a minute, please? (★ 일상적 표현) / One moment, please. 잠깐만 기다려 주십시오. (★ 주로 전화 교환원 등이 많이 쓰는 편.)

▶ Hold the line, please. 전화를 끊지 말고 기다려 주십시오.

▶ What did you say your name was? 성함이 뭐라고 하셨지요?

▶ Extension 512, please. 내선 512번 부탁합니다. (★ 512는 five-one-two 또는 five-twelve로 읽는다.)

▶ Give me an outside line, please. 외선으로 걸어주십시오.

▶ Please connect me with Dr. Brown. 브라운 박사 부탁합니다.

▶ Please get her on the phone. 그녀를 전화로 호출하여 주십시오

▶ I'm calling from a pay telephone. / I'm using a pay telephone. 나 지금 공중 전화로 하고 있어

③ 제안·권고

영어의 제안·권고 표현에는 you를 주어로 하여 직접 상대방에게 행하는 것과 we를 주어로 하여 발언자도 포함하여 간접적으로 상대방에게 나타내는 방법이 있다.

「… 하지 않겠습니까?」의 일반적인 표현은 Will [Would] you..., (please)? ; Shall we ...? ; Let's....가 가장 일반적 표현이고, I'd like you to...,(please.) / Would you mind..., (please)? / Why don't we...? / What about...? / I suggest[propose] .... / May[Might] I suggest ..., (then)? / Would you care to...? 등과 같은 표현도 쓸 수 있다.

① Will you..., Won't you...?

「~하지 않겠습니까?」라고 상대방을 이끄는 부드러운 표현. Will you...?는 주로 상대방에 대한 의뢰를 나타낸다. Won't you...?는 긍정적인 답변을 기대하지만, Will you...?는 그렇지 않다.

¶ 커피 한잔 더 드시겠습니까? Will

[Won't] you have another cup of coffee? (=Have another cup of coffee, won't you?)

② Let's..., (shall we?)

「~합시다」의 뜻으로 허물없는 사이에 쓰는 가장 일반적인 표현.

¶ Let's go for a swim. — Yes, let's (do hat). 수영하러 가자 — 그래

(1) 긍정의 경우

Let's ....에 대한 답변은 긍정일 경우에는 Yes, let's.가 가장 전형적이긴 하나 보통은 Yes, let's do that. / OK. / All right. / That's good idea. / Yes, I'd like that. / That sounds good. 등으로 대답하는 것이 보통이다.

(2) 부정의 경우

No, let's not. 이 형식에는 맞지만 너무 딱딱한 표현이므로 보통은 Sorry, but I don't have (the) time. / No, I don't think so. / (No.) I'd (really) rather not. / (Sorry, but) not today [right now, this time]. / I'm not too sure (about that). 등이 사용된다. Let's ....에 속하는 부가 의문문은 shall we로 한다.

¶ Let's have a drink, shall we? — OK. 한 잔 할까요 — 좋지
Shall we ...?만으로 권고·제안의 뜻을 나타낼 수 있다.

¶ Shall we go in? — That's a good idea. 안으로 들어가 갈까요? — 좋은 생각이야.

③ How [What] about ...ing?

상대방에게 제안·권고할 때는 How, 상대방의 감상과 의견을 구할 때는 What으로 구별하기도 하나 대부분 같은 뜻으로 쓰인다. 다만 (미)에서는 How를 많이 쓰는 편이다. 답변은 Yes, let's. / No, let's not.을 제외하고는 Let's ....와 같다.

¶ How [What] about going for a drive?— That would be [sounds] great. 드라이브 하는 것 어때 — 거 좋지
사정이 있어서 거절할 때는 I'm afraid I can't.... / I'm sorry, I can't.... / Unfortunately,.... / Actually,.... 등으로 한다.)//
How [What] about (going for) a walk? — I'm sorry I can't. I must see the dentist right now. 산보하러 갈까요 — 미안하지만 안되겠는데요. 지금 치과에 가봐야 합니다.
about 다음에 going for가 생략될 수도 있다.
보다 정중한 표현으로는 How would you like...?가 있다.

④ Why don't you ...?

허물없는 사이에서 쓰이고 웃사람에게는 쓰지 않는 것이 보통이다.

¶ Why don't you have a shower? — All right. I will. 샤워할래? — 응, 나도 할거야. // Why don't you sit down? — OK. 자 앉지 그래. — 응. // Why don't you ask his advice? — Well, I never thought of it. 그의 조언을 구하는 게 어때? — 글쎄, 마음이 내키질 않아.

⑤ We will [might]....

화자가 대표하여 간접적으로 제안하는 방식

¶ We might give up the plan. 그 계획은 포기하는 것이 어떨까. // We'll try (it) once more [again], won't we? — Yes, we will. 다시 한 번 해보는 게 어때요? — 예, 해보지요.

⑥ had better[best] do....

「~하는 것이 좋다」의 뜻. 주어가 you일 때는 강한 충고·명령이 된다. 강요의 뜻이 내포되어 있어서 윗사람에게는 쓰지 않는다. 이에 비해 You should...는 부드러운 제안의 뜻을 가지고 있다. had better의 부정은 had better not이다. 회화에서는 보통 ...'d better의 단축형이 사용된다. better 뒤에는 동사의 원형이 쓰이는 것에 주의.

¶ You'd better see him now. 그를 바로

만나보는 것이 좋겠습니다. // You'd better not see her now. 지금은 그녀를 만나지 않는 것이 좋겠습니다.
같은 better를 사용하여 좀 더 부드럽게 표현할 수도 있다.

¶ It might be better for you to take a few days off. 2, 3일 휴가를 내면 어떨까요.
자신도 포함하여 간접적으로 제안할 때는 we를 사용한다.

¶ I think we'd better stay (at) home. 집에 있는 것이 좋겠죠.

⑦ may[might] as well....

「~하여도 좋겠지」, 「~하는 것이 좋겠다」의 뜻. might를 쓰면 「차라리 ~하는 것이 좋겠다」의 뜻으로 완곡한 표현이 된다.

¶ You may [might] as well make up your mind. 마음을 정하는 것이 좋다. // We might as well tell him the truth. 그에게 사실을 말하는 것이 좋겠다. // We might ask him to help her. 그에게 그녀를 도와달라고 하는 것이 어떨까.
should [ought to]를 쓰면 충고의 뜻이 강해진다.

¶ You should [ought to] quit smoking. 담배는 피우지 않는 것이 좋습니다.

⑧ What do[would] you say to ...ing?

「~하는 것이 어때?」의 뜻으로 격의없는 사이에서 쓰고 say 뒤에는 절(節)이 올 수도 있다.

¶ What do [would] you say to eating[we eat] out this evening? — Not so bad. 오늘 저녁은 밖에서 먹는 게 어때? — 나쁘지 않은데. (★ Suppose we eat out this evening.이라고 하면 한층 허물없는 표현이 된다.)

⑨ propose, suggest, advise

적극적으로 제안할 때는 propose, 약간 조심스럽게 제안할 때는 suppose, 상대방에게 권할 때는 advise를 쓴다.

¶ He proposed that we rest. / He proposed taking a rest. / He proposed that we (should) take a rest. 그는 휴식을 제안했다. // He advised me that I (should) quit smoking. 그는 내게 담배를 끊을 것을 권했다. (★ that 이하의 should는 생략되는 경우가 많다. 이 경우 주어와 관계없이 동사는 원형을 쓰는 것에 주의.)

④ 허가

「~해도 좋습니까?」 등과 같이 상대방의 허가를 구할 경우 「Can I [we]..., please? 나 May I [we]...?」 등을 쓰는 것이 일반적이다. 그러나 상황에 따라 Would it be possible...? / I wonder [was wondering] if I could...? / Do you mind if...? / Mind if...? / All right...? / Let me..., would you? / Have I got the go-ahead ...? / With your permission I should like to .... 등과 같이 여러 가지 표현을 쓸 수 있다.
이에 대한 응답은 긍정적일 때는 Yes, certainly. / Of course (you can).... / By all means (do).... / Yes, that's fine[all right]. / Go ahead (and)....등을 쓸 수 있고 부정적일 때는 I'm afraid you can't.... / I'm afraid not. / I'm afraid I can't let you.... / I'd like to, but.... / (Sorry,) no way. 등의 표현이 있다.

① Can I[we]...? / May I[we]...?

¶ Can I go and see a movie with my friends tonight? — No, you may not. [No, you can't.] 친구와 오늘 밤 영화보러 가도 돼요? — 안돼 // May I speak to you for a moment in private, please? — Yes, you may. [Yes, certainly[please]. / Certainly.; Sure. 잠깐 개인적으로 말씀 좀 드려도 될까요 — 좋습니다 (★ 허가를 구할 때는 May I...?를 많이 쓰고 허물없는 사이에는 Can I...?를 쓴다.) // Reference books must not be removed from the Reading

Room. 참고 서적은 열람실 밖으로 가져 갈 수 없습니다.// Might I ask your name? — Sure, go ahead. 당신 이름을 물어도 될까요?— 상관없습니다. (★ might는 정중한 표현으로서 초면일 경우에 자주 사용한다)

② Do[Would] you mind if...? / Is it all right (if)...?

mind 뒤에는 동명사나 if절이 붙는다. mind는 「마음에 걸리다」라는 뜻이므로 Yes.로 대답하면 안되고 Not at all. 또는 Of course not.로 하여야 한다.

¶ Do you mind if I go home early this afternoon? — No, not at all. [Of course not.] 오늘 오후 일찍 집에 가도 되겠습니까?— 네, 물론 좋습니다. // Do you mind if I sit here? — Be my guest. 여기 앉아도 되겠습니까? — 그러시지요.// Would you mind showing me the way? — I'm sorry, but I'm a stranger here.길을 안내해 주시겠습니까? — 미안합니다. 저도 초행입니다.// Is it all right if I smoke here? — No, you can't.이곳에서 담배를 피워도 괜찮습니까? — 아니오, 피울 수 없습니다.// Is it all right for me to make a copy of this letter? — That's all right by me. [Yes, of course.; Certainly.] 이 편지 복사해도 괜찮겠습니까? — 네, 물론이죠.// Would it be all right if we invite him? — No reason why not. 그를 초대해도 좋겠습니까? — 안될 이유가 없지요.

③ I wonder (if)....

「~하면 어떨지」의 뜻으로 간접적으로 허가를 구하는 정중한 표현.

¶ I wonder if I might ask you a question. 질문 하나 해도 괜찮겠습니까?// I wonder whether I might trouble you to open the door? — Yes, of course. 문을 여는게 어떨까요? — 네, 좋습니다.// I'm just wondering if you could help me carry these parcels. — Certainly. 이 짐 나르는 것 도와주면 어때요? — 좋구말구요. (★ 감정을 넣어서 말할 때는 진행형을 사용)

④ permit... to do.... / permission / be allowed to do.... / let.... / feel free to do....

어떤 사안에 대해 적극적으로 분명하게 허가를 내릴 때는 permit, 소극적인 태도로 허가를 내릴 때는 allow, 보다 구어적인 표현으로는 let를 쓴다. 또 「언제라도 (~ 하겠다고) 말씀하시지요.」의 상대방의 의사를 간접적으로 청할 경우 feel free to do.... 를 쓴다.

¶ Who gave you permission to use that computer? 누가 너에게 저 컴퓨터를 써도 좋다고 그랬니?// Before you build a house you have to get permission from the city planning authorities.집을 짓기 전에 시 건축 당국의 허가를 받아야 된다.// Smoking is permitted only in the hall. 흡연은 홀에서만 허용된다.// Are we allowed to use calculators in the exam? 시험에 계산기를 써도 좋대?// We are only allowed to watch television for two hours a day.우리는 TV를 하루에 두시간 밖에 볼 수 없다.// Will you let me use your phone? — Yes, please do.네 전화 좀 써도 되겠니 — 물론이지.// Please feel free to stop me and ask questions whenever you like. 질문이 있으시면 중간에 언제라도 하시기 바랍니다

5 감사

① 일반적인 표현

감사합니다. Thanks. / Thank you. / Great. (★ 허물없는 사이에)

매우 감사합니다. Thanks a million (for...). / Thanks [Thank you] very much (indeed). (★ 강한 표현) / Thanks a lot. / Thanks [Thank you] ever so much.

···에 대해 감사합니다. Many thanks (for...).

감사합니다. Much appreciated. / (I'm)

Much obliged. (★ 부탁 등을 했을 때, 격식 차린 표현)//

(~에 대해) 무어라 감사를 드려야 할지 모르겠습니다. I really can't thank you enough (for ...). / I should like to express my gratitude [appreciation] (for ...). / I should like to say how (very, deeply, etc.) grateful I am. (★ 격식 차린 표현)

¶ 편지 보내주셔서 감사합니다. Thank you for your letter.//여러모로 감사합니다. Thanks for everything.//도와주셔서 감사합니다. Thank you for your help. / Thank you for helping me. / I appreciate your help.//이렇게 먼 길을 와주셔서 감사합니다. Thank you very much for coming all this way [all the way here, such a long way].//그렇게 말씀해주시니 정말 감사합니다. It's very nice [kind, thoughtful] of you to say so [that].

② 응답

천만에요. You're (quite [very]) welcome. (★ quite 또는 very를 넣으면 정중한 표현) / That's OK. / That's all right. / My pleasure. / The pleasure is mine.//별말씀요. Not at all. (★ 별것 아니라는 뜻)//천만의 말씀. Don't mention it. / It's no trouble at all. (★ 약간 딱딱한 표현)//언제든지요. Any time. (★ 허물없는 사이에)

들어주셔서 고맙습니다.— 천만의 말씀입니다. Thank you very much for the lift. — I'm glad to have been of (some) service. / Delighted I was able to help. (★ 공항·호텔 등에서 처음 만나는 고객 등에)

6 감탄

① 감탄사

기쁨·슬픔·놀람 등의 감정을 나타내는 말로 문장 중에 다른 부분과 문법적 관계를 갖지 않고 독립적 성질을 갖는 것을 감탄사라 한다.

¶ 어!, 아! Ah!《슬픔·걱정·놀람 등》//만세! (우리가 이겼다) Hurrah! (We won.)//아아, 슬프도다! Alas (the day)!//아! 놀래라! Oh! What a surprise!//아얏! Ouch!//잘한다, 좋아! Bravo!//원, 저런! Dear (me)!《놀람·곤혹 등》//어머나, 야단났네! (버스가 떠났네) Good heavens! (The bus has left.) 《놀람·연민 등》//뭣!, 저런!, 어머나! My goodness! / Goodness me!《놀람·분노의 소리》//야, 와! Wow!《놀람·기쁨, 고통 등》//여보게, 잠깐! Yoo-hoo!《주의·환기 등》

② 감탄문

감탄문의 형식은 보통 what이나 how를 써서 표현한다.

¶ 참으로 많이 자랐구나! How tall you've grown.//참으로 용감한 소년이로군! What a brave boy (he is)! / How brave a boy (he is)! (★ he is는 보통 생략)

이러한 감탄문은 He is a very brave boy. / The boy is very brave.의 very를 what이나 how로 바꾸어서 문장 앞에 보낸 것이다. 주의할 것은 what은 형용사, how는 부사이기 때문에 what 뒤에는 명사가, how 뒤에는 형용사나 부사가 뒤따른다. 또한 감탄문과 what이나 how를 사용하는 의문문의 차이는 감탄문에서는 주어와 술어의 어순이 평서문과 같다는 것이다.

How tall is that building? (의문문)
How tall that building is! (감탄문)

what으로 시작하는 감탄문에서는 단수의 경우 「관사+형용사+명사」의 순이 된다.

¶ 참 예쁜 아기로군! What a cute baby!//참 재미있는 이야기로구나 What a funny story (it is)! (★ 이 경우 How cute! / How funny (that story is)! 처럼 주어와 술어를 생략할 수도 있다.)//참으로 대단한 소녀로군! What a girl!//고약한 날씨로군! What nasty weather!

7 일기예보

내일 날씨는 흐린 날씨에 때에 따라 비가 오겠습니다. The outlook for tomorrow is for cloudy skies with intermittent rain. (★ sky는 복수형으로 쓰는 것이 보통. 맑은 하늘은 fair [clear; sunny] skies, 때로 흐림은 occasionally cloudy skies로 한다.) // 오늘은 하루종일 비가 오다가 밤부터 북서풍을 동반한 맑은 날씨가 되겠습니다. Today we'll have rain during the day, and the fair skies toward night with Northwest winds. // 내일 최고 기온은 20도, 최저 기온은 5도가 되겠습니다. Tomorrow's high will be 20°C, and the low, 5°C. (★ The expected temperatures (for) tomorrow will range between a high of 20°C and a low of 5°C. 라고도 표현할 수 있다.) // 기상예보에 의하면 제주지방은 오늘 대체로 맑고 따뜻할 것이라고 합니다. The weather report [weatherman] says that for the Cheju district today, the weather will be generally fair [clear] and mild. // 서울은 부분적으로 구름이 끼겠으나 따뜻하겠습니다. In Seoul, it will be partly cloudy but warm.

8 길을 물을 때

① 방향

¶ 역으로 가는 길을 가르쳐 주십시오. Please tell [show] me the way to the station. / Please direct me to the station. // 실례지만 시청으로 가는 길을 가르쳐 주시겠습니까? Excuse me, but could you tell me the way to the city hall? // 국립박물관으로 가려면 어떻게 가면 됩니까? How can I get to the National Museum? / Will you please tell me how to get to the National Museum? // 평화은행이 어디에 있는지 아십니까? Do you happen to know where the Peace Bank is? // 115번지가 어디입니까? Please tell me how I can get to the house no. 115. // 가장 가까운 우체국을 가르쳐 주십시오. Please tell me how to get to the nearest post office.

② 거리·시간

¶ 공항까지 얼마나 걸립니까? How far is (it to) the airport from here? 《거리》 / How long will it take (me) to get to the airport? 《택시로 얼마나 걸릴까요? How long will it take (me) (if I go) by taxi? 《시간》 // 서울 호텔까지는 걸어서 갈 만한 거리입니까? Can I walk to the Seoul Hotel? / Is the Seoul Hotel within walking distance?

③ 교통편

¶ 국립극장을 가려고 하는데 어디서 내려야 합니까? I'm going to the National Theater. Where do I have to get off? // 종로 3가까지는 몇 정거장이나 남았습니까? How many (more) stops is it to Chongno 3-ga? // 이 (직행) 버스는 서울역으로 갑니까? Does this bus go to the Seoul Station? / Is this the through [direct] bus to the Seoul Station? // 어디서 갈아 타야 합니까? Where do I have to transfer [change]?

④ 기타

¶ 안내소가 어디 있습니까? Where is the information (office)? // 이 부근에 경찰서가 있습니까? Is there a police station around [near] here? // 화장실이 어디 있습니까? Could you tell me where the rest room is?

9 길을 가르쳐줄 때

① 방향

¶ 두 블럭 더 가면 오른쪽에 있습니다. Walk two more blocks and you'll find it on your right. // 두번째 모퉁이 [건널목, 교차로] 에서 좌회전하면 바로 정면에 보일 것입니다. Turn left at the second corner [crossing, intersection], and you'll find it right ahead of you. // 세 블럭을 더 가면 5번가에 이르게 됩니다. 거기서 좌회전해

Ⅱ. 생활영어 표현편

서 두 블럭을 더 가서 다시 우회전하십시오. Walk three more blocks, and you'll come to the fifth street. Turn left and walk another two blocks, then turn right. // 나도 같은 방향으로 갑니다. 나를 따라오시면 안내해 드리겠습니다. I'm going (in) the same direction. Please come (along) with me. I'll show you where it is. // 미안합니다. 나도 여기 초행길입니다. 다른 사람에게 물어보시지요. I'm sorry, but I'm a stranger here (myself). Please ask somebody else.

② 거리 · 시간

¶ 여기서 공항까지는 약 8킬로미터입니다. It's about eight kilometers from here to the airport. // 택시로 약 20분 걸립니다. It'll take (you) about twenty minutes by taxi. / 걷기에는 너무 먼 거리입니다. It's too far to walk. / It's not within walking distance.

③ 교통편

¶ 길 건너편에서 12번 버스를 타십시오. Take a no. 12 bus on the other side of the street. // 여기서 다섯 정거장입니다. It's five stops from here. // 거기까지 직행 버스는 없습니다. 신촌에서 갈아 타십시오. There is no through [direct] bus there. Transfer [Change] at shinchon.

10 날씨

① 일반적 표현

날씨를 표현할 때는 보통 비인칭 it를 주어로 사용한다.

¶ 날씨 좋지 않아요? — 정말 그렇군요. (It's a) beautiful day, isn't it? — Yes, isn't it! / Isn't it a beautiful day? — Yes, it (certainly [sure]) is! (★ Yes, isn't it. 나 Yes, it is. 나 뜻은 같다. 다만 sure를 쓰면 보다 허물없는 표현이 되고 beautiful 대신에 nice, lovely, wonderful 등을 쓰기도 한다.

위와 같은 표현은 It's fine today. 나 It's good weather. 보다 감정이 풍부한 표현.) // 비가 퍼붓고 있군요. It's really raining [coming down, pouring], isn't it? / (It's) Raining cats and dogs, isn't it? // 오늘 덥죠? (It's) Hot today, isn't it? / Isn't it hot today? // 날씨가 무덥고끈적거리지요? — 예, 무척이나 덥군요. Hot and sticky, isn't it? — Yes, awfully muggy. (★ 「무척」이란 뜻으로 awfully, terribly가 쓰인다.) // 고약한[음울한] 날씨로군. Miserable [gloomy] (weather), isn't it?

표현에 따라서는 it를 주어로 할 것인가 이외의 것을 주어로 할 것인가는 화자의 기대와 전후 문맥에 따라 결정된다. 예를 들어 「It's a beautiful day today.」는 「날씨가 좋다.」는 것에 대한 감정적 표현이고 「The weather is good.」는 좋은 날씨에 대한 객관적 표현이다. 그러나 「오늘 날씨 어때요? How's the weather today?」와 같이 it를 주어로 할 수 없는 것도 있다.

② 표현

¶ 비가 내리기 시작했다. The rain began to fall. (= It began [started] to rain.) // 비가 그쳤다. The rain has stopped. (=It's stopped raining.) // 어제는 더웠다. Yesterday was a hot day. (=It was hot yesterday.) // 날씨 어때요? — 가랑비가 내리고 있습니다. How's the weather today [what's the weather like]? — It's drizzling. // 소풍가기에 참 좋은 날입니다. It's a perfect day for a picnic. / It's picnic weather for a picnic. (★ weather의 경우 「오늘 ...날씨」처럼 특정한 상황을 가리킬 때에는 the가 붙지만 일반적인 날씨의 경우에는 무관사로 쓰인다.) // 날씨가 좋으면 내일 골프를 치겠다. If it's fine [the weather is good], I'll play golf tomorrow. // 오후에는 날씨가 갤 것 같습니까? — 글쎄요, 어떨지 모르겠네요. Do you think it'll clear up in the afternoon? — I doubt it. // 오늘 아침 서리가 많이[조금] 왔다. We had a heavy [slight] frost this morning. //

지난 주에는 눈이 엄청나게 왔다. We had a heavy snowfall last week. / It snowed heavily last week. // 눈이 2미터는 쌓였다. The snow lay two meters deep. // 나는 학교에서 돌아오는 길에 억수같은 비를 만났다. I was caught in a downpour on my way home from school. // 이 마을의 연간 강우량은 1200밀리미터이다. The yearly rainfall [precipitation] in this town is about 1200 millimeters. // 그때는 사나운 바람이 불고 있었다. A violent storm was raging at that time. // 봐라. 날씨가 의심스럽다. 지금이라도 당장 비가 퍼부을 것만 같다 Look. The sky is threatening. We may have a downpour (at) any moment. // 이 날씨가 오래 갈까요? — 예 그럴 것 같은데요. 하지만 또 모르죠. Do you think the weather will hold? — Yes, perhaps. But you never can tell. // 오늘은 꽤 서늘하지요? — 예, 그런데요. 오히려 춥군요. It's rather cool [much cooler] today, isn't it? — Yes, it is. Almost cold. // 기온이 몇 도입니까? — 23도입니다. What's the temperature? — It's 23°C [twenty-three]. // 애석하게도 날씨가 좋지 않네요. — 예 내가 보기에 한 이틀 정도는 좋은 날씨가 유지되겠지만 결국 장마가 들어섰으니까요. It's a pity the weather is bad. — Yes, I thought the fine weather would stay for a couple of days at least. But we are in the rainy season after all.

③ 기온

섭씨(centigrade)·화씨(Fahrenheit)
섭씨와 화씨는 온도의 단위이다. Fahrenheit는 the Fahrenheit scale을 고안한 독일의 물리학자 Gabriel Daniel Fahrenheit(1686~1736)의 이름을 딴 것이다. Centigrade는 스웨덴의 천문학자 Anders Celsius(1701~1744)의 고안에 따른 것이다. 섭씨(攝氏) 10도는 10℃, 10 degrees centigrade(Centigrade로도 씀), 화씨(華氏) 10도는 10°F, 10 degrees Fahrenheit로 쓴다. 섭씨는 centigrade로 부르는 경우가 많으나 Celsius로도 부른다. 섭씨와 화씨의 환산 공식은 다음과 같다.

0℃ = 32°F
Centigrade = 5/9(Fahrenheit−32)
Fahrenheit = 9/5(Centigrade+32)

¶ 기온이 섭씨 30도로 올랐다. The temperature rose to 30℃. (★ 급상승인 경우는 shot up; soared; climbed 등을 쓴다.) // 오늘 날씨는 맑고 최고 기온은 섭씨 31도, 최저 기온은 섭씨 21도가 되겠습니다. Today will be clear with a high of 31℃, a low of 21℃. // 낮 최고 기온은 섭씨 30도가 되겠습니다. High temperatures expected this afternoon 31 degrees Centigrade. // 서울 최고 기온은 30도가 되겠습니다. Highs in Seoul near 30 degrees are expected. // 오늘의 최고 기온은 섭씨 32도였다. The maximum temperature today was 32℃. / Today's high was 32℃. // 오늘밤 최저 기온은 섭씨 15도 전후가 되겠습니다. Low temperatures are expected tonight around 15℃. // 기온이 영하 8도로 내려갔다. The temperature sank to 8 degrees below zero. / The temperature sank to a sub-zero 8 degrees. // 평년보다 5도 높다. 5 degrees above the normal temperature. / 5 degrees higher than in a normal year. / 온도계는 30도를 가리키고 있다. The thermometer read [registered] 30 degrees. / The mercury hit 30 degrees.

⑪ 방문

영국이나 미국의 관습으로는 남의 집을 방문할 경우 혹은 만날 약속을 하고자 할 때 미리 날짜와 시간 등을 약속해 둘 필요가 있다. 만일 상대방이 초청해 왔을 때는 서면이나 구두로 의사 표시를 분명하게 전달해야 한다. 거절의 표현으로는 Well, that's very kind of you, but.... / Thank you (very much) for asking me, but.... / I'd like to, but.... / I wish I could,

Ⅲ. 생활영어 표현편

but.... / I'm afraid I've already promised to....(but thank you very much all the same.) 등의 표현을 쓴다.

① 방문 약속의 문의

¶ 다음 일요일에 야구 경기 보러 가지 않을래? Would you like to come and watch a baseball game with me next Sunday? // 오늘 오후 점심 같이 안 할래? Why don't you come to lunch with me this afternoon? // 몇 시에[언제] 만나 뵐 수 있을까요? What time shall we meet? / When can I see you? / When can we get together? // 화요일 오후에 당신 사무실로 찾아뵙겠습니다. I'd like to visit you at [see you in] your office sometime Tuesday afternoon.

② 문의에 대한 응답

¶ 고마워, 기꺼이 가지. Thank you, I'd like to very much. // 일요일은 거의 하루 내내 시간이 비어 있습니다. I am free all day (almost) every Sunday. // 일요일은 언제라도 오십시오. Please come any time any Sunday. // 그 식당에서 수요일 저녁 7시에 당신을 기다리고 있겠습니다. Then I'll be expecting you at that restaurant at seven (on) Wednesday evening. // 저녁 8시 이후에는 항상 집에 있습니다. I am usually at home after eight in the evening. // 당신이 오기를 기다리고 있겠습니다. We'll be [We're] looking forward to seeing you. // 미안합니다. 그날은 선약이 있습니다. I'm sorry, but I have a previous appointment[engagement] that day.

③ 방문했을 때

① 방문객

¶ 브라운 씨 집에 계십니까? Is Mr. Brown at home? // 윌리엄 씨 좀 만나고 싶습니다. I'd like to see Mr. William. / Can[May] I see Mr. William? // 스미스라는 사람이 만나고 싶어 한다고 전해 주십시오. Please tell him that Mr. Smith wants to see him.

② 방문객을 맞이할 때

¶ 예, 그는 집에 있습니다. 누구시라고 전해드릴까요? Yes, he's in[at home]. May I have your name, please? / Who shall I say is calling? // 어서 오십시오. Please come in. // 잠깐 기다리십시오. Please wait a minute.

④ 헤어질 때

① 방문객

¶ 아쉽지만 이제 헤어져야겠군요. I'm afraid I have to go [must be going] now. / Well, I think I must [have to] say good-by now. / I'm afraid I really must go. / I'm afraid I oughtn't to [shouldn't, mustn't, can't] stay any longer. // 이제 가봐야겠어. I must be off (now). / Well, better be going, I suppose. // 안부 전해 주십시오. Please give my regards to Mrs.... / Please say hello to Mrs.... 《구어적 표현》 // 댁내 모든 분에게 안부 전해 주십시오. Please remember me to everyone in your family.

② 방문객을 맞이한 쪽

¶ 조금 더 계시지요. Can't[Couldn't] you stay a little longer? (★ Couldn't you....가 정중한 표현.) // 벌써 가셔야 합니까? Must you go[be going, be leaving] so soon? // 그렇게 바쁘지는 않죠? You're not in a hurry, are you? / Please don't rush off[be in such a hurry]. // 다시 또 들러 주십시오. Please come and see me again. // 이곳에 오실 일이 있으면 꼭 제 사무실에 들러 주십시오. Please drop by my office whenever you are here.

12 부탁

① 일반적 표현

상대방에게 무엇을 해 주기를 부탁할 때 「~하여 주시겠습니까, 좀 … 해도 좋을까요?」라는 표현으로 Will [Would] you..., (please)./ I'd like you to..., (please)./ I must ask you to..., (please)./ Would you be so kind as to..../ I have to ask you to ..., (I'm afraid)./ Would you mind..., (please). 등을 쓸 수 있고, 또 May I ask you a favor? / Will [Would, Could] you do me a favor? 와 같은 표현을 쓸 수 있다.

¶ 뭣 좀 부탁할 것이 있는데요. There's something I'd like to ask of you. (★ 동년배나 그 아랫 사람에게는 I'd like you to do something for me.를 쓴다. I want you to do.... 처럼 want를 쓰면 약간 하대하는 표현이며 I'm sorry to bother [trouble] you, but could you...? / Can you give me a hand?는 구어적 표현.) // 문을 닫아주시겠습니까 ― 네, 그러죠. Would you mind closing the window? ― Certainly [Of course] not. (★ 형식상으로는 부정이지만 실제 뜻은 긍정임에 유의. Would [will] you (kindly) close the window? Certainly [Sure]. 와 비교가 된다. will보다 would가 정중한 표현.) // 창문 좀 닫아주십시오. ― 그러죠. Please close the window. ― All right. // 실례합니다. 시립병원 가는 길을 좀 가르쳐 주시겠습니까? Excuse me, but could you tell [show] me the way [how to get] to the Municipal Hospital?

② 응답

부탁의 응답으로 어떻게 할지를 모를 때는 No, I don't know how.... / I've no idea how.... / There's no way I can.... 등의 표현을 쓸 수 있고, 경험이 없어서 곤란할 경우는 I have no experience of.... / I don't think I have the qualifications [experience].... 등의 표현을 쓴다.

¶ 물론이지, 좋구말구. Yes, certainly. / Of course, I'll be glad to. / Yes, with [With] (great) pleasure. (★ 친한 사이에는 Sure! 또는 OK.를 쓴다.) // 힘 닿는 대로 해보겠습니다. I'll do my best for you. // 가능하면 해보겠습니다. I'll (do it) if I can.

// 잠깐만 기다려 주십시오. Please wait a moment. // 유감입니다만 해드릴 수가 없습니다. I'm sorry, but I can't (do it). // 됐으면 좋겠습니다만 I wish I could, but.... // 달리 시간을 내어도 괜찮겠습니까? Could we make it some other time? // 노력은 해보겠지만 그것을 할 수 있을지 모르겠습니다. I'll try, but I don't know [I'm not sure] if I can (do it).

⑬ 사과

① 일반적 표현

상대방에게 몸을 부딪치거나 실수로 발을 밟았을 때 등의 평범한 실수를 했을 때 또는 남이 줄 서 있는 곳이나 앞을 지나 갈 때, 「미안합니다, 용서하십시오, 실례합니다」를 표현할 때 Oh, I'm (very, really, terribly) sorry...! / Sorry for [about].... / Excuse me (for....) / Pardon me (for...) / I beg your pardon (for....) 등의 표현을 쓴다.

미국에서는 Excuse me.쪽의 표현을 쓰는 것이 보통이고 영국에서는 I'm sorry.를 쓴다. (I'm을 생략하여 Sorry.라고 하기도 한다.) Pardon me.는 영·미 공통으로 많이 쓰이는데 다소 정중한 표현이다. 주체가 복수일 경우에는 Excuse us 로 한다. Please excuse my hat은 「모자 쓰고 있는 것을 양해하여 주십시오」의 뜻이 된다.

사과의 표현은 악센트의 위치에 따라서 의미가 틀려진다. Excúse me. / Párdon me.는 가벼운 사죄의 뜻이나 Excúse mé. / Párdon mé는 사죄의 뜻이 보다 강해진다. me만을 강조하면 「저야말로 죄송합니다」의 뜻이 된다.

¶ 잠깐 실례합니다 Excuse me for a moment. // 늦어서 죄송합니다. I'm sorry I'm late. / Sorry I'm a bit late. / I must apologize for being late. // 기다리게 해서 죄송합니다. I'm sorry I've [to have] kept you waiting. // 장갑을 끼고 있는 것을 양해하여 주십시오. Please excuse my gloves. // (옷차림이) 이런 모습이어서 죄송합니다. Please excuse my appearance. // 미안하지만 역으로 가려면 어디로 가면 될까요? Excuse me, but how can I get to the station? // 대화도중에 미안합니다. I'm sorry to interrupt you. // 자주 방해를 끼쳐서 죄송합니다. I'm sorry to trouble you so often. // 정말 그럴 뜻은 없었습니다. I didn't really mean that at all. // 내가 그런 말을 하다니 대단히 경솔했습니다. It was utterly thoughtless of me to say a thing like that. // 지연된 데 대하여 심심한 사과의 뜻을 표합니다. We must express our deep [deep-felt] regret for the delay.

② 응답

상대방의 가벼운 실수에 대하여 「괜찮습니다, 천만에요, 관계없습니다」 등과 같이 사과에 대한 응답의 표현으로는 That's all right. / That's OK.가 가장 일반적인 표현이다. (★ Excuse me. / I'm sorry. 에 대한 구어적인 답변) 이외에 Forget it. / Not at all. / Please don't worry. / It doesn't matter at all. / Not to worry. 등의 표현을 쓸 수 있다. 또 Excuse me. / Pardon me.가 「실례합니다」의 뜻으로 쓰일 때의 답변은 Certainly. (★ 구어적인 대답은 All right. / OK.)

¶ 틀림없습니다. 염려 마십시오. It's [That's] perfectly all right. Don't worry about it. // 사과하실 필요없습니다. 내 잘못입니다. Please don't apologize. It was my fault. [I was (the one) at fault.]

⑭ 소개

영국과 미국에서는 사람을 소개할 때 다음과 같은 사항에 주의할 필요가 있다. 남자들끼리, 여자들끼리 있을 때 원칙적으로 연하의 사람을 연상의 사람에게 먼저 소개한다. 남성과 여성의 경우에는 먼저 남성을 여성에게 소개한다. 또 처음 만나서 자기를 소개할 때는 보통 여성이나 연배가 높은 사람부터 한다. 「How do you do? My name is …. / Excuse me, my name is ….」와 같이 먼저 인사를 하고 자기 이름을 밝히는 것이 보통이다. 많은 사람 앞에서 자기를 소개할 때는 May I [Let me] introduce myself. (Lee Chung-min., marketing manager. East-south Trade.) / Allow me to introduce myself. 등과 같이 소개말을 하고 이름과 직책, 회사명 순으로 밝히는 것이 보통이다. 소개의 말이 끝나면 서로간에 How do you do? / I'm glad to meet you. / I've been looking forward to meeting you. 등으로 인사를 주고 받는다.

① 처음 만났을 때

¶ 제 소개를 하겠습니다. 제 이름은 김입니다. 예일대학 4학년입니다. (Excuse me, but) May I [Let me] introduce myself. My name is Kim. I am a senior at Yale university. (★ 파티석상 등의 개방적인 분위기에서는 곧바로 My name isÅ 라고 소개하기도 한다.) // 안녕하세요.(처음 뵙겠습니다.) 한국출판사 편집부장 김 민수입니다. How do you do ? (I don't think we've met before.) I'm Kim Minsoo. chief editor in Hankook publishing company. // 안녕하십니까. Bill의 친구 John Davis입니다. How do you do? I'm John Davis, a friend of Bill's.

② 소개 받았을 때

¶ 안녕하세요. 존씨. 저는 샐리 메이슨이라고 합니다. How do you do? [Hello?] Mr. John? I'm Sally Mason. // 안녕하세요. 만나서 반갑습니다. 존 스미스입니다. (How do you do?) I'm glad to meet you. I'm [My name is] John Smith.

③ 두사람을 소개할 때

¶ 존, 이 사람은 내 친구 김입니다. 김, 이 사람은 내 친구 존입니다. John, this is my friend Kim. Kim, this is my friend John. (★ full name을 쓰면 정중한 표현이 된다. 첫째 말만으로 양측 소개를 끝낼 수도

있다.)//아, 이쪽은 피터야. 피터 이쪽은 제니야. Oh, Look, here's Peter. Peter, meet Jenny. 처럼 간단하게 소개할 수도 있다. 같은 또래에서 잘 쓰인다.//화이트양, 김군을 소개합니다. Miss White, May I introduce Mr. Kim? (★ 상대방에게 허가를 구하는 듯한 정중한 어조. 대답은 Yes, please. 또는 Certainly.로 한다. 소개자는 다시 This is Mr. Kim.을 덧붙이면 된다.)//그린양, 이군을 소개해 드리겠습니다. Miss Green, I'd like to introduce Mr. Lee. / Please let me [allow me to] introduce Mr. Lee. (★ 마찬가지로 정중한 표현. 답변은 Yes, please.)

④ 다수를 소개할 때

¶ 여러분, 노스웨스트 항공사 서울 지점의 모간씨, 존즈씨, 그리고 쥬디양을 소개합니다. Gentlemen [Everybody], I want you to meet Mr. Morgan, Mr. Jones, and Miss Judy of the Seoul office of Northwest Airlines.//여러분, 영어선생님으로 새로 오신 스미스 선생님을 소개합니다. Students, this is Mr. Smith, your new English teacher.

⑤ 헤어질 때

처음 만나서 소개받고 알게된 사람과 헤어질 때의 인사는 다음과 같다.

¶ 만나게 된 것을 기쁘게 생각합니다. I'm very glad to have met you. / It was really nice meeting you.//또 뵈었으면 좋겠습니다. I hope to see you, again.

⑮ 숫자

수를 나타내는 말은 **수사**(numeral)라고 하며, 이것에는 one, two, three... 처럼 수를 세는 **기수**(cardinal number)와 first, second, third...등과 같이 순서를 나타내는 **서수**(ordinal number)와의 두가지가 있다.

① 기수(**cardinal numbers**)

(1) 보통 문장 내에서 12까지의 수는 문자(文字)로 표기하는 경우가 많은데 시각·날짜·계산 등은 아라비아 숫자를 쓰기도 한다. 문어체의 문장에서는 1에서 100까지의 수와 100 이상의 수 중에서도 정수(整數)(round numbers)가 아닌 수는 문자로 표기한다. 그러나 문장 앞머리에서는 어떠한 경우에도 문자를 쓴다. 또한 같은 문장에서 두 번 이상 수가 반복될 때는 숫자나 문자 어느 쪽이든 통일시켜야 한다.

(2) 기수(基數)에는 대명사·명사·형용사의 용법이 있다.

① 형용사

세 아이 three children / 다섯 가족 five families / 책 2권 two books

② (대)명사

1에서 10까지 세시오. Count from one to ten. / 3은 작은 수다. Three is a small number. / 그들중 5명이 결석하였다. Five of them were absent.

(3) 4자리 이상의 수는 읽기 쉽게 하기 위하여 (,)를 찍는다. 첫번째 comma는 thousand, 두번째는 million, 세번째는 milliard의 단위이고 (미)에서는 hundred 다음의 and는 종종 생략한다.

¶ 9,837,006 nine million eight hundred (and) thirty-seven thousand (and) six.

(4) 수사 또는 수를 나타내는 형용사를 동반해도 단위명인 hundred, thousand, million, billion에는 -s를 붙이지 않는다.

¶ 10만권의 책 one hundred thousand books

(5) 정수(round number)를 나타낼 때는 후미에 -odd나 or so를 붙인다.

¶ 약 90 90-odd / 90 or so.

(6) 12를 나타내는 dozen이나 20을 나타내는 score, 2를 나타내는 couple로 표시하는 방법도 있다.

¶ 6 a half dozen / half a dozen//18 a dozen and a half//70년 three score years and ten (★ 사람의 수명을 나타낼 때는 a couple of days 2, 3일)

(7) 불특정 다수를 나타낼 때는 어림수에

Ⅲ. 생활영어 표현편

따라 다음과 같이 표기한다.

¶ 몇 백의 hundreds (of...)∥몇 천의 thousands (of...)∥몇 만의 tens of thousands (ofÅ)

(8) 로마자는 연호, 왕·여왕의 계승 순위, 논문의 장, 페이지, 시계의 문자판 등에 쓰인다. 로마자의 소문자는 논문 등에서 서문의 페이지나 설명문의 소구분을 나타낼 때에 한정되어 쓰인다. 기본 수의 기호는 I(1), V(5), X(10), L(50), C(100), D(500), M(1000)으로 나타내며 로마 숫자의 원칙으로서는

① 병렬(並列)은 덧셈을 나타낸다.
VI=V+I=6 / XXIV=XX+IV=24

② 작은 수의 기호 오른쪽에 큰 수의 기호가 오면 큰 수에서 작은 수를 뺀다.
IV = V - I = 4 / IX = X - I = 9 / XC = C-X=90

¶ 제2장 chapter II (★ chapter two 또는 the second chapter라고 읽는다.)∥제2차 세계대전 World War II (★ World war two 또는 the second World War로 읽는다.)∥엘리자베스 2세 Elizabeth II (★ Elizabeth the Second로 읽는다.)

② 서수(ordinal numbers)

(1) 서수는 first, second, third를 제외하고는 기수에 -th를 붙여 만들지만, five → fifth, twelve →twelfth, eight →eighth, nine →ninth 등과 같은 예외도 있다.(★ eighth 와 ninth의 철자에 주의.)

(2) 서수(序數)에는 (대)명사·형용사·부사의 용법이 있으며 보통은 the를 붙여 쓴다.

① 형용사

첫번째 사람 the first man / 둘째 해 the second year / 100분의 1 the (one) hundredth part (★ one은 보통 붙이지 않는다.)

② (대)명사

그가 제일 먼저 왔다. He was the first to come. / 5월 5일 the fifth of May, May the fifth (★ 흔히 May 5 또는 May 5th로 쓰고 위와 같이 읽는다.)

③ 부사

2등(칸)으로 여행하다. travel second / 그는 반에서 첫째이다. He stands first in his class.

③ 분수(fractions)

(1) 분수를 읽을 때는 분자(numerator)를 기수로, 분모(denominator)를 서수로 읽는다. 문자로 나타낼 때도 마찬가지이다. 분자가 2 이상의 수일 때 분모를 복수형으로 한다.

¶ 1/9 a [one] ninth∥2/9 two ninths

(2) 1/2, 1/4의 읽는 방법과 쓰는 방법에 유의.

¶ 1/2 a half / one half∥1/4 a quarter / one[a] fourth / a[the] fourth part∥3/4 three-quarters / three-fourths∥4/7 four-sevenths∥63/100 sixty-three hundredths

(3) 123/456같은 복잡한 분수는 over를 사용하여 one hundred (and) twenty-three over four hundred (and) fifty-six와 같이 분자·분모 모두 기수로 표기. 15/5과 같은 가분수는 fifteen over five와 같이 읽는다.

(4) 분수를 명사로 쓸 때는 보통 둘로 분리하여 표기하여 쓰지만 형용사로 쓸 때는 하이픈을 붙인다.

¶ 나는 일을 3/5 끝냈다. I've finished three fifths of the job.∥하루는 1년의 1/365이다. A day is one three hundred (and) sixty-fifth of a year.∥그는 2/3의 다수를 얻었다. He got a two-thirds majority.

(5) $1^3/4$ 와 같은 대분수(mixed number)는 보통수와 분수를 구분하여 one and three quarters로 읽는다.

④ 소수(decimal fractions)

0.123은 (zero) point one two three, 4.025는 four point zero two five, 19.87는 nineteen point eight seven으로 읽는다. (★ 소숫점 위 「0」은 보통 생략.)

III. 생활영어 표현편

¶ 1미터는 39.37인치이다. A meter is thirty-nine point three seven inches.

⑤ 횟수·돗수

반 half / 단일 single / 2배 [중,겹] double / 3배 [중,겹] treble [triple] / 4배 quadruple / 1회 [번] once / 2회 [번] twice / 3회 [번] three times (★ thrice는 문어적) / 2중 [겹] two-folds / 3중 [겹] three-folds

⑥ 그 밖의 수

3^2…three squared; the square of three
3^3…three cubed; the cube of three
3^4…three to the fourth (power)
3^5…three to the fifth (power)
$\sqrt{9}$ …the square root of nine
$\sqrt[3]{1000}$ …the cube root of a thousand

¶ 5의 2제곱은 25이다. Five squared is twenty-five. // 36의 2평방근은 6이다. The square root of thirty-six is six.

⑦ 계산

문자로 표현하는 것은 수식을 그대로 읽는 것과 같다.

¶ 5 더하기 2는 7(5+2=7)이다. Five plus two is [equals] seven. / Five and two are [is, make(s)] seven. // 7 빼기 2는 5(7−2=5)이다. Seven minus two is [equals] five. / Two from seven leaves five. // 3곱하기 4는 12(3×4=12)이다. Three times four is [are, makes, equals] twelve. (★ 원래 three times four는 영어에서 4의 3배란 뜻. two times 대신에 twice를 쓰기도 한다.) // 15 나누기 3(15÷3=5)은 5이다. Fifteen divided by three is [give, makes, equals] five. // 4대 8은 6대 12와 같다. Four is to eight, as six is to twelve.

⑧ 주소·방번호

번지·방번호 등의 경우는 3행 이상의 숫자는 기수(基數)로 읽는 것이 보통이다.
종로구 관철동 25의 16 25-16 Kwanchol-dong, Chongno-gu (★ 숫자는 twenty-five [two five] sixteen으로 읽는다.) // 하야트호텔 915호실 Room 915, Hyatt Hotel (★ Room nine fifteen [nine one five], Hyatt Hotel로 읽는다.)

⑨ 전화번호

¶ 긴급을 요할 때에는 112를 돌리십시오. In emergency dial 112. (★ one-one-two로 읽는다.) // 내 사무실 전화번호는 02-866-8800, 구내전화 329번입니다. My office phone number is 02-866-8800, extension 329. (★ o-two, eight-six-six, eight-eight-0-0, extension three-two-nine으로 읽는다.)

⑩ 연호 · 날짜 · 시각

3자리 이상의 연호는 보통 두자리씩 끊어서 읽는다. 1995년은 nineteen ninety-five, 1900년은 nineteen hundred, 1905년은 nineteen (hundred and) five 또는 nineteen o[óu] five로도 읽는다.

「기원…」을 뜻하는 A.D., 「기원전…」, B.C.는 (미)에서는 숫자 뒤에 (영)에서는 숫자 앞에 위치한다.

¶ 아우구스투스 황제는 기원전 63년에 태어나 서기 14년에 죽었다. Emperor Augustus was born in (the year) 63 B.C. and died in (the year) 14 A.D. // 곧 2000년대에 들어서게 된다. We will soon go into [are moving towards] the 2000s. (★ 2000s는 two thousand로 읽는다.) // 5월 5일에 상경하겠습니다. I will come up to Seoul on May 5 [the fifth of May]. // 부산행 8시 50분발 기차가 10분 늦게 출발합니다. The 8:50 Pusan train will leave ten minutes late. (★ 8:50는 eight fifty로 읽는다.)

⑪ 연령 · 학년

¶ 나는 17세 고등학교 2학년생입니다. I'm seventeen (years old) and a second-year student [sophomore (미)] at a high school. // 내 형은 대학 3년생이다. My brother is in the third year [a junior (미)]

in college. // 그녀는 40대 초반[중반, 후반]이다. She is in her early [mid, late] forties. // 그는 20세 전후이다. He's twenty or so [or thereabouts].

⑫ 페이지·장

¶ 그것은 이 책의 제3장에 들어 있습니다. It is described in chapter three of this book. // 교과서 10페이지를 여십시오. Open your textbook(s) to [at (영)] page 10. (★ page ten으로 읽는다.) // 이것은 마태복음 4장 12절에서 인용한 것입니다. This is a quotation from Matthew 4:12. (★ (chapter) four, (verse) twelve로 읽는다.) // 셰익스피어는 햄릿(3막 1장 56행)에서 이렇게 썼다 '죽느냐 사느냐 그것이 문제로다'. Shakespeare writes in Hamlet: 'To be, or not to be:that is the question.' (3. 1. 56). (★ act three, scene one, line fifty-six로 읽는다.) // 25페이지의 10행부터 20행까지를 영역하시오. Put into English lines 10-20 on page 25. (★ lines ten to [through] twenty on page twenty-five로 읽는다.)

⑬ 금액

¶ 집 임대료는 10만원입니다. The (house) rent is 100,000 won. // 5달러 2센트를 지불했다. I paid $ 5.20. (★ five dollars and twenty cents로 읽는데 구어에서는 five twenty로도 가능하다.)

⑭ 기타

¶ 나는 기어를 2단에 놓고서 3단으로 바꾸었다. I put the car in [into] second (gear) and then changed to [into] third. // 부산행 열차는 5번홈에서 출발합니다. The Pusan train leaves from platform 5. (★ platform (number) five로 읽는다.)

⑯ 시간

① 일반적인 표현

「몇시 몇분」이라고 표현할 때 보통의 회화에서는 대개 시간만 나타내어 「8시 25분이다」는 「It's eight twenty-five.」 (★ 하이픈에 주의)와 같이 간단히 표현한다. 그러나 「3시 4분입니다.」와 같이 1분에서 9분까지의 표현은 「It's three o[ou] four.」와 같이 표현하는 것이 보통이다.

② 정시 표현

7시, 8시와 같이 정시를 표현할 때는 o'clock을 쓴다. 오전은 in the morning, 오후는 in the afternoon, 저녁(5시 이후)은 in the evening을 사용한다. 정오 12시는 (twelve o'clock [twelve]) noon, 자정은 (twelve o'clock [twelve]) midnight를 쓴다.

¶ 정각 7시입니다. It's seven sharp. / It's exactly seven 오전 10시입니다. It's ten (o'clock) in the morning. // 정각 12시입니다. It's twelve (o'clock) noon. (★ 시각을 표현할 때는 보통 숫자를 쓰지 않고 문자로 쓴다.) // 우리집은 7시에 저녁을 먹는다. We have dinner at seven (o'clock). (★ in the evening이 생략된 것. o'clock도 보통 생략.) // 나는 매일 아침 6시에 일어나 7시경에 집을 나선다. I get up at six every morning and leave home (at) about [around] seven. (★ at은 보통 생략.)

③ 「…시…분」의 표현

30분까지는 past 또는 after (미), 30분을 지나 「~분전」이라고 표현할 때는 to 또는 before (미)를 쓴다. 15분은 quarter (a quarter (영)), 30분은 half를 쓴다. 그러나 30분이 지나도 past나 after를, 15분은 quarter 대신 fifteen minutes, 30분은 half 대신 thirty minutes로 표현해도 틀린 것은 아니다.

¶ 오전 9시 10분입니다. It's nine ten in the morning[a.m.]. / It's ten (minutes) past [after] nine in the morning. // 학교는 8시 15분에 시작합니다. School starts [begins] at (a) quarter past [after] eight.

// 그는 8시 15분 전에 출발했다. He started at (a) quarter to[before (미)] eight. // 그는 오후 3시 30분경에 돌아올 것이다. He will be back (at) about [around] half past three in the afternoon.

④ 약식 표현

시간을 표현하는 데는 일반적으로는 약식 표현을 많이 쓴다. 10시 20분은 10:20 (10. 20 (영))로 숫자로 표기하고 읽을 때는 ten twenty로 한다. 오전은 a.m. (ante meridian의 약자), 오후는 p.m. (post meridian의 약자)을 사용한다. 보통은 소문자이지만 대문자를 쓰는 경우도 있다. o'clock은 생략한다.

¶ 오전 9시입니다. It's 9:00 a.m. (★ nine a.m.[éiem]이라고 읽고 00은 읽지 않는다.) // 현재 오후 9시 5분입니다. It's 9:05 p.m. (★ nine-o[ou]-five라고 읽는다.) // 이 수업은 2시 45분에 끝난다. This period ends at 2:45 (p.m.).

⑤ 시간에 대한 문의와 대답

「몇시」인가를 물을 때는 What time is it (now)? (★ be동사에 현재의 의미가 있으므로 now는 생략해도 된다.) / What's the time? / What time do you have? / Have you got the time? (★ 시계를 갖고 있습니까? Do you have the time?) 등으로 표현한다. 또 정중한 표현으로는 Please tell me the time. / Could you tell me the time? 등과 같이 표현한다. 정확한 시간을 물을 때는 Do you have the correct time?이라고 한다.

당신은 몇시에 일어납니까? What time do you get up?는 At what time do you.... 에서 at이 생략된 것이다. 그러나 정확한 시간을 물어볼 경우에는 at을 생략하지 않는다.

¶ 비행기는 몇시에 이륙합니까? At what time does the plane take off? / 당신 시계는 몇시입니까? What time is it by your watch? / 내 시계는 9시 15분을 가리키고 있다. My watch says 9:15. / I have nine fifteen. // 9시 17분입니다. It's nine seventeen by my watch. / 그렇다면 내 시계가 2분 느리군요. Then I'm afraid my watch is two minutes slow. // 5시가 가까와 옵니다. It's close to five. // 6시 30분이 다되 갑니다. It's going to be six thirty.

⑥ 기타

간결·정확을 필요로 하는 경찰이나 군대, 교통기관 또는 교통표지판이나 시간표 등에는 24시간 개념으로 나타내기 때문에 a.m. 혹은 p.m.을 붙이지 않는다. 오후 1시를 13:00로 표기하고 thirteen hundred hours로 읽는다.

¶ 현재 15시 30분입니다. It's 15:30. (★ fifteen (hundred) thirty로 읽는다.) // 17시 25분발 기차는 취소되었다. The 17: 25 train has been canceled. (★ seventeen twenty-five로 읽는다.)

17 날짜

① 일반적 표현

1995년 8월 15일이라고 표현할 때는 미국식으로는 월, 일, 년도의 순으로 August 15, 1995로 표기하고 August (the) fifteenth, nineteen ninety-five 또는 날짜를 fifteen으로 기수로 읽는 경우도 많다. 영국식은 일, 월, 년도의 순으로 15th August, 1995로 표기하고 the fifteenth of August, nineteen ninety-five로 읽는다. 1900년일 경우는 nineteen hundred로 읽는다. 서력(西曆) 794년 seven (hundred) ninety-four A.D..

월을 표기할 때는 August를 Aug.로 생략형을 쓴다. 날짜를 말하는 문장의 주어는 시간의 경우와 마찬가지로 it를 사용하거나 today, the date, today's date 등을 사용한다.

¶ 오늘은 9월 1일이다. It's Sept.[Sep.] 1 today. (★ Today is Sept.[Sep.] 1.로 할 수도 있다.) // 1학기는 4월 8일에 시작한다. The first term starts [begins] on

Ⅲ. 생활영어 표현편

Apr. 8.

② 날짜에 대한 질문과 대답

날짜를 물을 때는 date를 쓰는 것이 가장 좋지만 day of the month를 쓰기도 한다.

¶ 오늘은 며칠입니까? What's today's date? / What day of the month (is it) today? // 오늘은 10월 29일입니다. It's Oct. 29 today. / Today is Oct. 29. // 당신 생일은 며칠입니까? When is your birthday? // 바로 오늘입니다. That's today!

18 요일

① 일반적 표현

보통 It이나 Today를 주어로 하여 표기한다. it을 주어로 하는 구문에서는 today를 생략하기도 한다.

¶ 오늘은 금요일이다 It's Friday (today). / Today's Friday. // 내일은 일요일이다. Tomorrow is Sunday. / It's Sunday tomorrow.

② 요일에 대한 질문과 대답

요일을 물을 때는 보통 What day is it today?로 한다. 좀 더 명확하게 요일을 물어볼 경우에는 day of the week를 써서 What day of the week is it today?로 쓰기도 한다. 또한 허물없는 사이에는 다소 애매하기는 하나 What's today?를 쓰기도 하고 Today's Monday.처럼 대답하기도 한다.

¶ 다음 일요일에 무엇을 할 예정입니까? What are you going to do next Sunday? (★ 요일이 부사적으로 쓰일 때 next, last 등이 앞에 붙으면 전치사는 생략한다. He will leave here Sunday. 처럼 구어에서는 요일 앞의 전치사를 생략하기도 하지만 일반적으로는 on Sunday로 on을 붙이는 것이 맞다.) // 토요일에는 수업이 몇 시간 입니까? How many class do you have on Saturdays? (★ 특정한 요일에 반복되는 것이 있을 때는 복수형을 쓴다.)

Ⅳ. 생활영어 응용편

● 인사 1
A: Good morning, Jane?(안녕, 제인)
B: Good morning, Minsu. How are you?(안녕, 민수, 잘 지냈니?)
A: Just fine, thank you. How's everything with you?(잘 지냈어. 너는 어때?)
B: OK, but busy.(좋아, 좀 바빴어)

● 인사 2
A: May I go home now, Mr. Smith?(스미스 선생님 집에 가도 되나요?)
B: Yes, you're finished for the day.(그래, 오늘은 이만 끝났다
A: Thank you. I'll see you tomorrow, then.(고맙습니다. 내일 뵙겠습니다)
B: Good, Well, so long.(그래, 잘 가거라)
A: Good-bye.(안녕히 계십시오)

● 인사 3
A: Jane! I haven't seen you for a long time.(제인, 오랫만이다)
B: Oh, hi Misook.(안녕, 미숙)
A: Where have you been?(어디 갔었니?)
B: I just got back from the States. (방금 미국에서 돌아왔어)

● 인사 4
A: See you later, Ann. Say hello to your father for me.(잘가, 네 아버지께 안부 전해줘)
B: I will. Take care.(그럴게, 안녕)

● 물건사기 1
A: Can I try (on) this suit? (이 옷 입어봐도 됩니까?)
B: Yes, certainly. I think it is your size.(그럼요, 싸이즈가 맞겠는데요)
A: I'm afraid this is a little too tight under the arm.(팔 아래가 조금 끼는 것 같은데요)
B: Then, I recommend this one.(그럼 이걸 권해 드리지요)
A: How do you like this dress?(이 드레스는 어떻습니까?)
B: It looks very nice (on you). / It suits you very nicely.(썩 잘 어울리는군요)
A: How about the length?(길이는 어때요?)
B: I think you'd better make it a bit shorter.(조금만 짧게 하면 좋겠군요)

● 물건사기 2
A: Are you being helped?(도와드릴까요?)
B: No, thank you. We're just looking.(괜찮습니다. 우리는 그냥 둘러보는 중입니다)
A: Excuse me. Where's the ladies' department?(실례지만 숙녀복 매장이 어디지요?)
B: It's on the fifth floor.(5층에 있습니다)
A: Thank you.(고맙습니다)

● 물건사기 3
A: May I help you?(도와드릴까요 / 어서 오십시오)
B: Yes, thank you. Could you tell me where I can find some good leather gloves?(예, 감사합니다. 고급 가죽 장갑을 어디서 살 수 있는지 알려주시겠습니까)
A: I certainly can. We have some really nice gloves right here.(그럼요. 바로 우리가게에 좋은 장갑이 있습니다)
B: Oh, good. Let me take a look at them.(아, 그거 잘 됐군요. 좀 보여주시겠습니까)

● 물건사기 4
A: Do you carry hundred-percent cotton blouses?(100% 면 블라우스 있습니까)
B: We certainly do.(예, 있습니다)
A: Do you have any on sale?(다른 것은 없습니까?)
B: Yes, just come this way, please. How about this one?(예, 이리 오시지요. 이건

Ⅳ. 생활영어 응용편

어떠세요?)
A: Oh, yes. May I try it on?(아 그러지요, 한번 입어봐도 될까요?)

🔵 **부탁 1**
A: Jane, could you do me a favor?(제인, 부탁하나 들어줄래?)
B: Certainly, Minsu. What is it?(물론이지, 민수야. 무슨 부탁인데?)
A: Would you correct my English pronunciation?(내 영어 발음 좀 고쳐줄래?)
B: Of course, I'll be glad to.(물론, 기꺼이 하고말고)

🔵 **부탁 2**
A: Paul, can you give me a hand with these books?(폴, 이 책 옮기는 것 좀 도와줄래?)
B: Sure.(좋아)
A: Thanks a lot.(고마워)
B: Where should I put them?(어디다 놓을까?)
A: Right there on the table, if you don't mind.(될 수 있으면 저기 테이블 위에 놓아줘.)
B: OK. There you are.(알았어, 자 여기)
A: Thanks, Paul.(고마워, 폴)

🔵 **부탁 3**
A: Mr. Peter, may I come in? (피터 선생님 들어가도 됩니까?)
B: Sure.(들어 오너라)
A: There's something I'd like to ask of you.(부탁드리고 싶은 것이 있는 데요)
B: Go ahead.(말해 보라)
A: I'm sorry to bother you, but could you help me with my English?(번거로우시겠지만 영어 공부 좀 도와주시겠어요?)
B: Yes. What would you like to know?(그래. 무엇을 알고 싶으냐?)

🔵 **무게의 표현**
A: Your bag looks very heavy.(네 가방이 무거워 보이는 구나)
B: Yes, it is very heavy.(응, 매우 무거워)
A: How much does it weigh?(무게가 얼마 나가는데?)
B: I don't know.(모르겠어)
A: Let me weigh it on these scales. It's twenty kilograms.(이 저울에 달아보자. 20킬로그램이네)

🔵 **가능의 표현**
A: Can you swim?(너 수영 할 줄 아니?)
B: No, I can't, but my brother can.(아니, 못 해. 하지만 나의 형은 할 줄 알아)
A: You should learn. You'll be able to swim in a month.(배워야 되겠구나. 한 달이면 할 수 있을 꺼야)
B: I thought I would. But I've been unable to find the spare time.(할 수 있을 것 같아. 그렇지만 여가 시간이 없어)
A: You can. You need only two hours a day.(할 수 있어. 하루 두 시간 정도면 돼)
B: Well, then, I think I'll start learning to swim.(그렇다면 수영을 시작해 볼까)

🔵 **감사의 표현 1**
A: How about some more coffee, Peter?(커피 한 잔 더 줄까?)
B: No, thanks. I've had too much already.(아니 됐어, 이미 많이 마셨는 걸)
A: Another cup, George?(죠지는 어때?)
C: Yes, please. Thanks, Minsu.(응, 좋아. 고마워 민수)
A: You're welcome.(천만에)

🔵 **감사의 표현 2**
A: Happy birthday, Paula!(폴라, 생일 축하해)
B: Oh, Minho! How very thoughtful of you!(민호야, 생각해줘서 고마워)
A: Not at all.(천만에)
B: May I open it now?(열어봐도 되니?)
A: Go ahead.(열어 봐)
B: Oh, how lovely! You should't have done it!(야, 정말 멋있다. 이러지 않아도 되는데)
C: This one's from me.(이것은 내 선물이

야)
B: George! How sweet of you! Just what I wanted; a pair of leather gloves! What a wonderful gift! (죠지, 정말 고맙기도 하지. 바로 내가 갖고 싶었던 거야. 가죽 장갑 한 켤레! 정말 멋있는 선물이야)

◯ 감탄의 표현

A: How cute! Is that your puppy?(정말 귀엽구나. 네 강아지니?)
B: Yes, it is.(응, 그래)
A: Come here. Puppy.(이리와, 파피)
B: He hates girls.(그놈은 여자를 싫어해)
A: Really? What a funny dog!(정말? 이상한 강아지네)
B: May I hold him?(안아봐도 돼니?)
B: Sure. Here you are.(그럼, 자)
A: He's so light. Look at his face! He's so cute.(아주 가볍네.얼굴 좀 봐. 아주 귀여워)
B: I'll give you one someday.(언제 한 마리 줄께)
A: Really? That's very nice of you.(정말?, 고맙기도 하지)

◯ 의무의 표현

A: Must I attend the meeting?(모임에 꼭 참석해야 하나?)
B: Yes, of course, you must.(그럼, 물론이지. 꼭 해야 돼)
A: What time am I supposed to come?(몇 시에 가면 돼지?)
B: Be sure to be there by three.(세시까지는 그곳에 꼭 있어야 돼)

◯ 허락 1

A: Will you please wait in this room for a while?(잠시 이 방에서 기다려 주시겠습니까?)
B: Mind if I turn on the television?(텔레비전 좀 켜도 되나요?)
A: Not at all.(좋고 말고요)

◯ 허락 2

A: May I use this telephon, please?(전화 좀 써도 됩니까)
B: Certainly.(쓰십시오)

◯ 가격

A: How much is this shirt?(이 셔츠는 얼마입니까?)
B: It costs twelve thousand won.(12,000원 입니다)

◯ 계시

A: I cannot read that sign without glasses. What does it say?(안경없이는 저 표지를 읽을 수가 없구나. 뭐라고 써 있니?)
B: It says 'No Smoking'.(금연이라고 쓰여 있어요)
A: Where shall we put up this notice? (이 쪽지를 어디 붙이지?)
B: I think we'd better tack it on the wall. (벽에 붙이는 것이 좋을 것 같아요)

◯ 사과의 표현 1

A: That's my pen.(그건 제 펜인데요)
B: Is it? Oh, so it is! I beg your pardon. (그래요? 아 그렇군요. 미안합니다)
A: That's all right.(괜찮습니다)

◯ 사과의 표현 2

A: Oh, no! I'm terribly sorry. Let me clean it up.(오 저런, 정말 미안합니다. 제가 닦아 드리지요)
B: Oh, that's OK.(아, 괜찮습니다).

◯ 사과의 표현 3

A: I'm really sorry about last night, Paul. (폴 어제 저녁에는 정말 미안했어)
B: No problem.(아무렇지도 않아)
A: But I gave you a hard time last night, didn't I?(그렇지만 지난 밤 고생시켰잖아)
B: Yes, a little. But don't worry about it. (응, 조금은. 그렇지만 걱정하지마)
A: But what about Paula? I owe her an apology.(폴라는 어때? 그녀에게 사과해야 하는 데)

IV. 생활영어 응용편

B: Not really, but- (그럴 필요 없어. 하지만...)
A: I'm definitely going to apologize to her. (나는 기필코 그녀에게 사과해야겠어)

⭕ 소개 1
A: You should meet Jane. She's a friend of mine.(너는 제인을 만나야 돼. 그녀는 내 친구 중의 한 사람이야)
B: Can I meet her now?(지금 만날 수 있어?)
A: Yes, she's in her house. I'll introduce you to her.(응, 집에 있어. 내가 너를 그녀에게 소개시켜 줄게)

⭕ 소개 2
A: Minsu, I'd like you to meet my friend Mary. Mary, this is Minsu. He's my best friend.(민수야, 내 친구 메리를 소개할게 - 메리야, 나의 가장 좋은 친구 민수야)
B: How do you do, Mary?(안녕, 메리)
C: I've been looking forward to meeting you, Minsu.(민수야, 너를 만나고 싶었어)

⭕ 소개 3
A: Do you two know each other?(둘이 서로 만난 적 있어?)
B: No, I don't think we've met.(아니, 초면이야)
A: Paul, Mary. Mary, Paul.(폴, 이쪽은 메리야 - 메리, 이쪽은 폴이야)
B: Paul, glad to meet you.(폴, 만나서 반갑다)
C: Glad to meet you too, Mary.(메리야, 나도 만나서 반가워)
B: Are you living here?(여기 사니?)
C: No, I'm just visiting.(아니, 그냥 방문했어)

⭕ 주소
A: What's your friend's address?(네 친구 집 주소가 어디지?)
B: Fifty-nine 1 Ka Chongno, H apartment ten.(종로 1가 59번지 H 아파트 10동이야)
A: Can you give me her phone number? (그녀 전화 번호 좀 알려줄래?)
B : Yes, It's area code zero-two, eight-six-six, eight-eight-o-o. (응, 지역 번호 02에 866 - 8800이야)

⭕ 선택의 표현
A: Jane, would you care for coffee of tea? (제인, 커피 할래, 홍차 할래?)
B: Oh, thank you. Either would be fine. (응, 고마워. 아무거나 다 좋아)
A: Please decide. What'll it be, coffee or tea?(결정해. 어떤 것으로 할래, 커피, 홍차?)
B: Tea, please.(홍차로 줘)
A: An excellent choice. Our tea is very good today.(선택 잘했어. 우리 차는 오늘 맛이 일품이거든)

⭕ 가사 1
A: Can you help me in the kitchen?(부엌 일 좀 도와 줄래?)
B: What do you want me to do?(무얼 해 드릴까요?)
A: Please wash the dishes and dry them with this dish towel.(이 그릇들을 설거지하고 이 행주로 닦아 놓으렴)
B: OK.(알았어요)

⭕ 가사 2
A: Your room is a mess.(네 방이 엉망이야)
B: I'm just going to tidy it up.(지금 치우려던 참이에요)
A: Don't forget to run the vacuum cleaner. (진공 청소기로 하는 것 잊지 마라)

⭕ 제시·권고의 표현
A: Why don't we all go to the movies tomorrow?(우리 내일 모두 영화 구경 갈래?)
B : Now, that's an idea! What do you

think, Paula?(아, 그거 좋은 생각인데. 폴라 너는 어떻게 생각하니?)
C: Yes, I'd like that very much.(좋아, 나도 찬성이야)
B: What do you suggest we see, Minsu? (우리 뭘 보면 좋을지 말해봐, 민수야)
A: Let's leave it up to Paula.(폴라에게 맡겨보자)
C: Would you like to join us, Jane?(제인, 너도 같이 갈래?)
D: Oh yes, very much.(응, 기꺼이)
A: Good. Let's make it a foursome, then. (좋아, 그럼 4인조로 결정해)
B: How about <The Star Wars>?(스타워즈가 어때?)
C: Well, I don't know. I- (글쎄, 모르겠어. 나는...)
B: What do you mean?(무슨 뜻이야?)
C: I'd rather not go to a war movie. (나는 전쟁 영화는 보러 가지 않았으면 해)

◯ 기후의 표현
A: Don't you feel cold, Paul?(춥지 않니? 폴)
B: Yeah, it's pretty cold in here.(응, 이곳은 무척 추운걸)
A: December weather. What's it like outside?(12월의 날씨야. 밖은 어때?)
B: I don't know. I'll take a look out the window... It's overcast. Looks like it's going to rain.(모르겠어. 창 밖을 볼게. 하늘이 흐려 있네. 비라도 올 것 같은데)
A: Why don't you turn on the radio and get the weather report?(라디오를 틀어 기상 예보를 들어보자)
A: No, we're too late for it. I'll check the paper. Yes, here it is.(아니, 너무 늦었어. 신문을 봐야겠어. 응, 여기 있네)
B: What does it say? (뭐라고 써 있어?)
A: The weather forecast for today calls for cloudy skies with intermittent showers in the afternoon.(기상 예보는 오후에 구름이 끼고 때때로 소나기가 온대)

◯ 전화의 표현

A: Hello?(여보세요?)
B: Oh hi, Minsu.(아, 안녕 민수)
A: Is that you, Paul?(폴, 너구나)
B: Sorry to call so early, but- (너무 일찍 전화해서 미안해. 그러나...)
A: No, that's OK.(아냐, 괜찮아)
B: It looks as though it's going to rain. Do you still want to go to the movies?(비가 올 것 같은 날씨인데. 아직 영화 구경 가고 싶니?)
A: Well, how about some other time? (글쎄, 다음에 가면 어떨까?)
B: OK. See you later, then. (그래. 그럼 다음에 보자.)

◯ 탈 것
A: Where's the movie showing?(그 영화 어디서 하지?)
B: It's on the Academy theater.(아카데미 극장이야.)
A: How far is it from here?(여기서 얼마나 멀지?)
B: We can take the subway train to Chongno and then ten-minute walk.(지하철로 종로까지 가서 다시 10분 정도 걸어야 돼)
A: Why don't we just get a taxi?(택시 타고 갈까?)

◯ 초대
A: Why don't you come to dinner?(저녁 먹으러 올래?)
B: At your place?(너 있는 곳으로?)
A: Sure, Would tomorrow night be all right with you?(그래, 내일 저녁 어때?)
B: It'd be wonderful.(좋아)
A: Around seven?(7시쯤?)
B: Perfect.(좋아)
B: Thank you for your inviting, Bill.(초대해 줘서 고마워, 빌)
A: It's my pleasure.(나야말로 기뻐)

◯ 길묻기 1
A: Is there any bookstore around here? (이 근처에 서점이 있습니까?)

B: There's one just around the corner.(모퉁이를 돌면 있습니다)

🔴 길묻기 2
A: I'm trying to find the National Museum.(국립 박물관을 찾고 싶은데요)
B: Walk down this street about five minutes, and you'll come to Anguk Station and turn left.(이 길을 따라 5분쯤 내려가면 안국역이 나오는데 거기서 왼쪽으로 도십시오.)
A: Thank you very much.(정말 고맙습니다)
B: You're welcome. You can't miss it.(천만에요. 찾기 쉽습니다)

🔴 야구 표현
A: It's a baseball game on TV.(TV에서 야구 경기하는데)
B: Who's playing?(어느 팀이 경기하지?)
A: The Giants and the OB Bears.(자이언츠 대 OB베어스야)
B: What inning is it?(몇 회야?)
A: The first half[top] of the seventh (inning). The bases are loaded for the Giants now, but they are losing by three runs[points].(7회초야. 자이언츠 팀에서 만루인데 점수는 3점 지고 있어)
B: Oh, are they? And who's on the mound for the OB Bears?(그래? 누가 OB베어스 투수야?)
A: Back number 55 is. But he doesn't seem to be in good shape this evening.(등 번호 55번이야. 그런데 오늘 저녁에는 상태가 안 좋은 것 같아)
B: Well, Ace of the Giants is coming up to bat.(아, 자이언츠의 에이스가 타석에 들어섰네)
A: This is pretty exciting, isn't it? Let's watch it.(이거 흥분되는데, 좀 지켜보자)

🔴 공항에서
A: How was your flight?(비행기 여행 어땠어?)
B: Everything went fine.(모든 것이 좋았어)
A: Here, let me take your bag.(자, 가방 이리 줘)
B: Oh, thank you.(아, 고마워)
A: The airport bus is this way. Come on. Follow me.(공항 버스는 이쪽이야. 나를 따라와)

V. 불규칙동사 활용표

현 재	과 거	과거분사	현 재	과 거	과거분사
*am ···이다	was	been	*buy 사다	bought	bought
*are ···이다	were	been	*can	could	—
*awake 깨다 눈을 뜨다	awoke awaked	awoke awaked	···할 수 있다		
			*catch 잡다	caught	caught
*be { am is ···이다 are }	was were	**been**	*choose 선택하다	chose	chosen
			cling 매달리다	clung	clung
*bear 낳다 참다, 나르다	bore bore	born borne	*come 오다	came	come
*beat 때리다 가슴이 뛰다	beat	beaten beat	*cost (비용이) 들다	cost	cost
*become 되다	became	become	*cut 자르다	cut	cut
*begin 시작하다	began	begun	*deal 다루다	dealt	dealt
			*dig 파다	dug	dug
bend 구부리다	bent	bent	*do *does } 하다	did	done
bet 내기하다	betted	betted	*draw 당기다	drew	drawn
bind 묶다	bound	bound	*dream 꿈꾸다	dreamt dreamed	dreamt dreamed
*bite 물다	bit	bitten bit			
			*drink 마시다	drank	drunk
bleed 출혈하다	bled	bled	*drive 몰다	drove	driven
			*eat 먹다	ate	eaten
bless 축복하다	blessed blest	blessed blest	*fall 떨어지다	fell	fallen
			*feed 먹이다	fed	fed
*blow 불다	blew	blown	*feel 느끼다	felt	felt
*break 깨뜨리다	broke	broken	*fight 싸우다	fought	fought
			*find 발견하다	found	found
*bring 가져오다	brought	brought	*fly 날다	flew	flown
			forecast 보하다	forecast fore- casted	forecast예 fore- casted
*broadcast 방송하다	broad- cast broad- casted	broad- cast broad- casted			
			*forget 잊다	forgot	forgoten forgot
*build 짓다	built	built			
*burn 태우다 불타다	burned burnt	burned burnt	forgive 용서하다	forgave	forgiven

837

V. 불규칙동사 활용표

현재	과거	과거분사	현재	과거	과거분사
freeze 얼다	froze	frozen	***lose** 잃다	lost	lost
***get** 얻다 …시키다	got	got / gotten	***make** 만들다	made	made
***give** 주다	gave	given	***may** 인지도 모르다	might	—
***go** 가다	went	gone	***mean** 의미하다	meant	meant
grind 빻다	ground	ground	***meet** 만나다	met	met
***grow** 자라다	grew	grown	***mistake** 틀리다	mistook	mistaken
***have** / **has** 가지다	had	had	**misunderstand** 오해하다	misunderstood	misunderstood
***hear** 듣다	heard	heard	***must** …해야 하다	(must)	—
***hide** 감추다	hid	hid / hidden	**overflow** 넘쳐 흐르다	overflowed	overflown
***hit** 치다	hit	hit	***pass** 지나가다	passed	passed / past
***hold** 지니다	held	held	***pay** 치르다	paid	paid
***hurt** 해치다	hurt	hurt	***put** 놓다	put	put
***is** …이다	was	been	**quit** 그만두다	quit / quitted	quit / quitted
***keep** 지키다	kept	kept	***read** 읽다 [ri:d]	read [red]	read [red]
kneel 무릎 꿇다	knelt / kneeled	knelt / kneeled	**rewrite** 고쳐 쓰다	rewrote	rewritten
***knit** 뜨개질하다	knitted / knit	knitted / knit	***ride** 타다	rode	ridden
***know** 알다	knew	known	***ring** 울리다	rang	rung
***lay** 놓다	laid	laid	***rise** 일어서다	rose	risen
***lead** 이끌다	led	led	***run** 달리다	ran	run
lean 기대다	leaned / leant	leaned / leant	***say** 말하다	said	said
***learn** 배우다	learned / learnt	learned / learnt	***see** 보다	saw	seen
***leave** 떠나다	left	left	**seek** 찾다	sought	sought
***lend** 빌려주다	lent	lent	***sell** 팔다	sold	sold
***let** 하게 하다	let	let	***send** 보내다	sent	sent
***lie** 가로 눕다	lay	lain	***set** 놓다	set	set
***lie** 거짓말하다	lied	lied	***sew** 깁다, 바느질하다	sewed	sewed / sewn
***light** 불을 붙이다	lit / lighted	lit / lighted			

V. 불규칙동사 활용표

현 재	과 거	과거분사	현 재	과 거	과거분사
*shake 흔들다	shook	shaken	*stand 일어서다	stood	stood
*shall …할 것이다	should	——	*steal 훔치다	stole	stolen
shave 면도하다	shaved	shaved / shaven	*stick 찌르다	stuck	stuck
			sting 쏘다	stung	stung
*shine 빛나다	shone	shone	*strike 때리다	struck	struck
*shoot 쏘다	shot	shot	swear 맹세하다	swore	sworn
*show 보이다	showed	shown / showed	sweat 땀흘리다	sweat	sweat
shrink 수축하다	shrank / shrunk	shrunk / shrunken	*sweep 쓸다	swept	swept
*shut 닫다	shut	shut	swell 부풀다	swelled	swollen
*sing 노래하다	sang / sung	sung	*swim 헤엄치다	swam	swum
			swing 흔들다	swung	swung
*sink 가라앉다	sank / sunk	sunk / sunken	*take 붙잡다	took	taken
			*teach 가르치다	taught	taught
*sit 앉다	sat	sat	*tear 찢다	tore	torn
*sleep 자다	slept	slept	*tell 말하다	told	told
slide 미끄러지다	slid	slid	*think 생각하다	thought	thought
*smell (냄새) 맡다	smelt / smelled	smelt / smelled	*throw 던지다	threw	thrown
sow (씨를) 뿌리다	sowed	sown / sowed	*understand 이해하다	understood	understood
*speak 말하다	spoke	spoken	undertake 떠맡다	undertook	undertaken
spell 철자하다	spelt / spelled	spelt / spelled	*wake 깨다	waked	waked / woken
*spend 소비하다	spent	spent	*wear 입다	wore	worn
spill 엎지르다	spilled / spilt	spilled / spilt	weave (실—직물을) 짜다	wove	woven
spin 실을 잣다	spun	spun	*weep 울다	wept	wept
spit 뱉다	spat / spit	spat / spit	wet 적시다	wet	wet
split 쪼개다	split	split	*will …할 것이다	would	——
*spread 펴다	spread	spread	*win 이기다	won	won
spring 뛰다	sprang / sprung	sprung	*wind 감다	wound	wound
			*write 쓰다	wrote	written